李振興
簡宗梧 註譯

新譯東萊左氏博議

三民書局印行

國立中央圖書館出版品預行編目資料

東萊左氏博議／李振興、簡宗梧註譯
.--初版.--臺北市：三民，民80
面；　　公分.--（古籍今譯）
ISBN 957-14-1757-2（精裝）
ISBN 957-14-1758-0（平裝）

1.中國-歷史-春秋（公元前722-481）

621.737　　　　80001319

新譯東萊左氏博議

註譯者　李振興　簡宗梧
發行人　劉振强
著作財產權人　三民書局股份有限公司
印刷所　三民書局股份有限公司
地址／臺北市重慶南路一段六十一號
郵撥／〇〇〇九九九八—五號
初版　中華民國八十年七月
編號　S 03053①
基本定價　拾元陸角柒分
行政院新聞局登記證局版臺業字第〇二〇〇號

新譯東萊左氏博議
編號 S 03053①
三民書局

ISBN 957-14-1757-2（精裝）

刊印古籍今註新譯叢書緣起

劉振強

一個世代昌隆的門第，必有它賴以持家的寶訓；一個源遠流長的民族，也必有它賴以立國的優良傳統。中國五千年來，聖賢相繼、德慧相承，匯積而成的典籍浩如瀚海，這些典籍正是我中華民族傳統文化與智慧的結晶。

近數十年來，我國在政治、經濟、科技各方面雖均有長足的進步，但仍存在著一個隱憂，那就是：我們已逐漸失去中國人的氣質和自信；中國文化的氣息一代比一代淡弱。其中原因固然很多，而不能讀懂中國典籍，應該是最主要的因素。由於語言文字、生活環境、教育方式等種種的演變，古人容易瞭解的書籍，我們現在讀來，往往覺得艱深難解。而身為中國人，不去接觸或讀不懂中國典籍，自然無從認識自己的民族與文化，甚至會產生誤解，這就無異於切斷個人通往民族大生命的血脈，而導致個人的生命不能與民族的大動脈同其跳動。

因此，在二十多年前，本局即聘請學有專長的教授，著手古籍註譯的工作；並從四書做起，後來陸陸續續完成了八九種，頗受社會大眾及學生的喜愛，使我們得到很大的鼓勵。於是擬定了更多長程和短程的註譯計畫，準備一部一部地做下去。這期間因《大辭典》的編纂而告中斷；如今花費了十四年歲月的《大辭典》業已問世，註譯的工作乃得以繼續進行。

大凡每樣事業的草創階段都是艱難的。累積了多年的經驗之後，重新檢視早期的譯本，發現其中有些地方尚待加强和改進，且原來的版子也因多次再版而有了字體模糊的現象；因而決定廢棄舊版，請原註譯者重新註譯、考證、勘訂並補充資料，經過再三審校後，方排版付印，以期精益求精。

古籍的整理是一件相當繁重的工作。本叢書由籌畫到刊印，雖力求盡善，諒難周全，如蒙博雅君子時賜教益，則不勝感激！

序

《東萊左氏博議》原本不是為闡揚經旨傳義而作，但《四庫全書》卻將它歸入經部春秋類，而與《春秋左傳正義》視為一類，後來如《叢書集成初編》則將它歸入史地類。其實作者在序文中，開宗明義就說是「為諸生課試之作」，因指導諸生課試之文，「思有以佐其筆端」，而有此作。此書之所以能廣為流傳，恐怕也不是因為它可以「經緯世教，扶植人心，有裨於聖學」（胡鳳丹語），而正如瞿世瑛所說，它「恃所操之機熟，所積之理多，隨所命而強赴之，亦莫不斐然可觀，以取盈篇軸，以僥倖得當於有司之目」有以致之。南宋以後，科舉考經義，沿承最久。仕途既然是士子唯一的出路，而科舉又為士子入仕主要的管道，課試之書，自然為士林所重。王樹之說：「士之習舉業者，代聖賢立言，其託體最尊，其措詞貴達，無取乎卑靡龐雜也。」而《左氏博議》「明乎義利之分，理亂得失之蹟，古今事為之變，典章名物之繁，英光浩氣，伸紙直書，按之聖賢精微之奧，不爽毫釐，得是書而讀之，於以擴其識、晰其理、鬯其機，無卑靡龐雜之習，具海涵地負之觀，真升堂入室之階梯也。」王氏或許揄揚過度，但也沒有過於離譜。如今我們雖然沒有科舉考試，但各階段的入學考試，以及各種就業考試或升等考試，都考「國文」一科，必有「作文」一題，一向都以議論文為主。如今坊間有關議論文作法的書，雖然汗牛充棟，但大體都是形式的指導，和原則的提示，至於如何建立新的觀點？如何充實典故？如何運用譬喻？如何翻空出奇？如何承轉？如何迴應？能讓讀者充實腹笥、實受其益，目前恐怕沒有比《左氏博議》更好的書了。

瞿世瑛校刊本，說明：「宋本於篇目之下，詳載《左氏》傳文，今以文繁，且《左傳》在今日人人習誦，不須贅列，惟標注某公某年，以便稽考。」如今《左傳》已不再是人人所習誦，傳文也非人人能懂，所以本書仍然不列傳文，而以「題解」白話簡述其始末，以作為閱讀《博議》的背景資料。

本書因篇幅浩大，所以力求簡要，加以本書重在文章寫作，而不在名物訓詁，因此以新譯為主，語譯能交代清楚的，便不再註釋。註釋以隱文僻句的出處說明，及語譯時未能詳明者為限，所以與坊間同類的書相比，就顯得註釋很少。新譯部分與坊間語譯，出入很多，讀者不妨詳加比較，自可判斷其優劣高下。

「研析」部分重在文章脈絡的分析，變巧手法的探究，偶爾也探討到思想的層面，只是用來提供讀者欣賞與分析的端緒。文章的精華與奧妙，有待讀者自己心領神會，而且欣賞與分析，常因角度不同而有不同的結果，各人所悟不同，所得不一，希望讀者不要被本書所提供的「研析」所拘限。

本書由本人與李振興兄共同執筆，前十四卷由本人執筆，後十一卷由振興兄完成。由於學殖所限，粗陋疏謬，在所難免，尚祈博雅方家，予以匡正。

民國八十年六月　簡宗梧謹識

新譯東萊左氏博議　目次

卷二

卷三

卷四

卷五

卷六

卷七

卷八

卷九

卷十

卷十一

卷十二

卷十三

卷十六

卷十七

卷十八

卷十九

卷二十

卷二十一

卷二十二

卷二十三

卷二十四

卷二十五

導讀

簡宗梧

一、作者事略及著述

呂祖謙，字伯恭（西元一一三七年至一一八一年），人稱東萊先生。祖先爲萊州人，八世祖龜祥，知壽州，所以遷到壽春。六世祖夷簡，爲仁宗名相；家徙開封。五世祖公著，也在哲宗時居相位，《宋史》稱宋興以來，宰相以三公平章重事者四人，呂家父子竟居其二，所以爲士林所艷羨。高祖希哲，曾任兵部員外郎，得罪新黨，出知相州。曾祖好問，爲資政殿學士，封東萊郡侯，移居婺州。祖父弸中，爲右朝請郎，贈右正議大夫。其父大器，爲右朝散郎，贈朝請大夫。家世顯赫，可見一斑。

祖謙本其家學淵源，得中原文獻之傳，所以根柢深厚，只是年少時，性褊急，後來讀到孔子「躬自厚而薄責於人」的話，便一改平時忿急之性，而心平氣和。因此朱熹就說：「學如伯恭方是能變化氣質。」祖謙曾跟林之奇、汪應辰、胡憲三位先生就學，又和張栻、朱熹爲友，三人齊名，世稱東南三賢。隆興元年（西元一一六三年）進士及第，又中博學宏詞科。歷任太學博士兼史職。在輪對時，勉孝宗以聖學。免父喪後，召爲秘書郎、國史院編修官、實錄院檢討官，重修《徽宗實錄》，遷著作郎。又奉詔取臨安書坊所謂《聖宋文海》而重編，乃輯建隆以後，建炎以前諸賢文集，精加校正，取其辭理之醇，有補治道者，以類編次，定爲一百五十卷。書成，孝宗賜名爲《皇朝文鑑》（後人稱之爲《宋文鑑》）。

祖謙之學以關洛爲宗，與朱熹共同擇取周（敦頤）、張（載）、二程（頤、顥）之書，分類輯纂，而成《近思錄》十卷。祖謙所編之書，除《皇朝文鑑》及《近思錄》外，又取韓愈、柳宗元、歐陽修、曾鞏、蘇洵、蘇軾、張耒之文凡六十餘篇，各標舉其命意布局之處，示學者以門徑，而為《古文關鍵》二卷。又為范祖禹《唐鑑》二十四卷作注。

祖謙長於經史，於《詩》、《書》、《春秋》，多究古義。著有《古周易》二卷、《增修東萊書說》三十五卷、《呂氏家塾讀詩記》三十二卷。其於《春秋》則研究《左傳》而有三書：一為《左傳類篇》六卷，取左氏之文分別為十九目；此書久無傳本，惟散見《永樂大典》中。二為《左氏博議》二十五卷。三為《左氏傳說》二十卷、《左氏傳續說》十二卷。於史學方面，乃取司馬遷年表大事記之目，編年繫月，以記春秋以後大事，始於周敬王三十九年（西元前四八一年），迄漢武帝征和三年（西元前九〇年），其書作於淳熙七年（西元一一八〇年），每一日排比一年之事，本想寫到五代，後因病作罷。另作《大事記通釋》三卷，如說經家之綱領，專錄經典中要義格言，以及歷代名儒議論；《大事記解題》十二卷，則如經之有傳，略具本末，而附以己見，舉凡《史記》和《漢書》之同異，以及《通鑑》得失，都為之縷析而詳辨，又在典章、制度、名物、象數有旁見側出者，都夾注在句下，使讀者得推闡貫通之。朱子稱《大事記》「精密為古今未有」，而《解題》「煞有工夫，只一句要包括一段意思。」《四庫全書提要》說「祖謙此書，去取詳略，實有深意，而議論正大，於古今興衰治忽之理，尤多所發明」。

此外，又著《少儀外傳》二卷，為訓課幼學而作，取《禮記・少儀》為名，其中雜引前賢之懿行嘉言，及立身行事、應世居官之道。《歷代制度詳說》十二卷，分十三門，前列制度，敍述簡賅，後為詳說，議論明切。此書採輯事類，或為答策之備，本為家塾私課之用，其後展轉傳錄而付梓。

祖謙死後，其弟祖儉及從子喬年，先後掇拾遺稿，爲《文集》十五卷；以家範、尺牘之類爲《別集》六卷；策問、進卷之類爲《外集》六卷；年譜、遺事之類爲《附錄》三卷。另外又集其論說爲《麗澤論說集錄》十卷。

以上所列各書，除《左傳類編》，因無傳本，故不爲收錄之外，各書都收入《四庫全書》之中，其著述爲後世所重，由此可見。其晚年會友之地——麗澤書院，在華城中，在其死後，郡人即以爲祠，其受敬重，可見一斑。

祖謙於《宋史》有傳，傳中述其著作，尚有〈閫範〉、〈官箴〉、〈辨志錄〉、〈歐陽公本末〉，其或收入《外集》、《別集》中。另在《宋史．藝文志》著錄《春秋集解》三十卷（陳振孫《直齋書錄解題》謂其十二卷，或疑三十卷爲呂居仁本），《宋通鑑節》五卷、《呂氏家塾通鑑節要》二十四卷。晁公武《郡齋讀書志》更錄有呂氏《史說》十卷，其著述之豐，可以概見。

呂氏除於《宋史》有傳外，傳記資料尚見於《宋史新編》、《南宋書》、《皇朝道學名臣言行外錄》、《伊洛淵源錄新增附錄》、《伊洛淵源續錄》、《考亭淵源錄初稿》、《南宋館閣錄》、《南宋館閣續錄》、《宋人軼事彙編》、《宋詩紀事》、《宋元學案》、《宋元學案補遺》、《南宋文範作者考》、《金華賢達傳》、《金華先民傳》、《景定嚴州續志》、《新安志》等。宋人文集述及東萊先生的也很多，如朱熹《晦庵集》有〈呂氏家塾讀詩記後序〉、〈婺州金華縣社倉記〉、〈跋呂伯恭日記〉、〈題伯恭所抹荆公目錄〉、〈問呂伯恭三禮編次〉、〈書近思錄〉、〈書臨漳所刊四經後〉、〈跋辨志錄〉、〈跋呂伯恭書說〉、〈呂伯恭畫像贊〉、〈祭呂伯恭著作文〉等十一文；周綸《文忠集》有〈祭呂伯恭禮部文〉、〈跋呂伯恭日記〉、〈論文海命名〉、〈繳進文鑑序〉、〈皇朝文鑑序〉；

張栻《南軒集》有〈閫範序〉；樓鑰《攻媿集》有〈辨志錄序〉、〈東萊呂太史祠堂記〉、〈祭呂太史文〉；魏了翁《鶴山集》有〈呂氏讀詩記後序〉、〈跋朱呂學規〉；程珌《洺水集》有〈書皇朝文鑑後〉；陸游《渭南文集》有〈跋呂伯恭書後〉；眞德秀《西山文集》有〈南軒東萊帖跋〉、〈東萊與劉公帖〉、〈東萊大愚二先生祠記〉；王柏《魯齋集》有〈古易音訓〉、〈古易跋〉、〈跋勅額代明招作〉、〈跋麗澤諸友帖〉；劉爚《蒙川遺稿》有〈東萊呂成公贊〉；袁甫《蒙齋集》有〈東萊書院竹軒記〉、〈鄞縣學乾淳四先生祠記〉；韓元吉《南澗甲乙稿》有〈呂伯恭眞贊〉；葉適《水心集》有〈祭呂太史文〉；陳傅良《止齋集》有〈祭呂大著文〉；陸九淵《象山集》有〈祭呂伯恭太史〉；陳亮《龍川集》有〈祭呂東萊文〉、〈又祭呂東萊文〉等。年譜有二，明阮元聲編〈東萊呂成公年譜〉一卷，另有一不著錄撰人〈呂東萊太史年譜〉一卷，收入《東萊文集》附錄，都是研究呂東萊所可以參考的資料。

二、呂氏的左傳著述

依據《宋史·藝文志》，呂祖謙有關春秋類的著作，有：《春秋集解》三十卷，《左傳類編》六卷，《左氏博議》二十卷，《左氏說》一卷，由其門人張成招標注《左氏博議綱目》一卷，門人編《左氏國語類編》二卷。依據陳振孫《直齋書錄解題》，則有《春秋集解》十二卷，《左傳類編》六卷，《左氏國語類編》二卷，《左氏博議》二十卷，似爲門人抄錄的《左氏說》三十卷。其間略有出入。《直齋書錄解題》以爲三十卷本的《春秋集解》，是呂本中的本子，其所見十二卷本，只是自三傳而下集諸家之說，各記其名氏，而其所取，也不過是陸(佃)氏、兩孫(覺、明復)氏、兩劉(敞、絢)氏、蘇(轍)氏、程(頤)氏、許崧老、胡文定數家而已，大體如杜諤《春秋會義》，所擇頗精，卻沒有自己的議論。

至於《左傳類編》六卷和《左氏國語類編》二卷，是就事實制度論議分門別類，前者分十九門，後者分十六門，都是資料的編纂。

《左氏博議》是爲諸生課試而作，爲佐其筆端，而取左氏書治亂得失之迹，加以疏說。在宋時此書爲經生揣摹科舉文章的讀本，所以流行很廣。

另外有《左氏說》。此書在《宋史·藝文志》著錄一卷，而《直齋書錄解題》和《文獻通考》則著錄三十卷，並且說：「於《左氏》一書多所發明，而不爲文，似一時講說，門人所鈔錄者。」既爲門人所鈔錄，也就有多寡之別了。《四庫全書》收《左氏傳說》十二卷，又從《永樂大典》輯得《左氏傳續說》十二卷。

他的《春秋集解》、《左傳類編》及《左氏國語類編》，既然是偏重資料的收集，而缺乏自己的議論，那麼我們要看呂氏有關《春秋左氏傳》的見解，就有待《左氏傳說》、《左氏傳續說》及《左氏博議》了。《左氏傳說》和《左氏傳續說》，當然不免有宋儒「好軋先儒」之習，但《四庫全書提要》以爲其說多中肯，「於朝祭、軍旅、官制、賦役諸大典，及晉、楚興衰、列國向背之事機，詮釋尤爲明暢。」至於《左氏博議》，重在課試，基本上它不是闡發《左傳》之作，而是藉《左傳》所載所評之事，論天下治亂之理，正如他自己在序文所說的：「凡《春秋》經旨，概不敢僭論，而枝辭贅喻，則舉子所以資課試者也。」

三、本書特性與讀法

由於呂氏在著作本書時，對「《春秋》經旨，概不敢僭論」，所以它基本上不是闡揚經義之作，它只是藉《左傳》所記所評之事，「枝辭贅喻」，「以資課試者」，所以是科舉的範文，是議論文（宋時所謂的策論時文）作法的教材，而論辨或糾正經旨傳義，只是偶一涉及而已。

儘管它不是專爲論辨經旨傳義之作，但讀它之後，有益於讀傳時，開拓視野，殆無可疑。由於它是爲「資課試者」而作，所以如瞿世瑛所說：「其所是非，大抵出於方執筆時偶然之見，非必確有所低昂軒輊其間，及其含意聯詞，不得不比合義類，引眾理以壯其文。」所謂時文，是希望「僥倖得當於有司之目」，要在場屋中脫穎而出，便不能在經旨傳義中陳陳相因，了無新意，而必須尋求一個新的角度，採取異乎尋常的觀點，用故實，借譬喻，重視修辭方法，考究行文技巧，而產生說服力。因此我們不能以呂氏之說爲「定論而不可奪」。因爲這正如瞿世瑛所說：「苟欲反其所非以爲是，易其所是以爲非，亦必有眾理從而附會之，而淺見者亦將駭詫之，以爲定論矣。」眞理雖然只有一個，但仍有其多面性，我們惟有開拓視野，採取多元觀點，才能觀照眞理的全面。尤其就研習文章作法的立場來說，不論是見仁，或是見智，只要公的理能通達人心，言之成理；或婆的理能比合義類，斐然可觀，就可以兩取而讀之。我們如果能用這種態度來讀呂氏《左氏博議》，那麼《朱子語錄》所謂「極爲詳博，然遣詞命意頗爲傷巧」的「傷巧」，就不是缺點而是優點了。

呂東萊是理學家，重「誠意、正心、修身」的內聖工夫，甚於「齊家、治國、平天下」的外王作爲，因此他的議論，常常「反復抉摘於古人之情僞者」，這種「誅心」的推衍，或不免有厚誣古人之嫌，尤其今日社會，比較強調外在行爲的法律責任，或不免覺得那種強調「愼獨」的道德修爲，並不合今日講求權利義務的法治要求。但讀其文應知其人，知其人應知其時，時空不同所造成的認知差距，是做爲本書讀者所應該調適的。

研習文章作法既爲研讀本書的主要目的，那麼有關本書的思想立場，倒成爲較次要的問題，因此在研習本書時，應該仔細分析它翻案的技巧，看它如何運用譬喻，如何提引史事，如何起文，如何承轉，如何作結，如何使文章氣勢磅礴，如何產生說服力，作爲以後我們寫作的參考，同時他所引的史事與借喻，都可成爲我們日後取用之資。這些對於我們寫作能力的提升，將產生很大的作用。

四、本書篇數與版本

依呂東萊《左氏博議序》，本書著於屏居東陽之時，依其〈年譜〉，乾道三年（西元一一六七年）五月，持母喪居明招山，那年冬天有學子來講習者，次年冬，授業於曹家巷，已有《左氏博議》。依《宋史·藝文志》、《直齋書錄解題》及《文獻通考》，則本書爲二十卷。但《丁氏藏書志》載有元刊巾箱本，便已二十五卷。依楊紹和《楹書隅錄》所記，《天一閣書目》所記明正德本，也是二十五卷；明時還有劉氏安正堂刊本，標題是《新刊京本詳增補注東萊先生左氏博議》，同是二十五卷。《四庫全書提要》以爲祖謙門人張成招標注《左氏博議綱目》一卷，可能被書商將它散入本書各篇，後來傳本，總是在每題之下，附載《左氏》傳文，中間徵引典故，亦略注釋，所以就析爲二十五卷。

《四庫全書提要》還提到：「楊士奇別有一本十五卷，題曰『精選』，黃虞稷稱明正德中有二十卷刊本，今皆未見。」但胡玉縉《四庫提要補正》以爲所提明正德本，應是二十五卷。《四庫全書》係採浙江巡撫採進本。其本有董其昌名字二印，又有朱彝尊收藏印，是舊帙之可寶者。因爲當時坊間所傳，都是十二卷本，不但篇目不完整，字句也多妄削。而今坊間所見大多是清劉鍾英《輯注東萊博議》四卷本，只收八十六篇，所選的篇章文字，也多所刪削，正如胡鳳丹所說：「去取未精，頗多闕略。」當係古絳張明德所訂本。四庫全書本，校於乾隆五十年（西元一七八五年）六月。道光十八年（西元一八三八年），錢塘瞿世瑛參合明本、元本、文瀾閣本，及平湖胡氏所藏宋槧本，加以校刊，爲後來採足本者之所從。清同治戊辰（西元一八六八年）輯刊《金華叢書》本（退補齋藏板），及光緒戊子（西元一八八八年）雲陽義秀書屋重雕足本，都是取瞿氏校本加以重刊，是目前較好的板本，也是如今新譯的主要藍本。

目前在坊間所看到有語譯的《左氏博議》，或稱爲《白話東萊博議》，都是取八十六篇的節錄本，不但因去取未精，不足以知其全貌，更因刪削篇章文字，使文氣承轉，跳脫唐突，實不可取。

如今傳世的二十五卷足本，都說此書有一百六十八篇，但《四庫全書》在卷十少了一篇嚴華夷之辨，強調「治戎狄如治姦民」的〈晉里克帥師敗狄〉，在卷十二少了一篇強調「天下之可畏者，在於夷狄其心」的〈秦晉遷陸渾之戎〉，因兩篇於滿清入主中國之時，多少要犯忌，所以實際上只收一百六十六篇。而瞿氏校刊本，並非官修，篩選的尺度沒那麼嚴，所以多此二篇，才是眞正的足本。

《左氏博議》雖經瞿世瑛悉心讎校，但依瞿氏校本所雕刊各版，卻又不免有所歧異，本書仍本著瞿氏「參校諸本，舍短從長，衷於一是，不復分注，以便觀覽」的原則，加以處理，使它成爲目前最好的足本，是我們禱盼的心願。

卷一

鄭莊公共叔段

隱公元年

【題解】 鄭伯是鄭莊公（西元前七五七—七〇一年），段是小於莊公三歲的弟弟。莊公是難產而生的，所以得不到母親姜氏的歡心。姜氏求立共叔段而沒有成功。莊公即位後，在母親的請求下，封弟弟於現在河南省滎陽縣東南的京城。因爲京城太大，所以鄭相祭仲加以勸阻，莊公不聽。莊公二十二年（西元前七二二年），共叔段將作亂，莊公先發制人，共叔段在眾叛親離之下，逃到鄢地，爲莊公所敗，而又逃亡到共地（今河南省輝縣）。

《左傳》說共叔段不奉守爲人之弟的本分，也說莊公沒有盡到教導弟弟的責任。呂祖謙則以爲錯在鄭莊公，是莊公陰險狠毒，設下圈套，引誘弟弟走入陷阱，然後名正言順地除掉他。還蒙騙當時的人與後世的人，並說他害人而害己，所以認定莊公是最陰狠的人，也是最愚蠢的人。

釣者負魚，魚何負於釣？獵者負獸，獸何負於獵？莊公負叔段，叔段何負於莊公？且爲鉤餌以誘魚者，釣也；爲陷穽以誘獸者，獵也。不責釣者而責魚之吞餌，不責獵者而責獸之投穽，天下寧有是耶？

莊公雄猜陰狠，視同氣如寇讎，而欲必致之死。故匿其機❶而使之狎，縱其欲而使之放，養其惡而使之成。甲兵之強，卒乘❷之富，莊公之鉤餌也；百雉❸之城，兩鄙❹之地，莊公之陷穽也。彼叔段之冥頑不靈，魚耳！獸耳！豈有見鉤餌而不吞，過陷穽而不投者哉？導之以逆，而反誅其逆；教之以叛，而反討其叛。莊公之用心亦險矣！

莊公之心以謂：亟治之，則其惡未顯，人必不服；緩治之，則其惡已暴，人必無辭。其始不問者，蓋將多叔段之罪而斃之也。殊不知叔段之惡日長，而莊公之惡與之俱長；叔段之罪日深，而莊公之罪與之俱深。人徒見莊公欲殺一叔段而已！吾獨以謂封京之後，伐鄢❺之前，其處心積慮，曷嘗須臾而忘叔段哉？苟興一念，是殺一弟也；苟興百念，是殺百弟也。由初暨末，其殺段之念殆不可千萬計，是亦殺千萬弟而不可計也。一人之身，殺其同氣，至於千萬而不可計，天所不覆，地所不載，翻四海之波，亦不足以湔其惡矣。莊公之罪顧不大於叔段耶？

吾嘗反覆考之，然後知莊公之心，天下之至險也。祭仲之徒，不識其機，反諫其都城過制，不知莊公正欲其過制；諫其厚將得衆，不知莊公正欲其得衆。是舉朝之卿大夫皆墮其計中矣。鄭之詩人❻不識其機，反刺其不勝其母以害其弟，不知莊公正欲得不勝其母之名；刺其小不忍以致大亂，不知莊公正欲得小不忍之名。是舉國之人皆墮其計中矣！舉朝墮其計，舉國墮其計，莊公之機心猶未已也！魯隱之十一年，莊公封許叔，而曰：「寡人有弟，不能和協，而使餬其口於四方，況能久有許乎？」其爲此言，是莊公欲以欺天下也。魯莊之十六年，鄭公父定叔❼出奔衛，三年而復之，曰：「不可使共叔無後於鄭。」則共叔有後於鄭舊矣！段之有後，是莊公欲以欺後世也。既欺其朝，又欺其國，又欺天下，又欺後世，噫嘻！岌岌乎險哉，莊公之心歟！

然將欲欺人必先欺心，莊公徒喜人之受吾欺者多，而不知吾自欺其心者亦多。受欺之害，身害也；欺人之害，心害也。哀莫大於心死，而身死亦次之。受欺者身雖害，而心固自若；彼欺人者身雖得志，其心固已斲喪無餘矣。在彼者所喪甚輕，在此者所喪甚重。本欲陷人，而卒自陷。是釣者之自吞鉤餌，獵者之自投陷穽也。非天下之至拙者，詎至此乎？故吾始以爲莊公爲天下之至險，終以莊公爲天下之至拙。

【註　釋】❶機　指機心，深沈巧詐的心。❷卒乘　士卒和車乘。春秋時兵車一乘，配甲士三人，步卒七十二人，爲戰爭的主力。❸百雉　城牆面長三百丈。城面高一丈長三丈爲一雉。古代侯伯之城方五里，計每面長九百丈，即三百雉，依古制大都城不能過百雉。但京已超過，所以祭仲加以勸阻。❹兩鄙兩處的邊地。共叔段收西鄙和北鄙爲自己的城邑，鄭莊公縱容而不加制裁。❺鄢　地名。本是妘姓之國，被鄭武公所滅，地在今河南省鄢陵縣北而稍西。❻鄭之詩人　指《詩經．鄭風．將仲子》，《詩序》以爲這首詩是針對這件事而發。朱熹則以爲是情詩，東萊依《詩序》而立說。❼鄭公父定叔　爲共叔段的孫子。

【語　譯】釣魚的人對不起游魚，游魚有甚麼對不起漁夫的？獵人對不起走獸，走獸有甚麼對不起獵人的？鄭莊公對不起共叔段，共叔段有甚麼對不起鄭莊公的？況且，做魚餌來誘游魚上鉤的，是漁夫；佈陷阱來誘捕走獸的，是獵人。不責備漁夫而責備游魚吞餌上鉤，不責備獵人而責備走獸掉入陷阱，天下那裏有這種道理？

鄭莊公是有雄心多猜忌而且陰險狠詐的人，看待同胞兄弟如匪寇仇人一般，而一定要將他置於死地。因此，隱匿其深沈機詐的心，而使共叔段輕忽怠慢；又放任共叔段的貪欲，而使他肆無忌憚；並縱容他的惡行，使他成爲禍害。甲冑兵器的強固，士卒車乘的充裕，是莊公所施放的鉤餌；三百方丈的城牆，西北兩處的邊地，是莊公所佈下的陷阱。叔段的愚昧無知正如游魚、如走獸，豈有見到鉤餌而不吞食，經過陷阱而不掉入的道理？起初引誘他去做違道逆理的事，而回過頭來以他的違逆爲理由去誅殺他；縱容他反叛，而回過頭來以反叛爲口實去討伐他。鄭莊公的用心也夠險詐了。

鄭莊公的意思以爲：如果早一點誅殺他，那他的惡跡不明顯，別人必然不服；如果延些時日再辦他，那他的惡行已暴露出來，別人也就沒話說了。起初所以不去管他，就是要讓叔段多積些惡行，而後好誅殺他。卻不知叔段的惡行日益增長，而莊公的惡行也隨著一起增長；叔段的罪孽日益加深，而莊公的罪孽也隨著一起加深。別人只見到莊公想殺叔段而已！我則認爲，在將京邑封給叔段之後，討伐鄢邑之前，莊公處心積慮，何嘗有片刻的時間忘掉叔段呢？若心中興起一次念頭，是殺一個弟弟；若興起一百次念頭，就是殺一百個弟弟啊！從頭到尾，莊公殺叔段的念頭，大概不下千萬次而難以計算，那也就是殺千萬個弟弟而無法計算了。以一個人，殺害他的同胞兄弟，到了千萬個以上而無法計算，實在是天所不能庇護，地所不能包容，翻起四海的波濤，也不足以洗清他的罪惡。莊公的罪惡難道不大於叔段嗎？

我曾經反覆思考，然後才知道莊公的心機，實在是天下最陰險的。祭仲他們這些人，不明白莊公的心機，因他所封的都城太大，超過禮制而勸諫，不知莊公正希望超過禮制；又勸諫莊公，說叔段豐厚的田邑將使他得到龐大的羣眾，不知莊公正希望他能得到龐大的羣眾。可說全朝的卿大夫都中了莊公的計謀。鄭國的詩人不明白莊公的心機，反而作詩諷刺他無法抗拒母親的強求而害了弟弟，不知道莊公正希望能得到無法抗拒母親的名義；又諷刺莊公由於小事不能忍耐而招來大禍，不知莊公正希望能得到小不忍而招大禍的名義，這可說全國人都中了他的計謀！

整個朝廷都中了他的計謀，全國人民都中了他的計謀，而莊公的心機還不停止！魯隱公十一年，莊公伐許之後，封許叔，而且還說：「我有個弟弟，都不能與他和睦協力，而使他寄食在別的地方，難道我還能長久保有許國嗎？」莊公說這些話，是想藉以欺瞞天下人。魯莊公十六年，叔段的孫子公父定叔出奔到衛國去，三年之後，莊公才召他回來，說：「不可以讓叔段在鄭國沒有後代。」其實，叔段在鄭國有後代已有多年了。叔段有後代在鄭國，只是莊公想藉以欺騙後世的人，以掩飾他誅殺叔段的罪行。莊公既欺騙了在朝廷的官員，又欺騙了全國的國民，又欺騙全天下人，繼而欺騙後世的人，莊公的心術是多麼陰險啊！

然而，想要欺騙別人必先欺騙自己的良心，莊公只喜歡別人有很多事被他欺騙，而不知道自己欺騙自己良心的事情也就很多了。被欺騙的禍害，只是外在的身體受傷害；而欺騙人的禍害，是內在的良心受到戕害。最悲哀的事莫過於心死，而身體的死亡都還在其次呢！被欺騙的人身體雖然受到傷害，而良心仍安泰不變；欺騙人的人身體雖然得志滿足，良心卻已殘害無遺了。被欺騙的人損失非常輕微，而欺騙人的人，就損失慘重了。本來想要陷害人，而最後卻正陷害了自己。正如釣魚人自己吞下鉤餌，獵人自己掉入陷阱一般。如果不是天下最愚笨的人，怎會落到這種地步呢？所以我開始時以為莊公是天下最陰險的人，最後卻以為莊公是天下最愚笨的人。

【研析】本文分四部分，即一般論說文的起承轉合，第一段先立論，二、三段是解說，四、五段是引申，第六段是結論。起首新穎，結論奇巧，全文結構嚴密，說理氣勢十足，是一篇很好的議論文。

文章一開始即排比譬喻，以引人入勝。作者把鄭莊公縱弟成惡，然後殺之，譬喻為放餌以釣魚，設陷阱以捕獸。這種以簡單比喻複雜，以易知說明難知，很有說服力。同時，又用結構相似的句法，接二連三地排比起來，不但意象明確，又使音節鏗鏘，產生令人難以反駁的氣勢。

作者運用譬喻與心中已有定見的設問，意在言外地提出他的主題，判定莊公誘殺其弟的罪狀，成為不可移易的定論。這是很卓絕的起筆手法，是我們應當細加品味、並可在日後加以靈活運用的。

第二部分說明罪在莊公的理由，強調莊公用心之險。在第二段承前段的譬喻，說明肇因於莊公的計謀，誘導了共叔段，第三段則說明莊公殺弟，何以大費周章，是為掩自己之罪，杜別人之口。

第三部分說明莊公用心至險，以至蒙騙了世人。第四段就空間而言，以祭仲的勸阻，說明朝臣全中了他的計，再舉鄭詩，說明舉國的人都中了他的計謀，由局部說到全部。第五段則以時間而言，舉《左傳》兩段記載，說明莊公還想欺天下、欺後世。由當世說到後世。可見文章的層次非常分明。

最後一段說明欺人先自欺其心，所以雖欺盡天下人，結果自己是最大的受害者；並回應第一段的譬喻，將全篇的警策置爲結論。用「至險」「至拙」對比，構成駢句，新巧而深刻有力，頗有「言有盡而味無窮」的效果。

呂氏此文，雖然令人十分激賞，但就事論事，不免有失公允。這完全是作者年輕氣盛，操穎利之筆鋒，論事務求新巧而毫不留情，所以完全歸咎莊公，以爲共叔段是無辜的。其實，共叔段不悌，《左傳》早有定評；再說，鄭莊公即位時才十五歲，奉母親之命而封土給弟弟，那裏會是設鈎餌以誘殺弟弟？何況莊公忍讓了二十二年，到最後不得不興兵除害，說他處心積慮預設陷阱，恐怕是不公平的。所以呂氏在中年以後所著的《春秋左氏傳續說》，也說「莊公初間亦未便有殺弟之意」了。

潁考叔還武姜　隱公元年

【題解】在魯隱公元年（西元前七二二年），鄭莊公起兵打敗了弟弟（事見前篇篇旨），於是把母親姜氏安置在城潁，發誓不到黃泉地下，永不見面。不久以後，莊公就後悔了。潁考叔知道了以後，就找機會獻給莊公一些東西，莊公賞賜他吃飯，吃的時候把肉放在一邊不吃。莊公問起原因，他說要留給母親。莊公說：「你有母親可送，我卻沒有！」潁考叔故作驚訝，在莊公說明原委並表示悔意之後，他說：「這沒什麼好擔心，只要挖地到有泉水的地方，就可以相見了。」莊公很高興地照做了。《左傳》引君子之言，贊美潁考叔不但愛自己的母親，還使莊公也能愛他的母親，眞是個純孝的人。

呂祖謙婉惜潁考叔爲鄭莊公文過飾非，不能曉之以天理，以致莊公不能成爲舜或曾參；也婉惜莊公不遇孔孟而只遇考叔而已。

物之逆其天者，其終必還。凡出於自然而莫知其所以然者，天也。羽之浮，石之沈，矢之直，蓬之曲，土之止，水之動，自古固然而不可加損❶，庸非天乎？苟以人力勝之，則羽可積而沈也，石可載而浮也，矢可揉而曲也，蓬可扶而直也，土可墾而動也，水可壅而止也。人力既窮，則未有不復其初者焉。不積之，則羽還其天而浮矣。不載之，則石還其天而沈矣。不揉之，則矢還其天而直矣。不扶之，則蓬還其天而曲矣。止者土之天也，墾者窮則土之止固自若也。動者水之天也，壅者窮則水之動固自若也。有限之力，豈能勝無窮之天也耶？

子之於父母，天也。雖天下之大惡，其天未嘗不存也。莊公怒其弟，而上及其母，囚之城潁，絕滅天理，居之不疑。觀其黃泉之盟，終其身而無可移之理矣。居無幾何，而遽悔焉。是悔也，果安從而生哉？蓋莊公自絕天理，天理不絕莊公。一朝之忿，赫然勃然，若可以勝天。然忿戾之時，天理初無一毫之損也，特暫爲血氣所蔽耳。血氣之忿，猶溝澮焉，朝而盈，夕而涸，而天理則與乾坤周流而不息也。忿心稍衰，愛親之念油然自還而不能已。

彼潁考叔特迎其欲，還之端而發之耳。其於莊公之天理，初無一毫之增也。考叔之見莊公，不感之以言，而感之以物；不感之以物，而感之以天。愛其母者，莊公之與考叔同一心也。同一心是同一天也，其啜羹，其舍肉，其遺母，皆天理之發見者也。考叔以天示之，莊公以天受之。故不下席之間，回滔天之惡，爲蓋世之善。是豈聲音笑貌能爲哉？惜夫考叔得其體而不得其用，故亦不能無遺憾焉。

方莊公語考叔以誓母之故，考叔盍告之曰：「醉之所言，醒必不踐；狂之所行，瘳必不爲。既醒而猶踐之，則其醉必未醒也；既瘳而猶爲之，則其狂必未瘳也。君之誓母之辭，未悔則必以爲是；既悔則必知其非。知其非而憚改焉，是猶未悔也，是猶以爲是也。」莊公苟聞此言，則其私情邪念冰泮雪消，而無復存者矣。考叔乃曲爲之說，俾莊公闕地及泉，陷於文過飾非之地。莊公天理方開，而考叔遽以人欲蔽之。可勝歎哉！不特蔽莊公之天理，當考叔發闕地及泉之言，考叔胸中之天理所存亦無幾矣！故開莊公之天理者，考叔也；蔽莊公之天理者，亦考叔也。

向若莊公幸而遇孔孟，乘一念之悔，廣其天理而大之。六通四闢，上不失爲虞舜❷，下不失為曾參❸。豈止為鄭之莊公哉？惜夫莊公之不遇孔孟而遇考叔也。

【註釋】❶加損　指改變。加，增加。損，減少。❷虞舜　舜，為古帝名，父頑、母嚚、弟傲，都想殺舜，舜始終不失人子之道，以孝聞名，堯將帝位禪讓給他，國號為虞。❸曾參　人名，春秋魯南武城人。名參，字子輿，為有名的孝子。孔子弟子，後世稱為宗聖。

【語譯】事物若違背了它原本的天性，終究會回復到它原來的樣子。凡是出於自然而不知其所以然，就是天性。例如羽毛在水中會浮起，石頭在水中會下沈，箭桿是挺直的，蓬草生來彎曲，土是靜止不動，水則流動不止，這些情況自古至今都是這樣而不可改變，這難道不是天性嗎？如果以人力勉強扭轉事物的天性，則羽毛可以累積起來而沈入水中，石頭可因有所承載而浮在水面。箭桿可加以揉製而使它彎曲，蓬草可加以扶持而使它挺直，土壤可加以開墾而使它移動，水流可以堵塞而使它靜止。若所外加的人力消失了，則沒有不回復到它的本性的。不加以累積，則羽毛回復到它的天性而浮在水面。不加以承載，則石頭回復到它的天性而沈入水中。不加以揉製，則箭桿回復到它的天性而挺直。不加以扶持，則蓬草回復到它的天性而彎曲。靜止不動是土壤的天性，若開墾翻動的力氣用盡，則土壤又依然靜止。流動不止是水的天性，若堵塞的力氣不存在，則水又流動如初。以有限的人力，豈能勝過無窮的天性？

子女對父母的感情。是天性使然。即使是天下罪大惡極的人，他的天性未嘗完全泯滅不存。鄭莊公氣憤弟弟叔段，而牽涉到母親，將她囚禁在城潁。若說莊公滅絕天理，可當之無疑。再看他所說「不到黃泉不相見」的誓言，終其一生，似無可改變的道理。過不了多久，就非常後悔了。這種後悔的心意，是從那裏產生出來的呢？其實莊公自絕於天理，天理並不棄絕莊公。突發的忿怒，洶湧澎湃，好像可以勝過天理。然而忿戾之氣發作的時候，天理並無絲毫的減少，只是暫且爲一時衝動所產生的怒氣所蒙蔽。一時的怒氣，就像溝渠的水流，可能早晨是滿溢的，到了傍晚就乾涸了，而天理則周流於天地之間永不止息。忿怒之氣稍見減退，愛慕親情的心，就油然回轉，而難以克制。

潁考叔只是逢迎莊公的心意，使他回復到根本的天性而滋生出來。這對於莊公的天理，並沒有絲毫的增益。考叔進見莊公，起初並不用言語去說動他，而以留肉的事去感動他；不以一般的事物感動他，而以天理去啟發他。愛自己的母親，莊公和考叔的心是相同的。同樣的心也就是同樣的天性，考叔將湯與肉留下來，請求能讓他帶回家給母親嚐，都是天理啟發下的表現。考叔以天理啟示莊公，莊公則因其天性而接受啟發。所以在一席飯之間，挽回滔天的惡行，而爲絕世的善行。這豈只是和悅的聲音與親切的容貌所能做到的？可惜考叔也只是掌握了天理的本體，卻沒有善加運用，因此也不能不感到遺憾。

當莊公把棄絕母親的緣由和誓言告訴考叔時，考叔何不告訴他說：「酒醉時所說的話，醒後一定不會去實行；狂病時的作爲，痊癒後一定不再去做。既然酒醒了，還去實行，那就未必眞醒了；痊癒後還有同樣的行爲，那痛也未必眞正痊癒。國君您絕不再見母親的誓言。如果不曾後悔，就表示您以爲這樣做是對的；既然後悔了，就表示您明白這樣做是不對的。知道不對卻怕去改正，那就表示沒有眞正悔悟，仍以爲這樣做是對的。」莊公如果聽到這樣的話語，他的私情和邪念必會像冰雪般融化了。考叔卻不直接以天理說服莊公，讓莊公挖地到有泉水的地方，再和母親相見，更陷於掩飾過失的地步。莊公的天理才剛開啟，考叔又馬上以人情慾念蒙蔽他。眞是教人感慨啊！不僅只有莊公的天理被蒙蔽了，當考叔說出掘地及泉的計畫時，考叔胸中所存的天理也沒有多少了！所以，啟發莊公天理的人是考叔，蒙蔽莊公天理的人也是考叔。

當時莊公若有幸而遇到孔子孟子等聖人，則必趁著他一念之間所生的悔意，增廣其天理，而使它擴大。通於天地四方，使他能像虞舜那樣，至少也做得到像曾參的境地，傳名聲於後世，豈僅做個鄭莊公而已？只可惜莊公遇到的不是孔孟聖賢，而只是遇到潁考叔而已。

【研　析】潁考叔能以孝事親，打開鄭莊公與母失和的僵局，為《左傳》所稱許，引詩贊美他純篤的孝心，感人至深，所以能推己及人。呂祖謙則標新立異，責潁考叔不能本乎天理，趁莊公追悔之際，宏揚孝道，使他成為孝子的典範，頗有《春秋》責備賢者之意。

這篇文章和上一篇一樣，不從本題立論，而提出「物有自然之性，人力雖然暫且扭曲，但人力停止，即復本初」的說法，做為全文立論的張本。第二段即推論：親情是天性。莊公一時忿戾，但天理不絕，所以必然還其本性。第三段責怪潁考叔此時不能廣以天理，而迎其人欲。第四段論考叔該如何以公理勸諫，並深責考叔以人欲蔽莊公之天理。第五段慨歎莊公不能遇孔孟而成為孝子。

這篇議論的作法，是先找定立足點：孝是天性、是天理。於是從討論天性天理為「起」，強調天理雖可能一時被掩蔽，但不可能滅絕。然後推論骨肉之情是天性，因母違背天理，必然後悔，責潁考叔不感之以天理而迎其欲，以「承」前段。再「轉」論考叔如何勸之；而後以痛惜莊公不遇聖人、不能廣其天理作「結」，回應起首，成為首尾圓合的結構。

周鄭交惡　隱公三年

【題　解】 鄭武公、莊公先後擔任周平王的卿士，掌理政事。但平王又同時信任虢公，鄭莊公不高興，平王否認這回事，於是讓王子狐到鄭國爲人質，而鄭國也讓公子忽到成周爲人質。魯隱公三年（西元前七二〇年）三月平王死。周人準備把政事交給虢公。四月，鄭國派祭仲領兵割取了溫地的麥子，秋天又割取了成周的穀子，於是周、鄭交惡。

《左傳》說君子以爲言不由衷，有人質也沒有用，只要互相體諒，又以禮相約束，即使沒有人質，誰也挑撥不了他們。呂祖謙則以爲《左傳》不正名分，不辨尊卑，不責備鄭國的背叛，只責怪周王欺騙是不對的，並以此感歎平王東遷後王室沒落，人心式微，於論理中流露感慨，而爲一篇好文章。

天子之視諸侯，猶諸侯之視大夫也。季氏❶之於魯，如二君矣，而世不並稱之曰魯季；陳氏❷之於齊，如二君矣，而世不並稱之曰齊陳。蓋季氏雖強，猶魯之季氏也；陳氏雖強，猶齊之陳氏也。烏可以君臣並稱而亂其分乎？

周，天子也；鄭，諸侯也。左氏敘平王莊公之事。始以爲周鄭交質，終以爲周鄭交惡。並稱周鄭，無尊卑之辨。不責鄭之叛周，而責周之欺鄭，左氏之罪亦大矣！吾以爲：左氏信有罪，周亦不能無罪焉。

周之東遷也，鄭伯入爲卿士，君臣之分猶在也。君之於臣見賢則用之，見不賢則去之，復何所隱哉？平王欲退鄭伯而不敢退，欲進虢公而不敢進，巽懦暗弱，反爲虛言以欺其臣。固已失天子之體矣，又其甚，至於與鄭交質！交質，鄰國之事也。今周降其尊，而下質於鄭；鄭忘其卑，而上質於周。其勢均，其體敵，尊卑之分蕩然矣！未交質之前，周爲天子，鄭爲諸侯；既交質之後，周與鄭等諸侯耳。然亦何所憚哉？溫之麥、洛之禾，宜其稇載而不顧也。向若平王始惡鄭伯而亟黜之，鄭雖跋扈，不過一叛臣耳，吾天子之尊猶自若也。苟與之質，是自處以列國❸，而不敢以天子自處矣。鄭人之心以謂：彼之子來質於我，我之子往質於彼，見其與吾同，而不見其與吾異。歲推月移，豈知周之爲君哉？一旦用兵而不忌，非諸侯之叛天子也，是諸侯之攻諸侯也。使周素以天子自處，至尊至嚴之分，鄭遽敢犯乎？惟周以列國自處，故鄭以列國待之，天下亦以列國待之，左氏亦以列國待之。周不自伐，鄭必未敢伐之也；周不自卑，人必未敢卑之也。無王之罪，左氏固不得辭，周亦分受其責可也。

雖然，《左氏》所載君子之言，固出於左氏之筆，然亦推本當時君子之論也。其論周鄭，概謂之二國，而無所輕重。是當時之所謂君子者，舉不知有王室矣！戎狄不知有王，未足憂也；盜賊不知有王，未足憂也；諸侯不知有王，亦未足憂也，至於名爲君子者，亦不知有王，則普天之下，知有王室者，其誰乎？此孔子所以憂也，此《春秋》所以作也，此《春秋》所以始於平王也。

【註釋】❶季氏　魯國的公族，爲莊公弟季友的後裔。自季友立僖公以後，其子孫季孫行父、季孫宿等，世爲大夫，執掌魯政，權勢極盛達兩百年。❷陳氏　陳完的後裔。陳完卽田敬仲，陳厲公之子，陳亂而逃齊，改爲田氏，子孫世爲卿，到田和列爲諸侯，田和之子篡齊。❸列國　大國，在春秋戰國時代指諸侯國。

【語譯】天子看待諸侯，就如同諸侯看待大夫。季孫氏在魯國擁有權勢，就使魯國好像有兩個國君一樣，但世人不因此而將他與君並稱「魯季」；陳氏在齊國擁有權勢，也使齊國好像有兩個國君一樣，但世人不因此而將他與君並稱爲「齊陳」。因爲季孫氏勢力雖強，仍只是魯國的大夫；陳氏的勢力雖大，也只是齊國的大夫。怎麼可以將君臣並稱而亂了名分呢？

周是帝王，鄭只是諸侯。左丘明敍述周平王與鄭莊公之間的事時，起初稱爲「周鄭交質」，末了則稱爲「周鄭交惡」。將周與鄭並稱，不辨明他們地位的尊卑。不去責備鄭背叛了周，而責備周欺騙了鄭，左丘明的罪過可大著呢！我認爲：左丘明固然有罪過，周也不能說完全沒有罪過！

周平王東遷後，使鄭伯入朝爲卿士，這時，君臣的名分仍然存在。君王對待臣下，賢能的就重用他，不賢能的就罷免他，又有什麼好隱瞞的呢？周平王想黜退鄭伯而不敢退，想進用虢公也不敢用，懦弱畏怯，反而以假話欺騙臣下。這樣做固然已失天子的身分，又更進一步與鄭伯交換兒子爲人質。交換人質，是國與國之間的事。如今周王室貶抑自己的尊貴，而下與鄭國交換人質；鄭國忘記自己卑微，而上與周王室交換人質。他們的勢力相當，身分成了對等，尊上與卑下之分，已蕩然無存了！尙未交換人質之前，周是帝王，鄭是諸侯；交換人質之後，周和鄭都等於是諸侯。既然如此，鄭國有什麼好害怕的呢？溫地的麥子、洛陽的稻子，他們當然就把它收割下來滿載而去，無所顧忌了。當初，若平王在開始厭惡鄭伯的時候，就馬上罷黜他，則鄭伯雖然囂張跋扈，也只不過是個叛臣而已，天子的尊嚴仍一如往常。如果與鄭交換人質，那就是以諸侯自處，而不敢以天子自居了。鄭伯心中以爲：周平王的兒子來我國做爲人質，我的兒子前往周做人質，只看出周王室與我鄭國身分地位是同等的，看不出有什麼不同的地方。則年歲久了，還有誰知道周王是天下之君主呢？一旦用兵攻犯，也沒有忌諱，不以爲是諸侯反叛天子，而以爲是諸侯攻伐諸侯罷了。假使周平王向來就以天子之位自居，保有至高無上的尊嚴，鄭國豈敢遽然冒犯呢？只是周平王以諸侯的地位自居，所以鄭國以對諸侯的態度待他，天下人也以對諸侯的態度待他，左丘明當然也以對諸侯的眼光看待他了。周王室如果不是自己先貶抑自己，鄭國必定不敢攻伐它；周平王若不是先輕視自己，別人必定不敢卑視他。目中無王的罪過，左丘明固然無可推辭，周天子也應當分擔罪責。

雖然，《左氏春秋》所記載的君子之言，乃出於左丘明的手筆，然而也是根據當時一般君子人的言論。他們談論到周與鄭時，一概視同兩國而並稱，沒有尊卑輕重之分。可以說當時所謂的君子之人，心目中全然沒有王室的存在了！戎狄之人心目中沒有周天子，不足爲憂；盜賊之輩心目中沒有周天子，不足爲憂；諸侯各國心目中沒有周天子，也不足爲憂。至於名爲君子的人，心目中竟也沒有周天子，則普天之下，心目中還有王室的人，還有誰呢？這就是孔子所以憂心忡忡的，也是孔子所以作《春秋》的緣由，更是《春秋》之作起於平王的緣故。

【研析】同一個地區，在不同的立足點，就可能看到不同的景觀；同一件事物，從不同的角度，就可能產生不同的評價。要使文章避免人云亦云的毛病，就需要與眾不同的觀點，而這觀點又必須有顛撲不破的理論爲依據，才能出語不凡，言人之所未言。

周鄭交質這件事，《左傳》以君子之言，批評周平王言不由衷，不够眞誠，縱然以人質取信，也無濟於事。這本是無可厚非的立論，但呂祖謙本乎孔子正名分之義，評《左傳》將周王視爲列侯是不應該的，以引出一篇鏗鏘有力的議論文字來。

第一段論君臣名分之不可亂；第二段指出《左傳》無尊卑之辨，亂了名分；第三段轉說周平王儒弱，不能嚴守立場，自取其辱；第四段慨嘆連君子都不知王室之尊，而引出「此孔子所以憂也，此《春秋》所以作也，此《春秋》所以始於平王也」擲地有聲的結論來。全文以名分爲中心，以孔子的主張爲依歸，在當時來說已是最具權威的立論依據了。

宋穆公立殤公 隱公三年

【題　解】宋穆公（西元前七二八—七二〇年在位）是宋宣公（西元前七四七—七二九年在位）的弟弟，宣公把國位傳給弟弟而不傳給兒子與夷。穆公病時，召大司馬孔父，要求死後還位給哥哥的兒子與夷。雖然孔父表示要奉穆公的兒子馮，可是穆公不答應，他認爲：「我哥哥以爲我賢，才傳位給我，我如今不讓回給哥哥的兒子，算什麼賢人？爲了發揮哥哥的遺德，我非如此不可！」於是命令公子馮住到鄭國去，傳位給與夷，是爲殤公。《左傳》贊美宋宣公知人善任，所以讓位給弟弟，兒子仍然能繼位，這是君命出乎義的緣故。

可是十年之後，華督弒殤公，立公子馮爲莊公（西元前七一〇—六九二年在位），所以呂祖謙以爲宋宣公不生於堯舜之世，無堯舜之德而效法堯舜之行以為奇、以為高，實不足取法。不能因時制宜，不能因人制宜，必然自取其敗。

人皆愛奇，而君子不愛奇；人皆愛高，而君子不愛高。君子之情未嘗不與人同也，而愛惡與人異者，何也？蓋物反常為怪，地過中為偏。自古自今，惟一常也；自南自北，惟一中也。是常之外而復求奇焉，斯怪矣；是中之外而復求高焉，斯偏矣。是故眾人之所謂奇，即君子之所謂怪也；眾人之所謂高，即君子之所謂偏也。至貴莫如金，至多莫如粟，然食粟則生，食金則死，反常之害蓋如此。適百里之都而必行千里之路，其行愈速，其都愈失，吾又知中之果不可過也。

君子所以行不貴苟難；說不貴苟察，治民無可傳之政；治兵無可喜之功者，曷嘗厭奇而畏高哉？奇若果奇，則君子已先出於奇矣；高若果高，則君子已先出於高矣。其逡巡退縮，終莫肯就者，非不愛奇也，不愛怪也；非不愛高也，不愛偏也。苟惟不然，則避赫赫之名，受碌碌之毀❶，果人情也哉！

有國者傳之子，常道也，中道也。宋宣公以為是未足以為奇，必傳於弟以為奇焉；是未足以為高，必傳於弟以為高焉。一傳穆公而使之逐其子❷，再傳殤公而使之殺其身❸。

公羊氏以爲：君子大居正❹，宋之禍，宣公爲之。其說既無以加矣。吾嘗推宣公之意，必以爲聖人建國，使父子之相繼者，爲衆人設也。堯何人哉！不傳之子而傳之舜；舜何人哉！不傳之子而傳之禹。吾何爲以衆人自處，而不慕堯舜至奇至高之行乎？殊不知道無不常亦無不中，傳賢之事，自衆人視之，則以爲奇以爲高。自堯舜視之，則見其常而不見其奇也，見其中而不見其高也。扛萬鈞❺之鼎，烏獲❻以爲常，而他人以爲勇；游千仞❼之淵，沒人❽以爲常，而他人以爲神。未至堯舜而竊效焉，是懦夫而舉烏獲之鼎，稚子而入沒人之淵也，何往而不敗哉！

【註釋】❶碌碌之毀　被詆毀爲平凡庸碌。❷逐其子　《左傳》及《史記．宋微子世家》都說穆公逐其子公子馮。依《公羊傳》則逐二子，另一位爲左師勃。❸殺其身　桓公二年，宋華督因孔父嘉之妻美，乃殺孔父而取其妻，殤公怒，華督遂弒殤公，而迎立穆公之子馮於鄭，是爲莊公。❹大居正　以守正爲大。❺鈞　三十斤爲一鈞。❻烏獲　戰國時秦國大力士，後來爲大力士之通稱。❼仞　周代八尺爲一仞，漢制七尺爲一仞，東漢末年以五尺六寸爲一仞。❽沒人　熟知水性，能潛水的人。

【語譯】一般人都喜歡奇特，而君子並不喜歡奇特；一般人都喜歡高超，而君子並不喜歡高超。君子的性情未嘗不與一般人相同，而所愛與所惡卻與一般人不同，這是什麼道理呢？那是因爲事理違反了常軌，就是怪誕；事物措置不適中，就是偏差。自古以來，事理惟求常軌；從南到北，事物只求適中。在常軌之外再求奇特，就成爲怪誕；在適中之外另求高超，就成爲偏差。所以，一般人所謂的奇特，就是君子人所謂的怪誕，一般人所謂的高超，就是君子人所謂的偏差。人世間沒有比黃金更稀有貴重的，沒有比粟米更衆多平凡的，然而以粟米爲糧食可以維持生命，呑食黃金則導致死亡，違反常軌的害處大體就是這樣。前往百里之外的都城卻走了千里的路程，走得愈快離都城就愈遠，我們因此可知凡事求其適中而不可太過。

君子人所以在行爲上不求特別難能可貴；在言辭上不求精確細察，治理人民沒有值得稱頌的政績；帶領軍隊沒有值得稱慶的戰功，又何嘗是因爲厭惡奇特而避高超呢？其實，若所謂的奇特是眞奇特，則君子早就有奇特的表現了；若所謂的高超是眞高超，則君子早就有高超的表現了。君子之所以猶疑退縮，始終不肯去趨附，並不是不喜歡奇特，而是不喜歡怪誕；並不是不希望高超，而是不希望偏差。要不然君子規避顯赫的聲名，而寧可被人詆毁爲平凡庸碌，這難道是人之常情嗎？

國君傳位給兒子，是合乎常理的，也是適當的。宋宣公卻以爲這樣做稱不上奇特，必須傳位給弟弟才稱得上奇特；又以爲這樣做算不得高超，必須傳位給弟弟才算得上高超。因此，先傳位給穆公，結果使穆公驅逐了自己的兒子；然後，穆公又傳位給殤公，結果使殤公遭到殺身之禍。公羊高認爲：君子以守正爲大，宋國所發生的禍害都是因爲宣公而造成的。這樣說是最確切不過了。

我曾經推求宋宣公的原意，必定以爲古代聖王建國傳位，制定父子相承的制度，是爲常人所設的。而唐堯是多麼不平凡，不將帝位傳給兒子而傳給虞舜；虞舜又是多麼了不起，不將帝位傳給兒子而傳給夏禹。我爲什麼要以常人自居，而不仰慕且效法堯舜極爲奇特、極爲高超的行爲呢？卻不曉得道是不違反常軌也不偏離適中的，傳位給賢能的人這樣的事情，在常人的眼裏，認爲是奇特的行爲，是高超的表現。在堯舜的眼裏，則認爲這是合於常道的，並不顯得奇特；也認爲這是恰當的，並不顯得高超。就像扛負三十萬斤重的大鼎，在烏獲來說，是稀鬆平常的，而常人則以爲勇猛過人；潛游於萬丈深淵，在潛水夫來說，是習以爲常的，而常人則以爲出神入化。宋宣公並沒有修養到堯舜至聖至德的境地，卻要效法他們傳位於賢的行爲，就如同沒有勇力的人去舉烏獲所舉的大鼎，幼小的孩子躍入潛水夫所潛的深淵，怎麼可能不失敗呢？

【研析】古人論文，常有全文以某個字爲「眼目」的說法，如果我們要在這一篇找眼目的話，那該是「常」字。文章第一段，指出「自古自今，惟一常也」，提出「常」爲立論的張本，而提「常」字共有九次。爲避免反復出現的次數太多，還用了與「常」相對的「奇」字，全文提了十四次。又爲增加文章的氣勢，以「中」和「常」相提並論，也出現七次；與「奇」相提並論是「高」字，也出現十四次。從這些統計，我們不難看出全篇架構的大概。

宋宣公以爲弟弟賢，於是傳位給弟弟而爲穆公，穆公爲了不負所託，他也不傳子而傳給兄之子而爲殤公。兩人的動機都是值得稱道的，但呂祖謙卻以殤公終究被弒，來認定他們傳位是違反常道，所以認定宣公啟了宋的禍端。平心而論，這對宣公是不公平的。

本文第一段提出人皆好奇，而君子則重常道，強調反常爲怪，反常有害。第二段承前段說明君子非不愛奇，非不愛高，而是不愛怪、不愛偏。第三段即指出宋宣公違反常道而召禍，第四段即推論宋宣公好奇好高，效堯舜之行，但不合時宜，不稱其德，所以致敗。全文以「君子守常道」爲大前提，再以「宣公不傳子是愛奇而不守常」爲小前提，推論宣公非君子而啟禍端。這正是邏輯學上標準的定言三段論，當然言之成理，而有說服力。其實殤公是被華督所弒，導源於華督欲奪孔父嘉之妻，而殺孔父嘉，乃為殤公所不容，華督先發制人，弒殤公而迎立公子馮。把這些事歸咎到宣公，也不免太攀誣古人了。

衛州吁　隱公三年

【題解】 衛莊公夫人莊姜，是娶自齊國，美而無子，而以戴嬀所生的兒子為她的兒子，就是後來即位的桓公（西元前七三四—七一九年在位），但這時莊公寵嬖所生的州吁，恃寵生驕而好兵，為莊姜所厭惡，石碏曾勸諫莊公（西元前七五七—七三五年在位），不能太寵州吁，但不被接納，而石碏的兒子石厚，和州吁來往密切，石碏也無法禁止，於是在桓公即位後，告老退休。隱公三年（西元前七一九年）州吁弒桓公而自立，但情勢不安，於是向石碏請教安邦定位之計，石碏教他們透過陳侯去覲見周王，才能名正言順，而石碏卻待他們到陳國時，請陳侯把他們抓起來，由衛國派右宰去把州吁殺掉，而自己也派家宰去把石厚殺掉，《左傳》贊美石碏大義滅親，呂祖謙則以為石碏諫莊公之時，已太遲了。禍要止於未萌之時，害要防於未見之日，強調君子應當以除惡念為首務。

未見之情，人所未知；未動之情，己所不知。歷舉天下之事其迹可指者，使人評之曰孰為善，孰為惡；孰為忠，孰為邪；孰為是，孰為非；孰為誠，孰為僞，猶參差而不得其情，況於情之未見於外者乎！此色厲內荏，面剛心柔之徒，所以每誤天下後世也。情之未見者難知如此，抑又有甚難知者焉！博者必盜，當博之初未有為盜之情也，然財匱則必至於盜；詈者必鬬，當詈之初，未有決鬬之情也，然忿極則必至於鬬。蓋博則有盜之理，詈則有鬬之理。其情未動，其理已萌，非獨人不能覺，已亦不能自覺焉，豈非天下之至難知者乎？

莊公之寵州吁，不過溺於所愛而已，初不知其基篡弒之禍也。雖州吁受寵之初，亦未嘗有篡弒之心也，及因寵而驕，因驕而縱，因縱而暴，莊姜惡之，桓公忌之，州吁始憂不能自免，而求免之心生矣。有篡國之利誘其前，有殺身之禍迫其後，而弒逆之謀成矣。彼州吁之初心豈自料至此哉？石碏之諫善矣，惜其進言之晚也。方碏之諫州吁，既有寵矣，既好兵而不禁矣。有寵而驟奪之，能無怨乎？不禁而驟禁之，能無忿乎？借使莊公聽之，父子之際所傷已多矣，況又不聽乎！碏苟能止於未萌，則桓公不至於弒，州吁不至於逆，國不至於危，子不至於戮矣。雖討賊之忠凜然與衛國相終始，吾猶恨其不能消患於未形，而徒救患於已形也。

嗚呼！衛至褊也，州吁至微也，其篡爭猶蠻觸氏之戰❶，一切不足論也，吾獨因州吁之事有所懼焉！殺人不忌者，世謂之暴；冒貨無極者，世謂之貪；沈湎昏縱者，世謂之荒；陰賊詭譎者，世謂之險。苟無故加人以四者之謗，其不慍見者幾希❷。抑不知世之所共指者，特情之已發，事之已彰者耳。吾平居暇日，一偏於怒，則雖未嘗殺人，而一念之暴已藏於胸中矣；一偏於愛，則雖未嘗冒貨，而一念之貪已藏於胸中矣；未能寡慾，則雖無沈湎之過，而一念之荒已藏於胸中矣；未能平心，則雖無陰賊之過，而一念之險已藏於胸中矣。四者之根藏於胸中，伏而未發，雖吾亦不自知其惡也。是不猶州吁受寵之初，篡弒之惡已藏於胸中而不自知乎？迨夫一念之惡藏於胸中者既熟，遇事則見，遇物則動，外之惡習召內之惡念，內之惡念應外之惡習。以惡合惡，若川之決，若火之燎，有不能自制者，吁亦危矣！

君子之治心，當明白四達，俾秋毫❸之不正無所容，而後可苟容秋毫之不正焉。猶播一粒之稊稗❹，雖初未見其害，假之以歲月，潤之以雨露，未有不芃然爲多稼之賊者。蓋既有此根，必有此苗，欲除稊稗之害，當除稊稗之種可也。然則禁過者苟未知過之所由生，而何暇州吁之笑哉！

【註釋】❶蠻觸氏之戰　比喻微小之爭。本《莊子．則陽》的寓言，有一個國家在蝸牛的左角，叫觸氏；另個國家在蝸牛的右角，叫蠻氏，常爲爭地而戰，死傷無數。❷幾希　無幾，很少。❸秋毫　比喻微細的事物。本指鳥獸到秋天時所長出來的細毛。❹稊稗　泛指田中有害於稻麥的雜草。本是二種實如小米，不能食用的禾本科植物。

【語譯】還沒表露的情，他人無從知曉；還沒萌動的情，連自己都不會察覺。歷舉天下有迹可考的事件，讓人評論，說何者爲善，何者爲惡；何者爲忠，何者爲邪；何者爲是，何者爲非；何者爲誠，何者爲僞，尚且所見不一，而無法識得實情，何況是還沒表露出來呢！這就是那些表面威嚴十足而內心膽怯，或表面剛強而內心柔弱的人，所以會使天下後世的人判斷錯誤的原因。情未表露的，已這樣難以知曉，而還有更難知曉的呢！愛賭博的人將淪爲竊盜，但當賭博的時候，並沒有當盜竊的意念，到了財物匱乏之時，則演變爲竊盜；相互辱駡的人必至於相互鬭毆，而剛辱駡時，彼此並沒有打鬭的意念，忿怒到了極點時，則必相互鬭毆。所以，賭博有成爲竊盜的理，辱駡有引起決鬭的理。其意念雖未啟動，其理卻已萌生了，非但別人不能察覺，就連自己也不自覺呢！這豈不是天下最難知曉的嗎？

莊公寵愛州吁，只是過分疼愛自己的兒子，開始時並不知道這將導致弒手足篡君位的禍事。州吁雖然受父親寵愛，開始時也未嘗有弒君篡位的心意。其後因受寵而驕橫，因驕橫而縱恣，因縱恣而暴虐，導致莊姜的厭惡及桓公的疑忌，州吁乃開始擔憂將不免有禍，謀求免禍的心因此而生。有篡國的利益在前誘惑，又有殺身之禍在後逼迫，弒君叛逆的計謀也因此而形成了。州吁在起初豈會料到有這樣的結果？石碏勸諫莊公是好的，只可惜他進言太晚了。當石碏勸諫莊公不能太寵州吁時，州吁受寵已深，對兵戈的愛好也沒有被禁止。如果將其原有的寵愛驟然奪去，能不生怨恨嗎？原本不被禁止的事驟然被禁，能不生忿怒嗎？即使莊公聽從勸諫之言，則莊公父子之間的感情也將大受傷害，又何況莊公不能聽從呢？石碏若能在禍害未萌之前先諫止，則桓公不至於被弒，州吁不至於成叛逆，衛國不至於發生危害，石碏的兒子也不至於被殺了。雖然石碏討賊護國的心凜然長存於衛國，我仍然很遺憾他不能消除災禍於未形成之前，而徒然拯救禍患於形成之後。

唉！衛是狹小的國家，州吁也是微不足道的人物，這種小國的篡弒之爭有如蝸牛角上的蠻觸氏之戰，根本不值得討論，我卻以爲州吁的事應有所戒懼！殺人無所忌憚的，世人稱之爲暴虐；貪愛財貨不知節制的，世人稱之爲貪婪；沉迷而昏瞶放縱的，世人稱之爲荒淫；陰險暴惡詭譎不正的，世人稱之爲險詐。若無緣無故以這四種罪名去詆毀他人，能不生氣的實在很少。卻不知世人所共同指責的，只是那些已表露出來的情，已彰顯出來的事。我平常的時候，些微小事引起了忿怒，雖然不曾殺人，而暴虐之念已存於胸中；些微小事引起了貪愛，雖然不曾貪取財貨，而貪慾之念已存於胸中；不能清心寡慾，雖然沒有沉湎昏惑，而荒淫之念已存於胸中；不能平心靜氣，雖然沒有陰險行惡，而險詐之念已存於胸中。若這四種惡念的根苗藏在胸中，隱伏而未發，即使是我們自己也不知有此惡念。這不就如同州吁受寵之初，篡位弒君的惡念藏伏於胸中而不自知嗎？惡念藏伏於胸中，時機成熟，則遇到事情就顯露，遭遇外物就動念，外在的惡習引發內在的惡念，內在的惡念應合外在的惡習。使惡習與惡念相合，有如川河潰決，野火燎原，一發不可收拾而不能自制。到了這種地步，州吁的處境就很危險了。

君子修養心性，應當求澄澈明達，不使絲毫不正之念存於胸中，而後才能包容外在的細微不正，而不受影響。如同播下一粒稊稗的種子，雖然起初看不出會有什麼禍害，若給它成長的時間，並用雨露去滋潤，則沒有不繁茂而成爲各種農作物之害的。因此，有這樣的根，必會生出這樣的苗，想要除去稊稗之害，就當先除去稊稗的種子。然而盡忠勸諫以避免過失的人，若根本不明白過失是從那裏產生的，如何不被州吁之徒所取笑呢？

【研　析】本文大體可分四段，第一段說明情未表露，別人無從知道；情未動而理已萌，可是人並不自覺，所以情是難以捉摸的。這是全文立論的張本。第二段說明莊公寵州吁，並不知道會造成禍害，州吁起初也沒有篡弒之心，到後來主客觀情勢形成不得不篡弒之勢，石碏勸諫之時，主客觀情勢已難以扭轉。第三段指出小國篡弒是小事，原沒有討論的價值，但不知一念之惡，爲害之大，常爲人所疏忽，這是大事，就值得注意。第四段論君子修身，要先正心去惡念，以除禍害根苗。

本篇作法與前幾篇略有不同，因爲前幾篇是有意在立論上標新立異，而本篇則討論另外的問題。前幾篇猶如從不同的立足點，指出不同的景觀，本篇則另闢蹊徑，而所見則別有洞天，兩種方法都可以達到：避免人云亦云以求新奇的效果。

臧僖伯諫觀魚　隱公五年

【題解】魯隱公五年（西元前七一八年），隱公要到棠（今山東省魚臺縣西南）去看人捕魚以爲戲樂，臧僖伯（卽公子彄，字子臧，是魯孝公之子）勸阻說：「凡是物品不能用在祭祀和兵戎上，它的材料不能用來製作禮器和兵器的，國君都不要有所舉動。」隱公就說：「我是打算去視察邊境的。」臧僖伯託病不肯前往，隱公還是去了。

呂祖謙認爲要勸戒國君所樂之事，不外戒之以禍、喻之以理、悟之以心，而以悟之以心最爲有效。臧僖伯勸阻不成，就是因爲未能悟之以心的緣故。

遊宴之逸，人君之所樂也；諫諍之直，人君之所不樂也。以其所不樂，而欲奪其所樂，此人臣之進諫所以每患其難入也。然則進諫之道將奈何？曰：進諫之道，使人君畏吾之言，不若使人君信吾之言；使人君信吾之言，不若使人君樂吾之言。戒之以禍者，所以使人君之畏也；諭之以理者，所以使人君之信也；悟之以心者，所以使人君之樂也。

舉天寶之亂，而不能輟敬宗驪山之行❶；舉臺城之圍，而不能解憲宗佛骨之惑❷，豈非徒以禍戒之，而未嘗以理諭之耶？論朝會之禮，而不能止莊公之觀社❸；論律呂之本，而不能已景王之鑄鐘❹，豈非徒以理諭之，而未嘗以心悟之耶？蓋禍固可使人畏，然遇驕慢而不畏者，則吾說窮矣；理固可使人信，然遇昏惑而不信者，則吾說窮矣。臧僖伯之諫隱公，先之以不軌不物之禍❺，次之以蒐狩治兵之理，其言深切著明，可使人畏，可使人信，然訖不能回隱公觀魚之轅者，殆未嘗以心悟之也。

彼隱公之心，方溺於觀魚之樂，雖有顯禍，將不暇顧；雖有至理，將不暇信。僖伯無以開其心，而徒欲奪其樂，亦疏矣。爲僖伯者，誠能以吾道之樂，易觀魚之樂，使隱公之心怡然自得，睟於面，盎於背，暢於四支❻，則反視世之所共嗜，若犬馬，若聲色，若珠玉，若文繡，曾土芥瓦礫之不如也。雖與之觀天池之鯤❼，龍門之鯉❽，鬣翻雲而鱗橫海者，猶不足以易吾之真樂，況一勺之棠水乎？

吾嘗論之，人君之遊宴，畏人之言而止者，是特不敢爲而未知其不當爲也；信人之言而止者，知其不當爲而未知其不足爲也。惟釋然心悟，然後知其不足爲，知其不足爲，雖勸之爲亦不爲矣！

【註釋】❶舉天寶之亂二句　事見《資治通鑑》卷二百四十三。唐敬宗於寶曆元年（西元八二五年），要到驪山溫泉，左僕射李絳、諫議大夫張仲方等屢諫不聽，拾遺張權輿，伏於紫宸殿下，叩頭諫道：「以前周幽王在驪山爲犬戎所殺，秦始皇葬在驪山而秦亡，唐玄宗在驪山建宮殿而有安祿山之亂，先帝臨幸驪山而享年不長（穆宗死時年三十）。」唐敬宗卻說：「驪山如果那麼凶險，我應該去驗證一下。」所以仍然前往，而當天回來。對左右說：「我不是好好的，那些叩頭勸諫的話，怎麼可信！」敬宗第二年被害，年僅十八。驪山在今陝西省臨潼縣東南，唐玄宗於此置華清宮；即楊貴妃浴身處，爲溫泉勝地。❷舉臺城之圍二句　事見《舊唐書》及《新唐書》韓愈本傳。元和十四年（西元八一九年），唐憲宗遣使往鳳翔迎佛骨，入宮三日，才送佛寺，韓愈上表勸諫，說明古代帝王在位都很長，漢明帝佛法傳入中國，在位才十八年，其後亂亡相繼，在位不久。宋、齊、梁、陳、元魏以下，敬事佛法，年代更短，唯梁武帝在位四十八年，前後三次捨身施佛，宗廟祭祀不用牲牢，自己吃素，後來卻爲侯景所逼，餓死臺城。唐憲宗大怒，要將韓愈處死，後經裴度等力救，才貶爲潮州刺史。臺城，在今江蘇省江寧縣北，玄武湖邊。❸論朝會之禮二句　魯莊公二十三年（西元前六七二年）夏天，莊公去齊國看祭祀社神，曹劌以不合禮制勸阻之，但莊公不聽。事見《左傳》及《國語》。❹論律呂之本二句　依《國語・

周語下》周景王於他在位的第二十三年（西元前五二二年），將鑄大鐘，單穆公以爲不可，王不聽而問伶州鳩，伶州鳩論音樂之道以勸阻之，王仍不聽。次年鐘成，王再過一年而崩逝。也見於《左傳》昭公二十一年。律呂，爲樂律之統稱。因古代樂律有陽律、陰律各六，合爲十二律，陽六曰律，陰六曰呂，乃合稱律呂。❺不軌不物之禍　臧僖伯說演習祭祀和兵戎以端正法度，叫做軌；選取材料以製作重要器物，叫做物。事情不合於軌和物的，叫做亂政。❻睟於面盎於背暢於四支　本指君子將仁義禮智根植在心中，發出純和溫潤的神色，表現於顏面，反應於肩背，以至於手足四肢。語本《孟子・盡心上》，而爲有德者之儀態。❼天池之鯤　寓言中大海中能化爲鵬的大鯤魚。依《莊子・逍遙遊》，說北冥有魚，名叫鯤，鯤也不知幾千里大，變化爲鳥，就叫做鵬，鵬的背也不知有幾千里寬。怒而飛起，牠的翅膀就像垂天之雲。這鳥在海上運行不息，將徙於南冥，而南冥就是天池。❽龍門之鯉　在龍門力爭上游的鯉魚。依辛氏《三秦記》，河津，一名龍門，水險不通，連魚鼈也都游不上去，江海大魚集於龍門下，能上得去就化爲龍。所以有所謂「一登龍門，聲價十倍。」而科舉落第，則稱暴鰓龍門。

【語譯】嬉戲宴遊的逸樂，是國君所喜歡的；疾直的勸諫，則是國君所不樂意聽的。想以他所不樂意聽的話，奪去他所喜歡的事，所以爲人臣者進諫時，總是憂慮國君難以聽得進去。那麼勸諫之道應該如何呢？我認爲：勸諫之道，與其使君王懼怕我所說的話，不如使君王相信我所說的話；而與其使君王相信我所說的話，又不如使君王樂於聽從我所說的話。以災禍去警告，可以使君王懼怕，用道理去說明，可以使君王相信；而讓君王心中有所感悟，才可以使君王樂於聽從。

張權輿舉出玄宗天寶年間的安史之亂，並不能阻止唐敬宗前往驪山溫泉；韓愈舉出梁武帝餓死臺城的慘劇，也不能阻止唐憲宗接迎佛骨，這豈不是只以災禍警告，而未曾以道理說明？曹劌說明君王間朝會的禮制，並不能阻止魯莊公前往齊國觀看社祭；伶州鳩談論音樂之道，也不能阻止周景王鑄造大鐘，這豈不只是說明道理，而未曾感悟其心？因此，災禍固然可以使人懼怕，若遇到傲慢而無所畏懼的人，我們說的話就無濟於事了；道理固然可以使人信服，若遇到昏庸迷糊而不能明理信達的人，我們說的話也就無濟於事了。臧僖伯勸諫隱公，先以祭祀兵戎及器物不合法度的禍害作爲警告，再說明春冬狩獵及治兵的道理，他的言辭深切而顯明，可以使人畏懼，也可以使人信服，而最後仍不能止住隱公觀魚的車馬，那該是沒有使他的心確實有所覺悟吧？

那時隱公的心正沉迷於觀魚的樂趣，雖將有明顯的禍害，也沒有工夫去顧慮；雖然有明確的道理擺在跟前，也沒有工夫去相信。臧僖伯並沒有開悟隱公的心，而只想奪除他的樂趣，這勸諫也未免太粗疏了！站在僖伯的立場，若眞能以我輩習道之樂，去替代觀魚之樂，使隱公的心，怡然自得，於是純和溫潤的神色，表現於顏面，反應於四體，這時隱公回頭看世俗所共有嗜好的，像名犬駿馬、聲樂女色、珠寶玉器、五彩織錦等，連泥土草芥、瓦片碎石都還不如呢！這時雖願與他共同觀賞海中大鯤魚，躍龍門的鯉魚，或鰭能翻雲、鱗能橫海的大魚，也不足以替代得道眞正的快樂，更何況是小小的棠地之水呢？

我曾經討論過，大概爲人君者嬉戲宴樂，因害怕別人諍諫而停止的，只是不敢做，而不知道那是不應該做的；若因信服別人所說的道理而停止，只是知道不應該去做，而不認爲那是不值得去做的。惟有心中覺悟，然後才能知道那是不值得做的，知道那是不值得做的，卽使有人勸他，他也不會去做了！

【研　析】本文暗取《論語・雍也》孔子所謂：「知之者不如好之者，好之者不如樂之者。」也將進諫之道分爲三個層次：「使其君畏之者不如使其信之者，使其信之者不如使其樂之者。」爲全篇立論的張本，做爲文章的第一段。第二段是列舉古事，印證進諫失敗，大多只是恐之以禍，而不能喻之以理；或只是喻之以理，而不能悟之以心。然後再點到題目，指出臧僖伯諫觀魚，就是沒有悟之以心所以無效。第三段說明魯隱公已溺於觀魚之樂，只有悟之以心，才能收效。第四段從「不敢爲」不如「知其不當爲」，「知其不當爲」不如「知其不足爲」，說明使其釋然心悟而不肯爲，那才是根本之道，以呼應前面所說的三個層次，以收束全文。

臧僖伯諫隱公觀魚，這當然是對的。既然是對的，就難以發揮議論。但呂祖謙將進諫之道分爲三個層次，於是推論出一大篇議論來，並且列舉歷代故實，支持自己的論點，以增加說服力，這都是寫議論很可取法的方式。

鄭敗燕 隱公五年

鄭敗北戎隱公九年　楚敗鄧桓公九年　商密降秦僖公二十五年　鄭敗宋成公十六年　楚滅舒庸成公十七年　楚敗吳滅舒鳩襄公二十五年　晉滅肥昭公十二年　晉滅陸渾昭公十五年　吳敗楚取餘皇昭公十七年　吳敗胡沈陳三國昭公二十三年　越敗吳於檇李定公十四年　越敗吳於笠澤哀公十七年

【題　解】隱公五年（西元前七一八年）四月，鄭人侵襲衛國，衛人帶領南燕軍隊攻打鄭國，鄭國的祭足、原繁、洩駕帶領三軍在其前，由曼伯和子元偷偷率領制地的軍隊襲其後，燕人戒懼鄭國的三軍，而沒有防備從制地來的軍隊，所以被打敗。鄭國以虛虛實實誤導燕人，而打敗了燕軍，呂祖謙借此以論用兵之道。

有關用兵使詐的事，在《左傳》記載不少，所以呂祖謙就將隱公九年鄭敗北戎等十二件事（詳見題目所列），全部放在一起加以統括，但文中除了提到鄭敗燕和鄭敗北戎之外，其他一概不提。

兵者，君子之所長，小人之所短，此理之必然，而世未有知其然者也。吾嘗以是理試語於衆矣，談兵之士勃然而見難曰：「君子何爲而名君子？」吾應之曰：「誠而已矣！」「小人何爲而名小人？」吾應之曰：「詐而已矣！」難者曰：「果如是，則兵者乃小人之所長，而君子之所短也。萬物皆賤詐，惟兵獨貴詐。君臣相詐，則其國危；父子相詐，則其家敗；兄弟相詐，則其親離；朋友相詐，則其交疏；商賈相詐，則其業廢。至於用兵，小詐則小勝，大詐則大勝。小人長於詐，故其用兵亦長；君子短於詐，故其用兵亦短。自曼伯❶以降，制勝不同，同歸於詐。是數子者，苟以君子長者之道處之，安能成其功乎？故儒家之小人，兵家之君子也；兵家之君子，儒家之小人也。彼區區忠信誠愨，何足稱於孫吳❷之門哉？」

吾應之曰：「吾姑言其理耳。今子舉前古之事以攻之，以子之事證吾之理，益知兵非君子莫能用也。春秋諸子所以能收一日之功，特以小人而遇小人耳，若君子遇之，雖聚鄭楚秦晉十餘國之衆爲一軍，合曼伯子突❸十餘人之知爲一將，吾知談笑麾之綽綽乎有餘裕矣。吾非爲大言以誇衆也，亦理之必然者也。蓋君子之於兵，無所不用其誠，世未有誠而輕者，敵雖欲誘之，烏得而誘之？世未有誠而貪者，敵雖欲餌之，烏得而餌之？世未有誠而擾者，敵雖欲亂之，烏得而亂之？用是誠以撫御，則衆皆不疑，非反間之所能惑也；用是誠以備禦，則衆皆不怠，非詭謀之所能誤也。

「彼向之所以取勝者，因其輕而入焉，因其貪而入焉，因其擾而入焉，因其疑而入焉，因其怠而入焉。一誠既立，五患皆除，兕無所投其角，兵無所投其刃，曼伯子突之徒無所投其詐矣。豈特曼伯子突之徒哉，縱使盡號召自古之知兵者環而攻之，聚而謀之，雖極其詐計至於百，君子待之一而已矣；又極其詐計至於千，君子待之亦一而已矣；又極其詐計至於萬，君子待之亦一而已矣。彼之詐至於萬而不足，我之誠守其一而有餘，彼常勞而我常佚，彼常動而我常靜，以佚制勞，以靜制動，豈非天下常勝之道乎？然則天下之善用兵者，不得不歸之君子，用兵之善者，固無出於君子矣。

然自古書帝籍而勒景鐘❹者，黥髡盜販❺相望於史，而宋襄❻陳餘❼之流每以仁義爲天下笑，抑又何也？蓋盡小人之術者，方無愧於小人之名；盡君子之道者，方無愧於君子之名。世之所謂小人，已極其術，稱小人之名者也；世之所謂君子，未得其道，託君子之名者也。以爲君子對眞小人，持一日之誠而欲破百年之詐，安得而不敗哉？舉斧以伐木，苟不能仆焉，謂斧之鈍則可，謂木勝斧則不可也；酌水以沃火，苟不能息焉，謂水之微則可，謂火勝水則不可也。安得以宋襄輩遂疑君子之短於兵哉？」

【註釋】❶曼伯　鄭國公子，名忽，後爲鄭昭公（西元前六九七—西元前六九五年在位）。❷孫吳　孫武和吳起。孫武，齊人，爲吳王闔廬任爲將，破楚，顯名諸侯，著《孫子兵法》。吳起，衛人，曾任魯、魏、楚爲將，也有兵法傳世，所以常以二人爲兵家之代表。事見《史記．孫子吳起列傳》。❸子突　鄭國公子，名突，字子元，隱公五年與曼伯以制地的軍隊，出其不意，敗南燕。隱公九年，北戎侵鄭，鄭伯怕戎兵從後超越來進犯，子突說：「我們可以派勇而無剛的兵士，和敵人一接觸就後退，而我們設下三批伏兵等着他們，戎人輕率而不整肅，貪婪而不團結，戰勝了各不相讓，戰敗了各不相救，看到財物，只顧前進，遭遇伏兵，必快奔逃。」果如其言，鄭兵把戎軍截斷，前後夾攻，大敗戎軍。子突，後爲鄭厲公（西元前七〇〇—六九七年在位）。❹勒景鐘　立大功，將姓名刻載在大鐘之上。春秋時，晉大夫魏顆，得結草之報，俘秦將杜回，其功勳銘於景公鐘之上，後來以景鐘爲褒功的典故。❺黥髠盜販　指淪爲罪犯、盜匪或販夫走卒。黥，古代肉刑之一，於額上刺字，即墨刑。髠，古剃髮之刑。❻宋襄　（西元前？—西元前六三七年）春秋時，宋國國君，宋桓公子，姓子，名茲父，繼齊桓公爲諸侯盟主，西元前六三八年與楚兵戰於泓水，楚兵強大，他以仁義之師自命，等待楚兵渡河列陣後再戰，結果大敗受傷，於次年不治而死。❼陳餘　（西元前？—西元前二〇四年）秦末大梁人，初與張耳投陳勝的義軍，取趙地後，遊說武臣自立爲趙王，武臣死，又別立趙歇爲王，趙歇也封陳餘爲代王，後來張耳降漢，與韓信軍共擊殺陳餘。事見《史記．陳餘本傳》。

【語　譯】用兵是君子所擅長，小人所不擅長的，這是必然的，而世俗卻不知道其中的道理。我曾經試著把這個道理告訴眾人，那些談論用兵的人變了臉色地問我說：「君子爲甚麼被稱爲君子？」我回答說：「他們能做到一個誠字罷了！」「小人爲甚麼被稱爲小人呢？」我回答說：「他們擅長一個詐字罷了！」責問我的人說：「如果是這樣，那麼用兵乃是小人所擅長，而爲君子所不擅長。人世萬事萬物都鄙賤詐術，只有兵家崇尚詐術。君臣相欺詐，國家必至於傾危；父子相欺詐，家庭必至於破敗；兄弟相欺詐，親情必將疏離；朋友相欺詐，交情必趨於疏淺；商人相欺詐，事業必將敗壞。至於用兵之道，使小詐得小勝，使大詐獲大勝。小人長於用詐，所以也長於用兵；君子拙於使詐，所以也拙於用兵。自曼伯以來，制勝之道，各有不同，但總歸於用詐取勝。這些常勝的兵家，如果以君子長者之道來處理用兵的事，怎麼可能成就這些戰功呢？因此，儒家所謂的小人，是兵家的君子，而兵家所謂的君子，卻被儒家視爲小人。那些謹守忠信誠懇的人，在孫吳兵家之門如何能得到稱許呢？」

我回答說：「我姑且講述其中的道理。今天您例舉古代的事來責問我，其實以您所舉之事來驗證我所說的道理，更能看出不是君子是不能用兵的。春秋時候各兵家所以能得一時的戰功，只是因爲小人遇上小人的緣故，如果遇上君子，即使聚集鄭楚秦晉等十餘國之眾成爲一支軍隊，集合曼伯子突等十餘人的才智在一個將領的身上，但我仍然知道君子能在談笑間指揮軍隊，對付他們是綽綽有餘的！我不是在眾人面前加以誇張說大話，而是在道理上必然是這樣的。因爲君子用兵，沒有不盡其誠的。世上沒有盡心誠懇的人會輕忽的，敵人雖想要誘騙他，怎麼能誘騙呢？世上沒有盡心誠懇的人會貪婪的，敵人雖想要利誘他，怎麼能利誘呢？世上沒有盡心誠懇的人會紛亂沒有主意的，敵人雖想要擾亂他，怎麼能擾亂呢？以坦誠懇切來安撫部下，領導軍隊，則眾人都信服不疑，不是反間計所能迷惑的；以誠懇切實來守備防禦，則眾人不敢有所懈怠，不是任何陰謀詭計所能陷害的。

「從前他們所以能打勝仗，是因對方的輕忽而上當，因對方的貪婪而進入圈套，因對方陣營的紛擾而得逞，因對方相互的疑懼而被陷害，因對方守備的懈怠而使人有機可乘。如果以誠立信，以上五種禍患都可免除，連犀牛也用不上他的銳角，兵刄都找不到縫隙，曼伯子突之輩也無法使其詐術。又豈止是曼伯子突之輩呢？縱使號召自古以來所有善於用兵的人，包圍而攻打他，聚集而騷擾他，雖然使用上百個險詐的計謀，君子所對付的方法，只有一個——誠而已；又使用上千個險詐的計謀，君子所對付的方法，也只有一個——誠而已；再極盡上萬個險詐的陰謀，君子所對付的方法，仍只有一個——誠而已。在君子來說，敵人使用了上萬個詐謀還不足以得逞，我謹守著一貫的誠意而綽有餘裕，敵人經常勞神費力，而我則安逸以待，敵人常動而我則常靜，以逸待勞，以靜制動，豈不是用兵常勝之道嗎？那麼，天下間最能用兵的，不得不歸之於君子；用兵用得最好的，也沒有人能勝過君子了。

「然而自古以來，有功的人將姓名留於帝王的功勞簿上，刻載在大鐘之上，後來犯了罪被刺字、剃髮，或淪為盜匪及販夫走卒的，前後連緜不斷，不知凡幾，而宋襄陳餘之輩以仁義之名而為天下所笑，這又是甚麼緣故呢？因為極盡小人的所作所為，才無愧於小人之名；極盡君子之所作所為，才無愧於君子之名。世上所謂的小人，都已極盡其小人作為，稱得上是眞小人了；而世上所謂的君子，根本不得君子之道，卻假託君子之名。以僞君子來對付眞小人，僅持守著短暫的一日之誠，卻想突破百年的詐計，怎麼可能不失敗呢？舉斧頭以砍伐樹木，如果樹木不能砍倒，說斧頭太鈍是可以的，認為木頭勝過斧頭就不可以了；用瓢子取水去澆火，如果火不能熄滅，說水太少是可以的，認為火勝過水就不可以了。怎麼可以因宋襄公之流打了敗仗，就懷疑君子不擅於用兵呢？」

【研　析】本篇採問答體，取〈答客難〉、〈解難〉等賦體的形式。第一段是引論，說明「談兵之士」的主張：兵不厭詐，小人擅於用詐，所以用兵爲小人所長。第二段是正論，反駁「談兵之士」的主張，提出君子之誠，非詭謀所能誤。第三段是引申，詳論「誠足以破詐」，所以誠是用兵常勝之道。第四段是結論。說明宋襄陳餘等以君子自居，卻自取敗辱，實際上只是僞君子對眞小人，才遭落敗，不足以否定「惟君子長於用兵」的道理。

賦體多用排比，本篇也多用排比。排比句能增加文章的氣勢，但必須配合各種內容，表現多樣的統一，表達共相的分化，才有其效果。如本篇第一段：「君臣相詐，則其國危矣；父子相詐，則其家敗；兄弟相詐，則其親離；朋友相詐，則其交疏；商賈相詐，則其業廢。」雖五句排比，因各有所指，所以不嫌重複拖沓。但第三段：「雖極其詐計至於百，君子待之一而已矣；又極其詐計至於千，君子待之亦一而已矣；又極其詐計至於萬，君子待之亦一而已矣。」雖只三句，但意思一樣、內容一樣，所以就顯得累贅了，這是我們使用排比句所不能不注意的。

呂祖謙的文章善用借喻，常用於文章的開頭，作爲立論的基礎，但本篇則用於結論，以加強結論的氣勢，各有妙用，這是我們要善加揣摹體會的。

卷二

隱公問羽數於眾仲

隱公五年

【題解】魯隱公五年（西元前七一八）九月，魯國將祭仲子（惠公夫人，桓公之母）廟，又打算在廟內獻萬舞。隱公向眾仲詢問執羽舞的人數，眾仲回答：「天子用八行，諸侯用六行，大夫四行，士二行。」隱公於是用六佾舞。

呂祖謙感慨周公雖制禮作樂，但在周公死後，成王用天子的禮樂祭周公，於是魯國就沿用天子的八佾，違背周公所訂的法度。隱公時要祭仲子，覺得用八佾不妥，問眾仲而用六佾，這是改革歸正的契機，可惜隱公和眾仲都沒有把握，於是後來連卿大夫都用了八佾，也就難怪孔子說：「是可忍也，孰不可忍也！」

問之名何如哉？問道者未達其道，問禮者未習其禮，問塗者未識其塗，問俗者未通其俗。凡謂之問者，非有所未知必有所未安也。故晉人不問晉，齊人不問齊，秦人不問秦，楚人不問楚，豈非心知之，身安之，無所復待於問耶？

隱公生於魯、長於魯、君於魯，其視魯之舞樂用於禴祠烝嘗❶，不知其幾祭也；動於屈伸綴兆❷不知其幾成❸也。至於考仲子之宮，始問羽數於衆仲，豈眞有所不知耶？是必其心有所大不安也。自成王以天子之禮樂祀周公，至於隱公蓋數百年矣。以成王之賢而賜之，以伯禽❹之賢而受之，舉世莫知其非也。其後因而用之羣公之廟，舉國亦莫知其非也。隱公生於數百載之後，獨能疑數百載之非，其心蹙然不安，而發於問焉，其天資亦高矣。

衆仲告之以先王之正禮，使六羽之獻，復見於仲子之廟，不可謂無補也。然隱公之問，豈止爲仲子一廟而已哉？特因仲子之廟而發耳。爲衆仲者，盍申告之曰：「周公制禮作樂，以致太平。天子八佾，諸侯六佾，是乃周公所作之樂也。周公制是樂舞之數，蓋欲行之天下，傳之萬世也。周公在諸侯之位，而僭天子之樂，豈非欲尊周公之身，而廢周公之樂耶？周公欲行之天下，而子孫已亂之；周公欲傳之萬世，而身沒已違之。使周公而有知，吾知其不享魯祭矣！君盍因是舉，正禮樂之僭，復諸侯之舊？告於天子，告於周公之廟，使天下再見周公之禮樂。是魯有二周公也。今獨用六佾於仲子之廟，是以禮處仲子，而不以禮處周公，何其待仲子之厚，而待周公之薄耶？」苟衆仲能爲此言，隱公能爲此舉，則可以尊王室，可以服諸侯，可以塞亂臣賊子之原，五伯之首不在齊桓而在隱公矣。

雖然，此非所以責眾仲也。當成王祀周公以天子之禮樂，雖召公畢公❺之賢，未嘗固爭，至孔子始慨然有言曰：「魯之郊禘❻非禮也，周公其衰矣！」蓋必入聖人之域，然後知聖人之心。降聖人一等，雖召公、畢公猶不能盡知，況眾仲乎？惟眾仲一失其機，故僭悖之習，流及後世，甚至於季氏以陪臣❼之微，傲然舞八佾於庭，重形孔子之歎焉。嗚呼！隱公之問，在於三家❽未興之前；孔子之歎，在於三家既盛之後。防於未興之前，眾人之所易；禁於既盛之後，聖人之所難。吾是以益為隱公惜也！

【註釋】❶禴祠烝嘗　祭名，祠為春祭，禴為夏祭，烝為秋祭，嘗為冬祭。❷屈伸綴兆　指樂舞的進退和排列位置。《禮記・樂記》：「屈伸俯仰，綴兆舒疾。」❸幾成　指樂曲奏過幾回。樂曲一終為一成。❹伯禽　周公的兒子，受封於魯。見《史記・魯周公世家》。❺召公畢公　周成王的兩個賢臣。召公，周文王庶子，名奭，采邑在召，所以稱召公，成王時與周公分陝而治，有德政。畢公，也是文王庶子，名高，封於畢，治東郊。❻郊禘　郊祭之禘。即祭天而以始祖配之。魯禘祭不合法度，孔子歎之。見《論語・八佾》。❼陪臣　古代諸侯的大夫對王的自稱。意指重（ㄔㄨㄥˊ）臣，是臣子的臣子。諸侯為王之臣，而自己又為諸侯之臣，故以自稱。❽三家　指三桓，即桓公之子共仲、叔牙、季友的後代，為孟孫、叔孫、季孫三家，在魯國很有勢力，他們在家廟用八佾，孔子斥之。見《論語・八佾》。

【語譯】「問」這件事是怎麼發生的？問道的人是因為還沒明達道理，問禮的人是因為還沒嫻熟禮儀，問路的人是因為還沒認識路徑，問俗的人是因為還沒通曉習俗。大凡一個人有所詢問，如果不是對某些事物有所不知，必然是身心有所不安。所以晉人不去詢問晉國人的事物，齊人不去詢問齊國人的事物，秦人不去詢問秦國人的事物，楚人不去詢問楚國人的事物，難道不是因爲心裏都知道了，習以爲常，沒有甚麼需要去問人家了嗎？

魯隱公誕生在魯國，成長於魯國，又君臨魯國，他看到的魯國樂舞，用於春夏秋冬四時的祭祀，不知道有多少次了；隨著樂曲的演奏，舞步的進退和位置的排列，也不知見過幾回了。直到仲子廟落成祭祀的時候，才向衆仲詢問執羽舞的人數，難道他是眞的不知道嗎？想必是他心中有很大的不安吧！自從周成王以天子的禮樂祭祀周公，到魯隱公已經好幾百年了。以成王的賢明做這樣的賞賜，以伯禽的賢能竟也接受了，那時全天下沒有人知道這樣做是不對的。後來因而就把這種禮樂用到歷代魯公的廟祭中，全魯國也沒有人知道這樣做是不對的。隱公生於好幾百年之後，只有他能懷疑這沿襲數百年的錯誤，心中局促不安而提出疑問，他的天資可算是很高了。

衆仲告訴隱公有關先王的正禮，而使六羽樂舞重現於仲子廟中，不能說對傳統錯誤無所補救。然而隱公所詢問的，又豈止是仲子一廟而已？只是借仲子一廟發問罷了。那時衆仲爲甚麼不進一步告訴他說：「周公制禮作樂，使天下太平。天子八佾，諸侯六佾，乃是周公所制定的樂舞。周公制定這些樂舞的行列人數，是希望能推行於天下，流傳於萬世。周公身居諸侯之位，卻在祭他時僭用天子的樂舞，豈不是想要尊崇周公，反而廢棄周公所制定的禮樂？周公想把制定的樂舞推行於天下，而子孫卻破壞了它；周公想把這種樂舞流傳於萬世，而死後就被違背了。假使周公死而有知，我相信他不會接受魯國這種祭祀。國君何不藉此機會，糾正魯國在禮樂上的僭越，恢復諸侯應有的禮制？向周天子請命，祭告於周公之廟，使天下人重見周公所制定的禮樂。如此一來，魯國就有兩個周公了（指隱公可以成爲另一個周公）。今若僅用六佾樂舞於仲子廟，那是以正禮祭祀仲子，而不以正禮祭祀周公了，陛下為甚麼要對待仲子這麼厚，卻對待周公這麼薄呢？」如果眾仲能這樣說，隱公也能聽從而遵行，則上可以尊崇王室，使其他的諸侯信服，下可以阻塞亂臣賊子的禍源，那麼五霸之首將不是齊桓公而是魯隱公了。

雖然如此，我並不是要責備眾仲。當周成王以天子的禮樂來祭祀周公時，就連召公畢公兩位賢人也未曾據理力爭加以勸阻，直到孔子才感慨地說：「魯國的禘祭不合法度，周公的禮樂已經衰敗了！」大概必定要進入聖人的境界，然後才能理解聖人的用心。只要比聖人低一等，即使賢如召公畢公，也不能完全瞭解，更何況是眾仲呢？可是眾仲一旦錯過了這個機會，便使得僭越悖亂的惡習，繼續流傳到後世，甚至於季氏以諸侯之臣的卑微身分，也傲然用八佾之舞於宗廟，更使孔子感歎不已。唉！隱公向眾仲詢問樂舞的羽數，是在三家的勢力尚未興起之前；而孔子的感歎，是在三家壯盛之後。凡事情防範於還沒發生之前，是一般人都容易做到的；假如在事情蓬勃發展之後才來禁止，即使聖人也都難以辦成。我因此更為隱公感到惋惜！

【研　析】本篇可分四段，第一段是引子，說明凡有所問，不是有所未知，就是有所未安，以「起」全文。第二段「承」前段，說明隱公之所以會問，就是心所未安，而他對沿襲數百年之非，有所不安，可見天資很高。第三段「轉」論眾仲，說他的回答，固然不無正面的影響，但不能更進一步正禮樂之僭。第四段結論，「合」論眾仲和隱公，說眾仲不能知聖人之，並惋惜隱公未能及時匡正禮樂之僭。

由於眾仲告之以先王的正禮，使魯國用六佾於仲子之廟，這是值得記上一筆的正禮大事，其中最該稱許的，本該是眾仲，可是呂祖謙不作此論，而先推崇隱公能提出問題，再評眾仲未能因勢利導，但第四段又說這也不能全怪眾仲，因爲當年連召公畢公都不能據「禮」力爭，再以感喟眾仲失去正禮的機會，導致後來連大夫都用了八佾，造成聖人都難以力挽狂瀾的局面作結。如此推論，既有新意，又使文章波瀾疊起，這是他高明的地方。

隱公辭宋使

隱公五年

【題　解】魯隱公五年（西元前七一八年），鄭莊公會合周天子的軍隊和郲國的軍隊，攻打宋國，進入了外城，宋國派使者向魯國告急。隱公知其危急，打算出兵救援，問宋使說：「軍隊到了那裏？」使者騙他說：「還沒到國都呢！」隱公震怒，推辭不出兵。

呂祖謙藉此說明詭辯之術不足恃，《戰國策》中辯士舌底翻蓮以成事，也只是僥倖而已，不幸如宋使不能成事的例子，一定很多，只是不被記載而已。

始吾讀《戰國策》，見儀秦❶髡衍❷之徒，駕其詭辯玩時君於股掌之上，驟使之喜、驟使之怒，驟使之憂、驟使之樂。指川爲陸，亦從而謂之陸；指虎爲羊，亦從而謂之羊。雖有耳目鼻口，不得自用，而聽辯士之所用。抵掌❸扼腕❹，俯弔仰賀，反晦明於呼吸，變寒暑於須臾，其三寸之舌，實百萬生靈之司命也。及精思而博考之，然後知詭辯初不足恃，彼《戰國策》所載，特幸而成功者耳。

吾姑以兩端明之：趙魏攻韓華陽❺，韓告急於秦，秦不救韓。遣陳筮❻見穰侯❼，穰侯曰：「事急乎？」陳筮曰：「未急也。」穰侯怒曰：「冠蓋相望❽，告敝邑甚急，公來言未急，何也？」陳筮曰：「彼韓急則將變而他從，以未急故復來耳。」穰侯曰：「公無見王，請今發兵救韓。」八日而敗趙魏於華陽之下。是說也，世皆以爲工也。鄭伐宋，入其郛，宋人使來告於魯隱公。公聞其入郛也，將救之，問於使者曰：「師何及？」對曰：「未及國。」公怒，乃止，辭使者曰：「君命寡人同恤社稷之難，今問諸使者，曰師未及國，非寡人之所敢知也。」是說也，世皆以爲拙也。吾以爲陳筮之言未急，宋使之言未及國，其說初無異者。陳筮幸而遇穰侯之聽，故人以其說爲工；宋使不幸而遇隱公之怒，故人以其說爲拙。陳筮得其時者也，非智也；宋使失其時者也，非愚也。使陳筮而遇隱公則爲愚，使宋使而遇穰侯則爲智。愚智初無定名，工拙初無定論。以是而推之，凡戰國之策士所以能動時君之聽者，皆出於幸而已，豈區區之說眞足恃哉？

杜預謂宋使忿隱公知而故問。是大不然：宋使以鄭師之伐告急於魯，魯隱公問鄭師之所及遠近，此人情之常也。雖聞其入郛，然問諸道路，不如問其使者之爲審，則知而復問，亦人情之常也。況宋使之使指事在於鄭師，隱公其可捨鄭師而問他事乎？是則師何及之語，隱公之所當問也，宋使之所當答也。彼使者苟非狂惑喪心，何自而起其忿乎？其所以發未及國之言，蓋亦如陳筮之謀，欲以激魯侯之救耳。不意逢隱公之暴怒，不得嗣進其說，遂至於辱命而歸。是以知詭辯之果不足恃也！自陳筮言之，則回穰侯不救之心，其說似有功；自宋使言之，則沮隱公欲救之意，其說深可罪。利害禍福，特繫乎所逢之時耳。

後世徒見《戰國策》所載百發百中，遂以爲正論不如詭辯，君子不如策士。殊不知《戰國策》之書，策士之所作也，書出於策士之手，必不自揚策士之非。其一時之謀議，成者則載之，敗者則刪之；中者則載之，失者則刪之。如陳筮之徒，幸而有功，則大書特書，以示後世；如宋使之徒，敗人之事，不載於書，亦不知其幾何矣？惟合《戰國策》而觀之，然後知策士之謀，得不償失，利不償害。初不能使人之必聽也，吾故表而出之，以爲策士之戒。

【註釋】❶儀秦　指張儀和蘇秦。蘇秦（生年不詳，卒於西元前三一七年），戰國時東周洛陽人，最初遊說秦惠王併吞天下，不被任用。後來遊說燕、趙、韓、魏、齊、楚六國。合縱抗秦，佩六國相印，爲縱約之長，後來爲張儀所破。張儀（生年不詳，卒於西元前三〇九年），戰國時魏人，相傳和蘇秦同爲鬼谷子門生，蘇秦合縱六國以抗秦，秦惠王任張儀爲相，以連橫遊說六國，使六國背棄縱約而共同事秦。《史記》皆有傳。❷髡衍　指淳于髡和公孫衍。淳于髡，戰國齊稷下人，以博學、滑稽、善辯著稱，齊威王任為大夫，諷威王罷長夜之飲，改革內政，數度出使諸侯，皆完成使命，見《史記・滑稽列傳》及《孟子荀卿列傳》。公孫衍，即犀首，在張儀死後，入相秦，曾佩五國相印。《史記》有傳，附於張儀之後。❸抵掌　擊掌。《戰國策・秦策一》：「（蘇秦）見說趙王於華屋之下，抵掌而談，趙王大悅。」❹扼腕　手握其腕，表示激怒、振奮或惋惜。❺趙魏攻韓華陽　發生於韓釐王二十三年（西元前二七三年）。事亦見《史記・韓世家》。華陽，山名，在鄭州管城縣南四十里（今陝西省境）❻陳筮　本書依《史記・韓世家》作陳筮。《史記索隱》引徐廣之說，一本作陳筌，而《戰國策》作陳茶。但今本《戰國策》作田苓。❼穰侯（？——西元前二六五年？）即魏冉，戰國秦人，秦昭王母宣太后之異父弟，自惠王、武王任職用事。昭王立，年幼，魏冉為政，封於穰，舉白起為將，先後伐韓、魏、齊、楚，於是秦更強，而魏冉權傾一時。昭王三十六年免相，以范雎代之。《史記》有傳。❽冠蓋相望　指官吏或使臣，一路上絡繹不絕。冠，禮帽；蓋，車蓋。借指官吏。

【語譯】起初我讀《戰國策》時，見張儀、蘇秦、淳于髡、公孫衍等策士，運用他們的詭辯伎倆，玩弄各國君主於掌股之上，一下子讓他們喜，一下子使他們怒，一下子令他們憂，一下子使他們樂。策士指河川為陸地，國君也跟著說它是陸地；策士指虎為羊，國君也跟著說牠是羊。這些國君雖然也有耳目口鼻，卻不自己做主來使用它，而聽任詭辯之徒所擺佈。使國君為之擊掌握腕，或低頭感傷或擡頭慶賀，於呼吸之間變黑暗為光明，於須臾之間變嚴寒為酷暑，其三寸之舌實操縱了百萬生靈的命運。當我經過精密的思索再廣博的考察之後，才知道詭辯之術其實不足以為恃，《戰國策》一書中所記載的，只是僥倖成功的特例。

我姑且以兩件事來說明：趙魏兩國進攻韓國華陽，韓國向秦國告急討援，秦國並不打算出兵救韓。

韓國派遣陳筮去見穰侯，穰侯問說：「事態緊急嗎？」陳筮回答說：「還不很緊急。」穰侯很生氣的說：「貴國前來告急的使臣一路上絡繹不絕，閣下卻來告訴我說情況並不危急，這是甚麼意思？」陳筮說：「韓國若眞危急了，必已歸從他國，就因爲情況還不算危急，我才再來請救兵呀！」穰侯說：「閣下不必再去見我國君了，我馬上請求國君發兵解救韓國。」八日之後，秦國便大敗趙魏聯軍於華陽山下，陳筮的說辭，世人都認爲非常有技巧。第二個例子是鄭國攻伐宋國，大軍已侵入宋國國都的外城，宋國派遣使者向魯隱公告急。隱公聽說鄭軍已入宋國國都的外城，有意出兵救援，便問使者說：「鄭軍攻到那裏了？」宋國使者回答說：「還沒攻入都城！」隱公聽了大爲震怒，打消了出兵的念頭，向宋國使者推辭說：「貴國國君要求寡人共同體恤社稷的安危，而今我詢問使者，卻告訴我說鄭軍還未攻入都城，這不是寡人所能了解的。」宋國使者的說辭，世人都覺得非常的拙劣。我則認爲陳筮說情況並不危急，宋使說還沒攻入都城，兩人的說辭並沒有甚麼差異。只是陳筮很幸運，所說的話穰侯聽得進去，所以世人認爲他說得有技巧；宋使則不幸而引起隱公的憤怒，所以世人認爲他說得拙劣。其實陳筮只是遇到好時機，並不是因爲聰明智巧；而宋使只是沒有得到好時機，並不是因爲愚笨拙劣。假使陳筮遊說的對象是隱公，結果將使人以爲他是愚笨庸劣的使者；若宋使遊說的對象是穰侯，結果也將使人以爲他是聰明智巧的使者。因此，愚庸和明智並不是定稱，智巧和拙劣也沒有定論。以這種觀點去推論，則戰國時的策士，所以能說動時君，使他們言聽計從，都出於僥倖而已，那裏是他們小小的辯術足以憑恃的呢？

杜預認爲宋使會作如此的回答，是因氣惱隱公明知故問。其實不然：宋使因鄭國軍隊的攻伐而向魯國告急，魯隱公詢問鄭國軍隊已經攻到何處，這是人之常情。雖然聽說鄭國已攻入宋都外城，然而向不相干的路人打聽消息，還不如詢問宋國的使者更爲明確，所以雖然聽到了消息仍然再詢問，也是人之常情。何況宋國使者是專爲鄭軍攻宋而來的，隱公怎可不顧鄭國軍隊而詢問其他的事呢？既然如此，則鄭國軍隊已攻打到何處，是隱公所該問的，也是宋使所該答的。宋國使者若不是狂惑而喪失心智，從何引發忿惱之念呢？他之所以說鄭軍還未攻入都城的話，想必是有如陳筮的計謀，想激魯侯出兵救宋。沒想到卻引起了隱公的暴怒，不得繼續遊說之詞，以至有辱使命而回。由此可知詭辯之術果然不足以爲恃！從陳筮來說，他能轉變穰侯無意出兵的念頭，他的遊說似乎有莫大的功勞；從宋使來說，他打消隱公有意出兵的意圖，他的遊說則是莫大的罪過。利害禍福只是關係著所逢的時機而已。

後世的人只見《戰國策》記載策士的遊說，百發百中，就認爲正理之論不如詭辯之術，君子之說不如策士之辯。殊不知《戰國策》這本書，是策士所作的，書既然出於策士之手，必然不會去張揚策士的缺失。他們一時的謀議，若成功了就記載下來，失敗了就刪去不記；若得逞了則留下記錄，不得逞則棄而不提。如陳筮之輩，僥倖而有功，則大書特書，以示於後世；而如宋使之輩，失敗者的事，不記載於書中的，也不知還有多少？惟有合上《戰國策》此書，而縱觀古今，然後才能知道策士的謀略，得不償失，利不償害。這樣的論調，當時不能使人完全聽信，我特地指出來，以作爲策士的戒惕。

【研　析】我們仔細推敲這篇文章，可知作者立論，是依魯隱公辭宋使而不救，認定陳筮激穰侯救韓的成功，完全是僥倖。於是斷言《戰國策》只是將策士僥倖得逞的加以大書特書而已，所以更進一步論定：策士之謀，得不償失。這種層層推論，是演繹的，不是歸納的，前提並不確定，立論也不堅實，可是他用了最標準的「起承轉合」的議論文作法，於是也產生了令人信服的效果。

宋使答魯隱公，與陳筮激穰侯，固然有點相似，但是並不完全相同。秦不救韓，所以陳筮激穰侯；

魯將救宋，宋使何必激魯隱公？陳筮能揣機心，而宋使不度君意，應是成敗的關鍵，而戰國時代君王善用策士以成事者，於史册斑斑可考，豈能一筆抹殺？呂氏爲文，先點明主題，爲議論之張本，說明自己以前也被誤導，如今有所醒悟。這種現身說法，指出你的想法正是他以前錯誤的想法，是很具有說服力和吸引力的。第二段舉出陳筮激穰侯以救韓，與宋使答魯隱公相似，可是一個成功另一個失敗了，於是他說其成敗無關智愚，只是幸與不幸而已。這當然是言之成理。第三段駁杜預「宋使忿隱公明知故問」之說，以鞏固他自己的觀點。第四段說明《戰國策》是成於策士之手，成功的被記載，失敗的被刪削，其實策士之謀，恐怕敗多於成，所以得不償失、利不償害。經他如此推論，也就順理成章了，讀者由此可深體文章三昧。

鄭伯侵陳大獲 隱公六年

【題解】魯隱公六年（西元前七一七年），鄭國侵襲陳國，俘獲很多人和財物，這導源於往年鄭國要和陳國媾和，陳桓公以爲宋國和衛國才足以掛慮。「鄭何能爲」？所以不顧陳公子五父的勸諫，沒有答應，才招致這次鄭伯入侵，陳國損失慘重。《左傳》引君子之言，說「善不可失，惡不可長」，呂祖謙稱許《左傳》的評論，以爲「何能爲」是「一言喪邦」。舉出古往今來，多少以爲「何能爲」而輕忽，招致嚴重後果的例子，強調「掉以輕心」的可怕。

盛怒不發於微罪，峻責不加於小疵，此人情之常也。陳侯不許鄭伯之請成，遂至於見伐，其失講信修睦之義固可責矣。然春秋諸侯，一戰一和，一通一絕，習以爲常，如陳侯之罪，晉楚齊秦以降，莫不有之也。左氏乃深排而力詆之，至以謂如火之燎于原不可鄉邇❶。雖大無道之君責之不過如是，何其遠於人情耶？以左氏之言，較陳侯之過，猶犯笞杖之罪，而加斧鉞之刑；逋升斗之租，而責倉廩之粟。苟左氏愚人也則可，使左氏少知治體，豈容若是之舛耶？辭之嚴，責之峻，是必有深意存於其間也。

天下之事，成於懼而敗於忽，懼者福之原也，忽者禍之門也。陳侯以宋衛之強而懼之，以鄭之弱而忽之，遂以爲鄭何能爲而不許其成。及兵連禍結，不發於所懼之宋衛，而發於所忽之鄭，則忽者豈非禍之門耶？雖鄭師之所侵，不過毀廬舍，毆老弱，略牛馬，然推「鄭何能爲」之一語，實亡國敗家之本，殆古人所謂「一言而喪邦」者也。

秦弱百姓而備匈奴❷，豈非懼匈奴之勢強，而謂百姓何能爲乎？然亡秦者非匈奴也，乃何能爲之百姓也；漢抑宗室而任外戚❸，豈非懼宗室之勢迫，而謂外戚何能爲乎？然亡漢者非宗室也，乃何能爲之外戚也。晉武帝以戎狄何能爲而不徙❹，故卒亡於戎狄；隋煬帝以盜賊何能爲而不戒，故卒亡於盜賊。以至項羽之視高帝❺，王莽之視漢兵，梁武之視侯景❻，明皇之視祿山❼，皆始以爲何能爲，而終至於敗亡也。是則陳侯「何能爲」之一語，實千載亂亡之所自出，左氏安得不深排而力詆之乎？

嗚呼！君子之論，常得其本；眾人之論，常得其末。凡人臣之深戒人君者，必曰暴虐也、淫侈也、拒諫也、黷武也，皆人君之大禁也。至於論桀紂幽厲之惡，亦必以前數者歸之。殊不知是數者，皆末也，其本果安在哉？人君必謂民怨何能爲，故敢暴虐；必謂財匱何能爲，故敢淫侈；必謂爭臣何能爲，故敢拒諫；必謂窮兵何能爲，故敢黷武。是則何能爲者，萬惡之所從生也。苟不探其本，則何能爲之言，雖有致亂之端，而未有致亂之形；雖有可畏之實，而未有可畏之迹。非知幾之君子，孰能遏滔天之浪於涓涓之始乎？深矣哉！左氏之論也。

【註　釋】❶如火之燎于原不可鄉邇　像火燃原野，不可接近。原爲《書·盤庚》上的文字，爲《左傳》所引。鄉邇，原作嚮邇，指面對走近。❷秦弱百姓而備匈奴　依《史記·秦皇本紀》，秦始皇三十二年，得「亡秦者胡」的圖錄，於是使蒙恬發兵三十萬，北擊匈奴地，加築長城。❸漢抑宗室而任外戚　漢抑宗室而有七國之亂，西漢末葉外戚王氏、丁氏、傅氏專權。王家有五人同日封侯，世稱五侯，終至爲王莽所篡。❹晉武帝以戎狄何能爲而不徙　依《通鑑輯覽》晉武帝太康十年，任用戎狄爲都督都尉，太子洗馬江統作〈徙戎論〉，朝廷不能用，後五胡亂華，西晉滅亡。❺高帝　指漢高祖。項羽以爲劉邦不足爲患，鴻門宴未殺劉邦，後來劉邦滅項羽。❻侯景　南朝梁懷朔鎮人，初爲北朝魏爾朱榮將，後歸高歡，高歡死，附梁，梁封為河南王，舉兵叛變，攻破建康，梁武帝被圍於臺城而餓死，侯景自立為漢帝，後為梁將陳霸先、王僧辯擊敗，逃亡時被部下殺死。❼祿山 即安祿山，唐營州柳城人，本姓康，初名軋犖山，隨母嫁而改姓名，通曉諸族語言，唐玄宗（即明皇）時，任平盧、范陽、河東三鎮節度使。天寶四年冬起兵叛亂，先後攻陷長安、洛陽，稱雄武皇帝，國號燕，後為其子所殺。

【語譯】微小的罪過不會引發極度的忿怒，微小的錯失不會施加嚴峻的責備，這是人之常情。陳侯不答應鄭伯和解的請求，以致被攻伐，陳侯有失講信修睦的道義，本來是可以責備的。然而春秋時候的諸侯，時而爭戰，時而講和，時而通好，時而絕交，原本是習以為常的事，像陳侯這樣微小的罪過，晉楚齊秦以下，各國沒有不犯的。左丘明卻深為排斥而極力批評，甚至比喻這件事像火燒原野，不可接近。即使是大惡無道的國君，所遭受的譴責也不過如此，陳侯所遭受的責備為何這麼嚴苛而不近人情呢？以左丘明的評論，來衡量陳侯的過失，猶如只犯了應加以笞杖之罪，卻處以斧鉞之刑了；又如只拖欠了幾升斗的租稅，卻催繳一倉庫的粟糧。如果左丘明是個愚庸不知輕重的人，那也就罷了，如果說左丘明略知治國的體要，豈能如此離譜？《左傳》言辭這樣的嚴厲，責備如此的苛刻，想必有深一層的含義存在於其中。

天下事都因戒懼而能成功，因輕忽而導致失敗，因此，戒懼是福分的源頭，輕忽則是災禍的門檻。陳侯由於宋衛兩國勢力強大而深加戒懼，由於鄭國的弱小而掉以輕心，就認為鄭國沒甚麼作為而不答應與他和解。一旦兵禍連連，外患不已，這禍患卻不是來自他所戒懼的宋衛，而來自他所輕忽的鄭國，則輕忽豈不是禍亂的門檻嗎？雖然鄭國軍隊的入侵，只是毀壞房舍，欺凌老弱，掠奪牛馬，然而推其原，陳侯所說「鄭國能够作甚麼」這一句話，實在是使國家敗亡的禍根，該是古人所謂的「一句話就可以招致亡國」的那種話了。

秦朝剝削老百姓而加強防備匈奴，豈不也是戒懼匈奴勢力的強大，而認爲老百姓能夠怎樣呢？然而使秦帝國覆亡的不是匈奴，而是被認爲不能夠怎樣的老百姓；漢朝壓抑宗室而任用外戚，豈不也是戒懼皇族的勢力強大，而認爲外戚不會怎樣嗎？然而滅亡西漢王朝的不是宗室，而是被認爲不會怎樣的外戚。晉武帝認爲戎狄不能夠怎樣，而不將他們遷出關外，終於使西晉亡於戎狄之手；隋煬帝認爲盜賊不能有甚麼作爲，而不加以警戒，終於使隋朝斷送於盜賊之手。至於項羽眼中的劉邦，王莽眼中的漢兵，梁武帝眼中的侯景，唐明皇眼中的安祿山，都是在開始時，認爲他們不會怎樣，而終於導致敗身亡國。如此，則陳侯所說「不能夠怎樣」這一句話，實在是千百年來禍亂敗亡的源頭，左丘明怎能不深加排斥而極力批評呢？

唉！君子所作的評論，常能點出癥結的所在；而一般人的論點，則局限於枝節末葉。凡爲人臣所深戒於人君的，如暴虐無道、淫佚奢侈、拒不納諫、窮兵黷武等，都是爲人君者的大忌。至於評論夏桀、商紂、幽王、厲王的罪行時，也必將前數項罪名歸在他們身上。殊不知這幾項罪名都是末節，根本的癥結究竟在那裏呢？這些爲人君的，必然說民心怨怒不能怎樣，所以敢暴虐無道；必然說財庫匱乏沒有甚麼關係，所以敢淫佚奢侈；必然說諫臣不能夠怎樣，所以敢拒不納諫；必然說窮兵黷武不會怎樣，所以敢輕易發動戰爭。可見「不能夠怎樣」這句話，是導致萬惡的根源。若不去探究根本，則「不能夠怎樣」這句話，雖是導致動亂的原因，卻沒有立刻形成動亂；雖說有可怕的事實會發生，卻沒有明顯的可怕迹象。若不是見微知著的君子，誰能在滔天的大浪尚未形成之前，就先遏止涓涓的細流呢？由此可知，左丘明的論點是多麼深刻啊！

【研析】全篇是在闡發：「天下之事，成於懼而敗於忽，懼者福之原，忽者禍之門。」起首以《左傳》對陳侯失其修睦之義，嚴辭峻責，必有深意，作爲全文起首，以引出自己的見解。第二段一開始，即揭櫫全文主題，然後推衍排開，先說陳侯以鄭弱而忽之，說：「鄭何能爲？」這句話實爲亡國敗家之本。第三段引許多歷史上的君主，都是輕忽某些人，以爲他們不會怎樣，終爲他們所敗的例子，以說明輕忽之可怕。第四段則指君主常輕忽某些事以致亂，探其本，都是以爲「何能爲」而掉以輕心所致，歎《左傳》之論有深意作結，以首尾呼應。這種第一段引言，第二段正論，第三段舉證，第四段作結，則是議論文的另一種作法。用這種寫法，最後的結論，不但要確立第二段的正論，還要呼應第一段的引言。

全文用了十五次「何能爲」，每舉一人一事，都點出「何能爲」，爲全文之眼目，以強化其警惕。如果不是眼目主題之所在，則過多的重複應用，是一般行文的大忌。

鄭伯朝桓王 隱公六年

鄭伯請釋太山之祀隱公八年　虢公作卿士於周隱公八年　鄭伯以齊人朝王隱公八年　鄭伯以王命討宋隱公九年　羽父會鄭伯伐宋隱公十年　蔡人衛人郕人不會王命隱公十年　王與鄭人蘇忿生田隱公十一年　鄭伯以璧假許田桓公元年　王伐鄭桓公五年

【題解】魯隱公六年（西元前七一七年）鄭莊公到成周，第一次朝覲周桓王，周桓王怒其往年的侵擾而不加以禮遇，周桓公黑肩向桓王說：「我們周室東遷，多虧晉國和鄭國的幫忙，好好對待鄭國以鼓勵來朝覲的人，都還怕人家不來了呢！怎麼能不加禮遇呢？我看鄭國不會再來了。」

呂祖謙將此事與隱公三年「周鄭交惡」、隱公十一年「王與鄭人蘇忿生之田」、桓公五年「王伐鄭」四事並列，以為《左傳》論這些事都只隨事立論，未能得事外之理。因「周鄭交惡」已有專篇討論，所以呂氏於此篇目下，不列「周鄭交惡」，而另列相關而實際沒有加以討論的，隱公八年「鄭伯請釋太山之祀」等七篇。

君子之論事，必使事為吾用，而不使吾為事所用。古今之事，所當論者不勝其多也，苟見事之難者，亦從而謂之難，見事之易者，亦從而謂之易，甚者反遷就吾說以就其事，豈非為事所用乎？所貴乎立論者，蓋欲發未明之理，非徒議已見之迹也。若止論已見之迹，是猶言火之熱、言水之寒、言鹽之鹹、言梅之酸，天下之人知之，何假於吾說乎？惟君子之立論，信己而不信人，信心而不信目，故能用事而不用於事。見在此之事，則得在彼之理；見在前之事，則得在後之理。眾人徒知是事，而君子獨知事外之理焉。試舉一二以明之：

春秋之初，鄭之事周，其叛服不一，人之論者亦不一，然皆隨事立論，鮮有得事外之理者。鄭伯朝周，桓王不禮之。眾人之說不過以王不禮之為非，此《左氏》之所已言也。

君子論之，則以爲王綱既墜，傲固招禍，卑亦納侮。如夷王下堂見諸侯❶，禮雖卑而周益衰；襄王從晉文之召❷，禮雖卑而晉益僭。是知桓王之失，不專在於不禮鄭伯，而在於不能振王綱。此事外之理，《左氏》之所未言也。

周鄭交惡，眾人之說，不過以畀虢公之政，此《左氏》之所已言也。君子論之，則以爲王者之於諸侯，有畏之之迹則驕，無畏之之迹則服。在平王世，將用虢公而不敢用，反與鄭交質，鄭知周畏之，故於將用虢公之初，凌犯王室，蹂踐麥禾，略無所憚。在桓王世，將用虢公而即用之，未嘗猶豫，鄭伯知周不畏之，故於既用虢公之後，奉承王命，朝會征討，初不敢違。是知周鄭交惡，不在於用虢公，而在於畏鄭。此事外之理，《左氏》之所未言也。

桓王與鄭伯蘇忿生之田❸，由是失鄭。眾人之說，不過謂有錫田之名，而無錫田之實，此《左氏》之所已言也。君子論之，則以爲蘇忿生既叛，其田非周之所有，與之以虛名，固足以起鄭之怨。然蘇忿生者，王室之卿士，蘇忿生之田，王室之田。叛臣盜據王之土地，王不能自取，反假他人以取之，安得不取輕於鄭乎？是知鄭之叛周，不專在於怨周，而在於輕周。此事外之理，《左氏》之所未言也。

桓王奪鄭伯政，率諸侯伐鄭，反爲所敗。衆人之說，不過謂不當奪鄭伯之政，此《左氏》之所已言也。君子論之，則以爲鄭伯之政，在所當奪，特桓王不能正其名耳。當鄭伯擅釋泰山之祀之時❹，以廢祀而討之，其名豈不正乎？當鄭伯以璧假許田之時❺，以專地而討之，其名豈不正乎？使於是時討之，其名正，其義順，鄭將覆亡之不暇矣！桓王當其時而不能討，遷延數年，乃無故而奪其政，伐其國，宜鄭之不服也。是知桓王之致敗，不在於奪鄭伯政，而在於奪之非其時。此事外之理，《左氏》之所未言也。

鄭既敗王師，乃斂兵而止。衆人之說，不過謂鄭伯苟欲自救，此《左氏》之所已言也。君子論之，則以爲鄭伯未勝則使祝聃射王，其事甚悖；既勝則使祭足勞王，其辭甚恭。其前之悖，蓋出於眞情，欲以取一時之勝；其後之恭，蓋出於矯情，欲以避天下之責。雖杜預亦信以爲志在苟免而不悟，是鄭伯不惟能欺當時，其遺姦餘詐猶能欺千餘年之杜預，可謂險矣！盜賊以盜賊自處，其情猶可恕；盜賊以君子自處，其情尤可誅。是知論鄭伯者，不當信其苟免之言，而當疾其詐爲苟免之言。此事外之理，《左氏》之所未言也。

大抵論事之體，與敘事之體不同。敘事者，載其實；論事者，推其理。彼方册❻之所載，既敍其事之實矣，論者又從而述其事，曾不能推事外之理，是與敍事者無以異也，非所謂論事也。況方册既已敍之，何待吾復爲贅辭以敍之？雖削吾之論，於彼之事，豈能有所損益乎？是吾之論，反待彼之事而立；而彼之事，不待吾之論而明也。故善論者，事隨於論；不善論者，論隨於事。善論者，事資於論；不善論者，論資於事。苟論資於事，是論反爲事之累也，尚何以操筆爲哉？

【註釋】❶夷王下堂見諸侯　周夷王元年（西元前八九四年），始下堂而見諸侯。夷王燮，懿王子。懿王崩，共王弟辟方立，是爲孝王，孝王崩，諸侯復立夷王。❷襄王從晉文之召　周襄王二十一年（西元前六三二年），亦即魯僖公二十八年，晉文公率諸侯敗楚兵於城濮，作王宮於踐土，讓周襄王來此慰勞，以晉文公爲侯伯。因晉文公不去王畿之地朝王，而讓周王到踐土，所以稱爲「召」。❸桓王與鄭伯蘇忿生之田　魯隱公十一年（西元前七一二年），桓王取鄔、劉、蔿、邘之田于鄭，而與鄭人蘇忿生之田——溫、原、絺、樊、隰郕、欑茅、向、盟、州、陘、隤、懷。蘇忿生爲周武王時司寇，而受封於溫，此時蘇氏叛王。桓王並不實際擁有那十二邑。❹鄭伯擅釋泰山之祀之時　魯隱公八年（西元前七一五年）鄭伯請求捨棄對泰山的祭祀，而祭祀周公，用泰山旁邊的祊地，交換魯國在許地附近的土田。當年鄭桓公封鄭，還封給他泰山附近的祊地、作爲助祭泰山時齋戒沐浴的居所，後來周王不出巡，泰山之祭也就廢弛了，所以鄭國有祊地而派不上用場。當年周成王建王城，有遷都的意圖，就賜周公許田，作爲魯公朝王時的住宿之地，後來在這地方建了周公的別廟，祊地近於魯，許田近於鄭，鄭莊公想用祊地換魯國的許田，怕魯國以周公別廟爲搪塞的理由，所以他就說要捨泰山之祀而祀周公。❺鄭伯以璧假許田之時　魯桓公元年（西元前七一一年）桓公與鄭國修好，鄭人請求再祭祀周公，完成祊田的交換。魯桓公答應了，三月鄭莊公就多用了璧玉來交換了許田。❻方册　指典籍。古人多以木板和竹簡記載。用以書寫的木板稱爲方，而聯編竹簡稱爲册。或作方策。

【語　譯】君子評論事情，必定要使事爲我所用，而不要使自己爲事所用。從古到今發生的事件，可以加以評論的，多得不可勝數，如果見困難的事情，就跟著說它是困難的，見容易的事情，也跟著說它是容易的，甚至反過來改變自己的立場與說法，去遷就事情，這難道不是讓自己爲事所用了嗎？立論可貴的地方，就在於啟發事情表面上未能明現的道理，並非只是議論已經顯現出來的迹象。若僅止於議論已經顯現的迹象，就如同說明火是炙熱的，水是寒冷的，鹽的味道鹹，梅的味道酸一樣，這是天下人都知道的，又何必再借自己的議論去說明呢？因爲君子建立論點時，相信自己的觀點而不輕易苟同他人的看法，相信心中所作的判斷，而不只是相信眼睛所見到的，所以能巧妙的用事，而不被事所用。也因此能見這一件事，而得到另一件事的道理；見前一件事，而得知後一件事的道理。一般人只能知道事情，而君子獨能明白事情之外所啟發的義理。我試舉一兩件事作說明：

春秋時代初期，鄭侯事奉周王，時而反叛，時而歸服，後人的評論也各有不同，然而都是隨著事件的經過而有所評論，很少能從事件之外推求其中的事理。鄭伯朝見周王，周桓王不加以禮遇，一般人的評論，不過是認爲周王未能禮遇鄭伯是不對的，這是《左傳》上已說明的。君子則認爲周朝的綱紀既已敗壞，周王驕傲無禮固然招致禍端，即使謙卑低下也可能遭受侮辱。例如周夷王下堂接見諸侯，用禮雖然謙卑，而周朝的威勢則更爲衰微；周襄王聽從晉文公的召請，用禮雖然謙卑，而晉國的僭越就更爲嚴重。由此可知周桓王的過失，不完全在於不能禮遇鄭伯，而在於不能振作王朝的綱紀。這事件之外的道理，是《左傳》所沒有提到的。

周鄭交惡這件事，一般人的評論，不過是認爲導因於周王將政事轉交給虢公，這是《左傳》上已說明的。君子則認爲爲王者對於諸侯，若有畏懼的迹象，則諸侯將驕縱不馴；若沒有畏懼的反應，則諸侯將馴服順從。平王在位時，想重用虢公掌政卻不敢進用，反而與鄭國交換人質，(以保證不將政事交給虢公)，鄭國知道王室心存畏懼，所以後來周王一把政事交給虢公的時候，鄭國就侵犯王室，蹂躪掠奪溫地與洛邑的稻麥而無所忌憚。桓王在位時，想重用虢公就馬上任用，沒有絲毫猶豫，鄭伯知道周朝不怕鄭國，所以在虢公掌政之後，奉承王命，朝覲會見，奉命征討，不敢有所違逆。由此可知周鄭交惡，起因不在於周王使虢公掌政，而在於畏懼鄭國。這事件之外的道理，是《左傳》所沒有提到的。

周桓王將蘇忿生的采邑賜給鄭國，因此而失去鄭國的向心力。一般人的評論，不過是認爲是空有賜田之名，而沒有賜田之實，這是《左傳》上已說明的。君子評論，則認爲蘇忿生既已反叛周王，他的采邑已非周王所有，把這些田賜給鄭伯是虛有其名，固然足以引起鄭國的怨怒。但事實上蘇忿生原是周王室的卿士，因此蘇忿生的田邑，就是王室的田邑。一個反叛的臣子盜據了王室的土地，周王無法自己取回，反要假借他人(鄭)之手來取回，如何不被鄭伯所輕視呢?由此可知鄭伯之所以反叛周朝，不完全是對周王的怨恨，而在於對周王的輕視。這事件之外的道理，是《左傳》所沒有提到的。

周桓王剝奪了鄭伯在王室中的權位，又率領各國諸侯討伐鄭國，結果反爲鄭國所擊敗。一般人的評論，不過是認爲桓王不應該剝奪鄭伯掌王政的權位，這是《左傳》上已說明的。君子評論，則認爲鄭伯掌理王政的權位，本來桓王就應當可以奪除，只是桓王沒有以正當的名義去奪除罷了。當鄭伯擅自廢止泰山之祀的時候，就可以廢祀的理由去討伐他，不是名正言順嗎？當鄭伯以璧玉（和祊地）要和魯國交換近許的田邑時，以佔取土地的理由討伐他，不是也名正言順嗎？在這些時機上進行討伐，名正義順，鄭國將求其不被滅亡都怕來不及呢！而桓王不能利用這些時機及時征討，遷延數年之後，才無緣無故奪取鄭伯掌王政的權位，又討伐他的國家，鄭伯自然不服氣。由此可知桓王所以失敗，並不在於不該奪去鄭伯掌理王政的權力，而在於奪除得不是時候。這事件之外的道理，是《左傳》所沒有提到的。

鄭伯既已擊敗王室的軍隊，乃收兵而止。一般人的評論，不過是認為鄭伯舉兵只求自救而已，這是《左傳》已說明的。君子的評論，則認為鄭伯的計策，在不能戰勝時，則將派遣祝聃射殺桓王，這樣的行為悖亂犯上到了極點；若能戰勝，則派遣祭足慰勞桓王，而其言辭非常恭敬。鄭伯先前的悖亂是出於眞情，以取得一時的勝利；其後的恭順是出於矯情，想藉此以逃避天下人的指責。杜預為《左傳》作注，也相信鄭伯是為了免於殺身之禍，而不能領悟鄭伯的用心，因此鄭伯不僅欺瞞了當世的人，其姦詐尙且能欺騙千年之後的杜預，這種機心眞是夠陰險了！盜賊以盜賊的名義自居，這樣的情懷猶可寬恕；盜賊而以君子的名義自居，這種情懷更不可原諒。由此可知評論鄭伯的人，不該相信他為只求免於殺身之禍的說辭，而當痛責他只為自救免難的謊言。這事件之外的道理，是《左傳》所沒有提到的。

大抵說來，論事的文章與敍事的文章，體式並不相同。敍事的文章是記載事實的，論事的文章是推究事理的。典籍中所記載的，既已敍述了事實，評論的人仍只是敍述事實，並不能推究事外之理，這與敍事文章就沒有甚麼不同，而不是所謂的論事之文了。何況典籍中已經敍述了事實，我們又何必再費辭去說呢？即使刪去我們的文辭，難道會有影響嗎？因此我們的論述，必須依附已發生的事件來立論；而那件事並不需我們的論述，就已經很明顯了。所以善於評論的人，是以論為主，以事為附；不善於評論的人，是以事爲主，以論爲附。善於評論的人，是用事證明論；不善於評論的人，則是用論批評事。若立論只是批評零碎的事件，則這種評論反而成爲該事不必要的累贅，又何必去操筆立論呢？

【研析】這一篇可以說是呂祖謙爲自己立論的與眾不同作辯護，表示自己不是故意標新立異，而是別人只見事物的表層，他則在探究事理的根本。然後一口氣列出五件周桓王與鄭莊公之間的是是非非，來說明他都是在發人之所未發。

通常我們在強調某一個論點，或在表明某一個立場時，爲了要使人信服，就必須提出較多的例證。例證是層層轉深，或多項平列，在形式上都是要加以考究的。如果是層層轉深，那就要在「前提」上用工夫，由表入裏，由淺轉深，範圍越縮越小，口氣越來越肯定。如果採多項平列，則要求某種程度的整齊，在眾多整齊之中，造成氣勢，讓人覺得：卽使否定其一，也難以全部推翻，產生懾服別人的力量。本篇卽以「……此左氏之所已言；……此事外之理，左氏之所未言也」的反復使用，造成整齊之美，又有眾多而有力的氣勢。

陳五父如鄭涖盟歃如忘 隱公七年

曹太子朝魯樂奏而歎 桓公九年　晉侯受玉惰 僖公十一年　齊君語偷 文公十七年　公孫歸父言魯樂 宣公十四年　趙同不敬 宣公十五年　晉侯見魯侯不敬 成公四年　鄭伯授玉視流而行速 成公六年　郤錡將事不敬 成公十三年　成子受脤不敬 成公十三年　苦成叔傲 成公十四年　衛孫文子聘魯無悛容 襄公七年　齊高厚相太子會諸侯皆不敬 襄公十年

齊侯衛侯不敬襄公二十一年　蔡侯享於鄭不敬襄公二十八年　穆叔見孟孝伯語趙孟語偷襄公三十一年　趙孟對劉定公以吾儕偷食朝不謀夕昭公五年　單子視下言徐昭公十一年　宋公與叔孫昭子語相泣昭公二十五年　魏獻子南面昭公三十二年　邾子執玉高魯受玉卑定公十五年

【題解】魯隱公七年（西元前七一六年），陳國與鄭國媾和，陳五父到鄭國參加盟會，和鄭莊公立盟時，歃血而意不在盟，鄭大夫洩駕就說五父恐怕不免於禍，五父於桓公六年（西元前七〇六年）被蔡人所殺。

這是盟會失禮，終至死亡的例子。呂祖謙羅列了類似的例子二十一條，以爲他們失禮失態，貽笑大方，都是他們平常不誠正修身，才在會盟之時，無意之間失禮失態。呂祖謙在本題之下，列了桓公九年「曹太子朝魯樂奏而歎」等二十篇，但在文中眞正提到的，只有隱公七年「陳五父如鄭涖盟如忘」、桓公九年「曹太子朝魯樂奏而歎」、僖公十一年「晉侯受玉惰」、昭公二十五年「宋公與叔孫昭子語相泣」四件而已。

春秋之際，盟會聘享，人皆視升降語默之節，爲吉凶禍福之占。其矯誕不經，世所共知也，吾猶有所疑焉。

觀人之術，在隱不在顯，在晦不在明。顯與明，人之所畏也；隱與晦，人之所忽也。

人之所畏，雖小人猶知自飾；人之所忽，雖君子不能無疵。蓋畏則加意，而忽則多不加意耳。苟不能乘其不意，而徒觀其加意之時，則令色足恭，矯僞蠭起，其本質眞態，亦何自而見哉？涖衆之容，必肅於燕閒之日；對賓之語，必嚴於私昵之時。又況盟會聘享之際，金石❶在庭，籩豆在席，擯相❷在前，三揖❸在下。旦失色於堂，暮傳笑於國；片言之誤，可以啟萬口之譏。人情好勝而惡辱，豈不能勉強於須臾耶？今考《左氏》之所載，其周旋揖遜，辭氣容貌，可嗤可指者，相望於冊，此理之不可曉者也。

嗚呼！吾得之矣，凡人之情，爲惡於人之所不見，爲善於人之所見。欲以欺世而售其姦，胡不反觀一身，以近取譬乎？肝受病則目不能視，腎受病則耳不能聽，脾受病則口不能食，心受病則舌不能言。肝也、腎也、脾也、心也在內，而人所不見者也；目也、耳也、口也、舌也在外，而人所見者也。受病於人之所不見，則其病必發於人之所見矣。是故隱顯晦明，本無二理。隱之所藏，待顯而露；晦之所蓄，待明而彰。

彼春秋之公、侯、卿、大夫，未嘗致力於暗室屋漏之學❹，及盟會聘享之際，雖欲勉強修飾，終有時而不能揜。歃血而忘者❺，不自知其忘也；受玉而惰者❻，不自知其惰也；奏樂而歎者❼，不自知其歎也；相語而泣者❽，不自知其泣也。方正冠鳴佩，儼然肅然，自謂中禮，而不知人已議其後矣。平居暇日暗室屋漏之所為，至於此時，如遇明鏡，無不發見。吾是以知顯者隱之影，明者晦之響也。

君子欲無得罪於眾，必先無得罪於獨；欲無得罪於朝，必先無得罪於家。苟徒以一日之敬，而蓋終身之邪，是濁其源而揚其流，斧其根而溉其葉也。雖然，春秋之時，旁觀竊議者，特為瞽、史之學者耳，而愆失繆戾，已不能逃其目，使有知道者立於其側，又將若之何？

【註釋】❶金石　指鐘磬類的樂器。古樂器以匏、土、革、木、石、金、竹、絲為八音。❷擯相　卽儐相。迎賓為儐，贊禮為相，後來稱贊禮的人為擯相，或儐相。如婚禮中的男儐相和女儐相。❸三揖　指卿、大夫、士。古禮規定這三種人向君王行禮時，君王須還揖，所以稱三揖。❹暗室屋漏之學　指誠意正心修身之學。暗室，指幽暗隱密的地方；屋漏，古時指室內西北角幽暗處，都是不易為人所見之處。一個人能在別人看不到的時候，也不做見不得人或問心有愧的事，常稱不欺暗室，或不愧屋漏。❺歃血而忘者　指陳五父於立盟宣誓時心不在焉。題解所說陳五父(陳公子佗)的事，依杜預注：「志不在歃血。」❻受玉而惰者　指接受周王圭玉時怠慢不敬。魯僖公十一年(西元前六四九年)，晉惠公已入主晉國，周襄王派召武公及內史過，賜晉侯命圭，晉惠公受玉時舉止怠慢，內史過以為惠公不能長有晉國。其子懷公，卽位一年為晉文公所殺。❼奏樂而歎者　指曹太子在魯國當食而歎。魯桓公九年（西元前七〇三年），曹太子朝魯，魯國待之以上卿之禮，宴享時，剛獻酒奏樂，曹太子歎息，魯大夫施父以爲曹太子必有憂，次年曹桓公卒。❽相語而泣者 指叔孫婼和宋元公，於飲宴中語而相泣。魯昭公二十五年（西元前五一七年）春，叔孫婼爲季孫迎宋公女，於宴樂中相語而泣，大夫樂祁以爲二人皆將死，冬，二人皆死。

【語譯】春秋時候，諸侯大夫間的結盟、會見、訪問、宴享，當時人都以參與者的舉止言語是否合於節度，作爲吉凶禍福的徵兆。這其間的矯詐荒唐，不合當度，是世人都明白的，而對這些事情，我還有些疑惑。

觀察人的方法，在隱蔽處而不在顯露處，在暗處不在明處。顯露處與明處，是人們所顧忌的；隱蔽處與暗處，是人們所忽視的。人們所顧忌的，即使是小人也知道要加以掩飾；人們所忽視的，即使是君子也難免有缺失。因爲人們有所顧忌必加以留意，所忽視的則不留心在意。若不能考察他不在意之時，而只是觀察他刻意表現的作爲，則多的是顏色和悅，態度謙恭，矯情虛僞的行爲，而他的本質眞態要從何處去觀察呢？一般人面對大衆時的表情，一定比閒居無事時嚴肅；應對賓客時的言辭，一定比和親友聊天時莊重。又何況在盟會聘享的時候，有鐘磬等樂器擺置在庭前，盃盤等禮器排列在席上，贊禮的儐相肅立在前面，卿、大夫、士等官員也陪侍在庭下。早晨在廟堂上失態，當晚就可能傳遍全國，被人恥笑；不小心說錯一句話，也可能招致千萬人的譏笑。人之常情喜歡得榮譽而厭惡被侮辱，難道就不能在重要的場合中特別謹愼嗎？而今我考察《左傳》中的記載，各國官員在外交場合的周旋應對，言辭舉止失態，足以令人發笑和指責的，整本書中處處可見，這其中的緣由實在讓人不解。

唉！現在我知道了，大凡人之常情，總是在別人看不到的時候作惡，而在別人看得到的時候爲善。想因此欺世盜名玩弄詐術的人，何不回過頭來看看自己，以自己作個比喻呢？肝有病視力就受影響，腎有病聽覺就不好，脾有病食慾就差，心有病舌頭就有問題。肝、腎、脾、心都在體腔的內部，是人所看不到的；眼、耳、口、舌則在軀體表面，是人可以看得到的。雖然患病是在人所看不見的地方，症狀卻必表現在人所看見之處。所以隱顯暗明，本來是同一種道理。在隱蔽處所藏的，必然會在顯著的地方表露出來；暗處所蓄集的，必定會在明處呈現出來。

那些春秋時代的公、侯、卿、大夫等人，平時都沒有努力於誠意正心的修身之學，一旦參加結盟、會見、訪問、宴享的場合，即使想極力的掩飾自己的缺失，也難免有掩飾不住的時候。譬如在立盟宣誓時心不在焉的，並沒有察覺到自己失禮；接受圭玉怠慢不敬的，並不覺得自己怠慢；當宴享獻酒奏樂時歎息的，並沒有察覺到自己的失態；在宴樂中談話時哭泣的，並沒有察覺到自己哭泣的忘形。當他們正端整衣冠，使玉佩發出聲響，表現一副嚴謹恭敬的樣子，自以爲舉止合乎禮儀，卻不知道旁人已在背後議論紛紛了。平日閒暇無事及在隱密幽暗之處的行爲，在這時都不知不覺的表現出來，就好像遇到明亮的鏡子一樣，沒有不被看清的。我因此知道顯著處的表現是隱蔽處的影子，明處的表現是暗處表現的對應。

有修養的君子不想在大眾面前得罪犯錯，必須在自己一個人時不犯罪犯錯；想不得罪於朝廷，就必須先不得罪自己的家邑。如果妄想以一天的敬慎，去遮掩一生的邪惡罪行，就如同把水源弄污濁了，卻想去澄清下游，把樹根砍斷了，而去灌溉枝葉。雖然如此，在春秋時候冷眼旁觀而私下評論的人，只不過是些太師和太史等學過一些禮儀的人，而錯失和違逆已逃不過他們的耳目，如果有通曉天下之道的賢者站在旁邊，可不知又是甚麼情況？

【研　析】《左傳》記載很多外交場合失禮失態的言行，總有人預言這些失態者將死亡，結果都十分靈驗。呂祖謙不談這些預言，而專就他們爲甚麼會有那麼多的失禮失態，加以討論。認爲他們是因爲平日不能誠意正心，才會在重要場合醜態百出。

全文三部分可分爲五段，第一、二段是引論，三、四段是正論，第五段是結論。引論提出問題，正論解答問題，結論提出主張。引論分兩個層次，首先對那些禍福的預言致疑，這是引論的引子，其次就那些人何以會在眾人矚目時失態致疑，這才是他眞正要討論的問題。正論提出答案，認爲他們並不是不想揚己之長、隱己之短，但缺陷總是難以完全掩飾。那是因爲「受病於人之所不見，則其病必發於人之所見。」首先以身體症狀比喻，然後才落實討論到盟會聘享的失態。最後提出「君子欲無得罪於眾，必先無得罪於獨」的主張作結。

本篇推論方式又成另一種結構，由「甲事」引入「乙事」，然後由遠而近，由外圍而漸入核心，盤旋轉入，再畫龍點睛並迴應前文作結。

隱公問族於眾仲

隱公八年

【題　解】魯隱公八年（西元前七一五年），魯司空無駭死了，公子翬爲他請求謚號和氏族名，隱公向眾仲詢問關於氏族的事。眾仲回答說：「天子以有德的人爲諸侯，因其所生而賜姓，分封土地而賜氏。諸侯以字爲謚號，後人以此而爲氏族，歷代任此官職而有功，就以官爲氏族名，也有以封邑爲氏族的。」於是隱公就讓無駭以字爲氏族，而稱爲展氏。

呂祖謙於此篇乃抒發感慨，以爲譜牒之學不可不講。也應知一己視聽言動喜怒哀樂之所自。是借題發揮的寫法。

天下之事簡則易知，繁則難知，此理之常也。至於氏族之說，則反是焉。氏族莫繁於古，而知之者甚易；氏族莫簡於今，而知之者甚難。

三代之時曰姓者，統其祖考之所自出者也，百世而不變者也；曰氏者，別其子孫之所自分者也，數世而一變者也。天子建德，因生以賜姓，其得姓雖一，而子孫別而為氏者，不勝其多焉。有以王父之字為氏者矣，有以先世之諡為氏者矣，有以所居之官為氏者矣，有以始封之邑為氏者矣，枝分派別，千塗萬轍。初若參錯紛亂而難考，及徐而視之，有綱有條，猶指諸掌焉：孟、仲、季❶、臧❷、東門❸、子叔❹，同出於魯也；游❺、國❻、豐❼、印❽、公父❾、伯張，同出於鄭也；向❿、華⓫、蕩⓬、樂⓭、鱗魚、仲老，同出於宋也；欒⓮、高⓯、崔⓰、國⓱、叔仲、東郭⓲，同出於齊也。尋其流可以知其源，尋其葉可以知其根，抑何易耶！

自秦漢以來，氏族之制出於上之所賜，下之所更者，絕無而僅有，至於世守一氏，傳千餘年而不變者，天下皆是也。其變非若古之屢，其列非若古之多，可謂簡而易知矣。然人罕有能辨氏族之源者：王之氏一也，吾不知出於元城之王耶，宜春之王耶，邛成之王耶？劉之氏一也，吾不知出於陶唐之劉耶，奉春之劉耶，元海之劉耶？其能明辨而不惑者鮮矣。氏之馬者，未必能辨其為馬服之馬及馬矢之馬⑲也；氏之石者，未必能辨其周衛之石及後趙之石也。

古之氏族繁，而知之者反多；今之氏族簡，而知之者反少。在古則宜難而反易，在今則宜易而反難，其說果安在耶？蓋由譜牒⑳之明與廢而已。譜牒明，則雖難者猶且知之，況其易者乎？譜牒廢，則雖易者猶不知之，況其難者乎？吾以是知譜牒之學不可不講也。

世之學者，仰則欲知天文，俯則欲知地理。大則欲知治亂興衰之迹，小則欲知草木蟲魚之名。至於己之氏族，吾祖考之所自出，則茫然不知，豈不可恥乎？不知吾祖考氏族之所自，是固可恥也，乃若吾一身之間，視而不知視之所自，聽而不知聽之所自，言而不知言之所自，動而不知動之所自，以至喜怒哀樂皆不知其所自，是又大可恥也。不知吾祖考氏族之所自，問諸明譜學者足矣；不知吾一身視聽言動喜怒哀樂之所自，將問諸何人乎？

噫！

【註釋】❶孟仲季　應為孟、叔、季。春秋魯桓公之子，除莊公即位外，慶父之後為孟孫氏、叔牙之後為叔孫氏、季友之後為季孫氏，號稱三桓。❷臧　春秋時魯孝公之子公子彄，食邑於臧，因以為氏。❸東門　春秋魯莊公之子公子遂，字襄仲，居東門，號稱東門襄仲，後人因以為氏。❹子叔　《孟子．公孫丑下》有子叔疑，此以字爲氏。❺游　春秋鄭穆公之子公子偃，字子游，其後以游爲氏。而有游吉。❻國　春秋鄭穆公之子公子發，字子國，卽子產之父，子產之子爲國參。亦以字爲氏。❼豐　春秋鄭穆公之子公子豐。其子爲公孫段，其孫於是以王父字爲氏，而有豐施。❽印　春秋時鄭有印段，字子石，與公孫段並稱二子石；其子印癸。❾公父　《元和姓纂》：「魯季悼子紇生穆伯，穆伯生文伯歜，文伯歜生成伯，成伯生頃，頃爲公父氏。見《世本》。」則公父氏出於魯。❿向　《元和姓纂》：「宋桓公子向父盻，盻孫戌爲左師，子孫氏焉。」⓫華　春秋宋戴公子考父，食采於華，子孫以采邑爲氏。⓬蕩　春秋宋桓公字子蕩，子孫以祖父字爲氏。⓭樂　依《左傳》，春秋時宋有樂轡、樂善、樂祁、樂溷、樂茷、樂得等。⓮欒　春秋齊惠公之子公子欒堅，其子孫以欒爲氏，而有欒施。⓯高　春秋時齊國有二高氏，一爲齊文公之子公子高，高孫傒爲齊上卿，以王父字爲氏。一爲齊惠公之子公子高祈，其子高彊別爲一族。⓰崔　齊丁公嫡子季子讓國叔乙，食采於崔，於是以崔爲氏。⓱國　齊太公之後，齊國有國氏，代爲上卿，有國莊子、國武子、國景子、國惠子等。⓲東郭　齊桓公之後，《左傳》有東郭偃，棠姜卽東郭姜。春秋時齊公族大夫，居東郭、南郭、北郭者，皆以地爲氏。⓳馬服之馬及馬矢之馬　馬氏本出嬴姓，爲伯益之後。趙王子趙奢，爲惠文王將，封馬服君，子孫以馬爲氏。另有漢大司徒馬宮，本爲複姓馬矢，後因仕學，改姓馬。⓴譜牒　記述氏族或宗族世系的書。

【語譯】天下事簡單的就容易知道，複雜的就難以知曉，這是一般的常理。有關氏族的問題則正好相反。氏族的源流沒有比古代更繁複的，而想要分辨清楚卻非常容易；氏族的脈絡沒有比現代更簡單的，而想要辨別清楚卻極爲困難。

夏商周三代的時候稱之爲姓的，是統括祖先的血緣根脈，卽使傳之百世也不會更易；稱之爲氏的，則爲辨後代子孫的流裔而區分的，往往經過幾個世代就有所變更。古代天子以有德的人爲諸侯，以其所生而賜爲姓，所得的姓雖只是一個，而後世子孫分別爲氏的，則多得很。有以王父的字爲氏名的，有以先祖諡號爲氏名的，有以所任官職爲氏名的，也有以封邑爲氏名的，枝分派別，千塗萬轍。乍看之下參差錯雜，紛亂而難以考證，然而仔細觀察之下，則有條不紊，猶如掌上手指，清楚分明：孟、仲、季、臧、東門、子叔同出於魯國；游、國、豐、印、公父、伯張同出於鄭國；向、華、蕩、樂、鱗魚、仲老同出於宋國；欒、高、崔、國、叔仲、東郭則同出於齊國。尋著支流可以找到源頭，尋著枝葉可以找到根處，是多麼容易呢！

從秦漢以來，氏族之名出於君上所賜，而子孫擅自更易的，絕無僅有；至於世世代代保守著一個氏名，流傳千餘年而不變的，全天下比比皆是。這其中的變化既不如古代頻繁，而其旁脈分支又不如古代繁多，可說是簡單而易知的了。然而一般人少有能辨明氏族源流的：同樣是王氏，我們不知道是出於元城的王氏，或宜春的王氏，還是邛成的王氏？同樣是劉氏，我們也不知道是出於陶唐的劉氏，或奉春的劉氏，還是元海的劉氏？能够明白的辨別而無所疑惑的人少之又少。名爲馬氏的，未必能辨別其爲馬服的馬或是馬矢的馬；名爲石氏的，未能辨別其是出自周衛的石氏，還是後趙的石氏。

古代氏族繁雜，知曉的反而多；現代氏族簡單，而能明辨的反而少。古代的本該難以辨別，反而容易分辨；現代的本該容易分辨，反而難以辨別，原因究竟在那裏呢？那是由於譜牒的清楚或廢絕所造成的。若譜牒清楚，則氏族雖繁複而難明，尚且能够辨明，何況是簡明而易知的呢？若譜牒已經廢絕，則氏族雖簡明而易知，尚且無法辨明，何況是繁複而難明的呢？我們因此而知道研究譜牒的學問不能不講求。

世間的讀書人研究學問，總希望能仰知天文，俯察地理。從大處著眼，希望能明白治亂興衰的前因後果；從小處著眼，則希望能通曉草木蟲魚等名物。至於自己的氏族名稱，先祖的源流，爲人子孫卻茫然不知道，這難道不可恥嗎？不知道自己祖先氏族的源流，固然是件可恥的事，若對於自己本身，看而不知道所看的根由，聽而不知道所聽的根由，說而不知道所說的根由，動而不知道所動的根由，以至喜怒哀樂都不知道其根由，這就更可恥了。不知道自己祖先氏族的源流，只要請教精通譜牒之學的人就可以明白了；不知道自身視聽言動及喜怒哀樂的根由，又有甚麼人可以請教呢？唉！

【研 析】因爲本篇純是借題發揮，而不是與人論辯，所以它的段落雖然仍是起承轉合，但重點不同，其謀篇布局，也就不同於其他篇章。

第一段用極簡單的文字，提出「氏族莫繁於古，而知之者甚易；氏族莫簡於今，而知之者甚難」，爲全文立論的骨幹，也作爲借題發揮的基礎。然後由第二、三段承之加以說明，第二段說明古氏族繁而易知，第三段說明今氏族簡而難知。第四段論其中原因，是譜牒之明與廢所以致之，於是強調譜牒之學不可不講求。文章到此已很完整，應可結束。但本文的主題不在此，所以借此衍生餘論，借題發揮而有第五段。慨歎世之學者，欲知天文地理、治亂興衰之迹、草木蟲魚之名，卻不知祖考之所自出，實在可恥，不過這些還可以問之於人；如果連自身視聽言動喜怒哀樂之所自，都不知的話，那就更爲可恥，而且還無人可問呢？這才點出寫本文的主題。

我們如果以畫龍作譬喻，第一段猶如大筆一揮，定出全龍的脈絡，第二、三段是用細筆勾勒鱗爪，第四段是具其首尾，第五段則爲點睛，使其神采盡出。

卷三

滕薛爭長 隱公十一年

【題解】魯隱公十一年（西元前七一二年）春天，滕侯和薛侯都到魯國來朝見，為了行禮的先後，起了爭執，薛侯以為薛國先受封，所以應該先行禮，但滕侯以為他和魯同是姬姓，比較親所以該先行禮。魯隱公就派了羽父向薛侯請求退讓，說他到薛國朝見，也不敢跟其他任姓的諸侯爭先，於是薛侯就答應了。

《左傳》記載了這件事，但沒有加以評論，呂祖謙對魯隱公大為讚賞，說他降大國之尊，委婉求薛侯退讓，也沒助長滕侯氣燄，平二國之爭，並引申出「致強之道始於弱，致弱之道始於強」的道理來。

以辭服人主於直，世之通論也，吾以謂辭之直，固可使人之服，然亦可以起人之爭。天下之理至於直而止，今反曰起人之爭，何耶？蓋聞過而喜者，君子也；聞過而怒者，眾人也。君子心口為一，故其與人辨，心既屈則口亦屈；眾人心口為二，故其與人辨，心雖屈而口不屈。辭之直者，固可以服君子矣。苟與眾人辨，則在我雖直，在彼雖曲，苟恃吾之直而與之較曲直，彼安肯內訟其曲而甘處於不勝之地乎？其勢必與吾辨，辨而不勝必爭，爭而不勝必忿，忿心一生，其禍有不可勝言者矣。君子常少，眾人常多，則辭之直者，利天下少，而害天下多。信如是，則辭不可以直乎？曰非直之罪也，有其直之罪也。使吾不有其直，亦何自而起人之爭哉？

昔滕侯❶薛侯❷朝于魯，滕，同姓也，所當先也；薛，異姓也，所當後也。方其爭長，舉魯國之人孰不知滕之直而薛之曲乎？爲隱公者，若主滕之直，責薛之曲，則滕將自矜其直而益驕；薛將自恥其曲而益忿。使隱公之辭果出於此，非徒不能解二國之鬭，乃合二國之鬭也。惟隱公不有其直而婉其辭，未嘗明言薛侯之曲，乃退託於卑下寡弱之域，以己而喻人，其辭曰：「寡人若朝於薛，不敢與諸任齒❸，君若辱貺寡人，則願以滕君爲請。」其言巽順和易，紆餘閒暇，不躁不迫，不矜不揚。想薛侯聞之，必自思曰：「爲主者謙抑如此，爲賓者當如何耶？爲大國者謙抑如此，爲小國者當如何耶？」雖有忿戾之心，游泳此言，如隨春風，如醉醇醪，見魯之恭而不見滕之傲也；見魯之遜而不見滕之爭也。向之虛氣驕色，固已雲散霧除而無復存矣。吾以是知魯之善爲辭令也。

嗚呼！屈己服人近於弱，屈人服己近於強。凡人之情，未有不恥弱而喜強者。然我欲服人，人亦欲服我，兩強不相下，其爭何時而已乎？隱公降大國之尊，而屈於小國之卑，其始雖若弱，然以片言而平二國之爭，強孰大焉？故致強之道始於弱，致弱之道始於強，非忘強弱者，孰能眞知強弱之辨哉？

【註　釋】❶滕侯　滕爲國名，周文王之子錯叔繡，武王封於滕，今山東省滕縣西南十四里有古滕城，卽滕國。此滕侯於魯隱公七年立位，不知其名與諡。自叔繡至滕宣公十七世，乃見於《春秋》。❷薛侯　薛爲國名，任姓之國。依《左傳》定公元年，薛之祖先爲奚仲，奚仲爲夏朝車正之官，所以封於夏代，早於滕侯之封。依《國語·晉語四》，黃帝之子十二姓，任爲其中之一，所以薛也是黃帝之後。薛本居薛城，今山東省滕縣南四十里，後來遷邳，也稱下邳，在今江蘇省邳縣東北。後又遷上邳，卽仲虺城，在薛城之西。春秋以後又遷下邳。❸不敢與諸任齒　不敢和其他任姓諸侯論長幼先後。齒本指年紀，而引申爲長幼大小的排列，猶言序齒；或直取並列之意。魯隱公之所以這樣說，正因爲他前頭所說的：「周之宗盟，異姓爲後」的關係。

【語　譯】以言辭折服別人，主要就是要「直」，這是一般人共同的說法，但我認爲言辭的直，固然可以使人折服，卻也可能引發爭端。天下的理，推究到最後就是一個「直」字，我卻說它會引發爭端是爲什麼呢？因爲一個人聽到別人指出自己的過錯而會高興的，那只有君子才能做得到；聽到別人指出自己的過失而生氣，那是絕大多數人的反應。君子心口如一，所以和人爭辯，心服之後也就口服了；但絕大多數的人，心口是不一的，所以和人爭辯，雖然心服，口還是不服，因此言辭理直的，固然是可以說服君子。但和一般人論辯的話，雖然我直而他不直，如果我們仗着這一點而和他計較是非曲直的話，他怎麼肯反省自己的錯而甘心服輸呢？他勢必還要跟我們辯，辯不贏於是就爭，爭不贏於是就忿怒，一旦引發忿怒之心，衍生的禍害就很難說了。有德的君子常是少數，一般常人畢竟是多數，所以言辭的直，有利於天下少，而有害於天下多。眞是這樣的話，言辭就不可以直嗎？這不是「直」本身的錯，而是擁有「直」的人的不對。假使我們不有其直而用其直的話，那裏會引起人家的爭端呢？

以前滕侯薛侯到魯國來朝會，滕是同姓諸侯，是應當在前的，薛是異姓諸侯，理當在後。當他們在爭那一個居長的時候，全魯國的人誰不知道滕侯理直薛侯理屈呢？假使魯隱公支持滕侯而責怪薛侯，那滕侯將仗恃理直而更驕矜得意；薛侯將因自己理屈感到恥辱而更爲憤怒。所以隱公眞的這樣說這樣做的話，不但不能化解二國的爭鬪，還會促成二國的爭鬪。但隱公不仗恃「直」而委婉其辭，沒有明指薛侯的不對，而退託在卑下弱小的境地，以自己比喻別人，他說：「寡人如果到薛國朝見，不敢和任姓諸侯論先後，如果承蒙君王的賜愛，希望能同意滕侯的請求。」言辭非常謙遜平易，和緩從容，不毛躁不急迫，不驕矜不自大。相信薛侯聽了，一定自己會想一想：「當主人的這樣謙卑自制，當賓客的應當怎麼樣？大國國君這樣謙卑自制，小國國君應當怎樣？」這時雖有忿怒悖逆之心，聽了這些話，如薰沐在春風裏，如沉醉在醇酒中，只見魯君的謙恭，而不見滕君的倨傲；只見魯侯的遜讓，而不見滕侯的爭強。原先虛張的氣勢、驕傲的臉色，早已煙消雲散而不存在了。我們因此知道魯君是善於言辭的。

唉！委屈自己服從別人，是近乎弱者的行爲，委屈別人聽從自己，是近乎強者的表現。大體人之常情，沒有不是恥於當弱者，而喜歡當強者。但我要別人服我，別人也要我服他，兩強不相讓，這爭執到什麼時候才會停止呢？魯隱公降抑大國的尊貴，而屈居小國的卑微。開始的時候好像很卑弱，但幾句話就平息了兩國的爭執，有誰比他更強的呢？所以致強之道從處於弱開始，致弱之道從居於強開始，不是一個不計較強弱的人，誰眞的知道強弱的辨別呢？（不自矜自己是強者，才能眞強，才眞懂得強弱之辨。）

【研析】呂祖謙在《左氏博議》的文章有兩大類型，一是駁《左氏》的議論，而別出心裁，從另一個角度加以評論。另一類是別人沒有評論過，由他加以評斷。兩類文章寫法固然不同，但求其翻空出奇、言人之所未言，則完全一致。所以寫後一類的文章，也總是先提出一般人對某些問題的共同看法，然後提出自己獨特的見解與其對立，以吸引讀者。

本文分三個步驟來完成，首先說明「一般人都以為以辭服人，主於直」，他卻以為「辭直可引起爭執」。翻空出奇，以自問自答鋪衍開來，說明「辭直可以服君子，卻不足服眾人」，「辭直利少而害多」。接着才評論滕薛爭長，隱公化解的事。在這一段中，呂氏為了敍述生動，所以充分馳騁「歷史的想像」(historical imagination)，設身處地，揣摩歷史人物當時的心態。這種近乎小說「全知觀點」的運用，是一種比較「感性」使文章生動、義理暢順的方式。最後再提出近乎矛盾而值得深思的譬策——致強之道始於弱，致弱之道始於強——作結，令人再三玩味思考。

潁考叔爭車　隱公十一年

【題解】魯隱公十一年（西元前七一二年）五月，鄭莊公為了攻打許國，在太宮授兵器，子都和潁考叔爭奪兵車，潁考叔挾起車轅跑出去，子都拔戟追上去，追到大路，沒有追到。七月攻許城，潁考叔拿着莊公的「蝥弧」旗，率先登城，子都在城下把潁考叔射下城來。入許城後，莊公以公豬及雞犬，詛咒射潁考叔的人。《左傳》引君子之言，評莊公失政刑，因為「政以治民，刑以正邪」，如今「既無德政，又無威刑」，以至於邪，然後加以詛咒，實在無益。

呂祖謙對這件事，只評潁考叔而不評鄭莊公，以爲潁考叔於隱公元年，能在賜食的時候，捨肉思親；以挽回莊公念母之心。在十年之後，竟不能推事親之心於宗廟軍旅。所以「孝子不匱，永錫爾類」潁考叔不足以當之。

理之在天下，猶元氣之在萬物也。一氣之春，播於品物，其根其莖，其枝其葉，其華其色，其芬其臭，雖有萬而不同，然曷嘗有二氣哉？理之在天下，遇親則爲孝，遇君則爲忠，遇兄弟則爲友，遇朋友則爲義，遇宗廟則爲敬，遇軍旅則爲肅，隨一事而得一名，名雖至於千萬，而理未嘗不一也。氣無二氣，理無二理，然物得氣之偏，故其理亦偏，人得氣之全，故其理亦全。惟物得其偏，故蕕之不能爲薰，荼之不能爲薺，松之不能爲柏，李之不能爲桃，各守其一而不能相通者，非物之罪也，氣之偏也。至於人則全受天地之氣，全得天地之理，今反守一善而不能相推，豈非人之罪哉？

潁考叔以孝聞於鄭，一言而回莊公念母之心，其孝固可嘉矣，使考叔能推是孝而極之，則塞乎天地，橫乎四海，凡天下之理未有出於孝之外也。奈何考叔有是孝而不能推之，伐許之役，反爭一車而殺其身，可勝惜哉！其與莊公問答之際，溫良樂易，何其和也！其與子都❶鬬爭之際，忿戾穰奪，何其暴也！一人之身，前後相反如此。當賜食之時，則思其親；至授兵之際，獨不思其親乎？當捨肉之時，則思其親；至挾輈❷之際，獨不思其親乎？前則思之，後則忘之，是見親于羹，而不見親于車也。苟考叔推事親之敬，爲宗廟之敬，必不敢爭車於大宮矣；推事親之肅，爲軍旅之肅，必不敢挾輈於大逵矣。惟其不能推，故始得純孝之名，終不免犯鬬狠危父母之戒也。

或曰：「考叔之伐許，輕身以先登，豈亦不能推其孝乎？」吾應之曰：「爭車者，私也，所以爲不孝也；先登者，公也，所以爲孝也。愛其身者，事親之孝；忘其身者，事君之忠，忠孝豈有二道乎？曾子以戰陳無勇爲非孝❸，則考叔之勇，正曾子所謂孝也。然考叔不死於先登之傷，而死於子都之射，死於私，不死於公，君子安得不責之乎？此吾所以深惜其不能推也。

「昔《左氏》嘗舉『孝子不匱，永錫爾類』❹之詩，以美考叔。自今觀之，能捨肉而不能捨車，則其孝有時而匱矣；能化莊公而不能化子都，則其類有時而不能錫矣。考叔三復是詩，能無愧乎？《左氏》以此詩而美考叔之孝，吾請移此詩以責考叔之非！」

【註釋】❶子都　即公孫閼。爲鄭大夫。《詩．鄭風．山有扶蘇》：「不見子都，乃見狂且。」

《毛傳》：「子都，世之美好者也。」那麼《孟子．告子上》：「至於子都，天下莫不知其姣也。不知子都之姣者，無目者也。」可能是說同一個人。其殺潁考叔，鄭莊公竟不加刑，其得寵可見。❷挾輈　挾起車轅。鄭伯在太宮授兵器，其中有兵車繫「蝥弧」旗，爲先鋒大將所用，潁考叔與子都爭取此兵車，潁考叔挾起車轅（這時沒有套馬拉車）搶先帶走，子都追趕不及，可見考叔力氣不小。❸曾子以戰陳無勇爲非孝　《禮記．祭義》：「曾子曰：『身也者父母之遺體也，行父母之遺體，敢不敬乎？居處不莊，非孝也；事君不忠，非孝也；涖官不敬，非孝也；朋友不信，非孝也；戰陳無勇，非孝也……。』」陳，同陣。❹孝子不匱永錫爾類　見《詩．大雅．既醉》。《左傳》於隱公元年引之以贊美潁考叔的純孝。

【語譯】理存在於天下，就像元氣存在於萬物。春天這一股氣息，散布到大地的萬物之上，它們的根莖枝葉，花朵色澤，氣味香臭，雖有萬般的不同，但何嘗有兩種不同的氣呢？理行於天下，待雙親則爲孝，待君主則爲忠，待兄弟則爲友，待朋友則爲義，對宗廟則爲敬，對軍旅則爲肅，隨着事物對象的不同，分別賦予一個德目名稱，德目名稱雖然可以有千萬個，但其中的理未嘗不是只有一個而已。天地間的氣只有一種，人間的理也只有一個，但萬物得到的氣是偏而不全的，所以其理也是有所偏的，只有人得氣之全，所以其理也是全的。因萬物所得的不全，所以有臭味的蕕草不能成爲有香味的薰草，苦荼不能成爲甜薺，松不能成爲柏，李不能成爲桃，各守其特性而不能相通，這不是物本身的罪過，而是氣有所偏的緣故。至於人則承受完整的天地之氣，也全得天地之理，如果也僅守其中的一善，而不能加以推廣，這豈不是人的罪過嗎？

潁考叔以孝聞名於鄭國，一句忠言挽回了鄭莊公懷念母親的心意，這孝心固然值得贊許。假使潁考叔能够推廣孝心到達極致，便能充塞天地橫溢四海。舉凡天下之理沒有超乎孝以外的，只可惜潁考叔有這孝行而不能推廣，在伐許的戰役中，反而只爲爭一輛兵車而招殺身之禍，多可惜呀！當他和莊公問答的時候，溫和善良，樂觀平易，多麼詳和！當他和子都鬪爭的時候，憤忿乖戾，動手搶奪，多麼暴戾！同在一個人的身上，前後表現了完全相反的特質。當莊公賜食的時候，他想到了他的母親；當莊公在潁授兵器的時候，他就不想到他的雙親嗎？當他把肉羹留下來的時候，他是想到他的母親，當挾着車轅跑掉的時候；他就不想到他的雙親嗎？前面的事他想到，後面的事他輕忽了，是他在見到肉羹時，心目中有母親，見到兵車的時候，心目中沒有母親。假使潁考叔能够推廣事奉雙親的誠敬之心，而爲祭祀宗廟的誠敬之心，他就一定不敢在太宮爭車了；推廣事奉雙親的謹肅態度，而爲處理軍旅的謹肅態度，他就一定不敢挾着車轅跑到大路上去了。就是他不能推展發揚，所以當初能得「純孝」的美名，終究不免犯了「好勇鬪狠以危父母」的戒規。

或許有人說：「潁考叔在攻打許國的時候，奮不顧身率先登上城牆，難道這也不算是推廣他的孝嗎？」我回答說：「與人爭車是爲私事，所以是不孝；率先登城是爲公事，所以是孝。愛惜自己的生命，是屬於事親之孝，爲國而奮不顧身，是屬於事君之忠，忠孝難道是不同的道嗎？曾子以爲作戰不勇敢就是不孝，可見潁考叔奮勇作戰，正是曾子所謂孝的表現。但潁考叔並不是死於率先登城敵人加之於他的傷害，而是死於子都的暗箭，是死於私仇而不是死於公戰，君子怎能不責備他呢？這就是我深深惋惜他不能推展孝行的原因。

「以前《左氏》曾引『孝子不匱，永錫爾類』這兩句詩來讚美潁考叔。但現在看來，他能捨肉不吃卻不能捨車不爭，那麼他的孝心有時是匱乏不够的；他能感化鄭莊公卻不能感化子都，可見他有時也不能以孝心感動他的同類。潁考叔再三吟詠這詩句時，他難道能不慚愧嗎？《左傳》以這詩句讚美潁考叔的孝行，我倒是想請用這詩句來批評潁考叔的不是哩！」

【研析】雖然呂祖謙沒有學過邏輯學，但這一篇用的是邏輯學上最基本的三段論法，「氣無二氣，理無二理，物得氣理之偏，人得理氣之全」是大前提。「潁考叔不能推事親於宗廟軍旅，守一善而不能相推」是小前提，於是得到「潁考叔不得理氣之全，是爲可疵」的結論。

當然呂氏的文章，不只是平直的三段論法，而是層層翻駁，而波瀾疊起。大體分四個段落，第一段說明大前提，先說明氣無二氣，是就「物」而言；再說明理無二理，是就「人」而言，然後再以「犧之不能爲薰」等四例，說明物得氣之偏。至於人得理氣之全，在當時已是公論，所以不加說明。在這段以「人」與「物」駢列，交替論述以層層轉深。第二段論潁考叔不能推事親於宗廟軍旅，先稱許其孝，再說他不能推廣，以致爭車而殺其身，然後以賜食之時，與授兵之時對比並列，推論他不能推廣事親之心，如果能够，必不敢爭車，必不敢挾輈，這時又以爭車和挾輈並列。全段都以排比句式，層層轉深。文章至此，似乎可以作結，呂氏卻翻轉開來，設別人問、自己回答，而爲第三段。這一段稱許他伐許時，輕身先登，勇於戰陣，是曾子所謂的孝。可是他不死於先登之傷，而死於子都之射，不死於公而死於私，所以可責之。層層翻駁，似痛似惜。最後是跟《左氏》唱反調，說潁考叔捨肉羹而不食，卻不能捨車而不爭，所以「其孝有時而匱」；能感化莊公而不能感化子都，所以「其類有時而不能錫」。而以「此詩足以責考叔之非，而不足以美考叔之孝」作結，翻空出奇，令人叫絕。

使用三段論法，前提的確定，是推論的先決條件。本文的大前提——物得氣之偏，故其理亦偏；人得氣之全，故得理之全。這在理學全盛的宋代，是無可疑議的。他們講求理和氣，以爲人之所以異於禽獸者亦在於此。以今日生物學的觀點看來，就可能斥為無稽之論，所以這項推論就起了根本的動搖，這是我們今天寫文章不能不注意的。

此外，潁考叔爭車於太宮，只是爭取為國立功的機會，何況挾輈以逃，並不是和子都鬥得你死我活，他死於奮勇登城之時，並非死於私鬥，所以呂氏之論並不公允。但呂氏之說具有說服力，正是其文的奇絕所致，這更是我們不能不加以注意的。

齊魯鄭入許

隱公十一年

【題解】 魯隱公十一年（西元前七一二年），魯、齊、鄭共同伐許國，潁考叔拿著「蝥弧」旗率先登城，雖被射冷箭而跌下，但瑕叔盈又舉「蝥弧」登城，向四周呼喊：「國君登城了！」於是鄭國軍隊全都登城，打入許國，許莊公逃到衛國。齊國要把許國讓給魯隱公，魯隱公不敢接受而送給鄭國。鄭莊公要許大夫百里幫助許叔在許的東部，以治理許國，並表示他沒有長久佔有許國意圖。另派公孫獲駐許西部，要他不作長駐的打算。《左傳》評鄭莊公有禮，因為許國違背法度就討伐它，服罪了就寬恕它，揣度德行而處理，衡量力量而辦事，待時機而動，不連累後人，可以說是知禮。

呂祖謙不談論鄭莊公對許國的安排，而專論三國讓功不居利的美德，頗有警世之意。

共患易，共利難。患者人之所同畏也，利者人之所同欲也。同有畏心，其勢必合；同有欲心，其勢必爭。自古及今，變親為疏，變恩為怨，變黨為讎，鮮不以共利者，吁！亦難矣！

吾觀三國之克許，何其善處於功利之間也！當伐許之際，先登者鄭之大夫❶，而齊魯之大夫無與焉；畢登者鄭之師，而齊魯之師無與焉。是則克許之功，獨出於鄭，以許歸鄭，固其所也。然常人之情，戰則避患而居後，勝則爭利而居前，不慙己之無功，反不容人之有功。昔鄧艾鍾會同將兵而伐蜀矣，人皆知平蜀者鄧艾之功也，而鍾會反攘其功而殺之❷。王渾王濬同將兵而伐吳矣，人皆知平吳者王濬之功也，而王渾反攘其功而劾之❸。使齊魯之君亦如鍾會王渾之用心，則三國之禍，吾知其始於克許之日矣。

許地雖褊，然亦古之建國也。一兔在野，百人逐之，一金在地，百人競之，況一國之利乎！今舉以與齊，齊不敢受；舉以與魯，魯不敢受。計其義，推其功，而卒歸之於鄭焉。嗚呼！孰謂春秋爭奪之世，而復見羣后❹德遜之風乎？許國之破，鄭師克之，齊魯推之，爲鄭伯者，固可安受而無愧也。且不絕許之祀，不縣許之疆，將何所待耶？鄭伯之意，豈不曰：「克許者雖我師之功，然齊魯之師亦與有暴露之勞也，三國同其勞，一國專其利，彼雖不校，吾獨不愧於心乎？」此所以啟許叔之封也。齊魯無功而不敢奪人之功，鄭雖有功而不敢恃己之功。是善處無功者，莫如齊魯；善處有功者，莫如鄭也。是心也，豈特可用之戰陣之間哉？凡與人共利者，大而共政，小而共財，推是心而居之，將無入而不自得矣。

雖然，伐許之役，所以全其美者，由彼此之善處也，苟與人共利，我雖推之，彼益競之，則將奈何？吾以謂使齊魯推其功，而鄭專其功，在齊魯者，不害其爲美；使我推其利，而人專其利，在我者不害其爲廉。盡其在我，聽其在人，可也！吾又發之以告與人共利者。

【註釋】❶先登者鄭之大夫　指潁考叔及後繼的瑕叔盈。詳見題解。❷昔鄧艾鍾會同將兵而伐蜀三句　蜀漢炎興元年（西元二六三年），魏派遣鄧艾、鍾會帥師伐蜀，蜀帝劉禪投降。後來，鍾會誣鄧艾以謀反。後鍾會以謀反伏誅，鄧艾亦被襲殺，見《三國志・鄧艾鍾會傳》。❸王渾王濬同將兵而伐吳三句　晉咸寧五年（西元二七九年）晉大舉兵分道伐吳。太康元年（西元二八〇年）三月，王濬以舟師入石頭城（今南京），吳主孫皓出降，次日王渾渡江，憤愧之餘，上表奏王濬違詔，不受節制。見《晉書・王濬傳》。❹羣后　指衆諸侯。后：可爲官長之稱，《書・畢命》：「三后協心，同底于道。」

【語譯】人與人相處，共患難容易，共享利就困難了。因爲患難是人所共同畏懼的，而享利是人所共同想望的。有了相同的畏懼對象，情勢上必然會合作；有了相同的利益目標，情勢上必然會爭奪。從古到今，那些變親近爲疏遠，變恩愛爲怨恨，變同黨爲仇敵，很少不是因共利而造成的，唉！共享其利眞是不容易呀！

我看齊、魯、鄭共同征服許國，是多麼善於處理功和利的事情！當攻打許城的時候，率先登上城牆的是鄭國的大夫，齊魯大夫不在其中；全部登上城牆的是鄭國的軍隊，齊魯的軍隊不在其中。那麼征服許國的功勞，完全屬於鄭國，以許國歸屬於鄭國，是理所當然的。但人之常情，作戰時總是爲了避免傷害而躲在後面，戰勝時總是爲了取得利益而跑在前頭，不慚愧自己沒有立戰功，反而不容許別人擁有戰功。以前鄧艾和鍾會共同帶兵去伐蜀，人們都知道滅蜀是鄧艾的功勞，而鍾會爲了搶他的功勞而害死他。王渾和王濬共同帶兵去伐吳，人們都知道滅吳是王濬的功勞，而王渾爲了搶他的功勞便彈劾他。假使齊魯二國的國君也像鍾會和王渾那樣存心害人，那麼三個國家的禍害，我們就可以斷言必從征服許國的那一天開始。

許國土地雖然狹小，可也是建國很早的國家。一隻兔子在野地，就會引來一百人去追捕牠，一塊黃金掉在地上，就可能有一百人去搶它，何況是一個國家的利益呢！現在要把許國交給齊國，齊國不敢接受；要交給魯國，魯國不敢接受。衡量其理，推究其功，最後終歸於鄭國。唉！誰料在這春秋紛爭攘奪的時代，而又見到諸侯德讓之風呢？許國被攻破，是鄭國軍隊力拼贏得的，齊魯推讓戰利品，鄭伯是可以心安理得受之無愧。何況他還不斷絕許國宗廟的香火，不將許國併成鄭國的一縣，將等待什麼呢？鄭伯的意思，難道不是說：征服許國雖是我鄭國軍隊的功勞，但齊魯的軍隊也有行軍在外日曬雨淋之苦，三國同樣的勞苦，由一國獨享其利，他們雖然不計較，我難道不會有愧於心嗎？這正是他封許叔的原因。齊魯二國沒有立下戰功，而不敢掠奪別人的戰功，鄭國雖然立下戰功，而不敢仗恃自己的戰功。所以善處於無功之位的，莫過於齊侯和魯侯；善處於有功之位的，莫過於鄭伯。這種心態，難道只可用在戰陣之間嗎？凡是和人同享其利的，大的如共掌國政，小的如共理財產，只要有這種心境去處理，將無不成功而無不自得。

雖然，伐許的戰役，所以能有那麼圓滿的結局，是由於他們彼此之間善於處理，假如和人共有其利，我雖然一再推讓，對方卻爭得更厲害，那將怎麼辦？我以爲假使齊魯推讓戰功，而鄭國獨享戰功，對齊魯來說還不失其爲美；假如我推讓利益，而別人獨享利益，對我來說仍然不失其廉讓的美德。一切盡其在我，而聽任別人怎麼做，又有什麼不可以呢！我又說明這一點以告訴與人共有利益的人。

【研析】 唱反調或翻案，固然可以標新立異，從不同的角度，用不同的觀點，雖同是贊許，也依然可以推陳出新。《左傳》稱許鄭伯有禮，而呂祖謙從「共患易，共利難」的觀點，稱許鄭伯是「善處於有功者」，同時稱許齊侯和魯侯，都是「善處於無功者」。

呂氏首先提出「共患易，共利難」，並解釋何以易、何以難，作爲全篇立論的基礎。接著說明齊魯鄭入許，完全是鄭國立的功，然後說到人情避患爭利，看別人立功必心存嫉妬，以結束三國鼎立的滅蜀滅吳之役爲例，卽是如此。第三段強調許國雖小，也是古之建國，有利當前，竟能互讓，所以對齊魯鄭大加推許，以爲能有此心，將無入而不自得。最後說到我們有共利推讓之心，而對方卻得寸進尺，那怎麼辦？而他提出「盡其在我，聽其在人」作結。

通觀全文結構，雖然大致可分四段，卻不是採用「起、承、轉、合」的形式，而是以三段論辯再加餘論作結。「共患易，共利難」是大前提；齊魯鄭能共患又能共利，是小前提。所以齊魯鄭能如此，十分不易，這是結論。最後再提出我有推讓共利之心，別人沒有，那該怎麼辦的問題，這是旁出推衍。推論若能警闢，頗能使文章翻空出奇，但旁溢太多，則不免離題而成蔓枝，這是我們寫議論文採用這種方式時，要特別小心的。

息侯伐鄭　隱公十一年

【題解】隱公十一年（西元前七一二年）因鄭國和息國之間有言語上的衝突，息侯就帶兵伐鄭，結果大敗而回。《左傳》批評息侯不省察德行、不衡量力量、不親近親戚、不辨別是非、不反省罪過，犯了五項錯誤而去討伐人，是自取敗辱，並預知息國將亡。

呂祖謙在討論這件事情時，並沒有別出心裁，故意標新立異，而強調個人應當「安常立命」，而在結論說明當富貴時人家奉承我，貧賤時人們欺凌我，他們所奉承和欺凌的，是富貴和貧賤，而不是「我」，立論絕妙而見新意。

居賤惡勞，居貧惡困，居難惡辱，皆禍患之招也。天下之理，賤不與勞期，而勞自至；貧不與困期，而困自至；難不與辱期，而辱自至。是猶形影之相隨、聲響之相應也。豈有形能離影，聲能離響者乎！不知其不可離而欲離之，此所以連臂而自投於禍患之網也。

君子以謂：勞者賤之常，困者貧之常，辱者難之常。彼其所以冒於禍患者，特不能處其常而已。自處於勞，則在賤而安矣；自處於困，則在貧而安矣；自處於辱，則在難而安矣。

處小國之道，亦猶是也，處小國者，當卑，當遜，當忍恥，當屈身，豈不以弱者小國之常耶？息❶之爲息，在春秋之時，至微也，介乎大國之間，雖祇慄危懼，猶恐不能自保，況敢與人爭乎？當其與鄭違言之際，息侯盍自咎曰：小大之不敵，天也；小國之見陵於大國，亦天也，天實爲之，吾其敢逆天乎？今乃不勝一朝之忿❷，忘其小而犯大，宜其自取覆敗，而五不韙❸之責皆萃其身也。然鄭息俱有違言，鄭之大，不先加兵於息，息之小，反先加兵於鄭。何耶？蓋小國之心，常疑人之陵我，故忿心易生，此息師所以先動也。

是心也，非特息侯爲然，凡人之處於困阨窮弱之地，其最不平者，莫甚於人之陵我。吾將有以曉之：當貴盛之時，人之奉我者，非奉我也，奉貴者也；當貧賤之時，人之陵我者，非陵我也，陵賤者也。奚以知其然耶？使吾先貴而後賤，我之爲我自若也，而奉我者遽變而見陵，則回視前日之奉我者，豈眞奉我乎？使吾先賤而後貴，我之爲我亦自若也，而陵我者遽變而見奉，則回視前日之陵我者，豈眞陵我乎？彼自奉貴者耳，我何爲而喜？彼自我陵賤者耳，我何爲而怒？心者我之心，固將治我之事也，何暇助貴者之喜，助賤者之怒哉！

【註釋】❶息　姬姓小國，在今河南息縣，後爲楚所滅，成爲楚邑。因爲和鄭國同爲姬姓，所以《左傳》說他「不親親」。❷一朝之忿　一時的憤怒。是根據《論語・顏淵》：「一朝之忿，忘其身以及其親，非惑與？」❸五不韙　五個不應該。是指《左傳》所評「不度德、不量力、不親親、不徵辭、不察有罪。」詳見題解。

【語譯】身處卑賤的地位而厭惡辛勞，身在貧窮的環境而厭惡困頓，身受苦難的時候而厭惡屈辱，這都是招惹禍害的根由。天下的常理就是這樣，卑賤並不召喚辛勞，辛勞就自己來了；貧窮並不召喚困頓，困頓就隨著來了；苦難並不召喚屈辱，屈辱就相伴而至。它們就好像形影相隨、聲響相應一樣。天下那裏有形體可以離開影子，發聲而不響應的呢！明明知道不可相離而一定要擺脫，這等於是相拉手臂而自己投身於禍害之網。

君子以爲：辛勞是卑賤者的常態，困頓是貧窮者的常情，屈辱是苦難者的常事。他們招致禍害的緣由，是他們不能處於常態而已。能自處於辛勞之中，那麼在卑賤之位也能泰然了；能自處於困頓之中，那麼在貧窮之境也能安然了；能自處於屈辱之中，那麼在苦難之時也能平安了。

身爲小國的立國之道，也是一樣的，居於小國的地位，應當卑微、謙遜，應當忍受恥辱，應當委屈其身，這難道不是弱者小國的常態嗎？息國在春秋時代是極微小的國家，又介於大國之間，雖然敬慎戒懼，還唯恐不能自保，何況是跟人家爭呢？當他和鄭國有言語衝突的時候，息侯爲什麼不自責：大小相差太大，根本不是對手，先天就這樣的；小國被大國欺侮，這也是很自然的事，這既然是上天造成的，我難道敢違背天意嗎？如今竟不能忍受一時的憤怒，忘了自身的弱小而去侵犯大國，當然是會自取敗亡的，而犯了五個罪狀的責任都加在他的身上。然而鄭國和息國，都在言語上不痛快，強大的鄭國不派兵攻打息國，反倒是小小的息國先出兵攻打鄭國，這是爲什麼呢？大概是小國的心理，總是懷疑別人藐視我欺負我，所以容易生氣，這正是息國的軍隊先出動的原因。

其實這種心理，並不是只有息侯才這樣。大體人們處在困頓窮弱的境地，最感到憤恨不平的，莫過於人家藐視我欺負我。這一點我將有所說明：當富貴的時候，別人奉承我，其實並不是奉承我這個人，奉承的是富貴；當貧賤的時候，別人欺凌我，其實也不是欺凌我這個人，欺凌的是貧賤。怎麼知道是這樣呢？假使我先富貴而後貧賤，我依然還是我，但奉承我的人卻突然改變態度欺凌我，那麼回想當初奉承我的人，難道眞的是奉承我嗎？假使我貧賤而後富貴，我還是以前的我，但欺凌我的人突然改變態度奉承我，那麼回想當初欺凌我的人，難道眞的是欺凌我嗎？他們奉承的是富貴，我有什麼好欣喜的？他們欺凌的是貧賤，我有什麼好憤怒的呢？心是我自己的心，理當來做我自己的事，哪有閒工夫爲錦上添花的人高興、爲落井下石的人生氣呢？

【研　析】爲貧賤困弱者提出安常立命的妙方，是全篇精華之所在，也是全文立意之所在，但文章的推衍，則是以安常立命爲主幹。文章先提出賤則勞、貧則困、難則辱，是不可相離，知其不可離而欲離，必有禍害。第二段承此，說明君子將它習以爲常，便能隨遇而安。第三段說息侯不能安常，自取敗辱。評論「息侯伐鄭」，應該到此已盡，作者卻別出心裁，轉而分析息侯是因自卑感作祟，才會反應如此劇烈。於是第四段爲貧賤困弱者作心理建設，把他眞正要說的話安置進去。到此，文章似乎突然漫衍開來，他卻以控馭自如，在精妙的結語中綰合安常立命，使它成爲完整而周密的結構。這巧妙的架構，是很值得我們玩味探索的。

羽父弒隱公

隱公十一年

【題解】魯惠公逝世的時候，太子允年紀太小，所以就讓長庶子息攝政，卽爲魯隱公。隱公十一年，公子翬（羽父）向隱公表示：他願意去殺太子允，以換取太宰的職位。隱公表示他沒有霸佔的意圖，而卽將營建菟裘，作爲告老退位的住所。公子翬怕大禍臨頭，倒過來在太子允那裏誣陷隱公，請求太子允答應讓他除掉隱公。太子答應了，公子翬派人到寪氏家刺殺隱公，並栽贓給寪氏，太子卽位，卽爲魯桓公。呂祖謙評這件事，以爲隱公「爲義不盡」所致。

嗚呼！敗天下爲義之心者，隱公之弒也。利者人之所趨，義者人之所憚。使爲義而無禍，人猶且不肯爲，況重之以禍乎？隱公輕千乘之國，而推之桓公，桓公反不亮其心而弒之，有甚高之節，而罹甚酷之禍，世將指隱公爲戒，而諱言義矣。是隱公之弒，非隱公之不幸，乃道義之不幸也。君子所恃以勝小人者，惟有福善禍淫之戒，僅可以動愚俗，既有隱公之變，則平日所恃以勝小人之具索然矣。此有志之士所以憤天道之無知，撫遺編而浩歎也！

吾之所聞則異於是焉。人皆以爲隱公之弒，敗天下爲義之心，吾獨以爲隱公之弒，可以勉天下為義之心。是何耶？隱公之禍，非坐❶為義也，乃坐為義不盡耳。隱公遜國之節，心甚明，迹甚顯。當桓公幼弱之時，隱公苟有他志，微見風采❷，立可齏粉❸。桓公在隱公之掌握，十有一年，不惟無纖芥之隙，又且長育而輔翼之，上有天，下有地，其心迹不可誣也。所可恨者，特為義不盡，貪數年之權，而去位不亟耳。惟其去位不亟，故貪慕顧惜之形見於外，羽父因得入殺桓公之謀焉。使隱公勇退，高蹈之風，凜然在人，則不仁者不敢至其牆，不義者不敢至其廬❹，況敢以戕殺之謀、狗彘之行浼我乎？今羽父敢對隱公明發戕殺之言而不忌，是隱公貪慕顧惜之形有以召之也。隱公尚不自警，方且告羽父曰：「為其少故也，吾將授之矣！使營菟裘❺，吾將老焉。」「將」之一字，是隱公貪慕顧惜之心形於言者也。當授即授，何謂「將授」？當營即營，何謂「將營」？投機之會，間不容髮，豈容有所謂「將」者耶？此所以招羽父之侮❻，起桓公之疑，而迄至於殺其身也。

噫！隱公遜國之義，心如此之明，迹如此之顯，秋毫不盡，遽受大禍，況心迹未如隱公之所見者，其敢不自勉乎？以是知：大恩與大怨為鄰，大名與大辱為朋。隱公之於桓公，恩可謂大矣，少有不盡，遂變而為大怨；隱公之遜魯國，名可謂大矣，少有不盡，遂變而爲大辱。然則君子之爲義，夜以繼日，不敢不用其極者，非特就義，亦所以避禍也！向無隱公之禍迫之，則爲義者，立一善，修一行，沾沾自足，怠而不復前矣。

抑又嘗反覆觀之，隱公之禍，實生於自恕焉。隱公之心以謂：吾遜國之志，左右知之，卿士亦知之，國人知之，諸侯亦知之。吾終不有魯國決矣，幸桓公之少，尚可偷安居位，少假歲月，然後脫屣而去之，人未必見責也。彼桓公無故而得一國，寧不能忍歲月之淹乎？然隱公雖自恕，而不知桓公之不我恕也。人之欲自恕者，其可不鑒隱公之覆轍乎？隱公之禍，既可以激自怠之志，又可以破自恕之私。凡人之所以不能爲義者，自怠耳，自恕耳。一經此變，二病俱瘳，蕩蕩平平之義路，可以長驅而橫騖矣。故曰：「勉天下爲義之心者，隱公之弒也。」

【註釋】❶坐　致、導致，如蘇軾〈贈上天竺辯才詩〉：「坐令一都會，勇丈禮百足。」❷微見風采　稍有表情臉色示意。《漢書・王莽傳上》：「莽色厲而言方，欲有所爲，微見風采，黨與承其指意而顯奏之。」❸齏粉　細粉，指屍骨無存。《梁書・武帝紀上》：「一朝齏粉，孩稚無遺。」❹至其廬　入其室。與「牆」相比，更爲接近，猶如所謂登其門牆，入其堂奧。❺菟裘　地名，故地在山東泗水境，因魯隱公營菟裘以爲告老之地，所以後人用以稱告老退隱的居處。❻招羽父之侮　指進獻齷齪的計謀，污染了耳朵，受到屈辱。

【語　譯】唉！挫敗天下行義之心的，就是魯隱公被弒這件事。利是人們所競相爭取的，義是人們所敬畏逃避的。即使行義而沒有禍害，一般人都還不肯去做，何況還會招來大禍呢？魯隱公不貪愛擁有千輛兵車的魯國，而要讓給弟弟桓公，桓公反而不明白他的心意把他殺了，使一個有高尚節操的人，遭受殘酷的禍害，世人將以隱公的事深為警惕，而不敢再談義了。所以隱公的被殺，不僅是隱公個人的不幸，也是道義的不幸。一個君子可以仗恃用來勝過小人的，惟有為善有福、行淫受禍的警惕，它可以使愚俗之人有所改變，如今既然有魯隱公行義受禍的變故，那麼平日仗恃用以勝過小人的利器就沒有了。這正是有志之士憤慨天道無知、天理不明，撫著古籍而長歎的呀！

我所知道的，就跟這說法不同。人都以為隱公被殺這件事，挫敗了天下行義之心，我卻獨以為隱公被殺，可以激勵天下行義之心。這是為什麼呢？隱公的禍害，不是因為行義而招致的，是因行義不徹底而招致。隱公讓國的節度，心意很清楚，形跡也表現得很明顯。當桓公還年小勢弱的時候，隱公如果別有用心，只要稍有表情暗示，桓公馬上就屍骨無存。桓公在隱公的掌握之下，達十一年之久，不但沒有絲毫的嫌隙，而且又長年保育他輔助他，上有皇天，下有后土，隱公的心迹是不可誣衊的。令人感到憾恨的，是他行義不夠徹底，貪戀幾年的權位，而沒有趕緊退位罷了。就因他不急著退位，所以貪慕戀棧之情表露在外，羽父才會乘機提出殺桓公的計謀。假使隱公急流勇退，那超於世俗的風範；更令人敬畏，那些不仁的人不敢走到他的門牆，不義的人不敢走近他的身邊，怎敢獻那些殺人的陰謀、禽獸的行為來污辱他呢？如今羽父膽敢當隱公的面前獻殺桓公的計謀而不忌諱，那是隱公有貪慕戀棧的形迹才招致的。這時隱公還不知自我警覺，尚且告訴羽父說：「那是因為他年紀小的緣故，我才在位呀！我將傳位給他了，派人在菟裘建築房舍，我將要退位養老了。」「將」這一個字就將隱公貪慕戀棧之情，表現在言語之中了。當傳位就立刻傳位，還說什麼「將傳位」？該建房舍就馬上營建，還說什麼「將營建」？做事要選定最好的時機，這時機稍縱即逝，短暫得容不下一根頭髮，那裏容許有個「將」的緩衝時間呢？這正是招致羽父的污辱、讓桓公起疑心，乃至惹上殺身之禍的原因。

唉！隱公讓國之義，心意已表白如此清楚，形迹也表現如此明顯，就只那麼一點點不够徹底，突然招受大禍，更何況那些心迹沒有像隱公表現那麼明朗的人，怎敢不自我勉勵呢？由此可以知道：大恩和大怨就像是鄰居，大美名和大恥辱就像是朋友。隱公對桓公，恩惠可以說很大了，就因爲稍微不够圓滿，於是就變爲大怨；隱公讓魯國給桓公，美名可以說很大了，就因爲稍爲不够圓滿，於是就變爲殺身的大辱。所以君子行義，日日夜夜不敢懈怠，不敢做得不徹底，不僅是心向道義，同時也爲了防範禍害呢！假使沒有隱公這件禍害的敦促，那麼行義的人，只要做一件善事，做一件義行，就沾沾自喜而感到滿足，於是就鬆懈下來懶於更進一步了。

我們再反覆體察，隱公的禍害，實在是因爲他的自我寬容所造成的。隱公的內心以爲我終將讓國的心意，左右的人都知道，卿士們也知道，國人知道，諸侯也知道。我終究不會長久擁魯是早已決定了，但幸虧桓公年紀還小，我還可以暫且居於君位再多一段時間，到那時就像脫鞋子那樣毫不吝惜的離開，別人也未必會責怪我。那桓公平白得了國家，難道不能多忍一段時間嗎？雖然隱公自我寬容，而不知道桓公並不能寬容他。人們想自我寬容，豈能不以隱公作爲前車之鑑嗎？所以隱公的遇害，既可以刺激那自我懈怠的心志，又可以破除那自我寬容的私心。大體人們之所以不能行義的，都是因自我懈怠和自我寬容的緣故。經過隱公遇害的變故，兩個毛病全該治好了，那麼平平坦坦的行義之路，將可以長驅直入極力馳騁了。所以我說：「勉勵天下行義之心的，就是隱公被殺的這件事。」

【研　析】本篇以批評魯隱公「爲義不盡」爲立論的中心，而文章卻以「魯隱公之死，對行義者的教訓是什麼？」作爲脈絡。一開始就說隱公之死，挫敗天下爲義之心，令君子憤慨而浩歎。第二段突然翻轉過來，說他倒認爲隱公遇害，可以激勵天下行義之心，然後說明隱公爲義不盡。戀棧而招禍。第三段說明恩怨榮辱是一線之隔，爲義不盡，就被恩將仇報，所以這件事可砥礪爲義者，不敢自足自怠。第四段又揣摹隱公有自恕心態，所以爲義不盡，因此又說隱公之弒，可以使砥礪爲義者不敢自恕。然後以「隱公之死，給爲義者的教訓是爲義務盡，不可自怠自恕」作結。

呂祖謙擅長於作翻案文章，所以先說明一般人的看法爲第一段、第二段的翻轉造成文章很大的波瀾，然後提出他立論中心，再用第三段作輔助說明。第四段則更進一層分析其心態，也爲文章所謂「勉天下爲義之心」，作更進一步的說明。一方面鞏固其「爲義不盡」的批評基礎，一方面循著文章的脈絡，以「自恕」綰合「自怠」，充實其「勉天下爲義之心」者的內涵，使他的翻案論斷雖然太標新立異，卻也言之成理，眞令人不得不佩服。

臧哀伯諫納郜鼎　桓公二年

【題　解】魯桓公二年（西元前七一〇年）春天，宋國太宰華父督攻殺司馬孔父嘉而娶其妻，觸怒了宋殤公，華父督就弒殤公而迎公子馮於鄭，立爲莊公。他怕各國諸侯會討伐他，所以分別賄賂了齊侯、陳侯、魯侯和鄭伯。魯桓公得到郜鼎，在四月把它安放在太廟裏，魯大夫臧哀伯（名達，僖伯之子）力加勸阻。他認爲國君宏揚道德阻塞邪惡，以監百官，都還怕有所疏漏，如今將人家賄賂的器物放在太廟，給百官作壞榜樣，百官以後有受賄情事，將如何懲罰？國家敗壞由於百官失德，而百官的失德，主要是受寵而賄賂公行。周武王滅商，把九鼎遷到王城，還有人認為不妥，更何況邪惡叛徒賄賂的郜鼎，怎能放到太廟來？這番諫言並不為魯桓公所接受。《左傳》借周內史的話加以批評，預料臧哀伯的子孫在魯國將長享祿位，因為國君違背禮制，他沒有忘記以德勸諫。對他推崇備至。

呂祖謙對這件事，大做翻案文章，以為魯桓公既有弒隱公之惡，人人可殺之，對桓公忠心，那對魯隱公是不公平的。所以說：「始亂者羽父也，成亂者哀伯也，正名定罪，不當置哀伯於羽父之下。」給臧哀伯判了重罪！

鄰國之賢，敵國之讎也；權門之良，公門之蠹也。蕭何❶韓信❷之徒，高祖❸視之則為忠，項羽❹視之則為賊；杜欽❺谷永❻之徒，王鳳❼視之則為忠，漢室視之則為賊。然則篡君之忠臣，庸非治世之賊臣耶？

臧哀伯之諫郜鼎，其言則是，其所與言者則非也。臣弒君，凡在官者殺無赦；子弒父，凡在官者殺無赦。桓公以弟弒兄、以臣弒君，凡在魯國者，雖牧圉廝養❽之賤，皆可剚刃以戮之，況哀伯魯之世卿❾，有祿於國，有賦於軍❿，有職於祭，寧忍坐視而不救乎？力能討則誅之，可也；力不能討則去之，可也。今乃低首下心，日趨於朝，又發忠言以裨其闕，其於桓公信無負矣，獨不負於隱公耶？斬關之盜，人不責其穿窬；殺人之囚，人不責其鬬毆，以斬關而概穿窬，餘事也；以殺人而概鬬毆，微罪也。彼桓公親爲篡逆而不忌，況可責其取亂人之一鼎乎？宜其說之不納也。由前言之，則不忠，由後言之，則不智。一進說而二失具焉，人謂哀伯爲賢，吾不信也。

嗚呼！嚴尤匈奴之策⑪，奇策也，然君子不謂之奇，以其所告者王莽⑫耳；陳子昂明堂之議⑬，正議也，然君子不謂之正，以其所告者武后⑭耳；臧哀伯郜鼎之諫，忠諫也，然君子不謂之忠，以其所告者桓公耳。觀人之言，當先考其所處之地，然後聽其所發之言。苟失身於篡逆之區，雖有忠言嘉謀，未免爲助亂也。以亂助亂，其罪小；以治助亂，其罪大。濟之以淫侈，佐之以暴虐，凶德參會，神怒人怨，適所以趣其誅而速其死，此以亂助亂之罪小也；導之以典型，規之以箴諫，使亂人之身安固而不可拔，忠臣孝子之憤亦無自而雪，此以治助亂之罪大也。

向若桓公用哀伯之言，動遵法義，自附於逆取順守⑮之說，則終無彭生之禍⑯，而隱公之目永不瞑於地下矣，哀伯之罪，顧不大耶？吾嘗謂羽父之請，爲桓公畫篡國之謀；哀伯之諫，爲桓公建保國之策。始亂者羽父也，成亂者哀伯也，正名定罪，不當置哀伯於羽父之下。

【註釋】❶蕭何　漢沛縣人，原爲小吏，輔佐劉邦建立漢朝，後來論功第一，封酇侯。西漢典章制度大多由他所訂，爲西漢開國名相。見《史記．蕭相國世家》。❷韓信　漢淮陰人，善於用兵，助劉邦滅項羽，封齊王後改封楚王，再貶爲淮陰侯，後爲呂后計殺，與蕭何、張良並稱漢興三傑。見《漢書．韓信傳》或《史記．淮陰侯傳》❸高祖　指漢高祖劉邦（西元前二五六—一九五年），漢開國帝王，沛縣人，初爲亭長，與項羽共滅秦，後來又滅項羽而有天下，定都長安，在位十二年。見《史記．高祖本紀》。❹項羽　秦末下相人（今江蘇宿遷縣西），少有奇才，能扛鼎，從叔父起兵吳中，大破秦兵，率諸侯入關，殺秦帝，自立西楚霸王，後爲劉邦所敗，在烏江自刎。見《史記．項羽本紀》。❺杜欽　漢南陽人，爲漢成帝元舅，阿附大將軍王鳳。王鳳以他爲大將軍武庫令。見《漢書．杜欽傳》。❻谷永　漢長安人，以對賢良策上第，精通《京氏易》，善言災異，附王鳳，官至大司農。見《漢書．谷永傳》。❼王鳳　漢東平人，元帝王皇后之弟，襲父位爲平陽侯，成帝卽位後，爲大司馬大將軍、領尚書事，權傾一時，公卿側目，王家以此極盛，卒至後來王莽篡漢。見《漢書．元后傳》。❽牧圉廝養　養牛馬和充當厨房勞役的人。養牛曰牧，養馬曰圉。廝養，卽廝役，是從事析薪炊烹勞役的人，古人以此爲賤役。❾世卿　世代爲卿，卿爲朝中重臣。❿有賦於軍　古代以田賦出兵，卿養有軍隊。⓫嚴尤匈奴之策　王莽卽位，拜十二部將，領三十萬軍，備三百日糧，同時分十路並出，以追匈奴，嚴尤請縱先至者深入霆擊，王莽不聽。見《漢書．匈奴傳》。⓬王莽（西元前四五—二三年）漢東平陵（今山東歷城縣）人，元皇后之侄，父早死，折節讀書，廣交名士，聲譽極盛，平帝時爲大司馬，秉政後以恭儉得人望，封安漢公，弒平帝，立子孺，自稱攝皇帝，不久自立，改國號爲新，在位十五年，爲漢光武所滅。見《漢書．王莽傳》。⓭陳子昂明堂之議　陳子昂，唐射洪人，於光宅元年上疏主張依《周禮．月令》建明堂之制。明堂，為明政教之堂。⑭武后　即武則天（西元六二四—七〇五年），為高宗皇后，於高宗死後，廢中宗、睿宗，改國號為周，為中國歷史上唯一女皇帝，富於權略，善於用人，執政達四十多年，晚年朝政日壞。中宗復位後，病死，謚則天皇后。見《新唐書・后妃傳》。⑮逆取順守　用武力取得政權後，用禮教治國。《漢書・陸賈傳》：「且湯武逆取而以順守之，文武並用，長久之術也。」⑯彭生之禍　指魯桓公被齊公子彭生折脅而死，發生於魯桓公十八年。桓公夫人文姜，為齊襄公之妹，與齊襄公私通，為桓公怒責，齊襄公設宴饗桓公，讓公子彭生抱桓公上車，折其脅而死。

【語譯】鄰國的賢才，對敵國來說便是仇人；權臣門下的幹才，對國君來說便是侵蝕國本的蠹蟲。蕭何和韓信這些人，在漢高祖看來是忠臣，在項羽看來則是亂臣賊子；杜欽和谷永這幫人，在王鳳看來是忠臣，在漢皇室看來是亂臣賊子。這麼說來，一個篡位之君的手下忠臣，難道不是太平盛世的奸臣嗎？

臧哀伯為郜鼎諫阻的事，他說的話都沒有錯，但他諫阻的對象錯了。臣子殺了國君，在朝為官的人都應該毫不留情地把叛臣殺了；兒子殺了父親，在宮廷或家邑裏的人都應該毫不猶豫地把逆子殺了。魯桓公是身為弟弟殺了哥哥、身為臣子殺掉國君的人，凡是在魯國的人，就算是牧牛養馬聽差的低賤之人，也都可以拿著刀子把他給殺了，更何況臧哀伯是魯國的世卿，在國中有俸祿，在軍中有兵賦，在祭典中有職位，怎能忍心坐視這件事而不管呢？他的力量如果足以討伐桓公，是可以把他殺了；力量不足以討伐，那就離職而去不也可以嗎？如今哀伯卻忍氣低頭，每天趕赴朝廷，又發忠言以補救桓公的缺失，他實在沒有對不起桓公，難道不會對不起隱公嗎？攻關殺將的大盜，人家不責備他挖牆偷竊的行為；殺人的囚犯，人家也不責怪他打架鬪毆的行為，因為以攻關殺將來比挖牆偷竊，那挖牆是小事；以殺人比鬪毆，那鬪毆是輕微的罪過。桓公連篡弒的事都不顧忌，取亂臣賊子的一個鼎，又有什麼好責備呢？當然他的諫言是不會被接納的。就前面的事來說，他是不忠，就後面的事來說，他是不智。一次的進說而有兩失，人家都說臧哀伯是賢者，我可不以爲然。

唉！嚴尤提出對待匈奴的策略，可以說是奇策，但君子不說它奇，因爲他所獻策的對象是王莽；陳子昂所獻的明堂之議，可以說是正議，但君子不說它正，因爲他所獻議的對象是武則天；臧哀伯對郜鼎的事所提的諫言，可以說是忠諫，但君子不說它忠，因爲他所進諫的對象是魯桓公。觀察一個人的言論，應當先探討他所處的境地，然後再聽他所發的言論。假使失去操守處在篡奪叛逆之下，雖然有忠言良謀，都不免助長邪惡。以邪惡助邪惡，它的罪過還小；以良正助長邪惡，那罪過就大了。因爲以淫侈引導他，以暴虐幫助他，使他惡上加惡，弄得天怒人怨，正足以加速它的報應和崩潰，這是以邪惡助邪惡的罪過比較小；以法度引導他，以箴言忠諫規戒他，使邪惡的人地位更鞏固而難以推翻，使忠臣孝子的寃屈憤慨無法伸張昭雪，這種以明正助長邪惡的罪過實在太大了。

以前假使魯桓公採納了臧哀伯的忠言，言行都遵守法度義理，自已比附於武力取得政權，以禮教治國的商湯武王，那就沒有被彭生殺死的災禍到來，隱公在地下將永遠死不瞑目了，哀伯的過錯，難道不大嗎？我曾說羽父的請求，爲桓公策畫了篡國的陰謀；哀伯的勸諫，爲桓公建立了保國的計策。所以策動桓公之亂的是羽父，成全桓公之亂的是哀伯，要正名分定罪刑，哀伯的罪名可不在羽父之下。

【研　析】臧哀伯郜鼎之諫是忠諫，這是天經地義的；忠臣進忠言，進忠言者爲忠臣，也應該是無可疑義的。那麼依三段論證，可以得到：「臧哀伯是忠臣」的結論。呂祖謙卻推翻了「進忠言者爲忠臣」的前提，以作翻案文章。

如何推翻「進忠言者爲忠臣」的命題呢？呂祖謙第一步從「鄰國之賢，敵國之讎也；權門之良，公門之蠹也」，推論到「篡君之忠臣，爲治世之賊臣」的結論來，這是第一段。第二段則提出魯桓公是篡國之君，那麼臧哀伯就成治世之賊臣了，所以直指其不忠，而對篡國之君，諫以貪賄之小罪，則爲不智，於是否定了臧哀伯之賢。接著第三段參以史事，說明「觀人之言，當先考其所處之地，然後聽其所發之言」，臧哀伯失身於篡弒之君，又進忠言嘉謀，實助紂爲虐，其罪大矣。第四段就說出哀伯之罪不在羽父之下的驚人結論來。

呂氏爲文好奇，把一個公認進忠言嘉謀的賢者，定下滔天大罪，但自有他的邏輯推理。以其「忠於寇讎，罪無可逭」，立論未嘗不嚴正，文章排宕而出，層折不窮，不但指其不忠，更責其不智，還說以亂助亂罪小，以治助亂罪大，直叫人百口莫辯。不過這也讓一直贊美呂祖謙的朱字綠，不得不爲臧哀伯說話，因爲隱公、桓公都是魯惠公之子，與敵國外寇不同，既已成魯君，爲臣者如不能死又不能逃，守位於朝廷之上，就沒有不進忠謀的道理，就像建成太子死，唐臣不可不忠於太宗，建文失踪，明臣不可不忠於成祖。魯桓公罹彭生之禍，是魯國之恥，隱公在地下有知，是不是以此爲快，因此才肯瞑目，恐怕也大有問題。不過呂氏文章雄奇，在這一篇倒是展露無遺。

晉穆侯❶命二子名及晉封曲沃 桓公二年

曲沃莊伯伐翼 隱公五年　王伐曲沃 隱公五年　曲沃武公伐翼 桓公三年　曲沃伯殺小子侯 桓公七年　王命曲沃伯為晉侯 莊公十六年

【題解】晉穆侯在條地戰役的時候，太子出生，命名爲仇。在千畝之役又生一子，命名爲成師。大夫師服以爲怨偶才稱仇，並預言晉將亂。惠公二十四年（西元前七四五年）封成師於曲沃。師服又以爲弱本強枝，必不能維持長久。惠公三十年晉大夫潘父弒晉文侯仇之子昭侯，要納桓叔（成師）而沒成功，晉人立了昭侯之子爲孝侯。但惠公四十五年，桓叔的兒子曲沃莊伯伐翼（晉都）殺孝侯，翼人立孝侯的弟弟爲鄂侯。隱公五年（西元前七一八年）曲沃莊伯再伐翼，鄂侯奔隨，周王立其子哀侯而伐曲沃。桓公三年（西元前七〇九年）曲沃莊伯之子武公帥師伐翼，桓公七年再伐而殺哀侯之子小子侯。莊公十六年（西元前六七八年）終以曲沃伯爲晉侯。距桓叔封曲沃不到七十年。

呂祖謙以爲聖人定嫡庶長幼之分，以杜兄弟爭國之門，痛責晉穆侯溺於私愛，終致曲沃之禍，周王又寵而秩之，造成篡奪之禍，史不絕書，當以晉與周爲禍首。

千萬世之爭端，非人力之所能塞也。凡有血氣之屬，利小則爭亦小，利大則爭亦大。國者，其千萬世之大爭端乎，集人之所同欲聽而不可得者，以奉吾之耳；集人之所同欲視而不可得者，以奉吾之目；集人之所同欲嗜而不可得者，以奉吾之口；集人之所同欲享而不可得者，以奉吾之身。聚天下之大利而萃之於此。有國者雖欲絕爭奪之禍，然傳諸後世，其子孫以謂均襲先君之業，均出先君之胄，年相若也，貌相若也，材氣相若也，智力相若也，彼何爲而獨尊，我何爲而獨卑？彼何爲而獨強，我何爲而獨弱？爭心一起，是豈人力之所能禦乎？昔之聖人，知人力之不能禦也，於是反求諸天，而得塞之之術，曰嫡庶長幼之分，是分既立，而爭奪之門始閉矣。

嫡與長，天之所生，而非人之所能使爲嫡爲長也；庶與幼，亦天之所生，而非人之所能使爲庶爲幼也。嫡者天實嫡之，庶者天實庶之，長者天實長之，幼者天實幼之。今聖人制爲定分，傳於長嫡，爲支子❷者，咸知其出於天而不出於人。命當爲庶，初非人之賤我也；命當爲幼，初非人之後我也。仰視嫡長之貴，如垤之於嶽，如瀆之於海，如石之於玉，如魚之於龍，如鳥之於鳳，如獸之於麟，邈然超軼，非吾流輩。其自然之尊，蓋判於有生之初，天既命之，豈人之所敢干哉？由開闢以來，所以共守是分而不敢變者，非專畏聖人也，畏天也。是故微子不敢代紂❸，目夷不敢代襄公❹，子西不敢代昭王❺，季札不敢代諸樊❻，以數子之賢，苟承祀繼統，可以大前人之業，可以啟無窮之基，然終逡巡卻避者，豈非不忍以一國之私欲利害，而啟千萬世爭奪之禍乎？

嫡庶長幼之定分，歷聖歷賢，歷古歷今，不敢輕變。晉穆侯何人也，乃敢首亂之，溺於私愛，命名之際，妄有輕重❼，馴致曲沃之禍，卒覆宗國❽。爲周王❾者，又從而寵秩之，自古聖人所恃以塞千萬世之爭端者，至是皆壞，世始知人可勝天，庶可奪嫡，幼可凌長，篡奪之禍，史册相望。納中國於戎狄夷貊之域者，未必非晉與周啟之也！

噫！至貴之無敵，至富之無倫，染指⑩垂涎者至衆也。使勇者守之，遇勇之倍者則奪之矣；使智者守之，遇智之尤者則奪之矣。守以盟誓，則有時而渝；守以法度，則有時而廢；守以城郭，則有時而隳；守以甲兵，則有時而衄⑪。惟守之以天，然後人莫敢與之較。是則嫡庶長幼定分之出於天，乃有國者之所恃也。民恃吏，吏恃國，國恃天，為國而無故亂天之定分，是自伐其恃也。嗚呼！殆哉！

【註　釋】❶晉穆侯　周唐叔虞八世孫，在位二十七年（西元前八一一—七八五年）❷支子　古稱承襲先祖的嫡長子為宗子。其餘的衆子都稱支子。❸微子不敢伐紂　依《史記．殷本紀》：「帝乙長子曰微子啟，母賤不得嗣。少子辛，辛母正后，辛為嗣。帝乙崩，子辛立，是為帝辛，天下謂之紂。」依《呂氏春秋》，帝乙本想立微子啟為太子，但太史據法力爭而作罷。微子啟《論語》稱他為殷三仁中的一個。❹目夷不敢代襄公　目夷字子魚，宋桓公的庶長子，依《左傳》記載，桓公病了，太子慈父（襄公）請立目夷，說他「長且仁」，但目夷不受，說襄公「能以國讓」即為大仁，即位才順理。後來宋襄公以目夷為司馬。❺子西不敢代昭王　子西即公子申，為楚平王的長庶子，平王死後，令尹子常以太子年少，加以母親本為太子建所聘，所以非嫡，而要立子西，子西怒責足以亂國，不但不接受，還要殺子常，子常懼而立太子，即為楚昭王，詳見《左傳》昭公二十六年。❻季札不敢代諸樊　春秋時吳王壽夢有四子，依次是諸樊、餘祭、餘昧、季札，而以季札最賢。壽夢欲立季札，季札不肯受。壽夢死，諸樊

除喪後，要立季札，季札堅辭。見《左傳》襄公十四年。❼命名之際妄有輕重　兩個兒子皆生於作戰之

時，太子名仇，依杜預《集解》：「意取戰相仇怨。」一次子生於千畝之戰，「意取能成其眾。」取意有所不同，古「怨耦曰仇」，是惡名，成師為美名。❽曲沃之禍卒覆宗國　晉穆侯之孫昭侯伯立（文侯仇之子），封文侯弟成師於曲沃（今山西聞喜縣東），號桓叔，其後世代攻晉，是為曲沃之禍。至曲沃武公滅晉，故稱卒覆宗國。詳見題解。❾周王　指周釐王，或稱僖王（古釐、僖通），在位五年（西元前六八一—六七六年）。依杜預《集解》惠公立於西元前六七六年末，封武公則為周釐王。❿染指　比喻沾取非分的利益。春秋時楚人獻黿給鄭靈公，公子宋食指大動，但靈公不給公子宋吃，公子宋憤而染指於鼎。靈公怒，公子宋先發制人而弒靈公。詳見《左傳》宣公四年。⓫衂　衄的俗字。挫敗。

【語譯】千秋萬世的爭端，實在不是人力所能杜絕的。凡是有血氣的動物，有小利就有小爭執，有大利就有大爭執。一個國，那可是千秋萬世大爭特爭的目標，因為有了它，可以集一般人都想聽而聽不到的，來供我聽；集一般人都想看而看不到的，來供我看；集一般人都想吃而吃不到的，來供我吃；集一般人都想享用而享用不到的，來供我享用。可說是聚集天下之大利在於此。擁有國的君主，雖然想要杜絕爭奪的禍害，但傳到後代，那些子孫都說他們要承襲先君的基業，都說他們是先君的後代，年齡相近，相貌也相彷彿，材氣相似，智力也差不多，為什麼他就獨尊，而我為什麼就卑微？為什麼他獨強，我為什麼就該弱？爭執之心一產生，這哪裏是人力所能阻止的？古代的聖人，知道人力難以阻止，因此就回過頭來求之於天，而得到杜絕爭奪的方法，那就是訂嫡、庶、長、幼之分，這名分確定之後，爭奪之門才杜絕了。

嫡和長是天生的，不是人力所能夠使他成為嫡子或長子；庶和幼也是天生的，而不是任何人使他成

爲庶子或幼子的。嫡子是天讓他成嫡子，庶子是天讓他成庶子，長子是上天讓他成長子，幼子是上天讓他成幼子。如今聖人制定了名分，傳位給年長的嫡子，做爲其他支子的人，都知道這是出於天意而不是出於人爲。命中註定爲庶子，原本不是人家有意看不起我；命中註定爲幼子，原本也不是人家有意把我放在後頭。仰望嫡長的尊貴，就像土丘比山岳，像小溝渠比大海洋，像石頭比美玉，像鞏魚比蛟龍，像飛鳥比鳳凰，像走獸比麒麟，遠超過我們，不跟我同一族類的。這自然的尊貴，在生下來就與眾不同。既然是上天所賦予的，豈是人敢去爭取的呢？從奠定規模以後，人們所以守着名分而不敢改變，並不是只敬畏制定名分的聖人，而是敬畏天意的安排。因此微子不敢取代商紂，公子目夷不敢取代宋襄公，子西不敢取代楚昭王，吳季札不敢取代諸樊，以這幾位公子的賢能，如果能承其祭祀繼其大統，是可以光大前人的基業，可以奠定綿延永世的基礎，但他們終究躊躇不前而退避的，難道不是不忍心爲了擁有一個國家的私欲利害，而開啟千秋萬世爭奪不已的禍害之門嗎？

嫡庶長幼的名分定制，經歷多少聖賢，經歷多少時間，都不敢輕易改變。晉穆侯是什麼人物？竟敢率先擾亂它，沈溺於個人的偏愛，爲兒子取名的時候，妄敢有輕重厚薄之分，終於導致曲沃之禍，覆亡了宗國。當周王的，又跟着特別優寵曲沃武公而封給名位，自古聖人所依仗用以杜絕千秋萬世爭端的制度，到此毀壞，於是世人開始認爲人力可以改變天命，庶子可以篡奪嫡子的權位，幼弟可以凌駕到兄長之上，從此篡位奪權的禍害，在史書上就沒有中斷過。堂堂中國淪落到戎狄夷貊野蠻爭奪的境地，不見得不就是晉穆侯和周釐王所開導的呢！

唉！最尊貴和最富有的地位，羨慕而想侵佔的人是很多的。派有勇力的人去守住它，遇到更有勇力的人就把它奪走了；派有才智的人去守住它，遇到更有才智的人就把它奪走了。用盟約和誓言來維護，有時還會變卦；用法律和制度來維護，有時也會被廢置；用城郭來保護，有時會被摧毀；用武力來保護，有時會被打敗。只有守之以天命，然後才沒有人敢來較量。所以嫡庶長幼定下名位出之於天，是擁有國家的人最有力的保障。人民因官吏的存在而有保障，官吏因國家的存在而有保障，國家因天命的存在而有保障，治理國家的人無緣無故擾亂了天定的名分，簡直是自毀長城，啊！多危險呀！

【研　析】「語不驚人誓不休」，由晉穆侯對兒子命名不愼，竟歸罪他「納中國于戎狄夷貊之域」。晉穆侯地下有知必頓足道：「這話從何說起？」

且看呂祖謙從何說起，第一段先說千萬世之爭端，是人力所難以杜絕，人有利必爭，更何況是聚天下大利的國君之位？聖人想出歸於天命的辦法，訂嫡庶長幼之分。接着說明這嫡庶長幼是天生的，恕不得人，於是利之所在，仍然相安無事，微子、目夷、子西、季札之才，也不敢取代嫡長之位。第三段痛責晉穆侯取名時偏愛次子，釀成曲沃之禍，周王又寵而秩之，破壞聖人的定制，開啟後世無窮的篡奪之禍。最後以嫡庶長幼定分出自於天，是有國者最有利的保障，而以悲歎他們自毀長城作結。

本篇文章是呂祖謙借晉穆侯爲子命名和曲沃之禍，論嫡庶長幼是安定天下的定制，歸諸天命，令人恨不得、急不得、爭不得。若說晉穆侯啟歷史篡奪之禍，納中國於蠻貊之域，是不大公平的。因爲篡奪之禍前已有之，在他之前廢嫡立庶，所在多有，穆侯僅於命名時有所輕重，桓叔之封，已在其孫立位之後。再說目夷、子西、季札都是在晉穆侯以後，何以不受其影響而有篡奪之心？所以本篇文章固然雄邁，論宗法制度，規定嫡長繼嗣之法，有安定國家的功能，確有見地，至於對晉穆公之評，不免爲文之驚人而厚誣古人，一般寫作議論文，應避免如此。

卷四

楚侵隨 桓公六年　楚敗隨 桓公八年

【題解】魯桓公六年（西元前七〇六年），楚武王帶兵侵犯隨國，派薳章去談判，而把軍隊駐在瑕地等待消息，隨國派少師主持和談。楚大夫鬭伯比認為漢水東邊小國，是因楚國武力的壓迫才使他們團結起來的，他認為要驕縱最大的隨國，便會使小國離心，將對楚國有利。而隨國少師人很驕大，楚軍應隱藏精銳而讓他看疲弱的士卒，可以使他更驕大。可是另一大夫熊率且比，認為隨國有季梁在，這樣做無濟於事。鬭伯比卻說這是為日後打算。因為少師會得到隨君的信任。少師看了楚國的疲弱之兵，主張追擊楚軍，季梁識破而極力諫阻，要他修政而親兄弟之國。隨侯接受季梁的勸阻而楚國也不敢攻打。兩年之後，隨國沒有參加沈鹿之會，楚王親伐隨國，季梁建議先向楚人表示降服，待對方不答應而後戰，可以激怒我軍以提高士氣，並懈怠敵軍的鬭志。但少師認為要速戰速決。隨侯出兵時，望見楚軍，季梁說楚王在左軍，要先攻右軍，右軍缺乏良將，我們可以取勝，待右軍敗，眾人離散，問題就解決了。但少師說不和楚王正面作戰，就是貶抑自己，隨侯不聽季梁的話而兵敗逃走，戎車和少師都被楚所獲。隨侯請和，楚王原不答應，鬭伯比說上天已去掉了隨國的心腹大害，將不那麼容易滅掉它，所以楚國就答應訂盟約而退兵了。

呂祖謙就鬭伯比的深謀和機心加以分析，認為其機心之深密，數千百年來仍為人所不見，他的分析或不免過於深化，但確有他獨到的見解。

昔之傾人之國者，匿其機而使人陰墮其計，非受害之後莫能悟，何其深也！方始墮其計，終日奔走馳驅，聽其所役，投於禍患而不自知。及師已喪，國已破，回視前日之所蹈者，無非陷穽，然後噬臍❶頓足，有不可追之悔。吁！亦晚矣。謀之深者豈復有加於此耶？曰：「有！使敵人既敗而識吾之機，猶未足爲深也！天下固有奇權密機，非特敵人既敗尚不知其所以然，雖至於數千百年之後，亦不知其所以然，可謂極天下之至深矣！」吾觀鬬伯比❷之謀隨，未嘗不三歎其深也！

世之論鬬伯比之謀者，不過謂季梁❸之正，終不能勝少師❹之寵，季梁之諫，必有時而不用也，少師之說，必有時而用也。吾之謀雖未行於今，終必行於後。嗚呼！是何足以窺鬬伯比之機乎？人見隨侯初拒少師追楚之請，從季梁修政之諫，以爲伯比之謀未行也，而不知其謀已深行乎其間矣！市中有虎，曾參殺人❺，必三至而後信，其始告之者，明知其不信也；其再告之者，亦明知其不信也。明知其不信，而瀆告之者何耶？蓋有一則有二，有二則有三，無兩人之說居其前，雖有善譖者無以成三至之說也。其始之不信，所以成其後之信也。知此則可以窺伯比之機矣。

隨侯之始拒少師，所以成其後之從；隨侯之始從季梁，所以成其後之拒。季梁者，隨之望，其君素所畏者也。伯比以謂吾苟欲一舉而成功，彼少師雖愛，豈能使其君遽違素所畏者之諫乎？今先示弱以誘少師，則少師必有伐楚之請，季梁必有修政之諫，隨侯迫於平日之所畏，必勉從季梁而拒少師。使季梁之諫虛用於無事之時，及其有事而又諫，其君必以爲瀆矣。隨之所恃者獨一季梁而已，季梁之術既窮，則吾他日之舉兵，誰復齟齬於其間哉？蓋人之情，迫於不得已而勉從所畏者之言，不過能一從之耳，至於再，豈肯復從之乎？迫於不得已而勉拒所愛者之說，不過能一拒之耳，至於再，豈能復拒之乎？不待至於再也，其勉從所畏之時，雖曰從之，而已有不平之心矣；其勉拒所愛之時，雖曰拒之，而已有不忍之心矣。隨侯一念之不平，發於始從季梁之諫，積而至數年，其不平日增，當楚再駕之際，季梁之諫安得而不廢乎？一念之不忍，發於始拒少師之說，積而至數年，其不忍日深，當梁再駕之際，少師之說安得而不入乎？是拒生於從，而從生於拒也。想隨侯恐懼修政之時，舉國交賀，頌其君納諫之明，而不知伯比欣然獨笑，已入於吾之機矣。兆破隨之機於數年之前，收破隨之功於數年之後。伯比之機微矣哉！

吾嘗深考伯比之謀，既假毀軍之詐，而中少師之欲；復假少師之請，而激季梁之諫；

復假季梁之重，而致隨侯之懼；復假隨侯之止，而增少師之慚；復假少師之寵，而沮季梁之策。置毫末之毒於少師之心，而一國君臣展轉薰染，自勝自負，自起自仆，自予自奪，如輪如機，不得少息，吾端坐拱手，不動聲色而徐制其弊焉。雖事往迹陳，書之簡牘，讀者猶不知其端倪，況於當時自墮其網者乎？然則將何以自免？曰：無受焚之地，則烈火不能焚玉；無受病之地，則癘氣不能病人。鬬伯比謀隨累年，不乘其潰敗之餘，一舉平之，反以敵遺子孫，勇於伐隨，而怯於滅隨，非前工而後拙也，以少師既死，則隨無受病之地也。嗚呼！小人之根未去，則雖從諫不足喜；小人之根既去，則雖軍敗不足憂，為國者其務去小人之根也哉！

【註釋】❶噬臍　自噬已到肚臍的部位，無可挽救。多用以比喻悔之晚矣。在此取不知不覺中自我殘害之意。❷鬬伯比　楚大夫，若敖之子，令尹子文之父。❸季梁　隨國之賢者。❹少師　疑是官名，其人之姓名不可知。❺曾參殺人　春秋戰國之際，費人也有名叫曾參，與孔子門人曾子同名，而犯殺人之行。有人來告訴曾子的母親，說曾子殺人了，曾母不信，織布自若；第二個人來說，她仍織布而不相信；到第三個來說的時候，曾母踰牆而走。見《戰國策．秦策二》。與市中有虎，同為眾口鑠金的故事。

【語譯】古代要傾覆別人的國家，都是隱藏其心機而使人迷迷糊糊的中了他的計謀，不等到受害之後是不能明白的，那樣的心計多麼深密啊！當人們剛中計的時候，整天奔走忙碌，完全聽他的指揮差遣，投身於禍患之中而不自知。等到軍隊覆沒了，國家破滅了，回頭看看自己以前所踩的，沒有不是人家設計好的陷阱，然後才知道自己一直在殘害自己，頓足後悔都已經來不及了。唉！要挽救已經太遲了。謀略難道還有比這樣更深密的嗎？我說：「有的！使敵人在覆敗之後，認清了我的心機，這還不算深密呢！天下就有奇特的權謀、隱密的心機，不但敵人失敗之後還不知道緣由，就算到數千百年之後，後人也不知道根由，那才是天下最深密的呢！」我觀察鬬伯比對付隨國的謀略，未曾不再三慨歎其謀略的深密！

一般人討論鬬伯比的謀略，只不過說鬬伯比認爲季梁的正直，鬬不過少師所得的寵信，季梁的諫言，必然有不用的時候，少師的主張，必有被採用的時候。我的謀略雖然在今天不能實現，但必在以後可以實現。唉！這怎麼算了解鬬伯比的心機呢？人們看見隨侯當初拒絕少師追擊楚軍的請求，而聽從季梁修明政事的諫言，以爲伯比的謀略沒有進展，而不知道他的謀略已經開始在暗中運作了呢！說市集中有老虎，傳言曾參殺人，必然是要一而再、再而三才會令人相信，而剛開始說的人，是明知人家不會相信的；第二個說的人，也明知道別人不會相信的。明知道別人不會相信，而還要去褻瀆再三告訴人家，這是爲什麼？那是因爲有一就有二，有二就有三，假使沒有兩個人傳播於前頭，雖然有擅於挑撥離間的人，也不能達到三個人都說所造成的效果。剛開始的不相信，是造成後來相信的基礎。知道這一點才可以知道鬬伯比的心機謀略。

隨侯起初對少師建議的拒絕，正是促成日後對他主張的聽從；隨侯起初對季梁諫言的聽從，正是促成日後對他主張的排斥。季梁這個人是隨國眾所仰望，爲隨君一向敬畏的人。伯比以爲我如果想一舉而成功，那少師雖爲國君所寵愛，但怎麼能够使國君突然去違背一向敬畏的人的諫言呢？如不現在先顯示楚軍的疲弱來引誘少師，那麼少師一定會提出伐楚的請求，季梁必然會提出修明國政的諫言，隨侯迫於平日對季梁的敬畏，必定會勉強聽從季梁的諫言，而拒絕少師的請求。使季梁的諫言用在國家無事之時，等到國家有事之日再提出諫言，他的國君必定會認爲他太過分了。隨國所可以仗恃的賢者，就只季梁一個而已，季梁的策略既然施展不出，那麼我以後再興兵而來，還有誰可以跟我過不去呢？一般人之常情，迫於不得已而勉強聽從自己敬畏的人的話，只不過能聽從一次罷了，到了第二次，那裏肯再聽從呢？迫於不得已而勉強拒絕自己所喜歡的人的話，也不過能拒絕一次罷了，到了第二次，那裏還能再拒絕呢？不必等到第二次，當勉強聽從所畏的人的時候，雖然是聽從了，但已經有不平之心了；當勉強拒絕所愛的人的時候，雖然是拒絕了，但已經有不忍之心了。隨侯不平的念頭，已產生在原先聽從季梁諫言的時候，累積了幾年下來，那不平之心日日增長，當楚國再發兵前來的時候，季梁的諫言哪有不被廢置的道理？隨侯不忍心的念頭，已產生在當初拒絕少師請求的時候，累積了幾年下來，那不忍之心日日加深，當楚國再興兵前來的時候，少師的主張那有不被接納的呢？所以後來的拒絕是因早日的聽從而產生，後來的聽從是因早日的拒絕所造成。想到隨侯惶恐地修明國政之時，全國交相慶賀，贊美他們國君接納諫言的英明，卻不知道伯比正高興地暗笑，他們已進入我的算計之中了。破隨之契機已卜定在數年之前，而收破隨之功卻在數年之後，伯比的心機可眞是入微而令人難以察知啊！

我曾深入考察伯比的謀略，既借扭曲軍容的詐術，挑起少師爲國建功的驕大慾望；又借少師追擊楚軍的請求，激出季梁忠正的諫言；又借季梁語重心長的諫言，致使隨侯對他有敬而遠之的心態；又借隨侯不能接受其建議，以增加少師有不如季梁的不快；又借少師的得寵，來詆毀季梁的策略。放置一點毒在少師的心上，一國君臣便相互薰染，使他們互有勝負、互有起伏、互有得失，就像輪子，也像機器，轉動起來，就不能停止，而我只要端坐垂手，不動聲色從容地等它出毛病來制住它。這些事雖然已成歷史的陳迹，也寫在簡册之上，但讀者還是不知道其中來龍去脈，更何況當時自己中計入網的人呢？然而有沒有方法跳出這個羅網呢？我說：沒有可供焚燒的空間，烈火不能焚毀玉石，沒有接受病源的管道，瘴癘之氣也不能侵害到人。鬬伯比陰謀滅隨國那麼多年，怎麼不趁其潰敗的時候，一舉把隨國消滅，反而留下後患？當初勇於伐隨，而後又怯於滅隨，並不是早先的謀略精妙，往後就拙劣了，因爲少師既然死了，那隨國就沒有受病的管道了。唉！小人的根苗還在，則國君雖然接納忠言也不足爲喜；小人的根苗既已拔除，則國家雖打了敗仗也不足爲憂，治理國家的人難道不是該盡力除去小人的根苗嗎？

【研　析】呂祖謙言人之所未言，發人之所未發，他不說別人目光如豆，見識短淺，而說此「奇權密機」，「雖至於數千百年之後，亦不知其所以然」，所以其見解分析，容易爲人所接受，而又絲毫不減其「通情達變，觀察入微」自居者的地位，這正是其文章的高妙處。

本文第一段從陰謀得逞，受害者不到噬臍之日不能恍悟，說明其機之深。但他接着說，事後知機，那還不够深，要事成之後千百年，竟無人能知，這才深呢！鬬伯比謀隨，便是如此。這種層層轉緊，然後點題，是很能吸引人的開場白。第二段提出一般人對這件事的評論，都只見皮毛，而提出「曾參殺人，必三至而後信」，來指述鬬伯比運用的就是這個謀略。第三段是說明隨君寵少師，少師驕侈，而季梁得眾望，鬬伯比如何利用其中的矛盾，巧施連環計而坐享其成。第四段說明整個連環計的動力在少師的身上，少師既死，隨仍不可輕侮。然後提出「爲國者其務去小人之根也哉」作結，也成爲全篇之警策。

本文除起首巧妙，還在說明巧計連環之時，絲絲入扣之外，結論更爲精妙。把鬬伯比謀隨而不滅隨，說得頭頭是道，使連環計的理論基礎，更爲堅實。同時提出警策，文章便關乎世教，而賦予更積極的意義。

魯為班後鄭 桓公六年

齊衛戰鄭於郎 桓公十年

【題解】魯桓公六年（西元前七〇六年），北戎攻打齊國，齊人派人到鄭國求援，鄭國太子忽領兵救援齊國，把戎軍打得大敗，太子忽俘虜了戎的主帥大良和小良，斬下三百個戎軍帶甲的首級，獻給齊國。齊人饋送各國來協助的諸侯大夫，讓魯國來排各國的先後次序，魯國把鄭國排在後面。鄭太子十分不滿，於是在兩年之後，邀了齊國，齊國則讓衛國一起去攻魯國。

呂祖謙認爲鄭太子忽沒有「盡其所當爲，無足誇人」的想法，於是心爲外物所左右，始而驕、繼而怯。他援古戒今，說一個人爲外物所左右而不能自主，就更沒有資格去主宰國家。

天下之事，有當爲者，有不當爲者。凡當爲者，皆常也；凡不當爲者，皆過也。曰是、曰正、曰善，皆所當爲也；曰非、曰邪、曰惡，皆所不當爲也。事雖有萬而不同，豈有出於此兩端之外者哉？

古今以驕矜爲通患，抑亦未之思也。盍反觀吾之所行，果不當爲耶，方且愧懼之不暇，何敢誇人？果當爲耶，則亦飢食渴飲之類耳，何足誇人？是天下本無可誇之事，彼驕矜之心，亦何自而生乎？目當視而反盲，耳當聽而反聵，則爲殘疾人矣，苟目能視，耳能聽，始可謂之無疾之人，豈有持此以誇世者哉？雖舜之孝、禹之功、皐陶之謨❶、稷契之忠❷、夷齊之清❸、孔孟之學，冠萬世而絕出者，其實皆人之所當爲也。世之人僅有一善如毛髮，遽自衒以爲過人之行，亦惑矣。人之爲人，非聖人莫能盡也。今受人之形，而反自謂過人，豈將翼而飛，鬣而馳❹耶？甚矣其惑也！

鄭太子忽之救齊，雖曰有功，然捄❺災卹鄰，亦諸侯之所當爲耳，遽軒然❻伐其功，輕周室之爵祿，而欲躐之，又從而加忿兵於魯。嗚呼！使小國有功，而可躐處於大國之上，則臣有功可陵其君，子有功可傲其父矣，曾不如無功之爲愈也！吾嘗觀鄭忽始敗戎師之時，囚二帥，陳俘馘❼，振旅而獻乎齊，氣吞諸侯，邈視王爵。餼餽之際，暫爲人所先，亟連三國之兵而伐之，何其壯也！及其嗣位，微弱不振，爲國人所賤，其出奔，其復歸❽，斥其名而赴諸侯，曾不以君視之。甚者詆以狡童狂童之稱❾。其受侮受辱，一至於此，前日之壯氣安在耶？

蓋忽之爲人，得志則氣盈，而自視其身不勝其大，人少慢之，以不能平；失志則氣涸，而自視其身不勝其小，人共賤之，反不能較。其中初無所主，惟視外物以爲輕重，隨物而盈，隨物而涸，隨物而大，隨物而小，終身爲物所驅，乍驕乍沮，乍勇乍怯，己亦不能自必也。一身且不能自主，況欲主人之國哉？

【註釋】❶皋陶之謨　皋陶的謀略。皋陶，相傳爲舜之名臣，掌刑獄之事。《尚書》有〈皋陶謨〉一篇，記皋陶之事，所以以此爲典故。❷稷契之忠　稷和契的盡職盡分。稷，即棄，相傳爲周之始祖，教民播種五穀，堯舉之爲司農。契，相傳爲商的始祖，爲舜之名臣，助禹治水有功，任爲司徒。見《史記．周本紀》及〈商本紀〉。❸夷齊之清　伯夷和叔齊清高的風範。伯夷、叔齊爲商孤竹君之二子，相傳其父遺命立次子叔齊爲嗣，但叔齊讓位伯夷，伯夷不受，叔齊亦不即位，二人先後逃到周。逢周武王伐紂，二人叩馬諫阻，武王不聽而滅商，二人恥食周粟，採薇而食，終於餓死首陽山，事見《史記．伯夷傳》。《孟子．萬章下》稱伯夷爲聖之清者。❹鬣而馳　成爲野獸而奔馳。鬣，獸類頸領上的毛。❺捄　拯救。通「救」。《戰國策．秦策五》：「諸侯必懼，懼而相捄，則從事可成。」❻軒然　高起貌。同軒昂自高。❼俘馘　指殲滅敵人。俘，被活捉的敵人；馘，從敵人屍首上割取左耳，以計殺敵之數。❽及其嗣位五句　鄭莊公死，太子忽立，是爲昭公。但祭仲爲宋莊公所刼持，要他立太子忽的弟弟突。祭仲允諾，昭公奔衛。突即位爲厲公，在位四年欲除祭仲，事敗而出居邑櫟，祭仲再迎立昭公復位。❾詆以狡童狂童之稱　《詩．鄭風．山有扶蘇》，毛《傳》鄭《箋》都說是刺忽之詩，其中有「不見子充，乃見狡童」之句，又有〈狡童〉一詩，毛《傳》鄭《箋》也都以爲刺忽之作。更有〈褰裳〉：

「子不我思，豈無他人，狂童之狂也且。」毛《傳》：「思見正也，狂童恣行，國人思大國正己也。」鄭《箋》：「狂童恣行，謂突與忽爭國，更出更入而無大國正之。」呂祖謙據此而說太子忽被稱為狡童和狂童。

【語譯】天下的事，有應當做的，也有不應當做的；凡是應當做的，都是正常的，凡是不應當做的，都是過失。凡是對的、正當的、好的，都是應當做的；凡是不對的、不正的、壞的，都是不應當做的。事情雖然有千萬種的不同，難道還有這兩種以外的嗎？

自古以來，都以為驕矜是一般人的通病，就沒有仔細去思考這個問題。為什麼不回過頭來看看我自己所作所為，如果是不應當做的，感到慚愧惶恐都來不及了，怎敢向人誇耀呢？如果是應當做的，那就跟飲食飢渴一樣的平常，又有什麼足以向人誇耀的？因此天下原本沒有什麼可炫耀的事，那驕矜之心是怎麼產生的呢？眼睛應當看得見，看不見是不正常的；耳朵應當能聽，聽不見是不正常的；那都是殘障的人。如果眼睛能看，耳朵能聽，才能算是沒有殘疾的人，難道有人以此向世人誇耀的嗎？雖然像舜的孝順、大禹的功績、臯陶的謀略、稷和契的盡職、伯夷和叔齊的清高、孔子和孟子的學問，都是高居萬世之上的傑出者，其實也都是人所應當做的，世人竟然有像一根毛髮那麼小的善行，就馬上自誇是異乎常人的行為，這未免太迷惑了。其實人在為人方面，不是聖人的話是不可能十全十美的。如今有了人的軀殼，反而以為自己跟一般人不一樣，難道是像鳥類一樣長了翅膀去高飛？或像獸類一樣長了鬣毛去奔馳？眞是迷惑糊塗啊！

鄭國太子忽的率兵救齊，雖然可以說有功，但救助受害者，撫恤鄰邦，說來也是諸侯所應當做的事，卻昂然自得而誇耀功勞，輕視周王室所封賜的爵位俸祿，而想跨越其等級名分，接著還忿然發兵攻打魯國。唉！假使小國有功，就可以越居在大國之上，那麼臣子有功也可以凌駕在他的君主之上，兒子有功也可以傲視他的父親了，那還不如沒有立功來得好些！我們看看鄭太子忽當初打敗戎兵的時候，俘獲了兩員大將，陳列了俘虜和敵人的左耳，以嚴整的軍容把戰果獻給齊國。那時氣勢之大，簡直可以吞掉諸侯，也不把王爵看在眼裏。在齊國餽贈鮮肉的時候，一時被別人佔先了，就急於聯合三國的兵力去討伐別人，氣概是那麼宏壯啊！等他繼位爲君，卻微弱不堪，爲國人所看輕，他的出奔於衛和回國復位，人都直指其名，說他到諸侯之國去，不把他當國君看。甚至就罵他是虛有其表的狡童和狂妄的狂童。他受侮受辱，竟到如此地步，當年的雄邁之氣到那裏去了？

大體說來，鄭忽這個人，得志的時候就氣滿，覺得自己比誰都大，人家稍爲怠慢他，他就以爲這是令人氣憤不平的事；當他失志的時候就氣竭，覺得自己比誰都小，人們都鄙視他，倒反而不敢計較。他心中沒有什麼主見，只是根據外物來定自身輕重的標準，隨著外物而意滿，隨著外物而氣衰，隨著外物而自大，隨著外物而自卑，終身爲外物所驅使。一下子驕傲，一下子沮喪，忽然勇敢、忽然怯弱，自己都沒有一定的憑準。像他這種人連自己都不能自主，怎能還想去主宰眾人的國家呢？

【研析】鄭太子忽因一時救齊伐戎的勝利，便趾高氣揚惹事生非，一副器小易盈的模樣；而在權位之爭，因一時失去祭仲支持，便惶恐逃離不敢對抗，一副軟弱怕事的樣子。他畢竟只是一個使氣任性不能老謀深算的人，這是一般對太子忽的批評。呂祖謙從「平常心」出發，而歸結到人當自主，不爲外物左右。對太子忽的批評，另闢蹊徑。

第一段論天下事雖有千萬種，大別只有當爲與不當爲而已。第二段接著論既然當爲，就只是平常事，一如目之能視、耳之能聽，不足以誇人，甚至連古聖賢之功績德業，都是人之所當爲，都該待之以平常心，不足矜喜。於是指斥因小功小善而自炫者，惑矣！第三段敍述鄭太子忽始而驕、繼而怯。最後一段分析其得志則氣盈，失志則氣涸，是因心無所主，惟視外物，所以爲外物所驅遣。一身且不能自主，如何主宰眾人之國？

本篇同上篇一樣，置警策於最後，使文章更關乎世教，而且不只說一般人，更直說在位者。另外在第二段從耳之能聽，目之能視，最最平凡，說到最不平凡的聖賢之業，都是平常事，以張大其涵蓋的範圍；第三段從鄭太子忽「何其壯也」，說到「壯氣安在」，作最強烈之對比，以強化其隨外物氣盈氣涸的說明。這些極化兩端的寫法，常使文章波瀾起伏，氣勢洶湧，顯得格外壯闊動人。

鄭太子忽辭昏 桓公六年　鄭昭公之敗北戎至昭公奔衛 桓公十一年

【題解】齊僖公有意把女兒文姜嫁給鄭太子忽，太子忽辭謝了。人家問他原因，他說齊大非耦，並引詩「自求多福」的話，說明盡其在我，不依賴大國。等到太子忽打敗戎師，齊侯再提這門親事，太子忽仍然辭謝。祭仲說「一定要接受，國君姬妾很多，你沒有外援，將不能繼承君位。其他公子突、公子亹、公子儀都可能立爲國君。」公子忽不聽，後來鄭莊公死，祭仲即立太子忽而爲昭公，但祭仲卻被宋莊公所誘騙挾持，要他立公子突，祭仲與宋人立盟，鄭昭公逃到衛國，於是立公子突而爲厲公。後人或歸咎太子忽不能依大國以鞏固自己，呂祖謙則以爲鄭太子辭婚是對的，爲國者當自立，太子忽不好，但不能以人廢言。對他「自求多福，在我而已」的話，十分激賞，甚至認爲他有自立之言，而無自立之實，最後還是落得依人得禍，說得透闢淋漓。

為國者當使人依己，不當使己依人。己不能自立，而依人以為重，未有不窮者也。所依者不能常盛，有時而衰；所依者不能常存，有時而亡。一旦驟失所依，將何所恃乎？

嗚呼！此特論依之不可常耳，抑有甚者焉！使所依者常盛而不衰，常存而不亡，可謂得所依矣，然猶未足恃也！晉方主盟諸夏，宋深結而謹事之，倚以自固。想其心必自以為善擇所依矣，及阨於楚師之圍，析骸而炊，易子而食，晉迫於狄，坐視而莫能救❶也。當時諸侯之強盛者莫如晉，諸侯之可依者亦莫如晉，晉猶不可依，而況其他乎？

嗚呼！此特論人之不足依耳，抑又有甚者焉！西魏孝武脅於高歡❷，日有篡奪之憂，所恃以為依者，宇文泰❸耳。一旦脫身虎口，杖策❹入關，捨所畏而得所依，天下之樂有過於是乎？然孝武之禍，不在於所畏之高歡，而在於所依之宇文泰。以是論之，非惟人之不可依，而禍實生於所依也。外物之變不可勝窮，恃外以為安者，其患夫豈一端耶！

人皆咎鄭忽之辭齊女，不能依大國以自固。殆非也。使忽不辭而取文姜，則彭生之禍❺移於鄭矣。豈有禍魯而福鄭者耶？自古小國連姻於大國，得其所依者蓋無幾，而啟釁召兵，如銅斗摩笄之禍❻者皆是也。然則忽之辭昏，固亦未可厚非也。後世徒見其終以微弱致禍，遂并與辭昏譏之。殊不知忽前得之於辭昏，後失之於微弱，一是一非，兩不相掩，烏得以後之非廢前之是哉？

忽之言曰：「自求多福，在我而已，大國何爲？」斯言也，實先王之法言，古今之篤論也。在我之福，以堯爲父，而不能與丹朱❼；以周公爲兄，而不能與管蔡❽；以周宣爲子，而不能與厲王❾。彼大國亦何有於我哉？苟忽能充是言，則〈洪範〉之五福❿，周〈雅〉之百祿⓫，皆我有也，尚何微弱之足患乎？論者不識忽之不能蹈其言，而反譏其言之失，亦惑矣。後之君子，苟不以人廢言，而深味其言，釋然深悟：天下之福，皆備於我，無在我之外者。攀援依附，一掃俱除，天下無對，制命在內。忽言之於千載之上，我用之於千載之下，是忽雖不能自用，適所以留爲我之用也，豈曰小補之哉？

【註釋】❶晉迫於狄坐視而莫能救　此事見於《左傳》宣公十五年，狄指潞國。是年，晉未救宋，而出兵滅潞。❷西魏孝武脅於高歡　西元五三二年，北魏高歡入洛陽，廢其主恭及朗，而立平陽王修，卽爲孝武帝，高歡自爲大丞相。越三年，高歡舉兵反，孝武奔長安，以宇文泰爲大丞相，是年十二月爲宇文泰毒死。高歡逼走孝武帝，另立孝靜帝，從此北魏分東西二魏。❸宇文泰　（西元五〇七—五五六年），代郡武川人。鮮卑族，仕魏爲關西大都督，北魏孝武帝爲高歡所逼，西奔長安依宇文泰，史稱西魏，以宇文泰爲丞相，專軍國大政，不久毒殺孝武帝，立南陽王元寶炬爲帝，卽爲文帝。後來宇文泰之子宇文覺，自立爲周，追尊泰爲太祖文皇帝。❹杖策　驅馬。策，卽馬筴，用以驅馬。❺彭生之

禍　指文姜通齊襄公，彭生將魯桓公折脅而死。見〈臧哀伯諫納郜鼎〉篇⑯，於〈桓公文姜如齊〉篇將有詳述。❻銅斗摩笄之禍　應爲金斗摩笄之禍。見《史記．張儀傳》，春秋時，趙襄子欲併代，以其姊爲代王妻，趙襄子令人作金斗（爲有柄的挹注之器），讓廚人以金斗擊殺代王，代王腦塗地，趙襄子之姊摩笄自刺，以後乃有摩笄山。笄，卽簪也，婦人首飾。❼以堯爲父而不能與丹朱　堯爲聖君，其子丹朱不肖，所以禪位給舜。見《史記．五帝本紀》。❽以周公爲兄而不能與管蔡　周公，卽姬旦，周文王之子輔武王滅紂，武王死，成王年幼，周公攝政，其弟管叔、蔡叔挾殷的後代武庚作亂，周公平定而建成周雒邑。見《史記．魯世家》。❾以周宣爲子而不能與厲王　周宣王，名靜，厲王之子。厲王死，周、召共立之，用仲山甫、尹吉甫、方叔、召虎等，北伐玁狁，南征荊蠻、淮夷、徐戎，史稱中興。而其父厲王，用榮夷公搜刮財富，肆行暴政，國人怨恨非議，乃派衛巫監殺謗者，國人敢怒不敢言，三年而放逐於彘。見《史記．周本紀》。❿洪範之五福　《尚書．洪範》：「九、五福，一曰壽、二曰富、三曰康寧、四曰攸好德、五曰考終命。」⓫周雅之百祿　《詩．小雅．天保》：「罄無不官，受天百祿。」乃周詩，爲祝君福之詩。

【語譯】治理國家的人，應當是讓人家來依靠自己，而不應該讓自己去依靠別人。自己不能自立，而要依靠別人以自重，結果沒有不窘困的。因爲所依靠的人不會永遠強盛，有時將會衰微；所依靠的人也不會一直存在，有時也會消亡的。一旦突然失去所依靠的，那將仗恃什麼呢？

唉！前頭只說所依靠的不可能長久而已，還有更嚴重的呢！假使所依靠的人，是常盛而不衰、常存而不亡，就可說有得依靠了吧！其實也還不足以仗恃呢！當晉國爲中原霸主的時候，宋國深深地巴結它，謹愼地事奉它，倚仗它以鞏固自己。料想當時宋國的想法，必定自以爲很妥善地選擇了好的靠山，到他被楚軍圍困的時候，城內陷入了以屍骨當柴燒、交換兒子宰來吃的慘境，但那時晉國正受到狄人的威脅，因此坐視著宋國的被圍困而不能救援。當時的諸侯沒有比晉國更強盛的，而諸侯可以仰賴的，也沒比晉國更理想的，晉國都不足以仰賴，更何況其他的諸侯呢？

唉！前頭只說別人不足以依賴而已，還有更嚴重的呢！南北朝時西魏孝武帝，被權臣高歡所控制，天天都有被篡奪的憂慮，他所仗恃而且可以依靠的就是宇文泰。一旦逃離虎口，快馬加鞭地進了長安，捨離了他所害怕的人，而得到依靠的人，天下最快樂的事有超過這個的嗎？但魏孝武帝所遭遇的災禍，不是來自他所畏懼的高歡，而來自他所依靠的宇文泰。以此說來，不但他人不可依賴，而且禍害實際上就產生在所依賴的人。外在事物的變化難以掌握，仗恃外人的力量以自安的，這禍患哪裏只是一方面而已呢？

一般人都責怪鄭太子忽推辭齊國這門親事，不能仰賴大國以鞏固自己的地位。這責難大體是錯的。假使太子忽不推辭而娶了文姜，那麼魯桓公被齊公子彭生所害的災禍，就發生在鄭國了。哪有在魯國是禍患，到鄭國成為福祉的呢？自古以來，小國和大國聯婚而得到依靠的，是寥寥無幾，而惹起嫌隙召來刀兵之災的，像春秋時，代王娶趙襄子的姊姊，而被金斗擊斃，其妻摩笄自刺的慘事，倒是比比皆是。這麼說來，太子忽的辭婚，實在是無可厚非的。後人只見太子忽終因微弱而招致禍害，於是連辭婚的事都譏笑他。其實那裏知道，太子忽先前的成功，是得之於辭婚，後來的失敗在於微弱，一是一非不相掩蓋，怎麼能夠以後來的不好，廢棄了先前好的作為呢？

鄭太子忽說：「自求多福，操之在我而已，大國有什麼用呢？」這幾句話，是古先王的名言，也是古今不移的至理。得之在我的福份，以堯那樣賢能的父親，也不能交給兒子丹朱；以周公那樣賢能的兄長，也不能分給弟弟管叔和蔡叔；有周宣王那樣賢能的兒子，也不能讓父親厲王分享。那大國又能給我什麼呢？假使太子忽能貫徹這句話，那麼《尚書．洪範》所說的五福，《詩經．小雅》所說的百祿，都將爲我所有，怎麼會微弱造成禍患呢？後代評論者不責怪鄭太子忽不能實踐「自求多福」這句話，反而譏笑他說錯話，也實在太迷惑了。後代的君子，如果「不以人廢言」，而能深加體會這句話，便能深深感悟到：天下的福祉，都具備於自身，而不在自身之外的。於是攀援他人，依附權勢，一併掃除；對天下的事，無所怨懟，命運是我們的心所制定的。太子忽的話說在千年之前，而我們用於千年之後，這些話太子忽雖然不能自用，正是留下來爲我們所用，這難道只是小有補益而已嗎？

【研析】這又是一篇別出心裁的文章。鄭太子忽拒絕齊國主動提出的親事，說出「齊大非耦」的千古名言，但他繼位之後，終因缺乏大國有力的支援，一個小小的宋國，挾持了祭仲，逼其立盟，就使他倉惶奔衛。後來也因祭仲和厲公之間有了衝突，他才能再回國。回國才兩年，高渠彌又把他殺了。所以後人總認爲他如果有了齊國作爲靠山，宋莊公、祭仲、高渠彌都不敢那麼囂張。呂祖謙要在既定的事實上，提出不同的批評，自當要找好立論點，以批駁前人之說。

他主張爲國者當自立，極力強調「依人未有不窮」，爲全篇骨幹。他開宗明義起首就提了出來，然後說所依之國有盛有衰，不可依恃，作爲第一段。第二段更進一層，以晉不能救宋，說明強盛之國，仍不足恃。第三段再進一層，以魏孝武帝死於宇文泰之手，說明所恃者不但不足恃，還可能正是禍源。第四段才論鄭忽不依大國而辭婚是對的。第五段則強調鄭太子忽的話沒錯，並指出他不能實踐自求多福之言，仍因依人得禍。他不能自用其言，正可以留爲我用。

前三段層層抉進，很具有說服力，是古人論述常用之法。最後責鄭太子忽還是依人得禍，呼應立論點，使文章更有震撼力。

桓公問名於申繻 桓公六年

【題解】魯桓公三年（西元前七〇九年），從齊國娶回文姜，六年九月二十四日生了兒子，桓公以太子出生的禮儀接見兒子，問大夫申繻有關命名的事。申繻說：「名有五種，有信，有義，有象，有假，有類。用出生的特殊情況來命名是信，用祥符德瑞來命名是義，用長相類似來命名是象，用相關的物來命名是假（借），用和父親有關來命名是類。命名不用國名、官名、山川名、疾病名、畜牲名、器物禮品名。因爲周人講究避諱，用國名，人名就無法避諱，用官名勢必要改官稱，用山川名就要改山川的神名，用畜牲名將來無法殺牲祭祀，用器物禮器名將無法行禮儀。晉國因僖侯名叫司徒而將司徒之官改稱中軍，宋國因武公名叫司空而改官名爲司城，我國先君因獻公和武公的名諱，而廢了具山和敖山的山名，所以不可或缺的大物是不可以用來命名。」後來就因這兒子跟父親（桓公）同月同日生，所以命名爲「同」。卽爲魯莊公。

呂祖謙以爲替兒子命名的事，魯桓公能謹愼行事，事關國家法度、政事、財用、兵革的事，卻未必能如此小心。申繻的話是有所見，也有所規諫，讀的時候不可輕易放過。

名子者，當爲孫地世所共守也。生而名，沒而諱。子之始生，嬰孩耳，幾年而免乳，又幾年而成童，又幾年而冠昏，又幾年而有孫，又幾年而老，又幾年而沒，由命名之日，而遐想諱名之時，茫昧荒遠，若存若亡，若滅沒而不可知也。今乃預料於百年之外，恐其廢名，恐其廢職，恐其廢主，恐其廢祀，恐其廢禮，博詢詳擇，精思熟慮，俾不爲後世之累。當始生之初，而思既沒之後，可謂遠也已矣！

名子之際，其遠慮蓋如此，至於餘事，則每不然。法度苟以趨一時之便，未嘗憂他日之弊也；政事苟以濟一時之欲，未嘗憂他日之害也；財用苟以供一時之求，未嘗憂他日之匱也；兵革苟以快一時之忿，未嘗憂他日之危也。名子且爲百年計，況於創業垂統以遺子孫者，反不能爲後日計乎？大而國，小而家，苟以名子之心推之，則「貽厥孫謀」❶之理盡矣，奚必他求哉？

抑嘗稽禮之所載，子見於父，父執子之右手，咳而名之；庶子則撫其首，咳而名之，是知命名特咳唾之頃耳。一有不審，遂流患於無窮。晉名僖侯❷以司徒，豈知終晉之世，易中軍之名乎？宋名武公❸以司空，豈知終宋之世，易司城之名乎？魯名獻公❹武公❺以具敖，豈知終魯之世，易二山之名乎？失之於咳唾之間，而其患乃與國相終始，信矣！始之不可不審也。

然名子之不審，不過後世以諱廢事耳，孰知有一嚬一笑而開子孫萬世之禍者乎！觀名子之遠慮，可以爲有國家者之大法；觀名子之不審，可以爲有國家者之大戒。申繻之言，有鑒有規，固不可以易心讀之也。

【註釋】❶貽厥孫謀　語出《詩．大雅．文王有聲》：「詒厥孫謀，以燕翼子，武王烝哉。」乃贊美武王能遺其子孫善謀。貽，本作詒，遺也。孫，遜也，順也。❷僖侯　即晉釐侯（西元前八四〇—八二三年在位），爲晉靖侯之子，晉獻侯之父。❸武公　宋武公（西元前七六五—七四八年在位），爲宋戴公之子，宋宣公之父。❹獻公　魯獻公名具，爲魯厲公之弟，依《史記》在位三十二年，傳子爲魯眞公。時在周共和之前十五年，則約當西元前八八七—八五六年在位。❺武公魯武公（西元前八二五—八一五年在位）名敖，爲魯獻公之子，魯眞公之弟，魯懿公之父。

【語譯】替兒子命名的名，當成爲孫子那一輩起所共同尊奉的字。出生的時候命名，死了以後成爲避諱。兒子剛出生的時候只是個嬰孩罷了，要幾年以後才能斷奶，再幾年以後成爲童子，又幾年之後成人結婚，再幾年之後有了孫子，又幾年後漸漸老了，再幾年之後才死。在命名的時候，就遙想到名字避諱之時，那麼蒙昧荒遠、若有若無不可知的境地。如今就預期到百年之外，怕會廢了名字，廢了官職，廢了山川神名，廢了祭祀，廢了禮儀，於是廣博徵詢，詳加選擇，深思熟慮，以期後世不受拖累。當剛剛出生的時候，就想到已死之後，想得可眞遠啊！

替兒子命名的時候，能這樣深思遠慮，至於其他的事，就往往不這樣了。面對法度常遷就一時的方便，不曾爲日後的弊病憂慮；辦理政事常爲滿足一時的慾望，而不爲日後的禍害擔心；使用財物常爲提供一時的需求，而不爲日後的匱乏考慮；發動干戈常爲不能忍一時的憤怒，而不爲日後的危亡擔憂。爲兒子命名都能為百年之後計議，何況對創基業垂世統以留給子孫的，怎麼反而不能為日後籌謀呢？大至於國，小至於家，如果能夠以替兒子命名的心去推廣的話，那麼《詩經》所謂「為子孫留下好的謀略」的道理，就盡在其中了，又何必他求呢？

且曾查考禮書的記載，初生的兒子見到父親，父親執兒子的右手，咳叫出他的名字；庶生的兒子則由父親撫他的頭，咳叫他的名字，所以命名只是咳唾之間的事情而已。但一不小心，就遺害無窮呢！晉國僖侯名叫司徒，當初怎會想到造成晉國一直到亡國之時，司徒都改稱中軍呢？宋國武公名叫司空，當初怎會知道造成宋國一直到滅亡，司空都改名司城呢？魯國獻公和武公，分別以具和敖為名，當初怎會知道，造成魯國一直到亡國，具敖兩座山的名字都改了呢？咳唾之間的疏失，而留下的害處，竟跟國家相終始，可是眞的呀！所以事情的開始是不能不審愼。

然而為兒子命名不審愼，也不過是造成後世因避諱而廢弛某些事而已，那裏知道還有一顰一笑而開子孫萬代之禍的呢！看到為兒子命名的遠慮，可以使擁有國家的人有所效法；看到為兒子命名不審愼的後果，可以使擁有國家的人有所戒懼。申繻所說的話是有所鑒戒，也有所規諫，是不可掉以輕心地讀過去的。

【研析】在前面已有〈晉穆侯命二子名及晉封曲沃〉，強調為兒子命名的重要，在此討論申繻論名，自然沒有否定命名重要的道理。若要強調命名的重要，前面已經講過，申繻也說得具體，似乎也沒有再置喙的餘地，所以必須另外拓展一個討論的空間。

本文可分四段，首段說明魯桓公為兒子命名，問名於申繻，精思熟慮，其慮也遠。第二段說到法度、政事、財用、兵革，這些關係創業垂統以遺子孫者，卻未必能深謀遠慮。第三段說命名出於咳唾之頃，一有不愼，流患無窮。第四段說命名不妥，只有以諱廢事，而還有一顰一笑開子孫萬世之禍者，於是以強調申繻之言有鑒有規，不可以易心讀之。

第一段開頭強調命名之事，所慮也遠，於是列舉嬰兒斷乳、成童、冠婚、生孫而老死的階段歷程，第二段就開拓了討論的空間，說到爲政者，常能注意爲兒子命名，卻不能在法度、政事、財用、兵革上如此深謀遠慮，當然桓公更是如此。第三段又回到命名，第四段又從命名推展到創業垂統的法度政事。如此一來一往，造成文章的波瀾，而歸結到申繻之言有鑒有規，總括回到題目上來。一方面拓展了討論空間，寄寓其批評與感慨，一方面環環扣住主題，讀者宜仔細揣摩其控放自如所把握的分寸，領略其吞吐變化之妙。

王師伐虢

桓公十年

【題解】 魯桓公十年（西元前七〇二年）擔任周天子卿士的虢公，在周桓王面前詆毀他的大夫詹父，其實詹父是有理的，於是周桓王就派王師去攻打虢國，虢公就逃到虞國去了。呂祖謙藉此探討「理直」與「名分」孰重，他認爲「犯分卽犯理」，在「天下無不是的父母，也沒有不是的君王」的時代，當然是一語斷盡千古之訟。但論之於今，則又未必如此。

屈天下之理，以信天下之分，非善持名分者也。世之持名分者，皆曰「分可勝理，理不可勝分」，不幸而聽上下交爭之訟，寧使下受抑，勿使上受陵。所屈者一夫之理，所信者萬夫之分。屈尺寸而信尋丈，亦何為而不可哉？嗚呼！分固不可屈也，理其可屈乎？宜人之滋不服也。

虢公譖其大夫詹父於桓王❶，詹父有辭，王為之伐虢而逐虢公，以臣逐君固可罪矣，然人之咎周者，不過曰：「虢公雖曲，君也；詹父雖直，臣也。」桓王之失，不當以曲直之理，而廢上下之分耳。其罪桓王則是也，其所以罪桓王則非也。數傳而至於襄王❷，晉文公以元咺執衛侯而請殺之❸。襄王曰：「夫君臣無獄，今元咺雖直，不可聽也，為臣殺其君，將安庸刑？」襄王之意，豈非欲矯桓王之失乎？所謂君臣無獄者，固可以為萬世訓，至若「元咺雖直」之一語，猶未免墮世俗之見也。

苟如襄王之說，是元咺之理未嘗不直，所以不可聽者，恐亂君臣之分焉耳。有所謂理，又有所謂分，是理與分判然二物也。捨理而言分，是分孤立於理之外也。分孤立於理之外，則分者特一虛名耳，天下之亂臣賊子豈虛名所能束縛耶？人情所不平者，莫甚於理直而受屈，今告之以汝理雖直，姑為名分屈，是導之爭也。彼亦安能鬱鬱受屈，久為虛名之所壓乎？必將不勝其忿，決壞名分而不暇顧。是吾之持名分，適所以喪名分也。

君子言分必及理，言理必及分，分不獨立，理不虛行。得則俱得，失則俱失，豈有既犯分而不犯理者乎？子之證父❹者，先有證父之曲，不必復問其所證之事也；弟之愬兄❺者，先有愬兄之曲，不必復問其所愬之由也。臣之訴君者，先有訴君之曲，不必復問其所訴之辭也。當詹父元咺未訴君之時，其理固直，既啟訴君之口，則已陷於滔天之惡矣，尚安得有所謂直哉？是詹父之直，因訴虢公而曲也；元咺之直，因訴衞侯而曲也。二人之理已曲，吾從而治之，亦治所當治而已，彼本自不直，復何所屈哉？周王苟以是正其罪，則二人者釋然內省其理之曲，沒齒無憾矣。非特可服二人之心也，凡當時諸侯之臣有欲犯上而訴其君者，必以謂：訴所以求直，今訴君而反變爲不直，曷若不訴以全吾直乎，勞而不怨，虐而不叛，益所以彰吾之直也！

又推而上之，則知君臣之際，本非較曲直之地。臣之理雖直，其敢自謂直以加吾君乎？蚤朝晏退，戰戰兢兢，上不知君之曲，下不知我之直，所知者盡臣道而已。爲人臣者皆懷是心，雖極天地、窮古今，安得有犯上之釁耶？惜夫桓王昧之而不知，襄王知之而不盡，此分與理所以終離而不可復合者也。後之爲治者，非合分與理爲一，亦安能洗犯上之習，而還於古哉？

【註釋】❶桓王　爲周平王太子洩父之子，名林，繼平王即王位二十三年（西元前七一九—六九七年在位）。❷數傳而至於襄王　桓王死，太子佗卽位爲莊王，莊王在位十五年而崩，子胡齊僖王卽位，僅五年而惠王卽位，惠王閬亦僖王之子，在位二十五年而崩，惠王太子鄭卽位，卽爲襄王（西元前六五一—六一九年在位）。❸晉文公句　衛成公三年，晉文公欲假道於衛以救宋，成公不許，晉文公強行渡河並徵兵於衛，衛成公又不許。大夫元咺攻成公，成公出奔，由其弟叔武攝政。後來叔武請晉文公許其兄成公復位，成公回國而襲殺叔武。元咺向晉文公投訴。晉文公以霸主身分盟諸侯於溫，成公亦前往，爲晉文公所執。時爲魯僖公二十八年（卽周襄王二十年，西元前六三二年）。見《左傳》。❹子之證父　兒子出面證明父親的罪行。《論語．子路》：「葉公語孔子曰：『吾黨有直躬者，其父攘羊而子證之。』孔子曰：『吾黨之直者異於是：父爲子隱，子爲父隱，直在其中矣。』」❺弟之紾兄　弟扭轉兄長的手臂以搶食物。《孟子．告子下》：「紾兄之臂而奪之食，則得食；不紾，則不得食，則將紾之乎？」

【語　譯】屈抑天下的正理，以伸張天下的名分，這並不是善於正名分的人所作的事。世間有完全依據名分的人，都說「名分可以凌駕正理，正理不可以凌駕名分」，不幸遇到上下爭訟的案件，寧可讓在下位的人受到委屈壓抑，不能使在上位的人被凌駕受辱。因爲受委屈壓抑的是一個人所抱持的正理，而所伸張的是萬人所依循的名分。所扭曲的只是以尺寸計量，而所伸張的則以尋以丈來計算，這有什麼不可以的呢？唉！名分固然不可以屈抑，而正理難道就可以屈抑嗎？這當然會讓人在心裏越想越不服了。

虢公在桓王面前說了大夫詹父的壞話，詹父理直有辭以對，桓王爲他討伐虢國而驅逐了虢公，身爲臣子而驅除了國君，固然是可以怪罪的，但人們歸咎周王室的，不過是說：「虢公雖然理曲，但他畢竟是君主；詹父雖然理直，但他畢竟是臣子。」桓王的過失，是不該因曲直之理，而廢了君臣上下的名分。人們怪罪桓王是對的，但怪罪的理由可就不對了。傳了幾代到周襄王，晉文公為元咺捉住衛成公而要殺他。襄王說：「君臣沒有爭訟的道理，如今元咺雖然理直，卻不可以依從，為了臣屬而殺其君主，這政令刑法將怎麼推展呢？」襄王的意思，難道不是想矯正以前桓王的過失嗎？所謂君臣沒有爭訟的道理，固然可以作為萬世的訓示，至於像「元咺雖然理直」這一句話，仍然不免是世俗之人的淺陋見解。

假如照周襄王的說法，那元咺的理未嘗不直，其所以不可依他，是唯恐亂了君臣的名分。有所謂理，又有所謂分，是把理和名分當作截然不同的東西。捨正理而講名分，是把名分孤立在正理之外。名分孤立於正理之外，那名分只是一個虛名，天下亂臣賊子難道會被虛名所束縛嗎？人情所憤恨不平的，莫過於理氣正直而受到委屈，如今告訴他論理你是對的，但因名分只好受委屈，這會導致爭亂。他怎麼能够鬱鬱受委屈，長久被虛名所壓抑呢？必將忍不住他的憤怒，破壞名分而無法顧及了。所以我們堅持名分，到頭來名分反被破壞了。

君子講名分必須顧及正理，講正理必顧及名分，名分不能單獨成立，正理不能無所依傍而推展。要是有就兩樣兼有，沒有就兩樣都沒有，那有違背了名分而不違反正理的呢？當兒子的去為父親的罪行作見證，先有證父之罪的不孝行為，根本就不必再問他所證明的是不是事實；為人弟的去扭轉哥哥的胳臂，先有冒犯兄長的不恭行為，也就不必再問他扭轉哥哥手臂的原因了。當臣屬的去控訴君主，先有控告君主的不忠行為，也就不必再追查他控訴的內容了。當詹父和元咺沒有控訴國君的時候，他們的理固然是正的是直的，但在開口控訴國君的時候，就已陷入了滔天的大惡之中了，怎麼能够說他的理是直的呢？所以詹父的理直，因控訴虢公而變成理屈；元咺的理直，因控告衛侯而變成理屈。二人既然理屈，我們依此而治他的罪，也不過是定他所應該定的罪而已，他們本來就理不直，又那裏是受到委屈呢？周王如果以此定他們的罪，那他們兩人也只能坦然接受而反省自己理屈，終身沒有憾恨了。這不但可以讓他們兩人心服，凡是當時諸侯之臣想要犯上去控訴國君的，必定會說：投訴是爲求得理直，如今控訴國君反而落得理屈，何不如不控訴以保全自己的理直，再辛苦也不報怨，再暴虐也不反叛，更能表現我的理直呢！

再推進一層來說，便知道在君臣之間，本來就不是計較是非曲直的地方。爲人臣的雖然理直，又怎麼敢自稱理直而凌駕在國君之上呢？做臣子的一大早上朝，很晚再退朝，懷着戒懼謹慎的心，上不知君主的理曲，下不知自己的理直，所知道的只是盡臣子之道而已。爲人臣者都懷着這樣的心，雖然極盡天地古今，怎會有犯上的爭端呢？可惜桓王昏昧而不知，襄王雖懂也不够清楚，這就造成名分和正理的乖離，而不能合而爲一了。後代的爲政者，如果不把名分和正理合而爲一，又怎能洗盡冒犯君長的習氣，而回到古代的風尙呢？

【研析】本文以「犯分卽犯理」爲立論的基礎，實際上是比所謂「世之持名分者」更持名分，強調「天下無不是君王」的愚忠與奴役思想，於今並不可取。

本文分五段，首段嫌那些重名分而輕公理的人，說得理由不充分，難以服人之心。第二段說明詹父以王師伐虢，人們批評桓王，批評得不好；晉文公爲元咺而囚衛侯，襄王說「元咺雖直，不可聽也」，也是世俗之見。第三段分析襄王的說辭，將名分和正理分之爲二，是不對的，也不足以服人。第四段說明「犯分卽犯理」，犯分在先，理就不直了，桓王襄王應該直斥詹父元咺的不直。第五段以強調君臣之間，並不必計較是非曲直，爲臣者只是盡臣道而已，只要把握「合分與理爲一」的原則，就不會有犯上的事發生了。

「有理行遍天下，無理寸步難行」，呂祖謙以投訴為犯分，又認定犯分卽犯理，於是就成為「名分無上」論。其實傳統儒家所講的名分倫常是相對應的關係，是相互依存，而不是一面倒的。「君不君」則「臣不臣」，孔子所謂：「君使臣以禮，臣事君以忠。」孟子所謂：「君之視臣如手足，則臣視君如腹心；君之視臣如犬馬，則臣視君如國人；君之視臣如土芥，則臣之視君如寇讎。」呂祖謙縱容國君犯理於先，而禁止臣屬犯分於后，硬說投訴為犯分，犯分卽犯理；又如何服人？還說「上不知君之曲，下不知我之直」，則大臣盡是奴才，國家哪有法家弼士之臣？呂祖謙之說雖不合儒家之道，卻暗引《論語》「子為父隱，直在其中矣。」《孟子》「紾兄之臂而奪之食」的典故，披孔孟之外衣，直讓人以其為孔孟之道，這正是他高明的地方。

呂祖謙認為「君子言分必及理，言理必及分，分不獨立，理不虛行」，並無所偏。但以下僅就「犯分卽犯理」立論，而不從「犯理卽犯分」推衍，才會成為「名分至上」論。如果就「犯理卽犯分」加以發揮，那對古事的評斷，又是另一番面貌。

虞叔伐虞公　桓公十年

【題解】虞公的兄弟虞叔，藏有美玉，虞公向他索取，他不肯進獻。但接著就後悔了，他說：「周諺不是說：『匹夫無罪，懷璧其罪』嗎？我留它幹什麼？難道是用來買禍上身的嗎？」於是就獻給虞公。虞公接著又問他要寶劍，虞叔就說：「這就沒完沒了，他一直要下去，我是難逃其禍的。」於是就攻打虞公，虞公逃到了共池。

後人論這件事，當然都不免批評虞公太貪，或批評虞叔太吝，呂祖謙說貪和吝都不是壞念頭，只要導之於學問和道德的追求，貪又何妨？吝又何害？頗能翻空出奇，而行文則有吞吐之妙。

虞公以貪失國，虞叔以吝逐君，貪與吝遇，此禍之所以成也。貪者惟恐不得人之物，吝者惟恐失己之物。貪者雖得萬金而不能滿，吝者雖失一金而不能忘。虞之君臣，上貪而下吝，貪者求之，吝者守之，亂安得而不作乎？然貪與吝非二法也。視人之物則貪，視己之物則吝，未得而求之則貪，既得而守之則吝，名雖不同，其心則同出於嗜貨焉。

使虞公思吾求劍之心，即虞叔守劍之心，必不至於貪矣；使虞叔思吾守劍之心，即虞公求劍之心，必不至於吝矣。惟其不能交相恕，而反相責，此其所以釀莫大之釁❶也。由古而暨今，人所以相戕相賊相刃相靡者，職此之由。吾將告貪者以廉，告吝者以施，庶幾其有瘳乎？嗚呼！彼方貪而吾告之以廉，是教餓虎之不求肉也；彼方吝而吾告之以施，是將求肉於餓虎也。無益於彼，祗取辱焉。信如是，則果無術以救之乎？曰：「此固不必他求也，不過以貪治貪，以吝治吝而已。」

至理之中，無一物之可廢；人心之中，無一念之可除。貪吝之念，苟本無邪，安從而有？苟本有邪，安得而無？是貪吝固不可強使之無，然亦不必使之無也。吾心一旦渙然冰釋，則曰貪曰吝，孰非至理哉？

蓋事有善惡，而念無善惡。是念加於事之善者則名善念，是念加於事之惡者即名惡念。所謂念者，初無二也。譬之於火，用之爨釜則爲善，用之燎原則爲惡，然曷嘗有二火哉？譬之於水，用之溉田則爲善，用之灌城則爲惡，然曷嘗有二水哉？自人觀之，雖若爲二，而其一未嘗不卓然獨存於二之中也。

世所以指虞公爲貪者，以其求財常不厭耳。苟用是念以求道不厭，立而不已，必求與權❷；賢而不已，必求爲聖。則與夫子學而不厭❸何以異乎？世所以指虞叔爲吝者，以其守財欲不失耳。苟用是念以守道不失，與生俱生，欲不能遷；與死俱死，威不能奪。則與顏子服膺弗失❹何以異乎？求財與求道相去遠矣，而所謂不厭者，其念未嘗加損也；守財與守道相去遠矣，而所謂不失者，其念未嘗加損也。向之惡，今之善，特因物而改其名耳，吾之念曷嘗改哉？人徒見其嘗名貪、嘗名吝，遂疑而惡之，乃欲求道於是念之外，是猶惡焚而廢火食，惡溺而廢水飲也，誤矣。

【註釋】❶釁 縫隙，間隙。以指人事，則爲仇隙、爭端。卽指人與人間造成決裂和爭執。❷立

而不已必求與權 能卓然自立，能立於禮，舉止合乎法度，而不停止，而追求到權變自如，都能得宜，即孔子從心所欲不踰矩的境界。此暗用《論語·為政》：「子曰：『吾十有五而志於學，三十而立，四十而不惑，五十而知天命，六十而耳順，七十而從心所欲，不踰矩。』」三十歲和七十歲的成就與境界。❸夫子學而不厭 孔子頗以好學自許，如《論語·公冶長》：「子曰：『十室之邑，必有忠信如丘者焉，不如丘之好學也。』」；「學而不厭」更見於《論語·述而》：「子曰：『默而識之，學而不厭，誨人不倦，何有於我哉？』」❹顏子服膺弗失 顏回三月不違仁，為孔子所稱許。服膺弗失，指其服膺善道，謹記在心，不讓它忘記。語出《禮記·中庸》：「子曰：『回之為人也，擇乎中庸，得一善，則拳拳服膺而弗失之矣！』」

【語譯】虞公因為貪婪而失去了國家，虞叔由於吝嗇而驅逐了國君，貪婪和吝嗇放到一起，就造成了這件禍事。貪婪的人是唯恐得不到別人的東西，吝嗇的人是唯恐失去了自己的東西。貪婪的人雖然得到千萬錢財也不能滿足，吝嗇的人即使只失去一點金錢也不能忘懷。虞國的君臣，上位的人貪婪，下位的人吝嗇，貪婪的人多所索求，吝嗇的人死抱不放，亂事怎麼能夠不發生呢？然而貪婪和吝嗇並不是截然不同的兩回事。看到人家的東西就起貪婪之欲，看到自己的東西就起吝嗇之心，還沒得到而去求得是貪心作祟，既得之後死守不放是吝心作怪。名稱雖然不同，但他們的心理都是同出於對財貨的嗜愛。

假使虞公能想到我討劍之心，就是虞叔守劍之心，必定不至於再有那貪婪之欲了；假如虞叔能想到我守劍之心，正是虞公求劍之心，也必然不至於再有吝嗇之意了。正因兩人不能互相體諒，反而互相責怪。所以才會釀成這麼大的決裂。由古到今，人們之所以相傷害相殘殺，都是由此而來。我們如果對貪婪的人告誡他要廉潔，對吝嗇的人告訴他要施與，是不是能改過變好些呢？唉！他正當貪欲而我們告訴他要廉潔，是叫餓虎不要找肉吃；他正當吝嗇而我們告訴他要施與，是向餓虎求肉了。這些話對他們沒有助益，只會讓我們自取其辱罷了。眞是這樣的話，那就沒有方法可救了嗎？我說：「這本不必他求，只不過用貪婪來治貪婪，用吝嗇來治吝嗇就行了。」

在至理之中，沒有一件東西可以廢棄；在人心之中，沒有一種念頭可以排除。貪吝的念頭，如果原本就沒有的話，又怎會無中生有呢？如果是原本就有的話，又怎能使它消失了呢？所以貪吝的念頭，固然不能勉強把它消除，也不必消除它。我們一旦能了解而化解這個心結，那麼所謂貪婪所謂吝嗇，那一個不是理所當然的呢？

大體說來，事有善惡之分，念無善惡之別。這念頭加到好事之上就叫善念，這念頭加在壞事之上就叫惡念。而所謂的念頭，原本是沒有差別的。就以火來譬喻，用它來炊煮食物那就是善的，用它來燒燬林原那就是惡的，何嘗有兩種火呢？又以水來比喻，用它來灌溉田地就是好的，用它來淹沒城市就是惡的，又何嘗有兩種水呢？從人來觀察，有些雖然好像兩回事，但其中之一未嘗不也卓然存於另一個之中呢！

世人所以指責虞公爲貪婪的人，是因他求取財寶習以爲常無法滿足罷了。如果用這念頭來求道德修養而無法滿足，卓然自立之後還不肯停止，必定要求達到「從心所欲而不逾矩」的境界；成爲賢人還不停止，一定要求到聖人的境地。這和孔子「學而不厭」有什麼不同？世人所以指責虞叔爲吝嗇的人，是因他固守財寶希望不要失去罷了。如果用這念頭來堅守道德原則不讓它錯失，與自己的生命共生共存，任何情欲改變不了它；與自己的生命同死共滅，任何威武動搖不了它。那麼和顏回服膺善道不使它喪失，又有什麼不同？求財寶和求德業是相差很遠，但是那所謂無法滿足的念頭並沒有增減；守財寶和守德業是區別很大，但那所謂不讓它失去的念頭並沒有增減。前所謂的惡，今所謂的善，只是因對象不同而改了名稱罷了，念頭何嘗改了呢？人只是見它曾稱之爲貪、曾稱之爲吝，於是就懷疑它憎惡它，而求道於這些念頭之外，那就像厭惡火焚毀山林而禁絕了火煮熟食，厭惡水淹城溺人而不再喝水解渴，可就錯了。

【研　析】這又是呂祖謙文章翻空出奇、吞吐騰挪的典型。人家罵「虞公貪、虞叔吝」，他當然贊成，說他們上貪下吝，安得不亂，將兩人對寫，貪吝並論，再爲二者求同——同出於嗜貨。一般論述，既已說明別人的說法，也提出了自己的見解，文章似乎已近尾聲，但這只是他的第一段而已。接著他說這種人不能相恕，只會相責，發其感慨，說告誡他們也沒有用，文章似乎又有結束的迹象。突然從他們的貪求和吝守，說出自己有「以貪治貪、以吝治吝」的辦法。文章至此突翻新意，卻半吐而收，引人好奇。緊接的第三段，根本不說出他的具體辦法，而說：理無一物可廢，心無一念可除，說明人心貪吝是理之所當然。談了「理」，第四段論「念」，主張「事有善惡、而念無善惡」，加於善事則爲善念，加於惡事則爲惡念，還譬諸水火可以爲善、可以爲惡，端看如何使用。第五段才道出虞公之貪得無厭，如果用於求道，則與孔子的「學而不厭」無別；虞叔的吝守不失，如果用於守道，則與顏回的「服膺弗失」無異。這才把主題拈出，比之於至聖和復聖，以加重其分量。不但扣緊對虞公和虞叔的批評，也回應「念無善惡」的主張，最後再回到水火的譬喻作結。

全文以貪和吝爲中心，用吞吐之筆，令人驚疑而欲知下文，卻見他不慌不忙娓娓道來，到最後才說出主旨。而全文推論過程縝密，步步逼近主題，沒有牽扯題外的廢話。論理是貫串而奔瀉直下，文章則吞吐而騰挪多姿，是一篇值得細細品味的好文字。

楚屈瑕❶敗蒲騷❷桓公十一年 楚伐絞❸桓公十二年 屈瑕大敗桓公十三年

【題解】魯桓公十一年（西元前七〇一年）楚屈瑕卽將和貳、軫兩國結盟，鄖人把軍隊駐紮到蒲騷，將和隨、絞、州、蓼四國攻楚軍，屈瑕很擔心，想向楚王請求增援。鬭廉以爲鄖軍駐在他們的近郊，一定缺乏警戒，加以他們一直盼望四國軍隊到來，所以沒有戰鬭意志。楚軍只要駐郊郢來抵禦四國，以精銳夜襲鄖軍，鄖軍必敗，四國就離散了。軍隊貴和不貴多，不必增援了。屈瑕想占卜吉凶，鬭廉說：「占卜是爲了決斷疑惑，旣沒疑惑，何必占卜？」於是就在蒲騷打敗鄖軍，與貳、軫立盟而回。第二年楚國出兵伐絞，駐軍南門，屈瑕說：「絞國地小而人輕浮，輕浮就少有謀略，就派沒有武裝的砍柴人去引誘他們吧！」楚王依其計，第一天絞軍就俘獲了三十個楚人，第二天絞軍爭著出城，追砍柴人到山裏，楚軍等在北門，在山下也設了伏兵，把絞軍打得大敗，被迫訂下城下之盟。次年，楚國由屈瑕領軍去伐羅，羅人早有準備，在前年楚伐絞的時候想攻楚軍，派人三次遍數了楚兵的人數，此時鬭伯比送屈瑕，看他趾高氣揚，心浮氣動，料他必敗，請楚王增援，楚王拒絕了，回宮告訴夫人鄧曼，鄧曼說楚軍能派的都派了，鬭伯比的意思只是要請君王去訓勉眾人，加以督促，勉勵將領，並告誡屈瑕說上天不會寬貸怠慢輕忽的人。屈瑕由於蒲騷的勝利，會自信而輕忽羅國，還可能輕率而不設防呢！楚王趕緊派賴人去追，但沒趕上。屈瑕果然通令：誰敢進諫，就要受刑。楚軍渡鄢水，亂得不成行列，又不設防，所以到了羅國，被羅軍和盧戎夾擊而大敗。屈瑕在荒谷自縊，其他將領自囚於冶父，聽候發落。楚王自承其過，全部赦免了他們。

呂祖謙將這三件事合在一起，說明做事先遇易未足喜，先遇難未足憂，磨鍊有利於成長。屈瑕先遇易，所以掉以輕心。鄧曼以爲蒲騷之役使屈瑕志得意滿，而呂氏強調伐絞之役才是他勇於自信的關鍵。使文章增強議論的成分。

楚人有習操舟者，其始折旋疾徐，惟舟師之是聽，開帆擊楫，雲興鳥逝，一息千里。雖未知操舟之術，而動於操舟之利，既不能自制，亦不能自決也。於是小試於洲渚之間，平瀾淺瀨，水波不興，投之所向，無不如意，不知適有天幸，遂以爲盡操舟之術矣。遽謝遣舟師，傲然自得，沼視溟渤，而杯視江湖，椎鼓徑進，亟犯大險。吞天沃日❹之濤，排山倒海之風，轟豗澎湃❺，奔鯨駭虬，乃彷徨四顧，膽落神泣，墮槳失柁，身膏魚鼈之腹，爲世大戒。然則召今日之危者，豈非前日之幸乎？使其自試之時，已遇風濤之變，則將知難而悔，終身不敢言舟楫矣。屈瑕之禍，不幸類是。

當屈瑕與鄖師相距於蒲騷，自知將略非長，委計鬬廉❻。教以次郢禦四邑者，鬬廉也；教以銳師宵加於鄖者，鬬廉也；教以師不在衆，不疑何卜者，又鬬廉也。無小無大，惟鬬廉之謀是從，以成厥功。豈不猶操舟者，其始惟舟師之聽乎？屈瑕徒見用奇之功，而欲竊效焉，伐絞之役，是身試於洲渚之時也。幸而絞人偶入其計，志滿氣揚，自謂算無遺策，凡天下之言兵者，無出我之右矣，彼區區之羅人，政須折箠笞之耳。削規破矩，任意直前，變出不圖，軍僨身蹶，其得禍蓋與操舟者無以異也。

鄧曼❼推其禍端，歸之蒲騷之役，吾以爲成屈瑕之禍者，在絞而不在蒲騷。方伐絞之初，屈瑕雖欲自用，尚未敢自信也。苟受挫於絞人，必謂昔以用人言而勝，今以自用而敗，將益求其所未至，不敢以兵爲戲矣。彼既見其謀之驗，忘其幸而矜其能，心口相語：疇昔蒲騷之勝，借曰鬬廉之謀，今采樵誘敵之策，豈亦鬬廉教我乎？此所以堅其自用之意，而趣其荒谷之縊也。屈瑕之死生，在於伐絞之勝敗，驕之於先，而蹈之於後，庸非天欲斃之乎？

苻堅之治秦❽，一則王猛❾，二則王猛。猛之死，下詔以新失丞相，置觀以聽訟❿。其辭至兢兢也。繼踵而張掖西域之捷⓫交至，其心始縱，謂天下之事，止此耳。猛雖亡，吾豈不能獨辦乎？迄自用而致淝水之辱⓬。向若猛死之後，其鋒嘗小挫，必不敢遽輕天下。堅之喪國，即屈瑕之喪師也。

由天子至於庶人，免於師傅之嚴，而驟欲獨行其志，遇事之易者，未足喜，遇事之難者，未足憂。蓋先遇其易，則以易爲常，是禍之原也；先遇其難，則以難爲常，是福之基也。世固有以一勝累一國，以一能敗一身者矣，豈不甚可畏耶？

【註釋】❶屈瑕 楚武王之子，名瑕，封於屈，以屈爲氏。官居莫敖，僅次於令尹（丞相）。❷蒲騷 鄖國地名，在今湖北省應城縣西北三十五里。❸絞 國名，在今湖北省鄖陽地區鄖縣西北。❹呑天沃日 指波浪之大，好像能呑掉天空，水澆太陽。❺轟豗澎湃 巨浪奔騰拍擊的聲音。❻鬭廉 楚大夫，若敖之子，又稱鬭射。❼鄧曼 楚武王夫人。頗有見識，亦見本書卷五〈楚武王心蕩〉，依周制，鄧爲國名，曼爲母家姓。依《左傳》桓公十一年，祭仲足爲鄭莊公娶鄧曼。蓋同是鄧國之女。❽苻堅之治秦 秦指晉時五胡十六國之中的前秦（西元三五一—三九四年），苻健所建，建都長安，後來苻堅爲王（西元三五七—三八四年）。❾王猛 字景略，（西元三二五—三七五年）晉北海人，博學好兵書，家貧而隱居華山，桓溫入關，王猛被褐謁見，捫蝨談天下事，旁若無人，桓溫不用。後爲前秦王苻堅所用，十分倚重，使秦國勢日強，封清河郡侯。臨死告訴苻堅不可攻晉，苻堅不聽，遂有淝水戰敗。❿下詔以新失丞相二句 據《通鑑輯覽》，其詔書曰：「新失賢輔，百司或未稱朕心，可置聽訟觀，五日一臨，以求民隱。」⓫張掖西域之捷 《通鑑輯覽》：「晉武太元元年（西元三七六年）秋七月，秦遣兵擊涼州，八月張天錫降。七年，秦遣將軍呂光，將兵擊西域，焉耆諸國皆降。」呂氏即指此而言。⓬淝水之辱 被東晉擊敗於淝水的恥辱。晉太元八年（西元三八三年）苻堅率九十萬大軍南征東晉，晉相謝安派謝石、謝玄迎戰，在河澗敗秦軍前哨，進到淝水，要求秦軍後退，以便過河決戰。苻堅以爲可在晉軍渡河時截擊而退，不料秦軍一退而潰，苻堅逃回長安，後被姚萇所殺，前秦不久即爲姚萇的後秦所滅，東晉也穩住偏安的局面。

【語譯】楚國有練習駕船的人，起初廻轉、進退、快慢等操作，完全聽從船師的指導，於是掛帆如雲起，搖槳如鳥飛，一息工夫，便能行過千里的路程。雖然還沒學會眞正的駕船技術，就因船開得順利而躍躍欲試，其實是還不能自己控制一條船，也缺乏判斷力。於是他開始在沙洲之間自試身手，那裏平平的波瀾，淺淺的流灘，而且風平浪靜，船要往那裏就開到那裏，完全稱心如意，不知道自己所遇的是好的時間和空間，就以爲學得了所有的馭船技術。連忙辭退了船師，自鳴得意，看溟海渤海如沼澤，視長江大湖如杯盤，敲著大鼓勇往直前，急著去冒大險。這時呑天浴日的巨浪，排山倒海的大風，洶湧澎湃直衝而來，嚇得鯨魚和蛟龍到處奔竄，這才驚惶失措，魂飛魄散，槳也掉了，舵也毀了，葬身魚腹之中，爲世人留下儆戒。然而今日的危亡，不就是前日的僥倖所造成嗎？假使在他自試身手的時候，已遇到刮風起浪，那麼將知道困難而懊悔，一輩子都不敢談駕船的事了。屈瑕的喪身大禍，很不幸就跟它相類似。

當屈瑕領軍和鄖軍在蒲騷相對陣的時候，自己知自己不擅於用兵的策略，把作戰計畫委託給鬬廉。教他駐軍郊郢抵擋四國之兵的是鬬廉；教他以精銳部隊夜襲鄖軍的，也是鬬廉；教他帶兵不在多，沒有疑惑不必占卜的，還是鬬廉。不論大小事情，完全依照鬬廉的謀略去進行，以成就了戰功。豈不就像學駕船的那個人，當初完全聽從船師的指導嗎？屈瑕只見到用奇謀的成功，而想在暗中效法，他在伐絞之役，就像駕船在沙洲之間初試身手。幸而絞人偶然中了他的計，於是就志得意滿、趾高氣揚，自以爲別人都在他的掌握之中，全天下用兵謀略都不能超過我，那小小的羅國，正等待他去責打擺佈。於是破壞規矩，不依法度，任意揮兵直前，不料禍患出於意外，於是兵敗身死，他的得禍和學開船的人沒有不同。

鄧曼推究禍因，歸咎於蒲騷之役的勝利，我以爲構成屈瑕之禍，種因是在伐絞那一次，而不在蒲騷那一次。當伐絞的時候，他雖然想自我表現，還不敢自信。假使這次被絞人挫敗，必然認爲以前是用了人家的計謀而勝利，如今用自己的主意就失敗，將會努力追求自己所不及的，不敢把用兵當兒戲了。他既然見到自己的謀略有效果，就忘了是自己僥倖，而誇耀自己的才能，內心對著口說：以前蒲騷的勝利，是借用鬪廉的謀略，今天派砍柴人去誘敵的策略，難道也是鬪廉教我的嗎？這就堅定了他師心自用的心意，而造成荒谷自縊的後果。可見屈瑕的生死關鍵，在於伐絞的勝敗之上，他驕矜自滿於前，自取其禍於後，豈不是上天有意讓他敗亡的嗎？

苻堅治理秦國的時候，一件事找王猛，兩件事也找王猛。王猛死了，苻堅下詔表示：剛失去丞相，要設樓觀來聽取大眾的投訴。在詔書言辭中表現得戒愼小心。接著，從張掖和西域方面，捷報相繼傳來，他的心就驕縱起來，以爲天下事也不過如此而已。王猛雖然死了，我難道不能獨自處理嗎？於是師心自用，而導致淝水之戰的敗辱。先前如果在王猛死後，讓他遭受一些小挫折，他就一定不敢小看天下了。苻堅的亡國，就跟屈瑕敗亡是一樣的。

上至天子，下至百姓，免除了教師嚴格的訓誨，而急於自己推展志業，遇到了容易的事情而有所成就，並不值得高興，遇到了困難的事情而有所挫折，也不值得憂心。因爲先遇到容易的，就把容易當作常事，這便成禍害的根源；先遇到困難的，而把困難當作常事，這便成得福的基礎。世間常有一次勝利導致後來危害一個國家生存的，一項才能的稱心導致貽害一生的，難道不是很可怕的嗎？

【研　析】寫議論文爲了說明清楚、敍述生動、議論閎肆，不但要善用譬喻，也常自編寓言，在先秦諸子中，就有不少的先例。如《孟子》揠苗助長和齊人驕其妻妾的寓言，《莊子》庖丁解牛和輪扁運斤的寓言，《韓非子》守株待兔和買櫝還珠的寓言，多得不勝枚舉，這些寓言都使議論逸趣橫生，而又具有說服力。呂祖謙在這一篇就先編了楚人操舟的寓言，然後再將討論的屈瑕敗亡加以比附，這和先秦諸子用寓言的方式略同。但他接著更用歷史上的典故加以引證，使他的結論有更堅實的基礎。

呂氏在所舉的楚人操舟、屈瑕敗亡、苻堅敗辱等三個故事，分別代表了庶民、卿大夫、君王三個階層，都強調了三個義理層次：虛心用人則常勝，這是第一層；師心自用後必敗，這是第二層；不用人而自用之初，遇挫敗為幸，遇勝反為不幸，這是第三層。同此三層，使三個故事有明顯的類比作用，而又一再緊扣主題。這也使他在第三段駁正鄧曼之說，顯得輕而易舉。所以本篇所運用的議論手法是很值得揣摹的。

卷五

祭仲立厲公 桓公十一年　祭仲殺雍糾 桓公十五年　高渠彌殺昭公 桓公十七年　齊人殺子亹 桓公十八年　楚殺子南 襄公二十二年

【題解】魯桓公十一年（西元前七〇一年）鄭莊公死了，祭仲立了莊公之子忽，是爲昭公，但祭仲受宋莊公的要脅，與宋人立盟另立厲公（也是莊公之子，宋雍氏所生），昭公逃到衞國。但第四年，鄭厲公患祭仲專權，要祭仲的女婿雍糾去殺祭仲，雍姬知道了，問母親說：「父親和丈夫那一個親？」他母親說：「誰都可以做丈夫，但父親只有一個，怎能相比？」於是向父親密告，祭仲就殺了雍糾，鄭厲公載其屍而逃亡蔡國。祭仲迎回昭公。當初鄭莊公準備用高渠彌爲卿，那時鄭昭公爲太子，極力勸阻，莊公沒有聽從。在昭公卽位後，高渠彌怕昭公會殺他，所以在昭公回國的第三年，殺了昭公而立公子亹（也是莊公之子）。次年，齊侯率領軍隊駐到首丘，子亹前往會見，高渠彌爲相禮的人，齊侯殺子亹，而將高渠彌五馬分屍。這次祭仲稱病不去，有人說祭仲有先見之明，祭仲也承認他已預知才不去的。

另外在魯襄公二十二年（西元前五五一年），楚康王將殺令尹子南，而子南的兒子棄疾當楚王的御士，楚王見到他就哭泣，棄疾問楚王，楚王說：「令尹不好，是你所知道的，他將被討伐，你還要留下來嗎？」棄疾回答說：「父親被殺，兒子留下來，君王怎能任用？洩露君命，加重罪孽，下臣也不會做的。」子南被殺，棄疾請收埋。安葬後，手下的人問他是不是要逃亡。棄疾說：「我預先知道父親將被殺的事，而不通知父親，像這樣不孝的人誰會接納我？」他們又問他是不是仍留下來當楚王的御士，他說：「背棄父親侍奉仇人的事，我不忍心做。」就自縊而死。

呂祖謙先評論祭仲的怕死苟活，不知處理生死之道。接着說到祭仲女兒雍姬，跟子南的兒子棄疾，遭遇有些相似，所以在一起加以評論。認爲他們不是君子，才不能消禍於未萌之時。

告君子以理，告衆人以事。所謂衆人者，見形而後悟，按迹而後明，非遽可理曉也。孟子曰：所欲有甚於生者❶，所惡有甚於死者。君子於處死生之際，固自得於言意之表矣。由衆人觀之，則天下之可惡者，孰有甚於死乎？雖申告以義之重，然彼不知義果何物，口誦心惟，淡乎若大羹明水之無味也。以無味之言，而驅之就其所惡之死，吾知其難也。曷若告之以事，因其素所曉者而入之乎？

祭仲當宋人之執而不能死，必以所惡者莫甚於死也，故寧受逐君之名。然不數年而有雍糾之謀，使仲弗先知，則陷厲公之機矣。向之死以殉國，今之死以怙權，其榮辱天淵也，當是時雖欲復死於宋，其可得乎？其後當昭公之弒，而又不能死，亦必以所惡者，莫甚於死也。故寧縱弒君之賊。不數月而有首止之會，使仲弗先知，則隨渠彌之戮矣。向之死以討亂，今之死以從逆，其榮辱天淵也。當是時雖欲復死於昭公，其可得乎？人之所不可復得者生耳，今反思死不可復得，則孟子所惡有甚於死之論，非矯情也。既達者觀其理，未達者觀其事，處死之道，思過半矣。

然祭仲之處死，猶未足爲難也，臣之死於君、死於國，職也。乃若雍糾將殺祭仲，而謀於其女；楚子將殺子南，而告於其子。爲其女、爲其子者，將若之何？父也、君也、夫也，鼎立爲三綱❷，而世未有能輕重之者也，全彼則害此，全此則害彼，豈非天下之至難處，而君子所當先講乎？

曰：是不必講也。有是事則有是理，無是事則無是理。若雍姬棄疾之事，君子之所必不遇也。伐國不問仁人❸，對孝子而公言將殺其親，世之所無也。君子之深愛婉容❹，見者意消，雖欲微詆其親，猶忸怩而不能出口，矧曰殺之云乎？聞君子死親之難矣，不聞人敢以殺其親之謀告君子也。里閭之相毀訾者，遇其所厚在席，必爲之止，父子間豈朋友比哉？雍糾不以雍姬爲可忌而謀之，楚子不以棄疾爲可憚而告之，固可占知二人之爲人矣。平居暇日，誠不足以動人，禍已至此，告者殺夫，不告者殺父，左右皆坑谷也。果君子則必不至聞此言。果聞此言，則必非君子，兩者烏可並立耶？吾之所憂者，不能造君子之域耳，未有既爲君子，而復遇此變者也。

今緩於爲君子，而急於講二人之得失；不欲消此變，而欲當此變，抑末矣。故曰：雍姬棄疾之事，非君子所當講也。

【註　釋】❶孟子曰所欲有甚於生者　見《孟子・告子上》：「生亦我所欲，所欲有甚於生者，故不爲苟得也；死亦我所惡，所惡有甚於死者，故患有所不辟也。如使人之所欲莫甚於生，則凡可以得生者，何不用也？使人所惡莫甚於死者，則凡可以辟患者，何不爲也？」呂氏於本文前兩段，即由此而發。」❷三綱　馬融《論語注》：「君爲臣綱，父爲子綱，夫爲妻綱。」《書・盤庚》：「若網在綱，有條而不紊。」❸伐國不問仁人　《漢書・董仲舒傳》：「魯君問柳下惠：『吾欲伐齊，何如？』柳下惠曰：『不可。』歸而有憂色曰：『吾聞伐國不問仁人，此言何爲至於我哉？』」此爲呂氏本文後半之所本。❹深愛婉容　《禮記・祭義》：「孝子之有深愛者，必有和氣；有和氣者，必有愉色；有愉色者，必有婉容。」

【語　譯】告訴君子要用理，告訴衆人則要用事才行。衆人是要看見具體的事物才會恍悟，按事迹考察才會明白，並不是一下子用理說明就可以讓他知道的。孟子說人世間還有比生命更爲我喜歡的東西，也有比死亡更爲我所厭惡的事物。君子面對著生死關頭，自然會從這些話有所領悟和取擇。在一般人看來，天下哪有比死亡更爲我所厭惡的事物呢？你儘管告訴他：義有多重要，他還是不知道義到底是什麼東西？口中唸了又唸，心裏想了又想，總是淡薄得像大鍋稀釋的羹湯或白水那麼沒有味道。以這無味的話，要趕他投入他最厭惡的死，我們知道這是很困難的。何不舉事例來告訴他們，藉他們平常所了解的事，以引導他們聽進去呢？

當祭仲被宋人抓去受到死亡威脅的時候，他不能選擇死亡，必然以爲沒有什麼比死亡更令他厭惡的了。所以寧願承受驅逐國君的罪名。但是不到幾年，就有厲公要雍糾謀害他的事，假使他沒有事先知道，那就陷入厲公的算計之中了。以前如果死了，還是爲國犧牲，如今可就因專權而死，其光榮和恥辱，有如天地之別，到這時才想死於宋人之手，還能做得到嗎？當昭公被弒的時候，他又不能效命而死，必然也以爲沒有什麼比死亡更令他厭惡的事，所以寧願縱容那弒君的叛臣。不到幾個月而有首丘的盟會，假使他不事先預知，將跟高渠彌一樣而被殺。以前本可因討伐亂臣而死，如今落得因附從叛逆而死，其光榮和恥辱，又有如天淵之別。到這時候才想爲昭公而死，已經沒有機會了。人們所得不到的是活命的機會，如今他得不到的反而是死的機會，所以孟子說天下還有比死亡更爲我所厭惡的說法，並不是違反人情。已通達明白的人觀其理，不通達明白的人觀其事，面對生死的道理，也就可知道大半了。

然而祭仲處理生死的問題，不會感到困難，因爲臣子爲君而死、爲國而死，是職責之所在。至於像雍糾要殺祭仲，卻跟他的女兒一起策畫；楚王要殺子南，卻告訴了他的兒子。做爲他女兒、做爲他兒子的人，將怎麼辦呢？父親、君主、丈夫，分別爲人倫的三綱，而人們都沒有能够分別它們的輕重，成全那方面就傷害這方面，成全這方面就傷害那方面，豈不是天下最難處理而君子又該先討論的嗎？

我說這根本不必討論。因爲有這種事，才有這種理可說；沒有這種事，就沒有這種理可說。像雍姬、棄疾這種事，有德的君子是不會遇上的。連發兵去討伐別的國家，都不會去問有仁德的人，對孝順的子女公然說要殺他的父母，這是世上所沒有的事。君子深愛其親而和顏悅色，人家看見他，忿意全消，雖然想略爲批評他的父母，都感到不自在而說不出口，更何況說要殺他們呢？只聽說君子因父母的災難而死，沒聽說有人敢把殺他父母的計謀告訴君子的。在鄰里之間，每有背後批評人家的；但只要有對方的好友在場，就停止不說了，而父子難道還比不上朋友嗎？雍糾不把雍姬當做該廻避的人，而把計謀告訴她；楚王不把棄疾當做該提防的人，而把計畫告訴他，就可以看出兩個人的爲人了。平常的日子，待人接物不足以感動人，禍害臨頭，說了就害死丈夫，不說就害死父親，左右都是坑谷呀！如果是個君子，就不會聽到那些話，如果有人告訴他這些話，那他就不是君子，這兩件事怎樣會並存的呢？所以我們所該憂慮的，是不能達到君子的境界，從來沒有已成爲君子，還會遇到這種事故的。

如今把成爲君子的事，放下來不急於講求，而急於討論兩個人的得失；不想消除這種變故，卻反過來設想承受這種變故，那不免是忘本持末了。所以我說：雍姬和棄疾的事，不是君子所必須討論的。

【研　析】本文評祭仲、雍姬和棄疾，討論的是「處死之道」，責備的是「君子之義」。批評祭仲非君子，不足以知君子處死之道。至於雍姬和棄疾，也非君子，才會遭遇處死之道的難題。分君子與非君子以議論，是本文的一大特色。提出「告君子以理，告眾人以事」，先將君子認知層次提高，以別於眾人，於是就說孟子所謂「所欲有甚於生者」、「所惡有甚於死者」的道理，眾人不足以知之，不如告之以事。一方面作爲批評祭仲的立論基礎，另方面也作爲論祭仲之事的引子，是非常巧妙的。第二段論祭仲不知君子之義，兩度避死苟生，前後差一點死於雍糾之謀和首丘之會，根本不懂得「處死之道」。第三段引入雍姬和棄疾「處死之道」的難題——三綱難以苟全。似乎很值得討論。第四段突然翻轉過來，以爲不必討論，以爲君子不會遇到這種事，雍姬和棄疾沒有君子的深愛婉容，才遭遇這種事。最後以「成爲君子以消禍」才是急務作結。理氣直貫，有令人不得不信之勢。

君子能消禍於未萌，不只是使人不忍以告而已，有所謂幾諫之道，有所謂「涕泣道之」之法，內所以回親心，外所以轉君意，這都在本文言外，所以結論短而餘意實無窮。若一一指陳，便不是「不必講」，文章氣勢便不能如此離奇動目了。

盜殺伋壽 桓公十六年

衛侯放公子黔牟 莊公六年

【題解】早年衛宣公和夷姜私通，生了急子（《史記》作伋），衛宣公把他囑託給右公子，又爲他在齊國娶妻，這女人很美，衛宣公就自己娶了她，生了壽和朔，把壽囑託給左公子，夷姜自縊而死。宣姜和公子朔誣陷急子，衛宣公派急子到齊國，卻暗通盜匪要在途中殺他，壽知道了這件事，告訴急子，要他逃走，急子不肯，以爲背棄父命，不是孝子，而鄰國也不會接納背棄父命的不孝子。壽子於是把急子灌醉，舉着他的旗幟先出發，代急子而死，急子趕到，向盜匪說：「他們要殺的是我，不是他。」盜匪也把急子殺了。於是公子朔後來繼位，即爲衛惠公，但左右二公子因急子和壽子的死，怨恨惠公，在魯桓公十六年（西元前六九六年），也就是惠公即位後四年，把他趕走，另立公子黔牟爲國君。但魯莊公六年（西元前六八八年），魯、齊、宋、陳、蔡聯合攻伐衛國，把衛惠公送回衛國，公子黔牟被放逐到成周，左公子職、右公子洩被殺，衛惠公復位，一場倫常慘劇才落幕。

衛宣公無道，何以能有急子和壽兩個好兒子，似乎天道不明。呂祖謙卻認爲這正是天道無所不在，生二公子於宣公之家，正所以昭彰天理。至於二公子何以不能像舜那樣感化凶殘，那是未能充養擴大其善性，也足見稟性之不可恃。前人評呂氏此文「愈出愈奇，愈奇愈正。」呂氏之辯才於此可見。

和氣致祥，乖氣致異，二氣之相應，猶桴鼓也。物之祥不如人之祥，故國家以聖賢之出爲佳祥，而景星❶、矞雲❷、神爵❸、甘露❹之祥次之。物之異不如人之異，故國家以邪佞之出爲大異，而彗孛❺飛流、龜孽❻、牛禍❼之異次之。是以王季文王迭出於古公之裔❽，武庚祿父實育於商紂之門❾，亦各從其類也。

衞宣公之無道，昏縱悖亂，腥聞於天，乖戾之氣所召者，宜其爲凶爲姦，爲逆爲惡。而伋壽二子，並生其家，然則天理有時而舛乎？曰：是所以爲天理也！世皆以人欲滅天理，而天理不可滅。彼衞公之家，三綱壞矣，五典隳矣，凡生民之常性皆剝喪而無餘矣。而二子之賢，忽生於至醜至汚之地焉，是知上帝之降衷，雖在昏縱悖亂之中，未嘗不存也。二子自幼至長，所聞者何語？所見者何事？而介然自守，習不能移，豈得之於人乎？是天以二子而彰此理之未嘗亡也。

嗚呼！天理固然矣！若宣公之無道，天反以賢子孫遺之，世亦有乖氣而或致祥者乎？曰：二子之賢，君子之所謂祥，而衞國之所謂妖也。彼以其邪，我以其正；彼以其濁，我以其清。每若鑿枘之不相合❿。自淫朋惡黨視之，豈不猶妖孽哉？讒譖交作，致二子之死，又致惠公之逐，又致黔牟之放，又致左右公子之誅，其爲變異孰大焉？吾是以知天道之不誣，乖氣之果致異也。天雖降祥，人無以承之，則祥變而為異。使宣公因二子之賢，一念悔悟而復於正，正宮闈以正朝廷，正朝廷以正百官，正百官以正萬民。風驅雷動，萬惡皆消，固可以移〈匏葉〉〈桑中〉⑪之詩，而為〈漢廣〉〈行露〉⑫之章矣。變災為瑞，變乖氣為和氣，特反覆手耳。此豈宣公之所及哉？

宣公固不足責，以二子之賢，受之於天者如此，反不能已衛國之亂者，何歟？曰：黍稷穜稑⑬之種，受於天也，如是而播，如是而植，如是而耘，如是而穫者，人也。鹵莽滅裂，而坐待倉箱之盈，可乎？二子之受於天者，大舜之資也，其處頑父嚚母之間，終至格姦，⑭雖守區區之介，死於無名，成父母之惡者，無他焉，所以充養而廣大之者，不如舜耳。觀二子之生，則知天理之不可滅；觀二子之死，則知天資之不可恃。是道也，非洞天人之際，達性命之原，何足以知之哉？

【註釋】❶景星　星名。也稱瑞星、德星。《史記．天官書》：「天精而見景星，景星者，德星也，其狀無常，常出於有道之國。」不知其確指。❷矞雲　彩色的瑞雲。《文選》李善注：「劉曰：『矞雲者，外赤內青也。』」❸神爵　也作神雀。《漢書．宣帝紀》：「前年夏，神爵集雍。」注：「晉灼曰：「《漢注》大如鷃爵，黃喉、白頸、黑背、腹斑文也。」」宣帝以西元前六一年為神爵元年。後來稱神爵，或指鳳鸞。❹甘露　甘美的雨露。古人以爲天下昇平則甘露降。《老子．三二》：「天地相合，以降甘露。」魏高貴鄉公以西元二五六年爲甘露元年。❺彗孛　星名，卽彗星。尾引長如掃帚，又稱妖星。古人也有以爲彗孛不同，彗星有長尾，孛星光芒短，其光四射。《漢書．天文志》：「彗孛飛流，日月薄食。」❻龜孽　災變的一種，謂水澇龜繁生。《漢書．五行志中上》：「傳曰：貌之不恭，是謂不肅，厥咎狂，厥罰恒雨，厥極惡，時則有服妖，時則有龜孽。」《白虎通．災變》：「《尚書大傳》曰：時則有介蟲之孽，時則有龜孽。」❼牛禍　是漢人講災變的一種，指牛大量死亡。《漢書．五行志下》：「於《易．坤》爲土爲牛，牛大心而不能思慮，思心氣毀，故有牛禍。」❽王季文王迭出於古公之裔　古公指周始祖后稷第十二代孫古公亶父，卽周武王曾祖，有德業，離開豳地而至岐山下居之，奠定周的基業。少子季歷，季歷生昌，有聖瑞。古公卒，季歷立，是爲公季。公季卒，子昌立，是爲西伯，後來武王姬發滅商卽位，追謚其父西伯爲文王，追尊古公爲太王，公季爲王季。❾武庚祿父實育於商紂之門　商紂爲商末王，名受辛，臂力過人，暴虐無道，天下謂之紂，周武王伐之，自焚於鹿臺，武王封紂子武庚祿父以續殷紀，武王死後，武庚與管叔、蔡叔作亂，爲周公所平。❿鑿枘之不相合　形容彼此不同無法契合。圓鑿（卯眼）方枘（榫頭），無法插入。⓫匏葉桑中　指《詩經》中〈邶風．匏有苦葉〉和〈鄘風．桑中〉兩首諷刺詩。依〈詩序〉，〈匏有苦葉〉是刺衛宣公的詩，刺其與夫人淫亂，而〈桑中〉是刺私奔的詩，因衛宮淫亂，致男女相約私奔。兩首都與宣公有關。⓬漢廣行露　指《詩經》中〈周南．漢廣〉和〈召南．行露〉兩首讚美詩。依〈詩序〉，〈漢廣〉是頌美文王之道，被於南國，恩德廣被。而〈行露〉是詠強暴之男，不能侵陵貞女，以頌召伯聽訟之詩。⓭穜稑　禾名，先種後熟的是爲穜，後種先熟的是爲稑。⓮其處頑父嚚母之間二句　《書．堯典》說舜：「父頑、母嚚、象傲、克諧，以孝烝烝，乂不格姦。」指舜面對頑劣無知的父母，倨傲的弟弟，能孝能和，能自我修治而安。呂氏此文指伋和壽，未能如舜，而爲姦邪所乘。格，至也；乂，治也。

【語譯】和順的氣帶來祥瑞，乖戾的氣帶來災異，兩種氣所相應而生的祥災，就像鼓槌擊鼓，有擊必應。在物類出現的祥瑞不如在人類出現的祥瑞，所以國家以聖賢的出現爲最好的祥瑞，而狀如半月的景星、外赤內青的矞雲、黃喉腹斑的神雀、如脂如飴的甘露，它們出現的祥瑞都在其次。在物類出現的災異不如在人類出現的災異，所以國家以奸佞的出現爲最大的災異，而妖星飛流、雨多龜多、牛畜多死等災異都在其次。因此王季、文王接連出現在周太王的世系中（表示周將有天下），武庚祿父出身在商紂的門庭裏（表示商將徹底敗亡），都是各自跟隨著同類相伴而聚在一起。

衛宣公不守君道，昏淫放縱，悖理亂倫，已到惡臭沖天的地步，乖戾之氣所召來，應該是凶暴、忤逆、姦邪和惡毒。但是伋和壽這兩位賢公子，竟然都生在他家，難道天理有時也會錯亂嗎？我說這正是天理啊！世人都以私欲滅絕天理，而天理是不可滅絕的。在那衛宣公的家中，所謂君臣、父子、夫婦的三綱已經破壞了；父義、母慈、兄友、弟恭、子孝的五典也已經淪落了，凡是人類的常情本性都已經消失無餘了。而賢良的二公子，忽然生在最醜惡最汚穢的地方。就可以知道天帝降其天心予下民，存天理於人間，縱然是昏淫放縱悖理亂倫的地方，也未曾不存在的。兩位公子從小到大，所聽的是什麼話？所見的是什麼事？卻能耿介地守著天理情操，不被那些習以爲常的惡事所改移，這難道是得之於人的嗎？這正是上天藉兩位公子來表明天理不曾喪亡的呀！

唉！天理本來是這樣的！像衛宣公那樣無道，上天反而把賢良的子孫送給他，那麼世上也有乖戾之氣或許召來祥瑞的了？我說以二公子之賢，君子以爲他們是祥瑞，而衛國則以爲是妖異了。那些人以他們二人爲邪異之士，我們以他們二人爲正人君子；那些人以爲他們二人是污穢的，我們以爲他們二人是清高的。常常就像圓的卯眼揷方的榫頭是沒有辦法契合的。從那些淫朋狗黨的人看來，他們二人豈不像是妖孽嗎？於是進讒言誣陷挑撥交相而來，以致兩位賢公子死了，又招致惠公被放逐，再招致公子黔牟被放逐，左右兩公子被殺，還有什麼變故禍害比這更大的呢？我們因此了解天道是不虛妄的，乖戾之氣確是帶來災異的。上天雖然降下祥瑞，人們卻不能去領受，那麼祥瑞就變成災異了。假使衛宣公能由於二公子之賢，引出善念而悔悟，於是改邪歸正，先正後宮而後正朝廷，正朝廷再正百官，正百官而後正萬民。有如風吹雷動，拓展開來，則萬惡消除殆盡，都可以把〈匏葉〉〈桑中〉的詩，變成〈漢廣〉〈行露〉的篇章了。變災異爲祥瑞，變乖戾之氣爲祥和之氣，也只是反過手掌那麼容易，但這些那裏是衛宣公所能做得到的呢？

衛宣公這種人本來就不值得去責備，而以二公子之賢，是受之於天的，怎麼還不能阻止衛國的禍亂，這又是爲什麼呢？我說黍稷穜稑的種籽，是稟受於天的，如果照程序去播種、去栽植、去除草，而得到收穫，那是受之於人的。如果很鹵莽地把這些種籽毀了，而等待倉庫和箱子都裝滿穀子，那可能嗎？兩公子受之於天的，是大舜的資質稟賦，處於頑劣無知的父母之間，終致爲姦邪所乘，雖然堅守小小的節義，卻死而不得美名，反而造成父母的罪惡，說來也沒有其他的原因，只是他們擴充培養那稟賦的善性，不如舜罷了。從兩位賢公子降生於衛宣公之家看來，就可以知道天理是不可能滅絕的；從二位賢公子之死看來，就可以知道天賦資質是不可以仗恃的。這個道理，如果不能洞察天人之道，通達性命本原，又怎麼能夠知道呢？

【研　析】以伋和壽二公子之賢，卻生於昏縱悖亂的衛宣公之家，天理何在？以二公子之賢，卻死於盜匪與惡人之手，惡人當道，善人不得善終，天道寧論？這是一般的感慨，呂祖謙卻反說這正見天理昭彰，其立論奇絕。奇絕之論要有奇絕之理才能成立，且看呂氏如何推論：

第一段說明「和氣致祥，乖氣致異」，物之祥不如人之祥，物之異不如人之異。這都是一般的公論，也正是大家所公認的天理。就文章而言，完全是平淡無奇。第二段才轉入主題人物和事件，說宣公生二公子，適足以說明天理是無所不在，立論奇絕。第三段歷敍衛國變亂，以說明上天降禍於宣公，天理昭彰。因為沒有二公子，衛宣公之惡不彰，那也沒有惠公之逐、黔牟之放，及左右公子之誅了；降禍不可謂之不大，天理不可謂之不彰，說理奇絕。第四段則說明二公子之賢，雖得之於天，但沒有充養擴大的人為工夫，所以不能像舜那樣感化頑父嚚母，以說明天資之不可恃。

天生善人於不善之家，以見天理常存，一奇也；乖氣致異，邪亂之家，災異固然不可免，而祥瑞也變災異，二奇也；不善之家雖有善人，但不能化其不善，以見天資之不可恃，三奇也。第一奇近乎狡辯，第二奇也是創論，但已不由得你不接受，至第三奇以舜作陪襯，似無可疑議，所以評文家說此文「愈出愈奇，越奇越正。」

一般議論文寫作，立論奇絕，很容易脫穎而出，但假使沒有奇絕之理可以配合，或一味務奇而不得正理，則可能如東施效顰弄巧反拙。

魯及齊師戰於奚 桓公十七年

【題解】魯桓公十七年（西元前六九五年）夏天，為了疆界魯國軍隊和齊國軍隊在奚地發生戰事，當時齊國侵犯魯國邊境，邊疆官吏向桓公報告，魯桓公說：「邊疆戰地的事，要謹慎防守，全心全意以備意外，平日全力設防，事到臨頭迎戰就是，又何必報告請示呢？」

呂祖謙以爲邊境當在無事之時，作好萬全準備，事到臨頭再驚惶失措是不對的，所以稱許魯桓公責邊吏的話，但主要還是防守之事，託付何人，若託付得人，才能高枕無憂。

邊境非有國者所當憂也。民之死生，國之安危，皆繫於邊境，聞其有警，焉得而不憂？嗚呼！是所以不當憂也。民之死生，國之安危，皆繫於邊境，聞其有警而始憂之，則未有警之前，所講者何事耶？平居暇日，審形勢，定規模，簡將帥，明斥堠❶者，爲此時也。烽舉塵起，按吾素定之畫，次第而行之，何憂之有？是故聞警而憂者，可以占知其無備也；聞警而不憂者，可以占知其有備也。

漢丙吉爲相，其馭吏見驛騎持赤白囊，知虜入雲中代郡，遂歸府白吉，恐虜所入邊郡，長吏有老病不任兵馬者，宜可豫視。吉善其言，召東曹❷科條其人，吉以是得憂邊思職之褒。當是時，吉爲相久矣，邊吏之壯老材否，謾不加省，見驛騎羽檄之來，始科條其人，一何晚耶！自雲中至長安凡幾里，自虜入至聞警凡幾日，兩陣相望，呼吸勝敗，使果有老病不任兵馬者，吾恐汰斥之詔未下，而覆敗之報已聞矣，雖憂亦奚以爲善乎？

魯桓公之言曰：「疆場之事，謹守其一而備其不虞，姑盡所備焉，事至而戰，又何謁焉？」桓公之意，以謂為備當在於無事之時，苟事之已至，汝雖謁之，吾雖憂之，城戍保障，非一日二日所能築也；矛戟車徒，非一日二日所能繕也；餽餉芻茭，非一日二日所能儲也，亦不過拱手待斃而已。

桓公之責成疆吏亦嚴矣，猶有說焉：桓公之責疆吏則是，而所任以守疆場者，不知其何人也，賢耶，其責成固宜；不賢耶，徒委其責而不問，吾懼其階禍也。付吳起以西河❸，則魏不知有秦；付李廣以北平❹，則漢不知有狄；付羊祜以襄陽❺，則晉不知有吳。是數公者，固不以邊警煩君父，為其君者，亦可以委其責而高枕矣。人非數公，而苟弛其銜轡，則掌北門之管者，未必不召寇而起釁❻也！此又人君之當戒。

【註釋】❶斥堠　也作斥候，放哨，伺望敵情，也指偵探敵情的人員。❷東曹　官名，主二千石長吏遷除和軍吏。❸付吳起以西河　魏文侯以吳起為將，擊秦拔五城，而為西河守以拒秦，秦不敢犯境。❹付李廣以北平　漢李廣為右北平太守，匈奴稱他為飛將軍，避之數年不敢入。所以唐詩云：「但使龍城飛將在，莫教胡馬度陰山。」❺付羊祜以襄陽　晉武帝有滅吳之志，以羊祜鎮襄陽，綏懷遠近，很得江漢一帶的人心。❻掌北門之管者二句　魯僖公三十年（西元前六三〇年）晉文公與秦穆公圍鄭，鄭燭之武說服秦穆公退兵，並留杞子等戍守。杞子管鄭之北門，兩年後派人請秦穆公偷襲鄭國，但為鄭國商人弦高發現，才化解了鄭國的危機。

【語　譯】邊境不是擁有國家的人所當憂慮的。但人民的生死、國家的安危，都繫於邊境的安全，邊境一旦有警報傳來，怎能不憂慮呢？唉！就是這樣才不當有憂慮的。人民的生死、國家的安危，都依靠邊境的安全，一聽說有警報傳來，才開始憂慮起來，那麼在還沒警報之前，到底在幹什麼？平常有空暇，就注意形勢，奠定規模，檢閱將帥，隨時派斥候察明敵情，爲的是有事的時候，當點燃烽火，發生戰爭，按着我們平常所定的計畫依次進行，怎麼會有憂慮呢？所以聽到警報而憂慮的，就可知道他平時沒有準備；聽到警報而不憂慮的，就可知道他平常已有萬全的準備。

漢朝丙吉當丞相的時候；他的車夫看驛站傳騎帶着赤白囊，得知北方胡人入侵雲中代郡，於是趕緊回丞相府向丙吉說：「恐怕敵人所入侵的邊郡，那些邊吏有的年紀太大不能勝任作戰任務，應該先預查一下。」丙吉覺得他說的有道理，召東曹主事的人，仔細查了資料，於是奉詔時能應對如流，因此而得到憂慮邊疆盡忠職守的褒獎。在那時候丙吉當丞相已經很久了，邊吏年紀是否太大，是否有才能，漫不經心注意，見驛站傳騎帶了羽書戰報，才去調查邊吏，多麼晚啊！從雲中到長安，有多少里路，從敵人入侵到警報傳來，經多少日子了。而兩軍對峙，勝敗決定在片刻之間，假使眞有老病不能勝任作戰的人，我怕淘汰換新的詔書還沒到來，而敗亡的消息已經傳來了，雖能憂慮關切又怎麼可以說他不錯呢？

魯桓公的話是說：「邊疆戰地的事，專心謹愼防守以備意外，只要盡力防備，事到臨頭，迎戰就是了，又何必報告請示呢？」桓公的意思，以爲防備應該在平時沒事的時候，如果戰事已發生，你雖然來報告了，我雖然也爲它憂心，但戍守城池的保護屏障，不是一天兩天所能築成的；兵器車輛等戰備，也不是一天兩天所能修護的；食糧柴草，也不是一天兩天所能儲備的，所以也只能垂手待斃而已。

桓公要求邊吏是够嚴格了，但其中還有一點要說明：桓公要求疆吏負全責是對的，而被任用來守邊疆的，可不知道什麼人，如果是賢能的人，要他負全責當然可以；如果不是賢能的人，只託付全責而不加以過問，我怕這會造成禍害的。託付吳起守西河，魏國就不受秦國的威脅；以李廣爲右北平太守，漢朝就不受匈奴的侵擾，讓羊祜鎮襄陽，晉就不必爲吳國而費心。這幾位將領固然不以邊界的警報來煩君上之心，他們的君王也可以託付全責給他們而高枕無憂了。如果不是這幾位將領，而又放縱他們不加以駕馭，說不定會像當年爲鄭國掌管北門的杞子那樣，去召請敵人引起戰端呢！這又是當君王的人該大爲警惕的。

【研析】我們讀這篇文章，很可以感受到呂氏「語不驚人誓不休」的意圖。正如他所說的，邊境的安危，關係着人民的生命財產，關係着國家的存亡安危，開頭他卻說：「邊境非有國者所當憂也」，他之所以這樣說，是以爲疆埸之事，該責成賢才良將。但他開始的時候並沒有明說，而令人驚異不已。他先說平時有備防，就無憂之有，平日疏失，有警傳至，再憂已來不及了。這當然言之成理，於是引出第二段論漢丞相丙吉有「憂邊思職」之褒，他卻貶斥丙吉疏於職守，這又是故作驚人之論，卻見他說得理直氣壯。第三段才說到主題人物和事件，以爲魯桓公責成邊吏是對的。難得對魯桓公有所褒，但第四段回轉過來，說魯桓公所責成的邊吏，不知賢不賢，若爲賢才良將，當然可以高枕無憂，若其不賢，被出賣了都不知道呢！以警策作結。「故作驚人之語」處處可見，卻奇正有法，十分可觀。尤其將反襯的史實寫在第二段，把主題人物的討論放到第三段，是奇特的結構，更是巧妙的安排。

桓公與文姜如齊

桓公十八年

【題解】魯桓公十八年（西元前六九四年），桓公和夫人文姜將到齊國去。魯大夫申繻加以勸阻，他說：「女子要安於夫之家，男人要安於妻之室，不能褻瀆，這才是有禮，違反這原則將會敗亂。」桓公不聽，而和文姜到了齊國濼地，齊侯和文姜通姦，桓公責罵文姜，文姜向齊侯訴說，於是齊侯設宴款待桓公，而讓公子彭生護送，卻將桓公折斷脅骨死在車中。桓公之子即位，是爲莊公。

呂祖謙借此事談禮防的重要，以禮譬喻爲城池，將老生常談，說得驚心動魄，奇情警思溢於字裏行間。

天下同知畏有形之寇，而不知畏無形之寇。兵革者，有形之寇也，寇環吾城，人之登陴者，冒風雨，犯雪霜，窮晝夜，親矢石而不敢辭者，豈非一失此城則立爲齏粉乎？迫大害者，固不敢辭小勞。欲之寇人，甚於兵革；禮之衞人，甚於城郭。而人每不能守禮者，特以欲之寇人，無形可見，故狎而翫之耳。殊不知有形之寇，其來有方，其至有時，猶可禦也，至於無形之寇，游宴之中有陷穽焉，談笑之中有戈矛焉，堂奧之中有虎豹焉，鄉鄰之中有戎狄焉，藏於杳然冥然之間，而發於卒然忽然之際，非聖人以禮爲之防，則人之類滅久矣。

國君夫人父母沒，則使大夫寧於兄弟，禮也。姑姊妹已嫁而反，兄弟弗與同席❶，亦禮也。是二禮者，人不過以爲別嫌明微耳，亦未知其爲甚急也。魯桓公及文姜犯是禮以如齊，轉盼而罹拉幹之禍，身死異國爲天下笑，一失於禮而禍遽至此，人其可斯須去禮耶？君子視欲如寇，視禮如城，彼其左右前後，伺吾之失守，而將肆其吞噬者，不可勝數，稍怠則墮其守矣。吾之所以孤立於爭奪陵犯之場，得保其生者，非天非地，非父非母，實恃禮以生也。無此禮則無此身。升降俯仰之煩，豈不勝於屠戮戕殺之酷？弁冕環佩之拘，豈不勝於刀鋸斧鉞之加？人徒見君子常處於至勞之地，而不知君子常處於至安之地也。世俗所以厭其煩而惡其拘者，亦未見其害耳。

城之圍於寇者，樓櫓❷雖密，猶恐其疏；隍塹❸雖險，猶恐其平，豈有厭樓櫓之太密，惡隍塹之太險者哉？苟人果能眞見無形之寇，則終日百拜猶恐其逸，《曲禮》三千❹猶恐其簡也，況敢厭惡其煩與拘耶？

【註釋】❶兄弟弗與同席　《禮記．曲禮上》：「姑姊妹女子已嫁而反，兄弟弗與同席而坐，弗與同器而食。」❷樓櫓　古時軍中用以瞭望敵人的無頂蓋高臺。也作樓樐。與今之碉堡，作用相同而形體不同。❸隍塹　沒有水的城池稱爲隍；護城河稱爲塹。❹曲禮三千　曲禮爲《儀禮》之別名。《儀禮・士冠禮》賈公彥《疏》：「且《儀禮》亦名曲禮。故〈禮器〉云：『經禮三百，曲禮三千。』」

【語　譯】天下人都知道害怕有形的敵人，而不知道害怕無形的敵人。持著干戈兵器的是有形的敵人，敵人來包圍我們的城池，人們登上城牆，冒著風雨，受霜雪的侵襲，不分晝夜，親自持著弓箭、搬著石頭而不敢推辭，難道不是因爲一失這座城，就會屍骨無存嗎？大難當前也就不敢推辭小小的辛勞了。其實私欲害人，比干戈兵器還嚴重；禮法保護人，比城堡高牆還安全。然而人們往往不能遵守禮法，只是因私欲害人，無形可見，所以就親近而玩忽它。豈不知有形的敵人，他們的到來有一定的途徑，還可以有所防禦，至於無形的敵人在我們游宴之中設有陷阱，在我們談笑之中藏有武器，像在深邃的堂室中藏著虎豹，在鄉里近隣中窩藏著夷狄，他們都在不可知不可見的地方，在我們意料不到的時候出現，如果不是聖人用禮法加以防範，那人類早已不成其爲人類了。

國君夫人的父母亡故以後，則按時派大夫到她兄弟那裏去問安，這是禮法規定的。出嫁的姑姊妹回到娘家，兄弟不跟他們同席，這也是禮法的規定。這兩禮法，人們只不過是用來在微小處也分別清楚以避免嫌疑罷了，並不知道它有多重要。等到魯桓公和文姜違反這項禮法到了齊國，轉眼之間就慘遭拉斷脅骨之禍，身死他國而爲天下人所笑，一旦違失禮法，大禍到得這麼快，人怎麼可以有片刻的時間失去禮法的保護呢？

君子把私欲看作像敵人一樣，把禮法看作像城池一樣，那些在前後左右等著我們有半點錯失以便把我們吞食的敵人，多得數不清，我們只要稍有懈怠就落到他們手裏了。我們之所以能挺立在敵人環伺爭奪侵犯的地方，得以保存生命，不是靠天地，也不能靠父母，實際上是依靠禮法的保護。沒有這些禮法，就沒有生命成長的空間。進退應對的麻煩，難道不比屠殺戕害的殘酷好嗎？戴禮帽繫玉佩的拘束，難道不比刀鋸斧鉞加身好嗎？人們只見君子常處在麻煩辛苦的禮法世界，而不知道君子是常處在最安全的地區。世俗的人所以討厭禮節的煩瑣，嫌惡禮法的拘束，只是不曾察見這些失守禮法的禍害而已。

當城被敵人包圍的時候，屯兵把守的樓櫓雖然已經很密集，仍擔心它太稀疏；防禦敵人的壕溝雖然已經很深險，仍擔心它太平淺，那裏有討厭樓櫓太稠密，嫌惡壕溝太深險的呢？假使人們果眞能看見這種無形的敵人，那麼卽使一天行百拜之禮都惟恐太安逸，卽使《儀禮》記載三千種禮儀都惟恐太簡單，怎麼敢厭惡它太煩瑣太拘束呢？

【研 析】呂氏在本文強調「守禮遠欲」，這主題容易堆砌沈悶的告誡教條，或迂腐的陳腔濫調，要寫好十分不易。呂氏以城寇爲譬喻，變化萬狀，很可以作爲寫議論文的參考。

他先從有形之寇和無形之寇寫起，比喻私欲爲無形之寇，極寫其可怕，並說「非聖人以禮爲之防，則人之類滅久矣」，十分警動。這一段提出「禮之衛人」爲全篇立論之基礎。第二段兩次引禮的規定，本輕描淡寫，然後提主題人物與事件，說「一失於禮而禍遽至此」，又十分聳動。第三段回到城和寇的譬喻，極言去禮之害，說「升降俯仰之煩，豈不勝於屠戮戕殺之酷？弁冕環佩之拘，豈不勝於刀鋸斧鉞之加？」都是驚心動魄之語。最後一段仍以城和寇的譬喻，再進一步委曲暢發，歸到禮字作結，使全篇首尾圓合。結構緊密而議論酣暢，文氣鬱勃而言辭驚心動魄，是完全不堆砌教條，也沒有迂腐的濫調的議論文字。

古人強調「禮」，今人強調「法」，雖然兩者有層次上的不同，但它限制了人們某些自由，而又保障人們某些自由與安全，則是完全一致的。因此我們如今要寫文章強調守法或法治，套改呂氏此文的架構，加以推衍，也將可寫出一篇有聲有色的好文章。

辛伯諫周公黑肩　桓公十八年

【題解】 王子克深得周桓王（西元前七一九—六九七年在位）的寵愛，把他託給周公黑肩。周大夫辛伯就勸周公說：「並后（寵妾與王后不分）、匹嫡（庶子與嫡長無別）、兩政（政出兩門，二卿都有大權）、耦國（大城與國都無異，卽指寵之太過，國亂主從之分），都是爭亂的本源。」黑肩不肯聽從，在魯桓公十八年（卽周莊王三年，西元前六九四年）甚至打算弒周莊王以立王子克。辛伯就報告莊王，幫助莊王殺掉周公黑肩。

呂祖謙對辛伯用「並后、匹嫡、兩政、耦國」八字說明亂源，大爲讚賞，引歷史故實加以說明。以格言名句爲題的議論文，或可參照運用這一篇的議論方式。

萬乘之君，犯之者未必皆得禍；士君子之一言，雖千百載之後，稍犯之則其禍立至，何其嚴也；辛伯之諫周公而謂，「並后、匹嫡、兩政、耦國」，纔八字耳，總古今亂亡之樞，而莫能移焉。

漢高帝犯之，而有人彘之禍❶；唐高宗犯之，而有武氏之篡❷。晉獻公犯之，而有里克之釁❸；隋文帝犯之，而有張衡之逐❹。齊簡公犯之，而有田闞之亂❺；齊王芳犯之，而有曹馬之爭❻。晉元帝犯之，而有武昌之叛❼；唐明皇犯之，而有范陽之變❽。小犯則小受禍，大犯則大受禍，影隨形，響隨聲，未有如是之速也！辛伯曷嘗有厭勝詛盟之術，而必其驗哉？亦因理而言耳。天下之甚可畏者，莫大於理。惟言出於理，故凜然列八字於千百載之上，非雷霆而震，非雪霜而嚴，非山嶽而峻，非江海而險，非師旅而威，非碪質而慘。尊之者王，畏之者霸，慢之者危，棄之者亡。上林夫人之席，由此而正也❾；青蒲涕泣之諫，由此而發也❿；太傅獸睡之譏，由此而識也⓫；尾大不掉之譬，由此而生也⓬。世儒之文詞愈多，而理愈寡，蓋有書五車，而無片言之中理者矣！辛伯之言如是之約，而古今有國之大戒咸在焉，非所謂文中之欹器⓭歟？

嗚呼！辛伯之言眞有國者座右銘也。爲國者誠能朝覽夕思，奉以周旋，則未讀《詩》，而已知上僭之譏；未讀《易》，而已知洊震之象；未讀《書》，而已知威福之權；未讀《禮》，而已知畿甸之制；未讀《春秋》，而已知一統之義矣。固可配《無逸》之屏⓮，而代《千秋之鑑》⓯也。故吾以謂獻《丹扆》之六箴⓰者，不如獻辛伯之八字！

【註釋】❶漢高帝犯之而有人彘之禍　定陶戚姬爲漢高祖所愛幸，生趙王如意，高祖以太子爲人仁弱，想廢太子而立趙王，大臣爭之而不果。惠帝立，呂后囚戚夫人而召趙王，惠帝慈愛，迎趙王入宮，與趙王共起居飲食，使呂后找不到加害的機會。後來乘惠帝清晨出狩，趙王爲呂后所毒殺。於是又斬斷戚夫人手足，挖去眼睛，灼燒耳朵，並灌啞藥，讓她在豬舍中，稱爲「人彘」。惠帝見了大哭，病了一年多不能起身。事見《史記・呂太后本紀》。❷唐高宗犯之而有武氏之篡　唐高宗爲太子時，入侍太宗，見武氏而悅之，太宗崩，武氏爲尼，高宗納於後宮，拜爲昭儀，後來廢皇后及淑妃爲庶人，冊封武氏爲皇后，高宗漸爲武后所制，高宗崩，中宗卽位，武太后臨朝稱制，不久廢中宗等，自立爲皇帝，改國號爲周。詳見《唐書・則天皇后本紀》。❸晉獻公犯之而有里克之釁　晉獻公攻驪戎得驪姬，立爲夫人，生奚齊，其妹生卓子，驪姬爲奚齊奪太子之位，與中大夫里克成謀，而害死太子申生，公子重耳和夷吾出奔。獻公死，里克殺奚齊和卓子，齊、秦納夷吾而爲晉惠公。事見《左傳》僖公四年和九年。❹隋文帝犯之而有張衡之逐　隋文帝太子勇，性寬厚，率意任情，不爲母后獨孤氏所喜，於是隋文帝因皇后及楊素的勾結，以及楊廣矯飾之下，廢太子勇爲庶人，立廣爲太子。文帝病於仁壽宮，徵太子入侍，而姦亂宮闈，爲文帝所覺而召勇，事爲楊素所知，遣張衡入侍，盡遣後宮到別室，文帝卽崩，朝廷內外，頗有異論。見《資治通鑑・隋紀四》❺齊簡公犯之而有田闞之亂　齊簡公在魯國時，頗寵闞止，卽位後，由他主持國政，頗爲陳成子所忌憚，御鞅對簡公說：「陳氏和闞氏不可並立輔政。」簡公不聽，後來陳氏殺闞氏，並弒簡公。見《左傳》及《史記・齊太公世家》。陳氏後稱田氏，闞止《史記》作監止。❻齊王芳犯之而有曹馬之爭　三國魏齊王芳，爲明帝之養子，立爲太子，明帝崩，卽位第八年，大將軍曹爽用何晏、鄧颺、丁謐的計謀，把太后遷到永寧宮，而獨專朝政，屢改制度，與太傅司馬懿有隙，司馬氏稱病，不與政事，兩年之後司馬懿以太后令罷曹爽，以大逆不道夷三族。再過四年，齊王芳爲司馬懿之子司馬師所廢。見《資治通鑑・魏紀》。❼晉元帝犯之而有武昌之叛　晉元帝當初鎭守江東，王敦和堂弟王導，同心輔助，元帝亦極信任，王敦掌兵，王導專機政，王氏子弟都位居顯要，所以當時人稱「王與馬共天下。」後來王敦自恃有功，而且宗族強盛，所以日益驕恣，元帝畏而惡之，於是引劉隗、刁協爲心腹，以抑王氏。王敦懷忿不平，遂舉兵反於武昌。見《晉書·王敦傳》。❽唐明皇犯之而有范陽之變　唐玄宗寵安祿山，安祿山總重兵於邊而不守節度，久有異心，只因玄宗待之甚厚，欲俟玄宗死後再作亂。但楊國忠爲相，與安祿山不睦，屢言於玄宗，玄宗不聽，楊國忠以數事激安祿山，安祿山遂以討楊國忠爲名，矯詔反於范陽。事見《新唐書·外戚楊國忠傳》、及《新唐書·逆臣安祿山傳》。❾上林夫人之席由此而正也　漢文帝幸上林，皇后及愼夫人也一道去，他們平常在宮中座位沒有高下之分，爰盎在上林把愼夫人座位排在低下的地方，愼夫人生氣而不肯坐，文帝也生氣站起來。爰盎卻說：「尊卑有序，才能上下和睦，愼夫人是妾，妾主不可同坐，難道忘了『人彘』之禍嗎？」文帝轉怒爲喜，愼夫人賜金五十斤給爰盎。事見《漢書·爰盎傳》。❿青蒲涕泣之諫由此而發也　漢元帝於竟寧元年（西元前三十三年）病，傅昭儀及定陶王常在左右，而皇后及太子很少進見。元帝想改立太子，乃屢次以景帝立膠東王的事問於尚書，史丹在元帝獨寢時，頓首於青蒲席上，涕泣求死以諫，元帝乃打消換太子之意。事見《漢書·史丹傳》。⓫太傅獸睡之譏由此而識也　齊王芳時，以曹爽爲大將軍，何晏等附之，以司馬懿爲太傅。曹爽專權，太傅稱疾，不與政事。時傅玄與何晏等不睦，欲娶杜有道之寡婦嚴氏爲繼室。眾人以爲何晏必害傅玄，不可結親。嚴氏說：「晏等驕侈，必當自敗，司馬太傅獸睡耳。」即喻人暗中蓄謀，待機而動。⓬尾大不掉之譬由此而生也　魯昭公十一年（西元前五三一年）楚王問：「國有大城，何如？」申無宇回答：「有害於國，末大必折，尾大不掉。」尾大行動不靈活。⓭欹器　傾斜易覆之器，可以置於坐右以爲戒。《荀子·宥坐》：「孔子觀於魯桓公之廟，有欹器焉……

此蓋爲宥坐之器。」注：「宥與右同。言人君可置於坐右以爲戒也。」⑭無逸之屏 〈無逸〉爲《書．周書》篇名，爲周公戒成王勿耽於享樂之辭。唐玄宗即位時，宋璟曾手寫〈無逸〉一篇爲圖以獻，玄宗置之內殿，出入觀省，咸記在心。事見《唐書．崔植傳》。⑮千秋之鑑 唐玄宗壽辰，百官多獻珍異，惟中書令張九齡進〈金鏡錄〉，以伸諷諭。見《唐書．張九齡傳》。《新唐書》作〈千秋金鑑錄〉。⑯丹扆之六箴 唐文宗昏庸而荒怠朝政，親近小人，李德裕上〈丹扆六箴〉：「一曰宵衣，諷視朝希晚也；二曰正服，諷服御非法也；三曰罷獻，諷斂求珍怪也；四曰納誨，諷侮棄忠言也；五曰辨邪，諷任用羣小也；六曰防微，諷偽遊輕出也。」

【語譯】一個擁有萬輛兵車的國君，去冒犯他的人未必都會遭殃；但士君子的一句話，雖然在千百年後，只要稍爲犯了它，禍害就立刻到來，是多麼嚴峻啊！辛伯勸諫周公而說的「並后、匹嫡、兩政、耦國」，才八個字而已，卻是總括了古今衰亂滅亡的關鍵，而成爲無可變動的定律。

漢高祖犯了它，而有戚夫人被斬手足成爲人彘的禍害；唐高宗犯了它，而有武則天篡唐的亂事。晉獻公犯了它，而有申生被害、里克殺公子奚齊和卓子的變亂；隋文帝犯了它，而有楊廣奪位，張衡入殿盡逐後宮；文帝隨即崩逝的疑案。齊簡公犯了它，而有陳成子和闞止的傾軋；齊王芳犯了它，而有曹爽和司馬懿的鬪爭。晉元帝犯了它，而有王敦在武昌的叛變；唐明皇犯了它，而有安祿山在范陽的造反。犯小就受小禍，犯大就受大禍，就是影子隨著形體，回響隨著聲音，也都沒有它那麼快呢！

辛伯何嘗有什麼超越詛咒盟誓的方法，使它一定應驗呢？也不過是依理立說而已。天下最令人畏服的，莫過於理。言出於理，所以凛然列八字於千百年之上，不是雷霆而能令人震懾，不是霜雪而能令人凛冽，不是山嶽卻令人感到高峻，不是江海卻令人感到凶險，不是軍隊而有威勢，不是刀斧刑器而能造成慘烈的結果。尊重它可以成爲王，畏懼它可以成爲霸，輕忽它會有危險，背棄它會遭敗亡。在上林愼夫人的坐位，因此（不能並后）而得到改正；史丹跪在青蒲席上涕泣的諫言，即針對此（不能匹嫡）而發；杜有道妻嚴氏比擬司馬懿爲獸睡的譬喻，是由此（不能兩政）而得見；申無宇尾大不掉的譬喻，也是由此（不能耦國）而產生。世上的讀書人，文詞寫得越多，而其中的理越少。有的人著作多得要用五輛車子才能載完，然而卻沒有隻言片語說中理的呢！辛伯的話這樣的簡單，而古今有國者最該戒惕的，全包括在其中，這不就像是文章中可以警惕的欹器嗎？

唉！辛伯的話眞可以做爲有國者的座右銘。治理國家的人眞能夠早晚讀它想它，奉守它以處理政事，那麼沒有讀《詩》，就已經知道對超越身分者的譏諷；沒有讀《易》，就已知道嫡長有雷霆相繼的震威；沒有讀《書》，就已知道在上者有操刑賞施威福的權力；沒有讀《禮》，就已知道邦國封地有大小的區別；沒有讀《春秋》，就已知道一統的大義。它可以配宋璟手寫的〈無逸〉屏圖，或取代張九齡的〈千秋金鑑錄〉。所以我認爲李德裕獻〈丹扆六箴〉，還不如獻辛伯這八個字呢！

【研　析】典故可以使語言或文章更爲精鍊，只用簡單的幾個字，說出很豐富的內容，同時又使它形象化，往往令人想起整個生動的故事，在議論文中，更可以作爲佐證，以增強其可信度，所以典故的運用，一直是議論說理的重要技巧。

本篇運用歷史典故很多，並不完全是作者的賣弄，而是本文強調「並后、匹嫡、兩政、耦國」爲亂亡的樞機，當然非引證史事，不足以令人心服，而八字四事，四事分別用歷史事件證明，所需要的典故也就多了。

本篇首段肯定辛伯諫周公的八個字，第二段依並后、匹嫡、兩政、耦國之次序各舉一例，說明犯之必受禍。第三段說明辛伯言出於理，所以言約而必驗，可為文章的鑑戒。第四段指出辛伯之言涵蓋之廣，可作為有國者的座右銘。除了在第二段用了八個歷史典故之外，第三段又用了四個，第四段也用了兩個。用典不是以多取勝，而以妥切為貴，並且要避免用僻典。前一點本文是做到了，而後一點本文未能完全避免。

以格言名句為題的議論文，先說明題義及出處，再舉史事驗證，然後說明此格言名句所指出的眞理，最後以可以作座右銘作結。這是很有層次的寫法，我們仔細推敲本文，自可得到其中三昧了。

楚武王心蕩　莊公四年

【題　解】魯莊公四年（西元前六九〇年）春天，楚武王要用「荆尸」的戰陣去攻打隨國，而把戟須發給士兵，將齋戒時，到宮裏告訴夫人鄧曼說：「我心跳得反常。」鄧曼歎息說：「君王的福祿盡了，滿了就動搖（蕩），這是天之道。先君大概知道了，所以在面臨作戰發佈命令時，讓君王心跳，如果軍隊沒有虧敗，君王死在路上而不死於敵人之手，就是國家之福了。」楚武王就死在途中樠木之下，楚軍秘不發喪，待隨國求和，結盟後退兵，渡過漢水才發喪。

呂祖謙於此篇從《孟子》的養氣說推衍，論治心養氣，講求以心御氣，反對鄧曼歸之於天和鬼神的說法。

氣聽命於心者，聖賢也；心聽命於氣者，眾人也。凡氣之在人，逸則肆，勞則怠，樂則驕，憂則懾，生則盈，死則涸。氣變則心爲之變，有不能自覺焉。志者氣之帥也❶，今心隨氣變，是志不能爲氣之帥，而氣反爲志之帥矣。氣反爲志之帥，而吾心志之盛衰，惟氣之爲聽，則心者氣之役也。

聖賢君子以心御氣，而不爲氣所御，以心移氣，而不爲氣所移。歷山之耕❷，南風之琴❸，勞逸變於前，而舜之心未嘗變也。羑里之囚❹，虞芮之朝❺，憂樂變於前，而文王之心未嘗變也。避席之時，易簀❻之際，死生變於前，而曾子之心未嘗變也。自勞自逸，自憂自樂，自死自生，吾心曷嘗不自若哉？

楚武王憑陵諸夏，兵行中國，雖臨大敵，其心初不爲之蕩也，迨其季年，以堂堂之楚師，伐蕞爾之隨，將授兵而心蕩焉。蓋武王初未嘗知治心之理，所恃者血氣之剛耳。平時臨敵而心不蕩者，非眞能不動也，氣方剛也。死期將至，血氣既蕩，心安得不隨之而蕩乎？

彼鄧曼者，方且謂盈而蕩，天之道也，先君其知之矣，故臨大事將發大命，而蕩王心焉。嗚呼！所以蕩王心者，豈一女子所能知乎？鄧曼惟不能知，既歸之於天，又歸之於鬼神，抑不知心即天也，未嘗有心外之天；心即神也，未嘗有心外之神。烏可捨此而他求哉？心由氣而蕩，氣由心而出。蟊生於稼，而害稼者蟊也；蚋生於醯，而敗醯者蚋也。氣出於心，而蕩心者氣也。鄧曼區區四顧而外求，猶賊在同室，反執市人而訊之，愈訊而愈失矣。使楚武王而悟此，則賊吾心者，豈他在耶？將不得而遁矣。賊既不得而遁，善養氣者盍亦鋤治是氣，絕其本根，以去心之賊乎？吁！又非也。

浩然之氣與血氣初無異體，由養與不養二其名爾。苟失其養，則氣為心之賊；苟得其養，則氣為心之輔，亦何常之有哉？憤亂散越，臨死生而失其正者，是氣也；泰定精明，臨死生而得其正者，亦是氣也。淩煙圖繪之功臣⑦，誰非前日之勍敵耶？

【註釋】❶志者氣之帥也　心志是血氣的主帥。意謂勇氣的產生全由心志的判斷。《孟子．公孫丑上》：「夫志，氣之帥也；氣，體之充也。」又說：「自反而不縮，雖褐寬博，吾不惴焉？自反而縮，雖千萬人，吾往矣！」便是最好的說明。❷歷山之耕　《史記．五帝紀》：「舜耕歷山，歷山之人皆讓畔。」此指舜還沒被堯提拔的時候。❸南風之琴　《禮記．樂記》「昔者，舜作五弦之琴，以歌《南風》。」《尸子》：「《南風》之詩曰：『南風之薰兮，可以解吾民之慍兮；南風之時兮，可以阜吾民之財兮。』」此時舜應已在位。❹羑里之囚　《史記．殷本紀》：「崇侯虎曰：『西伯積善累德，諸侯皆嚮之，將不利於帝。』帝紂乃囚西伯於羑里。」羑里，《戰國策》作牖里，今河南湯陰有牖城，即其古址。❺虞芮之朝　據《孔子家語》記載，有虞、芮二國，爭田不決，乃相約去請西伯評理，但入其境，看見農人相互讓地，行人相互讓路，乃自感形穢，以所爭之田為閒田，從此不再爭執。❻易簀　曾子病重將死，因床席是季孫所贈，乃大夫所用，不合自己身分，所以命弟子換席，未換妥而曾子死。事見《禮記．檀弓》，後人乃稱死為易簀。❼凌煙圖繪之功臣　依《唐書．太宗紀》，貞觀十七年二月戊申，圖繪功臣於凌煙閣。唐太宗早年助高祖取義得天下，後又有玄武門之變，收攬敵方人才無數，所以其功臣大多是擊敗對方後所收服。呂氏在此指只要善加運用，勁敵可以化為麾下的功臣戰將。氣為心之賊，但養氣可以使氣為心所用。

【語譯】使「氣」聽命於「心」的，那是聖賢；讓「心」聽命於「氣」的，則是一般眾人。大體說來，氣在人的身上，在安逸的時候就飛揚充斥，在勞累的時候就欲振乏力，在快樂的時候就驕大張狂，在憂鬱的時候就退縮軟弱，在活著時充滿洋溢，在死亡時枯乾衰竭。氣變了，心就跟著變，往往自己也不自覺。心志是氣的主帥，如今心隨氣而變，那麼心志不能主宰氣，氣反而成了心志的主帥了。氣反而成了心志的主帥，我們心志的盛衰，完全受制於氣，那麼心就為氣所驅使了。

聖賢君子是以心統御氣的，而不受氣的統御，以心轉移氣，而不為氣所轉移。早年在歷山耕作，後來作五弦琴唱〈南風〉之歌，勞累和安逸前後有所改變，可是舜的心是不曾改變的。在羑里被囚禁，以至虞芮二君來朝受感化，憂鬱和快樂前後有所改變，可是文王的心是不曾改變的。離席致敬，和病危換席，生和死雖然將有所改變，可是曾子的心是不曾改變的。不論勞累或安逸，不管憂鬱或快樂，任憑生或死，心何嘗有什麼不自在呢？

楚武王侵犯華夏，兵行中國，雖然面臨過強敵，當初他都不心悸，到了晚年，以堂堂楚國的大軍，討伐小小的隨國，在授兵器的時候心悸了。那是因武王不曾知道內心修養的道理，所仗恃的是剛強的血氣。平時面對著敵人而不心悸，並不是眞的能不心跳不害怕，而是血氣方剛（心爲氣所移）的緣故。死期接近時，血氣既然已動蕩了，心怎能够不隨著而悸動呢？

說起這位鄧曼，他說滿了就動搖，是天之道，而且說先君大概知道了，所以在面臨作戰發佈重要命令時，讓君王心悸。唉！讓武王心悸的道理，豈是一個女子所能知道的呢？鄧曼不能了解其中的道理，所以把它歸之於天，又把它歸之於鬼神，卻不知道心就是天，那裏有心外之天；心就是神，那裏有心外之神？怎麼可以捨此而他求呢？心因氣虛而悸動，而氣是從心發出的。蟊蟲是生長在農作物上面的，而傷害農作物的就是蟊蟲；蚋蟲是生長在醋裏，而敗壞醋的就是蚋蟲。血氣是出自於心，而悸動心的就是血氣。鄧曼在近處四邊查看而外求，就好像賊人還在我們這房間裏，卻反而抓住一個市場上的人來訊問，越問就越迷惑了。假使楚武王能够悟出這個道理，那麼就知道動搖我心的，那會是別的呢？那麼它就無法遁形了。傷害者既然不能遁形，善於養氣的人，何不把這血氣予以剷除，斷去它的根本，以除去心的傷害者呢？噢！這可又錯了。

浩然之氣和血氣，原本不是有什麼不同的兩樣東西，只是培養和不培養，使它成爲兩個不同的名稱。假使沒有去培養，那麼這氣將成爲心的殘害者；如果善於培養，那麼氣將成爲心的輔佐者，這那裏是一定不變的呢？憤忿昏亂而散失，臨生死關頭就失其正的，就是這種氣；泰然篤定而清明，臨生死關頭仍守正不變的，也是這種氣。唐太宗在凌煙閣上讓人繪製的功臣圖像，那一個不是以前曾經是勁敵的人呢？

【研　析】 楚武王在伐隨之前心蕩，鄧曼因此而知其祿將盡。她認爲盈而蕩，是天之道，是祖先有意預示的。以今日醫學常識判斷，心蕩就是心律不整，是心臟病的症狀之一。楚武王或許就是死於心肌梗塞，不關乎鬼神。呂祖謙是將心蕩解釋爲恐懼所致，而闡揚《孟子》治心養氣的理論。

第一段以「氣聽命於心」或「心聽命於氣」，作爲聖賢與一般人不同之所在，而說到一般人心爲氣所役，爲以下論心蕩的張本。第二段以舜、文王和曾參，說明聖賢以心御氣。第三段則對應楚武王心隨氣變，說他以氣用事，不知治心養氣，所以血氣盛時無所畏懼，血氣既衰，伐隨國都會心悸。第四段駁鄧曼的推論。而以盉和蚋譬喻，說氣爲心之賊。第五段說明讓氣成爲心之賊，那是不懂養氣所致。氣不能根除，而要妥加培養，可成浩然正氣。最後以唐太宗之功臣，皆昔日之勍敵，爲養氣作譬喻，能養氣，則氣爲心所用，與第一段相呼應。

呂氏所說的理論並不玄虛。理直於是氣壯，那是氣隨心變；惱羞成怒於是變得不可理喻，則是心隨氣變。暴虎馮河，死而無悔，那是以氣役心；從容就義，面不改色，則是以心役氣。呂氏論此，文致縹緲曲折，以《孟子》之說爲基礎，以聖賢之行當驗證，於是爲人所贊歎的鄧曼之說，輕輕一駁，即全面瓦解，這是很值得我們細心揣摹的寫法。不過，像「嗚呼！所以蕩王心者，豈一女子所能知乎？」則流於尖刻，應加避免，於今更不相宜。

鄧三甥請殺楚文王

莊公六年

【題解】魯莊公六年（西元前六八八年），楚文王攻打申國，路過鄧國，鄧祁侯說：「楚王是我的外甥。」就把他留下來設宴款待。鄧祁侯還有三個外甥——騅甥、聃甥、養甥，請求鄧侯殺掉楚文王，但鄧侯不答應。三甥說：「滅亡鄧國的，必定是這個人。如果不早作打算，後悔都來不及了，現在下手正是時候。」鄧侯說：「我這樣做，人們會唾棄我，甚至我死了，人家都不吃祭我所留下的東西。」三甥說：「如果不聽我們的話，連社稷之神都得不到祭祀，你要吃祭神留下的東西都吃不到了。」鄧侯沒有聽從，楚文王打申國回來那一年，就攻打鄧國。莊公十六年，楚王再度攻鄧，並且把鄧國滅掉。

這件事世人不免為鄧侯不聽三甥之計而惋惜，呂祖謙則認為國家存亡，在於自己的治亂興衰。自露敗象，誰都可能興兵而來，所以強調反求諸己。

陰、陽、風、雨、晦、明，天之六氣❶也，陰淫寒疾，陽淫熱疾，風淫末疾，雨淫腹疾，晦淫惑疾，明淫心疾，人之六疾也。有以醫自業者語人曰：「六氣者，致疾之源，必使無陰陽、無風雨、無晦明，然後疾可除。」世寧有是理耶？不歸咎於人，而歸咎於天，此天下之拙醫也。守身在我，而疾不在於六氣；守國在我，而患不在於四鄰。何人而不受六氣？其獨致疾者，必非善守身者也；何國而不接四鄰？其獨被患者，必非善守國者也。端汝視履，嗇汝精神，時汝飲食，審汝藥石，六氣雖沴，於汝身何有哉？豐汝德澤，明汝政刑，固汝封疆，訓汝師旅，四鄰雖暴，於汝國何有哉？鄧之三甥，不知國之存亡，繫於我之治亂，反謂繫於楚子之死生，汲汲然欲殺之，忘內而憂外，何其疏也！

抑不知亡鄧之原，曷嘗專在於楚耶？環楚而國者，如陳如蔡，如鄭如許，下至於江黃道柏之屬，不可一二數也，楚不先加兵，而唯急於滅鄧者，豈非見鄧有可乘之釁乎？吾國有可乘之釁，置而不憂，顧以鄰敵爲憂，雖楚子可得而殺，猶有楚國存焉！雖楚國可得而滅，猶有諸侯存焉！爲吾憂者，未始有極也。當是時，強淩弱，衆暴寡之風，偏於天下。今日齊人滅譚，書於諸侯之策矣；明日晉人滅虢，又書於諸侯之策矣。國有釁可乘，諸侯將爭欲滅之，亡鄧豈獨一楚哉？必若三甥之計，非盡吞四鄰不能奠枕，亦迂矣。

嗚呼！四鄰固不可盡吞，縱使盡吞，亦未可恃以爲安也！秦不亡於六國未滅之前，而亡於六國既滅之後；隋不亡於南北未一之前，而亡於南北既一之後，亡國之釁，夫豈在於鄰敵耶？三甥之謀，謬戾明甚，而世猶有追恨鄧侯不用其言者。蓋小人之情，咎人而不咎己也，用此心以觀古人，宜其咎楚而不咎鄧也。

桀既放於南巢，語人曰：「吾悔不殺湯於夏臺❷！」吁！桀雖偶能殺湯，天下豈能無放桀者耶？桀之誣上天、虐萬方、誅龍逢、嬖末喜❸，可以取亡者，擢髮不能盡數也，桀皆不之悔，而獨悔於不殺湯，可謂咎人而不咎己矣。桀之爲人，非惡不視、非惡不聽、非惡不言、非惡不動，造次顛沛，無非罪惡，僅有不殺湯之一善耳，反自悔以爲失。是恥一善之尚存，欲萬惡之皆備也，哀哉！

【註釋】❶天之六氣　見《左傳》昭公元年，爲晉平公醫病的秦醫和所說，以爲天有六氣，分爲四時，序為五節，過則為災，淫生六疾。但去六氣而疾可除，不是他所說。❷吾悔不殺湯於夏臺　見《史記．殷本紀》。夏臺，夏朝獄名，在今河南鞏縣西南。桀曾囚湯於此。❸誣上天四句　《史記．殷本紀》及《書．湯誓》都有「是日何時喪？予與女皆亡。」鄭康成曰：「桀見民欲叛，乃自比于日。曰：是日何嘗喪乎？日亡，我與汝皆喪亡。」所謂誣上天者，蓋指此。盧萬方亦見《史記》與《尚書》。龍逄或作龍逢，為夏之賢人，諫桀而死。見《新序．節士》。末喜為夏桀之寵妃。見《史記．外戚世家》及《荀子．解蔽》。

【語譯】陰、陽、風、雨、夜、晝，是天時的六種氣候，陰氣太過會得寒疾，陽氣太過會患燥熱，受風太過有害四肢，濕氣太過有害腹腔，夜裏太放縱情慾會迷亂，白天不節制會心力交瘁，成為人的六類疾病。有個以行醫為業的人，告訴人家說：「這六種氣，是使人得病的根源，必定要使上天沒有陰陽、沒有風雨、沒有晝夜，然後疾病才可除去。」世間眞有這個道理嗎？不歸咎於人，反而怪罪於天，這是天下最差勁的醫生。保養身體在於自己，而得病原因不在於有六種氣的存在。保衛國家在於我們自己，而禍患的發生不在於有四鄰的存在。什麼人不接觸這六種氣？惟獨自己得病，必然是沒有好好保養身體。那個國家不接壤四方的鄰國？惟獨自己被侵害，必然是沒有好好保衛國家。端正你的舉止，節制你的精力，隨時調節你的飲食，生病時注意你的藥物，六種氣雖然不調和，對你的身體又能怎樣呢？豐厚你的德澤，修明你的政教，鞏固你的領域，訓練你的軍隊，四方鄰國雖然兇暴，對你的國家又能怎樣呢？鄧侯的三甥不知道國家的存亡，關鍵在於自己的明治或混亂，反而說關鍵在於楚文王的生死，急於想殺死他，疏忽內部只憂心外圍，是多麼粗疏啊！

再說他們也不知道滅亡鄧國的原因，怎麼會一定來自楚國呢？環繞楚國的國家，像是陳國、蔡國，像是鄭國、許國，小的有江、黃、道、柏等，多得無法一一計數，楚國不先發兵打他們，而急於滅掉鄧國，豈不是看到鄧國有可乘之機嗎？自己的國家給人家可乘之機，卻置之不理毫不憂慮，但以鄰邊的敵人爲憂，縱然有機會殺楚文王，但還有楚國在呢！就算可以把楚國滅掉，也還有其他的諸侯在呢！那麼爲我們所擔憂的，就可能沒有止境了。在那個時候，強大的國家欺凌弱小的國家，人多的羣體壓迫人少的羣體，這種風氣徧於天下。今天齊國滅掉譚國，寫到諸侯的史册之上；明天晉國滅亡虢國，也寫到諸侯的史册上。一個國家只要給人可乘之機，諸侯都會爭著想滅掉它，滅亡鄧國難道只有一個楚國才可能嗎？假使一定要用三甥的計策，不能盡吞四方鄰國就不能安枕，也未免太迂闊了。

唉！四方鄰國固然不可能全部吞併，縱使把四方鄰國都併吞了，也還不足以仗恃呢！秦不亡於六國還沒被消滅之前，而亡於六國已消滅之後；隋不亡於南北朝還沒統一之前，而亡於南北朝已統一之後，亡國的禍端，那裏一定是鄰近的敵國呢？三甥的謀略，顯然是很荒謬的，而世人還有爲鄧侯不能用他們的進言而感到惋惜的。那是因爲小人的情懷，總是歸咎別人而不怪罪自己，用這種心態去觀察古人，當然是歸咎楚國而不怪罪鄧國了。

夏桀被放逐到南巢之後，告訴人家說：「我後悔在夏臺沒有把商湯殺掉！」唉！夏桀即使僥倖把湯殺了，天下難道就沒有能放逐夏桀的人嗎？桀誣罔上天，以太陽自比，虐待萬方之民，殺賢人龍逄，寵愛末喜，可以敗亡的事像頭髮一樣，要數也數不清。這些夏桀都不懊悔，而只是後悔沒有殺掉商湯，可以說是只會怪罪別人而不怪罪自己。桀的爲人無惡不視、無惡不聽、無惡不言、無惡不動，在倉卒匆忙的時候，在顚沛流離的時候，都無惡不作，只有不殺商湯這麼一件善事而已，他反而自悔以爲是失策。像他這樣以存一件善事爲恥，而想備萬惡於一身，眞是可悲啊！

【研析】世人爲鄧祁侯不聽三甥之謀而感到惋惜，呂氏從另一個角度，直接認定三甥之謀是荒謬的，所以這又是一篇翻案文章。他主要的立論在於：縱殺楚子，尚有楚國；縱滅楚國，尚有四鄰；縱呑四鄰，也未必爲安，總要在自己不給別人可乘之機。似乎數語卽可道盡，卻寫得波瀾疊起。

第一段以治病爲比喻，而點明題旨：「國之存亡，繫於我之治亂。」第二段推論鄧國滅亡之原，層層排宕，以肯定的反問句，抽絲剝繭，文章極爲矯健。第三段批評三甥之言謬戾，更批評世人之見完全咎人不咎己。第四段引述夏桀咎人不咎己，以見這種心態的可惡。

本文起首及結尾，都引喻說明，責人甚苛，但因爲他罵的是庸醫和夏桀，使同情三甥的立論者，不覺太難堪。其實此文文筆矯健而嚴苛，寫議論文若非另有目的，否則還是就事論事，不失溫厚爲宜。

魯莊公圍郕　莊公八年

【題解】魯莊公八年（西元前六八六年），魯國和齊國的軍隊去包圍郕國（在山東臨濮縣，周武王封弟叔武於此，後來爲魯國孟氏邑），郕國向齊軍投降，齊國獨享全部戰果，魯大夫仲慶父請求攻打齊軍，莊公以爲自己德不足以服人，才會如此，並引《書．夏書》的話，說要致力修德以待。《左傳》提到：「君子是以善魯莊公。」予以好評。

呂氏以魯莊公卽位，未能爲父報仇，深不以爲然，以爲莊公實際上畏齊之強，所謂修德以待，只是爲自己找個下臺階而已，通齊連兵伐郕是不對的，待郕降齊，魯不攻齊是畏縮，攻齊則成爭利，所以進退失據。

事之相反者，莫如勇怯，而相近者，亦莫如勇怯。奮然勁悍，與怯相反者，小勇也；退然溫克，與怯相近者，大勇也。小勇名滿天下，大勇名不出家。曷謂小勇？勝小敵者是已；曷謂大勇？勝大敵者是已。寇敵之來，雖多至於百萬，知兵者談笑而麾之，猶摧枯振槁，然豈足爲大敵哉？大莫大於心敵，忿欲之興，鬱勃熾烈，內焚肺腑，劍不能擊，戟不能撞，車不能衝，騎不能突，自古賁、育、韓、白之徒❶，戰必勝，攻必取者，未嘗不受屈於是敵也。賁、育、韓、白，冠古今之勇者也，今勝賁、育、韓、白之所不能勝，得不謂之大勇乎！然戰勝於一心之間，非有攻城略地之可紀也，非有伏尸流血之可駭也，非有獻俘奏凱之可誇也。內克莫大之敵，而功無毫髮見於世，豈識其爲勇乎？不特不識其爲勇，既勝忿欲之敵，則忍人之所不能忍，容人之所不能容，平人之所不能平，其犯而不校，與怯者相去不能以寸，世又將以怯名之矣！以勇怯相近而難辨者也！

魯莊公及齊師圍郕，郕降於齊師，仲慶父請伐齊。公曰：「我實不德，齊師何罪，罪我之由，姑務修德，以待時乎！」且齊魯同伐郕，而齊專有其功，人情之所必校也，莊公斂兵不校，罪己而不罪齊，抑不知莊公勇者歟？怯者歟？吾斷之曰：莊公蓋怯者也。大勇不校，大怯亦不校，勇者不校是不欲校也，怯者不校是不能校也。勇者以義不當校，故勝其私心而不校，心敵且能勝之，況區區之外敵乎！使遇義所當校者，出其餘勇，天下已不能當矣。不校者，勇士之所難也；校者，勇士之所易也。彼魯莊之視齊襄，乃君父不戴天之讎❷，義所必校者也，反巽懦畏怯，俛首為讎人之役，坐視其取郕而不校者，特畏其強而不敢校耳，姑託罪己修德之辭以自解於眾，豈其本心哉？故不校者，莊公之所易也；校者，莊公之所難也。莊公之不校，與勇者難易正相反，烏得比而同之耶？

或曰：「世固有以弱犯強，以小犯大，不量力而取斃者。莊公雖不得為勇，亦庶幾善量力者也。」曰：論義者不論力，君父之讎，義所必討，不幸而力不勝，死於讎敵，亦足以自獻於先王矣。以仇牧❸之怯，豈能勝南宮萬❹之勇哉？閔公之難❺，忘其怯而直前，雖斃於南宮萬之手，世未有以不量力罪之者也。

若是，則莊公當與齊爭歟？曰：莊公忘君父之讎，而與齊通，又與之連兵而伐郕，及不得郕而爭，則是爭利之師，而非復讎之師也。然則莊公之是役，爭亦失，不爭亦失，失在於通齊之始耳。一失其始，進退上下何往而非罪哉？故曰：君子作事謀始。

【註釋】❶賁育韓白之徒　孟賁、夏育、韓信、白起這些人。用以指最有勇力、最善戰的人。《孟子．公孫丑上》以孟賁為勇士的代表。《史記．袁盎傳》則以賁、育並稱。《帝王世紀》謂孟賁、齊人，能生拔牛角，投效秦武王。夏育則為周時衛國人，能力拔牛尾。《史記・蔡澤傳》說他「叱呼駭三軍，然而身死於庸夫。」韓信為漢開國名將，名列漢三傑之一，見《史記・淮陰侯傳》。白起為戰國時秦將，《史記》有傳。❷乃君父不戴天之讎　《禮記・曲禮》：「父之讎弗與共戴天。」魯莊公為桓公之子，齊襄公姦其母，殺其父，所以說其仇不共戴天。詳見〈桓公與文姜如齊〉篇題解。❸仇牧　宋閔公大夫，南宮萬弒閔公，遇仇牧於門，將仇牧批而殺之，見《左傳》莊公十二年。❹南宮萬　或稱南宮長萬，宋卿，有勇力，極得宋閔公寵信，後來弒閔公。詳見〈宋萬弒閔公〉篇題解。❺閔公之難　依《史記・宋世家》宋閔公與南宮萬下棋起爭執，閔公取笑他曾被魯俘擄，南宮萬遂以棋枰打死閔公，宋人殺南宮萬而醢之。於本書〈宋萬弒閔公〉篇有所評論。

【語譯】事情相反的，沒有比勇敢和怯弱更明顯的了，而彼此又相近似，更非勇敢和怯弱莫屬。奮然而起強悍有勁，和怯弱相反的，只是小勇；謙退禮讓溫和求勝，和怯弱相近的，才是大勇。有小勇的人常名滿天下，有大勇的人常名不出家門。什麼叫小勇？能勝過小敵的便是；什麼叫大勇？能勝過大敵的便是。敵人擁來雖然多達百萬人，懂得用兵的人談笑自若指揮若定，打敗敵人就像折斷枯枝朽木一般，所以敵兵數量多怎麼算是大敵呢？最大的敵人也再沒有比心敵更大的，憤忿和貪欲發作起來，濃烈而熾熱，攻撓着肺腑，刀劍擊不到它，戟戈刺不到它，兵車衝不倒它，鐵騎突圍不了它，自古以來像孟賁、夏育、韓信、白起這些人，幾乎是戰無不勝、攻無不取的，但未嘗不被心敵所屈服。孟賁、夏育、韓信、白起，都是勇冠古今的人，如今能戰勝孟賁、夏育、韓信、白起等人所不能勝的心敵，怎能不說他是大勇呢！然而戰勝心敵，沒有攻城略地的戰功可以記載，沒有堆積屍體流血滿地讓人怵目驚心，沒有獻戰俘奏凱歌那樣可以誇耀。內勝最大的敵人而沒有絲毫的功業見之於人世，人家怎麼知道他的勇敢呢？不但不知道他的勇敢，更因他戰勝憤忿和貪欲的心敵，於是忍下別人所不能忍的事，容納別人所不能容的物，平服別人所不能平的氣，別人冒犯他，他不和人計較，與怯弱相距很小，可能連一寸都不到，人家將會說他是怯弱呢！因爲勇敢和怯弱實在太相似而難以辨別啊！

魯莊公帶兵和齊國的軍隊共同圍攻郕國，郕國向齊國投降，兩國私訂盟約，仲慶父向莊公請求討伐齊軍。莊公說：「是我德行不好，齊國的軍隊有何罪過？罪過在於我，我們姑且致力於修養德行，以等待時機吧！」且說齊、魯二國共同伐郕，而齊獨享了戰功，就人情來說是必然會計較的，莊公卻收兵而不計較，責怪自己而不責怪齊軍，就不知道莊公是個勇者？或是個怯弱者？我判斷莊公是個怯弱者。大勇的人不計較，怯弱的人也不計較。大勇的人不計較是不想計較，怯弱的人不計較是不敢計較。大勇的人以爲道理上不應當跟人計較，所以克制私心而不去計較，心敵都能克制，更何況是小小的外敵呢！假使遇到在道理上應當計較的，就以他克制心敵以外的一點多餘的勇氣，天下人就都擋不住他了。不計較是勇士所難以做到的，計較是勇士所容易做到的。那魯莊公眼中的齊襄公，是殺君殺父不共戴天的仇人，道理上是一定要計較的，他反而軟弱畏縮，順從仇人的差遣，眼睜睜看人家併吞郕國而不計較。這只是畏懼仇人的強大而不敢計較罷了。姑且以錯在自己，該好好修德，作爲推托之辭，在衆人面前自己找理由來解說，這那裏是他的本心呢？所以不計較，是莊公所容易做的；計較是莊公所難以做到的，莊公的不計較和勇者的難易正好相反，怎麼能夠相提並論而說是相同呢？

或許有人會說：「世上本來是有以弱犯強、以小犯大，不自量其力以滅亡的人。莊公雖然不能算是勇者。但也算得上是能量力而爲的人。」我卻認爲：講義的人是不衡量力量大小的，對弒君殺父的仇人，道理上是必須去討伐的，萬一力量不够而死於仇敵之手，也足以向先王交代了。以仇牧的怯弱之身，怎麼能够勝過南宮萬的勇力？當宋閔公受到災難時，仇牧忘了自己的怯弱而勇往直前，雖死於南宮萬之手，但世人並沒有以他自不量力來責怪他。

如果是這樣的話，魯莊公就應該和齊國爭功了嗎？我認爲魯莊公忘了殺君殺父之仇，而跟齊國來往，又跟齊國聯合攻郕，等到得不到郕國才爭，那便是爭奪利益的軍事行動，而不是報仇的軍事行動。這麼說來，莊公在這場戰爭中，要跟齊國爭也是錯的，不跟齊國爭也是錯的，因爲錯在當初跟齊國通好。開始錯了，以後進退上下不論怎麼做都是錯的，都是被怪罪的。所以說：君子做事開始就要謹慎籌謀。

【研　析】我們常遇到類似「智與愚」、「自由與法治」、「自尊與自卑」等，將似相反而相成、或相對又相似的詞語並列，以構成論文的題目。寫作時既要分析其相異，又要說明二者的關係，常有難以下筆之感。本文第一段討論「勇與怯」，爲我們提供了一種議論模式，而全篇則對貶抑批判的文章，如何寫作，也提供了很好的範例。

本篇首段論勇與怯的相反又相近，而以克服心敵爲大勇，做爲批判魯莊公「歛兵不校」的張本。第二段直指莊公的「罪己修德」，完全是畏怯退縮的遁辭。第三段是不同意贊許莊公是「善量力者」。最後歸結到圍郕之役，與齊爭亦失，不爭亦失，而強調君子做事愼謀其始。

第一段將勇分大小，敵也分大小，以說明勇怯的相對和相似，是很多以相對詞語並列爲題的文章，所可以採用的推論方式。如「智與愚」，就可分大智與小智而以「大智若愚」立論；又如「自由與法治」，則可分合理規範的眞自由與任意恣肆的假自由，而強調眞自由與法治之不可分。再如「自尊與自卑」，則可分自我期許的自尊和死要面子的自尊，而強調死要面子的自尊，實際是自卑感的化身。諸如此類，寫作時可舉一反三。第三段的設辭迴護，然後加以批駁，可使文章的立論更周密，貶抑性增強，也是批判性文章所常用的手法；至於第四段在兩面批判，指責其進退上下皆非，無一是處之後，輕輕地把矛頭指向源頭，這更是極技巧的批判手法。

至於本文內容，則不無可議之處。仇牧奮不顧身，固然可歌可敬，魯莊公如果也不自量力，以舉國之兵，報君父之仇，不但自取敗亡，也讓百姓遭殃。生民何罪，受此荼毒？事關生民和社稷，豈可與仇牧相提並論！

卷六

齊侯見豕

莊公八年　蛇鬭於鄭莊公十四年　神降於莘莊公三十二年　卜偃童謠僖公五年　狐突遇申生僖公十年　城鄫有夜登邱僖公十六年　柩有聲如牛僖公三十二年　蛇出泉宮文公十六年　魏顆見老人宣公十五年　鳥鳴亳社襄公三十年　鄭伯有昭公七年　石言於晉昭公八年　當壁而拜昭公十三年　鄭龍鬬昭公十九年　玉化為石昭公二十四年　鸜鵒來巢昭公二十五年　龍見於絳昭公二十九年

【題解】在《左傳》記載了不少鬼怪神幻的事，呂祖謙提了十七件。第一件是魯莊公八年（西元前六八六年）齊襄公打獵時，遇到大豕，大家都說那是公子彭生，齊襄公既唆使他殺魯桓公，卻又殺他以平魯國之怒，所以化爲豕出現，還像人一樣站起來，襄公從車上摔下來，受傷而被弒。第二件是魯莊公十四年，鄭厲公獲傅瑕爲內應，殺鄭侯子儀而入主鄭國，應了六年前鄭國國都南門下兩蛇相鬬，門外蛇咬死門內蛇的徵兆。魯莊公三十二年，有神靈在莘地下降，虢公薄德而求賜，神靈應允，史嚚料虢將亡，果於七年後亡於晉。魯僖公五年（西元前六五五年），晉圍虢，卜偃依童謠研判虢亡的時間，結果完全正確。第五件是魯僖公十年，狐突遇到申生鬼魂，說晉惠公無禮，將敗於韓，果如其言。僖公十六年諸侯爲鄫築城，人馬困乏，突有人登山丘喊齊國有亂。次年齊桓公死，五公子爭立而亂。魯僖公三十二年，晉文公死，其柩有聲如牛，卜偃說西邊有人進犯，我們去打它，一定可以得勝，於是有秦晉殽之戰，而晉軍大捷。魯文公十六年（西元前六一一年），魯國有蛇從泉宮出來，進入國都，共十七條，和先君的數字（從伯禽到僖公）一樣，不久魯文公之母聲姜就死了，因此拆毀了泉臺。魯宣公十五年（西元前五九四年），晉將魏顆在戰場上得力於一個老人結草絆倒了秦將杜回，所以俘杜回而歸，夜裏夢見老人說他是爲女兒報恩。第十件是魯襄公三十年（西元前五四三年），鳥鳴於亳社，不久，宋國火災，燒死宋伯姬。魯昭公七年（西元前五三五年），鄭國已死八年的伯有，鬼魂驚動了鄭人。有人夢見他說那一天要駟帶死，那一天要公孫段死，都一一應驗。兒子被立後，才平息下來。魯昭公八年，晉國魏榆有石頭會說話，師曠說那是晉侯建宮室，怨聲載道的緣故，兩年後晉昭公就死了。於魯昭公十三年，記載當年楚共王死，沒有嫡長，以璧祭於星辰山川，然後埋入地中，其子五人，誰當璧而拜，即可得國。康王跨過其上，靈王肘壓到了，子干和子皙離得遠，平王最少，被抱進來，再拜都壓到璧紐，後來康王和靈王都在位不久，由平王傳於後世。昭公十九年，鄭國發生水災，有龍鬪於時門外的洧淵。昭公二十四年，王子朝以成周的寶珪沈於黃河以祈福，珪爲津人所得，周敬王大夫陰不佞拘捕津人，取其玉而要賣掉它，玉卻變成石頭，後來待平定王子朝後，再獻給周敬王，王把東訾賜給他。昭公二十五年，鸜鵒來做巢，魯大夫師己以爲將有禍事，不久魯昭公即因謀去季氏失敗而出奔。昭公二十九年秋天，有龍出現在絳地郊外。

呂祖謙聚集了這十七件有關鬼怪異物的記載，認爲《左傳》的作者是少見多怪。其實呂氏並沒有以這十七件事的任何一件，加以分析探討，而是總括主張「合幽明而爲一」，即可「融通灌注，和同無間」，所以節錄本的《東萊博議》，將題目改爲「妖祥」。

怪生於罕，而止於習。赫然當空者，世謂之日；粲然徧空者，世謂之星；油然布空者，世謂之雲；隱然在空者，世謂之雷；突然倚空者，世謂之山；渺然際空者，世謂之海。如是者，使人未嘗識而驟見之，豈不大可怪耶？其所以舉世安之而不以爲異者，何也？習也。君蒿悽愴❶之妖，木石鱗羽之異，世爭怪而共傳之者，以其罕接於人耳。天下之理，本無可怪，吉有祥，凶有祲，明有禮樂，幽有鬼神，是猶有東必有西，有晝必有夜也，亦何怪之有哉？夫子之不語怪❷者，非懼其惑衆也，無怪之可語也。

《左氏》嗜怪，時神怪之事，多出其書，范甯譏之以誣❸，說者是之。吾謂載之者非，譏之者亦非也。載之者必以爲怪，而駭其有；譏之者必以爲怪，而意其無。一以爲有，一以爲無，至於心以爲怪，則二子之所同病也。人不知道，則所知者不出於耳目之外，耳目之所接者謂之常，耳目之所不接者謂之怪，凡所謂怪者，共辨而競爭之。至於耳目之所常接者，則輕之，曰：是區區者，吾既飫聞而厭見之矣，何必復論哉？抑不知耳之所聞非眞聞，目之所見非眞見也。耳之所聞者聲爾，而聲聲者初未嘗聞；目之所見者形爾，而形形者初未嘗見。日星也、雲雷也、山海也，皆世俗飫聞而厭見者也，至於日星何爲而明？雲雷何爲而起？山何爲而峙？海何爲而渟？是孰知其所以然者乎？其事愈近，其理愈遠；其迹愈顯，其用愈藏。人之所不疑者，有深可疑者存焉；人之所不怪者，有深可怪者存焉。吾日用飲食之間，行不著，習不察，尚莫知其端倪，反欲窮其辭於荒忽茫昧之表，何其舛於先後也？天下皆求其所聞，而不求其所以聞；皆求其所見，而不求其所以見，使得味於飫聞厭見之中，則彼不聞不見者，亦釋然而無疑矣。

子路學於夫子，以事鬼神爲問，又以死爲問❹。子路之心，蓋以人者吾所自知，所不知者鬼神而已；生者吾所自知，所不知者死而已。吁！至理無二，知則俱知，惑則俱惑，安有知此而不知彼者哉？果知人，則必無鬼神之問；果知生，則必無死之問矣。觀其鬼神之問，可以占知其未知人也；觀其死之問，可以占知其未知生也。夫子答之曰：「未能事人，焉能事鬼？未知生，焉知死？」此蓋夫子提耳而誨子路，無非眞實語，世儒乃或以爲拒子路之問，豈不哀哉！子路深省於一言之下，故白刃在前，結纓正冠，不改其操。則死生鬼神之際，子路其自知之矣。

在睽之歸妹❺曰：「睽孤，見豕負塗，載鬼一車，先張之弧，後說之弧，匪寇婚媾，往遇雨則吉。」其象曰：「遇雨之吉，羣疑亡也。」幽明實相表裏，幽鄰於明，明鄰於幽，初未嘗孤立也。是爻居睽之終，孑然孤立，睽幽明而爲兩塗，睽生疑，疑生怪，故負塗之豕，載車之鬼，陰醜詭幻，無所不至。然至理之本同然者，終不可睽，疑則射，解則止；疑則寇，解則婚。向之疑以為怪者，特未能合幽明為一耳。猶陽之發見，陰之伏匿，陽明陰幽，常若不通，及二氣和而為雨，則陽中有陰，陰中有陽，孰見其異哉？陰陽和而為雨，則羣物潤；幽明合而為一，則羣疑亡。融通灌注，和同無間，平日所疑，蕩滌而不復存矣。子路之問人鬼死生睽而不合，既聞夫子之言，豈非遇雨而羣疑亡乎？

左氏與子路同遊夫子之門者也，猶不能除嗜怪之習，然則夫子之雨，亦擇地而降歟？曰：非也，五日霏微，十日霡霂，而枯荄槁木，不能沾涓滴之澤焉，非雨之有所吝，我無以受之也。我無以受之，則日見降雨，猶為不遇雨；日見聖人，猶為不遇聖人。左氏遇聖人而蒙蔽，是誰之罪耶？

【註　釋】❶焄蒿悽愴　本指祭祀時祭品之氣上騰，而人有悽愴之情。《禮記・祭義》：「其氣發揚於上，為昭明，焄蒿悽愴。此百物之精也，神之著也。」❷夫子之不語怪　《論語・述而》：「子不語：怪、力、亂、神。」❸范甯闢之以誣　晉范甯〈春秋穀梁傳序〉：「《左氏》艷而富，其失也巫；《穀梁》清而婉，其失也短；《公羊》辯而裁，其失也俗。」詳三傳之得失，常為人引用。❹子路學於夫子三句　《論語・先進》：「季路問事鬼神，子曰：『未能事人，焉能事鬼？』曰：『敢問死。』曰：『未知生，焉知死？』」❺睽之歸妹　〈睽〉和〈歸妹〉，都是《周易》六十四卦之一，睽☲☱和歸妹䷵只差最上的一爻，變陽爲陰，即成歸妹。古人筮吉凶，常找它從什麼卦變什麼卦，找其不同的那一爻，而說解其爻辭。此處所引，即睽的上九（最上面的陽爻）爻辭和象傳（小象）。又如《左傳》僖公十五年記晉獻公嫁女，卜得「歸妹之睽」，而史蘇即引歸妹上六（最上面的陰爻）爻辭，加以解說。其道理相同。睽上九之爻辭，高亨《周易古經今注》謂此爲少康由有仍奔有虞時，夜行遇有虞之人之情狀。此爻辭之解釋頗多分歧，今以配合呂氏後項的解釋，作爲翻譯的依據。

【語　譯】感到怪異是因爲罕見，常見的就不覺得怪異了。赫然強光照耀天地的，大家稱它爲日；晶瑩亮麗佈滿天空的，大家稱它爲星；油然湧起密佈天空的，大家稱它爲雲；隱然深藏在雲空中的，大家稱它爲雷；聳然高起好像倚靠在天空的，大家稱它爲山；渺然壯闊好像水天交接的，大家稱它爲海。像這些東西，假使人們從來沒有見過而突然看見了，豈不是大感怪異？舉世的人所以安然不以爲怪異，是爲什麼呢？是因爲習以爲常的緣故。其氣上升，今人悽愴的百物之精，木石魚鳥的奇異之物，世人爭相以爲怪而相互傳述的，是它很少被人接觸到而已。天下的事理，本來沒有什麼可奇怪的，吉事有祥瑞，凶事有惡兆，明處有禮樂，暗處有鬼神，這就像有東邊必有西邊，有白天必有夜晚，有什麼好奇怪的呢？孔子之所以不談怪異的事，並不是怕迷惑眾人，而是沒什麼怪異可說的緣故。

《左傳》喜愛神怪，當時一些神怪的事，大多有所記載，范甯批評它失之以誣，後人都認爲他說得對。我卻認爲：記載神怪固然不對，而批評它的也不對。記載神怪的，必然是以爲怪異，而驚駭有這種事的存在；批評的人，也必然以爲怪異，而以爲不會有這回事。一個以爲有，一個以爲沒有，至於心中以爲怪異，則是兩個人的通病。人不知道理，而他所知道的不出於耳目之外，耳朵常聽、眼睛常見的就說是常事，耳不常聽、目不常見的就說是怪事。凡是那些稱爲怪異的，都去辨明它而爭相走告。至於耳常聽眼常見的，就輕忽它，說是那種小事聽多看膩了，何必再去討論它呢？卻不知耳朵所聞的不是眞聞，眼睛所見的不是眞見。耳朵所聽的只是聲音，而造成聲音的究竟是什麼，當初可不曾聽說；眼睛所看見的只是形體，而形成形體的究竟是什麼，當初可不曾見到。那些日、星、雲、雷、山、海，都是世俗所看多聽膩的東西，至於日和星爲什麼明亮？雲和雷爲什麼發生？山爲什麼聳立在地面？海爲什麼滙聚眾水？這些有誰知道其中的緣由呢？事情越淺近的，它的道理越深遠難知；迹象越顯著的，它的功用越深藏不露。人們所不曾懷疑的，卻有很可懷疑的道理存在着；人們所不以爲怪異的，卻有很可怪異的事理存在其中。在我們日常生活飲食當中，運作而不凸顯，習慣而不細察，都不知道它的究竟，反而費盡筆墨於渺遠恍惚的表象，在認知次序上是多麼錯亂啊！世人都探求他所聽到的，而不探求他爲什麼聽到了；都研究他所見到的，而不研究他爲什麼看到了。假使能夠在看多聽膩的事物之中有所領悟，那麼對那些沒聽過沒看過的事物，也會很清楚而無所疑惑了。

子路在孔子門下求學，曾經以事奉鬼神的事請教孔子，也問了有關死的問題。在子路心中大概以爲：關於人的事，我自己早就知道，所不知道的是鬼神而已；關於生的事，我自己早就知道，所不知道的是死的問題而已。唉！眞理是一體的，知道就全知道，疑惑就全都迷惑，怎會只知這個不知那個呢？子路如果眞的知道人的事，就不會問鬼神了；子路如果眞的知道生的問題，就不會問死的問題了。從他問鬼神，就可以看出他未知人事；從他問死的問題，就可以看出他未知生的問題。孔子回答他說：「活人還不能奉事，怎麼能奉事鬼神？生的道理還沒有弄明白，怎麼能夠懂得死？」這是孔子耳提面命以教導子路的眞實話，後來儒者以爲是拒絕回答子路的問題，豈不可悲！子路對這句話也能深察體悟，所以在利刃之前，也要結好纓帶端正帽子才死，不改其端正的節操。那麼有關生死和鬼神之間的問題，子路已經領悟到了。

在《易經．睽卦》可變為〈歸妹卦〉的爻辭說：「睽的最上陽爻被隔離孤立，看見豬背上全是泥土（一說：豬伏在道路上），看見一輛載着鬼的車，先拉開弓想射牠，後來又放下了弓，因為細看之後，（不是鬼，是人）不是盜寇，而是結親的。前往遇雨，是為吉兆。」小象說：「遇雨的吉象，是所有的疑惑全都消失了。」幽暗和明朗實在是相為表裏，幽暗相隣的另一面就明朗，明朗相隣的另一面就幽暗，原本不是孤立存在的。這爻居於睽卦最上端，孑然孤立，隔離幽明為兩條路，由於隔離而生疑惑，由於疑惑而以為是怪事，以致把人看成背上全是泥土的豬，看成載滿一車的鬼，陰森醜惡，詭譎奇幻，無不到達極點。但眞理本來是相同的，終究不會乖離，當初疑惑就要開弓去射，疑惑消除就不射了；有疑惑就把他們看成盜寇，疑惑消除了就成為姻親。以前疑惑以為怪異的，只是不能合幽明為一罷了。就如同陽顯現於外，陰藏伏於內，陽明朗，陰幽暗，常常好像是不交流互通的，等到兩氣調和而化為雨，則陽中有陰，陰中有陽，誰能看出兩者有何差異？陰陽調和而化為雨，就使萬物得到滋潤；幽明交合為一，就使所有的疑惑都消失了。相互融通，相互貫注，融合為一，平日所疑惑的，都一洗而空。子路問問題時以為人鬼死生是相隔而不合的，聽了孔子的話以後，豈不就是像遇雨而消失一切疑惑了嗎？

左丘明和子路同是孔子門下的學生，都還不能消除喜愛怪異的習氣，難道孔子化疑惑之雨，也選地方而下的嗎？我說：不是這樣的，下五天的濛濛細雨，下十天的淅瀝小雨，那些枯黃的草根、槁乾的樹木，是不能因得到涓滴的滋潤而起色的，不是雨有所吝惜，是自己不能承受。自己不能承受，就算天天降雨，也和得不到雨水是一樣的；天天見聖人，也跟沒有見聖人是一樣的。見了聖人而仍然蒙昧固蔽，究竟是誰的錯呢？

【研　析】這一篇實際上是呂祖謙在說明他的鬼神觀。呂氏距今八百多年，他的體會當然不一定完全合乎當前的認知標準。他大體認為人們總是以少見為怪，其實事有吉凶，自有徵兆，而物有幽明，本是一體之兩面，常人少見幽的一面，於是引以為怪。一個人如果能洞徹事理，即可見怪不怪。所以人能知人，必能知鬼；人能知生，必能知死。不知其究竟，難免疑心生暗鬼；能知究竟，合幽明為一，就不會疑以為怪了。當然他不會放過這個機會，將左氏加以貶損。

第一段說明一般人總是習見以為常，少見則以為怪，其實事有吉凶幽明，不足為怪，他把孔子不語怪，解釋為無怪可語的緣故。第二段承此立論，批評《左傳》見怪為怪，也批評以《左傳》為誣的人，同是以少見為怪。並指出人們好言怪而不究常理。第三段以為子路所以問事鬼神，所以問死，正是一般人的心態。但他經由孔子指點之後，有所醒悟，所以面對死亡，仍能結纓正冠。第四段引《易・睽》爻辭，說明疑心生暗鬼，強調透徹事理，能合幽明為一，眼中就無怪異了。最後一段贊子路受聖人之化，而歎左丘明與子路同遊於孔子之門，卻無以受之，而加以貶抑。

呂氏基本上是否定鬼怪之必無，但也不說其必有，尤其在第四段，更說得似有似無，所以邱瓊山說這篇「文字恍然惚然。」朱字綠也說：「怪怪奇奇不可端倪。」正像《左傳》寫鬼神時，總是恍恍惚惚，似假還眞，呂祖謙學的正是《左傳》的筆法。

齊公孫無知弒襄公　莊公八年

【題　解】齊襄公派連稱和管至父去戍守葵丘，約期一年，時間到了，卻不聞不問，二人請求派人去替換，他也不答應，所以二人懷恨在心。另外在襄公爲世子時，齊僖公極寵愛公孫無知，讓他在衣服、禮儀各方面，都享有和嫡子一樣的待遇，可是襄公卽位後，就把它剝奪了，所以也怨憤不平。連稱和管至父就勾結公孫無知，在魯莊公八年（西元前六八六年），趁齊襄公打獵遇大豕，大家說牠是公子彭生，襄公墜車療傷的時候，把襄公殺了。

這件事後人多批評齊僖公啟禍亂之源，這種批評當然沒錯，因爲僖公犯了辛伯諫周公黑肩四事中的「匹嫡」，呂祖謙極力推崇辛伯諫周公的四事八字，可是在這裏他另作文章，認爲這種批評只是咎往而不扶傾，如果襄公卽位後，待之加厚，公孫無知得望外之恩，必力圖回報，卽可彌禍而得福了。這當然也言之成理，所以他振振有辭。

咎既往者易爲說，扶將傾者難爲功。樂論病而憚治病，此人之通患也。齊公孫無知之弒襄公，論者本其禍端歸之僖公，其說曰：國無二統，禮無二嫡，基於衣服禮秩之微，而成於篡弒戕奪之酷，齊之禍庸非僖公爲之乎？嗚呼！此論病也，非治病也。當僖公之時，獻此言可矣，及襄公之時，始爲此言，何其晚耶？追論前日之失，而不能已今日之禍，君子不貴也。君子不幸而立襄公之朝，寧肯徒咎既往，一無規畫，拱手而待禍耶？天下無不可爲之時，而無不可除之患，未然之前，吾則有防患之術，已然之後，吾則有救患之術，唯所遇何如耳。

在襄公世，禍患已成，防患之術既往而不必論，請獨論救患之術！恩與怨，親與讎，人皆以為不可並也，殊不知：易恩者莫如怨，易親者莫如讎。公孫無知雖託於公族，而僖公假以非分之寵，上偪正嫡，方襄公居東宮之時，以人情度之，豈能不忌且恨哉？僖公一旦捐賓客而不立朝，想無知之心，自知襄公必償其宿忿，投於廢絀疏棄之域矣。使襄公釋然待之加厚，則無知必謂：本當見怨，反得恩焉；本當見讎，反得親焉。吾何以得此於彼哉？始以為虎，今乃吾之父；始以為狼，今乃吾之兄。既得望外之施，亦必思望外之報矣。然則向之怨，所以彰今日之恩也；向之讎，所以彰今日之親也。襄公果知出此，則變無知悖逆之心為忠義之心，非徒可以除患，抑又可以召福矣。

昔漢定陶王少而愛，長多材藝，元帝奇之，母昭儀又幸，幾代皇后太子。成帝即位，緣先帝意，厚遇異於他王，元帝開其隙，而成帝能合其隙❶，此所以有僖公之失，而無襄公之禍也。成帝之心，思吾親不可得而見，見吾親之所愛者，猶見吾親焉。吾親既沒，無所致其孝，今厚吾親之所厚，是亦厚吾親也。愛親之心方篤，萬慮皆不能入其胸次，自親之外，無復他念，何暇省記吾一身之嫌隙乎？苟微見疇昔之隙，必吾愛親之心已少弛矣。忘親之愛，而思己之隙，先己後親，固已墮於不孝，矧又報之乎？如意之於諸呂❷，植之於魏❸，攸之於晉❹，死亡相尋，吾未嘗不恨惠文武三帝之愆於孝也，安得以成帝之風警之乎？

雖然，先君之所愛，從而愛之，孝也，苟欲而不制，馴致叔段州吁之亂❺，則將奈何？曰：愛之必欲全之，授之以權，而長其惡，是致之於死地也，焉得愛？

【註釋】❶元帝開其隙二句　其事詳見《漢書·宣元六王傳》，後來成帝無子，以定陶王子爲太子，卽位爲哀帝。❷如意之於諸呂　見本書卷五〈辛伯諫周公黑肩〉篇❶。❸植之於魏　三國時，魏陳思王曹植才華出衆，又有丁儀、丁廙、楊修等人爲其羽翼，所以曹操有好多次想立他爲世子，後來文帝卽位，忌恨在心，多加貶斥，並誅殺其黨，並一再要加害於他，曹植屢次想任事，都不爲所用，鬱抑以終。見《三國志·魏書·陳思王植傳》。❹攸之於晉　晉齊獻王司馬攸，才望都在武帝（司馬炎）之上，爲文帝（司馬昭）所寵愛，幾度將以其爲太子，文帝病重時，爲武帝敍漢淮南王及魏陳思王故事而泣，臨死，以攸手交予武帝，但後爲荀勗和馮紞所構陷挑撥，攸憤怨嘔血而死，死時年三十六。事見《晉書·文六王傳》。❺叔段州吁之亂　事見本書卷一〈鄭莊公共叔段〉及〈衛州吁〉篇題解。

【語譯】歸罪已過去的事，容易說得很有道理，但是匡扶將要傾覆的事，就很難做得有功效。樂於論病而怕治病，這是人的通病。齊國公孫無知殺了襄公這件事，批評的人都把禍端歸咎僖公，說國家只有一個傳承的統緒，禮制上不能有兩個嫡長，因爲衣服禮儀這些小事的不合體制，釀成篡奪殺伐的殘酷事件，對齊國的禍害，難道不是僖公造成的嗎？唉！這樣說只是在論病，而不是在治病。當齊僖公在世的時候，向他進諫這些話是可以的，但等到襄公在位的時候，再說這些話不是太遲了嗎？追論以前的錯失而不能阻止當今的禍害，君子是不稱許的。君子不幸而在襄公的朝廷作官，難道能只是歸咎既往，而對日後無所策畫，束手以等待禍害的到來嗎？天下事沒有不可為的時候，也沒有不能消除的禍患，在還沒有造成之前，我們應有防範的方法，在禍患已成之後，我們就有救患的方法，只看我們所遭遇的是什麼。

在襄公在位的時候，禍端已經釀成，防範的方法已成過去，也就不必說了，我就只說救患的方法吧！恩和怨，親和仇，人們都以為不可並存的，其實他們不知道：沒有比懷恨的人更容易施予恩惠，沒有比有仇的人更容易親近了。公孫無知雖然依託公族的勢力，而僖公又給他過分的寵愛，對繼位的嫡長造成威脅，當襄公居於東宮做為世子的時候，以人之常情來衡量，難道他能够不又忌又恨嗎？僖公一旦不能見賓客主持朝政，相信公孫無知的內心，自己也該知道襄公一定報舊日之怨，把他貶到廢棄疏遠的地位。假使襄公很坦然又對他特別好，那麼公孫無知必然認為：本來應該是被報怨的，卻反而得到恩寵；本來應當是被仇視的，卻反而更被親近。我為什麼從他那兒得到這些呢？原先以為是要吃掉我的猛虎，如今卻像是教養我的父親；原先以為是要傷害我的惡狼，如今卻成保護我的兄長。既然得到意外的恩澤，也一定設想作令人意外的報答。那麼以前的怨恨，正可以凸顯現在的恩惠；以前的敵對，正可以突出現在的相親。齊襄公如果這樣做，就會改變公孫無知背叛之心為忠義之心，不但可以消除禍患，還可以得到福祉呢！

以前漢元帝時，定陶王年少就很得寵愛，長大後又多才多藝，元帝特別看重他，他的母親傅昭儀又很得寵幸，他們幾乎取代了皇后和太子的地位。成帝卽位以後，本著他父親的意思，對定陶王比其他諸王都好，元帝挑起了他們兄弟之間的感情的裂縫，而成帝彌合了這個裂痕，所以他們犯有齊僖公那種錯誤，卻沒有齊襄公那種禍害。成帝的心，懷念自己的父親而又看不到了，看到自己父親所喜愛的人，就像看到自己的父親一樣。父親已經死了，已無法向他表達孝心，如今厚待父親所厚待的人，這也等於厚報自己的父親了。愛父親之心正深正切，所有的念頭都進不到心中，除了思念父親之外，別無他念，怎麼有時間去察記我自己的仇隙和怨恨呢？如果稍微浮現了以前的怨隙，那必然是我愛親之心已稍爲減退了。忘了對父親的愛，而去想自己的怨隙，那就是先想自己再想到父親，已淪落到不孝的境地，更何況是報怨仇呢！趙王如意不容於呂氏，曹植不容於魏，司馬攸不容於晉，相繼死亡，我們不能不恨漢惠帝、魏文帝、晉武帝有失於孝道，怎樣才能以漢成帝的風範提醒他們呢？

雖然說對先君所愛的，也跟著去愛護他，是孝的表現，但如果放縱他們的欲求而不加以節制，導致像共叔段和州吁的叛亂，那將怎麼辦？我認爲愛護他就要保全他，如果授以大權而助長他成惡，那是將他置之死地，怎能說是愛他呢？

【研　析】爲突出自己見解的高明，不免要批評別人見解的平庸；爲強調自己辦法的效能，不免要評斷別人辦法的無用。所以先說明「咎既往」容易，「扶將傾」就難了。然後批評前人的批評，都在「咎既往」，而他則提出救患之術。這是在舊時所謂時文（用於科舉考試的論文）中，運用了當前很時髦的自我推銷術。

第二段說出他的辦法，是「待之加厚」，使對方完全意外，必能得到加倍的回報。第三段舉出歷史正反的例子，並指陳「待之加厚」的理論基礎—孝親。最後一段則說「待之加厚」也是有節制的，否則使其坐大而助長其惡，就不是眞正的愛護之道了。

全篇立論合情合理，第二段訴之以情，第三段秉情理而言，最後歸之以理性的節制。其中有具體的做法，又有堂皇的理論依據，並以史事參證，是一篇很好的議論文章。不過他所強調的「扶將傾」的救患之術，其實是防範悲劇產生的第二步做法。事件的產生，自有遠因、近因及導火線，在整個過程中，都該有防範之道，他所提出的也不算是特殊的方法，更何況事後論事，仍然是「咎既往」而已。

齊桓公入齊　莊公九年

【題解】齊國公孫無知弒齊襄公，而當初被公孫無知虐待的雍稟，在第二年（即西元前八六五年）把公孫無知殺了。魯莊公攻打齊國，要護送公子糾回去爭位，但公子小白從莒國搶先回去即位為齊桓公。魯、齊交戰於乾時，魯軍大敗，鮑叔要求魯國把子糾殺了，把管仲和召忽交給他帶回去。召忽自殺，鮑叔把管仲帶到齊國堂阜，然後釋放，並向齊桓公說：「管仲能力比高傒強，可輔佐君王。」齊桓公便以管仲為相。

一般人總認為管仲背舊主而事仇，正名分的孔子為什麼還稱許他？是不是因為事功的關係？呂祖謙則以名教的觀念，強調公子糾只是公子，桓公已即位為君，基於君臣之義，管仲正是事君，並非反君事仇。

魯莊公忘父之讎，而納子糾；管敬仲忘主之讎，而事桓公；齊桓公忘身之讎，而用管仲。不可忘者，父讎也，忘其不可忘，莊公之罪也；可忘者，身讎也，忘其可忘者，桓公之義也。獨管仲之事，論者疑焉，子糾其主也，桓公其主之讎也，不死其主而相其讎，宜若得罪於名教，今反見稱於孔子❶，此論者之所共疑也。

競駑驥者，至伯樂而定；競是非者，至孔子而定。既經孔子，豈復容異同之論乎？雖然，無所見而苟異聖人者，狂也；無所見而苟同聖人者，愚也。己則無所見，徒假聖人以爲重，曰：伯樂所譽，其馬必良；孔子所譽，其人必賢。使有問其所以良、其所以賢者，必錯愕吃訥，左右視而不知所對矣。隨伯樂而譽馬者，未免爲不知馬；隨孔子而譽人者，未免爲不知人。天下之事，知當自知，見當自見。伯樂之鑒，初無與於吾之鑒也；孔子之智，初無與於吾之智也。管仲之是非，聖人固有定論矣，抑不知反求吾心，果定歟？不定歟？吾之心不知所定，而苟隨聖人以爲定，是以名從聖人，而非以實從聖人也。君子之學，從實而不從名，吾心未定，雖聖人之言，不能使之定，是豈妄疑聖人之言者哉？其從聖人，以心不以貌，此眞從聖人者也！

是故聞孔子稱管仲之言，必當求孔子稱管仲之意。孔子之意，豈以管仲所枉者寡而所直者衆耶？所詘者小而所伸者大耶？嗚呼！枉尺直尋，在聖門中無是事也，又況事讎之枉，不得爲寡；詘道信身，在聖門中，無是事也，又況事讎之詘，不得爲小。然則孔子之意，果安在耶？

糾之與桓公，均非正嫡也，均非當立也。然《春秋》書納糾而不繫以子❷，《傳》昭言殺弟而不謂之兄❸，是糾少而尤不當立者也。向若桓公殺糾於未入齊之前，則是兩公子爭國而相殺者耳，管仲讎桓公可也。當乾時之戰，桓公之位已定，社稷既有奉矣，民人既有歸矣，是桓公者，齊之君也，糾者，齊之亡公子也，以亡公子而欲干國之統，桓公以君拒臣，糾以臣犯君，曲直主客之勢判然矣。桓公既得鹿，而追治逐鹿❹之罪，滅親親之恩，固可深責，然以齊君而殺齊之亡公子，非兩下相殺者也。君之殺其臣，雖非其罪，爲臣之黨者，敢以爲讎乎？此管仲所以事桓公，孔子所以許管仲也。

人第知管仲之事讎耳，孰知仲之不當讎桓公哉？知仲之不當讎桓公，則知仲實未嘗事讎也。苟徒信孔子之言，而不復深考其所以言，則反君事讎，皆將自附於管仲矣。噫！仲果反君事讎，則雖萬善不足以贖，況區區之伯功耶！

【註釋】❶見稱於孔子《論語．憲問》：「子路曰：『桓公殺公子糾，召忽死之，管仲不死。』曰：『未仁乎？』子曰：『桓公九合諸侯，不以兵車，管仲之力也。如其仁，如其仁！』又：「子貢曰：『管仲非仁者與？桓公殺公子糾，不能死，又相之。』子曰：『管仲相桓公，霸諸侯，一匡天下，民到于今受其賜。微管仲，吾其被髮左衽矣。豈若匹夫匹婦之爲諒也，自經於溝瀆而莫之知也？』」❷春秋書納糾而不繫以子 《春秋》莊公九年：「夏，公伐齊，納子糾，小白入于齊。」其實只是未稱公子而已。若說未稱「齊子」，則不合體例。❸傳昭言殺弟而不謂之兄 《左傳》並沒有指公子糾是兄或是弟，杜預注則以子糾爲小白庶兄，不知呂祖謙何所本。❹逐鹿 古人常以鹿比喻天下，爭天下喻爲逐鹿而分其肉。

【語譯】魯莊公忘了殺父之仇，而收容了齊公子糾；管仲忘了殺主人之仇，而事奉齊桓公；齊桓公忘了殺己之仇，而重用管仲。不可忘懷不報的，是殺父之仇，忘去他不該忘的，是魯莊公的罪過；可以淡忘不報的，是要殺自己的仇怨，忘去他可以忘的，是齊桓公的義行。惟獨管仲的事，討論的人不免疑惑，子糾是他的主人，桓公是他主人的仇人，他不以死報效主人反而輔佐仇人，好像該是名教的罪人，如今反而得到孔子的贊許，這是討論這件事的人，所共同懷疑的。

爭論是劣馬或是千里馬，到伯樂那裏就可以定案；爭論是非曲直，到孔子那兒就可以定論。既然經過孔子說的，那裏還能有別的見解呢？雖然自己沒有什麼見解，而要跟聖人唱反調，那是狂人；自己沒有什麼見解，而附合聖人的，那是愚人。自己沒有見解，只是假借聖人以自重，說：伯樂所稱許的，這匹馬一定是好馬；孔子所贊揚的，這個人一定是賢者。假謂問他爲什麼好？爲什麼賢？一定感到突兀而說不出話來，顧左右而不知怎麼回答。隨著伯樂而稱贊馬的，未免是因不知馬才這樣，隨著孔子而稱贊某個人的，未免是因不知人而如此。天下的事，所謂知道應當是自己眞的理解，所謂見解應當是自己眞的見識到。伯樂的鑑識，原本沒有我的鑑識參在其中；孔子的明智，也沒有我的智能參在其中。管仲的是非，聖人固然已有定論，卻不知道去反求自己的內心，眞的很篤定呢？或是不篤定呢？我們的內心不知道聖人爲什麼這樣論定，姑且跟隨聖人也如此論定，是表面上依隨聖人，而不是實質上依隨聖人。君子的學問，是講求實質而不講究表面的，我們內心不篤定，雖然有聖人的話，還是不能就此論定，這怎麼是狂妄的懷疑聖人的話呢？我們依隨聖人是以內心依隨，而不是外貌依隨，這才是眞正依隨聖人的人呀！

因此聽到孔子稱贊管仲的話，必當求孔子稱贊管仲的眞義。孔子的意思，難道以爲管仲所錯失的少而行直理的多嗎？所扭曲的小而所伸張的大嗎？唉！彎曲一尺，拉長八尺，這種以大小比功的事，在聖人之門是沒有的，又何況事奉仇人的錯失，不能說少；扭曲道義以伸展抱負，在聖人之門也沒這種事，又何況事奉仇人的扭曲，不能說小。那麼孔子的眞意，究竟在那裏呢？

公子糾和桓公，都不是嫡子，都不是理當繼位的。《春秋》寫「納糾」而不稱「子」，《左傳》明白地說殺弟而不說殺兄，可見子糾年少更不當立爲國君的。當初如果桓公殺子糾在他未入齊爲君之前，那麼便是兩個公子爲了爭做國君而相廝殺而已，管仲以桓公爲仇是可以的。當乾時之戰的時候，桓公的君位已定，社稷已有人奉事，人民已有所依歸，所以桓公已是齊國的國君，子糾只是逃亡在外的齊國公子，以一個逃亡在外的公子，干求國家的統業，桓公以國君的地位來抗拒臣子，公子糾以臣的地位進犯國君，其中的是非曲直和主客地位，已經很清楚了。桓公既得國君之位，而追究懲治與他爭位的人，滅絕愛親的恩情，固然可以深加責備，但以齊君殺齊國逃亡在外的公子，並非一般的兩相廝殺。國君殺他的臣屬，卽使臣屬之死，不是應得之罪，但跟那臣子同一伙的人，難道敢以國君爲仇敵嗎？這正是管仲所以可以事奉桓公，而孔子所以稱許管仲的原因。

人們只知管仲事奉了仇人，但有誰知管仲是不應視桓公爲仇人的呢？知道管仲不該以桓公爲仇人，就知道管仲實際上並沒有事奉仇人。如果只相信孔子的話，而不能深究他爲什麼這樣說，那就會把反其君、事其仇的罪名，加在管仲的身上了。唉！管仲如果眞的反其君、事其仇，那麼他雖有一萬個善行也不足以贖罪，更何況只是小小的輔佐覇業之功呢！

【研析】本文以提出問題爲第一段，管仲忘主之仇而事桓公，爲什麼得到孔子的稱許？接著第二段強調此事雖經孔子論定，仍有探討的必要，一再說明這不是妄疑聖人之言。在那時妄疑聖人堪稱一大罪狀，所以爲辨此而大費周章，今人寫此文，這一段當可省略。第三段假設答案，並加以批駁。第四段才說出自己的看法，桓公已定位爲君，殺公子糾是君殺其臣，臣之黨徒不敢以爲仇。最後一段說明管仲不是反君事仇，孔子才可能稱許他。

本文就形式來說，提出問題，假設答案，先加批駁，再提自己的答案，文章有變化而且相形之下，顯示自己見解的卓越，所以是不錯的議論方式。

就內容來說，是宋儒以「名教第一」的立場，來解釋孔子何以稱許管仲。孔子稱許管仲的話，在《論語·憲問》說得很明白，確是衡量輕重，更以民族大義爲先，但本文完全以君臣之義立論。蓋宋人論君臣，已是「君要臣死，臣不得不死」，是僵化的鐵律，其實孔子只說：「君使臣以禮，臣事君以忠。」是雙向而互爲條件的。孟子更以爲「君之視臣如手足，則臣視君如腹心；君之視臣如犬馬，則臣視君如國人；君之視臣如土芥，則臣視君如寇讎。」宋儒的君臣之義，既已不合孔孟，但孔孟是聖人又不得不遵奉，所以管仲平白得到義務辯護人，爲他洗脫了千古的罪名。

齊魯戰長勺 莊公十年

士蔿諫晉侯伐虢 莊公二十七年

【題解】魯莊公十年（西元前六八七年），齊國來攻打魯國，魯莊公準備迎戰，曹劌求見，進見時問莊公憑什麼來作戰，莊公說：「暖衣飽食，不敢獨自享受，一定分給別人。」曹劌說：「小恩小惠不能周徧，人民不會跟從的。」莊公說：「祭祀的牛羊玉帛，不敢擅自增加，祝史禱告一定反映實情。」曹劌說：「小信不足以讓鬼神降福。」莊公又說：「大大小小的訴訟案件，雖然還不能一一洞察，但一定依照情理處理。」曹劌回答說：「這是爲人民盡心盡力的表現，憑這個可以打一仗，打仗時請讓我跟去。」於是和莊公同乘一輛兵車，在長勺交戰。莊公準備擊鼓進攻，曹劌加以阻止，待齊人三通鼓過後，才擊鼓進攻，把齊軍打敗。正待追擊，曹劌又加以阻止，等下車看了齊軍的車轍，再上車遠望，然後才說可以追擊。戰後莊公追問原因，曹劌說：「作戰靠勇氣，第一通鼓會振作勇氣，第二通鼓就使勇氣到巔峯而開始衰退了，到第三通鼓勇氣就成強弩之末衰竭了，他們勇氣衰竭而我們正充盈，所以才能打勝。大國難以捉摸，怕是詐敗而有埋伏，我看他們車轍已亂，望他們旗子已倒，所以才去追擊。」

一般人評論這次戰役，多偏重曹劌的戰術部分，呂祖謙乃就魯國君臣討論「何以戰」的部分，強調民心是「所以戰」的根本，是決定勝敗的重要因素，因《左傳》莊公二十七年記載晉國要伐虢國，士蔿諫阻的時候，也提到「禮樂慈愛，戰所畜也」，所以將它並列，但討論時只是一筆帶過，以爲引證而已。

迂儒之論，每為武夫所輕，鉦鼓❶震天，旌旄四合，車馳轂擊❷，百死一生，而迂儒曲士，乃始緩視闊步，誦《詩》《書》，談仁義於鋒鏑矢石之間，宜其取踞牀、溺冠之辱❸也。魯莊公與齊戰於長勺，兩軍相望，此為何時，而以「聽獄用情」對曹劌之問戰，何其迂闊而遠於事情耶！是言也，持以語宋襄陳餘❹，則見許矣；持以語孫武吳起❺，則見侮矣。彼曹劌遽以一戰許之，意者劌亦迂儒曲士之流歟？觀其從莊公戰，以我之盈，乘齊之竭；以我之整，逐齊之亂。機權韜略，與孫武吳起並驅爭先，初非宋襄陳餘儕匹也。使莊公之言，誠迂闊而不切事情，豈足以動劌之聽耶？其所以深賞而亟許之者，殆必有說也！

馬之所以不敢肆足者，銜轡束之也；臣之所以不敢肆意者，法制束之也。銜轡敗，然後見馬之眞性；法制弛，然後見民之眞情。困之不敢怨，虐之不敢叛者，劫於法制耳。大敵在前，搶攘駭懼，平日之所謂法制者，至是皆渙然而解散矣。法制既散，眞情乃出，食馬之恩❻，羊羹之怨❼，恩恩怨怨，各肆其情，以報其上。苟非暇豫之時，深感固結於法令之外，亦危矣哉！

凡人之易感而難忘者，莫如窘辱怵迫之時。子羔為衛政，刖人之足❽。衛亂，子羔走郭門，刖者守門，曰：「於此有室。」子羔入，追者罷，子羔將去，謂刖者曰：「吾親刖子之足，此乃子報怨之時也，何故逃我？刖者曰：「君之治臣也，先後臣以法，欲臣之免於法也，臣知之；獄決罪定，臨當論刑，君愀然不樂，見於顏色，臣又知之，此臣之所以脫君也。」蓋人方在縲紲之中，錙銖之施，視若金石，毛髮之惠，視若丘山。子羔一有司耳，徒有哀矜之意，初無哀矜之實，其遇寇難，人猶且報之若是，況莊公君臨一國，小大之獄皆必以情，及其遇寇，人之思報，豈子羔比耶！獄，死地也；戰，亦死地也，昔居死地嘗受其賜，今安得不赴死地以答其賜哉？民既樂為之死，則陷堅卻敵，特餘事耳。莊公之言，吾見其切而不見其迂也！

吾嘗論古人之言兵，與後人之言兵，邈然不同。曹劌問何以戰，公始對以惠民，劌不以為然；則對以事神，劌又不以為然；則對以聽獄。三答曹劌之問，略無片言及於軍旅形勢者，何耶？蓋有論戰者，有論所以戰者。軍旅形勢者，戰也，民心者，所以戰也，二者猶涇渭之不相亂，河濟之不相涉。問所以戰，而答之以戰，是問楚而答燕也。晉士蔿諫晉侯伐虢，亦曰：「虢公驕，若驟勝，必棄其民，夫禮樂、慈愛，戰所畜也，虢弗畜也，亟戰將饑。」當時之論兵者，每如此。

魯莊公、晉士蔿，在春秋時未嘗以學術著名，而所論鉤深致遠，得戰之本，豈非去古未遠，人人而知此理耶？唐柳宗元號為當代儒宗，其論長勺之役❾，乃謂：「徒以斷獄為戰之具，吾未之信。」乃歷舉將臣士卒地形之屬。宗元之所言，皆所謂戰，而非所以戰也。吾是以知：春秋之時，雖不學之人，一話一言，有後世文宗巨儒所不能解者也，況當時所謂有學術者耶！況上而為三代，為唐虞者耶！新學小生，區區持私智之蠡，而欲測古人之海，妄生譏評，聚訟不已，多見其不知量也。

【註釋】 ❶鉦鼓　古代軍中所用樂器，似鈴，柄中上下通，鳴鉦以為節鼓，將帥所用。❷轂擊　車輪中間車軸貫入處的圓木，叫做轂。它安裝在車輪兩側軸上，使輪子保持直立而不至內外傾斜。古人以轂擊肩摩，形容車馬行人擁擠。❸踞牀溺冠之辱　皆漢高祖故事。劉邦不好儒生，見酈食其時，踞牀使兩女子洗足。見客戴儒冠，劉邦乃解其冠，溲溺其中。見《史記‧高祖本紀》及《史記‧酈生陸賈列傳》。❹宋襄陳餘　宋襄公和陳餘為不善用兵之代表。宋襄公（？—西元前六三七年）為春秋時宋君，名茲父，為春秋五霸之一，為伐鄭而與楚兵戰於泓水，因不攻打不成列的軍隊，也不俘虜頭髮花白的敵兵，於是兵敗受傷而死。陳餘（？—西元前二〇四年）為秦末梁人，投效陳勝，攻取趙地而為代王，與張耳交惡，漢約其攻楚，陳餘說：「漢殺張耳乃從。」而為漢所騙，被張耳與韓信所殺。《史記》有傳。❺孫武吳起　孫武和吳起，為兵家代表。孫武為春秋時齊人，以兵法求見吳王闔廬，用為將，西破強楚，北威齊、晉，著《孫子兵法》。《史記》有傳。吳起（？—西元前三七八年）為戰國時衛人，先為魯將而打敗齊兵，魏文侯用以攻秦，拔五城，守西河以拒秦，後來楚悼王用為令尹，富國強兵，但悼王死，吳起爲宗室大臣所圍殺，著《吳子》。《史記》有傳。❻食馬之恩　秦穆公於岐山之下走失良馬，鄉人共得而食之者三百餘人，吏欲繩之以法，穆公說：「君子不能以畜產害人，並聽說吃了良馬之肉而不飲酒，會傷身。」於是賜酒而赦之。後來秦晉韓原之戰，穆公原將落敗，這些人爭死而救之，反而大勝晉軍，生擒晉惠公，以報食馬之恩。事見《史記．秦本紀》及《呂氏春秋．愛士》。❼羊羹之怨　魯宣公二年（西元前六○七年），鄭攻宋，宋右師華元殺羊煮羊羹以勞軍，因羹少而沒給駕車的羊斟，羊斟懷恨在心，在交戰時告訴華元說：「分羊羹由你作主，駕車由我作主。」就把車子駛入鄭軍之中，因而被俘，宋軍也因此而敗。見《左傳》。又於戰國時，中山君宴饗都士，大夫司馬子期憤羊羹不遍，怒而到楚，遊說楚王伐中山，中山君去國，而有兩人持戈隨後。原來二人之父，曾得食於中山君，所以中山君嘆道：「給與不在乎多少，而在於是不是困厄之時；怨仇不在於深淺，而在於是不是傷了對方的心，我以一杯羊羹亡國，而以一壺食物得二士效命。」事見《戰國策．中山》。❽子羔爲衛政刖人之足　子羔爲高柴之子，春秋時齊人，孔子子弟，曾任衛國士師，又任費、郈二邑宰。在衛國任士師，掌國五禁之法，以左右刑罰之官。事見《孔子家語．致思》。❾唐柳宗元號爲當代儒宗二句　柳宗元（西元七七三—八一九年），唐河東人，字子厚，歷官禮部員外郎、永州司馬、柳州刺史，詩文皆工，尤擅長散文，與韓愈同爲古文運動倡導者，爲唐宋古文八大家之一。其論長勺之役，見《柳河東集．非國語．問戰》。

【語譯】迂闊的讀書人所發表的言論，常爲武夫所輕視，當鉦鼓震天，旌旗從四面八方會攏，兵車奔馳相擊撞的時候，戰士百死一生，而迂闊的書生、寡聞陋見的鄉曲之士，還在從容地慢慢瞧，踱著緩慢的方步，在響箭紛飛、矢石交加之下，誦《詩》《書》，談仁義，所以蒙受踞牀接見、冠冕泡溺的侮辱，也是應該的。魯莊公和齊軍將在長勺交戰，兩軍已逼近對峙，這已經是什麼時候了，還以「辦訟獄依照情理處理」回答曹劌有關戰事的問題，是多麼迂闊而不切實際啊！用這些話告訴宋襄公和陳餘，可能被贊許；用以告訴孫武和吳起，那就要被侮辱了。那個曹劌竟然說可以一戰，難道曹劌也是迂闊的書生、寡聞陋見的鄉曲之士嗎？看看曹劌跟莊公去作戰時，運用自己這一邊正壯盛的士氣，去打擊齊軍已衰竭的士氣；以我方整飭的隊伍，去追擊齊國已混亂的軍隊。他的機智權謀和戰略，可以和孫武吳起並駕齊驅一爭高下，原本不是宋襄公和陳餘那一流的人物。假使莊公的話，眞的太迂闊而不切實際，怎麼能夠說動曹劌呢？他之所以會深加讚賞而立刻說可以一戰，想來其中是有一定的道理！

馬之所以不敢放開腳步亂跑，是因爲有勒口和繮繩控制牠的緣故；臣民之所以不敢任意行事，是因爲有法律和制度約束他的緣故。勒口和繮繩鬆壞了，然後可以看到馬的眞性；法律和制度廢弛了，然後可以看到臣民的眞情。平常壓迫他，他不敢怨怒；虐待他，他不敢反叛，是因爲他們受到法律和制度的控制而已。大敵當前，不免爭先恐後驚慌失措，平常所謂的法律和制度，到這時都已崩潰瓦解了。法律和制度既然已瓦解，直情就會出現，像秦穆公對吃掉馬的人的恩惠，宋華元和中山君沒有賜給羊羹的怨怒，都將有恩報恩，有怨報怨，各個就其眞情以報答在上位的人。假使不是在平常無事的時候，在法令限制之外感動人民，收攬人心，那就危險了。

大凡人們最容易感動而難以忘懷的，莫過於當他們窘困受辱驚恐被逼迫的時候。當子羔在衛國當政的時候，以刑法砍斷了一個人的腳。後來衛國發生戰亂，子羔逃到城門，正好被他砍斷腳的人在守門，告訴他說：「這裏有房間可以躲。」子羔進去房間，追趕的人找不到而離去，子羔將要離開，告訴那個人說：「我砍斷了你的腳，這正是你報怨的時機，爲什麼還設法讓我逃生呢？」斷腳的人說：「您治我罪的時候，先後都是依法來處置我，而且還希望我能不被加刑，這是我所知道的；判刑定罪，當要用刑的時候，您憂傷不樂，從您臉上可以看出來，這又是我所知道的，這就是我助你逃生的原因。」當一個人在牢獄最無助的時候，得到一錙一銖那麼輕的施予，也視為像金石那麼重，受到像毛髮那麼小的恩惠，也視為像丘山那麼大。子羔只是一個官吏，空有同情憐憫之意，而沒有同情憐憫的實質作為，他遇到盜寇之難，人家尚且去報答他這樣重，更何況莊公為一國之君，處理人民大小案件都一定合乎情理，等到他們遇到敵人而想報答的，那裏是子羔所能比的呢！監獄是死亡之地，而戰場也是死亡之地，以前在死亡之地曾受到他的恩賜，如今怎能不前往死亡之地以報答他的恩賜呢？人民既然樂於為他效命，那麼攻陷敵人堅強的防衛或打退入侵的敵人，都是小事而已。所以莊公的話，我覺得很切實際而不迂闊呢！

我曾說古人討論軍事，和後來的人討論軍事，全然不同。曹劌問他憑什麼作戰，莊公先回答他施惠給人民，曹劌不以為然；就以事奉鬼神的事回答，曹劌又不以為然；然後再以審理訟獄來回答。三次回答曹劌，卻沒有一句話說到軍隊和形勢，這是為什麼呢？因為有的論戰爭的本身，有的論戰爭的憑藉。軍隊和形勢，這是戰爭本身，而民心是戰爭的憑藉，二者就像涇水和渭水畫分得非常分明，像黃河和濟水毫不相關。問憑什麼而戰，而答戰爭謀略，就像人家問楚國的事，卻回答燕國的事是一樣的。晉大夫士蔿諫晉獻公伐虢，也說：「虢公驕傲，如果忽然交戰得勝，一定遠棄他的人民，而禮樂之制、慈愛之心，都是戰爭所應當事先具備，虢國不儲備這些，屢次作戰，百姓會氣餒的。」當時論作戰用兵，常是這樣的。

魯莊公和晉國士蔿，在春秋時並不是以有學有術著名的，而他們所討論的都能廣博精深，說到戰爭的根本關鍵，難道不是因為離古不遠，人人都知道其中的道理？唐代柳宗元，被稱為當代的儒學宗師，論長勺之戰，卻說：「只以審理訟案作爲作戰的依據條件，我是不相信它的。」乃列舉將帥士卒以及地形等方面的問題。柳宗元所說的，都是屬於戰爭的事，而不是作戰的根本憑藉。我們因此可以知道：在春秋時代，雖然不是很有學問的人所說的一言一語，也有不爲後代文壇宗師和大儒所能了解的，更何況是當時有學問的人所說呢！再往上推到三代之前，那唐堯虞舜的時代，就更不用說了。後代新學晚輩，用自己一點小聰明，就想以此爲瓠瓢，來測量古人廣博精深的智慧之海，狂妄地加以批評，還爭論不休，只是多讓人看到他自不量力罷了。

【研　析】本篇是以孟子所謂「仁者無敵」，來探討魯莊公回答曹劌「何以戰」的問題，強調古人論戰和後人言戰不同。古人有論戰，也討論所以戰。前者是討論戰法，後者是討論戰本。有關將士的調度、地形的利用，都是戰法；民心的向背，才是戰本。顯然孟子所謂的「仁者無敵」、「保民而王」、「不嗜殺人者能一之」，都是從戰本出發。但孟子被以爲「則見以爲迂遠而闊於事情」（見《史記．孟荀列傳》），所以本文開始是從討論迂儒入手。

第一段先論迂儒被辱、被蔑視，是應該的，再說明莊公的話似迂闊不切實際，而曹劌機權韜略不在兵家之下，竟然會稱許他，必然有其道理。第二段說明其中的道理，以秦穆公食馬之恩、宋華元羊羹之怨，說明戰爭時是反映民情民心的眞正時刻。第三段再以子羔受到刖者的報恩，說明莊公「聽獄用情」是可以得到人民的效命。第四段指出古人論戰與今不同，論戰和論所以戰，是完全不同的兩回事，並引晉士蔿諫晉侯，說明古人都知道這種道理。第五段推崇古人所論鉤深致遠，駁斥柳宗元不足以知古人，至於新學小生妄譏古人，就更不在話下。

本文第一段是低姿態的推敲揣摩，第二段起氣勢越來越盛，語氣越發凌厲，最後則睥睨後世。其中如何遞變，很可玩味。不過論理文章雖可誇張，其中自有分寸，本文爲批評後人而極力推崇古人，最後一段推崇太過，不合進化原理，這一點我們應加避免，以免反成疵病。

禹湯罪己桀紂罪人

莊公十一年

【題解】魯莊公十一年（西元前六八六年）秋天，宋國發生水災，魯莊公派人去慰問，對他們說：「天下大雨，損害莊稼，怎麼能夠不來慰問！」對方回答說：「孤不夠誠敬，讓上天降災，還讓貴國國君憂心，非常感激，拜領好意。」魯大夫臧文仲說：「宋國將興盛了吧！禹和湯把所有罪過自己承擔，很快就興盛起來；桀和紂把所有罪過都推給別人，很快就滅亡。諸侯在國家有凶災的時候稱孤，是合禮的。講話戒愼小心又合禮，那是差不多要興盛了。」後來又聽說，那是公子御說所講的，臧孫達說：「這個人是適宜當國君的，因爲他有體恤人民的心。」兩年之後，南宮長萬弒宋莊公。立子游，宋人平亂，殺子游而立公子御說，是爲宋桓公。

呂祖謙對《左傳》所載臧文仲的話，極爲稱許，認爲大聖大惡就在於功過的辭受之別，全篇不用史實論證，而以演繹推論，是本篇的特色。

近禹湯者莫如桀紂，禹湯，大聖也，桀紂，大惡也，其相去之遠，不啻天淵，何爲其相近也？禹湯善之極，桀紂惡之極，善惡二也，其所以行之者一也。禹湯歸功於人，桀紂亦歸罪於人。禹湯功冠天下，皆推而歸之人，曰：此左右之功，此羣臣之功，此諸侯之功，此萬姓之功。自視不見有一毫之功焉。桀紂罪冠天下，皆推而歸之人，曰：此左右之罪，此羣臣之罪，此諸侯之罪，此萬姓之罪。自視不見有毫一之罪焉。然則禹湯歸功之心，豈非即桀紂歸罪之心乎？禹湯歸罪於己，桀紂亦歸功於己，禹湯引天下之罪而歸之己，曰：此我之愆，非汝之愆；此我之責，非汝之責。欲以一身盡代天下之罪焉。桀紂引天下之功而歸之己，曰：此我之謀，非汝之謀；此我之力，非汝之力。欲以一身盡攘天下之功焉。然則禹湯歸罪之心，豈非桀紂歸功之心乎？由是觀之，禹湯之所以爲善，乃桀紂之所以爲惡者也。使禹湯移歸功之心爲歸罪之心，則桀紂矣；使桀紂移歸罪之心爲歸功之心，則禹湯矣。惟聖罔念作狂，惟狂克念作聖，旦聖暮狂，特翻覆手耳！

人之所甚尊而不敢仰望者，禹湯也；人之所甚賤而不足比數者，桀紂也。平居自期以謂：吾雖自奮，必不能爲禹湯；吾雖自畫，必不至爲桀紂。今觀自狂入聖，如此之易，則吾有時爲禹湯矣，安得而不喜？自聖入狂，亦如此之易，則吾有時而爲桀紂矣，安得而不懼？一念之是，咫尺❶禹湯，一念之非，咫尺桀紂，誘於前，迫於後，則善豈待勉、惡豈待戒哉？凡人之學，太高則驕，太卑則怠，二者學者之大病也，苟思去禹湯爲甚近，怠烏生？又思去桀紂為甚近，驕烏乎生？聖狂二法，更相懲勸❷，驕怠二病，更相掃除。或輓之，或推之，此顏子所以欲罷不能也❸歟？久矣，世之不知此理也，而臧文仲獨知之，曰：「禹湯罪己，其興也勃焉；桀紂罪人，其亡也忽焉。」判禹湯與桀紂，以人己之兩語，意者古之遺言歟？至其論公子御說之宜為君，則流入於瞽史之學❹，惜乎狐裘而羔袖也！

吾又嘗論之：禹湯能收天下之惡，桀紂能長天下之惡。天下之人，忿爭貪暴，衆惡蔓延，偏布海內，禹湯皆斂之於己，以為己罪。人見禹湯之罪己，忿者平，爭者息，貪者愧，暴者悔，禹湯一罪己，而盡收天下之惡，使歸於善。天下皆歸於善，是亦禹湯之善也。雖曰罪己，然天下功孰有居禹湯之右者哉？禹湯所收者惡，所得者善；所引者罪，所得者功，何耶？蓋既除稂莠，何必復求稼之茂？既除塵垢，何必復求鏡之明？但收其惡。不必求善，惡既盡，則善將焉往哉？此所以收惡而得善也，引罪而得功也。桀紂安於為惡，不自咎而咎人，天下亦從而相咎，本所犯者一惡耳，諱其惡而不自咎，詐也；嫁其惡而咎人，險也。變一惡而數惡，日滋月長，自十而百，自百而千，自千而萬，覆國亡身，遺臭後世，由不能收天下之惡，而長天下之惡也。禹湯受其罪，而終不能汙；桀紂辭其罪，而終不能逃。一興一亡，邈然遼絕，揆厥本原，不過差之辭受之間而已。吾是以益知其相近。

雖然大聖大惡相近若此，屠酤❺盜賊，翻然爲善者，尙多有之；未聞有旣聖而復爲惡者，何也？曰：河之險，入則死，出則生。死生之分纔跬步，人固有陷其中而得脫者矣，豈有旣出而復肯入者哉？

【註　釋】❶咫尺　八寸爲咫，十寸爲尺，用以形容距離很近。❷懲勸　本指責罰和獎勵。在此則指抵制和誘導，而互爲消長。❸顏子所以欲罷不能也　《論語·子罕》：「顏淵喟然歎曰：『仰之彌高，鑽之彌堅，瞻之在前，忽焉在後！夫子循循然善誘人：博我以文，約我以禮。欲罷不能，旣竭吾才，如有所立卓爾。雖欲從之，末由也已！』」❹瞽史之學　因左丘明失明，所以稱之。古來以瞽辭、瞽說、瞽言，以指淺妄無識之言，呂祖謙稱之以貶抑。❺屠酤　屠戶和賣酒的人，通常用以指出身低微的市井小人。因屠戶殺生，酒會亂性，所以被認爲不是積善爲德的行業。

【語　譯】沒有比桀紂更接近禹湯的了，禹湯是大聖人，桀紂是大惡人，相差很遠，簡直是天淵之別，爲什麼說他們很相近呢？禹湯是善的極致，桀紂是惡的極致，善和惡固然不同，其所以行之道卻是一樣的。禹湯是歸功於別人，桀紂是歸罪給別人。禹湯的功勞，冠於天下，都推給別人說：這是在我左右的人的功勞，這是羣臣的功勞，這是諸侯的功勞，這是百姓萬民的功勞。自己看不見自己有一絲一毫的功勞。桀紂的罪過，冠於天下，都推給別人說：這是在我左右的人的罪過，這是羣臣的罪過，這是諸侯的罪過，這是百姓萬民的罪過。自己看不見自己有一絲一毫的罪過。然而禹湯歸功給人的心理，不就是桀紂歸罪給人的心理嗎?禹湯歸罪於自己,桀紂歸功於自己,禹湯將天下之罪歸於自己,說:這是我的過失,不是你的過失;這是我的責任,不是你的責任。想自己一個人承擔天下所有罪過。桀紂將天下之功歸於自己,說:這是我的謀略,不是你的謀略;這是我的力量,不是你的力量。想自己一個人搶盡天下所有功勞。然而禹湯歸罪給自己的心理,難道不就是桀紂歸功於自己的心理嗎?由此看來,禹湯之所以爲善,就是桀紂所以爲惡的道理。假使禹湯改變歸功給別人的心理,成爲歸罪給別人的心理,那就成爲桀紂了;假使桀紂改變歸罪給別人的心理,成爲歸功給別人的心理,那就成爲禹湯了。聖人有誣妄之念就成狂人,狂人能克服誣妄之念就可以成聖人,早上爲聖人,黃昏爲狂人,只像翻覆手掌那樣容易!

人們所尊崇而不敢仰望比附的,是禹湯;人們所鄙夷而不願與之並列的,是桀紂。平常自我期許以爲:我雖然努力自我提升,也必然成不了禹湯;我雖然怠惰畫地自限,也必然不至於成桀紂。如今看狂人成爲聖人,是這樣容易,那我有時就已成爲禹湯了,怎能不欣喜呢?從聖人成爲狂人,也這樣容易,那我有時也已成爲桀紂了,怎能不恐懼呢?一個念頭對了,就離禹湯很近,一個念頭錯了,就離桀紂很近,一個誘之在前(成聖),一個迫之在後(成狂),那麼爲善那裏還需要人家勉勵、除惡那裏還需要人家告誡呢?大體來說,人之向學,成就高就驕矜,成就低就怠惰,這兩者都是學者的大病,如果想到離禹湯很近,怎麼會怠惰呢?又想到離桀紂也很近,怎麼敢驕矜呢?爲聖之法和爲狂之法,是互相抵制和誘導;驕矜之病和怠惰之病,是相互消除的。或是相牽引,或是相推動,這是顏回求學會欲罷不能的原因吧?已經好久了,世人都不知道這個道理,而只有臧文仲知道,說:「禹湯把所有的罪過歸給自己,很快就興盛起來;桀紂把所有的罪過推給別人,很快就滅亡了。」分別禹湯和桀紂,以歸罪於己歸罪於人兩句話，或許是古代留下來的名言吧？至於評論公子御說適宜當國君，那就流入瞽史的淺學臆說，眞可惜！加了這一段就像一件名貴的狐裘，去接了羊皮的袖子呀！

我又曾加以推論：禹湯能消除天下之惡，桀紂會助長天下之惡。天下的人，或憤恨相爭，或貪婪暴戾，許多的惡行蔓延擴大，以致遍布四海之內，禹湯都把它收歸於己，以爲是自己的罪過。人們見到禹湯把罪過都承擔了，憤恨的人心平氣和了，相爭的人平息紛爭了，貪婪的人感到慚愧，暴戾的人感到後悔，所以禹湯一歸罪於自己，盡收天下之惡，使他們歸於善。使天下人都歸之於善，這也是禹湯的善行。雖然是歸罪於己，但天下大功有誰能够居於禹湯之上的呢？禹湯所收的是惡，而所得的是善；所引以自任的是罪，而所得的是功，這爲什麼呢？因爲既然除去了稂莠等雜草，何必再去求農作物的茂盛？既然拭去了塵埃污垢，何必再去求鏡子的明亮？只消除其惡，不必再求善，惡既已除盡，善還會到那裏去呢？這正是消除惡的而得到善的，引罪自任而得到功的原因。桀紂安於爲惡，不歸罪自己而歸罪別人，天下的人也跟著互相歸罪，本來只犯了一罪惡，卻避諱這項罪惡而不自己承當，這是詭詐；轉嫁這項罪惡而要別人承當，這是陰險。於是變一項惡而成數惡，日月滋長，由十而變百，由百而變千，由千而變萬，於是滅國亡身，遺留臭名於後世，由於不能收天下之惡，而助長了天下之惡。禹湯承受所有的罪過，而終究不會污染他的清白；桀紂推託所有的罪過，而終究不能逃掉滿身的罪孽。一個興盛一個滅亡，差別那麼大，查其本源，也不過差別在一個推辭一個承當，其間不同而已。我們因此更可以知道他們是很相近的。

雖然大聖和大惡如此相近，那些屠夫、賣酒的，盜竊、殘賊，突然醒悟而爲善的人，可還是不少；但沒聽說既爲聖人而回過頭來去作惡的人，那爲什麼呢？我認爲：河流凶險，溺進去就死，出得來就活了。生死之間就差那麼一小步，人固然有陷進去而又逃脫出來的，但怎麼會有既已逃脫出來又再進去的人呢？

【研 析】在《東萊博議》中，這是一篇篇幅較長，而內容較貧乏的文章，他討論「禹湯罪己、桀紂罪人」，本著孟子所謂「人皆可以爲堯舜」，也說明「人皆可以爲桀紂」，端在「罪己罪人」之分。內容雖然較貧乏，而文辭卻排比整齊而氣勢磅礡，當我們必須寫一篇內容有限而篇幅要大的文章時，本篇不無參考的價值。

禹湯是大聖，桀紂是大惡，卻說他們相近，以驚人之語引人注意，然後說明相近的原因——聖人歸功於人，惡人歸罪於人。用排比的文字，描述其歸功之心和歸罪之心。第二段承之以說明爲聖爲狂，只在一念之間，而盛讚臧文仲的評斷，但也貶損公子御說宜爲君，是瞽史之學。第三段推論禹湯罪己，天下皆歸於善；桀紂罪人，而長天下之惡。第四段說明大聖大惡如此相近，有惡入於善，但沒有聖入於惡，是因爲脫險者不會再入險。

全篇沒有其他史實的印證，而有關禹湯桀紂，也只作演繹的推理，不引事實敍述，所以內容不免貧乏。但二者歸功和歸罪排比的結果，使篇幅加多，文字鏗鏘有力，因而氣勢增強。排比和演繹技巧，本篇可以說已發揮得淋漓盡致，在有必要時，不妨取法。

卷七

宋萬弒閔公 莊公十二年

【題解】南宮長萬有勇力，得宋閔公之寵而為卿，在魯莊公十一年（西元前八六三年）乘丘一役，卻被莊公射中而為魯國所生擒。經宋國的要求而釋放，宋閔公便對他開玩笑：「以前我尊敬你，成了魯國的俘虜就不被尊敬了。」南宮長萬因而懷恨在心，次年在蒙澤殺死閔公，又殺死大夫仇牧以及太宰華督，立子游為國君。公子們逃到蕭，公子御說逃到亳，南宮長萬的弟弟南宮牛，以及猛獲率兵圍亳，蕭叔大心及宋公族領曹軍，殺南宮牛、子游而立公子御說為宋桓公。猛獲逃到衛國，南宮長萬逃到陳國。衛國因宋國請求送回猛獲，南宮長萬也被陳國用女人勸酒灌醉送回，兩人被施醢刑。

呂祖謙藉此事談論籠絡勇士豪傑的拘縱之術，文章轉折明快，縱橫如意，頗值得取法。

陛戟警蹕❶，公孫述之待馬援也；岸幘❷迎笑，光武之待馬援也。以述之肅，反取井蛙之譏；光武之嫚，而援委心焉。然則樸遬小禮，果非所以待豪傑耶？英雄豪悍之士，磊落軼蕩，出於法度之外，為君者，亦當以度外待之。破崖岸，削邊幅，拊背握手，以結其情；箕踞❸盛氣，以折其驕；嘲誚謔浪，以盡其懽；慷慨歌呼，出肺腑相示。然後足以得其死命。是非樂放肆也，待豪傑者法當如是也。

南宮萬之勇，聞於諸侯，宋閔公靳侮之者，豈非欲略去細謹，自謂得待豪傑之法耶？然終召萬之怨，至於見弒，何也？袒裼暴虎，必馮婦❹而後可，怯夫而試馮婦之術，適足以齘虎牙耳。古之嫚侮者，莫如漢高帝。高帝之嫚侮，豈徒然哉！踞洗以挫黥布，隨以王者之供帳❺；嫚罵以挫趙將，隨以千戶之侯封❻。用不測之辱，用不測之恩，降霜霰於炎蒸之時，轟雷霆於閉蟄之際。顛倒豪傑，莫知端倪，此高帝所以能鼓舞一世也。無鼓舞豪傑之術，拘則為公孫述，縱則為宋閔公，何往而不敗哉？

噫！此不足論也，若高帝鼓舞豪傑之術，其至矣乎？曰：未也，術必有時而窮。高帝嫚侮之患，卒見於暮年，此所以厭拔劍擊柱之爭，而俯就叔孫通之儀❼也。高帝豈不欲早用叔孫通之儀哉？彼見其所謂儀者，拘綴苛碎，決非武夫悍將所能堪。天下未定而遽行之，必失豪傑之心，故寧蔑棄禮法而不顧，殊不知名教之中，自有樂地，豈叔孫輩所能測哉？

〈采薇〉〈出車〉〈東山〉之詩❽，雨雪寒燠，草木禽獸，僕馬衣裳，室家婚姻。曲盡人情，昵昵如兒女語。文武周公之待將帥，開心見誠蓋如此，初未嘗如陋儒之拘，亦不至如後世之縱也。高帝明達，最易告語，惜乎無以是詩曉之。

【註釋】❶警蹕　古帝王出入時，在所經的道路上清道警戒，稱爲警蹕。在此指以天子之禮，戒備森嚴。❷岸幘　戴頭巾露出前額。形容衣著粗率不拘。❸箕踞　舒展兩足而坐，爲傲慢不敬的姿態。古人席地而坐，以臀坐在足踝上爲有禮，臀坐於地，兩腳向前有如箕形，稱爲箕踞。❹馮婦　晉人，以善打老虎著名。見《孟子．盡心下》。❺踞洗以挫黥布二句　黥布，本名英布，因坐法遭黥（面上刺字），故名黥布，項羽封他爲九江王，隨何游說九江王黥布歸漢。到達時高祖正踞床洗足，就召布入見，黥布大怒，後悔莫及，而要自殺，但出去後，見自己帳御飲食從官，竟和高祖相同，於是大喜過望。後來與漢合兵打敗項羽於垓下，封淮南王。漢十一年，黥布反，次年爲高祖親征所平而被殺。見《史記．黥布列傳》。❻嫚罵以挫趙將二句　漢高祖令周昌選趙壯士可以爲將者，選了四人，高祖見之，嫚罵道：「豎子能爲將乎？」四人皆伏地，各封千戶以爲將，見《漢書．高祖本紀》。❼此所以厭拔劍擊柱之爭二句　漢高祖盡廢秦儀，但後來羣臣常於飲酒時爭功，或妄呼拔劍擊柱。高祖患之，由叔孫通訂朝儀，於長樂宮落成時，諸侯羣臣都上朝，用朝儀使諸侯羣臣震恐肅敬，高祖說：「到今天我才知道當皇帝這麼尊貴。」而以叔孫通爲太常。叔孫通爲薛人，出仕於秦，降漢拜爲博士，官至太子太傅。事見《漢書．叔孫通傳》。❽采薇出車東山之詩　〈采薇〉是《詩．小雅》篇名，依詩序是說文王之時，西有昆夷之患，北有玁狁之難，以天子之命命將帥，遣戍役以衛中國，這首詩卽遣戍役的詩。〈出車〉是《詩．小雅》篇名，是慰勞回來的將士的詩。〈東山〉是《詩．豳風》篇名，是因周公東征，三年而還，慰勞軍士，大夫頌美而作的詩。

【語譯】在殿階上畫戟林立，在通道上戒備森嚴，這是公孫述接待馬援的場面；戴頭巾露前額，笑臉相迎，這是光武帝接待馬援的情形。以公孫述的嚴肅，反而被馬援譏爲井底之蛙；以光武帝的簡慢，竟使馬援一心向慕。這麼說來，平庸的小禮細節果眞不是用以對待豪傑的吧？英雄豪強之士灑脫不拘，出於法度之外，當國君的也該以法度以外的態度來對待他們。破除高傲嚴峻，不修飾儀容衣著，拍背握手以結交感情；或伸腿蹲坐，以壯盛的氣勢，折壓對方的驕氣；或戲謔放蕩，調笑不恭，以使他盡興歡暢；或慷慨高歌，以肝膽相照。這樣才能夠使他效命。這不是當君主的喜歡放蕩狂肆，而是對待豪傑的方法應當如此。

南宮長萬的勇力，在當時是聞名於諸侯的。宋閔公譏笑他，難道不是想略去拘謹的細禮小節，而自以爲深得待豪傑的方法了嗎？但終究招致南宮長萬的怨恨，以致被殺，這是爲什麼呢？袒胸露臂去打猛虎，必須要像馮婦那樣才可以，讓懦夫去嘗試馮婦的方法，那只是去磨虎牙餵虎腹而已。古代君王最能以怠慢折辱人的，莫過於漢高祖了。漢高祖的怠慢和折辱，豈是沒有目的的！他先踞坐在床上洗腳，以挫黥布的銳氣，接著又以和高祖一樣的陳設飲食來招待他；他也嫚罵趙國的壯士，接著就封他們爲千戶侯。施以意外的屈辱，又施予意外的厚恩，就如同霜雪突降於炎熱的盛夏，雷霆突發於昆蟲冬眠的隆冬。把豪傑之士弄得暈頭轉向，摸不到底細，這正是漢高祖所以能駕馭豪傑威震一世的原因。沒有鼓舞豪傑的權術，太拘謹成爲公孫述，太放縱就成爲宋閔公，到哪裏去能不失敗呢？

噫！像他們是沒什麼可說，那麼像漢高祖鼓舞豪傑的權術，難道已經高明到極點了嗎？我說那可沒有，權術有窮盡的時候。漢高祖怠慢隨便的後患，終於在晚年出現了，這正是他厭倦於羣臣飲酒爭功拔劍擊柱，而甘願聽從叔孫通制訂朝儀的原因。高祖難道不想早一點採用叔孫通的朝儀嗎？只是他看見那些所謂朝儀，拘謹煩苛，絕不是武夫悍將所能忍受的。在天下還沒完全平定的時候，急於用它，一定失去豪傑的向心力。所以寧可輕棄禮法於不顧，殊不知名教之中，自有其快樂的天地，這一點哪裏是叔孫通他們所能料想到的？

〈采薇〉、〈出車〉、〈東山〉這些對將士的詩，詩中提到雨雪冷熱，形容草木禽獸，垂詢僕馬衣裳，關心室家婚姻。委婉表達了人情關懷，甚至呢呢喃喃有如兒女情話。文王武王周公對待將帥，眞誠平易到這個樣子，從來沒有像淺陋書生那麼拘束，也沒有像後代那麼放縱。漢高祖是個明達的人，最能聽進別人的話了，只可惜沒有人用這些詩來感悟他。

【研　析】本篇是以宋閔公戲謔召禍爲引子，以「拘」「縱」爲脈絡，以討論鼓舞英雄、駕馭豪傑爲內容的議論文。

文章從「公孫述之拘而敗，漢光武之縱而興」談起，以馬援爲例，說到豪傑要以度外待之。到第二段說宋閔公卻因縱而被弒，進一步說到漢高祖顚倒豪傑之術，令人贊歎。第三段突然轉到漢高祖晚年也有功臣驕縱的困窘，所以其術有所窮。第四段以詩篇說明文武周公的開誠見心，這才是對待豪傑的上上之策。

第一段所謂的「度外待之」，就是「縱」；第二段舉宋閔公之死以爲頓挫，但翻轉出高祖的鼓舞豪傑之術，至此似乎認定：駕馭豪傑之道，莫過於「縱」，只是縱之有術而已。但第三段突然反轉，說到劉邦晚年定朝儀，又讓人覺得縱不如拘。最後又令人意外的舉出經典，擺落「拘」「縱」，歸於眞誠。數度轉折，都極爲明快，而到結束才豁然見其主旨，手法極爲高妙。

爲了配合主題的發揮，作者對馬援背棄公孫述的原因，不免有所曲解。公孫述是馬援的舊友，雖稱帝而天下未定，就不免顧盼自雄，在老友面前擺架子，所以說他是「井底蛙」。馬援惡其「妄自尊大」，而不是惡其拘謹。

最值得一提的是結束的寫法，惋惜沒有人能夠對漢高祖曉之以詩，既捧經典又有自已生不逢時之慨，隱隱約約更有「我逢明達之君，必將大有作爲」的期許。這種意在言外的自我期許，正是考場文章中極爲高明的自我推銷術。

息嬀過蔡 莊公十年　楚滅息入蔡 莊公十四年　子元振萬 莊公二十八年　鬥班殺子元 莊公三十年　陳夏徵舒殺靈公 宣公十年　申公巫臣聘夏姬 成公二年　子重子反殺巫臣之族 成公七年　叔向取申公巫臣氏 昭公二十八年

【題解】題目所列，是有關息嬀和夏姬兩個系列的八個事件，也正是文章開頭所說：「一息嬀而產三國之禍，一夏姬而合四國之爭」的事。蔡哀侯和息侯都在陳國娶妻，息嬀出嫁經過蔡國，蔡侯留下小姨子看一看，對她不禮貌，息侯很生氣，向楚文王說：「請您假裝攻打我國，我向蔡國求救，您就可以攻它。」楚王照辦，在魯莊公十年（西元六八四年），楚國俘虜了蔡侯。蔡侯被俘後，在楚文王面前極力說息嬀的美貌，楚王便到息國，襲殺息侯，滅了息國，以息嬀爲夫人，生了堵敖和成王。但她不言不語。楚王問她原因，她說：「我一個女人，伺侯兩個丈夫，既不能死，又能說什麼？」楚王於是在莊公十四年攻入蔡國，爲息嬀出氣。莊公十九年，楚文王死，堵敖卽位，卽位五年要殺其弟，反爲其弟所殺，其弟卽位，卽爲成王。這時息嬀美貌依然動人，在莊公廿八年，楚令尹子元，設館於宮側，在裏面搖鈴鐸跳萬舞，想勾誘息嬀。息嬀哭了，她說：「先君讓人跳這種舞蹈，是爲戰備演練的，現在令尹不用於仇敵而用於未亡人之側，不是很奇怪嗎？」令尹子元便帶六百輛兵車攻鄭國，但因諸侯救援鄭國，所以沒有結果。回來以後，公子元就住在王宮裏，鬥射師勸阻而被抓起來加上手銬，申公鬥般便殺了子元。息嬀算是爲息、蔡、楚帶來了禍害。

比息嬀小約一百歲的夏姬，也因美貌而掀起不少的殺戮。夏姬是鄭靈公的妹妹，嫁陳國夏氏，丈夫御叔早死，生夏徵舒。陳靈公與陳大夫孔寧、儀行父，都與夏姬有染，還在朝廷上彼此炫耀。洩冶進諫而被殺，三人更到夏氏家喝酒，並以夏徵舒跟誰比較相像，來相互調笑。夏徵舒憤而弒靈公，兩大夫奔楚。楚莊王次年率兵來討伐，而將夏徵舒車裂，這是魯宣公十一年（西元前五九八年）的事。當楚莊王帶回夏姬，想娶她，爲申公巫臣所勸止，接着子反想娶，巫臣又說她是不吉祥的女人，子反也就不敢要了。莊王把她給了連尹襄老，襄老竟然在魯成公二年（西元前五八九年）邲之戰陣亡，襄老的兒子霸佔了夏姬，巫臣便設計讓夏姬回鄭國，巫臣就藉到齊國聘問的機會，在鄭國聘夏姬爲妻，棄職投奔晉國。子反大怒，要求楚共王送重禮給晉國，讓巫臣在晉國永不錄用。楚共王說：「不要這樣，他爲自己打算固然不對，但他當初爲先君打算是忠誠的。」子反忿憤不已，就聯合子重把巫臣在楚國的族人滅絕。巫臣爲報仇而出使吳國，教吳國戰陣，從此楚國備受吳國侵擾，子反也疲於奔命。後來晉國大夫叔向想娶巫臣與夏姬所生的女兒，叔向的母親阻止，說「甚美必有甚惡」，但晉平公作主，使他們成親，生了楊食我。叔向的母親說他的聲音是豺狼之聲，羊舌氏必毀在這小孩身上。後來楊食我和祁盈是一伙的，魯昭公二十八年（西元前五一四年），晉祁勝作亂，楊食我被殺，其族羊舌氏也被滅。當初叔向的母親就說夏姬「殺三夫一君一子，而亡一國兩卿」，把丈夫早死都算在她的賬上，其實她不曾搬弄是非或陷害別人，但美貌卻傷害了不少人，呂祖謙說「一夏姬而合四國之爭」，該是陳、楚、晉，再加上鄭國或吳國吧？

呂祖謙藉女子美貌，誇其傾國傾城，人們卻求之唯恐不及，感慨能將對聲色之美的沈醉，變為對理義之味的沈醉，就可以不求生以害穿了。這說法說穿了就是子夏所謂「賢賢易色」。另外呂氏更借此暢談君王納諫之法，文章波瀾迭起而可觀。

一息嬀而產三國之禍，一夏姬而合四國之爭，甚矣！色者禍之首也！吾嘗攷息嬀夏姬之終始，憫之未已，而有所疑焉；疑之未已，而有所感焉。

譽女之色者，必曰「傾城傾國❶」，嗚呼！此何等不祥語也！有士於此，嘗傾人之城，嘗傾人之國，世必指為不祥之人矣，必畏而惡之矣，至於女，則反夸其傾城傾國，求之唯恐不及焉。在士則為醜名，在女則為美名。如息嬀夏姬，亡人之身，亡人之國，不可一二數，前車覆，後車隨；前舟溺，後舟進。明知其禍，而競逐之。彼碌碌者，猶不足道也，以巫臣之智，叔向之賢，亦皆甘心焉，此吾之所疑也。

既而思之，意有所重，則愛有所移。莫親於身，莫厚於族，莫大於國，一念昏惑，醉於聲色之美，尚能棄平日之所甚重者，猶敝屣，況醉於理義之味者乎！其見危致命，以碪質為枕席，以鼎鑊為池沼，固無足怪。世之求生害仁者，特未知為善之味爾，此吾之所感也。抑吾又有所深感者焉，申公巫臣諫莊王子反納夏姬，而終挾夏姬以出走，陽以正義拒之，而陰取之，其險譎人之所共惡，宜子反欲錮之於晉也。共王則曰：「其自爲謀也，則過矣；其爲吾先君謀也，則忠。」人皆以爲險，共王獨以爲忠，何耶？共王之心以謂：因彼僞言，成吾眞善，吾蒙其益足矣，彼之行詐，足以自損，吾何預焉？在我則益，在彼則損，哀之可也，怨之不可也。深味其言，廣大寬博，凡猜阻忌刻之心，冰解凍釋，蕩然不留。人君誠佩是言以納諫，則但采葑菲，何恤下體❷？但薦蘋藻，何嫌澗濱❸？吾能納規諫，則爲君之責塞矣，其誠其僞，其狂其訐，皆諫者之事也，非吾事也。吾方急於聽納，求免吾之責，亦何暇憂人之憂哉？雖堯之稽於眾，舜之取諸人，以爲善，不能加毫末於此矣。

噫！人心之取舍有大不同者，想巫臣之在晉，必竊笑楚國受吾之欺，而夏姬爲吾之所得，是楚失計，而我得計也。共王之在楚，亦必竊笑巫臣能解先君之惑，而自不免於惑，是巫臣失計，而楚得計也。巫臣之笑，共王之笑，孰得孰失，必有能辨之矣。攷之於《傳》，巫臣以陽橋之役奔晉，實共王即位之三年也。共王生十年而即位，當巫臣之出奔，其齒纔十有三耳。以十有三齡之童子，其發言可爲萬代納諫之法，非有大過人之資能之乎？共王有大過人之資，不能充養，威權下移，雖知巫臣之無罪，坐視子反之徒屠戮其族，曾莫能制，召怨生敵，爲國大患。聰敏之不足恃如此，吾未嘗不慨然深感也！

共王雖不能踐是言，然其言實典謨訓誥之所未發，聽言者當寶之，以爲元龜❹。蓋天欲以是寶遺後世，借共王之口而發之耳！後世之君，盍亦曰：「共王自爲謀也，則過矣；其爲後世謀也，則忠。」

【註釋】❶傾城傾國　原指使城邦家國傾覆。見《詩・大雅・瞻卬》和《史記・項羽紀》。而以形容美女，則由《漢書・外戚傳・漢武李夫人》李延年歌：「北方有佳人，遺世而獨立。一顧傾人城，再顧傾人國。寧不知傾城與傾國，佳人難再得。」所以後用以比喻絕色美女，使全城全國的人皆傾慕。呂氏以原意用於此文。❷但采葑菲何恤下體　《詩・邶風・谷風》：「采葑采菲，無以下體。」葑菲皆可食用植物，根莖皆可食，而根則時有美惡，此本爲婦人爲夫所棄，言夫婦不可因顏色衰而棄其德美。❸但薦蘋藻何嫌澗濱　《詩・召南・采蘋》：「于以采蘋，南澗之濱，于以采藻，于彼行潦。……于以奠之，宗室牖下。」蘋藻爲水中野草，取於澗濱，仍可用於祭祀。❹元龜　大龜，古人用以占卜，後來引申爲可以鑒戒的前事。

【語譯】一個息嬀而產生了三國的禍害，一個夏姬而延續了四國的爭端，太嚴重了！美色眞是禍首啊！我曾考察息嬀和夏姬事件的始末，爲之憐憫不已，而又有所疑惑，疑之不已，又有所感慨。

贊美女子的美貌，必然說「傾城傾國」，唉！這是多麼不吉祥的話啊！假使有個男士在此，他曾傾覆了人家的城，傾覆了人家的國，世人一定指責他是個不祥的人，必然畏懼而厭惡他，至於女子，則反而誇她傾城傾國，追求她還唯恐不得。在男士爲醜惡的字眼，在女子卻成爲美好的字眼。像息嬀和夏姬，亡人之身，亡人之國，不是一次兩次而已，前車翻覆了，後車跟著上去；前舟溺水了，後舟還跟進。明知是禍害，還競相追逐。那些凡夫俗子，還不足以說他們，以巫臣的明智、叔向的賢能，也都甘心如此，這就是我的疑惑了。

接著我想到，一個人心意有所偏重，所愛的對象就有所轉移。沒有比自己的身體更親，沒有比自己的宗族更重要，沒有比自己的國家更重大，可是一念昏瞶迷惑，於是沈醉在聲色之美，還會把平常最重視的東西拋棄，就像丟棄破舊的鞋子那樣，更何況沈醉於理義之味的人呢！他們在危難關頭，不惜犧牲生命，將斬首臺當作枕席，將烹煮人的鼎鑊當作池塘沼澤，毫不畏懼，也就不足爲怪了。世上有爲求生而爲害仁義的人，那只是不知道爲善的滋味罷了，這是我所感慨的。

我還有更感慨的，申公巫臣諫莊王子反不要娶夏姬，而自己娶了她，終於帶著夏姬遠走高飛，表面上以正義排斥她，而暗地裏娶了她，他的陰險詭詐是人們所共同厭惡的，也就難怪子反想要斷絕他在晉國的仕途。楚共王卻說：「他爲自己籌謀，是不對的；但他爲我先君籌謀，卻是忠誠的。」人們皆以爲他奸險，共王獨以爲他忠誠，爲什麼呢？共王的內心以爲：藉他的虛言假意，卻成就我眞正的美善，我受到好處也就够了，他的行騙，足以損害他自己，我有什麼損害呢？在我是好處，在他是害處，可憐他是可以的，怨恨他是不可以的。深深體味他所說的話，就會心胸開闊，寬大爲懷，那些猜疑忌恨、阻塞別人以使自己凌駕其上的心理，都將冰消瓦解蕩然無存。爲人國君者眞能感佩他的話而納諫言，那麼就像《詩經》所說的，採葑採菲，又何必管它的根這時好或不好呢？可採蘋和藻來祭鬼神，又何必因它長在水潤之濱而嫌棄呢？我能採納羣臣的規諫，那麼我已經盡了爲君的職責，至於他們的話是眞心的或是虛僞的，是狂妄的或是奸險的，都是進諫的人的事，不是我的事。我正急於聽取進言，以免別人責怪我，哪有時間去擔心別人該憂慮的事呢？能這樣做的話，就像堯能詢求於眾人，舜能取之於眾人，以完成其善政，也不能比這強過多少了。

唉！人心的取捨大有不同，想想巫臣在晉國，一定竊笑楚國被我騙了，而使夏姬爲我所得，這是楚國失策而我成功了。楚共王在楚國，也一定竊笑巫臣能解除先君的迷惑，而自己卻不免迷惑，這是巫臣的失策而楚國成功了。巫臣的竊笑和共王的竊笑，是誰對誰不對，必定有能辨別的人。查考《左傳》，巫臣是因楚國要發動陽橋之役，派他出來時跑到晉國去的，即楚共王即位的第三年。共王十歲即位，當巫臣出奔時，他才十三歲而已。以十三歲兒童所說出來的話，可作爲萬代納諫的法度，沒有非常過人的資質能夠做得到嗎？共王有非常過人的資質，卻不能充實培養，威權被臣下所掌握，他雖然知道巫臣無罪，卻坐視子反他們屠殺巫臣的族人，不能加以制止，召來怨恨和敵人，成爲國家的大災禍。聰敏不足以仗恃是這樣子，我不能不深深感慨啊！

楚共王雖然不能實踐他那些話，但他的話卻是古代的典謨和訓誥所不曾說的，聽到這些話的人應當珍惜它，把它作爲鑑戒，大概是上天要以這寶貴的話留給後世，借共王的口說出來的罷！後世的君王，何不也說：「共王爲自己籌謀，還是有過失的；他爲後世籌謀，卻是忠誠的。」

【研　析】《論語．學而》：「子夏曰：『賢賢易色；事父母，能竭其力；事君，能致其身；與朋友交，言而有信。雖曰未學，吾必謂之學矣。』」雖已是老生常談，但呂祖謙卻將此融化無形，再引申納諫之法，而成一篇文理條暢，層次井然，而又雋永的生色之文。

全文分六段：第一段提出息嬀和夏姬的事，他有所疑有所感，以「起」其文。第二段「承」前段，提出所疑者：以巫臣之智、叔向之賢，何以都明知其禍而競逐之？第三段仍「承」之以提出所感；原來意有所重，則愛有所移。意在聲色之美，於是亡身亡國在所不惜。人能醉於理義之味，便能見危授命，殺身成仁。第四段「轉」出深感：由於巫臣之諫，人皆以為險，共王以為忠，推論君王納諫之道。第五段再「轉」而論共王有過人之資，卻不能阻止子反戮巫臣之族，成為國之大患。第六段是結論，強調共王之言之可取，並套用共王的話來批評共王，十分巧妙。第一、二段對人們未能「賢賢易色」有所批評，尤其第二段所謂「見危致命」，即由「事君能致其身」而來。而第三段言巫臣之行詐，即是「言而無信」。所以子夏之言，正是呂氏立論所本，而妙在他不引原文，而又加以轉化，完全不受拘限，這正是他高明處。

鄭厲公殺傅瑕原繁

莊公十四年

【題　解】鄭莊公之子突，奪兄長昭公之位，而為厲公。但厲公因殺大夫祭仲失敗而出奔。祭仲迎回昭公，後來昭公為高渠彌所弒而立子亹為君，子亹不久為齊侯所殺。祭仲再立子儀是為鄭子。鄭子命大夫傅瑕守大陵以防厲公。祭仲死，厲公乘機誘劫傅瑕，傅瑕與厲公立盟，魯莊公十四年（西元前六八〇年）六月，傅瑕殺鄭子及其二子，而迎納厲公。厲公入鄭，即殺傅瑕，派人對原繁說：「傅瑕對國君三心二意，這情況周朝是訂有刑罰的，現在已經懲處了，幫我回國而沒有三心二意的，我都答應給他上大夫的職位，我願意跟伯父商量。當我離國在外，伯父沒有幫我說過話，我回來又不來親附我，我感到很遺憾。」原繁說：「先君桓公命令我的先人管理宗廟石室。國內有君主而我如果心向外，豈不是三心二意嗎？只要主持國家，國內之民誰不是他的臣屬？臣屬沒有二心，這是天定的體制。子儀在位已經十四年了，而我如果策畫把你迎回來，難道不是不忠嗎？莊公有子八人，如果每個都以官爵賂賄人，勸人三心二意而又成功的話，君王又怎麼辦？我已聽到君王的命令了。」於是自縊而死。

呂祖謙論此，以爲「禍莫甚於內叛，姦莫甚於中立」，傅瑕內叛固然罪有應得，原繁中立更爲姦之尤者。但其所謂中立之罪，於今而言，並不合時宜。

國不亡於外寇，而亡於內寇；惡不成於有助，而成於無助。國家之難，攻其外而無應於內，則攻者亦將窮而自止。無宰嚭，則越不能亡吳❶；無郭開，則秦不能亡趙❷。無鄭譯劉昉，則隋不能亡周❸；無裴樞柳燦，則梁不能亡唐❹。是數國者，非其人之內叛，人孰能取之？故曰：國不亡於外寇，而亡於內寇。天下未有皆助惡者也，爲惡者未有皆得天下之助者也。彼爲惡者，惟欲人皆中立，無所偏助，如里克之於驪姬❺，王祥之於司馬❻，馮道之於五季❼，陰拱默居，坐觀成敗，則吾事濟矣。故曰：惡不成於有助，而成於無助。是故禍莫甚於內叛，姦莫甚於中立。

二者之罪孰爲大？曰：中立之罪爲大。是何也？內叛之罪易見，中立之罪難知。人臣之叛君即讎者，五尺童子皆知疾之，雖所謂讎敵者資之以集事，亦未嘗不賞其功而疑其心。何者？以其叛君而趨我也，君且叛之，而況於人乎？今日為我所誘而叛君，安知他日不為人所誘而叛我乎？吾位未定，則借之以成功，吾位既定，則除之以防患，此傅瑕叛子儀而納厲公，終不免於厲公之誅也。

乃若原繁之自為謀，可謂密矣。自莊公之世，用事於朝，歷忽亹儀突之變，國四易主，汎然中立，舉無所助，入則事之，出則捨之。視君如傳舍，不置欣戚於其間，依阿取容，優游卒歲。既不為人所愛，亦不為人所憎，固可以獨全於艱危之時。自古之持位保祿者，率用此術，雖遇明主，亦未易察其為姦也！厲公以私憾殺之，固非其正，天其或者假手於厲公，以大警為臣者歟？

觀繁對厲公之辭曰：「苟主社稷，國內之民，其誰不為臣？」信如是說，則苟據君位者，皆奉之無所擇，篡亦君也，僭亦君也，盜亦君也，讎亦君也。為臣者皆操此心，則人君將安所恃乎？甚矣！繁之姦也！

嗚呼！論人臣之罪者，至叛逆而極，然事克則卿，不克則烹，成敗猶居其半也。至於中立者，自謂無往而不得志，國有存亡，君有興廢，時有治亂，民有安危，吾之爵秩常自如也，彼何預於我哉？其用心可謂姦之尤者矣！中立如原繁，有時而干厲公之誅，則世之取容者，果可以長無禍乎？吾故表原繁之誅，以風中立之士云！

【註　釋】❶無宰嚭則越不能亡吳　西元前四九四年，吳王夫差打敗越王勾踐，越王以五千餘兵守會稽，派大夫文種求和，吳王將答應，但伍子胥力阻之。文種獻計要勾踐以美女寶器賄賂吳太宰伯嚭，伯嚭乃向吳王說赦勾踐有利於吳，吳王遂不顧伍子胥的諫阻，赦越罷兵。後來越終於滅吳。見《史記·越王勾踐世家》。❷無郭開則秦不能亡趙　西元前二二九年，秦派王翦攻趙，趙王派李牧和司馬尚抵抗，秦國乃以重金賄賂趙王寵臣郭開，向趙王密告，說李牧要造反，趙王解除李牧兵權，李牧因抗命被捕而處斬，其後三月，秦攻滅趙國。事見《史記·李牧傳》。❸無鄭譯劉昉則隋不能亡周　西元五七九年北周宣帝崩逝，靜帝年僅七歲，御正下大夫劉昉與內史上大夫鄭譯，矯制以隋公楊堅受遺命輔政。三年之後，北周爲楊堅所篡，改國號爲隋。事見《北史·周本紀下》。❹無裴樞柳燦則梁不能亡唐　裴樞和柳燦皆於唐昭宗末年前後爲相，皆與朱全忠相結納，但後來也前後爲朱全忠所殺，唐終於爲朱全忠所篡，改國號爲梁。詳見《新唐書·本紀十下》及《新唐書·裴樞傳》、《新唐書·柳燦傳》。❺里克之於驪姬　里克爲晉大夫，驪姬欲殺太子申生以立所生之奚齊，但怕里克從中阻擾，乃透過優施諷里克，里克答應中立，申生乃被陷害而死。事見《國語·晉語》。里克之事，於本書卷九〈里克諫晉侯使太子申生伐東山皐落氏〉篇詳加討論。❻王祥之於司馬　王祥（西元一八五—二六九年），漢末臨沂人，侍繼母至孝，有臥冰求鯉，以及黃雀入幕以供養親的故事，魏時舉秀才，官至大司農，拜司空轉太尉，封睢陵侯。司馬炎篡位，拜太保，進爵爲公。見《晉書·王祥傳》。❼馮道之於五季　馮道（西元八八二—

九五四年），五代時景城人。年少好學，能詩文，長於行政事務，而不問軍事，不捲入權力傾軋，以明哲保身。先後在唐、晉、漢、周四朝十個皇帝下做官，居相位二十多年，自號長樂老。見《新五代史·雜傳·馮道》。

【語　譯】國家常不亡於外敵，而亡於內賊；作惡不成於有外來的助力，而成於沒有外來的助力。國家有了患難，有外敵攻城而沒有內賊作內應的話，那麼攻城的人將有所窮而自行停止。沒有太宰嚭，則越國不能滅掉吳國；沒有郭開，則秦國不能滅亡趙國。沒有鄭譯和劉昉，則楊堅不能滅亡周而建立隋，沒有裴樞和柳燦，則朱全忠不能滅亡唐而建立梁。這些國家和朝代，假使不是有這些人內叛，誰能夠奪取它？所以我說國家常不亡於外敵，而亡於內賊。天下沒有都助人爲惡的人，作惡的人也不可能都得到天下人的幫助。那些爲惡的人，只希望人人都中立，不要偏袒而去幫助任何一方，就像里克在驪姬要謀害太子的時候，王祥在司馬炎要篡晉的時候，馮道在五代更迭的時候，置身事外，袖手旁觀，那我們做的事就可以成功了。所以說作惡不成於有外來的助力，而成於沒有外來的助力。因此，禍害沒有比內叛更嚴重，姦邪沒有比中立更可惡了。

至於內叛和中立那一種罪大呢？我認爲中立的罪比較大，這是爲什麼呢？因爲內叛的罪容易發現，中立的罪很難察覺。當臣屬的背叛君主，還沒長大的小孩都知道去恨他，雖然那個仇敵是藉他以成事，但也未嘗不會一面賞他的功，也一面對他有疑懼的心理。爲什麼呢？因爲他是背叛了君主而投奔我的，這種人對自己的君主都會背叛，更何況是對其他人呢？今天由於我的引誘而背叛了君主，怎知他日不會由於別人的引誘而背叛我呢？在我還沒得權位的時候，就借重他幫助我成功，當我權位到手的時候，就剷除他以絕後患，這就是傅瑕背叛子儀迎立厲公，終究不免被厲公誅殺的原因。

至於像原繁保全自己的謀略，可以說是相當周密的。從莊公的時代，他就在朝廷做官，歷經子忽、子亹、子儀、子突的奪位變化，國家四次換了君主，他處之淡然，保持中立，沒有幫助任何人，哪一個回來當國君了，他就事奉那個人；被趕走了，他就捨棄不顧。把國君當作住旅館的人一樣，對君位的更迭不表示任何憂喜的態度，一味依附新君，以求保持官祿，得以優遊自得安養天年。既不被人所寵愛，也不為人所憎惡，就可以在艱險危難的時代，保全他自己。自古以來保全官祿的人，大多用這個辦法，雖然遇到了英明的君主，也都不容易發現他們的姦邪呢！鄭厲公因私人的怨憾殺了原繁，固然不是光明正大，上天或許就是假借厲公之手，對這種臣子給予嚴正的警告吧？

看看原繁對厲公說的話：「如果主持社稷卽位為君，國內的百姓，誰不是他的臣下？」眞的照他這麼說，那麼只要是佔據君位的，都不加選擇的事奉他，篡位的也是君，僭越的也是君；盜匪可以為君，仇敵也可以為君了。做臣屬的都存這種心，那做國君將仗恃什麼？可見原繁的姦邪實在太嚴重了。

唉！說到人臣的罪過，叛逆是最嚴重的了，但叛逆的事成功了，就可以做上卿，失敗了就被烹煮，成敗還各佔一半的機會。至於保持中立的，自以為是無往而不得意的，國家有存亡，君主有興廢，時局有治亂，人民有安危，而我的官秩爵位，卻一直安然自在，他們怎麼會影響我呢？他們的用心，眞是姦邪到極點了！抱持中立像原繁那樣，都還會遭厲公的殺戮，那麼世上那些沒有立場以求容身的人，果眞能長久保全而沒有禍害嗎？所以我特地強調原繁的被殺，來諷刺那些自命中立的人！

【研析】一般的議論文，大體都是先破題，然後討論主題命意或主題人物，再引中外史實以為佐證，說明主題的正確性，然後作成結論。但這篇寫法稍有不同，因為作者提出的說法比較特殊，所以必須在文章的開頭，先提出論點，隨卽以史實證明其論點的正確性，然後依據這些論點與立場，討論主題人物的是是非非。這種變通的寫法，很值得我們注意，我們寫文章有時可以參酌運用。

文章一開頭，先說明國家的滅亡，常不亡於外敵而亡於內叛；惡人成惡事，常不在於有人幫助他，而在於沒有人幫正義的一方。於是舉史實爲證，而得到「禍莫甚於內叛，姦莫甚於中立」的結論。第二段則更進一步比較內叛與中立，那一種罪大惡極？出人意料的，他說中立之罪大，他的理由是「內叛之罪易見，中立之罪難知。」有了內叛之罪，不但人人唾棄，連誘他內叛的人也會對他有戒心，這正是傅瑕被殺的原因。第三、四段論原繁被殺，說他泛然中立於權位爭奪之外，得以明哲保身，人人不察其姦，第四段批駁原繁的說辭，非君臣之義。因爲依他之說，人君地位將沒有保障。第五段說明內叛只有一半的成功機會，下的賭注大，而中立常無往不利，所以最爲姦邪，而諷其作爲也會召禍作結。

全文推勘入微，有如老吏斷獄。強調中立之罪大於內叛，是誅心之法，但有「深文周納」之嫌。原繁位在下僚（以現在來說，是事務官，不是政務官），不幸而値國家骨肉之變，堅守本分，盡忠職守，使社稷不墜，即有功於國，難道所有大夫都要跟定某一個公子，與之共生死、同榮辱，彼此殺得你死我活，才稱之爲忠嗎？這將是國家的不幸。原繁說子儀爲君十四年，臣屬不可舍主而外召君，這作法於國於理，都無可厚非。呂氏完全從專制君主的利益著眼，這在他第四段說得很清楚，實際上這並不可取。尤其民主時代，國家公務員更當以國家爲重、以公務爲重，要忠於國家、忠於職守，不可忠於個人而陷於人事傾軋之中。

王賜虢公晉侯玉馬 莊公十八年

【題解】魯莊公十八年（西元前六七六年）春天，虢公和晉侯一同去朝覲周王，周王用相同的禮儀來接待他們，並各賜玉五對、馬三匹給他們。《左傳》批評周王這樣做，不合於禮。因為周王對諸侯有所策命，名位既然不同，禮儀也應該不同，禮儀是不能隨便給人的。

呂祖謙評這件事，並沒有跟《左傳》唱反調，而就「禮不可亂」加以發揮，行文極有變化，結論突用譬喻，很有氣勢。

吏之守帑者，以財假人謂之盜；將之守邊者，以地假人謂之叛。財之在帑者，非吏之財也；地之在邊者，非將之地也。財非其財而擅施焉，地非其地而擅棄焉，其排抵譴訶也宜哉！為官守帑者，吏也；為國守邊者，將也；為天守名分者，君也。專財與地，得罪於人，則專禮以假人者，豈不得罪於天耶？

天未嘗以名分與人君，特寄之人君，俾守之耳。輿地廣輪之博，版籍生齒❶之繁，甲兵卒乘之雄，象犀金繒之富，皆君之有，獨名分者非君之有也。天以四海九州全付人君，惟吝於名分，何耶？蓋名分者，四海九州之所自立，人之所輕，天之所重也。周惠王不知天之所重，誤視名分為己物，輕以假人而不甚惜。當虢公晉侯之來朝，惠王謂公侯相去一間耳，賜賚之際有所厚薄，吾心慊然，於是等其玉與馬之數，不為之隆殺。殊不知天秩有禮，多多寡寡，不可亂也，假天之秩以為私惠，何以繼天而子元元❷乎？

人心無厭，侯而可假公之禮，則公亦思假王之禮，惠王既假晉以公禮矣，後數十年，而晉文有請隧之舉❸，果欲假王之禮。非惠王啟其僭心，晉文遽敢爾耶？剝廬則及牀，剝牀則及膚。庶人而僭士禮，是僭大夫之漸也；士而僭大夫禮，是僭諸侯之漸也；大夫而僭諸侯禮，是僭天子之漸也。聖人欲上全天子之尊，必先下謹士庶人之分。守其下所以衞其上也，況公侯之近且貴乎！

吾觀儒者之議禮，每力爭於毫釐尺寸之間，非特較公侯璧馬之多寡也。如天子之席五重，諸侯之席三重❹，所爭者纔再重耳；天子之堂九尺，諸侯之堂七尺，所爭者纔二尺耳。由庸人而觀天子諸侯之分，豈再重之席、二尺之堂所能抑揚？何儒者之迂耶！大隄雲橫，屹如山嶽，其視尺寸之土，若不能爲隄之損益也。然水潦暴至，勢與隄平，苟猶有尺寸之土未沒，則瀕水之人可恃無恐。當是時，百萬生靈之命，係於尺寸之土焉。尺寸之土，可以遏昏墊❺之害；尺寸之禮，可以遏僭亂之源。然則儒者力爭於毫釐尺寸之間，非迂也，勢也！

【註釋】❶生齒　古人以生男八月而生齒，女七月而生齒。官府即登記載入戶籍，才算入人口數。❷元元　人民。《戰國策．秦策一》：「制海內，子元元，臣諸侯。」❸晉文有請隧之舉　晉文公重耳以平王子帶之亂有功，請襄王准許他死後用隧葬之禮，襄王以其為王禮而不許。見《左傳》僖公二十五年，及《史記．周本紀》。本書卷十四有〈晉文請隧〉，請參考。❹天子之席五重二句 此規定見於《禮記．禮器》，所謂天子之堂九尺，諸侯之堂七尺，亦同。❺昏墊 陷溺，比喻痛苦難熬。《書．益稷》：「洪水滔天，浩浩懷山襄陵，下民昏墊。」

【語　譯】官吏守公庫，把財物送給別人，那是盜取的行為；將領守邊疆，把邊地送給他國，那是叛國的行為。因為財物在公庫之中的，不是那官吏個人的財物；土地在邊塞的，不是那將領個人的土地。不是自己的財物擅自送給別人，不是自己的土地擅自棄守，他們被攻擊譴責是應該的。為官府守公庫的是官吏，為國家守邊地的是將領，為上天守名分的是君王。擅自處理財物和土地的會得罪人，而擅自以禮儀給人的，難道不得罪上天嗎？

上天不曾把名分賜給君王，只是寄託給君王使他守著而已。土地面積的廣大，戶籍人口的眾多，兵力武器的壯盛，珍品玉帛的富庶，都是君王所擁有，惟獨名分不是君王所擁有。天把四海九州全都給了君王，而只是吝於把名分給君王，這是為什麼呢？因為名分是四海九州因它而成立，為人們所輕忽，卻是上天所看重的。周惠王不知道它是上天所看重，誤以為名分是他自己的東西，輕易地送給人而不怎麼珍惜。當虢公和晉侯來覲見，惠王以為公和侯，只差一級而已，賞賜的時候，有多有少，我內心覺得不公平，於是給他們玉和馬的數量，不分厚薄等級。竟不知天定的尊卑貴賤有一定的等級，給多該多多少，給少該少多少，是不可以錯亂的，以天定的尊卑等級作為私惠給人，怎麼能夠秉承上天以領導天下百姓呢？

人心是不會滿足的，侯爵如果可以享用公爵的禮儀，那麼公爵就想享用王的禮儀，惠王既然給晉侯享用公爵的禮儀，幾十年後，晉文公就有了請求隧葬的舉動，果眞想用王的禮儀。要不是惠王開啟了晉國僭越之心，晉文公怎敢冒然請求呢？剝蝕房屋就會剝蝕到床，剝蝕床就會剝蝕到肌膚。庶人僭越而冒用士禮，那是僭越冒用大夫禮的先聲；士人僭越冒用大夫之禮，那是僭越冒用諸侯之禮的前奏；大夫僭越冒用諸侯之禮，那是僭越冒用天子之禮的開端。聖人向上要保全天子的尊貴，必先對下要謹守士和庶人的名分。因為謹守在下位者的分際，正是用來維護上位者的尊嚴，更何況公侯那麼親近而尊貴的呢！

我看儒者在議論禮制，常常為毫厘尺寸力爭，不只計較璧玉和馬匹的數量而已。就好像規定天子用席疊五層，諸侯用席疊三層，所計較的只不過兩層而已；又如天子之堂，殿階高九尺，諸侯之堂，階高七尺，所計較的才兩尺而已。以平常人的眼光來看天子和諸侯的分別，難道是用兩層席兩尺殿階來尊崇和卑抑的嗎？儒者的見解也未免太迂腐了！

大堤防高立在那兒，像山嶽一樣，尺寸之高的小土，對大堤來說是沒有影響的。可是洪水突然暴漲，水位就跟河堤差不多高了，如果還有尺寸之高的土堤沒有被淹沒，那麼靠近河邊的人就可以有恃而無恐。當這個時候，百萬生民的生命，就係於這尺寸之高的小土上。這尺寸之高的土，可以遏阻陷溺沈淪的禍害；這尺寸之禮，可以杜絕僭越作亂的禍源。因此，儒者為毫厘尺寸力爭，並不是迂腐，而是情勢所需啊！

【研　析】本篇強調禮制的分寸，應該嚴守，才能杜絕僭越作亂的禍害之源。文章前後都用了巧妙的譬喻，讀來氣象萬千。第一段從守帑之官不能以所守之財給人，守邊之將不能以所守之地讓人，說明守名分之君，不能以禮假人，以免得罪於天。第二段接著說明名分是上天所擁有，君王不能作為私惠，以批評惠王賜虢公晉侯玉馬，禮數等同的不對。第三段以人心不足，說明不守禮制，是禍亂之源，並指出晉文公請求隧葬，是惠王啟其僭越之心。第四段說古人論禮，爭於毫釐尺寸之間，別人看來似乎很迂，然後第五段以提防為喻，從尺寸之土的重要，說明尺寸之禮的重要，以證明古人不迂。

全篇在巧喻之下，很有說服力，再以晉文公請隧證明其說，也就更擲地有聲了。但呂氏在君主專制時代，只能強調全國土地、人民、武力、財富，皆為君王所擁有，惟獨名分非君王所有。但這很難為專制君王所接受，所以只好強調上全天子之尊，必先謹下位之名分，來誘使君王謹守禮制的分際，於是不免軟弱無力。如今我們寫這種文章，則可強調土地、軍隊、財富，皆為國家資源，為全國人民所共有，名位更是國家的公器，任何人皆不得假公濟私，可以更言之成理，說得更氣勢磅礴。

原莊公逆王后於陳 莊公十八年

蘇公奉子頹莊公十九年　王處櫟莊公二十年
鄭伯虢公納王莊公二十一年　會於首止僖公五年　惠王崩僖公七年　盟於洮僖公八年　王子帶召戎僖公十一年　王子帶奔齊僖公十二年　仲孫湫言王子帶僖公十三公　滑人叛鄭僖公二十年　富辰請召王子帶僖公二十二年　襄王以狄伐鄭以狄女為后大叔以狄師攻王王使告難僖公二十四年　晉侯納王僖公二十五年

【題解】魯莊公十八年（西元前六七六年），也就是周惠王元年，虢公、晉侯、鄭伯推派原莊公到陳國迎接王后，陳嬀嫁到京城，就是惠后，但第二年，有了王子頹之亂，那是當年周莊王寵王姚生了王子頹，子頹很受寵愛，以蒍國爲師，惠王是莊王的孫子，卽位後，奪了蒍國的園圃，邊伯的宮室，子禽、祝跪和詹父的田邑，以及膳夫石速的俸祿，於是他們聯合作亂而投靠了周大夫蘇氏。這年秋天，他們奉王子頹以攻王，失敗而奔溫地，蘇氏奉王子頹到衞國，衞國聯合燕國打走了惠王，立王子頹。次年春天，鄭伯出來調停而沒結果，把惠王安置在櫟地，這年冬天，王子頹設宴款待助他奪王位的大夫，舞六代之樂。鄭伯認爲王子頹奪位是大禍，臨禍忘憂，歌舞不倦，必有災殃。於是聯合虢公，於次年（西元前六七三年）攻進王城，殺了王子頹及五大夫，然而鄭伯在宮門西闕設宴招待惠王，竟也備六代之樂，於是原伯說鄭伯學壞榜樣，將有災禍。那年五月，鄭厲公就死了。惠王賜給鄭國虎牢以東，而虢公爲惠王在坢建行宮，得到酒泉，鄭伯設宴時，惠王把王后的鞶鑒賜給他；虢公求賞，得到青銅酒杯，由於青銅酒杯比較貴重，所以鄭伯怨恨在心。

到了僖公五年（西元前六五五年）齊侯和魯僖公、宋公、陳侯、衞侯、鄭伯、許男、曹伯在首止相會，會見王太子鄭，以謀安定成周。過兩年閏十二月，周惠王死，襄王擔心王子帶會作亂，自己不能繼位，所以秘不發喪，而向齊國告難。次年春天，與齊侯、魯公、宋公、衞侯、許男、曹伯、鄭世子，在洮地會盟，襄王定位，然後爲惠王舉喪。但三年後（西元前六四九年），王子帶找來揚、拒、泉、皋和伊雒的戎人，攻進王城，燒了東門，秦、晉救援，而使戎人和周王媾和，次年，周王攻王子帶，王子帶逃到齊國。次年，齊侯派仲孫湫聘問，要爲王子帶說情，但因周王怒氣未消，所以沒有提起。僖公二十年，滑人背叛鄭國而歸順衞國，鄭國攻入了滑國。過兩年，富辰以兄弟不協，不能怨諸侯不睦，勸襄王接納王子帶。於是王子帶結束了十年在齊的流亡生涯，回到成周。再過兩年，由於滑國在鄭國退兵之後，又親附衞國，所以鄭國再度出兵。周襄王派使者入鄭，要求不攻打滑國。鄭伯怨恨當年周惠王得到鄭的幫助而回成周，竟不給鄭厲公進爵，又怨如今周襄王偏袒衛、滑，所以擒其使者。襄王大怒，要領狄兵攻鄭，富辰勸阻無效，周王派頹叔、桃子，出動狄軍，攻取鄭國櫟地，周襄王爲感謝狄人，將以狄女隗氏爲后，富辰再勸阻，襄王不聽。再說王子帶是襄王的同母弟弟，深得惠后的寵愛，惠后打算立他爲嗣，但沒來得及就死了，所以王子帶比較驕縱。這時從齊回來才不過兩年，又與隗氏私通。襄王乃廢隗氏，這時領過狄軍的頹叔和桃子，怕狄人怨恨，於是奉王子帶攻周王，周襄王不顧自己攻殺弟弟，離開成周，但又被接了回去。不久頹叔和桃子再度奉王子帶攻周，周軍大敗，俘虜了周公忌父、原伯、富辰等。襄王到鄭國，住在汜地。次年，秦穆公邀晉文公，共同送襄王回去。狐偃認爲這是晉國爭取霸業的良機，卜得大吉，晉文公於是辭退秦軍，獨力完成。兵分兩路，一接周王，一滅王子帶，爲完成霸業奠定了基礎。

天下之事，遠近隱顯之所在，初未嘗有定名。古非遠也，今非近也；古之事非隱也，今之事非顯也。惟吾心之所見如何耳。今之所謂甚近而易見者，莫如身之所親歷也。惠王身被子頹篡奪之禍，而復寵子帶；鄭伯身見子頹偏舞之僭，而復奏備樂；襄王身經子帶召戎之變，而復親戎狄。身遇之而復身蹈之，何耶？人心蔽於此者怠於彼。惠王蔽於愛，故雖近被篡奪之害，已如異世而忘之矣；鄭伯蔽於侈，故雖近見偏舞之僭，已如異世而忘之矣；襄王蔽於忿，故雖近經召戎之變，已如異世而忘之矣。是三君者，心一有所蔽，雖耳目之所親接者，視之惘然如異世事，況欲責紂使鑒數百年前之桀，責幽厲使鑒數百年前之紂，難矣哉！

故嘗論之：心有所蔽，則以今爲古；心無所蔽，則以古爲今矣。是何也？心有所蔽，則觸情縱欲，釁在前而不見，戮在後而不知。身所親歷，曾未踰時，若醉若夢，視之猶太古鴻荒之世，不復省錄，此以今爲古也，惠襄鄭伯之類是也！心無所蔽，則六通四闢，合千載爲一朝，合萬代爲一世，與古聖賢，更相授受，更相酬酢，於無聲無臭之中和同無閒，此以古爲今也，舜文若合符節之類是也。以古爲今，以今爲古，特在吾心之通與蔽耳，曷嘗有定名哉！

嗚呼！人心不可有所蔽也，處當世之事，而蔽於私情，則雖易見之禍，有不能見焉；論異世之事，而蔽於陳迹，則雖易見之理，有不能見焉。惠襄鄭伯既蔽於私情，而不能見其禍矣，後世論之，亦未免蔽於陳迹也。自其迹觀之，則鄭伯首倡納惠王者，虢公從鄭伯而納惠王者。鄭功大，而惠王反薄之；虢功小，而惠王反厚之，世皆疑惠王待鄭之薄也。襄王以狄伐鄭，富辰固諫之，襄王召子帶，富辰實導之，能見狄之禍，而不見子帶之禍，世皆悔富辰導子帶之失也。惠王失位於齊桓伯諸侯之時，襄王失位於晉文伯諸侯之時，納襄王者在晉，而納惠王者不在齊，世皆咎齊桓之納王緩也。揆之以理，則惠王之待鄭薄，本無可疑；富辰之召子帶，本無可悔；齊桓之緩於納王，本無可咎，是豈有難見之理哉？兩人交訟，其行賂多出於理之曲者，蓋恃直則不必賂也。鄭恃功之大而守其常，虢慊功之小而獻其諂，功已往而易忘，諂方至而易惑，此惠王之所以厚虢而薄鄭歟？劉文靜裴寂俱唐室功臣，然首建大義，皆文靜之謀，非寂敢望也，高祖厚寂而薄文靜❶者，文靜以其功，寂以其諂耳。人情豈相遠哉！故曰惠王之待鄭薄，本無可疑。

兄弟當親，戎狄當疏，子帶之不可絕，政如戎之不可通也。富辰教襄王親其所親，疏其所疏，本無二說，使襄王納其諫，而不與狄通，則子帶何自而成其惡乎？苟與狄通，雖無子帶，猶不免於亂也。自古與戎狄共功者，未有不爲其反噬，唐之回紇❷，晉之契丹❸始借其力，終罹其患，彼二國者，亦豈有子帶之釁召之耶？爲襄王者，當以與狄通爲悔，不當以召子帶爲悔也。故曰：富辰之召子帶，本無可悔。天子猶父也，諸侯猶子也，父有難，一子居近而能救之，爲諸子者，幸其父之免足矣，何必競其功耶？齊桓伯天下，鄭虢納王，而齊桓未嘗爭其功，當是時風俗猶厚也。及襄王之出，晉與秦俱欲納王，晉文辭秦師，而獨擅其功。外傳記子犯之言曰：「君盍納王？若不納，秦將納之，則失周矣，何以求諸侯？」是猶一子欲專救父之名，拒諸子使不得前。其心不在於父而在於名，安得爲孝乎？吁！亦薄矣！然則齊桓晉文孰爲咎耶？故曰：齊桓之緩於納王，本無可咎。後世之論，疑其所不當疑，悔其所不當悔，咎其所不當咎。

【註　釋】❶高祖厚寂而薄文靜　裴寂和劉文靜，皆唐開國功臣，隋末劉文靜爲晉陽令，裴寂爲晉陽宮副監，結爲友。唐高祖起事，爲劉文靜之謀，藉裴寂力勸高祖而成，但文靜才能幹用都在裴寂之上，又屢有軍功，卻位居其下，憤恨不平，於是二人結怨。後來高祖聽裴寂之言，遂斬文靜。所以《唐書．高祖本紀》說：「誅文靜則議法不從，酬裴寂則曲恩太過。」❷唐之回紇　回紇本匈奴的一支，唐代安祿山造反，唐肅宗藉其兵力以收復兩京，從此以後，常自恃有功，侵犯邊界，唐室乃賴郭子儀得以抵禦。❸晉之契丹　五代後晉（西元九三六—九四六年），爲石敬瑭叛後唐，引契丹爲援，滅後唐，改國號爲晉，遷都汴（今河南開封），史稱後晉。石敬瑭對契丹極爲恭謹，稱「兒皇帝」，並割燕雲十六州給契丹，死後，出帝繼位，對契丹拒不稱臣，爲契丹所滅。

【語　譯】天下的事情怎樣可稱爲遠？怎樣可稱爲近？怎樣就是隱微？怎樣就是顯著？原本就沒有一定的說法。古代不見得就遠，當代也不一定就近；古代的事不見得就隱微，當今的事也不一定就明顯。這要看我們心裏怎麼去看才能決定。現在我們說最近而又最容易看淸楚的，莫過於親身所經歷的。可是周惠王親身遭受王子頹篡奪王位的禍害，而又寵愛子帶；鄭伯親見王子頹僭用六代之樂，而自己又爲惠王奏了這些舞樂；周襄王親身經歷子帶召來戎狄的變亂，而自己又去親戎狄。都是自己親見其害，而又自己重蹈覆轍，這是為什麼呢？那是人心被某些情欲蒙蔽了，於是對某些方面就會怠忽了。惠王被溺愛之心所蒙蔽，所以自己遭受篡奪之禍這麼近的事，也都像是不同世代的事一樣，把它給忘了；鄭伯被奢侈之情所蒙蔽，所以自己見王子頹舞樂僭越那麼近的事，也像是不同世代的事一樣，把它忘了；襄王被忿怒之心所蒙蔽，所以雖然是身經王子召帶來戎狄作亂這麼近的事，也像是不同世代的事一樣，把它忘了。這三位君王，心一有所蒙蔽，雖然是親眼所見、親耳所聞的事，都把它當作不同時代的事一樣，不會記取教訓，何況要商紂以幾百年前的夏桀作為鑑戒，要幽王、厲王以幾百年前的商紂作為借鏡，那不是太困難了嗎？

因此我曾說：內心有所蒙蔽，就會以今為古，心裏沒有蒙蔽，就會以古為今。這怎麼說呢？心有所蒙蔽，就觸動感情放縱情欲，禍端就在眼前也看不見，殺戮就在其後也茫然不知。親身所經歷的，沒過多久，就如醉如夢，看它就像遠古洪荒之時的事一樣，不再省察記憶，這就是以今為古，惠王、襄王、鄭伯他們都是這樣！心沒有蒙蔽，於是六方通達四面開濶，合千年為一朝，合萬代為一世，和古代聖賢神交，就像跟他們親手交遞往來，面對面招呼應酬，在無聲無形中，心心相應，這就是以古為今，舜和文王像符節那樣相契合，就是這個樣子。以古為今或是以今為古，就只在我們內心是通達或蔽塞不同罷了，又何嘗有什麼定稱呢！

唉！人心是不可以有所蒙蔽的，處理當代的事情，而被私情蒙蔽，那麼雖然是很容易察覺的禍端，也會察覺不出來；討論古代的事情，而被歷史陳迹所蒙蔽，那麼雖然是很容易察見的道理，也會察看不到。惠王、襄王和鄭伯，已被私情所蒙蔽而看不到禍端了，後代討論它，也不免被歷史陳迹所蒙蔽。從史事看來，鄭伯是率先倡導要送惠王回成周的，虢公是追隨鄭伯而把惠王送回去的。鄭伯的功勞比較大，惠王反而薄待他；虢公的功勞比較小，惠王反而厚待他，世人都疑惑惠王怎麼會對鄭伯比較薄的原因。周襄王要以狄人討伐鄭國，富辰極力勸阻，而襄王召回王子帶，卻是富辰所導致的，富辰能見狄人的禍害，而不能察見王子帶的禍害，世人都悔恨富辰主張讓子帶回來是一大失策。惠王失位是在齊桓公稱霸諸侯的時候，襄王失位是晉文公稱霸諸侯的時候，把襄王送回去的是晉，而把惠王送回去的不是齊，世人都歸咎齊桓公納王的行動太遲緩。其實以理來衡量，惠王待鄭伯比較薄，原本沒有什麼好疑惑的；富辰主張把子帶召回來，原本也沒什麼好悔恨的；齊桓公納王的行動太遲緩，原本也沒有什麼好歸罪的，這那裏是什麼難以察見的道理呢？

兩人相爭訟，去賄賂別人的，大多是理曲的那一方，因為仗恃自己理直的一方，是不必去賄賂的。鄭國自己的功勞大而守著常道，虢國自愧功勞小而去諂媚，功勞在事後就容易淡忘了，而諂媚當前卻容易被迷惑，這就是惠王之所以對虢公比較優厚而對鄭伯比較疏薄的原因吧？劉文靜和裴寂都是唐朝的功臣，然而起義發難，奠定帝業，都是劉文靜的謀略，這不是裴寂所敢比擬的，唐高祖厚待裴寂而薄待劉文靜，是因為劉文靜仗恃著功勞而裴寂能夠諂媚罷了。人情那裏會相去太遠呢！所以說惠王待鄭國比較微薄，原本沒什麼可疑惑的。

兄弟應該親近，戎狄應當疏遠，對子帶的手足之情不可斷絕，正如戎狄是不可以和他通好。富辰教襄王親近他所該親近的人，疏遠他所該疏遠的人，原本就沒有其他的話可說，假使襄王採納了他的諫言，而不跟戎狄通好，那麼子帶又怎麼能夠自成其惡呢？如果和戎狄通好，雖然沒有子帶，還是不免於亂。自古以來，和戎狄共同立功業的，沒有不被戎狄侵害的，唐朝時候的回紇，五代晉時的契丹，都是原先借重他們的力量，終究受他們的害，像他們兩國，難道有像子帶這樣的人為禍才召致嗎？像襄王這樣的作為，應當後悔與戎狄通好，不應當後悔召回子帶的。所以說：富辰建議召回子帶，原本沒有可懊悔的。

天子就像是父親，諸侯就像是兒子，父親有了災難，一個兒子能夠就近去救他，其他的兒子，慶幸父親免於災難，那就夠了，又何必去爭功呢？齊桓公稱霸於天下，鄭伯和虢公為王平亂，而使王能夠復位，而齊桓公不曾跟他們爭功，是那時風俗還很淳厚的關係。等到襄王逃出成周，晉國和秦國都想出力把王送回去，晉文公就辭謝秦國的軍隊，而獨佔其功。《春秋》外傳——《國語》就記載了狐偃的話說：「君何不出兵把王送回去？你如果不做，秦國將會做的，那時就失去周王室的歡心，怎麼能夠得到諸侯的信賴呢？」這就像一個兒子想自己獨佔救父親的好名聲，於是拒絕其他兄弟，使他們不得前來。他內心關切的，不是父親而是名聲，這怎麼能夠說是孝呢？唉！未免太澆薄了，然而齊桓公和晉文公那一個該歸咎呢？所以說：齊桓公納王的行動太遲緩，原本沒有可歸罪的。

後代的人討論這些事情，完全是疑惑所不該疑惑的，懊悔所不必懊悔的，歸罪所不當歸罪的。

【研析】 這在《左氏博議》是篇大文章。以十五件事作為標題，固然不能算是最多，但一般多標題的，通常是類似事件的並列，論其一以概括其他。但這篇所列的，卻是兩組成為系列的事件，彼此有相似之處，討論起來相提並論，不分重輕，也就難怪用較大的篇幅了。

本文有兩個重點，一是討論周惠王、襄王與鄭伯不能記取教訓；二是討論惠王待虢公厚而待鄭伯薄、富辰召子帶和齊桓緩於納王。其事件眞是千頭萬緒，討論起來何其困難！可是呂祖謙卻用了一個「蔽」字，貫串全文，不但討論得頭頭是道，而且還翻空出奇，得到與眾不同的結論，所運用的技巧，是我們所不當忽略的。

文章是以「天下事遠近隱顯，全在吾心之所見」發端，指出惠王身受子頹篡奪之禍，卻又溺愛子帶，釀成禍端；鄭伯疾子頹徧舞之僭，而又復奏其樂；襄王遭子帶召戎之變，卻又親戎狄以遭禍，都在於「蔽」。一蔽於愛，一蔽於侈，一蔽於忿，所以都不能記取教訓。第二段繼續說明內心有所蔽，就以今爲古，不會記取教訓，反過來說，心無所蔽，就以古爲今，與古聖賢相契合，以廻應「遠近隱顯全在吾心之所見。」第一個重點的討論，就此作結。第三段仍以「蔽」字出發，批評後世論者，疑惠王何以待鄭伯較薄，悔富辰導子帶之失，咎齊桓公納王太緩，都是蔽於陳迹而不見其理。然後第四段到第六段，分別就這些批評提出異議，都以後代的事，證明古事之理，最後得出他們都是「疑其所不當疑，悔其所不當悔，咎其所不當咎」的結論。

通常每一件史事都是很複雜的，我們根據史料去推求因果，都不可能十分周全，如果把不同時空、不同人物的事件，爲其因果畫一個等號，原本是不太合理的。但強調以史爲鑑的中國讀書人，倒也容易接受這樣的推論方式，所以寫議論文，有時也不妨適度的加以運用。

鬻拳兵諫　莊公十九年

【題解】楚人鬻拳，早年曾勸諫楚君，楚君不聽，他就拿武器威脅楚君，楚君害怕而聽從。鬻拳說：「我用武器使國君畏懼，沒有比這個罪再大的了。」於是砍斷自己的兩脚，楚人就讓他當守門的官。莊公十九年（西元前六七六年）楚文王帶兵去抵禦巴人的入侵，在津地大敗而回，鬻拳不開門接納，楚文王轉而去攻打黃國，得勝而回，但在途中生病，不久就死了。鬻拳把楚文王安葬在夕室，然後自殺，葬在楚王墓闕之前，以繼續盡其守門之職。

《左傳》引君子之言，讚美鬻拳愛君，由於勸諫而自己加刑於身，受刑之後仍不忘記使國君歸於正道，但呂祖謙則強調鬻拳兵諫之道，不可取法。

古今以人君拒諫為憂，吾以為未知所憂也。首人君之惡者，拒諫居其最，置是而不憂，將何憂？曰：君之拒諫可憂，而非人臣之所當憂也。君臣同體，君陷於惡，臣不為之憂，將誰憂？曰：君有君之憂，臣有臣之憂，未聞舍己之憂，而憂人之憂者也。

人臣之憂，在於諫之未善，不在於君之未從。諫之道難矣哉！誠之不至未善也，理之不明，未善也；辭之不達，未善也；氣之不平，未善也。行之不足以取重於君，未善也；言之不足以取信於君，未善也。坐以待旦，夜以繼日，其所憂者，惟恐吾未盡諫之之道，亦何暇憂其君之從與拒乎！不憂術之未精，而徒憂病之難治，天下之拙醫也；不憂算之不多，而徒憂敵之難勝，天下之庸將也。臣之納諫者，苟尤君而不尤己，不能導君而使自從，徒欲強君而使必從，其流弊終至於鬻拳脅君而後止耳。

鬻拳豈欲脅君哉！告而不聽，故出於強，強而不聽，故出於脅。君愈不聽而愈求之於君，曾不知反求吾納諫之道盡歟不盡歟。諫，吾職也，聽，君職也，吾未能盡其職，乃欲越其職，以必君之聽，其可乎？祭在人，饗在神；諫在臣，聽在君。有孔子而魯不治者，諫在孔子，而聽在魯侯也；有孟子而齊不治者，諫在孟子，而聽在齊王也。孔孟急於救世，豈在鬻拳下乎！然寧坐視齊魯之失道，終不肯強齊魯之君者，盡臣之職，而不敢越臣之職也。鬻拳之事君，其視孔孟未能萬分之一，而遽欲脅君乎！當鬻拳臨楚子以兵，及其拒楚子不納也，幸楚子不以為忤耳，苟楚子之不從，吾不知鬻拳何術以繼之乎！使是時不幸為楚子所誅，則陷於逆亂，其心迹終無以自見於後世矣。鬻拳亦知其不可繼，自謂吾心忠而迹逆，心順而迹悖，故以刖足之心明吾兵諫之迹。後世若學吾之兵諫，盍學吾之刖足？吾之刖足不可學，則吾之兵諫亦不可學也。聖人之道欲後世之皆可學，鬻拳之道欲後世之不可學，何其與聖人異耶？先之以稱兵，後之以刖足，壞於前而修於後，開於前而閉於後，隨作隨救，焦然不寧，吾恐聖人之舉事不如是之煩且勞也。

道有樞，言有會，柁移則舟轉，輪運則車行，夫豈在於用力耶？古之人固有廣廈細旃❶之上，從容片言基治平之原者，固未嘗動聲色、費辭說也。牽裾折檻❷已為下策，況動干戈於君側耶？荀卿，儒之陋者也，其論諫諍輔拂，乃曰：「自能率羣臣百吏相與強君，君雖不安，不能不聽，遂以解國之大患。」謂之輔拂之說❸，即鬻拳之說，皆欲以力強其君者也。匹夫所恃以動萬乘者，道存焉耳，苟欲與君較力，是丐者與猗頓❹較富也，危矣哉！

【註釋】❶廣廈細旃 指朝廷議事之所。《漢書·王吉傳》：「夫廣廈之下，細旃之上，明師居前，勸誦在後，上論唐虞之際，下及殷周之盛。」❷牽裾折檻 拉扯衣襟，折斷殿欄。皆朝臣敢於直諫的典故。三國魏文帝欲徙冀州十萬戶到河南，羣臣以爲不可，文帝變色，羣臣不敢言，惟侍中辛毗力諫，文帝不答而起，入內，辛毗引其裾，文帝奮衣不回，過許久乃出，遂徙其半。見《三國志·魏書·辛毗傳》。漢成帝時，張禹爲帝師，以年老子孫弱，不敢直言，槐里令朱雲上書求見，請以尚方斬馬劍斬張禹，成帝大怒，以廷辱師傅，拖下，朱雲攀殿檻，檻折，大呼：「臣得以從龍逄、比干於地下，其願已足，不知聖朝將如何？」左將軍辛慶忌叩頭流血請免其死。成帝意解，不但免其罪，並阻止修檻，用以表彰直臣。見《漢書·朱雲傳》。❸謂之輔拂之說 《荀子·臣道》：「率羣臣百吏而相與彊君撟君，君雖不安，不能不聽，遂以解國之大患，除國之大害，成於尊君安國，謂之輔；有能抗君之命，竊君之重，反君之事，以安國之危，除君之辱，功伐足以成國之大利，謂之拂。」本文多加刪節。❹猗頓 春秋魯國人，販鹽起家，富可敵國，與陶朱公——范蠡並稱，世稱陶朱猗頓之富。見《史記·貨殖列傳》。

【語譯】從古到今，爲人之臣常以君主不聽勸諫而感到憂慮，我卻以爲「這未免不瞭解自己所該憂慮的是什麼。」君主最糟糕的事，莫過於不聽人臣的勸諫，如果連這都不憂慮的話，那將憂慮什麼呢？我認爲「君主不聽勸諫是可憂慮的，但這不是爲人之臣所當憂慮的。」君臣是一體的，君陷於惡，爲人之臣不引以爲憂，那將爲誰憂慮呢？我以爲「君主有君主的憂慮，臣子有臣子的憂慮，沒聽說把自己應當憂慮的放在一邊，而去憂慮別人應當憂慮的事。」

為人之臣所當憂慮的，在於勸諫得不够好，不在於君主沒有聽從。勸諫之道可不簡單！不能誠懇意切就不够好，事理不明達也是不够好；辭不達意固然不好，不能心平氣和也不行。德行不足以讓君主器重，便不理想；言談不足以讓君主取信，也有問題。人臣戰戰兢兢日以繼夜所憂慮講求的，是怕自己不能盡勸諫之道，哪裏還有時間去擔心君主會聽從或拒絕！不擔心自己的技術不精明，而只擔心疾病不好治療，那是天下最拙劣的醫生；不擔心自己的謀略不够多，而只擔心難以打敗敵人，那是天下最庸劣的將領。臣子在進諫的時候，如果怨怪君主而不怨怪自己，不能誘導君主而使君主自願聽從，只是想強迫君主一定要聽從，流弊所及，終究會弄到像鬻拳那樣用暴力脅迫君王才能罷休。

鬻拳那裏是想脅迫國君呢！只是勸告君王，君王不聽，所以就要勉強他聽從，但勉強也沒用，就採取脅迫的手段。國君越是不聽，他越是要求國君非聽從不可，卻從來不知道反省自己是不是盡了進諫之道。進諫是我的職責，聽諫是君主的職分，我沒有盡自己的職責而想超越自己的職分，要求國君一定要聽從，這樣難道可以嗎？祭祀由人來辦理，要不要饗用在於鬼神；進諫由臣子提出，聽不聽在於君主。有了孔子而魯國不能平治，那是進諫雖有孔子，但聽不聽在於魯侯；有了孟子而齊國不能平治，那也是進諫之事雖有孟子在，但聽不聽還是決定於齊王。孔子孟子急於救世之心，那會在鬻拳之下呢！但他們寧可坐視齊國魯國無道，而不肯強迫齊魯之君，是因為盡人臣的職責，而不敢超越人臣的職分。鬻拳事君之道，不及孔孟的萬分之一，而只能突然脅迫君王罷了！當鬻拳以武器脅迫楚君，以及他閉門不接納楚君，都幸虧楚君沒有認定他是叛逆，假使當初楚君不肯聽從，我眞不知道鬻拳還能使用什麼法子呢！假使當時不幸被楚君所殺，那他就落個叛逆作亂的罪名，他的心跡就無法表明於後世了。鬻拳也知道這辦法不能再用，自己說我內心雖然忠誠的，但外在的行爲是大逆不道的，內心雖然順理，但外在的行爲是背逆的，所以用砍斷自己的雙腳表明心迹，並懲罰自己用武器脅迫的行爲。後世的人想學我以武器諫止國君，何不也學我砍斷雙腳？我砍斷雙腳的事不可學，那我用武器脅迫諫諍的事也就不可學了。聖人之道是想要讓後世都可以學，鬻拳之道是希望後世都不可學他，爲什麼跟聖人不同呢？先以武器脅迫，然後斷足自懲，是破壞於前，再修護於後；開創於前，再阻絕於後，隨時做隨時補救，焦急而不安寧，我想聖人做事是不會這樣麻煩和辛苦的。

天下的道有其樞紐，言語有其要領，舵一扳動，船就轉向，輪一運轉，車子就走動，這難道是用很大的力氣的嗎？古代的人本來就在大殿之下細氈之上，舉止從容，以隻言片語奠定治國平天下之基礎的，原本不必動聲色、費唇舌加以力諫的。像辛毗拉住衣襟、朱雲拉斷殿檻，都已經是下策，更何況是在國君身邊動武器呢？荀卿在儒家是比較淺陋的人，他討論「諫諍輔拂」，於是有：「自能率領羣臣百官以強制國君，國君雖然不安，卻不能夠不聽從，於是解除了國家的大患。」稱之爲輔拂的說法，這就如鬻拳，都是想以力量強制他的君主的人。一個平常人所仗恃用來左右萬乘之君的，是有「道」存在其中，如果想和國君比力量，那是乞丐和猗頓較量財富，多麼危險啊！

【研析】本篇從君臣職分的觀點，說明諫君之道，在於導之使自從，而不可以強之使必從，而以此貫串全文，但沒有正面提出來。這正是其高明之處。

第一段先提出與眾不同結論：「古今以人君拒諫爲憂，吾以爲未知所憂也」，然後自問自答，說明他何以這麼說。第二段說明臣所當憂的是：諫之未善、未盡諫之道。然後反面輕點主旨，同時也引入了主題人物，這是很技巧的手法。第三段申論鬻拳兵諫不足取法，不合聖人之道，既越職分，又危險，而且無以爲繼。最後批判荀子所謂輔拂之說，以爲臣諫有道，不在較力。

文中以孔孟與蠶拳比較，說明蠶拳兵諫之不宜，其實依孟子的說法，「君有過則諫，反覆之而不聽，則去」，這是異姓之卿的作法，至於貴戚之卿，「反覆之而不聽，則易位」，還是較力。孔孟處於春秋戰國之世，欲以仁義救世而遊說諸侯，與後代一統之世，臣諫之道，應有不同。那些爲天下蒼生，不惜較力冒死以諫的直臣，是可敬的，他們實有不得不如此的苦衷，荀子之說並非全不可取。呂祖謙處君權高張，「君要臣死，臣不敢不死」的時代，總是以維護君王的威權爲前提，同時科舉場屋之文，也是如此才能上討君王的歡心，這是我們讀他的文章及討論問題時，所不能不注意的。

陳敬仲辭卿飲桓公酒

莊公二十二年

【題　解】陳敬仲，卽陳完，爲陳厲公佗之子，魯莊公二十二年（西元前六七二年），陳宣公爲立嬖妾之子，殺太子御寇，陳敬仲因爲和御寇相善，乃投奔齊國，齊桓公要立他爲卿，他辭謝說：「寄居在外的臣子，有幸得到寬恕，能在寬厚的政治之下，赦免其不安於教訓的罪過，免除內心的負擔，那就是君王的大恩大德了。我所得已太多，豈敢接受高位，以招致其他官員的指責？我死也不敢接受！」於是給他當工正（掌管百工之官）。敬仲招待桓公飲酒，桓公興致很高，天黑了還要點燭繼續喝，敬仲辭謝說：「臣只卜過白天可以請君王飲酒，沒有卜夜裏可以不可以，所以不敢承命。」《左傳》引君子之說：「酒用來完成禮儀，不能繼續無度，這是義；和國君飲酒完成了禮儀，不使他過度，這是仁。」呂祖謙於此，以滿召損的道理，說明不可過其量的重要。

人之嗜進而不知止，未有不由子孫累者。一身之奉易足也，一身之求易供也，其所以嗜進而不知止者，特欲爲子孫無窮之計耳。吾身不能常存，主眷不能常保，身未沒眷未衰之時，厚集權寵以遺後之人，一失此機，子孫將何所庇乎？此所以爵愈高而心愈躁，祿愈豐而心愈貪也。

陳氏之在齊，其子孫莫強焉。竊意敬仲入齊之始，其所以遺子孫者必甚厚，反覆攷之則大不然。人皆求權位以遺子孫，齊桓公使之爲卿，位既高矣，而敬仲辭之；人皆結眷寵以遺子孫，齊桓公飲其家，至欲繼之以燭，寵亦深矣。而敬仲又辭之。敬仲雖安於恬退，曷不少享齊公之美意，以爲子孫之託耶？嗚呼！是乃敬仲深託其子孫於齊也。人之所以多求位與寵者，不過欲子孫用之不盡耳，抑不知吾盡取其位，安得餘位以遺子孫乎？吾盡取其寵，安得餘寵以遺子孫乎？敬仲所以不處齊卿之位者，恐其位之盡也；不當夜宴之寵者，恐其寵之盡也。齊敬仲每有不盡之懷。故其子孫亦每有不盡之澤，是辭一卿之秩，而開一世之基；辭一夕之宴，而得數百年之眷，深矣哉！敬仲託其子孫於齊也。至於田和，席敬仲之業，既滿而溢，篡竊齊國，六七傳而遂亡❶。以損而興，以滿而滅，豈非盈者天地鬼神之所共惡耶？

君子之立朝，使君有慊心則可，使君有厭心則不可。樂歲之肉如藿，凶歲之藿如肉。富家之帛如布，貧家之布如帛。貴生於不足，而賤生於既足也。勢盈位極，爲君所厭，身且不保，而況子孫乎？宋劉湛之事文帝❷，其始帝與語，視日早晚，惟恐其去；其後亦視日早晚，惟恐其不去。文帝既厭湛，而湛獨冒寵，宜其不免於誅也。使湛當文帝惟恐其去之時，翻然引去，則文帝之與湛常有無窮之思。是知愛極則移，高極則危。由古至今，用過其量，見險不止，未有能全者也。

用過其量者，固召釁而集禍矣。彼人與位相稱者，其可以無慮歟？曰：亦未可以安枕而臥也！謝安之隱東山也，晉國慕之，惟恐其不起也，及其既出，高崧謂之曰❸：「卿高臥東山，諸人每言安石不肯出，將如蒼生何？蒼生今將如卿何！」安有愧色，蓋天下望安之出久矣，一旦爲蒼生而起，則寒者求衣，飢者求食，不獲者求得。今之責我者，皆昔之慕我者也。未出則爲人所慕，既出則爲人所責。未出則人恐失我之賢，既出則我恐失人之望。憂樂勞逸，豈可同日而語耶！然則豈特用過其量者爲不可，即人與位相稱者，亦未易處也！

【註釋】❶至於田和五句　陳完改陳字爲田氏，子孫世爲齊卿，至田和，列爲諸侯。田和之子午，廢姜氏而奪齊，經威王、宣王、湣王、襄王、齊王建而亡。❷宋劉湛之事文帝 劉湛，字弘仁，南朝涅陽人，小字斑獸，自負才氣，博涉史傳，善論政道，並諳前代故事，使聽者忘疲，爲南朝宋文帝所善，但後來因結彭城王義康，獨當時務，文帝不安，於是被誅，事見《南史．劉湛傳》。❸高崧謂之曰謝安，字安石，少有重名，但累辟不就，等到其弟被黜，才有仕進之心，當時已四十多歲。征西大將軍桓溫請爲司馬，將發新亭，朝士咸送，中丞高崧戲之，而說了這段話。後來謝安爲相，於淝水之戰大勝苻堅，成爲東晉名相。見《晉書．謝安傳》。

【語譯】人之貪求官祿晉升而不知節制保留，沒有不是爲子孫累積的。自己的奉養，容易滿足，自己的需求，容易提供，人之所以貪求俸祿而不知節制的，那是想爲子孫傳之於無窮所作的打算。我自己不能一直活着，君主的眷寵也不能常保有，在自己還沒死、眷寵還沒衰退的時候，多聚集權位和恩寵，以留給後代的人，一失去這機會，子孫怎麼能夠得庇蔭呢？這才造成爵位越高，心裏越急躁；俸祿越豐厚，內心越貪婪。

陳氏在齊國，他子孫的強大，是沒有人可以比得上的。本以爲敬仲到齊國的時候，他留給子孫的一定很豐厚，但反覆考察的結果，根本不是這樣。人們都想求得權力地位，以留給子孫，齊桓公要他當正卿，地位已經很高了，但敬仲辭謝不接受；人們都希望得眷顧恩寵，以留給子孫，齊桓公到他家飲酒，時間到了還要點燭繼續留下來，恩寵實在太深厚了，但敬仲又辭謝不領受。陳敬仲雖然安於恬淡退讓，爲什麼不稍微享用齊桓公的美意，使子孫有所依託呢？唉！這正是敬仲要長遠將子孫託身於齊國的做法。人們之所以多求祿位與榮寵，只不過是想要子孫享用不盡罷了，但他們不了解我盡取其祿位，怎麼還會留下祿位給子孫呢？我取盡所有的榮寵，怎麼還會留下榮寵給子孫呢？敬仲之所以不願居於齊國卿位，是怕祿位到此已盡；不肯承受夜宴的恩寵，是怕榮寵到此已盡。齊敬仲常有不盡的憾恨，所以他的子孫才有不盡的恩澤，於是辭一個卿的祿位，而開拓了一世的基業；辭一夜之宴飲，而得數百年的恩寵，眞是很深遠呀！敬仲託子孫於齊國的作法。至於他的後世子孫田和，憑藉敬仲的基礎，已到盈滿而又橫溢的境地，篡奪齊國，但傳位六七人就滅亡了。以謙損而興盛，因滿溢而滅亡，豈不是滿盈的人為天地鬼神所共同嫌惡的嗎？

君子在朝為臣，使君王有不足之憾，是可以的，使君王有飽足之心，就不可以了。在年收成好的時候，肉像豆葉一樣不被珍愛；年收成不好的時候，豆葉像肉一樣的被珍惜。在富貴人家的絹帛當做粗布一樣，在貧苦人家的粗布可像絹帛一般。貴重之心生於不足之時，輕賤之心生於既足之後。勢大位高，常為君王所厭惡，到時連自身都難以保全，更何況是子孫呢？劉湛事奉南朝宋文帝，起初文帝跟他說話，總是看日色的早晚，就怕他就要離開了；後來也看日色的早晚，就怕他不快離開。文帝既然厭煩劉湛，而劉湛還專寵不辭避，當然不能免於被殺的。假使劉湛在文帝惟恐他離去的時候，翩然退隱，那麼文帝對劉湛常有無窮的思念。因此我們可知道，愛到極點就會改移，地位高到極點就會危險。從古到今，重用過度，看到危險還不停止的，是沒有能够保全的

重用過度的，固然會召來禍端、聚集災殃。如果人和地位很相稱的話，是不是就可以沒有憂慮呢？我以為這也不能高枕無憂呢！謝安隱居於東山的時候，晉國的人都仰慕他，惟恐他不出來做官，等他出來做官了，中丞高崧告訴他說：「你在東山高臥的時候，許多人常說，謝安不肯出來做官，天下百姓將怎麼辦？現在天下蒼生看你怎樣待他們！」謝安面有愧色，因為天下盼望謝安出來做官已經很久了，一旦為天下百姓而出來做官，那麼受寒的人想得到衣裳，饑餓的人想得到食物，沒有獲得的人都想望有所

獲得。如今責求我的，都是當初仰慕我的人。沒有出來做官，爲人所仰慕，出來做官之後，爲人所責求。沒出來做官，人們怕失去我的賢能，出來做官之後，就變成我怕人們失望。憂勞和逸樂，那裏是可以同日而語呢！這麼說來，豈只是重用過度不好而已，卽使是人與地位很相稱的，也都不容易做得好呢！

【研　析】本篇是以《易．謙》：「天道虧盈而益謙，地道變盈而流謙，鬼神害盈而福謙，人道惡盈而好謙。」和《老子》所謂「知止不殆」爲中心，與《左傳》以「仁義」相許不同。《左傳》就歷史事件作橫斷面的道德評價；本文則就歷史事件作縱線的影響考察。角度不同，就可以寫出另一番議論來。我們要寫一篇不同於人云亦云的文章，角度的調整是必須的。

本文第一段認定人們追求榮祿而不知止，是因爲要留給子孫。以此作爲第二段討論陳敬仲辭卿辭夜飲的基礎。第二段是討論主題人物與事件，強調辭卿辭夜飲爲子孫留下不盡的福澤，第三段強調君子立朝，要使君有慊心，並以劉湛作爲旁證。第四段則以謝安爲例，說明人位相稱，都不易處居，更別說榮寵過度，用過其量了。

本文結論的方式較爲奇特，有時可以運用以得警奇的效果。舉一個最淺顯的例子，如討論駕駛車輛最需小心，我們可以從「做事以小心謹愼爲要」說起，再談「駕駛車輛」更需小心，然後舉不小心而闖禍的例子，最後則以某事件爲例，說明極其小心，都還差一點就闖禍，以強調駕駛絕對要小心。這便是這種結論方式，因爲它總比最後再強調一次作爲結論要好得多。

卷八

懿氏卜妻敬仲莊公二十二年　晉侯賜畢萬魏閔公元年　成季將生桓公使卜楚丘之父卜之閔公二年　秦伯卜伐晉僖公十五年　晉獻公筮嫁伯姬於秦僖公十五年　梁嬴孕過期卜招父卜之僖公十七年　晉侯卜納王僖公二十五年　齊侯戒師期而有疾文公十八年　晉楚遇於鄢陵晉侯筮之吉成公十六年　施氏卜宰成公十七年　穆姜薨於東宮襄公九年　宋公享晉侯襄公十年　鄭皇耳侵衛孫文子卜追之襄公十年　崔子卜妻齊棠公之妻襄公二十五年　盧蒲癸王何卜攻慶氏襄公二十八年　晉侯有疾問祟於子產昭公元年　穆子之生莊叔筮之昭公五年　孔成子卜立靈公昭公七年　南蒯將叛枚筮之示子服惠伯昭公十二年　臧昭伯如晉臧會竊其寶龜僂句以卜昭公二十五年　晉趙鞅卜救鄭哀公九年　楚卜子良為令尹哀公十七年　巴人伐楚楚卜帥哀公十八年

【題解】《左傳》所記載的卜筮，都很靈驗，常爲後人所詬病，因爲中國知識分子大多傾向無神論，至少秉持孔子「不語怪、力、亂、神」的傳統，對《左傳》的這些記載，採取鄙夷的態度。呂祖謙也是傾向無神論的人，但他對《左傳》靈驗的卜筮記載，卻抱持着肯定的態度，爲它提出合理的解釋。

他在本文標題，摘取與卜筮有關的二十三件事，認爲《左傳》記載了二百四十二年（其實這是《春秋》的年數，《左傳》應是二百五十五年）的事，當時從天子以至庶人的卜筮，何止數萬，《左傳》取靈驗者載之，也不過數十事而已，數十事記於一書，感覺夠多了。但分散兩百多年，實在很少，其間荒誕不靈，不傳不載的，就不知有幾萬。至於靈驗的部分，都像「礎先雨而潤」，已露其契機，發見於心，所以也不足深怪。

這二十三件事分別是：一、陳敬仲逃到齊，懿氏要和他聯婚，卜得「五世其昌，並於正卿，八世之後，莫與之京」，後果然如此，終致篡齊。二、晉獻公把魏地賜給畢萬的時候，卜偃卜得畢萬後代，必爲諸侯，後來果然韓、趙、魏三家分晉，並爲戰國七雄之一。三、魯國成季將生，他的父親魯桓公要卜楚丘之父卜之，說將生男，其名爲友，說他將被敬重如君，生後手紋有友字，因此命名，後來他立僖公，極受尊重。四、秦晉韓原之戰，秦穆公卜之，卜徒父說將可俘虜晉惠公，後來果然如此。五、晉獻公要把女兒伯姬嫁給秦穆公，史蘇占得不吉，並說以後「姪從其姑」，六年後逃歸，次年將死於高梁之虛，其後晉懷公果眞如此。六、晉惠公取梁嬴，孕已過期，卜招父卜之，說將生一男一女雙胞胎，男的將爲人臣，女的將爲人妾，後來，男的卽懷公，卻充當人質，女的充當宦女，皆如所卜。七、晉文公要納周襄王，平王子帶之亂，卜得大吉，並將受周王禮遇，皆如所卜。八、齊懿公將伐魯，才宣布出兵日期就病了，醫生說到不了秋天就會死。魯文公占卜，希望齊侯快一點死，由叔仲惠伯致告龜甲，卜楚丘得到占卜說，齊侯會不到期就死，但不是由於生病，可是魯君將聽不到這件事，致告龜甲的人也有災禍，那年二月魯文公先死，五月齊懿公被弒，十月惠伯被殺。九、鄢陵之戰，晉厲公讓太史占卜，說楚會敗，楚王眼睛會被射中，呂錡果然射中楚共王的眼睛而楚敗。十、齊鮑國任施氏家臣，施氏卜家宰，以爲匡句須吉，匡句須以爲鮑國忠良，所以讓給鮑國，鮑國忠於職守，後來爲鮑氏後嗣。十一、魯成公之母穆姜，通於叔孫僑如，而要殺季、孟，威脅廢立成公，被徙居東宮，卜得隨卦，而知道將老死於此，後來果眞如此。十二、宋公以桑林之樂招待晉悼公，荀罃辭謝，但還是用了，晉侯回國病了，卜兆見桑林作祟，荀罃以爲我們早已辭此禮儀，所以不會有事，後來病就好了。十三、鄭國皇耳攻衛國，衛孫文子卜之，定姜以爲有利，終於俘獲皇耳。十四、齊崔杼想娶棠公的寡妻，筮之不吉，崔杼娶之，後來齊莊公與之私通，崔杼弒莊公。十五、盧蒲癸和王何想攻打慶氏，將龜兆拿給慶舍看，說有人要攻打仇人而占卜，慶舍說會攻下而且見血，後來二人殺死了慶舍。十六、晉平公病了，鄭國派子產去探問，晉侯說卜人卜得實沈、臺駘作祟，不知是何方神聖？子產說參星是晉國的星宿，實沈該是參星之神，臺駘是汾水之神，照理說他們只會降水旱瘟疫或霜雪風雨之災，不會降病於國君，而認爲平公之病是因宮中有四個姬姓侍妾所致，後來秦國名醫也診斷縱於聲色所致。十七、魯國叔孫穆子出生時，卜得他會出奔，但會回來繼承父位（他不是長子），並帶回一個奸邪的人，名叫牛，最後會餓死，後來都完全應驗。十八、衛國孔成子和史朝都夢見衛康叔要他們立元爲君，元爲次子，長子脚有毛病，他們後來卜得「元亨」，於是立元爲君，卽爲衛靈公。十九、魯南蒯將叛，卜得「黃裳元吉」，子服惠伯解釋：「忠信之事則可，不然必敗。」南蒯以費叛而逃齊。二十、魯臧昭伯到晉國時，臧會偷寶龜，卜自己該不該信實安分，卻以不安分爲吉，於是故意得罪昭伯，臧氏派人抓住他於季氏中門之外，季氏以兵入家門大怒，與臧昭伯結怨，後來臧昭伯隨魯昭公奔齊，季氏乃以臧會爲臧氏繼承人。二十一、宋攻打鄭，晉趙鞅爲救鄭而卜，得到卦象是水流向火，大家都以爲與宋爲敵不吉，陽虎用《周易》筮，結果一致，於是停止不出兵。二十二、楚惠王和葉公爲立子良爲令尹，卜得大吉，並說：「過於其志」，於是不敢用，改以子國爲令尹。二十三、巴人伐楚，右司馬子國占卜，結果是「如志」，等要卜元帥時，楚王說：「子國如志，還卜什麼？」於是以子國爲帥，另派副手，擊敗了巴人。《左傳》引君子之言，說惠王知志，正合《夏書》所說卜筮的人要先察知心志，然後用龜卜，以及古書上說「聖人不煩卜筮」的道理。

顯然，這二十三條都與卜筮有關，但不全是靈驗的卜筮，本文的內容，提到其中的六條，有褒有貶，而全文是根據最後一條「聖人不煩卜筮」來立論的。

物莫不有先，礎先雨而潤，鐘先霽而淸，灰先律而飛❶，蟄先寒而閉，蟻先潦而徙，鳶先風而翔。陰陽之氣，渾淪磅礴於覆載之間，而一物之微，先見其幾，如劵契符鑰❷，無毫釐之差。何也？通天地一氣，同流而無間也，一物且然，而況聖人備萬物於我❸乎！

聖人備萬物於我，上下四方之宇，古往今來之宙，聚散慘舒，吉凶哀樂，猶疾痛疴癢之於吾身，觸之即覺，干之即知。淸明在躬，志氣如神，嗜慾將至，有開必先❹，仰而觀之，榮光德星，欃槍枉矢❺，皆吾心之發見也。俯而視之，醴泉瑞石，川沸木鳴，亦吾心之發見也。玩而占之，方功義弓❻，老少奇耦❼，亦吾心之發見也。未灼之前，三兆❽已具；未揲之前，三易已彰。龜既灼矣，蓍既揲矣，是兆之吉，乃吾心之吉，是易之變，乃吾心之變。心問心答，心叩心酬。名爲龜卜，實爲心卜；名爲蓍筮，實爲心筮。水中之天，即水上之天也；鑑中之面，即鑑外之面也；蓍龜之心，即聖人之心也。天天相對，面面相臨，心心相應，混融交徹，混然無際，敗甲朽株云乎哉？故曰：「聖人不煩卜筮。」在聖人觀之，拂龜布蓍，已爲煩矣，況區區推步揣摩之煩耶！

卜筮之理，嘗見於大舜之訓矣，曰：「卜不習吉⑨」而已，一吉之外，無他語也；又嘗見於神禹之疇矣，曰：「龜從筮從⑩」而已，一從之外，無他語也；又嘗見於武王之誓矣，曰：「朕夢協朕卜⑪」而已，一協之外，無他語也；又嘗見於周公之誥矣，曰：「卜澗水東，瀍水西，惟洛食⑫。」而已，一食之外，無他語也。至於後世，始求吉凶於心外，心愈疑而說愈鑿，說愈鑿而驗愈疏。附之以瞽史⑬之習，雜之以巫覡之妄，千蹊百徑，庶幾一中，失之於心，而求之於事，殆見心勞而日拙矣，《左氏》之所載是也。

或曰《左氏》所載卜筮之事，巧發奇中，動心駭目，其驗若此，奚其疏？曰：《左氏》起隱迄哀，二百四十二年之間，若天子、若諸侯、若卿大夫、若士庶人，竊意其卜筮之數，約而計之，猶不啻數萬也，《左氏》載其驗於書者，纔數十事耳。是數十事者，聚於《左氏》之書則多，散於二百四十二年則希闊寂寥，絕無而僅有也。乃若誕謾無驗，不傳於時，不錄於書者，吾不知其幾萬矣！安得不謂之疏耶！

就左氏之所載，彼善於此者，如穆姜、荀罃、子服惠伯之屬，猶庶幾焉，是雖未足少議聖人之卜筮，然類能信其心之所安，而不奪於瞽史之說近之矣。不信瞽史，是眞信蓍龜者也，是心之外，豈復有所謂蓍龜者耶？

噫！桑林之見，妄也；僂句之應，僭也；臺駘實沈之祟，妖也。彼蓍龜之中，曷嘗眞有是耶？妄者見其妄，僭者見其僭，妖者見其妖，皆心之所發見耳。蓍龜者，心之影也，小大修短，咸其自取，傴者曲而躄者跛，夫豈影之罪哉？

【註釋】❶灰先律而飛　古人以葭莩（蘆葦中的薄膜）燒成灰，置於十二律管中，放在密室中，以占氣候。據說當某一節候到來，某一律管中的葭灰就飛去。如冬至到來，黃鐘律管的葭灰就飛動。詳見《後漢書·律歷志上》。❷券契符鑰　古代的券契和朝廷用作憑證的符節，都是剖分爲二，各執其一，猶如我們現代的收據或證件，都有存根聯，當要證驗時，即以兩部分合攏，看上面文字或印信是否契合。鑰指鎖鑰，相合即可開鎖，所以這些都用爲符合的代稱。❸聖人備萬物於我　《孟子·盡心上》：「孟子曰：『萬物皆備於我矣，反身而誠，樂莫大焉。』」❹清明在躬四句　語出《禮記·孔子閒居》，本指文王、武王有清明之德，方欲王天下，有神開導，豫先降生賢能的輔佐。本文引用稍異。❺榮光德星欃槍枉矢　皆古代天文星象。榮光，五色瑞氣，古代以爲吉祥的預兆。德星，即景星，通常指木星，有時指一種極光或彗星、流星，古人以其出於有道之國。欃槍，爲彗星的別名，古人以其有除舊更新之象。枉矢，爲流星，流星墜時像曲矢。古人皆以此論吉凶，以爲可以預示未來。詳見《史記·天官書》。❻方功義弓　四種龜兆名。見《周禮・春官・卜師》。❼老少奇耦　《易經》象數之學以九爲老陽、六爲老陰，七爲少陽，八爲少陰。就奇耦來說，三爲奇，二爲耦，三奇爲老陽，三耦爲老陰，一奇兩耦爲少陽，兩奇一耦爲少陰。❽三兆　灼龜於火，其象似玉、瓦、原田的裂痕。《周禮・春官・大卜》：「大卜掌三兆之法，一曰玉兆，二曰瓦兆，三曰原兆。」於此指各種不同的龜兆。❾卜不習吉　見於《書・大禹謨》：「帝曰：『禹，官占，惟先蔽志，昆命于元龜，朕志先定，詢謀僉同，鬼神其依，龜筮協從，卜不習吉。』」是舜要讓位給禹，禹不敢受，要將各功臣逐一卜之，誰吉就由誰接位。但舜說卜官所卜，是人先有決斷，再問吉凶，如今我已想好人選，又問過眾人，再卜吉凶，卜之得吉，就不必再卜其他人是不是吉了。❿龜從筮從　《書・洪範》：「汝則有大疑，謀及乃心，謀及卿士，謀及庶人，謀及卜筮。汝則從、龜從、筮從、卿士從、庶民從，是之謂大同。」⓫朕夢協朕卜　周武王伐紂，渡孟津，而作〈泰誓〉。其中提到：「天其以予乂民，朕夢協朕卜，襲于休祥，戎商必克。」是說上天用我來除惡以治民，我的夢和卜相合，都合於美善吉祥，這次伐紂一定會成功。⓬卜澗水東瀍水西惟洛食　周公營建成周，卜兆以告成王，作〈洛誥〉，其中有「我乃卜澗水東，瀍水西，惟洛食。我又卜瀍水東，亦惟洛食。」食，是龜卜的術語，通常稱爲食墨。指灼龜後所出現的兆紋和事先的墨畫順合，是完全合意的吉兆。⓭瞽史　本爲官名，指樂師和史官。古代樂師多由盲者擔任，所以稱爲瞽。呂氏於此則指史官，而隱指左丘明，因相傳左丘明是失明的人，而又記《左傳》，於此稱瞽史，一語雙關，有斥其無識見之意。

【語　譯】事物的變化都有先兆，柱下的礎石在下雨之前就先潮濕，鐘在放晴之前就聲音清朗，葭莩的灰在節氣到來之前就先飛揚，冬眠動物在寒冷之前就已藏伏，螞蟻在大水到來之前就先搬走，鳶在起風之前就先飛翔。陰陽之氣，渾沌充塞於天地之間，而一件事物的隱微，都可先察見它的跡兆，結果好像是契劵符節和鎖鑰一般，沒有絲毫的差失。這又是爲什麼呢？因爲天地間是一氣同流，互通而沒有阻隔的，一般的物尚且如此，更何況是具備萬物之理於一身的聖賢呢！

聖人集萬物之情理於一身，所以上下四方，古往今來，宇宙間的悲歡離合，吉凶哀樂，就像疾病痛癢在自己的身上，一碰觸就有感覺，一探求就可知曉。聖人有清靜光明之德在於身，氣志變化微妙如神，王天下之期卽將到來，就有事物作爲先導，擡頭看天，那些五色瑞氣、景星、彗星、流星，都是我發之於心、見之於外的。低頭看地面，那些甘泉、祥瑞的玉石，川流沸騰、山木發聲，也都是我發之於心、見之於外的。玩味研習加以占卜，那些方兆、功兆、義兆、弓兆、老陽、老陰、少陽、少陰，也都是我發之於心而見之於外的。在還沒有灸燒龜甲以前，各種龜兆已經具備；在還沒推算之前，各種易卦已經顯示。龜甲灸燒了，蓍草推算了，所見龜兆的吉，就是我內心所認定的吉，所見易卦的變化，正是我內心的變化。在心中發問，由內心回答，在內心推敲，由內心回應。名義上是龜卜，其實是心卜；名義上是蓍草占筮，其實是心中占筮。就像水中所看到的天，是水面上的天空；鏡中所看到的臉面，是鏡外的面孔；蓍龜的心，正是聖人的心。天和天相對（天空與水中的天），面和面相近（面孔與鏡中的面），心和心相應（蓍龜之心和聖人之心），混合交融，通達貫徹，難分彼此，那裏是破敗的龜甲、枯朽的蓍草所說的呢？所以說：「聖人是不必卜筮的。」就聖人看來，拂拭龜板排列蓍草，已經是個麻煩事了，更何況一點一滴按步推算揣摩的瑣碎煩擾呢！

關於卜筮的道理，曾見於舜的訓辭，只說「卜之得吉，就不接着再卜」而已，卜個吉之外，就不再問什麼；又曾見於大禹治天下的九類大法，也只說「龜從、筮從」而已，只求從之外，也再沒其他話了；又曾見於周武王的誓詞，說「我所夢到的和所占卜的相協（相合）」，除了協之外，也不再說什麼；又曾見於周公的誥辭，只說「卜澗水以東、瀍水以西的地方，只有洛地得到食墨的吉兆。」除了食墨合意之外，並沒有再說別的。到了後世，才開始在內心之外求知吉凶，內心越是疑惑而解說就越穿鑿附會，解說越是穿鑿附會也就越不應驗了。加上那些瞽史的習性，雜揉神棍的虛妄，要在千百種可能中猜中其一，失之於內心，而求之於外在的事物，於是只見他們費盡心機卻越弄越糟，《左傳》所記載的就是如此。

或許有人說，《左傳》所記載的卜筮，都是神乎其技，玄妙地說中，令人目瞪口呆，靈驗到那種地步，怎麼說它粗疏呢？我的理由是：《左傳》是從魯隱公寫到魯哀公，共二百四十二年，如天子、諸侯、卿、大夫、士、庶人，他們求於卜筮的次數，約略統計一下，恐怕不只幾萬次，《左傳》記載應驗的卜筮在書上的，才幾十件而已。這幾十件集中寫在《左傳》這本書上，是顯得很多，但分散在二百四十二年，就顯得稀少，甚至是絕無僅有了。至於那些荒誕無稽，在當時都不流傳，不記載在書中的，我們都不知道有幾萬件呢！怎麼能夠不說它粗疏呢！

就《左傳》所記載，比較善於此道的，就像穆姜、荀罃、子服惠伯這些人，還差不多可以算是好的，他們雖然不足以和聖人的卜筮相提並論，但大體類似能夠從內心之所安，而不爲瞽史之說所左右，所以是比較接近了。不相信瞽史之說，這才是眞正相信著筮龜卜的人，所以將人心排除在外的話，哪裏還有蓍筮龜卜可言？

唉！卜見桑林的事，是虛妄的；臧會應了僂句的卜，是僭越的；臺駘、實沈作祟，是怪異的。在蓍龜之中，何嘗眞會有那回事？虛妄的人看到虛妄的，僭越的人看到僭越的，怪異的人看到怪異的，都是發之於心，見之於外的。蓍筮龜卜這些事，都是內心的投影，大小長短，都是取決於自己，就像駝背的人背影是彎曲的，瘸腳的人影子是跛的，這難道是影子的罪過嗎？

【研　析】本文一開始，就以自然界事物變化都有徵兆，動物尚且能感受，強調聖賢之心是可體察這些吉凶的。第二段以聖賢「清明在躬，志氣如神」，說明天地間禎祥之兆，其實都是「心之發見」而已。卜筮是心問心答，所以基本上「聖人不須卜筮」。第三段從《尚書》中記載舜、禹、武王、周公之卜，都是先謀於心，然後卜其協從，所以都是心卜。後世之卜已是心外求之於事，就不免心勞日拙了。第四段論《左傳》所記載的後世卜筮，心外求之於事，卻似乎靈驗無比，其實應驗的比例並不高。第五段論《左傳》所載穆姜、荀罃、子服惠伯，論卜筮還能從人心出發。第六段指出桑林之見、僂句之應、臺駘實沈之祟，雖妖妄僭越，也正是心之發見。

本文首段即點出《孟子》所謂「萬物皆備於我」，然後一再強調一切只求之其心，這和陸九淵、王陽明所謂我心自有良知，不必干求外物的理學主張，有其共通處。這些屬於哲學的爭論，或許難有定論，但他討論《左傳》所載卜筮奇驗無比的說明，則入情入理。就文章議論推理來說，從自然界說到人事，強調人心之發見；再從古代卜筮的心卜，說到後世心外求之於事的不是，卻突然以《左傳》若干妖妄之卜，也是「心之發見」作結，再以形影作爲譬喻，十分奇絕。取文中所抨擊心外求之於事的卜筮，印證卜筮爲心卜的主張，是議論中反證手法的巧妙運用。

曹劌諫觀社

莊公二十三年

【題解】魯莊公二十三年（西元前六七一年），莊公到齊國去觀看社神的祭祀，這是不合禮制的。曹劌勸諫道：「禮是來嚴整人民的，所以諸侯間的會見，是用來提示上下之分，制定貢賦的標準；朝覲天子，是用來端正爵位的高下，遵循長幼的次序；征伐是用來討伐不守這些禮義的人。諸侯從王而任事，王巡察於四方，以熟習這些朝會之禮。如果不是爲這些事，國君是不遠行的。國君有舉動，一定要記載，記載了一些不合法度的事，後代繼位者會看到什麼榜樣？」

呂祖謙談論這件事，不是批評魯莊公，也不是談論曹劌，而是感慨此時天下綱紀已失，百官廢弛其職，只有史官能忠於職分，使禮制有所維護，使史實不致於湮沒。

百人醉而一人醒，猶可以止眾狂；百禮廢而一禮存，猶可以推舊典。春秋之時，王綱解紐，周官三百六十咸曠其職，惟史官僅不失其守耳。曹劌諫魯莊公觀社之辭曰：「君舉必書，書而不法，後嗣何觀？」當是時，人君之言動，史官未有不書者也，爲君者視以爲當然而不怒，爲史者視以爲當然而不疑，此三代之遺也。

其後齊桓將列鄭太子華於會，管仲曰：「作而不記，非盛德也；記姦之位，君盟替矣❶。」仲之言則是也，然味其言，已開作而不記之端，視曹劌之時，風俗已少變矣。又其後晉獻齊捷於周，周私犒其使，而戒以勿籍。管仲所謂作而不記者，特設此辭以動桓公耳，未嘗直使史官之不記也。今周王既犯禮，而復使之勿籍❷，何其無忌憚也！

然一時之史官，世守其職，公議雖廢於上，而猶明於下，以崔杼之弒齊君，史官直書其惡，殺三人而書者踵至❸，身可殺而筆不可奪，鈇鉞有敝，筆鋒益強。威加一國。而莫能增損汗簡之半辭，終使君臣之分，天高地下，再明於世，是果誰之功哉？

嗚呼！文武周公之澤既竭，仲尼之聖未生，是數百年間，中國所以不淪於夷狄者，皆史官扶持之力也。昧谷❹餞日之後，暘谷賓日之前，暮夜晦冥，羣慝並作，苟無燭以代明，則天下之目瞽矣。春秋之時，非有史官司公議於其間，則胥戕胥虐，人之類已滅，豈能復待仲尼之出乎？

史官非特有功於仲尼之未出也，使其阿諛畏怯，君舉不書，簡編失實，無所考信，則仲尼雖欲作《春秋》以示萬世，將何所因乎？無車則造父❺不能御，無弓則后羿不能射，無城則墨翟不能守❻，大矣哉！史官之功也。

【註釋】❶管仲曰五句　此事見於《左傳》僖公七年，齊桓公與魯僖公、宋公、陳世子款在寧母會盟，將對鄭國不利，鄭伯派世子華赴會聽命，鄭世子華背棄自己的父親，請桓公去討伐鄭國洩氏、孔氏、子人氏，桓公將要答應，管仲諫阻，其中有一段話是：「夫諸侯之會，其德刑禮義，無國不記，記姦之位，君盟替矣；作而不記，非盛德也。」呂氏所引，前後兩句倒置。❷周王既犯禮二句　因魯成公二年（西元前五八九年），魯、晉、衛、曹在鞌將齊國打敗。晉景公派上軍大夫鞏朔去王室獻囚俘，周定王不受，因爲齊國並非蠻夷戎狄，不該用獻俘之禮，加以鞏朔是大夫不是卿，也不合禮制。所以委任三公，用侯伯戰勝告慶之禮接待，但周王仍跟鞏朔飲宴，私下送財禮，然後告訴相禮的人說：「這是不合禮制的，不要記入史册。」見於《左傳》。❸崔杼之弒齊君二句　魯襄公二十五年（西元前五四八年），崔杼弒齊莊公，大史在史册寫「崔杼弒其君」，崔杼把大史殺了，大史的弟弟接着前仆後繼而被殺者二人，到了老四仍又照寫，崔杼也不便再殺了。這時南史氏以爲大史四兄弟全死，所以拿着簡册前往，後來知道已被寫定，才回自己崗位。❹昧谷　古人稱西方日入之處爲昧冥之谷，或稱昧谷；稱東方日出之處爲暘谷。❺造父　傳說周穆王有良馬八匹，號稱八駿，造父御八駿有功，封於趙。❻墨翟不能守　戰國時，魯國巧匠公輸般（又稱魯班）爲楚設計雲梯以攻宋城，墨翟設守宋之備，九攻而九卻，於是偃兵不攻。見《淮南子．修務訓》。

【語譯】一百個人都醉了，而有一個人清醒，還可以阻止眾人有狂亂的行爲；百種禮都廢弛了，而有一種禮還存在，也可以藉此推展舊有的典章。春秋時代，周王朝的綱紀已經解體，周官三百六十職，都已曠弛職務，只有史官還能堅守本分而已。曹劌諫魯莊公到齊國去看祭祀社神，他說：「國君的舉動一定要記載，記載了一些不合法度的事，後代繼位者會看到什麼榜樣？」當這個時候，國君的言語行動，史官是沒有不記載的，當國君的人，視爲當然而不生氣，當史官的人，視爲當然而不疑惑，這是三代所留下的規範。

後來齊桓公把鄭太子華列入會盟成員的地位，管仲說：「國君做了而不記載，有損盛德；若把姦人列入會盟成員的地位，國君的盟會就被破壞了。」管仲的話是對的，但深深體會他的話，已開啟了史官有些不列入記錄的端緒，比起曹劌那時代，風俗已小有改變了。更到後來，晉侯把打敗齊國的戰果獻給周王，周王私下犒賞晉國的使者，並告訴相禮的人，不要記入史籍。管仲所說的做了而不記載，只是假設之辭以說動桓公而已，並不曾直接讓史官不要記錄。如今周王卽犯了禮制，又要人家不要記入史籍，多麼沒有顧忌啊！

但是那時的史官，世代傳襲他們的職位，上位者雖然廢棄了公正的評議，但下位者還能明白堅守，在崔杼逆弑齊莊公的時候，史官直言不諱寫下了他的罪狀，雖然連殺了三個寫他罪狀的史官，但他們卻接踵而來，身可殺而史筆不可改奪，殺人的刀斧會鈍壞，但史筆的鋒芒卻更爲強銳。威勢可以加凌於一國，卻不能增減史籍上一言半語，終於使君臣的職分，地位的尊卑高下，再被闡揚於世，這究竟是誰的功勞呢？

唉！周文王、武王和周公的德澤已經衰竭了，而孔子這位聖人又還沒誕生，在這幾百年間，中國所以沒有淪落成爲夷狄蠻邦，這都是史官維護扶持的貢獻。太陽在昧谷西下之後，還沒在暘谷上升之前，黑夜晦暗，羣惡並起，假使沒有蠟燭來代替照明，那麼天下人都像瞎子一樣了。春秋時代，假使沒有史官主持公正的評議，那麼將相互殘殺，中國民族都可能已滅亡了，那還能等到孔子的出現呢？

史官不但在孔子還沒出現之前有扶持之功，假使他們阿諛諂媚，畏懼怯弱，君王的行爲不敢記載，史書失去了眞實性，後來也無法查考證明，那麼孔子想作《春秋》以昭示於後世，將憑據什麼呢？因爲沒有車子卽使有造父也不能駕馭，沒有弓弩卽使有后羿也不能射箭，沒有城池卽使來了墨翟也不能固守，史官的功勞實在太大了。

【研析】這篇是讚揚春秋時代的史官，用先點題旨然後再發揮的寫法。

首先稱許史官在王綱解紐的時候，獨不失其守，然後從題目主題人物的諫言，加以認定。第二段從齊桓公寧母之盟，管仲之諫，說明已開「作而不記」的惡例。更舉周定王宴鞏朔並私賄，已犯禮而又令史官不記，說明三代遺風式微。第三段從崔杼弒君，看出史官守正不失，加以贊揚。第四段說史官有功於春秋之世，第五段說明史官有功於孔子，而以三個譬喻作有力的結束。

通常寫文章先破題，說明題意，並不一定就把立論的旨趣說出來。譬如本文，本可先說明史官是包括那些職位。像《周禮》就有大史、小史、內史、外史，再說明他們的職責，而後列舉春秋時代史官的表現，最後再推許他們的功勞。但呂氏在此，一開始就稱許春秋時代的史官。一般來說，這種寫法常使文章難以為繼，即使還有發揮的餘地，也難有波瀾。他卻從曹劌諫言，說出當時史官有三代遺風，然後第二段說遺風已漸，第三段突翻轉，說「公議雖廢於上，而猶明於下」。以齊大史說明史官的剛直，推論出史官有功於當時，再進一步說明有功於孔子。抑揚唱歎，悠然有神。翻轉而造成文章的波瀾，同時也更突出史官不平凡的表現，這正是文章技巧的靈活運用。

晉桓莊之族偪 莊公二十三年 晉士蔿殺游氏二子 莊公二十四年 晉士蔿殺羣公子 莊公二十五年 晉獻公使太子居曲沃重耳居蒲夷吾居屈 莊公二十八年

晉侯為太子城曲沃閔公元年 晉侯使太子伐東山閔公二年 晉殺太子申生僖公四年 晉使士蔿築蒲與屈僖公五年 晉侯使賈華伐屈僖公六年

【題解】晉國桓叔和莊伯的子孫，非嫡系的勢力強大，晉獻公備感威脅，大夫士蔿就說：「只要先去掉富子（比較富強的，一說是人名），其他公子就好辦了。」獻公就讓他去辦這件事，魯莊公二十三年（西元前六七一年），士蔿就和羣公子共謀，陷害了富子。次年，又與羣公子謀，殺游氏之二子，然後告訴獻公說：「不出兩年，就可永絕後患。」又次年，盡殺游氏，之族再讓羣公子都住到一起。那年冬天，晉侯派兵殺盡羣公子。再過三年，驪姬爲使自己所生的奚齊能夠嗣位，與獻公外嬖之臣共謀，讓太子申生駐守宗廟所在的曲沃，讓重耳守蒲，夷吾守屈。閔公元年（西元前六六一年）晉獻公領上軍，申生領下軍，滅耿、霍、魏，獻公爲申生修曲沃城，士蔿預言申生將不能繼位。早先士蔿築蒲城和屈城時，草率從事，夷吾不滿，獻公責備士蔿，士蔿卻說將爲敵人擁有，不必堅固。僖公四年（西元前六五六年），驪姬騙申生去祭生母，申生將祭肉獻給獻公，驪姬在肉中下毒，以誣害申生，申生自殺；驪姬又攀誣重耳和夷吾，獻公派兵攻打蒲和屈，重耳不抵抗而逃亡到狄；夷吾抵抗，難以支持之後，逃亡到梁。

呂祖謙將晉獻公盡滅桓莊之族，及逼死申生逼走重耳夷吾兩系列的事並看，說二者的因果，並強調徇私之愛不是眞愛，晉國從桓叔以來，都爲徇私之愛，骨肉相殘。情詞俱切，頗有警世之用。

晉殺其世子申生，孰殺之？士蔿殺之也。殺申生者實驪姬之譖，士蔿何與焉？士蔿開其隙，驪姬乘其隙也。

人之常言皆曰子弟，子之與弟相去一間耳。羣公子之出於桓莊者，豈他人哉？其尊者固不待言，其卑者猶獻公之從父昆弟也，士蔿逢獻公之惡，反覆詭詐，陷之於死地，使獻公屠其宗族昆弟，如刈草菅，略無慘怛不忍之意。其於宗族昆弟之間既如此，何獨難於其子乎？此所以來驪姬之譖也。對伯夷❶者，不敢論賄賂；對比干❷者，不敢論阿諛。驪姬雖孌，苟非習見獻公之殘忍，亦豈敢一旦遽譖其三子哉？彼士蔿憂申生之不得立❸，憂蒲屈之不可城❹，終日焦然憂晉之禍，憂之誠是也，抑不知造是禍者果誰乎！驪姬之譖，即襲吾前日譖富子之術也；蒲屈之城，即襲吾前日城聚之術也。使我不倡之，彼烏得而和之？使我不先之，彼烏得而繼之？是故開獻公殘忍之心者士蔿也，教驪姬離間之術者，亦士蔿也！已開則不能復閉，已教則不可復悔，授賊以刃，而禁其殺人，世寧有是理耶？雖使一法吏蔽是獄，亦必首士蔿而從驪姬也。

吾嘗攷觀晉國之本末，泝其流而尋其源，又知開禍端者，非獨士蔿，其所從來遠矣。晉穆侯之二子，長則文侯，而桓叔其季也❺。同出於穆侯，而自桓叔以來，視文侯之子孫不啻寇讎。必鋤其根而奪其國者，不過欲啓子孫之業耳。殊不知殺文侯之子孫，是殺吾之子孫也。吾私其子而殺其昆弟，則吾之子亦私其子而殺其昆弟矣。吾子之所謂昆弟者，乃吾之子也！吾始欲私其子，而終至於殺其子，尚得為善謀耶？然則桓莊之族雖曰獻公殺之，其實桓莊殺之也！桓莊親其子而讎昆弟，於一族之中分親與讎，其私已甚。及獻公親奚齊而讎申生，又於諸子之中分親與讎，可謂私之私矣。私日勝則心日狹，心日狹則毒日深，其末流安得不至此哉？當桓莊殄滅文侯子孫之時，其心必謂：「是害既除，則吾子孫可以享無窮之利也。」豈自料害其子孫者，乃吾子孫耶？當獻公滅桓莊子孫之時，其心必謂：「是害既除，則申生可以享無窮之安也。」豈自料害申生者，乃吾身耶？所防在外，而禍發於內，所防在人，而禍發於身，禍機在此而不在彼。是數君之戕殺其族，吾未嘗不憫其虛受丘山之惡，而實無錙銖之益也。

哀哉！嗚呼！私生於愛，而害愛者莫如私，天下未有私而能愛者也。獻公始私申生，至於盡滅桓莊之族，以除其偪，愛之亦至矣。曾未閱時，變於驪姬，遽移其愛於奚齊，其為奚齊而殺申生，即為申生而殺桓莊之族者也。向之愛申生之心，果何所在耶？申生之愛，既可移於奚齊，則異時變寵奚齊之愛，亦可移而之他矣。不惟昔之愛申生者不可保，今之愛奚齊者亦未可保也。然則徇私者，豈能眞有所愛哉？果出於眞，則必不可移矣。林回棄千金之璧，負赤子而趨❻。天性之愛，豈外物所能移耶？獻公苟能悟此愛之非眞，一念之中，識天性之愛，則本根枝葉，與生俱生而不可離，何憂乎士蔿？何畏乎驪姬哉？

【註　釋】❶伯夷　殷商時孤竹君之長子。其父將死，遺命立其弟叔齊。父死後，叔齊要伯夷繼位，伯夷以父命爲理由，不接受而逃去。武王伐紂時，叩馬而諫，武王克殷，隱居首陽山，不食周粟而餓死。見《史記．伯夷傳》。孟子以爲「伯夷，聖之清者也。」並說：「聞伯夷之風者，頑夫廉，懦夫有立志。」爲清廉之典範。見《孟子．萬章下》。❷比干　商紂之叔父，比干諫紂三日不去，紂怒曰：「吾聞聖人心有七竅。」剖其心而死，爲忠貞不阿之典範。❸士蔿憂申生之不得立　晉滅耿、霍、魏，爲申生城曲沃，士蔿說：「太子不得立矣！分之都城，而位以卿，先爲之極，又焉得立？不如逃之，無使罪至，爲吳大伯不亦可乎？」作了憂慮的預言與建言。見《左傳》閔公二年。❹憂蒲屈之不可城　士爲築城不愼，已於題解說明，當時士蔿曾說：「君其修德而固宗子，何城如之？三年將尋師焉，焉用愼？」是有先見之明。見《左傳》僖公五年。❺晉穆侯之二子三句　詳見本書卷三〈晉穆侯命二子名及晉封曲沃〉題解。❻林回棄千金之璧二句　爲《莊子．山木》寓言。林回以爲千金璧是以利合，所以緊要關頭時相棄，而赤子天性，所以緊要關頭是相收的。

【語　譯】晉國殺害了他們的世子申生，是誰殺害他的呢？是士蔿殺害他的。害死申生是驪姬進讒言陷害的，怎麼牽涉到士蔿了呢？是士蔿開啟了裂痕、製造了禍端，而驪姬利用了裂痕，造成了禍害。

人們常稱子弟，子和弟就相差一級而已。屬於桓叔、莊伯的羣公子，難道是外人嗎？那些尊長固然不必說了，那些晚輩也都是獻公的伯叔堂兄弟，士蔿迎合獻公的險惡之心，一再使用詭詐的謀略，陷羣公子於死地，使獻公屠殺自己的宗族兄弟，就像割草一樣沒有絲毫慘痛不忍之情。他對待自己同族兄弟都這樣了，怎麼會對自己的兒子難以下手呢？這就是招致驪姬進讒言的原因。面對伯夷那種人，不敢談賄賂的事；面對比干那種人，不敢談阿諛的事。驪姬雖然被寵愛，假使不常見到獻公的殘忍，怎麼敢一下子讒害他三個兒子呢？那時士蔿憂慮申生不能繼位，憂心蒲屈兩地不可以建城，整天焦慮晉國的禍害，他憂慮的心是忠誠的，但他不知道造成這些禍害的究竟是誰呢！驪姬譖害三公子，就是承襲我前些日子譖害富子的方法；爲公子在蒲屈築城，就是承襲我前些日子將羣公子聚邑築城的方法。假使我沒有倡導在前，他怎麼會模仿於後呢？假如我不先這樣做，她怎麼會接着這樣做呢？所以開導獻公殘忍之心的是士蔿，教驪姬挑撥離間伎倆的，也是士蔿呀！開啟之後就不能閉絕了，教導之後就不能再懊悔了，就像給盜匪刀刃之後，禁止他去殺人，世間還有這種道理嗎？卽使派一個法官來審理這案子，也必然以士蔿爲主犯，以驪姬爲從犯的。

我曾研究過晉國的始末，看它的流變並追尋它的源頭，又知道開啟禍端的，不只是士蔿，而是由來已久。晉穆侯的兩個兒子，年長的是文侯，桓叔是年幼的。同是穆侯所生，而從桓叔以來，對待文侯的子孫簡直視同仇敵。決心要斬草除根而奪得他的國家，也只不過爲了想開創自己子孫的基業罷了。可是他們從不想想：殺文侯的子孫，也就等於殺自己的子孫了。我私愛自己的兒子而殺自己的兄弟，那我的兒子也會私愛他自己的兒子而殺自己的兄弟了。而我兒子的兄弟，也還是我的兒子呀！我當初想偏愛自己的兒子，而導致殺自己的兒子，怎麼能夠說是好的謀略呢？由此可見，桓叔莊伯的後裔雖說是獻公殺的，其實也等於桓叔莊伯殺的呢！桓公莊伯親愛自己的兒子而以兄弟爲仇敵，在一族之中分出親人與仇人，他們的自私心已夠嚴重了。到了獻公又親愛奚齊而仇視申生，等於在自己兒子當中再分出親近的和仇視的，可說是自私中最自私的人了。偏私之心日益加重，心地就日益狹窄；心地日益狹窄，狠毒就日益深重，到末流怎能不到這種地步呢？當桓叔莊伯消滅文侯子孫的時候，他們心裏一定說：「這些禍害已經消除，那麼我的子孫就可以享有無窮的利祿。」他哪會想到：殺害我子孫的，正也是我的子孫呢？當獻公滅桓叔莊伯子孫的時候，他心裏一定說：「這些禍害已經消除，那麼申生就可以享無窮的安樂。」他哪會想到：殺害申生的，就是我自己呢？所防備的是外面，而禍害發生在內部，所防備的對象是別人，而禍害發生在自身，禍害危機在這裏而不在那裏。所以這幾個君主殺害他的族人，我未嘗不可憐他們，空受大得如丘如山的罪惡，而實際上得不到絲毫的利益。

可悲啊！私心是因愛而產生的，但危害所愛的人也莫過於私心了，天下沒有因私心而眞能愛護得了一個人的。獻公當初對申生有私心，以至盡滅了桓叔莊伯的子孫，以消除威脅，可以說愛護到極點了。但沒有多久，寵愛驪姬，突然轉移他愛護之心到奚齊的身上，他爲奚齊而殺申生，也就如同爲申生而殺桓叔莊伯的族人。從前愛護申生之心到哪裏去了呢？對申生的愛既然可以轉移到奚齊，那麼再過一段時間，也可以把愛奚齊之心轉移到別人的身上了。不但當初愛申生之心不可保，連愛奚齊之心也未必可保了。由此看來循私的人，那裏會眞有愛呢？如果出於眞誠，那必然是不能轉移的。林回捨棄了千金的璧玉而背著嬰兒逃走。天性的愛，那裏是身外之物所能轉移的呢？獻公如果能領悟到那種愛不是眞愛，一念之間體認到天性的眞愛，就像樹木的本根和枝葉，都是與生俱來，共生共活不可分離，又何必擔心士蔿，何必怕驪姬呢？

【研　析】這是一篇情詞俱切的文章，也是翻空出奇超越一般推理的文章。晉獻公殺桓莊之族，士蔿導君之惡，古來早已評斷。至於申生之死，自來或許驪姬之狠毒，或傷獻公之昏聵，或疾里克之中立，多不曾說到士蔿。他卻直指士蔿爲首惡。第一段以簡單的自問自答，指出士蔿是罪魁禍首。第二段是比對因果，說明原由，證明士蔿是元凶。第三段追溯桓叔、莊伯已開禍端，強調殺人之子即自殺其子。第四段則說明徇私不是眞愛，有了天性眞愛，任何人都不能挑撥，誰也不能爲害。

呂氏擅於運用演繹推理，直指古人之心。寫文章時，爲鞏固自己的論點，偶而運用，不失爲方法之一，但也容易爲人所詬病。晉獻公殺桓莊之族，也不是爲申生，他殺申生也不是爲奚齊，而是出於自己猜忌而求自保，由於他鷙忍多疑，暴戾成性，當然就草木皆兵，而又必先除之而後快。呂祖謙當然不是不知道：獻公的個性，是兩件悲劇的主因。但他不能把它寫進去，否則全篇文章就要完全改寫了。爲了強化自己的論點，把歷史事件單純化，有時是有必要的。

莊公丹桓宮楹 莊公二十三年　刻其桷使宗婦覿用幣莊公二十四年　莊公問後 共

季友莊公三十二年　叔牙共仲賊子般莊公三十二年　閔公請復季友閔公元年　共仲賊閔公成季立僖公閔公二年

【題解】魯莊公二十三年（西元前六七一年）秋天，莊公爲桓公廟的楹柱塗紅漆，次年春天又在屋椽上雕花，都不合禮制，所以御孫勸阻說：「節儉是美德，奢侈是大惡。先君有美德，而讓他有大惡，這不好吧？」但沒有發生效用。這年秋天，莊公從齊國娶回夫人姜氏，莊公讓同姓大夫的夫人晉見，爲了向新夫人奢夸，用玉帛做爲晉見的禮物，這又不合禮制，御孫說：「男人晉見的禮物，大的用玉帛，小的用禽鳥，以表示等級。女人晉見的禮物，不過是以榛栗、棗子、肉乾示敬而已。男女有別，這是國之大節，因夫人而攪亂，這不可以吧？」再八年之後，莊公病了，向叔牙問繼位人選，叔牙推薦慶父（兩人與季友都是莊公的弟弟），再問季友，季友說以生命作擔保，全力奉事莊公的兒子子般，莊公說叔牙囑意慶父，季友便以國君的名義毒死叔牙。莊公死後，子般繼位，但慶父（即共仲）唆使被子般鞭打過的人——犖，殺死子般，而由莊公另一個九歲的兒子——夫人哀姜的妹妹所生，即位為閔公。季友逃到陳國。閔公即位後，與齊桓公結盟，請求齊侯幫助季友回國，齊侯同意，派人從陳國召回季友，閔公在郎地等他，季友便回國了。但第二年慶父和哀姜私通，又唆使卜齮弒閔公，然後逃亡，季友立莊公另一個兒子而為僖公，引渡慶父，慶父自殺，哀姜逃到邾國，為齊侯所殺。

呂祖謙藉這一系列以哀姜為脈絡的事，批評魯莊公啟哀姜淫縱之心，及慶父覬覦之心，並評議季友有負重託，但仍有功於國。

其中第四則標目——叔牙共仲賊子般，是有問題的。叔牙死於子般之前，怎麼能夠說他殺害子般？叔牙應在此除名。

驕者亂之母也，疑者奸之媒也，懦者事之賊也，弱者盜之招也。四者有一焉，皆足以亡其國，魯莊閔之際，合四者而兼之，篡弒之變，胡為而不交作哉？

至嚴之地，宗廟是也；至嚴之防，男女是也。莊公以一哀姜之故，上侮宗廟而僭其飾，下亂男女而紊其幣。二者既不足憚，則天下舉無可憚者矣。使哀姜來歸之初，已傲然視天下舉無足憚，宜其淫縱恣睢，朋慶父而敗魯國，敢於戕殺而不忌也。哀姜固死有餘罪，導之驕而納之於亂者果誰與？

問生於疑，未有問所不疑者也，子般之當為後，奚疑哉？莊公疾病，反狐疑而偏問後於大夫。此所以一問而起二奸也。未問之前，父沒子繼，誰敢干之？既問之後，慶父叔牙知莊公之意猶未有所定，始動其覬覦之心矣。慶父叔牙固死有餘罪，示人以疑而召奸者果誰歟？

慶父叔牙一體也，季友誅叔牙而置慶父，除惡而留其根，何耶？五王黜武而興唐[1]，武三思在其掌握，縱而不殺，終死其手。懦之為害如此，然五王欲遺中宗自誅之，以強主威，雖失策猶有說也，吾不知季友復何說耶？借曰不忍一朝而尸二昆，盍亦有之以遠竄於裔土，則君臣兄弟之間，豈不兩全哉？一失此機，及子般之禍，奉頭鼠竄之不暇，非所謂當斷不斷，反受其亂者耶？

慶父既弒子般凶威日熾，閔公還季友以自輔，望之者厚矣。乃含垢忍恥，一無所為，意者示弱以有待歟？昔之智者，外雖示弱，而其中實有不可犯也。使季友以此全閔公，斯可謂之示弱矣。今俛首結舌，坐待篡弒之至，是眞弱者耳，何名示弱哉？閔公幼而知倚季友，敬宗昏而知倚裴度❷，皆不免弑，吾未嘗不深悲二君之意，而深恨二臣之負其託也，二臣將何以見二君於地下耶？

嗚呼！失之驕，失之疑，基禍於前者，莊公也！失之懦，失之弱，成禍於後者，季友也！總四惡而論之，君取其二焉，臣取其二焉，君臣分受其責，可也。雖然，瑕不掩瑜，瑜不掩瑕；罪不掩功，功不掩罪，季友之失則然矣。至其立僖公以續魯祀，其忠亦不可誣也。

或曰：荀息許獻公以死，而終能死❸；季友許莊公以死，而不能死，季友其有愧於荀息歟？吾以爲荀息當愧季友，季友不當愧荀息也。荀息雖許獻公以死，當奚齊之禍，胡爲不死耶？以有卓子存也，向若卓子能定其位，則荀息之不死，賢於死矣。縱死者復生，獻公亦豈責荀息之食言耶？其所以死於卓子之弑者，勢窮理絕，不得不殉以身也。季友苟於子般閔公之難，輕棄其身，則僖公不復立，慶父不復討，周公之廟不復血食矣。一身之死，一國之亡，孰輕孰重耶？季友之不死於子般閔公，即荀息之不死於奚齊，本無異者，然荀息所輔者邪，季友所輔者正。是荀息有愧於季友，而季友無愧於荀息也。是故以不能全子般閔公責季友則可，以不能死子般閔公責季友則不可。世儒論人臣之節者，至於死而止耳，孰知復有大於死者耶？

【註釋】❶五王黜武而興唐　武則天晚年，桓彥範、崔元暐、張柬之、袁恕己、敬暉等，同誅張易之、張昌宗，奉立中宗，武三思通於韋后，設計罷其政事而封王，號稱五王，但不久皆為武三思所誣陷。見《新唐書》紀及各列傳。❷敬宗昏而知倚裴度　唐敬宗李湛，為穆宗之子，在位僅兩年（西元八二四—八二六年），盤遊無度，昏縱失德，任裴度為相，多所諫言，但敬宗卽為宦官劉克明所弒，年僅十八。詳見《新唐書·敬宗紀》及《新唐書·裴度傳》。❸荀息許獻公以死　晉獻公臨死，將奚齊託付給荀息，並問他會怎麼做。他表示要竭力輔佐，加之以忠貞，事情不成，將繼之以死。後來里克勸他改變立場，荀息不肯。奚齊被殺，荀息準備自殺，有人勸他另立卓子，他乃立卓子為君，但卓子仍為里克所弒，荀息乃自殺。詳見《左傳》僖公九年。

【語譯】驕縱是禍亂的根源，猶疑是奸謀的媒體，優柔是大事的破壞者，軟弱是盜寇的招引人。這四種有了其中之一，都足以亡其國，而在魯國莊公和閔公之際，這四種情況兼而有之，篡位弒奪的變亂，怎麼會不交互發生呢？

最莊嚴的地方是宗廟之地，最嚴飭的禮防是男女之間。莊公以一個哀姜的緣故，對上褻瀆了宗廟而裝飾過分，對下混亂了男女之別而亂用玉帛作見面禮。兩項都不足以顧忌的話，那麼天下就沒顧忌的事了。讓哀姜在嫁到魯國時，就傲然看天下沒有可顧忌的事，當然她會淫縱放肆，勾結慶父而敗壞魯國，敢於殺害而毫不顧忌了。哀姜固然是死有餘辜，但導致她驕縱而造成禍亂的究竟是誰呢？

發問是在於有懷疑的時候，沒有人在沒有可懷疑的時候發問的，子般當然是繼承人，有什麼可懷疑的呢？莊公疾病的時候，反倒對繼位問題有所狐疑而問徧大夫。這一問就產生兩個奸人了。在沒有問的時候，父親死由兒子繼承，誰敢侵犯干涉？在問了以後，慶父和叔牙知道莊公還沒有決定，於是動了窺伺的非分念頭。慶父和叔牙固然死有餘辜，但表示猶豫狐疑而召致奸人的究竟是誰呢？

慶父和叔牙是一體的，季友殺了叔牙而留了慶父，除惡而留禍根，這是爲什麼？五王罷黜了武則天而中興唐朝，武三思在他們的掌握之中，卻放了而不殺掉他，五王終於都死在他的手裏。優柔不果決爲害這樣大，但五王想留給唐中宗自己去殺他，以強化君主的威望，雖然是失策，但也還有話說，我就不知道季友有什麼理由可說呢！如果以不忍心一天殺兩個兄弟爲藉口的話，何不原諒他而把他放逐到遠地去，那麼君臣和兄弟之間，不就兩全了嗎？一旦失去了這個機會，到子般被殺的時候，抱頭鼠竄差一點都來不及了，這不就是該果斷的時候不果斷，反而遭受其禍害了嗎？

慶父既然殺了子般，凶狠的氣燄日益高張，閔公接回季友以輔佐自己，對他的期望是很大的。他卻忍辱含垢沒有一點作爲，有人揣摩他是故意壓低氣勢而有所期待吧？以前聰明人雖然表面上壓低氣勢以弱小姿態出現，但其中實有不可侵犯的領域。假使季友能够以此保全閔公，那也可以說壓低氣勢保持低姿態了。如今是低頭不說話，坐待篡弒之禍到來，那是眞正的弱者了，怎能說是故作弱者的姿態呢！魯閔公年幼而知道倚靠季友，唐敬宗昏瞶而知道倚靠裴度，但都不免被殺，我們不能不爲兩個國君感到悲哀，而痛恨兩位大臣辜負了國君的重託，這兩位大臣將如何在地下面對這兩位國君呢？

唉！失之於驕縱，失之於猶疑，種下禍因於前的，是莊公啊！失之於優柔，失之於軟弱，釀成禍害於後的，是季友啊！總括這四個罪惡來說，國君佔了兩國，臣子佔了兩個，君臣分別受到譴責，是應該的。雖是如此，缺點不能掩蓋優點，優點也不足以掩蓋缺點；罪過不能掩蓋功勞，功勞也不足以掩蓋罪過，季友的缺失就是這樣。至於他立魯僖公以承續魯國的宗廟祭祀，他的忠心是不可抹殺的。

或許有人說：荀息答應晉獻公以自己的生命保護奚齊，而終於能爲之而死；季友答應魯莊公以自己的生命保護子般，卻沒有爲子般而死，季友比起荀息應該問心有愧吧？我卻以爲荀息面對季友，應有愧色，而季友不應該對荀息有愧色。荀息雖然對晉獻公以死相許，但當奚齊罹禍的時候，他爲什麼不死呢？因爲還有卓子在的緣故，那時假使卓子能夠穩定君位，那麼荀息選擇不死，還是比選擇死要賢能高明。縱然死去的晉獻公能活過來說話，他難道會責備荀息不履行諾言嗎？他之所以死於卓子被弒之後，那是勢力孤絕，也沒有不死的理由了，所以不得不以身相殉了。季友如果在子般和閔公被殺的時候，輕易的犧牲自己，那僖公就不能立爲國君，慶父也沒有人去討伐，周公之廟就不再有犧牲祭祀。一個人的死和一國的滅亡，哪一個重要哪一個不重要？季友不爲子般和閔公而死，正如荀息不爲奚齊死，原本沒有什麼不同，但荀息所輔佐的不是名正言順的人，季友所輔佐的是名正言順的人。因此荀息對季友有愧色。而季友對荀息沒有愧色。因爲這個原因，以不能保全子般和閔公來責備季友是可以的，以不能爲子般和閔公而死，來責備季友是不可以的。世俗的儒者，談論人臣的氣節，爲之而死算是極致了，他們那裏知道還有比死更重要的呢？

【研析】子般和閔公被弒，最主要關係人是慶父和哀姜，呂祖謙爲了另出新意，追究起魯莊公和季友，說莊公驕縱哀姜並猶豫子般是否該立位，於是種禍因於前，這固然不無道理，但責季友不放逐慶父又負閔公之託於後，則不免牽強。因爲叔牙禍從口出，毒殺已够血腥，慶父當時還不曾有惡言惡行，憑什麼放逐？閔公請齊侯幫忙召回季友，焉知不是慶父怕季友在外形成勢力，藉霸主之力召他回來以便就近看管？季友回來之後，又那裏能料到：有齊桓公撐腰的閔公（有齊國血統），慶父竟敢殺他？更何況他只是一個不到十歲的小孩。另外說僖公不立，周公之廟不復血食，也失之武斷。慶父也是公子，如能定其位，周公之廟仍然香火不斷。《東萊左氏博議》畢竟是以宏肆其議爲主，力求言人之所未言，所以不免務新求奇，不能以學術性史論視之。

本文首先提出驕、疑、懦、弱足以亡國，此四者正是魯國莊、閔之際，篡弒之變的主因。然後就此四字，分寫四段。第二段說莊公驕縱了哀姜，第三段說莊公對子般繼位，疑而召奸。第四段說季友處置慶父不果決，第五段說季友弱而辜負閔公，第六段歸結而轉出季友評價問題。第七段是餘論，比較季友和荀息的作爲。就結構來說，段落雖多，但井然而有條理，餘論並非議論文所必須，但運用得當的話，可使文章生色不少；運用不當就成爲「狗尾續貂」了。通常餘論要與本論有關，而又能談到別人可能都談不到的問題，但不能太長，以免喧賓奪主，結尾要有力，最好能呼應本題。

管敬仲言於齊侯曰宴安酖毒❶不可懷也 閔公元年

【題 解】魯閔公元年（西元前六六一年），狄人攻打邢國。管仲對齊桓公說：「戎狄好比豺狼，貪婪成性，是不可能滿足的；華夏諸國好比親人，是不可背棄的；安樂好比鴆酒毒藥，是不可懷戀的。《詩》說：『難道不懷鄉想回去嗎？只是敬畏簡書，不敢不從。』簡書上說，我們要同仇敵愾，憂患與共，所以請求您依從簡書而去救邢國吧！」齊桓公於是出兵救邢國。

呂祖謙本《孟子．告子下》「生於憂患，死於安樂」之意，強調管仲所謂「宴安酖毒，不可懷也」。絕不是危言聳動，而君子於憂勤中自有安樂。

以言警世者，不可爲駭世之論。駭世之論，本欲天下之畏，而適以起天下之疑。有是惡則有是禍，吾恐正言之未足以警動流俗也，於是甚言其禍，務使可怪可愕，以震耀一時之耳目。抑不知聞者駭吾言，將退而徐求其實，見其禍未至於是，則吾說有時而窮。

管仲告齊桓公之言曰：「宴安酖毒，不可懷也！」酖入人之口，裂肝腐腸，死不旋踵，宴安雖敗德，其禍豈遽至如是之烈哉？仲之言，殆過其實也？意者仲有警世之心，而不免於駭世之病歟？非也。以吾觀之，謂仲恐駭世而未敢盡言其實則有之矣；安得反謂之過其實乎？使仲果盡言其實，則世將愈駭矣。

毒之殺人多者深乎？抑殺人寡者深乎？無愚智無老幼，皆知殺人多者之毒深也。世之死於酖者，千萬人而一人耳，死於宴安者，天下皆是也。然則宴安之毒，其視酖毒奚啻十倍耶？宴安之毒，至慘至酷，無物可譬，仲姑就世之所畏者爲譬耳。地之於車，莫仁於羊腸，而莫不仁於康衢❷；水之於舟，莫仁於瞿唐，而莫不仁於溪澗。蓋戒險則全，玩平則覆也。生於憂勤，死於宴安。厥理明甚，人所以不知畏者，特習之而不察耳。

端居之暇，嘗試思之：使吾志衰氣惰者誰歟？使吾功隳業廢者誰歟？使吾歲月虛棄者誰歟？使吾草木同腐者誰歟？使吾縱欲忘反而流於惡者誰歟？使吾弛備忘患而陷於禍者誰歟？自棄之根，皆宴安之為也。是宴安者，衆惡之門，以賢入者，以愚出，以明入者，以昏出，以剛入者，以懦出，以潔入者，以汚出；殺身滅國，項背相望，豈不甚可畏耶？

嗚呼！世之招禍者，禍雖不同，同發於宴安，未嘗有二毒；世之致福者，福雖不同，同出於憂勤，未嘗有二塗。宴安人所愛也，憂勤人所憎也。愛其所憎，而憎其所愛，則幾矣。宴安人所趨也，憂勤人所避也，趨其所避，而避其所趨，則幾矣。雖然，君子之耳目鼻口與人無異也，其愛憎趨避，亦與人無異也。苟衆人之所謂宴安者，果可樂，則君子先據之矣。其所以去彼而取此者，見衆人之宴安，放肆偸惰，百殃並集，其心焦然不寧，乃憂勤之大者耳！

君子外雖若憂勤，中有逸樂者存，自強不息，心廣體胖，無人非，無鬼責，其安殆若泰山而四維之也。然則善擇宴安者，誰如君子哉？故自衆人之宴安言之，則當曰：「宴安酖毒，不可懷也。」自君子之宴安言之，則當曰：「宴安良藥，不可忘也。」藥之與毒，曷嘗有定名哉？

【註釋】❶酖毒　毒酒，或作鴆毒。鴆本為有毒的鳥，雄的稱運日，雌的稱陰諧。傳說羽有劇毒，飲之即毒死。依本文所稱，毒性似乎極強，發作很快，但《國語・魯語上》提到：「晉人執衛成公歸之於周，使醫鴆之不死。」（依《左傳》僖公三十年是因為薄其鴆的緣故。）又依《左傳》莊公三十二年，成季使鍼季酖叔牙，叔牙歸及逵泉才死。也不是立刻死，所以毒性或許不是那麼強烈。❷康衢《爾雅・釋宮》：「一達謂之道路，二達謂之歧旁，三達謂之劇旁，四達謂之衢，五達謂之康，六達謂之莊。」所以通常以康衢、康莊表示寬廣的道路。

【語 譯】在用言語告誡世人的時候，不可故作驚世駭俗之論。那種驚世駭俗的論調，本來是想讓天下人畏懼，而適足以讓天下人起疑心。有某種罪惡，就有某種禍害，人們怕公正平實的話不足以驚動世俗，於是將禍害言過其實，力求可驚可怪以震動一時的耳目。其實他不知道，聽到這些話而驚駭，將會退而慢慢考量它的實情，發現它的禍害沒那麼嚴重，於是再說話有時就不免窘迫而難以為繼了。

管仲告訴齊桓公說：「安樂好比酖毒，是不可懷戀的！」酖酒進入人的口中，會肝臟破裂腸胃腐爛，不到轉身的工夫就死了。貪享安樂雖然能敗壞一個人的品德，禍害會迅速降臨到那麼慘烈的地步嗎？管仲的話，大概是言過其實吧？他們以為管仲有警告世人的意圖，也就不免犯了故意驚世駭俗的毛病吧？其實不是的。以我看來，說管仲怕驚世駭俗而不敢把實情完全說出來，這倒是真的；怎麼能夠反而說他言過其實呢？假使把實情完全說出來，那麼世人將更為驚駭了。

毒，殺人比較多的厲害呢？或殺人比較少的厲害呢？不論愚智、不分老幼，都知道殺人比較多的毒是厲害的。世上死於酖酒的人，在千萬人中只不過一人而已，死於貪享安樂的，天下到處都是。那麼安樂之毒比起酖酒之毒，豈止強過十倍而已？安樂的毒害，極為慘烈極為殘酷，沒有其他事物可以比擬，管仲只是姑且以世人所害怕的東西來譬喻罷了。大地對待車輛，沒有比羊腸小徑更仁厚了，沒有比康莊大道更殘忍了，水流對待舟船，沒有比長江瞿塘峽更仁厚了，沒有比山谷溪流更殘忍了。因艱險而戒慎小心便能保全，因平坦而粗心大意就會翻覆。人往往在憂懼勤勞中生存，在安逸享樂中死亡。這道理非常明顯，人們所以不知道它的可怕，只是習以爲常而不加以省察罷了。

在平日有閑暇的時候，不妨想一想：使我志氣消沈懶於振作的是誰呢？使我功業頹敗事業荒廢的是誰呢？使我虛度光陰蹉跎歲月的是誰？使我一事無成與草木同朽的是誰？使我縱情聲色流連忘返而導致罪惡的是誰？使我忘懷憂患疏於防範而陷於禍害的是誰？自暴自棄的根由，都是貪享安樂造成的。所以貪享安樂是眾惡之門，賢能的人進去，出來就成爲愚蠢的人；聰明的人進去，出來就成爲昏聵的人；剛強的人進去，出來就成爲懦弱的人，高潔的人進去，出來就成汚濁的人，招致殺身滅國之禍，卻一個接一個走進去，這難道不是很可怕嗎？

唉！人世間招致禍害的，禍害雖然有所不同，但都是因貪享安樂而造成，不曾有第二種禍根毒草；人世間得到福祥的，福祥雖然有所不同，但都是因憂懼勤勞所獲得，不曾有第二個途徑。安樂是人所愛慕的，憂勤是人所憎恨的。愛慕他所該憎恨的，憎恨他所該愛慕，那就危險了。安樂是人所嚮往的，憂勤是人所逃避的。嚮往他所該逃避的，逃避他所該嚮往的，那也是危險了。雖然如此，但君子的耳目口鼻和一般人並沒有不同，他的愛慕、憎恨、嚮往、逃避，也和常人沒有什麼不同。如果眾人所說的安樂，眞的是可以引以爲樂的話，那麼君子之人早就去享有它了。他們之所以離棄它而去取另一種，那是因爲看見眾人貪求安樂，放縱而偷懶，以致千百禍害交集而來，到那時他們的心焦慮不安，那才是最大的憂勞呢！

君子從外表看來，好像是憂懼勤勞，其實他們是有安逸快樂在其心中，自我奮勵不已，心胸曠達身體壯碩，沒有人批評他的是非，沒有鬼神責難他的不好，他安穩得就像泰山而且四面都還有維護的繩柱。那麼就善於選擇安樂來說，又有誰比得上君子呢？所以從眾人所說的安樂來說，那應當說：「安樂好比酖毒，是不可以懷戀的。」從君子所謂安樂來說，就應當說：「安樂是良藥，不可以忘懷的。」藥和毒，哪裏有定稱呢？

【研析】本文是為管仲的話，作詳盡之註腳，再勉人修德以自樂作結。可分三個重心，兩個層面。第一、二段說明管仲的話，似乎是故作驚世駭俗之論，其實不然。先說明世人不免為警世而故作驚人之語，然後再說明管仲不但沒有故意驚人駭俗，而且還未盡言其實。第三、四段闡揚「生於憂患，死於安樂」的道理，也正說明管仲沒有言過其實，從宴安害人無數，說明它為害比酖酒尤有過之。再說明人所以不知，是習而不察。於是列舉其害，發人深省。第五、六段提高探討的層面，說明另一種宴安，才是永世的安樂。先說明追求安樂人情所同，惟君子所求不同於眾人。君子外似憂勤，心中自有逸樂，不同於眾人之放肆偷懶。前者是穩若泰山的安樂，後者是招致百殃的逸樂。於是以為管仲的話是針對眾人的宴安來說的，較高層次的君子宴安，並非酖毒而為良藥。

全文以管仲的話貫串其間，而作無數的翻騰。論說文或以古今分說，或分正反立論，或就積極消極兩面敍述，而本文則最後才分君子之宴安與眾人之宴安，而有異峯突起、奇觀迭出之妙。

齊仲孫湫觀政　閔公元年

【題解】魯莊公死後，子般即位而被慶父所弒，再由魯閔公即位（西元前六六一年），即與齊桓公結盟，隨後齊大夫仲孫湫前來，對魯國表示慰問。仲孫湫回去後，即說：「慶父未除，魯國禍難未已。」齊侯問如何可以除掉慶父？他說：「既然禍難未已，他會自取滅亡，您就等著吧！」齊侯又問：「可以佔取魯國嗎？」仲孫湫說：「不可，因爲魯國還秉持周禮，周禮是國本，下臣聽說國將亡，本要先倒，然後枝葉才跟著倒。魯國不棄周禮，是不能動搖它的，您何不力求安定魯國的禍難而親近它。因爲親近有禮的國家，協助穩重堅固的國家，離間不依附的國家，滅亡昏亂的國家，這是霸王的策略。」

呂祖謙以爲此時魯國朝廷三綱沈淪，九法敗壞，仲孫湫不是觀政，乃是觀民俗，而說伯禽教化之功，仍見於魯，於是大談政治與風俗的關係。

觀政在朝，觀俗在野。將觀其政，野不如朝；將觀其俗，朝不如野。政之所及者淺，俗之所持者深，此善覘人之國者，未嘗不先其野而後其朝也。

入單父之野，而見棄魚之俗，則已知子賤之政矣❶；入中牟之野，而見馴雉之俗，則已知魯恭之政矣❷。彼所以一見其俗，遽許二人之賢，不復考察其政者，殆有說也。蓋善政未必能移薄俗，美俗猶足以救惡政。自武而成，自成而康，歷三世而商人利口靡靡之俗未殄❸。自高而惠，自惠而文，歷三世而秦人借鋤誶語之俗猶存❹。以政而移俗，其難如此。漢氏之東，至於桓靈，其惡極矣，然政亂於上，而俗清於下，姦雄豪猾，猶知畏義，未敢遽取焉。桓靈之時，漢祿已終矣，建安之際，復延數十年之祚者，非漢之力也，實流風遺俗扶持之力也。彼覘國之興亡者，不占諸風俗，誰占耶？

齊仲孫湫來省魯難，其反命也，齊侯問曰：「魯可取乎？」曰：「不可，猶秉周禮，周禮所以本也，臣聞之國將亡，本必先顛，而後枝葉從之。魯不棄周禮，未可動也。」嗚呼！仲孫湫之所謂秉周禮者，果誰與？閔公魯君也，哀姜君母也，慶父大臣也。閔公生甫八年，固未識所謂周禮。若哀姜則棄位而姣，若慶父則弒逆之賊，凡周禮之大禁畢犯之矣。觀魯之朝，三綱❺淪，九法❻斁，指何物以爲周禮耶？吾是以知仲孫湫之觀魯，不觀其政而觀其俗也！

魯自周公伯禽以來，風化浹洽，其民耳濡目染，心安體習，無適而非周禮者，揭於觀，藏於府，講於泮宮，流於洙泗，被於弦歌，形於衣服，郁郁乎其文也！洋洋乎其聲也！井井乎其有條也！雖經哀姜慶父之難，能易其主而不能易其禮，能奪其權而不能奪其俗。舉魯國之俗皆秉周禮，其爲惡者，獨哀姜慶父二三人耳。寡不勝眾，安得而敗乎？此所以魯祀既絕而復續，哀姜慶父之勢亦已成而復傾也。仲孫湫可謂妙於覘國矣。周公伯禽培其風俗於數百年之前，而效見於數百年之後，其規模遠矣哉！子孫之不能常賢也，國之不能常安也，法之不能常善也，固也。雖聖人亦末如之何也。是數者既末如之何，獨有養其禮義之風俗以遺後人，使衰亂之時，猶可恃之以復振，四鄰望之而不敢謀，其慮後世亦深矣。世之斂精神於簿書期會，視風俗為迂闊者，果足以知此哉？

魯之風俗能存魯於既壞之餘，盛矣！苟魯之嗣君當閒暇時，因已成之風俗，加以政事，則其治孰能干之耶？救已壞之政甚難，因已成之俗甚易。今風俗尚能救政事之疵，而政事反不能因風俗之美，是風俗不負魯，而魯其負風俗也，悲夫！

【註釋】❶入單父之野三句　孔子的門人宓子賤，任單父宰三年，孔子派巫馬期去觀其政，到單父地界，看見有夜間打魚的人，把捉到的魚放掉了。巫馬期問其原因，漁者說：「那些大魚，我們大夫喜愛牠，那些小魚，我們大夫希望牠長大，所以太大或太小的都放了。」見《孔子家語》。❷入中牟之野三句　魯恭，東漢平陵人，章帝時為中牟令，建初七年（西元八二年），郡國有螟災，但中牟無害，河南尹袁安不信，派肥親探查。見桑下有雉，停在兒童身旁，肥親問小孩為什麼不捕捉？小孩說那隻雉將養雛雉。肥親說此地有三異：蟲不犯境、化及鳥獸、小孩有仁心。於是回報袁安，傳令嘉獎。魯恭後來官至大司徒。見《後漢書・魯恭傳》。❸自武而成三句　《書・畢命》：「政貴有恆，辭尚體要，不惟好異。商俗靡靡，利口惟賢，餘風未殄，公其念哉。」康王命史官作冊書命畢公說：政以仁義為常，辭以理實為要，而當年紂以能隨合逢迎、利口阿諛的人為賢者，這種風氣至今不絕，你要想辦法消除。❹自高而惠三句　漢文帝時，賈誼上疏陳政事，提到秦商鞅變法，秦俗日敗，「秦人家富子壯則出分，家貧子壯則出贅。借父耰鉏，慮有德色；母取箕帚，立而誶語。」兒子把農具借給父親，臉上泛出施恩的得意之色；母親取用畚箕掃把，不通知就會被責問。賈誼還說：「曩之為秦者，今轉而為漢矣，然其遺風餘俗，猶尚未改。」見《漢書．賈誼傳》。❺三綱　君爲臣綱，父爲子綱，夫爲妻綱，指君臣、父子、夫婦之道。見《白虎通．三綱六紀》。❻九法　建邦國之法：制畿封國、設儀辨位、進賢興功、建牧立監、制軍詰禁、施貢分職、簡稽鄉民、均守平則、比小事大。見《周禮．夏官．大司馬》。

【語譯】觀察政治要在朝廷，觀察風俗要在民間。將觀察政治得失，民間不如朝廷；要觀察風俗厚薄，朝廷不如民間。政治的影響力比較淺近，風俗的影響力比較深遠，這正是善於觀察人家國度的人，沒有不是先觀察民間而後才觀察朝廷的原因。

進入單父城的地方，看見民間捕魚，把太大的魚和太小的魚都放走，就知道宓子賤的政績了；進入中牟縣地，看見兒童不抓野雉，就知道魯恭的政績了。他們所以一見民情風俗，就馬上稱許宓子賤和魯恭的賢能，不再去考察他們的政治，應該是有道理的。因爲好的政治未必能轉移澆薄的民俗，而好的民俗卻足以補救敗壞的政治。從周武王到成王，再從成王到康王，歷經三朝盛世，殷商人順隨上位者的旨意、阿諛逢迎的餘風，還沒能消除。從漢高祖到惠帝，再從惠帝到文帝，歷經三世教化，秦人借鋤給父親以爲施恩，母親擅取掃帚會被責問的流俗，還仍然留存。以政治力量去移風易俗，是這樣困難。漢室東遷以後，到桓帝靈帝的時候，政治已經壞到極點了，但是政治亂於上，而風俗清於下，那些奸雄巨惡之人，還能知道敬畏道義，不敢突然取而代之。在桓帝靈帝的時候，漢的天年已盡了，建安那段時間，還延幾十年的國祚，並不是漢室的力量，而實在是流風遺俗的力量所扶持的。那些要觀察國家興亡的人，假使不從民情風俗去考察，還去考察什麼呢？

齊國仲孫湫來慰問魯國的禍難，他回去復命的時候齊侯問他：「魯國可以把它佔取嗎？」他回答：「不可以，因爲他們還能秉持周禮，周禮是國本，我聽說國家將要滅亡，本要先倒，然後枝葉跟著倒下去。魯國不棄周禮，是不能動搖它的。」唉！仲孫湫所說秉持周禮的人，究竟是誰呢？閔公是魯國的國君，哀姜是國君的嫡母，慶父是當時的大臣。閔公才出生八年，本來就不知道什麼是周禮。如哀姜乃是不守名位的蕩婦，如慶父乃是弒君的叛賊，凡周禮的大禁戒都違犯了。看魯國的朝廷，三綱已經淪喪，九法早已敗壞，他所說的周禮是哪一項呢？我們因此可以知道仲孫湫看魯國，不是看朝政而是看民俗啊！

魯國從周公、伯禽立國以來，風俗教化，周徧普及，民眾耳濡目染，身心習以為常的，沒有不合於周禮的，凡是揭示在門觀上的，儲藏在府庫裏的，在學宮裏講習的，在洙水泗水流傳的，傳播於弦歌聲中的，表現於衣冠服制的，文采是那麼盛美！聲音是那麼悠揚！條理是那麼清楚！雖然經歷哀姜和慶父的禍難，只能更換君主而不能改變禮制，只能奪取政權而不能奪改風俗。全魯國的民情風俗都秉持的周禮，那些作惡的，只有哀姜、慶父兩三人罷了。少數勝不了多數，怎能不敗呢？這正是魯國的宗廟祭祀，既已斷絕而又能承續，哀姜和慶父的勢力也已長成而又傾覆的原因。仲孫湫可以說是善於觀察國家的人了。周公、伯禽培育風俗於幾百年之前，而成效見於幾百年之後，這種規模實在太宏遠了！子孫不能永遠賢明，國家不能永遠安定，法制不能永遠完整，這是必然的。雖然是聖人也是無可奈何的。既然無可奈何，只有培養合於禮義的風俗以留給後人，使他們在衰亂的時候，還可以仗恃著它得以再振興起來，四方鄰邦看到這現象而不敢謀奪，他們對後世的思慮實在太深遠了。世上那些把精力耗盡在財政簿册庶務之中，以為風俗太迂而不實際的人，怎麼能够知道這種道理呢？

魯國的風俗，能保全魯國於政治衰敗之後，實在太美好了！如果魯國後代的君主，當太平無事的時候，能藉著已形成的美好風俗，致力整頓政治，那麼政治上軌道，誰敢去侵犯呢？補救已敗壞的政治很難，利用已形成的美俗很容易。如今風俗還能補救政事上的瑕疵，而政事反而不能利用風俗之美而走上軌道，可見風俗沒有辜負魯國，而魯國辜負了風俗，眞是可悲！

【研 析】本篇是藉齊仲孫湫觀魯政，而強調風俗的重要。就文章來說，他巧妙地開闢了另一個討論的空間，但仍扣住「政」字，所以並不離題。

第一段點題，談觀政而與觀俗並舉，並比較二者影響力的深淺，而強調先觀俗而後觀政，把重點從「政」轉到「俗」。第二段舉實例說明第一段的立論，以觀宓子賤和魯恭之政，都是觀俗而知其政，說明先觀俗的必然性。再以周經武、成、康三世，殷俗未改，漢經高、惠、文三世，秦風猶存，說明風俗影響久遠，而政所及較淺。作者先舉兩個爲正面的例子，說明變好不易，然又舉一個負面的例子，說明變壞也難。然後第三段便論定仲孫湫是觀俗不是觀政。這一段就仲孫湫所說的「魯秉周禮」，說到當時魯朝廷無人能秉周禮。下一段就推知魯秉周禮，是周公、伯禽風化猶存，在這一段大論風俗之用，並抨擊「視風俗爲迂闊」的人。本段是賦予主題的主要段落。最後一段以嘆魯國後世之君，不能因風俗之美以成政事。

全文由政而論俗，由俗而又歸結於政，這種回應的作法，是開闢另一討論空間時應該使用的手法，否則很容易被認爲是離題或不切題。

卷九

舟之僑奔晉 閔公二年

【題解】魯閔公二年（西元前六六〇年）春，虢公在渭水邊打敗了犬戎，虢大夫舟之僑以為無德受祿，這是災殃，災殃將要到來，就逃亡到晉國。兩年之後，晉取虢國的下陽，而在魯僖公五年（西元前六五五年）滅掉虢國。而舟之僑在魯僖公二十八年，晉文公入曹的時候，立為戎右，於城濮之戰有功，在回師渡河的時候離隊先回，晉文公回國，論功行賞，殺舟之僑示眾。

呂祖謙以為舟之僑智足以知虢公之亡，於是恃智而妄，慘遭殺戮，就跟秦末宋義一樣。所以當人們在議他人之是非得失，別人也在議我之是非得失，應當知所警惕。

天下之理有深可怪者，倒挽九牛，而不能舉秋毫，吁！可怪也！洞視百里，而不能見岱華，吁！可怪也！高脫亂世之禍，而不能免治世之誅，吁！可怪也！舟之僑當虢公有功之時，獨先見其敗亡之釁，幡然適晉，遂免於禍，可謂智矣。其後城濮之役，為晉文公之戎右，叛官離次，棄眾而歸，晉文誅之以徇於國。智於前，愚於後，何耶？虢公之禍，智者或不能預知，至若晉文之法，則雖庸人知其不可犯也。舟之僑能知智者之所疑，而不能知庸人之所畏，其理果安在歟？蓋恃智與恃功等耳。

虢公之亡，恃其功也；舟之僑之死，恃其智也。舟之僑既料虢公之亡，遂伐其智，自謂人莫我若，舉措任情，猖狂妄行，蹈於大戮。彼恃其功，此恃其智，其得禍實出一轍，亦何暇相是非哉？渭汭之捷，虢公方自喜其師之勝，而不知亡國之機，已藏於一勝之中矣。虢公之亡，舟之僑方自喜其言之驗，而不知殺身之機，已藏於一驗之中矣。其福也，所以為禍也；其智也，所以為愚也。虢公以福召禍，舟之僑以智召愚。使虢公無功之可矜，舟之僑無智之可負，則國不喪而身不殞矣。

先王功眇天下，而日有危亡之憂，非欲自抑也，所以居其功也。智眇天下，而自處於匹夫匹婦之後，非欲自晦也，所以居其智也。項梁勝秦而驕，宋義料其必敗，不旋踵而梁果覆其軍焉。當是時，宋義之名蓋楚國，懷王奇其智，位之以上將，兵未叩秦，酣宴驕縱，竟斃於項籍之手❶。項梁之亡，即虢公之亡也；宋義之死，即舟之僑之死也！

凡人之相非，未始有極，虢公之勝，舟之僑在其旁而議之，回視僑之旁，已有議之者矣！項梁之驕，宋義在其旁而議之，回視義之旁，已有議之者矣！我方憂人，而不知人已憂我；我方料人，而不知人已料我。是殆可長太息也！噫！舟之僑宋義之失，今世皆能議之矣，議二子之失者，亦安知果無人復議其旁耶？

【註釋】❶竟斃於項籍之手　項羽的叔父項梁屢敗秦軍，於是輕秦而有驕色，宋義諫之不聽，項梁派宋義出使於齊，途中遇齊使高陵君顯，宋義告訴他：「項梁必敗，您徐行則免死，疾行則及禍。」項梁果然敗死。楚懷王因高陵君之推薦，以宋義爲上將軍，項羽爲次將，以救趙。但宋義於安陽留兵不進，以期坐收漁利，又送子相齊，飲酒高會，而爲項羽所殺。見《史記·項羽本紀》。

【語譯】天下的道理有些實在很奇怪，有人可力挽九牛，卻拿不起飛禽在秋天長出的細羽毛，噢！好奇怪呀！有人可以目視百里之遠，卻不能看見泰山華山，噢！好奇怪呀！有人可以逃脫亂世的禍害，卻不免於政治盛明的時候被殺，噢！好奇怪呀！舟之僑在虢公有戰功的時候，惟有他能先看出敗亡的禍端，毅然到了晉國，於是免於禍害，可以說是很聰明的。到後來城濮之戰，擔任晉文公的戎右，竟棄職離開隊伍而先回國，被晉文公殺了以告示全國。原先那麼聰明，後來那麼愚昧，這是爲什麼呢？虢公的災禍，明智的人都不能預先知道，至於像晉文公的軍法，就是很平凡的人也都知道不可冒犯。舟之僑能夠預知明智者所疑惑的，卻不能明白平常的人所畏懼的，這道理在哪兒呢？那是他們仗恃他們的聰明和戰功的緣故。

虢公的敗亡，是仗恃著他的戰功；舟之僑的死，是仗恃著他的聰明。舟之僑既然能預料虢公的敗亡，於是炫耀自己的聰明，自以爲別人都不如我，於舉止任性，猖狂而不守法度，陷入被殺之罪。虢公仗恃戰功，舟之僑仗恃聰明，他們召致禍害之途，完全相同，他們怎能相批評呢？渭水之濱的戰勝犬戎，虢公正當欣喜軍隊的勝利，而不知道亡國的契機，就藏伏在這一次的勝利之中。虢公的敗亡，舟之僑正當欣喜他的話應驗了，而不知道殺身的禍根，就藏伏在這一次的應驗之中。他的戰勝之福，正所以造成敗亡之禍；他的聰明，正所以造成他的愚昧。虢公以福召致禍害，舟之僑以智召致愚昧。假使虢公沒有戰功可以誇耀，舟之僑沒有聰明可以自負，那麼國家也不致於敗亡，生命也不致於殞滅了。

先王的戰功足以小看天下，但他們卻好像隨時有危亡之憂，並不是想自我貶抑，是要常保戰功的緣故。智者的智慧足以小看天下，但他們卻自居於匹夫匹婦之後，並不是想自我隱藏，是要保持明智的緣故。項梁打敗秦國的軍隊就驕傲起來，宋義因此料定他會敗亡，不多久項梁果然敗亡。在這時候，宋義的名聲傳遍楚國，楚懷王對他的明智感到驚異，於是以他為上將軍，但兵還沒擊秦，就歡宴驕縱，竟死於項羽之手。項梁的敗亡，正是虢公的敗亡；宋義之死，正如舟之僑之死呀！

人們相互批評，不曾有終了的時候，虢公戰勝的時候，舟之僑在他的旁邊批評他。回頭再看舟之僑的旁邊，也該有批評他的人呢！項梁面露驕色的時候，宋義在他的旁邊批評他，回頭再看宋義的身旁，也可能有人在批評他了！我正在憂慮別人，而不知道別人已在為我憂慮了；我正在料定別人，而不知道別人也已經在料定我了。這眞是可歎息的呀！舟之僑和宋義的缺失，如今大家都會批評他們，但是批評這兩人得失的人，又怎麼知道沒有人在他的身旁批評他呢？

【研析】本篇立論與卷四〈楚屈瑕敗蒲騷〉類似，都強調了先前的成功，常使人自矜其能，終致敗亡。但重點不同，那篇是強調「先遇其易，以易為常，是禍之源也。」這篇是強調福禍相生，「我方憂人，而不知人已憂我。」不過，歸結到人不可自矜，則無二致。

第一段舉舟之僑之事迹感嘆他能知智者之所疑，而不知庸人之所畏，是恃智和恃功所致。第二段將虢公和舟之僑並說，一恃功，一恃智，他們若無功無智，就不致於亡國喪身。第三段說先王有眇天下的功與智，但有危亡之憂，自處人後，得以永居其功，永居其智。再舉項梁之敗和宋義之死，與虢公和舟之僑相對應。最後一段則以爲：「當我們在議論別人，預期別人有什麼下場的時候，可能別人也正在議論或預料我們。」作爲全篇警策之所在。

如果我們將這兩篇相比較，可以發現：〈楚屈瑕敗蒲騷〉在文章作法上，比本篇巧妙；而本篇結論的推陳出新及警世的效果，則爲〈楚屈瑕敗蒲騷〉所不及。本篇結論的作法，可能是規摹杜牧的〈阿房宮賦〉，讀者不妨參看。

衛懿公好鶴 閔公二年

【題解】 衛懿公喜歡鶴，鶴就像享有祿位的大夫一樣。魯閔公二年（西元前六六〇年），狄人進攻衛國，衛國要授兵甲赴戰的時候，人們都說：「應該派鶴去，鶴實際上就享用了祿位，我們怎能作戰？」懿公把玦交給石祁子，把箭交給甯莊子，要他們防守而好自爲之。於是自己領兵迎戰，大敗而死。衛都爲狄所破，渡過黃河的衛國遺民只有七百三十人，立戴公於曹邑，得到齊桓公的幫忙，才安定下來。

呂祖謙藉此指陳歷史上多少帝王養許多浮華沒用的人，就像衛懿公所養的鶴一樣，更感慨鶴本是人們所愛的，一旦處於牠所不該處的地位，就爲人所疾惡，其他飛禽就更不用說了。當然有言外之意，說的是人無其才，居非其位，不免爲人所疾惡。

衛懿公以鶴亡其國。玩一禽之微，而失一國之心。人未嘗不撫卷而竊笑者，吾以為懿公未易輕也。世徒見丹其顛素其羽，二足而六翮者，謂之鶴耳。抑不知浮華之士，高自標置，而實無所有者，外貌雖人，其中亦何異於鶴哉？

稷下❶之盛，列第相望。大冠長劍，褒衣博帶，談天雕龍❷之辨，蠭起泉湧，禹行舜趨者，肩相摩於道。然擢筋之難❸，松柏之囚❹，曾無窺左足而先應者❺。是亦懿公之鶴也！鴻都之興❻，鳥跡蟲篆❼，自衒鬻者日至，受爵拜官，光寵赫然，若可以潤色皇猷。及黃巾之起，天下震動，未聞有畫半策、杖一戈佐國家之急，是亦懿公之鶴也！永嘉之季，清言者滿朝，一觴一詠，傲睨萬物，曠懷雅量，獨立風塵之表，神峯雋拔，珠璧相照。而五胡之亂，屠之不啻如几上肉，是亦懿公之鶴也！普通之際，朝談釋而暮言老，環坐聽講，迭問更難，國殆成俗。一旦侯景逼臺城❽，士大夫習於驕惰，至不能跨馬，束手就戮，莫敢枝梧，是亦懿公之鶴也！是數國者，平居暇日，所尊用之人，玩其辭藻，望其威儀，接其議論，挹其風度，可嘉可仰，可慕可親，卒然臨之以患難，則異於懿公之鶴者幾希？豈可獨輕懿公之鶴哉？

所用非所養，所養非所用；使親者處其安，而使疏者處其危；使貴者受其利，而使賤者受其害，未有不蹈懿公之禍者也。抑吾又有所深感焉：鶴之為禽，載於《易》，播於《詩》❾，雜出於詩人墨客之詠，其為人之所貴重，非凡禽比也。懿公乘之以軒，而舉國疾之，視猶鴟梟。然豈人之憎愛遽變於前耶？罪在於處非其據而已。以鶴之素為人所貴，一非其據，已為人疾惡如此，苟他禽而處非其據，則人疾惡之者復如何耶？吾於是乎有感。

【註釋】❶稷下　古地名，在今山東省臨淄城北古齊城之西，戰國時齊國曾在此設館，以招各國說客辯士。宣王時招攬遊學之士數千人，成為當時學術中心。見《史記．田敬仲完世家》。❷談天雕龍　戰國時，齊人騶衍，齊人稱為談天衍。稷下又有騶奭，修騶衍之文，若雕鏤龍文，被稱為雕龍奭。見《史記．孟荀列傳》。依劉向《別錄》說：「騶衍之所言，五德終始，天地廣大，盡言天事，故曰談天。」❸擢筋之難　戰國時燕將樂毅合五諸侯伐齊，楚使淖齒將兵救齊，齊湣王以淖齒為相，但淖齒殺湣王而與燕共分齊地。見《史記．田敬仲完世家》。依《戰國策．秦策》淖齒拔湣王之筋，懸於廟梁而死。❹松柏之囚　戰國時齊國最後君主建（無諡號），在秦滅齊後，被置於松柏之間而餓死。見《戰國策．齊策》。❺窺左足而先應者　窺，通「跬」，半步，一舉足。指站出來為國盡力者。語出《漢書．息夫躬傳》：「匈奴飲馬於渭水，邊疆雷動，四野風起，京師雖有精兵，未有能窺左足而先應者也。」❻鴻都之興　《後漢書．靈帝紀》：「光和元年……始置鴻都門學生。」注：「鴻都，門名也，於內置學。時其中諸生，皆敕州、郡、三公舉召能為尺牘辭賦及工書鳥篆者相課試，至千人焉。」❼鳥跡蟲篆　指文字的鳥篆蟲書。鳥篆為形如鳥雀的篆體古文字，也叫鳥書，鳥籀。《後漢書．蔡邕傳》：「後諸為尺牘及工鳥篆者，皆加引召。」蟲書為秦時八體書的一種，字體像蟲鳥形狀，王莽六體書則稱鳥蟲書，都是篆書的變體，用來寫旗幟及符節，也用作印章文字。❽侯景逼臺城　侯景，南北朝朔方人，善於騎射，原為北魏兵將，後歸高歡，高歡死，附梁封為河南王，後舉兵叛變，攻破建康，梁武帝被圍於臺城（宮城），餓死，乃自立稱漢帝，到處燒殺，長江下游大受破壞，史稱侯景之亂。後為梁將陳霸先、王僧辯擊敗，逃亡時被部下所殺。見《梁書・侯景傳》或《南史・賊臣傳》。❾載於易播於詩　《易・中孚》：「鳴鶴在天，其子和之，我有好爵，吾與爾靡之。」《詩・小雅・鶴鳴》：「鶴鳴于九皋，聲聞於野。」又如《詩・小雅・白華》：「有鶖在梁，有鶴在林。」

【語譯】衛懿公因為愛鶴而亡國。為了玩賞一種飛禽的小事，而失去全國民心的擁戴。人們沒有不按著書竊笑的，我卻以為懿公是不能太輕視的。世人只看見紅頭白羽，兩隻腳六根羽莖的，稱牠為鶴罷了。其實他們不知道那些虛有其表的人，自我標榜，而實際上完全沒有本事，外表雖然是人，實質又跟鶴有什麼不同？

齊國稷下極盛的時候，高屋華堂並列相望。那些頭戴高冠，腰佩長劍，身穿寬大的衣服，繫著闊大的衣帶，盡言天事，文如雕龍的說客辯士，如蜂起、如泉湧，像禹那樣不辭千里跋涉，像天下人歸附於舜那樣，在往齊國的路上肩碰肩。可是齊湣王被樂毅攻得流離失所，被淖齒抽筋懸梁的時候，以及齊王建被秦囚於松柏之間餓死的時候，卻不曾有左腳跨出半步為他們救應的人，這些人也都等於是衛懿公所養的鶴啊！當漢靈帝的時候，設於鴻都門。那些能夠寫蟲書鳥篆變體文字的人，自己賣弄本事以求官的天天都有，他們得到爵祿做了官，得到皇帝的寵愛而顯赫起來，好像可以為朝廷增添光采，奉獻宏遠的謀略。到黃巾賊造反，天下驚動，也沒聽說有那一個人提供半項策略或拿起一件武器去幫助國家解決急難的，這些人也都等於是衛懿公所養的鶴啊！晉懷帝永嘉年間，朝廷裏充滿了好爲清談之士，他們或飲酒作樂，或吟咏詩篇，目空一切，曠達的胸襟，雍雅的器度，超然於世俗塵囂之外，雋才挺拔如神峯突起，相得益彰如珠璧相照。但五胡亂華的時候，任人屠殺宰割就像俎上肉一樣，這些人也都等於是衛懿公所養的鶴啊！梁武帝普通年間，早上談佛下午論老莊，大家圍坐聽道，相互問難，舉國成爲風尚。一旦侯景造反，兵逼臺城，士大夫都驕縱懶散慣了，甚至都不能上馬作戰，於是束手被殺，不敢抵抗，這些人也都等於是衛懿公所養的鶴啊！這些國家，在平常沒事的時候，所尊崇重用的人，品評他們的文采詞藻，瞻望他們的威儀氣派，捧讀他們的評議言論，感受他們的風範器度，似乎都是可嘉許、可景仰、可羨慕、可親近的，但患難突然臨頭的時候，能跟衛懿公的鶴不同的，恐怕是太少了吧？我們怎能夠惟獨輕視衛懿公的鶴呢？

危難時所能用的人不是平時所養的人；平時所養的人不是危難時所能用的人。把平時親近的人處於安全的地方，卻把平日疏遠的人置於危險的境地。使享有尊榮的人蒙受利益，使地位卑賤的人承受禍害。這種作法沒有不重蹈衛懿公亡國之禍的。我另外還有很深的感慨：鶴這種飛禽，不但記載在《易經》中，也播揚在《詩經》裏，更常出現在詩人文士的吟咏之中，牠爲人們所珍愛看重，不是一般的飛禽所能比的。但衛懿公讓牠乘坐大夫的車子之後，全國的人都憎惡牠，看牠就像凶惡的鴟梟一樣。這難道是人們的愛憎突然變得跟以前不同了嗎？這是錯在牠居處在牠所不該居處的地位而已。以鶴這種一向爲人所珍愛的鳥，一旦居處在牠所不該居處的地位，都被人憎惡到如此的地步，如果其他的鳥禽居處在牠所不該居處的地位，那麼人們憎恨牠的程度又將如何呢？我對這有很深的感慨。

【研　析】本篇是直起直落而其間奇橫無比的奇絕之文，其文雄博奇麗，音響悲壯，憤歎淋漓。蘇東坡嬉笑怒罵之文，也無以過之。

文章一開始，就從衛懿公以鶴亡國直接談起，但敍述四句之後，突然說「懿公未易輕」，而浮華之士與鶴無異，便是十分奇橫的轉折。第二段排比了四件史事，說明很多人「亦懿公之鶴也」。作者依時代順序，列了戰國時代，齊國稷下的談天雕龍之士；漢靈帝時，那些鳥跡蟲篆之士；晉懷帝時的清談名士；以及梁武帝身邊談佛老的士大夫。這四小段譏諷痛斥，閎肆淋漓，感慨憤歎，流露無遺。第三段結論分兩層，一是說養非所用，正是亡國之禍根；一是處非其據，必為人所疾惡。尤其後者，他指的是鶴，但實際上說的是人；他說的是為人所疾惡，實際上也正是亡國禍根。言既酣暢，而意又無窮，這正是它的卓絕處。

里克諫晉侯使太子伐東山皐落氏 閔公二年

【題解】魯閔公二年（西元前六六〇年），晉獻公派太子申生去討伐東山皐落氏，要他滅狄而後返，里克諫止說：「太子是奉事宗廟祭祀、社稷大祭和早晚關照國君飲食的人，所以叫做冢子。國君離開都城，他就守護國家；如果另外派人留守，他就跟從國君前往。跟隨在外稱為撫軍，留守在內稱為監國，這是自古以來的制度。領兵在外，專斷策略，發號施令，這是國君和正卿所該做，而不是太子的事。領兵主要在掌握軍令，太子領兵如果事事向國君請示就失去了軍威，擅自發令而不請示就又不孝，所以國君的嫡子不該領兵。國君失去任命職官應守的原則，讓太子領兵而沒有軍威，又何必呢？而且臣下聽說皐落氏這回會傾力作戰，國君還是另派別人吧！」晉獻公卻說：「我有好幾個兒子，還不知道立誰為嗣呢？」里克沒回答而退出，見了太子，太子說：「我會被廢嗎？」里克說：「讓您治理百姓，教您熟悉軍事，害怕的是不能恭奉其事，完成使命，為什麼會被廢呢？而且為人之子只擔心自己不夠孝順，不擔心不能立為國君，修養自己而不責求別人，就可免於禍難了。」

本文標題只是上述這件事，但內容則包括五年之後，驪姬與里克取得共識，使里克在太子被害時保持中立的立場，還包括《國語》所記載，驪姬利用優施去勸動里克的情節，批評里克長於柔而短於剛，不知變通，因中立而誤事，所以是里克的評傳。

物之相資者，不可相無；物之相害者，不可相有。兩不可相無，則不得不合；兩不可相有，則不得不爭。合之者欲其兩全也，爭之者欲其一勝也。將全其兩，勿偏於一；將勝其一，勿分於兩。心不可偏，故調和於兩間者，謂之智；心不可分，故依違於兩間者，謂之姦。蓋兩者並立，然後有兩者之間；兩者既不並立，指何地而為兩者之間哉？彼未嘗有間，而我乃欲處其間，是知依違者非姦也，愚也！

父不可無子，子不可無父，非所謂相資而不可相無者耶？為父而傾子，險也；為子而傾父，逆也，故君子處父子之間，必以兩全為本。至於邪之與正，則相害而不可相有。有正則無邪，有邪則無正，安得有所謂邪正之間哉？將為君子耶，盍主其正？將為小人耶，盍主其邪？此君子斷然而欲其一勝也。當兩全而欲使一勝，則其一終不能獨勝；當一勝而欲使兩全，則其兩必不能俱全，亦審之而已矣。

醫之於疾，未嘗敢偏助一藏之氣，使之獨勝，兢兢然導養均調，俱不相傷，然後止。至於治癰疽❶，則潰肌流血無所愛，豈非身與癰疽決不可兩全耶？其視五藏則若驕子，惟恐有毫髮之忤；其視癰疽則若讎敵，惟恐有毫髮之存。是非前怯而後勇也，疾變則術變也。況當國家危疑之時，其可一其術而不知前後之變也耶？

是知立乎父子之間，合和而使之兩全，柔者可能也；立乎邪正之間，別白而使之一勝，剛者可能也。然用其柔於邪正之間，則懦而召姦；用其剛於父子之間，則激而生禍。以前為後，以後為前，亂不旋踵，自非權移於銖兩秒忽❷之中，機轉於俯仰笑嚬之際，孰能不差毫釐而謬千里哉？宜里克之工於前而拙於後也。

晉獻公將廢太子申生，先遣之伐東山，里克進而見獻公，則諫以君之嗣適，不可以帥師。退而見太子，則戒以子懼不孝，無懼弗得立。告父以慈，告子以孝，其處父子之間者至矣。其後驪姬殺申生之謀已成，憚克而未敢發，使優施以言動之，克猶用前術而不知變，乃曰：「吾秉君而殺太子，吾不忍；通復故交，吾不敢，中立其免乎！」驪姬得其中立之言，始無所憚，而新城之難作矣。是克知父子之間當兩全，而不知邪正不當兩立也。

兩刃之下，人不容足；兩虎之鬭，獸不容蹄。驪姬申生之際，夫豈中立之地哉？勢已新而方守其舊，勢已改而方守其初，用前術應後勢，克之所以敗也。

吾嘗論里克之為人，長於柔而短於剛。故能從容彌縫於無事之時，而不能奮厲感慨於有事之日。前所以中節者，適遇其所長而已；後所以失節者，適遇其所短而已。使克幸而早死，不及見驪姬之釁成，則其短終不露世，亦豈敢少訾之哉？雖然，人心不可兩用，所以處獻公申生之間者，惟恐其有向背。至拒驪姬，則又恐其向背之不明也。所以處獻公申生之間，惟恐其有厚薄；至拒驪姬，則又恐其厚薄之不分也。克之處此難矣哉。

曰：是不難。譬親而詈讎，同一舌也；揖客而擊賊，同一臂也，豈聞其相奪哉？《大學》之說：「所惡於上，毋以使下；所惡於下，毋以事上；所惡於右，毋以交於左；所惡於左，毋以交於右。」上下左右之間，皆欲兩全而不傷，何其恕也！至其論小人，則以謂：「仁人放流之，迸諸四夷，不與同中國！」又何其不恕也！嗚呼！昔之達者蓋知之矣。

【註釋】❶癰疽　惡瘡名，中醫稱大而淺者為癰，屬陽症；浮者為疽，屬陰症。是化膿菌引起，侵入皮膚的毛囊及皮脂腺，是癤的一種，但範圍較大，多長於頸、背、臀部等皮下脂肪較厚的地方。❷

忽，十忽爲一絲，十絲爲一毫，十毫爲一釐，十釐爲一分。權移於銖兩秒忽，是指秤錘移動於極輕微的時候，表示把握精確，絲毫不差。

【語譯】天下事物有相助益的，成爲不可互缺；天下事物有相爲害的，成爲不可共存。兩方不可互缺，那就不得不合作；兩方不可共存，那就不得不爭奪。合作的當然希望兩相保全，爭奪的只希望一方得勝。要兩相保全的，你不要偏於其中的一方；要一方得勝的，你不能分屬二心。不可偏於一邊，所以調合於兩者之間的，稱之爲智；心既不可分割，所以游移於兩者之間的，稱之爲姦。因爲兩者可以並立，然後才談得上處於兩者之間；兩者既然不並立，那裏還有兩者之間的地帶呢？他們沒有並立的空間地帶，而我還想處於兩者之間，可見在兩者游移的，不是姦，而是愚蠢！

父親不能沒有兒子，兒子不能沒有父親。這不就是所說相互助益而不可互缺的嗎？爲父親傾覆兒子，是陰險；爲兒子傾覆父親，是叛逆，所以君子處於父子之間，必須兩相保全爲前提。至於邪的和正的，是相爲害而不能共存。有正的一方，就沒有邪的一方；有邪的一方，就沒有正的一方，怎麼能够有所謂邪正之間的呢？將做爲君子，何不到正的一方？將做爲小人，何不到邪的一方？這正是君子毅然決然而想讓一方勝利的原因。應當兩相保全的而想使一方得勝，結果任何一方都不可能獨勝；應當只有一方得勝的而想使雙方保全，結果兩方都不可能皆全，所以要審愼從事。

醫生對於治病，不曾敢偏助某一臟的元氣，使它特別強，一定是戰戰兢兢地引導五臟內腑平均調養，使它不相傷害而後止。至於治癰疽毒瘡，那就讓肌肉潰爛流血，也無所愛惜，難道不是因爲身體與癰疽絕不可兩全嗎？把五臟看成像寵愛的兒子一樣，惟恐它有絲毫的不順暢；把癰疽看成像仇敵一樣，惟恐它有絲毫的留存。這並不是原先怯弱而後來果敢，是因爲疾病不同，方法也就不同。更何況當國家危難驚疑的時候，怎麼可以只用一種方法而不知道前後應當變通呢？

由此可知，居處於父子之間，協調他們使雙方保全，是柔和的人可以做得到的；居處於正邪之間，區別他們使一方獨勝，是剛烈的人可以做得到的。但是用柔和的態度處於正邪之間，便會因懦弱而召致姦邪；用剛烈的態度處於父子之間，則會因激動而召致禍害。以前者爲後者，或以後者爲前者，禍亂隨之而至，如果不是權變精確，轉變契機於俯仰之間，誰能够不因爲失之毫厘而差之千里呢？當然里克能善處於前而拙劣於後了。

晉獻公將要廢太子申生的時候，先派遣他去伐東山，里克晉見獻公，而諫說君的嫡長之子，不可以領兵作戰。退下來見太子，則告誡爲人之子只怕不能盡孝，不怕不能繼位。勸告爲父者要慈愛，勸告爲子者要孝順，他處於他們父子之間，可以說太完美了。到後來驪姬要殺害申生的計謀已規劃完成，但顧忌里克而不敢發動，派優施用言語來說動他，里克仍然用以前的方法而不能變通，於是說：「要我奉君命去殺太子，我不忍心；要我因舊交情而去通知太子，我又不敢。保持中立總可以免禍吧！」驪姬得到他中立的保證，才沒有顧忌，而太子死於曲沃的禍難便發生了。這是里克知道父子之間應當兩相保全，而不知正邪之間是不應該並立的。在兩把刀刃對峙之下，人不能在中間立足；在兩虎相鬭之下，野獸不能中間立足。驪姬和申生之間，哪還有中立的地帶？形勢已經變新，而守著原有的策略，用原先的方法應付以後的形勢，這正是里克失敗的原因。

我曾經研究里克的爲人，他擅長於用柔和的方法，而不擅長運用剛烈的手段。所以他能從容地彌補缺失裂痕於太平無事之時，卻不能積極地奮揚衝刺於國家有事之日。以前他之所以能中規中矩，那是恰好用上了他的長處罷了；後來他之所以不合節度，那是正好觸及了他的短處罷了。假使里克僥倖而早死，沒能趕上驪姬造成禍害，那麼他的缺點就不會暴露出來，世人那裏敢對他稍加批評呢？雖然如此，人心是不可兩用的，所以處在獻公和中生之間的人，是惟恐你向著一方而不向著另一方。至於抵制驪姬，則又惟恐你向著某一方不夠明朗。所以處於獻公和中生之間，惟恐自己有厚薄之分；至於抵制驪姬，則又惟恐自己沒有厚薄之分。里克處在這境地也實在太困難了。

這一點我卻認為不困難。讚美親長和責罵仇敵，用的是同一個舌頭；接待賓客和攻擊盜賊，用的是同一隻手臂，難道聽說他有為兩種作用而爭執不下的嗎？《禮記．大學》說：「我不願在上位者怎樣待我，我就不要那樣待下位的人；我不願下位者怎樣對我，我就不要那樣對上位的人……我不願在右的人對待於我的，我就不要那樣對待在左的人；我不願在左的人對待於我的，我就不要那樣對待在右的人。」上下左右之間，都想兩全而不傷害，多麼講究恕道呀！至於說到小人，那就說：「仁者在位，能流放惡人，把他們驅逐出境，不讓他們和大家一起住在中原境內！」又多麼不講恕道啊！唉！可見古代通達事理的人，他們就已明白其中的道理了。

【研析】假使一個人功過相參、成敗互見，一般評論者都不免為他的成功而贊歎，為他的失敗而婉惜。或說他為德不卒，或說他老而昏聵，很少去注意他基本性格的一致，從他的人格特性去觀察他的成敗功過，而呂祖謙評里克卻用了這樣的觀點，這是十分難得的。

他分析里克「長於柔而短於剛」，處父子之間該用柔，所以他處理得不錯；處於正邪之間該用剛；他就處理得不好，這是全文的中心。而討論時，從父子之間和正邪之間不同，作為大前提，成為前半篇討論焦點。

文章一開始，先說明：物有相互為益，不可互缺；也有相互為害，不可共存。人在處理時，態度自然要不同：有的求其調和，有的只能決定依違而已。第二段指出父子之間是互益不可互缺，處於其間，應求調合而兩全；至於正邪之間是互害而不能並存，沒有中立的餘地，只有或依或違而已。第三段再以治病爲例，說明有的要調合，有的要割捨，也藉此說出方法不同、態度不同。第四段就此立論，說明協調父子關係要柔，依違正邪之間要剛，也藉此指出里克就是沒能應變而留下敗筆。第五段就史實說明里克的不知變通。第六段指出里克爲人，長於柔而短於剛，並提示剛柔互用是不是很難的問題。第七段以《大學》的兩段話說明因對象不同而態度不同，其實並不難。

本文段落較多，但層次分明，條理井然，先提事物關係的兩種類型，然後說到父子之間和正邪之間，再以治病爲例，說到處理手段和態度的不同，於是說到里克的不能應變，再分析他長於柔而短於剛。最後說到剛柔互用的必要，依對象不同而變，並不太難。

當然我們可以說：探討處理父子之間和正邪之間，其方法和態度的不同，是評里克的張本，所以用了三段的筆墨，反復討論，爲批評里克奠定堅實的理論基礎。其實也未嘗不可以說：前部分是作者觀念之所在，評里克只是附帶作爲印證而已。不過有一點是可肯定的：兩部分的相互爲用，使觀點更突出，文章更精彩，那是無可置疑的。

齊侯戍曹遷邢封衛 閔公二年 諸侯救邢 僖公元年 城楚丘 僖公二年

【題解】魯閔公二年（西元前六六〇年）十二月，狄人伐衛，衛懿公好鶴，國人不肯出力，招致亡國，能渡過黃河的遺民只七百三十人。立戴公於曹邑，都已於前面述及。這次齊桓公派了公子無虧率兵車三百輛，甲士三千人，守衛曹邑，還贈送戴公車輛馬匹、祭服、門材，及牛、羊、豕、鷄、狗各三百，送夫人上等錦三十匹。又在魯僖公二年（西元前六五八年）正月，率諸侯於楚丘爲衛國築城。另外，邢國也在魯莊公三十二年（西元前六六二年）冬天爲狄所進犯，次年正月求救於齊，管仲力主救邢，桓公出兵。當時邢已潰敗，齊國聯合宋、曹二國，逐狄人，但爲了安全起見，在魯僖公元年六月，將邢遷到夷儀，並爲邢築城。由於桓公幫助衛國周到，對邢國器具不曾私取，所以《左傳》寫「邢遷如歸，衛國忘亡」（邢國雖遷都，但東西都還在，就像以前在老家一樣方便；衛國都忘其亡國的困頓），以稱許齊桓公。

呂祖謙則指責齊桓公都是亡後兩年，才爲他們築城，都是要他們飽嘗困頓之後，才予以救助，以邀功邀名，非王者之仁心。其實齊桓公對衛國，已及時施予援手，就以狄入衛到築楚丘城來說，雖過了兩個年，但實際上只有一年又一個月；救邢以至遷夷儀雖然兩年多，但其間爲邢逐退狄人，收復之後再作搬遷，原本不是流離失所，所以本篇就文章來說，是推勘至隱，不免厚誣古人。

王者之所憂，伯者之所喜也；伯者之所喜，王者之所憂也。王者憂名，伯者喜名。名胡爲而可憂耶？不經桀之暴民，不知有湯；不經紂之惡，民不知有武王。使湯武幸而居唐虞之時，無害可除，無功可見，湯自湯，武自武，民自民，交相忘於無事之域，則聖人之志願得矣。功因亂而立，名因功而生，夫豈吾本心耶？是故雲霓之望❶，非湯之盛也，乃湯之不幸也；壺漿之迎，非武王之盛也，乃武王之不幸也。伯者之心異是矣。

凡王者之所謂不幸，乃伯者之所謂大幸也。王者恐天下之有亂，伯者恐天下之無亂。亂不極則功不大，功不大則名不高。將隆其名，必張其功；將張其功，必養其亂。狄以閔之元年伐邢，其後二年，而齊始遷邢於夷儀；狄以閔之二年滅衞，其後二年，而齊始封衞於楚丘。齊桓之恤二國，必在於二年之後者，何也？所以養其亂也。齊桓之心以爲：當二國之始受兵，吾亟攘夷狄而卻之，則亦諸侯救災恤鄰之常耳，其迹必不甚奇，其事必不甚傳，其恩必不甚深，曷足以取威定伯哉？先飢而後食之，則其食美；先渴而後飲之，則其飲甘。今吾坐養其亂，待其社稷已顛，都邑已傾，屠戮已酷，流亡已衆，然後徐起而收之，拔於危蹙顛頓之中，置於豐樂平泰之地。是邢衞之君，無國而有國；邢衞之民，無身而有身也，深仁重施，殆將淺九淵❷而輕九鼎❸矣。故其功名震越，光耀赫然，爲五伯首。向使絕之於萌芽，則名安得如是之著耶？

嗚呼！邢衞之難，曰君曰卿，曰士曰民，肝腦塗中原，膏液潤野草，苟仁人視之，奔走拯救，不能一朝居也。今齊桓徒欲成區區之名，安視其死，至於二年之久，何其忍耶！長人之亂而欲張吾之惠，多寇之虐而欲明吾之勳，是以萬人之命，而易一身之名也，是誠何心哉？今人乍見孺子將入於井，怵惕惻隱之心不期而生，此人之眞心也，眞心一發，森不可禦，豈暇計其餘哉？有人於此謂：「彼未入於井而全之，其功淺；既入於井而全之，其功深。縮手旁觀，俟其既墜，乃始褰裳濡足而救之。則其父母必以爲再生之恩，鄉鄰必以爲過人之行，義概凜凜，傾動閭里。回顧前日未入井以救之者，父母不謝，鄉鄰不稱，若大不侔。然則爲孺子計者，寧遇前一人耶？寧遇後一人耶？噫！此王伯之辨也！

【註釋】❶雲霓之望　人民受暴政之害，渴望商湯的軍隊來征，就像大乾旱的時候，渴望天空出現烏雲和彩虹。見《孟子．梁惠王下》。❷九淵　水的最深處。《莊子．列禦寇》：「夫千金之珠，必在九重之淵。」❸九鼎　古代象徵王朝政權的傳國寶器。相傳夏禹所鑄，以象九州。每當王朝滅，鼎則易主而遷移，所以用以比喻分量之重。

【語譯】行王道的人所憂慮的，是建霸業的人所喜歡的；建霸業的人所喜歡的，是行王道的人所憂慮的。行王道的憂慮得到名聲，建霸業的人喜歡得到名聲。名聲爲什麼可憂慮呢？不經過夏桀的暴虐，人民就不知道有商湯；不經過商紂的殘惡，百姓就不知道有武王。假如商湯和武王幸而生於堯舜的時代，沒有禍害可以剷除，沒有功勞可以顯現，商湯還是商湯，武王還是武王，人民也守百姓的職分，在太平無事的境地，不相牽涉，不相掛記，那麼聖人的願望也就達到了。功勞是藉著禍亂才能建立，名聲是藉著功勞而產生，這那裏是我原本的願望呢？所以人民像大旱時期待烏雲那樣的期待他，這不是商湯的好事，而是商湯的不幸；人民帶著器物裝著食品來迎接他，這不是武王的好事，而是武王的不幸。但是要建霸業的人，心態就和他們不同了。

凡是行王道的人所說的不幸，都是建霸業的人所說的大幸。行王道的人惟恐天下有亂事發生，建霸業的人惟恐天下沒有亂事發生。紛亂不到極點，功勞就不夠大；功勞不夠大，名聲就不夠高。想要提高他的名聲，就一定要誇張他的功勞；想要誇張他的功勞，就一定要助長別人的紛亂。狄人在閔公元年侵犯邢國，在此之後兩年，齊侯才把邢遷到夷儀；狄人在閔公二年滅了衛國，在此之後兩年，齊侯才封衛國於楚丘。齊桓公救助這兩個國家，都一定在兩年以後，這爲什麼呢？是用來滋長他們的禍亂的。齊桓公的心裏認爲：當這兩國剛開始受到侵犯的時候，我如果急於排拒夷狄而把他們打退的話，只是一般諸侯救助災難、體恤鄰邦的常事而已，這種行爲並不很稀奇，這種事情並不會被傳揚，這種恩惠也不很深，怎麼足以建立威信而奠定霸業呢？先讓他饑餓然後才給食物，那些食物才會甜美；先讓他受渴然後才給水，那些水才會甘甜。如今我要等待他們滋長了禍亂，等他社稷崩潰，都邑傾覆，屠殺已夠慘酷，流亡在外的人已夠多，然後慢慢出來收拾殘局，提救他們於危難窘迫顛沛困頓之中，安置他們於豐厚快樂安舒順適之地。這樣是讓邢、衛二國之君，在沒有國家之後又有了國家；邢、衛兩國人民，在不能安身立命之後又能安身立命，那麼這深厚的仁德、重大的恩惠，都會使他們覺得九淵都不夠深，九鼎都不夠重了。這樣的話，功勞和名聲就震動天下，光芒萬丈，可以成爲五霸之首。假使當初禍亂剛萌芽的時候就去杜絕的話，名聲怎麼能夠顯赫呢？

唉！邢和衛的災難，那些國君、正卿、士大夫以及人民，肝腦塗於中原之地，膏脂血液滋潤了野草，只要是有仁心的人看見了，都會到處奔走設法去拯救他們，不能有一天的安居。如今齊桓公只是想成就個人小小的名聲，安然見死不救達兩年之久，多麼殘忍啊！助長別人的災難而想張揚自己的恩惠，加多盜賊的暴虐而想顯示自己的功勳，這是以萬人的生命，來換取自己的名聲，是何種心腸啊？現在假使有一個人突然看見一個幼兒，將要掉到井裏，恐懼和憫憐不忍之心就自然產生了。這是人的眞心，這眞心一旦產生，就不能壓抑，哪裏還有時間去計較其他的呢？假使有人在這時說：「還沒有掉入井裏就去幫助他，功勞小；掉進井裏才去救他，功勞大。」因此就袖手旁觀，等他掉進去了，才挽起衣裳，浸濕了腳去救他。那麼他的父母以爲你有再造之恩，鄉鄰的人以爲你有過人之行，於是義氣凜凜，轟動鄉里。回想先前在幼兒還沒掉進去就去救的，小孩的父母不曾道謝，鄉鄰的人也不曾稱贊，就大大不同了。但是如果爲這幼兒設想的話，寧可遇到前面那個人呢？或寧可遇到後面那個人呢？唉！這就是王道和霸術的區別！

【研　析】本文一開始，使用「回文」的修辭方式，以求連續不斷之妙，但基本上是失敗的。因爲它採取完全廻環往復的方式，缺少變化，像《老子・五十六章》：「知者不言」，接的是「言者不知」，而不是「不言者知」。有了變化，使下句有了不同的內涵。當然，完全廻環往復並不是一無是處，則要兩句內涵不完全同相，如「人人爲我，我爲人人」，或「國語的文學，文學的國語」（胡適），簡潔而不雷同。本文一開始的兩句，句子廻環往復而意義雷同，所以是敗筆。不過本篇氣盛而又推敲入微，技巧是十分精妙的。

第一段以王者憂名，霸者喜名，籠罩全篇，爲以下批評齊桓公之張本。第二段敲定齊桓公養亂以求名，第三段推勘霸者喜名的弊端，是在於用心不眞。文中所謂「雲霓之望」、「壺漿之迎」都是出於《孟子》；「孺子將入於井」的譬喻，以及王霸之辨，也是出於《孟子》；文章氣盛，更得自《孟子》。不過孟子不曾如此推勘至隱。這種推定對方心思，對方除非有翻案的鐵證，否則眞是百口莫辯。

本文結束先用似詰問似點醒的問句，看似平淡而實激徹，再以「此王霸之辨也」一語頓住，既回應篇首，而又有千鈞之力，實在十分奇絕。

衛文公大布之衣 閔公二年 趙宣子為國政 文公六年 晉悼公即位 成公十八年 晉侯謀所以息民 襄公九年 楚蒍掩為司馬 襄公二十五年 平王封陳蔡復遷邑 昭公十三年 子旗請伐吳 昭公十三年 楚子使然丹屈罷簡兵 昭公十四年 楚城州來 昭公十九年

【題解】衛國在懿公亡國之後，另立戴公於曹邑，但當年戴公死，文公立。文公在楚丘勵精圖治，穿粗布衣、戴粗帛帽，努力建設，教導農民，嘉惠工商，重視教化，任用賢能，所以在魯閔公二年（西元前六六〇年）時，只有兵車三十輛，在位二十多年，終於有兵車三百輛。魯文公六年（西元前六二一年），晉陽處父調趙盾為中軍主將，於是掌理國政，於是制定規章、修訂法令、清理訴訟、督捕逃犯、使用契約，清除政治上的污染，恢復被破壞的禮制，重建已廢棄的官職，任賢能以暢通人事管道，作為國家的常法。魯成公十八年（西元前五七三年），晉悼公即位，雖然當時只十四歲，卻有所作為。施恩惠，免勞役，停止追討百姓對國家的積欠，照顧鰥寡、起用賢良、救濟貧困、援助災難、禁止邪惡、減少賦稅、寬恕罪犯、節省器用，用民不違農時。當時各部門長官，都是百姓贊揚的人。被任用的人不失職，做官的人都守本分，爵位不超過德行。軍隊上下有禮，百姓全無怨言。所以能再稱霸於諸侯。魯襄公九年（西元前五六四年），晉悼公率諸侯之師圍鄭歸來，計議休養生息，魏絳請求施恩惠、免勞役，拿出積蓄借給人民。於是自晉侯以下有積蓄的，全部拿出，使財物流通，百姓不困乏，不禁止百姓牟利，而國無貪民。祈禱用財幣而不用牲，招待賓客只用一牲。不制作新器物，車馬服飾只求夠用。這些措施實行一年，國家有節度，於是三度出兵，楚國都不能抗衡。魯襄公二十五年，楚國蒍掩做司馬，子木讓他治理軍賦，於是記錄土地田澤，度量山林木材，規劃藪澤使用，區別高地情況，標出鹽分地、計算水流地，衡量低濕區，然後區分小耕地，畫出低濕畜牧區，在肥沃地帶規劃井田，依收入訂賦稅，儲備兵車馬匹，徵用士兵及武器，完成之後交付子木，《左傳》許其合禮。魯昭公十三年（西元前五二九年）楚平王得位，事先曾許諾陳、蔡復國，所以依承諾重建陳、蔡，賞賜財物給有功的人，赦免罪人，起用被廢的人，連喚使子干要殺他的觀從，都依其願望，當了卜尹。同年，吳滅州來，楚令尹子旗請求伐吳國，楚平王說：「我還沒安撫百姓，沒有事奉鬼神，沒有修防禦設備，沒有安定國家而用民力，失敗了就後悔莫及。」於是不答應。次年派然丹在宗丘檢閱上游地區的兵力，並安撫百姓、救濟貧窮、撫育孤幼、供養病老、收容流浪漢、救助受災戶、寬免孤兒寡婦的賦稅、赦免罪人、禁治姦邪。暢通人事管道，禮遇新人，獎賞功勳，和睦親族，任用賢良。又派屈罷檢閱下游兵力，和上游一樣，而結好四鄰，與民休養生息五年，然後用兵，《左傳》也以為有禮。五年之後，楚國為州來築城，沈尹戌認為楚未能在國內節約，在國外樹德，而如今宮室無度，人民疲弊，不是安撫之道。

呂祖謙列舉了衛文公、晉趙盾、晉悼公、楚蒍掩等治國有方的記載，歎後世不能用其法，並舉楚平王也有類似的作為，只惜不能常守，所以楚國還是不振。

將以天下之事而責之一人之身，本數末度，弛張廢置，品叢目雜，參錯填溢，非立談之間所能決也。必精思熟慮，用心不知其幾，然後粗能通其本原。博問廣詢，閱人不知其幾，然後粗能熟其利害。歷歲踰時，費日不知其幾，然後粗能成其紀綱。法雖備矣，未嘗試而驟欲布之，天下從歟？違歟？欣歟？戚歟？有效歟？無效歟？是皆未可前定也。用法者方且怵然疑，慄然懼，必待事果便，國果治，然後敢自安。法未出之前，營度布置，如彼其勞也！法既出之後，憂疑皇惑，如此其危也！嗚呼！難矣哉！

吾讀《左氏》，至衞文公、趙宣子、晉悼公、魏絳、蔿掩之治國，規摹條畫，巨細畢備，確實切近，可舉而行，如入陶朱❶之室，物物可以濟貧；如發倉公❷之笥，物物可以伐病。非為空言者也！世之為治者，與其鑿空創意如是其難，曷若取數公已成之法，按而行之乎？所以漫不加省者，特易之以為紙上語耳。噫！自衞文而至蔿掩，其治法載在方册者，雖止於數簡，曾不知其經畫之初，耗精敝神，竭平生之力，然後僅能底於此也。是數公平生之精力，聚於數簡之間，其可以紙上語易之歟？彼苦身而立其法於數千百載之前，我安坐而得其法於數千百載之後，彼任其勞，而遺我以其逸，可謂幸之尤者也。

工之巧者，不肯授人以其法；琴之妙者，不肯授人以其調，固有服役終身而莫得其傳者矣。使幸而得之，其喜為如何！其感為如何！治國之法，非一工一琴比也。今數公治國之良法，表裏纖悉，《左氏》盡發其秘於書，學者一開卷而盡得之，反不知貴重，豈不怪耶？必嘗習畫，然後知珍顧陸之圖❸；必嘗習字，然後知寶鍾王之帖❹。持以示田舍翁，則詆為敗素腐楮耳。苟未嘗留意治體，亦安知數公之遺法可貴哉？

或曰：楚平王之始得國，有罪舉職，簡兵撫民，其法與數公無異者，然楚終不振，是法不足以為治也。曰：使平王常守是法，而楚終不振，謂法不足為治可也。其後宮室無量，民人日駭，則既不能守是法矣。然則楚之不振者，非法之罪也，廢法之罪也。今日服參朮❺，明日服烏喙❻，乃指參朮為殺人，可不可耶？

【註釋】❶陶朱　即春秋時的范蠡，在輔佐句踐與越滅吳之後，棄官遠去，至陶，稱朱公，以經商致富，後來因以陶朱公稱富者。見《史記．貨殖列傳》❷倉公　即漢代淳于意，曾為齊太倉長，所以稱倉公。喜好醫術，為治病能手，與扁鵲並稱名醫。見《史記．扁鵲倉公傳》。❸顧陸之圖　指名畫家的名作。顧指東晉畫家顧愷之；陸指南朝宋畫家陸探微。陸游〈梅花絕句〉：「安得丹青如顧陸，憑渠畫我夜歸圖。」❹鍾王之帖　指書法家的名作。鍾指三國魏鍾繇；王指晉王羲之，皆善書，世稱鍾王。❺參朮　都是根莖藥用植物，參有人參、丹參、紫參、玄參、沙參、苦參等；朮有白朮、蒼朮等，多用於補身。❻烏喙　毒草名。即附子，也稱烏頭。

【語譯】將天下的事情要求一個人去策畫，要衡量本末，有的要大張旗鼓，有的要暫且擱置，由於項目龐雜，彼此又錯綜複雜，不是站在那兒說一說就可以決定的。必須要經過深思熟慮，不知用多少心思，然後才能粗略地瞭解它的本原。經過廣泛的意見交換，不知要見多少人，然後才能粗略地知道其中利害關係。經年累月，不知要費多少時日，然後才能粗略地完成綱要。方法雖然具備了，沒有經過試驗而想突然頒布天下，人家會依從呢？或是會違抗呢？會高興呢？或是會憂戚呢？將有效呢？或是沒有效呢？這些都是不能事先料定的。用法的人尚且驚恐疑慮，戒懼小心，必定等到做起來果然便利，國家果然安定，然後才敢安心。辦法還沒推出之前，經營布置，是那麼辛勞！辦法推出之後，憂慮惶恐，是那麼深危！唉！眞是不容易啊！

我讀《左傳》，讀到衛文公、趙宣子、晉悼公、魏絳、蔿掩他們治理國家，列舉規模，大小都很完備，並且確切而實際，可用來推行，就好像進入陶朱公的家，每件東西都很貴重，都足以救濟貧窮；又好像打開倉公的簍筐，每件東西都有藥效，都足以治病救人。都不是徒託空言的啊！世界上治理國家的人，與其憑空創意這樣的困難，爲什麼不取這幾位已成功的辦法，照樣去遵行呢？他們之所以漫不經心不加注意，是以爲那只是紙面上的話而輕視了它。唉！從衛文公到蔿掩，他們治理的方法記載在木版簡册上的，雖然只是數個簡片，難道不知道他們當初經營策劃的時候，耗精費神，盡一生之力，然後僅能得到這些。所以這幾位先人盡一生的精力，聚集記在這幾片竹簡之間，豈能以爲是紙面上的話而輕忽呢？他們勞苦其身而建立法度規模於幾百年之前，我們安逸地坐著而得其法度規模於幾百年之後，他們承當了勞苦，而給我們安逸，可以說是幸運中的幸運者了。

工藝精巧的，不肯把方法傳授給別人；琴藝高妙的，不肯把譜調傳授給別人，都有一輩子幫他們做事而得不到傳授的。假使幸而得到，那是如何的欣喜！如何的感激！而治國的方法，不是工藝或琴技可以比擬的。現在幾位先賢治國的好方法，裏裏外外詳詳細細，《左傳》把所有的奧秘都寫在書上，學習的人只要一打開書就可以全部得到，反而不知道珍惜貴重，豈不是怪事嗎？一定要曾經學過繪畫，然後才能知道顧愷之和陸探微的畫是珍貴的；一定要曾經學過書法，然後才能知道鍾繇和王羲之的法帖是珍貴的。如果拿這些去給老農夫看的話，就會被指爲是破敗的素絹和紙張罷了。假使不曾留意治國的體要，又怎麼能夠知道這些先賢所留的治國之法是可貴的呢？

或許有人會說：楚平王在剛得位的時候，也赦免罪犯、舉賢任職、檢閱兵力、安撫百姓，他的方法和那幾位先賢沒有不同，但楚國還是沒有振興，所以那些方法並不能使國家平治。我以爲：假使平王能一直用這些治國之法，而楚國始終不振興，於是說這些方法不足以治國，那是可以的。但後來他擴建宮室沒有節制，百姓生活於驚駭之中，那他已不能守這些法度了。這麼說來，楚國沒有興盛起來，不是那些治國之法的過錯，而是廢棄那些治國之法的過錯。就像今天服用了人參白朮，而明天吃了烏喙，卻指責人參白朮把人毒殺了，這可以或不可以呢？

【研　析】古有治國之良法，詳載於典册，後人不能用，這固然足以慨歎，但這種文章不容易寫好。要寫好它，就要有精巧的設計。讀者不妨先自忖將怎麼寫，然後再看呂祖謙的安排。

先強調治國之法規劃不易，從構思到諮詢到定案，連用幾個「不知其幾」並列，以強調其難。接著談頒行天下，他先設想幾句問話，以強調其疑懼，以歸結其難，這是第一段。第二段提出幾位先賢的治國之法，完備可行，但人們漫不注意。爲使文章有波瀾，於是先推想理由，然後再去推翻這些理由。第三段以工藝及琴技不輕易傳人，人知其可貴，而治國之方卻不知貴重，豈不可怪，再以字畫爲例，說明惟有習之者才知可貴。這也是先說可怪，然後再剖析，以知其不可怪，並意在言外，指責不惜先賢治國之法，就是未嘗留意治體。文章到此，本可結束，卻又自己設問，提出楚平王也用過這些治國之法，但楚終不振，是不是其法不足治國？然後自答，說明是他不能常守其法，以非其法之罪作結，使文章所探討的內容更進一層。

由於作者善於設定理由，又加以推翻；嘆其可怪，又剖析不可怪；設問其法是否不良，然後再加否定。先後數度翻騰，所以文章波瀾迭起；加上巧工妙琴、字畫珍品，以及藥物等譬喻，加強了文章妙趣與說服力。其巧妙的安排，實在令人嘆服。

晉荀息請假道於虞以伐虢 僖公二年　虢公敗戎於桑田 僖公二年　晉復假道於虞以伐虢滅虢滅虞 僖公五年

【題解】魯僖公二年（西元前六五八年），魯大夫荀息請求以屈地所產的駟馬和垂棘所產的玉璧，向虞國借路以攻打虢國，晉獻公說：「這都是我的寶貝啊！」荀息說：「只要借得到路，東西就像放在外庫一樣。」晉侯說：「有宮之奇在那裏，我們恐怕難以如願。」荀息說：「宮之奇爲人懦弱，不能強諫，而且從小在宮裏和虞君一起長大，虞君親暱他，不會聽他的諫言。」於是派荀息到虞國借路，虞公答應了，還請求虞軍先攻，宮之奇勸阻無效，滅了虢國的下陽。但這一年虢公仍在桑田打敗戎人。三年之後，晉侯再度借道攻虢，宮之奇說了脣亡齒寒的道理，虞公說：「晉和我同宗，怎麼會害我？」宮之奇說：「虢仲、虢叔是王季的兒子，做過文王的卿士，有功於王室，晉國都要滅它，怎會愛惜虞國？何況虞國會比桓叔、莊伯更親嗎？怎會愛惜呢？虞公說：「我祭祀豐潔，神必保護我。」宮之奇則說鬼神惟德是依。虞公不聽，宮之奇帶了族人離開虞國，並預言虞國過不了這一年，晉國不必再舉兵，這次一定把虞一起滅了。果然晉國滅了虢國，回程把虞也滅了。

呂祖謙以爲人臣諫君，在君未明白之前，不在已明白之後，虞公早知其中利害，只是貪璧馬而圖僥倖，宮之奇不了解國君的心理，雖忠也無能爲力，並論荀息不得稱之爲智。

諫之用，在於君未喻之前，而不在於君已喻之後。此人臣事君之常法也。然君已喻而不諫，其名一，其實二。已喻而不爲耶，是不待諫也；已喻而不改耶，是不當諫也。既曰喻矣，其猶不改，何也？怵其利而冒其害也。人臣之極諫者，吾聞其語矣，曰：是必姦，是必詐，是必危，是必亡。深切著明，庶幾君之一悟耳。今君已知其爲姦詐，已知其爲危亡，不勝其欲而直犯之，反飾游辭而拒我，又奚以諫爲？

虞以貪，虢以驕，自取滅亡，皆不足深論，吾獨怪虞公拒宮之奇之諫，其語太不切事情。久而後悟：虞公姑飾游辭，以對宮之奇耳。晉獻公戕害同宗，滅霍滅魏，不可以一二數，皆置勿議。請專以假道一事論之，晉姬姓也，虞姬姓也，虢亦姬姓也。晉加兵於虢，而虞公乃語宮之奇曰：「晉吾宗也，豈害我哉！」虞公雖昏，未至於遽忘虢公之姓也！其言果何謂耶？蓋虞公心知晉非善意，特怵於璧馬之利，不能自制，冒其害而爲之，若正告人以眞情，曰：吾甚愛璧馬，不暇顧晉之詐，則必爲人所姍笑，故枝辭❶曲說，汎爲悠悠之言，苟以窒宮之奇口而已，其心豈以晉為誠不害同宗者哉？奇遂謂虞公誠不知晉虢為同宗，乃若教乳兒稚子者，提其耳而誨之，何其暗於事情也！

虞公亟欲絕奇之言，以謂若與奇論人事，則吾說有時而窮，不若託之神怪，推墜於混瀁茫昧之中，俾無所攷質。於是又曰：「吾享祀豐潔，神必據我。」亦特借神怪以拒奇，初非眞以為神可恃也。奇復區區進其說，贅矣！大抵君未知其不然，故當告之以不然；君已知其不然，復瀆告之不然，無益也。奇則忠矣，然何補於成敗之數哉？

至於荀息以璧馬之微，覆瀆虢如反掌，世皆以為智；以吾觀之，息亦未得為智也。息之為晉謀，一工而一拙。息之料宮之奇，一中而一失。璧馬復歸，而坐得兩國，工矣。驪姬申生之釁，近在肘腋，曾不能謀，拙孰大焉？預料宮之奇雖諫將不聽，固已奇中。若奇前後之諫，蹇蹇不屈，而反謂其懦，不能強諫，非失耶？彼料宮之奇或中或失，未足以為晉之存亡，乃若拙於內難而不能謀，此晉所以國統屢絕而幾不血食也，焉得智？

【註釋】❶枝辭　支離無章，或無關宏旨浮而不實的言詞。

【語譯】諍諫的運用，是在於國君對事理還沒弄清楚之前，而不在國君已清楚之後。這是臣子事奉國君的通則。但國君已明白而不再諍諫，說起來好像只是一種情況，其實是有兩種情形。國君已明白而不去做，是不必再諫了；已明白而不肯改，是不應當再諫了。既然已明白了，仍然不肯改，這是爲什麼呢？那是爲利益而動心，甘心冒受害的風險。做爲臣子極力諍諫的，我聽過他們說的話：指出那一定是姦邪的，那一定是詭詐的，那一定是危險的，那一定會滅亡的。既深切又明白，希望國君能够感悟罷了。如今國君已經知道那是姦詐的，已經知道那會危亡的，但禁不住貪欲的誘惑而去犯了它，反而用掩飾不實的話來拒絕我，那又何必諍諫呢？

虞因貪婪，虢因驕縱，於是自取滅亡，都沒有什麼好說的，我只是奇怪虞公拒絕採納宮之奇的諫言，他的話實在很不實際。久了以後我才領悟：虞公姑且掩飾浮說虛言，以對付宮之奇罷了。晉獻公殺害同宗，滅霍國和魏國，難以一一計數，這些都不說吧！就專以借路這件事來說，晉國是姬姓，虞國是姬姓，虢國也是姬姓啊！晉國對虢國用兵，而虞公對宮之奇說：「晉國是我們同宗的，那裏會害我呢！」虞公雖然昏庸，總不至於突然忘了虢公的姓吧！他的話爲什麼這樣說？其實虞公心裏明知晉國不懷好意，只是因璧玉寶馬的利誘而動心，禁不住要冒風險去做，如果他明白地以眞情告訴別人，說我很喜愛璧玉和寶馬，已顧不得晉國的詭詐，那就一定被人取笑，所以拉雜而不直接說出來，汎汎地說一些沒有深刻道理的話，暫且堵一堵宮之奇的口罷了。他的內心哪裏會以爲晉國是很誠懇不害同宗的呢？宮之奇於是以爲虞公眞的不知道晉國和虢國同宗，還像教吃奶的幼童那樣，提著他的耳朵指導他，多麼不明白事情的情理眞象呀！

虞公急著想阻絕宮之奇的諫言，以爲如果和宮之奇討論人和事，那我有時會無言以對；不如託之鬼神，把話題推到深廣渺茫之中，便沒有辦法考察其本體。於是又說：「我祭祀又豐盛又潔淨，神一定保佑我。」也只是藉神怪來拒絕宮之奇的勸諫，也並不是眞以爲鬼神可以依靠。宮之奇辛苦地加以分析，實在是多餘的。大體說來，國君不知道不是那樣，所以就應該告訴他不是那樣；國君已經知道不是這樣，還褻瀆他，告訴他不是這樣，是沒有益處的。宮之奇是忠心的，但對成敗已定的氣數又有什麼補益呢？

至於荀息以微少的璧玉和駿馬，覆滅虞國和虢國，就像翻個手掌那麼容易，世人都以為他聰明；依我看，荀息還不能算是聰明人。荀息為晉國的謀略，有一件很巧妙，有一件很拙劣。荀息猜度宮之奇，有一項猜中了，有一項沒有說中。璧玉和馬匹都又物歸原主，而得到了兩個國家，這謀略是很巧妙。驪姬陷害申生的禍害就發生在身旁，卻沒有謀略化解，還有比這更拙劣的嗎？預料宮之奇雖然會進諫，但不會被採納，固然很奇妙的猜中了。但像宮之奇前後兩度的進諫，耿耿不屈，卻猜說他懦弱不能極力進諫，不是沒說對嗎？他預料宮之奇有的說中了，有的沒有說中，不足以影響晉國的存亡，像他對國家內部的災難，很拙劣而不能策畫，這造成國家的統緒幾度斷絕而幾乎得不到祭祀，怎麼算得上是聰明呢？

【研　析】 荀息以璧玉和駿馬行其假道滅虞之計，宮之奇力諫勁切，都是為後人所贊歎，所稱許！呂祖謙卻要說宮之奇之諫多贅言，荀息不可謂智。在沒有新史料發現的情況下，要做這種翻案文章，是多麼不容易！但他做到了。

當然就討論的主題來說，荀息只是陪襯，而他要挑剔宮之奇的諫言，卻從虞公的回應入手，令人十分意外，卻不能不佩服他的巧妙。

在剖析批駁的要點決定之後，從「諫之用，在於君未喻之前，而不在於君已喻之後。」入手，這個命題大體不成問題，君以一人之耳目要知曉天下事，要判定天下事，有賴於臣屬，諫之大用，也在於此。他突然把「君已喻而不諫」分爲兩種狀況，一是知而不爲，一是知而不改，都是諫而無益。這一段理論的建立，是批評宮之奇諫言的張本。第二段揣摩虞公所謂「晉，吾宗也，豈害我哉？」是知而不改，所以宮之奇就不必再諫了；第三段揣摩虞公所謂「吾享祀豐潔，神必據我」，也是知而不改，宮之奇也不必再諫了，於是呂氏說宮之奇之諫，忠而無益。最後一段以荀息爲晉謀，一工而一拙；料宮之奇一中而一失，小事見其智，大事見其愚，不可謂智。

照呂氏這一分析，宮之奇非善諫者，荀息非善謀者。不過平心而論，宮之奇以他與虞公的關係，在國家存亡之際，豈能不力求言盡意盡，明知是枝辭曲說，也要使他無言以對，或許還可以讓他改變主意，宮之奇是不能放棄任何機會的。至於荀息不能彌申生之難，這恐怕不是在他能力範圍之內。照呂氏的歸咎方式，當時晉國大夫都是不能謀國的庸才了，要不然爲什麼沒有一個可以阻止呢？照他這麼說，任何時代只要有一個能人智士，國家就不會有禍害發生了，這可能嗎？

齊寺人貂漏師 僖公二年

寺人貂立無虧 僖公十七年 宋襄伐齊立孝公 僖公十八年

【題解】魯僖公二年（西元前六五八年），齊國的寺人貂開始在多魚洩漏軍事機密。十五年後齊桓公死了，易牙進入宮中，和寺人貂藉着內宮有權勢的人，殺羣吏以立公子無虧，孝公逃亡宋國。桓公從十月乙亥死，到十二月辛巳才入殮，前後已六十七天。原來齊桓公有三個夫人，但都沒有生兒子，而內寵如同夫人的有六人，各生一個兒子。桓公和管仲把鄭姬所生的孝公，託付給宋襄公，以他爲太子，但易牙和寺人貂都得到衛共姬的寵信，而又得齊桓公的寵信，桓公又答應他們以衛共姬所生的公子無虧為繼承人。管仲死，五公子都求立為嗣君。到桓公一死，寺人貂就先下手了。可是孝公到了宋國，宋襄公於次年春天率領諸侯攻打齊國，齊人殺了公子無虧，宋襄公於是立齊孝公。齊孝公之後，昭公、懿公、惠公相繼在位，都是齊桓公如夫人所生的兒子。頻頻發生弒奪的事。

呂祖謙用誅心之法，揣摩管仲如何與齊桓公約定，如何坐視寺人貂張狂，以致桓公諸子相殘，身死不殯，批評霸業求功利，到頭來無功利而有禍殃，所以治國除王道之外，別無他途。

管仲始進說於桓公：盤遊縱佚之屬，皆曰不害伯。其深戒痛絕，以為害伯者，獨參用小人而已。仲之意謂有抑必有揚，有拘必有縱，故其得政之始，首與桓公約，中分齊國為二，舉一國之樂皆歸君，舉一國之權皆歸我。我與君以樂，君與我以權。以是樂而市是權，兩相貿易，要約既定，各守封疆，截然如胡越之不可相犯，自今日以後，仲苟進苦言以阻桓公之樂耶，則仲為負桓公；桓公苟用小人以侵仲之權耶，則桓公為負管仲。其所以得君專。持權久，成功偉者，恃此約也。

夫彼所謂寺人貂者，苟崇臺榭，盛狗馬，侈聲色以奉桓公游宴之樂，是固仲所許也。今乃恃寵干政，漏泄軍事，則正犯仲之約矣。兵事尚神密，泄他人之軍事，猶不免誅，況伯國節制之師，豈容人輒亂之乎？為仲者盍質桓公以素約？尸貂於軍門可也，顧乃隱忍坐視而不爭，意者闇而不知爭乎，則仲非闇人也；意者懦而不敢爭乎，則仲非懦人也！其所以不爭者，殆必有說矣。奕者舉棋纔三四，斂手而甘敗者，國棊也；倒奩空枰，大敗塗地，爭猶不止，則棊之下者耳。仲，國棊也，先自見不勝之兆於冥冥之中，安得不知難而止乎？是故智者之敗在心，愚者之敗在事；智者之敗在神，愚者之敗在形。智者之敗，同室不知；愚者之敗，國人皆知。使仲必待舌敝力屈，然後始肯處於不勝之地，亦何以爲管仲哉？

仲與桓公要約如此之明，桓公首負約而使貂亂軍政。自常情論之，仲之理甚直，桓公之理甚曲，仲之爭必勝，桓公之爭必不勝，仲何反自處於不勝而遽不爭也？曰：仲始與桓公約，既以佚樂與桓公矣，資人君浮靡淫麗之樂者，屬之君子乎？屬之小人乎？名曰佚樂，未有不資小人者；名曰小人，未有不貪權勢者。已許其縱佚樂，而禁其近小人，是授人以田，而奪其耒耜也。已容其近小人，而禁其奪吾權，是與盜者同處，而惡其攘竊也。世寧有是理耶？仲急於功利，亟欲得齊國之柄，不暇長慮卻顧而爲是約，至於漏師多魚之時，仲固已默然陰悔初約之謬矣。失之於初，不能救之於末，此仲之所以吞聲而不敢較也。

若他人居仲之地，必不度事勢而爭之，雖使桓公或勉聽其言而逐貂，然逐貂之後，誰與桓公供耳目之娛？誰與桓公極心志之欲？苟復求如貂者繼之耶，則盜權猶自若也！苟求不盜權者。置之君側，必擁腫鞅掌❶然後可耳！輿臺❷閹寺輩。能希君之意者，必能盜君之權；不能盜君之權者，亦必不能希君之意。桓公左右誠皆擁腫鞅掌之徒，則塊然❸宮中無以自適，必反責管仲曰：「爾所以許我者，享為君之樂也，我所以與爾權者，亦以易吾之樂也，今吾蹙迫槁乾，曾不能少享為君之樂，豈非爾欺我耶？」是則用貂之初，仲固可持左券❹而責桓公之負約，逐貂之後，桓公亦將持右券責管仲之負約也。君臣相咎，必至相睽，仲之身將不得安於齊國矣。管仲桓公君臣之交聞天下，一旦相責至此，豈不貽笑後世耶？仲之隱忍而不爭者，畏此辱也！

況自貂始進之時言之，桓公所以敢用貂者，以仲許之也。當是時，仲為主而貂為客。自貂嬖寵之時言之，桓公所以未疏仲者，以不害貂也。當是時，貂為主而仲為客。君臣之歡潛移，客主之勢互變。昔也貂為仲所容，今也仲為貂所容，方且取容之不暇，矧曰逐之乎？

逮仲之將死，始明數貂之姦，列於易牙開方❺之間，欲併逐之。平時則不敢排擊，以為保身之計；將死則盡言不諱❻，以取知人之名。其自為謀亦巧矣！仲之謀雖巧，然既開禍亂之原，雖彌縫障蔽，終不能遏庶孽交爭，國統殆絕。天下之事，信非巧者所能辨也。

嗚呼！仲之輔桓公，其自期何如耶？蓋將混文軌，一統類，雖山戎孤竹❼之屬皆入封略，猶以為褊也！晚節末路，至使桓公不能自定其子，區區借仲屬之於宋襄焉。仲始欲致桓公於何地，今反不能保一子，而託之他人，想仲發言屬宋襄之際，顏忸怩而口囁嚅，跼天蹐地❽，無措身之所矣。吾讀書至此，未嘗不憐其衰而哀其窮也。世之詆伯者，必曰尚功利。五伯桓公為盛，諸子相屠，身死不殯。禍且不能避，豈功利之敢望乎？是知王道之外無坦途，舉皆荊棘；仁義之外無功利，舉皆禍殃。彼詆伯以功利者，何其借譽之深也！

【註釋】❶擁腫鞅掌　臃腫笨重老實的人。語出《莊子．庚桑楚》：「擁腫之與居，鞅掌為之使。」注：「擁腫，朴也；鞅掌，自得也。」疏：「擁腫鞅掌，皆淳朴自得之貌。」朱駿聲箋：「擁腫、鞅掌，皆疊韻連語，謂愚蠢無知之人。」擁腫，即臃腫。❷輿臺　地位低微的人。古人將人分為十等，輿為第六等，依次為隸、僚、僕、臺。見《左傳》昭公七年。❸塊然　孤獨的樣子。《莊子．應帝王》：「塊然獨以其形立。」另一解為安然自得。❹左券　古代刻木為契，分左右兩半，雙方各執其一，作為憑信，左半叫左券，右半叫右券，左券用以待合，右券可以責取。左券有如今所謂的存根聯。❺易牙開方　二人名。易牙是齊人，又叫雍巫，善調味，傳說曾烹其子以進桓公；開方是衛公子，事桓公十五年，不曾返衛探其母。二人與寺人貂皆得桓公寵而專權，桓公死，立公子無虧，齊遂大亂。見

《史記．齊世家》。❻將死則盡言不諱　管仲病，桓公問誰可以爲相。管仲說：「知臣莫若君。」桓公問易牙如何，管仲說：「殺子以適君，非人情，不可。」又問開方如何，管仲說：「背親以適君，非人情，難近。」問豎刁如何？管仲說：「自宮以適君，非人情，難親。」見《史記．齊世家》。豎刁卽寺人貂。❼山戎孤竹　指接近齊國的部族和小國。山戎，卽北戎，居今河北東部，春秋時與齊爲鄰。孤竹，古國名，故城在今河北盧龍縣至熱河朝陽縣一帶。❽跼天蹐地　窘迫無所容身。跼，曲身彎腰；蹐，小步行路。

【語　譯】管仲剛被重用的時候，向齊桓公強調：流連遊樂縱情安逸之類，都不會妨害霸業。他最深惡痛絕必須戒除，以爲會妨害霸業的，惟獨是任用小人而已。管仲的意思，是認爲有所抑制，就必須有所舒放，有所拘束，就必須有所放縱，所以他得政掌權之初，首先和齊桓公約定，把有關齊國的事務中分爲二，凡是可以讓人快樂的事，都歸國君享用；處理事務的大權，都歸我掌理。我把快樂給了國君，國君把大權交給我。是以快樂買權力，兩方交易完成了約定，各守界限，淸楚畫分就像北胡南越互不侵犯。從此以後，管仲如果苦言進諫，以阻止齊桓公行樂，就是管仲辜負了桓公；桓公如果用小人侵犯管仲的權力，便是桓公辜負了管仲。管仲之所以得到國君完全的信任，掌權久，完成偉業，就是仗恃着這個約定。

至於那個叫寺人貂的人，如果只是建築高大的臺榭，養很多好狗和名馬，備設了音樂和美色，以供奉桓公的宴遊享樂，這本是管仲所允許的。如今竟然仗恃着君王的寵愛，干預國家政事，洩漏軍事機密，則已完全侵犯管仲的約定了。軍事行動要神秘才好，洩漏了他人的軍事機密，都還不免被殺，更何況是霸主所節制的軍隊？那裏容許人搗亂呢？當時管仲何不以當初的約定質問桓公？把寺人貂處斬於軍門是可以的，但他忍耐下來，坐視而不爭，有人或許以爲管仲昏瞶而不知力爭，但管仲並不是昏瞶的人；或許以爲管仲儒弱而不敢力爭，但管仲也不是儒弱的人啊！他之所以不力爭，一定有他的原因。下圍棋的人，棋子才下了十分之三四，就停手而承認失敗，那是國手級的棋士；把盛棋子的盒子都倒空，棋盤上的棋子也被吃光了，已經一敗塗地，還爭個沒完沒了的，那是棋士中最低級的。管仲就像是國手級的棋士，已經在冥冥中已看出不能取勝的跡象，怎麼不會知難而退呢？所以智者的失敗在於心中就可預知，愚者的失敗在形之於事才會知道；智者的失敗在心神就已決定，愚者的失敗在於形體才會顯露。智者的失敗，住同室的人都還不知道；愚者的失敗，全國的人都看得見。假使管仲必等到舌敝脣焦、力氣用盡，然後才肯承認失敗，那怎能算得上是管仲呢？

管仲和桓公約定這麼明白，桓公首先違背約定而讓寺人貂干擾軍政。從常情來說，管仲的理氣正直，桓公自己理曲，所以管仲力爭一定得勝，桓公要爭一定會輸，管仲爲什麼自居於失敗之地而不力爭呢？我認爲管仲當初與桓公約定，既然把安逸享樂給了桓公，而提供國君浮華放縱享樂的人，是屬於君子呢？是屬於小人呢？稱之爲安逸快樂的，沒有不借重小人的；稱之爲小人的，沒有不貪愛權勢的。既已答應他縱情逸樂，而禁止他親近小人，那是給人田地而奪取了他的翻土農具。已容許他接近小人，而禁止他奪取我的大權，那是和盜賊同居而又討厭他去偷去搶。世界上難道有這種道理嗎？管仲急於功利，急於得到齊國的權柄，來不及深思熟慮而作這種約定，等到寺人貂在多魚洩漏軍事機密的時候，管仲已默默地暗自後悔當初的約定是荒謬的了。當初既然錯失，後來已無法補救了，這就是管仲之所以忍氣吞聲而不敢計較的原因。

假使別人處在管仲當時的境地，一定不能衡量事情形勢而力爭，雖然使桓公或許勉強聽他的話而驅逐了寺人貂，但驅逐寺人貂之後，誰能提供桓公耳目聲色的娛樂？誰能讓桓公滿足身心的慾望追求？如果再找一個像寺人貂的人來接替，那麼盜取權柄還不是跟以前一樣！如果要找一個不盜取權柄的人安排在國君的身邊，那就要老實臃腫笨重的人才可以啊！那些地位低微閹割的太監，能夠迎合國君心意的，一定能盜取國君的權柄；不能盜取國君權柄的，也一定不能迎合國君的心意。桓公的左右都是臃腫笨重的老實人，那麼他就孤獨地在宮中沒有辦法求得舒適，一定回過頭來責怪管仲說：「你所答應我的，讓我享有君王的快樂，我之所以給你權柄，也是用來換取我的快樂，現在我枯燥不堪，一點都不能享受當君王的樂趣，這難道不是在欺騙我嗎？」所以在用寺人貂的時候，管仲固然可以用左券來責怪桓公的違約，驅逐寺人貂之後，桓公也可以拿右券來責怪管仲的違約了。君臣相歸咎，一定造成相背離，那管仲就不能在齊國安身立命了。管仲和桓公的君臣之交是名聞天下的，一旦相責怪到這地步，豈不是要給後世當笑話了嗎？管仲之所以忍耐而不力爭，就是怕蒙受這種恥辱的啊！

況且就當初寺人貂被任用來說，桓公之所以敢用寺人貂，是管仲所同意的。當那個時候，管仲居於主位而寺人貂居於客位。就寺人貂受寵倖的時候來說，桓公之所以沒有疏遠管仲，是因為他不曾危害寺人貂。當這個時候，寺人貂居於主位而管仲居於客位。君臣的情感在暗中轉移，主客的形勢在交互變化。以前是寺人貂被管仲所容納，現在是管仲為寺人貂所容納，當時管仲想求得人家的容納都來不及了，哪裏還敢說要驅逐他呢？

等到管仲將死，才明白數說寺人貂的姦邪，把他列在易牙、開方之間，想把他們一起驅逐。平時不敢排斥抨擊，是為保全自己着想；將死的時候全部說清楚而不忌諱，是要博取有知人之明的美名，他為自己所定的謀略是相當巧妙了。管仲的謀略雖然巧妙，但已開啟禍亂的源頭，雖然能彌補縫隙，除去壅蔽，但終究不能遏止庶子的相互奪位，國家統緒的危絕。天下的事實在不是巧用心機的人所能解決的。

唉！管仲輔佐桓公，他自己期望能做到什麼地步呢？他將書同文，車同軌，統一綱紀，連山戎孤竹都歸入封疆版圖，都還嫌褊小呢！到了晚年，走上人生的末路，竟讓齊桓公都不能自己安排子嗣，辛苦地和管仲把立太子的事託付給宋襄公。管仲當初想要致桓公到何種境地，如今不能保護一個兒子，而託付給別人，想想管仲開口要託付宋襄公的時候，臉色羞愧，欲言又止，曲身小步，幾乎沒有容身之地了。我讀書讀到這件事，沒有不憐憫他的衰微，而哀嘆他的困窘。世人批評霸者崇尚功利，五霸以齊桓公最盛，但落到幾個兒子相殘殺，而他自己死了都不能入殮。禍亂都不能避免，豈敢奢望功利呢？由此可知，王道之外沒有其他平坦的道路，全都是荆棘；仁義之外沒有功利可求，全都是災禍。那些以功利批評霸者的人，讓霸者分沾美譽未免太多了吧！

【研析】寺人貂在多魚洩漏了軍事機密，沒看到史書記載管仲有什麼反應，於是推到當初他爲相的時候，有「以樂易權」的交易協定，再充分利用「歷史想像」，把桓公身旁的權力鬥爭，其情其勢，寫得歷歷在目。又推定管仲將死，才敢批評寺人貂，是要獲取知人之名。這種推勘入微的方法，實際上完全是「莫須有」的推論。但由於他問辨明盡，筆力遒勁，成爲千古快心之論，甚至以「功利」爲譽詞，不許霸者佔用，更是前所未有的創論。

第一段推論管仲「一國之樂皆歸君，一國之權皆歸我」，提出「約」字，是文章的眼目。第二段論寺人貂洩漏軍情，桓公負約，可是管仲不能據約除掉寺人貂。第三、四兩段以佚樂未有不資小人，說明當初君臣之約是荒謬的，而推想管仲因此不吭聲。第四段更生氣活現地想像桓公會責管仲的情形。第五段則想像寺人貂和管仲的客主易位，所以管仲不敢計較。第六段推定管仲病時批評寺人貂，那是巧取知人的美名。第七段結論，推重王道，貶抑霸者，連功利二字也予以剝奪，作全面的否定。

首段提出了「約」，約是交易行爲，概括管仲的一生。先是與君交易，以取權柄；接着是與小人交易，以換取共存，最後與國家交易，以換取美名，所以說他「自爲謀亦巧矣」。然後再以「天下之事，信非巧者所辦」，來否定他一生的功業，這種運用歷史想像，推勘入微，以定其「莫須有」之罪名，不但對被批評者不公平（因爲古人已不能爭辯），而對批評者來說，也有失溫厚，正如他下一篇所說的，「旁觀者亦憮然有不直」之心。再說寺人貂洩漏軍情，可能受到相當的懲罰，而到十五年後再有惡跡（管仲臨死也沒能說出他的惡行），可見相當收斂，而說那時管仲「取容之不暇」，恐非實情。

卷十

會陽穀謀伐楚 僖公三年　齊歸蔡姬 僖公三年　齊侵蔡伐楚 僖公四年

【題解】魯僖公元年（西元前六五九年），由於鄭國親齊，所以楚國來伐。齊、魯、宋、鄭、邾，結盟於犖，以謀救鄭。次年冬天，楚國再伐鄭，所以僖公三年齊、宋、江、黃，在陽穀會見，策畫攻打楚國。次年，齊桓公率諸侯的軍隊，攻打蔡國。齊侯攻打蔡國，是因齊侯和蔡姬在園囿坐舟遊樂，蔡姬故意搖動小舟，讓齊侯害怕，又不聽阻止，齊侯一怒之下把她送回蔡國，並沒休離，但蔡國竟把她改嫁了。齊敗蔡國之後，就接着伐楚，楚王派使者來問：雙方素無瓜葛，君王何以來楚？管仲回答說：「以前召康公命我先君說：『五侯九伯，你都可以征伐他們，以便輔助王室。』賜我先君征伐的範圍：東到大海，西到黃河，南到穆陵，北到無棣。王室所需要包茅你們不進貢，不能用來漉酒迎神，寡人為此而來問罪，昭王南征而沒有回去，寡人為此來責問。」楚使回答說：「貢品沒有送，這是寡君的錯，今後豈敢不送！至於昭王沒有回去，君王還是去問水濱的人吧！」經過一陣僵持談判，楚王派屈完與諸侯之軍立盟通好。齊師乃退。

呂祖謙以為管仲責問周昭王的事，責問得不好，如果責問楚國僭稱為王的事，楚國就難以推脫了。

甚小人之惡者，寬小人之惡者也；多小人之罪者，薄小人之罪者也。小人之懷惡負罪者，其心未嘗一日安也，一旦為人所發，情得計露，手足失墜，何辭之敢爭？其所以旅拒不服者，抑有由矣！是非小人之罪也，治小人者之罪也。

治小人者，疾之太過，求之太深，謂正指其罪惡，無所附益，未足以深陷小人。由是於本惡之外，復增其惡以甚之；於本罪之外，復增其罪以多之。小人始悻然不服，雖旁觀者亦憮然有不直君子之心矣。所謂小人者，方患無以自解也，日夜幸吾一言之誤，一字之差，乘隙以破吾之說。今吾乃故為溢毀無實之辭，使彼得以藉口，是遺小人以自解之資也。彼之惡本實，因吾增之，反變實惡為虛惡；彼之罪本實，因吾增之，反變實罪為虛罪。則為小人者，惟恐君子增加之不多耳。嗚呼！君子何苦坐一偽而喪百真，小人亦何幸借一誣而解百讁乎！

大商坐肆，持權衡而售物，銖而銖焉，兩而兩焉，鈞而鈞焉，石而石焉，人交手授物，無敢出一語者。苟陰加權衡而罔利，所贏者僅若毫髮，衆皆競棄之，將立為溝中瘠矣。權衡已定，加則為貪；罪惡已定，加則為濫。是故取貨財者，取所不當取，則當取者必反不能取；治小人者，治所不當治，則當治者必反不能治。但取所當取，帑藏自不能容；但治所當治，姦宄自不能遯，又何必曲取而過治也哉？

齊桓公與管仲為伐楚之役，苟直指其不共貢職以討之，則適投其病，楚必稽首而歸罪矣。而君臣過計，以不共貢職之罪為不足，遂遠求昭王不復之事，欲張楚之罪，大吾出師之名，以蓋侵蔡之私。抑不知膠舟之禍年踰數百❶，荒忽茫昧，不可考質，楚安肯坐受其責乎？此所以來水濱之侮也。使桓公管仲苟止以包茅責楚，而不加以昭王之問，則言出而楚服矣，尚何待進師至陘，而僅得其請盟乎？

影者形之報也，響者聲之報也，刑者罰之報也，高下輕重，咸其自取。豈有一形而兩影，一聲而兩響者哉？君子之用刑，當聽其自犯，而不置我於其間。多，與之為多；寡，與之為寡。苟不勝其忿，而以私意增之，是我之刑，而非刑之刑也。伐人國，覆人族，殘人身，而參之以我。吁！危哉！以小人而謗君子，謂之誣；以君子而增小人之罪，亦謂之誣。小人之誣君子，全體之誣也；君子之誣小人，一事之誣也。小大雖殊，然終同歸於誣而已矣！君子方疾小人之為誣，而復效其為誣，亦何以責彼哉？惜乎伐楚之際，無以是語桓公者也！

然則楚之罪果止於不共王祭而已乎？曰：否！楚聞周之衰，竊王號以自娛，淫名掩於天子，罪未有先焉者也。桓公管仲方求出師之名，尚遠取數百年之罪以加楚。使知其僭王，必無反爲楚隱之理，今恬不加問，是必不之見。楚之僭王，天下知之，何爲齊之君臣獨不見乎？此無他，惟有意求出師之名，所以愈求而愈不見也。人之求墮籓者，籓橫吾之前，或瞀亂而不能見，籓曷嘗自匿哉？心切於求，則目眩於視也。桓公管仲之不見楚罪，其以是哉？

【註釋】❶膠舟之禍年踰數百　指周昭王南征而死於漢水的事。依《竹書紀年》昭王十九年，祭公和辛伯從王伐楚，喪師於漢水。至於所謂膠舟之禍，是依據《帝王世紀》，說昭王要渡漢水，船人惡之，以膠船進王，到中流膠化而沒，王崩。昭王爲成王之孫，康王之子，其死距齊桓公伐楚已三百多年。

【語譯】過分譴責小人的惡行，那是在寬容小人的惡行；誇大了小人的罪過，那是在減輕小人的罪過。小人身負罪惡的，他的心不曾有一天的安寧，一旦被人揭發，實情已明朗，奸計已敗露，就手足失措，還敢用什麼話來爭辯呢？他們之所以會聚眾抗拒不肯屈服的，是有原因的呢！這不是小人的過錯，而是懲治小人的人的過錯。

懲罰小人的人，痛恨他們過了頭，責備他們也過深，以爲正確地指出了他們的罪惡，沒有再多附加一些的話，就不足以徹底懲治他們。於是在他們原有的惡行之外，再增加一些惡名來加重它；在原本的罪過之外，再增加一些罪名以誇大它。小人們早先忿恨不平，雖然是旁觀的人，也悵然不以爲君子的心是對的。所謂小人這些人，正在憂愁沒有辦法求得辯解的藉口，日夜盼望我們說錯一句話，或說錯一個字，乘機來破除我們的說辭。現在我們故意說出過分毀謗和不實的話，使他們得到藉口，這正是送給小人辯解的資本。他們的惡行本來是眞實的，因爲我們加油添醬的結果，反而把眞實的惡行變成假的了；他們的罪過本來是眞實的，因爲我們加油添醬的結果，反而把眞實的罪過變成假的了。所以這些小人，是惟恐君子不多加油添醋。唉！君子又何苦去犯「爲了加一項假的而失去百項眞實」的過錯呢？小人也多麼僥倖能藉一項誣妄而解脫了百項的譴責啊！

大商人在店裏坐鎭，拿着秤賣東西，一銖就一銖，一兩就一兩，三十斤就三十斤，一石就一石，當面交貨，沒有人敢說他什麼。假使暗地裏在秤上動手腳，而得到非分的利益儘管只有像毫髮一般，大家都競相鄙棄他，他不久就淪落爲溝中的瘦骨了。衡器的標準已定，加了它就是貪贓；罪惡之名已定，加了它就是濫法。所以賺取財物，要是賺取他所不該賺取的，那麼他所該賺取的也都得不到了；治小人之罪，要是治他所不該治的罪，那麼他所該治的罪也不能治了。只要賺取他所該賺取的，那麼財物會賺到連倉庫都裝不了；只要治他所該治的罪，那麼奸險的人自然逃不掉，又何必枉加罪名而懲治過重呢？

齊桓公和管仲爲討伐楚國的戰役找理由，如果只直指楚國不履行進貢包茅的職分以討伐他，那就擊中了他的要害，楚國一定要磕頭而認罪了。但君臣計畫過了頭，以爲沒有進貢包茅的罪，還嫌不够，於是就遠溯到周昭王南征而沒有生還的事，想藉此加大楚國的罪過，正大我國興師問罪之名，以掩飾侵犯蔡國的私心。卻不知道昭王的膠船之禍已過了幾百年，已遙遠模糊，無法考察，楚國怎麼肯接受這個指責呢？這才招來要齊軍自己去問水濱之人的輕侮。假使桓公和管仲僅以進貢包茅的事來責備楚國，而不另加「昭王南征而不返」的責問，便可一說出罪狀就讓楚服罪了，又何必等到進兵陘地，才得到他們請求立盟呢？

影子是形體的回映，廻響是聲音的反應，刑責是罪罰的回報，它的高下輕重，全由自取。哪裏會有一種形體出現兩種影子？一種聲音出現兩種廻響呢？君子衡量刑責，應當完全照罪犯所犯的罪，而不加入我的主觀成分。犯的罪多，處的刑就多；犯的罪少，處的刑就少。如果不能克制忿怒，而以自己的意思增加刑責，那便是我所施的刑責，而不是刑法所施的刑責了。要討伐人家的國，覆滅人家的族，傷殘人家的身，而參以自己主觀。唉！這實在很危險啊！由小人毀謗君子，稱之爲誣陷；由君子來加重小人的罪刑，也可以說是誣陷。小人誣陷君子，是全面性的誣陷；君子誣陷小人，是某一件事的誣陷而已。大小雖然不同，但終歸都是誣陷呀！君子正痛恨小人的誣陷，而又效法他們誣陷的行爲，又如何責備他們呢？可惜在齊國興兵伐楚的時候，沒有人把這些話告訴桓公！

然而楚國的罪過果眞只是沒有向周王進貢用以祭祀的東西？我認爲這可不止呢！楚國得知周室的衰微，於是僭號稱王以自我陶醉，侵越名分掩蓋天子，罪過沒有比這更可優先懲治的了。桓公和管仲正爲出兵伐楚找藉口，還遠取幾百年前的罪過加在楚國身上。假使他們知道楚國僭用王號，一定沒有反爲楚國隱諱的道理，如今竟然不加以責問，那一定是沒有發現這件事。楚國僭用王號，天下人都知道，爲什麼齊國君臣竟然沒有發現呢？這沒有別的，只因他們刻意去找出兵的藉口，正是越刻意去找越不容易發現。人們去找掉到地上的簪子，簪子明明就在眼前，或許因心神不寧而沒有發現，簪子又何嘗自己隱藏呢？內心急於找它，於是眼睛昏花而看不見。齊桓公和管仲沒有發現楚國的大罪，不就是這個原因嗎？

【研　析】批評桓公和管仲以「昭王南征而不返」責問楚國，是不恰當的。不責其僭王之罪，而責三百年前可以推託的罪名，宜其不能服楚。主旨就這麼簡單，道理也很單純，似乎幾句話就可以說得清清楚楚，又如何寫成一篇文章？這就要靠技巧與功力。

文章一開始，就不同凡響，提出異於一般常理推斷的命題，認爲對小人的惡行，過分譴責等於寬容，過於誇大等於減輕，於是推論小人不服罪，常是懲治者的錯，這種異乎常理的論說，使文章不凡，並能吸引讀者。第二段是第一段的說明，認爲誇大或增添小人的罪名，正使他們有了辯解的藉口和資本，使他們能因一項不實之罪名，推諉百項罪行。第三段以商人用度量衡作生意爲譬喩，說明懲罰小人，要公平定罪，才能服人。第四段才論及主題人物，以爲齊桓公和管仲以昭王不復的事，誇張楚國之罪，所以反而不足以服楚。第五段強調君子定人之罪名，要恰如其行，不能以私意增之，不能誣妄。第六段論楚之罪惡在於僭竊王號，並以心切於求，反而不見作結，頗有餘韻。

本文就其論旨，十分平常——楚罪不在昭王南征不返，而在僭竊王號。但從「甚其惡，反以輕之；多其罪，反以少之」入手，便成奇文。前面論增誇小人的罪惡，正是「遺小人以自解之資」，透情刻理，直指以周昭王之事責楚的不當，到最後結束時才指出楚之大罪，使文氣昂揚，精神百倍，再以「求簪」譬喩，而有餘音嫋嫋之致，都是技巧之所在。

楚伐鄭 僖公三年 齊執陳轅濤塗 僖公四年 申侯城賜邑鄭伯逃歸 僖公五年 鄭殺申侯以說齊 僖公七年

【題　解】這是一系列有關鄭大夫孔叔和申侯的記載。魯僖公三年（西元前六五七年），楚國再攻鄭國，鄭文公想求和，孔叔反對，他說：「齊國正爲我們奔忙，背棄恩德是不祥的。」次年，齊桓公率領諸侯進逼楚國，而與楚立盟。陳大夫轅濤塗對鄭國申侯說：「諸侯的軍隊取道於陳、鄭之間，我們為供給軍隊需求，必定困乏。如果讓他們往東走，向東夷炫耀武力從沿海邊回國，我們就省事了。」申侯贊成，於是濤塗便向齊侯建議，齊侯也同意了。但申侯卻向齊侯說：「軍隊在外頭久了，如果往東走而遇到敵人，恐怕不能打仗，如果取道陳、鄭之間，由兩國提供物資，比較可行。」齊桓公很高興，而把虎牢之地賜給他，並把轅濤塗逮捕而攻陳，陳國求和而轅濤塗也被釋放。轅氏怨申侯出賣了他，於是在僖公五年，諸侯會盟時，勸申侯在賜邑築城，並說：「把城建得美觀，可擴大名聲，子孫永不忘記，我幫你請求。」於是申他向諸侯請求而建得很壯觀。卻又向鄭伯說：「申侯把城建得那麼好，是準備叛亂的。」申侯因此得罪了鄭伯。這次諸侯會盟於首止，是為阻止周惠王廢太子的事。周王怨怒而挑撥鄭伯親楚晉而不要參加立盟。鄭伯要逃盟時，孔叔勸阻，說：「國君不可輕率從事，否則會失去親近你又能援助你的人。到時候將有禍害。到有禍害時再求立盟，所失必多。」但鄭伯不聽而逃歸鄭國。僖公七年，齊人伐鄭，以責其逃盟。孔叔以為：既不能以德自強，又不能以弱受屈，將會亡國，乃勸鄭伯向齊求和。鄭伯殺申侯以取悅於齊（申侯出身詳見本卷〈楚文王寵申侯〉題解）。

呂祖謙以孔叔守正而免禍，申侯反覆而被殺，強調小人勿以亂世為幸，駁斥「識時務者為俊傑」的主張。

怠善而長姦者，莫如徇時之說。是說之行於世，不知其幾年矣。持之有故也，舉之有證也，辨之有理也，無惑乎傾天下而從之也。其說曰：「徇時者通，忤時者窮。天下堯舜，而我獨共❶鯀❷，是以有放殛之刑；天下桀紂，而我獨湯文，是以有幽縶之禍。故崇山❸幽州之竄宜也，夏臺羑里之囚亦宜也。亂世之不利爲善，猶治世之不利爲惡也。子欲爲善於亂世，盍先自省能飢乎？能寒乎？能傲炎荒❹而輕髡鉗❺乎？能嗜刀鋸而親碪質乎？能也，固可忤時而獨行其志也；如曰：『未能』，盍亦隨時上下，以徼寵保身哉？」是說之行，風靡波蕩者，十人而九矣。噫嘻！世之君子果何道而排之乎？

春秋之時，澆僞蠭起之時也，徇時而生者，吾見其人矣；忤時而死者，吾見其人矣。祭仲潘崇之顯榮❻，洩冶伯宗之戮辱❼，皆世俗所指以藉其口者也。蓋嘗以齊楚爭鄭之際觀之，鄭伯之臣，終始主齊，不變其說者，孔叔也，反覆趨利，且齊且楚者，申侯也。格之以世俗之說，則孔叔之樸固膠滯，殆難免乎今之世；申侯持詭譎之術，遇澆僞之時，所謂卉之春，而稼之秋也。然孔叔卒無纖芥之禍，而申侯反以殺其身。則世俗之說果可盡信耶？附丁傅者，皆貴於哀帝之朝，而朱博以丁傅敗❽；獻符命者，皆侯於王莽之世，而劉棻以符命誅❾。昔之君子，介然自守，忤時不悔者，其知之矣。

嗚呼！治世者，小人失志之時也；亂世者，小人得志之時也。爲小人禱者，必祝其遇亂世而毋遇治世。抑不知事有大謬不然者，小人之在治世，片言犯義，則鐫譙至，跬步觸法則譴責來。含毒蓄險，鬱不得吐，信乎其不得志也！然抑其惡，所以全其身。愛小人者，孰有加於治世乎？嚴師之箠楚，慈母之呵叱，吾見其恩而不見其讎也。亂世則反是矣。貪大者，家亦大；詐高者，位亦高。羣讙輩囂，競於為惡，不至於覆宗絕祀不止也。有餌焉以馨其鉤，有錦焉以華其阱，安得不誘而納之死地乎？此申侯所以狃為惡之利而至斯極也。嗚呼！小人者毋以遇亂世為幸哉！

【註釋】❶共　共工。有關共工氏的傳說很多，在此指堯舜時的共工氏，與驩兜、三苗、鯀，被稱為四凶，被流放到幽州。見《書‧舜典》。❷鯀　夏禹之父，封崇伯，治水無功，舜殛之於羽山。見《書‧舜典》。❸崇山　依《書‧舜典》：「流共工於幽州，放驩兜於崇山，竄三苗於三危，殛鯀於羽山，四罪而天下服。」所以此句乃概括四凶而言。❹炎荒　本指南方邊遠之地，炎熱而荒涼。古人觸忤當道，常被貶逐到南方邊遠之地。❺髡鉗　一種剃去頭髮而以鐵圈束頸的刑罰。❻祭仲潘崇之顯榮　祭仲是春秋時鄭大夫，字足，莊公時，從公敗周王師於繻葛，有寵而為卿。莊公卒，立昭公又改立厲公，後來又逐厲公，立子亹，執掌鄭國政事。見《左傳》隱公元年及桓公十一年。參見本書卷五〈祭仲立厲公〉。潘崇是春秋楚成王時太子商臣的師傅，成王欲廢太子，潘崇為太子設計查證，然後使商臣弒成王，商臣即位為穆王，將他為太子時的房屋財物給潘崇，並使他為大師，而且掌宮中警衛軍。見《左傳》文公元年。❼洩冶伯宗之戮辱　洩冶是春秋時陳靈公大夫，時陳靈公與大夫孔寧、儀行父，淫於夏姬，並展現褻衣。洩冶諫靈公，而為二大夫所殺。事見《左傳》宣公元年。伯宗是春秋時晉大夫，每次朝見，其妻多加勸戒，終因三郤陷害，爲晉厲公所殺。事見《左傳》成公十五年。❽朱博以丁傅敗　朱博字子元，西漢杜陵人，依附丁、傅，哀帝時，位至大司空，又代孔光爲丞相，封陽鄉侯。後因彭宣劾奏而自殺。丁、傅爲外戚，丁太后爲哀帝之母；傅氏爲哀帝祖母。哀帝時，丁、傅二家，權傾朝廷。見《後漢書・朱博傳》。❾劉棻以符命誅　劉棻爲劉歆之子。當初甄豐、劉歆皆爲王莽心腹，並作符命，劉棻封隆威侯，甄豐之子甄尋封爲茂德侯。甄尋又作符命，言「故漢氏平帝后黃皇室主爲尋之妻」，王莽遂收捕甄尋，而株連劉棻。事見《後漢書・王莽傳》。

【語譯】使人懶於行善而助長姦邪的，莫過於順應時勢的說法了。這種說法通行於人世，也不知道有多少年了。他們可以說得頭頭是道，也可以舉出例證，分析其中的道理，難怪能夠傾動天下而使人信從。他們的說法是：「順應時勢的人可以亨通，違反時勢的人便會困窮。天下歸堯、舜，惟獨我是共工或鯀，所以會遭受放逐殺戮的刑罰；天下歸桀、紂，惟獨我是湯或文王，所以會蒙受囚禁拘捕的禍害。所以共工和鯀等四凶被流放到崇山和幽州，是理所當然的；湯被拘於夏臺，文王被囚於羑里，也是理所當然的。在亂世不利於爲善，正如在盛世不利於作惡。你想要在亂世行善，何不自己先考量一下，能受得了飢餓嗎？能禁得起寒凍嗎？能傲視邊遠炎荒的環境而不屈，鄙夷剃髮鎖頸的刑罰而不懼嗎？能伏於砧板之上，受刀鋸之刑而甘之如飴嗎？假使能的話，固然可以抗拒時勢獨自完成心願；如果答案是：『不能』，那麼何不順應時勢，隨波逐流，以邀取恩寵，以保全自身呢？」這種世俗之說的流行，望風披靡猶如水波蕩漾，十人之中影響了九人。唉！君子究竟要用什麼方法來排除這種說法呢？

春秋時代是充滿澆薄與虛僞的時代，順應時勢而保全性命的人，我們看見了；違背時勢而喪失生命的人，我們也看見了。祭仲和潘崇的顯達尊榮，洩冶和伯宗的殺戮受辱，都是世俗之說所指陳的藉口。

就以齊楚二國爭取鄭國的這段歷史來看，在鄭文公的臣子中，始終主張親近齊國而不改變的是孔叔，反覆無常惟利是從，一會兒親齊一會兒親楚的是申侯。以世俗之說來衡量，那麼孔叔的樸實固執而不變通流轉，大概難免受害於當世；申侯憑其詭譎的方法，用於澆薄虛僞的時代，正是所謂花卉逢春天怒放，稻麥在秋天成熟。但孔叔卻始終沒有遭受一點禍害，而申侯反倒招致殺身之禍。那麼世俗之說難道可以完全相信嗎？阿附於丁、傅二氏的人，都在西漢哀帝時得到富貴，但朱博卻因依附丁、傅而死；獻符命的人，都在王莽的時代封侯，但劉棻卻因獻符命而被殺。古代的君子能耿介潔身自守，不順應時勢而不反悔的，是他們知道其中的道理。

唉！政治清明的時代，是小人不得志的時候；紛亂擾攘的時代，是小人得意的時候。小人所祈禱盼望的，一定是希望遇到紛亂的時代，而不要遇到清明的時代。其實事情卻有完全相反的，小人處身在清明的時代，只要隻言片語違反禮義，就會受到責難，只要走錯半步觸犯法網，就會有制裁到來。於是忍著奸險狠毒而不能施展，當然是不得志啦！但抑止他們爲惡，所以能保全他們自己。可見愛護小人，還有哪個時代能超過清平的時代呢？嚴師的體罰，慈母的呵責，我們只見其恩而不見其仇的。紛亂的時代，情形正好相反。心越貪的，家業越大；詐術越高的，地位越高。他們成羣歡嚷，爭相爲惡，不到覆滅宗族斷絕後祀是不肯罷休的。有香餌把鈎鈎包得很馨香，有錦布把陷阱裝飾得很華美，哪能不被引誘而進入死亡之地呢？這正是申侯慣於爲惡謀利而到絕境的原因。唉！小人是不能因遇到亂世而感到慶幸的啊！

【研　析】本篇是以「孔叔守正而免禍，申侯反覆而被誅」，駁斥世俗「徇時者通，忤時者窮」的說法，但「徇時者通，忤時者窮」於歷史上卻斑斑可考，而孔叔和申侯，畢竟是特例，如何駁斥世俗之說呢？他將人物分君子和小人，將時代分治世和亂世，於是就有了不少的話題。

第一段先駁斥「徇時之說」是怠善而長姦，然後引世俗之論，並說明其結論為「亂世不利於為善，猶治世不利於為惡。」第二段論主題人物，卻從反面說起，為世俗之論舉證，然後舉孔叔與申侯，說明並非全然如此，再舉漢朝的例子為旁證。第三段才痛駁世俗之論，強調小人於治世不敢為惡，固然不得志，但足以保其身，於亂世則覆宗絕祀，才是大不幸。而這種例證之多，就不待一一列與了。

全文的主題則於第二、三段的最後，予以點明：君子不以禍福易其守，小人毋以遇亂世為幸。以史事正反兩面反覆證辨，勸君子而戒小人，是正大之高論。

楚滅弦 僖公五年　黃不歸楚貢 僖公十一年　楚滅黃 僖公十二年

【題解】 楚國的鬭穀於菟，於魯僖公五年（西元前六五五年）率兵滅弦，弦子逃亡到黃國，這時江、黃、道、柏四國正和齊國交好，四國都是弦國的姻親，弦子仗著這個而不去事奉楚國，又不設防，所以被滅。過了六年，楚國因黃國不向楚國進貢，而派兵攻黃國。黃國也仗恃齊國，又以為楚國郢都到河南黃國有九百里的路程，所以拒絕進貢，次年楚人滅黃。

《左傳》所載，即如前所述，說明他們有所仗恃而亡。呂祖謙則歸罪齊桓公不能救二國，絕蠻夷歸向中國之心。

天下之禍，恃人而不自戒者居其最；天下之辱，為人所恃而不能保者居其最。恃人而受禍者，固可責也，所恃者不足恃，而納人於禍，庸非可責之尤者乎？齊桓公攘夷狄以尊中國，弦也黃也僻陋在夷，慕中國之義，自附於齊，恃齊忽楚，相繼覆亡。《左氏》以恃人而忘備責之，抑不知二國之所以忘備者，深信中國以為可恃也，終至於翦滅者，豈非誤信中國而至於此極乎？為中國者誤人於死地，曾不自咎，尚忍隨其後譏之，甚矣！無愧而不知恥也。

人之汎舟者，恃舟師而不戒，酣寢沈醉以溺於水。是人固有罪矣，然岸旁之人罪之可也，舟師罪之不可也。彼由誰致禍？而猶敢罪之耶？是溺人者，非水也，舟師也；滅二國者，非楚也，齊也。二國之滅，未足深恨，吾獨有所深恨者焉。

中國之不競久矣，蠻夷肆行，莫之敢遏，齊桓獨斐然欲扶衰振廢，弦黃又奮然自拔於蠻夷而從之。四方諸侯皆將占弦黃之禍福以為進退，是機也，中國蠻夷勝負之決也。使弦黃既附中國，而社稷奠安，人民豐阜，則皆歆豔，棄戎即華，楚雖倔強，蠻夷間誰與同惡者？今齊桓坐視二國之亡而不能救，附中國者未有福，忤蠻夷者立有禍。人情非病風喪心，豈肯辭福而求禍耶？是驅天下之人而歸蠻夷也！向若桓公倡義之初，蠻夷皆不知慕中國之義，漠然不應，其害猶淺，是何也？彼雖未知從中國之有利，亦未知從中國之有害也。不幸弦黃首恃中國而得禍，雕題文身之俗必指以相語曰：「吾始所以慕中國者，圭璧黼繡之華也，干戚羽旄之美也，豆籩彝鼎之肅也，磬筦鐘鼓之和也，謂可託吾國而無後憂。而今而後，乃知中國之不足恃，彼聲明文物亦徒有其表耳，焉可爲所誘而自投於禍哉？」是則二國之滅，猶未足深恨，因二國之滅，而絕蠻夷向中國之心，爲可深恨也！

嗚呼！中國猶君子，蠻夷猶小人，小人爲君子之害，猶蠻夷爲中國之害也。世之名君子者，招小人而誘之曰：「汝術甚危，我道甚安，汝盍去故而就新乎？」間有聞風而來者，實無以與之，既奪其小人謀身之術，而不授之以君子藩身之具。未入於仁，而先入於愚；未入於義，而先入於迂。恃其徒善，曾不隄防，輕犯世忌，以蹈於禍。向之儕輩交責而爭尤之曰：「汝不用吾言，捨便利之舊術，而就緩儒之迂計，今禍福果如何也？向之鄙夷吾黨，而自附於彼，吾謂汝朝升君子之門，暮收君子之利，顧乃顛頓困辱，反不若吾黨循常守故之安，則翦翦拘拘者果足恃耶？」一犬吠形，百犬吠聲❶，而仁義之道荒矣，是皆以君子自名者之罪也。以君子自名者，誠不足恃矣，天下安可以此人之不足恃，而遂疑此道之不可恃耶？將之覆軍者相繼，天下不疑兵書之難行；醫之殺人者相望，天下不疑醫書之難用。世未有因罪其人，而并罪其書者也，萬古六經，反坐腐儒曲士❷輩而廢耶？

【註釋】❶一犬吠形百犬吠聲　古諺語，語出王符《潛夫論・賢難》，後來多以「吠聲」或「吠影吠聲」比喻沒有主見，隨聲附和。在此比喻小人之言，馬上傳遍開來。❷腐儒曲士　迂腐無用的書生，寡聞陋見的人士。此處指左氏及後世沒有把書讀通的鄉曲之士。

【語　譯】天下的禍患，以仰仗他人而不能自我戒備最為嚴重；天下的恥辱，以被人仰仗而不能加以保護最為嚴重。仰仗他人而遭受禍患，固然可以責備，被仰仗的人不可仰仗而讓人受到禍患，難道不是更應該責備的嗎？齊桓公排斥夷狄以推崇中國，弦國和黃國都處在偏僻鄙陋的蠻夷之地，仰慕中國的禮義，自願依附齊國，仰仗齊國而輕忽楚國，卻前後滅亡。《左傳》以他們依賴別人而忘了戒備來責備他們，但不知這兩國之所以不加戒備，是深信中國是可以仰賴的，他們終於被滅亡，難道不是誤信中國才弄到這種地步的嗎？做為中國而誤人陷於死地，毫不自我認錯，還忍心在人家亡國之後加以嘲諷，未免太不知慚愧而又不知恥辱了。

有人坐在船中，仰仗著船師而不戒備，以至深睡沉醉而溺入水中。這個人固然有錯，但岸邊的人責備他是可以的，船師責備他就不可以了。這是誰造成的禍害呢？怎麼還能責備別人呢？讓人溺水的不是水，而是船師；滅掉這兩國的不是楚國，而是齊國。兩國的滅亡，還不令人十分痛心，我另有感到特別痛心的事。

中國不奮發圖強已經很久了，蠻夷橫行而不敢加以阻止，齊桓公很有成效地想扶持衰微、振興頹廢，弦國和黃國更奮然想擺脫蠻夷而依附齊國。四方諸侯都將以弦國和黃國的禍福，作為自己進退的依據，這是中國和蠻夷決定勝負的關鍵。假使弦國和黃國歸附中國之後，國家安定，人民富足，那麼他們都會很羨慕，於是捨棄戎狄而親附中國，雖然楚國很強悍，蠻夷之中又那會有和他同謀共惡的呢？現在齊桓公坐視兩國的滅亡而不能去援救，依附中國的沒有得福，背叛蠻夷的立刻遭禍。就人情來說，除非喪心病狂，哪有肯捨棄福利而自求禍害的呢？所以這是驅使天下人都去歸附蠻夷的作風呀！假使當初在倡導中國禮義的時候，蠻夷的人都不知道仰慕中國的禮義，漠然不響應，這樣的害處還小，為什麼呢？因為他們雖然不知道依從中國的好處，但也不知道依附中國有什麼害處。不幸弦、黃二國首先仰仗中國就遭受禍害，那些有黥面紋身之俗的蠻夷之人，一定指著這件事相互走告：「我們當初所以仰慕中國，是因為服飾有華麗的圭璧和黼黻，樂舞有美麗的干戚和羽旄，禮器有肅穆的豆籩和鼎彝，樂器有和諧的磬筦和鐘鼓，以為可以託付我們國家而沒有後顧之憂。從此以後，才知道中國是不可以依賴的，那些禮樂聲教文明，也只是虛有其表罷了，怎麼可以被引誘而自取其禍呢？」所以兩國的滅亡，還不令人十分痛心，因為兩國的滅亡，而斷絕了蠻夷歸向中國之心，那才是令人十分痛心的啊！

唉！中國好比是君子，蠻夷好比是小人，小人想成為君子，他所可能遭遇的禍害，就好比蠻夷之人想成為中國之人，他所可能遭遇的禍害。人世間稱之為君子的人，招呼小人而誘導他說：「你的方法很危險，我的方法很安全，你何不捨去舊的方法而用新的方法呢？」其中有的小人聞風而來，但君子實際上並沒有教他什麼，既已奪去了小人謀身的方法，而又不教其君子用以防身的方法。於是沒有進入仁德之路，而先入愚魯之中；沒有走上道義之途，而先入迂濶之境。仗恃著要行善，而沒有禮義作為隄防，輕易地干犯了當世的忌諱，以致陷入禍害之中。於是以前的同伴就交相責備埋怨地說：「你不聽我的話，放棄方便而有利的舊方法，而去依從緩慢而迂濶的計策，如今禍福結果怎樣呢？從前你看不起我們這些人，而自己依附到他們那一伙，我們還以為你早上進了君子的門庭，黃昏就可以得到君子的好處，不料卻顛沛困頓受辱受禍，反倒不如我們依照往常的老方法來得安全可靠，那些淺狹拘泥的人怎麼可以信賴呢？」就像一隻狗看見了東西而吠，一百隻狗聽到了吠聲就跟著吠起來，於是仁義之道就荒廢了，這都是以君子自命的人的罪過。以君子自命的人，是眞的不足以仰賴，天下人怎麼可以因爲這些人不可信賴，而就懷疑君子之道不可信賴呢？將帥作戰而覆敗的，一個又一個相繼不絕，天下人並不懷疑兵書不能採行；醫生醫死人的，也一個又一個前後相望，天下人也沒有懷疑醫學的書不能用。世上沒有因爲歸罪一個人，而也歸罪他所用的書，萬古流傳的六經，怎麼能夠因腐儒曲士的連累而廢棄呢？

【研析】人貴自立，國家更需要自立自強，豈可與強國結盟，就仰仗強國而不戒備呢？《左傳》在行文中指陳其滅亡的原因，實在無可厚非。可是呂氏強調「天下之辱，爲人所恃而不能保者居其最」，並把它說成「誤人於死地」而後譏之，於是就成爲無恥之尤了。

本篇以弦、黃之亡，歸罪齊桓之未救，而有兩個重點：先駁《左傳》譏弦、黃之非，再定齊桓「絕蠻夷向中國之心」的大罪。兩個重點分別在第一、三段說明，而兩個重點都運用譬喻以補足題義，構成本文的二、四段。

第二段以舟師爲喻，嚴格說來，不免引喻失義。國君是國家的領航人，所以「以舟師喻國君，以乘客喻人民」則可，「以舟師喻霸主，以乘客喻結盟國」則不妥。可是這一段的譬喻，一明左氏之非，一揭齊桓之罪，是非常厲害的。第三段推論齊桓不救弦、黃，絕蠻夷仰慕中國之心，實有深文周納之嫌。二國在今河南省境內，並不是他所說的「僻陋在夷」，而且完全沒有證據顯示四方諸侯「占弦、黃之禍福以爲進退」。以「莫須有」定千古罪名，這固然令人歎服呂氏的推勘入微，但也令人感到刀筆吏之可怕，眞是欲加之罪，何患無辭。最後一段以君子小人譬喻，確認齊桓絕蠻夷向中國之心，與第二段有異曲同工之妙！

本文全憑類比的譬喻，使文章說理圓足，是另一種結構。欲知譬喻之妙用，細讀本篇卽可知之。

楚文王寵申侯

僖公七年

【題解】申侯被鄭文公所殺，已見於本卷〈楚伐鄭〉題解。原來申侯是楚女嫁於申所生，深受楚文王的寵信，當文王將死的時候，把玉璧送給申侯，要他離開楚國。楚文王說：「只有我最了解你，你好利而永不滿足，從我這兒取，從我這兒求，我從不指責你，但我的繼位者就不會這個樣子，你一定難免被怪罪。我死後，你要趕快走，也不要到小國，因爲他們也容不下你。」楚文王安葬後，申侯投奔鄭國，也受鄭厲公的寵信，但到魯僖公七年（西元前六五三年），鄭文公殺申侯以取悅於齊。

呂祖謙將楚文王愛申侯，和唐玄宗愛李林甫相提並論，以爲楚文王和唐玄宗能知奸邪，可見良知未泯，可是已經爲惡所挾持，爲惡之深者。

愛而知其惡❶者，天下之至善也，亦天下之至不善也。凡人之情，有所愛則有所蔽，有所蔽則有所忘，不蔽不忘，卓然知其惡於深愛之中，惟天下至公者能之，何以反謂之大不善乎？

知而遠之，善之善也；知而近之，不善之不善也。明皇之於李林甫，德宗之於盧杞❷，同用小人者也，同以小人而致亂者也。彼善於此，則德宗猶愈焉。德宗之言曰：「人皆以盧杞爲姦邪，朕獨不覺其姦邪。」是德宗之用杞者，愛而不知其惡者也，不知其惡而用之，猶人情也。若明皇則既知其惡矣，其目林甫以妒賢嫉能❸，品題之妙，雖借辭於張九齡❹之徒，殆不過是。所謂臨亂之君，各賢其臣者，惟不知其惡，是以不能一朝捨也；如使知其惡，亦必不能一朝居也。今明皇既明知林甫之惡，不能減其毫髮之愛，尊寵信任，至十九年之久，豈復近於人情乎？意在於用賢而不知其惡者，德宗也，誤也；意在於用姦而不恤其惡者，明皇也，故也。誤者猶可恕，知其姦而用之者，可勝誅乎？受欺者其罪小，自欺者其罪大，德宗不過爲杞所欺耳，是杞之罪大而德宗之罪小也。明皇洞視林甫之惡，如見肺肝，是林甫本不能欺明皇，而明皇自欺之，罪豈在於林甫乎？

楚文之嬖申侯也，猶明皇之嬖林甫也，明皇知林甫之妒賢嫉能，楚文王亦知申侯之專利不厭，一則終彼之身任之不替，一則終我之身寵之不衰。二君之罪，吾未知其孰輕孰重也？彼子文不知楚文之失，反追誦其明，亦惑矣。

古今以郭公惡惡不能去❺爲大譏。然郭公非愛其惡而不忍去也，實惡其惡而不能去也。郭公雖懦，而惡惡之本心猶未失也，豈若楚文與明皇，既知其惡而猶愛之乎？聲之不可並者，哭與笑也；貌之不可並者，慍與喜也。愛其人必不知其惡，知其惡必不愛其人。

異哉！楚文明皇之心！既知其惡，又愛其人，二者並處於胸中，不相陵奪，獨何歟？蓋有說也。善有力，惡亦有力。不見可欲而不亂者，善力尚淺也，他日見可欲，安知其不亂也？不見其姦而不怒者，惡力尚淺也，他日見其姦，安知其不怒也？見可欲而不亂，則其心深入於善，善之力已堅矣。見其姦而不怒，則其心深入於惡，惡之力已堅矣。二君知二臣之姦，乃良知之猶未泯者，至於知其姦而尚愛之，是為惡所持，其力既堅，雖良知不能奪也。吾故論而發之，以為善惡淺深之驗。

【註釋】❶愛而知其惡　見於《禮記．曲禮上》：「賢者狎而敬之，畏而愛之，愛而知其惡，憎而知其善，積而能散，安安而能遷，臨財毋苟得，臨難毋苟免。」❷盧杞　唐滑州人，貌醜好口辯，德宗時為相，專權自恣，陷害楊炎、顏真卿。藩鎮叛亂，以籌軍資為名，收括財貨，怨聲滿天下。李懷光反，暴其惡，貶死澧州。見《新唐書．姦臣傳》。❸其目林甫以妒賢嫉能　玄宗在蜀，曾評唐代宰相十餘人，皆當。評李林甫：「是子妬賢嫉能，舉無比者。」裴士淹因曰：「陛下誠知之，何任之久邪？」玄宗默然。見《新唐書．姦臣上．李林甫》。❹張九齡（西元六七三—七四〇年）唐韶州人，開元二十一年任中書侍郎同中書門下平章事（即丞相），於玄宗生日，進〈金鏡錄〉，每極言得失，並請殺安祿山，後為李林甫所忌，罷相。見《新唐書．張九齡傳》。❺郭公惡惡不能去　齊桓公遊於野，而見郭氏之墟，就問當地人這裏為什麼成廢墟？他們回答因郭公「善善而惡惡」。齊桓公說：「善其善人，惡其惡人，那是人的善行，怎麼會覆亡呢？」他們說：「善善而不能行，惡惡而不能去，是以為墟也。」見

《新序》。

【語譯】愛而知其惡，那是天下最好的人，也是天下最不好的人。一般人之常情，有所寵愛，就會有所蒙蔽；有所蒙蔽，就會有所疏忽，現在既不受蒙蔽也沒有疏忽，在深愛的時候卓然知其惡，只有天下至公無私的人才能做到，爲什麼反而說他很不好呢？

知道這人不好而疏遠他，那是再好不過了；知道這人不好反而親近他，那是再壞不過了。唐明皇對李林甫，唐德宗對盧杞，同是任用小人，同是因小人而招致禍亂。如果要比較哪一個比較好一些，那麼德宗還好一些。德宗曾對人說：「人們都以爲盧杞是個姦邪的人，我就不覺得他姦邪。」所以德宗用盧杞，是寵愛而不知道他不好，不知道他不好而任用他，還是人情之常。像唐明皇早就知道李林甫不好，說他妒忌賢能的人，品評高妙，就算讓張九齡這樣的人來品評，大概也不過如此。所謂面臨紛亂的國君，各自任用他以爲賢能的人，但不知其惡，所以不能馬上捨棄他；假使能知其惡，就不能讓他在朝廷留一天。如今唐玄宗既然知道李林甫的不好，卻絲毫不減對他的寵愛，受尊榮寵信達十九年之久，這怎能近乎人情呢？本意在任用賢能而不知其惡的是唐德宗，是錯誤造成的；本意在任用姦邪而不考慮其惡的是唐明皇，是故意造成的。造成錯誤的還可以寬恕，知道他姦邪而又重用的，可不是該殺的嗎？被欺騙的罪過小，自我欺騙的罪過大，德宗只不過是被盧杞欺騙罷了，所以盧杞的罪大而德宗的罪小。明皇洞悉李林甫的姦邪，就好像看透了他的五臟內腑，所以李林甫欺騙不了唐明皇，而唐明皇自己欺騙自己，這罪過難道在李林甫嗎？

楚文王寵愛申侯，就像唐明皇寵愛李林甫，唐明皇明知李林甫是嫉妬賢能的人，楚文王也明知申侯是貪得無厭的小人，一個是任用他一直到死不變，一個是寵愛他一直到自己死也還不減。兩個國君的罪過，我不知道哪一個輕哪一個重？而楚令尹子文不知道楚文王的罪過，反而讚揚他有知人之明，也不免太迷惑了。

從古到今都以郭公厭惡惡人而不能排去，視為一大諷刺。其實郭公並不是愛其惡而不忍排斥，而是厭惡其惡而不能排斥。郭公雖然懦弱，但厭惡惡人的本心並沒有喪失，哪裏像楚文王和唐明皇，已知其惡而還愛他呢？兩種聲音不能同時發出的，是哭聲和笑聲；兩種表情不能同時並存的，是怒色和喜色。寵愛這個人必然不知其惡，知其惡就必然不愛其人。楚文王和唐明皇的心理眞奇怪呀！既然知其惡，又還愛這個人，兩種情懷並存在胸中而不相侵奪，這是為什麼呢？大體也有道理可說。善有善的力量，惡有惡的力量。沒看到喜歡的而心不亂的人，善的功力還很淺，以後看到喜歡的，怎麼知道心亂不亂呢？沒看到他的姦邪而不怒的人，惡的力量還很淺，以後知道了他的姦邪，怎麼知道不怒呢？看到喜歡的而心不亂，這個人的心已深入善的境界，善的功力已經堅強了。看到他的姦邪而不怒，這個人的心已深入惡的境地，惡的力量已經堅強了。兩位國君知道這兩個臣子的姦邪，是還有良知沒完全泯滅，至於知道他們的姦邪而還愛他們，是因為心已被惡所控制，而且力量堅強，雖然還有良知也不能改變了。我特地把這些說法揭舉出來，作為檢驗善惡深淺的標準。

【研　析】楚文王寵申侯而知道他的缺點，申侯的下場如其所料，子文以為「知臣莫若君」，呂祖謙以為知其惡而愛之，其罪深。這本是平常議論，三言兩語已可道盡，呂氏卻以它與唐明皇寵李林甫相提並論，又以唐德宗寵盧杞相比較，而作出一大篇議論來。

一開始就作驚人之筆，說「愛而知其惡」，是天下之至善，也是至不善。因為這原是《禮記．曲禮》以為賢者所能的事，所以說是至善。在《禮記》說的是主觀愛憎之外，也要客觀地了解其善惡，人事常在善中存小惡，大惡之人也或有可取之處。呂氏著眼不在此，卻故意引用，頗有令人目駭心驚之效。

第二段便以唐明皇用李林甫、唐德宗用盧杞爲例，說明「不知其惡而用之，其罪淺；知其罪而用之，其罪深」的道理。第三段說明楚文王寵申侯，猶明皇嬖林甫，子文美之，是爲大惑。第四段說明他們見其姦而不怒，良知已爲惡所持，其心已深入於惡，以強調其「至不善」，以回應第一段。

讀其文，我們不能不佩服其論事的手法，他要證明甲是壞的，卻是先證明乙和丙相形之下，乙是壞的，然後說甲和乙相似，而證明甲是壞的。而且其中自問自答，製造不少波瀾。其實，嚴格說來，楚文王嬖申侯和明皇嬖林甫，並不相同。文王是私嬖申侯，而予取予求，文王知其專利而給利，蝕公府之財利而已。明皇知林甫嫉妒賢能，而使之專權達十九年，敗壞國政，其害更深。再說明皇品評林甫，是在天寶之亂痛定思痛的時候，所以也未必是在重用之時已知其惡。裴士淹說他：「陛下誠知之，何任之久邪？」只是促其反省，擔當責任而已。

齊桓公辭鄭太子華　僖公七年

【題解】魯僖公五年（西元前六五五年），齊桓公與魯、宋、陳、衛、鄭、許、曹等諸侯相會於首止，並會見王太子鄭，以阻止王太子被廢。周惠王慫恿鄭文公逃盟，鄭文公逃歸。次年，諸侯攻鄭，鄭靠楚軍圍許，得以逃過一刼。可是僖公七年，齊人又攻鄭，鄭伯殺申侯以討好齊國，齊侯仍與魯僖公、宋公、陳世子款，在寗母結盟，策劃攻打鄭國，鄭伯派太子華到會聽命。鄭太子華卻要參加結盟而向齊侯說：「都是洩氏、孔氏、子人氏三族跟您作對，您如果除掉他們而與敝國媾和，我願作爲藩屬，對您無所不利。」齊侯準備答應，管仲說：「君以禮和信號召諸侯，而終得姦邪，這不好吧？兒子不違背父親是爲禮，守君命共圖時事是爲信。還有比違背禮和信更邪姦的嗎？」齊桓公說：「諸侯討伐鄭國，一直不能得逞，現在有機可乘，不也可利用嗎？」管仲說：「君如果以德撫人，然後光明正大責求於人，於是率領諸侯討伐鄭國，鄭國挽救危亡都來不及了，怎能不怕？如果是領著違背父命的罪人去討伐，鄭國就振振有詞了，還怕什麼？而且會諸侯以尊崇德義，如果會盟有奸邪的人名列其中，將如何記載下來以垂示後代？何況諸侯會盟，其間的德刑禮義，沒有一個國家不記載的，如果把姦邪的人列入會盟的成員，國君的盟會就被破壞了，如果國君做了而不記載，那也有損盛德。國君您還是不要同意，鄭國終究會來接受盟約的。子華身爲太子，而想藉大國來削弱自己的國家，一定不能免於災禍，鄭國有叔詹、堵叔、師叔三位賢大夫執政，我們不會有那種機會。」齊桓公於是推辭子華的請求，而這年冬天鄭伯派使者到齊國請求立盟，子華也因此得罪鄭國，而於九年後被殺。

歷來對管仲諫桓公多所讚譽，呂祖謙則批評管仲不能激發桓公行善之心，而以外在的毀譽來制約桓公。是以外制內，非聖人之道。

道無待，而有待非道也，待之名烏乎生？以彼待此曰待，以此待彼亦曰待，一彼一此，而待之名生焉。未有彼待彼者也，未有此待此者也。雨在天，稼在田，判然二物也，語人以稼待雨，可信也。帛在機，衣在身，判然二物也，語人以衣待帛，可信也。若語人曰：吾待目而視，待耳而聽，則世固已疑而不信矣。是何也？目，我之目，非借他人之視也；耳，我之耳，非借他人之聽也。我視則視，我聽則聽，本非有待也。雖然，是固非有待之待，猶未免無待之待也！目雖離婁❶，不能自保其不瞽；耳雖師曠❷，不能自保其不聵。是雖無待於他人，而猶待於血氣，尚非我之所得專也。舉天下之物，我之所獨專而無待於外者，其心之於道乎！心外有道，非心也；道外有心，非道也。心苟待道，既已離於道矣；待道且不可，況欲待於外哉？

古之學者爲己❸，非以人不足爲也，通天下無非己，不見有人之可爲也。其動其靜，其語其默，未有由乎人者。飭躬厲行，非以揚名也；別嫌明微，非以避謗也；簡賦省刑，非以求民也；深謀遠慮，非以防患也。本無所待而作，亦豈有待而止哉？有所慕而作者，外無慕則不作也；有所畏而止者，外無畏則不止也。曰作曰止，皆待於外而不出於我，則吾之爲善既無本矣。無本之水，朝滿夕除；無本之善，朝銳夕墮，是烏可恃耶？

鄭子華以世子而賣其國，齊桓公貪其利而將受之，從管仲之諫而止，世莫不誦管仲之言以爲當。以吾觀仲之言，何其不知本也！其言曰：「諸侯之會，其德刑禮義，無國不記，記姦之位，君盟替矣；作而不記，非盛德也。」仲不能以道格君之心，使自爲善，反待簡冊之毀譽以制之。噫！爲善果待於外，使自古無史官，諸侯無史籍，將放意而不復爲善耶？不導其君以心制物，而反以物制心，是以外而制內也。幸而桓公以好名之心，易好利之心，僅從管仲之諫。若桓公好利之心勝好名之心，則殘編腐竹何足以制桓公耶？仲之說至是而窮矣。

信如是，則聖人立左右史以記言動者，亦豈以外制內耶？非然也，恃史册以自制者，固待外也，視史册爲外物者，亦未免有外也。至理無外，藩以私情，蔀以私智，始限其一身爲內，而盡棄其餘爲外物。乃若聖人之心，萬物皆備，尚不見有內，又安得有外耶？史，心史也，記，心記也，推而至於盤盂之銘❹，几杖之戒❺，未有一物居心外者也。嗚呼！此豈管仲所及哉？

【註釋】❶離婁　古之明目者，相傳能於百步之外，見秋毫之末。《莊子．駢拇》作離朱，《孟子．離婁上》作離婁。❷師曠　春秋晉國的樂師，生而目盲，能辨音以知吉凶。見《左傳》襄公十八年，亦見《孟子．離婁上》。❸古之學者爲己　古代學者是爲充實自己，以別於後之學者爲得他人之欣賞或肯定。語出《荀子．勸學》。❹盤盂之銘　古帝王常在日常用品上鐫刻文字，以誌不忘。《禮記．大學》：「湯之盤銘曰：『苟日新，日日新，又日新。』」《大戴禮記．武王踐阼記》：「盥盤之銘曰：『與其溺於人也，甯溺於淵。溺於淵，猶可游也；溺於人，不可救也。』」❺几杖之戒　《大戴禮記．武王踐阼記》：「几之銘曰：『皇皇惟敬，口生詬，口戕口。』杖之銘曰：『惡乎危於忿疐，惡乎失道於嗜慾，惡乎相忘於富貴。』」

【語譯】道是不必有所待的，如果需要有所待，就不是道了。待的名稱是怎麼產生的呢？以那個對待這個，稱之爲待；以這個對待那個，也稱爲待，一是那個，一是這個，而待的名稱就產生了。後來沒有那個對待那個的，也沒有這個對待這個的。雨在天空，農作物在地上，完全是不同的東西，所以告訴人家說：農作物有待於雨，那是可信的。布帛在織布機上，衣服是穿在身上，也是完全可分別的東西；所以告訴人家說：衣服有待於布帛來做，這也是可信的。如果告訴人家說：我有待於眼睛來看，有待於耳朵來聽，那麼人家就懷疑而不信了。這是爲什麼呢？眼睛是我的眼睛，不是借用別人的來看；耳朵，是我的耳朵，不是借用他人的來聽。我看就看見了，我聽就聽到了，本來就不要有所待。雖然如此，這原非有所待的待，但仍不完全是無所待的待呢！離婁的眼力最好了，但不能自保他不會成爲瞎子；師曠的耳朵最好了，但不能自保他不會成爲聾子。所以雖然無待於他人，但仍有待於血氣，這可不是我們自己可以取決的。全天下的東西，完全取決於自己而無待於外的，大概是心之於道了吧！心之外還有道，就不能算是心了，道之外還有心，就不能算是道了。心如果有待於道，那已經離開道了；有待於道，尙且不可，更何況要待之於外呢？

古代的人求學修德，完全是爲了自己，並不是別人不足以讓我們有所作爲，而是全天下都爲自己修德，不因爲有人在旁才去做。所以他們一舉一動，或言語或靜默，沒有爲別人的。自我約束，敦品勵行，不是爲了揚名於外；避免嫌疑，注意小節，不是爲了避免謗言；減少賦稅，輕免刑罰，不是爲了有求於民；周密計畫，考慮長遠，不是爲了防範禍患。這些原本不是有所待而作，哪裏會是有所待而止呢？如果有所仰慕才做的話，一旦外頭沒有所仰慕的對象，就不會再做了；有所畏懼才停止的話，一旦外頭沒有所畏懼的對象，就不會停止了。要做或不做，都有待於外在的因素，而不是出於自己的本願，那麼我們的爲善就失去了本源。沒有本源的水，早上滿的，下午就沒了；沒有本源的善，早上興致勃勃，下午就摧殘殆盡，這怎麼可以仗恃呢？

鄭國子華以世子的身分，出賣自己的國家，齊桓公貪得鄭國的利益而將要接受，後來聽從管仲的諫言而停止，世人沒有不頌揚管仲的話以爲說得很正當。但我看管仲說的話，是多麼不知本源！他說：「諸侯的盟會，其間施德加刑，舉措是否合乎禮義，沒有一個國家不記載的，如果把姦邪的人列入會盟的地位，國君您所主持的盟會就被破壞了；如果做了而不記載，那也有損盛德。」管仲不能以道正國君之心，使他自己爲善，反而期待史册的毀譽來制約國君。唉！爲善如果眞要期待外在的壓力，那麼自古以來沒有史官，諸侯沒有史籍的話，豈不是將放縱恣意而不再爲善了嗎？管仲不引導國君以內心克制外物，反而以外物來左右內心，這是以外在因素來壓制內在的本性。幸而齊桓公以好名之心，取代了好利之心，僅僅得到聽從管仲諫言的效果。如果齊桓公好利之心強過好名之心，那麼那些殘缺的史編、乾朽的竹簡，怎麼能夠制止桓公呢？管仲遇到那種情況說也沒用了。

假如眞是這樣的話，那麼聖人設立左史和右史，用來記言和記事，不也是以外在因素來壓制內心了嗎？不是的，仰仗史册以克制自己的，固然是有待於外，把史册當作外物的，也不免有心外之物。天下至理沒有內外之分，因私情而加以區分，因私智而所以蒙蔽，才限以一己之身爲內，而其餘一概排除，稱爲外物。至於像聖人之心，萬物皆備其中，還不見有什麼是內的，又怎麼有外呢？史是心史，記是心記，由此推衍，至於盤盂上的銘文，几杖上的誡辭，沒有一件是屬於心之外的。唉！這哪裏是管仲所能知道的呢？

【研　析】本篇以一個「待」字，作爲通篇的骨幹，而「待」涵蓋期待、對待之意，是從《莊子．逍遙遊》「此猶有待者也」和〈齊物論〉「吾有待而然者也」的「待」，脫化而來，頗有理學家論道的意味。

第一段拈出「待」字，說明道無待於外。第二段說明古之學者爲己，而不是待於外在的毀譽，如果人的舉止作爲，都待於外，那麼爲善就無本了。第三段批駁管仲之諫完全就外在毀譽，幸虧桓公好名，否則管仲之諫就無效了。最後以聖人之心萬物皆備，無一物居心外，並再批評管仲作結。

一個「待」字，包括一內一外的對待，以及有待於外的期待，取一字雙關而成完整的結構。從對待之意入手，而說到待之於外的待，批評管仲以簡册毀譽，制止桓公好利之心，是待之於外，也是以外制內，最後又歸結到內外對待的問題，強調聖人無一物居心外，此非管仲所能及。既呼應起首，又說到管仲，是兩面俱到的作結方法。其結構和作結的巧妙，是很值得注意的。

至於對管仲諫言的批評，完全是針對後半段「諸侯之會……無國不記」，而前半講禮講信，並不「待於外」。所以這批評不免有斷章取義之嫌。

晉里克帥師敗狄　僖公八年

【題　解】魯僖公七年（西元前六五三年，依《史記．晉世家》則在次年），因爲重耳奔狄的關係，晉國由里克率兵，梁由靡駕主帥兵車，虢射爲車右，以攻狄，敗狄於采桑。梁由靡說：「狄人不會因敗走而羞恥，如果追擊，一定大勝。」里克說：「讓他們害怕就好了，不要因追擊招惹其他的狄人。」

號射說：「不追擊就向他們示弱了，一年之後狄人會來侵擾。」次年夏天，狄人果然來伐晉，以報復采桑之役。

里克是傾向重耳的，所以他不追擊狄人，可能是怕把狄打敗，狄交出重耳，重耳就完了。呂祖謙論此事，則以爲治戎狄如治姦民，要嚴懲使之不敢近。縱之使它滅亡，聖人不忍爲，寬之讓它肆虐，聖人不肯爲。因本篇論聖人對待夷狄之道，在滿清的時代，不免有忌諱，所以四庫全書本刪去本篇。

治戎狄如治姦民，姦民狎官府則多訟，戎狄狎邊鄙則多難。一日之懲，而終身不敢入官府者，善政也；一戰之威，而百年不敢近邊鄙者，善謀也。戎狄之性，折則服，縱則驕。彼其悍然執兵翦我郊保，燔我積聚，敺我馬牛，蹂我稼穡。羽檄雷動，車馳轂擊❶，謀臣勞於朝，戰士勞於野。賴天之靈，宗廟之福，幸而一勝，反抑鋒按銳，縱之徐驅而歸，爲夷狄者，勝有重利，敗無他虞，亦何苦而不爲寇哉？是故狃於爲寇之利，視吾邊境如登虛邑，吾被邊之民，歲暴骨而月裹瘡，哭泣之聲未絕，而鼓鼙之音已振矣。是何待戎狄之厚，而待吾民之薄耶！

然此亦非所以厚戎狄也，恕生侮，侮生怒。恕之與怒，相反而相生者也。始吾恕戎狄，以爲不足治，其侵不問，其衂不追，犬羊之心❷，恣睢桀驁，意我之不能師，陵侮暴犯，非人所堪❸，於是不勝其忿，掃境內之衆，窮誅極討，覆其巢，鋤其根，以逞吾憾。召今日之怒者，庸非前日之恕乎？嫚書之恕，所以召絕幕之怒也；渭橋之恕，所以召定襄之怒也❹。故曰此非所以厚戎狄也。小治之於未侮之前，傷少而怨淺；大治之於積侮之後，傷多而怨深。孰厚孰薄？孰寬孰猛？必有能辨之者矣！吾是以知：里克之待戎狄不得爲仁，而梁由靡之策亦未始爲虐也！

主里克之說者，歷舉宣王之詩❺，嚴尤之論❻，以謂王者治戎狄正當如此。抑不知理有似而差，言有類而異。歐之而已者，嚴尤之稱宣王也；懼之而已者，里克之沮梁由靡也。兩者相去不能以寸，然謂之敺，則不止於懼矣；謂之懼，則本未嘗敺矣。其言淄澠也，其理涇渭也❼。宣王之詩：「薄伐玁狁，至於太原」，太原周境也，宣王之逐戎狄，不盡吾境不置也。乃若采桑之戰，實在屈之北，平陽之西南，固晉地也，狄尚在吾地，里克僅得小勝，遽卷甲而不進，安得自附於宣王之師乎？宣王縱戎狄於吾境之外，而里克乃縱戎狄於吾境之內，世比而同之，過矣！

吾嘗論縱戎狄者有二，驕之使不吾忌，待其自墮術中者，詐者之事也，爲阱以陷獸者也。寬之使知吾不足忌，遂敢肆其貪噬者，懦者之事也，開門以招盜者也。古今之縱戎狄者，揣其情，研其實，不出二說而已矣。前一說，聖人不忍為也；後一說，聖人不肯為也。

【註釋】❶轂擊　車轂相碰撞。通常以「轂擊肩摩」形容人車往來擁擠。轂是車軸中間車軸貫入處的圓木。安裝在車軸兩側軸上，使車軸保持直立不至內外傾斜。❷犬羊之心　即指蠻夷戎狄之心。犬羊常以喻才質低劣者，如曹丕〈與曹植書〉：「以犬羊之質，服虎豹之文。」❸非人所堪　不是一般人所能忍受。《金華叢書》本原作「非人所揕」，揕當為堪之誤。❹嫚書之怨四句　匈奴單于冒頓於呂后時，寫信說要跟呂后結合，呂后大怒，但從季布之言，忍而復書。漢文帝時，匈奴兩度入侵，漢大軍於長安渭水旁備寇，匈奴出塞，漢兵不追。武帝時，衛青出定襄，霍去病出代，遠出沙漠擊匈奴。絕幕，即度越沙漠。幕，通漠。詳見《漢書・匈奴傳上》。❺宣王之詩　指《詩・小雅・六月》，為宣王北伐之詩，本文所引「薄伐玁狁，至於太原」在其第五章。❻嚴尤之論　嚴尤為王莽將，王莽將發三十萬眾，具三百日糧，十道並出，窮追匈奴，嚴尤諫之，其中說到：「當周宣王時，獫允內侵，至於涇陽，命將征之，盡境而還。其視戎狄之侵，譬猶蟁蝱之螫，敺之而已，故天下稱明，是為中策。」力主縱先至者，深入霆擊。詳見《漢書・匈奴傳下》。❼其言淄澠也其理涇渭也　比喻二人之言，似乎相似難辨，其中道理卻分明不同。淄、澠二水，都在山東省，相傳二水味異，合則難辨，惟春秋齊國易牙能辨。見《列子・說符》。涇、渭二水，在陝西省會合，涇清渭濁，於會合時仍見分別。

【語譯】懲治蠻夷戎狄就像懲治姦邪刁民，姦邪刁民常到官府，就有更多爭訟；蠻夷戎狄常擾邊界，就有更多的災難。一次的嚴懲，使刁民終身不敢進官府，這是善政；一次的戰役，使戎狄百年不敢接近邊界，這是善謀。蠻夷戎狄的特色是：折敗了他，他就會服服貼貼；放縱了他，他就會驕大放肆。他們凶悍地以武力破壞我們防衛的措施，焚燒我們儲存的財糧，掠取我們飼養的牛馬，蹂躪我們耕耘的作物。戰報傳來，朝野震動，兵車馳騁擁擠於道，謀臣辛苦於朝廷，戰士奔命於戰場。仰賴上天的威靈，與宗廟的福佑，幸而打了勝仗，卻反而抑止了鋒芒銳氣，放走他們，慢慢地把他們趕回夷狄之地的話，那他們打勝就有重大的利益，打敗也沒有其他的顧慮，怎麼會不來侵犯呢？所以他們習慣於侵擾而獲利，把我們的邊境當作無人之境，我們被侵犯的邊界人民，年年有人暴露屍骨，月月有人包紮傷口，哀泣之聲還沒停止，而戰鼓之聲又來了。這對待戎狄是多麼優厚，而對待我們的人民，又多麼無情啊！

不過這也不是厚待蠻夷戎狄之道，因為你寬恕他們，會招來他們更多的侵侮，侵侮一多，我們也就被激怒了。所以寬恕和震怒，是相反而又相生的。開始的時候我們寬恕了戎狄，以為不必懲治他們，他們侵犯時不加以聞問，挫敗時不加以逼迫，這些蠻夷戎狄的心，就更為狂妄凶暴，以為我們不能出兵討伐，於是侵凌入侮，武力犯境，非人們所能忍受，於是禁不住憤怒，傾動境內之兵，極力討伐，翻覆他們的巢穴，斬除他們的根源，以發洩我們心中的憤恨，招致今天憤怒的，難道不是前日的寬恕嗎？當年向呂后寫輕佻的信，寬恕了他們，所以招致非遠渡沙漠不可的震怒；當年渭橋縱容了他們，所以才有出兵定襄的震怒。所以這並不是用來厚待戎狄之道。小小懲治他們於未侮犯之前，傷害少而結怨淺；大大懲治他們於一再侮犯之後，傷害多而結怨深。到底那一種仁厚那一種刻薄？那一種寬和那一種猛烈呢？必定有人能辨別的哩！我們由此可以知道：里克這樣對待戎狄不能說是仁厚，而梁由靡的策略也未嘗就暴虐呢！

支持里克說法的，將列舉周宣王的詩，嚴尤的論點，以爲王者懲治夷狄就應當這樣。但不知道理由雖然相似但有差別，話雖然類似也有不同。「把我們驅逐就是了」，這是嚴尤所稱許的宣王做法；「使他們畏懼就是了」這是里克阻止梁由靡的藉口。兩種說法只差一點點，但稱爲驅逐，就不只是讓他們畏懼；稱爲畏懼，就原本不曾驅逐。他們的話就像淄水澠水那樣難辨，道理卻像涇水渭水那麼分明不同。周宣王的詩，就說「征伐玁狁，到達太原」，太原是周的邊境，宣王驅逐戎狄，不把他們從邊境全部趕出去，是不停止的。至於采桑的戰役，實際上是在屈城的北面，平陽的西南，本來就是晉國的地方，戎狄還在自己的土地上，里克只是得到小小的勝利，就突然收起兵甲而不前進，怎麼能夠自比於宣王的軍隊呢？宣王縱戎狄於中國邊境之外，而里克是縱戎狄於中國的境內，人們把它相提並論以爲相同，那就錯了！

我認爲放縱蠻夷戎狄有兩種情形，驕縱他們使他們不顧忌我們，等待他們進入我們所預設的計謀之中，這是詐騙者的作風，就像做好陷阱來捕捉野獸那樣。另一種是寬容他們，使他們知道我們不足以顧忌，於是使他們更大膽放肆地併吞掠奪，這是懦弱者的作風，就像開門請強盜進來那樣。古今縱容戎狄的人，揣摹他的內心，研究他的實況，就不外這兩種而已。前面那種作法，聖人是不忍那樣做的；後面那種作法，聖人是不肯那樣做的。

【研析】這篇是探討對待戎狄之道，反對縱容，力主驅逐嚴懲。呂祖謙是南宋人，當時北邊邊患不已，朝廷有主和主戰之爭，所以呂氏批評里克「懼之而已」，是有借古諷今的作用。

首先以戎狄比作姦民，主張懲之使懼，以爲縱容戎狄，就是薄待邊民。第二段更進一步說明，縱容之道不是厚待，不能早日戢其亂心，積侮之後大動干戈，傷多而怨多。第三段論里克「懼之而已」，不同於宣王之詩，也不同於嚴尤之論。第四段結論，以爲縱容戎狄有兩種心態，都爲聖人所不許。

全文層層剖析，必將縱容戎狄說得一無是處而後已，以爲縱容非仁人寬厚之道，非聖人愛物之心，只有將戎狄逐出邊疆，是唯一的可行之道。這種立場在清代是犯忌的，所以《四庫全書》本刪去此篇是可以理解的。至於里克的不追擊，可能是爲顧全重耳，此並非呂祖謙之所不能知，只是本文既然在強調「打擊戎狄」，就不再旁生枝節，以免蕪雜而難有條理。

宋太子茲父請立子魚 僖公八年

【題解】魯僖公八年（西元前六五二年），宋桓公病了，太子茲父一再請求說：「目夷（子魚）年長而有仁德，請立他爲君。」桓公於是要立子魚爲君，子魚推辭說：「茲父能夠把國家推讓給別人，還有比這更有仁德的嗎？我比不上他，而且我繼位名不正、言不順！」於是趕緊退出。茲父卽位，卽爲宋襄公，而以子魚爲左師。

呂祖謙以爲宋襄公讓位，是矯情求名，並指出後人不知聖人，總是以利心來衡量聖人。

無故而爲駭世之行，求名之尤者也，宋襄公之遜於子魚是也。以統則正，以親則嫡，以勢則順，無故而欲推之他人，非求名果何說也？然求名之罪，人所共指，不足深責，乃若不明乎善，則學者所同病，所當先論也。

宋襄所以無故而遜國者，吾知之矣。其心急欲自表見於世，悒然恨無善之可為，故操奇以駭世耳。築山於平地者，以其無山也，使居泰華之旁，必不築也。鑿沼於平地者，以其無沼也。使居江海之旁，必不鑿也。平地無山，故版築而強為山；平地無沼，故疏鑿而強為沼。彼矯激而強為駭世之行者，豈非平居自視無善之可為，不得不出此耶？

人之言曰：「天下之善，遇之不可不為，不遇不可強為。」其視宋襄進一等矣，亦未免五十步笑百步❶也。一歲之間，自春至冬，一日之間，自朝至暮，一國之間，自君至民，一身之間，自頂至踵，無時非善，無物非善，周流充塞，隨在隨滿。今乃謂：「遇善則可為，不遇善則不可為。」吾不知擇何物為善，棄何物為不善耶？古人為善，惟日不足，世俗乃嘆善之難遇，何其反也？以魯遇宋謂之遇，以齊遇陳謂之遇，以子路遇荷蓧❷謂之遇。為善而欲遇善，善豈在外耶？君子明乎善者，天理渾然，生生不息，不知有善之可擇也，不知有不善之可棄也。尚不見精，何者為粗？尚不見純，何者為駁？雖極世所謂至高之節，如堯舜之揖遜，亦世俗自為之名耳。步趨也、言語也、飲食也、寢息也，皆人日用之常也，而兀者獨羨人之步趨，以為不可及，豈步趨果難於言語食息之屬哉？自兀者觀之則然也！堯舜之事布在天下，若禮樂、若法度、若征伐、若巡狩、若歷試、若揖遜，皆因理之固然，本未嘗置輕重於其間也，則所謂揖遜者，特堯舜萬事中一事耳。世俗指其一事爲高，而忽其餘事爲常者，無他焉，彼自見其捐一金之難，而駭堯舜忘天下之易，遂誇大以爲至高之節，矯情而效之。此宋襄之徒所以每不絕於世也。

噫！堯舜之揖遜，堯舜曷嘗自知其高哉？以世俗之心度之則高耳！然則非特幽囚野死之毀❸，爲以利心量聖人也，誦堯舜揖遜以爲高者，正所謂以利心量聖人也！

【註　釋】❶五十步笑百步　比喻自己跟別人有同樣的缺點和錯誤，卻以自己的程度較輕而嘲笑別人。語出《孟子·梁惠王上》，謂作戰時退五十步的人嘲笑退一百步的人太膽怯。❷子路遇荷蓧　子路隨孔子出行而落後，遇見用拐杖挑著竹器的老人，而問他有沒有遇見孔子，老人只批評他四體不勤、五穀不分。子路恭敬地站著，老人留宿子路，並殺雞招待，又讓自己兒子拜見子路。子路第二天趕上孔子，並告訴孔子，孔子說那是隱士，叫子路回去看，但老人已出去了。見《論語·微子》。❸幽囚野死之毀　《史記正義》引《竹書》云：「昔堯德衰，爲舜所囚。」又引《竹書》云：「舜囚堯，復偃塞丹朱，使不得與父相見也。」《史通·疑古》引《汲冢書》云：「舜放堯於平陽。」《廣宏明集》引《汲冢竹書》云：「舜囚堯於平陽，取之帝位，今見有囚堯城。」但今見《竹書紀年》並無記載。

【語　譯】無緣無故而表現驚人駭俗的行爲，那是求名之過，宋襄公要讓位給子魚就是如此。以世系來說，他是正統；以親疏來說，他是嫡長；以情勢來說，由他繼承是順理成章，沒有緣由推讓給別人，不是求名那又是爲什麼呢？然而矯情求名的罪名，是人們所共指的，至於像他不明白如何去求善，那是一般學者與他所患的共病，所以應當先討論一下。

宋襄公所以要無緣無故讓國的心理，我們是可以知道的。他內心急於自我表現，以見稱於世，但悒快遺憾沒有善事可做，所以標新立異以驚駭世俗罷了。要築山在平地之上的，是因爲沒有山的關係。假使讓他住到泰山或華山的旁邊，就不必築山了。要挖沼池在平地之上的，是因爲沒有沼池的關係，假使讓他住到江海的旁邊，就不必鑿池了。平地沒有山，所以架起泥版灌泥漿勉強築起山來；平地沒有池沼，所以挖土鑿坑勉強掘出沼池來。那些矯情激世而勉強去做驚人行爲的人，難道不是平時自己看不到有什麼善事可做，不得不這樣做的嗎？

有人說：「天下的善事，遇到了不可以不做，但遇不到也不必強求。」這比起宋襄公好一些，但還不免是五十步笑百步而已。一年之間，從春季到冬季，一天之間，從早上到晚上，一國之間，從國君到平民，一身之間，從頭頂到腳踵，隨時都有善事，任何人都可有善行，周徧各地，到處充滿，隨時存在，隨時滿盈。如今卻說：「遇到善事就可做，沒有遇到就做不成。」我們難道不知道選擇什麼爲善，捨棄什麼爲不善嗎？古人爲善，就怕時日不够，世俗的人竟然嘆善事難遇，怎麼完全相反？以魯遇宋，稱之爲遇，以齊遇陳，稱之爲遇，以子路遇荷蓧丈人，也稱之爲遇。爲善而希望遇到善事，善哪裏是在外求的呢？君子知道所謂的善，是混合天理，生生不息，不知有什麼善可以特別挑選，也不知有什麼不善可以拋棄。還沒看到精的，怎麼知道什麼是粗的？還沒看到純的，怎麼知道什麼是駁雜的？雖然是全世界所推崇的最高的節操，像堯舜的禪讓之治，那也是世俗這樣說罷了。走路跑步、講話、飲食、休息睡眠，都是人的日常生活，而跛腳的人惟獨羨慕人家的走路跑步，以爲學不來，難道是走路跑步眞的比講話飲食休息這類事困難嗎？從跛腳的人來看確是如此！堯舜的事情展示於天下，像禮樂、法度、征伐、巡狩、歷試、禪讓，都是依理而行的當然之事，本來其中也沒有輕重之分，至於所謂的禪讓，只是堯舜所做萬件事中的一件而已。世俗指出其中一件特加推崇，而忽略其他的事以為很平常，其實這也沒有別的原因，他們發現自己捐出一些金錢都很捨不得，而驚奇堯舜很輕易地不把天下看在眼裏，於是誇大它，說那是最高尚的節操，於是矯情去效法他們。這正是宋襄公這幫人所以常不絕於世的原因。

唉！堯舜的禪讓，堯舜又何嘗自以為高超呢？那是以世俗之心衡量它，才覺得它崇高！不但幽囚野死的毀謗，是以利心來衡量聖人，頌揚堯舜禪讓以為崇高偉大的人，也正是以利心來衡量聖人啊！

【研析】基於他們是殷商帝王的後裔，宋襄公頗有「時不我與」和「自命不凡」的氣概，造成悲劇英雄的性格，以致泓水之役大敗而死的下場。嗣位時要讓賢，只是其中一端而已。

春秋時代，為爭位而骨肉相殘的不絕如縷，宋襄公要讓位，或被指為沽名釣譽，如果呂氏也此立論，就不突出了，所以他只用第一段，輕輕一點，就轉入「不明乎善」的主題，這段只是點題。第二段以築山鑿沼作譬喻，說明宋襄公駭俗之行，是出於「急欲表現，又恨無善之可為」的心理。第三段說明「無時非善、無物非善」，善不待外求，聖人一舉一動，無一不善，而世俗之人以利心衡量，於是有的行為以為是至高之節，有的行為卻以為是日用之常，而造成宋襄公之流，矯情效法。第四段結論，批評世俗之人，有舜囚堯的謗言，是以利心衡量聖人，而頌揚堯舜者，也是以利心衡量聖人。

這種批評主題人物，更批評世俗之見，是使文章突出的有效作法。但它必須立在穩固的基礎上，呂氏以「利心」為基點，是能言之成理而有說服力的。

卷十一

會於葵丘尋盟 僖公九年

【題解】魯僖公九年（西元前六五一年）夏天，齊桓公和宰周公、魯僖公、宋襄公、衛文公、鄭文公、許僖公、曹共公在葵丘相會，尋求立盟以修好，周王派宰孔賜祭肉給齊侯說：「天子祭祀文王和武王，派我把祭肉賜給伯舅。」齊侯準備下階拜受，但宰孔說：「還有命令呢！天子要我說：『因爲伯舅年紀大了，以功勞加賜一等，不用下拜。』」齊侯說：「天威不遠，就在眼前，我小白怎敢貪天子之命而不下拜呢！我惟恐在下位失職顛墜，而讓天子蒙羞，豈敢不下拜。」於是拜於堂下，然後登堂受肉。這年秋天就立了盟約，盟約上說：「凡是同盟的人，在結盟之後，言歸於好。」宰孔先走，途中遇到晉獻公，便說：「可以不去參加會盟了，齊侯不務修德而忙於遠征，所以北伐山戎，南伐楚國，西邊爲此會盟，是否向東有所行動，還不可知，至於西邊是不會了，除非有亂事發生。你應該致力於平定禍亂，不必勞於奔波。」於是晉獻公就回國去了，當年九月晉獻公死，齊國派隰朋會秦師送晉惠公回國即位。

呂祖謙認爲齊桓公早年以立霸與諸臣相期許，到葵丘之會已達成願望，於是就走下坡了，以此說明志要大，心不可滿，器小易盈，滿必招損。所以「所期不可自小而至於滿」。

天下之爲治者，未嘗無所期也。王期於王，伯期於伯，強期於強。不有以的之，孰得而射之？不有以望之，孰得而趨之？志也者，所以立是期也；動也者，所以赴是期也；效也者，所以應是期也。汎然而議，卒然而行，忽然而罷，汗漫荒忽，無所歸宿者，是豈足與爲治哉？故期者，聖君賢臣所以先天下之治者也。

期固爲治之先，亦或爲治之害。自期於強者，至強則止，欲挽之使進於伯，不可得也；自期於伯者，至伯則止，欲挽之使進於王，不可得也。何則？其素所期者，止於如是也。

強而止於強，伯而止於伯，是特安於小耳，雖不足肩盛世而追遐軌，然下視弱國陋邦，其所獲不既多矣乎？謂之無志則可，謂之有害則不可也。抑不知天下之勢，不盛則衰，天下之治，不進則退，強而止於強者，必不能保其強也；伯而止於伯者，必不能保其伯也。驅駿馬而馳峻坂，中間豈有駐足之地乎？

齊桓公拔管仲於縲紲桎梏之中，屬之國政，立談之間，遽以伯功相期，何其壯也！所期既立，左國右高，前鮑後隰，下逮比閭族黨❶之民，夙興夜寐，淬厲奮發，以赴吾君之所期。至於葵丘之會，威加諸侯，名震四海，天子致胙，王人下臨。環以旌旄，崇以壇陛，幕張燎舉。有司戒期，駢圭交舄，抑首就位，弁冕秩秩，穆然無聲。於是桓公降阼遵廷，下拜王命，興俯跪起之容翼如也，環佩衝牙之音鏘如也。隆寵榮光，焜燿在列，申以五命之嚴，示以載書之信。明約顯命，若掞河漢而轟雷霆。區區曹許之君，出於鼠壤蟻封之中，驟見曠古駭俗之偉觀，目眩氣奪，莫敢仰視，雖平日跋扈倔強不受控御如晉侯者，猶膏車秣馬，奔走道路，恐干後至之誅。五伯莫高於桓公，而桓公九合之盟❷，葵丘之會實居其最，一時文物之盛，騷人墨客誇談矜語，至於今不衰。嗚呼！桓公素所期者，及葵丘之會悉償所願，滿足無餘，種之累年，而穫之於今日，信可謂不負所期矣。

所期既滿，其心亦滿，滿則驕，驕則怠，怠則衰，近以來宰孔之譏，遠以召五公子之亂，孰知盛之極乃衰之始乎？吾嘗譬桓公之功業，葵丘未會之前，猶自朔至望之月也，浸長而浸盈；葵丘既會之後，猶自望至晦之月也，浸缺而浸盡。蓋未滿則有增，既滿則招損而已，尚安能復增乎？甚矣！人心之不可滿也，桓公非不知滿之可戒也，所期既滿，其心不得不滿也。使桓公所自期者不止於伯，詎肯至伯而滿哉？桓公之罪在於自期之時，而不在於既滿之時也。

雨驟而沼溢，非雨之罪，鑿沼者之罪也；酒暴而巵翻，非酒之罪，造巵者之罪也。沼之所受有常限，巵之所容有常量，人之所期有常願，踰其限，過其量，塞其願，雖不欲滿而不自知其滿矣。我不爲沼，何憂乎十日之霖？我不爲卮，何憂乎千釀之醴？桓公素不以伯自期，則下視伯功亦蚊虻之過前耳。吾是以知自期之不可小也。進伯而至於王，極天下之所期，無在其上者，其亦可以息乎？曰：王道果可息，則禹之孜孜，湯之汲汲，文之純亦不已，何爲者耶？

【註釋】❶比閭族黨　《周禮・地族》：「五家爲比，使之相保；五比爲閭，使之相愛；五閭爲族，使之相葬；五族爲黨，使之相救。」❷九合之盟　桓公九合諸侯。見於《論語・憲問》。《論語疏》引《史記》以爲兵車之會三，乘車之會六。但朱熹以爲九爲糾的假借，是督導的意思。或有計齊桓公到葵丘之盟凡十三會，不計北杏及陽穀之會則爲九。

【語譯】凡是治理國家的人，都有他所期許的目標。行王道的人以王者爲期許的目標，創霸業的人以霸主爲期許的目標，謀強盛的人以強者爲期許的目標。沒有把箭靶張立起來，箭要往哪裏射去？不把標示展立起來，人怎麼知道往哪邊走？志向就是立下期許的目標，行動就是推向期許的目標，收效就是回應了期許的目標。如果討論目標不深入，付諸行動又太倉卒，隨後忽然又停頓下來，渺茫恍惚沒有依歸的人，難道還可以跟他談治理國家嗎？所以訂立期許的目標，是明君賢臣在治理天下之前所應該先做的事。

期許的目標，固然是治國之前所訂定的，但也有可能成爲治國者之害。自我期許成爲強者，成爲強者就停止前進了，想要引導他成爲霸主，是做不到的；自我期許成爲霸主，建立霸業就不能有進境了，想要引導他成爲王道者，是做不到的。這是爲什麼呢？因爲他一向期許的，只是限定在這個階段。希望成爲強者便止於強者，希望建立霸業便止於霸主，這是安於小局面罷了，他們雖然比不上太平盛世，夠不上遠大的規模，但比起弱國小邦，不也已經有很多的收穫了嗎？所以說他志向不夠是可以的，說它有害是不可以的。但難道不知道天下的情勢，不走向興盛就趨於衰敗，天下的政治，不前進就會後退，所以強大的人想停留在強大的階段，一定不能保有強大的局面；霸主想停止在稱霸的階段，一定不能保有他的霸業。驅策駿馬馳騁在陡斜的山坡上，中間哪裏還有停足的餘地？

齊桓公提拔管仲於牢獄之中，而把國家的政事囑託給他，短暫的對談，就立刻以建立霸業相期許，是多麼豪壯啊！所期許的目標既然確立，左有國氏、右有高氏，前有鮑叔、後有隰朋，下及鄰里鄉黨的百姓，早起晚睡，努力奮發，以達到國君所期望的目標。到了葵丘之會，齊國的聲威凌駕諸侯之上，威名震動四海，天子賞賜祭肉，派王臣蒞臨。四面環立著旌旗，建築高大的壇階，架起帳幕，點燃火把。官吏主持齋戒訂定日期，捧圭玉的連袂並至，穿鞋履的交錯前來，低頭各就各位，戴著禮帽秩序井然，肅穆無聲。這時齊桓公從側階下來走向堂前，下拜以接受王命，仰俯跪起之禮是那麼莊嚴肅穆，一舉一動環珮碰撞的聲音是那麼鏗鏘悅耳。隆重的寵賜、尊榮的光采，成爲金碧輝煌行列中的焦點，展現王命的尊嚴，顯示盟約的公信。明示盟約顯示王命，就像銀河光輝燦爛，像雷霆震威遠播。小小的曹、許二國之君，就像從鼠穴蟻窩出來沒見過世面，突然見到前所未有的驚人大場面，都眼花撩亂心驚膽戰，不敢抬頭仰視，就連平時飛揚跋扈倔強不受約束的像晉獻公，都還爲車塗油餵飽馬匹，奔走於道路之中，惟恐因爲遲到而受到責罰。春秋五霸以桓公最爲崇高，而桓公九合諸侯，以葵丘之會最爲盛大，當時文物之盛，那些文人誇耀談論，至今興致不減。唉！桓公一向所期望的，到葵丘之會全都如願以償，得到完全的滿足，就像終年累月的播種耕耘，到今天得到了收穫，眞是沒有辜負當年的期許。所期望的既已滿足，他的心也就滿了，心滿就會驕矜，驕矜就流於懈怠，懈怠就漸衰敗，所以他接著就被宰孔所譏笑，就遠一點來說，就有五公子爭位之亂，誰知道盛大的極致，竟是衰敗的開始呢？我曾譬喻齊桓公的功業，在葵丘之會以前，就像從初一到十五的月亮，逐漸增長逐漸滿盈；葵丘之會以後，就像從十五到三十的月亮，逐漸殘缺逐漸消失。在未滿之前有增無減，既滿之後就只有減損而已，難道還能增長嗎？實在很嚴重啊！人心是不可以滿足的，齊桓公並不是不知道滿足是該有所警惕，但所期許的既已滿足，他的心就不能不滿足了。假使桓公所自我期許的，不只是建立霸業，又怎肯在完成霸業之後就滿足了呢？所以桓公的錯，錯在他自訂目標的時候，而不在於完成目標心滿意足那個時候。

突然下大雨，池沼的水就滿了出來，不是雨的過錯，是挖掘池沼的人的過錯；酒斟得太猛，酒就從盃裏翻湧出來，不是酒的過錯，而是製造盃子的人的過錯。沼池所容納的水有一定的限度，酒盃所容納的酒有一定的分量，人們所期待的有一定的心願，超越了他的限度，超過了他的分量，達成了他的心願，即使不想滿足，也會不自覺地滿足起來。假使我不只是個小池沼，又怎會憂慮連續下十天的大雨？我不只是個小酒盃，又怎會擔心連斟千種的美酒？桓公如果一向不以建立霸業自我期許，那麼看那些建霸的功業，也不過像過眼的蚊蟲而已。我們因此可以知道：自我期許的目標不可以太低小。從霸業進入王道，到天下人所期望的最高目標，是不是也就可以停止了呢？我以爲：王道如果眞的可以止息的話，那麼大禹的孜孜不倦，商湯的急切奔走，文王的純德仍不停的努力，又都是爲了什麼呢？

【研　析】以「器小易盈」譏桓公，正得自孔子以器小譏管仲。「所期不可自小而至於滿」是全篇的主題，而討論卻從「不可無所期」入手。

第一段說明聖君賢相，不可無所期；第二段從「期」而說到達成目標的「止」，第三段從「止」說到，不可長「保」，為全篇奠定理論的基礎。從治國之先不能不有所期許，已說出所期許太小則易滿而止，欲長保其成果都不可得。第四段才據此以批評齊桓公，寫其葵丘之會的志得意滿。第五段從「滿則驕，驕則怠，怠則衰」以及月的盈虧作譬喻，說明不可滿。桓公自期太小而至於滿，所以桓公之罪在自期太小。最後一段更以鑿沼和造卮作譬喻，再說明不可自期太小，更以為以王道自期，就永不會自滿而虧敗。

先說明理論基礎，再評斷史事，並運用譬喻，所以使文章具有說服力。但人的立功立德，可有近程目標和遠期目標，然後逐步推進，而且人生理想目標，可以因時而調整。所以，說「桓公之罪，在自期之時，而不在於既滿之時」，是呂氏議論的新意，卻也是可議之處。

晉獻公使荀息傅奚齊 僖公九年　秦伯納晉惠僖公九年　晉侯殺里克丕鄭僖公十年　晉乞糴于秦僖公十三年　秦乞糴于晉僖公十四年　秦晉戰韓原僖公十五年

【題解】晉獻公早先讓荀息擔任奚齊的師傅，在魯僖公九年（西元前六五一年），晉獻公病了，召荀息立奚齊，並說：「以這弱小孤兒付託給你，你會怎麼做？」荀息說：「下臣願竭盡輔助的力量，加之以忠貞，能成功是君王的威靈，不成功我願獻上性命。」獻公死後，里克將殺奚齊，要荀息改變立場，荀息以承諾在先而拒絕。於是里克殺奚齊，荀息另立公子卓，里克又殺公子卓，荀息自殺。這時，夷吾以厚重的賄賂，請求秦穆公爲外援幫他回國，又賄賂里克和丕鄭作爲內應。秦大夫以爲夷吾心性忌刻，難以安邦定國，秦穆公卻以爲這樣反而對秦國有利，於次年助夷吾回國而爲惠公。惠公得位，卽殺里克和丕鄭，而又不肯履行當初對秦國割土賄賂的承諾，三年之後晉國饑荒，向秦國乞糧，秦國大力支援。又一年，秦國收成欠佳，向晉國乞糧，晉國拒絕回報。秦穆公乃於魯僖公十五年（西元前六四五年）伐晉，晉惠公被俘。

呂祖謙藉這一系列的史事，說明謀國行事必慎其始，開始一有錯失，往後就難以扭轉。事後的彌補，雖事倍功半，但仍應盡力而爲。最後並強調人之取捨應守分際，否則很容易喪失自己有利的地位或條件。這是一篇就其事而作多面分析的文章。

正始者，萬事之本也，始其始而不終其始者，蓋有之矣；不始其始而能終其始者，理之所必無也。吾未聞種稗而得穀者也；吾未聞植棘而得檟者也；吾未聞造醯而得醪者也；吾未聞網魚而得禽者也；吾未聞學墨而得儒者也；吾未聞圖伯而得王者也。失其始而求其終，理之所必無也。

自古及今，失於始而蹈禍釁者，豈惟一人耶？荀息受獻公不正之託，國危身死，死無所名❶，失之於始也，秦穆公不置德而置服，親被晉惠反噬之辱，失之於始也。晉惠公攬一國之利，不見輕諾之害，竟背內外之賂，自取囚縶，失之於始也。失之於始，良平不能爲之謀，儀秦不能爲之辨，孫吳不能爲之戰，墨翟田單不能爲之守，百補千營，終亦必敗而已矣！

雖然是說也，爲始謀者言之可也，不幸而已失其始者，雖聞吾言，不過拊膺搏髀爲無益之悔，果何術而救之乎？曰：見其無始而絕之者，君子之正也；見其無始尚欲扶持之者，君子之恕也。父母之於子，雖其始不遵教戒，已在憲網，已在縲紲，自非甚不可救，父母之心豈遽已乎？經度赴援，使得末減，其罪降重爲輕，亦父母之所屑爲也。君子視天下，猶父母之視子也，雖見其已失於始，苟未至於勢窮理絕，亦豈惜一舉手之力乎？

荀息以孤身而當眾怨[2]之衝，其禍大而不可救；秦穆公雖受侮而終能取償於晉，其禍小而不必救。惟晉惠公之事在二者之間，猶君子之所當論也。惠公始以甘言重賂誘秦，既得國而盡食其言。秦穆公之心未嘗一日忘晉也，至晉饑而秦輸之粟，非憂晉也，積我之厚，形彼之薄，所以怒其眾而將使之也。斯怨也，豈禱請所可謝，言語所可回乎？幸而秦饑乞糴於晉，此天錫晉以釋怨之資也。使君子爲晉謀，必曰：「吾久負秦約，常患無以自解。苟因其乞糴，亟如其請而振其急，則秦將見今日之恩，而忘前日之怨。政使怨不盡解，亦可以殺其怒而緩其毒，雖鋒刃相向，其致死於我必不力矣。」彼虢射乃謂無損於怨而厚於寇❸。吁！是何言歟！虢射徒知與粟之無損於怨，不知閉糴之增其怨也。擇禍莫若輕，擇怨亦莫若輕，雖使果如虢射之言，無損於怨，亦猶愈於增其怨，況與之粟，乃所以損其怨乎！慶鄭雖欲救之，然其氣暴，其辭悍❹，適所以起晉惠之怒而已。惜乎慶鄭有救之之心，而未得救之之道也。使君子爲晉謀，則失之於始，豈不可收之於終乎？

吾嘗攷論秦晉交爭之際，益知天下之理不可有毫髮之過焉。晉之負秦，理當怨也；秦之伐晉，理當報也，韓原之戰，忿晉惠者，豈特秦人哉？雖晉之衆，亦忿然有不直其君之心矣。逮至秦穆執晉侯而歸，囚之靈臺，則是奪蹊田之牛，報之亦已甚矣❺。惟其報之稍過於理，於是晉人反哀其君之窮，而怨秦之酷，移不直其君之心，爲不直秦之心，奮怒踴躍，征繕以輔孺子❻，有不與秦俱生之意。嗚呼！天下之理，果可有毫髮之過耶？千鈞之重，加銖兩而移，信矣哉！

【註　釋】❶死無所名　里克殺奚齊和公子卓，荀息自殺身殉，但《左傳》引《詩》說：「白圭之玷尚可磨也，斯言之玷不可磨也」以批評荀息，所以身死不得善名。❷荀息以孤身而當眾怨　當年驪姬爲立其子奚齊爲嗣，陷害太子申生及重耳、夷吾二公子，樹敵很多。荀息輔佐奚齊而遭眾怨，里克將殺奚齊，便向荀息說：「三怨將作。」見《左傳》僖公九年。❸虢射句　當秦國饑荒向晉國救援的時候，慶鄭力主救助以報恩，虢射卻說：「皮之不存，毛將安傅？」認爲賄賂的事，早已失信，小恩不足以釋怨，猶如皮都不存在了，毛要依附在哪裏？並說給糧食對怨恨不能減輕，反會增加敵人的實力，所以主張不輸糧食給秦國。見《左傳》僖公十四年。❹慶鄭雖欲救之三句　在秦國乞糧時，慶鄭說：「背施無親，幸災不仁，貪愛不祥，怒鄰不義，四德皆失，何以守國？」又說：「背施幸災，民所棄也，近猶讎之，況怨敵乎？」至秦兵伐晉時，他又向惠公說那是國君讓秦兵深入的。一再表現出理直氣盛，讓惠公難以接受。❺奪蹊田之牛二句　這本是申叔時向楚莊王譬喻滅陳國的事。魯宣公十一年（西元前五九八年），陳國有夏徵舒之亂，楚莊王滅陳國而設縣。申叔時譬喻這是奪走了踐踏田地的牛。牽牛踐踏人家的田，固然有錯，但把牛沒收的懲罰未免太重了。見《左傳》。❻征繕以輔孺子　征賦稅修甲兵以輔助幼子。孺子，卽乳子，謂太子未成年。陰飴甥教郤乞以君命賞大夫，衆大夫皆哭，於是作爰田與州兵，征繕以輔孺子。見《左傳》僖公十五年。

【語譯】好的開始是做好萬事萬物的根本，有好的開始而沒有好的結果，這是可能的；沒有好的開始而有好的結果，在道理上是不可能的。我沒聽說種雜草而得到稻穀的；我沒聽說種植棘木而得到山楸的；我沒聽說釀造醋而得到濁酒的；我沒有聽說用網捕魚而獲得飛禽的；我沒聽說學墨家之學而成爲儒家的；我沒聽說圖謀霸業而完成王道的。開始的時候沒有弄好而求得圓滿的結果，在道理上是不可能的。

從古到今，一開始就有錯失而造成禍端的，哪裏只是一人而已？荀息受到晉獻公不正的付託，以致國家受到危害，自己招致死亡，死後也沒有榮名，是一開始就錯了。秦穆公不爲晉國立有德的人，而立服命於他的人，自己就受晉惠公恩將仇報之害，是一開始就錯了。晉惠公爲取得一國的權柄，看不到輕易允諾的禍害，竟然不履行在國內和國外的賄賂承諾，自取禍敗而被俘虜，也是一開始就錯了。開始就有了錯失，張良和陳平都施展不了謀略，張儀和蘇秦都不能為他論辯，孫臏和吳起都不能為他攻戰，墨翟和田單都不能為他防守，百般補救千辛萬苦的經營，也終必失敗！

話雖這麼說，但這種話只能對開始策畫的人說，不幸在開始就已錯失的人，雖然聽到我們的話，也不過搥胸拍腿作毫無益處的懊悔，終究該如何補救呢？我們認為：看到事情一開始就不光明正大而禁絕它，這是因為君子是嚴正的；見到開始不光明正大而還想扶持它，這是基於君子的恕道精神。父母對於子女，雖然子女開始就不遵循教誨，不聽告誡，已陷入法網，已關入牢獄，如果不是太不可救藥，父母的心怎會放棄呢？經營規畫去援助他，使得他稍減罪刑；使重罪減輕，也是做父母的人所願意做的。而君子看待天下，就像父母對待子女，雖然看到開始就錯的事，如果不到形勢完全絕望，道理完全說不過去，又怎麼會吝惜舉手之勞，而不肯助一臂之力呢？

荀息以孤弱之身，承當三公子之徒的眾怒，這禍害太大而無法補救；秦穆公雖然受被騙之辱，但終究能從晉國得到報償，這禍害很小而不必補救。只有晉惠公的事是介於二者之間，仍是君子所該探討的。晉惠公開始的時候，是以厚重的賄賂來引誘秦國，等到他取得晉國君位之後，完全背棄了當初的諾言。秦穆公的內心沒有一天不掛記著晉國，到晉國饑荒而秦國把糧食輸送去，並不是眞正體恤晉國，而是要累積自己的厚恩，顯示對方的澆薄，用以激怒對方的民眾而將他們派上用場。這些怨恨，那裏是請求就可以推免，言語就可以轉變的呢？幸而秦國也產生饑荒而向晉國求糧，這正是上天賜給晉國來消除怨怒的機會。假使君子為晉國籌謀的話，一定會說：「我們長久違背了與秦國盟約，常憂慮沒辦法來消除人家對我們的責難，如果藉著他們的求糧，急忙照他們所請求的去救助急難，那麼秦人將看到今天我們所施予的恩惠，而忘掉前日對我們的怨怒。這樣做假使怨恨還不能完全消除，也可以減少其憤怒，緩和其狠毒，雖然兵刃相向，也還不至於到非把我們置之死地不可的地步。」那個名叫虢射的人，竟然說這種事不能減少怨恨，而只是增加敵人的力量。唉！這是什麼話！虢射只知道輸送糧食不能減少對方的怨恨，卻不知道禁運糧食會增加對方的怨恨。禍害到來，不如取其輕，怨怒加身，也不如取其輕，雖然就算眞如虢射所說，不能減少怨恨，也總比增加怨恨好一些，何況給予糧食，還可以減少怨恨呢！慶鄭雖然想挽救這件事，但他態度太暴躁，言語太兇悍，正足以引起晉惠公的震怒而已。可惜慶鄭有謀救之心，卻沒有得到謀救之道。假使君子爲晉國籌謀，雖然開始時有所錯失，難道在收拾殘局時不能有所幫助嗎？

我曾探討秦晉交爭的時候，更知道天下的理不可以有絲毫的過差。晉國虧負了秦國，是理當有怨恨的；秦國討伐晉國，這是應有的回報，韓原之戰的時候，氣憤晉惠公的，哪裏只是秦人而已？雖是晉國的民眾，也是很氣憤而有不齒晉君的心態。等到秦穆公俘晉侯回國，囚在靈臺，那就像奪走了蹊田的牛，反應未免過度。因爲回應超過了合理的程度，於是晉國的人反而哀傷其君的困窘，埋怨秦國的嚴酷，改變不齒其君的心態，而成爲不齒秦國的心理，於是發憤而起，不怕出錢出力，修備武力以輔立太子，而有不與秦共存的意圖。唉！天下之理怎可以有絲毫的過差呢？雖然有千鈞之重，只要再加一銖一兩，那秤錘也會隨之而移，眞的是這樣啊！

【研析】本篇提出君子謀國行事幾個不同層面的問題。從正始是萬事之本，而說到不能正其始，也該有扶救之心；再說到有扶救之心，也該講求其方法與分際。行文很有法度，層面遞轉，自然而謹密。

第一段強調萬事要正其始，以種瓜得瓜的道理，說明有善始才能有善終。第二段才談及史事，以爲苟息受託和秦穆公立晉惠公，都是不能正其始。第三段轉入第二個層面，說明君子基於恕道，在不能正其始之後，仍有扶持救助之心，第四段論晉惠公君臣，惠公不能正其始，虢射沒有救助之心，慶鄭有其心，但態度不好，失其謀救之道。第五段承上段所談的態度和分際，說明秦穆公也失之嚴苛，而造成反效果，說明講求方法與分際的重要。

在紛雜的史事與人物中，能分析出其中的共同點和相異處，並能很有條理、很有層次地串敘其道理，作者技巧之高、功力之深，也就由此可見。

沙麓崩 僖公十四年　隕石鷁退飛 僖公十六年　星孛北斗 文公十四年　梁山崩 成公五年　晉侯論宋災 襄公九年　梓慎論無冰 襄公二十八年　裨竈論周楚 襄公二十八年　子產論參商 昭公元年　大雨雹 昭公四年　士文伯論火見 昭公六年　晉侯問日食 昭公七年　晉侯問史趙 昭公八年　裨竈論陳災 昭公九年　星出婺女 昭公十年　景王問萇弘 昭公十一年　梓慎論禘 昭公十五年　星孛大辰 昭公十七年　火始昏見 昭公十八年　梓慎望氣 昭公二十年　梓慎對日食 昭公二十一年　梓慎論日食 昭公二十四年　齊有彗星 昭公二十六年　史墨占日食 昭公三十一年　楚雲如赤鳥 哀公六年

【題　解】《左傳》記載了不少災異的徵兆，如魯僖公十四年（西元前六四六年）沙麓崩塌，晉國卜偃說一年內將有幾乎亡國的大災難，於是晉國兵敗於韓，惠公被俘。過二年，宋國有五顆隕石墜落，六隻鷁鳥因風大而退飛，宋襄公問周內史叔興，叔興說：「今年魯國會有大的喪事，明年齊國有動亂，君王（宋襄公）會得到諸侯的擁戴，但不能長保。」於是魯國有季友、戴伯之喪。次年，齊桓公死，五公子爭位，宋襄公立齊孝公而成霸主，但死於泓水之役。魯文公十四年（西元前六一三年），有彗星進入北斗，周內史叔服說：「不出七年，宋、齊、晉三君都將死於叛亂。」後三年宋弒昭公，五年齊弒懿公，七年晉弒靈公。

凡此種種，呂氏摘錄有關天文災異共二十四條，以為《左傳》所述災祥，過於附會苛細，以為聖人參天地之化育，與萬物為一體，對災祥禍福了然於心。呂氏從客觀自然界的相互影響，解釋災祥因果，否定迷信的成分，卻肯定它有約束人君的功能。

一氣運行乎天地之間，災祥禨兆，未始不以其類應也，麗於上，峙於下，羣於中，同本同生，同體同流，未有一物之不類，未有一物之不應，類乎類乎！其天地萬物之樞乎。

有明類，有晦類，有旁類，有互類，有遠類，有反類。肅雨乂暘，謀寒哲燠❶，晷儀之不可測，數術之不可推者，明類也。昆侖旁薄❷，恍惚杳冥，相與於無相與，相求於無相求者，晦類也。盪而相侵，迫而相陵，指其影而射其形，動於室而兆於鄰者，旁類也。經緯羅絡，參錯四薄，其應復為感，其感復為應者，互類也。悶悶其遲，恢恢其容，形若疏而實密，近若差而實精者，遠類也。憂喜聚門，吉凶同域，或順來而逆往，或咎終而休始者，反類也。類與不類，相與爲類，類之中復分其類焉。毫而析之，縷而陳之，雖合天下之人皆爲研桑❸，空渭濱之竹皆爲籌算，亦有所不能計。貫之以理，則一而已矣。千妍萬醜。無二鏡也；千柯萬葉，無二木也；千殊萬別，無二類也。一而萬，萬而一者也。貫一理而通之者，聖人也；名一說而執一類者，瞽史也。

春秋二百四十二年之間，災眚之見視前世爲多，一時爲瞽史之學者，占候推步，時合時舛，時得時失。瑣碎繳繞，聽者益厭之，則爲說以攻之，曰：「星墜木鳴，川竭谷堙，彼之咎也。德薄道虧，政荒民散，我之咎也。彼爲彼，我爲我，我不能預彼事，彼亦安能預我事哉？」是說既出，又有爲說以攻之者，曰：「居天下之上者，君也；居人君之上者，天地也。聖人患人君在人上，肆情任意，無物可制，故復假在君之上者以制之，此災眚變異之說所以興也。苟明言其無預於人，則聖人之機一旦發露，爲君者不復有所畏矣。」是說既出，又有爲說以攻之者，曰：「天地人未有不相通者。聖人非虛假災眚以脅人君也。召瑞者德，召妖者暴，昭然不可誣，但不當如瞽史之苛細耳。災眚之來，修吾政，省吾過，以敬天怒，可也；指某災謂由某事，修某事以應某災，不可也。」

說至於此，天下之論其定矣乎？未定也。天地之應，未嘗不以其類也。汎謂之災，而不知其所由災；汎謂之怒，而不知其所由怒，何其汗漫而無統也！一人之身，痛發於股，則知其在股；痛發於肱，則知其在肱；痛發於腹，則知其在腹；痛發於心，則知其在心。詎有蹙頞呻吟，而不知痛之所在者乎？天地萬物皆吾體也，惟聖人不為私意小智所間，全體混然，大而無際，一星一雲之祲，一川一阜之變，歷然如疾痛之在身，無不知其所自起，錙錙銖銖，不紊不亂，豈若世之汗漫者哉？

是聖人歷象在身，而不待羲和❹之歷象；璣衡❺在身，而不待璿玉之璣衡也。然堯不信己而信歷，象舜不信己而信璣衡，豈所謂制行以人不以己❻耶？非也，身有歷象而不廢羲和之歷象，堯之所以為堯也；身有璣衡而不廢璿玉之璣衡，舜之所以為舜也。彼謂制行以人不以己者，果足以知堯舜哉？

【註釋】❶肅雨乂暘謀寒哲燠 是《書·洪範》：「曰肅，時雨若；曰乂，時暘若；曰哲，時燠若；曰謀，時寒若。」的省改套用，指天子能肅敬、治理、明智、謀慮，便能及時下雨、天晴、溫暖、寒冷。❷昆侖旁薄 取自揚雄《太玄》：「昆侖旁薄，思之貞也。」昆，通「渾」，謂廣大旁礴，混同無垠。❸研桑 指古之善計算者計然和桑弘羊，計然也作計研，故云。計然，相傳為春秋越葵丘濮上人，姓辛氏，字文子，范蠡之師。桑弘羊（西元前一五二—八〇年），西漢洛陽人，武帝時任治粟都尉，領大司農。二人皆以心算聞名於世。❹羲和 指羲氏與和氏，二人為唐虞時掌管天地四時的官。見《書・堯典》。❺璣衡 即璿璣玉衡，是以玉為飾的天體觀測儀器，為渾天儀的前身。見《書・舜典》。❻制行以人不以己 語出《禮記・表記》：「聖人之制行也，不制以己。」謂聖人不以自己做得到而別人做不到的事責備別人、譏笑別人，規範別人的行為，不以自身的能力為標準。

【語 譯】氣運行於天地之間，那些禍福災異的徵兆，沒有不是以類相應的，成雙於上，並立於下，聚合於其中，同根同生，同體同流，沒有一物不相成為類，沒有一物不相互為應，類啊類啊！該是天地萬物的樞紐。

類有明類、有晦類，有旁類、有互類，有遠類、有反類。天子如能嚴肅，就有及時雨；如有治國的才幹，就會及時晴朗；天子如果有計謀，就會及時寒冷，如果明智，就會及時溫暖；為天文儀器所測量不出，曆法算數所推算不來的，這是明類相應。廣大無垠混同宏偉，隱約不明深遠幽暗，原本不相及的卻相影響，原本不相干的卻相牽扯，這是晦類相從。移動而相侵犯，迫近而相陵越，指著陰影卻是針對著形體，在室內有所舉動而徵兆卻出現在外鄰，這是旁類相通。縱橫錯綜，參雜交迫，相應而相動，相動而又相應的，這是互類相感。渾噩而遲緩，寬廣而包容，形體好像很疏遠而實際上是很密切，關係好像很雜亂而實際上是很精確的，是遠類相對。可憂和可喜的事似乎相聚在一起，吉利和凶惡的事好像共存在一地，有的順利而來，不順而往，有的結果是禍殃，但開始時卻是美好的，這是反類相映。成類和不成類的，也相互對應成類，而類之中還可以再分類。細密分析它，一一陳述它，雖然讓天下的人都像計研和桑弘羊那樣善於計算，伐光了渭水之濱的竹子，都製成計算的竹籌，也不能完全計算清楚。但如果以理貫通，也就只有一個而已。千種嬌柔或萬般醜態，並不需要用兩面鏡子去映照；成千枝條萬片綠葉，並不需要兩棵樹去生成；千般不同萬種差異，並不需要分成兩類加以區別。由一可以分到萬，也可以由萬歸合爲一。貫一理以通萬事萬物的是聖人，定名義而專執一類，那是瞽史的作法。

春秋時代兩百四十二年之間，災難的發生比以前多，一時之間，爲瞽史之學的人，視天象變化以測吉凶，推算天文曆法之學，有時吻合，有時違反，有時應驗了，有時失誤了。瑣碎附會，聽的人感到厭煩，於是立說加以批評，說：「流星墜地，樹木發鳴，河川枯竭，山谷堵塞，那是天地的災禍。德行淺薄，大道有虧，政事荒廢，人民離散，這是我的罪過。天地是天地，我是我，我不能參合天地的事，天地又怎會牽涉到我的事呢？」這說法產生之後，又有人立說批評，說：「居於天下人之上的是國君，居於國君之上的是天地。聖人害怕國君居於百姓之上，放縱情欲，任意胡爲，沒有東西可以制衡他，所以再假借事物在國君之上，來制衡國君，這正是災禍變異之說興起的原因。如果明確指出，那些災難不是因人而起，那麼聖人的用心一旦洩露，當國君的就不再有所顧忌了。」這說法產生之後，又有人立說加以批評，說：「天、地、人，沒有不相通的。聖人不是虛妄假借災難來威脅國君的。有德的召致祥瑞，暴虐的召致妖孽，非常明確不能誣蔑，只是不該像瞽史所說那麼煩瑣罷了。災異到來，要修我政事，省察己過，以畏天怒，這是可以的；如果指出某件災異是因某事而起，要修治某事以對應某件災異，那就不可以了。」

說到這裏，天下之論到此底定了嗎？可還沒有。天地間的感應，沒有不以類相從的。只空泛地說災難，而不知道如何會發生災難；空泛地說天怒，而不知道爲什麼會怒，是多麼昏昧而沒有統緒啊！一個人的身體，在大腿發痛就知道痛在大腿，在手臂發痛就知道痛在手臂，在腹部發痛就知道痛在腹部，在心臟發痛就知道痛在心臟。哪有皺眉呻吟而不知痛在何處的呢？天地萬物就好像我們身體，只有聖人不為主觀和小智所隔離壅蔽，渾然為一體，大而無邊無際，一顆星一片雲的異兆，一條河川一座山阜的變化，都很明白猶如疾痛在自己的身上，沒有不知道它的因緣，一絲一毫也不錯亂，哪會像世人那麼昏昧呢！

所以聖人自能推曆觀象在其身，而不必借重羲氏與和氏的曆象；自有璣衡在其心，而不必借重璿玉為配件的璣衡。但堯並沒有完全信賴自己的能力而信賴曆象，舜並沒有完全信賴自己的能力而信賴璣衡，這難道就是所謂制定行事的準則，以一般人為標準，而不以自己為標準嗎？不是的，自身精通曆象而不廢棄羲氏和氏的曆象，這正是堯之所以為堯的風範；自身有璣衡之能而不廢棄用璿玉所製的璣衡，這正是舜之所以為舜的器度。那些說制定行事準則依一般人的標準，而不以自己為標準，怎麼能夠了解堯舜呢？

【研　析】漢以後的中國知識分子，頗有無神論的傾向，但他們對《尚書．洪範》以下，至董仲舒天人合一之說，大多十分尊重，他們在二者之間如何找到平衡點，本篇可以提供部分的答案。

呂氏以自然之氣運行天地之間，解釋並肯定災祥類應，然後再為類應分別其種類，卻歸結到千殊萬別，實無二類，惟聖人能貫一理而通之，這是前兩段。接著批評瑣碎的占候推步，提出天人二分，以為天地災異與人互不相涉。但接著他又批評前述的批評主張，以其不知聖人的用心。接著又提第三說以批評第二說，以為聖人並非假借災祥以脅人君，而肯定德者召瑞，暴者召妖。最後強調天地萬物皆吾體，所以對聖人來說，天地災異如疾痛在身，無不了然，這正是天人合一的明確譬喻，更以聖人不因主觀感知而廢客觀探索作結，以籠罩全文。

全文用了不少暗典，而且採節略的方式，如「肅雨乂暘，謀寒哲燠」、「制行以人不以己」，如果不明其典故出處，眞叫人不知其所云。第三段一再以後說批駁前說，彷如海濤後浪掩沒前浪，頗宏偉壯觀。最後一段推崇堯舜，一方面回應全文的主張，說明聖人何以知災祥，更爲第三段所謂聖人之用心，作明確的註腳。所以籠罩全文，既周到而又精闢。文中以「一氣運行乎天地之間」，說明災異與瑞應，不談鬼神而歸諸自然，同時否定聖人假借災祥以脅人君的說法。完全訴諸理性，以開脫先賢迷信與虛妄的罪名，見解獨到，實爲高論。

楚子賜鄭伯金 僖公十八年　趙姬請逆叔隗 僖公二十四年　楚子封陳 宣公十一年

晉使魯歸汶陽田 成公八年　鄭伯石辭卿 襄公三十年　楚復取魯大屈 昭公七年

【題解】魯僖公十八年（西元前六四二年）鄭文公到楚國朝見，楚成王把銅賜給他，不久又後悔，和他盟誓不能以它鑄造武器，鄭國於是用它鑄了三座鐘。僖公二十四年，趙衰在嫡妻趙姬的堅持下，接回在狄所得的叔隗，及其所生的兒子——趙盾，趙姬以爲趙盾賢，以他爲嫡子，以叔隗爲內子。宣公十一年（西元前五九八年）陳國夏徵舒弒君，楚莊王以討亂爲名而滅陳，以陳爲楚縣，申叔時以爲不宜，莊王乃恢復陳國。成公八年（西元前五八二年）晉景公派韓穿到魯國，要求魯國把汶陽之田還給齊國。汶陽之田本爲魯國所有，爲齊所佔，鞌之戰晉國打敗齊國，逼齊國把它還給魯國，但齊侯從此七年不飲酒，不食肉，晉侯乃決定把鞌之戰齊國的失土全部奉還。魯大夫季文子爲韓穿餞行，私談中批評晉侯在七年之中，一予一奪，將失去諸侯的擁戴。襄公三十年（西元前五四九年）鄭大夫子皮把政事交給子產，而鄭侯讓太史命令伯石為卿，伯石辭謝。太史退出後，伯石又請求太史重新發布命令，但命令下來又辭謝。這樣一連三次，才接受策書入朝拜謝，子產因此討厭伯石，但又怕他作亂，就讓他居於子產的次位。昭公七年（西元前五三五年）楚靈王在新臺設宴招待魯昭公，並以大屈之弓為禮物，不久就後悔了，薳啟彊知道了，進見昭公而拜賀，昭公問他為什麼祝賀？薳啟彊說：「齊、晉、越三國都想要大屈之弓，寡君並沒有給他們而給了君王，君王防禦三國以守寶物，怎不祝賀？」昭公害怕，就把弓還給了楚王。

以上五件事並不相干，只是有關予奪辭受之事，從「已受者可辭，已辭者不可受，已奪者可予，已予者不可奪」以說明予奪辭受的重要，常人如此，聖人也如此，但重點並不同於一般的論說。

予奪之際，猶辭受之際也。已受者可辭，已辭者不可受；已奪者可予，已予者不可奪。趙姬既為內子，復推以與叔隗而身下之，已受者可辭也。鄭伯石為卿，既辭而復請命，子產是以惡其為人，已辭者不可受也。楚莊王已縣陳，從申叔時之諫而續其封，已奪者可予也。晉景公剖齊汶陽之田以畀魯，七年之中一予一奪，以納季文子之侮，已予者不可奪也。

君子無苟辭，知其不可復受也；君子無苟予，知其不可復奪也。理不當辭，在我何愧，始辭而卒受之，則愧心生焉；理不當予，在彼何怨，始予之而卒奪之，則怨心生焉。

吾尙欲釋有愧爲無愧，豈可反使無愧爲有愧乎？吾尙欲平有怨爲無怨，豈可反使無怨爲有怨乎？

王述之未嘗辭官❶，不察者固疑其貪也；伊尹之一介不以予人❷，不察者固疑其吝也。觀其辭受未定之初，人競自處於廉，而處王述以貪，王述固不辨也，及觀其終，則人皆不免於愧，超然居衆愧之外者，王述一人而已矣。觀其予奪未定之初，人競自處於義，而處伊尹以吝，伊尹固不辨也，及觀其終，則人皆不免於怨，泰然居衆怨之外者，伊尹一人而已矣。是故賢王述於後者，貪王述於先者也；聖伊尹於後者，吝伊尹於先者也。聖賢之辭受予奪，非衆人所能識也。

物在彼則謂之辭受，物在我則謂之予奪，一名而二實者也。辭受既不可中悔，予奪其可中悔乎？予奪既不可中悔，若土地廣輪❸之博，爵秩印紱之崇，猶人情之所重者，不能堅決，尙有說也，彼楚成之金，楚靈之弓，淺心狹量，拳拳於一物，何其愈下耶！世俗猶以鑄兵之盟，遠啓疆之說，爲楚之得計，抑不知楚成與鄭以金，而禁其鑄兵，則鄭忘楚之賜，而怨楚之猜。是雖不奪鄭之金，而實奪鄭之心也。在楚失有用之寶，在鄭得無用之具，我有所損而彼無所益，計無拙於此矣。魯侯懼遠啓疆之說，而反楚之弓者，非果懼三鄰之窺也，懼楚靈之怒也。不壓以全楚之威，則區區兒戲之說，豈足以動魯侯耶？以堂堂六千里之楚，而下臨蕞爾之魯，令出於正，何索不獲？乃以一弓之故，卑體巧說，惟恐魯之不從，想啟疆之膝一屈，而楚國之威索然矣。信哉！予奪之不可輕也。

予奪不可輕，猶眾人事耳，聖人之視予奪，初未嘗有輕重也。舜視天下如棄敝屣❹，豈舜眞輕天下如敝屣哉？孟子特為桃應言之耳。天下者，桃應之所重也，敝屣者，桃應之所輕也，以其所輕而明其所重，欲使知舜之等視輕重而已。孟子止言舜之無所重，而人遂疑舜之有所輕，誤矣。吾將因孟子之言而附益之曰：「舜當其可與，視天下如敝屣；當其不可與，視敝屣如天下。」

【註釋】❶王述之未嘗辭官　王述，字懷祖，晉太原晉陽人，為王湛之孫，曾出任臨海太守、建威將軍、會稽內史，後又任揚州刺史、加征虜將軍、再任散騎常侍、尚書令。而每次受職，皆不虛讓，其有所辭，必不受職。任尚書令時，其子坦之勸他應該推讓，王述問道：「你認為我不能承擔嗎？」其子說：「不是的，但能讓總是美事。」王述不以為然。見《晉書·王述傳》。❷伊尹之一介不以予人　《孟子·萬章上》言伊尹「非其義也，非其道，一介不以予人，一介不以取諸人。」❸廣輪　猶言廣袤，指土地面積，東西為廣，南北為輪。❹舜視天下如棄敝屣　《孟子·盡心下》：「桃應問曰：『舜為天子，皋陶為士，瞽瞍殺人，則如之何？』孟子曰：『執之而已矣。』『然則舜不禁與？』曰：『夫舜惡得而禁之？夫有所受之也。』『然則舜如之何？』曰：『舜視棄天下猶棄敝蹝也。竊負而逃，遵海濱而處，終身訢然，樂而忘天下。』蹝，又作屣。

【語譯】給予和剝奪的分際，就如同推辭和接受的分際。已接受的，還可以再推辭，但已經推辭的，就不可以再接受了；已剝奪的可以再給予，已經給予的，就不可以再剝奪了。趙姬已具有嫡妻的身分，然後推讓給叔隗，自己屈居其下，這是已接受的可以再推辭。鄭大夫伯石受命爲卿，既已推辭，而又請求重新發布任命，子產於是討厭他的爲人，所以已推辭的不可以再接受了。楚莊王已滅陳國而設縣，但聽從申叔時的諫言而續封陳國，這是因爲已剝奪的可以再給予。晉景公取齊國汶陽之田給魯國，七年之中先給予而又剝奪，所以受到季文子的嘲諷，因爲已經給予的不可再剝奪。

君子不隨便推辭，因爲知道推辭之後不可以再接受它。君子不隨便給予，因爲知道給予之後不可以再剝奪它。依理不應當推辭的，在我來說沒什麼好慚愧的，開始的時候推辭而終於接受了，於是心生慚愧；依理不應當給予的，在別人來說沒什麼好怨恨的，先給予而又剝奪它，那麼怨恨之心就產生了。我們尚且要除去有愧之心而爲無愧之心，怎麼可以反而讓無愧之心成爲有愧之心？我們尚且要平復有怨之情而爲無怨之情，怎麼可以反而讓無怨之情成爲有怨之情？

王沭不曾推辭官職的任命，不了解的人以爲他很貪婪；伊尹連小小的東西，都不拿來送給人，不了解的人以爲他很吝嗇。觀察人們在該推辭或接受還沒有定論的時候，人們爭著使自己處於廉的境地，而讓王沭居於貪的境地，王沭並不加以辯白，但最後人們都不免感到慚愧，而能超然處於眾人慚愧之外的，只有王沭一人而已。觀察人們在該給予或剝奪還沒有定論的時候，人們爭著使自己處於義的境地，而讓伊尹居於吝的境地，伊尹也不加以辯白，但最後人們都不免遭致怨恨，而能泰然處於眾多怨怒之外的，只有伊尹一人而已。那些到後來稱許王巡是賢人的人，都是早先以為王巡貪婪的人；那些到後來稱贊伊尹是聖人的人，都是早先以為伊尹吝嗇的人。所以聖賢推辭、接受、給予、剝奪的分際，不是眾人所能了解的。

物權在對方那兒，那麼我們所講求的是推辭或接受；物權在我們這邊，那麼我們所講求的是給予或剝奪，一種名稱而兩種情況。推辭或接受的過程中，既不可中途反悔，給予或剝奪難道就可以中途反悔嗎？給予或剝奪的過程中，既不可中途後悔，如果是面積廣大的土地，地位崇高的官爵，這還是一般人情所重視的，不能決斷而反悔，那還有話說，像那楚成王給了銅，楚靈王給了弓，心思短淺，度量狹小，斤斤計較於小小的器物，是多麼卑下啊！世俗之人還以為不鑄成兵器的盟約，以及薳啟疆的遊說，都讓楚國得逞了，卻不知楚成王給鄭伯銅而禁止他鑄成兵器，那麼鄭伯就忘了楚國的恩賜，而怨恨楚國的猜忌。所以雖然不奪回給予鄭國的銅，而實際上已失去鄭國的心。在楚國是失去有用的寶物，在鄭國只是得到沒有用的器具，對自己有所損害而對別人也沒有得益，計謀沒有比這更拙劣的了。魯侯聽了薳啟疆的話而畏懼，把楚國的弓奉還，並不是真的怕三個鄰國的窺伺，而是怕楚靈王生氣。不是以整個楚國的威勢壓制，而以小小的兒戲之說，那裏足以說動魯侯呢？以堂堂六千里大的楚國，面對小小的魯國，只要出令正當，要什麼哪會得不到呢？而因為一把弓的緣故，卑躬加以巧說，惟恐魯國會不聽從，想當時薳啟疆一屈膝拜賀，而楚國的威嚴就盡失了。的確是這樣的，給予或剝奪是不可輕忽的！

給予或剝奪不可輕忽，這還是眾人的事，至於聖人看給予和剝奪，原本沒有輕重之分。舜把天下看成像可以丟棄破鞋子那樣，舜難道真的把天下看成破鞋子那樣嗎？那是孟子針對桃應來說的。天下是桃應所看重的，破鞋是桃應所看輕的，以他所輕的顯示他所重的，想使他知道舜是把這些看成一樣的輕重。孟子只是說舜沒有特別的看重，而人們於是懷疑舜是特別的看輕，這是錯誤的。我將借孟子的話而加以補充：「舜當他認爲可以給予的時候，把天下當做破鞋一樣就給了別人；當他認爲不可以給予的時候，把破鞋當做天下一樣不輕易給人。」

【研　析】 本文在表面上是強調予奪辭受不可輕，而實際上是更強調不可輕予、不可輕辭。因爲一般人都知道不可輕奪、不可輕受，而呂氏此論，自然與眾不同。第一段就以《左傳》中鄭伯石、楚莊王、晉景公的故事，說明「已受者可辭，已辭者不可受；已奪者可予，已予者不可奪。」第二段承前段說明其中的道理。第三段突然插入王祉不辭官、尹伊一介不以與人，參證不可輕辭，不可輕予的道理。第四段批評楚成王賜給鄭伯銅，而又要他立誓不以這些銅鑄兵器；楚靈王賜魯公大屈之弓，而又讓薳啟疆要了回去，都是失策。最後一段說明予奪辭受不可輕，常人如此，聖人也如此，強調舜視天下如棄敝屣，並非輕天下，也不是輕予奪辭受。

本文表面上是討論五件史事，但實際上是以「楚子賜鄭伯金」與「楚復取魯大屈」爲主，其他只是說理的陪襯。《孟子・離婁下》：「可以取，可以無取，取，傷廉。可以與，可以無與，與，傷惠。」本文則別取蹊徑，強調辭則不可復取，予則不可復奪，另出新意，爲文避免人云亦云，這種寫法值得參考。

邢人狄人伐衛 僖公十八年　衛叛晉 定公八年　公孫文子拒衛侯 哀公二十六年

【題　解】 魯僖公十八年（西元前六四二年）冬天，邢人和狄人攻打衛國，包圍了菟圃，衛文公表示要讓位，說：「如果誰能治理這國家，我就跟隨他。」大家不同意，而在訾婁擺開陣勢，狄軍就退了。定公八年（西元前五〇二年）因衛國親齊而背晉，晉國為了侮辱衛侯，派涉佗和成何前往。要立盟時，衛人請執牛耳，成何卻說：「衛國只不過像晉國的溫和原，怎能算得上是諸侯？」要歃血時，涉佗扭了衛侯的手腕，王孫賈趕緊上前說：「結盟是用來伸張禮制的，衛君為此而來，如不合禮，怎能受盟？」衛靈公想和晉國反目，但怕大夫們不答應，王孫賈就讓衛侯住在城郊而不入城，眾大夫問其原委，衛侯把受晉國侮辱的事告訴大夫，並且說：「寡人使國家蒙受恥辱，還是改卜其他人作為國君，我願意聽命。」大夫們說：「這是衛國的禍患，不是國君的錯。」衛靈公又說：「還不止如此，他們對寡人說：『一定要你的兒子和大夫的兒子充當人質才行。』」大夫們說：「如果對國家有利，公子就去吧！臣下們的兒子願意追隨。」衛侯又說還得送走工商之人才行。所有要走的人都已訂定動身的日期，衛侯讓王孫賈向大家說：「如果衛國背叛晉國，晉國攻打我們五次，危險的程度如何？」大家說：「攻打五次，我們還有戰或能力。」王孫賈就說：「那麼應當先背叛晉國，到危殆的時候再送人質也不遲啊！」於是背叛晉國。晉國立刻降低姿態重新結盟，但為衛國所拒絕。哀公二十六年（西元前四六九年）越軍要送衛出公入衛，公孫彌牟抵禦而敗，便向大家說：「國君帶著蠻夷來攻打國家，國家差點就亡了，我們還是接納他罷！」眾人不肯，他又說：「如果我逃亡對大家有好處，請讓我從北門出去！」眾人也不肯，公孫彌牟安內之後，重賂越人，並大開城門以接納衛出公，衛侯不敢入城，越軍退去，衛國另立悼公，出公乃老死於越。

兩位衛侯先後以遜位激國人同仇敵愾之心，呂氏附引唐代宗與德宗，下詔罪己，使人民爭先赴敵，說明天機可用，最後再以公孫文子拒衛侯，強調動天機不可有人之私心。「天機」一詞，本諸《莊子‧

大宗師》，指人之稟賦天性，但「機」又有所謂巧詐之機心，乃稱之為人機，使文章有對映之趣，也有轉折變化之妙。

天下之物，有置之則不可見，動之則不可禦者，殆非人力之能為也，機之發於天者也。兄弟鬩於牆❶，鬭狠忿詈，手足之歡無復存矣。他日俱出，塗人毆其兄，為弟者忘向之怨，勃然往救之。是心安從生耶？兄弟之愛天也，鬭鬩之時，其機伏而不見，初未嘗亡也，一旦遇塗人之辱，以動吾之機，是機一發，奮厲勁烈，海可倒，山可移，金石可貫，豈薄忿細怨所能遏耶？君臣也，父子也，夫婦也，兄弟也，朋友也，五者天下之大機也，私欲梏之，小智藩之，封縶固密，其機若不可復還也。或叩焉，或觸焉，其機立應，目不容瞬，掣其梏，決其藩，千封萬縶，剝落解散。固有破百年之人偽於一息之間者矣。

唐代宗何如君也？德宗何如君也？昏庸猜虐，民困其暴，固已不復知有君臣之義也。及在播遷流離之中，用柳伉陸贄之言❷，貶損自責，以感發天下君臣之機，眞機既生，森不可禦，向日之抑塞，向日之殘酷，向日之橫斂，向日之征徭，後機一衝，前怨咸息，愛君之外，舉無餘念，疾首痛心，爭先赴敵，不越月踰時，而歸二君於故都，祀唐配天，不失舊物。暫動其機，效已若此，況其機素明者耶！

衛國之君，兩用此機。文公以邢狄之侵，避位而激其民，動是機於前，而終能滅邢❸。靈公以晉之侮，亦避位以激其民，動是機於後，而終能亢晉。是非樂於自屈也，不屈己於此，則無以發機於彼也。文公固賢主，若靈公之淫縱侈慢，豈素拊循其民者耶？民之所以畢力拒晉者，非爲靈公也，靈公之言適動其愛君之機而不能已也。

雖然，動天之機者，不可雜之以人。邢狄之侵與晉之侮，非有陝郊之危奉天之急也，而文公靈公張大其事，遽自避位，甚己之辱，而起民之怒，其動民之本，旣雜而不純矣。故衞國之民，天機雖動，人機亦隨，馴致其患，公孫彌牟反竊是機，以拒出公。非文靈動其機者不端，詎至是耶！以人蔽天猶可也，以人亂天不可也。蔽者其天尚存，方開之以天，而遽投之以人，匿邪於根，浹毒於髓，原本之地爲所汩亂，吾不知何時而能去也。心不受病，受病則其狂不可制。眞不受僞，受僞則其惡不可除。制心之狂，除眞之惡，果終無術而不可解耶？吁！

【註　釋】❶兄弟鬩於牆　指兄弟不和，本出《詩．小雅．棠棣》：「兄弟鬩於牆，外禦其務。」原指兄弟鬥於門牆之內，但能共同抵禦外侮。❷柳伉陸贄之言　唐代宗廣德元年（西元七六三年），回紇、吐蕃入侵，代宗奔陝州，太常博士柳伉上疏，請斬專權自恣的程元振，馳告天下。代宗乃削元振官職，放歸田里。見《通鑑輯覽》。唐德宗建中四年（西元七八三年），涇原兵過京師作亂，德宗奔奉天，考功郎中陸贄上疏，請效法成湯下詔罪己，德宗於奉天下詔書，驕將悍卒，皆揮涕感激。見《舊唐書．陸贄傳》及《通鑑輯覽》。❸終能滅邢　文公避位以激其民，詳見題解。在其後七年內（卽魯僖公二十五年，西元前六三五年）滅邢。詳見《左傳》。

【語譯】天下有的東西，靜靜地放置在那兒就讓人看不見，一旦觸動就令人抵擋不住，這大體都不是人力所能做到的，而是發自天性的。兄弟內鬩，狠鬥怒罵，兄弟手足的歡樂已完全不存在了。有一天兩個人一起出門，路上有人毆打了哥哥，當弟弟的人就忘了往日的怨怒，趕緊前往救助他。這種心理是從那裏產生的呢？兄弟之情是天性，在兄弟內鬩的時候，這稟賦的天性隱伏不見，但仍沒有失去，一旦遭遇路人的侮辱，觸動了天機人性，它一經觸動，便蓬勃強烈，可移山倒海，可貫穿金石，這那裏是小小的怨憤所能遏止的呢？君臣、父子、夫婦、兄弟、朋友這五倫是天下最基本的天性，因私欲而禁制它，用小的智巧來蒙蔽它，把它嚴密封閉，使它似乎無法再還原了。但只要叩動它，或觸發它，它立刻回應，轉眼之間，打開禁制，衝破牢籠，千繩萬索，都鬆脫解散。常有百年的人力所爲，就在一呼一吸之間就被完全破除了。

唐代宗是什麼樣的國君？唐德宗是什麼樣的國君？他們昏庸、猜忌、暴虐，人民受盡殘暴之苦，本來已不再有什麼君臣之義了，可是在他們遷徙逃難的時候，分別採納了柳伉和陸贄的建議，下詔書貶抑自己、責備自己，以感發天下人的君臣天性，這純眞的天性產生之後，盛大而不可抗拒，君王往日的壓迫，昔日的殘酷，以往的暴斂之害，從前的傜役之苦，只待後來啟動天性一衝擊，以前所有的怨怒全都平息，除了愛戴國君之外，沒有別的念頭，無不傷心痛恨，爭先殺敵，不多久而讓兩位國君回到故都，得以再祭祀唐朝的宗廟配享上天，沒有任何的損失。一時啟動天機稟性，效果就如此之大，更何況是那些天機稟性一向都保有而又顯明的呢！

衛國的國君，兩次運用了這種天機稟性。文公因邢人和狄人的入侵，暫避君位以激發人民的愛國愛君之心，啟動天機稟性於前，而終於能滅掉邢國。靈公因爲受到晉國的侮辱，也避君位以激發人民的愛國愛君之心，啟動天機稟性於後，也終能對抗晉國。並不是他們樂於自受屈抑，他們在這時不屈抑自己，就不能激發天機稟性了。文公固然是賢明的君主，至於像靈公的放縱、奢侈、怠慢，哪裏是平常能撫慰百姓的國君？人民之所以盡全力以抗拒晉國，並不是爲靈公，只是靈公的話正足以激發人民愛國君的稟性天機而難以抗拒罷了。

雖然如此，但啟動人民稟性天機的人，是不可以夾雜著個人的私心。邢人和狄人的入侵，以及受到晉人的侮辱，並沒有像代宗奔陝州和德宗奔奉天的危急緊迫，而衛文公和靈公卻誇大其事，竟以退位誇張自己受辱，激發人民的憤怒，動搖人民的根本，就已經駁雜而不純正了。所以衛國人民愛國的天機稟性雖然產生了，但人的謀私機心也就隨之而來，終於釀成禍害，公孫彌牟就偷用了人民的天機稟性，以拒絕出公的回國。假使不是文公和靈公發動這天機稟性的時候心術不正，怎麼會發展到那種地步呢！以人心私欲蒙蔽天機稟性，那還可以；以人心私欲擾亂天機稟性，那就不可以了。因爲被蒙蔽時，天機稟性仍然存在。如果正當開導其天機稟性，而突然投入人心私欲，把邪惡隱藏於天性善根，就像滲透毒素於骨髓之中，本原的地方都被污染攪亂了，我就不知要到什麼時候才能除去它。心不能得病，得病就發狂而不可控制。純眞不能接受虛僞，接受虛僞就成惡而不可去除。控制內心的狂病，除去純眞所受之惡，當眞終究是沒有辦法也難以解除吧？唉！

【研析】宋人常以「天理」和「人欲」相對，《莊子．大宗師》將人之稟賦天性，亦即宋人所謂的天理，稱之為「天機」，而《莊子．天地》又將人機巧變詐之心，屬於宋人所謂人欲者，稱之為「機心」，於是呂氏就從「機」字上大作文章，將後者稱為「人機」，而與天機相對，稱衛文公與靈公動天機雜以人機，才造成後來有公孫文子拒衛出公回國的事，將三件事作巧妙的串連。

呂氏於第一段先提出天機常存而不見，一經發動，非小忿小怨或人力智巧所能遏止，所能禁制。第二段突以唐德宗和代宗，分別用柳伉和陸贄之言，於大難之時下詔罪己，感發天下君臣之機，人們都盡棄前嫌，爭先赴敵，說明天機效用之大。第三段才落入本題，說明衛文公和靈公也都動天機以抗敵。第四段說明兩個衛君動天機雜以人機，造成後來公孫彌牟效尤以抗拒衛出公的回國，於是強調人機不可亂天機。

本文主要在「機」字的巧用，而兩引唐事，作為證據，並用以比較，又能注意首尾相應，是比較平穩的作法。

秦取梁新里 僖公十八年

梁亡 僖公十九年

【題解】魯僖公十八年（西元前六四二年），梁伯開拓了疆土，築了城，卻沒讓人民住進去，命名為新里，而被秦國佔取了。次年，梁亡，那是因為梁伯好拓疆築城，人民疲憊不堪，梁伯就嚇唬人民說將有某一方的敵人要來了，他又挖深池溝，嚇唬人民說：「秦國即將來襲。」人民恐懼而潰逃，秦國就趁機滅了梁國。

呂氏藉梁伯欺騙人民而招敵，說明梁伯仍有良心，強調天理常在人欲中，良心與生俱來，能繼者為君子，不能繼者為小人，與孟子所謂「不失其本心」的主張相同。

觀治不若觀亂，觀美不若觀惡。自古及今，蹂踐殘賊而終不可亡者，乃天理之眞在也。登唐虞之朝者，舉目皆德政；陪洙泗❶之席者，入耳皆德音。縱橫交錯，無非此理；左顧右盼，應接不暇。果何自以窺天理之眞在哉？至於居亂世，遇惡人，所見者莫匪橫逆，所聞者莫匪詖淫，所謂天理疑若殄滅而靡有孑遺矣，然橫逆詖淫之中，天理間發，時見一斑，豈非是理之眞在歟？

我生不有命在天❷？紂之所以拒祖伊也，人皆知其託辭也。託則託矣，然「天」之一言，胡為而忽出於紂之口哉？「何適而無道❸？」跖之所以答其徒也，人皆知其託辭也。託則託矣，然「道」之一言，胡為而忽出於跖之口哉？紂身與天違，而口忽言天；跖身與道違，而口忽言道。噫！不如是，何以知是理之果不可亡歟？善觀理者，於此所以深致其觀也。

梁伯溺於土功，無故勞民，底於滅亡，議者莫不指罔民以寇，自致駭潰，定梁伯之罪，是則然矣，吾獨於罪之中而知天理之所在焉。人皆以罔民為梁伯之詐心，吾獨以為梁伯之良心。世之論良心者，歸之仁、歸之義、歸之禮、歸之智❹，信未有敢以詐為良心者也。名詐以良心，豈有說乎？曰：詐非良心也，所以詐者，良心也。梁伯之版築❺，其自以為是乎？自以為非乎？如自以為是，必不待罔民以「某寇將至」也，必不待罔民以「秦將襲我」也。惟其心慊然，以為非，恐民之不我從，故虛張外寇以脅之耳。嗜版築而不已者，心之私也；慊版築而不安者，心之正也，詐固非良心，慊獨非良心乎？吾是以知天理常在人欲中，未嘗須臾離也。梁伯欲心方熾，而慊心遽生，孰導之而孰發之乎？

嗚呼！梁伯一念之慊，此改過之門也，此復禮之基也，此堯舜禹湯文武之路也。聖人迎其善端而推之，而廣之，而大之，沛然若決江河，莫之能禦。梁伯一慊方生，而遽繼之以詐，是猶隕雪霜以摧始萌之草，羣鷹隼以擊未翼之雛，良心安得而獨勝乎？

與生俱生者謂之良心，毀之而不能消，背之而不能遠。雖甚無道之人，是心或一日而數起也。是心既起，有以繼之，則為君子；無以繼之，則為小人。繼與不繼，而君子小人分焉。故學者不憂良心之不生，而憂良心之不繼。

【註釋】❶洙泗　二水自山東泗水縣合流而下，到曲阜北，又分二水，洙水在北，泗水在南，孔子居於此以教授弟子，後人以此為儒家或孔學的代稱。❷我生不有命在天　我生下來不就有命在天，人們怎麼咒得了我呢？這是當西伯（卽周文王）勝黎之後，祖伊戒紂王，紂王所回答的話。詳見《書・西伯戡黎》。❸何適而無道　到哪兒會沒有道呢？盜跖回答門徒，盜亦有道，料度室中有無寶藏，每猜必中，聖也；爭先入室而不懼，勇也；不顧危險而最後出來，義也；知可爲而爲，知不可爲而不爲，知也；取少讓多，分物平均，仁也。有此五德而爲大盜。見《莊子・胠篋》。盜跖，相傳爲春秋後期人。《孟子》和《荀子》皆提及，《莊子・盜跖》說他是柳下惠之弟，從卒九千人，橫行天下。❹世之論良心者五句　《孟子・公孫丑上》以惻隱、羞惡、辭讓、是非之心，爲仁、義、禮、智之端，爲呂氏之說所本。❺版築　古時築土牆時，以兩版相夾，以泥土灌入而以杵搗之，故曰版築。以稱土木建築之事。

【語　譯】觀察治世不如觀察亂世，觀察好人不如觀察惡人。從古到今，人世受盡蹂躪殘害而終究不可滅亡，那正是有天理眞正存在著。登上唐堯、虞舜的朝廷，舉目所見都是德政；陪坐在洙水、泗水一帶的講堂，充耳所聞都是德音。縱橫交錯，全都合德合理；左顧右盼，令人應接不暇。到底要從哪兒去看到天理昭彰確實存在呢？至於居處在亂世之中，遭遇到凶惡之人，所見到的莫非是橫暴不順之事，所聽到的無非是邪僻惑亂之言，所謂的天理好像已經滅絕而沒有一點殘留了，但在橫暴不順邪僻惑亂之中，天理會偶而發見，常露出一些光芒，這難道不就是天理昭彰確實存在的緣故嗎？

「我生下來不是有命在天嗎？」這是商紂用來排拒祖伊的話，人們都知道那是託辭。固然是託辭，但「天」這一個字，爲什麼會突然出自紂王的口中呢？「到哪裏會沒有道呢？」這是盜跖用來回答徒弟的話，人們都知道那是託辭。固然是託辭，但是「道」這一個字，怎麼會突然出自盜跖的口中呢？紂王行事與天理相違背，而口中忽然說起「天」；盜跖的爲人與道相違背，而口中忽然說起「道」。唉！如果不是這樣，怎麼能夠知道天理果眞不可亡的呢？善於觀察天理的人，要在這些地方作深入的觀察。

梁伯喜歡大興土木，無緣無故勞民傷財，終於滅亡，批評者都指責他以敵人來犯來欺騙人民，自己招致人民驚駭潰敗，以此來定梁伯的罪名，固然是對的，但我卻能在他這些罪名之中瞭解到天理的存在。人們都以爲他欺騙人民，是出於他騙人的心理，我卻獨以爲這是出自梁伯的良心。世人談論良心，都歸之於仁、歸之於義、歸之於禮、歸之於智，相信沒有人敢把欺詐說成爲良心的。稱呼欺詐爲良心，難道也有說辭嗎？我說欺詐並不是良心，但他所以要欺詐，正是他有良心。梁伯大興土木，他自以爲對呢？還是不對呢？如果自以爲是正確的，他一定不用以「某方的敵人將到」來欺騙人民，也不必以「秦國將襲擊我們」來欺騙人民。就因爲他內心感愧而不自在，以爲這是不對的，怕人民不聽從他，所以就危言聳聽，說敵人快到了來威脅人民。喜歡興築而不肯停止，是出自內心的偏私；愧對興築之事而內心不安，是出自內心的純正。詐騙固然不是良心，感愧之心難道不是良心嗎？我們由此可以知道天理經常存在於人欲之中，不曾有片刻的分離。梁伯貪欲之心正當強烈的時候，愧歉之心突然產生，這是誰誘導的呢？是誰啟發的呢？

唉！梁伯的愧歉之念，這正是他改過的門檻，這正是他回到禮制的基點，這是他走向堯、舜、禹、湯、文、武的途徑。聖人就是能迎合這善端而加以推廣，而加以擴大，於是蓬勃像長江黃河潰堤，澎湃洶湧令人難以抗拒。可是梁伯一點愧歉之心才剛產生，就馬上行詐騙之術，就好像降霜雪摧殘剛萌芽的草，像成羣的鷹隼襲擊還沒長羽翼的小鳥，良心怎能得勝呢？

與生命共同產生的，稱之爲良心，就算要摧毀它並不能使它消失，要背棄它也不能久遠。雖然是一個非常無道的人，這良心也許在一天之內，還會數度湧現。這良心既然湧起，能夠繼續保有，就成爲君子；不能繼續保有，就成爲小人。能繼續保有和不能繼續保有，就分出君子和小人了。所以進德修業的人不憂慮良心不產生，而只憂慮良心不能繼續保有。

【研析】梁伯好大喜功，以大興土木爲樂，於是謊報敵情，作爲勞民傷財的藉口，終至潰滅。以此爲題材，除了指責梁伯咎由自取之外，實在難有高論。呂氏卻從梁伯之所以要欺騙民眾，是因爲他自知其非，而有愧然之心，這正是良心顯現的表徵。呂氏藉此大做文章，爲行文另闢蹊徑。

文章一開始，就提出不尋常的奇論——觀治不若觀亂，觀美不若觀惡。強調在橫逆詖淫之中，天理偶見，正足以證明天理確實存在。接著以暴紂和盜跖的託辭，分別提到「天」和「道」字，說明天理之不可亡。第三段才進入本論，說明梁伯之所以要欺民，是因爲自知其非。第四段感喟梁伯有慊然之心，是改過之門，復禮之基，成聖賢之路，只惜繼之以詐，摧折其善心。第五段結論以性善說，強調良心是與生俱來，君子能繼，小人則不能，以此作爲君子與小人的分際。

本文前半談天理，後半談良心，而良心不亡，即是天理。天理卻出於紂、跖之口，良心亦存於詐心之中，頗有理趣而新奇。聖人談不失本心，呂氏則論良心之繼與不繼，意同辭異，自有新奇的效果。

卷十二

宋公使邾文公用鄫子 僖公十九年 季平子用人於亳社 昭公十年 楚子用隱太子 昭公十一年

【題解】魯僖公十九年（西元前六四一年），宋襄公逞霸主之威，執滕宣公，又讓邾文公殺鄫子以祭次睢的土地神，以希望得到東夷的歸附，司馬子魚說：「古時六畜不能相互用來祭祀，小祭祀不用大牲口，何況用人作祭品呢？祭祀是爲人，百姓是神的主人，殺人祭祀，誰來享用？齊桓公興復了三個將亡的國家，義士還嫌他德薄，而您一次會盟竟侵害二國之君，又用來祭祀昏淫之鬼，以此求霸，不是太難了嗎？能得善終就很僥倖了。」後來宋襄公於泓水一役受傷而死。魯昭公十年（西元前五三二年），魯大夫季平子領兵攻莒國，佔領郠地，奉獻俘虜，開始在亳社用人當祭品，臧武子在齊國說周公大概不會去享用魯國的祭祀，上天也不會降福給魯國。次年，楚靈王滅蔡國，將蔡靈侯的太子殺了以祀岡山，申無宇說：「這是不吉的。五牲不能相互用來祭祀，更何況用諸侯呢？國君一定要後悔。」再過兩年，蔡公入楚，殺太子祿和公子罷敵，楚靈王回不了國都，懊惱殺人之子太多，才有此報應，並自縊而死。

呂氏藉用這三件以人當祭品的案例，闡揚民胞物與、物我爲一的道理，只要有物我爲一的胸懷，就不做傷民之事，也不會有歹毒之念。

無間則仁，有間則暴。無間則天下皆吾體，烏得而不仁？有間則獨私其身，烏得而不暴？幽明也、物我也，混混同流而無間者也。喜同一喜，喜觸於心，則幽明物我不約而皆喜；怒同一怒，怒觸於心，則幽明物我不約而皆怒。判而爲慘舒、休戚、愛憎、哀樂之情；別而爲盈虛、予奪、損益、是非之理；散而爲禍福、利害、安危、死生之變，彼動則此應，彼發則此知，未嘗有間也。

昔之仁人，所以視民如傷❶者，豈以冥冥之不可欺，昭昭之不可犯哉？幽明物我通爲一體，不見有可傷之地也。既傷於民，亦傷於身；既傷於身，復傷於神。噫！知此者，其知仁之方❷乎！

不仁則不覺，不覺則不合。幽明不合，而有人與神之間焉；物我不合，而有人與己之間焉。遂以爲苟便於身，何恥乎媚神？苟媚於神，何恤乎害人？以妄傳妄，以僞傳僞，然後囂淫怪誕之說興，然後焄蒿悽愴❸之妖作，然後陰詭側僻之祀起，然後釁塗❹刳剔之亂生。如宋襄、楚靈、季平子之事，蓋有戎狄禽獸之所不忍爲者。非天獨賦以酷戾狠逆之性也，私己深，畏神甚，淪惑其心而至此極也。一時之君子，隨而議之❺，是猶詆蚩尤之殘，哂盜跖之貪，適爲贅爾，曷若求其爲暴之原而滌之乎？

天下之理，有通有塞。其通耶，八荒之外，六合之內，幽明物我，上際下蟠❻，不見其間，孰非吾仁者哉？其塞耶，雖汲汲以愛人利物爲志，朝三省而日九思，然在此有毫芒之塞，則在彼有尋丈之間，發於其身，害於其事；發於其事，害於其政，民有不得其死者矣。一念之毒，流金鑠石❼；一念之駃，奔電走霆。雖未嘗以兵殺人，實以心殺人；雖未嘗用人以祭社之神，而實用人以祭心之神也。其視宋襄輩何以大相過乎？通者仁之門也，塞者暴之門也。是故欲仁者，不於其仁，於其通；去暴者，不於其暴，於其塞。

【註釋】❶視民如傷　極言顧念民眾之深。語出《孟子・離婁下》，謂視民常若有所傷，不敢以橫役擾民。宋程顥爲縣官，於坐處書「視民如傷」以自警。❷仁之方　仁之道。《論語・雍也》：「夫仁者，己欲立而立人，己欲達而達人，能近取譬，可謂仁之方也已。」❸焄蒿悽愴　本指祭祀時祭品的香臭之氣上騰，使人感到悲傷。焄，香臭之氣。蒿，氣體上蒸的樣子。但因《禮記・祭義》：「焄蒿悽愴，此百物之精也，神之著也。」呂氏乃以指稱百物精怪。❹釁塗　殺牲取血以塗於器物的縫隙。❺一時之君子隨而議之　指司馬子魚批評宋襄公，臧武子批評季平子，申無宇批評楚靈王。❻上際下蟠　上達於天，下滿於地，充塞天地之間，無所不在。語出《莊子・刻意》：「上際於天，下蟠於地。」❼流金鑠石　本指天氣酷熱，溫度極高，連金石都爲之銷鎔，此指酷毒之害。

【語譯】心裏沒有隔閡就會仁厚，心裏有了隔閡就流於殘暴。心裏沒有隔閡，整個天下都像是我的身體，怎麼能夠不仁厚？有了隔閡，就只偏愛自己的身體，怎麼能夠不殘暴？無形的（鬼神）或有形的（人類）、身外的物或自我，都如滾滾流水，融合爲一，沒有隔閡，沒有區別。一高興都會同樣地高興，喜上心頭，那麼無形或有形、外物或自我，都不約而同地高興；一憤怒就會一起憤怒，怒上心頭，那些無形或有形、外物或自我，都不約而同地憤怒。分別來說，有悽慘或安舒、美好或憂戚、喜愛或憎恨、哀傷或快樂等不同的情緒；有充滿或空虛、給予或剝奪、對的或錯的、減少或增加等不同的事理；有災禍或福祉、利益或損害、安全或危險、死亡或生存等不同的變化，那邊一有動靜，這邊馬上回應；那邊一發生，這邊立刻知道，是不曾有隔絕的。

以前那些仁厚的人，他們之所以會深深體恤人民的痛苦，難道是因爲在冥冥之中有鬼神，所以不敢欺騙，在昭昭日月之下有眾目，所以不敢侵犯嗎？無形或有形、外物或自身，既然流通爲一體，就看不到有哪個地方可以加以傷害了。傷害了人民，就如同傷害了自身；傷害了有形的身，就如同傷害了無形的神。唉！知道這個道理，就知道仁的途徑了吧！

沒有仁心就沒有相互與共的感覺，沒有相互與共的感覺就不會融合無間。無形和有形不能融合，而有了人和神的隔閡；外物與自我不能融合，而有了他人和自我的隔閡。於是認爲只要對自己有利，諂媚鬼神有什麼羞恥可言？只要能諂媚鬼神，傷害別人又怎麼會不忍心呢？把不實的話不實地傳開，把錯誤的話錯誤地傳揚，於是那些輕狂惑亂荒誕怪異的說法就興起，然後有了爲人所膜拜的百物精怪，然後詭秘不正的祭祀產生了，然後血祭挖剖人體的亂行發生了。像宋襄公、楚靈王、季平子以人做爲祭祀牲品的事，是連有的戎狄異類都不忍心做的。並不是上天特別賦予他們殘酷狠毒的心性，只是他們私心太深，恐懼鬼神太甚，以致迷亂其心，淪喪本性，才到那種境地。當時的君子，隨即批評他們，這好像是指責蚩尤的殘暴，笑盜跖的貪婪，只加一些多餘的批評罷了，爲什麼不探求他們殘暴的原因而設法去除呢？

天下之理有通達的，有閉塞的。通達的在八方荒遠的地方之外，天地東西南北四域之內，不論無形或有形，不分外物或自身，充滿而無所不在，其間不見任何的隔閡，那一個不在我仁心廣被之中呢？那閉塞的，雖然急著以愛人愛物爲職志，每天一再反省並多方思考，然而在此只要有一絲一毫的阻塞，就在那兒產生八尺一丈的距離，發生在他的身上，就妨害他的行事；發生在他行事之中，就爲害了他的國政，人民就會求生不能求死不得了。一個惡毒的念頭，酷烈得連金石都會被銷鎔。一個飛馳的念頭，快如閃電雷霆。雖然沒有用武器殺人，但實際上在心頭上已殺了人；雖然沒有用人作爲牲品來祭祀社稷之神，但實際上已用人作爲牲品來祭祀心頭之神。看了這些人，還能對宋襄公這幫人大加斥責嗎？通達而沒有隔閡是造成仁心寬厚的關鍵，閉塞而有所隔閡是造成兇狠殘暴的關鍵，所以要培養仁德的人，不在於仁心的講求，而在於通達其理；要去除殘暴的人，不在於殘暴之心的收斂，而在於除去心中的閉塞。

【研 析】殺人做爲祭品，是很殘忍的事，《左傳》已引用司馬子魚、臧武子、申無宇的話，批評宋襄公、季平子、楚靈王的不是。後人評此，如果以殘忍不仁著眼，就很難有新意，呂氏從「無間」「有間」立論，而以「通塞」申說，既新穎又精闢。

文章一開始就提新穎的立論——無間則仁，有間則暴。讀者乍讀之下，當然不明其所指，而這相反相成的簡要命題，自然能引起讀者的興趣。第一段就是在說明這個命題，闡釋「視天下皆吾體」就是無間。第二段說明仁人將「幽明物我通爲一體」，所以無可傷之人，無可傷之物。第三段則反面說不仁之人，沒有一體之感，有人神之別，重人我之分，有私心、懼鬼神，所以殘人以逞一己之私心。最後一段以通塞申論無間有間，通則無間以致仁，塞則有間以致暴。

論文章結構，本篇極爲整鍊，以有間無間起，再以無間有間分論，各爲一段，再以通塞作結。其論幽明物我，本是老生常談，但其中「復傷於神」以及「用人以祭心之神」二說，則發前人所未發，最爲奇絕。

衛旱伐邢　僖公十九年

【題解】魯僖公十九年（西元前六四一年），衛國大旱，想祭山川而占卜，但結果不吉。甯莊子就說：「從前周地饑荒，打敗殷商就收成豐足。現在正當邢國無道，諸侯之中沒有霸主，上天或許要讓衛國攻打邢國吧！」於是照他的話而起兵，天也下雨了。

呂氏以爲衛國興師而雨，只是湊巧，甯莊子假天騙民，倖而得逞，爲後世之不幸。因爲後世東施效顰者眾，多假借天意與聖人以愚惑百姓。

昔之善用兵者，託於神怪以使其眾，雖苟收一時之勝，其患有遂流於後世而不可解者矣。然所託者，出於人之所共疑，則其患淺；出於人之所共信，則其患深。卜偃之牛聲❶，田單之禽翔❷，陳勝之書帛❸，樊崇之探籌❹，皆託神怪以謠眾者也。是其說妖誕不經，可以欺愚者，而不可以欺智士；可以欺小人，而不可以欺君子；可以欺一時，而不可以欺後世。亦何足與深辨哉？乃若甯之伐邢，其所託者，有不得不辨者焉。

天者人之所大也，聖人者人之所尊也，以天爲辭，人孰敢違？以聖人爲辭，人孰敢議？衛方欲伐邢而患無以使其衆，甯莊子乃因歲旱之災，爲動民之具，其言曰：「昔周饑，克商而年豐，今邢方無道，天其或者使衛討邢乎？」甯莊子之意，不過欲假天之神，借武王之重，取衆人之所共信者，誑脅其民而使之戰耳。滹沱之濟，非果能前知其冰也❺，濟適與冰會也。伐邢之役，非果能前知其雨也，師適與雨會也。逢其適然，而人遂以爲必然，甯莊子之說遂行於後世矣。

是役也，雖衛國之幸實後世之不幸也。後世徒見伐邢之役，言脫於口，師出於境，雨降於天。三者相隨，如枹如鼓，如影如響，不約而俱應，遂以爲天道果可以意窺，天變果可以術移，歸亢旱於乾封❻，歸星變於輔弼❼，歸火災於丁傅❽，矯誣上天，文飾六經，傲然無所忌憚，導其源而遺其毒者，庸非甯莊子乎？

噫！甯莊子欲僥倖一勝，尚有他塗也。勢可以使人，氣可以使人，賞罰可以使人。激揚奮發，豈患無術？何爲輕取古今之所共信者，一朝而墮壞之耶？雖然，不知天，則壓以天之大而不敢辨；不知聖人，則壓以聖人之尊而不敢爭。虛服其名，而實闇其理，此甯莊輩所以每得行其說也。

眞知天與聖人者，異是矣。親見憲貧回夭❾，而不疑天之禍善；親見慶富跖壽❿，而不疑天之利淫。雖聞速貧速朽之言，而斷然知其不出於夫子⓫。雖聞血流漂杵之言，而斷然知其不出於武王⓬。蓋其所知者在理不在事，在實不在名也。政使百甯莊子，亦豈能眩之哉？

【註釋】❶卜偃之牛聲　魯僖公三十二年（西元前六二八年），晉文公死了，在出殯的時候，靈柩發出如牛的叫聲，卜偃要大夫們下拜，聲稱西邊有敵人入侵，出兵必獲勝，於是發生秦晉殽之戰。晉襄公披喪服出兵，大獲全勝。見《左傳》。❷田單之禽翔　戰國時，燕攻齊，下七十餘城，卽墨守將死，眾人推田單爲將軍，田單令城中的人飯前要祭祖先於庭中，於是引來很多飛鳥在城上飛翔，燕兵深感怪異，他便宣布有神人來爲軍師，然後再用反間計及火牛陣打敗燕軍以復國。詳見《史記・田單傳》。❸陳勝之書帛　秦二世元年（西元前二〇九年），陳勝率徒役赴路，中途遇雨遲到，依法當斬，乃與吳廣叛秦，爲假託神怪，以丹書帛，寫「陳勝王」三字放入在魚網中的魚腹之內，讓人從魚腹中取得而感到怪異。見《史記・陳涉世家》。❹樊崇之探籌　王莽後期，琅邪人樊崇起兵，而爲赤眉，當其勢大，欲立漢宗室以爲號召，以景王血緣最近之劉家子弟三人，探取筒中之札，劉盆子探得「上將軍」書札，於是以此爲符命而立爲帝，後來都歸降光武帝。見《後漢書・劉盆子傳》。❺滹沱之濟二句　西元二十三年，王郎自稱爲成帝之子，招降劉秀，當時劉秀在薊，想募兵對抗，不果，南馳到下曲陽，傳聞王郎兵在其後，眾人驚恐。到滹沱河，前面候吏回報，河水流動，無船可渡。大家更爲恐慌。光武派王霸前往探視，王霸為了不使大家恐慌，就說已凝結成冰，可以渡過。光武說候吏果真亂說，於是向前推進，河水果已結冰，大軍只剩幾匹馬還沒渡過，冰也就化了。見《後漢書．王霸傳》。❻歸亢旱於乾封　漢武帝於西元前一一〇年封於泰山，改元為元封，隨即乾旱。公孫卿說：「黃帝時封禪就天旱，上天三年不下雨，以使封土乾燥。」漢武帝乃下詔尊祠龍星。見《史記．孝武本紀》。❼歸星變於輔弼　漢成帝綏和二年（西元前七年），火星運轉心宿三星附近，議者以為大凶，當時有會郎賁麗長於星象，以為當由大臣承受。成帝乃賜冊責丞相翟方進未盡職，翟方進即日自殺。見《漢書．翟方進傳》。❽歸火災於丁傅　漢成帝崩而無子，以定陶王為嗣，即位而為哀帝，以祖母傅氏為帝太太后，其母丁氏為帝太后，哀帝在位六年而崩，由中山孝王之子立，而為平帝。王莽掌政，貶傅太后為定陶共王母，貶丁太后為丁姬，並奏請改葬，挖傅太后冢，崩壓死數百人；開丁姬椁，火出四五丈，灌水乃滅。王莽於是奏稱：「前共王母在世時僭居桂宮，皇天震怒，所以正殿有火災；丁姬死時葬非其禮，如今火焚其椁，這些都是天以災變告人，所以該改為媵妾。」❾憲貧回夭　原憲和顏回，都是孔子的得意弟子，原憲貧窮，顏回二十九歲，髮盡白而早死。見《孔子．仲尼弟子列傳》及《孔子家語》。❿慶富跖壽　崔杼弒齊莊公，立景公，以慶封為左相，富有而好淫樂。見《左傳》襄公二十五年及二十八年。盜跖已見之於前。⓫雖聞速貧速朽之言二句　有子問曾子有沒有向孔子問過「喪失」之道，曾子說：「老師說過：喪位要快一點貧，喪命要快一點腐朽。」有子斷言這不是孔子的本意，後來問子游，才知道「喪不如速貧」，是針對南宮敬叔失位後，賄賂於朝廷，所以才這麼說的。「死不如速朽」是因桓魋設計石椁，匠人用了三年的工夫都未能完成，所以才這麼說的。事見《禮記．檀弓上》。⓬雖聞血流漂杵之言二句　孟子以為盡信書不如無書，他以為武王伐紂是「以至仁伐不仁」，不至於血流漂杵那麼慘烈。見《孟子．盡心下》。

【語　譯】以前善於用兵的人，有時假託神怪以差遣眾人，雖然能收到一時戰勝的效果，但留後患於後世而難以消除。至於他們所假託的，如果爲人們所共同懷疑的，留下的後患比較輕淺；如果爲人們所共同相信的，留下的後患就比較深重了。晉國卜偃假託棺中牛聲，齊國田單假託禽鳥飛翔，秦末陳勝假託魚腹帛書，赤眉賊樊崇假託抽取書札，這些都是假借神怪以騙取眾人的擁戴。他們的說詞都是荒誕不經，可以騙愚笨的人，而騙不了聰明的讀書人；可以騙小人，但騙不了君子；可以騙人於當時，但騙不了後世。這些怎麼足以作深入探討呢？至於衛國去討伐邢國，他們所假託的，就不得不深入探討了。

天意是人們所推崇的，聖人是人們所尊重的，以天意爲藉口，人們誰敢違背？以聖人爲藉口，人們誰敢議論？衛國正想要攻伐邢國而憂慮沒有辦法使人民聽從，甯莊子就借用乾旱的災害，作爲動員人民的藉口，他說：「以前周地饑荒，打敗殷商就收成豐足，現在正當邢國無道，上天或許要衛國去討伐邢國吧？」甯莊子的意圖，只不過是想假借上天的神明，借重武王的威望，取得眾人共同的信賴，半哄騙半脅迫使人民投入戰爭的行列罷了。光武帝要渡滹沱河的時候，並不是眞的知道前往的時候就能結冰，只是要渡河的時候正好結冰。衛國要討伐邢國的時候，並不是眞的知道起兵後會下雨，只是有所行動正好遇到下雨。剛巧碰上了，而人們以爲是必然的因果，甯莊子的說辭就流傳於後世了。

這一次的戰役，雖然是衛國的幸事，實際上是後世的不幸。後世的人只見到討伐邢國的戰役，話說出於人口，軍隊出於邊界，雨就從天上降了下來。三件事相隨而來，就像擊槌鼓就出聲，像有形體就有影子，有聲音就有反響，不約而有廻應，於是以爲天道可以用自己去臆測，天氣的變化可以有辦法轉移，把天氣乾旱說成上天要使封土乾燥，把星象變化歸咎於輔弼大臣，把火災說成丁傅二氏的罪孽，假借上天之名，假借六經粉飾其辭，昂然沒有絲毫的顧忌，開其源頭留其遺毒的，難道不是甯莊子嗎？

唉！甯莊子想要僥倖得到一次戰爭的勝利，還有其他的途徑可循。形勢可以利用來動用民力，氣勢可以利用來動用民力，賞罰可以利用來動用民力。要激發民心，奮發人心，難道會沒有辦法嗎？為什麼那麼輕易取用人們所共信的，將它一下子就毀了呢？雖是如此，明明不知天道，卻以天之大來壓制人，使人不敢明辨眞假；明明不懂得聖人，卻以聖人之尊來壓制人，使人不敢爭是非。人們空服上天與聖人之名，而實際上是不明其中的道理，這正是甯莊子這幫人常常遂行其說的原因。

眞正知道天理與聖人之道的，可不是這樣。孔子親眼看到原憲貧窮、顏回早逝，並不懷疑上天降害於好人；親眼看見慶封富有、盜跖長壽，並不懷疑上天降利於不守本分的人。曾子雖然聽到孔子說「喪失祿位，最好早一點變窮；人死了，最好早一點腐朽」的話，但有子斷然以為這不是孔子的本意。孟子雖然見到殺人流血連杵都漂流的記載，但斷然研判那不會是武王所做的事。他們所知道的是其中的道理，而不在於事件；在於其實質，而不在上天或聖人的名。為政者即使有一百個甯莊子，又怎麼能夠被眩惑呢？

【研　析】呂氏本其反對「怪力亂神」的一貫主張，嚴厲批評甯莊子出兵伐邢以求雨的做法，以為甯莊子雖然詭計得逞，但貽害後世十分深遠。

文章一開始就正面提出其論點，說明古代善於用兵的人常託神怪以譎眾，舉先秦的卜偃和田單，秦末陳勝和新莽時的樊崇為例，但以為只能欺愚者，不能欺智士；能欺於一時，不能欺於後世。可是甯莊子伐邢乃所託不同，所以值得探討。文章到第一段最後才點題，極力凸顯這件事的特殊性，這是先畫龍而後點睛的技巧。

第二段直接批評本題，分析甯莊子冒險求倖的意圖，將它與漢光武渡滹沱河相提並論。第三段指出甯莊子僥倖得逞，影響深遠。指出公孫卿將乾旱託之天意；漢成帝將星象天文之變，歸咎天譴宰相；王莽將火災歸罪於兩位已死的太后，都是假託天意毫無忌憚，都是受甯莊子的影響。第四段指責甯莊子出此下策，並指出其術常能得逞的原因。最後一段以聖人異於此，作爲結論。

全文引用八個歷史事件，並因甯莊子託諸聖人，而以強調聖人異於是作結，使文章很具有說服力。

子魚諫宋公圍曹

僖公十九年

【題解】 魯僖公十九年（西元前六四一年），宋國圍攻曹國，是因爲曹國不肯順服。司馬子魚對宋襄公說：「當年文王聽說崇侯品德不好而去討伐，但用兵三十天，崇國沒有降服。於是退兵修明教化，然後再出兵。崇國在對壘時就投降了。《詩》說：『能做妻子的典範，能做兄弟的表率，以此齊家治國。』現在國君的德行可能不夠完美，而以武力伐人，怎能成功？何不暫且先自我反省修德，等到完美之後再出兵呢？」

呂氏藉耕與織的民生兩件大事，說明循序漸進的必要，以批評宋襄公的急功好利，最後更以耕織解決人類衣食的兩大需求，說明默默工作者的偉大。

天下之情，不見其速，未有見其遲者也。浴焉而食❶，食焉而繭，繭焉而繅，繅焉而織，歷數月而後得帛。凡蠶者皆以爲固然，不聞厭其遲也。耕焉而種，種焉而耘，耘焉而穫，穫焉而舂，歷一歲而後得粟。凡農者皆以爲固然，不聞厭其遲也。身修而后家齊，家齊而后國治，國治而后天下平。是猶自浴而至織，自耕而至舂，一階一戺，豈可妄躐哉？由三代以前，亦未聞有厭其遲者也。

見倚市門者，得帛於一笑之頃，則回視蠶婦數月之勞，不勝其遲矣。見坐賈區者，得粟於一日之間，則回視農夫終歲之勞，不勝其遲矣。功利之說興，變詐之風起，棄本徇末，忘內事外，競欲收富強之效於立談之餘，反顧王道，豈不甚遲而可厭哉？是宜子魚舉文王之事，而終不能止宋襄之師也。

儒者之論曰：「蠶而帛，農而粟，身而治，正也；不以蠶，不以農，不以身，雖得利如不正何？」嗚呼！小人之情，惟利是嗜，既衣其帛，何恤乎不蠶之名？既食其粟，何恤乎不農之名？既享其治，何恤乎不身之名？爲是論者，豈足以杜小人之心而閉之哉？則盍反其本矣？

天下之所以有僥倖而得帛者，以蠶婦陰爲之織也；天下之所以有僥倖而得粟者，以農夫陰爲之耕也。如使天下盡厭耕織，焚其機，斧其耒，則雖有巧術，何從而得帛？雖有巧計，何從而得粟？皆將凍於冬而餒於塗矣。彼僥倖而收功利，豈眞其力哉？亦聖人之遺澤，三綱五常❷之猶未亡者，陰有以扶持之也。向若聖人皆效後世之欲速，蹷其根，涸其源，以爭旦暮之利，則大經大法，殄滅無遺，人之類❸不能自立於中國久矣。當是時，城皆戎狄之城，吾亦無城之可爭；地皆禽獸之地，吾亦無地之可奪，雖有欲速之心，果何所用其速哉？

然則後世共詆薄以爲遲鈍迂闊者，乃其所恃以生者也。無賢者，則不肖者不能獨立；無智者，則愚者不能獨存。彼其相戕相賊，歲消月鑠，而戴髮含齒之屬❹，終不可盡者，意者其中必有所恃也。所恃者，果專在於聖人乎？曰：否。

【註釋】❶浴焉而食　蠶經選種而後飼養。浴，是育蠶選種的一種方法。即將蠶種浸於鹽水或以野菜花、韮花、白豆花製成的液體中，汰弱留強，進行選種，稱爲浴蠶。❷三綱五常　三綱指君臣、父子、夫婦之道。五常指仁、義、禮、智、信。❸人之類　指中國人。呂氏鄙夷戎狄，以爲他們非人之類，所以以人之類與戎狄、禽獸對稱。❹戴髮含齒之屬　指人類。因《列子．黃帝》有「有七尺之骸，手足之異，戴髮含齒，倚而趨者謂之人。」之句，所以以此稱人類。

【語譯】天下一般常情，假使沒有看到特別快的，就不會發現特別慢的。蠶經過選種而後飼養，飼養之後吐絲結繭，結繭之後才能繅絲，繅絲之後才能織布，是要經過好幾個月才能得到絹帛。凡是養蠶的人都認爲這是理所當然，從來沒聽說有人嫌它太慢的。先耕土地然後播種，播種然後除草，除草然後收穫，收穫然後舂米去殼，是要經歷一整年然後得到糧食，凡是農夫都認爲這是理所當然，從來沒聽說有人嫌它太慢的。修養自己品德然後才能使家邑親睦，家邑親睦然後才能使國家安和，國家安和然後才能使天下太平。這好像養蠶從選種到織布，農夫從耕地到舂米，像登階入門，是一階一階登上去，一門一門開進去，怎麼可以隨便超越的呢？在夏、商、周三代以前，從沒有聽說有人嫌這樣太慢的。

試看那些倚門賣笑的妓女，得到絹帛在於逢迎賣笑的片刻之間，回頭看看那些養蠶的婦女要用好幾個月的勞力才能取得，未免太慢了。試看那些坐在商場的生意人，得到糧食只在於交易的一日之間，回頭看看那些農夫整年勞苦才取得，未免太慢了。重功利的學說興起，講求詐騙的風氣盛行，於是捨本逐末，忘了國內人民的福祉，專求對外的擴張，競相收取富強的效果於片刻的問對之間，回頭看推行王道之政，怎會不覺得太緩慢而嫌棄呢？也就難怪子魚舉出文王征伐崇侯的史實，仍阻止不了宋襄公的軍事行動。

讀書人常說：「由養蠶而得到絲帛，由耕作而得到糧食，由修養品德而得以治國平天下，這才名正言順；不養蠶，不耕作，不修身，雖然得到利益怎麼能名正言順呢？」唉！小人的情懷，唯利是圖，既然穿了絹帛，怎麼會顧忌不養蠶的指責呢？既然吃了糧食，怎麼會顧忌不耕作的批評呢？既然享有政權，怎麼會顧忌不修身的指責呢？發這種議論，怎麼能夠遏止小人的私心而加以根絕呢？爲什麼不推求他們根本的立足點呢？

天下之所以還有僥倖而得到綿帛的人，那是背後有養蠶的人爲他養蠶織絲；天下之所以有僥倖而得到糧食的人，那是背後有農夫爲他耕作。如果讓天下的人都厭棄耕種和織布的工作，燒毀了織布的機械，劈壞了耕作的農具，那麼即使有再巧妙的權術，要從哪裏取得絹帛呢？即使有再巧妙的計謀，要從哪裏取得糧食呢？那都要凍死在多天而餓死在道路上了。那些人之所以僥倖而獲得功利，難道眞的是他們的力量嗎？說來都是聖人所遺留的德澤，三綱五常之所以沒有沈淪，是背後有它在扶持著。假使以前的聖人都仿效後世的急功好利，挫害它的根本，乾涸它的源頭，以爭取一朝一夕的利益，那麼維繫天地常軌運作的大經大法，就完全滅絕了，那麼中國人早就不能自立於中國了。當那時候，所有的城都成戎狄擁有的城，我們已沒有城可爭；所有的地都是禽獸橫肆的土地，我們已沒有地可奪，雖然有急功好利之心，果當要如何求快呢？

這麼說來，後世的人所共同批評與輕視，認爲是遲鈍不聰明、迂腐不通達的人，卻正是他們所賴以爲生的人。世間沒有賢人，那些不肖之徒不能單獨生存；沒有智者，那些愚笨的人不能單獨生存。他們相互殘害，年年有所折損，月月有所傷亡，但頭上長著頭髮、口裏長著牙齒的人類，終究不會滅絕，想來一定是有所依仗。人們所依仗的，果眞只是那些聖人嗎？答案當然是否定的。

【研析】 本篇專就宋襄公「不務修德而急於伐人」，批評其「欲速而不知本」。全文以耕織爲喻，以與修德相提並論，最後竟從所喻耕織轉出後世所詆薄者，正是其賴以爲生者，頗令人省思。

第一段即以養蠶取帛不厭其遲，耕耘得粟不厭其遲，說明三代以前視修德平治爲理所當然。第二段以倚門賣笑，與坐收交易之利，比擬急功好利之求。第三段批評一般儒者之論，未能探得本原。第四段乃探本之論，說明僥倖得帛得粟，都是背後有默默工作者。功利之說可以得逞，是因爲聖人德澤所扶持。第五段說明聖人德澤固然偉大，默默工作者更不可或缺。

本篇的論說方式，迥異於前一篇比附史事的論證方法。全以淺近的事理作爲譬喻，從辛勤的工作者，說到貪求僥倖的急功好利者，從急功好利者，再說到默默工作者與聖人。爲其所鄙夷，卻正賴其以為生。最後則因為聖人之偉大，人們比較能取得共識，所以更強調默默辛勤工作者的貢獻，而用簡單問答，使文章有不盡的餘意，更能發人深省。

本篇論述雖酣暢淋漓，但難免有可疵議之處，如第四段後半，以為人之類不能立於中國久矣，並說城皆戎狄之城，地皆禽獸之地，演繹過甚，戎狄之城何以不可爭，禽獸之地何以不可奪，也未見說明，這種推論過當，為論說文所該避免。

隨叛楚

僖公二十年

【題解】魯僖公二十年（西元前六四〇年），隨國率領漢水東邊的小國背叛楚國。這年冬天，楚國派鬥穀於菟率兵攻伐隨國，逼和之後回國。《左傳》評隨國太自不量力，能量力而為，就可避免失敗，成敗在於自己，而不在於別人。並引《詩·召南·行露》，以喻人要有所畏而不動，量力而後動。

呂氏本篇是從無可翻案處翻出新意。左氏「量力而動」和「善敗由己」之說，本無可議，呂氏乃由「善敗由己」，強調自強，批評左氏的「量力論」過於消極。

君子憂我之弱，而不憂敵之強；憂我之愚，而不憂敵之智。國為敵所陵而不能勝者，非敵之果強也，罪在於我之弱也；為敵所陷而不能知者，非敵之果智也，罪在於我之愚也。強者弱之對也，我苟不弱，則天下無強兵；智者愚之對也，我苟不愚，則天下無智術。後之為國者，終歲憂敵之強，而未嘗一日憂我之弱；終歲憂敵之智，而未嘗一日憂我之愚。使其移憂敵之心而自憂，則誰敢侮之哉？

以隨之陋，而鄰於楚，以隨之君臣與楚成子文抗，其強弱智愚判然矣。隨非惟不知自憂，而又且不知自量，怒臂以當轍❶，亟蹈禍敗。左氏以不量力譏之允矣。其言曰：「隨之見伐，不量力也。量力而動，其過鮮矣。善敗由己，而由人乎哉？」左氏之論，以謂楚雖強暴，終不敢無故加兵於隨，使隨自知力不如楚，甘處於退怯，則禍何由至哉？伐隨者楚也，召楚者隨也。是隨之敗由己之敗，而不由人也。見伐者雖在人，無致伐之端者顧不在我耶？

嗚呼！信如是說，乃所謂由人而不由己也！畏楚而不敢先動者，固出於隨矣，所以制隨而使之不動者，非楚耶？是其不動者，名由於我；而實由於人也。有宗廟、有社稷、有民人，而寄存亡之命於他國，惴惴自保，惟幸不見侵，陋矣。漢陽諸姬楚實盡之❷，彼豈皆先犯楚者哉？隨雖量力自守，恪遵信約，疆場有釁，楚之執事豈其顧盟？然則隨雖自守，不能禁楚之吞噬。存亡之權，固由楚而不由隨也。左氏能誦善敗由己之言而止耳，孰知夫善敗由己之理乎？

天下之事，未有不由己者。善者己也。極其善，則爲堯爲舜，爲禹爲湯者，亦己也。敗者己也。極其敗，則爲桀爲紂，爲幽爲厲者，亦己也。前無禦者，欲聖則聖；後無挽者，欲狂則狂。隨侯果知此理，則「位天地，育萬物❸」，無不由己，況區區之楚，何足畏耶？而左氏不知己之尤，反以畏楚爲量力，抑不知適所以墮人之力也。

古之所謂量力者，蓋有說矣，養而未充也，爲而未成也，修而未備也，於是量力而未敢輕動焉。吾之所以未動者，非憂彼之強，憂我之弱也；非憂彼之智，憂我之愚也，所憂固在於己而不在於人也。養已充，爲已成，修已備，則有所不動，動而無敵。今之伸豈不由向之屈乎？苟以齷齪自保爲量力，則人將自安於弱而終於弱矣？自安於愚而終於愚矣。

噫！墮天下之力者，獨非量力之論歟？

【註釋】❶怒臂以當轍 喻自不量力，輕率對抗。此由《莊子．人間世》螳臂當車的寓言而來。怒臂是奮臂；當是擋；轍是車的軌迹，即車道。❷漢陽諸姬楚實盡之 漢水以北的姬姓侯國，都被楚國滅盡了。見《左傳》僖公二十八年，是城濮之戰之前，晉大夫欒枝以宗族大義激晉文公對楚國作戰的話。❸位天地育萬物 讓天地安居正位，讓萬物順利生長。語出《禮記．中庸》。指人能存養省察，到與天地同功的地步。

【語譯】君子只憂慮自己太微弱，而不擔心敵人太強大；憂慮自己太愚蠢，而不擔心敵人太聰明。國家受到外敵的侵犯而不能得勝，並不是敵人太強大，錯在自己太微弱；被敵人所陷害而不能察覺，並不是敵人太聰明，錯在自己太愚蠢。強大是和微弱相對來說的，我們自己如果不微弱，那麼天下就沒有強大的敵人；聰明是和愚蠢相對來說的，我們自己如果不愚蠢，那麼天下就沒有聰明的騙我伎倆。後來擁有國家的人，終年憂慮敵人太強大，卻不曾有一天去憂慮自己的微弱；終年憂慮敵人太精明，卻不曾有一天去憂慮自己的愚蠢。假使讓他改變憂慮敵人之心來擔心自己，那麼還會有誰敢去侵侮他呢？

以隨國的鄙小，與強大的楚國為鄰，以隨國君臣和楚國成王和子文相抗衡，他們之間誰強誰弱誰智誰愚，非常明顯。隨國不但不知道為自己擔心，而且又不能衡量自己的力量，竟然像隻螳螂伸著手臂去阻擋車道，馬上陷於災禍敗亡。左氏以自不量力來譏諷他們，這是適當的。他說：「隨國所以被攻伐，是自不量力所致。如果能確實評估自己的力量才去做，就很少會有過失。可見成敗是自己造成的，難道是別人決定的嗎？」依左氏的說法，楚國雖然強大橫暴，終究不敢無緣無故發兵攻打隨國，假使隨國自己知道武力不如楚國，甘心處在退守的地位，採取低姿態，那麼禍害怎麼會到來呢？雖然討伐隨國的是楚國，但招惹楚國的，卻是隨國。是自己招惹禍敗，而不是別人。是不是發兵攻伐，雖然是別人決定的，但讓自己沒有被攻伐的藉口，難道不是在於自己麼？

唉！假使眞是這麼說，那才是操之於別人不操之於自己呢！畏懼楚國而不敢先發動攻勢，固然是出於隨國的意圖，但所以能制止隨國而使他不敢發動攻勢，難道不是楚國嗎？所以他不發動攻勢，名義上是操之於自己，而實際上是操之於別人。一個有宗廟、有社稷、有人民的國家，而把生死存亡的命運寄託在別的國家，戰戰兢兢以求自保，只圖僥倖不被侵犯，那就太差勁了。那時漢水一帶的姬姓諸侯，都被楚國滅盡了，他們難道都先冒犯楚國了嗎？隨國即使衡量了自身的力量，退守自保，遵守盟約，一旦邊疆有了爭端，楚國的當政者難道還會顧及盟約嗎？因此隨國卽使衡量自身力量只求自保，並不能阻止楚國的併吞。所以隨國存亡之權，是操之在楚而不操之在隨。左氏只能說成敗在於自己的話而已，怎能了解成敗在於自己的道理呢？

天下的事情，沒有不操在自己的手中。要求善成善，在於自己。成就善的極致，就成爲堯、成爲舜、成爲禹、成爲湯那種人，也是在於自己。將成惡敗事，在於自己。成爲惡敗的極致，就成爲夏桀、成爲商紂、成爲周幽王、成爲周厲王那種人，也是在於自己。前面沒有人擋著，要成爲聖人就可以成爲聖人；後面沒有人拉著，要成爲狂徒就可以成爲狂徒。隨侯如果眞的了解這個道理，那麼連「安定天地，化育萬物」，也都操之在自己，何況是小小的楚國又有什麼好害怕的呢？而左氏最不懂一切操之在己的道理，反而以畏懼楚國是自知量力的作法，卻不知這正足以敗壞人的力量。

古人所說的量力，是在某些情況下說的，當有所培養而還不到充足的時候，當有所作爲而還沒成功的時候，當有所修繕而還不到完善的時候。於是量力而不敢輕舉妄動。我之所以還沒有作爲，並不是憂慮對方太強大，而是擔心自己還微弱；不是憂慮對方太聰明，而是擔心自己還愚蠢，所憂慮的在於自己而不在別人。當培養已經充足了，作爲已經有成了，修繕已經完備了，那麼可以有所不動，但動起來就天下無敵。所以今天的伸張難道不是由於以前受委屈所換來的嗎？假使以侷促一隅只求自保稱爲量力的話，那麼人將自安於弱小而老死於弱小，自安於愚蠢而老死於愚蠢。唉！敗壞天下人力量的，難道不是那「量力論」嗎？

【研析】一個人或一個國家，不可「不量力而妄動」，以免遭致禍害，這是天經地義的；左氏譏隨國「不量力」，主張「量力而動」，強調成敗由己不由人，都是無可厚非的。但呂氏卻推衍出左氏之意，是甘處退怯，量力自保，於是抨擊其立場消極，終究還是成敗由人，以翻出新意。凡是要抨擊表面看來四平八穩的說法，或可參考此篇作法。

文章一開始，提出「君子只憂慮自己太弱，不擔心敵人太強」為立論的依據。由於強弱是相對的，所以這「憂己不憂人」之說，原本沒有強大的說服力，但卻已為左氏「由己不由人」之說，鬆動了立論的礎石。

第二段直論本事，先說隨國不量力，然後稱許左氏的批評，再推論左氏的見解，似乎是主張退怯自保。於是抨擊左氏只憂慮敵人強大，主張委曲求全，不合「君子憂己不指憂人」的原則，違背左氏自己所提「成敗由己不由人」之說。第三段強調「成敗由己不由人」，指責左氏不懂操之在己的道理，其「量力」之說足以敗壞其力量。最後一段闡釋「量力」說，是在養之未充、為之未成、修之未備，於是有所不動的時候才說的。最後更以為左氏之說，足以令人自安於愚弱，老死於愚弱，予以抨擊。

平心而論，左氏只是就隨國當時未能掌握外在客觀形勢加以批評，並不涉及隨國如何爭強的內在問題，呂氏就一口咬定左氏主張一味退怯以自保，這是不公平的。但議論文在必要抨擊對方的時候，總是在其所未談，或談得不周延之處，加以推論，以鬆動對方四平八穩的立論基石，而寫出一篇氣勢磅礴的議論文字來。不過我們要注意的是：這種推理類似於「強調的謬誤」(fallacy of accent)，因著重點的不同，於是褒貶有異。如果過於強詞奪理，將為識者所不取。

宋襄公欲合諸侯 僖公二十年　宋為鹿上之盟 僖公二十一年　楚執宋公 同上

宋公伐鄭 僖公二十二年　楚宋戰於泓 僖公二十二年　宋襄公卒 僖公二十三年

【題　解】魯僖公二十年（西元前六四〇年），宋襄公想會合諸侯，臧文仲聽了，就說：「跟別人去完成共同的願望，是可以的；要別人去完成一己的欲望，是很少成功的。」次年春天，宋襄公與齊、楚在鹿上會盟，向楚國要求那些歸附楚國的中原諸侯奉宋公爲盟，楚人答應了，公子目夷以爲小國爭盟，是禍不是福。這年秋天，諸侯在盂地會見宋公，在會中楚人抓了宋公攻宋國，冬天在薄地會盟，釋放宋襄公。翌年夏天，宋公攻鄭國，楚人攻宋以救鄭，宋公準備迎戰於泓水，宋軍已排好陣勢，楚軍還沒完成渡河，司馬主張此時攻擊，爲宋公所不允，等楚軍渡河完成，未排成陣勢，司馬再要求攻擊，仍爲宋公所不許，等楚軍排成陣勢再交戰，宋軍敗了，宋公的腿受傷了，左右的人歸罪襄公，襄公卻說：「君子不傷害已受傷的人，不俘虜頭髮花白的人。古人作戰，不在險隘的地方阻擊，寡人雖是殷商亡國的後代，也不攻擊沒有排好陣勢的人。」子魚笑他不懂爭戰，強敵受制於地形，是上天助我，不妨加以利用；既是強敵，就是老頭也要俘虜，明恥教戰，講求殺敵。如果憐惜敵人傷兵，不如一開始就不傷他；憐惜敵人老兵，不如不戰而降。宋襄公於次年也因傷而死。

　呂氏於本篇不用奇峭之句，不採佻巧之法，指陳宋襄公迂愚不合聖王之道。

由涿鹿而至牧野，舉帝王之兵，更數十戰。由六經❶而至諸子，談帝王之兵，踰數萬言，效非不明，而說非不詳也。及宋襄公爲泓之役，而以帝王之兵自許，反至喪敗。後世指其一戰之失，盡疑數十戰之功爲不可信；指其一言之謬，盡廢數萬言之理爲不可行。果哉？說之遽也。是說既行，帝王之兵，人共視以爲迂闊遲鈍之具，儒者相與力挽而極辨之，終莫能勝。意者未知爭之之說乎！

輿薪之不見，而自謂能見秋毫者❷，愚也；責其不見者，亦愚也。撞鐘之不聞，而自謂能聞蚋飛者，愚也；責其不聞者，亦愚也。信之在前，責之在後。不見輿薪者，方自譽其目之明，人固已不信之矣，豈待其眞不見秋毫而始責之乎？不聞撞鐘者，方自譽其耳之聰，人固已不信之矣，豈待其眞不聞蚋飛而後責之乎？古之難知，秋毫也，蚋飛也；今之易知，輿薪也，撞鐘也。欲驗宋襄言古道之是非，當先觀宋襄料今事之中否。

宋襄生於宋，豈不知宋之弱？迫於楚，豈不知楚之強？乃不量宋之力，偃然自爲盟主，欲屈強楚之君於會，其愚而不能料事一矣。齊桓之伯，宋襄公耳目所接也，宋襄自觀信義與齊桓孰愈？壤地與齊桓孰愈？兵甲與齊桓孰愈？齊桓九合諸侯，終不能屈致楚子，而宋襄乃驟欲致之，其愚而不能料事二矣。盂之會，宋襄身見執於楚，幾不免虎口❸，僅能縱釋，曾未閱時，忘前日之辱，忘前日之懼，忘前日之禍，尚敢稱兵與楚爭鄭，自取傷敗，其愚而不能料事三矣。是三者皆匹夫匹婦之共曉，宋襄尚不能知，況所謂帝王之兵制，遠在千百年之外，斷編遺簡，若滅若沒，若存若亡，是豈宋襄之所能知乎？觀其料今事之疏，即可驗其談古道之謬，雖未交鋒之前，固預知其必敗也。說者乃以宋襄之敗，爲古道之累，是猶見瞶者之誤評宮角。遂欲并廢大樂，豈不過甚矣哉？或者又謂：「宋襄無帝王之德，而欲效帝王之兵，所以致敗。」亦非也。使帝王之世，人皆服其德，則固不待於用兵矣。德不能服，是以有兵。則兵者生於人之不服也。彼既不服矣，豨縱豕突❹，亦何所不至？我乃欲從容揖遜以待之，適遺之禽耳。吾恐帝王之兵，不如是之拙也。古之誓師者曰殄殲乃讎❺，曰取彼凶殘❻。凜然未嘗有毫髮貸，其所寬者，惟弗迓克奔而已。奔而歸我，是以弗擊，苟摧鋒而與之爭一旦之命，胡為而縱之哉？是縱降者，帝王之兵；縱敵者，宋襄之兵也，烏可置之一域耶？

公羊子以宋襄之戰，為文王不是過❼。嗚呼！宋襄何足以知文王？若子魚乃眞知文王者也。子魚諫宋襄之伐曹曰：「文王聞崇德亂而伐之，軍三旬而不降，退修教而復伐之。因壘而降」。其言薰然而不傷，退然而不伐。妙得文王之本心。至於泓之戰，其諫宋襄之辭，發揚激厲，奮起勁悍，驟與前日異，若與文王不相似。與變推移，不主故常，此眞學文王者也。知子魚之善學文王，則知宋襄之不善學文王矣。

【註釋】❶六經　指《詩》、《書》、《易》、《禮》、《樂》、《春秋》。古人以此為聖人經典，百世不易。❷輿薪之不見二句　大的器物都看不見而能看細微處的人。輿薪，一車木材，指大而易見之物品；秋毫，鳥在秋天新生出的羽毛，指極小不易見之物。以二者爲喻。見《孟子．梁惠王下》。❸虎口　比喻危險的境地。❹豨縱豕突　喻人橫衝直撞，流竄侵擾。豨，豕也。豕駭則唐突直撞，難以控制。❺殄殲乃讎　殲滅你們的仇敵。語出《書．泰誓下》。相傳爲周武王伐紂時誓師之言，向軍士們稱「爾」「乃」（你們）。❻取彼凶殘　征服那個凶惡殘暴的人。語出《書．泰誓中》。凶殘，本指紂王而言。❼公羊子以宋襄之戰二句　公羊高在《公羊傳》說宋襄公「不鼓不成列，臨大事而不忘大禮」，周文王也不過此。

【語　譯】從黃帝打敗蚩尤的涿鹿之戰，到周武王伐紂的牧野之戰，聖王舉兵作戰，經歷了幾十次的戰役。從六經而到諸子百家的書，談論聖王用兵，也超過幾萬字了。他們的成效並不是不明顯，言論也不是不詳明。可是到宋襄公在泓水與楚國作戰，以聖王用兵自我期許，結果反而敗亡。後代的人指出他這一戰的失敗，使人懷疑聖王幾十次戰役的成功，都以爲不可信；指出他這一次言論的謬誤，使人廢棄典籍上幾萬字所說的道理，都以爲不可行。果眞是這樣嗎？這種論斷未免太輕率了。這種論調如果通行，聖王之兵人們都將視爲不切實際又不明快有利的工具，那些讀書人共同努力且極力辯護，也難以挽回爭勝。這大概是由於不明白戰爭的理論吧！

車薪都看不見，而自稱能看見秋毫，這是愚昧的；到時候責怪他不是眞的看見秋毫，那也是愚昧的。撞鐘的聲音都聽不到，而自稱能聽飛蚊的聲音，這是愚昧的；到時候責怪他不是眞的聽見飛蚊，那也是愚昧的。因爲已相信他在前，然後責怪他在後。看不到車薪的人，當他自誇自己的眼光是如何的明亮，人們本來就已經不相信他了，怎麼要等到證實看不見秋毫再去責怪他呢？聽不到撞鐘的人，當他自誇自己的耳朵如何的聰敏，人們本來就已經不相信他了，怎麼要等到證實聽不到蚊飛再去責怪他呢？古代的事難知，就像秋毫之物和蚊飛之聲；當今之事易知，就像車薪之物和撞鐘之聲。想要證實宋襄公所說的古人之道是對或是不對，就應當觀察他意料當時的事是不是精確。

宋襄公生在宋國，怎麼會不知道宋國的微弱？他受過楚國的逼迫，怎麼會不知道楚國的強大？竟然不衡量宋國的國力，泰然自任為盟主，想在會盟時壓抑強大的楚國國君，這是他愚昧而不能料事的第一點。齊桓公的霸業，是宋襄公親眼所見親耳所聞的，宋襄公自己看看信義之行能比得上齊桓公嗎？擁有的土地比得上齊桓公嗎？準備的甲兵比得上齊桓公嗎？齊桓公能九合諸侯，卻始終不能使楚君屈從赴會，而宋襄公竟突然要楚君來會盟，這是他愚昧而不能料事的第二點。盂地的會盟，宋襄公自己被拘俘，幾乎喪生虎口，只在被釋放的情況下才能回來，沒經多久，就忘了日前所受的屈辱，忘了日前所蒙的禍害，還敢舉兵與楚國爭奪鄭國，自取毀傷戰敗的後果，這是他愚昧而不能料事的第三點。這三點都是一般人所知道的，宋襄公竟然不知道，更何況聖王用兵的法度，都遠在千百年以前，有關的記載又殘缺不全，早已若有似無，這那裏是宋襄公所能知道的呢？觀察他謀畫當前事務的疏漏，就可以推知他談論古道的錯誤，所以雖在他還沒跟人交戰之前，就可以預知他一定失敗。有些人說宋襄公的失敗，是受到古人之道的連累，這就好像看見聾子談錯音律，於是想廢棄大樂令，豈不是太荒唐了嗎？

或許又有人說：「宋襄公沒有聖王的盛德，而想學習聖王用兵，所以才招致失敗。」這說法也不對。假使在聖王的時代，人們都順服聖王的盛德，那就根本不必用兵了。盛德不能使所有的人順服，所以才用兵。所以用兵是在於不能順服所有人時才發生的。他們既然不肯順服，就唐突侵擾，什麼事做不出來？我們如果還想用從容禮讓的方式相對待，那就正讓他們生擒而已。我想聖王用兵，不至於如此拙劣。古人誓師出征的時候，說要滅絕你們的仇敵，說要殺那凶惡殘暴的人。都是態度嚴肅不曾有絲毫的寬容，只是不迎擊來奔的人而已。既然投奔而歸服，所以不加以襲擊，如果交戰而爭取旦夕的生命，爲什麼要縱容他們呢？所以寬縱降服的人，這是聖王的用兵；寬縱交戰的敵人，這是宋襄公的用兵，怎麼可以相提並論呢？

公羊高以爲宋襄公泓水之戰，連周文王都無以過之。唉！宋襄公怎麼能夠了解周文王呢？像子魚那個人才是眞正了解文王的人。子魚在宋襄公攻打曹國的時候說：「文王聽說崇侯亂德而加以討伐，但用兵三十天，崇國並沒有降服，於是退而修明教化，而再出兵。崇國在對壘時就投降了。」他的話溫和而不傷人，謙退而不誇耀，實在最能領會周文王的本心。至於泓水之戰，他諫宋襄公所說的話，就慷慨激昂，強悍猛烈，突然和前些日子不同，與文王並不相似。這是因情況不同，也就隨時應變，這才是眞正學到周文王的精髓。了解子魚善於學習周文王，也就知道宋襄公不善於學習周文王了。

【研 析】 宋襄公泓水之戰，《公羊傳》稱許他臨大事而不忘大禮，以爲文王之戰也無以爲過。可是《左傳》卻引述子魚之言，對宋襄公大力抨擊。呂氏論此，完全站在《左傳》的立場，抨擊襄公不知聖人用兵之道。

第一段是表明立場，強調宋襄之敗使某些人以爲聖人之道行不通，這是不對的。爲說明其不對，自然是要說明宋襄之所爲，不合聖王之道，最釜底抽薪的辦法是證明他不足以知聖王之道。於是用第二、第三兩段，說明宋襄公不足以知當前之事，何足以知聖王之道。第二段說明眼前之事爲輿薪，古代之事爲秋毫。不見輿薪，何以見秋毫？以此爲立論的基礎，所以費了不少筆墨。第三段才分三點說明宋襄昧於匹夫匹婦所共知的當前情勢，以此推論他不足知古聖。第四段批評宋襄公的縱敵作法，根本不是聖王之道，第五段更進一步，說明宋襄與文王不能相提並論，並回應宋襄不足以知文王作結，而以稱贊子魚在最後一段，提出公羊高之說而沒有正面批駁，卻贊許子魚善學文王，否定宋襄學得文王，使公羊之說不辯而屈，是很高妙的筆法。

魯饑而不害

僖公二十一年

【題解】魯僖公二十一年（西元前六三九年）夏天，因魯地久不下雨，僖公想燒死求雨無效的巫尪，也有人說是祈雨的女巫，和仰面朝天的骨骼變形人（因爲俗說上天哀憐這種人，怕下雨的雨水會流入鼻孔，所以才會乾旱）。臧文仲說：「這不是防備旱災的辦法，修理城牆（一方面防他國藉機入侵，一方面提供得到食物的工作機會，一如當今經濟低迷，加強公共投資之類），省吃儉用，努力農事，勸人施捨，這才是該做的。巫尪能做什麼？上天要殺他們，就不如不生下他們，如果因他們而旱災，燒死他們，旱災會更嚴重。」僖公依臧文仲的對策，使當年雖然農作物歉收，百姓沒有太大的傷害。

呂氏原本是傾向無神論的人，對《左傳》臧文仲之說理當十分贊許，但他卻推演左氏之意是天人不相干，而以宋儒天理之說，強調人言之發、人事之修，皆發自天理。

天者，人之所不能外也。信者固信，不信者亦信；從者固從，不從者亦從。使不信者果能不信，是可外也，可外非天也；使不從者果能不從，是可外也，可外非天也。

嗚呼！世之論天者，何其小耶？日月星辰之運則付之天，災祥妖孽之變則付之天，豐歉疫癘之數則付之天，若是者皆非人之所能爲。吾知崇吾德，修吾政而已。彼蒼蒼者，吾烏知其意之所在哉？以湯之時而旱❶，天與湯未嘗相參也，當是時，天亂而湯治；以秦之暴而稔❷，天與秦未嘗相參也，當是時，天治而秦亂。天自旱之，湯自養之，天自稔之，秦自暴之，天與人曷嘗相預耶？自世俗之說行，天人始離而不合矣。

魯僖公遇旱而欲焚尪，其陋已甚，賴從臧文仲之諫，亟修旱備，是歲饑而不害。詳攷左氏之所載，殆未免世俗之見也。左氏之意，以謂旱在天，備在人，泉枯石燥，土焦金流，人固無如天何。修城節費，務穡勸分，天亦無如人何。饑者，天之所為也；而不害者，人之所為也。果如是說，則所見者，不過覆物之天而已矣。抑不知天大無外，人或順或違，或向或背，或取或捨，徒為紛紛，實未嘗有出天之外者也。順中有天，違中有天，向中有天，背中有天，取中有天，捨中有天，果何適而非天耶？

左氏意以修旱備為無預於天，抑不知臧文仲之諫自何而發？魯僖公之悔自何而生？旱備之修自何而出？人言之發，即天理之發也；人心之悔，即天意之悔也；人事之修，即天道之修也。無動非天，而反謂無預於天，可不為大哀耶？

善觀天者，觀其精；不善觀天者，觀其形。成王之方疑周公❸，其天固嘗蔽也，及天大雷電以風，成王肅然祇懼，與召公太公❹共啟金縢之書❺，執書以泣，始信周公之勤勞，是成王胸中之天，已回於執書以泣之時矣，豈必待天雨反風❻，禾則盡起，然後知天意之回耶？待天雨反風而知天意者，周人之知天也，非召公太公之知天也。

【註釋】❶湯之時而旱　據《說苑》記載，湯之時大旱七年，後來派人持三足鼎以禱山川，天乃大雨。❷秦之暴而稔　據《風俗通》記載，秦昭王派陳永為蜀郡太守，開成都兩江，溉田萬頃，從此沒有水旱災。❸成王之方疑周公　周武王死，成王年幼即位，由周公攝政，管、蔡二叔傳布流言，謂周公欲篡位，成王乃疑心周公，周公因而至東都雒邑，後來成王悔悟，召周公而平管蔡之亂。❹召公太公　召公名奭，文王庶子，封於北燕，成王時為三公之一。太公即姜太公，封於齊。❺金縢之書　指《書·金縢》。束紮藏於匱，緘之以金，不欲人開啟。蓋周武王患病，周公禱於三王（大王、王季、文王），請以自己代武王受病，史官將其祝册，存於金縢匱中。後來管、蔡流言，周公避於東都，天災頻仍，雷風交作，大木拔起，國人大恐，成王啟匱得書，乃知周公之忠貞。❻天雨反風　依《經義述聞》之說，《書·金縢》「天乃雨」為「天乃霽」之誤。反風，是風從反方向吹回來，即刮回頭風。

【語譯】天是人類所無法排除和脫離的。信天的人固然相信不疑，不信的人也將不得不信；聽從天的人固然聽從不悖，不聽從的人也將不由得不聽從。如果使不信的人眞能不信，那就是可以排除或脫離了，可以排除或脫離的，就不是天了；如果使不從的人眞能不從，那就是可以排除或脫離了，可以排除或脫離的，就不是天了。

唉！世俗談論天的，怎麼把天說得那麼狹隘呢？把日月星辰的運轉歸之於天，把災異妖孽的發生歸之於天，把收成和瘟疫的命運歸之於天，像這一些都不是人力所能辦到的。我只能崇尚自己的品德，修明自己的政治罷了。那浩浩蒼天，我怎麼知道它意圖之所在呢？在商湯的時代有旱災，天變和商湯是沒有牽連的，當那個時候，天道亂而商湯的政治修明；像秦國暴虐的時候卻是豐收，當那個時候，天道順而秦國殘暴。天降乾旱，湯自求多福以養民，天賜豐年，秦兀自暴虐以殘民，天和人又何嘗相關連呢？自從這世俗之說通行，天和人就相脫離而不相牽合了。

魯僖公遇到乾旱而想燒死巫尪，是太鄙陋了，幸虧聽從了臧文仲的諫言，努力於旱災的防備措施，所以那年雖然歉收而百姓沒受到禍害。詳細考察左氏所記載的，大體還是不能免於世俗的陋見。左氏的想法，以為乾旱在天，防備在人，泉水枯乾、岩石乾裂、土地焦枯、金屬熔化，人對天固然莫可奈何。但修築城堡、節省費用、努力農事、勸人施捨，上天對人也莫可奈何。饑荒的發生，是天所造成的；而不受到災害，是人力所能做到的。如果照這麼說，那麼他們所見到的，不過是覆蓋大地的有形之天而已。卻不知天大無邊，無所不包，人們順應著天或違逆了天，或向著天或背著天，或取法於天或捨棄天只是庸人自擾，其實都沒有脫離天外。順應中有天，違逆時也有天，向著時有天，背著時也有天，取法時有天，捨離時也有天，何時何地會沒有天呢？

左氏以為防備旱災與天無關，卻不知臧文仲的諫言是如何發出？魯僖公的悔悟是如何產生？防備旱災的措施是如何出現？人言之所以發出，是來自天理的發現；人心之所以悔悟，是來自天意的領悟；人事之所以修備，是來自天道的修養。所有一舉一動，無非都來自於天，卻反以為一切與天無關，怎麼不令人嘆息呢？

善於觀察天的人才能觀察到天的精微；不善於觀察天的人只能觀察到天的外形。以前周成王正當懷疑周公的時候，他心中的天已經被蒙蔽了，等到天空雷電交作，大風吹起，成王才嚴肅虔敬恐懼，與召公、太公一起打開金縢封存的檔案，捧讀它而哭泣，這才深信周公公忠體國的辛勞，成王心中之天，在他捧讀〈金縢〉書而淚下就已掃盡陰霾了，哪裏要等到下雨又刮起回頭風，仆倒的稻禾被吹回挺立之後才知道天意呢？等到下雨刮回頭風才知道天意的，這是周民的知天，不是召公、太公的知天。

【研　析】魯僖公因乾旱而要焚巫尪，臧文仲進諫言，以爲該盡人事而防害。這是無可厚非的。但呂氏卻從臧氏之言，推敲左氏之意，是天歸天、人歸人，並不相干。於是另出新意強調人言之發、人心之悟、人事之修，都本乎於天，以評左氏論天過於狹隘。

第一段提出「天大無外」爲全文立論的基礎。第二段評世俗論天過於狹隘，將天人離而不合。第三段推敲左氏所載的臧文仲之言，所說的天是形而下的天，並批評這是世俗陋見。第四段指出人言之發、人心之悟、人事之修，全本乎天。最後一段則以周成王疑周公，因〈金縢〉而復信，說成王的胸中之天，並以聖賢知天能知形而上之天，眾人知天只知形而下之天，說明形而上和形而下的差異。

基本上，這是批評前人所見過於鄙陋的文字。首先提出立論的重心，再批評世俗陋見，而後提出新見解，這正是一般論辯的通則。指陳世俗之見，拘於形而下，不及形而上的層次，這種論點是具有說服力的。本篇引用史事，竟然用在結論上，以說明認知的層次，這是非常奇譎的作法，很值得我們細心揣摹。但直指臧文仲之言即左氏之意，又不免將左氏之意演繹過度，這都是值得商榷的。

成風請封須句　僖公二十一年

【題　解】任國、宿國、須句、顓臾，四個都是風姓的小城邦，主持太皞和濟水之神的祭祀而服從中原各國，魯僖公二十一年（西元前六三九年），邾人滅須句，須句子逃到魯國，這是因須句是魯僖公母親成風的娘家。成風對僖公說：「尊崇明祀，保護弱小，這是周禮；蠻夷擾亂中原，這是周禍，如果封須句，這是尊崇太皡和濟水之神而修明祭祀、緩和禍患。」

呂氏以成風所謂「周禍」，判斷周澤未衰，並見其不止遺於一人，以強調聖賢之教化影響深遠。

先王之澤，入人之深，雖至於世降道散，猶相與誦說歌詠而不衰。出於學士大夫之談者，教之餘也；出於故家遺老之傳者，俗之餘也；出於田夫野父之口者，治之餘也。習其教，漸其俗，思其治，向望懷想，而不能自已，亦其勢之當然。乃若所謂婦人女子者，足不踰於牆，屏視不下於堂階，組織是供，脯脩是職，其視先王之道果何物耶？

蓋嘗觀《詩》之變風❶，往往多出於婦人女子之手，〈綠衣〉❷莊姜之詩也，〈泉水〉❸衞女之詩也，〈柏舟〉❹共姜之詩也，〈載馳〉❺許穆夫人之詩也，其辭忠厚雅馴，憂而不傷，勁而不怒。藹然文武周公之遺澤在焉，是孰開之而孰誘之耶？吾是以知文武周公之化，固有默行乎禮教風俗政治之外者矣，不然，則婦人女子豈告語之所可及，防範之所可率哉？成周❻之澤，至於使婦人女子不能忘，則文武周公之用功深矣，遠矣，是豈一朝一夕之故哉？

成風請救須句，特以親昵而發，蓋人情之常，不足深道，然其言曰：「崇明祀，保小寡，周禮也；蠻夷猾夏，周禍也。」成風以一女子，而造次發言，不捨周室，非文武周公之遺化潛中其心，陰致其意，詎能至是乎？遠矣！周澤之長也！

吾嘗紬繹成風周禮之說，如仲孫湫⑦，如韓宣子⑧輩，其知之者代不乏人；至周禍之說，則春秋二百四十二年之間，諸侯皆不能知。知之者成風一人而已。平王之東，降於列國，國異政，家殊俗，各私其私，各戚其戚，燕不謀楚之難，齊不預秦之憂。曰「天禍晉國」者⑨，晉人自言晉禍也，未聞在晉而言周禍者也；曰「是衞之禍」者⑩，衞人自言衞禍也，未聞在衞而言周禍者也。成風請救須句，自常情言之，必以邾既滅須句，勢將逼魯，實魯之禍，庶幾可動僖公之聽。今乃置魯而專言周禍，周自有禍，何預於魯耶？成風之意則有在矣。

通天下皆周也，魯非魯之魯，乃周之魯也；須句非須句之須句，乃周之須句也。邾爲不道，翦滅周之須句，則爲周之魯者，安得不被髮纓冠⑪而亟救之耶？諸侯視王室如家，而國則其身也。以家禍爲不切於身者，是謂大不孝；以國禍爲不切於身者，是謂大不忠。成風之言，孰謂其緩而不切哉？

嗚呼！文武周公既沒數百年，而一女子之所見，猶非周時諸侯之所能及，吾是以知周之所以盛。晉楚齊秦以降數十國，合諸侯之所見，反出於一女子之下，吾是以知周之所以衰，君子未嘗不嘆息於斯焉！

【註釋】❶變風　前人指《詩經》從〈邶風〉到〈豳風〉一百三十五篇爲變風，以別於〈周南〉〈召南〉二十五篇之正風。詩有變風、變雅，其詩出於王道衰微，政出諸侯，不由天子之命，於是政惡爲民所怨，政喜則爲民所喜，各依其國而有美刺，即爲變風。❷綠衣　《詩．邶風》篇名，前人以爲衛莊公不能正嫡庶之分，莊姜感傷而作此詩。綠是間色，黃才是正色，以間色爲衣，正色爲裏爲裳，以喻妾上僭而夫人失位。❸泉水　《詩．邶風》篇名。前人謂衛女嫁於諸侯，父母已終，不得歸寧而作此詩以抒懷。❹柏舟　《詩．鄘風》篇名，前人謂衛世子共伯早死，父母要其妻共姜再嫁，共姜作此詩以絕之。後人或以爲母氏欲女嫁一人，其女不肯而作。〈邶風〉另有〈柏舟〉之詩，非本文所指之篇章。❺載馳　《詩．鄘風》篇名，此爲衛懿公亡國，許穆公夫人（爲衛公主）自傷不能救衛之詩。❻成周　古地名，即西周的東都雒邑，周公所營，故城在今河南省洛陽市東郊白馬寺之東。❼仲孫湫　春秋齊大夫，魯國有慶父弒子般之難，仲孫湫來魯，回報齊桓公時，說魯國不棄周禮，不可滅。見《左傳》閔公元年，本書卷八〈齊仲孫湫觀政〉已言之。❽韓宣子　晉六卿之一，名起，奉晉侯命來魯，見《魯春秋》，以爲周禮盡在魯。見《左傳》昭公二年。❾曰天禍晉國者　指晉國呂相，在與秦絕交時說：「天禍晉國，文公如齊，惠公如秦。」見《左傳》成公十三年。❿曰是衛之禍者　指衛大夫。衛靈公與晉大夫涉佗、成何立盟而受辱，衞侯要大夫另立新君，大夫說：「是衞之禍」。見《左傳》定公八年，本書卷十一〈邢人狄人伐衞〉題解已有所引述。⓫被髮纓冠 來不及束髮，只結上冠纓，形容救急之迫切。語見《孟子．離婁下》。

【語 譯】先王的德澤深入人心，影響深遠，雖然經歷了世代的更替和道統的隤散，但仍然被相互傳誦歌詠而不衰竭。出於學士、大夫言論的，是禮教的存續；出於舊臣野老所傳述的，是風俗的流傳；出於農夫野父口中的，是政治的遺澤。承襲禮教、感化風俗，思念德政，思慕懷念不能自己，這也是情勢之所當然。至於婦人女子，都是足迹不出門牆或屏風之外，目光不到殿堂或臺階之下，編絲織布是她們所擔任的，製作食物是她們的職務，她們看先王之道究竟是什麼呢？

我們不妨看看《詩經》的變風，常有一些詩是出於婦人女子之手，如〈綠衣〉是莊姜的詩，〈泉水〉是衞國女子的詩，〈柏舟〉是共姜的詩，〈載馳〉是許穆公夫人的詩，這些詩的文辭，都顯得忠厚而典雅，有憂思而不流於哀傷，剛強而不流於暴怒。有充沛的文、武、周公遺澤存在其中，是誰在開導她們？是誰在誘導她們的呢？我們因此可以知道文、武、周公的教化，本來就默默傳布於禮教、風俗、政治之外了，要不然婦人女子哪裏是言語之辭所可告誡，防範之禮所可引導的呢？成周的德澤，連婦人女子都不會忘懷，可見文、武、周公教化功力是多麼深是多麼遠，這豈是一朝一夕所能造成的呢？

成風請求魯僖公救助須句，是由於親屬之情而發，這是人之常情，不足以深入探討，但她說：「尊崇明祀，保護弱小，這是周禮；蠻夷侵擾華夏，這是周禍。」成風只是女子，在倉促間說話都沒有忘記周王室，如果不是文、武、周公所遺留的教化深入其心，暗地裏轉化為其思想意識，又怎能到這種境地呢？眞是深遠啊！周的德澤眞是長遠啊！

我們仔細分析成風有關周禮之說，像齊國的仲孫湫，像晉國的韓宣子他們，能知道的在各世代都有不少人；至於周禍之說，在春秋兩百四十二年之間，諸侯都不能知道。知道的只有成風一人而已。周平王東遷，王室衰微如同列國，各國政制不同，各家邑風俗不同，各人偏愛其所私有的，各人親近其親人，燕國不管楚國的災難，齊國不理秦國的憂患。說「天降禍給晉國」的，是晉國人自己說晉國的禍害，沒聽說在晉國而談周禍的；說「這是衛國的災禍」的，是衛國人自己說衛國的災禍，沒聽說在衛國而談周禍的。成風請魯僖公救須句，從常情來說，必定以邾國已經滅了須句，勢必進逼魯國，所以是魯國的禍害，以此來說服僖公。如今竟然不談魯國而專講周禍，周固然有禍，跟魯國又有什麼關係？成風的話是另有深意的。

全天下是周的天下，魯國不是只有魯國人的魯國，更是周朝的魯國；須句不是只有須句人的須句，更是周王室的須句。邾國不守列國之道，滅除周王室的須句，那麼做為周王室名下的魯國，怎麼能夠不急切地去救助呢？諸侯視王室如自己的家，列國就像自己的身體。以為家庭的禍害不切身的人，是為大不孝；以為國家的災禍不切身的人，是為大不忠。成風的話誰能說它迂緩而不切身呢？

唉！文、武、周公死後數百年，一個女子所見，非周時的諸侯所能比得上，我們由此可以知道周為什麼盛大。晉、楚、齊、秦以下數十國，合諸侯之所見，反而在一個女子之下，我們由此可以知道周為什麼衰微，君子沒有不為此嘆息的呀！

【研析】 國君的母親，為自己的娘家求援，原本沒有什麼可討論的，呂氏卻引發出一大篇議論來，而且牽扯「周之所以盛」「周之所以衰」這大結論來，實在不能不令人佩服他的發論之術。

呂氏由成風所謂「周禍」一詞，認定周澤之未衰，以學士、大夫、故家遺老、田夫野父，映出一女子，然後引出四個女子，以見周澤不只遺於一人。第三段引入本題，引述成風之言，以兩個「周」字發論。第四段輕輕將「周禮」帶過，專論「周禍」，以爲春秋兩百四十二年不能言及此，以推崇成風。第五段是揣摩成風之意，並強調其識大體而切其要。第六段引申以見周之所以盛、所以衰。

其實成風論「周禍」，未必是器識特大所致，有可能是故意牽扯而堂皇其詞。再說春秋兩百多年沒有人著眼於「周」，也是不公平的說法。管仲請齊桓公救邢，即強調了華夷之辨；城濮戰前，欒枝也向晉文公說：「漢陽諸姬，楚實盡之。」都已就「周」而論禍福，呂氏尚奇，乃不免有走偏鋒之嫌。

秦晉遷陸渾之戎　僖公二十二年

【題解】在周平王向東遷都洛陽的時候，辛有到伊川，見到披著頭髮在野外祭祀的人，便說：「不必等到一百年，這裏便要成爲戎人所住的地方了！因爲此地的禮儀已先消亡了。」魯僖公二十二年（西元前六三八年）秋天，秦國和晉國把陸渾之戎遷到伊川。

呂氏以物類相召之理，說明陸渾之戎遷伊川，是伊川人自招的，並以天下之可畏，在於心已爲夷狄。本篇鄙夷狄而嚴華夷之辨，自爲入主之滿清所忌諱，所以《四庫全書》本刪除此篇，亦爲朱字綠及張明德等刪節本之所無。

物之相召者，捷於風雨。地夷而人華者，公劉之治豳❶也，以華召華，不旋踵❷而有文武之興王。地華而人夷者，晉帝之納款❸也，以夷召夷，不旋踵而有耶律之俘虜。是知居夷而華者，必變夷為華；居華而夷者，必變華為夷。物物相召者，未嘗不以其類也。

中天下而畫壤者，是為伊洛，萬國莫先焉。天地之所合❹也，四時之所交也，風雨之所會也，陰陽之所和也。自伊洛而俯眎夷狄，猶鈞天帝居與世溷然，相去不知其幾千百等。政使風俗隳壞，何至遽淪於夷狄乎？辛有一見被髮之祭，預期為戎於百年之前，而秦晉之遷陸渾，果不出其所料者，抑有由矣。

曠百世而相合者，心也；跨百里而相通者，氣也。伊洛之民，雖居中華聲明❺文物之地，然被髮野祭，意之所向，已在於大荒絕漠之外矣。故以心感心，以氣動氣，安得不為陸渾之遷哉？既為沮澤，潦水自歸；既為羶肉，螻蟻自集；既為夷俗，戎狄自至。辛有所以能預期於百年之前者，非有他術也。閒田隙地，散在九州者尚多也，秦晉必徙於此，而不之他焉；陸渾亦必居於此，而不之他焉，是豈嘗擇而處之哉？風聲氣習，自相感召，以默而驅之，潛而趨之，蓋有不能自已者矣！是故秦晉非能徙，不得不徙；陸渾非能居，不得不居。罪在此而不在彼也。使在我無召戎之具，彼胡為乎來哉？嗚呼！辛有可謂知幾矣！

然其言曰：「不及百年，此其戎乎？」吾以為猶未盡也。善惡無定位，華夷無定名，一渝禮義，旋踵戎狄，彼被髮野祭之際，固已為戎矣，豈待百年而始為戎乎？陸渾未遷之前，戎狄其心者也，陸渾既遷之後，戎狄其形者也。人徒以秦晉之遷陸渾，為亂華之始，不知伊洛之為戎久矣，豈待氈毳其服，穹廬其居，侏離❻其語，然後謂之戎哉？十九年掘鼠牧羊於北海之濱，而未嘗少改蘇武之漢也；承乾身未離唐宮，而已純乎突厥矣❼。天下之可畏者，莫大於吾心之夷狄，而要荒之夷狄次之！

【註釋】❶公劉之治豳　公劉為古代周部族的祖先，相傳為后稷的曾孫，有《詩·大雅·公劉》述其事。據說公劉居於邰，遭夏人亂而遷於豳，周室之興自此始。❷旋踵　轉足之間，形容迅速。❸晉帝之納款　晉帝是指五代後晉高祖石敬瑭，因唐廢宗下詔奪其官爵，又派張敬達討伐，乃求援於契丹，打敗張敬達，見耶律德光，約為父子，即帝位而為兒皇帝。石敬瑭死，其子立，契丹伐之，而命為負義侯，遷黃龍府而亡。見《五代史·晉本紀》。❹天地之所合　以下四句所指建王國都城之所在，語出《周禮·大司徒》。謂以土圭日影測量土地，以求不偏於東西南北的中央地方，偏南則炎熱，偏北則寒冷，偏東則多風，偏西則多陰，於夏至那天中午日影一尺五寸的地方為地中，此地天地之氣相合，風調雨順、陰陽和諧，所以土質肥美、物產豐富，可建王國。❺聲明　聲音和光采，指音樂和禮儀。見《左傳》桓公二年：「文物以紀之，聲明以發之。」❻侏離　本指西夷之樂，亦用以形容異地語音難辨。❼承乾身未離唐宮二句　承乾本為唐太宗太子，後因謀反廢為庶人，死於貞觀十九年。為太子時，好突厥語及其衣服、習性，並揚言有天下之後，將數萬騎到金城，然後解髮。左右私相語，以為妖。詳見《新唐書・太宗諸子・常山王承乾傳》。突厥爲種族名，爲匈奴別種，隋唐時勢力漸強，首領稱可汗，後爲回紇所滅，餘眾西奔，滅東羅馬帝國，建突厥帝國（即今土耳其）。

【語譯】萬物相應而來，比風雨相應還要迅速。夷狄的土地而住中國人的，是公劉到豳地，以中國人號召了其他中國人，不多久而有文王、武王興起王者之業。中國的土地而住夷狄的，是後晉皇帝的賄賂求援，以夷狄召來夷狄，不多久而有耶律德光來俘虜他。由此可知，住在夷狄而能歸向中國的，一定能同化夷狄而成中國；住在中國而歸向夷狄的，一定變中國而成夷狄。大凡各種物類相召致，沒有不是因爲同類的關係。

處在天下的中心點而將天下畫分區域的，就是伊川、洛水一帶了，天下萬國沒有比它更接近核心的。它是天地之氣合應的地方，是四季均衡交替的中心，是風雨潤澤的地區，是陰陽調和的地帶。從伊川、洛水地帶而俯視夷狄，就好像在天中央天帝所居之處，望排泄污穢的溝厠是一樣的，相差不知道有幾千幾百等級。政治使風俗敗壞，也怎麼會一下子就淪落成爲夷狄呢？辛有一看見人們披髮野祭，就可在百年之前預計將淪爲夷狄，後來秦晉兩國果然把陸渾之戎遷來，完全不出辛有所預料的，這該是有原因的。

相隔百代而能相合的是心，相距百里而能相通的是氣。伊川、洛水流域的人民，雖然居住在中華禮樂昌明文物鼎盛的地區，但披散頭髮野祭，心意已傾向於荒遠的大漠之外了。所以用心來感應心，用氣來引動氣，怎麼會不讓陸渾之戎遷來了呢？既然是低窪的沼澤，到處流溢的水自然會匯集而來；既然是腥臊的羊肉，蛄螻螞蟻自然會聚集而來；既然行蠻夷的習俗，戎狄蠻夷自然會遷徙自來。辛有之所以能在一百年以前就預料得到，並不是有什麼奇妙的本領。荒廢的田地，分布在九州各地的還多得很，秦國和晉國一定要把他們遷到這裏，而不到別的地方去；陸渾之戎也一定要到這裏而不到別的地方去，這難道是經過挑選才安置的嗎？風聲相通，氣習相似，自相感應召致，潛移默化，驅策促使，使他們都難以抗拒的啊！所以這不是秦、晉之力使他們遷徙的，而是不能使他們不遷來；這也不是因陸渾之戎能住到這裏，而是不能讓他們不住這裏。罪在伊、洛而不在秦、晉和陸渾之戎。假使自己沒有招引戎狄的條件，他們怎麼會來呢？唉！辛有可說是見微知著的人啊！

不過他說：「不必等到一百年，這裏便要成爲戎人所住的地方了吧？」我認爲他還沒說得淋漓盡致。因爲善和惡沒有長遠和絕對的分際，華夏和戎狄也沒有長遠和絕對的稱呼，一旦改變了禮義的分寸，隨卽成爲戎狄，當他們披髮野祭的時候，就已經是戎狄了，哪裏要等一百年之後才成爲戎狄呢？陸渾之戎還沒遷來以前，他們的心已經是戎狄了，只是陸渾之戎遷來之後，他們的外形才成爲戎狄。世人只以秦、晉遷來陸渾之戎，是戎狄亂華之始，卻不知伊川、洛水一帶成爲戎狄已經很久了，哪裏要等到穿著獸皮、住著氈帳，說著嘰哩咕嚕的蠻語，然後才稱爲戎狄呢？在北海邊掘鼠充飢牧羊渡過了十九年，蘇武之爲漢人並沒有絲毫的改變，而唐太宗的承乾太子，雖然沒有離開過唐朝的宮廷，但已經純粹是一個突厥人了。天下最可怕的，莫過於傾向於夷狄的心，至於蠻荒的夷狄都還在其次呢！

【研　析】辛有一語成讖，呂氏本「物召其類」的道理，說明陸渾之戎是伊、洛自招的，更用文化的觀點而不採血緣的觀點，以爲伊川人棄禮而披髮野祭之時，已爲夷狄之人了。卽採韓愈〈原道〉所謂：「孔子之作《春秋》也，諸侯用夷禮則夷之，進於中國則中國之。」的《春秋》大義，使文章產生無比的新意。

第一段提出「物召其類」爲立論的基礎，並以公劉治豳，與後晉亡於契丹，正反兩面爲例證。第二段以伊、洛形勢不應遷戎，辛有卻於百年以前見之，強調必有其因。第三段以心相合、氣相通，說明物召其類，論定伊、洛之人自招戎狄。第四段更進一層，本乎「夷狄進於中國則中國之，中國與於夷狄則夷狄之」的道理，指出辛有之說未盡，也批駁「秦、晉遷陸渾爲亂華之始」的說法，而以心向夷狄爲天下最可畏之事，爲全文警策並作結。

本文除立論翻空出奇之外，結構也十分謹密，文章起首以公劉和石敬瑭爲正反例證，結束則以蘇武和承乾爲正反例證，完全對映。結束一段，頓開異境而造語奇警，有極強大的震撼力。

子圉逃歸 僖公二十二年

【題　解】魯僖公十七年（西元前六四三年），晉惠公將太子圉送到秦國作人質，秦穆公將懷嬴嫁給圉。但五年之後，因晉惠公病了，圉怕不能嗣位而要懷嬴跟他一起逃歸。懷嬴說：「你是晉國太子而屈居在秦國，想逃回去是理所當然，但國君要我侍候你，要安頓你，跟你回去就背棄了君命，所以不敢跟你走，不過我也不會洩露你的計畫。」於是太子圉就棄妻而逃回晉國。惠公死，子圉即位，是爲晉懷公，但此時秦穆公助重耳回國，殺懷公而即位，是爲晉文公。文公在秦時，秦穆公以五女嫁之，懷嬴即在其中。

呂氏以爲懷嬴不能致其誠，僥倖苟免，以致失名節而受辱。連最贊賞《東萊左氏博議》的朱字綠和張明德都以爲懷嬴所言不差，後來更有人批評圉將逃歸而謀及婦人最爲不智。可見一個人的一言一行，從不同的立場、不同的角度，就會得到不同的結論。

謀於塗者，不若謀於鄰；謀於鄰者，不若謀於家。非遠則愚而近則智也，愛淺者其慮略，愛深者其慮詳。理也，亦勢也。四海九州之人，卒然相遇，倏然相遭，猶斷梗枯槎，偶相值於大澤之陂，恩何從而生？愛何從而發哉？問焉而不對者有矣，間有對者，謾對也，非眞對也。叩焉而不應者有矣，間有應者，謾應也，非眞應也。操兩可之論，近足以免我之累，遠足以逃彼之責，則自以爲得計矣。其爲人謀而忠者，蓋千萬而一遇耳。乃若家人婦子則不然，同分義，均休戚，其反覆謀議於家庭者，非相爲賜也。如手足之赴頭目，不知其然而然也。內無所隱，故其情眞；外無所飾，故其語眞。以眞遇眞，懇款惻怛，往往得利害之眞焉。彼家人婦子之智，非果踰於他人也，智者之略，固不如愚者之詳也。故家人婦子之謀，智慮有所不及，聰明有所不逮，則付之無可奈何而已矣，豈肯僥倖苟免而懷不盡，如塗人之爲耶？

異哉！嬴氏之於子圉，何其親則同室，而情則塗人也？當子圉逃秦而歸，嬴氏曾不爲之反覆計議，遽告之宜歸，以順其意，又不與之俱，以脫其身，又自詭不泄，以解其疑。意之所主，特欲自爲僥倖苟免之計，而子圉之利害未嘗過而問焉。苟免固賤行也，然世人之苟免者，猶曰：「姑以免吾身焉！」父子一體也，夫婦一體也，害於彼則傷於此矣，此嬴氏所以始欲苟免，而終不免於二嬖之辱❶也。

昔之烈女，不幸而處不可兩全之地，固有殺身以致吾義者矣。況子圉之事，未至於不可兩全耶。使嬴氏當子圉之謀歸，易辭以對曰：「子淹卹於秦者非他，所以合秦晉之交也，今不忍數年之不燕，而蔑棄敝邑，若二國何？寡君有社稷之事，不得以身服役，而使賤妾得侍巾櫛。子介然有他志，是寡君不得事子也，妾將復於寡君。」嬴氏苟能為此言，則子圉憚嬴氏之告，必不敢興逃遁之謀，嬴氏席秦伯之勢，必不至為子圉之害，秦伯顧嬴氏之愛，必不入重耳之策，父子夫婦之間，顧不兩全乎？嗚呼！嬴氏果出於此，則可以成父之志，可以解夫之禍，可以盡婦之道，可以全己之節，可以續惠公廢絕之祀❷，可以解秦伯戎狄之議❸。一舉而數利附，使嬴氏少致思焉，則何憚不出於此也？

思之苟，生於情之疏；情之疏，生於義之薄。土薄則無豐殖，雲薄則無甘霖，鐘薄則無震聲，味薄則無珍膳。未有薄其誠於先，而厚其謀於後者也。然則嬴氏之不能謀，豈在於子圉逃秦之時哉？

【註釋】❶二嬖之辱　指懷嬴受二君寵幸。二君指晉懷公和晉文公。懷嬴本為子圉之妻，子圉逃歸而即位，為晉懷公。秦穆公大怒，召逃亡在外的重耳，嫁以五女，以文嬴為夫人，而懷嬴置其下。重耳為子圉之伯父，即位後為文公。後來懷嬴生公子樂，為質於陳。晉襄公死後，賈季欲立之，但趙盾說辰嬴賤，且「二嬖，淫也。」見《左傳》文公六年。❷續惠公廢絕之祀　子圉為惠公子嗣，但為晉文公所殺，惠公自此絕後，文公為惠公之兄，自此晉侯所傳為文公之血脈。❸秦伯戎狄之議　秦穆公立晉文公而晉強，奠定霸業，秦穆公勢力乃不能向東伸展，尤其在晉文公死時，敗秦軍於殽，秦穆公僅霸西戎，未能為中國盟主，而中國以戎狄視秦。

【語譯】和陌生的路人商量事情，不如找鄰人商量；和鄰人商量事情，不如和家人商量。並不是跟我們比較陌生疏遠的人就比較笨，比較親近的人就比較明智，只是交情淺的人為你考慮事情會比較粗疏，交情深的人為你考慮事情會比較周詳。這是理所當然，也是勢所難免。四方九州遠地的人突然相遇，忽然相聚在一起，就像被砍斷的莖幹，和乾枯的枝條，偶然交錯在大湖澤的岸邊，感恩之情如何產生？相愛之情如何發展？問而對方不回答的，固然是有的，偶而有回答的，也是隨便回答而不是真的回答。諮詢而對方不回應的，當然是有的，偶而有回應的，也是隨便回應而不是真的回應。用模稜兩可的說法，近的來說，可以不讓我受累；遠的來說，可以逃避別人的責備，就以為其計得逞了。要遇到盡心盡力為我籌謀的，大概千萬次才能遇到一次了。假如是家人、妻子、子女就不一樣了，相同的情分，共通的道義，分享喜樂，分擔憂苦，在家庭再三計畫研議，並不是相互恩賜，而像手和腳為頭為眼睛服務是非常自然的。在內無所隱瞞、所以感情很純真；對外無所掩飾，所以說話很真實。以純真加上真實，懇誠憂慮而往往才能真正了解其中的利和害。那些家人妻子兒女的智慧，並不是真的超過別人，只是聰明的人如果粗疏了，本來就不如愚笨的人的周詳考慮。所以家人妻子兒女的謀略，如果是智慧不夠，有些思慮不及，聰明程度不如別人，那是莫可奈何的事，怎麼會存心僥倖苟且敷衍而不盡心盡力，如陌生的路人那種態度呢？

貞奇怪呀！嬴氏對於子圉，爲什麼親密地在一起生活，而感情卻像路人呢？當子圉要逃離秦國而回去晉國，嬴氏不曾爲他反復計議；竟立刻告訴他應當回去以迎合他的意圖，而自己又不跟他一起逃走，更自我表白負責不洩露消息，以解除他的疑慮。看那主要意圖，只是爲自己僥倖免除禍害做打算，而對子圉的生死利害毫不關切。苟且求得免禍，原本就不是高尚的行爲，但世上企圖苟且免禍的人，還厚著臉皮說：「暫且就這樣來免除我的禍患吧！」父子本來就是一體的，夫妻也是一體的，害了那個就傷了這個了，所以嬴氏當初想苟且免禍，而終究免不了「受兩君寵幸」的恥辱。

古代的貞節烈女，如果不幸處在不能兩全其美的境地，本來就有犧牲生命以保名節的。何況子圉的事情，根本不到難以兩全的地步。假使嬴氏在子圉計畫逃回去的時候，改變說法說：「你受委屈留在秦國，並沒有別的，只是用來鞏固秦晉的邦交，如今不能忍耐幾年的不如意，輕棄秦國，對這兩個國家如何交代？我們國君有國家大事在身，不能親自來服侍你，而派我來侍候你的生活起居。你竟然另有企圖，那麼我們國君就不能事奉你了，我將回報於我們國君。」嬴氏如果能夠說這番話，那麼子圉將害怕嬴氏的回告，一定不敢再有逃回晉國的打算，嬴氏依靠秦穆公的力量，一定不致於被子圉所害。秦穆公顧念嬴氏所愛，一定不會再有送重耳回國取位的計畫，那麼父子之間和夫婦之間的關係，不就兩全其美了嗎？唉！嬴氏如果眞這麼做，就可以完成君父的意願，可以解除丈夫的禍害，可以盡到妻子的責任，可以保全自己的名節，可以承續晉惠公廢絕的祭祀，可以消除秦穆公被視爲戎狄的譏諷。一舉而數得，假使嬴氏能再多作思慮，哪還怕不會有這些結果呢？

思慮的苟且不周全，是出於感情的疏離；感情的疏離是出於恩義的澆薄。土地澆薄就沒有豐厚的收成，雲層疏薄就沒有充足的雨水，響鐘質薄就沒有渾厚的聲音，味道淡薄就沒有珍貴的佳餚。沒有誠意淡薄於先而計畫周密於後的。這麼說來，嬴氏不能爲丈夫好好計畫，哪裏是在子圉逃離秦國的時候才偶然發生呢？

【研 析】懷嬴爲子圉之妻，子圉卽位爲晉懷公，但子圉爲質於秦，當時爲了回去卽位而逃歸。若就結果而論，子圉逃歸，觸怒了秦穆公，使其助重耳歸國，所以逃歸是不智的，呂氏一口咬定懷嬴的不逃不告，是自求免禍，所以大肆抨擊。

第一段說明與人謀事「愛深則慮詳，愛淺則慮略」的道理，爲評懷嬴的立論基礎。第二段論懷嬴的不逃不告，是自爲僥倖苟免的打算，但結果自取其辱。第三段舉出懷嬴當時應有的態度，應該是以告穆公挾子圉留於秦。第四段評其恩義澆薄，沒有誠之於先、謀之於後。

呂氏爲了指責懷嬴態度的不是，不惜將惠公廢祀，秦穆公不能主盟中國，都歸咎於此，未免牽累太多。朱字綠以爲「嬴氏割枕席之私，勉圉歸以就大計」並沒有大錯，張明德以爲嬴氏「詞嚴義正、委婉盡情」，爲巾幗鬚眉。懷嬴當時爲夫婦之情，或父女之義，確是兩難。子圉生性忌克，一如其父，爲回國嗣位，必不擇手段。旣要背秦，又何懼殺嬴氏？所以當時嬴氏如果以告穆公脅迫子圉，必遭子圉毒手。呂氏以宋代倫常標準，評斷古事，不免太強調二孌之辱，而責懷嬴太過。惠懷忌克，終於廢祀，秦穆公違蹇叔之諫而敗，豈能讓懷嬴負責？其結果又哪裏是一個女子所能逆料？

卷十三

邾敗魯於升陘　僖公二十二年

【題解】魯僖公二十一年（西元前六三九年）冬，邾滅須句，須句子投奔魯國，次年春天，魯僖公攻打邾國，須句得以復國。僖公打敗邾國後，輕視邾國而不設防，臧文仲說：「國家無所謂弱小，不能輕視。沒有防備，人雖然多，也不足以仗恃。《詩》說：『戰戰兢兢，如同面臨深淵；如同踩著薄冰。』又說：『敬慎小心，上天普照光明，得到天命不容易啊！』以先王的美德，還有所困難，有所畏懼，何況我們小國呢？君王不要以為邾國弱小，蜂蝎都有毒，何況一個國家呢？」僖公不聽。八月，僖公和邾軍在升陘作戰，魯軍大敗，邾人獲得僖公的盔甲，把它掛在邾國的魚門。

呂氏一方面分析僖公輕敵的原因，一方面強調君子的修為，卻憑其新奇的用語，將道理說得有峯迴路轉之妙。

天下有常勝之道。大勝小，強勝弱，多勝寡，此兵家之定論也。大有時而敗於小，強有時而敗於弱，多有時而敗於寡，豈所謂常勝者或不可常耶？非然也，用兵以力相加也，使各極其力，則小終無勝大之理，弱終無勝強之理，寡終無勝多之理。惟恃大、恃強、恃多，墮廢其力而不能用，則與無力者同，顧不如小者、弱者、寡者，猶有毫末之力也。

以吞舟之魚，而俯視螻蟻，其小大之相去，豈止相什百而相千萬哉？碭而失水，反為螻蟻之食❶，人以為小勝大也，抑不知得水則魚大而蟻小，失水則魚小而蟻大。置其形而論其力，則是大勝小，而非小勝大也。強弱眾寡之相勝，皆此類也，故曰大勝小，強勝弱，多勝寡，兵家之定論也。魯與邾戰，兵未接之前，人皆意魯之必勝矣，然升陘之役，僖公卑邾而不設備，雖有眾與無眾等爾。魯不若邾，猶有一旅之兵，一割之用，是魯無魯而邾有邾也，以有對無，勝安得不在邾？敗安得不在魯乎？

吾嘗論僖公之為君，納莒拏之俘❷，受介葛盧之朝❸，驁然軒然，自處於眾人之上，是亦一僖公也。奔走於葵邱之會❹，周章於踐土之盟❺，惴然眇然，自處於眾人之下，是亦一僖公也。彼一僖公耳，昨勇今怯，朝盛夕衰，何其多變而無特操耶！殆非專僖公之罪，其居使之然也，僖公所居者魯，以魯而臨介莒，則自大視細，心不期驕而驕；以魯而望齊晉，則自細視大，心不期畏而畏。既見大國之可尊，必見小國之可忽。斯其所以禍生所忽，而召魚門之辱與？

臧文仲之諫忠矣，惜其能箴僖公之病，而未知僖公受病之源也。僖公受病之源安在哉？使僖公易地而居齊晉，則將變畏為驕；易地而居介莒，則將變驕為畏。吾是以知，尊大國者，非僖公也，魯也；忽小國者，非僖公也，魯也。僖公不以己爲己，而以魯爲己，故大於魯者，吾亦大之；小於魯者，吾亦小之。豈非爲居之所移乎？

昔者舜自側微而登至尊，木石不能使之愚❻，鹿豕不能使之野，耕稼不能使之勞，陶漁不能使之辱，袗衣鼓琴❼不能使之逸，牛羊倉廩❽不能使之奢。蓋居爲舜所移，而舜未嘗爲居所移也。噫！當僖公之時，有能誦舜之事，以起僖公之病，庶幾其有瘳乎！

【註　釋】❶碭而失水反爲螻蟻之食　振蕩而失水，大魚反而被小蟻吃了。此由《莊子·庚桑楚》：「吞舟之魚，碭而失水，則蟻能苦之」而來。呂氏稱螻蟻，則包括螻蛄和螞蟻，但螻蛄不吃動物，所以稱螻蟻並不恰當。❷納莒拏之俘　魯僖公未即位之前，魯慶父弒閔公而奔莒，僖公以賂求慶父，莒人遣返慶父，莒人於僖公元年（西元前六五九年）求賂，公子友將其擊敗而俘獲莒子之弟拏。❸受介葛盧之朝　介爲地名，葛盧爲君名，來朝見魯僖公於僖公二十九年（西元前六三一年）。❹葵丘之會　由齊桓公主盟，周王派宰孔賜齊侯胙，與盟者還有宋子、衛侯、鄭伯、許男、曹伯。事在僖公九年（西元前六五一年）。❺周章於踐土之盟　僖公二十八年（西元前六三二年），晉文公侵曹伐衛，敗楚於城濮，五月癸丑，晉文公與魯僖公、齊侯、宋公、蔡侯、鄭伯、衛子、莒子盟於踐土。當晉侯伐衛，魯國派公子買戍於衛，衛敗，僖公殺公子買以取悅於晉，並請求楚國諒解。踐土之盟，僖公又趕緊與盟以求自保。周章，周折。❻木石不能使之愚　以下以木石、鹿豕爲說。見《孟子·盡心上》：「舜之居深山之中，與木石居，與鹿豕遊，其所以異於深山之野人者幾希。」❼袗衣鼓琴　穿繡有文采的衣服，彈琴作樂。《孟子·盡心下》：「舜之飯糗茹草也，若將終身焉，及其爲天子也，被袗衣，鼓琴，二女果，若固有之。」

❽牛羊倉廩　給他牛羊，爲他築倉廩。《史記·五帝紀》：「堯賜舜絺衣與琴，爲築倉廩，予牛羊。」

【語　譯】天下有常勝的道理。大的勝小的，強的勝弱的，多的勝少的，這是兵家早有定論的。可是大的有時敗給小的，強的有時敗給弱的，多的有時敗給少的，這難道所謂常勝的，是不可常嗎？不是的，用兵是以武力加之於對方，假使雙方都盡了力，那麼小的就沒有勝大的道理，弱的終究沒有勝強的道理，少的終究沒有勝多的道理。只有仗恃自己大、仗恃著自己強、仗恃著自己多，於是鬆弛頹廢自己的力量而不能用，那就和沒有力量一樣了，就不如那些小的、弱的、少的，畢竟還有一些力量了。以能吞船的大魚，看那些螻蛄螞蟻，大小相差豈只是十倍百倍，或千倍萬倍呢？但振蕩而失去了水，反而被螻蛄螞蟻所吃掉，人們以爲是小的勝了大的，卻不曉得有了水，魚是大的，螞蟻是小的，沒有水，那魚是小的，螞蟻是大的。把形體擱在一邊，而討論他們的力量，便是大的勝小的，而不是小的勝過大的了。那些強弱、多寡之相互取勝，都是屬於這一類的，所以說大的勝小的，強的勝弱的，多的勝少的，是兵家的定論。魯國和邾國的戰爭，在還沒交兵的時候，人們都意料魯國一定打勝仗，但升陘的戰役，僖公輕視邾國而不準備安排，雖有很多的人卻和沒有部隊一樣。魯國不如邾國，就好像有一旅的裝備，只作鉛刀一割之用，所以有魯國卻像沒有魯國，而邾國的力量雖小卻確實存在而可用，以有對沒有，勝利怎會不在邾國的一邊？失敗怎會不在魯國的一方呢？

我們探討一下魯僖公當國君的作爲，將莒拏加以俘虜，接受介葛盧的朝見，則傲然軒昂，自居於眾人之上，是這一位僖公。在葵丘會盟的路上來回奔走，在踐土之盟煞費周章，則又恐懼卑微，自居於眾人之下，也是這一位僖公。就只這麼一位僖公，前些時勇猛，如今卻怯弱；早上壯盛，傍晚就衰微，是多麼善變而沒有節操啊！其實這也不全是僖公的罪過，是他所居處的地位使他如此，僖公居處在魯國的地位，以魯國面對著介國和莒國，於是自以爲大而看別人渺小，心裏不想驕傲也會驕傲起來；以魯國面對著齊國和晉國，於是自覺渺小而看別人壯大，心裏不想害怕也會害怕起來。既然看到大國要尊崇，必然是見到小國就輕忽。這該是禍害產生由於輕忽，以致召來魚門之辱的原因吧？

臧文仲的進諫，可說是忠誠的，只可惜他能規諫僖公的過失，卻不知道僖公會有過失的根源。僖公造成過失的根源在哪兒呢？假使讓僖公改變所處的地位，而居於齊國和晉國的地位，就將變畏懼爲驕傲；居於介國和莒國的地位，就將變驕傲爲畏懼。我們因此可以知道，尊崇大國，不是僖公個人的因素，而是因爲魯國的關係；輕忽小國，不是僖公個人的原因，而是由於魯國的緣故。僖公不把自己當做自己，而把魯國當做自己，所以比魯國大的，我就認爲它大；比魯國小的，我也就小看它了。這難道不是被居處的地位改變了嗎？

以前，舜從卑微的地位而登上至尊的帝位，當初居於木石之間，並不能使他愚笨；與鹿豬爲伍，並不能使他野蠻；耕田種植不能使他感到勞苦；燒窰捕魚不能使他感到屈辱；身穿繡衣彈琴作樂，不能使他腐化；給了牛羊築了倉庫，不能使他奢侈。這是居處的地位被舜所改變，而舜不曾因居處的地位而改變。唉！當僖公的時代，如果有人能說出舜的故事，以救治僖公的過失，或許僖公就會好了呢！

【研　析】魯僖公目中無邾，不聽臧文仲之諫，於是有魚門之辱，呂祖謙卻能將它說成「魯無魯而邾有邾」，是升陘之役勝敗的原因，十分雋妙，更推論出「僖公不以己爲己」，造語新奇，妙意環生。

文章一開始，說很平常的大勝小、強勝弱、多勝寡的道理，至於得到相反的結果，那是自恃而落敗，自恃者無所施展，等於沒力量。第二段落實到事物，說明一有一無，有力者必勝的道理，然後說到僖公輕敵，造成「魯無魯而邾有邾」，所以魯國必敗。第三段分析僖公見大國而尊，見小國而忽，是召致魚門之辱的原因。第四段深究僖公的心態，完全著眼於魯國，心中只有魯國而沒有自己。最後一段舉出舜的修爲，不因自己居處地位的不同而改變其操守，而以感慨沒人能將這道理告訴僖公作結。

本文闡平凡之理而用新奇之語。用「無魯」以至「不以己爲己」的新奇語言，說明「雖強大必勝，但驕矜必敗」，以及「君子不因境遇而變其度」的平常道理。由於筆觸靈動，不但妙意橫生，還能把結論寫得「無人識此，惟我能之」，豪情萬丈，其筆路很值得我們尋繹。

鄭文夫人勞楚子入享於鄭　僖公二十二年

【題　解】魯僖公二十二年（西元前六三八年）十一月丙子那一天的早上，鄭文公夫人芈氏和姜氏在柯澤慰勞楚成王，楚王派師縉把俘虜和從敵人頭上割下的左耳，拿給她們看。《左傳》引君子之說，認爲這是不合禮的，因爲女人送迎不出門，和兄弟相見也不出門檻，戰爭時不接近女人的用具。第二天，楚王到鄭國接受九獻的享禮，在庭中陳列禮物百件，又加籩豆六件。宴享之後，晚上由文芈奉送回營，還讓楚王帶了兩個鄭國女子充當侍妾。於是叔詹說：「楚王恐怕不能善終，行禮儀竟至無別，無別不能稱爲禮，怎麼能得到善終？」諸侯也由此知道他不能成霸業。果然六年之後，楚爲晉所敗，城濮之戰粉碎了楚王建霸的美夢，而在魯文公元年（西元前六二六年）楚成王爲其子商臣所弒。

《左傳》記載此事，頗有贊許叔詹高瞻遠矚的意味，但呂氏以爲叔詹僅知楚子取二姬非禮，卻不知楚子受享已非禮，所以譏其所見已晚，並不是懂得禮的人。

見奔而謂之敗，見間而謂之讎，見憊而謂之疾，何其見之晚也！未奔之前，有先敗焉；未間之前，有先讎焉；未憊之前，有先疾焉。冥冥之中，其先固已瞭然而不可揜，豈必待見形而後悟哉？

楚子帥師過鄭，納文夫人之勞，受享祀之僭，又取鄭二姬以歸，固蠻夷之常態，不足以汙簡冊，吾獨怪叔詹之言，何其見之晚也！叔詹譏楚子取鄭之二姬，曰：「為禮卒於無別，無別不可謂禮。」是叔詹徒知無別之非禮，而不知受享之非禮也。使楚子不取二姬，則叔詹將遂以受享為禮之正矣。孰知夫受享之際，乃無別之先乎？當鄭之享楚子也，陳其鼎俎，肅其尊彝，鐍其巾冪❶，豐其腶脩❷，威儀可則，進退可度，宜叔詹不悟其非禮也。

抑不知生天下之善者，出於敬；生天下之惡者，出於慢。一籩一豆之相去，其為禮也微矣，嚴之而不敢犯者，敬心存也；是心苟存，將無所不敬。推而上之，至於守君臣、父子、夫婦之分，為世大法者，同一敬也。忽之而無所顧者，慢心生也；是心苟生，將無所不慢。推而下之，至於亂君臣、父子、夫婦之分，為世大戒者，同一慢也。是故今日謹一籩一豆者，即他日謹君臣、父子、夫婦之分者也；今日易一籩一豆者，即他日易君臣、父子、夫婦之分者也。

楚爵則子，而輒當上公九獻之儀❸，庭實旅百之盛，加籩豆六品之侈，其於燕享之禮，固已無別矣。燕享之無別，即男女之無別也，均為無別耳。始之罪不為輕，而後之罪不為重；始之罪不為小，而後之罪不為大，豈可立等於其間哉？

燕享之禮無別，其罪隱；二姬之無別，其罪彰。叔詹捨其隱而譏其彰。噫！何其見之晚也。吏必先明法，然後可以責人之踰法；士必先明禮，然後可以責人之踰禮。叔詹猶以鄭之享楚為禮，則既不知禮之為禮矣，又何責楚子之踰禮哉？

【註　釋】❶巾冪　古代覆蓋尊、彝等禮器的巾。《國語．周語中》：「陳其鼎俎，淨其巾冪」，本文即用於此。❷腶脩　本指搗碎加上薑桂的乾肉。在此泛指享祀用的食品。❸上公九獻之儀　依《周禮．秋官．大行人》：「上公之禮，饗禮九獻。」九獻是主人的獻賓，達九次之多。

【語　譯】見他逃奔而說他敗了，見他們離析而說他們有仇恨，見他憔悴而說他有病，所見未免太晚了吧！在還沒逃奔之前，就已經敗了；還沒離析之前，就已經有仇恨了；還沒憔悴之前，就已經有病了。冥冥之中，原先就已經很清楚而難以掩飾，哪裏一定要等到表現在外才知道呢？

楚子率領軍隊經過鄭國，接受鄭文夫人的慰勞，接受僭越禮制的享祀，又帶走兩個鄭國的女子，這原本是蠻夷常有的事，不足以記載它以弄髒了簡冊，我只是奇怪叔詹的話，他看見事情是多麼晚啊！叔詹譏評楚子帶走鄭國兩個女子，說：「行禮儀而終致無別，無別不可以稱之為禮。」這麼說來，叔詹只知道無男女之別不合禮制，而不知道接受享祀的不合禮制。假使楚子不把兩個女子帶回軍中，那麼叔詹將以為楚子受享是合於正禮了。誰知在楚子受享的時候，已經是男女無別的先聲呢？當鄭國宴享楚子的時候，陳設了大鼎和砧板，恭敬地用著禮器，潔淨了禮器的覆巾，豐厚了碎肉乾肉等食物，威儀可以讓人效法，進退可作為法度，叔詹不知道它不合禮制是可以理解的。

但不知造成天下之善，是出於誠敬之心；造成天下之惡，是出於輕慢之心。一個竹編的籩器和一個木製的豆器的差別，在於禮數上相差是很微小的，但很嚴格而不敢錯亂，是因為存著誠敬之心，這種心如果能保存，就將無所不敬。以此往上推衍，以至遵守君臣、父子、夫婦的本分，成為人世間共同遵行的大法則，都是同一種誠敬之心。怠忽而無所顧忌，輕慢之心就產生了，這種心如果產生，就將無所不輕慢。以此往下推衍，以至混亂君臣、父子、夫婦的職分，成為人世間共同警惕的鑑戒，就是同一種輕慢之心。所以今天在一個竹編的籩器和一個木製的豆器上謹慎小心，以後就能在君臣、父子、夫婦的分際上謹慎其操守；今天在一個竹編的籩器和一個木製的豆器上輕忽變易，以後就會在君臣、父子、夫婦的分際上輕忽變亂。

楚國的爵位只是子爵，而受用上公九獻的禮儀，庭中羅列百品的盛宴，正禮之外又加籩豆六品的奢華，他們在宴享的禮儀上，原本就沒職分的差別了。在宴享時沒有職分的差別，就等於男女在禮分上沒有區別，都一樣是混而無別。起初宴享之禮沒有等級差別的罪過並不比較輕，後來不守男女之禮的罪過並不比較重；當初不守宴享之禮的罪過並不比較小，後來不守男女之分的罪過也不比較大，怎麼能夠在這中間定下標準畫分出等級呢？

宴享的禮儀沒有等級差別，這種罪過比較隱約；帶兩個女子入軍中，不守男女之禮，這種罪過比較顯而易見。叔詹就把隱約的擱在一邊，而譏諷比較顯而易見的。唉！所見不免太晚了。官吏必先明白法律，然後才可以責備別人犯法；士人必先明白禮制，然後才可以責備別人違背禮制。叔詹仍以爲鄭國宴享楚子是合於禮制，那麼他就不是知道禮之所以爲禮了，又怎能責備楚子不守禮制呢？

【研　析】這一篇頗有故意找碴、鷄蛋裏挑骨頭的意味。《左傳》以爲叔詹洞察機先，呂氏卻說他後知後覺，要作翻案論辯之文，本文自有其參考價值。

要說人後知後覺，先爲所謂先後下定義。說明未形於外而能見之，才算是先見之明。首段從敗、讎、病三事，說明其事已成，而後才會有奔、間、憊之外象。見事應在見形顯象之前。第二段指出楚子受鄭文夫人之慰勞、越禮的享宴，叔詹未加譏評，而只譏評取二姬以歸的事，以推敲其未譏者，是不知其非禮。於是用第三段說明小處不知敬慎，就會犯世之大戒。第四段實指楚子受九獻之禮是僭越，其有慢心，當然就會取二姬以歸。第五段結論，指出叔詹只見其彰顯違禮的事，而不見其隱約處，所以不能說是知禮，也就不足以責備楚子了。

其實，《左傳》記載此事，已引君子以評鄭文夫人勞楚子爲非禮。而叔詹之譏，也只說「爲禮卒於無別」，這「無別」二字，也可概括燕享之禮的部分。再說《左傳》引叔詹之言，旨在於預示楚子不能建霸，與日後不能善終，也顯示叔詹的洞察機先。而呂氏則在叔詹似乎不曾提及的部分，大做文章。寫文章或可如此找話題，但論事之是非，就不免失之於苛了。

楚子文使成得臣爲令尹　僖公二十三年　范武子請老　宣公十七年

【題　解】魯僖公二十三年（西元前六三七年）秋天，楚國的成得臣領兵攻打陳國，是因陳國和宋國結盟的緣故。於是佔取了焦、夷兩地，在頓地築城而後回國。令尹子文以爲他有功，就要把自己當了二十六年的令尹讓給他。叔伯說：「那國家怎麼辦？」子文說：「我就是用以安定國家的。有了大功而不能居高位，這樣的人能夠讓國家安定的可沒有幾個。」五年之後，得臣於城濮戰敗，自縊而死。

魯宣公十七年（西元前五九二年），晉景公派郤克到齊國，召請齊侯參加盟會，齊頃公讓其母等於帷幕之後觀看，郤克因跛足（或說瞎一眼，或說駝背）而被婦人所笑，郤克發怒，出來後發誓，不報此辱，不渡黃河。當時晉中軍帥范武子（士會）要告老退休，告訴兒子說：「我聽說，有喜有怒盤踞在心頭的人，行止能合於禮法的人不多，不依禮度的倒很多，《詩》說：『君子如果發怒，禍亂大體會很快阻止；君子如果喜悅，禍亂也大體會很快停歇。』君子的喜怒是可以止禍的，如果不能阻止，就反而會助長。郤克大概想止亂於齊國吧？不然，我怕他會增長禍亂的。我打算告老，讓郤克能滿足心願，禍亂才能解除，我跟著你們恭敬從事吧！」於是請求告老，由郤克執政，三年之後，大敗齊師於鞌。

呂氏以為聖人以權位為控制憤怒和慾望的防線，而子文與范武子竟然將它作為讓人宣洩憤怒和滿足欲望的工具，是不對的，更批評子文「靖國」之說，對後世為害很大，頗能暢其議論。

多而不可滿者，慾也；銳而不可極者，忿也。治慾之法，有窒而無開；治忿之法，有懲而無肆。處己是法也，處人亦是法也。

或者之論曰：「飢者得食則止，渴者得飲則止，寒者得衣則止，熱者得濯則止，慾者得求則止，忿者得報則止，我慾可窒，我忿可懲，乃若他人之忿慾，不有以少償之，彼亦安肯遽止乎？」嗚呼！此非忿慾之譬也，忿慾譬則火，然畏火之怒，而投薪以濟之，則其薪者火之勢隨投而隨熾。忿慾譬則盜，然畏盜之怒，而授刃以濟之，則其勢隨授而隨增。資也，刃者盜之資也，權位者忿慾之資也。假其資而望其止，天下寧有是也？先王尊權位以示天下，所以嚴萬世之亘防也，何人而無慾？何人而無忿？忿慾方興，局於無權無位而不得展，足將行而復駐，手將舉而復斂，口將言而復默，念將生而復消。有谿壑❶貪惏之慾，鬱勃炮燔之忿，莫不限於權位之亘防而止。止則回，回則有趨於善者矣。天下方馳騖於忿慾而不知反也，先王固未嘗與之爭也，嚴吾權位之亘防，使忿慾者窘於無資，氣衰力怠，道窮途絕，倀倀然而無所歸，雖吾不使之趨於善，而彼自不得不趨於善。然則權位者，眞先王閑忿慾之亘防也歟？先王以是爲忿慾之防，後世以是爲忿慾之資，何其反也？

楚成得臣有功於陳，子文推令尹之位與之，以塞其慾。齊侯既辱郤克，范武子遽請老，而授郤克政，使逞忿於齊。噫！令尹豈賞功之物！而晉數百年之社稷，亦豈二三臣逞憾之具歟？楚非置兩令尹也，幸而一成得臣有功耳，如使數人者並立大功，吾不知子文復何以與之？春秋之時，行人見辱者，何國蔑有？姑以晉言之，若解揚之見執於宋圍❷，韓起羊舌肸之見挫於楚靈❸。是數事者，如與郤克之辱並發於一時，則晉師亦將車敝馬汗，東馳西逐，徧邊天下，盡報諸臣之怨而後已歟？甚矣！子文武子之不思也，將以飽其慾，適以滋其慾；將以散其忿，適以張其忿。故得臣之慾，與位俱長，成師而出，服陳服蔡，服魯服鄭，服曹服衞❹，嗜勝不止，貪以遇大敵，迄至城濮之敗，軍覆身殞，為天下笑。向若子文不畀以大柄，雖驕縱怨望，不過煩司敗之刀鋸耳，楚必不至於不競，晉必不至於獨霸，西廣、東宮、若敖之卒，亦必不至於偕死也。至於郤克鞌之戰，雖曰幸勝，然忿不思難，至欲質齊侯之母，苟無魯衞之諫，則以晉之驕，當齊之怒，背城借一❺之際，吾未知齊晉雌雄之所在也！不幸而敗於垂成，則亂原禍端，武子安得不任其咎乎？得臣之慾，得子文之位而盛；郤克之忿，得武子之位而伸。君子視人之忿慾，不能救則已矣，安可假其資而成其惡乎？

吾嘗攷論二子之言，武子誦已亂之詩，而誤領已亂之意❻，猶未足深責。彼子文之語叔伯者，一何悖耶！曰：「吾以靖國也，夫有大功而無貴仕，其人能靖者有幾？」凡人爵不足酬功，慊之者固多矣，若遽作不靖，危其國家，自非盜賊小人，未必皆有是心也。子文之為是言，將概以盜賊小人待天下耶？自子文之言出，人臣之立大功者，人君或懼其不靖，反加屠戮，是功者身之賊也。以是位而答是功，不復問其材之能否，使播其惡於民，是功者位之賊也。既立大功，自謂居危疑不賞之地，而姦謀始生，是功者國之賊也。一有大功，則為身之不幸，位之不幸，國之不幸，孰敢以功業自奮者耶？《詩》曰：「誰生厲階？至今為梗⑦！」

【註釋】①谿壑　本謂溪谷溝壑，以形容貪欲難以飽足。因《國語．晉語》有「谿壑可盈，是不可饜也。」便以谿壑之心喻無厭之欲。②解揚之見執於宋圍　事見魯宣公十五年（西元前五九四年），宋被楚所圍，向晉告急，晉景公因伯宗阻止而不救，派解揚到宋，使宋不降。但解揚為鄭國所囚而獻給楚軍，楚莊王要他登樓車反其言，解揚卻藉以傳達晉君之命，後仍為楚莊王所釋放。見《左傳》。③韓起羊舌肸之見挫於楚靈　楚靈王求婚於晉，晉平公派上卿韓宣子送晉女於楚，以上大夫叔向為介，楚王欲拘二人並使其為太監以屈辱晉國，後因薳啟彊進諫而止。楚王又要使叔向有所不知而出醜，又未能如願，於是厚待二人。見《左傳》昭公五年。④服陳服蔡三句　魯僖公二十七年（西元前六三四年），僖公請楚兵以伐齊，次年楚國與陳侯、蔡侯、鄭伯、許男共伐宋。又次年，晉文公為救宋而伐曹，向衛國借道，衛國不許，所以在城濮之戰之前，陳、蔡、魯、鄭、曹、衛，都服於楚，而背齊、晉。⑤背城借一　指決一死戰。即在城下，借以一戰。⑥誦已亂之詩二句　范武子引《詩．小雅．巧言》：「君子如怒，亂庶遄沮；君子如祉，亂庶遄已。」其詩本指禍亂之來，是由於君子信讒言，所以說君子如果聞讒言而怒，禍亂便可停止；君子如果聞喜言而喜，禍亂便可消失。春秋時代引詩抒志，多斷章取義，呂氏說其誤會止亂之意，恐非實情。⑦誰生厲階至今為梗　梗，指為害。見《詩．大雅．桑柔》第三章，本指執政者為國家困頓、人民流離失所的罪魁禍首。

【語譯】很多而不可能滿足的，是人的慾望；很強而不可能到終極的，是人的憤怒。對待慾望的方法，是有所阻止而不是開啟；對待忿怒的方法，是有所壓抑而不是放任。對待自己是這樣，對待別人也是這樣。

或許有人會說：「饑餓的人得到食物就不饑餓了；口渴的人得到飲料就不口渴了；寒冷的人得到衣服就不寒冷了；燥熱的人得到水洗就不燥熱了；有慾望的人得到所求的就沒有慾望了；忿怒的能夠報復就沒有忿怒了。而且自己的慾望可以禁止，自己的忿怒可以壓抑，至於別人的忿怒和慾望，如果不讓他稍為得償，他怎麼肯就此罷休呢？」唉！這些不是忿怒和慾望的好譬喻，忿怒和慾望就譬如火那樣，怕火燒得太猛烈，投木柴去平緩它，那麼火勢會隨著投木柴而更強烈。忿怒和慾望也像盜賊，怕盜賊生氣而拿刀給他想來緩和他，結果盜賊的氣勢隨著給刀刄而更增強。木柴是火的能源，刀刄是盜賊的資本，權位是忿怒與貪欲者的資源。給他資源而希望他停止，天下難道還有這種道理嗎？

古代聖王尊崇權位以示天下，用來嚴正千秋萬世的禮防，哪個人沒有慾望？哪個人沒有忿怒？忿怒和慾望生起，受到沒有權沒有位的限制而不能伸展，腳剛要行動就又停住，手將要舉起就又回縮，口將要講話就又沉默，意念將產生就又打消。有無窮的貪婪之欲，壯盛的憤怒之火，沒有不是受到權位的限制而有防止的作用。防止而使人回心轉意，回心轉意就趨向於善道了。當天下人正馳騁於貪慾和忿怒之途而不知回頭的時候，古聖先王並不跟他們計較，只是嚴守權位的防線，使貪欲和忿怒的人得不到資源而受到困窘，等事過境遷，氣衰力竭，無計可施，失望而不能稱心如意，雖然我不促使他走入善道，而他也不得不走向正途。這麼說來，權位確實是古聖先王制止忿怒與貪欲的重要防線吧？古聖先王以它爲忿怒和貪欲的防線，後代的人以它爲忿怒和貪欲的資源，是多麼背道而馳啊！

楚國的成得臣在討伐陳國的時候立功，子文把令尹的職位讓給他，以滿足他的慾求。齊侯已經屈辱了郤克，晉國范武子突然告老退休，而把政權交給郤克，使他能發洩其忿怒。唉！令尹的職位哪裏是賞功的獎品！而晉國這幾百年的大國，又怎麼是少數的臣子用來發洩憾恨的工具呢？楚國並沒有設兩個令尹的職位，幸而只有一個成得臣立功而已，如果有好幾個都立了大功，我就不知道子文再用什麼來獎賞？春秋時代，奉命出使在外的人受到屈辱，哪一國沒有？姑且以晉國來說，解揚在宋國被圍時被派到宋國，爲鄭國所俘虜；韓起和羊舌肸到楚國，也被楚靈王所屈辱。這幾件事如果和郤克受屈辱發生在同一個時期，那晉國的軍隊豈不是將兵疲馬憊、東奔西跑，繞徧天下，以報完羣臣的仇怨才能罷休呢？

子文和范武子實在太欠考慮了，想飽足他們的慾望，正滋長他們的慾望；想舒洩他們的忿怒，正擴張他們的忿怒。得臣的慾望，隨著他地位的提高而增長；成軍而出兵，順服了陳國、蔡國、魯國、鄭國、曹國和衛國，貪得勝利而不知足，終因貪婪而遇到大敵，到城濮之戰，兵敗身亡而爲天下所笑。假使早先子文不授給他大權，他雖然驕縱怨怒，也不過是在論戰爭功罪時。因敗而加刑罷了，楚國必然不至於從此難以與晉抗爭的地步，晉國也必然不至於從此獨霸諸侯，西廣、東宮、若敖這些士兵也不至於陪著去陣亡。至於郤克在鞌之戰，雖然僥倖戰勝，郤忿然不考慮日後的禍害，甚至想要以齊侯的母親爲人質，假如沒有魯國和衛國的諫言，那麼以晉國的驕矜，面對齊國作最後的掙扎，我們都難以預料齊國和晉國的勝敗呢！如果不幸在最後即將大功告成的時候才失敗了，那麼推溯禍亂的根原，范武子怎能不承擔這個罪過呢？得臣的貪欲，得到子文的權位以後更爲強烈；郤克的忿怒，得到范武子的權位以後更爲伸張。一個君子看到別人的貪欲和忿怒，不能加以解除救助也就罷了，怎麼可以增強它而成其罪惡呢？

我們再探討兩人所說的話，范武子誦止亂的詩篇，而誤會止亂的意思，還不足以深加責備。子文向叔伯所說的話，是多麼違背事理啊！他說：「我這麼做是爲了安定國家，有了大功而不能居高位，這樣的人能讓國家安定的可沒有幾個！」凡是人所領授的爵位，不能酬庸到讓人滿足的程度，不滿意的人固然很多，如果說就此不能安寧而危害國家，假使不是盜賊和小人，都未必有這樣的想法。子文說這樣的話，不是把天下人和盜賊小人等量齊觀了嗎？自從子文這話說出之後，凡是爲人臣子的立了大功，爲人國君的或怕功臣不能安於其位，反而加以屠殺，所以功勞反成爲殺身的禍因。以某一種職位來酬庸有某一種功勞的人，不再考量他的才幹是不是可以承擔那個職位，於是讓他爲害人民，那麼功勞反成爲權位的禍根。已經立了大功，自以爲處在被猜疑而不能得賞賜的地位，於是產生了姦險的陰謀，那麼功勞反而成爲國家的禍苗。一有了大功，成爲個人的不幸，官職的不幸，以至國家的不幸，那有誰還會努力奮發去建立大功呢？這正如《詩經》所說的：「是誰造成這禍害的階梯呢？直到今天，還爲害不已！」

【研析】堯舜禪讓，爲後世所讚美，楚子文和晉士會能以執政大權，讓予他人，也爲常人所不及。但呂氏卻以「授忿怒者以資，足以成其惡」，把子文和士會批評得一無是處，而且筆鋒凌厲，議論淋漓確切。

他首先提出「欲望多而不可滿，忿怒銳而不可極」爲立論基礎。第二段以或許有人會如何如何，來暢發前說，並運用譬喻加以說明。第三段提出權位之用，在於阻止欲忿，如果以它授予忿欲者，成爲他們的資本，那就天下大亂了。第四段說明權位不是賞功之物，也不是臣子用以發洩憾恨的工具，以指責子文和范武子。第五段指責子文授得臣令尹之位，害了得臣和楚國，以及楚國的軍民；范武子授政予郤克，雖有戰功，也差一點功敗垂成。最後一段則極力批評子文「靖國」之說，貽害無窮。

論功行賞，本是用人之術，因其欲而伸之於仇敵，也是權術的運用，但他們不該成爲國家決策者。決策權淪入忿欲者之手，將造成國家的禍害，這或許可以說是軍政分治說的濫觴。用人惟才，而非以功；有功可賞，而非授之以權位，這該是相當進步的政治理念。

晉懷公殺狐突 僖公二十三年

【題解】魯僖公二十三年（西元前六三七年）九月，晉惠公死，懷公即位，命令晉人不得跟隨逃亡在外的人，規定期限，到期不回來，絕不寬赦。狐突的兒子毛和偃，追隨公子重耳留在秦國，不肯奉召。懷公逮捕狐突說：「把兒子召回就赦免你！」狐突說：「當兒子能得到官職，父親教他盡忠的道理，這是古代的禮制。把名字寫在簡冊上，委質於主人，如果有三心兩意就是罪過，下臣的兒子名在重耳那兒已有多年，召他回來，是教他三心二意。當父親的人教兒子三心兩意，自己如何事奉國君？刑罰不濫用，是君主的賢明，也是下臣的願望；如果濫用刑罰以圖快意，誰能不受罪罰？」懷公殺了狐突，卜偃從此託病不出門，以爲國君不賢明，殺人以逞一己之快，必難長久。次年二月，懷公被殺。

呂氏指出晉懷公不責己而責人，於是自取敗亡，所以說納重耳於晉，害死懷公的，正是懷公自己。

明於觀人，暗於觀己，此天下之公患也。見秋毫之末者，不能自見其睫；舉千鈞之重者，不能自舉其身，甚矣！己之難觀也。人皆知以己觀己之難，而不知以人觀己之易。同是言也，彼言之則從，我言之則違，其必有故矣。同是事也，彼爲之則是，我爲之則非，其必有故矣。因人之善，見己之善；因人之惡，見己之惡；觀孰切於此者乎？晉懷公不知己之無以致人，徒責人之不從己，殆未嘗以人而觀己也？

懷公，晉國之君，彼重耳特一亡公子耳。狐趙之徒出從重耳，陷狄困衞，逃齊脫楚❶，人有不堪其憂者矣。乞食投塊，觀浴操戈❷，人有不堪其辱者矣。風羈雨紲，過都歷邑，人有不堪其勞者矣。使其一日捨重耳而從懷公，則里閭歡迎，姻族畢至，擊鮮釃酒，舒發故情，此天下之至樂也。高軒華轂，豹飾羔裘，前趨後陪，光生徒馭，此天下之至榮也。堂宇靚深，自公退食，體胖心廣，四顧無虞，此天下之至安也。懷公盍亦以人觀己乎？從彼者憂如是、辱如是、勞如是，而狐趙輩乃就之而不辭。從我者樂如是、榮如是、安如是，而狐趙輩乃棄之而不顧。則德之優劣厚薄，不待言而可見矣。

懷公盍亦因此自反曰：樂也、榮也、安也，人之所同嗜也，狐趙之徒所以崎嶇從重耳者，豈與人異情哉？其棄樂而就憂者，必重耳之德有以勝其憂也；其棄榮而就辱者，必重耳之德有以勝其辱也；其棄安而就勞者，必重耳之德有以勝其勞也。況吾以晉國之大，而增修其德，則人之從我者，既有道德之樂，又有名位之樂；既有道德之榮，又有名位之榮；既有道德之安，又有名位之安，重耳無我之所有，而我有重耳之所無，有無之相形，人將不待招而至矣。此猶爲懷公而言，非論之至者也，德之休明，冰天桂海❸，荒區絕漠，將奉琛重譯，而皆來臣，何至下與一亡公子爭數僕役哉？陋矣！懷公之褊也。

懷公肆其褊心，不知反己，徒殺人以逞，使在外者絕向我之意，而堅事讎之志，計無失於此者矣。雖重耳苟安於外，彼毛偃挾不戴天之讎，思欲一逞，豈容重耳之安於外乎？是則納重耳於晉者，非秦伯也，非狐趙也，懷公也！

【註釋】❶陷狄困衛逃齊脫楚　重耳奔狄，但於晉惠公即位後，又派寺人披，伐於渭水之濱，重耳居狄十二年，乃投奔齊，但路過衛國，衛文公不以禮待之，乞食於田野農夫，農夫給予土塊。到齊，齊侯配以姜氏，重耳乃樂不思晉，齊桓公死後，狐偃與姜氏謀，醉而遣之，離齊經曹、宋、鄭而到楚。楚子玉欲殺重耳，幸爲楚成王所阻，後乃離楚到秦，由秦穆公助其得國。見次篇題解。❷乞食投塊觀浴操戈　重耳經過衛國，乞食於野人，野人給予土塊。經曹時，曹共公聞重耳駢脅，觀其裸浴。又在重耳離齊時，重耳被灌醉而以車載之離齊，重耳醒而怒，以戈逐狐偃。乞食及觀浴，皆重耳所受之辱，狐趙之徒固然同受其辱，操戈乃重耳加諸狐偃之辱。詳見次篇題解。❸桂海　即南海。

【語譯】善於觀察別人，不善於觀察自己，這是世人共同的缺點。能看見秋天鳥羽末梢的人，不能看見自己的睫毛；能舉起千鈞之重的人，不能舉起自己的身體，觀察自己實在太難了。人們都知道由自己來觀察自己很難，而不知道由別人來觀察自己很容易。同樣的話，他說了人家就順從，我說了人家就違背，它一定是有原因的。同樣的事情，他做了就是對的，我做了就不對了，它一定是有原因的。藉著別人的善，看自己的惡；藉別人的惡，看自己的善，觀察人哪有比這更確切的呢？晉懷公不知道自己無德以服人，只是責怪別人不聽從於他，這大概就是不曾藉別人來觀察自己的緣故吧？

當時，懷公是晉國的君主，重耳只是一個亡命於外的公子。狐偃和趙衰這些人流亡在外追隨重耳，在狄陷入絕境，在衛受到困窘，逃出齊國，脫離楚國，都是人們所不能承當的憂患。向人求食，人家給予土塊，受觀浴之辱，遭戈逐的委屈，都是人們所不能忍受的屈辱。風雨中羈旅在外，做人的隨從，經過多少國都城邑，是爲人們所不能承當的勞苦。假使他們一旦捨棄重耳而依附懷公，於是將在鄉里受到歡迎，親戚全來了，切著鮮肉，喝著美酒，敍故舊之情，這是天下最快樂的事。坐著高大華麗的車子，穿著豹紋裝飾的羔羊皮襖，前面有人開道，後面有人跟隨，連奴僕和駕車的人都同感光彩，這是天下最光榮的事。住著高大深邃的華屋，退朝之後悠遊自在，無所憂慮，於是心廣體胖，這是天下最安適的生活。懷公爲什麼不能從別人身上來觀察自己呢？跟著重耳的人，是如此憂患、如此蒙辱、如此辛勞，但狐偃和趙衰他們卻追隨而不推辭。跟著我的人，是如此快樂、如此榮耀、如此安適，而狐偃和趙衰他們卻棄而不顧。那麼品德的高下優劣，不說也可以看出來了。

懷公爲什麼不因此自我反省一下：快樂、榮耀、安適，都是人們所共同喜歡的，狐偃和趙衰他們之所以備受坎坷以跟隨重耳，難道是他們的情懷和常人不同嗎？他們放棄快樂而願受憂患，必定是重耳的美德感召勝過他們所受的憂患；他們放棄榮耀而願受屈辱，必定是重耳的品德感召壓過他們所受的屈辱；他們放棄安逸而願受勞苦，必定是重耳的道德感召強過他們所受的勞苦。何況我以晉國之大，如能再增強自己的品德，那麼跟從我的人，既有沐浴在道德的快樂，又享有名位的快樂；既有沐浴在道德的榮耀，又享有名位的榮耀；既有沐浴在道德的安適，又享有名位的安適，重耳沒有我所擁有的，而我有重耳所沒有的，在「有」和「沒有」相對之下，那些人將不必我去招徠而自己就會來了。這還是對懷公來說的，並不是說達到極致的人，一個道德美好盛明的聖人，即使遠在冰天雪地的北極和南方桂海，或蠻荒絕域的人，都會奉著寶物、透過輾轉翻譯，前來稱臣，怎麼會卑劣到跟一個流亡在外的公子爭幾個僕役呢？懷公的胸襟未免太狹隘了。

懷公放任自己狹隘的胸襟，不知道自我反省，只是殺人以逞一時之快，使流亡在外的人，斷絕了歸向懷公的意圖，而堅強他們事奉懷公仇敵的心志，計策沒有比這個更糟糕的了。即使重耳要在國外苟且偷安，那狐毛狐偃也基於不共戴天的殺父之仇，很想逞其復仇的心願，那裏容許重耳在國外苟且偷安呢？因此，送重耳回晉國得位的，不是秦穆公，也不是狐偃趙衰，而是懷公啊！

【研　析】要指陳晉懷公不責己而責人，則以「明於觀人，暗於觀己」入手，以常理說明，而引到「以人觀己」之術，爲懷公所欠缺。第二段對照懷公與重耳當時地位的懸殊，強調懷公條件的優厚，卻爲狐趙棄而不顧。第三段指陳晉懷公不能反躬自省，未能善用自己的有利地位，胸襟也太狹隘。最後以懷公胸襟狹隘而失策，反促使重耳回國作結。

本文採用對照比較的方法，以鞏固其論證，第二段比較懷公與重耳的地位與條件，其給予臣屬的，重耳是憂、辱、勞；懷公卻能使之樂、榮、安。逐一作對比。最後結束說納重耳於晉的是懷公，有如晉太史董狐說「趙盾弒其君」，是可以理解推理的。卻又別有荒謬與突愕之感，悠然有餘韻。這都是本文的特出之處。

晉重耳奔狄至降服而囚　僖公二十三年

秦伯納重耳至頭須請見　僖公二十四年

【題　解】晉公子重耳受到攀誣的時候，晉軍到蒲城攻伐，蒲城人想要迎戰，重耳不同意，他說：「依靠君父的命封，才享有俸祿，才得到眾人的擁戴，有眾人的擁戴而抗拒君父的命令，這罪過太大了。我還是逃亡吧！」於是逃亡到狄，有狐偃、趙衰、顚頡、魏武子、司空季子等人追隨他。在狄娶季隗，經十二年而後離開。路過衞國，衞文公不加以禮遇，在五鹿向人乞食，野人給他土塊，公子發怒，要用鞭子打人，狐偃說：「這是上天的賜與。」公子叩頭把土塊放到車上。到達齊國，齊桓公爲他娶妻，並給馬八十匹。公子滿足於齊國的生活，跟隨的人認爲這樣會消磨壯志，在桑下密謀離去，養蠶的侍妾在樹上聽到，向姜氏告密，姜氏殺了她，促使重耳離去，但重耳不肯。姜氏轉而與狐偃密謀，將公子灌醉，送離齊國。公子醒後執戈逐狐偃。到曹國，曹共公聽說公子骨相特殊，要看他裸體的樣子，看了公子洗澡。僖負羈之妻勸僖負羈籠絡公子，乃送食物與玉璧，公子接受食物，送還玉璧。到宋國，宋襄公也送馬八十匹。到鄭國，鄭文公不加禮遇，叔詹加以勸諫，但鄭文公不聽。重耳到楚國，楚成王設宴款待，問重耳以後如何回報，重耳說楚比晉富庶，晉無以回報。再三追問下，才答應以後自己如果成爲晉君，萬一晉楚二軍於中原相遇，願避讓九十里，若楚軍不退，就要周旋到底。子玉請楚王殺重耳，楚王不肯，把重耳送到秦國。秦穆公送給他五個女子，懷公在秦所娶的懷嬴也在其中。懷嬴捧著水盆侍候重耳，重耳洗後甩手，水濺懷嬴，懷嬴責問他怎麼可以鄙視秦國的女子？重耳趕緊脫去上衣，自囚謝罪。

魯僖公二十四年（西元前六三七年）正月，秦穆公派兵送重耳回晉，到黃河邊，狐偃要求退隱而還璧玉。公子投璧玉於河，誓與狐偃同心。次月殺懷公而即位爲文公。呂甥和郤芮怕文公將對他們不利，密謀燒公宮、殺文公。寺人披得知而請見文公，文公派人責其兩番奉命而來殺他，都兼程提早趕到。寺人披說：「臣原以爲國君這次回來，已經知道爲君之道了。如果還沒有，還有災難會到來。執行國君的命令，只有一心一意，這是古來的禮制。除去國君所惡的人，只有全力以赴，蒲人和狄人，對我來說算什麼呢？你現在當了國君，難道就沒有處於對立地位的蒲、狄嗎？齊桓公把射鉤的私怨放到一邊，而讓管仲輔助他，君王如果不作此圖，我自己會走，不必您下令，而且走的人會很多，哪裏只是我這個受過宮刑的人？」晉文公立刻接見他，他便說出呂甥和郤芮要叛變的事，晉侯終免於難而二人爲秦穆公所誘殺。另外，晉文公原有個小跟班—頭須，是管理財物的，當晉侯流亡在外的時候，頭須私取財物逃走，用那些財物設法讓文公回國。等到文公回來，頭須請見，晉侯推說正在洗頭不見客。頭須說：「洗頭時心是倒過來的，心倒過來意圖也就反過來了，難怪我不被接見。留在國內的人守衛國家，跟隨在外流亡的人是親近的僕役，都是有貢獻的，何以要怪罪留下來的人呢？國君記匹夫之仇，怕的人可就多了。」僕人轉話給晉侯，晉侯立刻接見了他。

晉文公自出亡至於霸天下，拔身流離阨困之中，而成閎大豐顯之業，一時諸臣狐、趙、胥、郤推挽翊贊之功居多焉，疇諸臣之功次者。文公未入之前，必以反晉之謀爲冠；文公既入之後，必以城濮之戰爲冠。吾獨以爲反晉之功，不若去齊，而城濮之諸將，序績論勳，曾未及寺人披頭須之萬一也。

天之生物，自蘗而條，自華而實，特造化之小者耳。霜焉雪焉，勁烈刻厲，翦擊其枝葉，剝傷其膚理，然後能反膏收液，鬱積磅礴，發而爲陽春之滋榮，此天下之大造化也。必有大彫落，然後有大發生；必有大摧折，然後有大成就。文公安齊之富，無復四方之志，苟從行諸臣亦徇其欲，則終身營丘❶一布衣耳。幸而從行者識高慮遠，謀於桑下，載而去齊，奪其燕安之雨露，而壓以禍患之雪霜。激之觀浴沃盥，以起其憤；激之鄭文子玉，以作其憂，乃切乃磋，乃琢乃磨，向來弛墮驕怠之氣掃除咸盡，霸心勃然而生。朝於武宮，不失舊物。向非奪其安齊，亦安能進文公之志而霸之耶？文公始所以眷眷於齊者，屬意於二十乘之馬耳，從者奪文公二十乘之馬，而與文公全晉四千乘之賦，使之棄鴻毛而得泰山，可謂知取予矣。苟不去齊，烏能入晉？然則策復國之勳，安得不以去齊為首乎？

文公既入晉，席未及煖，已忘其初，於寺人披頭須之見，忿然有不平之心。若肆行忿戮，則懼者甚眾，雖幸免焚宮之變，安知他日無蒯聵戎州之釁❷乎？賴披與須力抗危言以警之，文公一聞其警，忿戾俱消，變淺陋褊急之襟量，為廣大易直之規模。隆寬盡下，人皆思奮，以取城濮之勝，豈非披與須一警之力乎？回萬里之迷途者，一呼之力也；瘳十年之廢疾者，一鍼之力也；登五霸之盛烈者，一警之力也。自披、須而視城濮諸將之功，則我源而彼流，我根而彼榦。其小大輕重判然矣。此吾所以高披須而下城濮也。

文公方安其小，遽奪之而使不得安於小；文公方驕其大，遽警之而使不敢驕於大。奪於前而警於後，置文公於不得不霸之地。信矣！諸臣之功也。雖然，此非專諸臣之功也，其本實在於文公焉。文公當出亡之初，不校君父之命，既有君人之資矣。其未安齊之前，危於渭濱❸，餓於五鹿，所以動心忍性，增益其所不能者，亦非一日也。雖時有所蔽，一奪一警，初心遽還，遷移改悔，速不容瞬。若文公先無所資，二三臣者雖有斡旋之妙用，亦安所施乎？其君有如是之資，其臣有如是之用，乃僅成霸業而止，此吾所以爲文公恨也！洙泗之濱，席間函丈，聖化天運，奪子貢之學而一貫自通❹，奪顏淵之才而卓爾自見❺。或謦或咳，或顧或盼，或語或笑，一警之下，萬慮消亡。吾未嘗不恨文公生夫子之前，而又自恨今之學者生夫子之後也。嗚呼！夫子則遠矣，乃若夫子之神化，蓋通萬世古今爲一爐冶，初未嘗息也，孰謂吾生之晚乎？

【註釋】❶營丘 地名，周封姜太公於營丘，至春秋齊獻公徙於臨淄。❷蒯聵戎州之釁 蒯聵爲衛莊公，在其在位第二年（西元前四七八年），毀戎州聚落並掠其財物，又剃戎州己氏之妻的美髮，做爲其夫人之假髮。莊公又役匠人使其不得休息，又欲逐石圃。石圃乃率匠人反叛，莊公倉皇而逃，跌斷了大腿。入戎州己氏家求救，而爲其所殺。見《左傳》哀公十七年。❸危於渭濱 晉惠公卽位後，重耳和狄君田獵於渭水之濱，惠公派寺人披去殺重耳。見《左傳》僖公二十四年。❹奪子貢之學而一貫自通 子貢卽端木賜，小孔子三十一歲，子貢利口巧辭，孔子常黜其辯，子貢長於經商，而受業於孔子。所以說奪其學。❺奪顏淵之才而卓爾自見 孔門弟子中顏回才高好學，最爲孔子所贊美，但顏回對孔子有

「既竭吾才，如有所立卓爾」之歎。見《論語．子罕》。

【語譯】晉文公從逃亡在外，到稱霸天下，從流離困窮之中，力爭上流，完成宏顯豐偉的大業。當時諸臣狐偃、趙衰、胥臣、郤縠扶持贊助之功最多，早先諸臣的功勞就居次了。那是因為文公在還沒有入晉得位之前，必以回晉得位的謀略最為重要。文公已入晉得位之後，必以城濮之戰最為重要。我倒以為協助回國得位的功勞不如策畫離開齊國的功勞，而城濮之戰的將領們，論功績勳業，實在不及寺人披和頭須的萬分之一。

上天生長植物，從萌芽而成枝幹，從開花到長成果實，這只是天地間的小造化而已。降霜下雪、勁烈苛厲，侵襲殘害它的枝葉，剝傷它的表皮和內理，然後反而滋潤它的生命力，盛發其蓄積的旁薄氣勢，而成為陽春的繁花，這才是天下的大造化。必先有大凋零大敗落，才有壯盛的發芽滋長；必先有大摧殘大折損，才有偉大的成就產生。文公安享齊國所給予的富饒，不再有揚名四方的心願，如果跟隨的臣子也都順著他的意圖，那他一輩子只是營丘的一個普通人而已。幸而跟隨的人見識高、思慮遠，在桑樹下策畫，載著他離開齊國，奪去如雨如露的安樂滋潤，引來如雪如霜的禍患壓迫。以曹共公觀浴受辱和懷嬴沃盥自囚激發他奮勵之志，以鄭文公不禮和子玉請殺激起他憂患意識，於是像玉石一再切磋琢磨，把以前鬆弛墮落驕矜怠惰的氣習掃除淨盡，稱霸的雄心壯志，勃然而生。回到祖廟拜見祖先，舊有之物完好無缺。在此之前，如果不去除他安於齊國的念頭，又怎能激發文公之志而完成霸業呢？文公當初之所以留戀於齊國，是得意於他有二十輛兵車的馬匹，跟從的人讓文公失去了二十輛兵車的馬匹，而給了他整個晉國四千輛兵車的馬匹；讓他捨棄了鴻毛而得到泰山，可以說很懂得取捨之道了。如果不離開齊國，又怎能回到晉國？那麼策畫文公復國的功勳，怎麼不是以離開齊國最為重要呢？

仇心態。如果任意殺戮洩憤，那麼會引起眾人的恐慌，就算他能在焚宮叛亂中，倖免於難，又怎麼知道他以後不會遇到蒯聵戎州之禍那樣的事呢？幸賴寺人披和頭須坦率不避危難而直言警告他，文公一聽到警告，憤忿乖戾之氣全消，改變淺陋狹隘的心胸，爲廣大平直的風範。寬厚待人，使人們都奮發想有所作爲，終於得到城濮之戰的勝利，這難道不是寺人披和頭須警告的力量才造成的嗎？喚回迷途於萬里之外的，是呼喚的力量；治好十年痼疾的，是一根針灸的力量；登上五霸盛功偉業的，是這警告的力量。以寺人披、頭須來看城濮之戰諸將的功勞，那麼我是源頭而他們是末流，我是根本而他們是枝榦。其間大小輕重的差別就很清楚了。因此我才特別推崇寺人披和頭須，而貶抑城濮的戰功。

當文公安於小境界的時候，突然除去它，使他不能再苟且自安；當文公驕矜自大的時候，突然警告他，使他不敢再驕矜自滿。奪之在前而警告在後，使文公到不得不稱霸的境地。這眞的是諸臣的功勞。雖是如此，這也不完全是諸臣的功勞，根本還是在文公自己。當初文公要流亡在外的時候，不肯與君父之命對抗，已經有了爲人國君的條件了。在他沒有苟安於齊國之前，在渭水邊遇到危難，在衛國五鹿受到飢餓，都是用來激勵他的心志，堅忍他的性情，增加他所欠缺的能力的，這也不是一天的事。雖然在這期間，有時被蒙蔽了，但是或奪除、或警告，使他立刻復其本心，卽改動或悔改，在極短的期間內完成。假使文公原先沒有具備美好的資質條件，這兩三位臣子雖然有扭轉的妙用，又如何施展呢？國君有這樣的資質條件，臣子有這樣的扭轉妙用，卻僅能止於建立霸業，這正是我爲文公感到憾恨的呀！

在洙水泗水之濱，師生相對坐於一丈之間，聖人教化如天體運行，讓子貢棄其所學以忠恕貫天下之道，讓顏回盡其才力，仍感到卓立於前，循循善誘，令人欲罷不能。在咳嗽之間、顧盼之間、笑語之間，一個警告就讓上萬個憂慮消除殆盡。我沒有不感憾恨的是：文公生在孔子之前，未能接受孔子之教；而又自恨當今的學者生於孔子之後，未能親受孔子的教誨。唉！孔子的時代已經很遙遠了，至於孔子的神奇教化，是通古今萬世於一爐，從沒有止息過，誰說我們生得太晚了呢？

【研析】晉文公在外流亡十九年，後來之所以能得國建霸，在於他得人。得能臣之佐助而成就大業，在《左傳》僖公二十三年敍重耳出亡時，已有所指陳，更藉僖負羈之妻、叔詹及楚成王之口，極力稱許那些隨從之臣。呂氏刻意推崇他離開齊國的謀略，以它和寺人披、頭須的諫言示警為首功。不強調先軫在城濮之戰的權謀運用，而強調寺人披和頭須的諫言，是文章的特出處，也正反映了宋代重謀臣而輕武將的時代特性。

文章以「返晉之功不若去齊」和「城濮諸將之功不如寺人披及頭須」點題。第二段從天地對萬物的造化，說明大摧折才有大成就，說明重耳去齊，置之死地而後生，是復國的關鍵。第三段說明重耳返國，不免驕矜自滿，幸賴寺人披和頭須，使他有廣大易直的規模。第四段則強調重耳自身具有的資質條件，是一切的基礎，但也感慨有君如此、有臣如此，卻只能建霸，不能行王道，深為可惜。最後一段是申論，惜晉文公未能受孔子教化，引出後代學者未能受孔子親炙，未嘗不恨其生也晚，然後卻說孔子神化，治萬世古今為一鑪，所以並不嫌其生也晚。最後極力推崇孔子，對後世學者之幸與不幸的展轉反復，用筆極為靈活。

末段用引申餘論的方法，固然可以把文章的主題擴大，但容易造成離題，所以不可不慎。古代科考文章，常以頌聖作結，所以如此引申，是很容易讓人接受；但今天文章如此撰寫，容易成為疵病。所以下結論時，如非其間分寸能把握得宜，否則這種引申推論之法，寧可不用，以免弄巧反拙。

晉文公秦穆公賦詩僖公二十三年

晉侯享公賦詩文公三年　甯武子來聘公賦詩文公四年　荀林父賦詩文公七年　鄭伯宴公賦詩文公十三年　公享季文子賦詩成公九年　公享范宣子賦詩襄公八年　叔孫穆子賦詩襄公四年　高厚歌詩襄公十六年　穆叔賦詩襄公十六年　公享季武子賦詩襄公十九年　晉侯鄭伯賦詩襄公二十六年　慶封來聘賦詩襄公二十七年　鄭七子賦詩襄公二十七年　薳罷賦詩襄公二十七年　穆叔食慶封誦詩襄公二十八年　令尹趙孟賦詩昭公元年　穆叔子皮賦詩昭公元年　季武子韓宣子賦詩昭公二年　楚子賦詩昭公三年　鄭六卿賦詩昭公十六年　小邾穆公季平子賦詩昭公十七年　宋公賦詩昭公二十五年

【題解】先秦讀詩，用以專對，在當時外交場合，都以詩賦志，如果不懂詩，將無以言。當時賦詩見志，全是斷章取義。魯僖公二十三年（西元前六三七年），秦穆公將送晉公子重耳入晉即位，於是宴饗重耳。狐偃認爲趙衰比較有文采，要趙衰跟隨。重耳在宴席上賦〈河水〉詩，以海比喻秦，表示自己返國之後，會朝事於秦。秦穆公賦〈六月〉，因爲這首詩有「王于出征，以匡王國」，第二章說：「以佐天子」。第三章有「共武之服，以定王國」，是以匡佐天子相期許，所以趙衰說：「重耳拜賜」，重耳趕緊降階稽首。《左傳》記載賦詩者很多，呂氏列出以上二十三則，其實並沒有全部列出，如定公四年秦哀公爲申包胥賦〈無衣〉，便沒有列入。

漢以後以《詩》爲經，一改往昔「以《詩》爲己意之註腳」的用詩方法，而成爲「以己意爲《詩》之註腳。」於是加以深求，不免穿鑿附會，弊病百出。呂氏爲此痛下針砭，所以雖然以賦詩二十三事爲題，卻在論《詩》學，而不在論其事。

至理之所在，可以心遇而不可以力求。斷編遺簡，呻吟諷誦，越宿已有遺落，至於塗歌里詠，偶入吾耳，則雖終身而不忘。天下之理，固眩於求而眞於遇也。理有觸於吾心，無意而相遭。無約而相會，油然自生，雖吾不能以語人，況可以力求乎？一涉求於，雖有見非其正矣。日用飲食之間，無非至理，惟吾迫而求之，則隨得而隨失，研精極思，日入於鑿，曾不知是理交發於吾前，而吾自不遇。是非不用力之罪也，乃用力之罪也。天下之學者，皆知不用力之害，而不知用力之害。苟知力之不足恃，盡黜其力，而至於無所用力之地，則幾矣。

二帝三王之《書》，犧、文、孔子之《易》，《禮》之儀章，《樂》之節奏，《春秋》之褒貶，皆所以形天下之理者也。天下之人，不以理視經，而以經視經，刳剔離析，彫繢疏鑿之變多，而天下無全經矣。聖人有憂焉，汎觀天壤之間，蟲鳴於秋，鳥鳴於春，而匹夫匹婦懽愉勞佚，悲怒舒慘，動於天機不能已，而自泄其鳴於詩謠歌詠之間，於是釋然喜曰：「天理之未鑿者，尚有此存。」是固匹夫匹婦胸中之全經也，遽取而列諸《書》《易》《禮》《樂》《春秋》之間，并數而謂之六經。羈臣賤妾之辭，與堯、舜、禹、湯、文、武之格言大訓並列，而無所輕重。聖人之意，蓋將舉匹夫匹婦胸中之全經，以救天下破裂不全之經。使學者知所謂詩者，本發乎閭巷草野之間，衝口而發，舉筆而成，非可格以義例，而局以訓詁也，義例訓詁之學，至《詩》而盡廢。是學既廢，則無研索擾雜之私以累其心，一吟一諷，聲轉機回，虛徐容與，至理自遇，片言有味，而五經皆冰釋矣。是聖人欲以《詩》之平易而救五經之支離也，孰知後世反以五經之支離而變《詩》之平易乎？

蓋嘗觀春秋之時，列國朝聘，皆賦詩以相命，詩因於事，不遷事而就詩；事寓於詩，不遷詩而就事。意傳於肯綮毫釐之中，跡略於牝牡驪黃❶之外。斷章取義，可以神遇而不可以言求，區區陋儒之義例訓詁，至是皆敗。春秋之時，善用詩蓋如此！當是時，先王之經浸墜於地。《易》降於卜筮，《禮》墜於僭，《樂》流於淫，史病於舛。雖名聞諸侯如左史倚相❷者，亦不過以誦說《三墳》《五典》《八索》《九丘》❸為能，獨賦《詩》尚未入於陋儒之學。是先王之教，未經踐躪巋然獨全者，惟〈風〉〈雅〉〈頌〉而止耳。此孔子所以既論之六經，而又以首過庭之問❹也。火於秦，雜於漢，別之以齊魯，汩之以讖緯❺，亂之以五際❻，狹之以專門，銖銖而析之，寸寸而較之，豈復有《詩》？噫！安得春秋賦詩之說語之？

【註釋】❶牝牡驪黃　指非本質的表面現象。秦穆公派人求馬而得於沙丘。穆公問什麼樣子的馬？對方說：「牡而黃。」派人去取，竟是「牝而驪。」這故事本指求駿馬不必拘泥性別及毛色。後指無關宏旨的表象。見《淮南子・道應》。❷左史倚相　楚國左史倚相，周景王稱許是良史，能讀《三墳》、《五典》、《八索》、《九丘》。見《左傳》昭公十二年。❸三墳五典八索九丘　皆相傳的古書。後人附會，稱《三墳》爲伏羲、神農、黃帝之書；《五典》爲少昊、顓頊、高辛、堯、舜之書；《八索》乃八卦之說（或謂八王之法）；《九丘》爲九州之志（或謂九州亡國之戒）。❹首過庭之問　孔子在堂上，他的兒子鯉走過庭院，孔子問他學《詩》了沒有？並告訴他：「不學《詩》，無以言。」第二次問他學禮了沒有，又告訴他：「不學禮，無以立。」見《論語・季氏》。❺讖緯　讖書和緯書的合稱。讖緯起於秦，大盛於東漢，王莽篡位及劉秀起兵，都利用它以籠絡人心。緯書附會六經，讖書更誕妄，詭爲隱語，預決吉凶。曹魏以後，皆以爲禁，隋煬帝派人四方搜書而焚毀並將人處死，才漸衰微。❻五際　《齊詩》說詩，附會陰陽五行，認爲每當卯、酉、午、戌、亥是陰陽終始際會的年頭時，政治上必然發生重大變故。說見《漢書・翼奉傳》注。

【語譯】最根本最極致的道理，是可以隨心領會，卻難以勉強探求。零散不全的典籍資料，吟哦朗誦，過了一夜就已忘了一些，至於在道路流傳的或鄉里所詠誦的歌謠，偶然聽到了，就可能一輩子都不會忘記。天下的眞理，有心追求時反而迷惑，無心巧遇才能眞領會。理引動了我們的心，無意間相遇，沒有約定而相會，油然而生，連我們都難以告訴別人，更何況怎樣去勉強追尋呢？一旦有心強求，就算有所見，也已經不是最正確的了。日常生活飲食之間，沒有不存在至理的，但我們迫切探求，就隨而有所得，也隨而有所失，竭力研究思考，逐漸穿鑿失眞，卻不知眞理交錯在我們眼前，而我們卻沒有能把握。這不是沒有努力的過錯，而是用力太過的過錯。天下的學者，都知道不努力的害處，卻不知道努力的害處。假使知道努力並不可靠，於是完全不勉力強求，而到無所努力的地步，那就差不多了。

堯、舜和商湯、文王、武王的《書》，伏羲氏、文王、孔子的《易》，《禮》記載儀禮典章，《樂》富節奏，《春秋》寓褒貶，都是形成天下至理的。但後代的天下人，不以理的觀點來看這些經，而以經籍文章的觀點來看這些經，於是割剖分析、雕飾美化、穿鑿附會、變化巧詐，而天下就沒有完好的經了。聖人感到憂慮，於是觀察天地之間，蟲在秋天悲鳴，鳥在春天歌唱，而凡夫凡婦的歡欣、勞苦、逸樂、悲傷、憤怒、舒揚、慘淡，都出於自然的造化是不可能阻止的，自行發舒於詩歌謠詠之間，於是放心而高興地說：「天理還沒有被穿鑿破壞的，惟有在這兒被保存著。」這原本是凡夫凡婦胸中的全經，突然取它排在《書》、《易》、《禮》、《樂》、《春秋》之間，合計而稱爲六經。羈旅之臣和卑賤之妾的言辭歌詠，和堯、舜、禹、湯、文、武的格言訓誥並列在一起，不分輕重。聖人的意圖，大概是要用凡夫凡婦胸中的全經，來補救天下那些被割裂殘破的經書。使讀書人知道：那些所謂詩的，原本就是產生在里巷田野之間，脫口而出，提筆而成，不能用義例來訂定規格，不能用訓詁來限制，那些講究體例規格和文字解釋的學術，在《詩》就完全派不上用場。這些方法既然不用了，那麼就沒有繁雜的探索研究來煩心，在吟咏諷誦時，隨著音聲流轉，天機回現，在從容優游之中，那些最根本最極致的道理，自然隨心領會，隻言片語都雋永有味，而五經的壁壘也消散於無形。所以聖人是想用《詩》的平易以挽救五經的支離破碎，誰知後代反而以五經的支離破碎來改變《詩》的平易呢？

我們可以看到：春秋時代各國之間朝會聘問，都要賦詩以傳達命令或旨意，論事借用詩句，但不遷就詩句來論事；論事寄寓於詩，但不遷就事情而論詩。意旨傳達中肯而精微，跳脫於雌雄黑黃等表面形相之外。截取其中一章或一句的意義，可以心神領會而不可用言語說明。淺陋的小儒，他們那些體例解析和字句注釋，到此完全廢棄。春秋時代善於用詩到如此的境地！在那個時候，先王的經典漸趨沒落。《易》落入卜筮之術，《禮》因僭越而敗壞，《樂》流於淫蕩，史書有乖戾之弊。雖然在諸侯之間很有名望的楚國左史倚相，也不過是以能够誦說《三墳》、《五典》、《八索》、《九丘》被贊許，惟獨《詩》還沒有成爲淺陋小儒的研究範圍。所以先王之教，沒有被糟蹋蹂躪而屹立獨存的，只有〈風〉、〈雅〉、〈頌〉而已。這正是孔子所以會在討論六經之外，在兒子走過庭院時問他有沒有讀過的第一本經典。《詩》在秦的時候被焚燒，在漢的時候很混雜，分別了齊家的《詩》學和魯家的《詩》學，又把讖緯之說混雜其中，以「五際」之說紛亂它，用專門術語狹隘了它，做一銖一毫的精微分析，做一分一寸的細密比較，這哪裏還是《詩》呢？唉！怎麼不用春秋時代賦詩的說法來告訴他們呢？

【研　析】本篇是呂氏提出對《詩經》的看法。

第一段強調天下至理可遇而不可求。以爲至理高妙，不可言詮，頗受《莊子》及當時禪宗的影響。呂氏爲了否定漢儒瑣碎的考證，不惜以佛、道之說，爲其立論的依據。第二段以《詩經》不是先王之言而出於匹夫匹婦之口，說明聖人以它爲經典的原因。這段敍述並不合歷史的事實，卻力圖自圓其說。後題。呂氏之說不免是穿鑿巧說。第三段以春秋時代賦《詩》言志，才是得《詩》之精髓，後代學《詩》過於穿鑿，對齊《詩》五際之說，極力抨擊。

這是漢儒重義例訓詁，與宋儒重義理探求之爭，呂氏雖力圖自圓其說，但事關「讀書是否該力求」的一般問題，以及經學史的問題，呂氏之說都有待商榷。不過他以春秋時代賦詩爲話題，引入有關《詩經》的論述，卻在結束時又回扣題目的文章作法，倒很有觀摩的價值。

卷十四

介之推不言祿

僖公二十四年

【題解】魯僖公二十四年（西元前六三六年），晉公子重耳入於晉而即位，是爲文公。文公賞賜跟隨他逃亡的人，介之推沒有去表功，所以沒有得到祿位。介之推說：「獻公有九個兒子，如今只要國君在世，惠公和懷公沒有人親附他，晉國內外都背棄他，但上天並沒有要滅絕晉國，必定會有君主出來。主持晉國祭祀的人，不是當今國君的話，又還有誰呢？這實在是上天立他爲君，而他們卻以爲是自己的力量，這不是騙人嗎？偷別人財物的，尚且叫做盜，何況那些貪天之功以爲是自己力量的人呢？在下位的人把罪過當做合宜，在上位的人對姦邪的人加以賞賜，上下相欺蒙，這是很難和他們相處的呢！」他的母親說：「你爲什麼不也去求賞？被遺忘而死，又能怨誰？」介之推回答說：「明知道他們錯了，而又去仿效，就罪加一等了。何況我口出怨言，就不該去領他的俸祿。」他母親又說：「讓他知道一下，怎麼樣？」介之推說：「言語是用來裝扮自己，我自己將要隱藏起來了，何必裝扮呢？裝扮是在顯露自身啊！」他母親說：「你能這樣的話，我就和你一起隱居。」於是隱居而死。晉侯找不到他，就以緜上作爲他的封田，並且說：「用這來記我的過失，並表揚好人。」

呂氏針對《左傳》有關介之推的記載，認爲介之推是借理而逞怨，所以迹高而心卑，形清而神濁。

居爭奪奔競之中，而見曠逸高世之舉，囂塵滯慮，一掃而空，心開目明，頓還舊觀。暑風旱雨，不足以喻其快也；渴漿飢炙，不足以喻其美也；沂浴雩游❶，不足以喻其清也。晉文公反國之初，從行諸臣，駢首爭功，子犯之受璧❷，顛頡魏犨之縱爇❸，要切狠戾，有市人之所不忍爲者，而介之推獨超然處衆紛之外，孰謂此時而有此人乎？是宜百世之後聞其風者，猶咨嗟歎頌而不能已也。雖然，盜蹠之風不足以誤後世，而伯夷之風反可以誤後世；魯桓之風不足以誤後世，而季札之風反可以誤後世。凡人之情，旣惡之則必戒之。其所以陷溺而不知非者，皆移於所慕也，然則介之推之失，其可不別白以警後世乎？

推尤諸臣之貪功，其言未必非也，其言之所自發則非也。使晉文賦之以祿，推以此爲辭，祿之言雖不盡中理，猶不失爲狷介也。今旣不得祿而爲此言，則是借正義以泄私怨耳。向若晉文位定之後，首行推之賞，置之狐趙之間，吾不知推之發是言乎？不發是言乎？竊意斯言之未必發也。推之言不在於祿方賦之初，而在於祿不及之後，吾固疑推之不主於理，而主於怨也。怨而忿詈，未足多責，惟不明言其怨，而借理以逞怨者，君子疾之。時不我用，必曰：「此時不可進也。」未嘗肯明言吾怨時之遺我也。始若見用，則必不爲此言矣。人不我舉，必曰：「此人不足附也。」未嘗肯明言吾怨人之棄我也。始若見舉，則必不為此言矣。同是時也，用我則為治，不用我則為亂；同是人也，舉我則為賢，不舉我則為愚，何其無特操耶！此君子所甚疾也。

吾固疑推之未免乎借理以逞怨也。推，高士也，未易以凡心窺，利心量也。事固有外似而中實相遠者，安知推之果出於怨也？推，吾所敬也，因其似而加推之罪，非惟不忍，亦不敢也！以怨斷推之罪，非吾之言也，乃推之言也；非推之言也，推母之言也。推自謂：「既出怨言，不食其食。」其母亦曰：「盍亦求之？以死誰懟？」母子之間，眞實底蘊舉皆披露，推安所逃情乎？推若果以從亡之臣為不當賞，則狐趙從亡之臣也，己亦從亡之臣也，其不賞均也，文公之賞狐趙固濫而可責也。賞者為濫，則不賞者乃理之常也。是文公失之於狐趙，而得之於我也。君待我以常，我自安其常，怨何為而生？身何為而隱乎？是非無兩立之理，賞者是，則不賞者非；賞者非，則不賞者是。今推既咎文公之濫賞。又咎文公之不賞，此近於人情乎？吾是以知推之言，特借理而逞怨也。

天下固有迹高而心卑，形淸而神濁者矣，如推之徒是也。聚爭名者於朝，聚爭利者於市，山之巔，水之涯，忽遇如推者焉，非不蕭然可喜也。怨心內積，則林麓未必非幽縶之網，澗溪未必非忿激之聲也，吾未見此之果勝彼也。

【註釋】❶沂浴雩游　依《水經注》，沂水北對稷門，一名高門，一名雩門，南邊隔水有雩壇，壇高三丈，在今曲阜縣南。因爲孔門弟子子路、曾皙、冉有、公西華侍孔子，各言其志，曾皙說：「暮春者，春服既成，冠者五六人，童子六七人，浴乎沂，風乎舞雩，詠而歸。」爲孔子所稱許，所以以此爲清爽的典範。❷子犯之授璧　在晉文公渡黃河，得位在望的時候，狐偃以退爲進，將早年公子給他的璧玉奉還，說流亡期間常得罪公子，希望此時遁隱，害得文公投璧於河，發誓以後不會辜負他。見《左傳》僖公二十四年。❸顚頡魏犫之縱爇　晉文公得位後第四年，攻曹伐衛。入曹，令人不得入僖負羈之宮，以報送食物及璧玉之恩，但顚頡及魏犫二人以爲從亡之功不報，報什麼一飯之恩，所以火燒僖負羈。見《左傳》僖公二十八年。

【語譯】居處在爭奪競取的環境，看到超然脫俗的行爲，那塵俗的喧擾困惑，便一掃而空。心胸爲之開朗，眼睛爲之一亮，一下子回到清明之境。熱天得涼風，苦旱逢甘霖，都不足以比喻它的愉快；口渴時的瓊漿，飢餓時的烤肉，都不足以比喻它的美妙；在沂水沐浴，在舞雩臺悠游，都不足以比喻它的清爽。晉文公回國即位的時候，當年跟他流亡在外的臣子，並爭功勞，子犯送還璧玉，顚頡和魏犫放縱而燒人，以邀功之切，以及其兇狠乖張，連市井小人都做不出來，而介之推超然於眾人紛擾之外，誰知道在這時候會出現這種人呢？也該當在百世之後聽到他風範的人，還會爲之嗟歎贊頌不已。雖是如此，但盜跖的作風不足以貽誤後世，而伯夷的風範反而可能貽誤後世；魯桓公的作爲不足以貽誤後世，而季札的風範反而可能貽誤後世。大體人之常情，既然鄙惡它，就會以此爲戒。人們之所以會沈溺而自己不知道錯了，都是受到所仰慕的對象變移的結果，那麼有關介之推的錯失，又怎麼能夠不辨別清楚以警告於後世呢？

介之推怪罪諸臣的貪功，他說的話未必是不對的，但他說那些話的出發點是不對的。假使晉文公賞給他祿位，介之推說這些話加以推辭，雖不見得完全合於中正之理，但仍不失為潔身自守之道。如今既然在得不到祿位之後，才說這些話，那便是借正義的言辭來發洩個人的怨怒了。假使早先晉文公在定位之後，便向介之推封賞，讓他和狐偃、趙衰居於相當的地位，我們就不知道介之推會說那些話呢？還是不會說那些話呢？我倒以為那些話是不會說的。介之推的話不說在祿位分封之前，而在他沒有封到祿位之後，所以我懷疑介之推不因理而發，而是因怨而發。有了怨憤而怒責，並不能加以責怪，只是不明白說出他的怨怒，卻借用道理來發洩怨怒的人，是君子所憎惡的。不受重用於當時，一定說：「這時代不能有所作為。」不肯明白地說：「我怨恨這時代遺棄了我。」假使一開始就受重用，就一定不說這些話了。人家沒有推舉我，一定說：「這個人不能依附他。」不肯明白地說：「我怨恨人家遺棄了我。」假使一開始就推舉我，就一定不說這些話了。同是這個時代，重用我就說是治世，不用我就說是亂世；同是這個人，舉用我就說是賢人。不舉用我就說他愚蠢，是多麼沒有獨特的操守啊！所以才為君子所憎惡。

我懷疑介之推不免是借理來發洩怨怒。介之推是高尚的人士，不能隨便用凡夫的心態來看他，用求利之心來衡量他。事情本來就有外表看來相似而實際相差很遠的，怎麼知道介之推一定是出於怨恨之心呢？介之推是我所敬重的，因為相似而加罪給介之推，我不但不忍心，也不敢這麼做！用來判斷介之推出於怨恨而加罪給他，不用我的話，而是介之推的話；不用介之推的話，而由介之推母親的話。介之推自己說：「既然說出了怨言，就不再享用他的俸祿了。」他的母親也說：「為什麼也不去求個祿位呢？被遺忘而死了，又能怨誰？」母子之間，內心眞情完全流露，介之推怎能隱藏眞情呢？介之推如果以為隨重耳流亡的不應該賞賜，那麼狐偃和趙衰是跟隨逃亡的臣子，自己也是跟隨逃亡的臣子，不得到賞賜是公正的，文公賞賜了狐偃和趙衰，當然是浮濫而該責備的。賞賜流於浮濫，不賞賜是合於常理的。所以文公對狐偃趙衰錯了，對我就對了。國君待我以常理，我也安以爲常，怨怒之情如何產生呢？我又何必去隱居起來呢？是與非沒有同時共存的道理，賞賜的事對了，那麼不賞賜就錯了；賞賜的事錯了，那麼不賞賜就對了。如今介之推既怪罪文公行賞太浮濫，又怪罪文公沒有行賞，這近於人情嗎？我們由此可以知道介之推的話，只是借理來發洩怨怒罷了！

天下原本就有外表形迹高尚而內心卑劣的，形體潔淨而靈魂污濁的，像介之推這幫人就是了。在朝廷上聚集著爭名的人，在商場上聚集著爭利的人，在高山之上，在溪流之畔，忽然遇到像介之推那樣的人，無不感到超逸脫俗而可喜。但是如果內心積鬱怨怒，那麼林野山麓未嘗不是羈絆人身幽困心靈的世網，山澗溪流未嘗不都是激憤的聲音，我看不出這種人比爭名利的人高明到那裏去。

【研　析】狐偃授璧請亡，分明是以退爲進；介之推不言祿，才是眞正的功成身退。《左傳》詳寫介之推怨怒之言，一見狐偃之貪功，二見文公行賞不公，以爲往後魏犨和顚頡抗命的伏筆。但呂氏則執此怨言，揣摩介之推借理而逞怨，於是說他迹高而心卑，形淸而神濁，寫出與衆不同結論的文章來。他用「以子之矛，攻子之盾」的手法，數說介之推的罪名，雖然是「走偏鋒」，卻也言之成理，難以駁正。

第一段先標榜介之推的獨立特行，又立刻指出其失可能誤後世。一褒一貶，成尖銳對比，讓讀者驚愕不已，對下文產生強烈好奇心。第二段指出介之推責諸臣貪功，未必不對，但出發點不對，說他是借公理以逞私怨，爲君子所疾。其中推論一個人以自己是否受進用，以評斷是非是不對的，說得入情入理。第三段說明其所以指出介之推借公理逞私怨的根據，以《左傳》介之推母子對話爲中心，說明介之推是出於未受進用的私怨。第四段結論與首段呼應，首先肯定介之推有脫俗之舉，但又因他內心積怨，所以不見得強過聚求名利之徒。

呂氏慣常用誅心之法，對眾所推崇的人與事，作出不同的評價，本篇正是這一類的典型。

鄭伯使盜殺子臧 僖公二十四年

【題解】鄭國世子華想殺洩氏、孔氏、子人氏三族，意圖勾結齊桓公（見本書卷十〈齊桓公辭鄭太子華〉題解），後為鄭文公所殺，同胞兄弟子臧逃到宋國。事隔八年，因喜歡收集鷸毛冠的消息，為鄭伯所憎惡，讓人把他騙出來，在陳國和宋國交界的地方，把他殺了。君子說：「衣服不合適是身體的災禍。《詩・曹風・候人》說：『那個人啊，和他的服飾不相稱。』子臧的服飾就不相稱。《詩・小雅・小明》又說：『給自己留憂患』，也正合子臧。」《左傳》並沒有詳細說明收集鷸毛冠這麼一件小事，為什麼讓鄭文公動怒，竟把逃亡在外多年的兒子置之死地，呂氏說明鷸毛冠雖是導因，但其種因是子華事件，並藉根苗作譬喻，說明心念的起伏和怨怒的消釋之道。

物之有是根者，遇物必發。一粒之穀，投倉窖，歷歲月，混埃塵，焦槁頹敗，若無復有生意矣，偶得半犁之土，則芃芃覆塊，無信宿❶之淹。根在焉故也。是根苟存，倉窖所不能腐，歲月所不能隔，埃塵所不能淹，使與土相遇，其生意蓋森然而不可禦矣。生藏於一粒之中，無久無近，遇物則必發。

鄭世子華以賣國誅，其弟子臧出奔宋，竟坐聚鷸冠而爲鄭伯所殺。當見殺之時，去子華之誅殆將十年，而宋鄭之封疆亦不啻數百里也，風聲不相接，利害不相及，鄭伯之視子臧與塗人等耳。鷸冠之侈，第得於道路之傳，其在鄭伯，初無損益，以常情揆之，不過付之一笑耳。聞之非所怒也，怒之非所殺也。今鄭伯一聞鷸冠之侈，陰謀詭計，必置之死地而後止，何其喜怒之不類耶！

蓋鄭伯之怒，本不在冠也，特遇冠而發之耳。鄭伯殺子臧之根，固已萌於朋附子華之時矣，以國君而誅一亡公子，如孤豚腐鼠❷，何所不可，乃淹遲而不發者，非有所待也，時移地移，鄭伯固已忘其怒也。怒則忘，而怒之根不忘。未與物遇之時，固伏匿而不見，及鷸冠之傳，忽動其根，前日之積忿宿憾，一旦如新，非翦滅其身，不足以逞其毒，此所以罪之小而怒之大也。雖鄭伯亦自不能言其所以怒，況他人耶？自他人視之，則冠雖未必不附於孔門❸，貂蟬未必不貴於漢室❹。步搖之冠，飛翮之纓，未必不見奇於武帝❺也。聚鷸爲冠，豈有可怒之實耶？鄰人之笛，懷舊者感之❻；斜谷之鈴，愛溺者悲之❼。感在人而不在笛，悲在人而不在鈴。怒在人而不在冠也。以我之不怒，笑彼之怒，則過矣。

嗚呼！鄭伯之怒子臧，本於一念，而子臧朋附子華之邪志，亦根一念間耳。根於一念，遇物而發，雖事在十年之前，身居數百里之外，終不能免，其亦可畏矣哉。十年之久也，數百里之遠也，而忿怒之根終不忘，吾是以知怒之不可藏也；十年之久也，數百里之遠也，而邪慝之根終不忘，吾是以知邪之不可萌也。

嗚呼！去惡者其務去其根也哉？子臧雖欲遷善改過，以去邪慝之根，然鄭伯之怒，已根於胸中，其能保其遇物而不發耶？曰：鄭伯何爲而怒也？以子臧而發也。過在子臧，而怒在鄭伯，吾是以知人心固相通而無間也。子臧之過，既可以動鄭伯之怒，則子臧之改，獨不可以動鄭伯之喜乎？想子臧意方回於睢陽之野，而鄭伯之顏已解於溱洧之濱矣。心之相通，胡越無間，況父子間耶？

【註釋】❶信宿　連宿兩夜。原指軍隊住一夜稱爲舍，住二夜稱爲信，超過兩夜稱爲次。❷孤豚腐鼠　本作孤雛腐鼠，比喻微不足道的人或物。見《後漢書・竇憲傳》。❸冠雞未必不附於孔門　子路戴雄雞冠，所以說冠雞可入於孔子之門。見《史記・仲尼弟子傳》。❹貂蟬未必不貴於漢室　漢代武弁大冠，附蟬爲文，貂尾爲飾。見《後漢書・輿服志下》。❺步搖之冠三句　依《漢書・江充傳》，江充見武帝時，冠禪纚步搖冠，飛翮之纓，加以容貌壯，所以武帝見而異之。❻鄰人之笛懷舊者感之　晉向秀和嵇康是好友，嵇康長於音樂，後來被殺，向秀經其舊居，聞鄰人吹笛，聲音嘹亮，追想故友，而作

〈思舊賦〉。見《晉書．向秀傳》。❼斜谷之鈴愛溺者悲之　唐玄宗於天寶年間因安史之亂入蜀，初入斜谷，於棧道中聞鈴音與山相應，玄宗悼念楊貴妃，因而採其聲作〈雨霖鈴〉曲以寄恨。見《明皇雜錄補遺》。斜谷是終南山之谷，為川陝要道。

【語　譯】事物有其根源的，遇到有關事物，就一定有所發展。一粒米穀，放到倉庫地窖之中，經過相當的時間，蒙了塵埃，枯槁衰敗，好像沒有生意了，但偶然得半塊土壤，便蓬勃長出土外，沒有兩夜的停留。因為有根存在的緣故。只要根還在，倉庫地窖不能腐壞它，時間不能阻隔它，塵埃不能埋沒它，只要與土壤相遇，就生意盎然濃密而無法壓抑了。生命藏在一小粒之中，不論久暫，不論遠近，遇到有利之物就必茁壯。惡藏於一念之中，不論久暫，不論遠近，遇到相關事物就必發展。

鄭國世子華因出賣國家而被殺，他的弟弟子臧逃出到宋國去，後來竟然因為收集鷸毛冠而為鄭伯所殺。當他被殺的時候，離子華被殺都快十年了，而宋國和鄭國的疆土相隔也不止幾百里，聲息不相通，利害也不相牽扯，鄭伯看子臧就如同路人而已。聚集鷸毛冠的奢侈，陸續得自路上的傳言，這在鄭伯來說，原本沒有利也沒有害，以常情來看，不過是付之一笑而已，聽到了並不至於生氣，生氣了也不至於要殺他。現在鄭伯一聽到他搜集鷸冠的奢侈行為，便用陰謀詭計，一定要他死才肯罷休，這種喜怒反應是多麼不尋常啊！

鄭伯生氣，原本不在鷸冠的問題，只是遇到這件事而發作罷了。鄭伯殺子臧的根源，早在他和子華親近的時候就產生了，以國君去殺一個逃亡在外的公子，就像殺一隻豬，或死一隻老鼠一樣，無所不可，但拖延而沒有做，並不是為等待什麼，只是時過境遷，鄭伯早已忘去了他的憤怒。憤怒已淡忘，但憤怒的根苗並沒有忘除。沒有跟其他事情相遇的時候，就隱藏而不見，等到鷸冠的消息傳來，忽然引動了這個根苗，以前所累積忿怒和舊恨，一下子就像新恨一樣，不消滅他，就不足發洩其怨毒，這正是小罪過竟招致大怒的原因。雖然鄭伯自己，也都說不出為什麼憤怒，何況別人呢？別人來看這件事，戴雄雞冠未必不能進孔子之門；貂尾和蟬羽作為冠飾，在漢代很受貴重。行步就搖動的帽子，如蟬翼的帽纓，也讓漢武帝見而異之。所以聚集鷸毛而成帽子，哪裏有什麼好生氣的呢？鄰人吹笛，懷念故友的人為之感傷；斜谷的鈴聲，懷念深愛的人為之悲恨。令他感傷的是人而不是笛，令他悲恨的是人而不是鈴。所以令鄭伯憤怒的是人而不是冠。以我自己所不生氣，笑他怎麼就生氣了，是不對的。

唉！鄭伯對子臧生氣，只在於一念之間，而子臧親附於子華的邪惡之志，也根源於一念之間。根植於一個念頭，遇到某些事物而發作，雖然事情已在十年以前，人已在幾百里以外，還是不能免除，這也太可怕了。十年那麼長久，幾百里那麼遙遠，而忿怒之根始終忘除不掉，我們因此可以知道忿怒是不可能藏起來的；十年那麼長久，幾百里那麼遙遠，而邪惡之根始終忘除不了，我們因此可以知道邪惡是不可以產生的。

唉！除惡的人能除去其根嗎？子臧雖然想改過遷善，以除去邪惡的根苗，但鄭伯的忿怒，已根植在胸中，這能保障它遇到某些事物而不發作嗎？我們的回答是：鄭伯為什麼生氣的？是針對子臧而發怒的。錯在子臧，而發怒卻在鄭伯，我們因此可以知道人心原本相通而沒有間隙的。子臧的過失，既然可以使鄭伯動怒，那麼子臧的改過，難道就不能使鄭伯轉喜嗎？相信子臧回心轉意於宋國睢陽之野，鄭伯已轉怒為喜於鄭國溱洧之濱了。人心相通，北胡南越的人都可以沒有間隙，更何況是父子之間呢？

【研析】鄭公子臧因與世子華是同母所生，子華被殺，子臧奔宋，事隔八年，只因[illegible]

件，種下忿怒之根。根之未除，遇物必發，鷸冠只是所遇之物。要除去根，則必痛改前非。呂氏即以殺爲例，說明根遇物必發的道理爲其第一段，做爲本文立論的基礎。

第二段指出子臧因小罪而被殺，第三段指出子華事件才是根，在這一段舉出若干以動物爲帽飾的典故，說明這些原本不構成罪狀，又舉因笛感懷故友，因鈴悲悼所寵，說明文公所怒不在冠而在人。第四段感慨一念之恨，難以消除，以說明邪之不可萌。最後說明消除對方忿怒之根，首在改過遷善。

本文立論，原本平淡無奇，但以罪鷸冠者，非罪鷸冠，便有奇意加以借譬喻以增加說服力，借歷史故事以加強印證，還推論「邪之不可萌」，並以人心相通感應以說父子無間，使文章憑添不少波瀾。又以貂蟬與鷸冠相映，笛鈴二喻相對，增加了駢文的氣勢與韻味，都是值得注意的。

衛禮至殺邢國子

僖公二十五年

【題解】魯僖公二十四年（西元前六三六年），衛侯打算去攻打邢國，禮至說：「不去做他們的官，充當內應的話，是滅不了他們的。就讓我們兄弟去邢國做官吧！」於是前往邢國任官，次年衛軍攻邢國，禮氏兩兄弟陪同邢大夫國子在城上巡察，他們兩人左右挾持國子到城外，殺死了他，衛侯便消滅邢國。禮至在銅器上作銘文說：「我挾持殺死國子，當時沒有人敢來阻止。」

呂氏以爲禮至以辱爲榮，因左氏記載而遺臭萬年，於是肯定君子之論，卻又感慨後世對禮至那種人，卻贊頌有加，因此感歎世風日下及是非標準的混淆。本文大體從《孟子》所謂「善戰者服上刑」出發，不過孟子是基於仁政的提倡，呂氏則是強調信實品德的揄揚。呂氏更藉此感慨記史的人，寫戰將的戰功，有誤導的作用。

物莫壽於金石，言於千載之上，而傳於千載之下者，皆託金石以不朽。然金有時而銷，石有時而泐，其所託者，未必眞可恃也。一得其託，不銷不泐，視古今如旦暮者，果何物？曰：君子之論是也。

天下不見湯之盤，而能誦日新之銘者，託於《大學》也。天下不見周之量，而能誦文思之銘者，託於《周官》也。是則銘託於湯盤者，反不如託於《大學》之堅；銘託於周量者，反不如託於《周官》之固。君子之論其可恃，豈金石比耶？善託於君子之論固不朽，惡託於君子之論亦不朽。

衞禮至行險僥倖而取其國，恬不知恥，反勒其功於銘，以章示後世。人皆以禮至之惡，因金石而遺臭萬世也，抑不知禮至之惡，雖因金石而傳，不因金石而遠。自今而求禮至之所銘者，鼎耶？鐘耶？敦耶？鉶耶？而已滅已沒，化爲飛塵，蕩爲太虛，無絲髮之存矣。物不存則銘不存，銘不存則惡不存。然禮至之惡，播在人口，初不隨物而朽，吾是以知禮至之所以遺臭萬世者，非金石也，君子之論也。使幸而不爲《左氏》所載，則銘亡而惡亦亡矣，豈至於今日猶為人詆訶而不已耶？見辱於市人，越宿而已忘；見辱於君子，萬世而不泯。君子所以筆誅口伐於蓽門圭竇❶之間，而老姦巨猾心喪膽落者，恃此權也！遇伯樂者，駑駘之不幸；遇匠石者，樗櫟❷之不幸；遇左氏者，禮至之不幸。向若禮至之事，偶逃左氏之紀錄，其辱亦必有時而止矣，是舉衞國之嘲哂，不如左氏一字之辱也。

禮至之辱，雖他人為之汗顏泚顙❸，然至曷嘗自以為辱哉？想其顯書深刻之時，未必不願君子之紀錄也！以辱為榮，其無愧而不知恥，蓋不足多責。吾竊怪戰國秦漢以來，用兵者反覆狙詐，大率皆禮至之比，不特其人自矜其功，而作史者亦從而咨美頌歎之，以誇示來世，甚矣！風俗之日薄也。春秋之時，有一禮至，人固已指為異物，特書之以為笑端，孰知後世為禮至者，將千百而未已耶！又孰知後世執筆而記之者，亦禮至之徒耶！甚矣！風俗之日薄也。

抑吾有所深懼焉！讀左氏之書者，夫人而能笑禮至之妄也，戰國秦漢以來為將者，其視禮至相去幾何？然史之所載，閎麗雄偉，可喜可愕，讀史者奪於其辭，而眩於其實，未必不慨然慕之矣！同是事也，讀左氏之書，則隨左氏而輕之；讀後世之史，則隨史官而重之。吾心之真輕重安在耶？今日之游於書，他日之游於世，一也。游眾正之間，則見貪冒者賤之而不爲；游眾邪之間，則見貪冒者慕之而欲爲。人正亦正，人邪亦邪。正者難見，而邪者易逢，終必爲小人之歸而已矣，吁！可畏哉。

【註釋】❶篳門圭竇　本作篳門圭窬。語出《禮記·儒行》，篳門是荊竹編的門。圭窬是指鑿壁爲戶，上尖下方，像圭的樣子，用來形容貧窮的人所住的陋室。❷樗櫟　樗櫟本是兩種樹木的名稱，而《莊子》分別指不材之木，後來以此爲劣材的代稱，或比喻才能低下，也多用作自謙之詞。❸泚顙　顙頭出汗。語出《孟子·滕文公上》：「其顙有泚」。

【語譯】天下萬物沒有比金石壽命更長的，寫下語言文字在千年之前，而留傳於千年之後的，都是依託金石而得以不朽。但是金屬有時也會銷蝕，石碑有時也會裂散，那麼它藉以不朽的，就未必眞的可靠了。但有一種一旦得到依託，可不銷蝕不裂散，即使從古到今卻如從早到晚，究竟是什麼呢？答案是：君子之論。

如今天下人沒有見過商湯的沐浴盤，但能誦出「苟日新、日日新、又日新」銘文的，是依託在《大學》的緣故。如今天下人也沒有見過周的量器，但能誦出「時文思索，允臻其極」的銘文，是依託在《周官》的緣故。如此看來，銘文依託在商湯的沐浴盤上，不如依託在《大學》來得堅固永久；銘文依託在周量器上，不如依託在《周官》來得堅固長久。所以君子之論的可以依恃，哪裏是金石之類所能比擬呢？善言善事託於君子之論，固然可以不朽；惡言惡事託於君子之論，也一樣可以不朽。

衛國禮至冒險而求僥倖以滅人家的國，全然不知羞恥，反而刻銘文以記其功，炫耀於後世。世人都以爲禮至的惡行，會因刻於金石之上而遺臭萬世，卻不知禮至的惡行雖因金石而流傳，可是並不是因金石而傳於久遠。如今我們去探求禮至所刻的，是鼎呢？是鐘呢？或是盛黍稷的敦呢？還是盛菜羹的鉶呢？都已經消失湮沒，化為塵土飛揚在空中，沒有絲毫的形體存在於世了。器物不在了，銘文也就不在了；銘文不在了，惡名也就不存了。但禮至的惡名傳播於人的口上，並不隨著器物而消失，我們因此可以知道禮至之所以會遺臭萬世，並不是金石的緣故，而是由於君子論述的緣故。假使當初僥倖不為《左傳》所記載，那麼銘文不存，他的惡名也就不存了。怎麼會到今天還為人們所批評而沒完沒了呢？被市街上的人所羞辱，過一夜就忘了，被君子所屈辱，經萬世也不能消除。所以君子在蓬門陋室中用言語文字聲討惡人，讓那些大奸大惡的人為之膽破心驚，就是仗恃著這個權啊！遇到伯樂是劣馬的不幸，遇到良匠是劣材的不幸，遇到左氏是禮至的不幸。以前如果禮至的事，逃過左氏的記載，他的恥辱也就有消散的時候，因此，整個衛國人對他的嘲笑，還是不如左氏用一個字來貶辱他。

禮至的恥辱，雖然別人為他羞愧汗顏，但禮至何曾自以為恥辱呢？遙想當時公開寫出又深刻銘文的時候，未必不願君子來記載它呢！以恥辱為榮譽，不知道慚愧而又不知恥，說來也就不必多加責備了。我們只是奇怪戰國以至秦、漢以來，用兵的人都反覆無常又詭詐多端，大都是禮至這一類的人，他們不但自誇戰功，而寫歷史的人也跟著讚美他們，以誇耀於後世，風俗日漸澆薄實在太嚴重了。春秋時代有一個禮至，人們已指責他是怪物了，特此寫出他來作為笑柄，誰知後代像禮至那種人，還不止千百個呢！誰又知道後代記載歷史的人，也是像禮至那一類的人呢！風俗日漸澆薄實在太嚴重了。

我覺得還有更值得憂懼的呢！讀《左傳》的人會笑禮至的狂妄，但戰國、秦、漢以來，領兵為將帥的人，與禮至差別有多少？但史書所記載的，都宏麗壯盛，可驚可喜，讀史書的人，為其文辭所誤，不明其實情，未必不會慷慨仰慕他們呢！同樣的事，讀左氏的書，就隨著左氏而輕視他們；讀後世的史書，便隨著史官而推崇他們。我們內心推崇或輕視的標準，究竟在那兒？今天置身於書籍之中，跟以後置身於社會是一樣的。置身於許多正人君子之間，看見貪圖財利的人就會鄙夷他而自己不會做；但置身於許多邪惡小人之間，看見貪圖財利的人就會羨慕他而自己也想去做。周邊的人是正人君子，自己也成為正人君子；周邊的人是邪惡小人，自己也成為邪惡小人。可是正人君子難得一見，而邪惡小人卻隨時可見，那麼終究要成為小人了，唉！這太可怕了。

【研　析】《左傳》記載了禮至的行事及銘文，並沒有加以評論，呂氏以為褒貶自在言外，認定《左氏》貶禮至，再加以發揮而發抒其感慨。

首先以立功載於金石，原是求其不朽，可是金可銷、石可裂，不如君子之言。第二段以湯盤和周量為例，說明銘文於器物，不如託於君子之論。並說明託於君子之論，不論善惡，皆可以不朽，以為評禮至因《左傳》記其惡而遺臭萬年之張本。第三段論禮至之惡，本可因器物已失，而不傳於世，可是《左傳》記之，實為禮至之不幸，於是強調全衛國之嘲笑，不如左氏一字之辱，以呼應君子之論的偉大。第四段由禮至之辱，自不以為辱，慨歎是非之混淆，後世不但由禮至那種人擔任戰將，也由那種人記載史書。第五段則闡述後世史書貽誤世人，非常可怕。

呂氏強調人品之正，而貶兵家之詐，這和《孟子》所謂「善戰者服上刑」相仿。但指責史書記載戰功，貽誤世人，則為驚人之論，卻能說得入情入理，而為奇絕之文。

晉文請隧　啟南陽圍陽樊圍原問原守　並僖公二十五年

【題解】魯僖公二十五年（西元前六三五年），也正是晉文公回國得位的第二年，出兵平定王子帶之亂，迎回出奔於鄭的周襄王。襄王宴享晉文公，恩寵有加。文公請求死後能隧葬，襄王說：「那是王才可用的葬禮，在周王室還沒有被取代的時候，就有兩個王，該是叔父所鄙惡的。」所以沒有答應，但賜了陽樊、溫、原、欑茅之田，晉於是有南陽之地。陽樊不服於晉，晉出兵圍了它。倉葛大聲說：「以德行安撫中國，以刑罰威懾四夷，你們這樣做，難怪我們不服。住在這裏的人，誰不是王的親戚？難道要俘虜他們嗎？」晉侯於是放百姓出城。這年冬天，晉侯包圍原地，發令只帶三天的糧食。到了三天，原人不降，晉文公就要退兵，但諜報傳來，原快要投降了。軍吏說：「那就請暫且不退兵。」晉文公說：「信，是國家所寶貴的，百姓靠它得到庇護。得到原而失信，用什麼庇護百姓？那是得不償失的。」晉軍退三十里而原降。晉侯向寺人披問鎮守原地的人選，寺人披說：「以前趙衰帶著食物追隨您，在小路沒人看到的地方，餓了也不會去吃的。」所以文公就讓趙衰為原大夫。

呂氏批駁周襄王不許晉文公隧葬而賜予土地的作法，維護禮的形式，而忘了王者有千里之畿的實質，並強調這件事不能與孔子評仲叔於奚受賞相提並論。

言周秦之強弱者，必歸之形勢。其說蓋始於婁敬❶。敬之言曰：「周公營成周都雒，以為有德易以興，無德易以亡，不欲阻險令後世驕奢以虐民也。及周之衰，天下莫朝，周不能制，非德薄，形勢弱也。秦地被山帶河，四塞以為固，此所謂天府。」論周秦之形勢者，皆宗於敬，吾獨謂敬所見者，特平王之周耳，曷嘗見文武成康之周哉？敬以周之形勢為弱，秦之形勢為強，抑不知敬之所謂秦，乃文武成康之周也。文武成康之世，岐豐乃周之都，如敬之言「被山帶河，四塞以為固」者，蓋皆周之形勢。當是時，安得有所謂秦者耶？

迨至平王東遷，輕捐岐豐之地以封秦，遂成秦之強，是秦非能自強也，得周之形勢而強也。秦得周之形勢，以無道行之，猶足以雄視諸侯，并吞天下，況文武成康本之以盛德，輔之以形勢，其孰能禦之耶？是天下形勢之強者，莫周若也，敬何所見，而遽以弱名周耶？吾故曰：「敬所見者，平王之周，而未見文武成康之周也。」敬論周之形勢既謬，其論周之德益謬。

形勢與德，夫豈二物耶？形勢猶身也，德猶氣也，人未有恃氣之充，而置身於易死之地者；亦未有恃德之盛，而置國於易亡之地者。王者之興，其德必有以先天下，其形勢亦必有以先天下。文武成康之德，天下莫如也；岐豐伊雒之形勢，天下亦莫如也。兩盡其極，而未嘗有所隆殺也。君子無所不用其極者，隆其德而殺其形勢，是有時而不用其極矣，烏得為王者之道耶？陋矣哉！敬之論也。

非特敬為然，雖周之子孫莫不皆然。晉文公既定子帶之難❷，請隧❸以自寵。襄王弗許，曰：「王章也，未有代德，而有二王，亦叔父之所惡也！」與之陽樊、溫、原、欑茅之田。襄王之意，以謂吾周之為周，在德而不在形勢。典章文物之制，子孫當世守之，不可一毫之假人。至於區區土壤，吾何愛而以犯強國之怒耶？抑不知隧固王章也，千里之畿甸亦王章也。襄王惜禮文不以與晉，自謂能守王章，抑不知割地自削，則畿甸之王章既不全矣。惜其一而墮其二，烏在其能守王章耶？形勢猶身也，德猶氣也，披其肩背，斷其手足，自謂能守氣者，吾不信也。嗚呼！周自平王捐岐豐以封秦，既失周之半矣，以破裂不全之周，兢兢自保，猶恐難立，豈容復有所侵削耶？奈何子孫猶不知惜，今日割虎牢畀鄭，明日割酒泉畀虢❹，文武境土，歲朘月耗，至襄王之時，鄰於亡矣。又頓捐數邑於晉，猶棄糧於陳蔡之間❺，揮金於原曾之室，果何以堪乎？周之堙替至此，見之者皆為之憫惻，晉文乃忍於此時多取其地以自肥，亦猶奪糧於陳蔡之間，攫金於原曾之室，其亦不仁甚矣。噫！晉文獨非周之苗裔也？坐視宗國之危蹙，不能附益，反從而漁奪之，是而可忍，孰不可忍？議者反屑屑然論其伐原之信。問守之非，何其捨本而求末也！

晉文之不仁至是，固自不可以人理責，向使爲襄王者，知祖宗之地，尺寸不可以與人，以正義大法明告於晉，晉雖強暴，未必敢遽加無道於周也。雖然，仲叔於奚有功於衞，賞之繁纓，夫子以爲不如多與之邑❻。隧之與繁纓，不亦大乎？襄王重隧而輕邑，適合夫子之訓。夫子是，則襄王亦是；襄王非，則夫子亦非，必居一於此矣。曰：不類，仲叔於奚內臣也，雖多與之邑，猶衞地也；晉文公外臣也，朝受圖而夕設版矣，是不同。

【註釋】❶婁敬　齊人，漢五年，戍隴西，過洛陽，因虞將軍以衣褐見高祖，論德與形勢，謂秦地爲天府，主張建都咸陽。賜姓劉氏，拜爲郎中，號爲奉春君，使匈奴，以爲不可擊，乃被囚。及高祖被匈奴所圍，封爲建信侯，又獻策與匈奴和親，並徙列國豪傑居關中以備胡，均爲高祖所從。見《史記・劉敬傳》。❷子帶之難　王子帶是周襄王同母弟，通王后隗氏逐王。詳見本書卷七〈原莊公逆王后于陳〉題解。❸隧　隧葬，挖地道以棺柩入墓穴的葬禮。爲王者所用，其他諸侯墓小，棺柩由上而下懸入墓穴。❹割虎牢之地畀鄭二句　魯莊公二十一年（西元前六七三年）鄭伯與虢公，平王子頹之亂，惠王割虎牢以東給鄭國。以酒泉之地給虢公。❺陳蔡之間　孔子周遊列國，在陳蔡之間，楚派人聘孔子，孔子將往拜禮，陳蔡大夫怕孔子日後不利於他們，於是發徒役圍孔子於野。孔子不得行而絕糧，學生有因而不能起床的，孔子仍弦歌不衰。見《史記・孔子世家》。❻仲叔於奚有功於衞三句　衞國上卿孫良夫率兵伐齊而敗，爲仲叔於奚所救。衞侯要賞城邑給仲叔於奚。但他辭謝了，而要求使用諸侯的禮樂，以及繁纓等諸侯的裝飾，衞侯允許了。孔子聽見這件事，以爲不如多給他城邑，因爲器物和名號是不能隨便給人的，國家的名器用以體現禮制，失去它，便要政亡國亡。見《左傳》成公二年。

【語　譯】談論周和秦強弱的人，必然是歸結到形勢。這種說法是婁敬先提出來的。婁敬說：「周公建設成周，定都雒邑，認爲有德就容易興盛，無德就容易敗亡，不想利用地形的險要，讓後世子孫驕狂奢侈，以虐待百姓。到周王室衰微之後，天下諸侯都不來朝貢，周王室不能節制他們，並不是德薄，而是形勢微弱。秦國的地方，有高山包圍，有河流環繞，四周都有要塞，形勢鞏固，被稱爲天府。」談論周、秦形勢的人，都依循婁敬之說，可是我卻以爲婁敬所見的，只是平王時代的周王室，又何嘗看到文王、武王、成王、康王時代的周呢？婁敬以爲周的形勢弱，秦的形勢強，卻不曉得婁敬所說的秦，正是文王、武王、成王、康王時代的周。在文王、武王、成王、康王的時代，岐和豐是周的都城，像婁敬說：「有高山包圍，有河流環繞，四周都有要塞，形勢鞏固」的，都是周的形勢。在那時候，那裏有所謂的秦呢？

等到平王東遷，輕易放棄岐和豐的地區而封給秦，才促成秦的強盛，所以這原本不是秦國自己壯盛起來的，是得到周的險要形勢才強大的。秦得周的險要地勢，以暴虐無道推展其政治，還足以雄霸諸侯，併吞天下，何況那文王、武王、成王、康王，以盛德爲本，以形勢爲輔助條件，還有誰能抗拒他們呢？所以天下形勢最強大的，是沒有可以比得上周的，婁敬到底看到那一點，竟然以微弱來形容周呢？我因此才說：「婁敬所看到的，是平王時代的周，而沒有看到文王、武王、成王、康王時代的周。」婁敬論周的形勢既然已經錯了，他論周的德就更錯了。

形勢和德，難道是兩種不同的東西嗎？形勢好比人的身體，德好比人的氣，人們不會仗恃著氣的充沛，就把身體安置在容易死去的危險地區；也不會仗恃著德的盛美，就把國家安置在容易敗亡的地帶。

聖王的興起，他的德必超越天下，他的形勢也必超越天下。文王、武王、成王、康王的德，是天下人所比不上的；岐、豐、伊、雒的形勢，也是天下所比不上的。兩方面都到達極致，而不曾有所偏重和割捨。君子的要求沒有不要求極致的，如果推崇德業而捨棄形勢，那就成爲有的不要求極致了，這怎麼能得到王者之道呢？婁敬的論點實在太鄙陋了！

不但婁敬以爲這個樣子，連周王室的子孫也都如此。晉文公在平定王子帶之難後，請求死後能用隧葬以自重。周襄王不答應，他說：「這是王者的典禮，在天下沒有能取周德的時候，同時有二王，這該是叔父您所嫌惡的！」於是給了陽樊、溫、原、欑茅之地。周襄王的意思，以爲我周王室之所以有天下，是在於有德而不在於形勢。典章文物這些禮制，後代子孫應代代遵守，不可有一絲一毫借予他人。至於小小的一些土地，我何必愛惜而去觸怒那些強國呢？卻不知道隧葬固然是王者之禮制，王者管轄千里之田也是王者的禮制。襄王重視王者禮儀的形式，不答應晉國要求，自以爲能恪守王者的禮制，卻不知道割土地削減了自己，王者千里之田的禮制就破壞了。重視其中的第一項，而輕毀其中的第二項，怎能算是遵守王者的典章呢？形勢好比人的身體，德好比人的氣，一個人劈開他的肩背，斬斷他的手腳，自以爲能守住元氣的，我是不相信的。唉！周朝自平王放棄岐、豐封給秦之後，已失去周半個天下了，以殘破不全的周土，戰戰兢兢以求自保，都怕難以立足了，那裏還容許再被侵犯削減呢？可是子孫仍不知愛惜，今天割虎牢之地給鄭國，明天割酒泉之地給虢國，文王和武王所開拓的疆土，年縮月減，到襄王的時候，已在消亡的邊緣了。又一下子送了幾個城邑給晉國，這等於是孔子在陳蔡斷糧的時候再拋棄糧食；貧窮的原憲和曾參取家裏的錢加以揮霍，怎麼承受得了呢？周王室的衰微沒落到如此地步，看見的人都會憐憫，晉文公竟忍心在那時候，大量取得周王室的土地以擴充自己，這就像當孔子在陳蔡斷糧時，再去搶奪他的糧食，原憲和曾參的家已够貧困，還去搶奪他的金錢，也未免太殘忍不仁了。唉！晉文公難道不是周王室的後裔嗎？竟然坐視宗主國的危機和窘迫，不能謀求其福祉，反而收漁翁之利而巧取豪奪，像這種事都忍心去做的話，還有什麼不忍心去做的呢？而評議晉文公的人，只是瑣瑣碎碎的，談他伐原時所講的信，以及問誰可以守原的是是非非，是多麼捨本逐末啊！

晉文公不仁到這種地步，固然是已不能以人的常理加以責備了，但假使襄王知道祖宗所傳下的土地，一尺一寸都不可以送給人，以公理正義、大原則法度，明白告訴晉國，晉國雖然強橫暴戾，也未必敢對周王無禮唐突。雖是如此，當年仲叔於奚為衛國立功，賞給他的是諸侯用來裝飾馬匹的繁纓，孔夫子以為不如多給他城邑。隧葬比起繁纓，不是更嚴重嗎？周襄王重視隧葬的禮制而輕視城邑，適合孔夫子的教訓。孔子說得對，周襄王就做得對；周襄王做錯了，那麼孔子也就說錯了，兩者之間必居其一了。我的答案是：這兩件事並不相似。因為仲叔於奚是衛國的內臣，雖然多給他城邑，但它仍然是衛國的土地；晉文公是周王室的外臣，早上接受封賞而領了地圖，下午就版築土牆畫分疆界了，所以是不一樣的。

【研析】 要評周襄王賜晉侯王畿之地的錯誤，原本沒有太多的話可說，本文第四段的部分，就已說盡，但要把它寫成一篇波瀾橫肆的文章，就必須巧加攀引佈局，與前人論類似或有關之事，加以比較，就能肆其橫議、揮灑自如了。

呂氏先從婁敬周秦強弱之論說起，然後提出質疑，以為其時空的界定有問題。第二段說明平王東遷，才使周室沒落，形勢微弱。岐豐原本周地，平王東遷後成為秦地，形勢才為秦所得。所以婁敬之論錯了。第三段以形勢和德，比喻身體與氣，不可或缺，再以君子無所不用其極，說明婁敬論周公之心，絕對是錯的。第四段才引入本題，評論周襄王賜畿田的不是，也說晉文公的不是，進而說評論者的不是。第五段說明仲叔於奚是衛國內臣，晉文公是周王室外臣，不可同日而語，所以不能以孔子所評，脫襄王賜地之罪。

本篇前引婁敬周秦形勢之論，後引孔子對叔仲於奚求繁纓之評，增加不少話題。評周襄王賜田，說明王畿千里也是王章，確有獨到的見解，進而評晉文公和後世的評論，頗酣暢淋漓。細讀本文，當可領略文章「如天馬行空，不可羈勒」的要訣。

展喜犒齊師　僖公二十六年
魯如楚乞師　同上
楚伐宋齊　同上

【題　解】魯僖公二十五年（西元前六三五年）十二月，由於衛國的調停，衛、魯、莒三國盟於洮；次年，又盟於向。齊孝公仍以霸主自居，爲兩次盟約而伐魯，僖公派展喜去犒勞齊師，並要他向柳下惠去請教。當齊侯還沒入魯國國境時，展喜去向他說：「寡君聽說君王親自出動大駕，要來到敝國，所以派遣下臣來犒勞您的左右侍從。」齊侯說：「魯國人害怕嗎？」展喜說：「小人害怕，君子卻不會。」齊侯說：「你們百姓貧乏，室空無物，野無青草，憑什麼可以不怕？」展喜說：「是靠著先王的命令。從前周公、太公輔佐王室，協助成王，成王慰勞他們，賜他們盟約，說：『世世代代的子孫不要互相侵犯！』盟約藏在盟府，由太師掌管。後來齊桓公因此糾合諸侯，協調不和諧，彌補缺失，援救災難，以顯揚舊職。等到國君您即位，諸侯都盼望您循著桓公的功業。我國也因此不敢聚糧對抗。說：『難道在他即位九年之後，丟棄王命、廢棄職責？那他怎麼面對先君？他一定不會這樣的！』[illegible]

怕。」齊侯於是就回去了。[illegible]

更藉楚國的軍隊，取齊國穀地。

呂氏稱許柳下惠能在危急之時仍本君子之道。溫厚誠篤以致兩全而不害，同時批評魯國君臣藉柳下惠之辭以爲詐，罪不在柳下惠之辭。立論平正，而文章橫恣自如，頗爲可觀。

緩則信，急則詐；安則信，危則詐，習俗之情皆然也。公卿大夫，平居佚豫，侃侃正論，視儀秦代厲❶爲何等物。一旦羽檄雷動，邊聲四起，搶攘怵迫，不知所出，有能拾儀秦代厲之遺策，以排難解紛者，則皆欣然，恨聞之晚。彼非遽忘前日之論也，苟以濟一時之難，不暇顧一時之詐也。故無事則爲君子，有事則爲小人。在國則爲君子，在敵則爲小人。彼其心以爲；誠信者，國家閒暇用之，以厚風俗則可耳。四郊多壘，此何時也；兩陣相向，此何地也，區區之小謀，豈當施於此耶？可以爲吾利，雖置敵於害勿恤也；可以爲吾福，雖置敵於禍勿恤也。彼孰知君子之道行乎兵革之間，固有兩全而不傷者耶？

聞其語，未必信有其人也；聞其名，未必信有其實也。吾請舉其人，指其實以曉之！

齊孝公親師師伐魯北鄙，魯使展喜犒師❷。其行也，實受辭於柳下惠焉。他人爲之辭，必捭闔詭辨，期於誤齊而全魯。吾觀柳下惠之辭，何其溫厚誠篤，守約而施博也！首告之以先王之命，以發其尊周之心；繼告之以周公太公之睦，以發其親魯之心；終告之以桓公之盛，以發其圖霸之心。既爲魯慮之，又爲齊慮之，初無一語之欺。

想展喜致命之際，齊侯一聞王命之重，必肅然而敬；再聞齊魯之舊，必驩然而和；三聞霸業之盛，必慨然而奮。向來憤毒怨憾之氣，陰銷潛鑠，不知所在，是宜還轅反旆，不待其辭之畢也。柳下惠之辭命，無儀秦代厲之詐，而有儀秦代厲之功。然則排難解紛者，變詐之外，豈無術耶？吾今而後，知存魯、亂吳、破齊、強晉、霸越者，決不出於孔子之徒❸也。

雖然柳下惠之辭命則善，魯所以用其辭命則不善。齊孝公成師以出，既臨魯境。在常情論之，豈有聞一言而遽還者乎？孝公度越常情，樂於從善，不憚三軍之暴露，徒手而還，是有大造於魯也。魯曾不知報齊之施，反以德爲怨，與楚連兵而伐齊，是柳下惠之辭命，適爲魯款敵之具耳。古語有之，柳下惠見飴，曰：可以養老；盜跖見飴，曰：可以黏牡❹。此言非爲盜跖也，爲魯也。盜跖得柳下惠之飴而爲盜跖，魯得柳下惠之辭而爲詐。一物而兩用，一言而兩心，隨人之所見何如耳。飴與辭何罪焉？然則魯之君臣，是一盜跖也！

【註釋】❶儀秦代厲　即張儀、蘇秦、蘇代、蘇厲。蘇代及蘇厲，皆蘇秦的弟弟，四人皆縱橫家。詳見《史記．蘇秦列傳》及《史記．張儀列傳》。❷犒師　以酒食慰勞軍隊。古代作戰，敵人已入侵，仍派人犒勞其軍隊，以謀求化解仇怨，請其退兵。❸孔子之徒　指子貢。詳見《史記．仲尼弟子列傳》，謂「子貢一出，存魯、亂齊、破吳、彊晉而霸越。子貢一使，使勢相破，十年之中，五國各有變。」此乃因田常伐魯，子貢遊說齊、吳、越、晉，於是造成吳敗齊，晉敗吳，越滅吳而霸的事。❹盜跖見飴曰可以黏牡　盜跖爲柳下惠之弟，爲盜。黏牡，謂塗抹門楗，使之轉動無聲，開啟滑易，不會爲人所警覺。此故事見《淮南子．說林》。

【語譯】局勢緩和就講究誠信，情況緊急就謀求詭詐；安全的時候講究誠信，危險的時刻謀求詭詐，習俗人情都是如此。公卿大夫，平時起居安逸快樂，侃侃而談光明正大的道理，看張儀、蘇秦、蘇代、蘇厲是不入流的人物。但一旦戰報傳來，戰鼓響起，慌亂驚急，毫無辦法可想，這時只要有人能沿用張儀、蘇秦、蘇代、蘇厲所遺留的辦法，可以排解眼前紛亂的，就非常高興，感到聞之恨晚。他們並不是突然忘了前日所說的光明正大之論，只是如果能救一時之急，也就顧不得行一時的詭詐了。所以平安沒事時是君子，緊急有事時成爲小人。在自己的國家是君子，在敵人來說就是小人。他們在內心以爲：誠信的人當在國家安定沒事的時候任用他們，以敦厚風俗是可以的。可是當四郊建起軍壘，這可是什麼時候了；兩軍對陣相向，這可是什麼處境了，那小小的謀略，怎麼能用在這種情況之下？只要讓我們得利，讓敵人受害也不必憐憫；只要我們得福，讓敵人蒙禍也不必同情。他們怎麼知道君子之道行於戰爭的時刻，仍有兩全而不受傷害的辦法呢？

聽了這些話，未必相信眞有這種人；聽了這些名字，也未必相信眞有這種事。請讓我舉出這種人，指出這種事實來說明吧！齊孝公親自領兵討伐魯國的北邊，魯國派展喜犒勞齊國的軍隊。這次的出使任務，要說的話是柳下惠所擬定的。其他人安排說辭，一定要分化拉攏、詭詐辯說，希望誤導齊國而保全魯國。但我們看柳下惠的說辭，是多麼溫和厚道而誠信篤實！把握要領而其用廣大！首先告訴他們有關先王之命，以啟發他們尊從周王室的心；接著告訴他們有關周公和姜太公的和睦相待，以啟發他們親愛魯國之情；最後告訴他們有關齊桓公的盛業，以啟發他們圖謀霸業之意。既為魯國圖謀，也為齊國圖謀，並沒有一句欺騙的話。

相信展喜在傳達魯君之命的時候，齊侯一聽到王命的重大，必定肅然而有敬重之心；再聽齊國和魯國的傳統友誼，必定很高興而願和睦相處；三聽齊桓公霸業之盛，必定慷慨奮發。先前怨怒之氣，就消熔於無形，所以會不等對方把話說完，就把兵車掉回頭，讓旗子反方向地回國了。柳下惠的說辭，沒有張儀、蘇秦、蘇代、蘇厲的詭詐，而有張儀、蘇秦、蘇代、蘇厲的效果。那麼，排除危難解決紛爭的人，除了機變巧詐之外，難道就沒有方法了嗎？我們從此而後，知道能夠保存魯國、擾亂齊國、破滅吳國，壯大晉國，成就越國霸業的，決不出於孔子之徒。

雖然柳下惠的說辭以完成君命是很好的，但魯國利用柳下惠說辭的行徑是不對的。齊孝公召集軍隊出兵，已經接近魯國邊境。就常情來說，哪有聽一番話就突然回去的呢？齊孝公超乎一般常情，樂於從善而行，不怕三軍暴露在外的勞苦，空手而回，是對魯國有重大的恩惠。魯國竟不報答齊國的恩惠，反而將恩德當做怨仇，和楚國聯合出兵而討伐齊國，所以柳下惠的說辭，正成為魯國緩敵的工具。古人說過，柳下惠看見糖膏，說它可以用來養老防饑；盜跖看見糖膏，說它可以塗抹開楗。那些話不是為盜跖說的，是為魯國說的。盜跖得到柳下惠的糖膏，而成之為盜跖；魯國得到柳下惠的說辭而來騙人。一件東西兩種用途，一樣的話兩種不同的居心，這就隨著各人所見是什麼而有所不同。糖膏和言辭本身又有什麼罪過呢？那麼魯國的君臣，是另一個盜跖啊！

【研　析】呂氏議論，常本諸《孟子》，孟子稱柳下惠是聖人，聞其風者，薄夫敦、鄙夫寬。所以呂氏稱許柳下惠之辭，溫厚誠篤，守約而施博。呂氏議論，很少是開門見山的，總是曲徑通幽，而後見波濤洶湧。

文章從「安緩的時地，講究誠信；危急的時地，謀求詭詐」說起，以為人情與習俗之常。詭詐本是呂氏所極力反對的，對「兵不厭詐」也抨擊不遺其力。但本文為顯示柳下惠之辭的優越性，也不惜以「危急則詐」，視為習俗之情。不過他基本上是反對詭詐的，所以在第一段末了，提出了「君子之道，行乎兵革之間，固有兩全而不傷者」，以引起第二段對展禽（柳下惠）之辭的贊歎。第二段稱許其辭的溫厚誠篤，第三段贊美其辭效用之大。其辭的層次分析寫在第二段；揣摹其辭給人的心理感應寫在第三段。第四段又翻出新意，評柳下惠之辭成為魯國緩敵的工具，而舉柳下惠之飴成為盜跖之黏牡，與之相提並論，十分精妙。於是把魯君臣歸之盜跖之流。雖聳人聽聞，其中論卻毫不牽強，這正是本文最精彩之處，例證之妙用，於此可見。

楚滅夔　僖公二十六年

【題　解】夔子不祭祀楚的先祖祝融和鬻熊，楚國派人去責備他。夔子回答說：「我們的先王熊摯有病，鬼神都不肯赦免他，所以自棄到了夔地，因此失去楚國的一切，又為什麼要祭祀呢？」魯僖公二十六年（西元前六三四年）秋天，楚成王派成得臣（子玉）和鬥宜申（子西）領兵滅夔國，夔子成了俘虜。

呂氏認為夔子不祭祀祝融和鬻熊，是合於禮的。夔子只是氣憤遷怒的話，招致禍殃，所以本乎孟子養氣知言之說，大談君子治氣不治言，並探討有關遷怒的種種情事。

以君子之言，借小人之口發之，則天下見其邪而不見其正；以小人之言，借君子之口發之，則天下見其正而不見其邪。是故〈大誥〉之篇，入於王莽之筆，則為姦說❶；陽虎之語，編於孟氏之書，則為格言❷。是非變其言也，氣變則言隨之變也。於此有木焉，柯幹固未嘗改也，春氣至則枯者榮，衰者盛，陳者新，悴者澤。秋氣至則榮者枯，盛者衰，新者陳，澤者悴。氣也者，潛乎柯幹之中，而浮乎柯幹之外者也，惟言亦然。溫厚之氣加焉，凡勁暴粗厲之言，皆變而為溫厚。忿戾之氣加焉，凡溫醇和易之言，皆變而為忿戾。不動一辭，不移一字，而善惡相去若天淵然。是孰使之然哉？氣也。氣可以奪言，言不可以奪氣。故君子之學，治氣而不治言。

夔子之對楚問正也，其激楚怒而見滅者，以氣之忿而奪言之正也。夔子不祀祝融與鬻熊，禮也，衛祖康叔，不敢祀后稷；魯祖周公，不敢祀公劉，非所以為罪也。此固先儒之所已論也。然夔子言之所守則是，言之所出則非。治言而不治氣，雖有正禮大義，反為忿戾之所敗，不足以解紛，而反以速禍，豈不甚可惜哉？

夔之不當祀祝融、鬻熊，楚固知之，知之而且問者，特假以爲發兵之端耳，在常情不得不忿也。忿心既生，言亦隨厲，故其對楚之辭則曰：「我先王熊摯有疾，鬼神弗赦，而自竄於夔，吾是以失楚，又何祀焉？」忿戾之氣，殆如矛戟傷人，至今讀者猶爲之變容，況讎敵乎？使夔有君子，亦必以不當祀爲對，然其言之所自出則異矣，惟其空國無君子，故蔽於私忿，徒能爲不當祀之對，而弗暇思不當祀之由，反追咎失楚，讎鬼神之不祐，何其悖耶！嗚呼！祖可讎，是天可讎也。果如夔子之言，則石厚之子可以廢碏之祀❸，而日磾之孫蓋有不入敬侯之廟❹者矣。夔之始所以不祀者，曷嘗有是意耶？

人情固有自譽而以惡爲美者矣，未有自誣而以美爲惡者也。夔之祀典，本出於禮，今務快其忿，甘自處於悖逆，而忘其守禮之初心，忿戾之移人可畏哉。忿楚子而上及吾祖，何怒之遷也。怒止於楚，其可自附於不遷怒乎？曰：未也。所謂遷怒者，非待怒室及市，然後謂之遷也；非待怒甲及乙，然後謂之遷也。怒在於彼，遷之於我，是之謂遷。怒在於彼，而遷之於我，是猶奪人之酖而自飲，其不裂腹潰腸者幾希？彼顏子之不遷怒❺，果何以異於人哉？亦不奪酖者之智而已矣！

【註釋】❶大誥之篇三句 〈大誥〉是周武王死後，三監及淮夷叛亂，周公相成王所作。王莽毒殺漢平帝攝政，翟義移檄郡國以討之，王莽禱告於郊廟，仿〈大誥〉作策。見《漢書．王莽傳》。❷陽虎之語三句 《孟子．滕文公上》引陽虎「爲富不仁矣，爲仁不富矣」的話。陽虎卽陽貨，春秋魯人，爲季氏家臣，事奉季平子，爲孔子所惡，平子死而專魯國之政，後刼定公與叔孫州仇以伐孟氏，敗而取公宮寶玉大弓，出奔於齊，後又至晉。孔子曾因貌似陽虎，受困於匡。❸石厚之子可以廢碏之祀 石厚從州吁而弑衞桓公，其父石碏乃大義滅親而殺石厚，詳見本書卷一〈衞州吁〉題解。石厚之子若爲報殺父之仇，豈不是要廢石碏之祀。❹日磾之孫句 金日磾（西元前一三四—八六年），漢人，本爲匈奴王休屠王太子，武帝時歸漢，賜姓金，初沒入官，後爲馬監，遷爲侍中，篤實忠誠，爲武帝所信愛，其子爲帝弄兒，在殿下與宮人戲，爲日磾所殺。武帝死，與霍光同受詔輔政，封秺侯，死後封敬侯。詳見《漢書．金日磾傳》。此所謂「廢碏之祀」和「不入敬侯之廟」，都是推論之詞，並非眞有其事。❺顏子之不遷怒 顏回是孔子的得意門生，他不遷怒不貳過，爲孔子所贊美，認爲是別人所難以企及的長處。見《論語．雍也》。

【語譯】君子的話借小人之口說出來，天下的人只見到邪的一面而不見正的一面；小人的話借君子之口說出來，天下的人只見正的一面而不見邪的一面。所以《書．大誥》的文字章句，寫到王莽的筆下，就成爲姦邪之說；陽虎的話，編入《孟子》書中，就成爲格言了。這並不是他的話改變了，只是氣變了，話也就跟著變了。在這裏有一棵樹，枝幹不曾改變，春的氣息到了，枯槁的華茂起來了，衰敗的壯盛起來了，陳舊的也新鮮起來了，憔悴的也潤澤起來了。秋的氣息到了，華茂的枯槁了，壯盛的衰敗了，新鮮的陳舊了，潤澤的憔悴了。氣這東西是潛藏在枝幹之中，發露在枝幹之外。言語也是這樣的。

有溫厚之氣加在上面，那些剛勁暴烈、粗疏嚴厲之言，都變得溫厚了。有暴戾之氣加在上面，那些溫柔醇美、祥和平易的話，都變得暴戾了。不改動一詞，不移動一字，其間善惡不同，就如天淵之別。是什麼使它這樣的呢？那就是氣。氣可以改變言語，言語卻改變不了氣。所以君子做學問，在治氣上下功夫，不在治言上下功夫。

夔子回答楚國責問的話是對的，他之所以會激怒楚國而被滅亡，是由於氣憤而改變了語言正確的一面。夔子不祭祀祝融和鬻熊，是合於禮制的，就像衛國只能祭祀到封於衛的康叔，而不敢再追溯而祭祀后稷；魯國只能祭祀到封於魯的周公，而不敢再追溯而祭祀到公劉，並不成爲罪過。有關這些，古代的儒家學者都已經談論過了。那麼夔子的話，所秉持的道理是對的，但把話說出來的口氣是不對的。注意言語而不注意口氣，雖然有正禮和大義做依據，卻爲憤忿暴戾之氣所敗壞，既不足以解決紛亂，反而會加速禍害的到來，豈不是很可惜嗎？

夔國不應該祭祀祝融和鬻熊，楚國本來就知道的，明明知道而去責問，那只是想借它作爲出兵的藉口，在常情上是不能不令人氣憤的。憤怒之心已生，言語也就跟著變得嚴厲，所以回答楚人的話是說：「我先王熊摯有病，鬼神不肯赦免他，而自己逃到夔來，我們因此失去原先在楚應有的一切，又何必祭祀呢？」憤戾之氣，有如矛戟傷人，到現在讀起來都會令人動容，更何況是仇敵呢？假使夔國有君子，也一定以爲不祭祀是對的，但話說出來的口氣就不一樣了，只是全國沒有君子，所以才被私忿所蒙蔽，只能爲不應當祭祀回答，而不曾想到不應該祭祀的理由，反而歸咎於失去楚國，仇恨鬼神不肯庇祐，是多麼違悖情理啊！唉！祖先都可以視爲仇敵，那麼天也可以視爲仇敵了。如果像夔子所說的那樣，那麼石厚的兒子也可以不祭祀石碏了，而金日磾的孫子，也有不肯入敬侯之廟去祭祀的了。當初夔國之所以不祭祀祝融和鬻熊，何嘗有這個意思呢？

人的常情，本來就有爲了自我標榜，而把不好的說成好的；沒有人爲了誣陷自己，把好的說成不好的。夔國的祭祀典章，原本是出自於禮，如今爲了逞一時之快以洩忿，甘心把自己處於悖逆之地，而忘了守禮的本心，忿戾之氣改變一個人實在太可怕了。氣憤楚子而向上擴張到自己的祖先，這種遷怒未免太大了。如果憤忿的對象只到楚國爲止而不擴及祖先，他可以自我比附，認爲不遷怒嗎？答案是不可以的。所謂遷怒，並不是要擴大到室家或市集之人，然後才稱之爲遷；也不是要等到怒甲而擴展到乙，然後才稱之爲遷。怒在於他，而遷移到我，這就稱爲遷了。怒在於他，而遷移到我，就好像是搶別人的毒酒而自己喝了，這樣肚子不破裂、腸子不潰爛的有幾個人呢？那顏回的不遷怒，果眞是不同於常人嗎？其實也只是有不搶人毒酒的聰明罷了！

【研　析】《論語·泰伯》曾子說到君子所貴乎道者三，其中有關言語一項，便說：「出辭氣，斯遠鄙倍矣！」《孟子·公孫丑上》也提到孟子說：「我知言，我善養吾浩然之氣。」呂氏本乎此，所以論夔子之言，拈出「氣」來。

爲說明言語中「氣」的重要，說「以君子之言借小人之口發之，則天下見其邪而不見其正；以小人之言借君子之口發之，則天下見其正而不見其邪。」這種因人廢言舉言的論調，原本不容易有說服力，卻以王莽用〈大誥〉之言，孟子引陽虎之語做爲例證，也就顯示其中有幾分可信。然後再以春氣和秋氣對樹木的影響爲例證，以增加說服力，才提到「惟言亦然」，扣緊題意。

第二段論言語之氣，暗用曾子和孟子，說明君子之言，溫厚其氣；君子爲學，治氣不治言。第三段論夔子不祀本合乎禮，只是氣暴取禍。第四段論楚國正在找滅夔的藉口，夔子忿而言厲，既不合禮，也非不祀之本意。最後一段從夔子快其忿而甘處悖逆，說明忿戾之可畏，遷怒之爲害，再以奪酖自飲譬喻遷怒，說明顏子之不遷怒，並不是很了不起的智慧。文字表面是說顏子沒有多了不起，實際上是批評人們總是忿其氣而不能自制，於是顏子也就難能可貴了。

楚莊王問鼎之輕重，王孫滿以從容委婉之語，使楚卷甲而退，是知夔子暴其氣而取禍，是爲不知言者。呂氏本可引此以鞏固其立論基礎，但後段翻出遷怒之論，就難以在本文中暢敍，其間取捨，就待作者自己去斟酌了。

卷十五

宋叛楚卽晉僖公二十六年　楚子將圍宋至文之敎也僖公二十七年

晉侯將伐曹至會諸侯于許僖公二十八年

【題　解】此三事，分別載於《左傳》僖公二十六、二十七、二十八年（西元前六三四—六三二年）。大意是說：

一、僖公二十六年秋，因宋親善於晉國而叛楚，楚令尹子玉（卽成得臣）、司馬子西（卽鬭宜申）帥兵攻打宋國，包圍緡地（在今山東省金鄉縣西北）。此爲導火線。

二、僖公二十七年冬，楚王和諸侯包圍宋國。宋卿公孫固馬上跑到晉國去告急。於是晉國就著當時情勢，作了以下的分析：先軫（卽原軫，晉中軍元帥）以爲應該出兵救宋，因爲報答宋國的恩惠，救援宋國的患難，取得威望，成就霸業，就都在此一舉了。晉卿狐偃則認爲楚剛得曹國，又新婚於衛國，如果攻打曹、衛，楚國必定救援，那麼齊國和宋國就可免於被攻擊了。晉國於是就在被廬大舉閱兵，建立三軍，以郤縠將中軍，郤溱爲輔佐。以狐毛將上軍，狐偃爲輔佐，使欒枝將下軍，先軫爲輔佐。荀林父駕御戰車，魏犫爲車右。

三、到了次年（僖公二十八年）春天，晉侯打算攻打曹國，向衛國借路，衛國不答應。只好回軍從南河渡過黃河，侵襲曹國，攻打衛國。正月初九這天，攻佔了衛國的五鹿（在今河北省濮陽縣南），二月，郤穀死，命先軫將中軍，胥臣輔佐下軍。晉侯與齊侯在斂盂（衛地，在今河北省濮陽縣東南）結盟。這時衛侯也想參加盟約，卻被晉侯拒絕了。

晉侯包圍曹國，攻城，於三月八日這天，進入曹國，下令不許進入僖負羈的家中（因文公前過曹時有送盤飧之恩），並且也赦免了他的族人。不料魏犨、顚頡卻不以爲然，在一怒之下，竟放火燒了僖負羈的家。魏犨胸部受了傷，晉侯想殺他，但又愛惜他的才能，所以才得以免死，卻殺了顚頡，並通報全軍，立舟之僑爲車右。於是執曹伯，分曹國、衛國的田地給宋國。

楚王進駐於申邑，使申叔（卽申公叔侯）離開穀地，讓子玉離開宋國，並且警告子玉不可追逐晉軍，那知子玉卻使伯棼向晉軍請戰，當時楚王雖很生氣，事已至此，只好少給他軍隊和戰車。這時子玉又派宛春（楚大夫）到晉軍中要求恢復衛侯的君位，同時把土地退還曹國，並且願解除對宋國的包圍爲交換條件。晉侯聽了先軫的建議，把宛春囚禁在衛國，同時私下允諾恢復曹、衛。曹、衛和楚國絕交。子玉怒，追逐晉軍，晉軍退。軍吏說：「以國君而躲避臣下，這是莫大的恥辱，而且楚軍已經衰疲，爲何要退走？」子犯說：「出兵作戰，理直氣就壯，理曲氣就衰，那裏能以在外的時間長久來估量呢？如果沒有楚國的恩惠，我們沒有今天，退三舍躲避他們，就是報答了。晉軍退走三舍，楚將士想要停止不追，子玉卻不同意。

夏四月初一，晉侯、宋公、齊國的國歸父、崔夭、秦國的小子憖駐紮在城濮（衛地，在今山東省縣南），楚軍背靠著險要的丘陵紮營，子玉派遣鬬勃（楚大夫）請戰，晉侯登上有莘的廢城，觀看晉軍軍容，不論年少的和年長的，在操練時，那種敬長教幼的情形，甚爲有禮，已經可以用來作戰了。遂卽命令砍伐樹木，來增強兵器。初二這天，晉軍在莘北擺好陣勢，向楚師進攻，楚軍大敗。晉軍休息了三天，並加以整頓，所食用的，都是楚軍留下的糧食，到初六日，起程回國。二十七日，到達衡雍（在今河南省原武縣西北），為天子在踐土建造了一座王宮。

五月初十，晉侯將楚國的俘虜獻於周天子。十二日，周天子設享禮以甜酒招待晉侯，並大加賞賜，希望能恭敬地服從天子的命令，以安撫四方諸侯，懲治王朝的邪惡。衛侯聽說楚國被打敗，很害怕，出奔到楚國，又轉往陳國，派遣元咺（衛大夫）奉事叔武（衛成公弟，時使攝政）去接受盟約，在二十六日這天，王子虎（周卿士，即王叔文公）和諸侯在王庭中盟誓，大要是說：「大家全都要輔助王室，不可互相傷害，誰要是違背盟約，神靈就要誅殺他，使他不能享有國家。」君子以為這次盟約是可信的，也認為晉國在這次戰役中，能用德來進攻。

在城濮這次戰役後，晉中軍回師行軍於沼澤地區時，遇到大風，前軍左邊的大旗被風吹走了，祁瞞（晉大夫）犯了軍令，司馬（職主軍法）立即把他殺掉，並且通報諸侯，派茅茷（晉大夫）代替他。軍隊繼續往回走，六月十六日渡過黃河，舟之僑（本虢大夫，後仕晉為大夫）先行回國，士會（晉正卿，范武子）代理車右，秋七月，勝利歸來，唱著凱歌進入晉國，告廟慶功，置酒犒賞，徵召諸侯會盟，並討伐三心二意的國家。殺舟之僑以通報全國，人民因此大為順服。君子認為晉文公能嚴明刑法，殺三罪人（顛頡、祁瞞、舟之僑）而人民順服。《詩．大雅．民勞》說：「加惠於中原各國，安定了四方的諸侯。」所說就是指的沒有失去公正的賞賜和刑罰。

這年的冬天，魯僖公、晉侯、齊侯、宋公、蔡侯、鄭伯、陳子、莒子、邾子、秦人在溫地會面，為的是大家商討出兵攻打不順服的國家。這次溫地的會盟，晉侯召請周王前來，自己率領著諸侯朝見，並且讓周王狩獵。孔子說：「以臣下的地位，召請君王，這是不可以作為法式的。」所以《春秋》記載這件事情說：「天王狩於河陽。」

十一月十二日，諸侯包圍許國。晉侯有病，事奉曹伯的侯獳賄賂筮史，讓他在晉侯面前解說不應該滅了曹國。筮史向晉侯報告說：「齊桓公主持會盟而封異姓之國，今君王主持會盟而滅同姓之國。曹國的叔振鐸，是文王的兒子，先君唐叔，是武王的兒子，而且會合諸侯，而滅兄弟之國，是不合禮儀的，曹與衛，一起得到您的私許復國，但卻不能同時實現，這是不守信用，罪同而罰異，是不合於刑律的。禮是用來行義的，信是用來守禮的，刑是用來正邪的，捨棄這三項而不遵守，君王打算將怎麼辦？」晉侯聽了這番話，很高興，恢復了曹伯的君位，於是曹伯也就跟著參加了諸侯在許國的會盟。

呂氏據此，引孔子的話，用一譎字爲晉文公定讞，並就左氏所載，列舉其使用權謀詐術的事實，證明文公的霸業，無一不由譎詐而得。

戶有樞，言亦有樞；射有的，言亦有的；屠有會❶，言亦有會。一得其樞，萬戶皆開；一破其的，萬矢皆廢；一中其會，萬理皆解。千世之所不能決，百家之所不能定，羣說之所不能該，聖人折之以一字，而包羅交結，舉無所遺，是果何術耶？蓋所運者樞，所貫者的，所據者會也！

晉文公之霸諸侯，其謀畫，其政刑，其征伐，其盟會，使後世學者定其是非，必條陳縷數之曰：此臧也，彼否也，此優也，彼劣也，此工也，彼拙也，雖累牘聯簡，猶未能盡其是非。而吾夫子斷之一字曰，譎而已❷。味譎之一字，而觀晉文之平生，千源萬派，滔滔汩汩，皆赴於一字之內，動容周旋，橫斜曲直，無往非譎。

如拔其尤者論之，楚與宋皆有德於文公❸者也，兼受二國之施，則當兼報二國之德，豈當有所偏助哉？文公之心，則以宋弱國也，因前日之德而親我者也；楚強國也，挾前日之德而陵我者也。今楚伐宋，爲吾計者，固當助宋以厚其親我之心，挫楚以奪其陵我之氣。不寧惟是，吾方圖霸業，坐視楚橫行而不敢較，則霸權在楚不在晉矣。然遽加兵於楚，則天下必以我爲背惠食言，其誰與我？於是不攻楚而攻楚之所必救。伐曹伐衛，皆楚親暱，外無背楚之名，而內有怨楚之實，使兵端發於楚，而不發於我，待楚之先動，而後徐起而應之，則雖破楚而無背惠之名，其爲謀可謂譎矣。

此猶非其譎之尤者也，文公名雖救宋，而意實在於勝楚。時天下之強國，惟晉與楚，必先摧楚之鋒，然後晉可以專霸於天下，楚子固倦於兵，其很戾而好戰者，獨子玉耳。倘不深激楚之怒，則楚將知難而退，晉楚之雌雄不決矣。於是因執曹伯，分曹衛之田賜宋，所以深激楚之怒，而趣之戰也。苟文公意止於救宋，則當宛春❹之使，必欣然而從矣，何者？始伐曹衛，本所以救宋也，今楚果以愛曹衛之故，將釋宋圍，是適投吾欲也，我復曹衛，彼釋宋圍？兩得其欲，何爲不許之乎？文公非惟不許，乃執宛春以辱之，又私許復曹衞以挑之，惟恐激而不怒，怒而不戰，是其心果在於勝楚，而不在於救宋也！人知文公救宋而止耳，孰知其譎之尤，一至於此乎！

至於退舍之事，則其譎又深矣。楚本無與晉競之心，文公多方以怒之，迫而使戰，雖子玉不勝一朝之忿，然上則楚子，下則士卒，皆不欲也。自常情論之，雖車馳卒奔，猶懼失楚師，況退舍避之，使子玉得假以為班師之名乎？蓋文公固已料子玉於度內，明知子玉內懷蔿賈❺之謗，急於立功以刷其恥，見吾之退避，必謂幸遇脆敵。功業易取，無若此時，雖吾退十舍，猶將來追，況三舍乎？文公之所以肯退者，先有以必楚之不退也，心欲戰而形若不欲戰，用以報德，用以驕敵，用以感諸侯之心，用以作三軍之憤，一世為其所眩惑而不自知，雖明智如左氏者。猶信其「我退楚還，我將何求」之語，載之於書信矣。文公之善譎也。

文公之譎，夫豈一端而已哉！三日而去原❻，若欲自附於王者之師，然毀邱墓以脅曹❼，果王者之師耶？利小則用信，利大則用暴，吾是以知文公之譎也。三罪而民服，若欲自附於王者之刑矣，然舍魏犨而屈法，果王者之刑耶？疏者則用法，愛者則用私，吾是以知文公之譎也。統而論之，大則如託狩以召王，小則如曳柴❽以誤敵，殆未易徧舉，要皆不能出夫子一字之外，聖人之言可畏也！

嗚呼！文公之譎，所就者區區之霸業耳，其師一動，而子叢死於魯❾，子玉死於楚❿，叔武⓫、歂犬⓬、士榮⓭、元咺⓮、子適、子儀⓯死於衛鄉，若晉師不出，則是皆無罪之人也。至於若偏若裨⓰，若輿若臺⓱，膏潤原野，名不登於簡冊者，抑不知其百耶千耶萬耶？忍哉！文公之不仁也。雖然文公始欲譎人，而終不免為人所譎。曹伯之當執當復，衛侯之當殺當釋，出於文公可也，顧乃為巫所譎而還曹伯，為醫所譎而生衛侯⓲。至於反衛侯於國，則為魯所餌，而使恩歸於魯。魯，諸侯也，受其譎猶不足深愧，孰謂巫醫下流，其譎又有在文公之上者耶？吾所以深為文公愧，而益知譎之果不足恃也！

【註釋】❶屠有曾　謂屠夫宰殺牲畜，能神會其關節、筋脈組織結構之理。此似暗用《莊子．養生主》庖丁解牛故事。❷夫子斷之一字曰譎而已　《論語．憲問篇》：「子曰：晉文公譎而不正。」譎，權謀詐術。此謂孔子用一譎字為晉文公定讞。❸楚與宋皆有德於文公　晉文公自僖公五年出奔，歷翟（一作狄）過衛、及齊、及曹、及宋，宋襄公贈馬二十乘。及鄭、及楚，楚子設宴招待，並向文公要求所以為報之禮。文公應之以「晉楚治兵，遇于中原，其辟君三舍」為報。所謂德，即指此而言。見《左傳》僖公二十三年。❹宛春　楚大夫。為晉所執，囚於衛。❺蔿賈　楚司馬，字伯嬴，孫叔敖之父。對於子文將令尹之職讓於子玉，深不以為然，並以子玉剛而無禮，不可以治民。預測其率兵出戰必敗。文中所言「蔿賈之謗」，蓋指此事。見《左傳》僖公二十七年。❻三日而去原　此謂晉文公攻打原國，令攜三日糧，不下，卽行離去，以示守信。原，周畿內國，伯爵，滅於狄，地後入晉。在今河南省濟源縣西北。見《左傳》僖公二十五年。❼毁丘墓以脅曹　此謂晉文公攻曹不下，以移師宿營曹人族葬之墓地相要脅，曹人恐懼，晉乃得以攻破曹城。見《左傳》僖公二十八年。❽曳柴　此晉軍詐敵之計。將樹枝繫於車後急馳，使塵土飛揚，假裝逃遁，引誘敵人追擊。見《左傳》僖公二十八年。❾子叢死於魯　魯大夫公子買（字子叢），爲楚戍衛，楚人救衛不克，僖公懼於晉，於是殺子叢來討晉侯的歡心。見《左傳》僖公二十八年。❿子玉死於楚　楚令尹子玉（卽成得臣），因城濮之役戰敗，自殺於楚國的連穀。見《左傳》僖公二十八年。⓫叔武　衛成公弟，爲成公所殺。⓬歂犬　衛大夫。爲成公所殺。⓭士榮　衛大夫。爲成公所殺。⓮元咺　衛大夫。爲成公所殺。⓯子適子儀　子適卽衛公子瑕；子儀，瑕母弟。爲成公所殺。（以上⓫～⓭見《左傳》僖公二十八年。⓮⓯見《左傳》僖公三十年。）⓰若偏若裨　卽偏裨。本指將帥的輔佐。亦卽偏將。這裏當爲僚屬士卒的通稱。⓱若輿若臺　卽輿臺。本指奴僕、賤役。這裏當爲打雜、服勤的人。⓲爲醫所謡而生衛侯　晉在僖公二十八年執衛侯歸於京師，到僖公三十年，晉侯使醫衍，以鴆酒毒殺衛侯，衛大夫甯俞（卽甯武子），賄賂醫衍，請他減輕毒酒的成分，衛侯方得以不死。魯僖公爲衛侯請命，並納玉於周王及晉侯，皆十瑴，周王應允，秋，乃釋衛侯。衛侯的所以被釋，全在魯僖公的請命，故衛侯感恩於魯。見《左傳》僖公三十年及《國語・魯語上》。

【語　譯】門戶有樞機，言語也有樞機；射箭有標的，言語也有標的；屠宰要會其理，言語也要會其理。一旦能得其樞機，千門萬戶，皆可啟開；一旦破其標的，所有的箭鏃皆可廢棄；一旦中其理會，所有的道理，皆可明白。長久以來所不能解決，眾人所不能釐定，各種言論所不能包括，聖人用一個字折中，竟能全部包羅，一點遺漏也沒有，這究竟是用的什麼方術呢？實在說來，也只不過是所運轉的是戶樞，所貫穿的是標的，所依據的是能體會其理啊！

晉文公的稱霸諸侯，有關他的謀畫、政刑、征伐、盟會等措施，假如讓後代的學者來定其是非的話，一定會分條詳述的說：這件事做的好，那件事做的不好，這個優，那個劣，這個巧，那個拙，就是寫的再多，仍然無法將是非寫完。可是我夫子僅用一譎字，就給晉文公定讞了。我們品味譎字含義之餘，以此來看晉文公的一生作爲，他的所有舉措言行，那怕是千源之多，滔滔之盛，汩汩之微，乃至大大小小，無不可歸納在一譎字中，就是他的動作表情、進退應對，強橫偏斜、歪曲正直，也無往不是譎詐的表現。

假如要拔取最顯著的行事來評論，像楚、宋兩國，都是對晉文公有恩德的，他既然同樣接受了兩國恩惠，就應當同樣的報答二國的恩德，那裏可以有所偏呢？在文公的心中，則以爲宋是弱國，因先前對我有恩，所以才親近我；楚是強國，仗恃先前對我有恩，所以才欺凌我。而今楚國攻打宋國，爲我晉國作打算，本當幫助宋國，來厚答親晉的心意，挫折楚國，來打擊他恃恩欺凌我晉的氣燄。不僅是爲此，當晉國正在圖謀霸業之際，只是在一旁觀看楚國的橫行而不敢干涉，這樣霸權就掌握在楚國的手中，而不在晉國了。可是如果驟然對楚國用兵，那麼天下諸侯，一定認爲晉國背棄恩德說話不算數，還有誰會來助我？所以就不直接的攻打楚國，而攻打楚國所一定救援的國家。攻曹伐衛，因這二國都是楚國親近友善而必救的國家，這樣一來，表面上既無背棄楚惠的惡名，而內中卻有激怒楚國的實情，使戰爭發端於楚國，而不發端於晉，待楚國先發動，然後再逐步的起來應戰，就是雖然打敗了楚國，也沒有背棄恩惠的惡名，他的這種謀略，可說是詭譎奸詐了。

這還不算是最詭譎奸詐的呢，像晉文公在表面上看雖然是救宋，而他的本意實在於勝楚。當時天下的強國，只有晉和楚，一定先要摧毀楚國的鋒芒，然後晉國才可以獨霸於天下，楚王本來就厭於戰爭，其兇狠暴戾而好戰的，獨子玉罷了。假如不深深地激怒楚國，那麼楚將知難而退，晉和楚的強弱也就不能決定了。於是就著捉拿曹伯，分割曹衛的田地賞賜宋國這件事，來深深地激怒楚國，而催促他戰爭。假如晉文公的本意僅止於救宋，那麼當宛春出使到晉國表示願釋宋圍的時侯，就必定會欣然答應了，爲什麼呢？因當初的攻伐曹衛，本來就是爲了解救宋國，現在楚國果然以友愛曹衛的緣故，將解除對宋國的圍困，這正投合了晉國的欲望，晉恢復曹衛的舊封，楚解除對宋國的包圍，兩方面都得到了各自想得到的，爲什麼不答應呢？晉文公不僅不允許，更進一步的囚執宛春來羞辱他，又私下答應恢復曹許的舊封來挑起對楚國的戰爭，就晉文公來說，是惟恐激不怒楚王，即使激怒了，又恐怕他不開戰，由此可以證明，他的用心果眞是在戰勝楚國，而不在於解救宋圍啊！一般人僅止於知道晉文公出兵救宋，誰又能知道他的詭譎欺詐，一至於此呢！

至於說到退避三舍的事情，那麼他的譎詐就又深一層了。楚國本來就沒有和晉國互爭雄長的心意，晉文公從多方面來激怒他，逼迫楚國開戰，雖然子玉不能淸除一時忿怒，可是上自楚王，下至士卒，都不想戰爭。從常情來衡量，就是楚國的車卒馳奔而走，尙且恐怕失去楚軍的機會，更何況是退避三舍，使子玉能借以作爲班師而回的名義呢？這是因爲晉文公本已料到子玉的作爲，在自己所揣度的範圍之內，明知子玉心中懷恨蔿賈的譏謗，急於立功來洗雪他的恥辱，看到晉軍的退避，一定認爲是很幸運地遇到脆弱的敵人，功業的易於取得，再也沒有這種好時機，就是晉軍退避十舍，仍然要來追擊，何況是三舍呢？晉文公的所以願意退避，就是事先料到楚軍一定不會撤兵，心中想戰爭，而表面上卻擺出不欲戰的架勢，用來回報楚國的恩德，用來使敵軍驕傲，用來感動諸侯的心志，用來激起三軍的憤愾，舉世所有的人都被他所迷亂而不自知，就是明智像左丘明這樣的人，尚且相信他所說「我退楚還，我將何求」的話，並且載在《左氏傳》中。晉文公的善於詭譎欺詐，是一點也不假了。

晉文公的譎詐，那裏只限於一端呢！如圍原三日不下撤兵而回，這在表面上看，像是王者之師的行爲，然而當他攻打曹國，圍城不下，竟以摧毀曹國祖先的墳墓相脅迫，這也能算是王者之師嗎？利益小就守信用，利益大就用暴力，因此我知道晉文公是譎詐的。顚頡、祁瞞、舟之僑三人犯罪，而予以斷然處斬，因此而使人民信服，這在表面上看，像是王者的行刑了，可是卻寬宥魏犫而使刑法枉屈，這也能算是王者的行刑嗎？對疏遠的人就用刑法，對所偏愛的人就用私心，因此我知道晉文公是譎詐的。總括起來說，就大處講，像假託狩獵以召請周王，往小處說，像在車後拖著樹枝揚塵來詐欺敵人，實在無法一一的盡舉，大抵說來，都不能超出孔子一譎字之外，聖人的言論，是多麼地令人敬服啊！

唉！晉文公的善用譎詐，所成就的，也只不過是區區的霸業而已，他的軍隊一出動，大夫子叢，就被魯君所殺，令尹子玉，因兵敗自殺於楚的連穀，其他如叔武、歂犬、士榮、元咺、子適、子儀，均死於衛君之手，先前假如晉軍不出動，那麼這些都是無罪的人。至於像那些僚屬士卒，服勤打雜的人，橫屍原野，連姓名都不曾登載下來的，又不知有幾百千萬呢？殘忍啊！晉文公的不仁道！雖然晉文公起初想著欺詐人，可是最後終不免被人所欺詐。如曹伯的應當拘執或是應當恢復舊封，衛侯的當殺或是當釋，要是出自文公的本意那當然沒話可說，可是我們看看事實，竟被巫祝所欺騙，而恢復了曹伯的舊封，被醫生所欺騙，而釋放了衛侯。至於使衛侯返國，則是爲魯僖公納玉與晉文公所致，結果衛侯反而感恩於魯國。魯僖公，爲當時的諸侯，受了他的欺騙，尚不足以深愧，誰能料到，以下流的巫醫，他們的譎詐，又有的竟在晉文公以上呢？我所以替文公深深地感到慚愧，是因爲更能知道詭譎欺詐，實在是不足以仗恃啊！

【研析】評論一個人的好壞善惡，其具體可以見到的，當然是他的所作所爲，如單就某一件行事論斷，在表面上看是好事，是善行，如就整體評估，那恐怕就要從動機、用心著眼了。孔子所以評論晉文公「譎而不正」，就是如此。本文作者，復就左氏所載，一一舉其行事，指出晉文公的所作所爲，無一非爲其霸業著想，也無不爲其霸業作準備工作。如「出定襄王，入務利民」以教義，「伐原以示信」，「大蒐以示禮」，「作執秩以正其官」（俱見僖公二十七年傳），凡此，在表面上看，都是好事、善行，應該有的舉措。然而如就「城濮之役」一戰而霸，繼之會諸侯於溫地而「召王且使王狩」看來，那也就難怪孔老夫子要說：「以臣召君，不可以爲訓」了（俱見僖公二十八年傳）。呂氏有見於此，故爲文以舉其用心之非。

文分七段，作者首先指出，聖人所以能一言而賅衆理，因能透視其關鍵，運掌其樞紐。其次則進一步的評論晉文公霸諸侯，雖是非、優劣、工拙互見，千源萬派，要之亦祇不過一個「譎」字卽可概括。第三段論晉文公對宋、楚之譎。第四段言晉文公深謀用譎之心。第五段評晉侯退舍用譎之意：報德、驕傲、惑諸侯。第六段言文公之譎非一，更舉事例以實其說。最後言文公一生用譎，所成者僅區區之霸業，然亦終不免爲人所譎，以明譎不可恃之理。

就行文說，作者先從後人對晉文公的評述講起，不外乎「臧否優劣」之言，「此工彼拙」之見，雖「累牘聯簡」，猶不能盡其是非，鮮有若孔子用一譎字而概括其終生行事者。這樣的行文方式，一方面不露痕跡地烘托出孔子的偉大，同時也借此一烘托，而凸顯了論述的中心議題，由此更可顯露作者的構思、觀察，不僅深刻，而且明確。主旨既立，接下來就更能展現其走筆的縱橫和運思的自如了。如統言晉文公的謀略，分述晉文公的作為、行事，巨細不遺之筆，寫來自然順暢，就層次推理說，結構尤其謹嚴。最後指出用「譎」者，終難逃為人所「譎」的命運，這種以「積漸」之實，說明因果報應之理的見解，可以永遠的啟發著後人，更為後人指出了一條永遠應該遵循的大道。

晉文公夢與楚子❶搏 僖公二十八年

楚子玉夢河神求瓊弁玉纓 同上
燕姞夢天與己蘭 宣公三年
魏顆夢結草之老人 宣公十五年
韓厥夢子輿 成公二年
趙嬰夢天使 成公五年
晉侯夢大厲 成公十年
夢疾為二豎子 同上
小臣夢負公登天 同上
呂錡夢射月 成公十六年
聲伯夢瓊瑰 成公十七年
中行獻子夢與厲公訟 襄公十八年
叔孫穆子❷夢天壓己 昭公四年
魯昭❸夢襄公祖❹ 昭公七年
晉侯夢黃熊 同上
孔成子夢康叔 同上
泉邱人有女夢以其帷幕孟氏之廟 昭公十一年
趙宣子夢文公授之陸渾 昭公十七年
宋元公夢太子欒即位 昭公二十五年
曹人夢眾君子立於社宮❺ 哀公七年
衛侯夢渾良夫 哀公十七年
宋得❻夢己為烏 哀公二十六年

【題解】在《左傳》中，有關「夢」的記載，總計不下二十則，茲僅就與本文有關的數則，簡介如次：

一、晉文公夢與楚子搏：這個夢是晉、楚城濮之役以前發生的，當時可能晉侯心中有所畏懼，故有是夢。大意是說：晉侯（文公）夢中與楚子格鬪，楚子伏在晉侯的身上咀嚼他的腦髓，所以心中害怕。子犯（卽狐偃）卻以爲是吉利的，因晉能得天（仰臥向上），楚伏其罪，柔能克剛，故吉。一戰而敗楚師。

二、叔孫穆子夢天壓己：叔孫穆子，卽魯卿叔孫豹，叔孫僑如之弟。這個夢的情景是說：魯穆子離開叔孫氏要到齊國去，走到庚宗（魯地，在今山東泗水縣東），遇一婦人，私自以食物招待他，因與此婦人私通。到齊國後，娶了國氏，生孟丙、仲壬。一日夜裏夢見天塌下來壓到自己，一時又無法頂得住，回頭看到一人，黑皮膚，肩頸向前彎曲，雙眼深陷，口像豬嘴，穆子呼叫說：「牛！快來幫我！」這才把天撐起來。天亮以後，把所有隨行的人都招了來，但無一人像夢中所見的人。不久寅伯（穆子兒）也跑到齊國來，告訴穆子說：「魯國因了我先人的緣故，將使叔孫氏的人爲卿，屆時一定召你回去，你將如何打算？」穆子回答說：「這是我很久的心願了。」

後來魯人召穆子，立爲卿以後，先前在庚宗地方與之私通的那個婦人，獻上一隻野鷄，穆子問她兒子的情形。回答說：「我的兒子已經長大，能夠舒著野鷄跟隨著我了。」把他叫來一看，就是夢中所見的那個人。沒有問他的名字，就直呼爲牛，他也就隨口答說是。於是穆子把所有的徒衆都招了來，讓他們看一看，遂使他爲小臣。

三、魯昭夢襄公祖：大意是說：楚子建造了一座章華之臺，希望在舉行落成典禮的時候，諸侯都能前來參加、祝賀，太宰薳啟疆到魯國召請昭公。昭公打算前往，夢見襄公爲他的出行祭祀路神。大夫梓愼說：「君王是無法成行的。因從前襄公要到楚國去的時候，就是夢見周公爲他祭路神然後才出發的，而今襄公卻在祭祀路神，君王還是不去的好。」大夫子服惠伯說：「可以去！先君從未去過楚國，所以周公祭祀路神來引導他，襄公已去過楚國了，所以才祭祀路神來引導君王，不去楚國，又去那裏呢？」三月，昭公去了楚國。

四、曹人夢眾君子立于社宮：大意是說：起初，曹國有人夢見一羣君子站在國社圍牆的外面，謀畫滅亡曹國。這時曹叔振鐸卻要求等一下公孫彊，大夥答應了。天亮以後到處找尋這個人，找遍曹國，卻尋覓不到。於是就告戒他的兒子說：「我死後，你聽說公孫彊當政，一定要離開曹國。」等到曹伯陽即位，喜好畋獵射鳥，曹國邊境上的公孫彊也喜好射鳥，射到一隻白雁，獻給了曹伯陽，並且趁機說了一些有關射鳥的技巧，曹伯非常喜歡。因此就向他詢問治國的大事，曹伯聽了，尤其喜歡，因之寵信有嘉，讓他做司城執政。這時做夢人的兒子，就離開了曹國。

公孫彊向曹伯陳述稱霸的道理，曹伯聽從了，一時之間，曹國竟然背棄了晉國，又進而侵犯宋國，而宋人也就毫不示弱的興兵攻打曹國。

五、宋得夢己爲烏：大意是說：宋得（宋昭公）夢見啟（得之弟）頭向北睡在盧門（宋東門）的外面，自己則變爲烏鴉竟棲息在他的身上，嘴卻放置在南門上，尾放在北門上。醒後說：「我的夢很美好，一定會立爲國君。」後來大尹（有寵的近身官員）就事奉著啟，逃亡到楚國。於是立得爲國君。

形神相接而夢者，世歸之想，形神不接而夢者，世歸之因。因之說曰：因羊而念馬，因馬而念車，因車而念蓋。固有牧羊而夢鼓吹曲蓋者矣。是雖非今日之想，實因於前日之想也。故因與想一說也。信如是說，無想則無因，無因則無夢，舉天下之夢，不出於想而已矣！

嗚呼！萬物皆備於我，萬理皆備於心，豈以想而有，豈以不想而無哉！耳之所聞者有限也，然天下之聲皆具於吾耳之中，非可以聞不聞限也；目之所見者有限也，然天下之色皆具於吾目之中，非可以見不見限也；心之所想者有限也，然天下之理皆具於吾心之中，非可以想不想限也。上天下澤，內華外夷，往古來今，其鉅其細，其晦其明，皆與吾心同流而無間。或感於志氣，或動於四體，或發於夢寐，層見錯出，軸運機旋，豈待想而後有因，待因而後有夢耶？

苟必謂因想而後有夢，則是未想之前，胸中本無是物，因想而後有是物也；未想之前，胸中本無是理，因想而後有是理也。抑不知心猶地，而「想」特其一塵耳，心猶海，而「想」特其一漚耳。以「想」爲心，何異指塵爲地，指漚爲海乎？是其爲論，淺狹潰亂，猶未離乎夢中語，反欲證他人之夢，甚矣其惑也！

歷舉《左氏》所載之夢，自晉文公至於宋得，無慮數十，名之以「想」可也，名之以「因」亦可也，至於叔孫穆子夢童牛之貌❼於牛未至之前，曹人夢公孫強❽之名於強未生之前，是果出於「想」乎？果出於「因」乎？雖起樂廣❾於九原，吾知其未必能判是義也。以有窮之說，而欲盡無窮之理，以有外之見，而欲測無外之心，難矣哉！

嗚呼！理本無窮，而人自窮之，心本無外，而人自外之，故左氏之所謂，夢出於所因所想之外蓋無幾，其餘未有不局於區區念慮之間者也。持樂廣之論以揆之，固已十中其八九矣，然醫不至於神，治常疾則精，治非常之疾則疏；論不至於極，談常夢則合，談非常之夢則敗。魯襄公之夢周公❿，固子服惠伯⓫之所能辨也，如使論孔子之夢周公⓬，吾不知其何辭以對！

【註釋】❶楚子　即楚成王，本名頵，更名惲，楚文王與息嬀之子，在位四十六年，為商臣所弒。（見莊公十四年，文公元年、十年，成公十三年，昭公四年。）❷叔孫穆子　即叔孫豹。亦即叔孫穆叔，魯卿。為叔孫僑如之弟。叔孫僑如，即叔孫宣伯。❸魯昭　即魯昭公，名稠，襄公子，在位三十二年。❹襄公祖　魯襄公，名午，成公子，在位三十一年。祖，祭路神。古代出行必祭路神。❺社宮　社，古稱后土，即土地之神。此指曹國的國社。宮，是社的圍牆。社宮，就是祭社的地方。❻宋得　宋景公的養子。即宋昭公。為公孫周之子，因宋景公無子，故畜養於宮中。❼童牛之貌　見本篇題解二。❽公孫強　即公孫彊。見本篇題解四。❾樂廣　晉淯陽人。字彥輔，性情謙和，有遠識，善於談論，每能以要言析理，不僅可服人之口，亦可服人之心。見《晉書・樂廣傳》。❿魯襄公之夢周公　見本篇題解三。⓫子服惠伯　魯大夫子服椒，也稱子服。仲孫蔑之孫，仲孫它之子。⓬孔子之夢周公　《論語・述而篇》：「子曰：『甚矣，吾衰也！久矣，吾不復夢見周公。』」這是孔子晚年的感傷，因理想不能實現，故有此語。孔子一向對周朝燦爛的文物制度，抱持著嚮慕的心情，所以他說：「周監於二代，郁郁乎文哉！吾從周。」（〈八佾篇〉）孔子的夢周公，是爲了重見周公時代國家太平盛世的託言，他的理想，就是周公所創的禮樂制度，所以他常常想到，如果有權當政，一定要實行周公時代那樣美好的制度。

【語譯】形像與知覺相接觸而成夢的，世人把它歸之於想，形像不與知覺接觸而成夢的，世人將它歸之於因。因的說法是：因羊而思念到馬，因馬而思念到車，又因車而思念到車上的篷蓋。原本就有只是牧羊的窮小子，而竟然也會夢見敲鑼打鼓吹笙鳴角的樂隊，引導著大車前進的情景。這雖然不是當日所想的，其實也是因於先前所想的。所以因與想的道理是一樣的。這種說法如果可信，那麼無想就無因，無因就無夢。所有天下人的夢，就不能超出想的範圍以外了！

唉！天下所有的事物道理，無不具備於我們的心中，那裏會因想而有，因不想而就沒有呢！譬如耳朵所能聽聞的，確實有限，可是天下所有的聲音，無不具備於我們的耳中，不可以拿聽到沒聽到爲限；眼睛所能看見的，確實有限，然而天下所有的顏色，無不具備於我們的眼中，不可以拿看見沒看見爲限；心中所想的，也確實有限，可是天下所有的道理，也無不具備於我們的心中，也不可以拿想到沒想到爲限。上到天，下到地，內華夏，外夷狄，從古到今，無論是鉅細明暗，無不是和我們的心神合流而毫無間隔的。有時靠心神的感應，有時依四肢而動作，也有時在睡夢中而萌發，隨處可見，交錯而出，就如機軸的旋轉，難道還要想了以後才能有因，待有了因以後才能有夢嗎？

假如一定要說因想以後才會有夢，那就是在沒有想以前，胸中本來就沒有這種事物，因想以後，才有這種事物的；在沒有想以前，胸中本來就沒有這種道理，因想了以後，才有這種道理的。抱持這種見解的人，卻無法了解心就好比大地，而「想」只不過是大地上的一粒微塵罷了，心又好比海洋，而「想」只不過是海洋中的一個小水泡罷了。把「想」當作心，這與指一粒微塵爲大地，指一個小水泡爲海洋又有什麼不同呢?!由此可見他們的說法，是多麼地淺陋、狹隘、潰散、零亂，尙且沒有脫離夢中的囈語，反而想著證明他人做夢的原因，這種迷惑不明事理，又是多麼地嚴重啊！

如果要把《左傳》中所記述的夢一一舉出來，從晉文公到宋得，不下數十條，用「想」命名可以，用「因」命名也可以，至於叔孫穆子夢中所見童牛的相貌，是在「牛」尙未到達以前，曹人夢中所見公孫強的名字，是在公孫強沒有出生以前，這種情形，是眞的出於「想」呢？還是眞的出於「因」呢？就是那位善於析理的樂廣復生，我也知道他未必就能斷定這個道理。用有窮盡的說法，想把無窮盡的道理全部表達出來，用有外限的見聞，想來測量無外限的心境，那是根本不可能呢！

唉！道理本無窮盡，而人卻自以爲有窮盡，心境本無外限，而人卻自以爲有外限，所以左氏的所說，夢出於所因所想以外的，實在沒有多少，其餘的，沒有不是局限在人們小小的思慮範圍之間的。要是拿樂廣的言論來揆度，本來已經可以十中八九了，然而醫生的修養，不到神妙的境地，治療平常的疾病則精善，如治療非常的疾病則生疏；議論不能到達圓融極致，圓說平常的夢則能相合，圓說非常的夢就要失敗。像魯襄公的夢見周公這件事，吉凶取捨，本來就是子服惠伯所能辨別的，如果讓他來辯論孔子的夢周公，我就不知道他用什麼言辭來回答了！

【研　析】世人常說：「日有所思，夜有所夢。」但也有日無所思，而夜有所夢的實情。大抵說來，「夜之所夢」，多能與個人平日生活、情緒、思想、心態、見聞、遭遇等相符合。如窮書生的南柯夢，也不能說是無因。本文作者，以常理難掩突發事實的見解，就著《左氏》所載有關夢的言論，提出了一己的看法，認爲世人的所見，皆爲平常顯而易爲說者，而且帶有迷信色彩，不屬於「想」，卽歸於「因」，而人的所夢，又絕非「因」、「想」所能範圍的，卽不「想」不「因」，亦可照樣有夢，並舉例以破世人之見。

文分五段，作者首先就世人「因」、「想」的說法以論夢，果如是，則因、想無異，而夢亦不出因、想之外。其次以聞、見、想的無限，破世人的迷惑，直指夢之所出，不一定要等有因想以後，才能成夢。第三段進一步指斥主因想之說的人，不明心胸中所本爲何，更不明白因想有如地之一塵，海之一漚，而竟欲以此證他人之夢，其惑殊甚！第四段則言平常的夢，固可以因想爲說。但如叔孫穆子的夢童牛之貌，曹人的夢公孫強之名，就難以爲說了。最後，則言心本無外而人自外，持此以論《左氏》所載之夢，雖多能暗合，然於非常之夢，則難以爲說。

就行文說，作者所表現的筆鋒，十分銳利，雖想突破傳統、獨樹一幟，然終不免有強行說理之嫌。不錯，「萬物皆備於我，萬理皆備於心」，基於此，而所夢者，當然不可限於所思、所聞、所見，而「或感於志氣，或動於四體，或發於夢寐，層見錯出，軸運機旋」，也是事實，然而以人的常情言，而所夢者，很少出乎其生活、思想、見聞範圍以外者，難道不是事實？至於孔子的夢周公，以孔子的修爲、道德、思想、主張、抱負說，難道不應有此夢？夢，也是要看個人的修養層次的！這也就如寫文章的靈感一樣，假使沒有實際的修養、體驗，靈感也是很難出現的。子服惠伯的無辭以對，這是當然的，這不也正是常理的表現？

晉侯作三行

僖公二十八年

【題解】此事載於《左傳》僖公二十八年（西元前六三三年）。大意是說：晉文公為了抵禦狄人，建立步卒三行之軍，使荀林父將中行，派屠擊將右行，讓先蔑將左行。論者以為晉已置上中下三軍，今復增置三行，以避天子六軍之名。文公的舉措，實為可責。

呂氏則以為晉文公的增軍三行，「當責而不可責」，一反常人所謂建六軍以僭天子之實的譏評。並進而指出如能制止晉侯的兼併，或能縮小其國土，即使文公再想增軍，亦無可增之人。

事固有當責而不可責者。奢者可責也，多與之財而責其奢❶，不可也。醉者可責也，多飲之酒而責其醉，不可也。晉自武公❷始，受一軍啟封。繼以獻公❸之強，衍其一軍為二。繼以文公之伯，衍其二軍為三，猶以為未足，復創為三行之制，外避天子六軍之名，而內僭天子之實。議者並以文公為可責也，吾獨以為當責而不可責也。

亦嘗聞周室軍旅之制乎？五人為伍，五伍為兩，五兩為卒，五卒為旅，五旅為師，五師為軍，一軍之制為人萬二千五百，損一人則不足，增一人則有餘。大國之三軍也，地方百里，而其人僅足以具三軍也；次國之二軍也，地方七十里，而其人僅足以具二軍也；小國之一軍也，地方五十里，而其人僅足以具一軍也。地有限則人有限。人有限則軍有限，雖欲僭侈其軍，亦窘於無人而不得騁矣。

王者之於諸侯，典祀陵節，所當問也；車服亂常，所當問也；宮室改度，所當問也；樂舞踰數，所當問也；獨軍旅之制，有所不必問焉。非旅果輕軍於典祀、車服、宮室、樂舞也，蹙之以地，束之以人，雖使僭之，亦不能僭也。王綱上舉，侯度下修，大不侵小，強不犯弱，則地有常地，人有常人，軍有常軍，雖欲如晉之僭，豈可得哉？

晉之所以能僭六軍者，適當周室失政之時，南吞北噬，東攘西略，以斥大其國，增地必增人，增人必增軍，野曠則風勁，川漲則舟高，國大則兵眾矣，夫何疑耶？既已容其兼并，而反責其軍制之僭，是猶多與之財而責其奢，多飲之酒而責其醉也。此吾所謂「事有當責，而不可責者」也。

為周室計者，當深絕晉兼并之原，至於軍數之多寡，則在周室初無損益焉。周果能治晉兼并之罪，披其地，奪其人，則善矣。不然，則合為一軍者是眾也，晉之強自若也。分為六軍者是眾也，晉之強自若也。是一軍者，未分之六軍，而六軍者，既分之一軍也，吾何為喜其一而怒其六哉？軍數之多寡，不足為損益。則先王之制禮，銖兩毫髮，至嚴而不可踰者，果非耶？曰：賈人不得衣綺縠者，政也，盜賊不得衣綺縠，非政也。盜賊非剽掠不能具綺縠，晉侯非兼并不能具六軍，舍其剽掠而責其服之侈儉，舍其兼并而責其軍之多寡，可不可耶？

【註釋】❶三行　即三軍。見題解。《小學紺珠．制度類》三行，中行、右行、左行。❷武公　即曲沃武公，名稱，曲沃莊伯子，在位三十九年，在魯莊公十六年併晉。（見莊公十六年。）❸獻公　武公子，名詭諸，在位二十六年。

【語譯】一件事情的舉措，本來就有應當責備反而不可責備的。如奢侈是應當責備的，要是多給他錢財，反而責斥其奢侈這是不可以的。喝醉酒是應當責備的，要是多讓他飲酒，反而責斥其喝醉，這也是不可以的。晉國從武公時起，周王命以一軍而封爲晉侯，統一了晉國。獻公繼立，而國勢更行強盛，由一軍而擴爲二軍。接下來，文公稱霸，再由二軍，擴充爲三軍，尚不以爲滿足，又創立三行的制度，這在表面上看，是避免了天子六軍的名稱，就本質說，卻有僭越天子的實際行爲。一般評論的人，都認爲文公是應該責斥的，我獨以爲應當責備而卻不可以責備。

可曾聽說過周代軍旅的編制嗎？制度是：每五個人爲一伍，五個伍爲一兩，四個兩爲一卒，五個卒爲一旅，五個旅爲一師，五個師爲一軍，一個軍的編制，是一萬二千五百人，少一人就不足數，增加一人就多餘。大國的編制是三軍，有方圓百里的封疆，而其人民，僅夠編制三軍的數目；次國的編制是二軍，有方圓七十里的封疆，而其人民，僅夠編制二軍的數目；小國的編制是一軍，土地只有方圓五十里，而其人民，僅夠編制一軍的數目。土地大小有限制，那麼因之人民的數目也有限量，人民有限量，則軍的數目也有限量，在這種情況下，就是想僭越擴大其軍制，也會窘迫於人數的不足而不能有所施展了。

當時周天子對諸侯的節制是：祭祀典禮超越法規，是應當過問的；車馬服飾悖亂常行，是應當過問的；宮室大小改變了法度，是應當過問的；樂章歌舞超越禮數，是應當過問的；獨有軍旅的編制，可以不必過問。這並不是說，軍旅的制度果眞輕於典祀、車服、宮室、樂舞，如能縮小他的土地，約束他的人民數量，在這種情形下，就是讓他僭越，也是無法做到的。在上的周王，能執行綱紀，在下的諸侯，能修行法度，大國不侵犯小國，強不凌弱，封地有一定的界域，人民有常有的人數，軍旅有常規的編制，果如是，就是想如晉文公的僭越，又那裏可能呢？

晉國所以能僭越天子而建立六軍，是由於正當周王失政的時候，才得以向四方呑噬鄰國，攘奪土地，而擴大了國境，國土既然增加，人民也一定會增加，人民增加，那就必定要增加軍隊，空曠的原野，風就強勁，河川的水漲，船也隨著高起來，國境擴大，那麼軍隊自然就要衆多了，這有什麼好懷疑的呢？既然容許晉國兼併土地，反而又責備他軍隊編制的僭越，這就好比多給他錢財，而責備他奢侈，多讓他飲酒，而責備他喝醉一樣。這就是我所說的「事有當責，而不可責者也」的道理。

要是爲周天子作打算的話，首先就應當斬斷晉國兼併的根源，至於軍隊數量的多寡，這在周王來說，根本無需在增減上計較。周室果眞能定治晉國兼併鄰國土地的罪，分散他的土地，減奪他的人民，就是最好的方法了。不然的話，只是縮減軍制的數目，即使將他現有的軍隊，整合爲一軍，可是這些兵衆的人數並沒有減少，因此晉國的強盛，不會受到任何影響。分爲六軍的話，仍是那些兵衆，晉國的強盛，還是和先前一樣。因此，就晉國的軍隊編制數量說，如果不分的話，就是一軍，分開來就是六軍，所以這一軍，就是未分的六軍，而既分的六軍，也就是未分的一軍，我們爲什麼喜其一軍而怒其六軍呢？軍數的多少，是不能作爲增減的標準的。那麼先王的制定禮法，即使是銖兩毫髮之微，都嚴加分別，而不可踰越的規定，果眞不對嗎？我的回答是：如商人不能穿綺羅縐紗華美的衣服，這是政令的規定，盜賊不能穿綺羅縐紗華美的服裝，就不是政令了。盜賊不去搶奪就不能具有綺縠華美的衣物，晉侯不去兼併土地，就不能具備六軍的軍數，現在不計較盜賊搶奪的行爲，卻責備他衣服的奢儉；不追究晉侯兼併的野心，卻責備他軍制的多少，可不可以呢？

【研　析】法統有常則，而世人無常行，這是時勢的驅使，固不可以是非論。有些事情的舉措，就法統說，是不應該，就時勢說，又不得不如此。周室自平王東遷以後，政令不行於諸侯，由於王綱的墜廢，大權亦隨之旁落，而諸侯間的爭強鬪狠，相互攻伐，迄無寧日，名爲尊周，實爲擴充一己的權勢。晉文公的作三行，就是一個標準的好例證。論者咸以爲晉侯巧立名目，本有三軍，而又作三行，以避僭越的嫌疑。本文作者，則以爲此事雖「當責」，但卻「不可責」。其關鍵就在於周室已經失去控制諸侯的實權，只好任其擴充領土，建軍以備戰了。這是大勢所趨，法統已無可奈何。如能「王綱上舉，侯度下修，大不侵小，強不犯弱」，共守法統，同尊周室，那就自然不會有像晉侯作三行的事情發生了。

文分五段，作者首先就常理統言晉文公三行之軍的不可責，接著則言諸侯以國土的大小，爲建軍多寡的準則。第三段指出由於王綱的墜廢，諸侯以大侵小，晉侯的增軍三行，不得不然。第四段論述晉侯增建三行之軍，當責而不可責之理。最後，則說明釜底抽薪之計，端在使晉侯不得兼併，無力建軍。

就行文說，作者用演繹推理的筆法，就著晉文公作三行一事，先就常理的論說，以明法統，再就行事的無常，以明時勢的使然。終以「當責而不可責」作斷案，然後即以此爲主旨，旁徵博引，闡其理而說其情，使事理與實情互映，讓時勢共法統相衡，使「當責而不可責」之意自然顯現，使文章的首尾自然呼應，這不能不說是作者走筆的高妙。

周公閱❶聘魯 僖公三十年

【題解】此事載於《左傳》僖公三十年（西元前六三〇年）。大意是說：周天子派周公閱到魯國來聘問，魯君以昌蒲菹、白米糕、黑米糕、虎形鹽塊來招待他。周公閱推辭說：「一位國君的文治，足以昭明四方，武功可使人畏威，就備有特殊的物品招待賓客，來象徵他的功德，薦五味的調和，獻美味的糕餅，備虎形的鹽塊，來象徵他的成就。這種招待，我如何敢當？」

呂氏據此，析述周公閱的出使魯國，不敢當魯君的享禮爲非是。既居其位，就應當其禮，如自愧德薄，則莫如辭去太宰的職位。然作者卻獨稱許其自愧之心。

身者寄也，軒冕者，身之寄也。是道家者流之論也。人自送丞相長史，而張君嗣❷厭其勞，魯自待宰周公，而姬閱辭其享，認而有之，非惑耶，信如是言，則有宰周公而又有姬閱，是身與位爲二也。蘇孺文❸視身與位爲二，故指飲故人，按故人者爲兩事。苟道將❹視身與位爲二，故指殺弟、哭弟者爲兩人，傷恩敗教，其禍有不可勝言者，非二之罪耶？

儒者之論則進是矣，居其位而無其德，爲身之羞，居其位而黜其禮，爲位之羞。身者，一夫之私也；位者，萬世之公也。周公閱以德薄自愧，不敢受魯之享，抑不思所居者上宰之官，所持者天子之節，所享者先王之禮；今徒以一夫之無德，而廢萬世之常尊，是避身之羞而為位之羞也。是知身之不足當其禮，而不知身之不足當其位也！如愧之，莫若亟去其位。位則受之，禮則辭之。受其大而辭其細，豈不甚可責耶？

以儒者之論，而責周公閱，固無所逃罪，然吾竊有所矜焉。周公之位，自周文公之沒，居其位者不知其幾人也，使於四方，享昌歜、白黑、形鹽之享者，又不知其幾人也，彼豈皆德與禮稱，受之而無愧耶？晏然居之，欣然樂之，未聞有一人以德薄辭者。至周公閱之居此官，受此享，怵惕內愧，對大賓大客之前，痛自羞薄，不敢少安，其不能辭位固可責，吾未嘗不獨矜其愧心之猶在也！

其視前後數公，既不辭位，又不辭禮，驕泰奢侈者，豈不賢耶？其視道家者流，傲誕荒唐，視身與位為二物者，豈不賢耶？范鞅一陪臣，猶索十牢於禮之外，周公閱以天子之宰，乃肯辭備物於禮之內，儒者不矜其愧心，而責其迹，吾竊恨儒者之不恕也。然既曰知愧矣，不愧其大而愧其細，獨何歟！吾又未見儒者之不恕也！

【註釋】❶周公閱　周冢宰，亦稱宰周公。❷張君嗣　名裔，三國蜀郡成都（今四川成都縣）

人。諸葛亮出駐漢中時，裔以射聲校尉領留府長史，後北詣亮諮事，送者數百，車乘盈路，裔還書與所親曰：「近者涉道，晝夜接賓，不得寧息，人自敬丞相長史，男子張君嗣附之，疲倦欲死。」見《三國志・蜀書・張裔傳》。❸蘇孺文　名章，東漢扶風平陵（今陝西咸陽縣）人。順帝時爲冀州刺史。故人爲清河太守，章行部案其姦臧，乃請太守，爲設酒肴，陳生平之好甚歡。太守喜曰：「人皆有一天，我獨有二天。」章曰：「今夕蘇孺文與故人飲者，私恩也；明日冀州刺史案事者，公法也。」遂舉其罪。見《後漢書・蘇章傳》。❹荀道將　名晞，晉河內山陽（今河南修武縣）人。其從母子爲督護犯法，晞杖節斬之，從母叩頭請救不聽，既而素服哭之，流涕曰：「殺卿者兗州刺史，哭弟者荀道將。」見《晉書・荀晞傳》。❺范鞅一陪臣二句　范鞅，晉卿士鞅，即范獻子，士匄之子。牛羊豕具爲一牢，亦稱太牢。十牢，謂十太牢。饗諸侯之禮爲七牢，而范鞅竟索十牢，實超出饗禮之外。（有關牢禮，請參閱《周禮・秋官・大行人・掌客》及《禮記・禮器》。）

【語譯】身軀本來就需要有所依附寓居，而軒車冕服，就是身軀所寓居的所在。這是道家一類人物的說法。世人自從有了送丞相長史一類的事務，張君嗣就厭惡其過於煩勞，魯國以饗禮招待宰周公，而姬閱卻予以辭謝竟不敢當其禮，並認爲應該這樣去做，這不是迷惑嗎？假如認爲這種說法是可信的，那麼有宰周公而又有姬閱，這是把身軀與職位畫分爲二了。由於蘇孺文把身軀與職位畫分爲二，所以才將飲故人，按故人看作兩件事。由於荀道將將身軀與職位畫分爲二，所以才指殺弟、哭弟的爲兩人。傷害恩德，敗壞教化，以至於使禍災有不可盡說的情事，難道不是將身軀與職位畫分爲二的罪過嗎？

儒者的說法，則是這樣的，身居其位，而沒有與此職位相稱的才德，這是身軀的羞辱，身既居其位，而又黜退其禮，這是職位的羞辱。身軀，是一人的私有之物，職位，是萬世公有的官爵。周公閱以己的才德淺薄自覺慚愧，不敢接受魯國的饗禮，卻沒有想到身所居處的，是上宰的官位，所執持的，是天子的符節，所接受的宴饗，是先王所制定的禮儀；而今僅以一人的無德，竟然廢棄了萬代常尊的爵位，這是爲了避免身軀的羞辱而竟成爲爵位的羞辱。這種行爲，是僅知身軀的不足以當其禮，而不知道身軀的不足以擔當其尊崇的職位啊！假如感到慚愧，最好的辦法，就是馬上辭去其尊位。既然接受了尊位，卻要辭謝饗禮，這種接受大的尊位，而卻辭謝小的饗禮的作爲，難道不是甚爲可責斥的嗎？

拿儒者的言論，來責備周公閱，本來就無所逃避其罪過，然而我心中卻有些許敬佩之意。周公的職位，從周文公歿世以後，身居其位的，不知道有多少人了，出使四方的諸侯，享受昌蒲菹、白米糕、黑米糕、虎形鹽招待的，又不知道有多少人了，那些人，難道都是才德與饗禮相稱，接受招待而沒有值得慚愧的地方嗎？很能心安的身居其位，欣喜愉快地接受饗禮，並沒有聽說有一人因才德淺薄而辭謝的。等到周公閱身居此官，接受此禮，心中才怵然驚恐而感覺慚愧，面對著貴賓貴客，悲痛地自覺才德淺薄的羞辱，不敢少有安寧，他不能辭去太宰的尊位，固然值得責備，我卻不曾不獨自敬佩他羞愧之心的尚能存在啊！

他的作爲，和前後數位周公相比較，既不辭去尊位，又不辭讓饗禮，傲慢奢華的情形，難道不勝過很多嗎？他的作爲，和道家一類的人物相比較，那種荒誕不經，把身與位畫分爲二的情形，難道不好上很多嗎？像那晉卿范鞅，只不過是諸侯的大夫，尚且索禮於十牢之外，而周公閱以天子太宰的身分，竟然肯辭備物於禮內的招待，儒者不敬佩他的自愧之心，反而責斥他的行事，我私下爲儒者的不够寬恕感到遺憾。可是話又要說回來，既然知道愧咎，不在大處慚愧，而只是在小地方慚愧，這是什麼原因呢？（儒者又不以此相責）因此我以爲，儒者也不見得不寬恕啊！

【研析】禮以時爲大，以節爲和，過與不及，都與適中相違。謙虛，本爲美德，如果超出謙虛以外或不當謙虛而謙虛，那就不僅是虛僞反而是失禮了。周公閱以太宰的身分出使魯國，而竟然不敢接受魯君禮文備物的招待，以爲自己德薄能鮮，不足以承此大禮，然而他卻忽略了他的身分是太宰，魯君之饗，是饗太宰，是爲太宰而設。如以爲自身德薄能鮮，最好是不做太宰，旣爲太宰，又出使諸侯，就應該承當饗禮，無使尊爵顯位，蒙受屈辱。呂氏本此，發抒一己之見，並特別稱許宰周公的自愧之心。

文分四段，作者首先指出，身與位本爲一體，有人強分爲二，借以辭咎或脫罪，致有傷恩敗教之禍。其次則言周公閱的旣受其位而又亂禮爲可責。第三段則論述周公閱的怵然自愧德薄，又不能辭去其職位，此固可責，然其自愧之心，誠可矜式。最後就著周公閱前後數公之行，道家之言，以顯現周公閱之賢，並以儒者之言，是非參半。

在行文方面，作者挾博見廣聞之資，機敏快捷之見，引史事來充實一己的理論，驗證一己的見解，這就行文說，自屬必然。無如說理不可牽強，尤其不可強詞奪理。在現今的社會中，我們常可看到身兼數職的人，在這種情形下，當他出席一項會議時，就身分說，他能不分清楚嗎？再如法官判案，如果本當有罪，是否可因犯人爲自己的朋友而可以將他開釋呢？在此情況下，那就勢必要法官是法官，朋友是朋友了。文中所舉荀晞殺弟哭弟之實，世人以爲美談，而呂氏獨以爲是「傷恩敗教」，商諸讀者，其說是耶？非耶？

臧文仲[1]如晉分曹田

僖公三十一年

【題解】此事載在《左傳》僖公三十一年（西元前六二九年）。大意是說：這年的春天，魯國取得了濟水以西曹國的田地，這是從晉國手中分割來的。當時是派大夫臧文仲去的，他住在重（地名，在今山東省魚臺縣西）地的賓館中，賓館中的人告訴他說：「晉君新近得到諸侯，一定會親近對他恭順的人，你要快點走了，不然會趕不上的。」臧文仲聽從了館人的話，所以分割了曹國從洮水以南，東邊直到濟水的土地。

呂氏據此，痛陳魯國臧文仲，聽從重地館人的話，疾趨晉國與諸侯共分曹國之地為非義。以魯、曹二國，同為姬姓，同列諸侯，應相恤而不應相殘，應相助而不應相害，如果臧文仲能以此為念，遲遲其行，而不分曹田，且以正理說動晉君，晉侯未始不可以反其初衷，一若恢復衞國然。臧文仲的所以疾赴晉國，無非冀得晉歡，分得曹田，由於本心既失，所以也就無法不使利令智昏了。言下頗有惋惜之意。

利則居後，害則居先，此君子處利害之常法也。是故見利而先謂之貪，見利而後謂之廉；見害而先謂之義，見害而後謂之怯；皆古今之定名，未有知其所由始者也。人之於利，憂其銳而不憂其怠，憂其急而不憂其緩，憂其溺而不憂其忘。天下豈有憂蟻之避羶，憂蚋之捨醯者耶！

晉文公私有討於曹，披裂其地，為諸侯者，坐視不能救則亦已矣，乃乘其危而共取其利，是誠何心也！臧文仲所以遲遲其行者，其亦忸怩而有所不安歟！異哉！重館❷人之論也。曰：「晉新得諸侯，必親其共，不速行，將無及也。」重館之人所謂共，其諸異乎聖人之共歟！信如是說，則狡商庸賈，趨利如風雨者，皆重館人之所謂共也。世之共者何其多耶？彼逡巡推揖，恥於冒利之君子，格以重館人之言，皆不共之大者也！其說陋甚！雖始學者猶知謝而卻之，孰知以臧文仲之賢，反爲其說之所動乎？

昔萬章❸與石顯❹善。顯免官歸，留物數百萬與章，章不受，曰：「吾以布衣見哀於石君，石君家破，不能有以安也，而受其財物，此爲石氏之禍，萬氏反當以爲福耶？」魯與曹同出姬姓，並列諸侯，其恩義信誓之重，非如石顯、萬章一時之私交也，魯坐視曹之翦覆，不惟不能辭其地，又奔走而趨之，以曹之禍爲魯之福，曾謂臧文仲之賢不如萬章乎？使臧文仲緩轡徐驅，徘徊不進，以致吾不忍之意，雖後諸侯之期，不得尺土以歸，吾親親之義已盡矣，今冒利競進，雖得地之多，吾恐文仲所喪者之多於地也！

前日魯僖之請復衞侯，文仲嘗爲謀主矣，其言曰：「諸侯之患，諸侯恤之，所以訓民也，君盍請衞侯，以示親於諸侯，且以動晉。夫晉新得諸侯，使亦曰：『魯不棄其親，其亦不可惡。』」於是納玉於晉，以免衞侯。曹衞一體也，免衞之難，其義既可以動晉，辭曹之田，其義獨不可以動晉乎？文仲於衞，則割我之所有，棄之而不惜，於曹則奪彼之所有，受之而不疑，是非恩衞而仇曹也？本心易失，而利心易昏也！吁！可畏哉！

雖然太公❺之就封，道宿行遲，逆旅人曰：「客寢甚安，殆非就國者也？」太公聞之，夜衣而行，黎明至國，則萊侯既與之爭營丘矣。太公聽逆旅之言，其亦未免於趨利歟？非也。君子固不以利自浼，亦不以利自嫌也。一國之重，有民人焉，有社稷焉，吾其可避趨利之小嫌，濡滯逗留，使爲姦寇之所伺乎？故太公之不可遲，猶臧文仲之不可速也。然受封、分地之事，逆旅、重館之言，其同其異，其是其非，相去間不容髮，若之何而辨之？曰：「在明善。」

【註釋】❶臧文仲　魯大夫臧孫。❷重館　重，地名，在今山東省魚臺縣西。館，即賓館，候館。有室，可以安頓行人，又有高明樓榭，足供候望。❸萬章　漢長安人，字子夏，以游俠聞名於世。居城西柳市，號曰城西萬子夏。當時諸貴人爭欲揖萬章。與中書令石顯善，因顯權力，得以廣泛結納。後顯敗去，遺器物值數百萬，欲以與章，不受。以爲石氏之禍，萬氏以爲福，不可。及王尊爲京兆尹，捕而殺之。見《漢書·萬章傳》。❹石顯　漢濟南人，字君房，宣帝時，以中書官爲僕射。元帝時爲中書令。爲人陰險，陷害忠良，先後譖殺蕭望之、京房、賈捐之等人。結黨營私，貴幸傾朝，後免官，徙歸故里，在路中因憂懣不食病死。見《漢書·石顯傳》。❺太公　即姜子牙、呂尚，世稱姜太公。本姓姜氏，其先封於呂，故又以呂爲氏。晚年隱於渭水濱，文王出獵，與之相遇，交談大悅，並說：「吾太公望子久矣。」因號太公望，而立爲師。後輔佐武王克殷，封於齊營丘。其兵書《六韜》六卷，世傳以爲戰國時人託名之作。見《史記・齊太公世家》。

【語譯】遇到利益，就居處在後面，見到禍害，就跑在前頭，這是有道的君子，處理利害的經常法則。所以見利而居先，就叫做貪財；見利而居後，就叫做廉潔；見禍害而居先，叫做義勇；見禍害而居後，叫做膽怯，這都是從古到今一定的名稱，沒有人知道它是從什麼時候開始的。一般人對利益的看法，多半憂慮過於銳進，而不憂慮怠忽；憂慮其急切，而不憂慮緩慢；憂慮其陷溺，而不憂慮淡忘。天下那裏有憂慮螻蟻的趨避腥羶，憂慮蚊蚋的捨棄肉醬的呢！

晉文公重耳，爲了私怨討伐曹國，分裂他的土地，而爲同列諸侯的，站在一旁觀望而不能去援救，也就算了，沒想到竟然趁著曹國的危難，來共同分取其利，這到底是什麼居心啊！臧文仲所以慢慢前行的原因，他大概也是感到慚愧而有所不安吧！奇怪啊！重地候館人的一席話。他們說：「晉國新近得到諸侯，一定會親近恭順的人，不快點前去，將會來不及了。」重地館人的所謂恭順，可能不同於聖人的恭順吧！這種說法如果是眞的，那麼狡猾庸俗的商賈，追趨利益像風雨急驟的情形，都是屬於重館人所說的恭順了。世間恭順的人爲什麼會這樣多呢？這樣一來，那些退卻不前，推辭揖讓，恥於冒犯私利的君子，用重館人的言論來衡量，都是大不恭順的了！這種說法，太鄙陋了！就是剛開始學習的人，尙且知道謝絕而不爲，誰能知道以臧文仲的賢明，反而被重館人的說法所打動呢!?

從前，在漢代的時候，萬章和石顯友善。後來石顯被免官歸里，給萬章留下數百萬的財物，萬章不僅不接受，並且說：「我以一個平民，被石君哀憐，現在石君家遭破敗，我沒有能力救援，還要接受他的財物，這不是由於石氏的災禍，我萬氏反來承當幸福嗎？」魯國與曹國，同出於姬姓，並列爲諸侯，他們之間恩義信誓的深重，不像石顯、萬章一時的私交，而魯國竟旁觀曹國的被翦滅覆亡，不但不能辭謝其被分割的土地，反而疾走趨赴，惟恐不及，以曹國的災禍，作爲魯國的福祉，雖然如此，那我們能說臧文仲的賢明，不如萬章嗎？假使臧文仲能夠徐緩的驅馳，遲遲其行，來表示實不忍心的意思，就是在晉與諸侯約定的時期最後到達，得不到一尺土地的回來，我親恤親族的道義總算是已經盡到了，今爲貪利而競爲疾進，雖然得到較多的土地，我認爲臧文仲所喪失的，恐怕比土地還要多吧！

先前魯僖公的請求晉侯恢復衛國的封地（見《左傳》僖公三十年及《國語．魯語上》），臧文仲也曾是主謀之一，他並且說：「諸侯有了禍患，同列諸侯，就應該相與援救，這樣做可使百姓順服，君王您何不請求晉君釋放衛侯，來表示對同姓諸侯的親恤，而且說不定可以感動晉君。以晉君新近得到諸侯（新爲霸主），假使他也說：『魯君不捨棄其對同姓的親恤，同時也沒有理由惡絕魯國的請求。』」於是奉納美玉於晉，以求免除衛侯的災難。曹、衛二國，本爲同姓一體，免除衛侯的災難，其義舉既然可以感動晉君，辭謝曹國的土地，其義舉獨不可以感動晉君嗎？臧文仲對於衛國，願意割捨自己的所有（指魯納玉二十穀於晉）而不以爲可惜，對於曹國，就奪取他們的所有，收受而毫不遲疑，這不是加恩衛國而仇視曹國嗎？其實乃是由於人的本性善心，容易喪失，而貪圖利益的邪念，容易使人昏迷啊！噫！多可怕呢！

在從前，雖然太公望在赴封國的時候，在路上住宿遲行，旅舍的人告訴他說：「客人您睡的甚爲安詳，大概不是就國赴任的吧？」太公聽了以後，連忙穿上衣服，在夜間秉程而行，天亮趕到封國時，那知萊夷人就已經要和他爭奪營丘（在今山東省昌樂縣東南）了。這樣說來，太公望聽信逆旅人的話，他也不免於趨利嘍？不是的。君子本來就不以利而自我沾污，也不以利而自我避嫌。保有一個國家，是如何的重要，有人民，有土地，我怎可爲了逃避趨利的小嫌疑，遲延逗留，使奸詐的賊寇有機可乘呢？所以說太公的不可遲延，就好比臧文仲的不可快速是一樣的道理。然而話又要說回來，對於受封赴國、分割土地的事情，逆旅、重館人所說的話，其中的同、異、是、非，相去連一根頭髮的空間都容納不下，要怎麼樣來分辨呢？我的回答是：「在善於明察。」

【研析】趨利避害，乃人之常情，本來就難以是非論。惟君子能見利思義，故其取捨，顯然與一般人有所差異。晉文公所以要「披裂」曹國，全由於發洩私人的恩怨，其實晉、曹二國，亦爲同姓，晉君既能復衛，焉知其不能復曹？兄弟之國的成仇互伐，必有其因，如能尋其因，而釋其嫌，未始不可以化干戈爲玉帛，合諸侯而共尊周室。無如時移世變，爭王稱霸，已爲當時時尚，是以「利」之當前，無不趨之若鶩，國土的增加，久爲諸侯的夢寐所求，取之惟恐不多，得之惟恐不速，還有誰再顧及義與不義呢？孟子說：「春秋無義戰。」於此益可見其慨乎之言，並非無因。呂氏就《左傳》所載，引史事而爲此文，或有感於此吧！

本文約可分爲五段，作者首先指出君子處利害的常法，以及一般人對利害所應抱持的態度。其次則言諸侯聽命於晉君，共分曹國之田爲非義，並以重館人的陋言，反襯臧文仲的卑行。第三段責斥臧文仲處事不當，雖得曹地，而所失更多。第四段言臧文仲既失其本心，是以難免利令智昏。最後，以姜太公的就封國，說明所以不避趨利之小嫌，乃以人民、社稷爲重，應當明辨。

就行文說，本篇在布局、結構方面，都相當謹嚴而有層次，寓義也相當深遠，有明顯啟示作用。作者先就左氏所載，而闡推其理，然後再引史事而相與照映，在隱約中表現出晉文公的雖霸而譎，爲私怨而殘害同姓，同時也說明了當時諸侯罔顧禮義的心態。緊接著則以臧文仲爲中心，剖析其前心觀點的不一致，復衛，他是主謀之一，而曹、衛乃爲兄弟一體之國，何以「恩衛而仇曹」？這也就難怪作者謂其「本心易失，而利心易昏」了。這種行爲與做法，實有違君子之道。作者的用心，可能就在這裏了，怪不得要痛責其「雖得地之多，吾恐文仲所喪者之多於地也！」

晉作五軍以禦狄❶

僖公三十一年

【題解】 此事載於《左傳》僖公三十一年（西元前六二九年）。大意是說：這年秋天，晉國在清原地方（今山西省稷山縣）檢校軍隊，隨即建立五軍，來防禦赤狄。這時趙衰被任命爲上卿。

晉作五軍，就軍制說，「上則異於天子，下則尊於諸侯」，可謂不倫不類，而巧於立名建制的舉措。天子六軍，諸侯大國三軍，次國二軍，小國一軍，爲當時軍制的通則，晉文公以禦狄爲名，建五軍以隨其欲，是以呂氏就著這種行爲，而痛斥晉文的巧僞譎詐，並認爲這就是爲什麼他難免心勞日拙的原因所在。

爲善未盡，猶愈不爲；改過未盡，猶愈不改。堯舜之善，非可一日爲也；桀紂之惡，非可一日改也。百善而有其一，固可漸自附於堯舜矣；百過而去其一，固可漸自離於桀紂矣。雖然爲善未盡者，君子固矜而進之也，寬而待之也，徐而誘之也。至於人之改過者，君子必用其察焉。改過而未盡者，在所恕；改過而不盡者，在所誅。始發之善端，新而未固，已染之惡習，舊而難除，是改過未盡者也，是力不足者也。鐫其毫末，以蓋丘山之愆，去其一二，以塞眾多之議，是改過不盡者也，是誠不足者也。力不足者，猶有時而足焉；誠不足者，前過未盡，今僞已生，是益其過耳，何改過之云乎？曾不如不改之爲愈也！

瞑眩之藥❷，不可再投；背城之戰，不可再接。藥未投，雖危疾猶有望其瘳；戰未接，雖危國猶有望其勝；一發而不中，則其望窮矣。過而不改者，雖元惡大憝❸，君子猶不忍輕絕，何也？所恃者改過之術存也！乃若改過而不肯盡，略爾裁抑，苟以欺人，則是改過之術既試而不效矣。夫復何所望耶?!積昏所以致明也，積蔽所以致通也，積迷所以致悟也，人心至神，雖懵懵罔罔，不知過之當改，久閉斯開，久鬱斯發。是惟無改，改則若決江河而莫能禦矣！三年鐘鼓之間，乃所以陰養其一日之修省也。今既知過之當改，反毛舉細故，公爲欺誕，以竊改過之名，是既累其心於不誠矣。心既不誠，則善端何時而復發耶？本無昏，安得明？本無蔽，安得通？本無迷，安得悟？吾是以知改過之不盡者，終無改過之路也！

晉文公始兼三行三軍之制❹，以擬天子之六軍，曾未數年，知僭侈之過，復蒐於清原❺，損其一而為五軍焉。晉文公果知過之當改，則亟出令，盡復諸侯之舊可矣。乃於改過之時，而為文過之事，創立軍制，上則異於天子，下則尊於諸侯。明知其過而不能盡改，外邀恭順之名，內享泰侈之實，其機不可謂不巧，其謀不可謂不譎矣。巧如是，譎如是，其良心乎？偽心乎？良心無巧，巧者，偽心也；良心無譎，譎者，偽心也。軍雖損其一，而偽心之增者不知其幾矣。嗚呼！易則易，于則于，易于雜者，未之有也❻！天下之分，非君則臣，天下之俗，非夷則夏，天下之事，非善則惡，天下之說，非正則邪；出臣則入君，出夷則入夏，出善則入惡，出正則入邪，天下豈有出乎此而不入乎彼者耶？宜晉文之心勞日拙矣。

【註釋】❶狄　此指赤狄。見《左傳》宣公十三年。❷瞑眩之藥　服用以後，令人頭暈眼花的藥物。《書．說命上》：「若藥弗瞑眩，厥疾弗瘳。」意謂猛藥可療痼疾。❸元惡大憝　大凶大惡。見《書．康誥》。元，大。憝，大惡。❹三行三軍之制　此謂六軍。周代兵制，天子六軍，諸侯大國三軍，次國二軍，小國一軍。晉始本一軍，獻公增為二軍，文公又增為三軍，後又作三行，是為六軍。見《左傳》僖公二十八年及楊伯峻注。❺清原　地名。在今山西省稷山縣。❻易則易四句　指簡易或隆重的禮節。易為簡易，亦指臣禮。于是隆重，也指君禮。《禮記．檀弓下》：「諸侯之來辱敝邑者，易則易，于則于，易于雜者，未之有也。」

【語譯】行善雖未能周延，仍然勝過不為；改過雖未能徹底，仍然勝於不改。唐堯虞舜的善行，不是在一天之內，可以全部做到的；夏桀殷紂的惡行，也不是在一日之中，可以全部改完的。在所有的善行中，而僅具有一種，就可以由不斷的增加，漸漸地自會接近堯、舜；在所有的罪過中，而能去除一種，就可以由不斷的減少，漸漸地自會遠離桀紂了。雖然有人行善未能周延，但君子仍本著矜憫的態度，而嘉許他的進取，以寬容的態度對待他，慢慢地來誘導他。至於人的改過行為，君子就一定要用明亮的眼睛來觀察了。大致說來，可分兩種：一種是其情可寬恕的改過未盡，一種是其情可誅伐的改過不盡。因為剛開始引發的善端，由於新生尚未穩固，早已感染的惡習，因時間太久而難於去除，這種改過未盡的人，是由於心有餘而力不足所致。至於僅想削除其一絲一毫的過失，來遮蓋像丘山樣的罪惡，僅去除其一點點小過，來堵塞眾人的議論之口，這種改過不盡的人，是由於誠心不足所致。而力不足的人，如假以時日，尚可自足；而誠不足的人，先前的過失尚未盡除，而今詐偽又已生成，這明明是在增加其過失，怎麼能說是改過呢？還不如不改來得好些呢！

可使人頭暈眼花的猛藥，不可服用兩次；背城借一的最後決戰，不可作第二次的嘗試。因為猛藥未下，雖是極危險的病，仍有希望其痊癒；戰爭未接觸，雖是極危險的國家，仍有希望打勝；如果一旦引發而不能切中，那麼希望也就窮盡了。有了過失而尚未悔改的人，就是罪大惡極的人，而君子仍不忍心輕意地對他絕望是什麼原因呢？所可仗恃的，就是改過的方術還存啊！至於改過而不願意全部除去，只是稍加裁減按捺，敷衍一下來欺騙世人，就是改過的方術已經試驗而不生效力了。對這種人，還能有什麼希望呢?!久積昏暗，就可以獲致光明，久積蔽塞，就可以獲致通徹，久積迷惑，就可以獲致悟解，人的心靈極為神妙，雖然由於一時模糊不清被蒙蔽欺騙不知罪過的應當痛改，可是閉塞久了就會開通，長期的蘊結心中，自然就會引發。這種情形，就怕不改，如有意悔改，就會像長江大河的決口一樣，那就不是任何力量可以抵禦的了！三年的晨鐘暮鼓聆聽教誨，就是為了暗中陶養其一日的修為與省悟。而今既然知道過失的應當悔改，反而僅僅舉其細如毫毛樣的小過失，公開的向世人行騙說謊話，來竊取改過的聲名，這表示在他心中就已經積累著不誠實了。既然心不誠實，那麼善端什麼時候才能再度引發呢？本來就沒有昏昧，如何能明？本來就沒有蒙蔽，如何能通？本來就沒有迷惑，如何能悟？我因此知道改過不能徹底的人，最後還是無法走上改過的道路的！

晉文公在起初，並行三行三軍的制度，來比擬天子的六軍，沒有幾年，自知僭越自大的不對，所以才又借著在清原校閱軍隊的時候，減少其一而為五軍。晉文公果眞知道過錯的應當悔改，那就要當機立斷，發出命令，完全恢復諸侯的舊制就可以了。卻在改過的時候，而做文飾過錯的事，創立新的軍制，對上則不同於天子，對下則高於諸侯。明明知道一己的過失不能盡改，卻想對外邀得恭順的聲名，在國內卻可享有驕泰奢侈的情實，其心機不可說不巧妙，其計謀也不能說不詭譎了。像這樣的巧妙、詭譎，是出於他的良心呢？還是虛假的偽心呢？良心絕無巧妙，巧，就是偽心的表現；良心也沒有詭譎，詭譎就是偽心的作為。軍隊雖然減少了一個單位，可是所增加的偽心那就不知道有多少了。唉！君禮就是君禮，臣禮就是臣禮，君禮和臣禮混雜在一起的，那是從來沒有的啊！天下上下的分別，不是君就是臣，天下人民生活的習俗，不是夷狄就是華夏，天下所有的事情，不是善就是惡，天下的言論，不是正就是邪；走出臣職，就進入君位，脫離夷俗，就入於夏風，離開善，就進入於惡，超出正軌，就進入邪道，天下那有脫離這方面而不進入那一方面的呢？明白這個道理以後，而晉文公雖然費盡心力，可是卻難免越做越糟的命運，就是當然的了。

【研　析】俗語說：「人非聖賢，孰能無過？過而能改，善莫大焉。」這種包容寬厚的話，確實能給爲非作歹的人，在改過自新上，莫大的勇氣與啟示。然就過失本身說，卻有有心之過與無心之過的分野。有心之過，固不應該，不僅當改，而且要痛改、馬上改。而無心之過，固可諒解，但也不能視爲當然。即使世人能原諒，而個人也應引以爲羞。我們認爲以上兩種情形，只要能痛加反省，小心謹愼，徹底悔改，出於眞心誠意，無不可予以寬容與諒解。佛家主張「放下屠刀，立地成佛」，大概就是指此而說的。但如無眞誠之意，只是以改過作掩飾，以表面行善，爲達到野心或陰險目的的手段，那麼這種行爲，就其心可誅，其情難諒了。呂氏有見於此，即以晉文公之行，譎而難恕，所以才拈筆以寄其慨的吧！

文分三段，作者首先指出所以改過不盡，是由於誠意不足，如無誠意，尚不如不改。其次則進一步說明如改過不盡，終無改過之路的道理。最後，就著晉文公建五軍的行爲，痛指其爲文過飾非，不僅巧於心機，而且更譎於爲謀，其結果，也惟有更加心勞日拙了。

在行文方面，作者雖以「爲善」、「改過」爲起點，然其重心，卻放在改過上。因誠心爲善，不論其是否周延、徹底，其心其情，並無不可稱許。而改過則不然，這就要端視其用心所在了。如果心不正，即使行善，亦不可視爲行善，只不過是借行善之舉，作爲達其目的的手段罷了。這又怎能算是行善？行文至此，作者的筆鋒，陡轉直下，以晉文公的譎，直指其改過，爲有意的以「毫毛之故」，邀「恭順之名」，於「改過之時，而爲文過之事。」這正是晉文的「其心可誅」、「其情難諒」的地方。這一段文字，不僅下筆有力，而義憤塡膺之情，亦能於字裏行間，表露無遺，而尤其可學者，就是借責難之言，闡述第一、二段文字之理，使文字氣貫神合，渾然結爲一體，不露形跡的顯現了畫龍點睛的妙筆，如非斲輪老手，實難達此妙境。然於行將結束之際，以二分法的理論，強烈地表現其一己的觀點，如非善即惡，出此入彼之說，似有商榷餘地。

卷十六

先軫死狄師　僖公三十三年

【題解】僖公三十三年（西元前六二七年），狄國率領大軍，攻打晉國的箕城（在今山西省榆社縣南）。不幸，反被晉軍打敗了。同時晉國的大將郤缺，還俘擄了狄國的首領白狄子。這時先軫（一作原軫）為晉國的元帥，卻因以前（秦、晉殽之戰，因文嬴詐騙襄公釋放晉所獲秦三帥——孟明視、西乞術、白乙丙，在一時惱怒之下，不顧禮法而吐口水的事）冒犯了晉君，因沒有遭受懲罰，而感到內咎，後悔自己的魯莽無禮，所以就在狄人軍中，脫下頭盔，用死來表明當時的心跡，以贖過去的罪愆與無禮。作者在本篇中，就是針對此事，闡發一己的見解。

至難發者，悔心也；至難持者，亦悔心也。凡人之過，狠者遂之❶、詐者文之、愚者蔽之、吝者執之❷、誇者諱之、怠者安之，孰能盡出數累❸之外，而悔心獨發者乎？是悔也，未發則憂其難發，既發則憂其難持。曷為其難持也？悔心初發，自厭、自愧、自怨、自咎，戚然焦然，不能一日安。苟無以持之，則自厭者苟且弛縱，必入於自肆矣；自愧者退縮羞赧，必入於自棄矣；自怨者鬱積繳繞，必入於自懟矣；自咎者憂憤感激，必入於自殘矣。是悔固可以生善，亦可以生不善也。萬斛之舟❹放乎滄海，非遇大風則不回。苟操舟者無以持之，固有因風力之勁，而反致覆溺者矣。舟之所以回者，風也；舟之所以溺者，亦風也。一念之悔，其勁烈蓋甚於風，烏可不知所以持之耶？

吾讀《左氏》，至先軫之死，未嘗不嘉其悔，而又傷其無以持悔也。軫以晉襄公之縱秦囚，不顧而唾，無禮於君甚矣。及箕之役，深悔前過，免冑而死於狄師。其一念之勁烈如此，使有以持之，固可以一日而收克己復禮❺之功矣。惟其無以持之，不用是力於禮義，而用是力於血氣。身為元帥，總三軍之重，而輕棄其身。身死無名，驕敵辱國，沒有餘責。殆與自經於溝壑者等耳！先軫所犯者，晉君也；所死者，狄師也。前日犯君者謂之悖，今日死狄者謂之狂❻。聞以義掩利惡矣，聞以善掩惡矣。曰悖曰狂，其過惟均，豈聞有為狂而能掩悖者乎？先軫未能改前日之過，而適所以生今日之過也。先軫意在於改過，而反至於生過，其失不在於悔，而在於不能持其悔也。風之無力者不能回舟，至於風力之勁者，惟善操舟者為能持之。悔之無力者不能遷善，至於悔力之勁者，惟善治心者為能持之。如使人之有過者，不自厭、自愧、自怨、自咎，則終始如此而已矣。

厭愧怨咎，正吾入德之門，然毫釐之差，復陷於過，果何以持之乎？曰負擔而趨家者，不勝其勞；弛擔而至家者，不勝其逸。負擔之勞，乃所以為弛擔之逸也。悔過之初，厭愧怨咎；改過之後，舒泰恬愉。先軫悔過而至於殺其身，意者徒知悔而未知改乎！使果能持其悔，亟改而歸之善，則舒泰恬愉之地，自有真樂，必不肯輕殺其身也。既歸家則忘其勞，既改過則忘其悔，豈有既歸而猶勞，既改而猶悔者乎？是則其過當改也，悔亦當改也。

【註釋】❶狠者遂之　兇狠的人，對於已造成的過錯，往往不知悔改。遂，成功。之，指過錯。❷吝者執之　小氣、心胸狹窄的人，堅持自己的所為。執，固執、堅持。❸數累　各種因素的牽制、連累。❹萬斛之舟　比喻大船。斛，量器名。十斗為斛。❺克己復禮　約束自己，使視、聽、言、動都能符合於禮。見《論語．顏淵》。❻狂　縱情自為。

【語譯】最難引發的，是後悔的心；最難堅持的，也是後悔的心。一般人犯了過錯之後，兇狠的人不知悔改、狡詐的人掩飾過失、愚昧的人被過失所蒙蔽、心胸狹窄的人堅持自己是對的、愛說大話的人忌諱去面對過失、怠惰的人則安然自處，如何能掙脫各種因素的牽制，而使後悔的心獨自產生呢？這種後悔的心，尚未引發之前，擔憂其難以引發；既已引發出來，則又擔憂其難以堅持。為什麼難以堅持呢？當後悔的心剛引發出來時，有人自覺厭惡、有人自覺慚愧、有人自覺怨恨、有人自覺歉咎，心中哀戚而焦慮，沒有一天能安寧。這種後悔的心若不能堅持，則自覺厭惡的人將苟且而鬆懈，最後必流於放肆；自覺慚愧的人將退縮而羞愧，最後必然自暴自棄；自覺怨恨的人將心積鬱悶而糾結不清，最後必怨怒不止；自覺歉咎的人將憂憤而感激，最後必然戕害自身。因此，這種後悔的心固然可以生出美善的結果，也可以生出不善的結果。能容萬斛的大船，航行於滄海中，若不遇上大風，就不需回航。如果掌舵的人，操持無法，那一定會因為風力的強勁，反而使大船翻覆沈溺。大船所以返航，是風力的關係；大船所以會沈溺，也是風力的關係。一念之間所產生的悔悟，其強勁劇烈，實有甚於烈風，怎麼可以不知道如何去操持它呢？

我研讀《左傳》，讀到先軫的死這一段，未嘗不嘉獎他能有後悔的心，卻又感傷他沒有妥當的去堅持這種後悔的心。先軫因為晉襄公釋放了秦國的三個元帥，不顧禮法而吐了口水，這樣做，對國君實在是非常的無禮。後來晉、狄戰於箕地，先軫深深後悔以前所犯的過錯，就脫下頭盔而死在狄人的軍中。他一念之間所生的悔意，是如此的勁烈，若能妥善的堅持，必可以在極短的時間內收到約束自己，使一切言行都合於禮教的效果。只可惜他並未能妥善的操持這種後悔的心，不將這種勁烈的氣力應用在禮義上，而竟將這種氣力發作在血氣之勇上。身為元帥，負有統領三軍的重任，卻輕率的捨棄了一己的性命。非但死得沒有意義，反而驕縱了敵人使自己的國家受辱，即使死了也仍該受到責難。這與自縊於溝壑中的人，是同等的愚昧啊！先軫所冒犯的，是晉國的國君；而後所殉死的，卻在狄人的軍中。前日冒犯國君是違逆的行為，而今日死於狄軍，則是狂妄的行為。常聽說用道義來掩飾私利，也聽說過用善行來掩飾惡行的。而違逆與狂妄雖然同是錯誤的行為，難道聽說過有用狂妄的行為而能掩飾違逆行為的嗎？先軫未能改正前日的過失，反而產生了今日的過失。先軫原意在於改正過失，反而導致今日的過失，他的偏差不在於產生後悔的心，而在於不能妥善的操持這種後悔的心。風弱無力時，不能使大船回航，至於風力強勁時，只有善於掌舵的人能操持方向，安全回岸。後悔的意念弱而無力的人，無法改過向善，至於後悔的意念強勁而有力的，只有善於把持意念的人能操持這種後悔的心。如果人有了過失而不自覺厭惡、自覺慚愧、自覺怨恨或自覺歉咎，則錯誤始終存在而無法改過。有厭惡、慚愧、怨恨、歉咎的心念，正是我們藉以達到成德境界的門徑，然而若有絲毫的偏差，又將陷溺於過失中，究竟當如何來操持這種後悔的心呢？這就好比有人挑負著重擔快步回家，擔負的辛苦幾乎無法忍受；而回到家裏卸下重擔後，輕鬆安逸的感覺又難以形容。先有擔負的辛苦，而後才能得到免除擔負後的輕鬆與安逸。剛開始後悔的時候，免不了有厭惡、慚愧、怨恨、歉咎的心情；改正過失之後，才會有舒適、安泰、恬靜、愉悅的心情。先軫因悔過以至於殺害了自己，我認為他只是知道後悔，而不知如何去改過。假使他能堅持著後悔的心，及早改正過失而歸於善道，在舒適、安泰、恬靜、愉悅的境界中，自然能得到眞正的喜樂，必定不願就此輕易的殺害自己。就如同挑負重擔的人回到家裏，就忘卻了擔負的勞苦，有過失的人既然改過了，就當忘卻以往那些後悔的心念，豈有人已經回到家了還辛苦著，已經改過了卻還後悔的？所以，有了過失，固然應當悔改，改過之後仍然悔恨的，也應該改正過來。

【研　析】本篇為作者就晉國元帥先軫因感於羞愧而死於狄人軍中一事，所提出的見解。為方便計，茲分三段略作述評。

第一段：說明一個人最難做到的，就是對於自己做錯的事情，能產生後悔的心意。而且最難掌握的，也就是這種心情。因為人往往受了各種情緒的影響，很難將在心情上所受的一些牽制、連累擺脫，以至於無法抉擇，即使勉強做了抉擇，也難能保證正確。往往於一念之差，使難得而產生的後悔，因之又發生了差錯。

第二段：首先嘉許先軫的悔過過美德，因其悔的方法僅爲「血氣」，而不合於「禮義」，故又難免再生「驕敵辱國，沒有餘責」的過失。

第三段：用比喻擔負的勞苦，與釋擔的逸樂，說明知道悔過，正所以爲「入德之門」，當可復享心安理得、怡然自適的樂趣，不應再念於以往所犯的過失而不能釋懷。無如先軫不解此意，僅悔恨一已的所爲，而不能明痛改前非而重新做人之理。尤其不明不貳過的眞義。俗語說：人非聖賢，誰能無過？過而能改，善莫大焉。如先軫的痛悔前愆，能作這樣的看法，作者嘉其爲入德之門，實不爲過，悔而能改，正如白璧之無瑕，實可借此機會，修德愼行，使視、聽、言、動，皆合於禮。此不僅不當以過爲悔之辱，反當以過爲悟道之源，並可安享其怡樂。奈何先軫見不及此，惟知一死以表悔意，實在可惜。像這種作爲，留給我們後人的，大概只是逞勇力則有餘，以之治國安邦，那就恐怕不足了。

臼季舉郤缺

僖公三十三年

【題解】 僖公三十三年（西元前六二七年）臼季（卽胥臣。臼爲食邑，季是他的字），奉命出使，經過冀國（今山西省河津縣），看見冀缺（卽郤缺）在田中除草，他的妻子給他送飯，兩人相敬如賓。於是臼季就與他一同回去，向文公建議說：「恭敬，是一個人德行積聚的表現，能恭敬，就必然有德行，有德行的人，就可以用來治理人民，就請任用他吧！況且臣聽說，出門時，就好像會見賓客，承擔事情，就如同辦理祭祀，這就是仁愛的具體準則啊！」文公說：「他的父親冀芮有罪，可以嗎？」臼季回答說：「從前大舜懲治罪人，就把鯀流放了。然而當他舉用人才的時候，卻選拔了鯀的兒子大禹。您也知道，管敬仲這個人，曾經是射殺桓公的敵人，可是桓公卻重用他爲齊國的宰相，而成就了霸業。

〈康誥篇〉說：『父親不慈愛，兒子不孝敬，兄長不友善，弟弟不恭順，這都和別人無關。』《詩》說：『採蔓菁，採蘿蔔，不可拋棄它的下部。』最重要的，就是當各選用它們的長處。」於是文公就命令郤缺擔任下軍大夫。從箕城回來以後，襄公就用諸侯大臣中的最高級命令，令先且居率領中軍，用次一等的命令，把先茅的縣邑，賞給了胥臣，並且說：「這是由於推舉郤缺有功的關係。」然後再用三等品級的命令，令郤缺為卿，再把冀國封賞給他。由於白季的推薦，郤缺不僅被封為卿，而且也重得了冀國。這一方面表現了晉君的從善如流，知人善任，同時也表現了郤缺的確有其德。

人之觀，隨所遇而變：過朝廷則觀政，過障戍❶則觀備，過營壘則觀兵，過廛市則觀貨，所觀未嘗不隨所遇也。惟因所遇而觀，故將求士者，必之庠焉、序焉、校焉、塾焉。捨庠序❷校塾而適野，則所見畎畝而已矣，稼穡而已矣，農夫而已矣。於此而求士，是猶求魚於山，求獸於海，果何從而得之哉？彼臼季出使而得冀缺於耕饁❸之間，其亦異於人之觀矣！臼季，文公之近臣也，居則華屋，出則雕軒❹。方其奉君命而使，佩玉長裾，光麗溢目，麾幢旌節❺，貴震一時。使他人居之，則意必滿，氣必揚。下視農夫霑體塗足❻之勞，將顰蹙嘔噦❼而不肯觀矣。況東阡西陌❽，不知其幾畝也；前耘後耕，不知其幾人也；婦饁子餉，不知其幾家也。棼棼闐闐❾，往來如織，何以辨其孰肅❿、孰慢、孰莊、孰肆、孰敬、孰怠耶？臼季於道路駐足之頃，驟拔冀缺於千鍾萬笠⓫之間，舉之於君，列之於卿大夫之間，迄爲名臣，不負所舉。吾不知臼季且何術以觀之也？

蓋嘗聞之，昔之在公卿之位者，未嘗不以求士爲首務，旦之所思者，士也；暮之所思者，士也。在朝、退朝、出疆、入疆，未嘗須臾忘士。思之既深，故雖田野之間，莽蒼⑫之外，寸長片善未有不投吾之意而動吾之目者。吾非數數然⑬求見之也，吾心在於求士，則士自見於吾心也。鑑以照物爲職。吾明既徹，則物自入其照；公卿以求士爲職，吾誠既立，則士自入其求。如使本無求士之誠，則雖左顧右盼，見一人而問之，又見一人而質之，體煩目眩，精耗神竭，而所謂眞賢實能者未必不失之交臂之間矣！觀茅容⑭之避雨，未有知容之賢者也，而郭泰⑮獨知之者，非泰之觀異於衆人，泰求士之心異於衆人也！過冀缺之耕饁，未有知缺之敬者也，而臼季獨知之者，非季之見異於衆人，季求士之心異於衆人也。苟所觀者以目而不以心，則見避雨而偶不箕踞者，遽謂之茅容；見耕饁而偶不嫚侮者，遽謂之冀缺，可耶？

吾嘗攷臼季冀缺之事，而知古今風俗之變，有大不同者焉。古者公卿有不遇之歎，而布衣無不遇之歎；後世布衣有不遇之歎，而公卿無不遇之歎。古者公卿以求士爲己責，故常以不遇賢者爲憂。至於布衣，外無責，內無憂，囂囂然何往而不遇哉？故臼季惟恐不遇冀缺，而冀缺不恐不遇臼季也。後世之公卿以得位爲遇，後世之布衣以無位爲不遇。下求之愈急，上應之愈緩，而風俗日以薄矣。非自拔於汙俗之中，殆未足與論遇不遇之眞在也。

【註釋】❶障戍　屏障戍守。猶今防禦工事或國防工事。❷庠序　古代由地方所設置的學校，後用以爲學校的泛稱。❸饁　送飯給在田間耕作的人吃。❹雕軒　指華麗的車子。軒，古代大夫以上所乘的車。❺麾幢旌節　指擁有威武壯麗的儀仗隨從。麾幢，一作幢麾。是古代飾有羽毛的一種旗幟，供儀仗用。節，即符節。❻霑體塗足　謂農夫在田間耕作，全身沾滿了泥濘。霑，同沾。❼顰蹙嘔噦　謂眉頭緊鎖，額頭皺起，嘔吐難過。顰蹙，即顰眉蹙額的省語。噦，嘔吐時，只發聲而吐不出東西。❽東阡西陌　阡陌，田間的小路。用來區別田畝的界限。東西叫阡，南北叫陌。❾棼棼闐闐　指來往的人紛擾衆多。棼棼，紛擾的樣子。闐闐，盛滿的樣子。❿肅　恭敬。⓫千鎛萬笠　比喻衆多的農人。鎛，鋤田的農具。⓬莽蒼　形容郊野景色蒼茫的樣子。⓭數數然　屢次的。一個一個的。然，爲詞尾。⓮茅容　東漢陳留（在今河南省開封縣東南）人。字季偉，事母孝，爲郭泰所遇知，勸之學，終有所成。⓯郭泰　東漢界休（今山西省介休縣）人。字林宗，博通墳典，居家教授，弟子數千人。嘗往洛陽游，與河南尹李膺相友善，名震京師。

【語譯】人的觀察事物，隨著遭遇的環境而有所不同：當經過朝廷的時候，則觀察施政的得失；經過國防要塞時，則觀察軍備的良窳；經過軍營時，則觀察軍紀的有無；經過市場時，則觀察貨色的多寡，所觀察的對象未嘗不因遭遇的環境而改變。正因爲所遭遇的環境不同，所觀察的事物也不同，所以，要想徵求有才能的讀書人，就必須前往各地公私立學校去尋求。若捨棄各級學校而前往荒郊野外，則所能見到的，只不過是田畝、農作物與耕作的農夫罷了。在這種地方想求得有才能的讀書人，就好像在山上捕魚，在海中獵獸一樣，怎麼可能達到目的呢？臼季出使，在冀國看到冀缺耕種，於妻子送飯時，表現出相敬如賓的行爲而拔舉他，這種方式，並不同於一般人的觀察。臼季是晉文公所倚重的大臣，所居住的，是華美的大厦，出入則乘坐華麗的馬車。當他奉國君之命而出使時，穿著的衣服上裝飾著佩玉，光彩艷麗奪目，跟隨著威武壯麗的儀仗隨從，尊貴的地位，震撼四方。如果使別人處在這種地位，則必志得意滿，趾高氣揚。下看田間耕作的農夫，全身沾滿了泥濘在辛勞地工作，可能會攢眉皺額，嘔吐難過，而不願從事於觀察。何況田間小路縱橫，在廣大的地區中，不知道有多少畝的田地；有的耘草，有的耕種，不知有多少人；送飯的婦人與小孩，也不知有多少家。在這往來如織、紛擾眾多的人羣中，又如何去辨別誰是恭敬的、誰是傲慢的、誰是端莊的、誰是放肆的、誰是認眞的、誰是懈怠的？臼季只是在道路上作短暫的停留，就能很快的從眾多的農人中，舉拔了冀缺，推薦給國君，使列於卿大夫之位，以至爲國家名臣，沒有辜負臼季的提携。我不知道臼季是不是有什麼特殊的方法從事於觀察？

曾聽說，以前處在公卿之位的人，未嘗不以求士爲首要的事務。早上所想的，是有才能的人；晚上所想的，也是有才能的人。不論是在朝居家，出使國外或回到國內，都不曾有片刻的時間，忘記尋訪有才能的人。思求士的心，既然如此深切，因此，雖然在田野之間，荒郊之外，卽使是細微的長處或善行，沒有不投合我的心意而吸引我的注意力的。我並沒有刻意的一個個去觀察，只因爲我誠心誠意的在求士，所以有才能的人，也就會自然的顯現在我的心中了。鏡以照映事物爲職責，我的明察既然是淸徹如鏡，那麼事物自然入於映照之中；公卿以求得有才能的人爲職責，我求士的誠意，既然如此堅毅不移，則有才能的人，自然能爲我所求得。如果原本就沒有求士的誠意，那麼雖然左顧右盼，看到人就質問，弄得身體勞累、頭昏眼花、精疲力竭，而眞正所謂有賢德有才能的人，卻未必不失之交臂之間呢！看到茅容避雨的人，都沒有看出茅容的賢能，而郭泰獨具慧眼，並非郭泰的觀察有異於眾人，乃是因郭泰求士的心，有異於眾人啊！看到冀缺耕作與妻子來送飯的人，都沒有看出冀缺的肅敬，而臼季慧眼獨具，並非臼季的見識有異於眾人，乃是因臼季求士的心有異於眾人。如果觀察用眼而不用心，偶而看到一個避雨的人不伸腿而坐，就說他有茅容之賢；或偶而見到一個耕作送飯的人不輕慢隨便，就說他有冀缺之敬，可以嗎？

我曾經考證過臼季與冀缺知遇之事，而得知古今風俗的轉變，已有很大的差距。在古代，公卿有不被重用的感慨，而平民則沒有不被知曉的感歎；後世的平民，有不被知曉的感歎，而公卿則沒有不被重用的感慨。在古代，公卿以求得有才能的人爲自己的責任，所以常以遇不到賢能的人爲憂慮。至於一般的平民百姓，既不擔負責任，因此，心中也就沒有什麼可憂慮的，無欲無求，不管到任何地方，都可隨遇而安啊！所以臼季惟恐無法遇到冀缺這樣賢能的人，而冀缺根本不擔心碰不到臼季這樣知人的人。後世的公卿，以爲得到高位才是被重用，後世的平民，則以爲不得祿位就是不被知曉。下位的人需求愈是急切，在上位的人，回應的就愈是緩慢，而風俗也因此一天比一天的輕薄而不厚道了。若不是能超脫於這種不良風氣的人，也不值得和他探討遇與不遇的眞諦了。

【研析】 本篇分爲三段，茲評析如次：

第一段：說明觀察事物，因境遇而各有所不同。必須明其道，通其理，察其微細，依情實各加以留意。並進一步推求臼季觀察「耕饁」間的用心，筆觸非常敏銳，給讀者帶來不少啟發。

第二段：說明公卿的惟一職責，就是求士，朝思暮想，無不以得士為懷。如能竭誠以為，即可收如鑑照物之效。尤有進者，非以「目」觀士，而當以「心」觀士。如是所觀而得者，方為眞正所求的士。這確實是體察切悟的話，值得在上位的人深思。

第三段：說明風俗的差異，古今懸遠。古時公卿有不遇士的慨歎，而布衣無不遇時的抱怨。然而後世時移勢變，其事適為相反。公卿以得位為遇，布衣以無位為不遇。在下位的人，索求愈是急切，在上位的人，所能應求的，也就愈為緩慢，如此以來，而風俗又怎能不日以偷薄呢？

以此事與現在的世風相較，作者遠在宋代，就能深體此理，明察其道，而放眼今日社會，又不如宋代遠甚，「公卿」、「布衣」之士，應作如何的努力？

晉陽處父侵蔡楚子上救之與晉師夾道泜水❶而軍　僖公三十三年

【題解】僖公三十三年（西元前六二七年），晉國的陽處父帥師侵蔡，楚國的子上引兵救援，於是晉、楚二國的軍隊，夾泜水駐紮。陽處父深以為憂，於是就用「來文的話，就不可以觸犯順理的人，用武的話，就不能有躲避敵人的行為」為說辭，想先打動子上，約定不論楚軍渡河，或是晉軍渡河，必待對方渡河擺好陣勢以後，再行作戰，以決雌雄。結果楚子上、聽了大孫伯的勸說，就答應先行退兵三十里，讓晉軍渡河紮營。這時晉軍不僅沒有渡河，反而揚言楚師已經遁逃，就班師而回了。楚子上則因晉師已退，當然也只好回師。此時子上的仇家太子商臣，乘機詆毀子上，說他接受了晉軍的賄賂，所以才遁逃而回，使國家蒙受莫大的恥辱，犯下了無可赦免的大罪。於是楚成王就殺了子上。作者即針對此事，立論申說，表示了一己的看法。

國毀當辨，身毀當容；國辱當爭，身辱當受，是固不可格❷以一律也。昔夫子能忍匡❸人之圍，而不能忍萊夷❹之兵；能忍南子❺之見，而不能忍優施❻之舞。聖人之心何其多變也？繞指之柔❼，忽變而為擊柱之剛；緩帶之和，忽變而為奮髯之怒。迭弛迭張，迭弱迭強，闔闢推移，不主故常。是非聖人樂於多變也，處身之與處國，其法固不相參❽也。毀辱在身，聖人納之而不校也。此匡人之圍、南子之見，夫子所以未嘗一動念也。毀辱在國，聖人競之而不置也。此萊夷之兵、優施之舞，夫子所以未嘗一毫貸也。

楚子上為陽處父所薄而退舍，加以遁逃之謗。為子上者，盍思是謗其身之謗乎？其國之謗乎？使所謗止於子上之身，則不與之校者，盛德也、闊量也、大度也。今遁逃之謗，不專及其身，而且及其師；不專及其師，而且及其國。為子上者，安可嘿嘿❾受謗，遽帥師而歸乎？楚與晉爭衡久矣，一旦為陽處父而被以逃遁之名，子上曾不出一語與之競。天下必以為楚師之真遁，皆將雄晉而雌楚。吾不知而今而後，幾戰幾勝，而後可洗此恥耶？

然則為子上者將奈何？曰：夾泜之師，兩軍相望，先濟不可也，先退亦不可也。先濟，則晉將乘之逞邀擊之計；先退，則晉將藉之為班師之名。子上盍當退舍之際，遣一介之使以告晉師曰：「大國有命，敝邑不敢違，是以在此為大國退，既成列矣，使人敢請濟期。」彼陽處父無辭以對，然後卷甲束馬而趨之。雖使不及晉師，然遁逃之名，將在晉而不在楚矣！處父何自駕其謗，商臣何自入其譖哉！

大抵君子勇於公而怯於私，在家庭、在鄉黨、在田野，含垢忍恥，見侮不校，恂恂愉愉，人百欺之而不以為忤。在廟堂、在軍旅、在官府，燭奸擿隱⑩，洞見肺肝，凜凜冽冽，雖人一欺之亦未嘗容。其所以不移朝廷、軍旅、官府之勇，而變家庭、鄉黨、田野之怯，非嫌於私已也，一己之尊，萬物無對。其所以不與人校者，非不敢校也，不見有可校者也。舉梃擊空，適以自勞；舉刀斷水，適以自困；彼之來毀譽者，適所以自損耳。吾從容無為，而置彼於不足校之地，勇不既大矣乎！至於國家之事，則存亡安危繫焉，不得已而出力與之校，校而以力，則其威褻矣。是知怯於私者，眾人以為怯，而君子則以為勇之大也。

【註釋】❶泜水　水名。又名滍水，俗名沙河。源出今河南省魯山縣西的伏牛山，東流注入汝水。❷格　準則，限制。❸匡　地名。在今河北省西南境長垣縣西南。❹萊夷　在今山東省黃縣。❺南子　春秋時衛靈公夫人。把持衛國政治，行為不正，聲名不好。❻優施　春秋時晉獻公的優伶，名施。

與驪姬私通，並爲她籌畫廢嫡立庶的策略。在此用來比喻俳優侏儒。❼繞指之柔 比喻性情經過陶冶以後，變得和平柔軟。❽參 通糝。參雜，參合。❾嘿嘿 沉默。嘿同默。❿燭奸擿隱 燭照奸邪，揭發隱伏。

【語譯】當國家遭受毀謗時應明辨，自身遭受毀謗時應包容；國家遭到侮辱時應力爭，自身遭到侮辱時應忍受，這本來就不能拘泥於不變的準則。當年孔子能容忍匡人的圍困之辱，卻不能容忍萊夷人的兵力騷擾；能容忍見南子招致的不名譽，卻不能容忍齊侯使俳優侏儒舞於魯定公之前。聖人的處事態度爲何如此善變呢？繞指的柔和，忽然一變而爲擊柱的剛強；緩帶般的安舒，忽然一變而爲奮髯樣的怒容。時而鬆弛，時而緊張，時而柔弱，時而剛強，一開一闔，相互推移，並沒有一定的法則。這並不表示聖人樂於多變，乃是站在個人立場與站在國家立場，其處事方法各不相同，不可混爲一談。如果毀謗與侮辱在自身，聖人委曲忍受，並不與之計較。這就是在匡人之圍與南子之見的事件中，孔子所以不曾想要與之計較的緣故。如果毀謗與侮辱施加於國家，則聖人必與之周旋而不棄置不管。這就是萊夷之兵與俳優侏儒之舞現於前時，孔子未嘗有絲毫寬貸的理由。

楚國子上被陽處父所欺而撤退軍隊，因此被人毀謗爲臨陣遁逃。處在子上的地位，何不思量一下，這種毀謗是毀謗他個人呢？還是毀謗他的國家？如果所毀謗的僅止於子上個人，則不去計較，那是一種美盛的道德，是寬闊大量，是不拘小節的人。而今臨陣遁逃的毀謗，不專止於子上個人，而且殃及他的軍隊；又不專止於他的軍隊，而且殃及他的國家。處於子上的地位，怎麼可以保持沉默來承受這種毀謗，而突然率領軍隊回國呢？楚與晉互爭勝負已經很久了，一旦爲陽處父加上臨陣遁逃的惡名，子上卻不曾提出一句話與他競辯。天下人必定認爲楚國軍隊眞的臨陣遁逃，都將以晉爲強國而看輕楚國。我無法想像從此之後，楚國必須要打多少勝仗，然後才能洗刷這種恥辱？

這樣說來，那麼處在子上的地位，應該如何處理呢？當時晉楚兩國的軍隊，隔著泜水，相望駐紮，先渡河固然不可，先撤退也行不通。若先渡河，則晉軍將會乘機使他攔截突擊的計畫得逞；先撤退，則晉軍將以此爲還師的藉口。子上何不在退兵之際，派遣使者通知晉軍說：「貴國的命令，我們不敢違背，所以在此先爲貴國後退，如今已擺好陣勢，請問貴國何時渡河？」使得陽處父無話回答，然後卷甲收兵而退。卽使所派出的使者未能到達晉軍，向陽處父說明，然而臨陣遁逃的罪名也將會在晉而不在楚了！這樣一來，陽處父從何處使用其毀謗，而商臣又從何處進行其詆譖呢？

大致說來，君子勇於公事，而怯於私爭，不論在家庭、在鄉里、在田野，都能容忍著恥辱，被人欺侮也不去計較，性情恭順和悅，卽使再多次的被人欺侮也不以爲意。但在朝廷、在軍旅、在官府，則能明察奸邪以揭發隱惡，就好像洞悉他們的肺肝一樣，言行肅穆而淸明，卽使偶而被人欺侮一次也不能容忍。君子所以不將在朝廷、在軍旅、在官府所表現出來的勇氣去改變在家庭、在鄉里、在田野中所表現的怯懦，並不是對自己有所嫌棄，一個堂堂正正的人所顯現出來的尊嚴，萬事萬物是無法匹敵的。君子所以不與人計較一己的私事，並非不敢計較，而是根本不認爲有什麼可計較的。高舉木棒朝空中擊打，徒然勞累自己的身體；舉刀截斷水流，也適足以使自己困乏。別人來毀謗我，這正是他自我的損傷。我悠然自得，不必有什麼作爲，就可將對方置於不值得計較的境地，這不已經是大勇了嗎？至於毀謗國家的事，則關係著存亡安危，不得不盡力與之計較，若能竭盡心力與之較量，則對方的威勢必受打擊而渙散。所以，對一己受辱畏怯不前的，眾人都以爲是怯懦的表現，而君子則以爲這才是大勇的表現呢！

【研　析】本篇立意，有四事可供我們探討。

第一：說明仁人君子，對辱國和辱身的權變。本身受辱，當抱持寬容態度，不作計較。如是不僅可以減少紛爭，同時也可以借著一己的容忍，而使對方作自我反省，幡然悔悟。如國家受辱，就應毅然決然，予以明辨力爭，一絲一毫，也不可以寬假。惟有國格受到尊重，個人始能受到尊重。如人人都有這種見解，而國家尊嚴的維護，不僅強固無比，而且可以永遠保持。

第二：說明子上短於用謀，遇事不加深思，鬪力可能有餘，鬪智則嫌不足，是以未能以社稷的聲譽爲重，以致遭到遁逃不名譽的毀謗。使得他百口莫辯，寃情難以昭雪，最後終遭殺身之禍。明辨公私，愼謀能斷，乃操勝算的不二法門，爲人行事，怎可疏忽？

第三：說明子上對陽處父所提意見，應在行動前，派遣使臣至晉軍，表示應允他們的請求，使陽處父無辭以答，卽可免於遁逃不譽的聲名，以致有辱國體。俗語說：「兵不厭詐。」兩軍對壘，竟然如此輕舉妄動，致使仇家有借隙詆毀的機會，終遭殺身之禍，就兵言兵，既有辱國體之名，又能怨誰？

第四：說明君子勇於公戰，而怯於私鬪。這才是眞正的大勇。然而小人的作爲，卻好逞口舌之爭，勇於私鬪，以己身受辱爲不可容忍之恥，故「拔劍而起，挺身而鬪」的情事，層出不窮，以致影響社會國家，迄無寧日。君子小人的分別，在這裏不也就看得很清楚了嗎？

周叔服相公孫敖二子 文公元年　越椒生而子文知其滅若敖氏 宣公四年

伯石生而叔向之母知其喪羊舌氏 昭公二十八年

【題解】這三條所談的，都是相術。在表面上看，雖然是三件事情，可是如就其表達的意旨類別說，則沒有什麼不同。

周叔服相公孫敖二子：此事發生在文公元年（西元前六二六年）。當時周天子派遣內史叔服，前來參加魯僖公的葬禮，魯大夫公孫敖，聽說他會看相，就把自己的兩個兒子叫出來拜見叔服。他看了以後說：「穀（文伯），可以盡奉祭祀、供養您（公孫敖）的責任。難（惠叔），將來可以爲您安葬。又因穀的頤頰豐滿，後代一定能在魯國昌盛起來。」

越椒生而文子知其滅若敖氏：此事記載在宣公四年（西元前六〇五年）。大意是說：當初楚國的司馬子良，剛生下子越椒，子文（子良兄）主張一定要把他殺掉，因爲這個孩子有熊虎一樣的狀貌，豺狼一樣的聲音，如果不殺掉他，將來的若敖氏，必然會因他的作爲而被消滅的，俗話說：「狼子野心」，這孩子既然是一條狼，難道說還可以養活嗎？話雖如此說，可是子良並沒有同意。然而子文卻始終耿耿於懷，所以在他臨死時，向族人交代說：「如果椒一旦執政，就快點逃走吧，否則定會遭到災殃的。」後來子越椒與楚王爭位，果然被打敗而滅了若敖氏。

伯石生而叔向之母知其喪羊舌氏：此事記載在昭公二十八年（西元前五一四年）。大意是說：起初晉國的叔向，想娶申公巫臣的女兒爲妻，可是他的母親卻要他娶自己娘家的親族。叔向因意識到舅氏家女兒不易生男孩而不願意。然而當他聽了母親所說巫臣的妻子，曾經殺死三個丈夫，一個國君，一個兒子，滅亡一個國家，並且使兩個卿逃亡的故事後，才害怕起來，便不敢娶巫臣的女兒爲妻了。可是晉平公卻又非要他娶不可。不久生了伯石，叔向的母親聽說後，要去看孫子，那知剛走到堂前，一聽到伯石的哭聲，就轉身往回走，並且說：「這是豺狼的聲音，像豺狼樣的男孩，必定有野心，不是他，沒有人能使我們羊舌氏喪亡。」

關於左氏這方面的記載，晉朝的范寧，早已說過「左氏艷而富，其失也巫」的話了。作者似覺意有未盡，又站在另一角度，將一己的見解，表達了出來。

勢相敵而後訟，未有非其敵而訟者也。非其敵而訟焉，則大者喪其為大矣。公卿之於皁隸也、巨室之於窶氏也、儒者之於卜祝也，邈乎其勢之不相敵也。親屈❶公卿之貴，而與皁隸訟；親屈巨室之富，而與窶人訟；親屈儒者之重，而與卜祝訟，勝之不武，不勝為笑，適以自卑而已矣。荀卿❷以大儒而著非相之篇❸，下與卜祝較，何其不自愛也！彼挾相術以苟衣食者，卑冗凡賤，廁迹於巫醫優伶之間，仰視儒者，如斥鷃❹望大鵬於羊角❺扶搖❻之上，敢有一毫爭衡之心乎？荀卿忽降尊貶重，譊譊❼然與相師辨，連篇累牘而不已。是書一出，相師之氣坐增十倍，互相告語，以謂我何人也？卜祝也；彼何人也？儒者也，我何足以致彼之爭，彼亦何苦與我爭也？今彼乃明目張膽，極其辨而與我爭曲直，恐不勝者，是必我之道可以與彼抗也。由是卜祝之流，人相勸，家相勉，支分派別，相形之術遂蔓延於天下矣！然則荀卿之於相術，將以排之，適以助之；將以抑之，適以揚之。非相之篇，吾恐未免為是相之篇也。

自孔子以前，相術固已概見於世矣！若周叔服相公孫敖之二子，一言其必食子❽，一言其必收子⑨。是以相而預言人之福也。文子及叔向母見越椒、伯石之始生，一言其必滅若敖氏，一言其必喪羊舌氏。是以相而預言人之禍也。數十年之後，福焉而福，禍焉而禍，無一不合。誇於口者有之，筆於書者有之。孔子未嘗過而問焉，豈孔子衛道之心反緩於荀卿耶？孔子以謂：天下之曲伎小術，雜焉而不可縷數，如蜩蟬蛙黽，自鳴自止，本不足爲吾道之輕重。苟獨取其一而辨焉，則天下必以是爲術也，至勞聖人與之辨，必其道可與聖人抗，殆將有陷溺而從之矣！是不能爲吾道損一異端，反爲吾道增一異端也。天下本未嘗以異端待相術，荀卿強斥以爲異端，而與之辨，無故而爲吾道增一異端，非卿之罪耶？

吾觀孔子周遊於天下，鄙夫陋人每以區區相術而窺之，有曰顙類堯也，有曰項類臯陶⑩也，有曰肩類子產⑪也。孔子與門弟子聞之，不過付之一笑耳，豈非曲伎小術，初不足與論是非耶？乃若吾夫子之門自有相書，殆非卜祝所誦之相書也。申申⑫夭夭⑬，即孔門相容貌之術；誾誾⑭侃侃⑮，即孔門相言語之術；躩⑯如翼⑰如，即孔門相步趨之術；勃如⑱怡如，即孔門相顏色之術。一部一位，一占一候，毫釐不差，季咸⑲、唐舉⑳、許負㉑之術，至是皆敗矣。曾子傳此相書以相人，故發而爲動容貌㉒之論；子思傳此相書以相人，故發而爲動乎四體㉓之論；孟子傳此相書以相人，故發而爲眸子瞭㉔眊㉕之論。苟荀孔門之相書，將心醉服膺之不暇，何暇非他人之相書耶？

【註釋】❶親屈　自己寧願卑下。引申有「不顧自身地位」的意思。❷荀卿　即荀況（約西元前三一五——二三六年）。戰國時趙人，時人尊稱為荀卿。漢人避宣帝諱，改稱孫卿。著《荀子》三十二篇及賦十篇。❸非相之篇　即非相篇，《荀子》篇名。認為用相術視人骨狀以知吉凶貴賤的說法，為妄誕不經，時人以此惑世，或矜其狀貌而忽於務實，所以荀卿作此篇，來說明相術的非是。❹斥鷃　小鳥名，即鵪鶉。斥，本作尺，古通。鷃，也作鴳。❺羊角　曲而上升的旋風。❻扶搖　自下盤旋而上的暴風。❼譊譊　爭辯的聲音。❽食子　奉祭祀供養公孫敖。子，指公孫敖。❾收子　安葬公孫敖。❿臯陶　虞舜時的賢臣，掌理刑獄的事務。臯，一作皐。也作咎繇、咎陶。⓫子產（西元前？——前五二二年）春秋鄭大夫，名僑，字子產，穆公孫，人稱公孫僑。為政寬猛並濟，內以禮法馭強宗，外以口舌折強國，使鄭國得免兵革而和平數十年。⓬申申　和舒的樣子。⓭夭夭　容貌和舒的樣子。⓮誾誾　中正和敬的樣子。⓯侃侃　和樂的樣子。又剛直的樣子。⓰躩　快走。⓱翼　敬謹。⓲勃如　臉色變成莊重的樣子。⓳季咸　春秋鄭人（今河南省鄭縣）。神巫。能知人生死禍福。⓴唐舉　戰國梁人，也叫唐莒。精通相術，曾經相李兌、蔡澤，後皆驗證。㉑許負　漢河內溫人（今河南省溫縣）。工相人，周亞夫為河內守時，負從背後相他說：「君後三歲而侯，侯八歲為將相，其後九歲而君餓死。」後果如其所說。高帝封為鳴雌亭侯。㉒動容貌　容貌依禮而動。見《論語．泰伯》。㉓四體　即四肢。朱子注：「四體，謂動作威儀之間，如執玉高卑，其容俯仰之類。」見《中庸》第二十四章。㉔瞭　眼珠明亮。㉕眊　目不明。即眼神不足。

【語　譯】在勢均力敵的情況下，雙方才會互有爭論，沒有實力不相當而相互爭論的。若實力不相當而相互爭論，那麼原本強大的一方，就喪失了強大的尊貴。如公卿與賤役、豪富與貧窮、儒者與巫師，地位差距之大，根本不能相比。若委曲公卿的尊貴來和賤役爭論，委曲富豪的富庶而與窮人爭論，或委曲儒家的莊重而與巫師爭論，就算贏了，也沒有什麼光榮，如果輸了，反被人笑話，適足以貶低自己的身分罷了。荀卿以儒學大家的身分，竟發表「非相」的言論，下與卜人巫師計較，是多麼地不知自愛啊！那些憑著爲人推測命運來維持生活的人，卑賤平庸，擠身在巫醫優伶低下的職業之中，仰視儒家學者，就如同小鷃雀仰望盤旋於暴風中的大鵬鳥一般，還膽敢有絲毫較量勝負的心嗎？今荀卿忽然降低尊嚴，自貶身價，譊譊然與相命的人爭辯，長篇大論不休。這篇文章一公開，這些相命人的氣勢無形中增加了十倍，他們互相告訴，以爲：我是什麼身分的人？只是個替人算命的人；荀卿是什麼身分的人？是位儒學大家，我那裏有資格引起他的爭論，他又何苦與我爭勝呢？如今荀卿卻明目張膽，極其能事的與我爭論是非曲直，就好像唯恐不能得勝似的，這一定是我輩的道術，可以與儒家相抗衡。由此卜人巫師之輩，人人相勸進，家家相勉勵，很快地就形成了支派，看相論形之術，因此就蔓延於天下了。如此說來，荀卿對於相命之術，原意是要排斥它，結果卻助長了它的氣勢；原想遏止它，反而使它發揚光大。「非相」的篇名，恐怕應該改爲「是相」篇了！

雖然孔子以前，相命之術就已經流傳於世了！如周朝的叔服替公孫敖的兩個兒子看相，一個斷定他必能祭祀供養公孫敖，另一個則說他必能安葬公孫敖。這是以相術來預言人的福分。文子和叔向的母親在越椒和伯石剛生下來時，就因長相和哭聲認定越椒將使若敖氏滅族，伯石將使羊舌氏喪亡。這是以相術來預言人的災禍。數十年以後，說他有福的果然有福，說他有禍的也果然災禍臨身，沒有一個預言不靈驗的。有人因此而到處宣揚，也有人將它記載在書上。孔子卻不曾加以過問，難道是孔子衛道的心意反不如荀卿急切嗎？事實上孔子認爲：天下的雕蟲小道，雜亂紛陳而不可細數，如蟬如蛙，讓他們自鳴自止好了，根本不可能對我們的道術有任何影響。如果只取其中的一派加以辨析評論，那麼天下的人，必以爲它是一家之術，甚至勞動聖人與之爭辯，那一定是他的道術可以與聖人之道相抗衡，這就恐怕有人將要陷溺其中而盲從了。這樣做不但不能爲我們的道術減少一異端，反而爲我們的道術增加一異端。天下人本不曾將相術視爲異端，荀卿硬要斥責其爲異端而與之爭辨，無緣無故地爲我們的道術增一異端，這不是荀卿的罪過麼？

我看孔子周遊各國時，一些見識鄙陋淺薄的人，每每以微不足稱的相術來窺視孔子，有人說他的額頭像唐堯，有人說他的脖子像臯陶，也有人說他的肩膀像子產。孔子與門下弟子聽了這些話，不過置之一笑罷了，難道不是因爲這雕蟲小技，實在不值得與之爭論是非嗎？其實，在孔夫子門中，自有看相的書，當然不是卜人巫師們所傳誦的相書。如《論語》中的「申申」、「夭夭」，就是孔子門下相容貌的方術；「誾誾」、「侃侃」，就是孔子門下相言語的方術；「躩如」、「翼如」，就是孔子門下相步法的方術；「勃如」、「怡如」，則是孔子門下相顏色的方術。看了某部位的表情動作，就能知道某人的心情與處境，一次占卜，就可得到一次應驗，沒有絲毫的差失，而季咸、唐舉、許負的相命方術，至此也就全然不攻自敗了。曾子傳習孔門的相書來觀察人，因而提出了「動容貌」的議論；子思傳習孔門的相書來觀察人，因而提出「動乎四體」的議論；孟子傳習孔門的相書來觀察人，因而提出「眸子瞭眊」的議論。如果荀卿能習得孔門的相書，將會一心嚮往信服猶恐不及，那裏還有閒工夫去排斥別人的相書呢？

【研析】本篇以相術小道爲主題，作者闡發一己見解，所言有是有非，茲分析如次：

第一段：說明相術的所以能蔓延天下，就是因爲荀卿作〈非相篇〉所致。假如荀卿不作，相術小道，任其自生自滅，反不致有什麼發展。

第二段：說明荀卿不應以儒者之尊，與微不足道的相術，爭長道短。這樣一來，反而會使相術小道，自高身價，成爲異端，敢與儒術爭衡。而且以爲其術的高深，與受世人重視的程度，足可與儒術並駕齊驅。

第三段：說明孔門自有相書，荀卿不知善加發揚運用，反而非他人的相術，有失儒者自尊。

案：相術本已存在，荀卿所以有「非相篇」的發表，似有類於孟子闢邪說、放淫辭的主張。其用心不可說不善。無如天地間，知識無盡，各得一察而善加運用，對人生來說，未始不有助益。惟因當時荀卿所見、所體的相術，多以骨狀、面貌、聲音，妄斷人的禍福，往往流於無稽，影響所及，使人們不再務實進取。就是不務正業，或僅臥在家中，不作任何努力，照樣可以大富大貴。常此以往，還有誰願意工作奮鬥？而作者不在這方面著眼，僅斷斷於大小尊卑的不相稱，似有失公允。

閏❶三月非禮 文公元年　閏不告朔 文公六年　辰在申再失閏 襄公二十七年　火西流司曆過 哀公十二年

【題解】本文在強調閏月爲曆法的樞紐，司曆的置閏，政令的擧措，均不可掉以輕心，致有所誤差。作者就《左傳》記載，擧出有關問題四事，作爲立論的基礎：

一、閏三月非禮：此事載於《左傳》文公元年（西元前六二六年），說明在三月置閏，是不合禮制的。我國古代曆法，皆以冬至爲始，然後再測定春分、秋分、夏至、冬至的月份，作四時的中月，把剩餘的日子，總歸在一年的末尾，稱爲十三月。其實卽閏十二月。至殷祖甲以後，置閏就不一定在十二月末了。

二、閏不告朔：此事載於《左傳》文公六年（西元前六二一年），是說在閏月的朔日，不告朔是不對的。因爲用閏月來補正四時，如是上下各有所守，方可國治民富。以閏月所繫者大，不可以不告朔。

三、辰在申，再失閏：此事載於《左傳》襄公二十七年（西元前五四六年），是說斗柄指在申時，這分明是周正的九月。由於在兩次該置閏的月份而沒有置閏，所以才發生這種現象。

四、火西流，司曆過：此事載於《左傳》哀公十二年（西元前四八三年），說明已經到了十二月，黃昏時火星仍出現在西方，而沒有盡伏，這又是司曆該置閏而沒有置閏的過錯。案：夏曆九月昏，火星始入，十月昏則伏，今猶西流，則火星尚未盡沒，這是夏曆九月的現象。經書十二月，則是夏十月，曆官失一閏，故以九月爲十月。

以上諸條，主在說明司曆的人，在該置閏的月份而未置閏，以致使天象有紊亂不合時節的現象。

天下之事，有若贅而實不可損者，君子之所當察也。三月而春，三月而夏，三月而秋，三月而冬。孟其始也，仲其中也，季其終也。孟仲季之月具，而始中終之序全，殆不可一毫加益。彼所謂閏者，果何爲者耶？閏在春則春之贅也，閏在夏則夏之贅也，閏在秋則秋之贅也，閏在冬則冬之贅也。閏之附於四時若附贅，然聖人果何爲置之耶？及問諸知曆者，然後知閏者實曆數之基本，四時之所待而正者也。太極❷運三辰五星於上，而元氣轉三統❸五行於下，上下經緯而天下至變生焉，苟不置閏以通其變，則周天之餘度❹誰與受之？朞年之餘日❺誰與受之？以有常之曆而追無常之天，日疏日遠，日舛日差，積而至於久，將見曆在震而時已夏矣，曆在離而時已秋矣。此魯曆之差，仲尼之譏，左氏之論，未嘗不本於置閏也。閏定則曆定，曆定則時定，孰知吾向日視爲贅物者，乃曆數之大本乎！

因曆數而例其餘，則吾平居嗤笑以爲贅而無用者，未必非至理之所在也。一揖可矣，三揖則贅；再拜可矣，百拜則贅。終日恪誠足以格鬼神，乃贅爲七日之齋；終年勤苦足以通倫類，乃贅爲九年之學，是皆吾平日之甚不快，猶是閏之贅也。以閏爲贅而損之，則所差者特寒暑之節耳。至於以揖爲贅者，損之又損，必至於不揖；以拜爲贅者，損之又損，必至於不拜；以齋爲贅者，損之又損，必至於不齋；以學爲贅者，損之又損，必至於不學。然則聖人之教，凡世指爲苛細繁委，贅而無用者，皆可以陰養天下之有用也，豈止一閏法而已哉！

雖然斗指兩辰❻謂之閏，是閏非辰之正也；月無專建謂之閏，是閏非月之正也；中氣❼不在謂之閏，是閏非氣之正也。如是，則人非特以爲贅，天固以爲贅矣！曰：非也。閏者，曆之樞也，使斗杓可得而指，月建❽可得而名，中氣可得而攝，則是亦四時之一耳。何以定四時而成歲乎？惟閏也。非辰之辰而斗杓所不能指，非月之月而月建所不能名，非氣之氣而中氣所不能攝。居章會統元❾之間，視之若贅，而千載之日繫焉，爲曆官者安可棄而不攷耶？天下之理固有手之所不能指，口之所不能名，說之所不能攝，古今共棄而不攷者矣，此又非曆官之責也。

【註釋】❶閏　農曆一年和地球環繞太陽運行一周的時間，大約相差十多日，故每隔數年，積累所餘的時日爲閏，置閏月加以調整。❷太極　指原始混沌的元氣。天地未分以前，混而爲一，元氣動而分陰陽，由陰陽而生四象，因而出現天、地、風、雷、水、火、山、澤八種自然現象，推衍爲宇宙萬事萬物。❸三統曆　曆法名。爲漢劉歆就鄧平的《太初曆》改造而成。曆法完備的記載，以《漢書》、《三統曆》爲最早。❹周天之餘度　用肉眼觀測，所見天球上的大圓圈，即繞天球大圈一周，爲周天。我國古代把周天分爲三百六十五點二五度，太陽每天移動一度，一年移動三百六十五度，尚餘零點二五度，即爲餘度，約等於六小時，故陽曆每四年閏一日。❺朞年之餘日　即農曆一周年三百五十四日與太陽周期三百六十五日五時四十分四十六秒的差數。我國在清代以前所用的曆法，稱爲農曆，又叫陰曆。是混合太陽曆與太陰曆而成。月亮圓缺的周期，平均爲二十九日十二時四十四分，約二十九點五日，所以大月三十日，小月二十九日。太陽的周期被每月二十九點五日除，得十二月，尚餘約十一又四分之一日，這就是朞年的餘日。以此餘日置閏，故有三年一閏，五年二閏，十九年七閏的閏法。❻辰　即十二辰。每辰代表一年。古代天文星象家，將黃道附近一周天，等分爲十二份，並由東向西以子丑寅卯等十二地支相配，卽爲十二辰。再以假設的太歲星紀年，太歲順時鐘方向運轉，每經一辰，卽爲一年。❼中氣　農曆把二十四節氣，分配在十二個月中，以當月的月初爲節氣，月中爲中氣。如立春在農曆正月初，稱爲節氣，雨水在月中以後，故稱爲中氣。而無中氣的月份，卽爲閏月。❽月建　我國農曆以十二地支與十二個月相配。通常以冬至所在的十一月配子，稱爲建子之月。由此順推，十二月爲建丑之月，正月爲建寅之月，二月爲建卯之月，直到十月爲建亥之月，如此周而復始。❾章會統元　指曆法。舊時曆法，以十九年爲一章，章有七閏；四章爲節，二十節爲紀，三紀爲元。又統元，爲南宋紹興五年，詔命陳得一所修曆法名。

【語　譯】天下的事，有些好像是多餘而事實上不可缺少，這是君子所應當明察的。一年有三個月的春季，三個月的夏季，三個月的秋季，三個月的冬季。「孟」是每一季的首月，「仲」是中間的月份，「季」是最後的一個月。孟仲季三個月份具全，而始中終的順序完備，恐怕不能有絲毫的增加。而所謂的閏月，究竟是用來做什麼的呢？若將閏月置於春季，就成了春季的累贅；將閏月置於夏季，就成了夏季的累贅；將閏月置於秋季，就成了秋季的累贅；將閏月置於冬季，就成了冬季的累贅。閏月附在四季有如附加的累贅一樣，然而聖人定曆法爲何還要設置閏月呢？後來請教了通曉曆法的人，才知道閏月其實是曆法計數的根本，四季節氣所賴以訂正的。太極運行日月星三辰與五星於上界，而元氣轉動三統曆法與五行於下界，上下交織而天下的各種變遷也就產生了。如果不設置閏月來調節時令的變遷，那麼周天的餘度由誰來承受？一年的餘日又由誰來接收？用一成不變的曆法去配合不規則的天道運行，由於太陽的疏遠與誤差，長久的累積下來，將產生曆法指在春季，而時令已到了夏季，曆法指在夏季，而時令已到了秋季的現象。這就是魯曆有了差誤，孔子所非議，左丘明所論述，未嘗不是本於置閏的原因啊！閏月定，那麼曆法才能定，曆法定，那麼四時節氣才能釐定。誰又能知道我們向來視為累贅的東西，竟然是曆數的根本呢？

以曆數為例而推究其它的事物，那麼我們平日譏笑以為多餘而無用的，未必不是眞理的所在啊！若拱手作揖為禮，一次就可以了，三次卽為多餘；又如拜謝，兩次就可以了，百次卽為多餘；若終日齋戒守誠足以感通鬼神，七日的齋戒就是多餘；若終年勤勞苦學足以通達事理，九年的勤學就是多餘。這些都是我們平日非常不以為然，好像是閏月的累贅一樣。以閏月為多餘而減損它，則所偏差的只是寒暑節氣而已。至於以三次作揖為多餘，則一再減少，必至於不拱手為禮；以再次拜謝為多餘的，則一再減少，必至於不拜謝；以七日齋戒為多餘的，則一再減少，必至於不齋戒；以九年之學為多餘的，則一再減少，必至於不勤學。那麼，聖人的教化以為，凡世人所認為細微繁瑣，多餘而無用的，都可以暗中助長天下有用的事物，又豈止是一個閏月的法則而已呢！

雖然，斗杓指在兩辰之間稱為閏，表示閏月並非十二辰之正；月份無專屬稱為閏，這就表示閏月不是月建中的正月；中氣不在月中稱為閏，這又表示閏月不是中氣中的正月。如此說來，閏月則不只是人以為多餘，卽使是上天原本也以為是多餘的嘍！其實，這樣的說法是錯誤的。閏月是曆法關鍵的所在，它可使斗杓指於十二辰，月建中的月份都有定名，中氣可以含攝在每個月中，則閏月也是四時之一。如何能定四時以成歲呢？必須有閏月的設置。不是十二辰中的辰，是斗杓所不能指的；不是十二月中的月，是月建所不能名的；不是二十四節氣中的氣，是中氣所不能含攝的。閏月在曆法中，看起來像是多餘的，然而千百年來的曆法與時序，卻由它來維繫，身爲曆官的人，怎可棄而不加以考正呢？天下的道理固然有手所無法指出，口所不能形容，言語所不能統攝，而爲古今所共棄而不加以考察的，這就不是曆官的責任了。

【研　析】作者就《左傳》所載有關失閏之事，提出一己的看法，並詳加闡述，以明究竟。其所立言，不僅精當，同時也具有啟發作用。

首先作者說明置閏乃曆數的根本，如不置閏，將春行夏令，夏行秋令，使人無所適從，故不可將置閏當作贅物來看。

其次說明在表面上看來，似乎無用乃至爲贅疣的事物，而於實際生活中卻不可少的，倒是非常之多。如社會上彼此交往的禮節，讀書求知等都是如此。

第三段強調閏月爲曆法的樞紐，不可或無，否則卽無法成歲。

全文表達具體而翔實，觀點正確，說理周延，循序漸進之筆，尤能襯托出章法的謹嚴。

俗語說：天生萬物，必有所用。有些事物，在某一種角度看是無關宏旨，可是當換成另一角度觀察時，卻顯得十分重要。如就人生層面說，往往一些小禮節、小舉動，卻能影響大局面。因視、聽、言、動之微，足以顯示個人知識程度的高下，以及修養上的厚薄。就曆法說，「非辰之辰」、「非月之月」，向被「視之若贅，而又爲千載之日所繫」，於此如不明察，愼予安排，又如何能不失誤、失禮？作者以「閏」雖爲「非月之正」，但卻爲曆法的樞紐相看待，所見極爲明確。尤有進者，由曆官的疏忽，推而至於各階層乃至一般人的疏忽，當各自反省，不應一味責人而不知自責。結尾數語，特具畫龍點睛之妙。

楚太子商臣弒成王❶

文公元年

【題　解】商臣弒楚成王這件事，載於《左傳》文公元年（西元前六二六年）。大意是說：楚子欲立商臣為太子，想試探一下令尹子上的意見。子上則一以楚王尚未年老，又多內寵，不宜立太子，否則以後反悔再將他廢掉，必會發生叛亂；一以楚國立太子常以年少的人為對象，況且商臣「蠭目而豺聲」，是一個殘忍的人，所以不宜立為太子為由作答。不料成王竟然沒有聽從。後來果然反悔，又想立王子職為太子。商臣聞知並證實以後，就率領自己宮中的士卒圍弒成王，結果逼得成王自縊而死。

本篇作者以令尹子上的話，作為立論基點，借以闡發其對後世的影響。

天下之言，察於利害未驗之前，人皆以為難；察於利害既驗之後，人皆以為易。鯀❷能欺四岳❸於九載之初，而不能欺比屋於九載之後，非比屋果智於四岳也，未驗之與已驗，其難易固不同也。少正卯❹能欺子貢❺於兩觀❻方誅之始，而不能欺市人於兩觀既誅之餘，非市人果智於子貢也，未驗之與已驗，其難易固不同也。未見汨陳之禍，而能察鯀之策，則天下皆堯❼矣；未見偽辨之惡，而能察少正卯之言，則天下皆孔子矣！如必待既驗而後察之，特比屋市人之智耳。是故出夏癸❽於南巢❾，則必思伊尹❿不可再留；起商辛⓫於牧野⓬，則必思祖伊⓭不可再用；脫夫差⓮於姑蘇⓯，則必思子胥⓰不可再生。當利害既驗之後，雖至愚極暴之人，猶知其可從而悔其不從也。然則天下之言，當利害未驗之時察之，安得不謂之難乎？自利害既驗之後察之，安得不謂之易乎？

吾獨以爲利害之未驗，察言者若難而實易；利害之既驗，察言者若易而實難。吾非樂與說者反也，所謂正言似反者也。利害未驗之前，利未見利，害未見害，吾心未爲利害之所分，則所用以察言者，皆心之正也。以吾心之正，而察天下之言，其善其惡，其邪其正，畢陳於前而莫能遁，非難而易耶！至於利害既驗之後，吾見其言之驗，則竊意其言之可從，是以事信之，而非以心信之也；吾見其言之不驗，則竊意其言之不可從，是以事疑之，而非以心疑之也。信與疑不出於心而出於事，其弊可勝既耶！人臣之以是諫非者，君從之則有利，君不從之則有害。後世因其事之驗而信其言之驗，可也。抑不知天下固有以非諫非者，雖能知君之過，而己之諫亦不免於過；雖能舉君之失，而己之諫亦不免於失。君不從其言，固有害也；君從其言，亦有害也。後世徒見其君不從其言之害，而不見從其言之害，溺其事之驗，而忘其理之差，爭拾其遺說而襲之，蓋有亂亡相尋而不悟者矣。此吾所謂若易而實難者也，楚子上之事是已。

子上諫楚成王之立商臣，既中楚成王之非矣，而子上之所以諫者，亦未免於非也。既曰君之齒未也，而又多愛黜乃亂也；又曰楚國之舉常在少者。此二說者，實萬世禍亂之權輿。使楚成從其前之說，則國本不建，儲位久虛，得無起覬覦之姦乎？使楚成從其後之說，則嫡庶不明，長幼失序，得無開篡奪之萌乎？此二禍者，吾未知與熊蹯之變⑰孰先孰後也。

後世徒見子上料商臣之驗，遂信其言而納於禍。有以立嗣爲諱，如唐宣宗⑱者，實子上齒未之言誤之也；有以庶孽奪宗，如隋文帝⑲者，實子上舉少之言誤之也。其餘以此墜命隕姓者，未易枚舉，豈非樂已驗之言而蹈未見之禍乎？彼商臣之惡，自非梟獍其心者皆知疾趨而避之，其禍後世，殆未若子上之烈也。張角⑳不足爲漢禍，而討張角者乃爲漢禍；盧循㉑不足爲晉禍，而滅盧循者乃爲晉禍；商臣不足爲萬世禍，而排商臣者乃爲萬世禍。天下之禍，固有機於此而動於彼者矣，夫豈始慮所及耶！

【註釋】❶成王　楚成王。春秋楚第十九代王，爲文王子，名熊惲。在位四十六年，爲世子商臣所弒。❷鯀　人名。即大禹的父親。因治水無功，被舜放逐於羽山而死。❸四岳　官名。四方諸侯之長。見《尚書·堯典》。❹少正卯　春秋時魯國大夫，與孔子同時，荀子以爲爲孔子所殺。❺子貢　春秋衛人。姓端木，名賜，字子貢。孔子弟子，善經商，有口才，料事多中，在孔門列於言語之科。❻兩觀　宮門外的兩座高臺，可供遠觀或張貼法令。一說兩觀是宮廷外懸掛法令之處。兩臺並列，故稱兩觀，又稱兩闕。❼堯　古唐帝。名放勳，帝嚳次子。初封陶，後徙唐，故又稱陶唐氏，號稱堯。繼兄摯爲天子，法天，有德政，後禪位於舜，被譽爲聖君。❽夏癸　即夏桀。夏代最後的一位君主。名癸，以荒淫暴虐，爲商湯所滅。❾南巢　地名。在今安徽省巢縣西南，即居巢故城。成湯放逐夏桀於南巢，即此。❿伊尹　商湯輔臣。名摯。助湯伐桀滅夏，湯尊爲阿衡。據《史記·殷本紀》所載，伊尹曾去湯適夏，桀不能用。既醜有夏，復歸于亳。⓫商辛　即商紂。也稱殷紂。帝乙少子，爲商代末君。好酒淫樂，暴虐無道，爲周武王所滅。⓬牧野　古地名。在今河南省淇縣南。周武王伐紂，戰於牧野，即此。⓭祖伊　紂時賢臣。祖己後。目睹西伯（周文王）滋大，乃以天命民情之可畏進諫紂王，紂不從，終至國滅。⓮夫差　春秋吳王闔閭子，繼立後，整軍經武，大敗越王句踐於會稽。又北伐齊，敗齊兵於艾陵，聲勢日隆。於周敬王三十年（西元前四八二年），大會諸侯於黃池（今河南省封邱縣南），欲與晉爭霸，而句踐經過十年的生聚教訓，乘機攻入姑蘇，於周元王三年（西元前四七三年），攻滅吳國，夫差自殺。⓯姑蘇　今江蘇省吳縣縣治的別稱。春秋吳都此。又臺名，爲吳王闔閭所築。在今吳縣西南三十里姑蘇山上，可遠望三百里。⓰子胥　即伍員。字子胥，春秋楚人。父奢兄尚，因遭讒被楚平王所殺。子胥投奔吳國，佐吳王闔閭伐楚，爲父兄報仇。後又佐吳王夫差敗越，屢諫滅越以除心腹大患，不幸反被夫差賜死。九年後，吳國終爲越所滅。夫差自殺，始悔早不用子胥之言。⓱熊蹯之變　指商臣弒父之事。商臣以宮甲圍成王，王請食熊蹯而死。弗聽。見《左傳》文公元年。⓲唐宣宗　憲宗第十三子，名忱，在位十三年（西元八〇二—八一四年）。以宣宗愛夔王滋，欲立爲皇太子，而鄆王漼長，故久不決。至死未立，幾演大亂。⑲隋文帝　隋朝開國皇帝。姓楊名堅，襲父爵封隨公。後廢北周靜帝自立，改隨爲隋，以爲國號。開皇九年，舉兵平陳，統一南北二百多年分裂局面。在位二十四年（西元五八一—六〇四年），於政治、經濟，頗有建樹。生有五子，長子勇，性情寬厚，立爲皇太子。次子廣，巧僞奸詐，與越國公楊素謀奪太子位，卒使文帝廢嫡立庶，達到奪宗的目的。⑳張角　東漢末年，黃巾賊的首領。鉅鹿（今河北省平鄉縣）人，創太平道，倡言：「蒼天已死，黃天當立，歲在甲子，天下大吉。」徒眾數十萬人，皆以黃巾裹頭，時人稱爲黃巾賊。爲皇甫嵩、曹操等所平定。㉑盧循　東晉時人，字于先，小名元龍，司空從事中郎盧諶的曾孫。雙目冏徹，神采清秀，善草隸奕棋之藝。後娶孫恩妹，及恩作亂，與循通謀。恩亡，餘眾推循爲主。寇東陽，攻永嘉，不久又泛海寇廣州。時朝廷新誅桓氏，未暇征討，以循爲廣州刺史，平越中郎將。義熙中，劉裕伐慕容超，循乘虛而出，連陷南康、廬陵、豫章諸郡，進逼建康。後爲劉裕擊退，南奔交州，投水而死。

【語譯】天下的言論，若能明察在利害尚未驗證以前，人人都認爲是困難的；若明察在利害驗證以後，人人都認爲是容易的。鯀能欺瞞四岳在九年治水以前，而不能欺蒙街坊鄰居在治水九年之後，這並非街坊鄰居的智慧高過四岳，而是在未驗證之時與已驗證之後，明察的難易程度本來就不相同啊！少正卯能欺瞞子貢將被誅於兩觀的開始，而不能欺蒙市人已被誅於兩觀之後，這並非市人的智慧果眞高於子貢，而是在未驗證之時與已驗證之後，明察的難易程度本來就不相同啊！在沒有見到治理洪水所帶來的災禍以前，就能明察鯀治水的策略將會失敗，那麼天下的人，都將成爲唐堯了；在沒有見到欺詐巧辯的飾非邪惡以前，就能明察少正卯言論的錯誤，那麼天下的人，都將成爲孔子了！如果必須等到事情驗證以後才能明察，那只不過是鄰居市人的智力罷了。所以當夏桀被放逐在南巢後，必定會想到沒有辦法再留用伊尹；在牧野，讓商紂起死回生，必定會想到為甚麼沒有聽從祖伊的忠諫；在姑蘇城，使夫差脫險，必定會想到伍子胥已被賜死不可再生。在利害已經驗證之後，即使是最愚笨、極暴虐的人，也知道應該聽從而後悔當初為甚麼沒有採納啊！這樣說來，那麼，天下的言論，在利害尚未驗證以前來觀察，怎能不說是困難的呢？從利害已驗證之後來觀察，又怎能不說是容易的呢？

我卻認為在利害尚未驗證以前，來觀察言論，好像很困難而事實上是容易的；在利害已驗證之後，來觀察言論，看起來很容易而事實上是困難的。這並不是我喜歡和別人唱反調，而是所謂正當的言論，聽來好像是相反的原因啊！在利害未經驗證之前，利未見其利，害也未見其害，我的心尚未被利害的結果所影響，那麼所用來察視言論的，都是心中的正理。用我心中的正理去察視天下的言論，是善是惡，是邪是正，完全顯現在眼前而無所隱遁，這不是不難而很容易嗎？至於利害已經驗證之後，我看到言論應驗了，就私下認為這樣的言論是可取的，這是就著事實相信它，而不是用心來相信它；我看到某種言論並未應驗，則私下認為這樣的言論是不可取的，這是就著事實來懷疑它，而不是用心來懷疑它。信任與懷疑不是根據心中的正理，而是根據所發生的事端，這其中的弊害是無窮的。人臣用正言諫止君王錯誤的行為，君王若聽從就有利，若不聽從則將有害。後世的人因為某種事實的應驗而就相信這言論的應驗，這是無可厚非的。卻不知道天底下原本也有用錯誤的見解來諫止君王錯誤的行為的，人臣雖能知道君王的過錯，然而自己的進諫，也不能免於有過；雖能舉出君王的缺失，而自己的進諫也不免於有缺失。在這種情況下，君王不聽從他的諫言，固然有禍害；若採納了他的諫言，也會有禍害呀！後世的人，只見到君王不能聽從諫言所生的禍害，而不曾看見君王採納諫言所產生的禍害，耽溺於事情的應驗上，而忽略了眞理上的差失，爭相拾取其遺說來因襲，因此有亂亡相繼而不知悔悟的。這就是我所說看來容易而事實上困難的啊！楚國子上的事就是個最好的例子。

子上諫止楚成王立商臣爲太子，既然說中了楚成王的錯誤，可是子上用來勸諫的理由，也不能免於錯誤。子上既然先指出楚王尙未年老，又多內寵，若先立了太子，將來後悔再將他廢掉，必會發生叛亂；又說明楚國立太子常以年少的人爲對象。這兩種說法，實在是萬世禍亂的開始。假使楚成王採納了前一種說法，那麼國家的根基無法建立，太子的尊位長久的虛懸著，能不引起各皇子非分王位的姦計嗎？假使楚成王聽從後一種說法，那麼嫡庶不分，長幼無序，能不引發篡奪王位的陰謀嗎？這兩種可能發生的災禍，我不曉得與商臣造反弒君的變亂，那一個在先，那一個在後啊！

後世的人只見子上預料商臣造反的靈驗，就相信他的話，爲招致禍端的根源。有以立皇嗣爲忌諱的，如唐宣宗，實在是被子上所謂君王尙未年老的說詞所誤；也有以庶子奪嫡子皇位的，如隋文帝，實在是被子上所謂立太子以年少者爲對象的論調所誤。其餘因此而喪失性命的，不便一一列舉，這難道不是樂於遵從已經應驗的言論而誤蹈於未見的禍患嗎？那商臣的罪惡，只要不是嗜父食母大不孝的人，都知道疾趨而避免，因此他對後世造成的禍害，還不如子上來得嚴重。就如同張角不足爲漢代的禍患，而討滅張角的人才是斷送漢代的禍首；盧循不足爲晉朝的禍患，而消滅盧循的人才是覆亡晉朝的禍首；商臣不足爲萬世的禍患，而排拒商臣的人才是萬世的禍首。天下的禍亂，本來就有引發於此而顯現於彼的，這那裏是在開始的時候考慮所能料及的呢？

【研　析】作者先以子上諫楚成王的話爲中心論點，然後再予引申闡發，以明事理的是非曲直，人情的大勢所趨。於層次，則釐然有序；於事理，則步步進逼；於觀點，則出人意表，充分表達了一己的見解。

首先，以平常為人所信服的道理，說明「察於利害未驗之前難，察於利害既驗之後易」的必然性。若非有唐堯、孔子的聖明，是很難洞察先機的。像夏桀、商紂、夫差等，均因此而遭身死國亡的厄運。其次則一反常理地說明「利害未驗察言者若難而實易」，以及「利害之既驗察言者若易而實難」的道理。謂世人所能見者多在「以是諫非」，所不能見者，則在「以非諫非」。影響所及，則不免於亂亡相尋，乃至身死國滅。

再其次，則直指子上諫楚王固能中其非，然其所諫，卻未能免於非。如儲君的當早立，以杜覬覦之姦，嫡庶要有序，以免篡奪之萌。均為子上所未能見到。本篇作者，就是針對此事以抒所見。

最後舉例說明子上所諫未驗之為非，並言其對後世影響之大。如唐宣宗未能及早立太子，幾釀大禍，隋文帝的廢嫡立庶，卒致亡國，均為血淋淋的事實。又以張角的不足為漢禍，盧循的不足為晉禍，商臣的不足為萬世禍作結，尤見其所言之深刻，極寓警懼之致。

全文以至易之理入，以難見之理出，以歷史事實作鑑證，愈寫愈見其筆力之勁，所見之遠，以明槍易躲，暗箭難防點明大奸大惡的巧於偽飾的嘴臉，徒使人有一種莫可奈何之歎！

晉襄公朝王先且居胥臣伐衛

文公元年

【題解】 此事載於《左傳》文公元年（西元前六二六年）。大意是說：在晉文公的晚年，諸侯朝晉，只有衛成公不去朝見，反而派遣孔達侵襲鄭國，攻打緜、訾、匡等地。當晉襄公舉行過小祥祭禮以後，就派人通知諸侯討伐衛國。這時先且居向晉君進諫說：「效尤，是要招致災禍的，請君先朝拜周天子，臣下率領軍隊跟隨著。」於是晉侯在溫地朝拜了周天子，先且居、胥臣進攻衛國。

因人而有過者，君子不謂之過；因人而有善者，君子不謂之善。周公之過，因管叔❶而過也，過在管叔，而周公何與焉？孔子之過，因昭公❷而過也，過在昭公，而孔子何與焉？過端發於人，而不發於己，是安得為周孔累哉？漢高帝❸因傾項籍❹而為義帝❺服，非眞悲也，服帝所以挫羽也；劉裕❻因傾桓玄❼而興復晉祚，非眞忠也，復晉所以滅玄也。時無項籍，則高帝必不為服義帝之喪；時無桓玄，則劉裕必不倡復晉祚之師，其為善果出於己耶？因人而過者，猶鑑遇嫫母❽而醜，本非鑑之醜也；因人而善者，猶木託於岳而高，本非木之高也。是故因人而有過者，雖百過不足尤；因人而有善者，雖百善不足喜。為善由己而由人乎哉？

晉襄公即位而朝王於溫❾，人皆善其尊周也，及攷其朝王之由，蓋將討衛之不朝，故身先朝周以責之，其意曰：周，王也；晉，霸也；衛，小侯也。晉獨朝周，而衛不朝晉，可乎？故朝王之事，名為尊周，而實則討衛也；因討衛而後朝周，非因朝周而後討衛也。然則尊王之善，豈襄公之本心哉？特因衛而發耳。向若衛侯之車先叩於晉關，則吾知晉襄公之旆未必入於周境矣。彼因人而有善者，果足以為善耶？臣之於君，猶子之於父也。子必因責人而始敬父，則父得子之敬寡矣；臣必因責人而始朝君，則君得臣之朝寡矣。周之諸侯，苟皆若晉襄之用心，則是父無故終不得子之敬，君無故終不得臣之朝也。

又況子之敬父，自敬汝父耳，於人何有？臣之朝君，自朝汝君耳，亦於人何有？挾敬父之孝而辱人者，必反為人所辱；挾朝君之忠而陵人者，必反為人所陵。使晉襄之事周，春朝秋覲，史不絕書，亦昏定晨省之常耳，猶不足以自高，況甫陟周之庭，遽傲然自足，鳴鐘擊鼓，峻責他人之無禮，安得不納孔達之侮哉？世有妄人常拜其父者，他日執塗人而責之曰：「我常拜父，汝何為不拜我？」天下未有不笑其狂者。晉襄之責衛，非此類耶？

雖然，無諸己而後非諸人，《大學》⑩之道也，《大學》，古之遺言也。晉襄先朝王，而後責衛，似合於《大學》之旨，庸可毀耶？非也，觀書要當忘言而得意，《大學》之意，在於無諸己，而不在於非諸人也。欲學者，將非人之時，常思無諸己之戒；不欲學者，持無諸己之論，用為非人之資也。故先曰無諸己，次曰非諸人，其意主於攻己過，而不主於攻人過明矣。黠吏姦民將與人訟，必痛自刻削，不入文法，鄉閭未有以修飾許之者，以其身之治而心之險也。豈有士君子而嘗懷非人之心者耶？吾恐說經者以文害辭，浸入黠吏姦民之用心，故力辨之，以告吾黨之士云。

【註釋】❶管叔　即姬鮮。周武王弟，周公兄。周滅殷，封於管，為紂子武庚相。後武王死，成王年少，由周公攝政當國，管叔與蔡叔挾武庚作亂，散播謠言，謂周公將不利於成王，周公東征，遂殺管叔，放蔡叔。❷昭公　魯國十二公的第十君，襄公庶子，名裯，繼襄公立為魯君，在位三十二年，年十九，猶有童心。娶同姓吳國女為夫人，有違同姓不婚的禮法。❸漢高帝　即漢高祖。姓劉名邦，字季，沛國豐邑（今江蘇省豐縣）人。初為泗上亭長，沛人立為沛公。與項羽同伐秦，後滅羽而有天下，國號漢。都長安，在位十二年崩，廟號高祖。❹項籍　字羽，秦末下相（今江蘇省宿遷縣）人。少有奇才，力能扛鼎。二世時，隨叔父梁起兵吳中，大破秦軍，西入關殺秦降王子嬰，自立為西楚霸王。後與漢王劉邦約，中分天下，東歸時，為漢王追圍於垓下，以為劉邦已盡得楚地，乃突圍至烏江自刎死。❺義帝　戰國楚懷王孫，名心。秦末項梁起義於吳，於民間得之，立為懷王，國號楚，都盱台。後項羽陽尊為義帝，迫其遷徙長沙，旋令九江王英布，擊殺於郴江中。❻劉裕　南朝宋武帝。字德輿，小名寄奴，彭城（今江蘇省徐州市）人。幼年家貧，後為東晉下邳太守，因功累封宋公。義熙十四年，殺安帝，立恭帝，封宋王。恭帝元熙二年受禪，國號宋。在位三年，諡武，廟號高祖。❼桓玄　晉譙國龍亢（今安徽省懷遠縣）人。字敬道，一字靈寶，桓溫子，襲父爵為南郡公。安帝時為江州刺史，都督江、荊等八州軍事，據江陵，聲勢壯盛。元興元年，舉兵反，入建康，迫安帝禪位，建號楚，改元永始。劉裕起兵討伐，兵敗被執，斬於江陵。❽嫫母　古代傳說中的醜婦，後為醜婦的代稱。一作嫫母、嫫姆、侮母。❾

溫　古國名。周畿內封國。故城在今河南省溫縣西南。⑩大學　書名。據說是孔子弟子曾子或曾子門人所傳述。本爲《禮記》中的一篇，南宋大儒朱熹，始將之列於四書中。其中闡明自修身以至平天下的過程，是古人修德進學的主要內容和項目。

【語　譯】因別人而引起的過錯，君子不認爲是他的過失；因別人而引發的善行，君子不認爲他有善行。周公的過錯，是因管叔而犯過，錯在管叔，與周公有甚麼關係呢？孔子的過錯是因魯昭公而犯過，錯在昭公，與孔子有甚麼關係呢？過錯發端於別人，而不是發端於己身，怎能因此而使周公、孔子受牽累呢？

漢高帝劉邦因爲要傾覆項羽而爲義帝服喪，並不是眞心悲痛，只是想藉著爲義帝服喪來打擊項羽啊！劉裕因爲要消滅桓玄而復興了晉室，並不是眞心盡忠，只是想藉著復興晉室以滅亡桓玄啊！若當時沒有項羽的對立，那麼漢高帝一定不爲義帝服喪；若當時沒有桓玄的叛亂，那麼劉裕一定不領導軍隊復興晉室，這些人的行善，果眞是出於本心所願嗎？因爲別人而引起的過錯，就如同鏡子遇到嫫母便顯出醜陋的影像，並非鏡子本身是醜陋的；因爲別人而引發的善行，就如同樹木附生在高山上因而顯得高聳，並非樹木本身是高大的。所以，因爲別人而引起的過錯，卽使有百次過失也不必責怪；因爲別人而引發的善行，卽使行善百次也不値得嘉獎。爲善應出自本心，那裏能因人而發呢？

晉襄公卽位後，在溫地朝見周天子，世人都讚美他尊崇周天子，至於考察他朝見周天子的理由，實在是爲了將要討伐衛國的不來朝見晉國，所以自身先去朝見周天子，藉以責備衛國，他的意思認爲：周是王室，晉是霸主，衛不過是個小國，晉國尙且要朝見周天子，而衛國不來朝見晉國，可以嗎？所以，朝見周天子的事，名義上是尊崇周室，而事實上是爲了討伐衛國：因爲要討伐衛國而後才去朝見周天並不是因為朝見周天子而後才去討伐衛國。那麼，尊崇王室的善行，難道是晉襄公的本意嗎？只是因為衛國而引發罷了。在此以前，若衛侯的車馬先叩關求見，則我知道晉襄公的旌旗就不一定會進入周朝境內來朝拜了。像這種因別人而有的善行，眞能算是善事嗎？

臣子對於君主，如同兒子對於父親，若兒子必須因為要責備他人才尊敬父親，那麼父親所能獲得兒子的尊敬就很少了；若臣子必須因為要責備他人才朝見君主，那麼君主所能獲得臣子的朝拜就很少了。周朝的諸侯，如果都像晉襄公的用心，那麼做父親的不因事故將永遠得不到兒子的尊敬，做君主的不因事故更是永遠得不到臣子的朝拜啊！

又何況做兒子的尊敬父親，儘管自己尊敬你的父親，與別人有甚麼相干呢？做臣子的朝拜君主，儘管自己去朝拜你的君主，又與別人有甚麼相干呢？挾持著尊敬父親的孝心而侮辱別人的，一定反為他人所侮辱；挾持著朝拜君主的忠誠而凌辱別人的，一定反為他人所凌辱。假使晉襄公的事奉周天子，春秋四時的行朝覲之禮，在史書上的記載沒有間斷，也只是如同早晚向父母請安的禮節一樣，尚且不值得自以為高，何況晉襄公剛踏入周天子的前庭，就馬上驕傲的自以為盡了君臣之禮，鳴鐘擊鼓，嚴厲的責備他人不守禮法，這樣的作為，如何能不遭受孔達的侮辱呢？世間有個狂妄的人，經常叩拜他的父親，有一天攔住路人而責問他說：「我經常叩拜我的父親，你為甚麼不拜我呢？」天下沒有不譏笑他的狂妄的。晉襄公的責備衛國不來朝拜，不就像這類可笑的事嗎？

雖然，必先自己沒有過失，然後才能指責別人的過失，這是《大學》所闡述的要道，而《大學》，又是古時聖人所遺留下來的教訓。晉襄公先朝拜周天子，而後責備衛國，似乎合於《大學》的意旨，怎可毀謗他呢？事實上不是這樣的，讀書有時要捨棄文字的敍述，而必須求得其中的旨意，《大學》的眞義，在於責求自己盡善盡美，而不在於指責他人。欲學《大學》之道的人，將要指責別人的時候，要常常想著使自己盡善盡美；不欲學的人，就以自己無缺失的名義，用爲責難他人的藉口。所以，《大學》之道先說必先自己沒有差失，再說指摘別人，其本義主要在於攻治自己的過失，而不在於苛求別人的過失，這個道理是很明顯的。那些狡猾奸詐的官吏與人民，將要與人爭訟時，必先痛加責求自己的行爲合度，不使有絲毫觸犯法律，然而鄉里中人卻沒有因他們這樣刻意修飾而讚美的，這是因爲他們的言行舉止雖然合度，而其用心卻是非常險詐的啊！難道有學問、有修養的人還會懷藏責難別人的心嗎？我恐怕解說經文的人因字面上的意思而誤解了文辭的眞義，反助長了那些狡猾奸詐官民的用心，所以極力的辨明，以告訴我鄉的讀書人（知識分子）。

【研　析】本文以晉襄公朝王爲手段，以伐衛爲目的，作爲立論的中心，借以揭發後世別有用心之非。

在行文上，採漸進方式，先言周公孔子之過，乃因人而致，不足爲周公孔子累。其次說明漢高帝、晉劉裕的舉措，乃別有用心，並非眞悲、眞忠。第三段申述晉襄公所以朝王是爲了伐衛，並非眞心尊周。第四段說明如因責人而朝君、而尊親，則將導致君無故而不得大臣的朝拜，父無故終不得子女的孝敬。第五段指出晉襄公遭受孔達之侮的必然性。最後解說大學之道，其立志在於無諸己，而不在於非諸人，讀書當忘言而得意。

全文布局層次分明，結構謹嚴而有法度，大有一氣呵成之勢。先行建立一中心點，前後引申闡發，節節逼進，自然天成，在在顯示作者的思維細緻，觀察入微。而結語部分，揭舉「無諸己而後非諸人」的《大學》之道的正確意義，尤足以發人。如無眞知灼見，是很難發隱鈎深的。

卷十七

禘❶太廟躋僖公❷ 文公二年

順祀先公 定公八年

【題解】此事載於《左傳》文公二年（西元前六二五年）。大意是說：當魯文公二年八月丁卯祭祀太廟的時候，竟然聽信了夏父弗忌的建議，將享祀僖公的座位，升在閔公的上面，這是不合禮制的。因僖公繼閔公立為魯君，就順序說，應在閔公之後，而今竟因一時聽了夏父弗忌所謂「我見新鬼大，舊鬼小，先大後小，這是順序。使聖人升位，這是明智。明智、順序，這是合禮的」的說辭，就更換了享祭的位次，所以當時的君子以為失禮。就禮制說，首重順序，禘祭是國家的大事，而竟不以順序祭享，違禮殊甚。即使後君再聰明聖哲，也不宜在先君之前享受祭品，所以禹不能在鯀之前，湯不能在契之前，文王、武王不能在窋之前。縱然祖先不聖哲，仍應尊為祖先，如宋國以帝乙為祖宗，鄭國以厲王為祖宗，即為顯例。前後比較之下，就可以看出祭祀太廟而更動國君的前後順序，是不合禮制的，徒見小人的諂媚及嗣君的無知和私心自用罷了。直到定公八年（西元前五〇二年）冬十月，陽虎「將作大事，欲以順祀取媚」，始將閔、僖二公的神位，更換過來。（即依順序，仍以閔公在僖公之上。）

議禮如聚訟，斷禮如聽訟。競禘爭祫❸，駁郊難社，大訴牒也；據章守句，執文秉法，大券契也；棟充宇積，帙千簡萬，大案牘也。前師後儒，乃禮中之證佐；黨同伐異，乃禮中之讎敵；析言曲辨，乃禮中之姦宄。斷禮者，苟欲隨事而折之，隨說而應之，彼以經來，我以經對；彼以傳來，我以傳對；彼以史來，我以史對。是猶聽訟者，欲與珥筆之民爭長於律令質劑之間，終必反爲所困而已矣。

善聽訟者，出於律令質劑之外，折以人情，一言而訟可息；善斷禮者，出於詁訓箋釋之外，折以人情，一言而禮可明。人情者，訟之所由生，亦禮之所由來也。吾先得其所由生者而制之，自綱觀條，自源觀派，物迴縷解，冰釋露晞，雖老於議禮者墜筆失簡，莫敢支梧。

苟捨其本，瑣瑣然下與彼角逐於詁訓箋釋之間，是固彼之所長，而我之所短也，以我之所短而遇彼之所長，其受侮也則宜。此古今斷禮者所以每爲人屈而鮮有能屈人者也！

魯祀僖公，始逆終順，禮家之說，互有從違，其論篤而義精者固多矣，未有折之以人情者也。吾請悉置禮家之說，而專以人情明之：人之情，欲尊其親者，將欲爲親榮也。尊吾父而坐之吾伯父之上，則人必以吾父爲不弟矣；尊吾父而置之吾君之上，則人必以吾父爲不忠矣。不弟，大惡也；不忠，大刑也。本欲尊吾父而納之於大惡，本欲尊吾父而納之於大刑。爲人之子無故而納父於大惡，陷父於大刑，非不孝之尤者乎？生與死一理也，寢與廟一制也，宴與祀一儀也。文公溺於夏父弗忌之諂，躋僖公於閔公之右，以尊其父。胡不以人情推之，若使閔公僖公俱無恙，一旦忽使僖公以弟躐兄，以臣躐君，則謗讟之集，刑戮之加不旋踵矣。是則愛僖公者，乃所以辱僖公也。人情自非大不孝，未有忍辱其親者，亦未有見辱其親而不怒者。苟文公誠不為枝辭蔓說所蔽，獨斷以常情，則知夏父弗忌者，乃吾父之讎，將奮戈之不暇，豈有反聽其說者乎？

躋僖公於閔，殆百餘祀，想僖公有神，震慄惶灼，蹙然不寧，日望一日，歲望一歲，庶幾人或正之，得還昭穆之舊。而魯之臣子，例皆蒙蔽，不能度以人情，因謬承誤，迄莫能正，反使順祀之舉，出於陽貨❹之手，是可羞也。噫！唐不能還魏徵❺之宅，反使強藩❻請之；魯不能序僖公之廟，反使賊臣正之，國尚為有人乎？吾以為魯失寶玉大弓❼之辱，未如順祀之為大辱也！

【註釋】❶禘　祭名。所指不一。此處指殷祭之禘。即天子諸侯宗廟的大祭，後世多採用每隔三十個月或四十二個月舉行。❷僖公　名申，莊公少子，閔公弟（《漢書．五行志上》師古以為閔公為僖公弟，未知孰是。），繼立為魯君。僖公卒，子興立，是為文公。因此夏父弗忌於文公二年行禘祭之時，得行其諂媚之計，將僖公置於閔公之上，君子以為非禮。❸祫　古代祭名。通常三年舉行一次，在太廟合祭遠近祖先。❹陽貨　陽虎，字貨，春秋魯國人。季孫氏家臣，挾持季桓子專斷魯國政事。魯定公三年（西元前五〇二年），計畫要除去魯國公族三桓的勢力，事敗出奔齊國，後又逃到晉國，爲趙鞅家臣。❺魏徵　字玄成，唐曲城（今河北省曲周縣）人。初從李密入京見高祖，自請安輯山東，擢祕書丞。太宗時拜諫議大夫，遇事敢諫，前後奏陳二百餘事，陳述剴切，爲太宗所敬畏。貞觀三年，任祕書監，參與朝政，校定祕府圖籍。著有《群書治要》，並撰定《陳書》、《隋書》諸史。❻強藩　指淄青節度使李師道。唐憲宗元和四年，李師道上私錢六百萬爲魏徵孫贖故第，白居易向憲宗進諫，以爲魏徵任宰相時，太宗用殿材爲建宅第，後嗣不能守，今陛下宜以賢人子孫贖而賜之，師道人臣，不宜掠美。憲宗從其言。❼魯失寶玉大弓　爲陽虎所竊。當時虎專權於魯，欲去三桓，戰而不勝，兵敗乘機入公宮竊取寶玉大弓，此爲情勢所迫，實莫可奈何。見《左傳》定公八年。

【語　譯】議論祭祀的禮制，有如衆人爭訟，評斷祭祀的禮制，有如聽斷訟案。因此就把禘祭、祫祭的爭執，郊祭、社祭的駁難，看作偌大的訴訟案件；辭章文句的據守，文書法令的秉持，看作偌大的憑證；而將屋宇內所積藏的千萬卷書簡，看作偌大的公文篇章。先前的經師、後繼的儒者，當作禮中的證人；意見一致，則結爲同黨，意見不一致，則互相攻伐，儼然禮中的仇敵；分析談論，曲意巧辯，視爲禮中的奸民。評斷禮制的人，若試圖隨事而有所辨析，隨著對方的說法而有所應對，那就會形成對方以經典爲證，我則以經典爲對；對方以傳文爲證，我則以傳文爲對；對方以史實爲證，我則以史實爲對。如此一來，就有如聽斷訟案的人，欲與能文好訟之徒，互以法令證據爭長，最後必將反爲其所困了。

善於聽斷訟案的人，往往超脫法令證據以外，而以人情爲決斷，常常用一句話就能停息爭訟；善於評斷禮制的人，往往超脫詁訓箋釋以外，以人情爲決斷，常常用一句話就能使禮制昭明。人情，是訴訟的所由生，也是禮制的所由來。我先從禮制所由來的地方加以裁治，自綱領以觀察條目，自淵源以觀察派別，使萬物各反本原，這樣才能解釋清楚，就像冰的融化，露的蒸發，即使議禮老到的禮家擲筆棄簡，也不敢有所牴觸。

如果捨棄了禮制的本原，反而與對方以瑣碎的詁訓箋釋來較量，這本是對方所擅長，而我所不擅長的，以我所不擅長的去對抗對方所擅長的，那麼受到侮辱則是當然的事。這正是古今評斷禮制的人，所以每每被人所屈辱，而很少能使人屈服的原因啊！

魯國祭祀僖公，違禮在先，後來才合於宗法的順序，禮家對此事的看法，有的贊同、有的反對，其中論點篤實而舉義精譬的當然很多，卻未嘗有以人情來決斷的。我現在先將禮家的說法暫時擱在一旁，而專以人情來作說明：人的常情，能尊崇親長的，總希望能使親長得到榮耀。然而爲了尊崇父親而使之居在伯父的上位，則別人必然認爲我的父親不守悌道；爲了尊崇父親而使之居在國君的上位，則別人必然認爲我的父親不忠。不守悌道，是莫大的罪惡；不忠，應遭受莫大的刑罰。本意想尊崇父親，卻使他陷於莫大的罪惡中；本意想尊崇父親，卻使他承受莫大的刑罰。身爲人子，無緣無故而使父親陷於大惡，遭受重刑，這不是最不孝的行爲嗎？事奉生者與死者是同樣的道理，寢制與廟制是同樣的禮制，宴享與祭祀是同樣的禮儀。魯文公沈溺於夏父弗忌的諂言中，升僖公的神位在閔公之右，藉以尊崇他的父親。何不以人情來推測看看，假使閔公與僖公原本安然無事，一旦忽然使僖公以弟弟的身分僭越於兄長之上，以下臣的地位僭越於國君之上，那麼毀謗的聚集，刑戮的施加，是馬上就會面臨的。如此，則敬愛僖公的行爲，反而使僖公受辱。以人情來說，若不是大不孝的人，沒有人忍心去侮辱他的親長的，也沒有人眼見他的親長受辱而不怨怒的。如果文公能不被雜亂而不實的言辭所蒙蔽，只以人之常情做爲評斷，就可知道夏父弗忌這個人，乃是陷害父親的仇人，舉戈奮擊都來不及了，難道還反而去聽信他的說辭嗎？

升僖公的神位在閔公之上，經歷了百餘次的祭祀，推想那僖公若有神靈，必將驚懼戰慄，焦急不寧，一日盼過一日，一年盼過一年，只希望有人能糾正錯誤，得以回復舊有的兄弟次序。然而魯國的臣子們照例都被蒙蔽，不能以人情來衡量，承襲著原有的誤謬，一直都沒有提出改正，反而使順祀的舉措，出於叛臣陽貨的手中，這實在是夠羞恥的了。唉！唐朝未能贖回魏徵的宅第，反而因強藩之請而贖以賜魏徵之孫；魯國未能使僖公之廟依宗法之制以祀，反而因叛臣而得更正，則朝中尚有明理可用的人嗎？我認爲魯國失去寶玉大弓的恥辱，還不如順祀僖公來得嚴重呢！

【研析】本文以逆祀魯僖公爲立論重點，並打破歷來傳統成見，而獨出之以人情，舉例引申，詳爲闡發，不僅可服人之口，亦且可服人之心。

在行文方面，首先說明議禮斷禮之難，引經據史，各有說辭，雜然紛陳，難辨眞僞，眾人陷溺其中，莫可自拔，終爲所困。其次指出善於聽訟、斷禮的人，能摒除一切羈絆，折之以人情，方可撥雲見日，使眞相大白。第三段申述捨本逐末，終爲人屈的道理。第四段論析魯僖公的始逆終順，禮家的言論雖多，卻未有以人情爲斷者，並用切近人情的實例，說明惟有「人情」才是斷定是非的標準。眞可說是見眞論切，清晰明辨，使人爲之一爽。最後指出魯國無知禮的人，致使僖公蒙羞百有餘年，實爲一大可恥之事。

全文用層層遞進的筆法，說明禮制不外人情的必然性，據經、據傳、據史，雖在說解上振振有辭，言之成理，一旦與人情之理相較，均難免頓感黯然失憑，不足爲證了。

本篇所強調的人情，乃以倫理爲中心。換言之，就是用倫理的法度，來涵蓋世事禮制。社會、國家，本一倫理現象，試想社會國家如不講上下順序，長幼尊卑，夫婦父子，而禮制又有什麼意義？禮制必須落實在倫理上，方能顯出其實質的功用與價值。作者以逆祀僖公爲魯國的大辱，難道沒有精義存在嗎？這是我們今人所當明辨深思的。

出姜貴聘而賤逆 文公四年 襄仲殺惡及視立宣公出姜歸齊 文公十八年

【題解】此事載於《左傳》文公四年（西元前六二三年）。大意是說：當文公迎接齊女姜氏的時候，上卿竟然沒有隨行，這是不合禮制的。君子以此知道出姜將來在魯國一定不會有好下場。因爲用尊貴的禮節行聘，而卻用低賤的禮節迎接她，身分是小君，反被輕視，雖然立爲夫人，形同廢棄，這樣不講威信，無異於損害了內主的地位，這種事情，如發生在諸侯之國，國必亂，發生在大夫之家，家必滅。因此當文公一死，齊姜卽被逐歸齊，所以稱爲出姜。

又據《左傳》文公十八年載：文公有兩個妃子，長妃爲齊姜，次妃爲敬嬴。齊姜生有二子，長子名惡，立爲太子，次子名視，時年尚幼。敬嬴生宣公，因敬嬴受文公寵愛，而私下結交了襄仲，宣公年長，敬嬴就把他囑託給襄仲，襄仲欲立以爲君，不料叔仲不同意，於是襄仲就殺了太子惡和他的弟弟視，而立宣公爲國君。當出姜要離開魯國的時候，哭著經過集市說：「天哪！襄仲無道，竟然殺死嫡子而立庶子。」集市上的人聽了也都跟著哭泣，所以魯人又稱她爲哀姜。

義之所責，民略而士詳；法之所禁，市寬而軍急。士，吾所厚也，責之不當如民之薄也；軍，吾所重也，治之不當如市之輕也。此說者之所共守者也。

君子之意果出於是乎？君子以同天下為心者也，厚士而薄民，重軍而輕市，非所以同天下也。待之同而治之異者，稱物平施而歸之同也！為士者，身處於籩豆弦歌之間，視禮義如寢食，而愚鄙之民，蓋有不聞禮義之名者矣。是士宜不犯義，而民宜犯義者也。在軍者，身處乎旗鼓鈇鉞之間，視法律如寢食，而市廛之氓，蓋有不聞法律之名者矣。是軍宜不犯法，而市宜犯法者也。宜不犯義者，責之詳，宜犯義者，責之略；宜不犯法者，治之急，宜犯法者治之寬。其不同乃所以為同也，是所謂稱物平施者也！

抑又有說焉：居於義之中而犯義，居於法之中而犯法，非盡蔑棄義法而不顧，必不敢也。其犯雖小，而蔑棄義法之心則大也。彼其處於義與法之外者，雖過惡暴著，特未知義法而然耳，身過雖大，而心過則小矣。天下之過，有眾人以為大，而君子以為小者，必身過也；有眾人以為小，而君子以為大者，必心過也。

魯文公逆姜氏於齊，命使差輕，是眾人之所謂小過耳，而君子視之若大惡然。論姜氏之逐，魯國之禍，皆本之於一使之不備；驗襄仲之難其言無不讎者，其所觀者在心不在事也。魯人之於禮，猶越人之漁，胡人之獵也，晝與禮俱作，夜與禮俱息，不見異物而遷者也。失禮之愆，在他國則可，在魯國則不可。蓋越人不能獵，非恥也；胡人不能漁，非恥也。在越而不能漁，在胡而不能獵，則舉國笑之矣。蓋生漁獵之俗而不能者，必天下之至拙；生禮義之俗而不守者，必天下之至慢也。一使之不備，他國之所謂小過，而魯之所謂大過也。一使之不備，其事固小，至於蔑棄周公數百年之禮法，其心則大也。履堯舜之朝而為欺者，眞欺也，欺一言重於他時之欺萬言者也。入夷齊❶之里而為盜者，眞盜也，盜一金重於他時之盜萬金者也。見堯舜而敢欺，事夷齊而敢盜，居魯國而敢犯禮，推是心以往，何所不至耶？

惡發於心者大，則禍應於心者亦大。是非報其事也，報其心也；非報其人也，報其天也。晉、楚、齊、秦聘娶之際，其犯禮蓋有大於出姜者矣，而其得禍不皆若文公之烈者，以其冒禮而非侮禮，事雖醜而心則未如文公之縱也。不然則文公一過而得譴，他君百過而無尤，天何私於晉、楚、齊、秦，而獨讎魯耶？

【註釋】❶夷齊　即伯夷和叔齊。殷時孤竹國(今河北省盧龍縣)君墨胎初的二子，兄弟二人，因互相讓位而逃離本國。後來周武王伐紂，二人曾叩馬進諫，殷亡，以吃周朝的糧食為恥，隱居首陽山

(在今甘肅省隴西縣西南)采薇而食,終餓死於此,爲我國古代高尙其節的典範。見《史記·伯夷列傳》。

【語　譯】 就義理的責求說,對一般平民較爲疏略,而對士人則較爲謹嚴;就法令的限制說,在市井之中較寬鬆,而在軍中則較嚴峻。士人,是我輩所尊重的,在責求上,不應像一般平民那樣輕薄;軍隊,是我輩所倚重的,在治理要求上,不應像市井之民般的輕疏。這是一般評論家所共同遵守的原則。然而君子的用意果然是這樣的嗎?君子旣以同一視天下爲本心,若看重士人而看輕平民,重視軍人而輕視市井之民,這並不是同一視天下的表現。所以對他們要平等的看待,而卻施以不同治理的原因,這就如同衡量事物輕重,然後再依輕重,施以平等的對待,而使歸於一同是一樣的啊!身爲士人的,置身於籩豆禮器與弦歌禮樂的中間,視禮義如同睡眠飮食一樣尋常,而庸愚鄙陋的人,有的連禮義之名都不曾聽說過。所以士人不當觸犯禮義,而一般平民觸犯禮義則不足爲奇。在軍中的人,置身於旗鼓斧鉞的中間,視法律如同睡眠飮食一樣尋常,而市井之民,有的連法律之名都不曾聽說過。所以軍人不可觸犯法律,而市井之民觸犯法律則不足爲怪。對於不當犯義的人責求謹嚴,對於因無知而犯義的人責求疏略;對於不當犯法的人施加嚴峻的治理,對於因無知犯法的人施加寬鬆的治理。這其間對待的不同,正是同一視天下的道理,也就是所謂的衡量事物的輕重而施以平等的對待啊!

另外,我還有別的看法:處身禮義之中而觸犯禮義,置身法律之中而觸犯禁令,若不是完全蔑棄義法而無所顧忌,那一定是不敢的。他所犯的過錯雖小,而蔑棄義法的居心則大。那些處身於禮義法律之外的人,雖然犯了大錯,惡行昭彰,只是因爲不知道有禮義、法律才這樣做的,行爲上的過錯雖大,而內心所犯的過錯卻小。天下人所犯的過錯中,有一般人以爲是大過,而君子只以爲是小錯,這必然是屬於行爲不愼的過錯;也有一般人以爲是小錯,而君子卻以爲是大過的,這必然是屬於有心的過錯。

魯文公迎娶姜氏於齊國時，派遣的使臣地位差輕，這在一般人看來，只是小過失，然而在君子看來，卻如天大的罪惡。若論及姜氏被逐回國，及魯國隨後所遭遇的禍患，都因為沒有派遣上卿為迎親使者所致；再檢視襄仲在魯公室所造成的災難，則君子的預言沒有不應驗的，這乃是因為君子所觀察的重點在於行事的居心，而不在於事態的表面。魯國人與禮義的關係，有如越人的打漁，胡人的狩獵一樣，白天與禮義共同興作，夜晚則與禮義共同憩息，不會因為外界事物的干擾而有所變遷。失禮的過失，在其他國家可以不斤斤計較，在魯國則不可原諒。因為若越人不能狩獵，不是可恥的事；胡人不能打漁，也不是可恥的事。生在越地而不會打漁，生在胡地而不會狩獵，那麼全國人都會恥笑他了。若生於漁獵之鄉而不懂得漁獵，想必是世間最笨拙的人；生於禮義之邦而不遵行禮義，想必是天下最怠慢的人了。派遣一位使臣不能備禮，在其他國家是所謂的小過，然而在魯國則是所謂的大過。一位使臣的不合禮，固然是小事，至於蔑棄周公所定數百年來所沿襲的禮法，他的居心就不可說不大了。往來於堯舜的朝廷中而有欺詐的行為，這是存心的欺詐，卽使只說一句謊話也比其他時候說一萬句謊話還嚴重。出入於伯夷叔齊所居之鄉里而有盜竊的行為，這是有意作賊，卽使只偷取一金也比其他時候偷取萬金還嚴重。在堯舜之前而敢詐欺，事奉夷齊而敢偷竊，居於魯國而敢犯禮，以這樣的用心推論下去，還有甚麼事不敢做呢？

若發於心中的惡念大，那麼報應於心中的災禍也大。這並不是行事所得的報應，而是惡心所得的報應；也不是人情的報應，而是天理的報應。在晉、楚、齊、秦等國聘親迎娶的當兒，觸犯禮義的地方，一定有比魯國迎娶出姜更嚴重的，然而他們所得的災難都不像文公這樣厲害，是因為他們只是冒犯了禮義而不是存心失禮，事態雖然醜陋而用心卻沒有像文公那樣驕縱。若不然則文公因為這樣一個過失就遭受譴責，而其他的國君有百次的過錯也沒有人責怪，上天是何等地厚愛晉、楚、齊、秦，而唯獨讎視魯國呢？

【研　析】本篇以魯國為禮義之邦作中心，就著「出姜貴聘而賤逆」這件事，說明魯文公用心之非，是不可原諒的大過失，宜乎其後慘遭不測的災禍。

就內容說：首先用一般人所共同遵守的原則或看法作引言，說明「厚薄之責，輕重之求」的對象，當因人而異。其次則指出君子以同天下為心，是用「稱物平施而歸之於同」的方法。第三段則直陳有心違法，過失雖小，然其心可誅；無心犯禁，過失雖大，其情可宥的道理。第四段指出文公迎接姜氏，遣使差輕，為有心的大惡。因魯國乃禮義之邦，失禮的舉措，無異捨棄周公數百年的禮法。第五段說明文公之過不僅為有心之過，而且為縱心之失，他遭到譴責，是應該的。

全文在意念的表達上，由外而內，由淺而深，由共識而精微，層層遞進，時而就理以述事，時而就事以闡理，事理交融，愈見其文筆的有法度，構思的有程序，見解體悟的深邃而入微，在表面上看，雖為違禮小事，然其縱心為非之意卻不可諒，如此心可諒，天下即沒有不可原諒的事了。作者固有本「春秋之義責備賢者」的心，然正可借此，以誥誡有心為過作惡人的醜陋而不可諒。其所用心，不可說不遠了。

楚滅六❶蓼❷

文公五年

【題　解】此事載於《左傳》文公五年（西元前六二二年）。大意是說：文公五年春，六人背叛了楚國而親近東夷，到了秋天，楚國的成大心、仲歸二人，就領兵滅了六國。這年的冬天，楚公子燮，又滅了蓼國。魯國的大夫臧文仲聽到六國和蓼國滅亡後，於是就感歎的說：「皋陶、庭堅一下子就無人祭祀了。德行不能建立，百姓又沒有救援，實在令人傷心啊！」這是由於物傷其類，從內心所發出的同情憐憫之心。

物莫不惡傷其類。桃僵而李仆，若樗若櫟必不爲之仆，何也？非其類也；芝焚而蕙歎，若蕭若艾必不爲之歎，何也？非其類也。楚人滅江❸，而秦穆❹爲之憂，君子未嘗疑焉。秦之與江，同諸侯也，同盟會也，同利害也，類同則憂同，固其所也。

臧文仲❺，魯國一大夫耳。大夫東脩❻之問不出境，其視他國之休戚，固非職所當憂，況六與蓼邈然在江淮之間，自魯視之，蓋風馬牛不相及❼，其存與亡何與於魯大夫事哉？而臧文仲一聞其滅，蹙頞深憂，且遠傷皋陶❽之不祀，此世之所以共疑其闊於事情也。

見故人之子顛頓困阨，則惻怛流涕，解衣推食之不暇；他日遇塗人之子，則是心衰焉。必厚其父祖，然後憐其子孫者，人之常也。皋陶之沒，下竟春秋千有餘年矣。臧文仲生千有餘年之後，初不識皋陶於何地，友皋陶於何時，而視其子孫之亡，憫惜痛悼，不啻數十年膠漆之契，是心安從生哉？類之同者，移千歲於一朝；類之異者，睽一朝爲千歲。皋陶之所與同朝者，曰共、曰鯀、曰兜、曰苗❾，禮貌非不相際也，言語非不相接也，然一則在雲天之上，一則在沮洳之下；一則在風塵之表，一則在膏火之中。對席而分胡越，接步而判古今。想共、鯀、兜、苗之心，其視皋陶如寇讎然，日夜伺隙，惟恐害皋陶之無路耳，矧有閔惜其子孫之意哉？是所謂時同而類異者也！天下之理，未嘗無對，旣有時同而類異者，亦有時異而類同者。故皋陶近不與共、鯀、兜、苗爲類於唐虞之朝，而遠與臧文仲爲類於春秋之世。想文仲之心，仰不知皋陶之在唐虞，俯不知身之在春秋，無形之中，自相拜酬；無聲之中，自相賡載；跡遠而心近，跡疏而心親。此所以見皋陶之不祀，慨歎憫惜，不能自已，殆甚於合堂同席之交。

大抵君子必與君子合，小人必與小人合，學者欲自驗其心，盍以是觀之？吾見君子失志而憂，見君子之子孫衰替而憂，則是吾心與君子合也；吾見君子失志而不憂，見君子之子孫衰替而不憂，則是吾心不與君子合也。憂人之憂，本未足稱，然吾心與君子合則大可喜；不憂人之憂，本未足貶，然吾心不與君子合則大可懼。欲占吾心於君子合與不合，當察吾心於君子憂與不憂。自省之術，孰要於此哉！

【註釋】❶六　古國名。爲皋陶的後代，偃姓，故城在今安徽省六安縣北。❷蓼　古國名。爲庭堅的後代，姬姓（一說庭堅爲皋陶字），今河南省固始縣東北有蓼城岡，蓋卽古蓼國。❸江　古國名。嬴姓，爲楚國所滅。故城在今河南省息縣西南。❹秦穆　卽秦穆公。名任好，德公子，宣公、成公弟，在位三十九年，廣地益國，東服強晉，西霸戎夷，爲秦國賢君。❺臧文仲　即臧孫辰。魯大夫，從莊公時起，即立於朝，歷閔公、僖公以至於文公，已爲四朝老臣，曾兼任過魯國的司空，當時地位、聲望都很高，有賢名。❻束脩　肉脯十條，綑爲一束。爲古代親友間互相饋贈的禮物中最薄的一種。後世亦稱饋送教師的酬金爲束脩。❼風馬牛不相及　本指兩地相隔絕遠，無任何牽連關係。通常用以比喻不相干。語見《左傳》僖公四年。❽臯陶　虞舜時賢臣。掌理刑獄的事務。臯，俗作皐。一作咎繇、咎陶。❾曰共曰鯀曰兜曰苗　即共工、鯀、驩兜、三苗。爲舜時的四凶，《尚書·堯典》名爲四罪。據《名義考》所載：共工即窮奇，鯀即檮杌，驩兜即渾敦，三苗即饕餮，均被舜所流放。見《左傳》文公十八年。

【語譯】萬物沒有不嫉恨同類遭受傷害的。當桃樹僵仆時，李樹也跟著仆倒，若是樗樹和櫟木就必定不會隨之而僵仆，這是甚麼原因呢？因爲它們不同類；芝草被焚，而蕙草爲它哀歎，若是蕭草和艾草就必定不會爲它哀歎，這是甚麼理由呢？因爲他們不同類。楚人滅了江國，秦穆公因此而感到憂愁，君子對他這樣的反應並未嘗有所懷疑。秦國與江國，同爲諸侯之國，共同結有盟約，有相同的利害關係，既然同類則有相同的憂患，這本來就是秦穆公應有的反應。

臧文仲，只不過是魯國的一個大夫。大夫平日的聘問往來，是不越出國境的，至於他國的安危，本來就不是大夫的職責所當關切的，何況六與蓼兩國遠在江淮流域之間，與魯國的關係，根本就是風馬牛不相及的，他們的存亡和魯國的大夫有甚麼相干呢？然而臧文仲一聽到他們的滅亡，皺緊眉頭深感憂愁，而且又爲遠古的臯陶此後沒有人祭祀感到哀傷，這是世人共同爲他的迂闊不切事理感到疑惑的地方。

見到老朋友的兒女窮困潦倒，就禁不住的悲痛流涕，趕緊拿衣服給他穿，拿食物給他吃，尚恐來不及；若他日見到不相干路人的子女，同樣落魄時，同情的心就少多了。一定要和他的父祖輩有深厚交情，然後才會去憐惜他們的子孫，這是人的常情。從皋陶沒世，直到春秋已有千餘年了。臧文仲生在千餘年之後，根本就不知道皋陶是甚麼地方人，在甚麼時候和皋陶交往過，然而看到他子孫的滅亡，憐恤哀痛，不啻有數十年的膠漆之情，這樣的心情是從那裏產生的？屬於同類的契合，可使千年的時差縮短為一日；不屬於同類的隔閡，可將一日延長為千年。與皋陶同朝共事的，有共工、鯀、驩兜和三苗，他們在禮貌上並沒有不相問候，在言語上也沒有不相往來，然而一方有如在雲天之上，一方有如在泥濘之下，一方有如在風塵之上，一方有如在油火之中。卽使對席而坐也有如胡越之遠，接步同行也有如古今之隔。猜想那共工、鯀、驩兜和三苗等人的心裏，看待皋陶有如仇敵一般，日夜都在窺伺可趁的時機，就是唯恐找不到陷害皋陶的方法，那裏還有憐惜他子孫的心意呢？這就是所謂的同時代而不同類的人所產生的情景啊！天下的道理，未嘗沒有相對的，既然有同時代而不同類型的，當然也有不同時代而同類型的。所以皋陶近不與共工、鯀、驩兜、三苗同類相處於堯舜之朝，而遠與臧文仲同類相契合於春秋之世。想那臧文仲的存心，俯仰之間並不知皋陶生在堯舜之時，而自已身在春秋之世，在無形之中，自相拜會酬對；無聲之中，自相連屬交接；形跡相隔雖然疏遠而心意卻相近且相親。這就是為甚麼臧文仲見皋陶斷了祭祀，慨歎憐惜，不能自已，甚至有過於合堂同席之交的友人。

大抵說來，君子必與君子相契，小人必與小人相合，一位有學養的人，若想驗證自已的心性，為甚麼不用這道理來自我觀察呢？若我見君子失意沮喪而憂慮，見君子的子孫衰頹而憂傷，那就表示我的心性與君子相契合；若我見到君子失意沮喪而不憂慮，見到君子的子孫衰頹而不憂傷，那就表示我的心性不與君子相契合。為別人的患難而憂愁，本不值得稱道，然而我的心性能與君子相契合，則是非常可喜的事情；不爲別人的患難而憂愁，本不值得貶斥，然而我的心性不能與君子相契合，則是非常可懼的事情。若想驗證我的心性是否與君子相契合，就應當觀察我的存心對於君子患難的憂與不憂。自我反省的方法，還有甚麼比這更重要的呢？

【研析】本文以臧文仲仰慕皋陶以與其歎作爲論述中心。然後再用比喻法逐次說明物傷其類的悲痛，寓義深遠，足以爲不肖子孫者鑑。

就內容說，作者先用「物莫不惡傷其類」的常理作引言，借以邀得讀者的首肯。其次則用一般人的看法，指出臧文仲的同情六、蓼二國的滅亡，爲迂闊不切事理。第三段用事理的必然性說明如爲同類，雖爲胡越亦有如同席之親，如不同類，雖然同席而居，也將形同胡越之疏。最後再以「方以類聚，物以羣分」之理，指出相合之道，而君子小人之分，也就自然形成了。

就行文說，作者採漸進法來表達一己之見，使讀者在徐徐文筆中，不自覺的而認同了他的觀點和見解。

人無不樂有賢父兄，可是話又要說回來，父兄也無不樂有賢子弟。當我們以祖先的成就爲榮時，可曾想到我們的祖先也同樣地希望其子孫能繼志述事，無忝所生？上天疼愛好人，大多數的人都同意這種說法，而君子的憐惜君子，乃至憐惜其後代，亦爲情理之常。作者在行文之際，緊扣情理之筆，非常成功。而勉後人自強不息、不辱其先，並努力修爲爲君子的用心，使我們尤其覺得餘韻無窮，值得玩味和深思。

秦穆公以子車氏之三子為殉 文公六年

【題解】此事載於《左傳》文公六年（西元前六二一年）。大意是說：秦穆公任好死的時候，以子車氏的三個兒子——奄息、仲行、鍼虎從葬，這三人都是秦國才德出眾的良臣，所以人民都為此事感到悲痛，於是就為他們的從葬，寫下了〈黃鳥〉這首詩，以表達哀悼之忱。當時主公道的君子也評論此事說：「秦穆公的不能為盟主，是當然的事，因為他死後，也就把人民捨棄了。在過去，先王逝世的時候，還想著為人民遺留下應當遵守的法則，更何況是奪走百姓們善人的生命呢？《詩．大雅．瞻卬篇》說：『善人死了，國家卽將危殆。』這說明國家不能沒有善人，又如何能奪取他們的生命呢？古代的明王，知道生命不能長久不死，因此普遍設置賢能任事，樹立風化聲教，分給他們旌旗衣服，使尊卑名位，各有品制，為作善言遺戒，著錄在典冊中，為他們制訂法度，公布準則，用法度來引導他們，並給予各種規章，讓他們使用，再進一步告訴他們先王的遺訓，教育他們要知足，防止謀求過多的私利，委任他們一定的職務，教導他們在行為上要合禮則，使他們不要違背因地制宜，讓大家都信賴他，然後才就天命離開人世。歷代的聖王，都是這樣做法的。而今秦穆公沒有禮法遺留給後嗣的人，反而收取了他們才德傑出的良臣從葬，這就不是在上位的人，所應有的作為了。」君子因此知道秦國再也無法向東方征伐了。

三良之殉君，古今之論是者半，非者半；是之者壯其忘身之勇也，非之者譏其忘身之輕也。是非之論雖不一，至論其忘身，則一而已矣。

吾獨以謂三良，惟不能忘其身，然後殉君；使其果能忘身，必不至於殉君也。殺身以殉其君，非忘身者不能，今反謂不能忘身者，獨何歟？殉葬非厚也，是從君於昏也，是納君於邪也，是陷君於過也。以三良之明，非不知也，知之而不敢辭者，爲其嫌於愛身也。以愛身自嫌者，未能忘其身者也。使三子果能忘其身，則視人如己，視己如人。君欲以他人爲殉，吾固爭之，所爭者殉葬之失也，不知其在人也；君欲以我爲殉，吾亦爭之，所爭者殉葬之失也，不知其在己也。吾尚不知有吾身，又安有愛身之嫌哉？身天下之身，理天下之理，苟強認其身而有之，凡事之涉於吾身，明知天下之正理，避嫌而不敢言，是橫私天下之身，而橫私天下之理也。吾方欲救吾君萬世之惡名，豈暇置一身之嫌於其間哉？三子果不置一身之嫌於胸中，則論己事如論人事，居之不疑，言之不怍，必不至黽勉而受秦穆之命矣。其所以寧殺身而不忍犯愛身之嫌者，惟其未能忘身也。人徒見三子奮然捐軀，駢首就死，共指之爲忘身，孰知其所以死，實生於不能忘身也歟！

或曰：三子之不能忘身則信，要不可謂之不厚其君也。吾又以爲不然。爲君計者，厚其君者也；爲身計者，厚其身者也。三子若爲君計，必思殉葬爲吾君無窮之累，吾身縱不自惜，豈不爲吾君惜乎？惟其專爲身計，而不爲君計，故當秦穆命殉葬之際，謂不從則受偷生之責，從之則君受害賢之責，吾知免吾責耳，彼君之責，吾何預焉！是心也，果厚於君乎？果厚於身乎？然則三子之厚其君，乃所以薄其君也。

【語譯】三位賢良的大臣爲君殉葬，從古至今，評論此事的人，有半數認爲是對的，有半數認爲是錯的；贊成的人稱揚他們有忘身的勇氣，反對的人則非議他們忘身的輕率。是非的論斷雖然不同，至於論及他們的忘身，則是一致的。

我獨認爲這三位良臣，就是因爲不能忘身，然後才會爲君殉死；假使他們果眞能忘身，必然不至於爲君殉死。能殺身以殉君，若不是能忘身的人是做不到的，而今我反而說他們是不能忘身的人，那是爲甚麼呢？因爲殉葬並不是忠厚的表現，乃是順從國君昏昧的作爲，是入國君於邪惡的作爲，是陷國君於罪過的作爲。以三良的賢明，並不是不明白這個道理，明知而不敢推辭，是躭心將招致愛身的嫌疑。畏懼有愛身的嫌疑，就是不能忘身的表現。假使這三位賢臣果眞能忘記自身的存亡，就會看待他人如同看待自己，看待自己如同看待他人。國君若想以他人殉葬，我當然要據理力爭，所爭的理由在於殉葬的不對，並不知道是爲別人而爭；國君若想以我殉葬，我也據理力爭，所爭的理由仍在於殉葬的非是，並不知道是爲己身而爭。我尚且不知道有己身的存在，又如何能有愛身的嫌疑呢？以天下人的身爲身，以天下人的理爲理，若硬要強調自身的存在，則凡事只要是牽涉到自身的，就是明知天下的正理何在，也因避免愛身的嫌疑而不敢吭一聲，這就是強私天下人之身，又強私天下正理的行爲。我正想挽救國君遺臭萬世的惡名，那裏還有閒工夫去顧忌自身的嫌疑呢？這三位賢臣果眞能不把自身的嫌疑置於胸中，就會討論自己的事有如討論別人的事，平時沒有任何疑慮，說起話來也不會有甚麼愧怍，那就必然不至於如此費心勞力地去接受秦穆公的遺命了。他們寧願殺身而不忍招惹愛身嫌疑的理由，就是因爲他們不能忘身。人們只見他們勇敢的犧牲生命，共同就死，都認爲這是忘身之勇。誰又能知道他們的所以就死，實在是因爲他們不能忘身的緣故呢！

或許有人認爲：這三位賢臣的不能忘身是眞實的，但總歸一句話，不能說他們對國君不忠厚。我卻又不以爲然。能爲國君設想的，是能厚愛國君的人；只能爲自身打算的，是厚愛自己的人。這三位賢臣若眞爲國君著想，必然會顧慮到殉葬將爲國君帶來無窮的累贅，我縱使不愛惜自身，難道也不爲國君惋惜嗎？就是因爲他們只替自己做打算，而不爲國君設想，所以當秦穆公下令要他們殉葬的時候，他們認爲若不從命將遭受苟且求生的指責，若從命則國君將遭受迫害賢良的指責，我只求避免受到責難，至於國君所受到的責備，和我有甚麼相干呢？像這樣的居心，究竟是厚愛國君呢？還是厚愛自身呢？如此說來，這三位賢臣對國君的厚愛，其實就是對國君的刻薄哩！

【研　析】《左傳》記述此事，在於論說秦穆公以子車氏三子殉葬之非，並由君子之口，說出先代明王違世的舉措，無不以良政美法垂留後世，嘉惠眾民。今穆公反以國家才德傑出的良臣殉葬，不仁殊甚，這就是他所以不能成爲盟主、秦國不復東征的原因所在了。

然而本文作者，卻以不同的角度來衡量此事，矛頭竟然出人意表的指向三子，認爲三子的不能忘身順從天下的正理，才是造成秦穆公昏邪、害賢、棄民的主要原因。

就內容說，作者首先指出世俗對三良殉君的論評，雖是非參半，然就忘身這一點來說，則無不同。其次說明三良的不能忘其自身的不對，以及應有的作爲。最後指出三子的聽命殉葬，非厚其君，適所以薄其君的理由。

全文說理明確，直陳其事之筆，有一氣呵成之勢。就著世俗的見解，反駁其說法的非是，表現了一己的獨特看法，力排眾議敢於擔當的作爲，實在可圈可點。文中又利用「或曰」所提出的疑慮，再作進一層的辨解，不僅可服人之口，亦且可服人之心。

既爲良臣，當然具有辨別是非，何事可從與不可從的能力。如不辨是非，一味地唯命是從，這不僅可陷國君於不義之地，同時更可置國家於危亡之域。這還能算是良臣嗎？世人僅責穆公的害賢、棄民，而不見三良的愚忠盲從，當然是不公平的。作者能於此立論，駁斥唯命是從之非，可謂獨具隻眼。孟子曾經告訴世人說：「大人者，言不必信，行不必果，惟義所在。」就是因爲如此，使我們越發覺得三良行事，只知有身而不知有君的非是了。

季文子①如晉求遭喪之禮行

文公六年

【題解】此事載於《左傳》文公六年（西元前六二一年）。大意是說：當文公六年的秋天，季文子準備要去晉國聘問，先讓人替他求得如果遭遇喪事以後的禮儀才動身。跟隨的人說：「準備這種禮儀有什麼用？」文子回答說：「爲意外的事情作好準備，這是古代美善的教訓。如果事到臨頭再去請求而又得不到，將會處在困難的境地。現在既然求得，就是用不著，也沒有什麼害處。」巧的是八月乙亥這天，晉襄公竟然死了。這種事情，說起來固然是巧合，但誰也不敢說絕對不會發生，而文子的「求遭喪之禮行」，就不能說沒有原因了。

天下之患，不發於人之所備，而發於人之所不備。十事而記其九，來問者必其一之不記者也；六經而習其五，來難者必其一之不習者也；四封而守其三，來攻者必其一之不守者也。十而九焉，六而五焉，四而三焉，所備者不爲不多矣；然吾敵者，置其九而問其一，置其五而難其一，置其三而攻其一，緣間投隙，專擇吾之不備而徑犯之，何其逆料陰揣如是之巧耶！此世所以共憂爲備之難也！

然爲備而不盡則難，爲備而既盡則易。人之游於世，罕與所長遇，多與所短遇；罕與所精遇，多與所略遇。雖左隄右防，朝戒暮警，偶有毫芒之不盡，則禍必發於此，而不發於其他。信矣，爲備之難也。是非爲備之難也，爲備不盡之難也。必猶有短，然後人得而乘之；必猶有略，然後人得而困之。無所不長，彼孰得以乘吾短？無所不精，彼孰得以困吾略？苟無所不備，禍雖欲發，終無所發之地矣。

是故君子之爲備也，人以爲無，我以爲有；人以爲後，我以爲先。蚤❷正素定，使胸中無一之不備，及與事物接，此來則以此應，彼來則以彼應，從容談笑，各就條理。吾是以知爲備既盡者，如此其易也。

季文子聘晉，求遭喪之禮而行。且卿大夫之出聘所備者，郊勞❸贈賄❹之儀耳，張旜❺展幣❻之節耳，專對答賦之辭耳；至於遭喪之事，衆人以爲必無，後其禮而不講者也。

魯使如晉者，冠蓋相望而輪蹄相躡，豈有他人皆不遭喪，而文子獨遭喪者乎？文子獨以為時無止，變無常，牆數年而一頹，固有適遇其頹者矣；人百年而一死，固有適遇其死者矣，安可恃他人之不遭，而必己之不遭者乎！於是屬意眾人之所無，博講眾人之所後。當暇豫之時而汲汲然叩遭喪之禮，吾意魯國之人竊笑文子之迂闊者多矣。噫！當暇豫之時而求遭喪之禮，文子固迂闊也；至晉而果遭襄公之喪，使未嘗講喪者處之，其搶攘為如何？其顛錯為如何？及是時，回視文子之問禮，果迂闊乎？果不迂闊乎？始笑文子之迂闊者，未必不反服文子之精審也。嗚呼！晝者夜之對，未有常晝而不夜；生者死之對，未有常生而不死。當晝而謀寢息之具者，人未嘗有以為怪；文子當晉侯之存而問遭喪之禮，亦何足怪乎？矧文子所問者，遭他人之喪耳；倘如子路❼當生而問死，則世愈不勝其怪駭矣！

雖然，文子猶有所未盡也。聘與喪無二禮，而文子獨問喪，是猶以喪為異也；生與死無二理，而子路獨問死❽，是猶以死為異也。異聘與喪，故欲備喪；異生於死，故欲備死。合聘喪為一本，貫生死為一條者，夫何備不備之足言哉！

【註釋】❶季文子　即季孫行父。桓公子成季友的孫子，魯大夫，歷任文公、宣公、成公、襄公諸朝，盡忠公室，身無私積，卒於襄公五年。❷蚤 同早。❸郊勞 使者出使至受聘國的近郊，受聘國君使卿朝服用束錦予以慰勞。❹贈賄 聘事已畢，賓客成行，舍止於郊，國君又使卿贈以禮物。❺張旜 古時諸侯或大夫，行聘問之禮，行於道，未有事則斂旜，及至所聘問國境，則張旜，以明往此國聘問。旜，同旃，曲柄旗。❻展幣 校錄幣物的名稱數量。展，作校錄解。幣，此處作聘享的禮物，車馬玉帛等物的總稱解。❼子路 姓仲名由，字子路，一字季路，春秋魯卞（今山東省泗水縣東）人。孔子弟子，少孔子九歲。好勇力，善斷獄訟，事親至孝，仕衛，為衛大夫孔悝邑宰，因不願順孔悝立蒯聵（《史記》作蕢聵）為衛公，竟死於難。❽子路獨問死 《論語．先進》篇中記載：季路問事鬼神？子曰：「未能事人，焉能事鬼。」曰：「敢問死？」曰：「未知生，焉知死？」按：季路即子路。

【語 譯】普天下的禍患，不發生在人的有所防備上，而發生在人的所不曾防備上。十件事情牢記其中的九件，來問的人一定會問不曾記得的那一件；六經已研習其中的五經，來問難的人一定會問不曾研習的那一經；四面疆域已固守其中的三面，來攻擊的敵人一定是進攻不曾設防的那一面。十件事情記得了九件，六經已研習了五經，四域已固守了三面，所作的準備不能算不多了；然而我們的對手，不提其他的九件事而僅問不記得的那一件，不論其他五經而只問難我不曾研習的那一經，不攻擊其他設防的三面而只進攻我不設防的這一面，絲毫不放過可乘的機會，專找我沒有作準備的地方下手，他們的預料、暗中的揣測怎麼會如此的準確呢？這就是世人所以共同憂慮預為防備困難的所在啊！

然若為備而不詳盡則處事困難，為備已經詳盡則處事容易。人游處於世間，很少碰到自己所擅長的事，而經常遭遇到自己所不擅長的事；難得遇到自己所精通的事，而往往遭遇到自己疏略的事。雖然左右提防，朝暮警戒，若偶有一絲一毫的不周備，那麼禍患必然由此處發生，而不會發生於其他地方。為備的困難，是可以確定的。然而，這也不是爲備的困難，而是爲備不能詳盡的困難。必然是自己仍有不擅長之處，然後別人才有可乘之機；必然是自己仍有疏略的地方，然後別人才能使我困窘。倘若沒有甚麼不擅長的，對方如何能乘機攻訐我所不擅長的？若沒有甚麼不精通的，對方如何能困窘我所疏略的？如果沒有甚麼準備不周之處，禍端雖然蠢蠢欲發，也終究找不著可發之處。所以君子的預爲防備，別人認爲無所謂的，我則以爲不可忽略；別人認爲可以挪後處理的，我則以爲應該先處理。凡事都及早準備妥當，使胸中有萬全的把握。一旦與事物有所接觸時，從此來則以此回應，從彼來則以彼回應，從容談笑，有條不紊。我因此而知道爲備詳盡的人，應付事情是如此的容易。

季文子前往晉國聘問，先求得遭逢喪事所當行的禮儀後才出發。就一般情形說，卿大夫出國聘問所應當準備的，也不過是郊勞、贈賄的禮儀，張旜、展幣的禮節，以及會晤應對的辭采罷了；至於遭逢喪葬的事情，大家都認爲是不可能發生的，因而就把這種禮節擱在一邊不去理會。魯國派往晉國的使節，往來不絕，多得甚至車輪馬蹄前後相接，那裏有其他的人都不遭逢喪事，而僅有季文子遭喪的道理呢？而文子獨以爲時日不會停止，變化也無常規可循，雖然一面牆壁歷經數年後才會倒蹋，就是有碰巧遇到牆倒下來的人；人活過近百年才會死亡，也必然有恰巧遇到他死去的人，怎可仗恃著他人的不曾遭遇到，就認定自己也不可能碰到呢！於是專注於眾人所不在意的儀節，多方探求眾人所忽略的禮儀。當閒暇無事的時候，汲汲於詢問遭喪的儀節，我猜想魯國竊笑文子不切事理的人大概很多。唉！若說到在閒暇無事之時探求遭喪的儀節，文子固然是不切實際；然而他到了晉國，果然遭逢襄公的喪事，假使被不曾探討過喪禮儀節的人碰上了，將會是如何的紛雜，如何的顛倒錯亂呢？到這時候，再回過頭來看看文子的問禮，果眞是不切實際呢？還是果眞切於實際呢？起先嘲笑文子迂闊的人，未必不反過來佩服文子的精詳審度。唉！白晝與黑夜是相對的，未曾有常晝而不夜的情形；生與死是相對的，也未曾有常生而不死的人。在白天準備睡眠的用具，不曾有人以爲怪異；文子當晉侯還活著的時候，而詢問遭喪之禮，又有甚麼好奇怪的呢？何況文子所問的，是遭他人之喪的禮儀；倘如子路在活著的時候問及死後的事，則世人更難免大驚小怪了！

雖然如此，文子仍有不够完善之處。聘問與喪葬同爲禮節，文子只問喪禮，這就表示仍以爲喪禮有所不同；生與死同爲生命的現象，子路只問及死，這就表示仍以爲死有所不同。認爲聘問與喪葬是不同的禮節，所以想探求喪禮；以爲生與死是不同的現象，所以想問及死後的情形。若能把聘問與喪葬之禮合爲一本，貫通生與死之理爲一條，對於備喪不備喪，備死不備死的問題，那裏還值得一說呢？

【研析】本文就寧可不用，不可不爲備的觀念，以抒發「季文子如晉求遭喪之禮」的精義。見解雖與世人相左，然其就事言理之筆，確實做到了深入淺出、簡煉明曉的地步。

就內容說，作者首先指出防患爲備的艱難，往往事端出於所不備。其次說明爲備不盡則難，爲備既盡則易的道理。第三段言君子爲備所抱持的態度，以及應付裕如的樂趣。第四段說明文子的所問爲確當，寧可備而不用，不可用而無備。這也就是君子遇事思慮周密的地方。最後指出文子猶有未盡之處，其關鍵乃由於未能將聘、喪之禮的理念貫穿爲一。

就行文說，先從易曉而公認爲是的事理著筆，然後再採漸進的方式，說明事理的必然性，在觸及主旨之前，先讓讀者產生一種深以爲是的理念，等到觸及主旨之後，立即可以使人恍然大悟，有一種拍案叫絕的驚喜，其用筆之奇，於此可以概見。

全文以平穩的句法，論述爲備不盡與爲備既盡的情節，深許文子的處事謹愼縝密，思慮周詳老到，而文中所提「文子獨以為時無止，變無常」的見解，尤足以啟發世人，世俗所謂「不怕一萬，就怕萬一」的警語，不就是這種道理？

當然，遇事過於謹慎，再三的思考，難免猶豫不前，誤時誤事，可是就一般人來說，多半是由於思慮不周、行事草率而使事功虧一簣，這未免不是作者的一番苦心。過與不及，都不能說是適宜，惟有中情中理，方可稱為得當。作者於文中所提出的「聘與喪無二禮，生與死無二理」，不就是指此來說的？

趙孟立公子雍❶ 文公六年　趙孟背先蔑而立靈公❷文公七年　齊景公使國惠子高昭子立荼❸哀公五年　陳乞❹逐高國哀公六年　陳僖子立公子陽生❺哀公六年

【題解】本篇所涉及的事端有二，分別載於《左傳》文公六年、七年（西元前六二一年、六二〇年）及哀公五年、六年（西元前四九〇年、四八九年）。大意是說：

一、在文公六年八月乙亥這天，晉襄公死了，靈公尚在襁褓中，當時晉人因有國難，所以想立長君。正卿趙盾（即趙孟、趙宣子）主張立公子雍，因他具有固、順、孝、安四德，如能被立為晉君，國難即可解除。於是就派遣先蔑、士會二人到秦國去迎接公子雍。此時公子雍已為秦國的亞卿了，由此也可以證明他有足夠的能力來治理晉國。

當文公七年四月、秦康公要派兵護衛公子雍回晉國的時候，靈公的母親穆嬴，就抱著靈公哭訴於朝廷，不僅哭聲慘怛，而且所言尤能深中正理。這時趙盾與朝中大夫，皆以穆嬴爲患，並且畏懼於宗室大夫的威逼，只好背棄先蔑、士會而立靈公，並且發兵抵禦秦國的軍隊。

二、在哀公五年的夏天，齊景公病了，命國惠子（國夏）、高昭子（高張）二人立幼子荼爲太子，並把其他的公子全部安置在萊地（今山東省黃縣東南萊山）。這年秋天，景公卒，太子荼卽位，是爲晏孺子。十月，被安置在萊地的諸公子恐怕被殺，於是嘉、駒、黔奔衛，鉏、陽生奔魯。

哀公六年春，齊陳乞（陳僖子）僞裝討好高昭子、國惠子二人，每次上朝，一定和他二人同車，自己坐在車右，並言諸大夫如何的對他二人不滿。可是到了朝中，陳乞又站在諸大夫的一邊，向他們詆譭高、國的專橫，目的在激起彼此間的仇恨，以達到他私心自用立公子陽生的宿願。

夏六月戊辰這天，陳乞、鮑牧以及諸大夫率領著兵士進入公宮。昭子聽說之後，馬上就與惠子坐車往公宮救援，雙方大戰於臨淄城內的莊街，結果高、國敗北，被趕出國境。八月，陳乞派人往魯國召回公子陽生，在十月丁卯這天，立陽生爲齊君，是爲悼公。

一國之惡，易以義奪；一夫之惡，難以義爭。一國至眾也，一夫至寡也，義可以勝眾，而不可以勝寡，何也？公與私之異也。有公惡，有私惡，惡出於公，雖眾易奪；惡出於私，雖寡難爭。故君子之論難易，不施諸眾寡之間，而施諸公私之際。廢立，大惡也，晉人欲立長君，捨靈公而迎公子雍；齊陳乞欲立長君，廢荼而召陽生，其惡同也。然公子雍之謀，一國之所共，宜若難奪，而穆嬴❻之弱，反能以義奪之；陽生之謀，一夫之所專，宜若易爭，而鮑牧之強，反不能以義爭之。障稽天之浸，而不能遏畎澮之流；掃燎原專之焰，而不能息束緼之火，抑有由矣！

晉人之迎公子雍，舍冢嗣而外求君，視置君如弈棋，其爲惡固不待言；然其情非以私己也，非以求利也，非以危國也，惟欲得長君以靖難耳。是固晉人之所同欲也，事則惡而心則公也。其心既公，故迎子雍其事未嘗不出於公焉。卿士合謀，公之也；支庶並擇，公之也；兩使如秦，公之也；三軍並迎，公之也。舉國之人雖陷於惡逆，其心猶誤以爲公，一言一動皆明白簡直，未嘗有纖毫覆匿掩蔽之意，豈非公心尚存？雖一國銳欲立雍，有排山倒海之勢，穆嬴一女子，動之以義，而一國之人，怵迫焦灼，如負芒刺，如中刀槊，如臥薄冰；不畏秦師之銳鋒，而畏穆嬴之涕泣，亟棄雍而立靈公，不啻如反掌之速。吾是以知惡出於公者，雖衆而易奪也。

至於陳乞之立陽生，雖以齊國有憂，少君不可訪爲名，自同於晉人之義，然其意實貪策立之功，以爲篡齊之資耳。心私則事私，故其援立陽生，自始至末，無非相與爲私焉。僞參乘而事高國者，乞以私而除陽生之害也；託習馬而出魯境者，陽生以私而應乞之召也。乞之召陽生，其始固已相與爲私，故投暮夜之隙，以隱其歸；混饋者之中，以匿其迹，惴惴然若狗偷鼠竊之爲者。其擅置廢立雖與晉人同，然陳乞則畏人之知，晉人則不畏人之知；陳乞畏事之泄，晉人則不畏事之泄。是晉人以公自處，而陳乞以私自處也。陳乞先以私自處，故雖聞鮑牧❼至公之義，邈然如風之歷耳。蓋乞之心自絕於義久矣，故使百人搖之，猶不能少概其心，況一鮑牧哉！

大抵惡出於公，則其根淺而易搖，故雖一國之勢，弱女子勝之而有餘；惡出於私，則其根深而難拔，故雖一夫之謀，強大夫排之而不足。百圍之木，根不附土，未終朝而可仆；拱把樸樕，蟠根繞蔓，於九泉之下，雖千夫未易動也。故君子能受萬人之公毀，而不願受一人之私讎；寧救萬人之公過，而不能救一人之私慝。

【註釋】❶公子雍　晉文公子，襄公庶弟，母爲杜祁。❷靈公　指晉靈公。襄公子，名夷皋，母爲穆嬴，在位十四年，厚斂、奢侈、兇恨，爲趙穿所殺。❸荼　齊景公少子，母爲鬻姒。景公五十八年立爲太子。景公卒，國惠子、高昭子合力立爲齊君，是爲晏孺子。❹陳乞　卽齊大夫陳僖子，主立長君，其實爲私心自用。《史記·齊太公世家》作田乞。❺陽生　齊景公子，荼異母兄，荼卽位後，畏誅奔魯，魯文公六年，被陳乞召回立爲齊君，是爲悼公。❻穆嬴　晉襄公夫人，靈公母。《史記·晉世家》作繆嬴。❼鮑牧　齊大夫，鮑圉孫。據《史記·齊太公世家》所載：他曾反對陳乞立公子陽生爲齊君，恐觸禍，不得不順從陳乞。

【語 譯】一國人共同的惡念，容易用正義去糾正；個人獨有的惡念，就很難用正義去扭轉。一國人是最多數，個人是最少數，正義可以勝過多數，而不能勝過少數，是甚麼道理呢？這是由於公心與私心的不同所致。惡念有公惡、有私惡，惡念若出於公心，人數雖眾也容易改變；惡念若出於私心，則人數雖寡也難與相爭。所以君子們評論難易時，重點不在於人數的多寡，而著眼於用心的公私之間。擅自廢立嗣君，是大惡，晉人欲立年長的公子爲國君，捨棄靈公而迎立公子雍；齊國陳乞欲立年長的公子爲國君，廢黜太子荼而召回公子陽生，他們的惡行是相同的。然而迎立公子雍的計謀，乃是一國人所共有的意念，應該是難以改變的，而穆嬴以一弱女子的姿態，反而能用正理來改變他們；召回公子陽生的計謀，乃是個人的意念，應該是容易打消的，而鮑牧以一強大夫的地位，反而不能用正理來打消他。能阻擋漫天的大水，而不能遏止涓細的水流；能掃滅焚燒原野的大火，而不能熄滅一束麻絮所引的火種，大概是有原因的吧！

晉人迎立公子雍，捨棄嫡長子而外求嗣君，視國君的廢立如弈棋一樣，這是一種惡行本來不用多說；然而他們實際的用心，並不是要滿足一己的私念，也不是要求取個人的利益，更不是要危害國家，惟一的目的，就是想要立一位年長的國君來平定國難，這是晉國人民共有的願望，就整個事件來說是惡行，而用心則是大公無私的。他們的用心既然大公無私，所以迎立公子雍這件事未嘗不是出於公眾的心願。卿士們共同謀畫，是公眾的意思；選擇嫡長子以外的庶子，是公眾的意思；派遣兩個使者前往秦國，是公眾的意思；三軍共迎於郊，也是公眾的意思。雖然全國的人民都陷於惡逆之中，他們的用心仍誤以爲是大公無私的，任何言行舉止都明白而簡直，不曾有絲毫遮匿掩蔽的意思，這難道不表示公心仍然存在嗎？雖然全國的人民強烈欲立公子雍的決心有如排山倒海的聲勢，而穆嬴一弱女子，用正理說動眾人，使全國的人民，焦急迫切，如背負芒刺，如身中刀矛，如危臥薄冰；不畏懼秦國強大的兵力，而畏懼穆嬴的涕泣哭訴，急於背棄公子雍而立靈公，無異於反掌的快速。我因此而知道，惡念若出於公眾，雖然人數眾多，也容易改變。

至於陳乞的立陽生為君，雖以齊國有難，年少的國君不可出訪為名義，自然同於晉人立長君之義，然而他的用意其實是貪圖策立國君的功勞，來作為將來篡奪齊國的憑藉。若有私心則行事也私，所以他幫助陽生的策立，自始至終，無非是相與為私而已。就拿偽裝陪乘討好高昭子、國惠子這件事來說，陳乞是以私心而為陽生除去絆腳石；以假借溜馬的名義而潛離魯境來說，陽生是以私心來配合陳乞的召請。陳乞所以召請陽生，一開始就已經相與為私，所以趁著夜晚黑暗之際，以隱匿陽生的歸來；混雜在送飯的人羣中，以隱藏陽生的行迹，心中憂懼難安，有如狗偷鼠竊的作為。至於擅自廢立雖與晉人相同，然而陳乞害怕被人發覺，晉人卻不怕被人知曉；陳乞擔心事迹洩漏，晉人則不擔心洩漏事迹。這乃是晉人以公心自處，而陳乞以私心自處的緣故。陳乞先以私心自處，所以他雖然聽到鮑牧提出至公的義理，卻毫不在意的就像風吹過耳朵一樣。想必陳乞的用心自絕於義理已經很久了，所以就是讓上百的人搖撼他，也不能稍微改變他的心意，又何況只有一個鮑牧呢？

大抵說來，惡念若出於公心，以其根淺露而易於動搖，所以雖然是一國人的強大勢力，一個弱女子勝之而有餘；惡念若出於私心，以其根深固而難以拔除，所以雖然是一個人的陰謀，強大夫想排拒他也力有不足。百人所圍的大樹，若根部不附著於泥土中，不到一個早晨的工夫就可被推倒；拱把可握的小樹，根節盤曲，纏繞於九泉之下，雖然用上千個人的力量也不容易動搖它。所以君子能忍受萬人公然的詆毀，而不願遭受個人的私仇；寧願去挽救萬人的公過，而卻無法挽回一人的惡念，就是這個道理。

【研析】本文一開始，作者就以突起的筆力引人注目，然後再用世俗不常見的道理，表達一己獨特的見解，用鮮明的對比，點出眾寡公私的聳峙，使人立卽產生好奇欲窺究竟的心願，這固然要有豐富的想像力，但如閱歷不深，讀書不多，思慮不周，則絕難有此領悟。

就內容說，作者首先從義可以勝眾而不可以勝寡，全以公私爲關鍵作開端。緊接著就析述惡出於公雖眾以義易奪的必然性。再來，則指出惡出於私難以義爭的道理，並以此顯示晉、齊立君的差異。最後，總論公惡根淺易搖，私惡根深難拔的理則，借明君子處世應事之道，同時亦爲世人指出了何事可爲與何事不可爲的共同信念。

就行文說，不僅走筆酣暢，更有理到義明、筆隨意轉之工。說事、論理、舉譬，均能得到合理的照應。第一段爲總起，然後雙峯突發，一言惡出於公，一言惡出於私，而歸結於易搖難拔，在文路上表現得既顯豁又有層次。

全文以擅廢立爲惡念，以張嫡嗣爲正統，以遵君命爲忠藎，以違君心爲擅權，據此以辨忠奸善惡。這在君主時代，自有其不可抹殺的意義，同時借此亦可去除非分者的覬覦之心，對於安定人心來說，實具有莫大的功效。作者的闡述論說，意豈在斯乎?!

卷十八

陽處父❶改蒐賈季❷殺陽處父

文公八年

【題解】此事載於《左傳》文公六年（西元前六二一年）。大意是說：當文公六年的春天，晉國在夷地檢閱軍隊，並決定裁撤二軍，恢復三軍之制，命狐射姑領中軍，趙盾爲輔佐。這時陽處父正好從溫地回來，建議改在董地閱兵，並調換趙盾領中軍，以狐射姑爲輔佐。因陽處父過去是成季（趙衰）的屬下，所以偏向著趙氏。

八月乙亥這天，晉襄公死了，靈公年少，這時趙盾主張立公子雍，可是賈季（狐射姑）卻認爲不如立公子樂，二人各行其事，趙盾派先蔑、士會往秦國迎公子雍，賈季則派人到陳國召回公子樂，於是趙盾便派人在陴地殺了公子樂。

賈季怨恨陽處父改換他的班位，又知道他在晉國無奧援，於是就在九月間，派續鞫居把陽處父殺了，所以《春秋》記載說：「晉國殺了他的大夫。」這是由於侵奪官職所造成的。

到了十一月，晉國又把續簡伯（卽續鞫居）殺了。賈季因此一個人逃到狄國。於是宣子（趙盾）便派臾駢將他的妻子兒女送過去。巧的是當在夷地閱兵的時候，賈季曾侮辱過臾駢，所以他的手下，一致主張殺賈季全家作爲報復。臾駢不答應，並且說了一大堆的理由，終於將賈季的眷屬及器用，安全的護送到國境上。

私者人之所惡也，立乎人之朝，相結以私情，相交以私利，相報以私恩，不復知公義之所在，固人之所共惡也。

是其為私雖人之所共惡，亦人之所共知，猶非可惡之尤者也，天下之尤可惡者，其惟私之私乎！受私而矯情以示公，示公而匿機以行私，私中有公，公中有私，深閟險譎，舉世皆莫能窺，此所謂私之私也，君子之所尤惡也。

陽處父私於趙盾❸，犯君命，墮國法，擅蒐於董，奪賈季之位以畀盾，其私於盾者深矣。使盾果公存心，必思命當出於君，而不當出於臣，君命既定，而臣擅易之，是無國法也！竊財者謂之盜，受其財者亦謂之盜；擅命者謂之叛，受其命者亦謂之叛，其可貪一時之寵而自納於叛乎？苟盾持此義以固拒陽處父之命，吾始信盾之眞公也。今盾安受處父之擅命，恬處正卿之位，受其利而欲逃其名，背惠棄恩，疏絕處父自示其公，以避受私之謗。盾之用心，可畏也哉！

何以知盾疏絕處父以示公也？以賈季殺處父而知之也。賈季所以敢殺處父者，以其無援於晉也。晉國之權專出於盾，而盾之權專出於處父，有盾以為處父援，天下之援豈有強於此者乎？而賈季反謂處父無援於晉者，是必盾既得位之後，視處父如路人，利害不相闕，患難不相救，此賈季所以知其無援也。盾之不援處父者，豈不知處父之恩不可負哉？其矯情以示公者，急於自解，而不暇顧人耳！

然其示公之中，未嘗不匿機以行其私焉。賈季既殺陽處父，盾歸其獄於續簡伯❹，不探其情而誅賈季者，蓋以賈季之所以殺處父者，不平其私於我也，是處父之死由我也。處父由我而死，我為處父復讎而殺賈季，則未免於私之嫌也。故宥賈季於遠，又送其帑以致勤厚之意，皆矯情以示公也！孰知其示公之中，陰匿其至私而不悟乎？

盾之所使送賈季之帑者，臾駢❺。臾駢，賈季之讎。送帑而使其讎，實欲臾駢盡殺賈氏以逞吾憾也。苟盾果出於善意，則舉晉國之人豈無可任以送帑之責者？今不付之他人，而獨付諸其讎，則盾之情可見矣。若臾駢從其黨之言，盡殺賈氏，則全賈氏之恩歸於盾，滅賈氏之惡歸於駢。外示公義，內復私怨，其機可謂險矣。臾駢不悟其機，反謂盾行禮於賈季，抑忿釋憾，衞之出境。其事雖善，吾恐未必投盾之機也。衞瓘❻將殺鄧艾❼，知田續❽有憾於艾，使田續追之，曰：可以報江油之辱❾矣！續果殺艾。瓘使仇讎追鄧艾，盾使仇讎送賈氏，其機本同，然衞瓘之機淺，故田續悟其機而殺之；盾之機藏，故臾駢不悟其機而生之。是全賈季者，雖臾駢之美，而本非盾之意也。盾示之惡，而駢誤以為善；盾示之邪，而駢誤以為正。人之誤每如此，亦何患於誤乎？

惡機可以感善，邪機可以感正，是善常在於惡之中，而正常在於邪之中也。善在惡之中，是天下本無惡；正在邪之中，是天下本無邪也。是言也，是理也，微矣哉！

【註釋】❶陽處父　晉太傅陽子。曾為晉卿趙衰屬大夫，故黨於趙氏，為賈季所殺。❷賈季　即狐射姑。狐偃之子，晉大夫。襄公使將中軍，命趙盾輔佐。陽處父使二人職務對調，因懷恨在心，後陽子終為此被殺。❸趙盾　趙衰之子，在襄公朝為大夫，襄公卒，立靈公，靈公無道，不聽勸諫，並且要殺他，盾逃亡，未離國境而靈公即被趙穿所弒，復還迎立成公。卒諡宣子，亦稱趙孟。❹續簡伯　即續鞫居。為狐氏之族，狐射姑所派殺陽子的人。後為趙盾所殺。❺臾駢　趙盾所屬大夫。❻衛瓘　字伯玉，晉安邑（今山西省安邑縣）人。十歲喪父，至孝過人，性貞靜有名理，以明識清允見稱。襲父爵為閿鄉侯，弱冠為魏尚書郎。數歲轉為廷尉卿，以本官監督鄧艾和鍾會軍進攻蜀國，平蜀後，封為菑陽侯。到了晉朝，官至太保，錄尚書事，惠帝時，為賈后所誣殺，諡成。❼鄧艾　字士載，義陽棘陽（今河南省新野縣）人。三國魏名將，初為司馬懿掾屬，後官至鎮西將軍，都督隴右軍事，封鄧侯。元帝景元四年（西元二六三年），與鍾會攻蜀，他另帶一軍潛入陰平道，攻破成都，劉禪率太子諸王及羣臣六十餘人，面縛輿櫬詣軍門請降。❽田續　本鄧艾屬將，後為衛瓘護軍。❾江油之辱　江油，地名。即江油戌，在今四川省江油縣東，三國蜀置。鄧艾征蜀，自陰平（今甘肅省文縣）行無人之地七百餘里，鑿山通道，造作橋閣，先登至江油，而田續不進，本欲斬首，卻又赦免了他。鄧艾既平蜀，欲一鼓作氣，順江而下，東伐吳國，不料為鍾會、胡烈等所譖，蒙不白之寃，以致詔書檻車徵艾。艾父子既囚，鍾會至成都，先送艾，然後作亂，會被誅後，艾本營將士追出艾檻車，迎還。此時衞瓘卽派田續等討之，並對田續說：「可以報江油之辱矣。」續遂殺艾於緜竹縣西。

【語譯】私心是人所厭惡的，立身於朝廷之中，卻與同僚以私情相結好，以私利相交善，以私恩相回報，而毫不顧念公理正義的所在，這本來就是人人都厭惡的。

上述這種私心，雖然人人都厭惡，也是人人所共知的，卻還不是最令人厭恨的，天下最可令人憎恨的，應該是陰藏不露的私心吧！明明接受私情卻矯揉掩飾，以表示自己公正不阿，在所顯示的公正之中，卻隱藏着心機來運行私欲，使得私心的運作而有公正的外貌，公正的行事中卻隱有私欲的詐僞，陰險詭譎的用心深藏於其中，全天下沒有人能窺知眞相，這就是所謂陰藏不露的私心，也就是君子所深惡痛絕的。

陽處父私厚於趙盾，不但觸犯國君的詔命，敗壞國家的法紀，擅自改換地點於董地閱兵，又奪取賈季的中軍班位給趙盾，他對於趙盾的偏愛，實在夠深厚了。假使趙盾果然存有公心，必然會顧慮到命令應該由國君所頒布，而不該出於臣下的決定，國君的詔令已定，而臣下擅自更易，這種行爲，就是目無法紀啊！偸竊財物的人稱爲盜賊，接受這種財物的人也稱爲盜賊；擅易君命的人稱爲叛臣，接受這種命令的人也可稱之爲叛臣，怎麼可以貪圖一時的尊寵而使自己納於叛臣之列呢？如果趙盾能執持着這樣的正理，堅決的拒絕陽處父的命令，我才能相信趙盾是眞正的公正無私。而今趙盾安然地接受陽處父擅自更易的詔令，坦然自得的坐處正卿的班位，享受名祿的利益卻想逃避叛逆的罪名，因此而背惠棄恩，與陽處父疏遠絕交，表示自己的公正無私，以避免遭受徇私的毀謗，趙盾的用心，實在可怕啊！

如何能知道趙盾以疏遠棄絕陽處父來表示自己的公正無私呢？從賈季殺陽處父這件事來看就可以明

白了。賈季所以敢殺害陽處父的原因，是認爲他在晉國並沒有後臺。事實上晉國的政權全把持在趙盾的手中，而趙盾的權勢卻是由陽處父爲他爭取來的，若有趙盾爲陽處父的後援，那天下還有比此更強硬的後臺嗎？然而賈季反認爲陽處父在晉國並沒有後援，這必然是趙盾既得權位之後，把陽處父視作路人，彼此的利害不相關聯，患難也不相救助，也因此讓賈季知道陽處父沒有後援。趙盾的不願支持陽處父，難道不明白陽處父的恩情不可以辜負嗎？他如此矯情做作以表示自己的公正，只是急於解脫結黨私交的嫌疑，而沒有功夫去顧念恩人罷了！

然而在趙盾表明自己的公正無私當中，卻未嘗不藏匿着機心以逞私欲。賈季既然已經派人殺了陽處父，趙盾乃將兇手續簡伯緝捕下獄，卻不繼續追究實情而誅殺主使的賈季，想必是認爲賈季之所以殺害陽處父，是因爲不服氣他對我有私心，所以陽處父是因我而被害的。陽處父既然因我而死，我又爲陽處父報仇而殺害賈季，則未免有偏私的嫌疑。所以寬恕了遠逃於狄國的賈季，又將他的妻子兒女護送前去，以表示忠勤寬厚的胸襟，這都是矯情虛僞以表示他公正無私的做法啊！又有誰能知道在他所顯示的公正之中，陰藏着最大的私心而無法讓人領悟呢？

趙盾所派遣護送賈季妻兒子女的人，是臾駢。而臾駢正是賈季的仇人。爲人護送妻兒子女，而所派遣的卻是他的仇敵，其實就是要臾駢盡殺賈季的家小以發洩我的仇恨。假如趙盾果眞出於善意，那麼全晉國之中，難道就沒有可以擔任護送賈季妻子兒女責任的人嗎？而今不將此責任交付他人，而獨託付給他的仇人，那麼趙盾的私情就昭然可見了。若臾駢聽從了手下人的建議，把賈氏家小殺光，那麼成全賈氏的恩德就歸於趙盾，而屠滅賈氏的罪名就歸於臾駢了。從外表的行爲上，所表現的，是公理正直，可是在內心裏，卻在報復私人的怨仇，這樣的機心，可說是夠陰險了。而臾駢並不能領悟他的用心，反而以爲趙盾恩行禮義於賈季，而勉強壓抑心中的怨忿，放棄自己的憾恨，而護衛着賈季的家小安然離境，這雖是善事一樁，我卻恐怕這未必能符合趙盾的機心哩！例如晉朝的衛瓘將要殺害鄧艾，知道田續與鄧艾有過節，便指使田續去追捕他，並告訴田續說，可以報江油的恥辱了！田續果然殺了鄧艾。衛瓘使仇敵追捕鄧艾，趙盾使仇家護送賈氏家小，他們的用心本來是相同的，然而衛瓘的心機淺而易見，所以田續領悟了他的用心而殺了鄧艾；趙盾的心機卻深藏而不顯，所以臾駢無法領悟他的用心而留下賈季一家活口。如此說來，保全賈季一家的，雖是臾駢的美意，卻不是趙盾的本意。趙盾所暗示的是惡念，而臾駢卻誤以爲是善意；趙盾所暗示的是邪道，而臾駢卻誤以爲是正理。假如人的誤解每每如此的話，那又何必憂愁有誤會呢？

惡意的心機竟可以啟發人的善意，邪妄的心機竟也可以感動人的正理，這意謂着善意常可存在於惡意之中，而正理也常可存在於邪妄之中。善在惡之中，就表示天下本無惡意；正在邪之中，就表示天下本無邪妄。這樣的言論，這樣的道理，實在是奧妙啊！

【研析】世人每以趙盾爲忠臣，然終不免蒙弒君的惡名。本文一摒世俗的觀念，就趙盾的處世陰險面，明示其忘恩負義、巧用心機、至私至奸的行爲，揭發其實爲一「深閟險譎、舉世皆莫能窺」的行私以示公的高手。

就內容說：作者首先指出私情、私利、私恩的交結爲人之所共患。其次則進一步說明私中之私爲天下最可惡的行爲。第三段指出趙盾背惠棄恩、疏絕陽處父自示其公的用心可畏，其心可誅。第四段說明由陽處父在晉無援，可以推知趙盾的自絕於陽子，乃爲矯情以示公。第五段言趙盾匿機以行私於示公之中，此心最爲惡毒。第六段，指出趙盾用心機深，不爲臾駢所悟，反使賈季的妻子兒女得以全活。最後總言善惡邪正的所感無常，借以點出人世事理的機微，深具意味。

就行文說：作者用穩健的筆觸，以趙盾爲中心，以陽處父、賈季爲陪襯，以續簡伯、臾駢爲點綴，就人的情性，推度心機的演變，前呼後應，着實扣人心弦。而察理機先，洞悉人性的剖白，尤能令人首肯。

全文以公私爲起點，以善惡爲歸結，就傳文的隱義，用明顯的情實，公認的理則，作深入的探求，指出是非善惡的所在，確可使世人發一猛醒。而尤其難得的是：作者在最後數語中，又指出人當以善存心，以正存心，果能如此，那麼天下卽可無惡無邪了。這又是何等用心啊！

宋昭公❶將去羣公子

文公七年

【題解】此事載於《左傳》文公七年（西元前六二〇年）。大意是說：當宋昭公正準備除去羣公子的時候，司馬樂豫勸止說：「不可以這樣做，因爲公族是公室的枝葉，如果除去它，那麼樹幹樹根就沒有樹蔭遮蔽了。像葛藟這類植物，都還能使枝葉遮蔽它的根幹，所以君子拿來作比喻，更何況是國君呢？俗語說：『難得有樹蔭遮蔽，偏偏使用斧斤砍伐。』這一定不可以。希望君王能愼加考慮。如果能用恩德來親近他們，照樣都可以成爲忠貞的輔佐大臣，誰又敢有貳心？爲什麼要殺掉他們呢？」昭公沒有聽從。於是穆公、襄公的族人，率領着國人攻打昭公，在宮中殺了公孫固和公孫鄭，結果只好由六卿出面調解，才與公室講和，樂豫也把司馬的職位讓給了公子卬。

見怒於人，爲吾解者，必與吾親者也；見疑於人，爲吾辨者，亦必與吾親者也。抑不知怒可使疏者解，不可使親者解；疑可使疏者辨，不可使親者辨。

人之方怒也，人之方疑也，望其親厚者來，固逆以游說待之矣。先持游說之心以待其至，則雖有公言，亦視以爲私，雖有正論，亦視以爲黨。豈特塞耳而不聽哉！解其怒而甚其怒者有矣，辨其疑而增其疑者有矣。嗚呼！親者尤不可解，況於自解乎？親者尤不可辨，況於自辨乎？苟不審勢，不見機，不察言，不觀色，身往辨解，徑犯其疑怒之鋒，則一顧而生百忿，一詰而生百猜；辭多則謂之爭，辭寡則謂之險；貌莊則謂之傲，貌和則謂之侮；進退周旋，無非罪者。束手而赴讎家，其見殺者，非讎之過也，我自送其死於讎也；裸裎而投虎穴，其見噬者，非虎之暴也，我自送其死於虎也。彼方蓄怒積疑，欲致毒於我而未得逞，我乃委身其前以投之，其得全也難哉！

宋昭之無道，嗣位之初，欲盡去羣公子，其志銳甚。吾意爲羣公子所親者，皆將遠嫌退縮，而不敢預其禍，獨樂豫❷拳拳亹亹，力進諫而止之。意者豫之視羣公子，聲迹不相聞，休戚不相及，居無嫌之地，可以肆言而不忌乎！及詳考之於傳，豫實戴公❸之裔，乃所謂羣公子之一也。身在羣公子之數，不以自嫌，獨敢辨解於昭公之前，昭公雖不從，亦安其言而不以爲憾也。豫不以嫌自處可耳，至於使無道之君亦安其言而不憾，是豈一朝一夕之故哉？竊意豫平居暇日，處羣公子間，身廊廟而心山林，身軒冕而心布褐，身鐘鼎而心簞瓢，和而不同，羣而不黨。豫固不以公子自處，而人亦未嘗敢以公子處豫也。惟其素不以公子自處，故雖在利害之中，實出利害之外，從容進諫，忠誠懇惻，專悟於君，物莫能間。當是時豫豈自知身之爲公子哉？何獨豫不自知爲公子，雖昭公亦豈知豫之爲公子哉？儻豫自知爲公子，則嫌心生而不敢言；儻昭公知豫之爲公子，則忿心生而不能忍，將見諫語未終，先羣公子而賜絕命之書矣！惟兩出於不知，此所以兩相安而不相忌也！

昭公雖能安豫之言，而不能從豫之言。迄至羣公子之亂，刃交矢接，公室如綴旒。豫復與六卿和公室，舍其司馬以畀昭公之弟卬，使昭公知公族之中固有視富貴如鴻毛者，以深釋昭公之疑怒。是昔以言諫，而今以身諫也。非心無富貴，其能勇退如此之決乎？豫心無富貴，故始不以公子自嫌而進言，忘攖鱗之危；終不以司馬❹自累而棄位，過脫屣之速。苟藏於心者有毫芒之顧惜，則發於口者有邱山❺之畏怯矣。故棄人之所不能棄，然後能言人之所不能言。

【註釋】❶宋昭公 名杵臼，成公少子，襄公孫，在位九年。因無道，國人不附，襄公夫人使衛伯殺之，立其弟鮑，是爲文公。❷樂豫 戴公的後裔，宋昭公時官居司馬，無心富貴，勇於諫言，不以去留爲念。❸戴公 宋惠公孫，哀公子，在位三十四年。❹司馬 官名。唐、虞時就已經設置。周制，夏官大司馬爲六卿之一，掌管軍旅的事務。❺邱山 一作丘山。比喩靜止。

【語譯】當別人對我有所怨怒時，爲我說項化解的，必定是與我親近的人；當別人對我有所懷疑時，爲我辨明澄清的，也必定是與我親近的人。卻不知怨怒可以讓與我疏遠的人去化解，而不能讓與我親近的人去化解；懷疑可以讓與我疏遠的人去澄清，而不能讓與我親近的人去澄清。

當人正在發怒或正在懷疑的時候，看到與對方交情深厚的人前來，毫無疑問的，就會先以游說的人對待他。先抱着應付說客的心等待他前來，卽使有公正的言論，也認爲是有私心；卽使有正確的道理，也認爲有所偏袒。那裏只是塞耳不聽呢！因此，想化解他的忿怒，有的反而引起他更深的怒氣；想澄清他的懷疑，有的反而更增加他的懷疑。唉！親近的人尙且遭到怨恨無法化解，何況是自己去化解呢？親近的人尙且遭到怨恨無法澄清，何況是自己去澄清呢？如果不能審察情勢，不能見機行事，不能察顏觀色，自己冒然前往辨解，直接觸犯對方的懷疑或忿怒的鋒頭，那麼一照面就會產生各種忿怒，一對話就會產生各種猜疑；話說多了則認爲是在爭論，話說少了又認爲是心懷險詐；態度端莊，則認爲是驕傲，顏色和藹，則又認爲是輕視；任何行爲舉止，沒有不是罪過的。自縛雙手而前往仇家，若被殺害，這不是仇家的罪過，是我自願送死於仇家的；赤裸着身子而空無一物的自投虎穴，若被吞噬，這不是老虎的暴虐，是我自願送死於虎口的。對方正當蓄積着滿腔的忿怒與懷疑，想要對我下毒手而不能得逞，我卻委身前去，自投羅網，要想全身而退，實在是很難哪！

宋昭公的舉措不合仁道，剛一繼位，就要全部除去羣公子，心意非常地堅定。我以爲若是與羣公子親近的人，都將避嫌而退縮，不敢參與此事以免遭殃，唯獨樂豫懇切奮勉，極力進諫來阻止這件事。想必樂豫與羣公子之間，沒有互通聲氣，利害不相關連，身分地位都沒有甚麼嫌疑，可以放言直說而無所忌諱！及至詳細地從經傳中考證，才知道樂豫其實是戴公的子孫，即所謂羣公子之一。身居羣公子之數，卻不以此身分自嫌，獨敢辨解於昭公的面前，昭公雖不聽從，也安於其言而不以爲憾恨。樂豫不以嫌疑身分自處還說得過去，至於能使不仁道的昭公也安於其言而不覺有甚麼憾恨，這那裏是短時間內可以促成的呢？我私下以爲樂豫在平居閒暇的時候，處在羣公子中間，雖身在朝廷而心在山林，高居官位而心在平民，身處鐘鼎美食之家而心在簞食瓢飲，與人相處和諧而不同流，合羣而不偏私。樂豫固然不以公子的身分自處，別人也未嘗以公子的身分看待他。也就是因爲他向來不以公子的身分自居，所以雖然處在利害的中間，而事實上卻能超然於利害之外，從容的進諫，態度忠誠懇切，專心致力於感悟君上，任何人都不能離間。當這個時候，樂豫那裏還能意識到自己的身分是公子呢？又何止樂豫不自知爲公子，即使昭公也難道還記得樂豫的公子身分嗎？倘使樂豫還顧慮到自己身爲公子，那麼就會產生避嫌的心情而不敢進言；倘使昭公也還顧慮到樂豫的公子身分，那麼也會產生忿恨的心而不能容忍，恐怕將會見到諫語未完，而先羣公子賜下絕命書了！就是因爲兩方面皆忘卻了這種身分，所以才能兩相安和而不相猜忌啊！

昭公雖能安於樂豫的諫言，卻不能聽從樂豫的勸告。以至於羣公子的亂事發生，兵刃相交，弓矢相接，無視於公室的存在。這時樂豫又與六卿出面調解，才與公室講和，並把司馬的職位讓出來給昭公的弟弟公子卬，使昭公知道公族之中本來就有視富貴如鴻毛的人，來消除昭公的疑怒。這就是往日以言諫，而今日以身諫的表現。若非心中不存富貴，他能從官場中急流勇退而如此的堅決嗎？樂豫心中不存富貴，所以一開始就不以公子的身分自以爲有嫌疑而進諫忠言，忘卻觸犯龍顏的危險；末了則不以司馬的職位爲牽掛而放棄高位，毫不猶豫的程度比脫鞋還快速。如果隱藏於心中有絲毫的顧惜，那麼當發言的時候就有不敢說的畏怯了。所以先能放棄別人所不能放棄的功名富貴，然後才敢說出別人所不敢說的話語。

【研析】本文以樂豫的舉止爲重點，以昭公的行事爲襯托，就理言事，明辨曲直，不僅可以決疑，亦且可以解怒，如感觸不敏，領悟不深，是很難有此造詣的。

就內容說，作者首先以「見怒於人」、「見疑於人」以及「解怒」、「解疑」之道作引言，緊接着就說明於人盛怒之際，大疑之時，不但不可使親者解，不可使親者辨，尤其不可自解自辨，以免自討侮辱。其次則指出公子豫的所以忘身而諫以及昭公的安其所諫的原因。最後說明樂豫敢攖逆鱗的理由，是不以公子自嫌，又能棄富貴、無得失之心所致。

就行文說，作者以突起之筆，鈎出怒疑辨解的事端，然後即用推理的手法，就心態、就情緒、就常理、就察言、就觀色，作周密的闡發，以服人心。文章進入主題以後，首先標出進諫者所抱持的心情，以度受諫者的感受，其所論述，確能見人之所不見，予讀者一大驚喜。而結語尤能特出意表，以無心、勇退爲歸，最見高絕。

全文以起承轉合爲序，以常理爲入，以非常理爲出，其中有刀光、有劍影、有心機、有正直、有陰毒、有仁和，將群公子的爭權奪利，宋昭公的心狠手辣，司馬樂豫的仁風義舉，或明言，或暗藴，無不淋漓曲盡，耐人揣摩，同時也更爲世人指出爲人處世當摒除得失之患，擇善而爲，不但要忘身、忘譽、忘毀辱，而且要忘富貴、忘貧賤，將廊廟、山林、軒冕、布褐、鐘鼎、簞瓢，視為一體，那麼我們的所言所行，也就無入而不可自得了。

士會❶不見先蔑❷ 文公七年

【題解】這件事載在《左傳》文公七年（西元前六二〇年）。大意是說：先是趙盾主張立長君，派先蔑、士會二人到秦國迎立公子雍。可是這時穆嬴卻抱著靈公哭訴於朝廷，並親去趙盾的府第申說立靈公乃是先君的意旨，不可違背。趙盾畏誅，只好立靈公而背棄先蔑、士會，並且出兵迎戰秦軍。因此在四月二日這天，先蔑逃到秦國，士會也跟著他一起到來。可是士會在秦國住了三年，卻不願意與先蔑見面，於是士會的隨員說：「能和別人一起逃到這個國家，而竟然不願意在這個國家見面，這又是為甚麼？」士會回答說：「我只是和他的罪過相同，但是我並不認為他的作為合於道義，幹麼要見面！」所以一直到回國，兩人都沒有過從。

物之易合者，莫如居患難之時。同川之魚，鱣不知鮪，鮪不知鱣，游泳不相顧也。及失水，則相沫相濡，驩然而相親。豈得水則不仁，失水則仁耶？居患難之地，不得不合也。同舟之人，胡不知越，越不知胡，語言不相入也。及遇風，則相赴相救，慨然而協力。豈無風則不義，有風則義耶？居患難之地不得不合也。

隨會之與先蔑，並立於晉朝，其遊居周旋之久，豈如胡越之無情哉？及以公子雍之故，俱得罪而奔秦，此政涸澤之魚相濡沫之時，會之視蔑，乃漠然無情，歲律三改而曾不與之一面。居患難之地而反落落難合，何耶？人知患難之易合，而未知其所以合也。憂同則易合，怨同則易合，忿同則易合。同憂相遇，必相親以謀其憂；同怨相遇，必相親以致其怨；同忿相遇，必相親以逞其忿。其朝夕聚會，握手而語，促膝而議者，豈復有善意哉？非咎人則訾人也，非私計則詭計也，以憂濟憂，以怨濟怨，以忿濟忿，交日深，而惡日長矣。其所以易合者，果正耶，果不正耶？竇嬰❸灌夫❹父子歡於廢退之時，淮南衡山❺昆弟，語於怨望之日，其終之為何如耶？是宜隨會之所不忍為也。吾嘗聞君子處患難矣，內省不疚者也，反求諸己者也，素其位而行者也。本未嘗憂，何必與人共其憂？本未嘗怨，何必與人共其怨？本未嘗忿，何必與人共其忿？使其人道義可慕，忠信可友，樂易可近，慈仁可依，則未有患難之始，吾固與之合矣，豈必待有患難而與之合耶？待患難而始合，則其合者非吾本心也，驅於患難，苟合以濟事也。是宜隨會之所不忍為也。貧者不肯與富者狎，而與貧者狎，是何也？富者其所忌，兩貧則無所忌也；愚者不肯與賢者狎，而與愚者狎，是何也？賢者其所忌，兩愚則無所忌也。人居患難之時，以己之在難，而疾人之無難，其視優豫愉佚之人且憎且忌，望望然去之，惟其同在難者，款密親狎而無間，其心豈不甚淺狹而可憐耶？是宜隨會之所不忍為也。

或曰，趙盾實執晉柄，背先蔑而立靈公，則盾之所讎者，惟蔑爾；至隨會雖以累而俱出，本非盾所怒也。會明絕蔑於秦，乃所以陰結盾於晉，僥倖歸國，不顧賣友以市恩，非險薄之尤者乎？吾應之曰，此後世之心，而非隨會之心也。以後世之利心，而量君子之公心，則其舉其措，其語其默，無不可名以利，豈獨先蔑一事哉？會果出於利心，則其險譎僅足以欺一夫耳。不動聲色而羣盜自奔，是亦可以利心感之耶？光輔五君而名聞諸侯，是亦可以利心圖之耶？固不可以後世之利心，量君子之公心也。

雖然會之公心，吾猶有憾焉。會不以同患而親蔑可也，至於絕迹不見，則矯枉過直矣！吾不知會在晉之時，於朝廷，於官府，於衢路，果能避蔑而不見耶？在晉則見之，在秦則不見，是不免以罪自嫌，而非公之盡也。以公自處則去國如在國，有難如無難，雖不加親，亦不加疏，豈以秦晉二其心哉？吾固疑會公心之未盡也，吾固以公心責之，而不以利心量之也。

【註釋】❶士會　即隨會。又名隨季，士季。因食采於隨、范，所以又稱范會、范武子。為晉卿士蔿之孫，成伯之子。輔佐晉文公、襄公、靈公、成公、景公霸諸侯，使諸侯無貳心，佐軍無敗政，及為成公軍師，居太傅，端刑法，緝訓典，國無姦民，盜賊奔秦。❷先蔑　即士伯。晉卿。曾被趙宣子派往秦國迎接公子雍。❸竇嬰　字王孫，漢文帝皇后的從兄，觀津（今河北省武邑縣）人。文帝時為吳王相，景帝即位，為詹事，後封為魏其侯。武帝即位為丞相，好儒術，因與竇太后不合，免相。與灌夫甚為歡洽，兩人相為引重，交游如父子。❹灌夫　字仲孺，漢潁陰（今河南省許昌縣）人。父張孟，為潁陰侯灌嬰舍人，得幸，因薦為二千石，故蒙灌氏姓為灌孟。吳楚反時，孟從征死軍中，灌夫時從，不肯隨喪歸，反被甲持戟攻殺吳軍數十人，以此聞名天下。武帝即位，為淮陰太守，入為太僕，後徙燕相，坐法免歸。為人剛直，不好面諛，喜任俠，重然諾，諸所交往，無非豪桀大猾，橫行潁川。魏其侯竇嬰失勢後，得與夫相交游，彼此甚為歡洽。❺淮南衡山　即淮南王安、衡山王賜。均為淮南厲王長子。漢武帝元狩元年十一月，謀反自殺，株戮數萬人。

【語譯】物類的易於契合，沒有甚麼能及同處於患難的時候。同一條河川裏的魚，鱣魚不認得鮪魚，鮪魚也不認得鱣魚，各自游泳，而不相照顧。一旦河川缺水則互相以口中津液濕潤，歡愉融洽而相親相愛。難道魚得了水就不相親愛，失了水才能相親愛嗎？事實上是因為共同處在患難的境地，不得不相契合。同船共渡的旅客，北方人不與南方人交談，南方人也不和北方人交談，這是因為語言不通的關係。一旦船遇風暴，那麼就會奔走相救，同心協力而相互支援。難道不遇風暴，彼此就不顧道義，遇有風暴，才有道義的表現嗎？事實上是因為共處於患難之境，不得不相契合啊！

士會與先蔑，同事於晉國朝廷，相互交遊來往已有一段時日，難道也像北方人與南方人一樣，彼此沒有一點感情嗎？其後因迎立公子雍的事故，共同得罪而出奔到秦國，此時的處境正如乾涸的水澤中的魚一樣，需要相互濕潤援助，而士會的對待先蔑，卻漠然無情，經過三年的漫長歲月，竟不曾與他見過一面。同處於患難之地，反而獨居而不合，這是爲甚麼？人們只知患難時容易相投合，而不知道爲甚麼投合。一般來說，有相同憂慮的人容易相投合，有相同怨恨的人容易相投合，有相同忿怒的人容易相投合。有相同憂慮的人相遇，一定相互親近，共商計謀以解憂；有相同怨恨的人相遇，一定相互親近，以傾訴怨恨；有相同忿怒的人相遇，一定相互親近，以發洩忿怒。這些人朝夕聚會，握手而語，促膝而談的，難道會有甚麼善意的話題嗎？不是責備人就是毀謗人，不是私利之計就是陰謀詭計，等於是以憂慮來助長憂慮，以怨恨來助長怨恨，以忿怒來助長忿怒，交情日益加深，積惡也日益增加。這些人所以容易相投合，究竟是應該的呢？還是不應該的呢？像漢代的竇嬰與灌夫，情如父子，在竇嬰失勢後相處歡洽；淮南王安與衡山王賜兩兄弟，在不得寵時相互議謀，他們的下場卻如何呢？這當然就是士會爲甚麼不忍與先蔑相親近的原因所在了。我曾聽說君子處在患難的時候，應當是內自省察，沒有愧疚，反省自己，自我要求，處於當處的位置而行當行的事情。本不曾有憂慮，何必與人共解憂愁？本不曾有怨恨，何必與人傾訴怨恨？本不曾有忿怒，何必與人發洩忿怒？如果這個人的道義值得仰慕，忠信值得交往，和樂平易而值得親近，仁愛慈祥而值得依賴，則在沒有患難之前，我就應與他相投合了，難道一定要等到有患難時，才和他相投合嗎？等到有患難時，才能相投合，那麼這樣的契合並不是我本心所願，只是爲患難所迫，不得不苟合以謀議成事。這當然也是士會不忍心去做的了。貧苦的人不肯與富有的人親近，而與同樣貧困的人親近，是甚麼緣故呢？因爲富有是貧苦所忌諱的，而兩個貧苦的人那就無所忌諱了；愚昧的人不肯與賢明的人相親近，而與同樣愚昧的人相親近，是甚麼緣故呢？因爲賢明是愚昧所忌諱的，而兩個愚昧的人那就無所忌諱了。人處在患難的時候，因自己正處於困境中，而憎恨別人的無憂無愁，在他眼中，那些優豫安逸的人，既可恨又可忌，心有慚愧而遠離他們，唯有同處於患難中的人，才能懇摯親密而無嫌隙，這樣的用心，豈不太淺狹而可憐嗎？這當然是士會不忍心去做的了。

有人認爲，趙盾事實上掌握著晉國的政權，他背棄了先蔑而另立靈公，那麼趙盾所仇恨的人只是先蔑罷了；至於士會，雖然也受牽累而共同出奔，根本不是趙盾所怨怒的對象。士會表面上在秦國與先蔑絕交，乃是爲了暗地裏在晉國與趙盾交好，僥倖回國，所以才不顧恩情，出賣朋友以求取好感，這難道不是最陰險刻薄的行爲嗎？我回答說，這是後世人的居心，而不是士會的用心。拿後世人貪利的心，去惴度君子爲公的心，那麼對於他的任何言行舉止，沒有不能冠以貪利的名義的，那裏只限於先蔑這一件事情呢？士會若眞出於貪利的居心，那麼他的陰險詭譎，也僅足以欺瞞趙盾一人罷了。而士會爲成公軍師時，能不動聲色而使盜賊自動離境奔秦，這難道也是貪利的心可以感化的嗎？輔佐晉國五代君主稱霸諸侯，這難道也是貪利的心可以圖謀的嗎？這當然不可以後世人貪利的心，來惴度君子爲公的心啊！

雖然士會具有爲公的心，我仍然有感到遺憾的地方。士會不因同處在患難的境地而親近先蔑是應該的，至於絕交而完全不相見，那就未免矯枉過正了！我不知道士會在晉國時，在朝廷裏，在官府中，在道路上，果眞也能廻避先蔑而不見面呢？若在晉國就相見，在秦國就不相見，這就不免因犯罪而自相嫌棄，而並不是全部出於公心了。以公心自處，則去他國如在祖國，有患難如無患難，雖然不更加親近，也不致因此而疏遠，那裏會因身在秦晉而有兩種用心呢？我當然要懷疑士會沒有完全出於爲公的心，而我當然也是以爲公的心來責備他，而不是以貪利的私心去衡量他了。

【研析】 本文立言，以士會爲中心，說明其處人應世，全然以公心是尙，由是以爲，不僅可以免除世人怨謗之心，同時更可以化解猜疑之嫌，良可發人。

就內容說，作者首先用「居患難則易合」的常理作引言，說明為大勢所趨，不得不如此的原因。其次則以不同的層次，指出諸多事故，士會不忍為的用心。第三段則就史實說明士會絕非險薄之人，乃是以公心處世，非以私心欺人之徒。最後則指出士會行使公心尚有未盡之嫌，這是因為他未能用同樣的行為，應對同樣的事理。

就行文說，作者先以明爽的言論，闡述隱微的事理，然後再用一理而貫穿全篇，就一事而反復辨析，由簡而繁，由淺入深，不僅層次分明，舉譬尤能切當，筆鋒所觸，無不是非顯露，曲直昭然，在在都可給人以深邃的感懷，使讀者由頓悟而作幡然之圖。

就全文說，作者以起轉承結為序，用史實以釋眾惑，就所見以明未盡，以公私為對比，以過與不及為失當，在表面上看，雖在為一人作辨白，然其實無異為世人作點化，其立言的可味，就全在這裏了。

穆伯❶取己氏 文公七年 穆伯以幣奔莒 文公八年 穆伯歸魯復過莒 文公十四年 齊人歸公孫喪聲己不視 文公十五年

【題解】此事載於《左傳》文公七年（西元前六二〇年）。大意是說：魯卿穆伯取莒國的戴己聲己姊妹二人為妻，戴己生子名文伯，聲己生子名惠叔。戴己死，穆伯又去莒國行聘。莒人由於尚有聲己在而予以辭謝。因此就改為堂弟襄仲行聘。

在這年的冬天，徐國攻打莒國，莒國前來請求結盟，魯國派穆伯到莒國參加盟會，同時順便為襄仲迎接莒女。行至鄢陵時，穆伯登城見到莒女，非常美麗，就自己娶了她。這時襄仲非常忿恨，於是請求攻打穆伯，在文公將要答應的時候，叔仲惠伯勸諫說：「下臣聽說，戰爭發生在內部叫做亂，發生在外部為寇，寇尚且要傷人，亂就要自己傷害自己了。今臣下作亂，國君不加禁止，假使因此而引起外來敵人的進攻，那怎麼辦？」於是文公阻止了襄仲的進攻，惠伯居中調解，請襄仲不要再娶莒女，讓公孫敖（穆伯）把莒女送回莒國，恢復兄弟的情誼，就像起初一樣，襄仲、穆伯都聽從了。

與穆伯有關的記載，在《左傳》中，尚有數則：一為在文公八年（西元前六一九年），穆伯去成周弔喪，沒有到達，就帶著禮物逃往莒國，跟從己氏去了。一為在文公十四年（西元前六一三年），當穆伯跟從己氏時，魯國立文伯作繼承人。這時穆伯在莒國又生了兩個兒子，要求回國。文伯在朝廷中代表父親向大家請求。襄仲的條件是：回來可以，但不得參與朝政。穆伯回國後，不曾外出過，過了三年，竟將家中的財物全部搬走，又逃到莒國去了。文伯死，惠叔立，穆伯讓惠叔以重禮送給朝中大員，再度要求回國。當穆伯打算回國時，不料在九月竟然死在齊國，當卽向魯國報喪，並請求歸葬，但沒有得到允許。一為在文公十五年（西元前六一二年），由齊人策劃，好不容易才將穆伯的靈柩送到魯國。當舉行葬禮時，襄仲不去哭喪，經過惠伯的勸解，終於打動了襄仲，於是才領著他的兄弟前去參加葬禮。

問脩怨於君子，必以為非；問脩怨於小人，必以為是。二者皆未為定論也。專於報怨者，商鞅❸氏之徒耳，范睢❹氏之徒耳，格之以聖人之門，在所擯也；專於忘怨者，老聃❺氏之徒耳，莊周❻氏之徒耳，格之以聖人之言，亦在所擯也。吾聖人之門，未嘗脩怨，未嘗不脩怨，權其小大、輕重而中持衡焉。小者忘之，大者報之；輕者忘之，重者報之；

未嘗倚一偏而主一說也。

穆伯為襄仲⑦聘婦於莒，中道而奪之，夫豈細怨也哉？而惠伯⑧區區其間，委曲調護，始則釋其憾，終則全其恩。彼非不知輕重小大之所在也，蓋穆伯之於襄仲，兄弟也。怨之小大，在他人可言耳，兄弟之間，非較小大之地也；怨之輕重，在他人可言耳，兄弟之間，非較輕重之地也。合以人者，有時而離；合以天者，無時而離。兄弟之屬，天也，人怨不足以害之。襄仲之怨穆伯，以人觀之，則固大矣，重矣；以天視之，則兄弟之親與生俱生而不可離，豈以恩而加，豈以怨而損哉？雨暘變於前，太虛之眞體未嘗動也；恩怨交於前，兄弟之眞情未嘗動也。曰雨曰暘，而眞體之中本不知有雨暘；自恩自怨，而眞情之中本不知有恩怨。襄仲向者之怨，私情之怨耳；今者之解，私情之解耳。乃若胸中之天，則向無怨而今無解也。不然，則豈惠伯立談之頃所能回耶？焚廩捐階⑨之虐，治棲入宮⑩之侮，百世之後，讀其書者，猶為舜切齒。而舜之恩意，源源不絕者，非以德而報怨也，以弟待象，而不以象待象也；以天觀象，而不以人觀象也。蓋鬱陶而思舜者，乃象之天，彼傲而害舜者，特象之人耳。舜之胸中純乎天，故見象之天而不見象之人也。使惠伯立於舜之朝，將化於舜之天而不自知矣，雖有喙三尺⑪焉攸用？

【註釋】❶穆伯　即公孫敖。春秋魯人，慶父（莊公弟，即共仲）子。文公元年聘於齊，為人無行。嘗為襄仲迎女於莒，及見其美，自為娶之，以此不容於國，遂從己氏於莒，既又請重賂要求回國，未至，卒於齊。❷莒　周國名。己姓，子爵，出自少昊之後，武王封茲輿期於莒。即今山東省莒縣。❸商鞅　姓公孫，名鞅，戰國衛人。因封於商，也稱商鞅、商君。少好刑名法術之學，仕魏，為魏相公叔痤家臣。痤死，入秦，歷任左庶長、大良造。相秦十九年，輔助秦孝公變法，使秦國富強。但因施法太嚴，又刻薄少恩，不僅刑公子虔，而且欺魏將公子卬，是以貴戚大臣多怨。孝公死後，公子虔等誣陷鞅謀反，被車裂而死。❹范睢　字叔，戰國魏人。有謀略，善辯。初事魏中大夫須賈，從賈使齊，因有私通齊國的嫌疑，被魏相魏齊使人笞擊，裝死方得免於大難。後改名張祿，入秦相秦昭王，終報須賈、魏齊辱己的大怨。❺老聃　姓李名耳，字聃。一說字伯陽，諡聃。一說姓老，名聃。春秋楚國苦縣（今河南省鹿邑縣）人。為周守藏室之史，修道德，其學以自隱無名為務。他的哲學見解為：「弱者道之用」（四十章），「物壯則老」（三十章），「強梁者不得其死」（四十二章），「堅強者死之徒」（七十六章），「柔弱勝剛強」（三十六章）以及「柔弱者生之徒」（七十六章）等。❻莊周　世稱莊子，名周，字子休，戰國時宋國蒙（今河南省商邱縣）人。曾為漆園吏，一生隱於田園，不慕名利。他的思想以無用為用，以逍遙為樂，齊生死是非，而保養生命之真，不僅無欲，而且忘己。和老子可說是道家的重要人物。其見解亦與老子相類，如〈天下篇〉說：「堅者毀矣，銳者挫矣」，即為一例。❼襄仲　即魯卿公子遂。莊公子。僖公二十六年傳稱「東門襄仲」，又名東門遂、仲遂、東門氏。遂是名，襄為諡，仲是字，公孫敖的從父昆弟。❽惠伯　即叔仲惠伯。叔牙孫，桓公曾孫。據《禮記．檀弓》孔疏引《世本》的記載：「桓公生僖叔牙，叔牙生武仲休，休生惠伯彭，彭生皮，為叔仲氏。」❾焚廩捐階語出《孟子・萬章上》。這是舜父瞽瞍害舜的故事。廩是穀倉，階是梯子。大意是說：舜的父母要他去修理穀倉，等到舜爬上倉頂，便抽去梯子，他的父親瞽瞍還放火焚燒穀倉。⑩治棲入宮　語出《孟子・萬章上》。這是舜同父異母弟象以爲舜入井被塞已死，想使二位嫂嫂娥皇、女英爲已鋪牀疊被，進而爲妻的故事。棲是牀，宮是居室。大意是說：瞽瞍叫舜去淘井，他不知道舜已從旁邊的洞穴出來，便用土填塞井口，舜弟象說：「謀害舜都是我的功勞，牛羊分給父母，倉廩分給父母，干戈歸我，琴歸我，弤弓歸我，兩位嫂嫂要她們爲我鋪牀疊被。」⑪有喙三尺　一作喙長三尺。比喻善於辯論。後每以長舌婦指多話的女子，以喙長三尺指多話的男子。在這裏作「那怕是再會說話的人」解。

【語　譯】向君子請教報怨的事，一定認爲是錯誤的；若向小人請教報怨的事，則一定認爲是應該的。這兩方面的見解，都無法成爲定論。一味的主張報怨，是商鞅、范雎之流的作爲，若拿到聖人的門中來，必然擯棄而不取；一味的忘怨，是老子、莊子之流的作法，若拿到聖人的門中來，也必然擯棄而不取。在聖人門下，並不強調修怨，也不強調不修怨，只是權衡事態的小大輕重，而作適中持平的衡量。小的怨恨可忘記不提，大的怨恨則當設法報復；輕的怨恨可忘記不提，重的怨恨則當設法報復，並不偏向任何一方而主張固定的說法。

穆伯爲襄仲前往莒國行聘娶妻，卻因貪愛美色而在半路上自己娶了她，這那裏能看作微細的怨恨呢？而惠伯居中辛苦調解，婉轉勸說，先化解他們之間的怨恨，最後終於保全了兄弟間的恩情。惠伯並不是不知道要去衡量事情輕重小大的所在，實在是因穆伯與襄仲是兄弟的關係啊！怨恨的大小，在他人可以計較，而兄弟之間則不該如此計較；怨恨的輕重，在他人可以計較，而兄弟之間則不應該如此計較。因人爲而結合的關係，可能有離棄的時候；因天生而結合的關係，則永不相離棄。兄弟之間的感情，是天生的，人爲的怨恨，是不能戕害的。襄仲對穆伯的怨恨，若以常人來說，當然够大、够重了；若從天生來看，那麼兄弟間的親情，是與生俱來而不可離棄的，那裏會因恩惠而加多，或因怨恨而減少呢？天氣的晴雨時有變化，而宇宙的本體卻未嘗有所變動；人際間的恩怨時有發生，而兄弟間的眞情卻不曾有所變化。天氣雖有晴有雨，然而宇宙的本體之中，根本不知有晴雨；儘管人間有恩有怨，而天生的兄弟之情中，根本不知有恩怨。襄仲以往的怨恨，是私情中的怨恨；而今所化解的，也是私情的化解。至於胸中所蘊含的天生親情，則向來沒有怨恨，所以今日也無需化解。不然，襄仲與穆伯之間的怨恨，豈是惠伯言談之間所能挽回的呢？這就好像在上古時代，舜受到「焚廩捐階」的虐待，又遭到「治棲入宮」的侮辱，百世以後，讀到這一段記載的人，尚且爲舜咬牙切齒，忿忿不平。而舜對象的恩情，仍源源不絕的原因，並非舜有意以德報怨，乃是以待弟弟的親情待象，而不是以象的所作所爲待象；是以天生的親情來觀象，而不是以人情來觀象。心中鬱悶而思念舜，是象天性的表現，倨傲不馴而傷害舜，是象人性的表現。舜的胸中充滿了天性，所以見到的是象天性的表現，而不見象人情上的迫害。若使惠伯立於舜的時代，必將感化於舜的天性之中而不自覺，那怕是再會說話的人，又如何能派得上用場呢？

【研析】本篇主旨在說明兄弟之情，乃出自天，非同尋常，如發生怨恨之事，無論大小、輕重，多可消除於無形，這就是基於親情的緣故。

就內容說，可以分成兩截，作者首先指出報怨、忘怨都是一偏之見，均爲聖門所不取。聖人對於「怨」的處理，乃權衡輕重大小來作取捨。其次則以穆伯爲襄仲迎親所發生的怨恨爲重心，由於惠伯的盡力調解，使兩造得以始則釋共憾，終則全其恩。

就行文說，布局單純，走筆明快，縱情寫來，自然成章。而文中的說理舉例，兩相配合，故能使理暢事顯，是非曲直，昭然若揭。就文章的開端言，起筆出人意表，用典故的含義，而不用典故的本質，尤能誘發讀者的思想。

就全文言，先以修怨為引言，然後用舉例作轉折，而一歸之於聖門的輕重相權，使理、事兩得其平，可謂妙筆。至於對穆伯、襄仲昆弟所發生的怨恨，以天理親情作衡量，使之化解於無形，這不僅彰顯了倫理之情，同時也可明鑑遠近親疏的所以有別。親情是不可以動搖的，惟有親情，始有友情，始有上下之情，始有社會之情，是以親情為本，其餘為末，本不易動，末則易搖，末不易動本，一如雨暘之變，而不易動太虛的眞體。這種深入淺出的筆法，著實發人，對於當今親情之間，動則互相毆殺，視同路人的情形，那就不可同日而語了。

酆舒問趙衰趙盾於賈季 文公七年

【題　解】此事載於《左傳》文公七年（西元前六二〇年）。大意是說：狄人侵襲魯國西部的邊境，文公派遣使臣把這件事情報告給晉國。於是趙宣子就派賈季去質問狄相酆舒，並加責備。這時酆舒反問賈季說：「趙衰、趙盾那一個賢明？」賈季回答說：「趙衰好比冬天的太陽，趙盾則是夏天的太陽。」

天下之物，不可以疑心觀也。萬物錯陳於吾前，鳧短鶴長，繩直鈎曲，堯仁桀❶暴，夷❷廉跖❸貪，區別彙分，本無可惑；疑心一加，則視鳧如鶴，視繩如鈎，視堯如桀，視夷如跖。是非物之罪也，以疑先物，所見固非其正也。內疑未解，外觀必蔽，不求之於心，而求之於目，難矣哉！此猶非其難也，物未嘗眩吾，而吾則疑物也，吾先以疑待物，而物之似復適投吾之所疑，以我之疑，觀物之似，此天下之至難辨也。

賈季之仇趙盾❹，古今莫不聞。言發於仇讎之口，人固先以疑心聽之矣，使季譽盾之清耶，人必曰，陽譽其清，而陰譏其陋也；使季譽盾之剛耶，人必曰，陽譽其剛，而陰譏其狠也。季以公心譽之，人以疑心聽之，言在此而意在彼。雖其辭坦明易直，無疑可指，且猶揣摩猜度靡所不至，況所譽之言未免於可疑耶？冬日，人所愛也；夏日，人所畏也。季目衰以冬，而目盾以夏，吾不知季以衰勝盾耶？抑以盾勝衰耶？是殆未可知也。以盾之威爲可畏耶？抑以盾之虐爲可畏耶？是殆未可知也。

一言而挾勝負之兩意，一字而具威虐之兩端，苟季素與盾無間然之隙，則人固未敢以毀盾疑也。今季與盾其仇若此，其語又若此，以前之仇驗後之語，雖有知者觀之，亦必斷然謂之毀盾矣。信如是，則季之毀，非似也，眞也；人之觀季，非疑也，明也。吾何以知季之非毀盾耶？幽囚野死之謗，不出於康衢之間，而出於秦漢之後❺，蓋以秦漢之心而量唐虞之心，信乎其可疑也！癰疽瘠環之謗❻，不出於洙泗❼之濱，而出於戰國之末，蓋以戰國之心而量仲尼之心，信乎其可疑也！持後世之心，而觀古人之迹，蓋無適而非可疑者，豈獨賈季事哉？兄弟鬩於牆，外禦其侮，古之人未嘗以私鬪忘其家也，自後世之心量之，未必不疑其匿怨也；人之行不以所惡廢鄉，古之人，未嘗以私惡忘其鄉也，自後世之心量之，未必不疑其矯情也。

季盾易班之仇，私仇耳，百年父母之邦，豈以一盾而大棄之耶？盾所以敢使季責酆舒者，知其怨盾而不怨晉也；季所以肯對酆舒而譽盾者，亦主晉而不主盾也。盾以晉使之，而不以盾使之；季子亦爲晉言之，而不爲盾言之，烏可以後世淺心量之乎？以冬擬衰，以夏擬盾，其迹似優衰而劣盾也，其心則爲戎狄難以愛懷，易以威服，欲酆舒知盾之威不可犯，非如衰之猶可狎也。張盾之威，所以張晉之威，所謂實與而文不與也。馬援❽未嘗尊高帝而卑光武，激言之者，所以使隗囂❾知光武細謹之不可欺；賈季未嘗優趙衰而劣趙盾，激言之者，所以使酆舒知趙盾威靈之不可犯。馬援嘗與光武有睚眦之隙，則世又將以疑季者疑援矣！心未古而遽欲觀古人之書，其疑可勝旣耶？

【註　釋】❶桀　夏代亡國之君。名癸，時勇暴虐，荒淫無度，成湯興兵討伐，敗桀於鳴條，被流放在南巢。❷夷　指伯夷。殷時孤竹國君長之子，因與弟叔齊彼此讓位而一起逃離國境。後來周武王伐紂，二人曾叩馬進諫，殷亡後，恥食周朝的糧食，隱居首陽山，采薇而食，最後餓死。事見《史記・伯夷列傳》。❸跖 一作蹠。相傳是春秋時魯國的大盜，人多稱盜跖。柳下屯（今山東省西部）人。柳下惠的弟弟。❹賈季之仇趙盾 見本卷〈陽處父改蒐賈季殺陽處父〉篇題解。❺幽囚野死之謗三句 幽求野死，指舜征有苗而死，葬於蒼梧之野。康衢，傳說堯時童謠名。堯治天下五十年，不知天下治與不治，便微服遊於康衢，聞兒童歌謠：「立我烝民，莫匪爾極；不識不知，順帝之則。」事見《列子・仲尼》。案：此處所用典故，不切合時代。❻癰疽瘠環之謗 萬章曾問孟子：「有人說孔子在衛國住在癰疽的家裏，在齊國是住在太監瘠環的家裏，是否眞有其事？」案：癰疽，癰疽之醫者，或以爲卽衛靈公宦者雍渠，與太監瘠環皆爲時君所狎近之人。事見《孟子・萬章上》。❼洙泗 指孔子講學的地方。洙泗爲二水名。上古時洙水、泗水從今山東省泗水縣北合流而西，到魯國都城曲阜北，又分爲二水，洙水在北，泗水在南。孔子講學於二水之間。❽馬援 東漢扶風茂陵（今陝西省興平縣）人。字文淵。王莽末年任新城大尹，後依隗囂，終歸於劉秀。屢有戰功，曾拜伏波將軍，封新息侯。曾說「男兒要當死於邊野，以馬革裹尸還葬」。後果卒於軍中。見《後漢書・馬援傳》。❾隗囂 東漢天水成紀（今甘肅省秦安縣）人。字季孟。王莽末年佔據隴西獨立，稱西州上將軍。不久投歸劉玄，後又轉附公孫述。敗於光武西征，憂憤而死。見《後漢書・隗囂傳》。

【語譯】天下的事物，不可用懷疑的心來觀察。萬事萬物錯雜陳列在我們眼前，鴨腳短鶴腳長，繩爲直鈎爲曲，唐堯仁愛夏桀暴虐，伯夷清廉盜跖貪婪，各有區分類別，本來是沒有甚麼可疑惑的；一旦加上疑心，那麼就會把短腳鴨看成長腳鶴，把繩看成鈎，把唐堯看成夏桀，將伯夷看作盜跖。這並非事物本身的罪過，而是在觀看以前，先存有懷疑的心，所觀察的結果當然是不正確的。若內心的疑惑不解除，那麼對外界事物的觀察，必有所蒙蔽，不從心中的正理去觀察，而只相信眼睛所看見的，這就很難求得事物的眞象了。這還不是最大的難處，若事物並不曾迷亂我，而我卻對事物有所懷疑，我先以懷疑的態度來觀察事物，而事物的表現又好像正符合我的懷疑，以我的疑心，觀察事物的相似，其間的眞假，這就是天下最難辨明的了。

賈季的仇恨趙盾，從古到今沒有人不知道。評斷的話從仇人的口中說出，別人當然就會先用疑心去聽了。如果賈季誇讚趙盾的淸明，別人必以爲，表面上稱譽他淸明，其實是在暗地裏譏笑他鄙陋；如果賈季誇讚趙盾的剛強，別人必以爲，表面上稱譽他的剛強，其實在暗地裏譏諷他的陰狠。賈季用公心稱讚趙盾，而別人用疑心來聽，因此說的人意思在此，而聽的人感覺上卻別有他意。即使評語坦明易直，沒有可懷疑的地方，聽的人尙且揣摩猜度無所不至，更何況所稱譽的話未免有可疑的地方？冬天的太陽，是人所喜愛的；夏天的太陽，是人所畏懼的。賈季以冬陽比喩趙衰，而以夏陽比喩趙盾，我不能判斷賈季是認爲趙衰勝過趙盾呢？還是以爲趙盾勝過趙衰？這大概無法知道吧！是認爲趙盾的威嚴可敬畏呢？還是以爲趙盾的威虐可畏懼？這大概也無法知道吧！

一句話而包含褒貶兩方面的意思，一個字就具有威虐兩端不同的見解，如果賈季與趙盾之間向來沒有過節，那麼別人當然不敢懷疑賈季毁謗趙盾。而今賈季與趙盾之間的仇恨如此，他的評語又是這樣，若用往日的仇恨來驗證後來的評語，卽使有智慧的人來觀察這件事，也一定斷然認爲是在毁謗趙盾。如果這樣，那麼賈季的毁謗，不只是好像的樣子，而是眞實的；別人觀察賈季的態度，不只是心存懷疑，而是明確的認定了。既然如此，我又是怎樣知道賈季並沒有毁謗趙盾呢？因爲幽囚野死的謗語，並不是出現在唐堯時代的〈康衢謠〉歌中，而是出自秦漢的後代，這可說是以秦漢人的居心去衡量唐虞的用心，實在是可疑啊！癰疽瘠環的謗語，並不是出現在春秋孔子講學之時，而是出現在戰國末期，這也可說是以戰國人的居心去衡量孔子的用心，實在是可疑啊！拿後世人的居心，去觀察古人的事迹，那是無往而不可疑的，又豈止賈季這一件事情呢？兄弟在家門之內爭吵，但卻能同心協力地抵禦外侮，古代人未嘗以私下的爭鬥而忘卻一家的團結，而以後世人的居心來衡量，就不一定不懷疑他們不隱藏怨恨了；人的行事，並不因己身的所惡，而就不關懷鄉里，古代的人，未嘗因一己的私恨，而就把鄉里忘卻，這種情形要是從後世人的居心去衡量，就未必不懷疑他們的矯情做作了。

賈季與趙盾調換班位的怨仇，是私人之間的仇恨，自己長久生存有如父母的國家，豈可因趙盾一人而背棄嗎？趙盾所以敢派遣賈季前往責備酆舒，是知道賈季雖然怨恨趙盾卻不怨恨晉國；賈季所以肯對酆舒稱譽趙盾，是站在晉國的立場，並不是站在趙盾的立場。趙盾以晉國的名義派遣賈季，而不是以自己的名義派遣；賈季則是爲晉國發言，而不是爲趙盾發言，怎可用後世人淺狹的居心去衡量這件事情呢？以多陽比擬趙衰，以夏陽比喻趙盾，表面上看來好像是以趙衰爲優，而以趙盾爲劣，而賈季的用心，實在是因爲戎狄之人難以恩情感動，卻易以威嚴馴服，所以要讓酆舒知道趙盾是威嚴不可侵犯，並非如趙衰的慈愛可以親近。張大趙盾的威嚴，就是張揚晉國的威嚴，這就是所說的在實質上稱譽，而不在虛文上稱譽啊！譬如馬援並未嘗尊崇漢高帝而看輕光武帝，所以會有這樣激烈的言論，是要使隗囂知道光武帝仔細謹愼，不可欺侮；賈季也未嘗以趙衰爲優而以趙盾爲劣，所以會有這樣激烈的言論，是要使酆舒知道趙盾威武靈明的不可侵犯。若馬援曾與光武帝有些微過節、怨恨，則後世人又將以懷疑賈季的居心來懷疑馬援的用心了！未嘗有古人的居心就要觀看古人的書籍，所產生的懷疑多得能數淸嗎？

【研　析】本文主旨，在闡發賈季、趙盾二人，雖然爲仇家，然而當其處理公務之時，均能放棄私恨而以國家為先的高貴情操。這種公私分明，不匿怨恨的胸襟，誠令人為之肅然起敬，不得不以感慨係之了。

就內容說，作者首先說明報怨、忘怨，均為聖門所不取，權衡輕重，為聖門處事之則。其次則指出因賈季、趙盾為仇家，此世人所以疑賈季答酆舒之言，致使譽譏難辨，勝負難明。第三段則辨賈季所言為公心之論，並非詆毀趙盾，不可以後世之心置評。最後又指出賈季、趙盾易班之仇乃私恨，二人均以公務為念，不假公而報私仇。

就行文說，作者採平舖直敘的方式，以發抒一己的所見，摒除世人所疑之非，獨闡賈季所言之是，察微知著，稱情度理，由世人之諾諾，轉為一人之諤諤，以古樸親情、鄉情之真，矯後世所惡、廢鄉之僞，眞情流露之筆，最能服人。

全文以「不以公害私」為中心，說明賈季、趙盾二人之用心。如文中所說：「盾所以敢使季責酆舒者，知其怨盾而不怨晉也。季所以肯對酆舒而譽盾者，亦主晉而不主盾也。盾以晉使之，而不以盾使之，季子亦為晉言之，而不為盾言之。」這些話，眞是說的再透闢也沒有了。最後，作者又點出讀書應以當代的環境、世俗、情勢作衡量，不當用後世之心作論斷，因時移事變，大勢所趨，怎可執當世之情，以衡古代之勢呢？這種見解，無人可撼。

晉郤缺❶言於趙宣子❷歸衛地　文公七年　晉歸衛田文公八年

【題　解】此事載於《左傳》文公七年（西元前六二〇年）。大意是說：一天晉國的大夫郤缺對趙宣子說：「以前由於晉、衛不和睦，所以才佔領了他的土地，現在已經和睦了，就應該把土地歸還給他。背叛了不討伐，用什麼顯示聲威？服從了不安撫，用什麼顯示關懷？不顯示聲威與關懷，又用什麼顯示德行？沒有德行又如何能主持盟會？您是晉國的正卿，主持諸侯的事務而不致力於德行，那怎麼可以呢？《夏書》說：『將喜慶的事告訴他，用威嚴督導他，用九歌勸勉他，不要讓他衰敗。』有關九功的德行，都可以歌唱，這就叫做九歌。六府三事叫九功，水、火、金、木、土、穀，叫六府，端正德行，利於使用，厚裕民生叫三事。適切的推行這些事功，叫德、禮，不講禮樂，這就是反叛的根由。假如您的德行，沒有什麼可歌唱的，又有誰來歸順呢？為什麼不使和睦順服的人，來歌頌您呢？」趙宣子聽了很高興。在文公八年的春天，晉侯就派解揚把匡、戚二地的田畝，歸還給衛國，並且把封給公壻池自申至虎牢的土地，也還給了衛國。

急人之聽者，必以言之緩為大戒，然其所以終不合者，非傷於緩也，傷於急也。大其聲，疾其呼，而聽者猶若不聞；危其言，激其論，而聽者猶謂不切；檻可折，墀可丹，冠可免，笏可還❸，而聽者之心終不可移。忠臣義士，感慨憤悱，自尤其言之猶未急，更相激揚，更相摩厲，言愈迫而效愈疏。他日聞有一言悟意，回難回之聽者，意其言必剴切的近，出於吾平日所慮之外，及徐問其說，乃吾異時所共訕侮以為迂闊者也。言者急而聽者緩，言者緩而聽者急，豈聽者樂與言者相反覆耶？覆觴推盎，不能止人之飲，而談笑諷詠，可以使人終身視酒如仇讎；閉門投轄❹，不能挽人之留，而邂逅遇合，可以使人終身從我如父子。強人之聽者，固不若使人之自聽也！

以衛之弱而取怒於晉，壞地侵削，鄰於危亡，君臣側席，朝不謀夕，勢可謂至急矣。爲衛謀者，必亟問亟禱，急自解於晉可也。今郤缺爲衛請侵地於趙宣子，乃取古人之陳言，所謂六府❺三事❻九歌❼者，諄諄而誦之，此何時而爲此言耶？然言出而地歸，曾不旋踵；持斷編腐簡熟爛之語，而速於辨士說客捭闔之功。吾是以知世人之所謂急者，未始不爲緩；世人之所謂緩者，未始不爲急也。嗚呼！以此之利害而解彼之利害，是同遊乎利害之內者也；以此之是非而攻彼之是非，是同遊乎是非之內者也。晉既以壞地爲急，爲衛請者復以壞地爲急，言者聽者俱墮於是非利害之內，是猶兩人之角，其勝其負，安可預必乎？故郤缺之進說，綽約容與❽，不與宣子爭於是非利害之內，而置宣子於是非利害之外。彼方瑣屑猥細滯心壞地尺寸之末，而吾忽以聖人之法語大訓仁聲正樂投於其耳，心融神釋如朝舜、禹而陪夔❾、龍❿，胸中洞然，曠無畛域，至此豈復知有晉疆衞界之辨乎？此其所以不用力，不費辭而平兩國之憾於片言，還數年之侵於一日也。

雖然，舜之琴不若舜自鼓，禹之樂不若禹自歌，琴存而操已變，樂是而人已非。郤缺追誦六府三事九歌之語於春秋爭奪之中，豈能動物悟人如此之速乎？蓋樂有作輟而至音無存亡，世有久近而至理無今古。九敍之歌⑪，在唐虞聽之不爲新，在晚周聽之不爲舊，愈言愈深，愈聽愈感，一念警發，固可以再還唐虞之天地於几席之間，又奚止戚田之還耶？

【註釋】❶郤缺　春秋晉大夫。見〈臼季舉郤缺〉題解。❷趙宣子　即趙盾。見本卷〈陽處父改蒐賈季殺陽處父〉。❸檻可折四句　語本《漢書·朱雲傳》。漢成帝時，朱雲諫殺安昌侯張禹，帝怒欲殺雲，雲攀殿檻，檻折，雲呼曰：「臣得下從龍逄比干，遊於地下，足矣！未知聖朝何如耳。」左將軍辛慶忌免冠解印綬，叩頭流血於殿下曰：「此臣素著狂直於世，使其言是，不可誅；其言非，固當容之，臣敢以死爭。」上意解，然後得已。及後當治檻，上曰：「勿易，因而輯之，以旌直臣。」後遂以折檻比喻朝臣敢以直諫。墀，殿前平地。❹投轄　漢陳遵好客，每次宴會，總是取下客人的車轄投入井中，使車子不能行走。事見《漢書·游俠傳·陳遵》。後因以投轄比喻主人留客的殷勤。❺六府　水、火、金、木、土、穀六者是財貨聚藏的來源，稱六府。府是儲藏財貨的地方。❻三事　政教上的三件要事，指正德、利用、厚生。❼九歌　九德之歌。是夏禹時樂歌，因九功之德皆可歌而稱爲九歌。九功即指六府三事。❽綽約容與　形容態度從容自得。綽約本指體態柔美的樣子。❾夔　人名。虞舜時樂官。❿龍　人名。虞舜時作納言，掌管出納王命的事務。⑪九敍之歌　即九德之歌。九敍，即九序，序九功之次。

【語譯】急切想說服他人的人，必定以輕言慢語爲大戒，然而終於不能達成目的的原因，並非由於言語的緩慢，而在於太過急切。雖然大聲疾呼，而聽的人根本沒有聽進；即使言語驚人，論辯激烈，而聽的人仍不以爲急切；甚至於更進一步的折斷殿檻，叩頭流血塗地，摘除官帽，繳還笏板，以示非如此不可，而聽的人心意仍然沒有絲毫轉移。忠臣義士，感慨激動得言語都含混不清了，還怨歎自己的言辭不够急切，因此更加激昂，更加尖銳，結果言辭愈是急迫，所得到的效果愈是稀少。直到他日聽說有人用某些話感悟了他的心意，使難於轉移的聽者回心轉意，心想這些話，必然是切中事理，而有一針見血的功效，且出於我平日所能思慮的範圍之外，等到慢慢地把這些言辭打聽出來，卻是我過去所訕笑輕侮，以爲不切實際的話語。遊說人時，往往說的人急切而聽的人反應遲緩，或者說的人態度緩和而聽的人急切不已，難道是聽的人喜歡與說的人作對嗎？翻覆酒杯或推開酒盎，並不能阻止別人飲酒，而談笑之間委婉勸說，卻可以使人終身視酒如仇敵；關上門戶或將車轄投入井中，並不能留得住客人，而無意中的相遇投合，卻可以使人終身相從，情同父子。勉強別人聽從我的勸說，本來就不如使人自我聽從來得有效啊！

以衛國的弱小，卻得罪了強大的晉國，以至於國土被侵佔，面臨著危亡，全國上下，側席難安，大有朝不保夕之感，情勢可說是非常危急了。爲衛國圖謀平安的人，必然急切的四處討教祈禱，最吃緊的是，只要能解除衛國的滅亡就可以了。而今郤缺卻爲衛國向趙宣子請求歸還所侵佔的土地，竟然取用古人老掉牙的言論，將所謂六府、三事、九歌，一次又一次地諷誦不已，這已經是多麼危急的時候了，竟然還說這種話？然而這些話一說出口，晉國就將土地歸還，絲毫不廢時日；執持著斷編殘簡上的陳腔濫調，卻比那些辯士說客縱橫遊說之術收效更快速。我因此而知道世人所謂急切的事，未嘗不可以緩慢處置；而世人所謂和緩的事，也未嘗不可以急切的手段處理。唉！拿這一方的利害去化解那一方的利害，是使雙方都陷於利害的計較中；以這一方的是非去攻擊那一方的是非，是使雙方都陷於是非的爭執中。

晉國既以擴張領土為急要之務，為衛國請求歸還失地的人，又以取回失地為急切之事，這樣一來，說的人與聽的人，都陷入是非利害的斟酌中，就如同兩個人在角力，誰勝誰負，怎能預測必然的結果呢？所以郤缺提出勸說時，態度從容自得，不與趙宣子爭辯是非利害的關係，而將趙宣子置於是非利害之外。當對方正沈溺於瑣碎繁細的國土尺寸大小的細節時，而我忽然以聖人的法語大訓仁聲正樂投注在他的耳中，使他心融神釋，如朝見舜、禹而陪伴著夔、龍一般，胸中坦蕩、曠達而沒有界域，到了這種境界，那裏還會想到有晉衛疆界的區分呢？這就是郤缺所以能不用力，不費唇舌，就平息了兩國的不愉快，僅說了很少的話，於一時之間，就歸還了侵佔數年的國土。

雖然如此，但舜的琴究竟不如舜自己彈奏，禹的樂曲也究竟不如禹自己歌唱，而今人事全非，琴雖存而彈奏的人已經改變，樂曲雖留而歌唱的人已經遠去。郤缺追誦六府、三事、九歌之語於爭權奪利的春秋時代中，又怎能感動啟悟人如此的快速呢？因為樂曲的演奏有始有終，而感人的美妙音樂，卻沒有存亡的分別，就如同世代有遠有近，而眞理卻無今古的不同。九德之歌，在唐虞時代聆聽，並不覺得是新樂曲，在晚周時候聽來，也不覺得是老調重彈。動人的話，愈說愈深刻，就如九德之歌，愈聽愈感人，一念之間有了警惕啟發，可以使人在几席間回復到唐虞時代的胸襟懷抱，又何止於歸還戚地這件小事呢？

【研　析】本文雖以郤缺說趙宣子歸還衛地為主題，然而在文中所闡述的，卻為王道精神。王道在於行仁政、厚民生、講愛人、重寬恕、惡爭奪、厭暴寡、賤欺弱。這些話儘管趙宣子不見得能聽得進去，可是一談到四方皆歌頌其德而歸往時，他卻毫不遲疑的欣然接受了。這一方面說明郤缺不僅善揣人意，而且尤其能以置身事外的態度說趙宣子，這確實難能可貴。因此言雖緩，而收效卻非常迅速。

就內容說，作者首先指出欲人聽從，最要者，就是使聽的人心悟其理，融會其意，自我聽從。其次則解析郤缺以從容不迫的態度，用王道精神說趙宣子，使歸衛地，宣子欣然接受的情由。最後說明古代聖王的樂歌至意，感人的快速、深遠。

就行文說，作者妙用引喻，以密合之筆，在不知不覺間，轉入主題，「取古人之陳言」，用六府、三事、九歌牧民的效驗，以歌者載於途，頌聲不絕於耳的道理，說明緩急奏功的迥異，使聽的人進入渾然忘利，「曠無畛域」的境界。在此情況下，趙宣子一心陶然於舜禹歡洽的古風中，而歸還衛國的侵地，也就成為必然的舉措了。於此益可見作者的見解縝密，體悟深遠，而對人心智的啟發，還在其次呢！

就全文說，作者一方面點出郤缺與趙宣子的遇合歡洽，悉以置身事外的觀點，同遊於王道的共存、共榮、共治的理念中，一方面說明九歌的為至音，「在唐虞聽之不為新，在晚周聽之不為舊」的道理，使人在意識中，感覺以侵奪為恥，以爭利為羞，以厚民生、天下和樂為歸趨。這不僅可以看出作者的胸襟、理想，同時也可以體悟為甚麼郤缺一言既發，而趙宣子即歸還衛地的原因所在。

卷十九

宋襄夫人殺昭公之黨　文公八年　宋襄夫人殺昭公　文公十六年

【題解】此事載於《左傳》文公八年（西元前六一九年）。大意是說：宋襄夫人，是周襄王的姐姐。宋襄公卒，子成公卽位，成公卒，昭公卽位。就輩分說，宋襄是昭公的祖父，其夫人就是昭公的祖母。不料昭公對他的祖母不加禮遇，於是宋襄夫人就依靠戴氏的族人，殺了襄公的孫子孔叔、公孫鍾離以及大司馬公子卬，因這些人都是昭公的黨羽。當大司馬死時，手裏尚且握著符節，所以《春秋》記載他的官職。司城蕩意諸，在逃往魯國前，先把符節還給府人，然後才走出來。因此魯文公按照他原來的官職接待他。而且也恢復了他以及隨員們原來的官職。所以《春秋》記載他的官職，這表示尊重他。

與這件事有關的，是宋襄夫人殺昭公。載在《左傳》文公十六年（西元前六一一年）。大意是說：宋昭公無道，國人事奉公子鮑（昭公弟）來依靠宋襄夫人。不久以後，襄夫人打算使昭公到孟諸打獵乘機殺了他。宋昭公知道以後，在出行前，携帶了全部的珍寶。司城蕩意諸說：「爲什麼不往諸侯那裏去？」宋昭公說：「得不到大夫及祖母和國人的信任，諸侯誰願意接納我？而且旣已爲人君，又爲人臣，還不如死呢！」於是就把珍寶全部賜給左右的侍從，讓他們離去。這時襄夫人派人告訴司城蕩意諸離開宋昭公，他回答說：「爲人臣在危難之時而逃走，如何事奉以後的國君？」

冬十一月十二日，宋昭公準備去孟諸打獵，還沒有到達，襄夫人王姬，就派遣帥甸進攻並且殺了他。蕩意諸也爲此事死去。於是《春秋》記載說：「宋人弒其君杵臼。」這是由於君無道的緣故。

待人欲寬，論人欲盡。待人而不寬，君子不謂之恕；論人而不盡，君子不謂之明。善待人者，不以百非沒一善；善論人者，不以百善略一非。善待人者，如天地，如江海，如藪澤，恢恢乎無所不容；善論人者，如日月，如權衡，如水鑑，昭昭乎無所不察。二者要不可錯處也。

待人當寬，世固已知之矣，至於論人當盡，學者每疑其近於刻而不敢盡焉。抑不知論人者，借人之短以攻我之短，借人之失以攻我之失，言主於自爲而非爲人也。品題之高下，所以驗吾識之高下；與奪之公私，所以驗吾心之公私。苟發於言者，略而不盡，則藏於心者，必有昏而未明者矣。吾夫子❶譏賜❷也之方人，言未絕口，而自操《春秋》❸之筆，善善惡惡，無毫髮貸，是豈遽忘前日之語哉？待人與論人固自有體也！

宋襄夫人之亂，蕩意諸❹始則出奔，終則致死，大祲稽天而砥柱不移，風雨如晦而雞鳴不已，凜然亂臣賊子之大閑也。雖使有一行之未當，一善之未全，君子尚忍復議之乎？當是時，奔走於夫人之宮者，冠蓋相望，受施於公子鮑❺之室者，踶踵相躡。至於安受昭公之賜，橐珍囊寶散而之四方者，又不知其幾人也。不思議此，而惟意諸之是責，吾不知與逆徒何親，與公室何讎乎？與小人何厚，與君子何薄乎？讎公室而親逆徒，厚小人而薄君子，雖鄉黨自好者猶恥為之，未有名為學者而反不恥者也。

然立論之際，先則譽意諸之忠，後則責意諸之過，變譽為責，夫豈得已哉？蓋將假意諸既往之過，為吾身將來之戒也。言發於意諸，而心主於吾身也。意諸效節之去，義當去也；意諸從田之死，義當死也，是皆不可毀也。然意諸親則公族，官則司城，坐視昭公之失道，襄夫人之蓄怒，公子鮑之陰謀，凶德參會，待釁而發。上則不聞有正救之諫，中則不聞有調護之功，下則不聞有擊斷之勇❻。見亂而始去，去何晚也；見弒而始死，死何補也？

想夫亂機之將兆，弒械之將成，通國之內外舉知之矣，曾謂意諸之賢，獨不知耶？其所以徘徊濡滯，不能翻然高舉者，蓋懷其父去官則族無所庇之言，顧位苟祿，日復一日。其意以謂，無難則忍恥以庇宗，有難則捐身以刷恥，以後之節贖前之非，後世君子要必有哀吾之用心者。殊不知君子不忍一日置其身於可愧之地，今日為善，尚恐他日為惡，詎有身居可愧之中，預指他日之節以贖今日之非乎？他日之節未至，今日之非方增。斯心也，君子乎？小人乎？此吾所以為意諸懼也，此吾所以不為意諸懼，而為吾身懼也。

【註釋】❶夫子 在《論語》中爲孔子弟子對孔子的尊稱。後代因以夫子爲師長的敬稱。本文中夫子指對孔子的尊稱。❷賜 即端木賜。春秋衛人。姓端木，名賜，字子貢。孔子弟子。好比方人物，有口才，列於言語之科，又善經商，七十子中最爲富裕。❸春秋 書名。古時列國記史的書亦名春秋。自孔子據魯史而成《春秋》，遂爲孔子著作的專稱。《春秋經》爲編年體，記魯隱公元年到魯哀公十四年，共十二公，計二百四十二年，以魯爲中心的各國史事。敍事簡要精粹，是中國最早的編年史書。❹蕩意諸 宋昭公之臣。司城公子蕩之孫。其父公孫壽不願繼蕩司城，請使子意諸繼任。後來告訴別人說：「君上無道，司城與君上的關係又是這麼近，我怕將爲災禍所及，若棄官則族人又無所庇護；而兒子如同我的第二個身子，只好姑且讓他去任職，即使兒子因此而死，族人也不至於遭殃。」後來昭公被弒，意諸果然殉死。❺公子鮑 宋昭公之庶弟。美而艷。宋襄夫人曾助其施恩惠於國人，於昭公被弒後，繼立爲文公。❻擊斷之勇 子路仕衛，在外聞蕢聵與孔悝之亂而前往救援，遇子羔出衛城門，勸他說：「出公已去而城門已閉，你還是回去吧，何必招惹這種禍事？」子路則回答：「受人俸祿的人是不該逃避災難的。」於是子路即隨使者入城，見蕢聵，蕢聵與孔悝登臺，子路勸諫說：「君上爲何重用孔悝呢？請將他殺了吧！」蕢聵不聽。於是子路打算縱火燒臺，蕢聵畏懼，乃令石乞、壺黶攻擊子路，擊斷了子路的帽帶。子路說：「君子雖死而帽不可除。」於是將帽帶結好才從容而死。

【語譯】待人要寬厚，評論人要詳盡。若待人不寬厚，君子就不以爲恕；論人不詳盡，君子就不以爲明。善於待人的人，不因爲對方有多種錯處而忽略了僅有的一點善行；善於評論人的人，也不因爲對方有多種美善的修養而忽略了僅有的一點錯處。善於待人的人，他的胸襟就像天地，像江海，像湖泊一樣，寬大廣濶而無所不能包容；善於論人的人，他的胸襟就如日月，如稱秤，如水鏡，光明清朗而無所不能鑑察。這兩件事情千萬不可混爲一談。

待人應當寬厚，世人本來就已經知道了，至於評論人物應求詳盡，學者們每每懷疑這樣的態度未免近於苛刻而不敢過於詳盡。卻不知所以評論人物，是要借他人的短處來攻治自己的短處，借他人的缺失來攻治自己的缺失，評論主要是爲了檢討自己並非爲了攻擊別人。品題人物的高下，是用來考驗自己見識的高下；借著裁斷他人的公私，來驗證自己的公私。若發於言論，疏略而不詳盡，那麼隱藏在心中的，就一定會有昏昧而不能明通的了。孔夫子曾責備子貢喜好批評人物，話還沒有說完，卻又操筆作《春秋》，品評人物揚善抑惡，沒有絲毫的寬宥，這難道是孔夫子馬上就忘記前日責備子貢的話了嗎？事實上是孔子待人與論人本來就不同啊！

在宋襄夫人所引發的亂事中，蕩意諸起初是出奔到魯國，最後則爲昭公殉死，這種表現，正如大水漫天，而砥柱仍然屹立不移；狂風暴雨天昏地暗，而鷄鳴仍然不止，義氣凜然有如爲亂臣賊子豎立了忠貞的榜樣。卽使仍有一點行爲不得當，一善未能全備，君子還忍心來議論他嗎？當此時往來奔走於宋襄夫人宮中的，車馬冠蓋相望，不絕於途，受施求利於公子鮑府中的，前後相接，多不可數。至於安然接受昭公的賜與，以橐囊裝載珍玉珠寶而四散逃離的，又不知有多少人。評論的人並不去議論這些，而只是責備意諸一人，我不知道這些評論的人與那些叛徒有甚麼特別親密的關係，又與公室結有甚麼寃仇呢？對待小人是何等的厚道，對待君子又是何等的刻薄呢？仇視公室而親厚逆徒，厚待小人而刻薄君子，卽使是鄉里中能潔身自好的人尙且羞恥去做，絕沒有名爲學者而反不以此爲可恥的。

然而在立論的時候，先則褒揚意諸的忠誠，其後則苛責意諸的過錯，所以變褒揚爲苛責，這難道非如此不可嗎？其實是借意諸既往的過失，作爲我今後言行的警戒。言論雖然是因意諸的行事而發，用意卻在於修正自身的行爲。意諸交出符節而出奔他去，在道義上說是應當離去的；意諸侍從昭公出獵而死，在道義上說是應當殉死的，這些行爲都不可加以詆毀的。然而意諸就血緣來說，是公室親族，就職位來說，官居司城，卻坐視昭公的荒唐失道，宋襄夫人的積怨蓄怒，公子鮑的暗中圖謀，各種違背道德的凶惡行爲參合相會，等待釁端的發作。就謀略來說，上則未聞有任何匡正補救的諫言，中則未聞有任何調解護衛的功勞，下則未聞有擊搏斷纓的勇敢。直到亂事發生才離國他去，離去不是太晚了嗎？直到昭公被弒才殉死，死了又於事何補？

我認爲當亂事已顯徵兆，弒殺昭公的陰謀也將完成時，全國上下都已知曉，而以意諸的賢明，卻獨有他毫不知情嗎？他所以猶豫遲緩，不能毫無牽掛的隱居求去，想是念及他的父親當年抱不受官而使族人無所庇護，所以仍留戀著高位，苟且於利祿的追逐，就這樣過了一天又一天。他的用意是認爲，若沒有事故發生，則忍受著恥辱以庇護宗族，有亂事發生只好爲君殉死以洗雪恥辱，用以後的節操來贖回往日的過失，後世評論我的君子想必有能哀憐我的用心良苦的。卻不知君子不容許那怕是一日的時間處身在可愧疚的境地，今日修行向善，尚且擔憂他日犯過作惡，豈有縱容己身居在可愧疚的境地，而期望能以他日的節操來贖回今日的過失？若如此，說不定他日的節操尚未實踐，而今日的過失卻不斷的增加。這樣的用心，是君子呢？還是小人呢？這就是我所以爲意諸擔憂的原因，再深一層想，這更是我所以不爲意諸操心，而爲自己感到憂慮的理由。

【研 析】本文立意，以蕩意諸爲中心，就其舉措關連之事反復論辨，善惡是非，終得以明。

就內容說，作者首先指出待人論人的不同，一則以寬，一則當盡，二者不可混爲一談。其次則進一步闡發論人當盡之理，其目的在於自爲而非爲人。第三段評論當時學者責蕩意諸的非是，於小人反縱容不提。第四段責蕩意諸的舉措失宜，雖死何補。最後指出非不可積，善不可待，而尤其不可預指他日之善，來贖今日之非。

就行文說，以雙峯並峙的筆法作引喻，意念突起，交互錯行，生動排舖，發人至爲深遠。行文自第二段起，則採離析的筆法，作深入的探討，就事窮理，或由理言事，闡發務盡之言，每留有餘味，耐人尋思。

就全文說，一二段似與主題無關，然其所言待人、論人之理，卻爲一大奇想，尤其交互論析之筆，深入探討之論，在在都可給人意想不到的驚喜。如談到論人，其旨不在論人，而在「借人之短，以攻我之短，借人之失，以攻我之失。」以及「品題之高下，所以驗吾識之高下；與奪之公私，所以驗吾心之公私。苟發於言者，略而不盡，則藏於心者，必有昏而未明者矣。」這種言論，又是何等的深刻而警人？三段以後，進入本題，其盡言無隱之筆，不僅獨到，尤其深刻。如談到蕩意諸的「始則出奔，終則致死」，把他比作「大浸稽天而砥柱不移，風雨如晦而鷄鳴不已。」可是對於那些「奔走於夫人之宮者」，「受施於公子鮑之室者」，以及「安受昭公之賜，橐珍囊寶散而之四方者」，前人竟無一言的態度，則痛加指責，以辨君子小人。至於談到蕩意諸的作爲，並非無可議之處，如他那種「置其於可愧之地」，「預指他日之節以贖今日之非」的做法，則不予苟同，並借此指出君子不可一日居可愧之地的看法，作爲自身的警惕。

這種見解，在作者說，固屬當然，可是如就常理說，固有些事情，爲情勢所逼，不得不作調節，以忍辱負重的行爲渡過難關，然後再圖有所作爲，以表示一己的忠烈不貳。如是以論，作者對於蕩意諸的指難，反不爲過失了。

箕鄭父❶殺先克❷ 文公八年

【題解】此事載在《左傳》文公八年、九年（西元前六一九—六一八年）。大意是說：晉侯在夷地檢閱軍隊的時候，準備提升箕鄭父和先都，而讓士穀率領中軍、梁益耳爲佐。這時先克向晉侯進諫說：「狐偃、趙衰兩人的功勳，是不可以廢棄的。」晉侯聽從了。後來先克又在堇陰奪取了蒯得的田地，因此，箕鄭父、先都、士穀、梁益耳、蒯得發動叛亂。在文公九年春周曆正月初二這天，箕鄭父等派遣凶手殺了先克。

見人之禍，必思求其得禍之道，古今之通蔽也。人之得禍，果皆以其道，是天下無不幸而遇禍者也。天下固有得禍而非不幸者矣，四裔之囚❸，見者不嗟，非不幸也。兩觀之僵❹，過者不憫，非不幸也。得禍而非不幸，惟此時爲然爾。時非虞也，君非舜也，國非魯也，相非丘也，流竄相望，安可槩以凶族待之乎？刀鋸相尋，安可槩以少正卯待之乎？吾恐四裔之遠，未必無如稷❺、如契❻、如垂❼、如益❽者也；吾恐兩觀之下，未必無如參❾、如騫❿、如由⓫、如賜者也。王綱隕絕，忿慾橫流，以私讎公，以邪戕正，得禍而不以其道者，夫豈一人耶？

《左氏》所錄公卿大夫之遇禍者，必求其召禍之由，信如是說，則春秋之時無一人不幸而受禍者也。使左氏移此筆以書虞之典，續魯之論，則雖曰無一人不幸受禍，吾孰敢以爲非哉？今記載春秋衰亂之世，見人之遇禍者則吹毛求疵，捃摭其過，以證成其罪。不憫君子受禍之不幸，而惜小人殺人之無名，此吾所以深爲左氏惜也。姑以先克一事明之：左氏將書先克之死，以謀帥之事列其前，以奪田之事繼其後，積二事以爲先克召禍之由，欲後世知箕鄭父輩之作亂不爲無說，先克之致死不爲無罪。其爲箕鄭父輩謀則忠矣，吾不知先克何負於左氏？且謀帥大事也，國之興衰，民之死生所由繫者也，先克身爲近臣，親見晉侯謀帥之未當，詎肯坐視耶？匿情而不言，不可也，畏禍而不言，大不可也。於是上不敢順主欲，下不敢恤衆仇，奮然請於晉侯而更之，可謂不負其君矣！至於堇陰之役，以軍事奪蒯得之田，此又晉之軍政，而非先克之家政也。大而謀帥，小而奪田，爲先克者知致吾義，守吾職而已。人怨耶？不暇問也；人不怨耶？亦不暇問也。苟預憂人之怨，畏首畏尾，則在朝必不敢發一言，在軍必不敢舉一罰矣！人皆持此心，社稷何賴焉？國家何賴焉？先克所以明知他日之禍而不敢避也！爲左氏者，盍亦深嘉先克之忠，毀斥箕鄭父輩之罪，俾當官而行者有所勸，覆出爲惡者有所懲，則庶可自附於《春秋》褒貶之義矣。既乃無一言直先克之枉，屑屑然若爲箕鄭父輩解殺人之謗者，此吾所以深爲左氏惜也。或曰陽處父易狐射姑趙盾之班，終以見殺，其事適與先克類，然則左氏所載者亦非歟？曰，不然。陽處父易中軍之帥，在晉侯命既出之後；先克謀中軍之帥，在晉侯命未出之前。命既出而擅更之，逆也；命未出而亟救之，忠也。處父之逆，司寇不誅，至使狐射姑不勝其忿而自戕之，襄公於是失刑矣。至於先克之忠，猶當十世宥之，以勸其事君。孰謂堂堂晉國不能保一臣，而使盜賊竊發之謀敢行於朝乎？君子是以知晉之不競也。處父之事在所戒，先克之事非所戒；處父之禍在所懲，先克之禍非所懲。名則魯衞，實則胡越，烏得均處之於一域耶？

【註釋】❶箕鄭父　春秋晉大夫。晉文公八年，爲趙衰所將上軍佐。靈公元年爲上軍將。因欲爲中軍將與先克結怨，後雖仍得將上軍，卻與先都等人發動叛亂，並在文公九年派遣凶手殺先克。後二月乃以叛亂罪名被誅。❷先克　春秋晉人。先且居子。晉靈公元年代狐射姑爲趙盾所將中軍佐。餘見本篇題解。❸四裔之囚　舜攝政時，把共工流放到幽州（在今河北省密雲縣境），把驩兜放逐到崇山（在今湖南省六庸縣西南），把三苗族驅逐往三危山（在今甘肅省敦煌縣），把鯀驅逐到羽山（一說在今江蘇省東海縣西北，或說在今山東省蓬萊縣東南）。四裔卽指共工、驩兜、三苗、鯀。❹兩觀之僵　孔子爲魯司寇時，將大夫少正卯以「心達而險，行辟而堅，言僞而辨，記醜而博，順非而澤」等罪名誅殺於兩觀之下。但近世學者如徐復觀考證少正卯非孔子所殺。❺稷 周始祖。爲堯農師，封於邰，號后稷。子孫世襲其官，十五傳而至周武王，遂有天下。❻契 商始祖。爲舜之臣，佐禹治水有功，舜乃命爲司徒，敬敷五教，封於商，賜姓子氏。傳至成湯，滅夏，以商爲國號。❼垂 又作倕。舜臣名。掌管百工之事。❽益 舜臣名。爲舜之虞官，即主山林川澤之官。❾參 即曾參。春秋魯南武城人。字子輿。孔子弟子。事親至孝。性質魯，日三省其身。悟一貫之旨，其學傳於子思，子思再傳於孟子。後世稱爲宗聖。❿騫 即閔子騫。春秋魯人。名損，字子騫。孔子弟子。在孔門中與顏淵並列於德行科。⓫由 即仲由。春秋魯國卞人。字子路，一字季路。孔子弟子。性好勇，事親至孝。仕衛，爲衛大夫孔悝邑宰，死於難。在孔門中與冉有並列於政事科。

【語譯】 見人遭逢災禍，必思探求他得禍的原因，這是古今所共有的弊病。若人的得禍，果然都有可尋的原因，這就表示天下沒有因不幸而遇禍的了。天下本來就有不因不幸而得禍的，如共工、驩兜、三苗及鯀的被放逐，知道的人並不爲他們感到哀歎，因爲他們罪有應得，並非不幸遇禍。少正卯被誅於兩觀之下，過路的人並不憐憫他，這是由於他並不是因不幸而遭殺身之禍。得禍而不是因爲不幸，也只有在那個時代才如此。若不是在虞舜爲君的時代，孔子爲司寇的魯國，即使因犯罪而被流放的人隨處可見，怎可以完全將他們視爲凶惡之徒呢？即使因犯罪而受刑的人相繼不斷，又怎可以完全將他們歸納爲少正卯之流的人呢？我擔心像四裔一樣被流放於遠方的人當中，未必沒有像稷像契，像垂像益一樣的賢人；我也擔心像少正卯一樣被誅殺於兩觀之下的人當中，未必沒有像曾參像閔子騫，像子路像子貢一樣的君子。在王法綱紀敗壞蕩然的時代裏，忿戾與貪慾的氣燄泛濫天下，公報私仇，以邪害正，而使人無緣無故惹禍上身的，難道只有少數一、二人嗎？

在《左傳》中所記載公卿大夫遭遇禍害的，必定探求其招致禍患的緣由，若這些觀點都是正確的，那麼在春秋這個時代，就沒有一個人是因不幸而受害的了。假使左丘明以這種筆法去寫虞舜的典籍，或續作孔子任魯司寇時的論點，那麼他雖然指出沒有一個人是因不幸而受害，我們誰敢懷疑那是錯誤的呢？而今所記載的是春秋時候衰亂的世代，見有人遭受禍害的，就吹毛求疵，極力搜集他的過錯，來證明他果眞是有罪的。絲毫不憐憫君子橫遭禍害的不幸，卻顧惜小人肆意殺人而沒有正當的名義，這是我所以深爲左丘明感到惋惜的地方。現在姑且拿先克被害這一件事做說明：左丘明將要敍述先克死的時候，先把謀用將帥的事件列在前面，把奪取蒯得田地的事件繼於其後，積累這兩件事情來作爲先克招致禍害的原因，希望後世的人知道箕鄭父等人作亂不是沒有理由的，而先克的被害而死也不是沒有罪過的。左丘明爲箕鄭父等人著想可說是竭盡心力了，我不知道先克有甚麼地方對不住左丘明？而且任用將帥是軍政大事，與國家的興衰及人民的死生是息息相關的，先克身爲君主左右親近的大臣，眼見晉侯任用將帥的人選並不妥當，豈肯坐視而不管嗎？隱匿實情不說，當然不應該，因害怕惹禍上身而不願說，尤其不應該了。於是對上來說，不敢順應君主的心意，對下來說，也不敢顧慮到可能引起眾人的仇恨，奮然請求晉侯而更換將帥，可以說是不辜負國君了！至於堇陰之役，以軍事力量奪取了蒯得的田地，這又屬於晉國軍事上的政策，並不是先克私人的計謀。從大而任用將帥，到小而奪人田地，身爲先克只是知道應盡義務，應守職責而已，至於別人是否因此怨怒呢？並無暇顧及；別人是否不因此而怨怒呢？也無暇顧及。如果事先就擔憂會招致別人的怨怒，將畏首畏尾，顧忌一多，那麼在朝廷必然不敢說一句話，在軍中也一定不敢檢舉一人懲罰了！若每個人都抱著這樣的用心，那麼社稷還有甚麼指望？國家還有甚麼指望？這就是先克明知他日可能因此而遭禍也不敢逃避責任的原因啊！左丘明何不也深深嘉許先克的忠誠，而斥責箕鄭父等人的罪行，使當官而盡責有爲的，有所勸勉，使反覆作惡的人有所懲戒，那就可望能依附於《春秋》褒善貶惡的大義了。然而他並沒有一句話能平反先克的枉曲，只是細碎繁瑣地多費筆墨，好像在爲箕鄭父等人解脫殺人的謗訕，這是我所以深爲左丘明感到惋惜的地方。

或有人認爲，陽處父改換了狐射姑（賈季）與趙盾的班位，結果被殺，這件事恰巧與先克被殺的事相類似，這樣說來，那麼左丘明所記載的也錯了嗎？我認爲不是這樣的。陽處父調換中軍的將帥，是在晉侯的命令已經頒布以後；先克謀任中軍的將帥，是在晉侯命令尚未頒發以前。君命既出而擅自更換，是違逆的行爲；君命尚未發出而極力挽救，是忠誠的表現。對於陽處父的違逆，司寇並未加以彈劾誅殺，以至於使狐射姑不勝忿恨而自己派人將他殺了，也使晉襄公因此而失去刑法上的公正。至於先克的忠誠，當給予世世的寬諒，以獎勵他事君的忠直。爲甚麼說以堂堂晉國，竟不能保有一忠臣，而使盜賊之徒的陰謀敢公然行於朝廷之中呢？君子因此而知晉國的國力已經漸失強勁了。陽處父被殺之事應引以爲戒，而先克被害之事並不需加以戒惕；陽處父所遭之禍是應得的懲罰，而先克遭不幸並不是該得的懲罰。這兩件事名義上很相似，而事實上卻相差很遠，毫不相干，怎可擺在一起，混爲一談呢？

【研析】本文以先克作爲中心論點，闡述他的忠義與守職，並且與陽處父的見殺作比較，相去有如胡越，不可混爲一談。這不僅廓清了「古今之通蔽」，而且也昭雪了先克的冤屈。

就內容說，作者首先指出人的得禍，除唐虞之時的「四裔之囚」，孔子相魯之際的「兩觀之僵」非不幸外，其餘未必皆能求其得禍之道。其次則言左氏斷先克見殺的不明，所錄公卿大夫的召禍，必述其由，然未必皆能如其所言。這也正是作者深以爲惜的原因。最後就陽處父與先克二人的召禍，評判其是非曲直，並指出不可相提並論的道理。

就行文說，作者先以清麗之筆，掃除世人之蔽，然後再以對稱之文，排比之語，一展胸臆。其横肆之言，有如大江，一瀉千里。其次則就主題舉譬喻理，作深入淺出的探求，由於言出至理，故能語語動人。最後以前事後事，作一明顯的對照，使人有所取捨，其著筆之深，尤有可觀。

就全文說，布局層次分明，就事申理，切當服人，如「先克身爲近臣，親見晉侯謀帥之未當，詎肯坐視耶？匿情而不言不可也，畏禍而不言大不可也。於是上不敢順主欲，下不敢恤衆仇，奮然請於晉侯而更之，可謂不負其君矣。」這種見解，如站在臣下的立場來衡量，則先克的忠勇，又豈是一般人所可相匹的？如站在君上的立場作打算，何君不欲得此大臣來輔佐？而在結語中，以陽處父與先克作比較的筆法，尤爲絕妙，這不僅説出了處父之事在所戒、在所懲，而先克之事在非所戒、非所懲，名相似而實則絕遠，不可處於一域，而最爲難得的，就是能與本文首句「見人之禍必思求其得禍之道，古今之通蔽也」相呼應，走筆如此，可不謂之佳妙？

范山説楚子圖北方 文公九年

【題　解】 此事載於《左傳》文公九年（西元前六一八年）。大意是說：當楚穆王八年的時候，大夫范山向楚王進諫說：「晉國的國君年少（案：此時爲晉靈公三年），無意稱霸諸侯，北方是可以圖謀的。」因此楚王就在狼淵（在今河南省許昌縣西）出兵攻打鄭國。囚禁了鄭國的公子堅、公子尨及樂耳。這時鄭國不得已，只好與楚國講和。

觀人之道，自近者始。一言之誤，一行之愆，同室者知之，同里者未及知也；同里者知之，同國者未及知也。國疏於里，里疏於室，地愈疏則知愈晚，理也，亦勢也。自鄒視魯，有踰日而不知者矣；自燕視齊，有踰月而不知者矣；自越視胡，有踰歲而不知者矣。是近者之舊聞，即遠者之新聞；近者之飫見，即遠者之創見。庸有近未知而遠先知者乎？

晉靈公❶即位之初，其失德未有聞於人也。內而欒郤胥原❷，日陪日侍，傳不載其諷詠之辭；外而宋衞陳鄭，時聘時覲，傳不載其怨誹之語。彼范山者，邈然介居漢水❸方城❹之間，顧瞻汾澮❺如在絕域，果何自而知靈公之可輕，北方之可圖乎？是非道聽塗說之誤，必臆度意料之妄也。然楚師一出，諸夏披靡，莫敢枝梧❻，果不出山之所料，豈觀於近反不若觀於遠耶？

吾知其說矣！以地以勢，則近者詳而遠者略；以情以理，則近者蔽而遠者明。問官府之政於鈴下馬走，甲是乙非，嘈嘈嘵嘵，迄無定說；至大山之隈，絕澗之曲，農夫樵父相與畫地而譏長吏之能否，若辨黑白，若數一二，較然而不可欺。彼豈嘗識刺史之屏❼，而望縣令之舄❽哉？其言堅定精審，反勝於左右前後擁篲奉轡之人。蓋愛憎絕於耳目之前，則毀譽公於郊野之外，近者之蔽，固不如遠者之明也。

靈公之不君，基於始而成於終。當其嗣服之初，雖無萌芽之可尋，豈無兆朕之可卜？舉世不知而范山獨知之，豈合眾人之智不如一范山乎？亦有所蔽焉耳。嬖幸者，靈公恩賞之所及也，故蔽於愛而不知；卿大夫者，靈公政令之所及也，故蔽於尊而不知；列於齊盟者，靈公兵威之所及也，故蔽於畏而不知。惟范山立楚之朝，食楚之祿，其視靈公若風馬牛，非恩賞之所及，故不爲愛所蔽；非政令之所及，故不爲尊所蔽；非兵威之所及，故不爲畏所蔽。三蔽既盡，一心自明，此其所以雖身居萬里之表，而揣摩靈公之巧。揆之趙盾隨會之諫，反在於十年之先也。孰謂近者難揜，而遠者易欺耶？

吾嘗深味范山晉君不在諸侯之一語，有所深感焉。晉主夏盟，自文至靈三君矣。靈公即位之始，其拊循諸侯，必未敢遽改先世之舊。玉帛瑞節⑨，猶文襄也；芻粟牲牢，猶文襄也；物采辭令，猶文襄也；盟約要束，猶文襄也。惟其心不在諸侯，故幣雖厚而人自見其薄，禮雖備而人自見其略，儀雖華而人自見其瘁，令雖嚴而人自見其慢。猶人之將疾，百骸九竅，物物備具，然而神不主體，耳目鼻口，手足肩背，解散而不屬，弛縱而不隨。形雖在而其精華英靈之氣枵然無復存矣。范山之論晉，置其形而索其神，遺其迹，而察其心，其亦妙於觀國哉！

【註釋】❶晉靈公　名夷皐。襄公之子。在位十四年，荒淫無道，爲趙穿所弑。❷欒郤胥原　爲晉四大族姓，皆爲卿。❸漢水　水名。源出陝西省寧羌縣北的嶓冢山，東南流入湖北省境而入長江。❹方城　山名。在今河南省葉縣南，跨方城縣境。漢水方城，此處指楚國而言。❺汾澮　汾、澮皆爲水名，同在山西省境內。汾水源出寧武縣管涔山，注入黃河，流域面積廣大。澮水源出翼城縣東之澮山，流至新絳縣南入汾水。汾澮，此處指晉國而言。❻枝梧　也作支吾。本爲斜生相抵的枝條，引申爲抵觸、抗拒之意。❼刺史之屏　宋朝秦崇禮立於朝，端方亮直，廉儉寡欲，曾向高宗進唐太宗錄刺史姓名於屏風故事，他認爲：「連千里之封得一良守，則千里之民安；環百里之境得一良令，則百里之民說。牧民之吏咸得其良，則治功成矣。苟能效當時之事，以守令姓名詳列於屏，簡在帝心，則人知盡心職業。」按：刺史原爲檢舉不法之官，後來成爲州郡長官。❽縣令之舄　此指東漢王喬，於顯宗時爲葉令，每逢朔望，常自縣詣臺朝事。《漢書．方術傳》：「喬有神術，每月朔望，常自縣詣臺朝。帝怪其來數，而不見車騎，密令太史伺望之。言其臨至，輒有雙鳧從南飛來。於是候鳧至，舉羅張之，但得一隻舄焉。乃詔尚方詠視，則四年中所賜尚書官屬履也。」❾玉帛瑞節　玉、帛皆爲古代祭祀、會盟、朝聘時所用的禮品。瑞節是玉製的信物，爲使者所執。

【語譯】觀察人的方法，應從身邊的事物開始。人有任何言語上的錯誤，或行爲上的缺失，同一房屋的人知道了，同鄉里的人未必能知道；同鄉里的人知道了，同一國的人未必能知道。國比里遠，里又比室遠，地方愈遠知道的愈晚，這是常理，也是情勢必然的現象。從鄒邑探視魯地的消息，有隔天還不能知曉的；從燕國探視齊國的消息，有隔月還不能知曉的；從南方的越地探視北方胡地的消息，有隔年還不能知曉的。因此，對近處的人說是舊聞，對遠方的人而言卻是新聞；對附近的人說是司空見慣的事，對遠處的人而言卻是前所未聞的。難道會有近處的人尚未知曉而遠處的人竟然先知曉的嗎？

晉靈公剛卽位的時候，他在行爲上的缺失並沒有人提過。在朝中有欒、郤、胥、原四姓大夫，每天隨侍在側，史傳上並沒有記載任何他們諷刺勸諫的話；在國外則有宋、衛、陳、鄭四個鄰邦，時常來聘問朝見，史册上也沒有記載任何他們怨恨毀謗的言辭。而楚國的范山，遠住在漢水與方城之間，遙望晉國的汾水澮水，有如隔絕難通之地，他究竟從那裏得知晉靈公可以輕視，而北方可以圖謀呢？若不是道聽塗說的誤傳，必定是胡亂猜測虛妄的結果。然而楚國一出兵，華夏諸國全都潰敗，不敢有所抗拒，果然不出范山所預料的，難道說在近處看反不如在遠處看的清楚嗎？

我知道其中的道理了！就地理就情勢來說，則近處知道得詳盡，而遠處知道得粗略；就人情就事理來說，則近處容易被蒙蔽，而遠處反而看得明白。例如向護衛隨從打聽官府的政績，甲說是乙卻說不是，喧雜爭論，根本沒有結果；至於住在深山或遠水彎曲之處的農夫與樵夫們，總是相聚一起，比手畫地，議論官吏們是否賢能，有如辨別顏色的黑白，或數數目的一二，清楚明瞭而無可隱瞞。這些山野間人那裏見識過刺史的屏風，或曾經看過縣令的鞋子呢？然而他們的言論堅定而精確，反而勝過那些跟從在前後、隨侍在左右、護衛服役的人。因爲愛戴和憎惡遮掩了耳目的觀察能力，而詆毀與稱譽，卻能在荒郊野外得到公論，親近的人已被蒙蔽，當然不如遠處的人明察了。

晉靈公的不守君道，起因於開始而形成於最後。當他剛卽位的時候，雖然沒有事端可供探尋，難道也沒有一點徵兆可以預知嗎？全天下的人都不知道，而只有范山一個人知曉，難道說聚合全天下人的智慧，竟不如一個范山嗎？也只不過有所蒙蔽罷了。那些受寵愛的人，是靈公恩賞所及的對象，所以被愛戴之心蒙蔽而不明眞相；那些卿大夫們是靈公政令所下達的對象，所以被尊重之心蒙蔽而不明眞相；那些參加同盟的諸侯，是靈公兵威所號令的對象，所以被畏懼之心所蒙蔽而不明眞。惟有范山立身於楚國的朝廷，享有楚國的俸祿，他與晉靈公有如風馬牛毫不相干，因爲不是恩賞所及的對象，所以不會被愛戴之心所蒙蔽；不是政令所下達的對象，所以不會被尊重之心所蒙蔽；不是兵威所號令的對象，所以不會被畏懼之心所蒙蔽。三種蒙蔽的情況都不存在，心中自然明達，這就是他雖然身處於萬里之外，而能悉心探求靈公作爲的原因。比起晉臣趙盾與隨會對靈公的勸諫，反而還早了十年呢。誰還能說親近的人難以掩蔽，而疏遠的人容易欺蒙呢？

我曾經深深的體會過范山所謂「晉君的心不在霸諸侯」這一句話，而有很深的感觸。晉侯成爲華夏諸侯國的盟主，從文公到靈公已經是第三代了。靈公剛即位的時候，他對各諸侯國的安撫，必定不敢遽然改變先王舊有的儀節。對於玉帛禮品和瑞玉符節等，仍依照文公襄公時代的舊制；對於穀物犧牲等祭祀用品，仍依照文公襄公時代的舊制；對於風物文采和外交辭令等，仍依照文公襄公時代的舊制；對於盟會時的條約誓文等，仍依照文公襄公時代的舊制。只因爲靈公的心思不放在諸侯身上，所以幣帛雖然厚重，明眼人卻只覺得輕薄；禮儀雖然完備，明眼人卻只覺得疏略；儀容雖然華麗，明眼人卻只覺得疲累；號令雖然威嚴，明眼人卻只覺得簡慢。就好像人將要發病的時候，形體骨骼及耳目鼻口等各器官，樣樣俱全，然而神智已無法控制身體，耳目鼻口手足肩背等，解散而不相連屬，鬆弛而不相依隨。形體雖仍存在，而他的精華英靈之氣卻已空然不存在了。范山議論晉國，拋開它表面上的形勢而探索它的精神所在，捨棄它表面的迹象而觀察它的眞象，范山眞是善於觀察國情啊！

【研　析】本文以晉君年少無意稱霸諸侯爲中心，闡述楚大夫范山觀國的深切入微，料事皆如所言的情由。立論辨解，兩得其宜，不惟思考精密，而觀點亦能不落俗套，實在可以稱爲論說文的佳構。

就內容說，作者首先指出觀人的方法，言行的誤愆，近地先知遠地後聞的必然性。其次則由晉靈公的失德，提出近觀不如遠觀明達的疑點。第三段緊接著就以近蔽遠明的道理，爲二段作解析。第四段說明范山所以能一心自明而知晉靈公的無意稱霸諸侯，乃由於不爲三蔽所蒙而致。最後則指出范山觀人國，不就物質儀節，而就心念神髓，作斷然之論。

就行文說，作者採用先立論後辨解或先提疑點而後釋疑的筆法，使人倍感文章的生動而有層次。在說理方面，則先用普通的事物作比喻，來烘托抽象不易被發現的正理，使讀者就著當然之理，在不知不覺間而首肯、感佩。

就全文說，作者以「近蔽遠明」四字，作爲行文的依據，反覆辨析，層層逼進，不僅有出人意表之言，同時也有能服人之理，如「農夫樵父相與畫地而譏長吏之能否，若辨黑白，若數一二」的論白，就能發人深省。再如由「蔽於愛而不知」，「蔽於尊而不知」，「蔽於畏而不知」等論斷，而較以范山不爲所蔽而一心自明之理，「雖身居萬里之表，而揣摩靈公之巧」，若合符節，此無他，乃由於范氏的論晉，能「置其形而索其神，遺其跡而察其心」使然，所以作者許其「妙於觀國」。推其原因，全在於「三蔽既盡，一心自明」所致。這種見解，給後人的啟示太大了。所以當我們心有所蔽的時候，對於一切的事理，皆難得其正，惟有盡去其蔽，使一心誠明，方可洞見其眞。如是以論，「居廟堂之高」未必能見其明，「處江湖之遠」，亦未必全然不知啊！

楚范巫矞似謂成王子玉❶子西❷皆強死

文公十年

【題解】此事載於《左傳》文公十年（西元前六一七年）。大意是說：起初，楚國范邑的巫師矞似，預言成王、子玉、子西三人都將要被殺不得好死。在城濮戰役（此役發生在晉文公五年，楚成王四〇年，魯僖公二十八年。西元前六三二年）後，楚成王想到這句話，所以就派人勸止子玉說：「不要自殺」。但沒有來得及。又勸阻子西，子西正在上吊但不巧而繩子斷了，這時楚王派的使臣剛好趕到，終於阻止了他的自殺。於是楚王任命他爲商公。後來子西想入郢爲亂，於是就沿著漢水順流而下，然後再從長江逆水而上，將要進入郢都，正好這時王在渚宮，下來接見他，子西心中畏懼，於是就藉口自解說：「下臣有幸，免於一死，現在又有讒言，說下臣將要逃亡，下臣這次回來，就是向司寇領死的。」楚王派他爲工尹，那知他卻又和子家聯合起來想謀殺穆王。穆王聽說以後，就把他和子家一起都殺了。

凡人之情，厭常而嗜怪，駭正而從僞，此古今之通病也。奮臂大呼，不足以動一旅，而狐鳴魚腹之詐❸，不移晷而成軍；徒步獻書，不足以取一官，而獻黿❹鬭棊❺之誕，不終朝而胙土❻久矣！夫人之嗜怪而從僞也。天下之常道，惟恐人之不嗜，至於怪，則惟恐嗜之太深；天下之正理，惟恐人之不從，至於僞，則惟恐從之太過。巫覡之說，怪僞之尤者也。

楚巫矞似謂成王、子玉、子西皆將強死，三人者銘其說於心。至於城濮之敗，成王汲汲赦子西、子玉之罪，惟恐巫言之或驗；既而子玉果不及止而死，是巫言既一中矣。有神妖之說誘之於前，有子玉之死堅之於後，爲成王者，尚不知戒，溺愛奪嫡，取熊蹯之禍❼，是巫言既再中矣。巫言其三而中其二，惟子西惸然孑立，顧影獨存，是宜朝警夕戒，擇地而行，深圖自免之術，乃顯行逆亂，以殺其身。巫者人之所甚信，死者人之所甚畏。不信人之所信，不畏人之所畏，子西豈與人異情哉？蓋所以信巫者，私心也；所以作亂者，亦私心也。私心之生，乍發乍止，上無所蔕，下無所根，烏能持久而不變耶？始怵於妖而信之，終怵於利而忘之，以私奪私，互爲消長，無惑乎子西之遽忽其所信也。

世衰道微，邪說暴行有作，張詭幻禍福之說，以誑脅愚俗，是亦巫覡類耳。儒者或以陰助教化許之。遽謂蘂宮❽金地❾之說未必眞有，要可以引人爲善；酆都❿泥犁⓫之說未必眞有，要可以止人爲惡。所示者虛，所得者實，亦何負於天下耶？抑不知牆之始築，有一臿之虛，則其頹敗，必見於風雨之時；念之始發，有一毫之虛，則其淪毀，必見於事變之日。人之始信禍福之說，固已失其本心矣。以誑而趨善，非本欲爲善也；以脅而避惡，非本不爲惡也。是心本無，特暫爲禍福虛說之所誑脅爾！他日復爲利害所誑脅，安得不變而之他耶？此亦一誑脅也，彼亦一誑脅也，亦何分輕重於其間哉？

有實理然後有實心，有實心然後有實事，豈有借虛說而能收實效者耶？如成王、子西，其始信矞似之說，至堅至篤，曾未幾何，蔑棄而不顧。則詭幻禍福之說，不能久使人信明矣。其始之銳，固可以占知其終之怠；其始之執，固可以占知其終之移。本心不堅，事物攻之者四面而至，固可以拱手而俟其敗，何必親與之角哉？故吾始憂異端之難攻，而終知異端之不足攻也。

【註　釋】❶子玉　春秋楚卿成得臣之字。官至令尹。晉楚城濮之戰兵敗後自殺。❷子西　春秋楚大夫鬬宜申之字。於晉楚城濮之戰兵敗後，欲自縊而爲成王所阻，並使爲商公，掌工尹。後與子家謀弒穆王，爲王所殺。❸狐鳴魚腹之詐　秦二世元年，陳勝與吳廣被征屯戍漁陽（今河北省密雲縣西南），因雨誤期，於法當斬，乃謀計舉兵反秦。爲取信於眾，暗將書有「陳勝王」字樣的布帛置於魚腹中，士卒買得該魚烹而得書，並使吳廣夜間結火於屯宿旁側叢祠之中，僞裝狐聲高鳴：「大楚興，陳勝王。」事見《漢書．陳勝傳》。❹獻竈　漢武帝時，李少君以祠竈（祭竈神可以致福）、穀道（辟穀不食之道）、卻老方（長生不老之方）得武帝尊寵，少君告訴武帝：「祭祀竈神可招請鬼神前來，鬼神可以使丹沙化爲黃金，拿這黃金來製作飲食器具使用，可以延年益壽，可以會見海上蓬萊仙島中的仙人，……」於是武帝親祭竈神，遣方士入海求仙，並從事煉丹沙爲黃金的嘗試。其後少君病死，武帝仍以爲化去不死。事見《漢書．郊祀志》。❺鬬棊　漢武帝求仙方，欒大自言常往來於海中，見安期、羨門諸仙人，並有「鑄黃金、阻塞河決、得不死之藥、會見仙人」的妙方。爲求得武帝信任，欒大乃弈棋，而使棋子自相觸擊。武帝大悅，拜爲五利將軍，封樂通侯，賜甲第，又妻以衛長公主，數月佩六印，貴振天下。後武帝知其妄，被殺。事見《漢書·郊祀志》。棊，「棋」的本字。❻胙土　帝王以土地賜封功臣，以酬答其功績。❼熊蹯之禍　春秋楚成王太子商臣謀篡，以宮甲圍成王，王請求食熊掌而後死，商臣不許，王自縊而亡。熊蹯，即熊掌。❽蘂宮　蕊珠宮的簡稱。相傳爲道家神仙所居住的天宮。後來泛稱道觀。蘂，「蕊」的俗字。❾金地　佛家語。又名金田。是佛寺的別稱。❿酆都　縣名。在四川省，位長江西北岸。相傳酆都城有酆都大帝宮殿，又相傳大帝即地藏王菩薩，故世俗以酆都爲陰界冥府之地。⓫泥犂　佛家語。梵語 niraya 的音譯，又譯爲泥梨、泥黎。意爲地獄。

【語　譯】就一般人的常情來說，多厭倦常道而偏好怪誕，詫異正理而順從虛僞，這是古今的通病。有人奮力揮臂大聲呼喊，仍不足以感動一旅的士卒，而陳勝、吳廣利用狐鳴魚腹的詐術，不到一個時辰的功夫，就成立了反秦的大軍；有人不顧勞苦的步行前往貢獻計策，仍得不到一官半職，而像李少君、欒大利用獻竈、鬭棋的怪誕，不到一個早晨的功夫，就得到分封與重賞的例子，在很久以前就有了。這也充分說明，人們爲甚麼偏好怪誕而順從虛僞啊！其實，天下的常道，就惟恐人們不喜好，至於怪誕，則惟恐人們偏愛太深；天下的正理，就唯恐人們不願順從，至於虛僞，則又惟恐人們順從得太過分了。而巫師的說辭，是最爲怪誕虛僞的。

楚國的巫師喬似，曾說過楚成王與子玉、子西都將不得好死，這三個人都將他的說法牢牢的記在心中。到了與晉國城濮之戰大敗後，成王急切的赦免子西與子玉戰敗之罪，就是唯恐應驗了巫師的預言；可是子玉果然來不及被阻止而自殺身死，這表示巫師的預言已經有一個人應驗了。有神妖怪誕之說在前誘引，又有子玉的死亡確定在後，身爲成王仍不知戒惕，溺愛庶子而奪取嫡子的繼承權，終於引發了熊躡之禍，被世子商臣所弒，這表示巫師的預言又應驗了。巫師預言的三個人中應驗了兩個，只賸下子西一個人，顧影獨存，在這種情況下，他就更應該時時警戒自己，所言所行有所選擇，盡力去圖謀免於一死的方法，而他竟毫無忌憚的叛逆作亂，終於招致殺身之禍。巫師是人們所甚爲相信的，而死亡則是人們所甚爲畏懼的。不相信人們所相信，不畏懼人們所畏懼的，子西難道與常人有不同的見識嗎？實在說來，子西所以相信巫師的預言，是因爲有私心；所以叛逆作亂，也是因爲有私心。私心的興起，往往是突然發生，突然停止，上無所牽連，下無所根本，怎可能持久而不變呢？開始是爲妖妄之說所引誘而相信，最後卻爲利益所誘惑而忘記了，以私心奪取私心，互有消長，也難怪子西會突然的改變他原所相信的。

世風衰敗，道德力量微弱，邪枉的言論與暴亂的逆行，時有發生，那些宣揚詭異幻滅，得禍得福的說法，用以欺騙或要脅庸夫愚婦的，也是同屬於巫覡一類的人。學者有的認爲那些說法有暗助於教化而予以稱許。所謂的蕊宮金地，未必眞有天堂的存在，最主要的是可以引導人爲善；所謂的酆都泥犁，未必眞有地獄的存在，最主要的是可以勸人不再作惡。所用以爲告示的是虛構的，而所得的效果卻是實在的，這又有甚麼對不起天下人的呢？卻不明白當一面牆開始建築的時候，若有一點空虛的地方，那麼這面牆的頹敗，必將顯現在風雨發作之時；心念開始萌發的時候，若有一點的不實，那麼心念的背毀，必定暴露在事變發生的那一天。人一旦開始相信得禍得福的說法，就已經失去他的本心了。因被欺騙而向善，並不是他本來就有向善的心意；因受要脅而避免作惡，並不是他本來就有不作惡的心意。本來並沒有向善避惡的心意，只是暫時被得禍得福虛幻的說法所欺騙要脅罷了！若他日又被利害關係所欺騙要脅，怎可能不改變心意而心向他處呢？這樣也是被欺騙要脅，那樣也是被欺騙要脅，這其間又有甚麼輕重可分呢?

有眞實的理念然後才能引發眞實的心意，有眞實的心意然後才能有具體的事實，那裏有假借虛構的說法而能收到實際效果的呢?例如成王和子西，當開始相信矞似的預言時，是多麼地堅決和篤定，然而才沒過多久，就蔑棄而不顧了。如此說來，詭異幻滅、得禍得福的說法，不能長久使人信服是很明顯的了。從開始的堅定，本就可以預知最終的懈怠；從開始的固執，本就可以預知最後的變遷。本心不堅定的人，各種事物的攻擊從四面而來，本來就可以拱手以待其毀敗，又何必親自與他爭鬥呢?所以我開始時還擔憂邪說異端難以對付，而最後卻明白邪說異端並不值得費心去理會。

【研　析】本文主旨在闢邪說，放僞言，向宿命論進擊，借明詭幻禍福之說，異端虛妄之言的不足攻。

就內容說，文分四段：作者首先指出嗜怪從僞，乃古今通病，而以巫覡之說最爲怪誕。其次就著楚成王的不能掌握時機，乃至坐視子玉自殺，而已身亦難逃熊蹯之禍，以及子西爲私利所制，終不免遭殺身之災。第三段則駁斥小儒見解的非是，並就事理說明始微的不可不愼，以免爲禍福利害所左右。最後說明有實理然後有實事，詭幻禍福之言不能長久使人相信及不攻自破的必然性。

就行文說，作者以破除迷信的撻伐之筆，先以厭常、駭正、嗜怪、從僞的驚人語作開端，以喚起讀者的注意，然後以成王、子玉、子西三人的相繼自殺或被殺，以應巫人矞似之言，接著以實理、實心、實事的實效，反襯虛說詭幻的難以持久，其所以能大行其道，乃由於人的失其本心惟見一利使然。關鍵既明，邪說也就不攻自破了。

全文以邪正爲中心，作爲闡發的基點，說明邪說攻心的可怕，以及先入爲主的難於轉移。然而人畢竟是有理性的動物，一旦心清意明，不為物欲私利所囿的理念，即可強固的建立起來，此時任憑四面八方的邪說紛至沓來，亦難動其分毫。作者能著眼於性善的提昇，揚棄可畏的邪說這種見解，不能不說帶給我們後人無限的啟示。「左氏豔而富，其失也巫」，此篇難道不是作者針對其「巫」而發的議論嗎？

楚文無畏❶戮宋公僕 文公十年　宋殺申舟 宣公十四年

【題解】此事載於《左傳》文公十年（西元前六一七年）。大意是說：陳侯、鄭伯在息地會見楚子，這年冬天，就和蔡侯領兵共同駐紮在厥貉，準備攻打宋國。於是宋昭公就親自去迎接楚子，一方面表示慰勞，同時也願意聽候命令。遂即引導楚子到孟諸去打獵。宋公率領右邊的圓陣，鄭伯率領左邊的圓陣，期思公復遂為右司馬，子朱和文之無畏為左司馬，下令早晨出發時在車上裝置取火工具。宋公沒有聽從命令，於是文之無畏便毫不留情面的笞打他的僕人，並且在全軍示眾。有人對文之無畏說：「國君是不可以侮辱的。」子舟（即文之無畏）回答說：「我只是按照官職執行任務，絕不是強橫，又那裏敢愛惜生命以放棄職責呢？」

與此事有關的記載，是在《左傳》宣公十四年（西元前五九五年）。大意是說：楚莊王派遣申舟（即文之無畏）到齊國去聘問，但不要向宋國請求借路，這是有意挑起釁端的行為。同時又派公子馮到晉國聘問，也不要向鄭國請求借路。申舟因過去在孟諸田獵時得罪了宋國，於是他說：「鄭國昭明，宋國昏聾，出使晉國沒有危險，我就必死無疑了。」楚王說：「宋國敢殺你，我就出兵討伐他。」申舟到達宋國後，宋人果然不讓他經過。大夫華元說：「經過我國而不請求借路，這是把我國當作邊邑的行為，把我國當作邊邑，就是亡國。殺了他，楚國必然會攻打我國，攻打也是亡國，反正都是亡國。」於是就把申舟殺了。楚王聽說以後，果然急得一甩袖子，連鞋子也來不及穿，劍也來不及帶，車也來不及坐，就率兵圍攻宋國了。

名不可以幸取也。天下之事，固有外似而中實不然者。幸其似而竊其名，非不可以欺一時，然他日人即其似而求其眞，則情見實吐，無不立敗。名果可以幸取耶？幸雖在前，憂實在後。人見其似而信其眞，幸之大者也；人見其似而責其眞，憂之大者也。以一朝之幸，易終身之憂，智者其肯易之耶？馬之外彊中乾者，濫得騏驥之名，幸則幸矣，馳陵谷而責以騏驥之足，憂將若之何？士之色厲內荏者，濫得逄干❷之名，幸則幸矣，臨刀鋸而責以逄干之節，憂將若之何？是故求名易，保名難；取名易，辭名難。受名之始，乃受責之始也！昔之君子，內未有其實，則避名如避謗，畏名如畏辱，方逡巡卻走之不暇，況敢乘其似而邀其名乎？

孟諸❸之役，文之無畏席強楚之威而窘戮宋公，本無足稱者。然宋公國雖弱，而位則君也；文之無畏國雖強，而位則臣也。論其實，則以楚加宋，以強凌弱，人之所甚易；論其迹，則以卑犯尊，以弱擊強，人之所甚難。居甚易之地，而坐得至難之名，人情誰不樂此哉？此無畏所以因其似而竊其名也。必嘗揮金發粟，然後人許其豪；必嘗赴敵突圍，然後人許其勇。今無畏挾六千里之楚，而折一與國之君，前無權勢之可懼，後無憂患之可虞，從容談笑而冒不畏強禦之名，天下之所謂幸者有過於此乎？想無畏正色莊語以答或人之問，必謂名固可以幸取，人固可以名欺，雖吾君亦以勁正見期，孰知吾之有所挾哉？捘衞侯之腕❹，人知涉佗❺之直，而不知其借晉之威也；沒太子之車❻，人知江充❼之直，而不知其借漢之威也；戮宋公之僕，人知無畏之直，而不知其借楚之威也。無畏借楚之威以爲己名，無毫末之勞而有丘山之譽。使如是而無後憂，則誠不如詐，直不如曲，君子不如小人矣。

抑不知人既以直期之，亦必以直使之。故楚子異日遣使過宋而不假道，置他人而推無畏，豈不以直辭勁氣固可以橫身犯難而張強楚之大聲乎？無畏始知前日之僞名，適所以招今日之實禍，畏縮惶惑，言於楚子曰：「鄭昭宋聾，晉使不害，我則必死。」哀鳴乞憐，一至於此，向來之直辭勁氣安在耶？始則曰：「敢愛死以亂官？」今則曰：「我則必死。」始一何壯，今一何怯耶？無事則爲不畏死之言，有事則爲畏死之語，眞情本態至是盡露矣。名之不可苟得如是哉！

嗚呼！躄者命在杖，失杖則顚；渡者命在壺❽，失壺則溺。挾外以爲重者，失其所挾未有不危者也。無畏之所挾者，楚耳，一旦身出方城之境，宋人豈懼失楚之無畏哉？宜其甘心而不顧也。吾故表而出之，以爲挾外物者之戒。

【註釋】❶文無畏 即文之無畏。春秋楚大夫申舟之名，字子舟。魯宣公十四年奉命使齊，不假道於宋，因與宋有怨而爲宋華元所殺。❷逄干 二位忠臣名。卽夏代的關龍逄及殷代的比干。龍逄諫桀而死，比干諫紂而死。按：逄，本作逢。❸孟諸 春秋宋國大澤名。一作孟豬、望諸、盟諸。在今河南省商丘縣東北，已涸。❹捘衛侯之腕 晉以大夫涉佗、成何爲代表，與衛侯（靈公）在鄟澤結盟。衛人請他們兩人執牛耳（凡諸侯結盟必使小國執牛耳，衛侯以君與大夫結盟，故請對方執牛耳）。成何說：「衛國不過和我國溫地、原地一般大，怎麼能和諸侯一體看待？」將要歃血時，涉佗推開衛侯的手，使血淌到手腕上。此事載於《左傳》定公八年。❺涉佗 春秋晉大夫名。❻沒太子之車 漢武帝時，江充從上於甘泉，遇太子家使乘車馬行馳道中，江充依法沒收，太子據遣人說情，江充不聽，並奏於武帝，武帝說：「做人臣子的，就應該像這樣才是。」❼江充 西漢邯鄲（今河北省邯鄲縣）人。原名齊，字次倩。因得罪趙太子丹，西逃入關中，改名爲充。武帝見他相貌魁偉，曾說：「燕趙固多奇士。」且頗爲賞識。令使匈奴還，拜爲直使繡衣使者，督察三輔盜賊。後與太子據有隙，乘武帝患病之際，誣指太子用巫蠱術害武帝，於是大興「巫蠱之獄」，不久，爲太子起兵所殺。見《漢書・江充傳》。❽壺 卽壺盧。瓠、匏、蒲蘆等瓜類的總稱。壺，本爲酒器，盧爲飲器，此物各象其形，又可爲酒飯之器，因以爲名。首尾如一者爲瓠，無柄而圓大形扁者爲匏，匏之有短柄大腹者爲壺，壺之細腰者爲蒲蘆。

【語譯】美名是不可以僥倖取得的。天下的事情，本來就有外表相似，而事實上並不是這樣的。若僥倖因外表的相似而竊取美名，並非不能欺人於一時，然而有一天人們就著他外表的相似而要求他作眞實的表現時，則將原形畢露，實情顯現，沒有不立刻敗露的。美名果眞可以僥倖取得嗎？雖然僥倖在先，其實憂慮也就接踵在後了。人們看到他表面上的相似，而就信以爲眞，這是再幸運不過了；人們見他表面上相似，而就以眞實的修爲來要求他，這是最令人憂愁的了。用一時的僥倖，換來一輩子的憂心忡忡，明智的人，願意做這樣的交易嗎？一匹外強中乾的馬，若浮得騏驥的美名，說幸運是夠幸運了，一旦奔馳於山陵深谷之間而以騏驥的腿力要求牠，又將多麼令牠憂愁呢？外表堅強而內心柔弱的士人，若僥倖取得逢干的美名，說幸運也是夠幸運了，一旦面臨刀鋸生死交關之際而要求他有關龍逢、比干的節操，又將多麼令他憂愁呢？所以，要求得美名容易，保持已有的美名困難；要取得美名容易，推卻已得的美名困難。如此說來，接受美名的開始，也就是接受責求的開端啊！以前的君子，若沒有眞實的修養，則逃避美名有如逃避毀謗，畏懼美名有如畏懼侮辱，心中顧慮著逃避猶恐不及，又怎敢利用外表的相似而求取美名呢？

在孟諸打獵時，文之無畏仗恃著楚國的威勢，而窘迫陵辱宋昭公，這本來是不值得一提的事。然而宋昭公的國家雖衰弱，而他的地位卻是國君；文之無畏的國家雖強盛，然而他的地位卻只是一個臣子。就事實來說，只不過是仗恃著楚國來壓抑宋國，以強欺弱，這是人們甚爲容易做到的；就外表的迹像來說，則是以卑下冒犯尊上，以弱擊強，這是人們所甚難做到的。處在容易的地位，卻坐得難得的美名，依人之常情，誰不樂意這樣做呢？這就是文之無畏所以藉著外表的相似而竊取美名的原因。必然曾經散發錢財米糧，濟助他人，然後人們才會稱許他的豪爽；必然曾經奔赴敵陣，突破重圍，然後人們才會嘉許他的勇敢。如今文之無畏仗恃著地廣六千里的楚國，而去凌辱一個與楚國邦交友善的國君，眼前沒有權勢使他畏懼，隨後也沒有憂慮值得擔心，在從容談笑間就得到了不畏強權的美名，天下所謂的僥倖，還有甚麼能超過這個的呢？猜想那文之無畏以嚴正的臉色和莊重的言辭來回答別人的問話時，心中必以爲：美名本可以僥倖獲得，人們本可以欺以美名，即使是我們國君也會以勁直剛正來期許我，又有誰知道我是有所倚仗呢？歃血時推開衛靈公的手腕，人們都以爲涉佗正直，而不知道他是仗恃著晉國的威勢；在甘泉沒收太子家使的車馬，人們都以爲江充正直，而不知道他是仗恃著漢武帝的威勢；在孟諸凌辱宋昭公的隨從，人們都以爲文之無畏正直，而不知道他是仗恃著楚國的威勢。文之無畏假借楚國的威勢爲自己取得美名，事實上沒有絲毫的功勞，卻享有如山高的美譽。假如像這樣而沒有以後的憂患，那麼誠實反不如欺詐，正直反不如邪曲，君子也就反不如小人了。

卻不知道人們既然以正直來期許他，必然也因正直來差使他。所以日後楚莊王派遣使臣經過宋國卻不打算向宋國借路時，就不考慮其它人選而指派文之無畏，難道不是認爲他正直的言辭與強勁的氣勢，必然可以奮身犯難而壯大楚國的聲威嗎？文之無畏這才知道以前得到的虛名，正是今天招來禍患的原因，畏縮惶恐的告訴楚莊王說：「鄭國明理而宋國昏瞶，前往晉國的使者不會遇害，我卻必死無疑。」痛苦哀號乞求憐憫到這種地步。以前的那種義正辭嚴，理直氣壯的魄力到那裏去了呢？當初說：「怎麼敢貪生怕死壞亂官法？」此時則說：「我卻必死無疑。」當初是何等的豪壯，如今卻又何等的怯懦呢？沒有事的時候就說不怕死的話，真有事時才說怕死的話，他真實的心態和本來的面目到此時便完全暴露出來了。美名的不可僥倖取得，道理就在這裏。

唉！腳不良於行的人所賴以爲行的是拐杖，若失去拐杖必將跌倒；渡河的人所賴以爲渡的是壺盧，若失去壺盧必將溺水而死。仗恃外力以自重的人，一旦失去了原有的倚靠，沒有不危險的。文之無畏所仗恃的也只不過是楚國罷了，一旦離開了楚國，宋人難道還恐懼得罪楚國的文之無畏嗎？也難怪宋人不顧一切殺了他才甘心。我因此將這件事情發表出來，作爲那些倚仗外物而自重的人的戒惕。

【研析】本文以有其名當有其實爲中心論點，申言名不可幸得之理，尤其不可挾他人的威勢，來成就一己的聲譽。果如是，那將是名成而禍卽至了。俗語說：「禍患皆爲強出頭。」不就是因「無實」而招來的災殃？

就內容說，作者首先指出名不可以幸取，竊名乃有終身之憂，所以君子不屑一顧。其次則言文之無畏恃強楚之威，坐得至難之名，是不智的行爲。暗示人不可在風光之時，得意忘形，或乘人之危，而加以侮辱，多行不義，又何能不招災禍？第三段申言文之無畏仗勢欺人，徒具虛名，經不起考驗，一見危險，則畏縮瞻顧，徬徨不知所措。最後說明挾持外物的不可靠，如執迷不悟，終遭不測之憂。

就行文說，作者用平鋪直敘的筆觸，先言其理，緊接著卽以史事說明實情的經過，使理論有所著落，這在理論與實情的配合上，特別顯得妥貼周延。論說文固然重在說理，但如無適切的例證配合，終嫌理論空泛，不但不能收到實效，反而會使人有一種說教的感覺。惟有情理密切配合，釐然得當，方可收相得益彰的效果。

全文充滿警語警句，在在提醒人們名不可以幸取，不可挾持外物，來逞一時之快，這樣做會遺患無窮的。如「是故求名易，保名難，取名易，辭名難，受名之始，乃受責之始也。」這是何等言語！又如「居甚易之地，而坐得至難之名，人情誰不樂此哉！」就是因爲人情樂此不疲，所以非到大禍臨頭，往往難於覺悟，因逞一時之快，而招來的滔天大禍。

基於以上的說明，我們認爲：名不可強求，利不可苟得。凡事當留餘地，不可仗勢欺人。惟有眞實修養的人，方可享永久的大名。俗語說：「有錢不可用盡，有勢不可使盡。」這是我們讀此文應有的省思。

叔孫得臣❶獲長狄❷僑如❸ 文公十一年

【題解】此事載於《左傳》文公十一年（西元前六一六年）。大意是說：北方的長狄鄋瞞，攻打魯國，文公派遣叔孫得臣領兵迎戰，這時侯叔夏爲得臣駕御戰車，緜房孫爲車右，富父終甥爲駟乘（案：古代兵車通乘三人，若四人共乘，第四人卽名駟乘，職爲車右的副手）於十月三日，在鹹地打敗長狄，並俘虜了長狄僑如。富父終甥用戈抵住他的咽喉，把他殺了，將他的頭顱埋在子駒之門的下邊。爲了紀念這次戰功，得臣就爲他的兒子宣伯，命名爲僑如。

遠在宋武公時代（卽魯惠公時代），鄋瞞攻打宋國，司徒皇父率兵抵禦。耏班爲他駕御戰車，公子穀甥爲車右，司寇牛父爲駟乘，在長丘打敗狄人，並俘虜了長狄緣斯。皇父與兩個兒子戰死，宋公因此就將城門賞給耏班，讓他征收城門稅。城門也因此改稱耏門。

在魯宣公十五年（西元前五九四年）時，晉國將潞國滅亡，俘虜了僑如的弟弟焚如。又在齊惠公二年（案：傳文原作齊襄公二年，史記魯世家作齊惠公，齊世家及年表同，據改。惠公二年，卽魯宣公二年，西元前六〇七年），鄋瞞進攻齊國，齊國的王子成父俘虜了僑如的弟弟榮如，把他的頭顱埋在周首的北門下。衛人又俘虜了僑如的季弟簡如。狄人經過以上的被俘見殺，鄋瞞由此就滅亡了。

防風氏❹身橫九畝，不能免於會稽❺之誅；巨無霸❻身大十圍，不能免於昆陽❼之戮。久矣，形之不足恃也。

造化一機，坏冶一陶，陰翕陽張，萬形並賦。遇川澤則黑而津，遇墳衍則皙而瘠，遇原隰則豐而痺，遇山林則毛而方❽，予其形者無愛憎，受其形者無恩怨。是故鵾鵬❾不以大自夸，蜩鷃❿不以小自慊；冥靈⓫不以長自喜，蟪蛄⓬不以短自憂。私天地之形以為己有，固已得罪於鑪錘⓭，況敢恃之為暴耶？衣不勝而成霸晉之功⓮者，無所恃也；貌不稱而擅佐漢之謀⓯者，無所恃也；形不長而專伐蔡之勛⓰者，無所恃也。以是知無恃者存，有恃者亡；尪弱么麼未必非福，魁梧壯偉未必非殃。有形不能使，而反見使於形，可不為大哀耶？

長狄之種，其軀幹絕異於人，是亦偶得一氣之偏者耳。自緣斯⓱以來，負其軀幹，暴蔑上國，每出輒敗。一出而斃於長丘，再出而斃於周首，三出而斃於鹹，四出而斃於潞。種殲族殄，靡有孑遺，豈非形為之累耶？東方之夷，被髮文身，自古及今，其族類自若也；西方之戎，披髮衣皮，自古及今，其族類自若也。使長狄之種所賦之形與四夷等，彼將安其氈毳，甘其湩酪，未必敢與上國抗衡，縱使蟊賊邊鄙，亦將知難而退，詎至若此極耶？惟其偉岸自伐，故飛揚跋扈，陵跨中國，塊視泰華，垤視城郭，蟻視甲兵。兕踣於前而不悛，弟仆於後而不止，挫愈奮，敗愈張，非覆宗絕祀，蕩無炊火，未有晏然而不爲諸華之害者也。

貔虎之猛，形實軀之；犬馬之馴，形實束之。長狄族類豈皆好爲暴哉？一受長狄之形，雖欲已而有不能自已也。心爲君則形爲臣，形爲君則心爲臣。同是貌也，仲尼聖而陽貨狂⑱；同是目也，大舜仁而項籍暴⑲。賦其形者非有異，特制其形者不同耳。苟長狄能制其形，則必能保其形矣，豈至身首異處而爲萬世戒哉？小心翼翼，徽柔懿恭，見者忘其十尺之高，是亦西夷之人也。議者勿謂狄無人！

【註釋】❶叔孫得臣　春秋魯大夫名。諡莊叔。❷長狄　種族名。爲春秋時狄族的一支，體形高大。春秋時流徙於西起山西太行山一帶，東至山東西境的山谷間，經常侵擾周王室和齊、魯、衛、宋、晉、鄭諸國，後爲晉所滅。❸僑如　鄋瞞國（即長狄）君主名，爲叔孫得臣所殺。❹防風氏　夏時部落酋長名。相傳在今浙江省武康縣有古防風氏之國。據《國語．魯語》記載：吳伐越，在會稽山獲一大骨，骨長滿車。夫差使人問於孔子，孔子說：「昔禹致羣臣於會稽之山，防風氏後至，禹殺而戮之，其骨節專車。」❺會稽　山名。在浙江省紹興縣東南，位於曹娥江和錢塘江之間，主峯爲紹興的會稽山。相傳是夏禹會集諸侯的地方。❻巨無霸　也作巨毋霸。爲王莽時奇士。傳說身長一丈，大十圍，軺車不能載，三馬不能勝。以鐵箸食，王莽留置於新豐，改姓爲巨毋氏。後昆陽之戰，王莽以霸爲壘尉，使其驅逐猛獸出陣以助威。❼昆陽 舊縣名。漢置，屬潁川郡，劉秀曾在此打敗王莽。北齊廢。故城卽今河南省葉縣治。❽遇山澤則黑而津四句 意謂人民生活在不同的環境，而膚色體形皆有所不同。《周禮‧地官‧大司徒》：「以土會之法，辨五地之物生：一曰山林，……其民毛而方。二曰川澤，……其民黑而津。三曰丘陵，……其民專而長。四曰墳衍，……其民皙而瘠。五曰原隰，……其民豐肉而庳。」注：「庳，猶短也。」案：庳，今作庳，與卑同，本文痺，當作庳。❾鵾鵬 或作鯤鵬。是古代傳說中的大魚和大鳥，據《莊子‧逍遙遊》中記載，北海有大魚名鯤，化而爲大鳥名鵬。❿蜩鷃 蜩卽蟬，鷃是鷃雀，皆爲小物。在《莊子‧逍遙遊》中，舉出蜩鷃與鯤鵬，比喻物有大小，情志懸殊。⓫冥靈 古代傳說中的樹木名。據《莊子‧逍遙遊》中記載，楚之南有木名冥靈，以五百歲爲春，五百歲爲秋。⓬蟪蛄 蟬的一種。在《莊子‧逍遙遊》中，舉出蟪蛄夏生秋死，故不知有春秋，以與冥靈和大椿比較，比喻萬物壽命各有長短，見識各有深淺。⓭鑪錘 陶冶鍛鍊，比喻造化。在本文中引申爲造物者之意。也作鑪捶。⓮衣不勝而成霸晉之功 指趙文子（名武）。是晉趙衰曾孫，晉平公時用爲正卿，晉霸業的復興全賴其力。然而據《禮記‧檀弓》的記載：「文子其中退然，如不勝衣。」不勝衣卽不能承受衣服的重量，比喻恭敬退讓。⓯貌不稱而擅佐漢之謀 指張良（字子良）。輔佐劉邦取得天下，是漢朝開國功臣。然而太史公在《史記‧留侯世家贊》記載：「余以爲其人計魁梧奇偉，至見其圖，狀貌如婦人好女。蓋孔子曰：『以貌取人，失之子羽。』留侯亦云。」按：留侯卽張良。⓰形不長而專伐蔡之勛 指裴度（字中立）。唐憲宗時淮蔡作亂，王師數不利，羣臣爭請罷兵，度力請討賊，親自督戰，擒吳元濟，因功封晉國公，復知政事。惟其自題寫眞贊云：「爾才不長，爾貌不揚，胡爲將，胡爲相，一點靈臺，丹青莫狀。」⑰緣斯　長狄君長名。⑱同是貌也二句　陽貨是春秋魯人，名虎，貌似孔子，初爲季氏家臣，後專政，欲除去三桓的勢力，事敗，奔齊、晉。因貨曾暴虐匡人，故其後孔子經過匡地，匡人誤爲陽貨而遭圍攻。⑲同是目也二句　項籍字羽。傳說舜與項羽眼中都有兩瞳孔。《史記・項羽本紀贊》記載：「吾聞之周生曰：『舜目蓋重瞳子。』又聞項羽亦重瞳子，羽豈其苗裔耶？何興之暴也？」

【語譯】防風氏雖身長過人，卻逃不過在會稽山的被誅殺；巨無霸的身軀雖有十圍之大，卻免不了昆陽一役的戰敗。形體的長大不足以仗恃，由來已經很久了。

大自然的創造萬物，就像一部有機體，這情形，也好比陶鈞冶製各種不同形類的土坏，在大自然的陰氣與陽氣張合變化之下，而各種不同的形體也就出現了。生活在川澤地區的人民，皮膚的顏色黝黑而光潤；若生活在高平地區，就顯得白皙而瘦瘠；若生活在低平地區，就會有些肥胖而矮小；若生活在山林地區，那就不僅多毛，而且面部也會呈現方形了。給予萬物形體的造物主並沒有愛憎之心，而接受形體的萬物也沒有恩怨之情。所以鯤魚與鵬鳥不因爲形體的巨大而自以爲了不起，蟬和鷃雀也不因形體的嬌小而心有不滿；冥靈不因爲長壽而沾沾自喜，蟪蛄也不因爲生命的短促而暗自憂愁。私自將天地所賦與的形體以爲一己所獨有，這已經得罪了造物主，又怎敢仗恃著形體去做壞事呢？瘦弱如承受不起衣服重量的趙文子復興了晉國的霸業，他在形體上並沒有甚麼可依恃的；貌如婦人的張良是輔佐劉邦建立漢朝的大功臣，他在形體上並沒有甚麼可依恃的；身材矮小的裴度爲唐朝平定了蔡州的亂事，他在形體上也沒有甚麼可依恃的。由此可以知道，無所仗恃的人可以長存，有所仗恃的人反遭敗亡；身材瘦弱微小未必不是福氣，體形雄偉高大未必不是禍患。有魁梧的形體不能利用，反而被魁梧的形體所利用，這難道不是很大的悲哀嗎？

長狄這種族，他們的體形與其他種族有非常大的差異，這大概是造物主無意間的偏差吧！自從長狄君主緣斯以來，自負體形的高大，暴虐輕侮中國，但每次出兵總是失敗。第一次出兵敗於長丘，緣斯被俘；再次出兵敗於齊國，僑如的弟弟榮如的頭顱被埋於周首北門之下；第三次出兵敗於鹹地，僑如的頭顱被埋於子駒門下；第四次出兵潞國被滅，僑如的弟弟焚如被俘。到最後整個種族都被殲滅了，沒有一個人能遺留下來，這難道不是被自己的形體所連累嗎？東方的夷人，披散著頭髮並在身上刺有圖案，而從古到今，他們的種族依然生活得很好；西方的戎人，披散著頭髮並穿戴毛皮衣服，而從古到今，他們的種族也依然生活得很好。假使長狄種族所賦與的體形與四方的民族相同，他們將安於穿著毛織的衣物，習於食用乳汁乳酪等食品，未必敢與中國相抗衡，即使侵害偏遠之地，也將知難而退，又怎麼會弄到這種亡國滅族的地步呢？就是因爲他們由於身材雄偉而自以爲是，以至於蠻橫兇暴，侵陵中國，看泰山、華山有如土塊，看城池宮牆有如小土堆，看盔甲兵士有如螞蟻。先有做哥哥的失敗跌倒而不知悔悟，做弟弟的接著敗亡於後也不知停止，愈受挫折愈是奮勇，愈遭失敗愈是囂張，不到滅了宗族，斷了香火，炊煙盡絕，總不肯安靜下來，而不終止對華夏各國的侵害。

貔貅和老虎的兇猛，是受形體的驅使；狗和馬的溫馴，則是受了形體的限制。長狄種族難道都喜歡蠻橫兇暴的行爲嗎？一旦賦與長狄魁梧的形體，即使想要制止自己也控制不住了。若以心爲君主，則形體當爲臣子而受驅使；若以形體爲君主，則心必爲臣子而受驅使。有同樣的容貌，孔子爲聖人，而陽貨卻是個狂徒；有同樣的兩個瞳孔，大舜仁慈，而項羽兇暴。所賦與外在的形體並沒有不同，只是控制形體的人不同罷了。如果長狄能控制他們的形體，也就能長久保有形體，又怎至於身首分離而作爲萬世人的警惕呢？周文王小心謹愼，和善柔順，懿德謙恭，使人忽略了他十尺的身高，其實他也是西方夷狄之人呀！後世的評論家，可不能說夷狄之中沒有善人啊！

【研析】本文主旨，在痛斥長狄自負軀幹絕異，而暴蔑上國，雖每出輒敗，然始終不知悔改，是以卒遭種族殄滅，「靡有孑遺」的悲哀。

就內容說，作者首先指出形體偉壯的不可恃。其次則言造物主的一視同仁，雖體貌不同，然應各自珍惜，而無所恃者，往往可成不世之功。第三段言長狄仗著體形長大而不知悛改，終遭「種殲族殄，宗覆祀絕」的厄運。最後又進一步說明長狄為形所累，而為暴不仁，乃至身首異處，為萬世戒。

就行文說，作者以突起之筆，挾萬鈞之勢，引史實以入本題，然後再以排比對稱的文句，細說有恃無恃的異同，文氣起伏跌宕，說理肯切而必，運筆最為自如。寫長狄的「每出輒敗」，「偉岸自伐」，「飛揚跋扈」，尤為生動，充分展現了作者的才華。

全文就形式說，則採起、承、轉、合四段式，以長狄的自負軀幹絕異為立論重點，又以「同貌」、「同目」而有不同的表現作比較，歸結在「身首異處，為萬世戒」的警語上，大有使人不勝惋惜之感。最後，作者又指出「長狄能制其形，則必能保其形。」又如能「小心翼翼，徽柔懿恭」，那麼必會得人欽敬而忘卻其高了。

文中警句特多，如「衣不勝而成霸晉之功者，無足恃也；「貌不稱而擅佐漢之謀者，無足恃也。」「形不長而專伐蔡之勛者，無足恃也。」又如「種殲族殄，靡有孑遺，豈非形為之累耶？」「同是貌也，仲尼聖而陽虎狂。」「同是目也，大舜仁而項籍暴。」……凡此均足以啟我後人，當作「小心翼翼、徽柔懿恭」的修為，化暴戾為祥和，使強凌弱、眾暴寡的現象，永遠絕迹於人寰。

卷二十

秦伯使西乞術①來聘

文公十二年

【題解】此事載於《左傳》文公十二年（西元前六一五年）。大意是說：秦康公六年的秋天，派遣大夫西乞術到魯國聘問，並且說明將要攻打晉國，這意思當然是不要魯國幫晉國的忙。魯卿襄仲負責接待他，但不肯接受聘禮，於是說：「貴國國君沒有忘記和先君的友好，派您光臨魯國，來鎮定安撫我們的國家，並十分厚重的贈給我們大器（圭璋之屬），寡君實在不敢接受。」西乞術回答說：「這點微薄的小禮物，不值得辭謝。」襄仲辭謝了三次，西乞術回答說：「寡君願意在周公、魯公（伯禽）這裏求取福祿來事奉貴國國君，所以才把這一點不成敬意的小禮物，派遣臣下致送於執事之前，以作爲祥瑞的信物，用它來表達寡君的命令，締結兩國之間的友好，因此才敢把它致送給您。」襄仲說：「假如沒有君子，如何能治理國家呢？秦國絕對不是鄙陋的國家。」於是就以重禮贈送給西乞術。

天下之情，待之厚者責之厚，待之薄者責之薄。厚責難勝，謗之所集；薄責易塞，譽之所歸。是故名大於實者，先榮而後辱；實大於名者，先辱而後榮。非人情之多變也，失所期則怒，過所期則喜，喜怒之變，即榮辱之變也。總角之童，一拜一起，粗中儀節，不中朝而譽滿州閭；至於成人，則正冠束衽，終日兢兢，少有惰容，鐫譙四起。天下之情，夫豈難見耶？

秦之爲秦，介在西戎，聲教文物闕如也。至於魯，則習周公、伯禽之教，世秉周禮，俎豆羽籥，弁冕鼎鉶，蔚然先王之遺風在焉。雖宋、衞、陳、鄭，號爲諸華者，猶且下視之，況如秦之僻陋在夷者乎？

當西乞術入境之時，魯人固預以戎狄待之矣。入粵者不敢言鎛❷，入胡者不敢言弓❸，入燕者不敢言函❹，入魯者不敢言禮❺。孰謂西乞術出於戎狄下國，乃不量其力，欲與魯之君臣周旋酬酢於玉帛鐘鼓之間乎？四方將命而來，至於雉門兩觀❻之下者，鮮不失禮受辱而退：孫文子有同登之辱❼，范獻子有歸費之辱❽，徐容居有進含之辱❾，齊慶封有〈茅鴟〉之辱❿，矧區區西乞術，詎能免此辱耶？想術奉璋薦瑞之際，公卿環列，輿隸堵觀，俟其步武之蹉跌以爲嘲，伺其辭令之舛差以爲哂。今術俯仰音吐，丰容華暢，出於魯人之意表，始以爲烏鳶，今乃爲鸞鳳；始以爲蓬蒿，今乃爲梧檟。此襄仲所以失聲歎息，而繼之以重賄也。觀其儀，固魯人之常見；聽其言，亦魯人之常聞。襄仲所以變色而稱揚之者，庸非以夷狄遇之耶？曰：不有君子，其能國乎者？駭而疑之也。曰：國無陋矣者，矜而進之也。前之倨，適所以為後之恭；前之輕，適所以為後之重。其視鄭人之璞，稱頌未已，而唾罵隨至⑪者，亦有間矣。

名逐我則逸，我逐名則勞。甚智而居以愚，甚辯而居以訥，他日微見端倪，少出鋒穎，一談而人一警，一動而人一服，雖欲逃名，名亦將逐之而不置矣。未智而先得智之名，未辯而先得辯之名，終日矻矻追逐以求副其實，一不稱而萬有餘喪矣。昔之智者所以寧使名負我，而不使我負名也。名負我，則責在名；我負名，則責在我，二者之勞逸相去亦遠矣。雖然，此猶未免名與我之對也。形不知有影，而影未嘗離形；聲不知有響，而響未嘗離聲；聖人不知有名，而名未嘗離聖人。嗚呼！豈春秋之士所及哉？

【註釋】❶西乞術　春秋秦穆公時大夫。西乞為複姓。術歷聘諸國以離散晉之與國，後與孟明視、白乙丙同襲鄭時，為晉所獲。❷入粵者不敢言鎛　鎛是一種鋤田的農具。粵人務農為生，所以到粵地的人不敢賣弄對農業的認識。❸入胡者不敢言弓　胡人善騎射，所以到胡地的人不敢賣弄弓箭之術。❹入燕者不敢言函　函是護身的鎧甲。燕人善於打造鎧甲，所以到燕地的人不敢賣弄有關鎧甲的知識。❺入魯者不敢言禮　魯國是周公之後，世習禮教，所以到魯地的人不敢賣弄禮儀。❻雉門兩觀　指國都之所在。雉門，是諸侯的宮門之一。兩觀，指宮殿門外的兩座高臺，可供遠觀或張貼法令。❼孫文子有同登之辱　衛國的大夫孫文子前往魯國聘問，當魯襄公登上臺階時，孫文子也並肩登上。依禮國君當行於前，叔孫穆子相禮，忙向前阻止，孫文子無話可說，但也沒有悔改的樣子。事見《左傳》襄公七年。❽范獻子有歸費之辱　晉國范獻子（即士鞅）前往魯國聘問，季孫存心得罪晉國（因不滿叔孫主政），故意用齊國的屬國鮑國回費地的禮節招待范獻子。范獻子大怒，認爲鮑國地位低國家小，不願接受招待鮑國所用七牢的禮節，並威脅將轉告晉君。魯人害怕，增加四牢，使用十一牢的禮節。事見《左傳》昭公二十一年。❾徐容居有進含之辱　徐國大夫容居，代表徐君到邾婁國弔考公之喪，以大夫的身分，而竟想比擬諸侯行坐含進侯玉的禮節。因僭禮爲邾婁人所拒。按：邾婁國考公，依鄭玄注爲魯隱公益的曾孫，但考公時，徐國已被吳國所滅，所以顧炎武以爲當作定公才對。事見《禮記．檀弓下》。❿齊慶封有茅鴟之辱　齊國大夫慶封逃亡到魯國，叔孫穆子設宴招待他，慶封先遍祭諸神，有違祭食之禮，叔孫穆子不悅，讓樂工爲他誦〈茅鴟〉這首詩，諷刺他的不敬，而慶封仍不明白。事見《左傳》襄公二十八年。按：祭食之禮各有其處，不可共祭。⓫鄭人之璞三句　鄭人以玉未理爲璞，周人以鼠未腊爲璞（璞，亦作朴）。此名同實異，易使人惑於名而不知其實。事見《戰國策．秦策三》。

【語　譯】就天下的常情說，總是對於厚待的人期望大，對於不厚待的人期望小。太高的期望讓人難以勝任，這是怨謗所以集身的緣由；微小的期望容易達成，這是讚譽所以歸身的原因。因此，聲名大於內涵的人，就往往會先享有榮耀而後受屈辱；內涵過於聲名的人，也往往會先受屈辱而後享有榮耀。這並不是人情的善變，而是因爲不能達到別人所期望的程度，難免引發怨怒，若超過了別人所期望的程度，自然也就能博得喜悅，別人怨怒與喜悅的轉變，也就是個人榮耀與屈辱的轉變。未成年的孩子們，行禮進退，能大略合於儀節，很快就會傳遍鄉里而讚譽有加；至於成年人，雖然衣冠端正，言行謹慎警惕，若稍有懈怠，就會有苛責之聲由四方傳來。天下的常情難道還不容易看得出來嗎？

秦國的疆域，與西戎爲界，在教育文化方面，非常欠缺。至於魯國，則世世閑習周公、伯禽的教化，代代秉持著周朝的禮儀，不論是禮器舞樂、禮帽食器，在在都呈現著先王所遺留下來的風範。雖然宋、衛、陳、鄭各國，號稱華夏諸國，尚且爲魯國所輕視，更何況是偏遠落後，居於夷狄的秦國呢？

當西乞術抵達魯國時，魯人原本就打算以夷狄來看待他。因爲到粵地的人不敢賣弄農業知識，到胡地的人不敢賣弄箭術，到燕國的人不敢賣弄有關鎧甲的知識，到魯國的人不敢賣弄禮儀。誰能料到西乞術來自戎狄的下國，竟也不自量力，敢與魯國的君臣周旋應對於聘問的禮樂之中？四方各國奉命前來的使者，到了魯國的國都後，很少有不失禮或受辱而回的：衛國的孫文子有與魯君並肩登階的失禮之處，晉國的范獻子被接待以鮑國回費地的禮節而受辱，徐國的容居以大夫的身分想比擬諸侯行坐含進侯玉之禮而爲邾婁人所拒，齊國的慶封因違反祭祀之禮而被諷刺以〈茅鴟〉之詩，何況是小小一個西乞術，怎麼能免於失禮受辱呢？想必當西乞術捧持著圭璋進獻瑞玉之時，公卿大夫環列四周，奴僕侍衛圍堵以觀，就等著他行步舉止有所失誤時加以嘲笑，或等待他在言辭語氣上有差錯時加以譏笑。如今西乞術的進退動作、聲音談吐，華美而順暢，出於魯人的意料之外，起初以爲如烏鳶之聲，不值一聽，而今卻爲鸞鳳之鳴；起初以爲如蓬如蒿，不值一顧，而今卻有梧檟之姿。這就是襄仲所以失聲歎息，繼而贈送以厚禮的原因。其實，看他的舉止，本來就是魯人所習以爲常的；聽他的談吐，也是魯人耳熟能詳的，襄仲所以會臉色大變而稱揚不已，難道不是因爲他以夷狄的身分來看待西乞術嗎？他說：假如沒有君子，如何能治理國家呢？心中因驚駭而有所懷疑。然後又說：秦國絕對不是鄙陋的國家，心中有所尊敬而增加了他的分量。先前的傲慢，因此變爲後來的謙恭；先前的輕視，因此變爲後來的尊重。這比起對鄭人所獻的璞玉來說，稱頌的話尚未完畢，而唾罵的聲音馬上跟著來的情形，那就有很大的差別了。

聲名追逐我則安逸，我去追逐聲名則勞苦。非常有才智而以庸愚自居，非常有辯才而以口訥自處，若有一天微見端倪，稍露鋒芒，言談之間，使人驚警；舉動之際，令人懾服，在此情況下，即使想逃避美名，美名也將追隨於我而無法推卻了。若沒有才智而空有才智的美譽，沒有辯才卻虛有辯才的聲名，一天到晚辛勞追逐，以求名副其實，稍有一事不恰當，而其餘所做的努力都付諸東流了。這就是從前明智的人所以寧可使名有負於我，而不使自己有負於名的原因。名有負於我，則他人的責求在於名；我有負於名，則他人的責求在於我，二者之間勞逸的比較實在相差太遠了。即使如此，這樣的看法也未免太將名與我對立看待。例如形體不知有影子的存在，然而影子卻未嘗離開過形體；聲音不知有響的存在，而響卻未嘗離開過聲音；聖人不知有名的存在，而美名也未嘗離開過聖人。唉！這那裏是春秋時候那些追逐美名的士人所能趕得上的呢？

【研析】本文主旨，雖在稱許秦使西乞術的舉止、談吐、儀節有度，而使向以視秦為「西戎僻陋」的襄仲，大感驚奇。然而作者卻能借題發揮，進而說明名實的相待，而甚智、甚辯之人，雖居愚、訥之地，而名的相隨，亦未嘗或離。言淺意深，於我後人啟示良多。

就內容說，文分四段。作者首先指出人情的所以易見，乃由於榮辱的所繫。其次則言秦魯二國，文物聲教的差異甚遠，而魯素以「僻陋」視之。第三段說明西乞術聘魯，言行儀節得宜，大出魯人的意表，致使襄仲驚歎不已。最後則言名與實實相待，不曾相離，而智者、辯者，雖居愚、訥之地，而名亦逐之不置。

就行文說，作者先以共識之理作引言，而以秦的「僻陋」相承，緊接著即以西乞術的舉止得宜為重點，一則說明魯為禮義之邦，「四方將命而來」者，鮮不失禮的實例，一則明獨獨西乞術能「俯仰音吐，丰容華暢」，這就不得不使魯人大爲吃驚了。此種情理兼顧、順流而下的行文方式，誠可令人心折。然後再以「名逐我」、「我逐名」的勞逸問題，反襯西乞術的實至名歸。這樣的寫法，又在有意無意間，給人以深遠的啟示。

好名，是人的常情。然名又有實名、虛名的不同，不知修爲，而只知一味地不擇手段去追求美名的人，即使能達到心願，亦不能維持長久，這是智者所不屑一顧的。作者以「聖人不知有名，而名未嘗離聖人」作結，誠可發人深省。而又以「豈春秋之士所及」譽西乞術，尤可示人名之不可苟得。處今之世，我知識分子，應如何共勉！

隨會料晉師 文公十二年

吳將伐魯問叔孫輒❶公山不狃❷ 哀公八年

【題解】 此事載於《左傳》文公十二年（西元前六一五年）。大意是說：秦國爲了報復令狐那一次戰役，於是就在康公六年的冬天，出兵攻打晉國，並佔領了晉國的城邑羈馬。晉人發兵抵禦。趙盾率領中軍，荀林父爲輔佐。郤缺率領上軍，臾駢爲輔佐。欒書率領下軍，胥甲爲輔佐。在河曲迎戰秦軍。這時臾駢建議說：「秦軍不能在外持久，我們應該加高壁壘，鞏固軍營來等待。」

秦軍將要出戰，於是秦伯就徵求士會的意見採取什麼方法來作戰。士會回答說：「趙氏新近提升了他的所屬大夫臾駢，他一定會出主意讓我們的軍隊久駐於外而疲勞。另外趙氏有一個旁支的子弟名叫趙穿，他是晉君（襄公）的女壻，雖然年少，卻能得到趙盾的寵信，並不懂得作戰，喜好勇猛而狂妄，又厭惡臾駢輔佐上軍。在這種情況下，如果能派出一些勇敢而不丕烈的武士襲擊上軍，也許可以有所斬獲。」於是秦伯就把璧玉投在河中，向河神祈求戰爭的勝利。

十二月初四，秦軍襲擊晉國的上軍，趙穿追擊秦軍沒有能追上，回來以後，發怒說：「帶著糧秣，披着甲胄，本來就是要尋求敵人的，而今敵人來了，卻不出擊，不知在那裏等什麼？」軍吏說：「那一定是有所等待。」趙穿說：「我不懂什麼計謀，我要獨自出去。」於是就率領著他的部屬出戰。趙盾說：「假如秦國俘虜了趙穿，就是俘虜了一卿。秦國打了勝仗回去，我們用什麼來報答晉國的父老？」於是下令全軍出戰，雙方纔一接觸，就彼此退兵了。

當天夜晚，秦國的使者告訴晉軍說：「我們兩國的軍隊都沒有打痛快，請明天再見。」臾駢說：「我看這使者的眼睛，不停地轉動，聲音失常，這明明是怕我們，準備逃走了。把他們逼到黃河的岸邊，一定會被打敗。」這時胥甲、趙穿擋在軍營的大門口呼喊著說：「死傷的人還沒收集，就將他們拋棄掉，這是不仁慈，不等到約定的期限，就把人家逼到險地，這是沒有勇氣。」於是晉軍停止出擊。而秦軍也就趁著這天晚上逃走了。後來又攻打晉國，侵入瑕地。

另外有一件相類似的事，載在《左傳》哀公八年（西元前四八七年）。大意是說：吳國爲了邾國的緣故，將要攻打魯國，吳王夫差向叔孫輒（案：孔疏：定公十二年叔孫輒與公山不狃帥費人以襲魯，兵敗奔齊，後又自齊奔吳。）詢問魯國的實情。叔孫輒回答說：「魯國有名無實，攻打他，一定可以如願。」回來以後，把這件事告訴了公山不狃，公山不狃說：「這是不合於禮的。君子離開了自己的國家，就不去敵仇之國，在自己的國家，沒有盡到做臣子的禮節，現在離開了，而又去攻打他，只知爲敵國奔走效命，這樣做，還不如去死呢！如果有所囑託，就應當隱避。況且一個人的行爲，不要爲了厭惡祖國的某些人，而就因此禍害國家鄉里，現在你爲了一點小怨恨，就要顛覆祖國，這怎麼可以做得出來呢？」之後，吳王又向公山不狃詢問，公山不狃雖然回答魯不可伐，但仍接受了吳王的所託，而率兵攻打魯國。所不同的，只是選擇險要難走的路行軍，以延誤時日，使魯國有所準備罷了，並沒有做到他自己所說：「有所託則隱避」的地步。

作者就是就著這兩件事予以比較說明，並闡發其義蘊。

見一事而得一理，非善觀事者也；聞一語而得一意，非善聽語者也。理本無間，一事通則萬事皆通；意本無窮，一意解則千語皆解。圯上之書❸一編耳，尺簡寸牘所載幾何？豈能盡括車壘輿地之形，預數嬴項韓彭之難❹哉？然子房❺得之，則問羊知馬，覘影知形，迎閱而羣策鋒起，隨諷而衆議叢生，此所以能用有限之書，對無窮之變也。如使子房見一事而滯於一事，聞一語而滯於一語，則雖盡納九州之圖於胸中，倉卒造次，亦必有書之所不能該者矣。書已盡，變方出；書已陳，變方新。非告往知來者，殆未足與議也。

蓋嘗以《左氏》所載論之，隨會自晉奔秦，而爲秦謀晉，說者祇以爲隨會之過耳；公山不狃自魯奔吳，而不爲吳謀魯，說者祇以爲公山不狃之善耳。過在隨會，於我何損？善在不狃，於我何加？政使能體之於身，則所懲者特謀宗國之一過，所法者特全宗國之一善，天下之過果盡於此乎？天下之善果盡於此乎？惟舉一隅而反三隅，則因二子得失之迹，固可為吾身無窮之用焉。隨會有謀晉之過，而不失為良大夫，吾是以知素行之不可無；公山不狃有全魯之善，而不免為叛人，吾是以知小節之不足恃。以隨會之賢，而忽有謀晉之過，吾是以知惡念之難防；以不狃之不肖，而忽有全魯之善，吾是以知善念之易發。使隨會事事皆若謀晉，則隨會將轉而為不狃；使不狃事事皆若全魯，則不狃將轉而為隨會。吾是以知治己者必長其善而絕其過。以終身論，則隨會為君子，不狃為小人；以一事論，則隨會為小人，不狃為君子。吾是以知論人者必略其暫而待其終。自兩端而推之，可慕可懲，可遵可戒，舉集其中，然其用猶未窮也！

抑又有大可論者焉。隨會，晉之良也，其言於晉國無隱情，其祝史陳信於鬼神，無愧辭也，必非賣宗國以求和者也。其意以為，一心可以事百君，百心不可以事一君，在晉則當忠於晉，在秦則當忠於秦。苟於秦伯之問而不以實對，明則有隱於秦伯，幽則有愧於鬼神矣。抑不知子為父隱，臣為君隱；在他人則以直為直，在君父則以隱為直。今隨會視君父如他人，盡發宗國之情以資寇讎，是攘羊之徒❻耳。惜夫隨會後太公❼而生，不聞反葬之義❽；先夫子而沒，不見遲行之風❾。故其視父母之國，恝然無情，意在為直，卒陷於不直。吾是以知善之難擇，而是之難審也。至於公山不狃所以眷眷宗國，藹然忠厚，蓋以聞闕里洙泗之餘教⑩而然耳。然自隨會而觀不狃，則厚薄有間，若格之以吾聖人之法，則不狃之所自處者，亦未得為盡善也。不狃對叔孫之辭正矣，至於使之為帥，乃導而之險，以困吳師。惜其始正而終入於詐也。魯國當隱，吳亦不當欺。不狃苟未忘宗國，則辭於吳子，弗與伐魯之役，既不負於舊君，亦不負於新主，義聲將徹於吳魯之間矣。今身為吳帥，而心為魯用，懷二心而事人，庸非聖門之罪人乎？吾是以益知善未易擇，愈擇愈差；是未易審，愈審愈謬。君子之於學，其可以易心處之哉？

讀隨會、不狃之事者，不過以為兩事而止耳。類而通之，區而別之，直而推之，曲而暢之，聞見層出，眾理輻湊，此陳亢⑪之所以問一得三⑫也，此顏子⑬所以聞一知十也⑭，此大舜所以聞一善言見一善行，若決江河，莫之能禦也！

【註釋】 ❶叔孫輒　春秋魯人。為叔孫氏州仇的庶子，字子張，因不得志於叔孫氏，曾投靠陽虎，欲去三桓而取代叔孫武叔，兵敗奔齊。❷公山不狃　《論語．陽貨》作公山弗擾。春秋魯人，為季氏費宰。因不得志於季氏，曾投靠陽虎，據費邑而叛。❸圯上之書　漢張良曾遊下邳圯上，遇黃石公，授《太公兵法》一冊。事見《史記．留侯世家》。圯，即橋。❹嬴項韓彭之難　嬴指秦始皇嬴政，在西元前二二一年統一中國，成為中國第一個實行中央集權的王朝，自稱始皇帝，然而傳至二世子嬰即滅亡。項指項羽，秦末隨叔父項梁起兵吳中，大破秦兵，率諸侯師入關中，殺子嬰，自立為西楚霸王，後為漢王劉邦追圍於垓下，自刎於烏江邊。韓指韓信，善用兵，助劉邦滅項羽，封爲楚王，與張良、蕭何稱漢興三傑，後爲呂后所殺。彭指彭越，秦末起兵，初事項羽，後歸劉邦，多建奇功，封梁王，後被人密告謀反而夷三族。❺子房　張良之字。原爲戰國時韓人，其先祖五世相韓。秦滅韓，良曾在博浪沙椎擊始皇，誤中副車，乃改姓名，逃亡下邳，得圯上老人授《太公兵法》。後助劉邦滅項羽，定天下，封留侯。見《史記．留侯世家》。❻攘羊之徒　指只知直道而行不得其當的人。在《論語．子路》篇中，葉公告訴孔子說，他鄉里中有個直躬的人，父親順手牽了人家的羊，自己出來告發；孔子則告訴他說，父親替兒子隱過，兒子替父親隱過，這其中就包含著正直的道理了。❼太公　周代呂尙的稱號。本姓姜氏，其先封於呂，又以呂爲氏，故稱呂尙，字子牙。晚年隱於渭水濱，文王出獵相遇，交談後大悅，並說：「吾太公望子久矣。」因號太公望，而立爲師。後輔佐武王克殷，封於齊營丘。見《史記．齊太公世家》。❽反葬之義　周太公望立爲大師，受封於齊營丘，可是直到五世的子孫，都送到周地埋葬。意謂忠臣不欲離王室之事，不忘其根本。見《禮記．檀弓上》。❾遲行之風　當孔子要離開齊國的時候，急得連米都來不及淘好，撈起來就走；離開魯國的時候，卻說：「我要慢慢的走啊！」意謂不忍離父母之國遠去。見《孟子．萬章下》。❿闕里洙泗之餘教　指孔門的教誨。闕里，在今山東省曲阜縣城的闕里街，是孔子的故里。洙泗，二水名，孔子講學之處卽在二水之間。⓫陳亢　春秋陳人。字子元，一字子禽，孔子弟子，少孔子四十歲。⓬問一得三　陳亢問伯魚孔子對他是否有特別的教誨，伯魚回答說沒有，只是曾問他是否學過詩、學過禮，否則就不知道如何講話，不能在社會立身。陳亢很高興，認爲自己問一件事，卻得到了三個答案，卽：學詩的道理，學禮的道理，還知道君子不偏私自己的孩子。見《論語．季氏》。⓭顏子　卽顏回。春秋魯人。字子淵，故也稱顏淵。孔子弟子，敏而好學，貧居陋巷，簞食瓢飲，不改其樂，孔子稱其賢。與閔子騫、冉伯牛、仲弓並列於孔門德行科。後世尊其為「復聖」。

⑭聞一知十　孔子問子貢他和顏回那個聰明些，子貢則回答說他無法與顏回相比，因顏回聞一能知十，自己只能聞一而知二。見《論語．公冶長》。

【語譯】見到一件事情而僅能體認一種道理，則不是善於觀察事理的人；聽到一句言語而僅能領會一種意念，則不是善於聽聞言語的人。道理本無二致，若一事通達，則萬事皆可通達；意念本來是無窮盡的，若能瞭解一種意念，則千語皆可瞭解。圯上老人所送的《太公兵法》只是一部兵書，在這樣短小的簡冊中能記載多少內容呢？難道還能包括所有的車馬、要塞和地理形勢，或預卜嬴政、項羽、韓信、彭越等人的成敗禍福嗎？然而張良得到這一部書，卻能問羊知馬而從旁推敲，見影知形而有所領悟，隨著原文的閱讀，各種策略就如鋒芒的突起，隨著文辭的諷誦，各種諫諍的意見，猶如野草的叢生，這就是能利用書本中有限的資料，去應付世事無窮的變化。假如張良觀察一件事而拘泥於一個事理，聽聞一句言語而拘泥於一個意念，那麼雖能將中國九州的地圖完全熟背下來，而在倉促匆忙之中，也必定會遭遇到書本中沒有記載的情況，非得查盡全書，才想得出應變的方法；或把書都翻爛了，才想得出新點子來。若不是能告往知來的人，是沒有辦法和他計議的。

人們曾經根據《左傳》的記載有所議論，隨會從晉國出奔秦國，而為秦國謀計侵晉的事宜，一般評論的人只認為這是隨會的過失；公山不狃從魯國出奔吳國，而不願為吳國提供入侵魯國的謀略，一般評論的人只以為這是公山不狃的善行。過失在於隨會，對我有甚麼損失？善舉在於公山不狃，對我有甚麼好處？照常理說，假使設身處地的去檢討這件事，那麼所當懲戒的，只是謀害宗國的一件過失，然而天下的過失，果真就以此為盡頭了嗎？所可以效法的，只是保全宗國這一點善行，然而天下的善行，果眞就沒有別的了嗎？若能舉一反三，則藉著這兩個人的得失痕迹，就可以做爲自身無窮的妙用。隨會有謀害晉國的過失，仍然不失爲一個良大夫，我因此知道平日的操守不可不注重；公山不狃有保全魯國的善行，仍然不免爲叛逆之人，我因此知道偶然的小節操是不足以仗恃的。以隨會的賢明，竟然犯了謀害晉國的過失，我因此知道人心惡念的難防；以公山不狃的不肖，竟忽有保全魯國的善行，我因此知道人心善念的易發。假使隨會所做的每一件事情過像謀害晉國一樣，那麼隨會將轉而爲叛逆的公山不狃；假使公山不狃所有的行事，都像保全魯國一樣，那麼公山不狃將轉而爲明智的隨會。我因此知道善於修治自己的人必求增長心中的善念而防止過失的行爲。就終身的行事而論，那麼隨會是君子，公山不狃是小人；若單就以上這一件事而論，則隨會是小人，公山不狃是君子。我因此而知道，若要評論人不能單就一事而論，應縱觀他一生的行事才能蓋棺論定。從善惡兩端的行事去推敲，不論是可欣慕的，可懲罰的，可遵循的，可戒惕的，全都聚集起來，這中間仍有無窮盡的妙用啊！

進一步說，還有更值得討論的呢。隨會，是晉國的良大夫，他分析晉國的情勢毫無隱瞞，卽使是祝史用來祈陳取信於鬼神，也是毫無愧辭的，絕對不是出賣宗國來求取和順的。他的意思以爲，用同樣的心意可以奉事不同的國君，不可以用不同的心意來奉事一個國君，身在晉國就當忠於晉君，身在秦國就當忠於秦君。若對於秦伯的問話不以實情回答，那就在表面上有所隱瞞於秦伯，在隱暗中有愧於鬼神了。然而他卻不知道做兒子的當爲父親隱瞞，做臣子的當爲國君隱瞞的道理；對待他人則以直道爲直道，對待君父則以隱瞞爲直道。如今隨會把君父當作是其他毫無干係的人，詳盡的將宗國的情報提供給敵國，根本就是行不得當的攘羊之徒。只可惜隨會生存的年代比太公晚，未得聽聞忠臣反葬之義；又比孔夫子早逝，未能見到離國遲行的風範。所以他對待父母之國冷漠無情，本意是想行直道，最後卻陷於不直的惡名。我因此知道所謂的善行其實難以抉擇，而所謂的是非也是難以審定的。至於公山不狃所以眷眷然不忘宗國，心存忠厚，這大概是因爲曾經受過孔門教誨的濡染才會有這樣的表現。若從隨會的不直來與公山不狃的忠厚比較，彼此的善惡當然有所區別，假如用聖人的法理來責求，那麼公山不狃的處事方式，也算不得是盡善盡美的。公山不狃回答叔孫輒的話，可以說是義正辭嚴了，至於他受命爲元帥，卻引導吳師行走難險的道路，來延誤時日。可惜的是他起初正直，最後卻不免於欺詐。爲魯國固當有所隱瞞，對吳國也不該有所欺騙。公山不狃若眞的沒有忘卻宗國的恩情，就應該向吳王辭謝，不參加攻打魯國的戰事，如此就可既不辜負舊君，也不至於對新主有所虧欠，他的忠義聲名就將響徹於吳魯兩國之間了。而今他身爲吳軍將帥，卻心爲魯國打算，懷著二心來奉事人主，這難道不是孔聖門中的罪人嗎？我因此更知道善行的不易抉擇，愈抉擇愈有差失；是非的不易審定，愈審定愈是荒謬。君子對於學問的研求，那裏可以用慢易的心情去處理呢？

研讀隨會與公山不狃事情的人，只把它們當作兩個獨立事件而已。若能類比其共通之處，區別其相異之點，於正直的事加以推衍，於不直的事加以發抒，則聽聞見識層層出新，各種事理均集中於此，這就是陳亢所以能問一知三，顏回所以能聞一知十的道理。也正是大舜所以能聽到一句善言或見到一件善事，就決定去實行，好像江河的潰決，是沒有辦法抵禦的啊！

【研析】 本文主旨在闡明隨會與公山不狃二人行事之是非。以此爲基點，引而申之，觸類擴闡，借明了徹事理之法，於讀書、爲學、做人、處世，啟示良多。

就內容說，文分四段。作者首先以見事、聽語、讀書，當徹悟其理，觸類旁通，方可應萬變而不窮爲引言，緊接著就以文題相承，以隨會、公山不狃爲鑑，反覆辨言善念、惡念的難防與易發，進而言及論人之道，當以終身爲歸，不宜以一事爲定。第三段則指陳隨會、公山不狃的是非作爲，並析其所以然之故，由是推言君子爲學之道。最後則言讀書當以理羣類，輻湊其理，推闡其義，然後方可收問一得三，聞一知十之功。

就行文言，作者一開始就以點化指引之筆，啟悟世人，雖爲常理，但一經指出，卻能使人大有茅塞頓開之感。文章進入本題以後，則採徐行漸進、反覆辨言的方式，就著隨會、公山不狃二人的行爲，予以申說，先論其舉措的是非，再以君子、小人交互相許，說理言事，兩得其宜。隨後，即指出二人是非的癥結所在，並以「善未易擇，是未易審」作結，尤見作者推闡的周延。最後則以讀書當善於融貫眾理爲歸，言簡義明，給讀者帶來了無限的省思。

全文以念念不忘宗國之言最爲突出，也最耐人尋味。任何人皆知，宗國乃生我、長我、育我的地方，以關係言最密，以情誼言最親，卽使爲情勢所迫，而暫時離去，如一旦宗國有難，誰又能昧其良知而恝然無動於衷？這也就是作者在本文中爲甚麼特別稱許公山不狃的原因了。至於隨會，作者雖以「非賣宗國以求和」爲他辯護，然亦終不願以直相許，明乎此，其間的是非曲直，也就不難理會了。

晉使魏壽餘僞以魏叛以誘士會　文公十三年

【題　解】此事載於《左傳》文公十三年（西元前六一四年）。大意是說：晉人憂慮秦國任用士會，所以六卿就在離京城不遠的諸浮地方聚會，來商討對策。趙宣子說：「隨會（卽士會）在秦，賈季在狄，國家的危難每天都可能發生，怎麼辦呢！」中行桓子接著說：「請復用賈季，因他知曉外境的事務，並且他的祖父狐偃對國家曾有過大功勳。」郤成子說：「賈季喜好為亂，況且有殺陽處父的大罪，不如任用隨會。因他能處卑賤而有羞恥心，能柔順而不犯上，有智謀，足可以使用，況且又無罪。」於是使魏壽餘偽裝以魏邑的主人背叛晉國，來誘騙士會回國。晉人同時也偽將魏壽餘的妻子兒女拘捕到晉國來，而使壽餘在夜晚逃逸。向秦國表示願意以魏邑幷其臣民歸附，秦伯答應了他的請求，於是就利用上朝的機會，壽餘暗中踩士會的腳，使他會意。

忍棄其所不可棄者，必有大不可棄者也。刃在頭目，斷指不顧；病在腹心，灼膚不辭，彼豈以為不足愛而棄之哉？是必有大不可棄者而奪其愛也。君子之於信義，與生俱生，猶手足體膚之不可須臾捨也。一旦幡然棄之，自處於信義之外，豈得已哉？其必有說矣。

隨會之信義，歷數晉之公卿未能或之先也，至於詐秦歸晉之際，雖借辭於髡衍，問策於儀秦，殆不過如此。會果何所見而忍於自棄耶？蓋壽餘之來，會之終身通塞決於俄頃，歸亦今日，否亦今日，此時不反，後將無時；此策不行，後將無策。此其所以忍棄平昔之所不可棄者也。

嗚呼！使會知自古皆有死❶之說，則歸與不歸，固有命矣。不然身將歸晉，吾恐其心放而不知歸也！為身謀則工，為心謀則拙，會也亦不善處輕重之間矣。雖然，為身謀而棄信義，夫人知其不可矣；爲國謀而棄信義可乎哉？溫嶠❷爲王敦❸所留，敦遣歸建業❹，嶠實欲歸晉，外懼敦之疑。乃陽不欲行，既辭復入，至於再三。嶠之所以詐敦者，即會之所以詐秦伯也。會爲身謀，固不逃君子之論矣；嶠爲國謀，獨不可諒其心而許其權乎？晉祚存亡，一嶠是繫，使嶠幸逃虎口，則危可平，難可解，亡可存，豈惟江左是賴？其自宣景❺而下，實寵嘉之，義存君親，庸非不信之信乎？曰：信義不可須臾棄也。君子平居暇日，尚不忍以不信不義自處，況敢以浼君親乎？吾平居暇日，未嘗爲詐，因君父之難而爲之，是我之詐由君父而生也。詐由君父而生，是亦君父之詐也。免君父於難，而納君父於詐，有忠孝之心者，忍爲之乎？此吾之所以罪嶠也。危晉者王敦耳，使嶠力竭不能救社稷，而繼之以死，是亡晉者王敦也，非嶠也。今嶠苟爲詐謀，雖幸存社稷，然以不正之名累君父，是危晉者王敦，而累晉者溫嶠。以五十步笑百步，相去幾何哉？

世俗之說，以爲君父在難，若可圖全，詼譎邪枉，靡所不可，皆指嶠輩爲法。抑不知吾身在難，知自愛者必不敢設詐以自免，至於君父在難，則爲之，豈不謂以詐免身，則無以自解；以詐免君父，則可以歸之君父以自解耶？是君父乃吾歸惡之地也，是以所賤事君父也，薄莫甚焉。隨會之過，冠圓冠者❻舉知之，至於溫嶠之事，吾恐意在於忠孝而未嘗學者不幸而蹈其失，故論之以待後世君子。

【註釋】❶自古皆有死　語出《論語・顏淵》：「子貢問政。子曰：『足食，足兵，民信之矣。』子貢曰：『必不得已而去，於斯三者何先？』曰：『去兵。』子貢曰：『必不得已而去，於斯二者何先？』曰：『去食。自古皆有死，民無信不立。』」❷溫嶠（西元二八八—三二九年）晉太原祁縣人。字太眞。初在并州任劉琨參軍，後元帝鎭江左，嶠受命奉表南下，頗得朝士推重。明帝即位後，任中書令。咸和初，任江州刺史，鎭武昌，後蘇峻、祖約作亂，乃與庾亮、陶侃等出兵討伐，事平還鎭，不久病死，諡忠武。見《晉書・溫嶠傳》。❸王敦（西元二六六—三二四年）晉臨沂人。字處仲。爲王導堂弟，娶武帝女襄城公主，拜駙馬都尉。元帝即位建業，以敦爲鎭東大將軍，鎭武昌，恃功專權，據武昌反，入朝自爲丞相。明帝太寧二年，舉兵再反，入江寧，途中病死，戮屍懸首於市。❹建業　古地名，即建康。秦時爲秣陵縣，漢代沿置；三國時，吳改名建業，晉初又復稱秣陵，太康三年，分秣陵水以北爲建業，爲丹陽郡治，後避愍帝（司馬鄴）諱，改爲建康。東晉及南朝各代均以此爲國都。故城在今南京市。❺宣景　宣，謂司馬懿。三國魏溫縣人。字仲達。有雄才，多權變，爲曹氏父子所重用。後其孫司馬炎篡魏，建立晉朝，追諡爲宣帝。見《晉書・宣帝紀》。景，謂司馬師，字子元，司馬懿的長子。後晉武帝代魏，追諡爲景帝。見《晉書・景帝紀》。❻冠圓冠者　謂通達事理的儒者。莊子曰：「周聞之，儒者冠圜冠者知天時，履句屨者知地形，緩佩玦者事至而斷。」見《莊子・外篇・田子方》。

【語譯】一般人若忍心捨棄他不可捨棄的，必定有他非如此不可的原因。刀刃橫在頭眼之前，爲免一死，即使因而斷指也無所顧惜；病灶在腹心之間，爲求治癒，即使必須灼傷皮膚也不介意。人難道是認爲手指、皮膚不值得愛惜而輕易捨棄嗎？這必然有他非如此不可的原因而放棄他所愛惜的。君子和信義的關係，是與生俱存的，猶如手足體膚不可有片刻的分離。一旦忽然捨棄，而置身於信義之外，難道是心甘情願的嗎？其中必然有原因。

隨會的信義，遍數晉國的公卿大臣，沒有人及得上他，至於詐騙秦國回返晉國這件事，即使是向淳于髡、公孫衍討教計謀，或向張儀、蘇秦請教策略，大概也不過如此而已。隨會究竟是爲了甚麼理由而忍心放棄自己的操守呢？想那壽餘的到來，可使隨會終身的窮達決定於俄頃之間，要回去也在今天，不回去也在今天，此時若不回去，以後再也沒有機會了；眼前的計策若行不通，往後再也沒有計策可行了。這就是他爲甚麼忍心捨棄平日所不能捨棄的理由。

唉！假使隨會知道自古皆有死的道理，那麼歸與不歸，本來就可以聽天由命了。否則雖然身已歸晉，我卻擔心他的心已放失而不知所歸啊！爲脫身作打算可說是精明，爲心安作打算則可說是笨拙，隨會也是不善於衡量輕重的人哩！雖然，爲己身做打算而捨棄信義，人們都知道那是不可行的；那麼爲國家作打算而捨棄信義，難道就可行嗎？晉時溫嶠爲王敦所強留，後來王敦打算遣送他回國都建業，溫嶠其實是歸心似箭，卻因爲害怕王敦起疑心，而假裝不想離開，一而再，再而三地辭行之後又折回。溫嶠之所以詐騙王敦，正如同隨會之所以詐騙秦伯。隨會爲自身作打算，固然無法避免君子們的批判；溫嶠實在是爲國家作打算，難道就不能體諒他的用心，而贊許他的變通之計嗎？晉國的存亡，全維繫在溫嶠身上，若使溫嶠能僥倖逃離虎口，那麼晉的危亂可得平息，災難可得解除，國祚可得存續，難道只是處在江左的君民所依賴的嗎？自宣帝、景帝以來，對溫嶠就寵愛有加，信義始終存在君臣的相親之間，溫嶠的所爲，難道不是以他對王敦的不信來達成他對晉君的信義嗎？我認爲：信義不可有片刻的離棄。君子在平日閒暇之時，尚且不忍心自處於不信不義的行爲中，又怎敢以不信不義的罪名玷辱國君呢？我平日閒暇之時，未嘗有詐欺的行爲，如今爲了解救君父的災難而使詐，這表示我的詐騙行爲是因爲君父而產生的。詐騙的行爲由於君父而產生，這也就等於是君父的詐騙行爲。使君父免於災難，卻使君父扣上詐欺的罪名，一個有忠孝存心的人，忍心這樣做嗎？這就是我用以責備溫嶠的理由。危害晉朝的是王敦，假使溫嶠竭盡心力仍不能挽救國家，繼而以死殉國，則覆亡晉朝的是王敦，並不是溫嶠。如今溫嶠輕率地使用詐謀，雖然僥倖地使國家不亡，然而卻以邪曲的惡名連累了君父，這樣一來，危害晉朝的是王敦，而牽累晉朝的就是溫嶠了。以五十步笑百步，相差能有多少呢？

世俗的說法，認爲君父在危難中，只要可以謀取安全，任何詭詐不正的法子，沒有甚麼不可運用的，這都是指溫嶠這一類人的作法來說的。卻不知當自身處於危難時，知道自愛的人一定不敢使用詐術以求自免於難，至於君父在危難中，就如此做法，這豈不表示若以詐免身於難，就無法替自己找到正當的理由；若以詐免君父於難，就可以君父的名義替自己找到正當的理由嗎？如此君父就成爲我推卸惡名的地方，這是用輕賤來奉事君父，還有比這更刻薄的行爲嗎？隨會不信不義的過失，只要是通達事理的儒者都明白，至於溫嶠的作爲，我是恐怕因爲他意在忠孝，而使不曾學習的人不幸而重蹈其過，所以提出來討論，以期待後世的君子有所明辨。

【研　析】本文主旨在強調信義的不可須臾離。君子與小人之分，即在於是否能堅守信義。並以此爲中心，引喻推闡，不僅爲士會惜，而且亦爲世人憂，用意至善，寓義尤深。

就內容說，文分四段，作者首先指出一般人忍心捨棄其不可捨棄的，一定有其非如此不可的原因。其次則設言隨會詐秦歸晉的理由。再其次則進一步分析不管爲身爲國，均不可棄信義於不顧。最後駁斥世俗之言的非是，以歸於信義。

就行文說，作者先以常理作引言，再以隨會之事與常理相契合，在文勢的轉折上，非常自然。隨後即以古事言今事，又以今事應古事，古今交織，形成一密不可分的組織體，又由簡而繁，又由繁而簡，就理言事，深入淺出，不僅有跌宕之筆，亦且有緜密之情，然終不以情害義，由懸宕而趨於平淡，並對世之學者，寄以厚望之意，於此最可窺作者用筆的高妙。

全文以「自古皆有死之說」爲堅守信義的準則。無信不立，無義難行，不立不行，不僅不能爲君子，就是與鄉曲野老相較，亦難望其項背。準是以推，世俗之論，凡以身之通塞，可以設詐，以救君父於難，可以不講信義，以救亡圖存，可以詭譎枉邪者，均難立於君子之林。凡爲一己的通塞而行不義者，即使成功，亦難爲人看重，凡以不信不義的手段，以救君父之難者，這無異陷君父於不信不義，而講信義的君父，必不樂爲之救。凡以詭譎枉邪的卑劣行爲，以救亡圖存者，必將名存而實亡。作者惟恐世人以此相高，故發此洪鐘巨響以警世，其用心實不可謂不深啊！

魏壽餘履士會之足於朝

文公十三年

【題　解】此事載於《左傳》文公十三年（西元前六一四年）。大意是說：晉國的大夫士會，足智多謀，爲秦所用（按：士會在文公七年奔秦，此時已爲秦軍謀士），晉人欲以誘騙的手段，使他回國，於是就派魏壽餘假裝叛晉，並以魏邑及其臣民歸附於秦。在上朝的時候，魏壽餘不便相告，暗中踩士會的腳以示意。接著秦伯出兵河西，準備接收魏邑，魏人在河東（此時秦晉以黃河爲界），壽餘趁機說：「請在秦國的晉人能與魏邑的有關官吏說話的人，我和他先渡河。」秦伯派遣士會。士會辭謝說：「晉人，有如虎狼，假如他們背信不放我回來，我就是死了，妻子被殺了，對您秦君來說，也並無益處，您可不要後悔。」秦伯說：「假如晉人背信，我要是不把您的妻子送還晉國，黃河為證，可以由它處罰。」這時士會才無所顧慮地渡河歸晉。

匪手攜之，言示之事❶；匪面命之，言提其耳❷。久矣！夫喻人之難也。我以為羊腸，而彼方以為衢道；我以為鳥喙，而彼方以為稻粱。主涇賓渭❸，分騖背馳，奚適而能相喻哉！言者不知聽者之心，而每恨其悟之遲；聽者不知言者之心，而每駭其談之遽。攻愈力，閉愈堅；叩愈煩，應愈怠。南面而君，北面而臣，東面而師，西面而徒，所以百諫而不從，屢告而不入者，職此之由也。

蓋嘗觀魏壽餘之誘隨會，一履其足而歸晉之機已傳，是獨何術而動物悟人如此其捷耶？殆非壽餘術之工，乃隨會聽之切也。會思晉之念，如獸思壙，鳥思林，魚思淵，蹙閼拘繫❹而不得騁。一旦壽餘以歸晉之機動之，微見其端，心領神受，舄交踵接，閟策已通，庸非聽之切則得之速耶？使會歸晉之念不切，則壽餘雖刺其股，搏其膺，亦將撫機而不喻矣。歜職相感以一扶而商人弒❺，蓄憾之切者也；魏韓相警以一肘而智伯滅❻，慮患之切者也；餘會相悟以一履而去計定，謀歸之切者也。使數子者移蓄憾為蓄德，移慮患為慮善，移謀歸為謀道，則將皆默會至理於交臂目擊之間，豈有告諄諄而聽藐藐者耶？信矣！切之一字，誠入道之門也。

自孔孟而後，感發轉移之機不復見於天下，蓋數千年於此矣！學者慨誦塵編，浩然歎息，以為沒身不可復遇也。抑不知道不可離，理不可亡，孔孟雖往，感發轉移之機豈隨孔孟而往哉？前觀之古，後觀之今，仰觀之朝，俯觀之野，利害相激，事會相投，此機此理，隨遇而發。下至於龍斷罔利❼之徒，萬貨錯陳，五方畢會，低昂盈縮，出沒變化，一瞬未終，彼此咸喻。相語不以口而以形，相視不以迹而以神，是廛肆市區皆處洙泗之濱，工賈商旅皆具游夏❽之用也！舉目皆妙用，而吾自不觀；盈耳皆至言，而吾自不聽，終日與理遇，而反有不遇之歎，噫！理不遇人耶？人不遇理耶？

【註釋】❶匪手攜之言示之事　引《詩經．大雅．抑》篇文。是說不但親手提攜，而且指示事情的是非。❷匪面命之言提其耳　引《詩經．大雅．抑》篇文。是說不但當面命令，又恐其聽不清楚，而用手提著耳朵來告戒。❸主涇賓渭　涇、渭為二水名。涇小渭大，此處有反賓為主之意。涇水發源於甘肅省六盤山，東南流入陝西省。渭水發源於甘肅省渭源縣西鳥鼠山，東南流入陝西省，過西安，至高陵縣臨潼附近會涇水，東流抵潼關入黃河。❹蹩閼拘繫　指受拘束不得自由。蹩閼，受阻礙。拘繫，被束縛。❺歜職句　齊懿公（商人）為公子時，與邴歜之父爭田未勝，即位後，將其屍體掘出砍去雙足，並使邴歜爲其駕車。又奪納閻職之妻，而使閻職作陪乘。後齊懿公游於申池，邴歜與閻職也同浴於池中，歜以馬鞭擊職，職大怒，歜說：「妻子被人奪了都不生氣，打你一下又何妨？」職反譏說：「比砍了他父親的腳而不敢恨怨的人又如何呢？」於是兩人共謀殺了懿公，將他的屍體棄於竹林中，回來在宗廟祭告後，公然出走。事見《左傳》文公十八年。❻韓魏句　智伯向趙襄子求取蔡皐狼之地，未得。智伯怒帥韓魏之甲攻趙氏，趙襄子走晉陽。三家以國人圍而灌晉陽城，未成。智伯行於水中說：「吾乃知水可以亡人國！」魏桓子以肘觸韓康子，韓康子則踩魏桓子腳，而後共議以汾水灌安邑，絳水灌平陽，因與趙襄子密約期。趙夜使人殺主隄之吏而決水灌智伯軍，智伯軍因救水而亂，韓魏兩軍左右分擊之，遂殺智伯，盡滅其族，瓜分其地。❼龍斷罔利　指商賈操縱市面，獨取利益。龍斷也作壟斷，原指斷而高的岡壟。語出《孟子．公孫丑下》：「有賤丈夫焉，必求龍斷而登焉，以左右望而罔市利。」❽游夏　子游、子夏。子游姓言名偃，子夏姓卜名商，二人皆孔門中長於文學的弟子。

【語譯】《詩經》上說：「不但親手提攜，而且指示事情的是非。」又說：「不但當面命令，又恐其聽不清楚，而用手提著耳朵來告戒。」喻示人的困難，由來已經很久了！我認爲是羊腸小道，而對方卻以爲是通衢大道；我認爲是鳥嘴，而對方卻以爲是稻粱。就如以涇水爲大而以渭水爲小，反賓爲主；雙頭馬車，背道而馳，要如何才能相互明白呢？說者不明白聽者的心意，而每每嫌恨其遲遲不能領悟；聽者不明白說者的用心，而往往驚駭於其言辭的急切。攻擊愈是用力，閉守愈是堅固；叩擊愈是煩促，回應愈是怠慢。不論是爲君、爲臣，或爲師、爲徒，所以多次勸諫而不能聽從，屢屢忠告而聽不入耳的，就是這個理由。

我曾經觀察魏壽餘誘引士會一事，只踩一下他的腳就已傳達了歸晉的訊息，這究竟是用甚麼方法，而能感動啟發人如此快速？我推測並非壽餘的方法特別有技巧，是由於隨會探聽消息的心情迫切。士會思念晉國的心情，有如走獸思戀壙野，飛鳥思戀山林，游魚思戀深淵，卻受阻被拘而無法自由馳騁。一旦壽餘以歸晉的機會暗示他，只稍見端倪，便心知其意，完全瞭解，纔只不過腳鞋一交接，閉塞的思路馬上通暢，這不就是因探聽消息的人心情急切而才能馬上明白暗示的嗎？假使士會歸返晉國的意念不急切，即使壽餘對他刺股捶胸，也將只是茫茫然不能體會。邴歜只是抽了閻職一鞭，就相互感應，因而共同殺了商人（齊懿公），這是由於積恨復仇的急切所致；韓康子只是用肘碰了魏桓子一下，就相互警醒，因而使智伯喪家滅族，這是由於憂患去敵的急切所致；壽餘只是用腳踩了一下士會，因而相互領悟，就定下了去秦的計策，這是由於圖謀歸國的急切所致。假使這幾個人能以積恨復仇的用心修養品德，以憂患去敵的用心努力爲善，以圖謀歸國的用心勵志求道，那麼就都能默然領會眞理於肘一碰、眼一望之間，那裏還會有說的人苦口婆心而聽的人心不在焉的情事呢？無可置疑的，「切」這個字眼，實在是入道的門徑。

自從孔子、孟子以後，感動啟發而轉移的機緣就不再發生，到現在大概有數千年了吧！學者們慨然誦讀古籍，而浩然歎息，認爲這輩子也不可能碰上這種情況了。卻不明白道是不可離而理是不可無的，孔孟聖人雖已遠去，感發轉移的機緣難道也隨著孔孟而遠去嗎？縱觀古代和現在，上至朝廷，下至民間，無不利害相激盪，事機遇會相投合，這種機緣、道理，隨時隨地都可能發生。下至操縱市場的商賈，面對著數不清的雜陳貨物，各地人馬集聚在一起，做出各種不同的姿勢，變化之妙，有如神出鬼沒，可是還不到一轉眼的功夫，就彼此會意了。他們說話，不用口，而用姿勢，相看不用動作，而用神色，這種情形，就如同商店市區處在孔門的旁邊，那些工商各行人士，也都具備子游、子夏會意的妙用啊！放眼所見皆爲妙用，而我卻不去觀察；充塞耳中的都是至理明言，而我卻不用心去聽取，終日與眞理相遇，卻慨歎不遇眞理，唉！究竟是眞理不遇人呢？還是人不遇眞理呢？

【研析】本文主旨在闡發「道」、「理」二字的不可離與不可忘。惟有一心向道，而不忘其理，進而融貫通徹，心領神會，方可一觸卽發，一拍卽合。作者借「魏壽餘履士會之足於朝」這件事，引而申之，來抒發一己之所感，甚具意味。

就內容說，文分三段：作者首先指出由於立場的不同，而觀點自異，喻人之難，皆由此起。其次則言蓄憾、慮患、謀歸之切，故能收「微見其端」，而「心領神受」之效。最後則說明感發轉移之機，無處不在，如爲有心，卽可隨遇而發，彼此相感。

就行文說，本篇走筆，非常平實，引常理以入本題，這是作者的一貫手法，然本篇卻拿常理以與本題相對，借收相反相成的效果，這樣明顯對立的寫法，最能給人深刻的印象，令人會意首肯之後，禁不住的還要作深一層的思考，所謂文章之「味」，就在這裏了。

文中用一「切」字，指出爲「入道之門」，更可看出作者的刻畫入微，然後再以「理不遇人耶？人不遇理耶？」作結，使文字前後互相輝映，更可使人體悟到「切」字的重要。如無深切或切身之痛的感悟，又如何能「入道」能互相感發呢？所謂入道，就是深明其理，而深明其理之前，往往必須經過一番刻骨銘心的痛苦，來換取這個「切」字。我們如能作這樣的看法，那麼在本文第一段所說的「喻人之難」，以及結語的「理不遇人、人不遇理」之歎，不也就理明義顯了嗎？

趙盾納捷菑于邾

文公十四年

【題解】此事載於《左傳》文公十四年（西元前六一三年）。大意是說：邾文公的元妃齊姜，生了定公；次妃晉姬，生了捷菑。文公死，邾婁人立定公為國君，於是捷菑就逃奔到晉國。此時晉國的趙盾將中軍主政，率領著諸侯的軍隊八百輛戰車，將捷菑送回邾國。邾婁人辭謝說：「齊女所生的貜且年長，應該立為國君。」（按：貜且，即定公）趙盾聽了之後說：「立嫡以長，這是合於情理的，如果不聽從，不吉祥。」於是就回去了。

物固有不可並者。一事而是非並，擇一焉可也；一人而褒貶並，擇一焉可也。參是於非，等褒於貶，則其論鬬鬩❸陵奪，無以自立於天下。信矣！說之不可並也。並其不可並，豈君子樂為異論哉？天下之言，固有相反而不可相無者，殆未易以前說律也。是非有時而並存，褒貶有時而並立，異而同，舛而合，戾而順，睽而逆，惟君子為能言之，君子為能一之。

晉趙盾以諸侯之師，納捷菑於邾，鳴鐘擊鼓，至其城下，屈於邾人長少之義，徒手而還。責之者咎其知之晚，獎之者歎其改之勇，論者莫能並也。吾以為二說要當兩行然後可。治疾欲速，愈久愈侵；知非欲蚤，愈久愈謬。由是說則盾可責，遇過之尚淺者，盍以此警之？已成之疾，難望其瘳；已成之非，難望其革。由是說，則盾可獎，遇過之既深者，盍以此誘之？用前說警過之淺者，使不敢自堅；用後說誘過之深者，使不至自棄。缺一焉可乎哉？

苟徒執一說，沒其獎而專其責，以謂盾也受怨之時，弗詢弗考；發命之時，弗慮弗圖。內興車甲，外勤諸侯，跋履山川，傳其國都而後反。盾意雖回，而既憊之力，既費之財，終不可回也。悔於邾，不若悔於晉；悔於郊，不若悔於都；悔於朝，不若悔於室。其悔彌遠，其失彌多，改過雖美，豈如無過之可改爲快哉！嗚呼！無疾則不必醫，無過則不必論，醫爲病設，論爲過設，使盾審之於初，師不出，過不形，則亦何論之有？惟其陷而能拔，迷而能反，棄前日之勞，成今日之決，此獎之之說所以不可偏廢也。一言之尤，一筆之誤，或者猶諱其短而遂成之，況盾以明主之令，八百乘之賦，反見阻於蕞爾小國。驅馳暴露之疲，餫饋扉屨之耗，侯甸男邦之訾，勇於徙義皆不暇顧，是豈碌碌凡子所能辦乎？戲之代括❹，突之攘忽❺，以強脅弱，自古而然。盾若挾晉之威，援周宋之比❻，邾將覆亡之不暇，何力之敢抗？今見義之大，而忘邾之小，不念前功之可惜，惟知今失之當除，盾之大過人者此也。

蓋嘗觀戰國之際，諸子蠭起，終身蔽蒙者置不足議。至若宋牼❼、淳于髡之徒，皆親嘗為孟子之所折壘摧陣衄矣，終不肯幡然儒服，竟自名其家，是非不知操術之誤，反顧平生肄習之勤，未能決然捨也。彼於呻吟佔畢間，尚戀戀不肯棄，況輿師之衆，征伐之重乎？擬盾之義，宜吾之不敢廢也。吾嘗歷考世變，冒甚厚之名，必就甚厚之實；辭甚厚之實，必避甚厚之名。其避其就，不出名實之兩端而已。盾之退師，將以避名耶，則有輕率之譏；將以就實耶，則無錙銖之獲。所避非名，則避者果何事？所就非實，則就者果何物？學者嘗試思之？

【註　釋】❶**捷菑**　人名。春秋時邾國文公庶子。晉趙盾欲助其為邾國之君而未成。參見本篇題解。❷**邾**　春秋古國名。周武王封顓頊後裔於此。也作邾婁。戰國時稱為鄒。地在今山東省鄒縣東南。❸**鬩鬩**　兄弟失和發生爭執。在此指互有矛盾爭執。❹**戲之代括**　戲與括為周朝魯武公的二子，括即伯御，為長子，戲為括之弟，即魯懿公。魯武公以二子見周宣王，王立戲。當時樊仲山父雖諫以不可，宣王不聽，終立戲。後魯人終殺懿公而立伯御，是為孝公。事見《國語．周語上》。❺**突之攘忽**　突與忽為春秋時鄭莊公的二子。忽長為太子，莊公卒，太子忽即位，是為昭公。突為宋國外甥，宋聞鄭卿祭仲立忽，乃使人誘執祭仲，使立突，否則必死。當時宋強鄭弱，祭仲不得已立突，是為厲公。昭公聞祭仲立突，出奔衛。事見《史記．鄭世家》。❻**援周宋之比**　周指周朝、周天子。武王滅殷而有天下，國號周。宋指宋國，為紂庶兄微子的封地。周天子統領諸侯，自非宋國可比。喻勢力強弱懸殊。❼**宋牼**　又作宋銒、宋榮。戰國宋人，與孟子同時。他主張「見侮不辱，救民之鬬；禁攻寢兵，救世之戰。」荀子將他列入墨家，也有人將他列為名家或小說家。

【語譯】有些事是不可以相提並論的。一事若有是有非，擇其一以為定論是可以的；一人若有褒有貶，擇其一以為定論也是可以的。若是非相參，褒貶相等，那麼其評論就會陷於矛盾互相攻伐，根本就無法立言於天下。毫無可疑，是非的說法是不可以並存的。若將不可並的說法並論，這那裏是君子喜歡與人唱反調呢？其實天下的言論，本來就有論點互異卻不可一無的，這不能援用以上的說法作律則。是與非有時可以並存，褒與貶有時可以並立，既相異又相同，既相違又相合，既暴虐又順應，既背離又相迎，惟有君子能說出其中的道理，能作一樣的看待。

晉國趙盾率領諸侯的軍隊，護送捷菑回邾國，鳴鐘擊鼓，到了邾國城下，屈於邾人所謂以年長者為君的大義，空手而還。責備他的人歸罪他知道過錯為時太晚，稱揚他的人則讚歎他有改過的勇氣。沒有評論的人能將兩種說法相提並論。我則認為這兩種說法應同時論及才妥當。治療疾病愈快愈好，時間拖得愈久，病情愈劇；知錯改過愈早愈好，時間拖得愈長，過失愈大。若從這個觀點來看，那麼趙盾是應該受到責備的，犯過尚淺的人，何不以這個例子警惕自己？病入膏肓的重病，很難指望能得痊癒；既已鑄成的大錯，很難指望能改正歸善。若從這個觀點來看，那麼趙盾是值得獎勵的，犯過已深的人，何不以這個例子來勸勉自己？用前一種說法來警惕犯過尚淺的人，使他不敢固執不改；用後一種說法來鼓勵犯錯已深的人，使他不至於自暴自棄。缺少了任何一種說法，可以嗎？

若只堅持一種說法，毫無獎勵而專重於責備，認為趙盾在接受捷菑訴說的時候，並沒有詢問查考清楚；發布命令的時候，也沒有深慮謀畫。就對內啟動車馬兵甲，對外勞動各國諸侯，辛苦跋涉山川，兵臨邾國國都卻無功而回。趙盾雖已回心轉意，然而已經疲憊的人力，已經浪費的財力，終究無可挽回。

到了邾國才悔改，不如悔於晉國；到了遠郊才悔改，不如悔於國都；在朝中才悔改，不如悔於家室內。悔改得愈遠，過失就愈大，能改過雖是美事，總不如無過可改更令人快意！唉！沒有疾病就不必求醫，沒有過失就不必評論，醫療是爲病人而設，評論是爲過失而設，假使趙盾事先經過仔細的考慮，不發兵出師，不形成過失，又怎會生出各種評論呢？就是因爲他陷於過錯而能自拔，迷途而能知返，揚棄前日的勞頓，作成今日的決定，這就是讚揚他的說法所以不可偏廢的理由。一句話說的不對，一筆寫錯了，有些人尚且忌諱他的缺點而終成爲過失，更何況趙盾以諸侯盟主的命令，率領了八百輛兵車，反而被一個小小的邾國所阻止。至於車馬驅馳暴露的疲乏，軍需物資的損耗，各諸侯邦國的非議，在勇於改過向義的前提下都無暇顧及，這難道是凡夫俗子所能做到的嗎？周宣王不顧勸諫立戲代括爲魯公，宋國強迫祭仲立突代忽爲鄭公，用強勢威脅弱小，自古以來就是如此。趙盾若挾恃著晉國的威力，則晉與邾勢力強弱懸殊，邾國滅亡都來不及了，那有力量去反抗呢？如今見正義的浩大，而忘卻邾國的弱小，不眷戀著先前的功業以爲可惜，只知道今日的過失應當立即悔改，趙盾大過人的地方就在這裏。

我曾經研究過當戰國的時候，諸子成羣而起，那些終身被邪說蒙蔽的人不值一提。至於宋牼、淳于髡這些人，都曾經被孟子挫敗摧折，卻始終不肯悔改從儒，竟各自名其家甘爲異端，他們並不是不知道過去所執持的學說是錯誤的，只是因爲花費了大半輩子的工夫在這上面，無法毅然決然的捨棄所學。這些人在朗讀吟誦之間，尚且依戀不捨得放棄，何況是車馬兵師的眾多，征伐事件的重大呢？讚揚趙盾的義舉，當然是我所不敢廢棄的。我曾經考察過多變的世事，一般假冒美名的人，必然是爲了有厚利可圖；推辭厚利的人，必然是爲了逃避美名。不論是推辭或接受，都不出於名與利這兩端。趙盾的退師回國，若是爲了逃避美名，就將遭受輕率的譏諷；若是因爲有利可圖，就實在沒有半點收穫。所逃避的既然不是美名，到底是逃避甚麼？所從事的既然不是利益，那麼到底是從事甚麼呢？學者們可曾試著想過？

【研析】本文以趙盾爲中心，以常理爲陪襯，就著是非、褒貶的運用，深入淺出地交互爲說，循著既定的理路，委婉曲折地表明其所以然之故。對於趙盾的輕率行事，固有微議，然而對於他的「不念前功之可惜，惟知今失之當除」的做法，卻譽爲「大過人者」的義行。這種隱惡揚善的用心，我們是樂意舉雙手贊成的。

就內容說，文分四段，作者首先指出對於一事的是非，一人的褒貶，雖難於等量齊觀，然而君子則認爲可以並存不廢，相反而不可相無。其次則言「知事之晚」與「改過之勇」，雖褒貶不同，然卻各有其作用。第三段則進一步說明過失已成，不可徒事責難，能勇於悔改，其行爲是絕對可以稱揚的。最後列舉史實來證明一個人的難於更張，用以反襯趙盾勇於行義的深可嘉許。

就行文說，除採漸進的方式外，在結構上，也極爲謹嚴。對於理念的表達，使人有一種由朦朧而漸趨明朗的感覺。在走筆上，長短相對文句的運用，尤其爲人激賞，如：「嗚呼！無疾則不必醫，無過則不必論，醫爲病設，論爲過設，使盾審之於初，師不出，過不形，則亦何論之有？」這些文句，不僅活潑有力，而且也極富表白功能，確能帶給讀者清新神怡的感覺。結語能以名實兩端爲歸，這不能不說是作者的卓識。

不過作者在文中所說：「宋牼、淳于髡之徒，皆親嘗爲孟子之所折疊摧陣衂矣，終不肯幡然儒服」的見解，並予他們以「操術之誤」的批評，我們很難苟同。因爲在戰國之際，諸子爭鳴，各闡其說，各抒所見，何能因孟子之一言而竟然棄其所守？果爾的話，那麼也就沒有此一時期學術的蓬勃發展了。

周公❶王孫蘇❷訟於晉 文公十四年

【題解】此事載於《左傳》文公十四年（西元前六一三年）。大意是說：周匡王即位，太宰周公閱與卿士王孫蘇爭政，打算在晉國了結此一訟案。這時匡王竟然違背了原先幫助王孫蘇的諾言，而讓卿士尹氏與大夫聃啟在晉國爲周公訴冤求理。結果由趙宣子出面，才平息了王室的這場紛爭，並且使他們恢復了原來的職位。

昔者文王聽虞芮之訟❸，而商道始衰。聽訟非文王之心也，東冰西炭，凍者不得不西；左淵右陸，溺者不得不右。虞芮之訟，文王未嘗招之使來，蓋靡之不能去也！文王雖不與虞芮期，而虞芮自至，故議者以二國之向背，筮商周之興亡也。舜避朱❹，禹避均❺，益避啟❻，其辭其受，未嘗不視獄訟之所歸以爲決。虞芮之訟，近捨朝歌❼而遠趨豐鎬❽，彼紂雖倔強於酒池肉林間，直寄坐焉耳。吾嘗持是而觀後世隆替之由，權在則昌，權去則亡，未有失其權而國不隨亡者也。

周道既降，孱王僕臣不能主方夏之柄，儕於列國，至匡王❾之世則殆甚焉。周公大臣也，王孫蘇卿士也，二臣有訟，不之王而之晉。君天下者尚將照臨萬國，大明淑慝，外薄海表，咸得其職。今至不能尸堦戺❿之訟，則國之置王果何用乎？虞芮介然遠國矣，其質成於周，議者尚為商危之。向若飛廉⑪惡來⑫，內相忿競，棄紂而即文，紂雖無道，亦未必能堪也。匡王怡然坐視，不惟不駭，反使人於晉助所厚者之訟，惴惴然恐其不伸。巍然被袞，號稱天子，顧乃企足矯首，待晉之予奪以為輕重，何其衰也！是周之危過於商，而匡王之無恥甚於紂也！

周之頹敝甚於商季，何為當亡而不亡？晉侯之小心不及於文王，何為可取而不取？蓋嘗思其故矣：紂之末年，雖三分失其二⑬，然威令尚行境內，凶虐尚能及人，故民不堪其暴而共亡之。晚周之微，門內小訟猶不得專，雖欲淫侈，誰聽其掊克？雖欲殘酷，誰受其指令？其起其仆，近不係斯民之休戚，遠不係諸侯之強弱，晉雖陽尊貌敬，實不過以邾、莒遇之耳，何嫌何疑而遽欲墟之哉？故周非不亡，無可亡也；晉非不取，不足取也。

大抵能害人者必能利人，能殺人者必能生人。紂雖下愚不移，然操柄猶未盡失，使其移比干⑭之戮於崇侯⑮，移崇侯之寵於比干，朝發鹿臺⑯之財，暮發鉅橋⑰之粟，烏知其不祈天永命，編名六七君⑱之列乎？至於匡王，枵然建空名於六服⑲之上，禮樂刑政，舉不在己，雖欲自奮，其道何由？是將僨之商，猶有復起之望；未墜之周，已如既隕之時也。左支廢，右支緩，奄奄餘息，綿百世而閱千齡，樂乎哉！周過其曆⑳之言，吾未敢信。

【註釋】❶周公 名閱，為周公旦之後。閱為周之大宰。❷王孫蘇 人名。周之卿士。❸文王聽虞芮之訟 商時虞芮二國相與爭田，久而不平，因西伯（周文王）陰行教化，諸侯皆往決平，虞芮之君乃相與朝周。入其境，則見耕者讓畔，行者讓路；入其邑，則男女異路，老者不負重；入其朝，則士讓為大夫，大夫讓為卿。虞芮二國君因受感化乃相讓所爭地以為閒原。❹朱 唐堯之子，名朱，封於丹淵，故稱丹朱。因不肖，故堯禪位於舜。❺均 虞舜之子，名均，封於商，故稱商均。相傳舜以商均不賢，乃傳位給禹。禹立，封商均於虞。❻啟 夏禹之子，繼父有天下，在位九年而崩。❼朝歌 為殷商自帝乙以至紂的都城。故城在今河南省淇縣北。❽豐鎬 也作酆鄗。豐是周文王都邑，在今陝西省鄠縣東。鎬是周武王都邑，在今陝西省長安縣西南。❾匡王 周匡王，名班。為周頃王子。在位六年而崩（西元前六〇七年）。❿堦戺 堦同階，臺階，為登堂道。戺，堂前階石的兩端。堦戺在此指周朝廷之內。⓫飛廉 人名。或作蜚廉。為商紂王之諛臣，矯捷善走。周武王克商時，被驅於海隅而戮。⓬惡來 人名。飛廉之子，商紂王之臣。有力而善進讒言，後被周武王所殺。⓭三分失其二 指殷紂王失去天下三分之二的民心。《論語．泰伯》中孔子說周文王「三分天下有其二」。⓮比干 人名，商紂王的叔父。與箕子、微子稱殷之三仁。因強諫紂王之淫亂而被剖取心。⓯崇侯 殷紂王之臣，名虎。曾讒西伯於紂王，紂王因囚西伯於羑里，後西伯脫歸，伐崇侯而作豐邑。⓰鹿臺 殷紂王聚集財物的府庫，別稱南單之臺，周武王伐紂，紂兵敗，登鹿臺自焚而死。故城在今河南省淇縣境。⓱鉅橋 古府倉名。在今河北省曲周縣東北。武王伐紂後，曾散鹿臺之財，發鉅橋之粟。⓲六七君 指聖賢之君。孟子說：「由湯至武丁，聖賢之君六七作。」見《孟子．公孫丑上》。⓳六服 周代把服屬於王室的地方，根據遠近分為六級，由近而遠為侯服、甸服、男服、采服、衛服、蠻服。⓴周過其曆 武王克商後，卜世三十，卜年七百，然而周傳國三十六世，八百六十七歲，因稱周過其曆。語出《漢書．諸侯王表序》。

【語　譯】在從前，由周文王審理虞芮二國爭田的訟案來看，就可推知商朝的國運已開始衰微。審理訟案並不是周文王的本心，但若東側寒冷如冰，西側溫暖如炭火，那麼受凍的人就不得不奔向西側；若左邊是深淵，右邊是陸地，那麼溺水的人就不得不走向右邊。虞芮兩國的爭訟，周文王並不曾招呼他們前來，就是趕都趕不走呢！周文王雖然沒有與虞芮有任何約定，可是虞芮卻自動前來，所以一般評論家都拿虞芮兩國的向背，來預卜商、周兩朝的興亡。堯傳位給舜而不傳子丹朱，舜傳位給禹而不傳子商均，禹欲傳位給益而不傳子啟，這其間的取捨，未嘗不是看訴訟案件的歸向為決斷。虞芮兩國的訴訟，捨棄近處的商都朝歌，而到遠處的周都豐鎬，可知商紂雖然作威作福於酒池肉林之間，其實只是空有其名，坐在那裏虛張聲勢罷了。我曾經以這個例子來觀察後代興衰的理由，當政權掌握在手中時國家就會興盛，一旦政權旁落國家就會滅亡，沒有喪失政權而國家不隨著滅亡的。

周朝的國運既已衰微，懦弱的周王和臣子們已經無法掌握中國的政權，而使地位下降與諸侯國並列，到匡王的時代，更是衰弱到了極點。周公閱是周朝的大臣，王孫蘇是周朝的卿士，兩位大臣發生糾紛，不向周天子控訴，而到晉國去請求判決。一個君臨天下的天子，應統治天下萬邦，為各國諸侯明辨是非善惡，並推廣於四海，使每個臣子都能得到應得的職位。如今竟連自己朝廷內的糾紛都不能解決，那麼國家設置君主有甚麼用處呢？虞芮是距離周都遙遠的小國，卻千里迢迢的前往周都打官司，評論的人尚且為商朝感到危險。假如當時商朝的飛廉、惡來兩個佞臣在朝中發生爭執，卻捨棄紂王而到周文王那裏請求裁決，紂王雖然暴虐無道，也未必能忍受得了這種恥辱。而今周匡王安然坐視，對這件事不但不感到訝異，反而派人到晉國去為他所偏袒的人說情，同時心中忐忑不安，惟恐不能討回公道。周匡王高居王位，身穿龍袍，號稱天子，不料竟蹺著腳伸長脖子，等候晉國的判決，以作爲裁奪的輕重，這是多麼衰弱無能的天子！這分明表現出周朝的衰微遠過於商朝，而匡王的無恥也遠過於紂王啊！

周朝的頹廢衰敗遠過於商末，爲甚麼該亡而不亡？晉侯的小心謹愼也比不上周文王，爲甚麼可滅周而不滅呢？我曾經研究過這其中的道理：殷紂的末年，雖然已失去了三分之二的民心，然而政令仍通行於國中，他的兇狠殘虐也尙能危害到人民，所以人民在不堪暴政的情況下共同推翻了商朝。周朝末年的衰微，周天子連宮廷內臣子們的糾紛尙且不能解決，周王卽使想要荒淫奢侈，誰去聽任他橫徵暴斂？卽使想要兇狠殘酷，誰去聽任他指使呢？當時周朝的一切作爲，就近處來說，無關於人民的憂患與安樂，就遠處來說，也不影響諸侯們的強盛與衰弱，晉國雖然在表面上尊崇恭敬周天子，事實上不過把周朝看作是邾莒之流的小國罷了，有甚麼嫌隙或猜忌必須馬上滅掉周朝呢？所以周朝並不是不會滅亡，而是沒有甚麼值得滅亡的；晉國並不是不想取代周朝，而是沒有甚麼值得取代的。

大體說來，有能力害人的人必然有能力利人，有權力殺人的人也必然有能力存活人。紂王雖然冥頑不靈，可是他所操持的政權並沒有完全喪失，假使他把殺害比干改爲殺害崇侯，對崇侯的寵信改爲寵信比干，早上散發鹿臺的財物給人民，晚上發放鉅橋的糧食給百姓，又怎知他不能祈得上天賜福長壽，而並名於賢君之列呢？至於周匡王，空有其名居於六服各諸侯之上，所有禮樂、刑法、政治大權，都無法掌握在手中，卽使他想奮發圖強，又有甚麼方法可行呢？由此可見卽將崩潰時的商朝，仍有復興的希望；而尙未瓦解的周朝，卻像個已經滅亡了的國家。這就如同人一樣，左半身既已殘廢，右半身也隨著癱瘓，奄奄一息的苟延殘喘，卽使活到一百歲甚至一千歲，又有甚麼樂趣可言呢？史家說周朝的國祚已經超過了應享的年限，我卻不敢苟同這種說法。

【研析】本文就著周公閱與王孫蘇爭訟於晉的史實，來推斷周匡王之時，已毫無權威可言，不惟衰頹已極，簡直形同贅旒，僅具空名而已。主旨既立，而推演之筆，循序而下，作者的觀感，隨著文字的展現，也就一一地表露無遺了。

就內容說，文分四段，作者首先指出為政以得民為本，人民的向背，乃國家興亡的基因。其次則言匡王的失權已甚，竟無法平抑大臣的爭訟，與贅旒無異。第三段進一步說明周室既然衰頹已極，為什麼還不滅亡的原因。最後則就著商紂與周匡王作一比較，在情勢上說，紂雖下愚，猶能勝過匡王的空名。

就史言事，見解非常正確。

就行文說，作者首先抓住興亡之跡，以史為鑑的鐵則，然後運用無比銳利的透視力，將胸中所蘊，痛快淋漓地一瀉而出，故能筆隨意轉，指陳鑿然。

文中推理之言甚切，如「晚周之微，門內小訟，猶不得專，雖欲淫侈，誰聽其掊克？雖欲殘酷，誰受其指令？其起其仆，近不係斯民之休戚，遠不係諸侯之強弱，晉雖陽尊貌敬，實不過以邾、莒遇之耳！」這見解極為透闢。俗語說，一葉知秋，而於「門內小訟，猶不得專」，其他舉措的仰人鼻息，也就不言可喻了。堂堂天子，淪落如此境地，難道還不可以說「名存而實已亡」？

至於作者於文中所指「故周非不亡，無可亡也；晉非不取，不足取也」之言，似有商榷餘地：因春秋之季，諸侯所盡力以爭的，不過霸主而已，政由己出而已，儘管周室衰微，王綱解紐，然而周代的禮教尚存，是以任何諸侯都不願冒天下之大不韙，因滅周而招致其他諸侯的共同聲討。如時代進入戰國，這種推斷就大有可能了。

卷二十一

晉侯秦伯圍鄭 僖公三十年

【題解】此事載於《左傳》僖公三十年（西元前六三〇年）。大意是說：在魯僖公三十年九月初十這天，晉侯（文公）、秦伯（穆公）率軍包圍鄭國，因爲鄭伯（文公）曾對晉侯無禮，而且又私和楚國親近。這時鄭大夫佚之狐進言說：「國家危險了，如果能派燭之武去拜見秦君，那麼包圍我們的軍隊，就會退去。」鄭伯聽從了佚之狐的諫言。可是燭之武反而推辭說：「在臣壯年的時候，尚且不如人，現在已經老了，恐怕無能爲力了！」鄭伯說：「我沒有能早日任用您，現在國家危急了才來請您，這是我的過失，可是鄭國亡了，對您也沒有好處啊！」於是燭之武就答應了。在當夜用繩子把他從城牆上吊下來，進見秦伯說：「秦、晉兩國包圍鄭國，鄭國已經知道要滅亡了，假如滅亡了鄭國對陛下有好處的話，那是足可以煩勞君王左右的隨從的，您當然知道，越過一個國家把疆域擴展到遠方，那是非常困難的，爲什麼要滅亡鄭國來增大鄰國的土地呢？鄰國的富強，也等於陛下的削弱，如能不滅亡鄭國而讓它作爲東道的主人，使臣的往來，適時的供給所缺少的一切，這對陛下來說，也沒有什麼害處呀！而且陛下也曾經賜給過晉君好處的，同時晉君也答應把焦、瑕割讓給陛下，可是結果如何呢？他早上渡過黃河，晚上就設版築起城牆來了，這是陛下所知道的事情。說到晉國，它那裏有知足的時候呢？既然東邊向鄭國開拓了土地，又想著向西方擴展疆域，在此情況下，如果不侵削秦國，又向那裏奪取領土呢？侵削秦國的土地來增加晉國的利益，希望陛下愼重地考慮考慮啊！」秦伯聽了非常高興，於是與鄭國簽訂了盟約，派遣杞子、逢孫、楊孫在鄭國戍守，就班師回去了。這時子犯請晉文公攻擊秦軍。文公說：「不可以，假如不是此人的力量，我們是不會有今天的，靠著別人的力量而又去敗壞他，這是不仁，失去了友邦，這是不智，將和整的局面變爲戰亂，這是不武，我們還是班師回去吧！」也率領著軍隊回去了。

天下之事，有非出於人情之常者，其終必不能安。受施者致其報，施者享其報，人情之常也。居施者之地而爲報者之事，非人情之常也，矯也。其所以矯情而爲之者，抑有說矣。彼徒見夫有德於人者，責報則兩傷，忘報則兩全也，遂以謂忘報者，猶足以全其恩，況吾度越常情之外，居施者之地，而爲報者之事，其恩厚豈有涯哉？抑不知君子不盡人之歡，亦不盡己之歡；不竭人之忠，亦不竭己之忠，人與己無二情也。人受施於我，其報猶有時而厭，況我有施於人，反僕僕然爲報者之事，是果人情之所安乎？惟其不出於吾情之所安，雖矯而行之，激而爲之，矯者怠，激者衰，則吾情終有時而不能繼矣。恩之而不能繼，則釁隙生焉，曾不如相忘者之爲安也。常理之外，不可加一毫之理；常情之外，不可加一毫之情。是故過厚者必薄，過親者必疏，過愛者必憎，過喜者必怒，情豈有過而不反者哉？

蓋嘗觀秦穆❶晉文❷之爭端，然後知常情之果不可加也。晉文以一亡公子而列於五霸，揆厥本原，果誰之力耶？流離之時，使無秦穆，則為尪為瘠，為僵為殍；呂郤之難❸，使無秦穆，則為灰為燼，為煙為埃。始拔之於尪瘠僵殍之中，終脫之於灰燼煙埃之外，使襲先祀，使君萬民，使專土疆，使擅利勢，一身之間，自冕及舄，皆秦穆所致也。有丘山之施，而不受涓滴之報，在秦穆既為盛德矣。今秦穆非特不責報於晉，乃反致其報於晉，務欲加於常情，以結晉之歡焉。嗚呼！情果可加，則聖人已先加之矣！聖人所不能加，而秦穆則欲加之，豈自以為勝於聖人耶？秦穆始欲加聖人之所不能加，終則自不能繼而怨隨之，隙開於鄭之圍，而成於殽之役❹。吾是以知始之加，乃終之損也。

或者咎秦穆與晉俱圍鄭，反背晉而成之。吾謂是固秦穆之罪，然其禍源正不在是。一室之人，同盤而食，辛甘酸鹹所嗜猶雜然而不齊，況二國並立，形異勢異，利異害異，秦穆乃以秦徇晉，無役不會，無盟不同，挾未報之德，矯情屈意，反若受役於晉者，是安可久耶？釁隙不發於今，必發於後。燭之武之說，三大夫之戍❺，特釁隙之迹，而非其端也。

噫！晉人初受秦穆生全之際，懷恩未報，方以為我負秦。習見秦穆服從之久，少有不合，遽以為秦負我。是秦穆之以恩召怨，固可責；晉人之以恩為怨，尤可責也。以恩為怨，少知自愛者皆恥之，獨秦穆之失，不得不發之以告學者焉。露之濡，根莖苗節無不沾；雨之降，丘陵原隰無不被，天之恩物至矣。然日出陽升，則天不知有露也；雲歸空霽，則天不知有雨也。種一草，植一禾，幸而滋榮，則朝環夕繞，認以為己恩，爬搔培壅，未必不反為物之害者，其秦穆類耶？

【註釋】❶秦穆 即秦穆公。❷晉文 即晉文公（西元前？——前六二八年）。春秋五霸之一。名重耳，獻公子。因驪姬之難流亡狄國，在外十九年，賴秦穆公之助回國即位。任用狐偃、趙衰、先軫等賢臣，平王子帶之亂，納周襄王，救宋破楚，繼齊桓公為諸侯盟主。在位九年。❸呂郤之難 呂指呂甥，即陰飴甥。郤指郤芮。二人皆晉惠公之舊臣，因畏懼晉文公的迫害，而陰謀焚燒文公宮室並弒殺文公。由於宦官披的密告，文公乃暗至秦國王城見秦穆公，其後呂、郤果放火燒公室，因搜索不到文公而趕到河上，秦穆公以誘兵之計將他們殺了。事見《左傳》僖公二十四年。❹殽之役 西元前六三〇年，晉文公與秦穆公共圍鄭國，秦私與鄭議和，並助鄭防晉，晉軍於是撤退。西元前六二八年，晉文公卒，鄭國又使秦杞子掌管北門，於是秦國想乘晉國新喪，無暇外顧之機，襲滅鄭國。結果在殽山被晉國與姜戎之兵邀擊，全軍覆沒，秦將百里孟明視、西乞術、白乙丙被俘。事見《左傳》僖公三十年、三十二年。殽山一作崤山，又名崤陵、嶔崟山。在今河南省洛寧縣北觀魚堂一帶。歷史上著名的函谷關即因此山道路狹隘高深如函而得名。❺三大夫之戍 三大夫指杞子、逢孫、楊孫。事見本篇題解。

【語譯】天下的事情，有不出於人情之常的，到最後必不能心安。受人恩惠的人盡力報答，施人恩惠的人享受別人的報答，這是人的常情。若處在施恩的地位，卻從事於報恩的行爲，這並不是人的常情，是矯情。其所以故違人情而爲報恩的事，也有一番說辭。他們但見施恩德的人，若責求別人的報答，往往兩敗俱傷；若忘卻別人的報答，就可以兩全，就認爲忘卻別人報答的人，尚且能夠保全彼此的恩情，又何況我超越了常情以外，明明處於施恩者的地位，卻從事於報恩的行爲，這樣的恩情那裏會有邊際呢？卻不明白君子不強求別人盡歡心，也不強求自己盡歡心；不苛求別人竭盡忠誠，也不苛求自己竭盡忠誠，不論責求別人或自己，沒有不同的待遇。別人受我的恩惠，他的報恩尚且有倦怠的時候，何況我有所施恩於人，反而勞頓於報恩報德，這果眞是人情所能安的事情嗎？就是因爲不出於我本心所願，雖矯情而行，勉強而做，然而矯情有懈怠的時候，勉強的心也有衰微的時候，那麼我的用心也就終將有不能接續下去的時候了。厚施恩惠而不能長久繼續，則積怨就產生了，還不如兩相忘記來得妥當。在常理之外，不可再加一毫的理；常情之外，不可再加一毫的情。所以太過恩厚必至於輕薄，太過親密必至於疏遠，太過溺愛必至於憎惡，太過喜悅必至於怨怒，人情豈有太過而不招致反效果的嗎？

我曾經觀察秦穆公與晉文公之間的爭端，然後才知道常情之外果然不可隨意再加。晉文公以一個流亡公子的身分而躍居五霸之一，若追究本源，究竟是誰的力量使然？在逃難的時候，假使沒有秦穆公的收留，則將孱弱憔悴，凍餓身死；在呂甥郤芮那次災難中，假使沒有秦穆公的援助，就將被燒成灰燼，化爲塵埃。先幫助他免於孱弱憔悴、凍餓而死的窘境，最後又協助他解脫化爲灰燼塵埃的災難，使他承襲先王的祭祀，使他君臨萬民，使他統領一國的疆域，使他獨攬利勢的大權，他的一身，從頭上的帽子到腳上的鞋子，都是秦穆公爲他打點的。有如丘山樣的恩德，卻沒有接受涓滴的報酬，這在秦穆公來說，可算是莫大的美德了。而今秦穆公非但不責求晉國有所報答，反而盡力的報答晉國，務求多加恩惠，超越常情之外，以討晉國的歡心。唉！常情之外若果眞能隨意加添，那麼聖人就早已先增加了！聖人所不能增加，而秦穆公卻擅自加多，難道他自以爲勝過聖人了嗎？秦穆公起先想著增加聖人所不能增加的，終於因後繼乏力而使怨恨隨之而生，嫌隙開端於秦晉共同圍鄭，而終於形成在殽山的一次戰役。我因此明白起初的刻意討好，乃是造成往後兩兵相向的原因。

或有人歸咎於秦穆公，認爲秦與晉相約圍鄭，反而背叛晉國爲鄭國戍守。我認爲這件事固然是秦穆公的罪過，然而兩國交惡的禍源卻不在此。一個屋簷底下的人同桌吃飯，辣甜酸鹹等口味尚且各有不同，何況是兩國並立，形勢利害又各不相同，秦穆公卻委屈秦國，討好晉國，(在晉國的邀約下)沒有一次戰役不參加，沒有一次盟會不同席，明明挾有晉未報的恩德，卻矯情屈意，反而有如受於晉的役使，這種作爲怎可能長久呢？彼此間的嫌隙即使不發作於今天，往後也必有爆發的時候。燭之武說服秦穆公，三大夫的爲鄭戍守，只不過是交惡的跡象，而不是紛爭的開端。

唉！當晉文公剛受秦穆公的幫助，得以保全性命的時候，心懷感恩而尙未能報答，總以爲自己對秦有所虧欠。其後逐漸習慣於秦國的聽從順服，稍有一點不合意，馬上就認爲秦國對自己有所虧欠。如此說來，秦穆公的以恩德召來怨仇，固然可責；而晉文公的恩將仇報，則更加可責。受人恩惠，反而以仇相報，稍知自愛的人都恥於如此，惟獨秦穆公所犯的過失，不能不舉發出來，告喩學者們。露水的滋潤，任何植物的根莖苗節沒有不沾益的；雨水降落時，任何丘陵平原沒有不被及的，上天對萬物的恩典可說無以復加。然而旭日一旦東昇，上天便已忘記曾有露水的滋潤；雲氣既已消散，晴空萬里，上天就不復記得曾有雨水的灑落。有的人種植一草一禾，幸而能繁榮滋長，便朝夕環繞它，認爲是自己的恩惠所致，其實過度的整理培養，未必不會對植物反而造成傷害，這不就與秦穆公的行爲相類似嗎？

【研析】本文以秦穆公爲中心，分析他對晉施恩，不僅不斤斤於報答，反而以報恩的心，盡情地討好晉國，結果反因恩召怨的始末。直指之言，有是有非，當分別以觀。

就內容說，作者首先以人情之常來範圍天下事，矯情、反常，均易生釁隙。其次則言秦、晉的反目成仇，乃秦穆公的咎由自取，不應「居施者之地」，而盡「爲報者之事」。第三段說明秦穆公所以臨陣背晉退兵，乃由於情、勢、利、害使然。並借以反襯矯情、屈意行爲的不可久。最後則言秦穆公因恩召怨之失，鮮爲人知，特發以示人。

就行文說，作者以人情之常理引入正文後，即用「丘山之施」的大恩，加在晉文公的身上，大有使晉文公「無以爲報」的感覺。然後再以「無役不會，無盟不同」矯情屈意徇晉的作爲，討好晉國，目的在使晉國常懷感激之心。那知道這種做法，不僅沒有得到應得的報償，反而使晉國習以爲常，視爲當然，少有不合，則以爲「秦有負我」的想法。這就是秦穆公因恩召怨的由來。同時也展現了作者描繪的用心與手法。

考秦之與晉，確有大恩。而渡河設版的事件，是在晉惠公時代，與晉文公無關；殽之戰，發生在晉文公卒後，也和他扯不上關係。我們如僅就秦穆對晉文的施恩來說，那麼晉文公並沒有「忘恩負義」的行爲。因此，我們認爲作者在本篇的說理言事上，均有牽強之嫌。因恩固可以召怨，然如能一本道義的良知，爲其所當爲，行其所應行，則又何怨之有？作者以爲秦對晉有大恩，在此大前提下，不論秦國有任何對不起晉國的事，晉國均當隱忍承受，而絕對不可報復才對。然而既爲「二國並立，形異、勢異、利異、害異」，在此各爲己國爭利避害的原則下，晉國又如何能不怨尤？更何況秦穆公的退師又全爲己國著想？不然又何以使三大夫留戍鄭國以作內應？這種欲擒故縱的手法，是陰險？還是狡詐？況臨陣違約，乃兵家大忌，置晉軍於不顧，又何信義之可言？照理說，當晉文公知曉此事之後，應當勃然大怒，聽從臣下的建言，截擊秦軍才對，可是他卻以「不仁、不智、不武」爲言，而化解了這一次的不愉快，於此不也就可以看出晉文公的報恩之心了嗎？置此不論，而僅以秦穆公的因恩召怨爲說，我們認爲雖然能自圓其說，但卻未臻公允。

秦穆出師襲鄭 僖公三十二年　秦師過周北門 僖公三十三年　秦使孟明❶爲政 文公元年　晉秦戰彭衙復用孟明 文公二年　秦濟河焚舟 文公三年

【題解】此事載於《左傳》僖公三十二年（西元前六二八年）。大意是說：在僖公三十年的九月十日，秦晉聯合進攻鄭國，不料秦穆公竟接受了鄭大夫燭之武的遊說，單獨退兵，並派杞子、逢孫、楊孫三人留戍鄭國。事隔兩年之後，秦大夫杞子自鄭國派人稟告秦伯說：「鄭人讓我掌管他們都城北門的鎖鑰，如果暗中派軍來襲，可以把鄭國滅掉。」於是穆公就向大夫蹇叔請教，蹇叔說：「勞動軍隊，來襲擊遠方的國家，這是我從來沒有聽說過的。軍隊遠行，勞苦力竭，遠方的主人以逸待勞，這恐怕不可以吧！軍隊的行動，鄭國一定知道，軍隊勤勞而又無所斬獲，一定會有背犯的想法，況且軍行千里，又能瞞得住誰呢？」穆公沒有採納蹇叔的諫言，並召集孟明、西乞、白乙三人在東門外率師出發。這時蹇叔哭著對孟明說：「孟明啊！我現在僅能看見軍隊的出發，卻看不到軍隊的回來！」穆公馬上派人責斥蹇叔說：「你知道什麼？假如你活到中壽就死的話，現在你墳墓上的樹木，已經長到兩手合抱那樣粗了。」蹇叔的兒子，也參與了這次的遠征，他哭著送行說：「晉人一定在殽山抵禦我們的軍隊，殽山有兩座大陵，它的南陵，是夏后皋埋葬的地方，北陵周文王曾在這裏避過風雨。你們一定會戰死在這中間，我將在這裏收葬你的屍骨。」秦軍於是就向東出發了。

僖公三十三年（西元前六二七年），秦軍經過周天子的王城北門，依禮軍士們應脫下頭盔下車步行，表示對天子的尊敬，可是竟有三百多輛兵車的士兵卻跳躍著上車，這情形被年齡尚幼的王孫滿看到了，於是告訴周王說：「秦軍輕佻無禮，一定會打敗仗。因爲輕佻則少計謀，無禮則行事疏忽，進入危險地區，竟然粗心大意，又沒有計謀，怎能不打敗仗呢？」

秦軍剛到達滑國，這時鄭國有一位商人名叫弦高，打算去王城做買賣，正好遇到了秦軍，他靈機一動，就先用四張熟牛皮，然後再用十二頭牛來犒勞秦軍說：「我們鄭國的國君聽說將軍將要行軍經過敝邑，所以特地派我來犒勞您的部屬。」孟明說：「鄭國已經有了準備，我們沒有指望了，攻打不能取勝，圍城又沒有後援，我們還是回去吧！於是滅了滑國，就班師回去了。

這時晉大夫原軫（卽先軫）向襄公建議說：「秦伯違背了蹇叔的話，由於貪心而勞苦人民，這是上天賜給我們的好機會，上天的賜給不可失，敵人不可放縱，放縱敵人，就會發生禍患，違背天意，就不吉祥，一定要趁此機會攻打秦軍。」大夫欒枝說：「現在還沒有報答秦國的恩惠，而竟然攻打他的軍隊，難道在我們的心目中，還有剛死去的國君嗎？」先軫說：「秦國不爲我們的喪事哀痛，反而攻打我們同姓的國家（滑國），這是秦國的無禮，還有什麼恩惠可言？我聽說：『一天放縱敵人，可能造成好幾代的禍患。』這是爲子孫作打算，那裏可以說目無先君呢！」於是就發布命令，趕快動員姜戎的軍隊，晉襄公也把喪服染成黑色，梁弘駕御戰車，萊駒爲車右，在四月十三日這天，大敗秦軍於殽山，並俘虜了百里孟明視、西乞術、白乙丙回來。晉文公的夫人文嬴知道以後，馬上向襄公爲秦國的三位主帥求情，請釋放他們。

當秦穆公知道三位將領要回國的時候，就穿著素服在郊外迎接他們，並且對著被釋放回來的將士哭號著說：「由於我不聽從大夫蹇叔的話，以致使你們幾位受到侮辱，這都是我的罪過。」接著又說：「這是我的過錯，大夫有什麼罪呢？況且我絕不能因了一次小過失而掩蓋他的大功德。」

經過這次戰役之後，秦穆公對孟明始終沒有失去信心。如文公元年（西元前六二六年），秦大夫及左右向秦伯建議殺孟明，穆公不但不殺孟明，反而使他執政。又如文公二年（西元前六二五年），秦晉戰於彭衙，穆公仍用孟明率師以報殽山之役。結果孟明又打了敗仗。可是秦伯依然任用孟明。而孟明則進一步的修明政事，設法改善人民的生活。到了文公三年（西元前六二四年），秦伯又行攻打晉國，渡過黃河，並且燒了船隻，佔據了王官與郊地。這時晉軍不敢出戰，秦軍於是就從茅津渡過黃河，在殽山為過去戰死的將士樹立標記，然後回國。秦伯自此以後，就成了西戎的領袖，這是由於任用孟明的關係。

天下之事，以利而合者亦必以利而離。秦晉連兵而伐鄭，鄭將亡矣。燭之武❷出說秦穆公，立談之間，存鄭於將亡，不惟退秦師，而又得秦置戍而去，何移之速也！燭之武一言使秦穆背晉親鄭，棄強援附弱國，棄舊恩召新怨，棄成功犯危難，非利害深中秦穆之心，詎能若是乎？

秦穆之於晉，相與之久也，相信之深也，相結之厚也，一怵於燭之武之利，棄晉如涕唾，亦何有於鄭乎？他日利有大於燭之武者，吾知秦穆必翻然從之矣。是則杞子❸襲鄭之謀，實燭之武有以開之也。舉鄭國之人，咸誦燭之武退兩國之師，續百年之祀於頰舌❹之間，孰知危亡之釁亦已芽於武之頰舌乎！秦穆從燭之武之言而戍鄭者，非愛鄭也，利在焉故也；從杞子之言而襲鄭者，非憎鄭也，利在焉故也。心無晉鄭，惟利之趨，豈有輕絕數十年締交之晉，而反重結數年始附之鄭者乎？燭之武以利始之，杞子以利終之，使外無弦高❺之謀，內有三子❻之應，豈復有鄭乎？是燭之武之留戍，乃所以留禍，雖免國於晉，而輸國於秦也。君子之重言利，其以是哉？

秦穆既以利輕絕晉，亦必以利輕絕鄭。利心一開，不能自窒，宜其蔑蹇叔❼之諫，而取殽之敗也。殽之役，說者或歸其曲於晉，以謂秦所襲者鄭，所滅者滑❽，於晉未有朝夕之急，乃冒喪而邀之。吾以爲晉固可責，秦穆亦不得無罪焉。孫權❾與劉備❿約同伐劉璋⓫，備方發被髮入山⓬之辭以拒權，不旋踵而自取之，此權所以深怨而有荊州之師⓭也。晉與秦同圍鄭，秦獨退師留戍以背晉，不旋踵而自襲之，此晉所以深怨而有殽之師也。前則恐人分其利，後則以己專其利，最人情之所甚惡。知權之怨備，則知晉之怨秦矣，安可獨歸曲於晉乎？

然秦穆懲殽之敗，仍用孟明增修國政，竟刷大恥⓮。夫子驟列其悔過之誓於二帝三王之後者，抑有意焉：一悔可以破百非，一善可以滌百利。秦穆在《春秋》中，朝議暮貶，左瑕右玷，雖擢髮不足以數其罪；及入於《書》，則溫然粹然，不見微隙，是典謨誥誓之秦穆，而非復《春秋》之秦穆也，聖人之勸深矣。自時厥後，晉有邲之敗⑮，齊有鞌之敗⑯，楚有鄢陵之敗⑰，其餘敗軍者，未易槩舉，如秦之懲敗而悔過者，則無聞焉。此《書》之所以止於秦也。繼秦穆而有悔過自誓之舉，則夫子之序《書》詎終於秦耶？

【註釋】❶孟明　春秋秦將。名視，字孟明，百里奚之子。秦穆公時，派他領兵襲鄭，晉人截擊於殽函，大敗。後三年伐晉，渡河焚舟，晉人懼，不敢出兵，乃封殽尸而還。從此，秦遂稱霸西戎。❷燭之武　春秋鄭大夫，以邑爲氏，燭城在今河南新鄭縣。❸杞子　春秋秦大夫。見本篇題解。後杞子奔齊。❹頰舌　比喻人有能言善辯的才華。❺弦高　春秋鄭國商人。見本篇題解。❻三子　即杞子、逢孫、楊孫三大夫。❼蹇叔　春秋秦穆公賢大夫。見本篇題解。❽滑　春秋姬姓小國，伯爵。故址即今河南省偃師縣南的緱氏城。魯僖公三十三年爲秦所滅，後屬晉。❾孫權　（西元一八二—二五二年）三國吳開國的君主。字仲謀，吳郡富春人。繼承其兄策據有江東地，西破黃祖，與劉備合力破曹操於赤壁。此後西聯蜀漢，北抗曹魏，形成三分局面。後稱帝，都建業，國號吳，史稱吳大帝。見《三國志・吳志・吳主傳》。❿劉備　（西元一六〇—二二三年）三國蜀漢開國的君主。字玄德。河北涿縣人。漢景帝子中山靖王劉勝之後。有大志，結交關羽、張飛等圖謀天下，曹丕篡漢後，備即位於成都，與魏、吳鼎足而立。後爲吳將陸遜所敗，死於白帝城，諡昭烈皇帝。見《三國志・蜀志・先主傳》。⓫劉璋　三國蜀漢人。字季玉。繼父焉襲益州刺史職，曹操加璋振威將軍。別駕張松說璋迎先主(劉備)，後先主圍成都，璋出降，遷璋於南郡。孫權取荊州，以璋爲益州牧，駐秭歸而卒。見《三國志．蜀志．劉璋傳》。⓬被髮入山　孫權欲與劉備共取蜀，遣使報備，備欲自圖蜀，拒答不聽，且告以同盟毋相攻伐，以免曹操趁其隙。權乃遣周瑜率水軍住夏口。備謂瑜：「汝欲取蜀，吾當披髮入山，不失信於天下也。」使關羽屯江陵，張飛屯秭歸，諸葛亮據南郡，備自住孱陵。權知備意，因召瑜還。然其後備乃取蜀自領益州牧。事見《獻帝春秋》。⓭荊州之師　漢獻帝建安二十年(西元二一五年)，孫權以劉備已得益州，使使報欲得荊州，劉備答以：「須得涼州，當以荊州相與。」孫權忿而遣呂蒙襲奪長沙、零陵、桂陽三郡。事見《三國志．蜀志．先主傳》。按：荊州爲漢武帝所置十三刺史部之一。轄境約爲今湖北、湖南兩省及河南、貴州、廣東、廣西的一部分，地處長江中游，是政治、軍事的重地。⓮竟刷大恥　秦穆公在殽之戰後三年興兵伐晉，渡河焚舟，攻佔了王官和郊地，晉人懼不出戰，秦軍乃在殽地埋葬了殽之役戰亡的將士，而後返國。⓯邲之敗　西元前五九七年，楚(莊王)圍鄭，晉(景公)以荀林父爲中軍，率兵援鄭，與楚戰於邲(在今河南省鄭縣東)。因晉軍將領各有意見，結果爲楚所敗。事見《左傳》宣公十二年。⓰鞌之敗　西元前五八九年，齊頃公率兵侵魯、衛，晉景公遣郤克率軍救援，在鞌(在今山東省歷城縣內)大敗齊師。事見《左傳》成公二年。⓱鄢陵之敗　西元前五七五年，晉厲公以欒書爲中軍，出兵伐鄭，鄭求救於楚共王，楚以司馬子反爲中軍救鄭，兩軍相遇於鄢陵(在今河南省滎陽縣縣治)。楚軍大敗，共王乘夜而逃，子反自殺。晉軍入楚軍營，吃楚軍留下來的糧食吃了三天。事見《左傳》成公十六年。

【語　譯】天下的事情，因利而相結合的，也一定因利而相離。秦晉兩國聯兵伐鄭，鄭國眼看著就要滅亡了。燭之武出面游說秦穆公，在短暫的談話間，竟保全了即將滅亡的鄭國，不僅退了秦國的軍隊，又使秦國留置兵力助鄭國戍守而後才離去，局勢的轉變是何等的快速呀！燭之武的一席話使秦穆公背叛晉國而親附鄭國，放棄強有力的同盟而附從弱國，捨棄舊有的恩情而招致新的仇恨，拋棄可成的戰功而冒險犯難，若不是這其間的利害關係打動了秦穆公的心，怎可能發展成這種情勢呢？

秦穆公的對於晉國，相互交往是那麼久，相互信任是那麼深，相互結好又是那麼厚，一旦爲燭之武所列舉的利益所誘引，揚棄晉國有如鼻涕唾液，對鄭國又何嘗安著好心呢？他日若有大於燭之武所提供的利益，我知道秦穆公一定會馬上有所轉變，以追求更大的利益。如此看來，杞子掌管城門引秦軍偷襲鄭國的陰謀，實在是燭之武所引起的禍根。當全鄭國的人民，都頌揚燭之武退了秦晉兩國的軍隊，憑藉著他的能言善辯，存續了鄭國百年祭祀的時候，又有誰知道危亡的徵兆，也同樣萌芽於燭之武的辯才中呢！秦穆公聽從了燭之武的意見而派兵戍守鄭國，並不是愛惜鄭國，而是有利可圖才這樣做；後來又聽從杞子的計謀而派兵襲擊鄭國，也不是憎惡鄭國，而是有利可圖才這樣做的。秦穆公心中並不特別偏袒晉國或鄭國，只是看那兒有利益就趨向那兒，不然他怎會輕易的斷絕了締交數十年的晉國，反而重重的巴結才親附數年的鄭國呢？燭之武以利益開啟了兩國間的友好，杞子則以利益終止了兩國間的友好，假使外無愛國商人弦高退敵的計謀，而內有秦國三大夫接應秦軍，怎還會有鄭國的存在呢？因此燭之武的留下秦軍戍守，正是留下了禍源，雖然使國家免於被晉所滅，卻不免於將鄭國拱手獻給秦國。君子的以利爲重，難道就是爲的這個下場？

秦穆公既然因爲利益而輕易的棄絕晉國，也將因利益而輕易的棄絕鄭國。貪利的心一旦開啟，就無法自我約束，難怪他蔑棄蹇叔的諫言，而自取殽之役的大敗。秦晉殽山的這次戰役，評論的人或歸咎於晉，認為秦國所襲擊的是鄭國，所滅亡的是滑國，對於晉國並沒有絲毫的危害，晉國卻冒著國喪而截擊秦軍。我以為晉國固然應該責備，至於秦穆公也不能說他是無罪的。這就有如孫權約同劉備伐劉璋共取蜀州一樣，當時劉備以「將披髮入山，以不失信於天下」為藉口而予以拒絕，那知過不了多久卻獨自率兵攻取了蜀地，這是孫權所以怨恨劉備而有日後的襲取荊州的原因。晉與秦國相約圍鄭，秦國竟逕自退兵又留戍鄭國而背叛了晉國，也是沒過多久卻獨自發兵偷襲鄭國，這是晉國所以深怨秦國而有日後的殽函之戰的原因。起先是唯恐別人分去他的利益，後來則是自己專有利益，這最是人情所痛惡的。若能瞭解孫權為甚麼怨恨劉備，就可以知道晉國為甚麼怨恨秦國了，怎能只歸罪於晉國呢？

然而秦穆公有鑑於殽之戰的大敗，仍任用孟明以增修國政，最後竟能洗雪敗軍的奇恥大辱。孔子修訂《書經》依序將秦穆公悔過的誓辭列在二帝三王的後面，是有意義的：因為痛徹的悔悟可以破除所有的過失，洞明的善念可以洗滌所有的利欲。秦穆公在《春秋》一經的記載中，一再被議論貶斥，盡是錯誤瑕疵，即使拔盡頭髮也難以列舉他的罪過；一旦載入《尚書》，就溫厚精純，不見絲毫的瑕隙，這是典謨誥誓中的秦穆公，而不再是《春秋經》中罪行難數的秦穆公，由此可知，聖人對後世勸勉的用心是多麼深遠了。從殽函戰役以後，晉國有邲之役的戰敗，齊國有鞌之役的戰敗，楚國有鄢陵之役的戰敗，其他各國戰敗的例子，無法一一列舉，像秦國能警惕於失敗而悔改的則不曾聽說過。這就是《尚書》所以終止於〈秦誓〉的理由。若繼秦穆公之後有能悔過自誓的行為，那麼孔夫子修訂《書經》，難道會終於〈秦誓〉嗎？

【研析】本文以秦、晉聯兵伐鄭為始，以秦穆公的殽之戰敗悔過自持為終，論析其中種種是非利害的因果，而歸結於秦穆公的因戰敗深悔前愆，及聖人嘉其善舉的用心。

就內容說，文分四段。作者首先指出秦國所以背晉存鄭，乃以利害深中於秦穆公之心使然。其次則言秦穆公的幡然順從燭之武之言，退師戍鄭，乃別具用心，其謀略之高，非燭之武所及。第三段說明秦、晉殽之戰，各有所持，亦各有所失，不得盡責於一方。最後，則言秦穆公既懲於殽之敗，而又不廢孟明。自此而後，諸侯之間敗軍之事，實不勝舉，然竟無如秦穆的懲敗自悔者，是以孔子嘉其善，而《書》以此爲終。

就行文說，作者用一利字貫穿全局。我們在文中不難發現，秦、晉的聯兵攻鄭，是因利而爲，而秦的背晉退兵，何嘗不是爲利而作的權宜之計？因利益的衝突，致生怨尤，而彼此的爭奪、侵佔，也就在所難免了。作者在本文一開始，就用「天下之事，以利而合者，亦必以利而離。」來作警語，驗諸秦、晉的聯兵伐鄭，所言確有所見。這也就難怪孟子爲什麼要說：「春秋無義戰」了。

就全文說，我們認爲第二段的寓義最爲深刻。燭之武固有口舌之才，然秦穆公的洞察機先，放長線釣大魚的胸襟，也尤其難得。秦、晉兩國，不僅國相匹，而且一向關係親密。在此情況下，如秦無大利可圖，又怎忍「棄舊恩」，而「召新怨」？世人對於燭之武的能退兩國之師稱頌不已，然而秦穆公的使三子戍鄭，其所用心，又有幾人能予覺察？我們讀《左傳》，僅看到秦穆公不聽從蹇叔的忠告，致遭殽之戰的慘敗，而認爲罪有應得。可是如依穆公的安排，鄭國旣有內應，而今暗中出師奇襲，來一個裏應外合，破鄭乃必然之事。無如天有不測風雲，當軍行滑國之時，竟然遇到鄭國的商人弦高，將消息走漏，而致使功虧一簣。我們如果就事論事，那就不得不說「謀事在人」，而「成事在天」了。

齊國莊子❶聘魯郊勞贈賄禮成而加之以敏 僖公三十三年

鄭公孫段❷相鄭伯禮無違昭公三年　昭公如晉郊勞贈賄無失禮昭公五年　孟僖子❸不能答郊勞昭公七年　孟僖子病不能相禮乃講學之昭公七年　趙簡子❹問子太叔❺揖讓周旋之禮昭公二十五年

【題解】此事載於《左傳》僖公三十三年（西元前六二七年）。大意是說：齊國的國莊子到魯國來聘問，從接受魯國的郊外迎接，一直到贈送禮物送行，除全部依禮而行合於儀節外，而表現的容儀，也非常和善審慎。所以魯大夫臧文仲對僖公說：「國子執政，齊國還是講求禮儀的，君王應該去朝拜齊國。臣聽說：服順有禮儀的國家，就是對本國的一種保衛。」與此事有關的記載，尚有：

一，魯昭公三年的夏天，鄭國的國君到晉國去，這時由公孫段擔任相禮的工作，表現得非常恭敬，一點都沒有違禮的地方。因此很得晉侯的嘉許，於是把一份策書交給他說：「你的父親子豐，對晉國有過功勞，我聽說以後，並沒有忘記，所以我要把州地的田賞給你，以酬謝你們過去的功勳。」公孫段向晉君拜了兩拜，並且磕了頭，就接過策書出去了。當時的君子對這件事評論說：「禮儀，是人所最急需人的，以公孫段的驕傲，一旦在晉國言行合禮，尚且還能承受福祿，更何況始終能實行禮儀呢？《詩》說：『人的言行，如不合於禮儀，爲什麼還不快些去死呢？』大概就是指此而說的吧！」

二，魯昭公五年，昭公到晉國去，從郊外的迎接慰勞，直到贈禮物送行，一點失禮的地方都沒有。於是晉侯對大夫女叔齊說：「魯侯不也是精善於禮的嗎？」女叔齊回答說：「魯侯那能算是知禮！」晉侯說：「爲什麼？從郊外的迎接慰勞，一直到贈送財物送行，全無違禮的地方，爲什麼不知禮？」女叔齊回答說：「這只能說是儀式，不能說是禮。禮，是用來防守國家、推行政令、不失去百姓的。現在魯國的政令在於私家，不能取回來，有子家羈，不能任用，觸犯大國的盟約，欺凌虐待小國，趁著別人的危難而取得利益，卻不知道自身已在危難之中。將公室的軍隊一分爲四，人民依靠三家大夫來養活，民心不在魯君，魯君也不考慮他本身的後果，做一個國君，災難將要及身，卻不以目前的處境爲憂，禮的根本和枝節就在這裏。然而他卻瑣瑣屑屑地急著講求儀式，在這種情況下，說他精善於禮，不是距離太遠了些嗎？」當時的君子，認爲叔侯在這方面是懂禮的。

三，魯昭公七年三月，昭公到楚國去，當經過鄭國的時候，鄭伯在師之梁（鄭城門名）慰勞他，這時孟僖子任傳言的助手，不能相禮。到楚國後，又不能對郊外迎接慰勞的儀式答禮。同年九月，昭公從楚國回來，孟僖子對自己不精通於禮感到難過。於是就不遺餘力的跟精通禮儀的人學習，臨死時，召集他手下的大夫說：「禮，就好像人的脊骨，不懂禮，就無法自立，我聽說，將有一位明達得志的人名叫孔丘，他是聖人的後代，假如我得以壽終，一定要把南宮敬叔與孟懿子兄弟二人託付孔夫子，跟他學禮。以穩定他二人的地位。」所以南宮敬叔和孟懿子就把孔子當老師來事奉。

四，魯昭公二十五年的夏天，叔詣與晉趙鞅、宋樂大心、衛北宮喜、鄭游吉（卽子太叔）、曹人、邾人、滕人、小邾人相會於黃父（今山西省沁水縣西北），來商議平定王室的亂事。趙簡子（卽趙鞅）命令諸侯的大夫輸送王粟，並準備戍守周敬王的輿卒和領導人，並且說：「明年將送王到王城。」這時鄭的正卿子太叔會見趙簡子，簡子向他請問揖讓、周旋應行的禮數。子太叔回答說：「您所問的是儀式，不是禮啊！」簡子說：「敢問，什麼是禮呢？」子太叔回答說：「我游吉曾聽先大夫子產說過：『禮，是天的常道，地的正理，人民所當行的，天地間的常道與正理，人民實當以之爲法則。』」

以上就《左傳》有關禮的記載，大致說來，可以分爲二類：一爲周旋、應對的儀節，一爲治國安民的大則大法，本文作者卽以此作爲論點，分析其得失，借以表現一己的見解。

同言者，權之以事；同事者，權之以人。國莊子聘魯，郊勞贈賄，禮成加敏，而臧文仲⑥稱之。魯昭公朝晉，郊勞贈賄，無失禮，而晉平公⑦稱之。至於趙簡子之問禮，亦止於揖遜周旋之間焉。是三者，其言同也，其事同也。因其同而同之，則女叔齊⑧之對平公，子太叔之對簡子，既皆以爲儀而不以爲禮，彼臧文仲其亦知儀而不知禮者歟？是殆未嘗權之以人也。臧文仲何如人也，其身死，其言凜然。在春秋中如砥柱之屹橫流，非女叔齊、子太叔輩所敢仰望也。臧文仲之所知，女叔齊、子太叔所不能知者多矣，未有女叔齊、子太叔之所知，臧文仲反不能知者也。今女叔齊、子太叔尚識其爲儀，而臧文仲乃指以爲禮，其必有說矣。道無精粗，無本末，未嘗有禮外之儀，亦未嘗有儀外之禮也。升降裼襲⑨，與窮神知化者，本無二途；掃灑應對，與存心養性者，本無二說，未有析禮與儀爲兩物者也。禮與儀既不可離，故古者言禮與儀亦未嘗有所擇。專言禮者，如曰大禮，如曰有禮，非謂禮中無儀也；專言儀者，如曰多儀，如曰威儀，非謂儀中無禮也。隨意而言，隨言而足，曷嘗聞指一物而為禮，又指一物而為儀者哉？春秋之初，去古猶近，是理未亡，此臧文仲之論所以不數數然為之區別也。德又下衰，禮與儀始判而不合，見拜者止謂之拜，見揖者止謂之揖，見獻者止謂之獻，見酬者止謂之酬，遂以此為禮之極，而至理精義漫不復知矣。故女叔齊、子太叔不得已而指之曰，此儀也，非禮也，儀之外當知復有所謂禮也。二人者，夫豈不知言出而道離哉？亦有所不得已焉耳。使其居臧文仲之時，肯判禮儀以開破裂之漸耶？是非女叔齊、子太叔之說變於臧文仲之說，蓋女叔齊、子太叔之時薄於臧文仲之時也！

孔子不攻異端⑩，而孟子則攻之⑪，豈樂異於孔子哉？亦迫於時耳。世俗乃謂因孟子之言而異端之害始出，因女叔齊、子太叔之言而禮儀之辨始明。抑不知君子願如孔子之不攻，而不願如孟子之攻；願如臧文仲之不辨，不願如女叔齊、子太叔之辨。昏昏之毀，吾所甘受；察察之名，乃吾力辭而不可得者也，此豈易與世士言耶？魯昭公知郊勞贈賄之禮，而不知乾侯之危⑫；孟獻子⑬不知郊勞擯相之禮，而反知孔子之聖。當時之所謂禮者，不足以定賢愚如此，為君子者，安得不力辨於毫釐之際耶？苟尚如臧文仲之信國莊子，則吾恐伯石⑭之汰亦可以聲音笑貌取州田之賞矣。吾是以知女叔齊、子太叔之謂，有所不得已也。

【註釋】❶國莊子　即國歸父，春秋齊上卿，莊為其謚號。《通志．氏族略．三》：「齊有國氏，姜姓，其先共伯，齊之公族也。……世為齊上卿。」❷公孫段　字子石，子豐子，鄭穆公孫。見《左傳》襄公七年及昭公三年。❸孟僖子　即仲孫貜，為魯大夫。曾相昭公如楚，病不能相禮，乃講學之。及將死，召諸大夫諭以重禮，並令其子何忌師事孔子。❹趙簡子　即趙鞅，春秋晉人。趙武之孫。定公時為卿。❺子太叔　即游吉，春秋鄭正卿。美秀而文，熟於典故。繼子產為政，不忍猛而寬，鄭國多盜，吉興兵盡殺而止。❻臧文仲　即臧孫辰，魯大夫。❼晉平公　晉悼公子，名彪。在位二十六年，時晉政歸趙武、韓起、魏舒三家。平公曾因欒盈之叛而滅欒氏宗。❽女叔齊　春秋晉大夫。一名女齊，又名司馬侯。其論禮儀事見本篇題解。❾升降裼襲　進退應對之儀。升降，或上或下，指進退之意。裼襲，袒上衣而露稱裼，掩上衣而不外見稱襲。《禮記．表記》：「裼襲之不相因也，欲民之毋相瀆也。」注：「不相因者，以其或以裼為敬，或以襲為敬。禮盛者，以襲為敬，執玉龜之屬也；禮不盛者，以裼為敬，受享是也。」❿孔子不攻異端　語本《論語．為政》，子曰：「攻乎異端，斯害也矣。」⓫孟子則攻之　語本《孟子．滕文公下》，孟子曰：「我欲正人心，息邪說，距詖行，放淫辭，以承三聖者。」⓬乾侯之危　魯昭公在位二十五年時，季氏、叔孫氏、孟氏三家共伐公，昭公奔齊，後公求入晉，晉六卿受季氏之賂，處昭公於乾侯（在今河北省成安縣）。昭公在外八年，卒於乾侯。⓭孟獻子　即仲孫蔑。春秋魯大夫。曾曰：「畜馬乘，不察於雞豚，伐冰之家，不畜牛羊，百乘之家，不畜聚斂之臣。」時稱賢大夫，襄公時卒。⓮伯石　春秋晉楊食我之字，叔向子。楊為叔向食邑，故其子稱楊食我。伯石黨於祁盈而助亂，爲晉所殺而族滅。見《左傳》昭公二十八年。

【語譯】對於同樣的言論，應以事情的不同來衡量；對於同樣的事情，則應以人的不同來衡量。魯昭公聘齊卿國莊子聘問魯國，從郊外迎接到饋贈禮物，行禮如儀，處事恰當，臧文仲因此而稱讚他。魯昭公聘問晉國，從郊外迎接到贈送禮物，沒有失禮的地方，晉平公因此而稱讚他。至於趙簡子向子太叔問禮，也止於揖讓應對的禮節。這三件事，言論是相同的，事情也是相同的。若歸納它們的相同之處，則女叔齊的回答晉平公，子太叔的回答趙簡子，既然都認爲只是儀節，而不以爲是禮，那麼臧文仲也只是知道儀節而不知禮的嗎？如此的看法就是沒有以人來衡量。臧文仲是何許人物，他雖然已死，而他的言論凜然存在於《春秋》中，有如砥柱的屹立於洪流，不是女叔齊與子太叔這些人所敢仰望的。臧文仲的所知，女叔齊與子太叔所不能明白的可多著呢，絕沒有女叔齊、子太叔的所知，而臧文仲卻不能明白的。如今女叔齊與子太叔尚且識得那只是儀節，而臧文仲卻指以爲禮，其中必定有原因。眞理不分精粗，無所謂本末，未嘗有禮以外的儀節，也未嘗有儀節以外的禮。進退應對，與窮盡貫通宇宙的神妙變化，本沒有不同的二道；掃灑應對，與保存本眞修養善性，本沒有不同的二理，未曾有將禮與儀分而爲二的。禮與儀既然不可分離，所以古時候討論到禮和儀也未嘗有所分別。專說禮的，例如大禮、有禮，並不表示禮中無儀；專提儀的，例如多儀、威儀，也不表示儀中無禮。隨意而言儀，隨言而足禮，又何嘗聽說有指其一而爲禮，又另指其一而爲儀的呢？

春秋初年，離古代尚近，這種道理還未喪亡，這正是臧文仲的論禮爲甚麼不忙著區分的理由。在道德日見衰敗的情況下，禮與儀才開始判然有所分別而不相合，見人長跪拱手而拜的只說拜的是否適當，見人拱手作揖的只講作揖是否合宜，見人進奉獻禮的只談進獻的是否應該，見人酬酢應對的也只論酬酢應對的是否得體，就以爲這是禮的極致，而對於禮的至理精義就漫然而不再能知了。所以女叔齊與子太叔不得已而指稱爲儀，不可稱爲禮，這表示在儀之外應該還有所謂的禮存在。這兩個人難道不明白這種話一出口就會使禮儀分離嗎？他們也是有所不得已。假使他們是生活在臧文仲那個時代，還會分別禮與儀而開啟破裂的端緒嗎？這並不是女叔齊與子太叔有意改變臧文仲的說法，實在是女叔齊與子太叔的時代比臧文仲的時代風氣要來得輕薄啊！

孔子不攻擊異端，而孟子則極力攻討，難道是他樂於與孔子不同嗎？也是迫於時勢而如此。世俗卻因此而認爲，由於孟子的言論才引發了異端的禍害，由於女叔齊子太叔的言論而使禮與儀有了明顯的界線。卻不知道君子但願能像孔子的不攻，而不願像孟子的不得不攻；但願能像臧文仲的不須分辨，而不願像女叔齊與子太叔的不得不有所分別。愚昧昏亂的毀謗，是我所甘心承受的；清晰明辨的美名，卻是我極力辭謝而不可得的，這種道理難道容易向世人解釋得清楚嗎？魯昭公熟悉郊迎慰勞及餽贈禮物的儀節，而卻不知將有出國乃至卒於乾侯的危難；孟獻子不熟悉郊迎慰勞相禮的儀節，反而能明白孔子的賢聖。當時所謂的知禮，並不足以用來界定賢與愚的情形是這樣，身爲君子的人，又怎能不盡力的在這方面辨別清楚呢？如果也像臧文仲如此的相信國莊子，那麼我恐怕像伯石這樣驕奢的人，都可以輕易的以虛僞的聲色笑貌取得州田的封賞了。我因此而知道女叔齊與子太叔的說法，是有所不得已的。

【研　析】本文以禮爲中心議題，析言其演變的情由，借明時移世變，而不得不作權宜的分判。作者以禮寓義，明察寄深之言，確實值得吾人一品再品。

就內容說，文分三段，作者首先用權事權人之法，嘉許臧文仲的所知博淹，所以他能視禮儀爲一，非禮外有儀，亦非儀外有禮。其次則言女叔齊與子太叔所以分禮儀爲二，非不知禮儀的不可分，乃由於

「德又下衰」，致「禮與儀始判而不合」。最後則指出時移世變，此正女叔齊、子太叔所以不得不如此的原因。

就行文說，作者不僅著眼於禮的重要，而尤其強調了禮的本末不可倒置。禮、儀本爲一體，不可強行分離，當臧文仲之世，言儀式而禮的大本亦存在其中，言大本，亦未嘗不講儀節。然而禮者，就個人說，它有自立、定位之功；就社稷說，它有防守其國，推行政令，無失其民之效；就理法說，它是「天之經、地之義、民之行也」的依據，而儀節僅爲其中之一罷了。然而後世不察，僅注意郊勞贈賄之禮的末節，而不講守國安民之實，僅於外國國君前表現恭敬之儀，而不顧自身修爲的謙讓之禮，如是以談禮，何禮之有？孔子云：「禮云、禮云，玉帛云乎哉！」難道只是虛言嗎？作者自僖公三十三年時的聘問之禮，以至昭公二十五年的揖讓周旋之禮，就時代說，相隔有一百一十年之久，於其間演化的跡象，作一觀察比較，由渾然一體的「禮」，而分出枝節的「儀」，究其原因，乃由於「德又下衰」，而致「禮與儀始判而不合」，誠一針見血之言，而對於女叔齊、子太叔有所不得已之評，可謂知言。

狼瞫❶死秦師　文公二年

【題解】此事載於《左傳》文公二年（西元前六二五年）。大意是說：在這年的春天，秦國的大夫孟明視率兵攻打晉國，主要目的就是報復僖公三十三年夏四月殽地的那次戰役。兩國的軍隊在彭衙展開戰爭，不幸秦軍反而被打敗了。秦軍何以會被打敗？這話要從「殽之役」說起。

當「殽之役」的第二天，晉襄公細綁了秦國的俘虜，命令萊駒（襄公的車右）用戈把他殺了。由於俘虜突然的大聲呼喊，致使萊駒因一時受驚嚇竟然將戈掉在地上，這時狼瞫卽刻把戈揀起，殺了俘虜，並且緊抓著萊駒追上襄公的坐車，於是襄公就叫狼瞫爲車右。

可能是狼瞫官運不佳，到了這年八月，晉與狄在箕地作戰時，先軫竟罷黜了狼瞫，任用續簡伯爲車右。狼瞫非常生氣。他的朋友說：「何不去死呢？」狼瞫說：「我現在還沒有找到死的地方。」他的朋友說：「我願意和你一起發難，殺死先軫。」狼瞫回答說：「《周書》中有這樣的記載：『有勇而無義，因而殺了在上位的人，死了以後就不能進入明堂。』死的不合道義，這不是勇敢。爲國家所用叫做勇，我因勇敢求得了車右，因沒有勇敢而被罷廢，這也是應該的。假如說在上面的人不了解我，而又罷廢的得當，那也就是了解我了。你姑且等待著吧！」到了彭衙這次戰役，雙方剛擺好陣勢，狼瞫就率領著他的部屬，飛馳的衝進秦軍，死在裏面。晉軍隨卽也跟著進攻，把秦軍打得大敗。君子以爲「狼瞫在這樣的情況下死去，可以稱得上君子了。《詩》說：『君子如果發怒，動亂差不多很快就會被阻止。』又說：『周文王勃然一怒，於是就整頓了他的師旅。』發怒不去作亂，而以從軍打仗犧牲，可以說是君子了。」

譽人之所毀者，未必皆近厚也；毀人之所譽者，未必皆近薄也。然君子常欲求善於衆毀之中，而不忍求惡於衆譽之外，是文毀爲譽者，君子之本心，變譽爲毀者，要非君子之得已也。

狼瞫之死，左氏之所譽也。自左氏旣譽之後，更千百年，大不見排於君子，小不見嗤於衆人，共相保持其名而至於今日。我乃一旦抉其隱，發其慝，墮毀其千百年所保持之名，是豈君子之所忍耶？瞫為戎右，先軫❷不知其勇而黜之。瞫不死於先軫而死於秦師，抑其怒於私讎，發其怒於公戰，是固世所共譽也。苟以正義責之，則瞫在所毀不在所譽，何也？瞫怒先軫不知其勇，其死於秦者，所以彰先軫之不知人也，名則忠晉，而實愧先軫也。

嗚呼！是誠瞫過也，同於為過，有輕重焉，有小大焉。陽處父易賈季之班，先軫黜狼瞫之右，同是時也，同是事也，同是怨也，賈季則積其忿而殺陽處父，狼瞫則移其忿而死秦師。觀賈季之狠，則知狼瞫之賢矣，雖曰不免於過焉，其輕重大小，非可與賈季並論也。

自子文❸之無慍而視狼瞫，則可責；自賈季之報怨而視狼瞫，則可嘉。君子之待狼瞫，當恕而不當嚴也。必嚴以正義責之，奪其忠晉之譽，而歸以愧先軫之毀，何其責人無已耶！抑不知春秋諸臣，憾於黜免，肆其悖逆，因收秩而逐王者，吾於石速❹見之矣；因奪政而逐君者，吾於司寇亥❺見之矣。孰肯如瞫死敵以愧人耶？使當時之臣被黜免者，皆如瞫死敵以愧人，則為國者，惟患愧人者之不多耳。苟誠多焉，鄰敵外寇將無容足之地矣。論者盍獎其死敵之功，而憐其愧人之情，勿探其愧人之情，而掩其死敵之功也。吾故曰：君子之待狼瞫，當恕而不當嚴也！然瞫烈士也，回犯上之氣而為徇國之勇，雖未中節，要非常人之所能望也。待常人當以常法，待非常人不當以常法。恕，常法也，所以待常人也。拊摩戲狎，所以待孩孺，加之成人則為侮；闊略優容所以待鄉鄰，加之益友則為疏。苟以待常人之恕，而待非常之人，則恕之適所以辱之也。以瞫之義烈，豈僕僕乞憐而求人之恕者耶？瞫雖往矣，吾想其心必願受人之責，而不願受人之恕也，請得而備責之。

人心當知所止，職當戰則戰，當守則守，職當先則先，當後則後，心止於事，事止於心，非可出其位也。惟各止其位，故冉有之用戈不為僭齊❻，顏回之後至不為懼匡❼，子思之守國不為厚衞❽，曾子避寇不為畏越❾，皆止其所止而已矣。狼瞫前日為右，死敵可也，既不為右，固可以止。今乃無職而侵在職者之憂，輕進而死於敵，則是心不止於事，而思出其位矣。思不出位，出位則邪，思之所發既邪，雖所成之功壯偉勁厲，外為人之所歎譽，而一心之間，實忿懟怨恨之所集也。當瞫赴敵之時，忿懟怨恨，交衝競起，含毒而沒，雖得千百年之虛譽，豈能救其心之擾哉？我實清淵，人以我為汙渠，於我何損？我實邱垤，人以我為岱華❿，於我何加？君子當自觀吾之所以為吾者如何耳，人之毀譽何有焉?九原⑪可作,吾意狼瞫聞吾之言,未必不過於左氏之譽也。

【註釋】❶狼瞫　春秋晉大夫。其死於秦師事見本篇題解。❷先軫　春秋晉大夫。一稱原軫。城濮之役,將中軍,敗楚師。秦晉殽之役,襄公從軫之謀而大敗秦師。後軫死於狄師。事見卷十六〈先軫死狄師〉題解。❸子文　春秋楚鬬穀於菟字,伯比子。事成王為令尹。自毀其家,以紓國難。未明而立朝,日晡而歸食。朝不謀夕,家無盈積。三仕不善,三已不慍,孔子稱之曰忠。❹石速　春秋周惠王膳夫,因惠王收回其俸祿而與蔿國等五大夫發動叛亂,依靠蘇氏,奉事子頹,攻打惠王,未成,逃亡到溫地。蘇氏則奉事子頹奔衛,衛、燕之師乃攻周逐惠王,立王子頹為周天子。❺司寇亥　衛卿,衛侯輒時為司寇。後因官職被奪,憤而夥同匠人以逐衛侯。見《左傳》哀公二十年。按:《禮記.檀弓上》孔疏引《世本》:「衛靈公生昭子郢,郢生文子木及惠叔蘭,蘭生司寇亥,為司寇氏。」❻冉有之用戈不為仇齊　語本《孔子家語.正論解》:「齊師伐魯,季康子使冉求率左師禦之,……師入齊軍,齊師遁,冉有用戈,故能入焉。孔子聞之曰:『義也。』」按:冉有為季氏宰,奉命禦敵,自當勇進,非以齊為仇也。❼顏回之後至不為懼匡　語本《論語.先進》:「子畏於匡,顏淵後。子曰:『吾以女為死矣!』曰:『子在,回何敢死?』」此以顏回(顏淵)不輕易赴鬬而死,並非因畏懼匡人而後至。❽子思之守國不為厚衛　語本《孟子.離婁下》:「子思居於衛,有齊寇。或曰:『寇至,盍去諸?』子思曰:『如伋去,君誰與守?』」伋為子思名。❾曾子之避寇不為畏越　語本《孟子.離婁下》:「曾子居武城,有越寇。或曰:『寇至,盍去諸?』……寇退,曾子反。左右曰:『待先生如此其忠且敬也,寇至,則先去以為民望;寇退,則反。殆於不可!』」孟子則評曾子與前述之子思守國認為:曾子和子思守著同樣的道，不過曾子是師長，處在父兄的地位，可以走開；子思是臣子，處在卑微的地位，不可走開。曾子和子思假使把所處的地位交換一下，都會依照自己的地位行事。⑩岱華　泰山與華山，此以泰山華山的高大比較邱垤的低小。岱山卽泰山，爲五嶽中的東嶽，在山東省西部，主峯在泰安縣東北的玉皇頂，海拔約一五二四公尺，是關東最高的山，自古被認爲天下第一高峯，距天最近，帝王登泰山祭天，因此泰山有高大崇偉的意思。華山也稱太華山，爲五嶽中的西嶽，在陝西省華陰縣南，秦嶺東北，高約二、二〇〇公尺。⑪九原　山名。在今山西省絳縣北境，爲春秋晉卿大夫的墓地所在，也作九京。後世以九原爲墓地的代稱。

【語譯】能稱譽爲人所毀謗的，未必都是近於敦厚的人；而詆毀爲人所稱譽的，也未必就是近於刻薄的人。然而君子常願能從眾人的詆毀中找出善的一面，卻不忍心從眾人的讚譽之外探求缺失的一面，所以掩飾過失而多加稱譽，是君子的本心，若將稱譽變爲毀謗，對君子來說實在是不得已的。

狼瞫的戰死，是左丘明所稱譽的。自從左丘明給予讚譽之後，經過了千百年，既不被君子所排拒，也不爲眾人所嘲笑，共同保持著他的名譽而到現在。我若一旦揭發他的隱情，敗壞了他千百年來所保持的美名，這那裏是君子所忍心作的呢？狼瞫原爲車右，先軫不知道他英勇而竟然黜免了他。狼瞫不死在先軫的面前，而戰死在秦軍之中，克制了私仇的忿恨，而將怒氣發洩於爲公的戰事上，這固然是世人所共同稱譽的。如果以正義來責求他，那麼狼瞫應該被批評，而不是被稱讚，這話怎麼說呢？狼瞫怨恨先軫不知道他有勇氣，他戰死在秦軍的行爲，就等於彰顯了先軫的不能知人，名義上是盡忠於晉國，事實上是使先軫感到愧咎。

唉！這誠然是狼瞫的過失，但同樣是過錯，卻有輕重大小不同的差異。像陽處父調換了賈季的班位，先軫罷黜了狼瞫車右的職位，同樣的時機，同樣的事件，產生了同樣的怨恨，可是賈季則蓄積他的忿怒而殺了陽處父，而狼瞫則轉移他的忿怒而戰死在秦軍中。看了賈季的兇殘，就可以知道狼瞫的賢明了，雖然說仍不免於有過失，但這過失的輕重大小，是不可以拿來與賈季相提並論的。

若從子文的三次罷官無慍色來比較狼瞫，是應該責備；若從賈季的報復怨恨來比較狼瞫，則值得嘉獎。君子看待狼瞫，應該寬諒而不該嚴苛。若一定拿嚴格的正義來責求他，奪除他忠於晉國的美譽，而歸咎他愧對先軫的罪名，如此責求人未免太過分了！卻不知道在春秋時代爲人臣的，由於怨恨被黜免，恣意違抗，因爲俸祿被取消而驅逐君王的，我從石速身上找到例證；因爲政權被奪除而驅除君王的，我從司寇亥身上得到例證。有誰願意像狼瞫那樣戰死在敵陣中使人慚愧呢？若使當時爲人臣而被黜免的，都像狼瞫戰死於敵陣以羞愧上級，那麼治國的君王，只就心像如此羞愧人的人不多。如果這種人很多，則鄰敵外寇就沒有可容足的地方了。評論的人何不獎勵他衝鋒死敵的戰功，而哀憐他藉此以羞愧敵人的用心，不要再追究他羞愧上級的用心，而掩蔽了他戰死敵陣的功勞。我因此認爲：君子看待狼瞫，應該寬諒而不該嚴苛啊！

然而狼瞫是一位烈士，他能回轉冒犯上級的怒氣，使變爲殉國的忠勇，雖然不合節度，卻也不是常人所能及得上的。看待常人應當用平常的法度，看待非常人則不當以平常的法度去衡量。恕道，是常法，是用來對待平常人的。撫慰親暱而不拘於禮，是對待孩子們的方式，若用來對待成年人，就是輕侮的行爲。疏略而寬容，是與鄉親鄰居相處之道，若用來對待益友，就未免太輕忽了。如果以對待常人的恕道，對待一個非常人，那麼對他的寬諒反而是侮辱了他。以狼瞫的義氣忠烈，難道是勞頓奔走，乞求人憐憫寬恕的人嗎？狼瞫雖然死了，我推想他的本心必然是寧可被人責備，而不願意受人寬恕，現在就讓我好好的來責備他。

人心的思慮應當知道有所克制，職務上應該奮戰就要勇往直前，應該防守就要嚴陣以待，職責當先就先，當後就後，意念要止於職事，職事要止於心中，不可超越職位以外。就是因為人們應各自堅守崗位，所以冉有用戈矛禦敵，並不算是與齊國有仇；顏淵跟隨孔子遭遇匡人之圍而失散落後，並不算是畏懼匡人；子思守死捍衛衛國，並不算是厚待衛國；曾子在武城逃走避寇，也並不算是懼怕越人，都是照自己的本分行事而已。狼瞫前日擔任車右的職位，死於敵陣是可以的，既然不再擔任車右，就可以不再衝鋒陷陣。如今不在職位上而侵犯在職者的權責，冒險輕進而死於敵陣，就是意念不能止於職事，而思慮超出職位了。思慮不可超越職責的範圍，若超出本分就會產生邪念，思念既然邪惡不正，即使所成就的功勳壯偉勁厲，在表面上為人們所歎服稱譽，而在心中，其實卻聚集了無限的憤怒怨恨。當狼瞫勇赴敵陣的時候，憤怒怨恨交相競起，心懷怨恨而死，雖然僥倖獲得千百年的虛譽，又怎能解救他心中的困擾呢？實際上我是清澈的水源，別人卻誤以為是污穢的溝渠，這對我有甚麼損害？實際上我只是個小山丘，別人卻誤以為我是名山峻嶺，這對我有甚麼助益？君子應該反省的是，我之所以為我，究竟是怎樣的一個人，別人的毀謗或稱譽又有甚麼干係呢？若已死的人可以復活，我相信狼瞫樂意聽到我這一席話，未必不會超過左丘明的讚譽。

【研析】本文主旨，在論述狼瞫死秦師的過失。本君子之心以恕其過，本《春秋》之義以責其失。雖為翻案文章，然於析理說事之間，卻處處表現了作者的獨到見解。責難與寬恕並舉，期盼與輕重同說，於事理的思維上，帶給後人的啟發甚多。

就內容說，文分六段。作者首先說明君子的本心是：「文毀為譽」，如「變譽為毀」，實非得已。

其次則指出狼瞫忍怒而愧先軫的非是。第三段則就著狼瞫、賈季二人過失的大小，作一比較，認為二者不可相提並論。第四段列舉春秋諸臣的行為舉措，借以表明君子對狼瞫的當恕而不當嚴責的道理。第五段則言所以責狼瞫，是以非常人來看待他，大有本《春秋》責備賢者之意。最後則指出為人行事，當止其所當止，不當含忍忿怒，違心越分以邀虛名，當以清者自清，濁者自濁的心情自處。

就行文說，全文結構謹嚴，放收之筆，最為突出。過失有大小，固不可並論，然而如「自子文之無慍視狼瞫」，與「自賈季之報怨視狼瞫」，則其可責、可恕之意自現，一收一放，何等筆法。至於對狼瞫「赴敵之時，忿懟怨恨，交衝競起，含毒而沒」的心理揣度，更是刻畫入微，透人心扉。

作者本《春秋》之義以責賢者之心，就大處說，雖沒有什麼不對，不過就戰爭言，我們則認為尚有可商榷的地方。大家都知道，戰爭是以求勝為目的，所以在戰術戰略的運用上，一定要善於行使出敵不意，攻其不備之策，方可殺敵致果。彭衙之役，秦軍是為報「殽之役」的恥辱而來，不僅有所備，而且更有戰勝的把握與決心。在此情況下，如不能制敵機先，又如何能求得勝利？而狼瞫的當機立斷，率領部屬，以飛馳的速度，以無比的勇氣，衝入敵陣，用最少的犧牲，換取最大的勝利，這正是兵家所追求的，何為不當？如必待命而行，坐失可用之機，致遭慘痛之敗，狼瞫固可不負其咎，然而先軫之罪，豈不更大？

我們再就《左傳》所載當狼瞫被黜之時，怒是怒，但並未失去理智，這種抑私怨而覓死所的做法，是值得大書特書的。因此，對於左氏之譽，我們視為當然。

本《春秋》以責人，固然沒有什麼不妥，可是話又要說回來，「人非聖賢，孰能無過」？即使聖人亦所不免，更何況是一介武夫？因此我們對於本文作者的用心，深表嘉許，而對於左氏的稱譽狼瞫，也深表敬意。

楚人滅江❶秦伯降服 文公四年

【題解】此事載於《左傳》文公四年（西元前六二三年）。大意是說：楚國把江國滅了，秦伯為了這件事穿上素服，避開正寢不居而出居別室，吃飯不設盛饌，亦不舉樂，超過了應有的禮數。大夫勸諫。秦伯說：「同盟的國家被滅亡了，雖然不能援救，那裏還可以不哀憐呢？同時我也可以借此自我警惕啊！」這件事情發生以後，當時有資格評論的君子說：「《詩》說：『由於過去夏、殷二國末君的暴虐，失去了人心，因此就被滅亡了。四方的諸侯以此為鑑，於是就不斷的推尋探討自謀之道。』這話說的大概就是秦穆公吧！」

呂氏就此記載以探討秦穆公的用心，就當時情勢來反襯穆公的突出表現，不僅為諸侯哀，亦為穆公惜。

天下之可懼者，惟出乎利害之外乃能知之。風濤浩蕩，舟中之人不知懼也，而舟外之人為之懼；酣醉怒罵，席上之人不知懼也，而席外之人為之懼。狂之既瘳，追思方狂之時，不知何以自容；痛之既定，追思方痛之時，不知何以自處。身遊乎吉凶禍福之途，心戰乎搶攘爭奪之境，眩瞀顛錯，昏惑舛逆，未有知懼之為懼者也。

春秋之世，王澤既竭，反道敗德，亂倫悖理，不可概舉。尊莫尊於王，而有如子頹之出王❷，有如子帶之出王❸，此天下之大變也，此事之大可懼者也。親莫親於父，而有如商臣之弒父❹，有如蔡般之弒父，此天下之大變也，此事之大可懼者也。

自是而降，則如滅國之禍，尤所謂慘烈而可懼者。國於天地，有與立焉，封殖於唐、虞，長育於夏、商，溉灌潤澤於文、武、成、康之際，廟陳四代之鼎彝，府藏百世之典籍，朝有世臣，野有世農，肆有世工，市有世賈，雖蕞爾小國，不知幾人之力，幾日之功，扶持保衛，而至於斯也。一旦忽爲強暴之所陵滅，係其君，俘其臣，墟其宮，遷其社，刊其木，堙其井，聖賢千餘年之所培養者，芟滅無餘，此豈小故也哉！凶威虐焰，可駭可愕，可憫可傷，而當時之君視之，恬不以爲懼，赴告之車未反，而金石之樂已淫；簡冊之墨未乾，而淫虐之令已下。此無他，惟處於危亂之中，而不知懼之可懼也。

秦穆公於江之滅，獨怵然戒，惕然悟，避朝貶食，不勝其憂，非出於危亂之外，豈能深見可懼之眞者乎？天下諸侯皆處於危亂之內，而穆公獨出於危亂之外，何也？蓋自殽函一悔之後❻，虛氣俱盡，正心徐還。回視前日之所誇者，今皆可慚；回視前日之所安者，今皆可怪。股慄於衆人熟寢之時，目眩於衆人交賀之際。此避朝貶食之事，秦之羣臣以爲過，而穆公猶以為不足也。

穆公信能推此懼心而充之，視天下之諸侯，國一滅則心一警，心一警則政一新，是傷彼所以藥此，損彼所以增此也，固可以離危亡之門，而卜治安之基矣，豈止西戎之霸耶？

【註釋】❶江　春秋古國名。嬴姓。地在今河南省息縣西南。西元前六二三年為楚所滅。❷子頹之出王　子頹為周莊王子。惠王時，蔿國、邊伯、石速、詹父、子禽五大夫與蘇氏奉事子頹，攻打惠王，未成，後藉衛、燕之師逐惠王，立王子頹為周天子。後二年鄭伯與虢公奉事惠王，進攻王城，殺了王子頹與五大夫。事見《左傳》莊公十九、二十一年。❸子帶之出王　子帶為周惠王子，襄王兄弟，又稱大叔，封於甘為甘昭公。子帶有寵於惠后，本欲立其為嗣君，未及立而死。後子帶通於隗氏，襄王廢隗氏，頹叔、桃子奉事子帶領狄師攻成周，周師大敗，襄王離成周居於鄭國氾地。次年晉侯殺子帶，襄王回朝。事見《左傳》僖公二十四、二十五年。❹商臣之弒父　商臣為楚成王子。商臣弒父一事見卷十六〈楚太子商臣弒成王〉篇題解。❺蔡般之弒父　蔡景侯為太子般娶楚女為妻，又與之私通，太子般因而殺死景侯。事見《左傳》襄公三十年。❻殽函一悔之後　秦穆公未聽蹇叔之諫，以孟明、西乞、白乙為將，欲以杞子為內應攻襲鄭國，事為鄭商人弦高所識破而未成，遂滅滑國而回，在殽山被晉與姜戎之師所敗，三將被俘。晉因文嬴之請釋回三將，秦穆公素服次郊，嚮師而哭，以為己過。事見《左傳》僖公三十三年。

【語譯】天下可懼怕的事，只有超脫利害關係以外的人，才知道可怕。在風力強勁波濤洶湧的水面上，坐在船裏的人不知道害怕，而船外的人卻為他們感到恐懼；酩酊大醉的人破口怒罵，席上的人不覺得可怕，而席外的人卻為他們感到恐懼。狂病痊癒之後，回想起發狂時的種種窘態，不知當時如何自容；悲痛停息之後，回想傷痛時的種種不堪，不知當時如何自處。縱身行走於吉凶未卜、禍福難測的路途上，心思交戰於搶劫爭奪的境地中，目眩眼花，錯誤顛倒，昏亂迷惑，悖逆倫常，卻沒有能瞭解這其中的險惡而感到害怕的。

在春秋時代，王室的德澤既已衰竭，各種違反正道、敗壞德行、違亂人倫、悖逆常理的行為，實在無法一一列舉。大家都知道，最尊貴的莫過於君王，而竟然有如子頹的驅逐惠王，以及子帶的驅逐襄王亂事的發生，這是天下的大變動，也是最令人恐懼的事。最親敬的莫過於父親，而竟然有如太子商臣的謀弒楚成王，以及太子般的謀害蔡景侯的慘劇，這是天下的大變局，也是最教人恐懼的事。

從此以後，像滅國這樣的災禍，更是慘烈而可怕。一個國家能存在於天地間，必定有輔佐它茁壯的人，封土建國，始於唐堯、虞舜，成長發育於夏、商兩代，又經過文、武、成、康各王的灌溉潤澤，宗廟中陳列著四代的鐘鼎彝器，府庫中收藏了百世的典籍，朝廷中有世代的重臣，田野間有世代的農夫，商場中有世代的百工，市場上有世代的商賈，雖然是一個小小的國家，不知要靠多少人的力量，費多少時日的工夫，去扶持保衛它，才能有個像樣的規模。若一旦忽然被強暴的勢力欺陵而滅亡，拘囚它的君主，俘虜它的臣子，摧毀它的宮殿，遷移它的祭祀，砍伐它的樹木，填塞它的水井，使先聖先賢們千百年來用心血所經營的結果，消滅無餘，這那裏止是小小的變故呢！兇狠威烈的暴虐氣燄，令人害怕驚愕，更教人憐憫傷痛，然而當時各國的君王看這件事，絲毫不以為恐懼，前往告急的車馬尚未回返，而金石管弦的樂聲隨處可聞；史官記載於簡冊的筆墨還沒有乾，而淫虐的詔令就已經下達。這沒有其他的理由，只有身處危亂中，才會不知道該畏懼的可畏懼。

秦穆公在江國被滅之後，唯獨他驚恐戒懼，惕然有所警悟，遠避寢宮，減少飲食的菜餚，表現出非常憂愁的情緒，若不是能超脫於危亂之外，又怎能深切的體會到亡國可怕的眞情呢？天下的諸侯都處於危亂之中，而秦穆公獨能跳脫於危亂之外，究竟是甚麼原因呢？原來他從殽函戰役大敗而有所悔悟以來，虛浮的氣勢一掃而盡，純正的心緒逐漸恢復。回頭看看前日所引以爲傲的，如今卻感到羞愧；再回頭看看前日所安然自處的，如今卻感到怪異可怕。在衆人安然熟睡時顫慄恐懼，在衆人交相稱賀時目眩眼花。對於秦穆公的遠避寢宮，減少宴樂，秦國的臣子們都以爲超過禮數，然而穆公還認爲做得不夠呢！

秦穆公若能推展這種戒懼的心而發揚光大，並且用來觀察天下的諸侯，每當一個國家滅亡就產生一次警惕，心中一有警惕就革新一次政治，這等於藉他方的傷害，治療自己的病痛，藉他方的虧損，增厚自己的基礎，如能這樣做，那就可以遠離危亡的禍源，而奠定長治久安的基礎了，難道止是稱霸西戎嗎？

【研　析】本文主旨，在探討江國被楚人滅亡後，秦穆公所以素服、出居別室、貶食、不舉樂的用心。面對春秋時代凶威、虐焰、出王、弑父的大變局，而諸侯卻視之安然不知畏懼的時候，獨秦穆公能見江國的被滅，知所警惕，深以爲憂。有這種不同凡俗的表現，也就可以推知爲什麼他能稱霸西戎了。

就內容說，文分五段。作者首先提醒世人，必須置身事外，方可明察眞象，確知何者爲可懼。其次則指出春秋時代大變局的起因與可怕，給後人帶來無限的省思。第三段言滅國的災禍雖然慘烈，可是居處其中的當時國君，卻能「視之恬不以爲懼」。第四段則進一步說明秦穆公降服、貶食不勝其憂的原委。最後則言秦穆公如能擴充此畏懼之心以治其國，不僅可以遠離危亡，而且還不止稱霸西戎。

就行文說，不僅走筆酣暢，而跌宕起伏之勢，尤其可觀。時而就史實以說「大變」之情，借明「大可懼」之勢。時而就滅國以論暴寡凌弱之主，借顯繫君、俘臣、墟宮、遷社之慘。時而就「凶威虐焰」之猛，以示「可駭、可愕、可愕、可傷」之意。然而當時的國君，卻以安之若素的心情，泰然處之。這一方面是作者爲顯示秦穆公的有爲作伏筆，同時更可以借此伏筆，來反襯當時的諸侯，已經到了麻木不仁的地步。所以作者才進一步的說：「赴告之車未反，而金石之樂已淫，簡册之墨之未乾，而淫虐之令已下。」這種行爲舉措，不是麻木不仁又是什麼？緊接著作者又以突起之筆，寫秦穆公的「怵然戒，惕然悟，……若不勝其憂」的情景，又何止於神態活現呢？最後歸結的話，有大爲秦穆公惋惜之意。就史言事，我們認爲這些見解，都甚爲正確。

隨會能賤而有恥　文公四年

【題　解】此事載於《左傳》文公十三年（西元前六一四年）。大意是說：晉大夫隨會，於文公七年（晉靈公元年）奔秦，現在晉人反而憂慮秦國任用隨會了。於是六卿在離都城不遠的諸浮聚會，商討如何讓隨會回國。中行桓子說：「我看請賈季回來比較好，因他熟悉隣國的事情，而且過去又有功勞。」可是郤成子卻以不同意的口吻說：「賈季喜歡作亂，而且罪大，不如請隨會回來。因爲隨會能夠做到卑賤而知道恥辱，柔弱而不受侵犯，他的智謀，足可以擔當大任，而且又沒有罪過。」最後決議派魏壽餘僞裝以魏邑叛晉的方法，誘隨會回國。（參見卷二十〈晉使魏壽餘僞以魏叛以誘士會〉及卷十八〈士會不見先蔑〉）

呂氏以隨會的「能賤而有恥」，爲修養功夫的全德，以此爲中心，立論建言，反覆析述，深入淺出，不僅可以發人，同時更可以警世。

凡人之疾，能仰而不能俯，謂之籧篨❶；能俯而不能仰，謂之戚施❷。二者均疾也，彼之不能仰猶此之不能俯，其疾豈有深淺之辨哉？形而有疾，心亦有疾，可貴而不可賤者，籧篨之類也，厥疾之證，有餘於節廉而不足於勞苦；可賤而不可貴者，戚施之類也，厥疾之證，有餘於勞苦而不足於節廉。證雖不同，同於為疾而已矣。世俗乃喜其一而惡其一，能貴而不能賤者則謂之高，能賤而不能貴者則謂之卑。是說既行，狷介之士，競以高亢自喜，聞金穀米鹽之語，則傲睨而不聽；視鞭扑箠楚之事，則嘔噦而不觀。清遠閒曠，夢寐於大庭尊盧❸之上，周旋於浮丘洪崖❹之間。方無事時，非不可喜也，一旦納之於浩攘叢劇之場，投之於迫急顛頓之地，則艴然駭，怵然懼，雖與臺皁隸❺，平昔屏息避道仰望之於泥塗之下者，皆得而靳侮之。前日之高，乃所以為今日之卑，豈非世俗之說誤之乎？身有俯仰而疾無淺深，疾有貴賤而名無高卑。以籧篨之所有易戚施之所無，是謂無疾之人；以貴者之所有易賤者之所無，是謂無偏之士。烏可喜其一而惡其一哉？

晉人之稱隨會者前後相望，獨郤成子「能賤而有恥」一語，非特可以見隨會之全德，亦可以起後世一偏之疾，此吾所以三復其言而不厭也。負於途，販於肆，耕於野，泯泯棼棼，所謂賤者，天下豈少哉！然彼皆當賤者也，非能賤者也。以隨會之雅量曠識，乃不屑不厭，下親勞苦之事，宜廊廟而安閭閻，是以謂之能賤；宜圭組而安布韋，是以謂之能賤；宜鐘鼎而安簞瓢，是以謂之能賤。既甘賤者之勞苦，而復去賤者之卑汙，全人之所不能全，斯其所以爲全德歟！

想隨會身親賤事之時，趨則皆趨，役則皆役，焦焦然一庸保也。至於臨之以利，迫之以害，則勁厲之節，凜然於冒沒❻爭奪之中，清微之風，肅然於埃土氛翳之表，昂屹湧溢，挺拔而出，蓋有不可得而掩者。隨會無賤者之所短，賤者無隨會之所長，其獨稱全人於晉國，有以也哉！

抑嘗深味郤成子之語，能賤者固難於有恥，然所以無恥者，實由乎不能賤也。公卿大臣，出入禁門，訏謨帝所，一有失節，則天下之責四面而至。彼豈不知爲可恥者？其所以忍愧負辱，徘徊而不敢發者，正以能貴而不能賤也！彼其心以謂一旦忤旨，譴責隨至，冕服褫矣，徒馭散矣，賓客落矣。一聞其語，猶心悸而神泣，況身履之耶？此所以寧受恥而不顧也。向使其貴而能賤，則安能鬱鬱坐受天下之譙責耶？故郤成子之語，又當以馬文淵❼之論終之。

【註釋】❶籧篨　醜疾名。患者面仰不能下俯，如粗圍竹席爲穀倉，臃腫而不能俯。❷戚施　佝僂駝背。也指佝僂駝背的人。❸大庭尊盧　大庭，古國名，或說即古帝神農氏的別號。尊盧一作尊盧，爲傳說中的古帝名。大庭尊盧在此指虛幻渺遠，不切實際的境界。❹浮丘洪崖　浮丘公爲傳說中上古的仙人。洪崖亦爲傳說中的仙人，黃帝之臣伶倫仙號洪崖。浮丘洪崖在此指不問世事，與世無爭之人。❺輿臺皁隸　奴僕，賤役。指地位卑微的人。❻冒沒　輕率而不考慮其它。❼馬文淵　馬援字文淵，東漢扶風茂陵（今陝西省興平縣）人。少有大志，諸兄皆以爲奇。嘗謂：「大丈夫爲志，窮當益堅，老當益壯。」又云：「凡人爲貴，當使可賤。」見《後漢書・馬援傳》。

【語　譯】凡人的疾病，能上仰而不能下俯的，稱爲籧篨，能下俯而不能上仰的，稱爲戚施。這兩種都是疾病，戚施的不能上仰有如籧篨的不能下俯，這兩種疾病難道有深淺的分別嗎？人的肢體上有病，心中也不免有疾，能居尊貴而不能安處低賤的，就像是患籧篨病一類的人，這種毛病的癥狀是，高潔清廉有餘而卻不能辛勞勤苦；能安處低賤而不能居尊貴的，就像是患戚施病一類的人，這種毛病的癥狀是，辛勞勤苦有餘而卻不能高潔清廉。癥狀雖然不同，卻同樣都是患有疾病。世俗之人只喜歡其中的一種而厭惡另一種，對於能居尊貴而不能處低賤的，就稱他爲清高，能處低賤而不能居尊貴的，就說他是卑賤。這種論調既然風行於世，那些守正不阿狷介的人，競相以清高沾沾自喜，聽到人家談論到金穀米鹽，就傲慢輕視而不屑一聽；看到人鞭笞行刑，就作嘔欲吐而不屑一顧。自視清高曠達閒適遠離人世，日日夢遊於虛幻飄渺之境，與仙風道骨的人相交遊。在平安無事的時候，這樣的處世態度並非不可喜，然而一旦將他置於浩劫攘奪、叢雜劇變的場合中，或將他投於迫切危急、顛踣困頓的環境裏，就會變色驚駭，惶恐懼怕，而高亢之氣全失，到這時候，即使是以往那些奴僕賤役，平日對他屏息避道，只能卑恭屈膝而仰望的人，都可以任意譏笑侮辱他。這不禁使人想到，前日的那種只能高的見解，就是所以成爲今日卑的因素，這難道不是被世俗的說法所誤導的嗎？就人的軀體說，有的患了只能俯或只能仰的病，可是就疾病說則無輕重的分別；就患疾病的人說，有貴有賤，可是病名並沒有高卑的不同。拿遼篨所專有的來替換戚施所欠缺的，就可以稱作是沒有疾病的人；將尊貴的人所專有的來替換卑賤的人所欠缺的，就可以稱作是中正不偏的人。怎麼可以只偏愛其中的一種而厭惡另一種呢？

晉國稱讚隨會的，前前後後不知有多少人，唯獨郤成子所說「能處於卑賤的地位而有羞恥心」這一句話，不只可以看出隨會完好無缺的美德，也可以矯正後世人偏愛一方的缺失。這就是我所以再三的重覆這句話而不感覺厭煩的理由。負載於道路上，販賣於商場間，耕種於田野中的人，紛亂眾多，像這種所謂卑賤的人，天下那裏會少有呢？然而這些人是本來就應該卑賤，而不是能處於卑賤的。以隨會非凡的氣度及廣博的識見，乃能不介意不厭倦，親自從事勞苦的差役，應該居於高位而安處於鄉里中，所以說他能處卑賤；應該執圭璧著官服卻安於穿戴粗布衣裳，所以說他能處卑賤；應該享有鐘鼎美食卻安於粗茶淡飯，所以說他能處卑賤。既能安於卑賤者的勞苦差役，而又能免除卑賤者卑下污穢的行爲，保全別人所不能保全的節操，這就是他所以能有完美品德的道理！

我推測在隨會從事於勞苦的差役時，該奔波的就奔波，該勞役時就勞役，急急忙忙，有如打雜的工人一般。至於面臨利害緊要的關頭時，則他堅貞不移的氣節，凜然矗立於倉卒爭奪之中，有如清涼的微風拂過塵土雲表，昂然屹立如泉湧溢，挺拔特出，而無法加以掩蔽。隨會沒有卑賤者的缺點，而卑賤者沒有隨會的長處，他能獨稱全人於晉國，是有原因的！

我也曾深深的體味過郤成子的話，知道能處於卑賤的人固然很難有羞恥心，然而所以會無恥的原因，實在是因爲不能安處於卑賤。公卿大臣，出入於宮廷的禁門，輔佐君主決定策略於朝廷之上，一有失節的行爲，那麼天下的責備就會從四面交相而來。那些人難道不知這樣做是可恥的嗎？他們所以隱忍著愧辱，猶豫而不敢有所行動，正是因爲他們只能居於尊貴，而不能處於卑賤啊！他們心中認爲，一旦違逆了君主的旨意，譴責馬上就會來到，官服將被褫奪，供差遣使用的人將會星散，門下的賓客也將零落他去。一聽到卑賤這種字眼，尚且心中驚恐而駭然欲泣，何況是親身處於卑賤呢？這就是他們爲甚麼寧可忍受恥辱而毫不顧惜的原因。如果他們向來能高居官位而又能安處於卑賤，那麼如何能悶不吭聲的接受天下人的責備呢？所以郤成子的話，又應當以馬文淵的言論來作結束。

【研　析】本文主旨，在稱述隨會爲一才德兼具、宜貴安賤、賤而有恥的全人。作者就郤成子「能賤而有恥」一語，先作透闢而深刻的體悟，然後再運用無比的想像力，傾吐一己的感懷，故能生動有力，寓義深長，鮮活可味。

就內容說，文分四段，作者首先以疾無深淺，名無高卑爲喻，借明世人行事，不當有所偏，不可喜一惡一的道理。其次則稱許隨會宜貴而安賤的修爲全德。第三段則以隨會具體的作爲，說明晉國獨以全人相稱的原因。最後則指出一般公卿大臣所以寧願忍受恥辱而不顧，悉爲能貴而不能賤所致。

就行文說，作者慣用相關的理則爲引言，以與所要論述的主題相配合，借收漸入佳境的效果。本文亦不例外。不過就全文說，引言部分所佔篇幅幾乎爲全文的一半，似嫌太長，有喧賓奪主的不調和。而二、三兩段，爲主旨所在，在運筆、下語、遣詞上，最能看出作者的才華。例如他分析「賤者」與「能賤者」的不同說：「負於途，販於肆，耕於野，……皆當賤者也，非能賤者也。」什麼才是能賤呢？像「隨會之雅量曠識，乃不屑不厭，下親勞苦之事，宜廊廟而安閭閻，是以謂之能賤。……」就是因爲隨會能貴能賤，兼具貴、賤者之所無，而方得到全德之人的雅譽。

我們認爲，本文最具意味的言論，應該在結語中。如作者說：「能賤者固難於有恥，然所以無恥者，實由乎不能賤也。」賤者的無恥，當然是眞正的賤者。而貴者的無恥，這就全由不能賤所致了。所謂能賤，他應該是「臨之以利，迫之以害，則勁厲之節，凛然於冒沒爭奪之中，……昂屹湧溢，挺拔而出」的表現。這不就是孔子所說：「君子固窮，小人窮斯濫矣。」（〈衛靈公篇〉）以及孟子所言「貧賤不能移，威武不能屈」（〈滕文公篇下〉）的境界嗎？對於「能賤」的人，孔子稱爲「君子」，孟子稱爲「大丈夫」，本篇作者則以「全德」相許，就近世以觀，那就更具意味了。

卷二十二

甯嬴①從陽處父　文公五年

【題解】此事載於《左傳》文公五年（西元前六二二年）。大意是說：晉國的大夫陽處父到衛國去聘問，回來的時候經過甯地，逆旅大夫甯嬴願意追隨他。可是只走到溫地就回來了。他的妻子問回來的原因，甯嬴回答說：「他太剛強了。〈商書〉說：『本性深沉的人，要用剛強來克服，亢爽的人，要用柔弱來克服。』那個人剛上加剛，恐怕不得善終呢！老天雖然是純陽的剛德，尚且不干犯四時的寒暑次序，何況是人呢？而且華而不實，就會聚集怨恨，要是觸犯他人而聚集怨恨，那就難以安定自身了。我怕得不到利益，反而遭到災禍，因此離開了他。」文公六年，晉賈季就把陽處父殺了。

呂氏據此立論申說，指出陽處父芳華畢露，剛盡發之於外，易爲人喜，亦易爲人厭。同時也借以稱許甯嬴能當機立斷，免遭不測的災禍。

易喜者必易厭。有書於此，一讀而使人喜者，屢讀必厭；有樂於此，一奏而使人喜者，屢奏必厭。蓋是書是樂之味，盡發於一讀一奏之間，外雖可喜而中既無餘矣。其初之喜，乃所以爲終之厭也。善著書者，藏其趣於無趣之中，非欲掩人之目也，得趣於無趣，則其趣無時而窮也；善作樂者，藏其聲於無聲之中，非欲塞人之耳也，得聲於無聲，則其聲無時而窮也。至書無悅人之淺效，而有化人之深功；至樂無娛人之近音，而有感人之餘韻。凡天下之理，不能窺於未得味之前，必不能捨於既得味之後也。

昔吾夫子設教於洙泗之間，子貢初見，挾其智而傲之❷；子路初見，挾其勇而陵之❸。夫以夫子之聖，猶不能動物悟人於一日之速也，彼陽處父何人耶？甯嬴一見之於塗，遽棄其妻子，躡屩擔簦❹從之如不及，自世俗觀之，其移人之速，若過於夫子矣。然夫子雖不能服由賜於一見，而能役由賜於終身❺；陽處父雖能致甯嬴於一朝，而不能留甯嬴於數日。以一朝之功而較終身之效，孰勝孰負，孰優孰劣，必有能辨之者矣！

抑嘗深考甯嬴之言，然後知陽處父所以易使人喜，易使人厭者，抑有由也。蓋處父之剛，盡發之於外，而中無留者，溢於聲音，浮於笑貌，泛於步趨，流於寢食，平生之神氣，皆發露於衆人耳目之前。外雖震厲，而中無所蓄；外雖暢茂，而中無所根。其始見也，其美易見，其德易親，所以易使人喜也；其既見也，索之易窮，探之易盡，所以易使人厭也。發之爲春華，曾不能斂之爲秋實，玩虛華而忘實味，是豈爲腹不爲目者❻所肯留哉？此甯嬴所以乍喜乍厭，而不避往來之煩也！雖然甯嬴捨處父於數舍之邇，伯宗慕處父於數世之下，是甯嬴棄處父之華於芳烈方盛之時，伯宗拾處父之華於顚頹既落之日。使伯宗❼居甯嬴之地，得事處父於未有禍敗之前，吾知其終身執鞭，與之同戮而不悔矣！嬴之知幾，賢乎哉！

【註釋】❶甯嬴　春秋晉甯邑逆旅大夫。參見本篇題解。❷子貢初見挾其智而傲之　此事於古籍未見明載。惟子貢利口巧辭，孔子常黜其辯，或指此而言。見《史記．仲尼弟子列傳》。又《孔子家語》中〈弟子行〉、〈賢君〉、〈辯政〉諸篇所載，子貢於孔子之所問，有近似不遜之語。因其聰敏，疾問而語急，容或有之。❸子路初見挾其勇而陵之　語本《孔子家語．子路初見》：「子路見孔子，子曰：『汝何好樂？』對曰：『好長劍。』孔子曰：『吾非此之問也，徒謂以子之所能，而加之以學問，豈可及乎？』……子路曰：『南山有竹不柔自直，斬而用之，達于犀革，以此言之，何學之有？』孔子曰：『括而羽之，鏃而礪之，其入之不亦深乎？』子路再拜曰：『敬而受教。』」又《史記．仲尼弟子列傳》：「子路性鄙，好勇力，志伉直，冠雄雞佩豭豚，陵暴孔子。孔子設禮稍誘子路，子路後儒服委質，因門人請爲弟子。」❹躡屩擔簦　指離家遠遊。屩，草鞋；簦，長柄笠，皆遠行的用具。❺役由賜於終身　語本《淮南子．人間訓》：「人或問孔子曰：『顏回何如人也？』曰：『仁人也，丘弗如也。』『子貢何如人也？』曰：『辯人也，丘弗如也。』『子路何如人也？』曰：『勇人也，丘弗如也。』賓曰：『三人皆賢夫子，而爲夫子役，何也？』夫子曰：『丘也仁且忍，辯且訥，勇且怯，以三子之能易丘一道，丘弗爲也。』」❻爲腹不爲目者　指聖人。語出《老子》：「五色令人目盲，……是以聖人爲腹不爲目，故去彼取此。」❼伯宗　字尊，孫伯起（起亦作糾）之子，春秋晉大夫。每朝，其妻必戒之曰：「子好直言，必及於難。」不聽。終爲三郤（郤錡、郤犨、郤至）所譖遇害。見《左傳》

宣公十五年、成公五年、十六年。

【語譯】能輕易引人喜歡的，必然容易使人生厭。比如這裏有一本書，只要讓人讀上一遍就喜歡的，若多讀幾次必然使人感到厭煩；這裏有首樂曲，只演奏一回就使人喜歡的，若多奏幾次必然也會使人感到厭煩。因爲這本書和這首樂曲的韻味，在第一次閱讀和演奏中就已全部發揮，淺露在外的雖令人喜愛，而內中已經沒有餘味了。起初的喜愛，卻成了後來所以厭棄他們的原因。善於著書的人，將書中的情趣隱藏於無趣之中，並非有意掩蔽人的眼睛，乃是讓讀者在無趣之中尋得趣味，那麼這種趣味就沒有窮盡的時候；善於製作樂曲的人，將美妙的聲音隱藏於無聲之中，並非有意堵塞人的耳朵，乃是讓聽者在無聲之中獲得美聲，那麼這種美妙的聲音就沒有窮盡的時候，最好的書籍沒有取悅人的淺顯作用，而有教化人的深刻功效；最好的樂曲沒有娛樂人的淺俗作用，而有感化人的無窮韻味。大凡天下人所共守的道理，若不能在未得味之前窺察明白的，必然不能在既得味之後捨棄不顧。

從前孔夫子在洙水與泗水間施行教化，子貢與他初見面時，依恃自己的才智而表現傲慢；子路與他初見面時，依恃自己的勇力而不恭遜。以孔夫子的聖明，尚且不能在短促的時間內感動醒悟他人，那個陽處父是甚麼樣的人？甯嬴竟在他的旅途中一見到他，馬上拋妻棄子，追隨他離家遠遊，猶恐趕不及，若從世俗的觀點來看，陽處父移易人的快速，好像超越了孔夫子。然而孔夫子雖然不能在初見面時使子路與子貢順服，卻能使他們終身膺從；陽處父雖然能在一天之內得到甯嬴的信服，卻不能使他在身邊多留幾天。拿一天的功效和一生來比較，那個勝，那個敗，那個佔優勢，那個居下風，必然有人能分辨明白！

我也曾深入的探討過甯嬴所說的話，然後才知道陽處父所以能輕易博得他人的欣慕，卻又容易使人厭倦，也是有原因的。因爲陽處父的剛強，完全表現在言語動作上，而胸中沒有一點保留，氣勢洋溢於聲音之中，浮現於笑貌之上，顯現於步趨之間，流露於寢食之際，平生的神氣，都發露在眾人的耳目之前。外表雖威嚴震厲，而胸中無所蓄積；外貌雖暢達茂盛，而胸中並無根柢。當第一次和他接觸交談時，他的美德容易讓人發現，使人不自覺的親近，所以容易使人欣慕，等到經過一番交談之後，再探索他的美德就容易使人覺得貧乏而空洞，所以容易使人產生厭倦。在春天綻發爲美麗的花朵，卻不能在秋天結爲果實，只知玩賞空虛的花朵，卻忘記品嚐果實的美味，這那裏是講求實際不講浮華的人願意留處的呢？這也正是甯嬴所以會忽然欣慕又忽然厭倦，而不顧往來奔波煩勞原因的所在啊！雖然甯嬴在數天之後捨棄了陽處父，而伯宗卻在數世之後仰慕陽處父，這種情形就像是甯嬴在陽處父的美德正如花香濃郁茂盛之時捨棄了他，而伯宗卻仰慕陽處父在他的美德已如黃花憔悴凋落的時候。若使伯宗居處於甯嬴的地位，得以在陽處父未遭禍敗之前奉事他，我知道伯宗將終身爲他執鞭駕車，即使與他一起遇禍被殺也不後悔！甯嬴的洞察先機，眞是賢明啊！

【研析】個性剛強外向的人，每以爽朗正直見稱於人，所以易爲人喜愛、激賞。因其盡發於外，不留餘韻，所以品之必厭。陽處父就是這樣的人。故能得到甯嬴的一見傾心，願意追隨，供其差遣。本文卽以此爲中心，引理說事，以發其所見。

就內容說，文分三段：作者首先用好書、美樂、至理，必待品嘗、把玩、探索方可得其三昧而益覺無窮爲引言，借以反襯易喜必易厭的眞實性。其次則以孔子感子貢、子路的深遠、長久，來證明陽處父悅甯嬴的淺薄與短暫。最後則指出陽處父所以易爲人喜易爲人厭的原因，並稱許甯嬴爲具有知幾之明的賢人。

就行文說，前兩段爲陪襯，最後一段爲主體。而文氣卻能依情理直下，前後呼應。如第二段不僅爲第一段作解說，同時更能爲第三段作證明，史實昭然，不由得你不信。事理交融，這不能說不是作者巧意的安排。行文至此，讀者所急切知道的主體，才姍姍來遲的露面，這在結構上說，最具匠心。主體一露面，就像水銀瀉地，立刻與一二段融爲一體，而一切的狐疑，卽時化爲烏有，這又是何等手法！就全文說，陪襯似嫌過長，不無喧賓奪主的不協調。可是就寓義說，卻有索之不盡、探之不窮的警世韻味。春華美豔，何如秋實？細品其味，實有不能已於言者。

邾文公❶遷於繹❷ 文公十三年

【題解】此事載於《左傳》文公十三年（西元前六一四年）。大意是說：邾文公爲了要遷都繹地，所以事先占卜吉凶。史官說：「這件事，對人民有利，對國君不利。」邾子說：「假如對人民有利，也就是對我有利，要知道上天生育人民，而又爲他們設置國君，就是要對他們有利益。人民能得到利益，我也就一定在其中了。」當時左右的侍從說：「生命可以延長，君王爲何不去做呢？」邾子說：「天命是教我養育人民，至於一個人生命的長短，那是很難說的，如果對人民有利，遷都就是了，沒有比這樣做再吉利的了！」於是就遷到繹地。這年的五月，邾文公死了，當時的君子說：「邾文公知道天命。」

呂氏有感於邾文公之言，以理念爲先，引申闡發，以至正之理，闢罥淫妖祥之說，理明事驗，固屬必然，卽事不驗，亦無傷於至正之理。並極力推崇左氏許邾文公「知命」之言，爲「善論」。

理之未明，君子責也，置是責而不憂，其責固不可逭，惴惴然不勝其責，而亟求理之明，則天下之患必自此始。自夫人之有亟心也，始求說於理之外，姑借世俗之所共信者以明吾理。樂其說之易行，忘其害之終及，夫豈知今日之快，乃所以召他日之患耶？囂淫妖祥❸之說，執左道以迷民者也？辭而闢之，不責之君子將誰責？然君子任是責者，不亟於明理，而急於辨誣。謂以理告人，喻者十三，以事告人，喻者十九，蚩蚩之氓❹，難以是非動，易以禍福回。於是俯取禍福之說，即其共信者而曉之：武王不避往亡而勝商❺，明帝不避反支而隆漢❻，太宗不避辰日而興唐❼。汝謂必凶，我反得吉；汝謂必否，我反得亨，借是事以明是理，向之溺於囂淫妖祥之說者，果何辭而對耶？嗚呼！是徒思其說之易，而不思其害之及也。

說以事立，亦以事隳；人以事信，亦以事疑。君子所恃以闢囂淫妖祥之說者，理在焉，故也。苟捨吾理，而屑屑然較事之中否，則人雖今日以事而信吾說，他日亦必以事而攻吾說矣。自古及今，囂淫妖祥之說，其不驗固衆，然幸而偶合者，亦不乏也。我專舉其不驗者，彼專舉其偶驗者，萬一彼之事多於吾之事，則吾不戰而自屈矣。至正之理，不與事對，今吾以欲亟之故，捨理就事，下與異端並立於爭奪之場，而僥倖于一勝，危矣哉！

善夫左氏之論邾文公也！文公卜遷於繹，瞽史❸以為不利，文公不從其言，賀遷者在門，弔喪者在閭，此固瞽史得以藉口，而闢其說者之所諱避而不敢稱也。今左氏不諱不避，明著之書，又從而以知命許之，獨何歟？蓋左氏所主者在理不在事，事之偶驗，不足為吾說之助；其偶不驗，亦不足為吾說之疵也。有是理然後有是驗，布算以步，星有是理也，故驗不驗之說生焉；測圭以視，日有是理也，故驗不驗之說生焉。乃若壽夭死生之正命，闤淫妖祥之邪說，判為二途，邈不相涉，安得以彼命之壽不壽，為此說之驗不驗哉？當文公之既死，指以為瞽史之驗者，固不足論；當文公之未死，指以為瞽史之不驗者，亦不免捨理就事也。左氏所以發知命之言於文公既死之後者，良以事雖偶合，理本不然。違卜而終，既不足以損文公之明，則言卜而驗者，豈足以增瞽史之重哉？吁！瞽史所以能簧鼓一世者，不過幸其事之驗耳！自左氏知命之言立，則事雖偶驗，人不復言，瞽史之技至是而窮矣！伐其本，塞其源，信矣！左氏之善為論也。

【註釋】❶邾文公　春秋邾國之君，名蘧蒢，在位五十一年卒。參見本篇題解。❷繹　邾邑名。邾都本在鄒縣，鄒縣東南有繹山（一名嶧山），邾徙都於繹山旁，境內別有繹邑。❸闤淫妖祥　流俗盛行的災異傳說。❹蚩蚩之氓　泛指平民百姓。語出《詩經·衛風·氓》：「氓之蚩蚩，抱布貿絲。」蚩蚩，敦厚老實的樣子。氓，即民。❺武王不避往亡而勝商　北魏道武帝皇始二年（西元三九七年）秋九月，賀驎飢窮，率三萬餘人寇新市。甲子晦，帝進軍討之。太史令晁崇奏曰：「不吉。」帝曰：「何也？」對曰：「紂以甲子亡，兵家忌之。」帝曰：「周武不以甲子勝乎？」崇無以對。見《北史・魏本紀一》。❻明帝不避反支而隆漢　東漢明帝時，掌衛尉的官署，在反支日不受章奏，帝聞而怪曰：「民廢農桑，遠來詣闕，而復拘以禁忌，豈為政之意乎？」於是遂蠲其制。見《後漢書・王符傳》。明帝善於刑理，法令分明，日晏坐朝，幽枉必達，內外無倖曲之私，在上無矜大之色，漢室因以隆盛。見《後漢書・明帝紀》。反支，指禁忌的日子。❼太宗不避辰日而興唐　唐太宗時，張公謹以功封鄒國公，任襄州都督，以惠政聞，卒於官，太宗將出次哭之，有司奏以：「日在辰，不可。」太宗曰：「君臣猶父子也，情感於內，安有所避！」遂哭之。事見《唐書・張公謹傳》。太宗在唐代，為大有為的國君，故曰興唐。❽瞽史　樂官。古代樂官多以瞽者充任，故稱樂官為瞽。本文中稱史官為瞽史有貶斥之意。

【語譯】真理未能辨明，是君子的責任，假使擱置這個責任而不加以憂慮，雖說該擔當的責任不可逃避，若惶恐不安如無法勝任此責，而急於辨明真理，那麼天下的禍患就必定要從這裏開始，從人有迫切的心起，就急著開始尋求真理以外的說明，姑且借用世俗所共同相信的事例來闡明我所抱持的真理。我樂於這種說法的易行，卻忘記所招致的禍害終將到來，那裏知道今日的快意，竟所以召來他日的禍患呢？嚚淫妖祥的說法，本來就是執持著旁門邪道來迷惑眾民的，若要用嚴辭予以闢斥排拒，這種責任，不求於君子又求誰呢？然而承擔此責任的君子，卻不致力闡明真理，而急於辨明誣罔的言論。認為用真理來曉諭人，能明白的只有十分之三，以事實來告諭人，能明白的有十分之九，凡夫俗子，很難以是非的觀念去打動他，卻很容易以禍福的報應去使他回心轉意。於是隨手拾取禍福的說法，就百姓所共同相信的事例來告訴他們，例如：周武王不避諱在甲子日出兵，而擊敗了商紂；東漢明帝不避諱反支日受章奏，而使漢室得以興隆；唐太宗不避諱辰日哭弔臣下，而開創了大唐的盛世。你認爲必然得禍，我反得大吉；你認爲必遭艱困，我反得亨通，借著上述的這些事實來闡明眞理，以往耽溺於囂淫妖祥之說的人，還有甚麼話可說呢？唉！這是只顧到這種說法的易行，而沒有想到所招致的禍害終將來到。學說因事而確立，也因事而廢敗；人因事而立信，也因事而生疑。君子所依憑以駁斥囂淫妖祥之說的，是因爲有眞理存在的緣故。如果捨棄眞理而忙碌著去計較事實的是否應驗，那麼別人雖然因爲今天所舉證的事例而相信我的說法，他日也必然舉證別的事實來反駁我。從古到今，各種囂淫妖祥的說法中，不得驗證的固然很多，然而僥倖得到應驗的，也不乏其例。我專舉不得驗證的，對方專舉偶然應驗的，萬一對方所能提供的事例多於我所能提供的事例，那麼我不需經過交戰就已經屈居下風了。至正的眞理不一定能與事實相對稱，如今我因爲心急捨棄眞理而遷就事實，屈下與異端學說並立於爭奪的境地中，以求僥倖能獲勝，實在是危險啊！

左丘明論邾文公的一段話說得眞好！邾文公占卜遷都於繹是否合宜，瞽史認爲不利，文公並沒有聽從他的話，結果，慶賀他遷都之喜的人還在宮中，前來弔喪的人已經到了國境之內，這件事的發生固然使瞽史得到藉口，也使得駁斥瞽史之說的人有所避諱而絕口不提。如今左丘明既不忌諱也不廻避，明載於書中，接著又以「知天命」來稱許文公，這是爲甚麼呢？因爲左丘明所著重的在眞理而不在事實，偶然驗證的事例，對於我的說法並沒有甚麼助益；偶而不得驗證的，也不足以對我的說法造成瑕疵。世間有了這種道理，然後才有這種驗證，排列算式，來推測天空中的星球，因其彼此均有距離，而且不停的在運行，所以產生了是否應驗的說法；以測量圭表進行日影的觀察，而太陽的確有這樣的現象，所以產生了是否應驗的理論。至於壽命的長短與誕生、死亡這種天命之事，與嚚淫妖祥的邪說，根本就是兩回事，毫不相干，怎能以文公的是否長壽，來證明我的說法是否能得驗證呢？

當邾文公既死之後，指這件事以爲瞽史的說法得到驗證的人，固然不值得一提；倘若文公並未因此而死，則指這件事以爲瞽史的說法得不到驗證的人，也不免捨棄眞理而遷就事實。左丘明所以在文公死後發出「知天命」的言論，正是因爲事實雖偶而得到應驗，而眞理本非如此。違反卜辭而死，既不足以損傷文公的賢明，那麼推衍卜辭而得應驗，難道就能增加瞽史的被人看重嗎？唉！瞽史所以能以巧言迷惑人於一時，只不過是因爲僥倖有事實得到應驗罷了！自從左丘明確立了「知天命」的言論以來，即使事實偶而得到應驗的，人們也不再提及，瞽史的技倆到這時也就沒轍了！伐絕其根本，阻塞其源頭，這才是最徹底的做法。左丘明是善於立論的人，一點也不錯。

【研　析】明理，是宋人學術的趨勢；更何況呂氏也是一位理學大家？本文即以理念爲先，來破除嚚淫妖祥之說的不足信，進而以至正的理則，衡量事故的是非，並對左氏不諱不避明著之於書的知命之言，大加推崇，這大概是拜有宋一代學術之賜吧！

就內容說，文分四段，作者首先指出明理，乃君子之責，然不可爲急切明理辨誣，而求說於理之外，因而導致災禍的發生。其次則力闢以事爲驗證的不可靠，必以理爲恃，方足以闢妖祥而正異端。第三段言左氏不避生死之諱，而載之於書者，乃主理不主事。故事之驗與不驗，在所不計。最後則直指邾公的生死，本非瞽史所能知，驗固不足論，不驗亦不免捨理就事，惟左氏以「知命」爲言，才是至理的善論。

就行文說，一二兩段，強調明理的重要，惟以理方可正事端的是非，破除迷惑大眾的嚚淫妖祥之說，如急於明理辨誣，而取世俗所信的禍福之說，來對付妖祥之論，或可僥倖勝於一時，而終必「亦以事隳」。這在立論上，可說是第一段為第二段的張本，而第二段則為第一段的落腳點。三段以後，才說到本題，就邾文公之明達，左氏之知命，對瞽史卜辭之說，作一徹底的清除，大有使人撥雲霧而見青天的感覺。

就全文說，本篇仍嫌引論太多，主體文字，反不足與之抗衡。可是就文氣言，卻能一理直下，沒有給讀者留下間隙，這就不能不說是作者有得的匠心獨運了。另外值得一提的是：呂氏好為翻案文章，本文卻一反常態的對左氏大加稱許，非常難得。

齊公子商人❶驟施於國 文公十四年

【題 解】此事載於《左傳》文公十四年（西元前六一三年）。大意是說：魯女子叔姬嫁給齊昭公，生了舍。因叔姬不受寵愛，所以舍也沒有威信。這時公子商人卻不斷的在國內施捨財物，而又聚養了很多門下士，把家產用完以後，就向掌管公室財物的官員借貸來繼續施捨。這年的五月，昭公死，舍即位。秋七月某日的夜裏，商人就把舍殺了，將君位讓給元（元，為桓公子，即惠公）。元說：「你謀求君位已經很久了。我能事奉你，你不可以因把君位讓給我而多積蓄憾恨，你將可使我免於被殺嗎？還是你去做國君吧！」

呂氏據此，針對商人的弒君篡國為其作辯護。以為商人的所以如此，不是商人本心之惡，乃因昭公示之以利而動其惡。

自治之說，古今論治者以為根極，然固有名似而實非者，不可不深辨也。自治之說曰：木有蠹而風摧之，隄有穴而水潰之，國有隙而姦乘之。無蠹之木，視風如吷；無穴之隄，視水如陸；無隙之國，視姦如愚。吾苟自治其國，渾全堅密，無間之可入，則雖有老姦巨猾，亦將斂手縮頸，退就民伍，何變之敢生？此固世俗所謂自治之說也，抑不知木與風相拒，故常防其蠹；隄與水相拒，故常防其穴；苟有國者，惴惴然深閉固守，日與姦相拒，則為治者亦勞矣！且彼未嘗察姦之所由生也。

惟皇上帝，降衷❷于下民，豈有生而惡者哉？物有以動之矣。匹夫掉臂而行於道，未有為盜之心也。少焉見道旁之室，珍貨溢目，而藩拔級夷，莫適為主，然後寇攘之計始興。未見是室，則無是心，既見是室，則有是心，是其為盜，不出於心而出於室明矣。

齊公子商人弒其君舍而篡其國，議者皆追咎昭公❸嫡庶不嚴，使商人乘隙以騁亂；吾獨謂商人未嘗乘昭公之隙，而昭公實開商人之隙也。向若昭公之時，國勢上尊，民志下定，則雖有悍戾過商人者，亦曷嘗有覬覦之念哉？惟其賤正妃而叔姬❹無寵，輕冢嗣而舍無威，邦本既搖，商人始動其無君之心，而驟施之計行矣。施而謂之驟者，見其昔未嘗施，而今驟施也。昔未施而今驟施，是昔未嘗有此心，而今始有之也。商人本心無惡，因昭公示之以利，而動於惡，然則篡弒之惡，果生於商人耶？果生於昭公耶？尚論古人者，當追咎昭公之生姦，不當追咎昭公之防姦也。物來攻我，我則防之，自我致亂，將何所防耶？以木憂風則可，以蠹憂風則不可；以隄憂水則可，以沼憂水則不可，未有己招之而已防之也。不思己之生姦，而反尤姦之攻己，有見於人而無見於己，其用心果如何耶？此自治之論，名似而實非，不可不深察也！

雖然，天下固有元惡大憝，發釁端於無釁之中者矣，殆未可專責人君之開隙也。曰：人君以天下為一體，萬物盈于天地間，闔散盈虛，往來起伏，皆君心之發見也，後世果眞有性惡之人，則君固不任其責矣。惟惡不出於性而出於物，故雖君未嘗親誘之，苟為物所誘，是亦君誘之也；雖君未嘗親陷之，苟為物所陷，是亦君陷之也，將何地以逃其責？故曰：「百姓有過，在予一人。❺」

【註釋】❶商人　春秋齊懿公名，桓公子。昭公卒，子舍立，商人弒之而自立。在位四年，為邴歜與閻職合謀而弒。❷降衷　上天降下誠善。指民性言。衷，誠、善。《書・皐陶謨》：「同寅協恭，和衷哉！」注：「衷，善也。」《荀子・成相》：「欲衷對，言不從。」注：「衷，誠也。」❸昭公　春秋齊君，名潘，桓公之子。繼兄孝公為齊君，在位二十年。❹叔姬　卽子叔姬，魯女，嫁齊昭公，生子舍。叔姬不受寵，舍也沒有威信。昭公死，舍卽位，為公子商人所弒。周卿士單伯為魯入齊請子叔姬，齊恨魯恃王室之勢，執單伯又執子叔姬。次年冬十二月，齊尊周王之命，方使叔姬歸魯。❺百姓有過在予一人　語出《尙書・泰誓中》。意指百姓應予以教化，若不教百姓使有罪，過實在我（人君）一人。

【語譯】自治的說法，古今論治道的人都以爲是根本之道，然而卻有名義上相似而事實上並非如此的，不可不深加辨別。自治的說法認爲：樹木中生有蠹蟲才會被風摧倒，隄岸有了洞穴才會被水沖潰，國政中有了缺失才會使奸人有可乘之機。不生蠹蟲的樹木，看待大風與微弱之氣沒有兩樣；沒有洞穴的隄岸，看待大水與陸地沒有兩樣；沒有缺失的國政，看待奸人與愚民沒有兩樣。如果我治理國事渾全而堅密，沒有一點縫隙可入，那麼雖然有十分奸詐狡猾的人，也將會有所顧忌而束手縮頸，退處於眾民之列，那裏還敢變亂造反呢？這固然是世俗所謂自治的說法，卻沒有想到樹木因爲必須與風相抗拒，所以常要防止蠹蟲的生長；隄岸因爲必須與水相抗拒，所以常要防止洞穴的產生；如果治理國事的人，惶恐不安的封閉固守，鎮日與奸人相抗拒，那麼治理的人也未免太勞累了！而且他並不曾去探究奸人究竟是如何產生的。

偉大的上天，降賜一顆誠善的心給萬民，那裏有生而本性爲惡的呢？是外物的誘惑使他心動的。若有人悠游自在的走在路上，並沒有偷盜的意念。不一會見到路旁的房室，滿是珍貴的財貨，而圍牆臺階都已傾圮毀壞，不知主人在那裏，於是強盜搶劫的心思就產生了。沒有看到這房室，就沒有這樣的惡念，既然看到了這房室，就產生了這樣的惡念，因此人偷盜的意念，並不是出於本心而是出於房室，也就很明顯了。

齊國的公子商人，殺了他的國君舍而篡奪王位，評論的人都歸咎於齊昭公對嫡庶之分不嚴明，使商人有可乘之機得以放肆作亂；我獨認爲商人未嘗乘昭公所開的間隙，實在是昭公開啟了商人可乘的間隙。倘若在以往昭公執政的時候，在上位的人以國勢爲重，在下位的人心情平定，那麼就是有強悍暴戾過於商人的人，又何嘗會有覬覦王位的非分之想呢？就因爲昭公賤視正妃使淑姬不得寵，輕視嫡長子，使舍沒有威信，國家的根本既經動搖，商人才開始產生除去國君的念頭，而突然施捨財富於國人的計謀也因此見諸行動了。施捨而說它是突然，是因爲過去不曾看見商人施捨，如今竟突然間施捨。以往不曾施捨，如今突然施捨，正表示他以往未嘗有這種惡念，如今才開始有的。商人的本性中並沒有惡念，是昭公以利昭示於他，才使他產生惡念，這樣說來那麼篡位弒君的惡念，究竟是生於商人呢？還是生於昭公呢？追論古人的行事，應當追咎昭公的滋生奸邪，而不是追咎昭公的防阻奸邪。外物來攻擊我，我加以防衛，我自己招惹來的禍亂，如何去防衛呢？站在樹木的立場來憂慮大風的吹襲是應該的，若因生蠹蟲而擔憂大風的吹襲則沒有意義；站在隄岸的立場來憂慮大水的沖擊是應該的，若已成爲沼澤而擔憂大水的沖擊則沒有意義，未嘗有自己招來的禍患由自己來防衛的。不反省自己的滋生奸邪，反而怨尤奸邪來攻擊我，眼中只看到別人而看不到自己，究竟是甚麼樣的用心呢？這正是自治的說法中名義相似而事實不同之處，不可以不深入的去探究啊！

雖然說世間本來就有大兇大惡的人，無緣無故的挑釁作亂，並不能專門責備人君的開啟可乘之隙。我認爲：人君視天下爲一體，而萬物充塞於天地間，不論聚散盈虛或往來起伏，都是君心所當發現的，後世若果眞有天性本惡的人，那麼人君當然可以不必擔當這種責任，只不過惡念並不出於本性而出於外物的引誘，所以人君雖然未曾親自去誘惑人民，如果讓人民被外物所誘惑，也算是人君所造成的誘惑；人君雖然未曾親自去陷害人民，如果讓人民被外物所陷害，也算是人君所造成的陷害，人君如何能逃避這種責任呢？所以《尚書》說：「百姓有過錯，全在於我一人。」更是生奸之源。自古及今，亡國敗家者，多由此起。本文即以此為中心，論述公子商人得以弒君篡國，癥結就在這裏。

【研析】 治國之道在防奸，而防奸之道，在察奸之所由生。如自我致亂，則不但不知所防，同時

就內容說，文分四段，作者首先指出世俗的「自治說」，治國在於「渾全堅密」，使老奸巨猾，無間可入，而尤當「察奸之所由生」。其次則舉事以證人心本善，所以有寇攘之心生，乃由於珍貨引誘所致。第三段則直指商人弒君篡國，其隙乃由昭公所開，非商人乘昭公之隙。最後則言國君當防以物誘人，否則，雖非國君所親誘，然亦難逃其責。

就行文說，第一段與第三段相呼應，第二段與第四段相貫聯，這種交互為文的方式，是作者有意的安排。如果就文題「齊公子商人驟施於國」來寫文章，有一、三兩段也就夠了。不過作者有意借題發揮，表明一己對人性的看法，這就未免要大費周章了。因此必須在第一段後，說明人心本善。其所以為惡，完全由於「物誘」使然。但人君有化民成為美俗，免為物害的責任，所以又必須寫第四段，而強調「百姓有過，在予一人」了。這種安排，就全文來說，甚為勉強。因為性善、性惡之說，迄無定論，即使是為時代所驅，亦當自圓其說。既云人心本善，又何能見財起意？既云惡不出於性，又何能為物所誘？「百姓有過，在予一人」，這是一句應天承命的話，期之於聖君則可，期之於齊昭公，又如何而可？為文忌生枝節，當以切題為尚。

楚鬬克❶公子燮❷作亂

文公十四年

【題解】 此事載於《左傳》文公十四年（西元前六一三年）。大意是說：楚莊王即位，令尹子孔和潘崇帥師襲擊舒氏諸小國。派公子燮（莊王傅）與子儀（即鬬克，莊王師）二人留守。沒想到這兩個人竟然發動叛亂，一方面加築郢城的城牆，同時又派惡人刺殺子孔，但沒有成功。到了八月，子儀、公子燮就挾持著楚莊王離開郢城到商密去，幸虧廬邑大夫戢黎及其輔佐叔麇及時設計誘殺他二人，才沒有使叛亂擴大。

他二人所以叛亂，是因起初鬬克（子儀）被囚禁在秦國，後來秦國在殽地戰敗，就派他回國求和，媾和後，願望反未得到滿足。公子燮是因想做令尹也沒有達成願望，所以二人才發動叛亂。

呂氏據此，直指鬬克、公子燮的作亂，有違常理，純屬淺薄急躁之徒的行為。可是莊王亦非廓然大度明察之君，致有此亂事發生。

理有常然，而事有適然，因適然之事，而疑常然之理，智者不由也。歷數天下之事，出於常然者十之九，出於適然者百之一，以一廢百奚可哉？父子，天性也，父不以嘗有商般❸而疑其子；兄弟，天倫也，兄不以嘗有蔡霍❹而疑其弟。相雖有莽，而古今之廊廟未嘗無相；將雖有卓❺，而古今之邊閫未嘗無將。苟持不必然之事，而奪必然之理，則物物可畏，人人可防，其心焦然，無頃刻寧矣。

君人者，固有常體，操至公以格天下，合此者升，戾此者黜；向此者擢，犯此者刑。初未嘗容心於其間，故有譴怒而無猜嫌，有疏斥而無疑貳，旦見其惡投之嶺海，暮見其善列之朝廷。上無永廢之人，下無自絕之志，此固君人者之常體也。險薄之徒，乃謂已疏者不可再親，已遠者不可再近，一經擯辱，即爲仇怨。如鬬克、公子燮之於楚，特以結秦成而功不酬，求令尹而請不遂，伺間投隙，卒成大變，況於罹投放竄殛之刑❻者乎？故吾不廢之則已，既廢則使不能復興，可也；吾不退之則已，既退則使不能復進，可也。是說既行，世主之心術始蠱矣！

抑不知二子之變，蓋出常理之外。南嚮而治，一日萬幾，賞未値功，爵未滿者者，駢肩交蹠，巧歷❼有所不能計。苟皆如二子之爲，則滔滔四顧，孰非君之讎乎？推而下之，則嘗笞之僕，不可荷囊橐；嘗叱之狗，不可衞門闌也，世寧有是理耶？自古及今，挈於鼎鑊，起於碪質，釋於囹圄，任股肱心膂之寄，閎大博碩，震耀彝鼎者，代不乏人，盍條陳彙舉，以開廣主意？不當獨摘二子之亂，敗其君恢然之度也！二子之亂，固不可以常理論，彼楚莊命之居守，待以不疑，無負於二子，而二子則負之，無乃有君人之度乎？是不然，守國，重事也，非臨大節不可奪者，莫能也。令尹非可求之官，而臣之有勞於國，亦豈當如市人計物取值哉？二子之浮淺躁露如是，雖守一障猶難之，況委之空宮而授之鑰乎？吾見楚莊無君人之明，而未見其全君人之度也！

信如是說，則人君號為度有餘而明實不足者，必將濟之以察歟？曰：是非兩物也，道學❽不講，蔽者遂謂恢厚純誠不足以御末世之變，於是揣摩以鉤人之隱，臆度以料人之情，日求而日疏，曾不知天理洞然，本無不燭，而吾乃揣摩以汩之，臆度以撓之，溷亂方寸，使之舛錯，其所以自智者，乃所以自昏也。揣摩臆度之私盡，則是非美惡之理彰。至明之地，本在恢厚純誠中，世俗乃捨之而競求於譎詐辨慧之際，何異買楚而屠燕哉？爾欲察，毋厭昏；爾欲巧，毋厭拙。

【註釋】❶鬬克　春秋楚之申公，鬬班之子，字子儀，任大司馬，為楚莊王師。因叛亂而死，見本篇題解。❷公子燮　春秋楚公子。因求令尹不得而作亂，見本篇題解。❸商般　楚太子商臣與蔡太子般，二人皆逆而弒父。❹蔡霍　蔡叔與霍叔。均為周武王弟。蔡叔名度，封於蔡，與兄管叔鮮散播流言，謂周公將不利於成王，並聯合紂子武庚作亂，被周公放逐而死。霍叔名處，封於霍，與管叔、蔡叔同監紂子武庚，後以作亂，廢為庶人。見《史記·管蔡世家傳》。❺卓　董卓（西元？——一九二年）。東漢隴西臨洮（今甘肅省岷縣）人。字仲穎。靈帝時為并州牧，帝死，外戚何進恐宦官奪權，而召董卓帶兵進洛陽，誅殺宦官。事後，卓自為相國，廢少帝，殺何太后，立獻帝，淫亂凶暴，袁紹等起兵討伐。卓乃挾持獻帝遷都長安，自爲太師，並焚燒洛陽，到處屠殺掠奪。後王允誘使呂布殺卓，棄屍於市。見《三國志・魏志・董卓傳》。❻投放竄殛之刑 據《左傳》文公十八年：「舜臣堯，賓于四門，渾敦、窮奇、檮杌、饕餮，投諸四裔，以禦螭魅。」或以渾敦卽讙兜，窮奇卽共工，檮杌卽鯀，饕餮卽三苗。而《尚書・堯典》云：「流共工於幽州，放讙兜于崇山，竄三苗于三危，殛鯀於羽山。」則投放竄殛皆流放之刑。❼巧歷 或作巧曆。精於曆算術數的人。❽道學 指宋儒所講性命義理的學說。

【語譯】常理是經常如此，而事件有恰巧如此的，若因爲恰巧如此的事件，而懷疑經常如此的常理，有智慧的人是不會這樣做的。遍數天下所發生的事，出於常理的有十分之九，出於恰巧如此的只有百分之一，以一廢百怎麼可以呢？父子之情是天性，天下爲人父的不因爲曾經有商臣與般而猜疑自己的兒子；兄弟之情是天倫，天下爲人兄長的也不因爲曾經有蔡叔與霍叔而猜疑自己的弟弟。宰相中雖然出了個王莽，然而古今的朝廷中卻不曾沒有宰相的設置；將帥中雖然出了個董卓，可是古今防衛邊疆的軍隊中也不曾沒有將帥統兵。如果執持著不是必然的事件，而強奪必然的常理，那麼物物都可畏懼，人人都當提防，心中焦慮，沒有片刻的安寧。

統治人民的國君，應有不變的準則，操持最公允的態度來感化天下，合於準則的加以提拔，違背此準則的予以罷黜；遵循此準則的就擢升，觸犯此準則的就處罰。未嘗有一點私心存在其間，所以雖然有所譴責怒罵而無所猜嫌，有所疏遠貶斥而不懷疑他有貳心。早上發現他有過錯，就將他流放到荒僻的嶺海，傍晚得知他有善行就將他拔舉到朝廷之中。對上位者來說，沒有永遠廢棄的人；下位的人也沒有自我斷絕的心，這本來就是人君治國的準則。那些邪惡而不厚道的人，卻認爲已經被疏遠的人，不可能再得到親近，一旦遭到貶斥受辱，馬上就變成仇人寃家。就像鬬克與公子燮在楚國，只是因爲秦求和成功而願望得不到滿足，想做令尹也沒有達成願望，便窺伺可乘的時機，終於釀成大禍，更何況是遭到放逐之刑的人呢？所以我不廢棄人則已，既經廢棄，則使他永遠不能復興是可以的；我不罷黜人則已，既經罷黜，則使他永遠不被進用也是可以的。這種邪說既已流行，世間爲人主的心術就開始受到蠱惑了！卻沒有想到這兩個人的造反，是出於常理之外的。南向爲君治理天下，每天處理繁多的政務，因此使獎賞與功勳不能相稱，或爵位不能滿足意願的，人數眾多，即使是精於算術的人也無法計算。如果都像這兩個人的作爲，那麼放眼四看，那一個不是人君的仇敵呢？再往下推衍，則曾經鞭打過的僕人，就不能再讓他背負行囊；曾經喝斥過的狗，就不能再靠牠看守門戶，世上那有這種道理？從古到今，從鼎鑊酷刑中提攜，或從斷頭臺上起用，或從監牢中釋放出來，寄託以親信輔佐的大任，而能建立豐功偉業，震耀天下，聲名不朽的，每個朝代都有例可循，何不將這些人事列舉出來，以開拓君主的胸襟？不應當只摘取這兩個人作亂的例子，來敗壞君主恢閎的氣度啊！這兩個人的造反，固然不能以常理來判斷，而楚莊王派他二人留守，對他們沒有絲毫疑忌，並沒有對不起這兩個人的地方，然而這兩人卻辜負了他，這樣的作爲應該算是有人君的氣度了吧？話卻不能這樣說，因爲防衛國土是重大的責任，若不是能在生死存亡關頭不改變節操的人，不能擔當這個重任。令尹並不是隨意可以求得的官位，而臣下能爲國建立功勳的，難道也該像市場中人一樣，買多少東西給多少錢嗎？這兩人如此的浮淺躁急不沉著，即使要他們防守一個堡壘都有困難，何況是把空無人馬的宮城託付給他們，還把鑰匙一並交出呢？所以我只看到楚莊王沒有人君的知人之明，並沒有看到他具備治理人民的氣度啊！

如果這種論調是正確的，那麼一些號稱有人君的氣度而事實上沒有知人之明的君主，就一定要用明察來補救囉？我認爲：氣度與明察，不是兩件不同的事物，由於不講公理，被蒙蔽的人認爲用恢宏博厚精誠不能治理末世的變亂，於是私下揣摩以探求別人的隱私，暗自臆度以推求別人的用心，結果反而愈探求愈疏遠，卻不知天理明徹透達，本來就沒有甚麼不能燭照得清清楚楚，我卻私下揣摩而汩沒天理，私自臆度而擾亂天理，使自己的心思混亂，而作錯誤的判斷，我所自認爲明智的作法，反而造成了一己的昏庸愚昧。揣摩臆度的私心若能完全捐棄，那麼是非美惡的眞理就能得以彰明。最清明的境界原本存在於恢厚純誠的精神之中，世俗中人卻捨棄這種精神，而競相追求於詭譎詐騙及好辨狡黠之際，這與戰國時代的游說之世，今天出賣楚國明天屠滅燕國的用心，又有甚麼兩樣呢？你要想明察，就不能厭惡昏暗；你要想得工巧，就不能厭惡笨拙。

【研析】《荀子．天論》說：「天行有常，不爲堯存，不爲桀亡。應之以治則吉，應之以亂則凶。」所謂有常，卽常行之道，也就是天道，亦卽本文作者所說的常理。循常理而行則吉，逆常理而行則凶，此亦必然之理。執此理以衡古今，鮮有能出其外者。如有，則爲「適然」之事，必不可用常理予以權衡。本文卽以此爲基點，就文題推闡其見解。

就內容說，文分四段，作者首先指出爲人處世，當以必然之理爲準則，不可以不必然之事而疑常理。其次則講明國君在人事任免上，當有一定的體制，務使上無永廢之人，下無自絕之志。第三段則言不惟鬬克、公子燮的作爲出於常理之外，而楚莊公亦實有未能全人君之度的缺失。最後，則闡發全人君之度的根本要圖，在於洞明天理——恢厚純誠。

就行文說，作者執一理而衡萬事，先以「適然」之事不足以當常理爲始，引而伸之，散爲諸端，以父子之性，兄弟之倫，君之體，臣之義，而歸之於講明道學，本恢厚純誠的理念，以御末世的變化。一理貫穿全文，相形之下，「適然」之事，出於理外的作爲，則愈顯其臆度、譎詐、器小、識淺的不足恃了。文氣起伏跌宕，時而執事以喻理，時而就理以明事，本天理洞然，無所不燭的信念，一則揭二子之私，一則明莊王未爲全度之君，理切事驗，交織推演，嚴謹而有法度，事顯而義理自明，實在是巧於謀篇的好文章。

單伯❶請子叔姬❷ 文公十四年　季文子如晉 文公十五年　齊人赦單伯歸子叔姬 文公十五年

【題解】此事分別載於《左傳》文公十四、十五年（西元前六一三、六一二年）。大意是說：魯卿襄仲（莊公子），派人向周天子報告，請以天子的榮寵，在齊國求取子叔姬（昭姬）說：「既然殺了她的兒子（舍），那裏還用得著他的母親？請允許魯國接納她並加以懲處。」就在這年的冬天，周天子派卿士單伯到齊國請求送回子叔姬，那知齊人（指齊懿公商人）反把他抓了起來，同時也拘執了子叔姬。齊人所以這樣做，一方面是恨魯國仗恃周天子的勢力以求叔姬，另外也想借這種作爲，來羞辱魯國。直到次年的春天，魯大夫季文子爲了單伯和子叔姬，專程走了一趟晉國，欲因晉而向齊說情。後來因爲有周天子的命令到達，齊人不但釋放了單伯，同時也把子叔姬送回魯國。（參本卷〈齊公子商人驟施於國〉）

可是公羊、穀梁二家，卻認爲單伯所以被執，是因爲他淫於子叔姬，並且爲以單伯爲魯大夫而非周卿士。呂氏據《春秋》所載爲單伯平反，是左氏而非公穀，鐵案如山之證，卽使秦、儀、代、厲當前，亦難以爲解。

前人未決之訟，後人之責也；前儒未判之疑，後儒之責也。吏職官府，儒職簡牘，官府有枉，簡牘亦有枉。辨今世之枉者，屬之吏；辨異世之枉者，屬之儒。人雖有去有來，然同一官府也；事雖有久有近，然同一簡牘也。吏不得以非己之時而卻其訟，儒者亦豈以非己之時置其疑而不辨哉？單伯爲魯請子叔姬於齊，左氏無異辭，公羊❸、穀梁❹兩家以爲單伯淫於叔姬，是以見執。從左氏耶，則單伯無毫髮之愆；從公、穀耶，則單伯有丘山之惡，此千載未斷之獄，待儒之閱實也。吾請以經爲律，以傳爲案，以同時之人爲左驗，平反而昭雪之。

今訴人之罪者，所訴之牒其氏族、爵位、鄉土猶不能知，則弗待訊鞫而知其爲誣。單伯實周臣，而公穀乃以爲魯之大夫，周魯之辨且復倒置，尚未辨其爲何國人，則所言之罪豈足信乎？吾非據《左氏》而指單伯爲周臣也，公穀方與左氏訟，《左氏》之言雖直，焉能折二家之口哉？吾之所以指單伯而爲周臣者，蓋以經知之，非以《左氏》知之。畿內諸侯見於經者多矣，祭伯之來❺，凡伯之伐❻，毛伯之錫命❼，召伯之會葬❽，考其書法與單伯無少異，公穀何所據，而以彼爲周，以此爲魯乎？自周之外，經未有書諸侯之臣爲伯者，犆舉內大夫以明之：翬挾柔溺❾，豹婼意如❿之類，不氏而名者也；叔孫得臣⓫、仲孫何忌⑫之類，兼氏而名者也；公子慶父⑬、公弟叔肸⑭之類，配親而名者也；仲遂叔老⑮、叔弓叔詣⑯之類，配仲叔而名者也。二百四十二年之間，不書名者，獨季子⑰來歸一語而已，曷嘗聞內大夫不名而書伯者乎？公穀之誣，瞭然矣！政使如公穀之說，以單伯為魯大夫，則聖經不名而書伯，亦當如季子之比。季友有討亂之略，有託孤之忠，以身為一國之安危，故《春秋》不名以貴之。若單伯果魯大夫，聖經不名而書伯，必有大功大善，居季子之右，安得反負淫齊之罪乎？負甚大之罪，而得甚美之褒，則何以為孔子？何以為《春秋》？孔子是則公穀非，孔子非則公穀是，持二說以詰二家，雖秦、儀、代、厲⑱亦未必能置對也。

左公穀者曰：單伯之列於經，自請叔姬以前，如逆王姬⑲，如伐宋⑳，如會鄄㉑，不絕於簡；至請叔姬之後，則載於策者，有單子而無單伯，庸詎知書伯者非魯，書子者非周乎？曰：爵列升降，各隨其時，如滕㉒前侯而後子，不聞其有兩滕也；杞㉓前伯而後子，不聞其有兩杞也，是何足以病吾說哉？或者又曰：前古枉直未辨者何可勝數，單伯之事，特牛一毛，倉一粟耳，浩浩塵編，子能盡發而細辨之乎？曰：人無故負冤，更百世而莫能雪，後之人又以為瑣屑而不足問，是終天地而無伸眉之日矣。推是心以涖官臨政，則攬山積之文書，對屬至之黎庶，必將厭其叢脞，漫不復經意。抑不知我視之甚微，彼視之甚重；我視之甚緩，彼視之甚急，亦何愛頃刻之勞，而使彼賫沒身之恨乎？肄於塾，聽於府，執筆之際，皆不可不思！

【註釋】❶單伯　周卿士。曾奉周頃王命爲魯適齊請子叔姬，見本篇題解。❷子叔姬　即叔姬。❸公羊　指《公羊傳》的作者。《公羊傳》也稱《春秋公羊傳》，一般認爲是戰國齊公羊高所作，但只是口頭流傳，並沒有成書。根據徐彥疏引戴宏序，說是漢景帝時公羊高的玄孫壽和胡毋子都寫在竹帛上的。漢何休有《公羊解詁》，闡發《春秋》微言大義。後代研究者很少，直到清代才又興起。❹穀梁　指《穀梁傳》的作者。《穀梁傳》也稱《春秋穀梁傳》。〈范甯·春秋穀梁傳序·疏〉：「穀梁子，名淑，字元始，魯人，一名赤，受經於子夏，爲經作傳，故曰《穀梁傳》。」❺祭伯之來　《春秋》隱公元年：「冬十有二月，祭伯來。」《左傳》：「十二月，祭伯來，非王命也。」❻凡伯之伐　《春秋》隱公七年：「冬，天王使凡伯來聘，戎伐凡伯于楚丘以歸。」《左傳》：「初，戎朝于周，發幣于公卿，凡伯弗賓。冬，王使凡伯來聘。還，戎伐之于楚丘以歸。」❼毛伯之錫　《春秋》文公元年：「天王使毛伯來錫公命。」《左傳》：「王使毛伯衛來賜公命。叔孫得臣如周拜。」按：毛爲采邑，伯爲家號，衛乃毛伯之名。❽召伯之會葬　《春秋》文公五年：「王使召伯來會葬。」《左傳》：「召昭公來會葬，禮也。」按：召伯世爲天子卿，又世稱伯。❾翬挾柔溺　翬，公子翬，魯大夫，字羽父。挾，魯大夫名。柔，魯大夫名。溺，公子溺，魯大夫。❿豹婼意如　豹，叔孫豹，魯大夫，諡穆子，亦稱穆叔。婼，叔孫婼，豹庶子，諡昭子。意如，季孫意如，魯大夫，諡平，亦稱季平子。⓫叔孫得臣　魯大夫，諡莊叔。⓬仲孫何忌　魯大夫，即孟懿子。⓭公子慶父　魯桓公子，莊公弟，即共仲。⓮公弟叔肸　魯宣公弟。⓯仲遂叔老　仲遂，公子遂，魯卿，莊公之子，諡襄，又稱襄仲。叔老，叔肸之子，公孫嬰齊之孫，又稱子叔齊子。⓰叔弓叔詛　叔弓，魯大夫叔老之子，又稱子叔子，諡敬子。叔詛，《左傳》無此人，疑為叔詣之訛，公、穀作倪，魯大夫，叔鞅之子，叔弓之孫。⓱季子　春秋魯桓公少子，莊公之弟，名友，號成季，故稱季友。平定慶父之難，立僖公，敗莒師有功。為魯上卿，專國政，其後代稱季孫氏，為三桓之一。⓲秦儀代厲　秦，蘇秦；儀，張儀。代，蘇代，蘇秦弟，亦習縱橫家理論，燕昭王派他聯合各國諸侯以抗秦，代由此名顯當時。厲，蘇厲，蘇代弟，亦習縱橫家理論，仕於齊。見《史記．蘇秦傳》。⓳逆王姬　《春秋》莊公元年：「夏，單伯送王姬。」送，公、穀作逆。⓴代宋　《春秋》莊公十四年：「夏，單伯會伐宋。」㉑會鄄　《春秋》莊公十四年：「冬，單伯會齊侯、宋公、衛侯、鄭伯於鄄。」㉒滕　古國名。周文王子叔繡封此，在今山東省滕縣。㉓杞　古國名。周武王克商，封禹後東樓公於杞，後為楚所滅。地在今河南省杞縣。

【語　譯】前人不能判決的訟案，後人有責任做決斷；前代的儒者不能判斷的疑點，後世的儒者有義務辨別清楚。官吏的職責，要處理官府中的訟案，儒者的職責，要辨別簡牘中的疑點，官府的判決可能有寃屈，簡牘的記載也可能有曲筆。判別當世冤屈的責任，屬於官吏；辨明異世曲筆的責任，則屬於儒者。人事雖有變更，然而判案的卻是相同的官府；事件雖有遠有近，可是記載的卻是相同的簡牘。官吏不能因不是自己當時的事為藉口而推卻訟案，儒者難道就可以因為不是自己時代中發生的事件，將疑點棄置而不加辨明嗎？單伯為魯國向齊國要求遣回子叔姬，對這件事，左丘明沒有別的說辭，公羊高與穀梁赤兩家則以爲單伯與子叔姬有姦情，所以才被拘執。若相信左丘明，則單伯沒有絲毫過錯；若聽從公羊、穀梁兩家之說，則單伯有莫大的罪惡，這是千百年來未能決斷的爭論，正等待後世儒者去查對核實的。現在我就以《春秋經》爲律則，以三傳爲案情，以同時代的人物爲驗證，平反洗雪寃情，使眞相大白。

如現在有控訴他人罪狀的，若訴狀中連對方的氏族、爵位、籍貫名稱尙且不能淸楚，那麼不必加以詢查就知道這是誣告。單伯其實是成周的臣子，而公羊、穀梁卻以爲他是魯國大夫，周魯的辨別尙且顚倒錯置，還不能分辨淸他究竟是那一國人，那麼所陳述的罪行難道可以相信嗎？我並不是僅根據《左傳》而指稱單伯爲周臣，公羊、穀梁二家正與左氏有所爭辯，卽使《左傳》的論點是正確的，又怎能使兩家折服呢？我所以指稱單伯爲周臣，是由經文中得知，而不是從《左傳》中得知。天子轄區內的諸侯記載於經文中的很多，例如「祭伯之來」、「凡伯之伐」、「毛伯之錫命」、「召伯之會葬」，稽考對他們的記載方式，都和單伯的書法沒有一點差別，公羊、穀梁二家有甚麼根據，而認定其他人是周人，單伯卻是魯人呢？除了周王室之外，《春秋經》中沒有書寫諸侯的大臣爲伯的，茲略舉對諸侯大夫的稱謂來證明：如「翬挾柔溺，豹婼意如」之類，是不書姓氏只記名的；「叔孫得臣，仲孫何忌」之類，是兼稱氏與名的；「公子慶父，公弟叔肸」之類，是配上與君主的親屬關係而稱名的；「仲遂叔老，叔弓叔詣」之類，是配上仲叔姓氏而稱名的。經文所記載的二百四十二年之間，不稱名的，只有「季子來歸」這一句而已，又何嘗聽說過對諸侯的大夫不稱名而稱伯的呢？如此則公羊、穀梁的誣衊就很明白了！如果就依公羊、穀梁所說的，認爲單伯是魯大夫，則聖人所作的經文中不書名而稱伯的，也應當和季子一樣。季友有討平亂事的雄才大略，有受君託孤的耿耿忠心，一身承擔了全國的安危，所以《春秋經》中不稱呼他的名表示尊崇他。如果單伯果然是魯大夫，則聖人所作的經文中不書名而稱伯的，必然有莫大的功勳善行，比季子有更大的功勞，怎麼可能反而蒙受在齊國私通子叔姬的罪名呢？若背負著甚大的罪名，而獲得甚美的稱揚，那麼又何以為孔子？何以為《春秋經》呢？若孔子是正確的，則公羊、穀梁兩家就是錯誤的，若孔子是錯誤的，則公羊、穀梁兩家就是正確的。拿以上這兩種說法來反詰公羊、穀梁兩家，即使是蘇秦、張儀、蘇代、蘇厲等人也未必能回答得出來。

偏袒公羊、穀梁二家的人認為：單伯記載於經文中的，自請子叔姬以前，如「逆王姬」、如「伐宋」、如「會鄄」等事，不絕於書；到請子叔姬之後，記載於經文中的，只有單子而沒有單伯，又怎能判斷稱為伯的不是指魯大夫，稱為子的不是指周王臣呢？我的回答是：爵位的升降，更隨時代有所變更，如滕國之君先前稱侯而後稱子，卻不曾聽說有兩個滕國；杞國之君先前稱伯而後稱子，也未曾聽說過有兩個杞國，這一點又如何能駁倒我的說法呢？或有人認為：古代的事枉直不能辨別的怎麼能數得清，單伯這一件事，有如牛身上的一根毛，穀倉中的一粒粟米而已，世間這麼多的書籍，你能將所有枉曲的事件全部發掘出來而詳細加以辨明嗎？我認為：若有人無故蒙受冤屈，經過千百年而無法澄清，後世的人又以為是瑣屑之事不值得探究，這就永遠沒有揚眉吐氣的一天了。若推衍這種心情去從事官職治理政事，那麼坐對堆積如山的公文書信，或面對成羣而至的黎民百姓，必將厭惡他們的細碎煩瑣，漫不經意的不肯用點心思。卻不知我認為沒有甚麼的小事，對方卻看得非常嚴重；我認為一點都不急的事，對方卻以為急於星火，又何必珍惜頃刻的筆墨之勞，而使對方永遠承受著終身的憾恨呢？不論在學校修習課業，或在官府聽斷訟案，下筆之際，都不可不用心思量！

【研析】人皆有匡謬刊誤的理念。古籍中的記載，有的因殘闕而致誤，有的因傳聞而異乖，更有的因好惡而曲筆。凡此，後世的讀書人，均有本正理、據實情，而予以闡明使是非大白於世的責任。作者卽以此爲信念，「以經爲律，以傳爲按，以同時人爲左驗」，引申闡發，反覆探討，務使理無所晦，情無所隱，事無所屈，而一置之於光天化日之下，供人品味鑑賞。

就內容說，文分三段，作者首先指出辨疑決訟，乃後人之責，用此引出《左傳》所載單伯與公羊、穀梁迥異之議。其次則就《春秋經》的書法，確指單伯爲周臣而非魯大夫。如以季子爲比，則尤其不當說他淫於叔姬。最後，辨解偏袒公、穀之人的非是，並申述爲單伯平反的用心。

就行文說，以理念爲先著，就史事以證理。然後再衡情以度理，就理以明事，情理交融，而事以爲質，使是非自然顯現，而命意之旨，至此也就表露無遺了。

全文引證繁富，使事無所遁，使理無所曲，爲本文一大特色。而尤其可貴者，則爲就經以論三家，那麼是非曲直，何待多言？於此亦可見呂氏對經傳融貫之精，理解之深，故能說理周延，而無懈可擊。

世間最大的痛苦，是「人無故負冤，更百世而莫能雪。」呂氏念茲在茲，爲使人免於「沒身之恨」，所以對「肆於塾，聽於府」的人，在「執筆之際，皆不可不思」相期勉，其用心又是何等深遠啊！

宋華耦[1]辭宴　文公十五年

【題解】 此事載於《左傳》文公十五年（西元前六一二年）。大意是說：宋國的司馬華耦，到魯國來會盟，他的部屬也都跟著來了。所以《春秋》稱他爲「宋司馬華孫」，表示尊敬的意思。當時魯文公要親自與他宴飲，華耦辭謝說：「君王您的先臣督，得罪了宋殤公，名字被記載在諸侯的簡策上，臣下繼承了他的祭祀，豈敢讓君王您蒙受恥辱？請在上大夫（亞旅）那裏接受命令就可以了。」魯人以為華耦的對答敏捷達禮。

呂氏據此，就著「華耦來聘，無故揚其先人之惡以辭宴，魯人以為敏」為立論重點，直指左氏所言為非是。尤其對「魯人以為敏」之說，表示最難容忍，是以不遺餘力的予以排擊。

君子之立言，待天下甚尊，期天下甚重，雖至奧至邈之理，未嘗敢輕視天下，逆料其不能知。故識雖在一世之先，而心嘗處一世之後，是非推遜不伐而自託於謙退也。降衷在天，秉彝在民，凡具耳、目、鼻、口號為人者，罔不備參贊化育❷之神，經緯幽明之用，吾其敢以淺心隘量，大棄之於罷冗❸無能之地乎？至於父母之邦，尤君子之所祗畏而不敢忽者也。「維桑與梓，必恭敬止❹。」於一草一木猶嚴如是，況於人乎？

左氏世傳以為魯史，則魯其父母之邦也，其載華耦來聘，無故揚其先人之惡❺以辭宴，乃繫之曰：魯人以為敏。左氏之意，豈不以耦之辭令，魯人之所誇，而非君子之所貴乎？耦之言，少知禮義者，皆知賤之，雖當時二三浮薄輩妄相矜衒，然曲阜❻龜蒙❼七百里之封，寧無一人知其非者？今概稱「魯人以為敏」，果哉？左氏之論也，概稱「魯人以為敏」，是謂魯空國無君子，抑不思所謂魯人者，誰非爾之黨友乎？誰非爾之姻戚乎？誰非爾之師長乎？一出言而盡置黨友、姻戚、師長於庸鄙之域，倨傲暴慢之氣勃然可掬，歸之以不孫不弟之名，吾意左氏不能辭也。

昔吾夫子亦嘗稱魯矣，曰：「魯無君子，斯焉取斯❽？」是夫子一言而待魯爲君子，左氏一言而待魯爲小人，人心之不同如是哉！魯，一魯耳，夫子以夫子之心觀之，故見其可稱；左氏以左氏之心觀之，故見其可鄙。所存易於內，而所觀變於前也。或謂左氏之言魯人特蚩蚩之流耳，至於閎達博雅之君子，敢名之以魯人哉？曰：閎達博雅之君子，其材雖出人千百等，然履魯地，啜魯泉，服魯藥，食魯粟，苟不名之以魯人，豈九夷八蠻之人乎？一爲君子而背鄉閭，蔑名教，不以魯人自命，是外父兄而恥與同類也，夫豈君子之所敢安哉？吾益見左氏之誤也。

雖然，衆不可概言也，本不可忘也。左氏之失固不可復蹈也。迺若十人之聚，三家之市，凡鄙汙下，皆無足取斷之一言，不亦可乎？曰：至理均賦，先覺者爲聖爲賢，未覺者爲庸爲鄙，彼雖未覺，然是理洋溢往來於眉睫步趨間，屈伸俯仰無非動人悟物者，吾方左酬右酢之不暇，慢心何自而生？人見吾與庸鄙接，而不知吾常與天理接也。終日與天理接，敢輕乎哉？

【註釋】❶華耦　宋大宰華父督的曾孫，此時任宋司馬之職。❷參贊化育　參與贊助天地化育萬物。語本《中庸．二十二章》。❸罷冗　孱弱無用。冗一作宂。多而無益。❹維桑與梓必恭敬止　語出《詩．小雅．小弁》。桑梓兩種樹木，古代住宅旁多有栽種，後世乃以桑梓爲鄉里代稱。❺揚其先人之惡　謂華耦宣揚其曾祖華父督殺其君殤公的罪行。《春秋》桓公二年：「宋，督弒其君與夷。」按：與夷即宋殤公。❻曲阜　今山東省縣名。在濟南市南。爲少昊之墟，春秋時魯國的舊都。❼龜蒙　二山名。龜山，在今山東省泗水縣東北。蒙山則在蒙陰縣南。二山相連並稱，蒙山在龜山東。❽魯無君子斯焉取斯　這是孔子評論弟子宓子賤的話。意思是說：「假如魯國沒有君子的話，宓子賤從那裏取法這種君子的好品德呢？」文中二斯字，上斯指宓子賤，下斯指君子之德。見《論語．公治長》。

【語　譯】有德的君子所發出的言論，看待天下人甚爲尊崇，對天下人的期望也甚爲殷切，即使是至爲奧妙至爲深遠的眞理，也不會敢輕視天下人，認爲他們不能知曉。所以見識雖在世人之先，而用心卻退處於世人之後，這並不是君子委婉謙遜不誇耀，以自託於謙虛退讓的美名。因爲降下誠善的雖是上天，秉承常道的卻是萬民，凡生有耳、目、鼻、口號稱爲人的，沒有一個不具備參贊天地化育萬物的靈性，與匡正天地間各種有形無形之法則與秩序的用心，我怎敢以膚淺的心思和狹隘的度量，大膽的將萬民棄置於孱弱無能的境地呢？至於父母之國，更是君子所敬畏而不敢有絲毫疏忽的。《詩經》上說：「對桑樹與梓木，應有恭敬的態度。」對於家鄉的一草一木尚且如此看重，何況是鄉里中的人呢？

世傳左丘明爲魯國史官，那麼魯國就是他的父母國，而他記載宋國華耦前來訪問，無緣無故張揚先人的罪行以辭謝魯君的宴飲這一件事時，竟然寫道：魯國人認爲華耦聰敏而達事理。左氏的意思，難道不是以爲華耦應對的言辭，是魯國人所誇贊，卻不是君子所以爲然的嗎？華耦的言辭，只要是稍知禮義的人，都知道是鄙賤的，雖然當時有少數浮淺輕薄的人，妄加相互的誇耀，然而從曲阜到龜蒙，魯國七百里的封地中，竟然沒有一個人知道他的謬誤嗎？而今一概的稱說「魯人以爲敏」，果眞是這樣的嗎？依左氏的說法，一概稱說「魯人以爲敏」，這是說全魯國沒有一位君子，卻不想想看所謂的魯國人，那一個不是你的朋友？那一個不是你的親屬？那一個不是你的師長？左氏一發出言論，盡將朋友、親戚與師長置於庸鄙之地，驕傲暴慢的氣勢，活現的表露了出來，全部給他們加上不謙遜不恭順的惡名，我想左氏是不能辭其咎的。

以前孔夫子也曾經提到魯國，他說：「假如魯國沒有君子的話，宓子賤從那裏取法這種君子的好品德呢？」這是夫子一句話看待全魯國人爲君子，左氏一句話卻看待全魯國人爲小人，人心的不同就像這樣啊！魯國，指的是同一個魯國，夫子以夫子的存心來看待，所以能見到他可稱許的；左氏以左氏的用心來看待，所以只見到他可鄙視的。內心所存有了不同，而眼前所見也就難趨一致了。或有人認爲，左氏所說的魯人，只不過是平凡庸俗的人，至於閎達博雅的君子，怎敢稱之爲魯人呢？我認爲閎達博雅的君子，他的材智雖超過常人千百等，然而他所踐踏的是魯國的土地，所飲用的是魯國的泉水，所服用的是魯國的藥材，所食用的是魯國的粟糧，若不稱他是魯人，難道是四方蠻夷的人嗎？一旦身爲君子竟而背棄鄉里，蔑視名教，不以魯國人自居，這根本就是把父兄當作外人，而恥於與他們同類，這那裏是有德的君子所能安處的呢？在這裏，我更可以看出左氏的誤謬來。

雖然，凡事不可一概而論，人也不可忘本，左氏的過失固然不可再犯。至於僅有十人的村落，三戶人家的市場，這些鄙俗污穢地方的人們所說的話，都沒有值得取法的，以上這樣的觀點不也說得通嗎？我認爲：上天將眞理公平的賦與人們，先覺的人成爲聖賢，不能有所覺悟的人，則成爲庸鄙平凡的人，這些人雖然未曾覺悟，然而所秉賦的天理卻洋溢於形貌之間，表現於往來行走之中，任何的屈伸俯仰，沒有不可以動悟眾人萬物的，我正忙於左右應酬接待尚且沒有空閒，傲慢的心從那裏而生呢？別人只看到我與庸鄙的人相交往，而不知道我常能與天理相交接。終日與天理相交往，那裏還敢輕慢不遜呢？

【研析】《論語・子張》子貢說：「君子一言以為知，一言以為不知，言不可不慎也。」這無異告訴後人，即使是一位君子，平時說話，也要小心謹慎，尤其是對人有所評論的時候，更應如此，以免落人口實。本文作者，就是針對左氏評論華耦的言辭，提出一己的見解，借以指陳左氏所言為非是。

就內容說，文分四段，作者首先認為：君子立言，當以尊重之心待天下，在態度上，不應有所輕重。其次則指出華耦揚先人之惡、辭謝魯君之宴，左氏以「魯人以為敏」稱許他，實難辭「不孫不弟之名。」第三段駁斥左氏所稱的「魯人」，為一般浮薄之流，而並非指閎達博雅君子之說的更為錯誤。最後則說明至理無不在，人的動靜云為，無不與天理相交接，故亦無可輕之人。

就行文說，以「魯人以為敏」為基點，以天理均賦為依歸，引而申之，以為人本天理生，所不同者，僅先覺、未覺之別。先覺者，為聖為賢；未覺者，為庸為鄙。然而未覺之人，亦具有天理之質，而君子屈伸俯仰之間，無非是動人悟物為務，出入於天理之間，所交接者，盡為天理，就此以推，所謂的「魯人」，絕非僅指浮薄矜衒之輩，而閎達博雅的君子，亦應涵蓋其中。既然君子亦包括在其中，華耦不知「子為父隱」之理而反宣揚其曾祖父之惡，魯之君子，又怎可能對他妄加稱許呢？所以作者以肯定的筆觸，表示左氏「魯人以為敏」的記載，是不對的。

全文一理直貫，雖間有說事之筆，然說事亦為使理更加明顯，故能事理交融，表現了作者設想的周延。

公孫敖二子❶ 文公十五年

【題解】此事載於《左傳》文公十五年（西元前六一二年）。大意是說：齊人送回魯大夫公孫敖的靈柩，欲以安葬其父共仲（卽慶父）的葬禮來安葬他。這時襄仲（卽公子遂，公孫敖的從父昆弟）卻不想去哭喪。於是惠伯（魯桓公曾孫）向他建議說：「喪事，就對待親人說是終結，雖然不能有一個好的開始，有一個好的結果總是可以的。前賢史佚曾這樣說：『兄弟間要各自盡力做到完美，如對貧乏的救濟，喜慶的祝賀，災禍的弔唁，祭祀的恭敬，喪事的悲哀等，感情雖不相同，可是也不要斷絕彼此間的友愛，這是對待親人應有的道德。』如你自己不喪失道德，對人還有什麼好怨恨的呢？」襄仲聽了這番話，甚爲高興，於是就領著兄弟們依禮前去哭喪。

後來，公孫敖在莒所生的二子回來，孟獻子（仲孫蔑）喜歡他二人，此事全國皆知。這時有人想誣陷他們二人，對孟獻子說：「這兩個人打算要殺你。」孟獻子把這個話告訴了季文子（卽季孫行父，魯大夫）。他們二人說：「孟獻子因愛我們而聞名，我們卻以要殺他而聞名，這不是遠離於禮嗎？既然遠離於禮，還不如死的好。」二人皆以守門禦寇奮勇而死。

呂氏據此，以爲左氏所載，有違倫理之常，就著孟獻子與公孫敖二子的關係，闡發權位的移人，不僅可怕，而且久遠。

物之移人者莫如權位。仰視其冠，昔鷃今貂；俯視其服，昔縕今貉；飢視其食，昔簞今鼎；渴視其飲，昔瓢今卮。是孰使之然哉？權位移之也！其移有大者焉，卑者可使倨，重者可使浮，樸者可使華，恪者可使慢。其移又有大者焉，貴者自處於尊未足駭，使尊者反安於卑，可駭也；尊者反安於卑未足駭，使貴者併忘其尊，可駭也！吾是以知權位之移者，不特其人而又且及他人；不特移當時，而又且及後世，居權位之間者可輕乎哉？

始公孫敖生穀與難而出奔，復生二子于莒。孟獻子❷實穀之子，其視公孫敖，則祖廟也，其視在莒之二子，則叔父季父也。二子還魯，傳稱孟獻子愛之聞于國，及有戕伐之譖，二子則曰：「夫子以愛我聞，我以將殺子聞，不亦遠於禮乎？」乃皆犯寇而死。味二子之言，反視孟獻子若大父行，自處於孺子之列，左氏從而載之，亦忘二子之為叔父也。獻子雖地居宗主，位列國卿，然天屬尊卑，要有常分，愛而不敬，固已非禮，二子見人爵之尊，而忘天屬之重，後人之載筆者，亦從而忘之，權位之移人可畏哉！本宗之親，長幼高下，雖牧圉皁隸甚憃而昏者，猶能數之；今一移於權位，卑者自視若尊，尊者自視若卑，繆亂舛錯，不復能記，則他事遺落者可勝計乎？父兄之所訓，師友之所詔，其廢忘者不知其幾也？稚幼之所志，壯大之所習，其廢忘者不知其幾也？邦國之所係，朝廷之所紀，其廢忘者不知其幾也？凡吾前日之所學所聞，所講所畫，棊有派別，羅列胸次，皆坐聲利而汨陳之，可不深懼耶？

嗚呼！孟獻子之沒，至於今將二千祀矣，其聲華寵利，蕩為太虛，不可控摶，焉有氣燄之能移人哉？然讀其書者，習其章句，安其訓詁，尚有不寤二子之為叔父，獻子之為兄子者，況於身處其時，親當其地，乃欲卓然自覺於沈酣膠擾之中，難矣哉！

【註釋】❶公孫敖二子　公孫敖，魯大夫，又名穆伯敖，亦稱穆伯，公子慶父之子。敖先娶於莒，名戴己，生文伯，名穀；其娣聲己，生惠叔，名難。穀生孟獻子，為魯卿。這裏的二子，指敖在莒所生，非穀與難。據《左傳》文公八年載，穆伯（敖）到莒國去會盟，並為襄仲（敖從父昆弟）迎親，不料穆伯見莒女美，竟然自己娶了她，襄仲請求攻打穆伯，後經叔仲惠伯的調解，穆伯允將莒女己氏送回莒國，兄弟這才和好如初。文公八年，穆伯奉命到成周弔喪，那知他不但沒有去成周，反而帶著弔喪的禮品逃往莒國跟隨己氏去了。這個己氏，就是給襄仲迎親而敖自娶的那個莒女。後來在莒生了二子（見文公十四年傳），即此二子。文公十四年九月，公孫敖死在齊國，直到次年夏，魯國才允許齊國將其靈柩送回。襄仲所以不願意去哭喪，大概是因為奪妻之恨尚未盡消。❷孟獻子　文伯穀之子，公孫敖之孫，時為魯卿。

【語　譯】環境情勢的使人轉變，沒有能和權位相比的。擡頭看看他所戴的帽子，以前是粗布縫的，如今是貂皮做的；低頭看看他所穿的衣服，以前是粗劣的麻布衣，如今是珍貴的貉皮裘；飢餓時看看他所吃的，以前是竹器所盛的粗飯，如今是金鼎烹調的美食；口渴時看他所飲用的，以前是瓢，如今是厄。是誰使他如此的呢?權位使他轉變的。其轉變再大些，那就可使謙卑的人變爲驕傲，穩重的人變爲輕浮，樸實的人變爲奢華，敬謹的人變爲怠慢。其轉變還有更嚴重的，尊貴的人自處於尊貴，沒什麼好訝異的，假使尊貴的人反而安處於卑賤，可眞教人驚訝;尊貴的人使反而安處於卑賤，也沒什麼好大驚小怪的，假使連尊貴的人都忘了他自己原是尊貴的，那才眞教人驚駭呢!我因此而知道權位的移人，不僅只及於本人，而且會波及旁人;不僅可以改變當世，而且還影響到後世，居處於權位之中的人能不謹愼嗎?

起初，公孫敖生了文伯與惠叔，然後出奔，又在莒國生了兩個兒子。孟獻子其實是文伯的兒子，他看公孫敖，是祖父，他看公孫敖在莒國的兩個兒子，則是叔父季父的關係。可是兩人回到了魯國，《左傳》卻記載說:孟獻子喜歡他二人，此事全國皆知，後來有人誣陷他們要殺孟獻子，他們二人則說:「夫子因爲愛我們而聞名，我們卻以要殺他而聞名，這不是遠離於禮嗎?」於是都以守門禦寇奮勇而死。體味這兩人所說的話，反而把孟獻子看成父親的行輩，而自處於子侄之列，左氏照著記載下來，也忘了他二人是叔父的身分。孟獻子雖然是一宗的嫡長子，位列國卿，然而親屬關係的尊卑是恆久不變的，對長輩只愛而不敬，本就不合於禮法，這兩人只見到官爵的高貴，而卻忘記了親屬關係的尤當尊重，後世記載的人，也跟隨著記錄而忘記了這一點，權位對人的轉變實在是很可怕啊!同宗的親屬，長幼高下，即使是牧養牛馬的賤役，愚魯昏昧的人，也能分辨清楚;一旦受了權位的影響，輩分卑的人自視爲高，輩分高的人自視若卑，繆誤錯亂，不再能記得，那麼其他被遺忘忽略的事，還能算得出有多少嗎?父兄的訓誡，師友的昭示，被廢棄而遺忘的不知有多少?幼年時的志向，成長之後的所學，被廢棄而遺忘的也不知有多少?邦國所賴以維繫的，朝廷所賴以綱紀的，被廢棄而遺忘的更不知有多少?凡是我從前所學的，所聽聞的，所講求的，所謀畫的，有如星羅棋布的陳列胸中，而今都因名利而汩沒了，能不深以為懼嗎？

唉！孟獻子的死亡，到現在將近二千年了，他的聲名和恩寵利祿，早已消散於太虛之中，無能加以把持，那還有氣燄能影響後人呢？然而研讀《左傳》的人，學習其中的文法章句，習慣於其中的文字解釋，尚且還有人不能領悟到這兩人身為叔父，而孟獻子為他們兄長之子，何況是身處於那個時代的人，親當其境，而想能卓然自覺於酣醉動亂之中，難哪！

【研析】權位，可使人由賤而貴，由貧而富，由困窮而通顯，由默默無聞而聲名大噪。甚者，一旦權位繫身，即被尊榮所蒙，被聲色利欲所汩，忘卻一切，乖亂倫常而不以為恥，捫其良知而不以為羞，而紀事者，亦視為當然，並從而載諸筆端，以傳後世。作者有感於左氏之載，後人之習，特發而明之以警世。

就內容說，文分三段，作者首先指出權位移人的大且久，身居其間者不可輕忽。其次則就尊卑倒置，錯亂乖繆，而世人反以為安的情景，以明權位移人的可怕。最後則以後人不察，習其章句，安其訓詁，不悟二子為叔父，獻子為兄子之情，隱指左氏實難辭其誤導世俗之責。

就行文說，先就世人習以為常的心理，剖析權位不僅可使尊者安於卑，而且可使貴者忘其尊；不僅可移當時，而且可移後世。一著筆即令人首肯，緊扣人心。接著就以孟獻子與公孫敖二子間的尊卑倫理關係，來證實其立言之有據。孟獻子是公孫敖的孫子，對其二子說為侄輩，可是此時卻高居魯國的卿位，而二子自莒來歸，就輩分說為叔父，然就《左傳》的記載來看，其所用的言辭，好像晚輩對長輩（二子稱孟獻子為「夫子」）。最使人不解的是左氏竟用「其二子來，孟獻子愛之」的字眼來記載此事，這不像是長輩對晚輩的口氣嗎？其所以以尊（長輩）爲卑（晚輩），以卑爲尊，作者以爲全係權位使然。是以進而闡發其所見，以明倫理，以正視聽，使貴顯者知所警惕，使無位者敦其品節，其用意不爲不深。至其餘韻之所示，則爲讀書不可不明辨就裏，「安其訓詁」，又何能有一得之見？全文理與事驗，寓意深遠。

卷二十三

齊人侵我西鄙　文公十五年

【**題解**】此事載於《左傳》文公十五年（西元前六一二年）。大意是說：齊侯進攻魯國的西境，並且認爲諸侯不會前來救援，所以也就無所顧忌的又去討伐曹國，理由是因爲曹國曾經去朝見魯國。大夫季文子（卽季孫行父）說：「齊侯恐怕難免災禍，自身所行無禮，反而討伐舉措合禮的國家，他（齊侯）以爲：『你爲何依禮而行？』要知道，禮是用來順從上天的，這是常道。自己的行爲違反了上天，還要討伐別人，這就難以避免災禍了。《詩・小雅・雨無正》說：『何以不能相互敬畏？皆因不畏懼上天。』君子的所以不虐待幼小卑賤，乃是由於畏懼上天。在〈周頌〉〈我將〉中說：『畏懼上天的威靈，於是才能保有福祿。』不畏懼上天，又能保得住什麼呢？用作亂的方式取得國家，然後奉行禮法來保有君位，仍然畏懼不得善終，如果再多做不合禮的事情，那就恐怕眞的不能得到善終了。」呂氏據此，悟出逆取順守的傳統說法爲非是，並作正本清源的辨解，反覆闡發，而以「取守之無二道」作結，立論非常嚴正，寓義尤爲深遠。

言在此而觀在此者，衆人之觀也；言在此而觀在彼者，君子之觀也。兩訟在庭，甲操券契，乙奉質劑，聱牙撐拒，健吏閣筆不能下。他日偶視故府之牘，適聽道路之言，鉤開節解，舉無遁情。牘豈豫為此時設，言豈特為此事發哉？邈乎不相涉，而其證甚的；寥乎不相及，而其喻甚親。吾知其說矣！無心之言其言眞，無心之見其見定，是故觀言有術，略其專而察其旁。堅白乎求之惠鄧❶；清淨乎求之老莊❷；刑名乎求之申韓❸；耕稼乎求之陳許❹。規規然自局於簡冊之內而不敢騁，君子謂之俗儒。

取守之論，儒者之所爭，而未有知其所由始者也。自叔孫通❺、陸賈❻之徒進說於時，而逆取順守之說浸淫於天下。後之人雖爭之強，辨之疾，終莫能泝其源而拔其根，殆觀其專而不觀其旁之病也。盜發於秦，盜獲於吳，衆人不察之地，可不少留意耶？

齊懿公❼伐曹❽入其郛，季文子非之累數十言，其辭雖不一，大要皆為懿公發也。吾讀其語，至於「以亂取國，奉禮以守，猶懼不終」，然後知秦漢取守之說，其所從來遠矣。文子之言，本論伐曹，偶及於取守，寓意而非造意，泛言而非立言，從容游談，忽不自知判取守為兩事。吾是以知逆取順守之論濫觴於春秋，而襄陵於秦漢也。吾請置叔孫通、陸賈之徒，而獨與季文子辨。取守一道也，源涇而瀾渭❾，根蕕而葉薰，古無是論也。取守之論，其分於春秋之際乎？吾於文子之言有見也。百年禮法之家，不幸而子弟欲敗其家，猶必徘徊猶豫，半出半入，未敢奮然遽行其意，彼其去禮法未遠，其心猶有所畏也！堯、舜、禹、湯、文、武以來，取以是，守以是，未嘗斯須去禮，前聖後聖相付甚嚴。至於春秋列國，正其隙方開之時，故文子之言猶若有所憚者，既曰「以亂取矣，以禮守矣」，復繼之曰「猶懼不終」。一語開之，一語閉之，一語招之，一語麾之。前語方脫口，而遽汲汲於自贖，豈非取守之論方分，而文子之心猶有所未安者耶？時寖遠，論寖廣，至於隋唐之際，所謂逆取順守，弄文墨者往往道之，晏然不疑，若誤記以為六籍語者，尚奚言哉？此吾所以獨與文子辨，而竊意取守之論起於春秋之時也。

唐太宗並緣此義，手戕二昆⑩，臨朝而無愧色。第貞觀之治，前代鮮居其右者，世俗遂謂文子之言猶信胠篋探囊⑪而揖遜守之。謂之工於守財則可，謂之勇於改過則不可。為盜者棄其所攘，然後不謂之盜；逆取者捨其所取，然後不謂之逆。安有身擁盜物，而自名順守者乎？吾是以知取守之無二道也。

【註釋】❶堅白乎求之惠鄧　堅白，離析堅白，以明堅和白為完全不同的兩個觀念，為名家理論之一。惠鄧，惠施與鄧析，皆為名家重要人物。❷清淨乎求之老莊　清淨，虛淨寡欲，崇尚自然，為道家思想主流。老莊，老子與莊子，同為道家代表人物。❸刑名乎求之申韓　刑名，強調循名責實，以鞏固君權，為法家的一派。申韓，申不害與韓非，同為法家代表人物。❹耕稼乎求之陳許　耕稼，指君民並耕，自食其力的主張，爲農家的根本思想。陳許，陳仲子與許行，同爲農家代表人物。❺叔孫通　漢時薛人。初仕秦，後歸漢，游說高祖徵求魯諸生，採集古禮和秦制，制定朝儀；漢代的朝制典禮，多出自叔孫通。官至太子太傅。見《漢書·叔孫通傳》。❻陸賈　漢初思想家、辭賦家。楚人。有辯才，劉邦打天下時，以其爲謀士，後並多次出使南越，官至太中大夫。力主提倡儒學，並輔以黃老思想，對漢初政治影響很大。見《史記·酈生陸賈傳》。❼齊懿公　春秋齊君。爲桓公子，名商人。昭公卒，子舍立，商人弒之而自立，後爲邴歜與閻職合謀所弒，在位四年。❽曹　古國名。周武王克商，封其弟叔振鐸於曹，春秋魯哀公八年爲宋所滅。故址在今山東省定陶、曹縣一帶。❾源涇而瀾渭　以涇水爲源頭，以渭水爲流波。涇渭各有發源地，不可混而爲一。如以二水相較，涇小渭大，涇短渭長。❿唐太宗並緣此義二句　唐高祖得天下？多以太宗之功，故高祖屢許以爲太子，太子建成懼廢，與齊王元吉謀害太宗，未發。後太宗於武德九年六月引兵入玄武門，殺建成元吉。高祖大驚，遂以太宗爲皇太子，於八月即帝位。事見《新唐書·太宗本紀》。⓫胠篋探囊　撬開箱子，伸手至袋中取物。爲盜竊之行爲。

【語　譯】言語論及此事，而觀點、看法也僅止於此，這是衆人觀察事情的態度；言語論及此事，而著眼點卻能及於他事，這是君子觀察事情的態度。兩造在法庭上訴訟，甲方持有契約，乙方執有合同，以兇惡的態度互相爭執抵拒，再能幹的官吏也只好停筆難以下判決。他日偶然翻閱到舊時的文書，或恰巧聽到路人的談論，一下子就可以將各種疑惑關節全部開解，使眞相大白，毫無隱情。往日的文書難道是預先爲此事而設定，路人的議論難道是特別爲此事而發的？兩事雖然一點關係都沒有，而所提供的證據卻如此確鑿；本爲風馬牛不相干的事，而比喻竟然如此貼切。我知道其中的道理了！原來無心的話，最爲眞實，無心的見證，最可取信，所以觀察別人的言語要有技巧，應捨棄他所刻意要表達的，而從旁觀察。講堅白的離析，只知向惠施、鄧析求證；講淸淨無爲，只知向老子、莊子追求；講刑名法術，只知向申不害、韓非探尋；講耕稼農事，只知向陳仲子、許行尋找。僅就短淺的識見，拘限於簡冊之內，而不敢有所跨越，這只是君子所稱的俗儒而已。

取國與守國的言論，歷來爲讀書人所爭議，卻沒有人能知道是從什麼時候開始的。自從叔孫通、陸賈這些人向皇帝進言，遂使逆取順守的論調逐漸流行於天下。後世的人雖然用心去爭論，努力加以辯解，終究不能尋得其根源而予以拔除，大概就是犯了只針對重心，而未從旁觀察的通病吧？就如盜竊案件發生在秦國，而盜賊卻在吳地被捕獲一樣，衆人不曾察覺的地方，能不加以留意嗎？

齊懿公討伐曹國並攻進了外城，季文子指出這是錯誤的行爲，並提出許多理由，這些話雖然意義不同，但大多是針對齊懿公而說的。我看了這些言論，讀到「用作亂的方式取得國家，然後奉行禮法來保有君位，仍然畏懼不得善終」，然後才明白，秦漢以來逆取順守的論調，根源是多麼的久遠。季文子的一席話，本來是評論攻伐曹國的不當，偶然涉及到取守的事，原只是言外的寄意，並非有意的表達；只是隨便提及，而不是有意的論說，在從容自在毫無拘束的談論中，不知不覺的就將取守分成兩件事。我因此知道逆取順守的論調，是起源於春秋之世，而盛行於秦漢之時。我現在就先將叔孫通、陸賈這些人擱置在一旁，而獨與季文子論辯。取守本是同一個道理，若要說以涇水爲源頭以渭水爲波瀾，或是說植物的根臭而葉香，自古以來是沒有這種說法的。對於取守，持有不同的論點，不就是從春秋之際開始的？我從季文子的談話中可以得到見證。相傳百年的禮法之家，若不幸出了不成材的子弟想敗壞門風，尚且徘徊猶豫，遮遮掩掩，不敢驟然照著己意施行，因畢竟他離禮法未遠，心中仍有所畏懼啊！自堯、舜、禹、湯、文王、武王以來，取國以禮法，守國以禮法，未嘗有片刻離於禮法，前後世的聖人相與交付甚爲嚴謹。到了春秋，各國並列，正是取守之分的間隙剛開啟的時候，所以季文子的話似乎仍有所忌憚，他既然指出「用作亂的方式取得國家」，然後奉行禮法來保有君位」，接著又說「仍然畏懼不得善終」。一句話剛揭開這層意思，第二句話馬上加以掩蔽；一句話剛點明這個意思，第二句話馬上加以抹除。前一句話剛說出口，又急急於爲己開脫，這難道不是取守的言論剛開始有所區分，而季文子心中仍有所不安嗎？年代愈久遠，這種論調也流行愈廣，到隋唐之際，所謂逆取順守的論調，爲那些舞文弄墨的人所經常提及，而安然不疑，彷彿誤以爲那是六經之中的文字，那還有什麼好懷疑的呢？這就是我所以只與季文子論辯，而竊以爲取守之論是起源於春秋之時。

唐太宗就是假借這個理由，親手殺害了兩個兄弟，君臨朝廷，而絲毫沒有愧疚。又因爲貞觀之治的盛世，前代少有能超越的，世俗之人就傳述季文子的言論，如同相信人可以盜取財物而以謙遜的態度去保守它一樣。說這種人善於守財是可以的，若說這種人勇於改過就沒什麼道理了。做強盜的人放棄所搶得的財物，然後才能說他不是強盜；用作亂的方式取得國家的人放棄君位，然後才能說他不是不合禮法。那裏有身擁竊盜而來的財物，而大言不慚的說自己是奉行禮法來保有它呢？我因此而知道取國與守君位並沒有不同的道理。

【研析】讀書貴悟，能悟始能貫通其理，宏達其說，進而建立一己之論，以糾正過去的錯誤見解。如此，不僅可使是非曲直大白於世，同時也可使世人知所遵循取捨，借以導社會國家於正軌。書生的可貴在此，而其所以爲世人敬重亦在此。作者於深悟會通之餘，發而爲文，就取守之道，反覆闡述，作正本清源的描繪，嚴正的論斷，無異是一些野心家的當頭棒喝，使不得有所借口。

文分四段，作者首先指出觀言聽訟，應略其專對而細察旁證，不當規規然自局於簡册之內，而流爲俗儒。其次則謂取守之論，雖為儒者所爭辨，然終不能溯其源。第三段則就季文子之言，反覆析辨，探源竟委，而確指逆取順守之論，始於春秋。最後，則以唐太宗為例，進一步申明取守無二道。

這是一篇深有所得領悟之言，就季文子偶然涉及的寓義，引發出逆取順守的獨特見解。我們認為作者所強調的，應為堯、舜、禹、湯、文、武以來的以禮取，以禮守，非為春秋時的逆取順守，所以他將叔孫通、陸賈之徒的進說，僅數語帶過，僅視其不知其源而已。既然強調以禮取以禮守的重要，卻不正面去分析辨說，反而深責逆取順守的不合禮法，不遵正道，這種以反為正、烘托的筆法，正是作者高明而值得學習的地方。此外，作者「與文子辨」的一大段文字，也寫得非常精彩，對文子心理的分析，尤能獨到。如「至於春秋列國，正其隙方開之時，故文子之言，猶若有所憚者，既曰以亂取矣，以禮守矣，復繼之曰猶懼不終。一語開之，一語閉之，一語招之，一語麾之，前語方脫口，而遽汲汲於自贖，豈非取守之論方分，而文子之心猶有所未安者耶？」這種就事度理之言，假如文子地下有知，將必欣然而首肯。

楚大饑庸①人帥群蠻②叛楚

文公十六年

【題解】此事載於《左傳》文公十六年（西元前六一一年）。大意是說：趁楚國大鬧饑荒的時候，庸人帥領着群蠻反叛，而麇人也率領著百濮聚集在選地（今湖北省枝江縣境），準備攻打楚國。這時楚國連北境申、息兩要地的城北門都不敢啟開。於是有人建議遷都阪高（今湖北省襄陽縣西），大夫蔿賈馬上阻止說：「不可以。我能往，寇也能往，不如攻打庸國。因麇與百濮，認為我們正鬧饑荒，不能出兵，所以才攻打我國，如果我們出兵抵禦，一定畏懼罷兵而回。要知道，百濮散居各地，勢將各回其所居邑，誰還有時間來計算他人？」於是出兵。只有十五天的時間，百濮就各自罷兵回去了。

經過廬邑（今湖北省南漳縣東）以後，就大開當地的倉廩，上下同食。大軍駐紮在句澨（今湖北均縣西）。先派廬邑大夫戢黎攻庸，剛攻到庸的方城（今湖北竹山縣東），就被庸人打敗，並俘擄了子揚窗（戢黎屬官，名窗），僅隔三宿，子揚窗竟逃了回來，並說：「庸師衆多，又聚集了群蠻，不如起用楚國的大軍，合兵進攻。」師叔（楚大夫潘尫）勸止說：「不可以。現在姑且和庸師對陣而假裝敗北，使庸軍驕傲，彼軍驕傲，我軍憤怒，而後可以克敵制勝。先君蚡冒（楚武王兄）所以能使陘隰國服順，就是用的這種方法。」後來又與庸軍對陣，七次對陣，七次都假裝敗北。這時庸人以爲楚軍不值得一戰，所以也就不設防備。那知楚子卻乘坐傳車，在臨品（湖北均縣界）會師，分爲二隊，派子越從石溪，子貝從仞（石溪、仞二地皆在今湖北均縣界，爲入庸要道）進攻庸國，這時秦人、巴人乃至群蠻，都來加盟楚師，於是就輕而易舉地把庸國滅了。

呂氏據此，對蔿賈大加讚揚，以爲楚能滅庸，轉弱爲強，蔿賈當居首功，並以漢代的張良、邳彤相許。所見既眞，故其言也厲。

豐歉在人而不在天，強弱在人而不在地。歸豐歉於天，閉口而俟死者也；歸強弱於地，束手而就亡者也。是故天時雖歉，以人而豐；地勢雖強，以人而弱，強弱豐歉之權，係於人而已。

楚地跨南服，威令行於諸侯。自蚡冒❸以來，羈百蠻以長繩而鞭箠之，雖輿臺隸人，莫不氣吞鴃舌之君長。歲小饑饉，庸人率羣蠻而叛之，正如蚊虻撲緣[4]，何足介意？而一國駭懼，聚謀徙都，仰視庸濮[5]，岌如泰山之將壓，慄慄危懼，朝不謀夕。當是時，楚國封疆豈削於前？輿賦豈減於舊哉？特主謀者弱，雖封疆輿賦之盛不能使之強也。及蔿賈[6]之言一發，大小老稚皆有奮心。自廬[7]以往，振廩同食，見氣之盈，而不見困之竭；見師之飽，而不見歲之饑。潰蠻滅庸，四境如掃。嗚呼！不有君子，其能國乎？蔿賈未謀也，則楚以強為弱；蔿賈既謀也，則楚以歉為豐。無其人，則山川形勢地雖與之而不能全；有其人，則運饋糧餉天雖奪之而不能病。人之權重矣哉！

或曰：楚之是役，有盧戢黎[8]之兵，有子揚窗[9]之謀，有師叔[10]之謀，有子越[11]子貝[12]之旅，合衆智，萃羣力，用集大勛，豈專蔿賈之功歟？曰：至難回者，天下之勢，是勢一回，則風驅雷動，雲飛川決，雖僬僥戚施亦皆鳴劍抵掌，赴功名之會，故回大勢號為天下之至難。有張良以決鴻溝之追[13]，則參勃信布[14]之徒不可勝用也；有邳彤以決河北之留[15]，則弇異漢恂[16]之徒不可勝用也。天下患無張良，而不患無參勃信布；天下患無邳彤，而不患無弇異漢恂。當楚人策畫未定之際，使無蔿賈之一言，退自竄於阪高之墟，則雖有數子之智勇，不過崎嶇草莽間，其有匹夫之決者，不過先狗馬塡溝壑耳。賈也昌言於庭，抉楚國頹仆之勢而起之，偏國中勃勃皆有生意，淬戈礪刃，惟恐見敵之晚。雖無數子，豈無能辨此者乎？戰於外，鼓於中，籌於上，用力愈佚，受賞愈醲，昔之治兵，蓋未嘗無次第於其間也。

【註釋】❶庸　古國名。春秋時為楚所滅，秦置上庸縣，地在今湖北省竹山縣東南。❷群蠻　散居在今湖北境內各處自成部落的蠻族，與當時庸國相近，故得以帥領他們。❸蚡冒　春秋楚人，若敖的孫子，名熊眴，繼霄敖為楚君，在位十七年卒。其弟熊通弒蚡冒子代立，是為楚武王。❹蚊蝱撲緣　蚊蝱附緣於馬身。撲，本作僕，附也。見《莊子．人間世》。❺濮　種族名。此指百濮，因無君長統領，各以邑落自聚，故稱百濮。此百濮散居在今湖北省石首縣附近。❻蔿賈　楚大夫，字伯嬴，孫叔敖之父。見《左傳》僖公二十七年。❼廬　楚邑名，在今湖北省南漳縣東。❽戢黎　廬邑大夫。見《左傳》文公十四年杜注。❾子揚窗　杜注：「窗，戢黎官屬也。」子揚為其字，窗為其名。❿師叔　楚大夫潘尪。⓫子越　即子越椒，子越其字，又字伯棼，亦稱鬭椒，楚令尹子文的從子，司馬子良之子，後亦為楚令尹、司馬。見《左傳》文公九年及宣公四年。⓬子貝　楚人，《左傳》僅文公十六年一見。⓭張良以決鴻溝之追　張良，字子房，漢初政治家，助劉邦滅項羽，定天下，封留侯。見《史記．留侯世家》。鴻溝，古運河名，故道在今河南省北部滎陽縣、鄭縣。開鑿於戰國魏惠王時，楚漢相爭，曾以此為界。見《讀史方輿紀要．河南．開封府．祥符縣》。全句意謂：當韓信破齊以後，項羽自知少助食盡，信又進兵擊之，羽乃與漢王約，中分天下，割鴻溝以西為漢，以東為楚。羽解而東歸，漢王欲西歸，張良諫，遂用其計，五年圍羽垓下，楚地悉定。見《漢書·高帝紀》。⑭參勃信布　參，謂曹參，西漢沛人。秦末爲沛縣獄吏，與蕭何同佐高祖定天下，封平陽侯。見《史記·蕭相國世家》、《漢書·曹參傳》。勃，謂周勃，漢沛人。輔佐高祖定天下，封絳侯，平呂氏亂，迎文帝即位，拜右丞相，卒諡武。見《漢書·周勃傳》。信，謂韓信，漢初淮陰人。善用兵，助高祖滅項羽，封爲楚王，與張良、蕭何稱漢初三傑，後爲呂后所殺。見《漢書·韓信傳》。布，謂英布，因早年曾受黥刑，故又稱黥布。初從項羽破秦軍，封九江王。後降漢從劉邦擊項羽，天下安定後，被封爲淮南王。因造反事敗，被殺。見《史記·黥布傳》。⑮邳彤以泱河北之留　邳彤，字偉君，東漢信都（今河北省冀縣）人。初爲王莽和成卒正，後歸光武，以功封靈壽侯。以信都在黃河以北，故稱河北。全句意謂：建武元年夏四月，世祖（光武帝）從薊(今河北省薊縣)還，失軍，欲至信都，彤乃選精騎迎世祖，與世祖會信都，世祖雖得二郡之助，而兵衆未合，議者多言可因信都兵自送西還長安。彤曰：「議者之言皆非，今釋此而歸，豈徒空失河北，必更驚動三輔，墮損威勢，非計之得者也。」世祖善其言，乃止。見《後漢書·邳彤傳》。⑯弇異漢恂　弇，謂耿弇，字伯昭，東漢扶風茂陵人。從光武帝破銅馬、赤眉、青犢諸賊，以功封好時侯。見《後漢書·耿弇傳》。異，謂馮異，字公孫，東漢父城人。好讀書，通《左氏春秋》、《孫子兵法》，後屬光武帝爲主簿，以累功封陽夏侯，卒諡節。見《後漢書·馮異傳》。漢，謂吳漢，字子顏，東漢宛人。有智謀，爲亭長。王莽末，歸光武，拜偏將軍。伐蜀，與公孫述八戰八克，以功封廣平侯，卒諡忠。見《後漢書·吳漢傳》。恂，謂寇恂，字子翼，東漢昌平人。明經修行，時稱長者，從光武定河北，拜河內太守，行大將軍事，屢平羣寇，封雍奴侯，卒諡威。見《後漢書·寇恂傳》。

【語　譯】收成的豐歉在於人爲而不在天時，國力的強弱也在於人爲而不在地勢。將收成的豐歉依歸於天時，有如不事勞動而閉口等死一樣；將國力的強弱全歸於地勢，也有如無事作爲而等待滅亡一樣。所以天時雖然歉收，卻可因人爲的因素而得豐年；地勢雖然強固，卻可因人爲的關係而衰弱，強弱豐歉的決定權，完全操持在人的手中。

楚國跨據南方疆域，聲威與號令行於諸侯各國。自蚡冒爲君以來，控制羣蠻並加以役使，即使是奴僕賤役，氣勢沒有不壓過羣蠻的君長。一旦年歲小有饑荒，庸人就率領著羣蠻叛亂，這件事正像蚊䖟附緣於馬身，有什麼值得介意的呢？然而全楚國驚駭恐懼，君臣聚會作遷都的打算，仰望庸濮之人，危急的好像泰山就要倒壓下來，戰慄恐懼，朝不保夕。在這個時候，楚國的疆土難道有所削減嗎？兵車軍隊難道有比以前短少嗎？只不過是主持國政的人太懦弱，雖然有廣大的疆土與眾多的兵馬也不能使國力強盛。直到蔿賈的意見一說出口，自大官小民至老年稚弱都有奮起之心。經過廬邑以後，就大開倉廩，上下同食，只見氣勢的盈滿，而不感覺到糧食的短缺；只見到軍隊的飽食，而不感覺到年歲的饑荒。擊潰羣蠻，襲滅庸國，很快就掃平了四境的亂事。唉！如果沒有君子，國家還能保得住嗎？蔿賈未曾爲國圖謀之前，則楚以強國而自居弱勢；既經蔿賈籌畫之後，那麼楚國反以歉收爲豐年。若沒有這個人，即使山川形勢佔了極大的地利，也不能保全國勢；有了這個人，則運送的軍糧雖然爲天時所奪，也不能妨害到軍民的士氣。人的影響力是多麼重要啊！

或有人認爲：楚國的這一次戰役，參與的有廬邑戢黎的軍隊，有子揚窗的情報，有師叔的謀略，有子越、子貝率軍助陣，是集合眾人的智慧，發揮羣體的力量，才能建立的功勳，怎能全歸於蔿賈的功勞呢？我的回答是：最難扭轉的是天下大勢，這種情勢一挽回，則風起雷動，雲飛川決，就是弱小駝背殘廢的人也都能拔劍擊掌，奔赴功名的盛會，所以才把扭轉大局，號稱爲天下最難的事。楚漢相爭，因有張良在決定以鴻溝爲界之後的獻策追擊，所以像曹參、周勃、韓信、英布這樣的人才，才不可盡用；漢光武時，由於邳彤的獻計，決定留守河北，所以像耿弇、馮異、吳漢、寇恂這樣的人才，才不可盡用。天下所憂慮的是沒有張良這等人，並不擔心沒有曹參、周勃、韓信和英布；天下所憂慮的是沒有邳彤這等人，並不擔心沒有耿弇、馮異、吳漢和寇恂。當楚人的策畫尙未決定的時候，若沒有蔿賈的一席話，則楚人將奔竄退守於阪高荒野之間，雖然有衆人的智謀與勇力，也不過是在崎嶇草莽間苟延殘喘，卽使有逞匹夫之勇的人決心殉國，結果也不過是先比狗馬塡屍於溝壑罷了。蔿賈在朝廷中曉明大義，使楚國頹敗的氣勢振奮起來，使全國的人民，勃然有生機，磨練戈戟刀刃，惟恐不能打前鋒殺頑敵。卽使沒有廬戢黎、子揚窗、師叔、子越、子貝這些人，難道就不能辦到這種地步(蔿賈昌言於庭以後楚國所表現的情景)嗎？國家用兵，通常都是軍隊作戰居外，將帥指揮居中，而攻守謀略的籌劃居上，愈是不用勞力，所受的獎賞反而愈豐厚，前人的治兵領軍，並不是沒有個次序道理在其中的。

【研析】明智的人，輒能洞察事理，掌握先機，如逢賢君，則可收相得益彰之效。本文主旨，卽在強調左氏所載，蔿賈獻策楚君，力排衆議，終能轉危爲安，滅庸服蠻一則史實的可貴，特據以闡發，借明良策的難得，制敵機先的不易，有警惕作用，尤有啟發作用。

文分三段，作者首先就年歲的豐歉，國家的強弱，全在人謀，而不在天地作開端，來引發第二段謀國端賴君子，弱主難使國強的道理，所以第三段也就順理成章的落在謀略的重要上面，並舉漢代的張良、邳彤二人，來證明其說的不虛。

就行文言，作者循既定的構思，一理直下，有如水銀落地；筆鋒所觸，就像秋風掃落葉，處處顯現出理明事驗、爽朗自然之情，令人爲之心快。如寫蔿賈之謀則謂：「及蔿賈之言一發，大小老稚，皆有奮心、自盧以往，振廩同食，……見師之飽而不見歲之饑，潰蠻滅庸，四境如掃。嗚呼！不有君子，其能國乎！」這是何等使人心快的文筆？又如：「有張良以決鴻溝之追，則參勃信布之徒不可勝用也；有邳彤以決河北之留，則弁異漢恂之徒，不可勝用也。天下患無張良，而不患無參勃信布；天下患無邳彤，而不患無弁異漢恂。」這又是何等使人心折的理則？此種前後輝映、事理交融的行文造詣，能說不是作者的獨到之處？至其就蔿賈建言而推闡的手法，這不僅可見作者說理的周密，尤其可見作者素養的博厚。

鄭子家❶為書告趙宣子❷　文公十七年

【題解】此事載於《左傳》文公十七年（西元前六一〇年）。大意是說：晉侯（靈公）在黃父（今山西省翼城縣東北的烏嶺）閱兵，借著這個機會，再度在扈地（今河南省原武縣西北）會合諸侯。當時晉侯不願和鄭伯（穆公）見面，因他有貳心於楚國。這時鄭大夫子家，寫了一封信，派通訊官送給晉卿趙宣子說：「寡君即位的第三年，就召請蔡侯和他一同事奉貴國的國君。九月，蔡侯進入敝邑前去貴國，因敝邑有侯宣多（鄭大夫）所造成的禍難，所以寡君無法與蔡侯同行。十一月，消滅了侯宣多，馬上就隨著蔡侯向執事朝覲。十二年六月，歸生（子家自稱）陪伴著寡君的太子夷（靈公）到楚國請陳侯（共公）一同朝拜貴國國君。十四年七月，寡君又朝拜貴國國君借以完成有關陳國的事情。十五年五月，陳侯從敝邑前往貴國朝拜。去年正月，燭之武（鄭大夫）前來貴國，安排使敝邑太子夷朝拜的事宜。八月寡君又來朝拜。以陳、蔡兩國距楚這樣近，而竟不敢有事楚的貳心，這完全是由於敝邑的緣故。爲什麼敝邑這樣事奉貴國國君，還不能免於災禍呢？寡君在位，朝見貴國先君（襄公）一次，朝見貴國國君兩次，太子夷與敝邑君的二三臣下，也不斷地到絳城（晉都城）來，以我們這樣的小國所應該做的事，實在無法再能有所超過了。現在你們大國卻說：『你們的事奉，尚不能讓我快意。』可是現在，敝邑已經盡了全力，就是被滅亡，也不可能再有所增加了。古人曾經說過：『怕頭怕尾，那麼整個身體，也就所剩無幾了。』又說：『鹿在臨死的時候，不會再發出好聽的聲音。』小國的事奉大國，如果大國以德對待小國，那麼小國就像個人的樣子，如不以德相對待，那小國就是鹿了。狂奔走險，在急迫的時候，何能有所選擇？更何況你們大國的命令，沒有一定的標準，我們現在已經知道就要滅亡了，因此我們將傾全國之兵，在儵地等待著，就請執事下達命令吧！」晉國有見事態嚴重，於是派大夫鞏朔（卽鞏伯，又謂士莊伯）到鄭國修好，並以趙穿（卽趙武子，趙盾從弟）、公壻池（晉大夫，名池，晉侯女壻）爲人質。

呂氏據此，發抒所感，以爲晉、鄭兩國，雖然時而和好，時而交惡，可是於需索抗辭之間，猶有親情存在，故不易反叛。至於鄭國與楚國，雖貌恭心肅，此基於畏懼使然，爲求生存，實出於不得已，故易爲離叛。

井有餘潤，圃者不爲之增畦；車有餘載，馭者不爲之增橐。天下之理，惟厚於養而薄於求，然後可以相待而至於無窮。先王之有天下也，分地分民，以建諸侯，圭焉而朝，鼎焉而食，輅焉而趨，鼐焉而燕。臺其門，觀其闕，秋毫皆君賜也。雖旦薦幣而暮奉籩❸，猶不足以答天地大德。而先王制為五服六年一朝之典，夫豈欲佚諸侯而驕之哉？蓋在我者常欲有餘，在彼者常欲不足。使諸侯養其忠而不得盡展，蓄其力而不得盡施，此所以傳百世而無不軌不物之患也。

晉於鄭何益哉？嘗建置其社稷乎？未嘗也；嘗擁立其君長乎？未嘗也。雖時有涓滴之惠，然干戈相尋，德不償怨。彼其所以龜塗著道❹，君臣相望於晉之郊者，豈得已哉？特畏其力焉耳。晉人猶不饜而多求於鄭，鄭不勝其求，移書以直之，晉人氣褫神奪，僕僕然行成遣質，惟恐不及。以大國之尊，而下行小國之事，甘受屈辱而不敢辭，蓋求之太甚，固有以招之也。周不能歲朝諸侯，而晉則能之，晉之拊循諸侯過於周則可，不然則執訊之辱不發於鄭，亦必發於他國也。過任之事，父不能得之子；無已之求，君不能得之臣，況俱號為諸侯者乎？

雖然，晉楚俱大國也，鄭介晉楚之間者也。鄭之於晉，其抗辭以對者，蓋非一端，如壞館❺、登埤❻、爭承❼、問後之類，行行然每不肯為晉下。至於事楚則異是矣，飭車而朝，走幣而使，惟恐少忤其意，敢抗辭以對者殆無幾何。其勇於晉而怯於楚乎？曰：晉，中國也，可告語者也；楚，蠻夷也，不可告語者也。鄭有晉憾，猶敢訴焉，至於楚，則不敢訴而敢叛。二者孰爲得失哉？以迹而論，則楚恭而晉倨；以心而論，則晉親而楚疏。人徒見鄭之君臣入楚之境，貌恭心肅，遂以爲畏楚；入晉之境，辭費說煩，遂以爲慢晉。抑不知爲晉楚謀者，寧受其畏乎？寧受其慢乎？必知所去取矣！諫疏不至於朝，訴牒不至於府，晏然靖謐，號爲無事，以晉楚之事格之，無乃猶有可察者乎！

【註釋】❶鄭子家　即鄭大夫公子歸生。子家，其字。見《左傳》文公十三年杜注。❷趙宣子　即趙盾。晉卿。❸旦薦幣而暮奉籩　幣，古代用以祭祀的繒帛。籩，古代祭祀燕享用以盛果實脩脯的竹器。句意謂早晚祭祀祈禱，表示恭順忠盡的意思。❹龜塗著道　卜筮行路的吉凶。❺壞館　子產相鄭伯如晉，晉侯以魯襄公死正在喪期，不予接見，於是子產在一怒之下，就將賓館的牆垣，全部毀壞掉。見《左傳》襄公三十一年。❻登陴　謂子產授兵登陴，似有叛晉之意。見《左傳》昭公十八年。❼爭承　謂與晉爭貢賦的次序。即多少。見《左傳》昭公十三年。

【語譯】即使井底還有多餘的用水，園丁不會因此而多闢菜畦苗圃；即使車中還有多餘的空間，車夫也不會因此而多載行李。天下的道理，惟有多加養護而少予索求，然後才可能相安無事而永遠和諧。古代聖王的保有天下，畫分地區人民，來封建諸侯，並賜圭使他們來朝，賜鼎使可爲食，賜車使可爲乘，賜大鼎使得以燕享作樂。既而又爲其修築城門、興建宮闕，可說沒有那一樣不是君王賜與的。這種隆情厚意，即使是早晚以祭品恭敬的祈禱祭祀，仍是無法報答天地的大恩德。然而先王制定五服的制度，諸侯六年朝覲一次的典則，難道是要放縱諸侯而使他們驕傲不馴嗎？其實，在我（先王）這方面，應常想著給人多留餘地，在另一方面（諸侯），應常想著回報的還不夠多。使諸侯培養他們的忠心，而不要發揮殆盡；積蓄他們的財力，而不要全部繳納，如此才能相傳百世而沒有踰禮犯法的禍患。

晉國對鄭國有什麼恩德呢？曾經為他建置社稷了嗎？沒有；曾經擁立過他的君長嗎？也沒有。雖然不時施予小小的恩惠，然而也經常挑釁用兵，干戈相向，這一點微小的恩德根本抵不過所積的怨恨。而鄭國所以卜筮行路的吉凶，君臣經常往來於晉國的道路中，難道是甘心情願的嗎？不過是畏懼晉國的勢強罷了。可是晉人仍舊不能滿足，而向鄭國索求更多，鄭國忍受不了晉國的索求，所以才用書信直接表明態度，晉人隨即喪失了驕傲的神氣，急忙派人和解，連遣送人質，都惟恐趕不及的樣子。以如此大國的尊嚴，卻卑下的去從事小國才有行為，甘願受屈辱而不敢有所推託，這正是因為索求太多，欺人太甚，活該招來這種侮辱。周室無法使眾諸侯年年前來朝見，而晉國則能做到，要說晉國對諸侯的安撫有過於周室是可以的，不然，這種執詢訊問的恥辱即使不發生於鄭國，也必將發生於其他的國家。若要求超過能力所能負擔的，即使是父親，也不能在兒子那裏得到；永無止境的需求，即使是君王，也無法在臣子那裏得到，更何況彼此都是處於平等地位的諸侯呢？

雖然，晉國和楚國都是大國，鄭國是處於晉楚兩強之間的小國，而鄭國對於晉國，論辯抗爭的情形，並不只這一件事，例如毀壞賓館牆垣、授兵登城、爭貢賦的次序、不按時聘問等等的事，倔強不服而每每不肯屈下於晉國。至於奉事楚國就不是這樣了，整備車馬前去朝見，厚攜幣帛前往進貢，惟恐有一點違背忤逆，膽敢提出抗議言辭的情形，大概沒有發生過幾次。這難道是鄭國勇於與晉相爭，而怯於與楚相抗嗎？答案是：晉國，是禮儀之邦，可以理相告；楚國，是蠻夷之邦，有理也說不清。鄭國對晉國有所怨怒，尚且敢據理力爭，至於楚國，則不敢有所申訴，然而卻敢叛變造反。比較之下，這兩者的得失如何呢?根據事迹而論，則鄭對楚恭順而待晉倨傲；若從心態而言，則鄭與晉之間仍有親情存在，與楚卻疏遠而無情。人們只見到鄭國的君臣進入楚國境時，外貌恭順心存敬肅，就以爲是畏懼楚國；進入晉國境時，言辭多論辯煩，就以爲是待晉傲慢。卻不知爲晉國或楚國圖謀的人，寧願接受鄭國的畏懼呢?還是寧願遭受鄭國的怠慢?想必能知道如何取捨吧?倘若在國家的朝廷中，沒有臣下的諫疏章奏，官府中也沒有人民的訟案訴狀，安然寂靜，號稱天下無事，若以晉楚兩國這件事來比較，恐怕仍有可商榷的地方吧?

【研析】俗語說：「事在人爲」。而明察果決，即爲謀事之本。晉侯不見鄭伯，這是公然的侮辱，大夫子家，能及時「移書以直之」，致使「晉人氣褫神奪」，「遣質惟恐不及」，這就不能不歸功於明察果決的功效了。

就內容說，文分三段，作者首先言先王封建諸侯，待之惟恐不厚不周，以培養其忠貞不二之心。其次則指出晉人於鄭責之太切，求之太過，爲其取辱的根由。最後說明鄭國所以敢抗辭以對晉，恭肅以對楚，全由於「中國」「蠻夷」的不同。

就行文說，作者主要意旨，在於強調晉人對待鄭國過於輕視無禮，而又要求太多，致使鄭國忍無可忍，不得已才出此下策，傾全國之兵，與晉決以死戰。晉知其理虧，又怕失去鄭國，所以才遣使修好。至於一、三兩段，只是主旨的陪襯，由於作者的巧意安排，使讀者在情理的感覺上，並沒有什麼勉強牽合。更由於鄭處在晉、楚二大國之間，使作者又生出對鄭國外交辭令以及行事態度上的差異看法。「晉，中國也，可告語者也；楚，蠻夷也，不可告語者也。」這意思是說，晉是受周公之教的文明大國，是講理的國家，可以理相告，據理力爭。而楚國則是蠻夷不講理的國家，不可以理相告，即使有理也是說不清的。基此之故，所以不管在行迹上，或是心理上，都有所不同。於此，我們當可看出小國求生存的不易，而子家的移書趙盾，也未嘗不可視爲外交手段的一種。而作者所謂：「以晉楚之事格之，無乃猶有可察者乎」之意，或卽在此。

邴歜閻職❶弒齊懿公❷

文公十八年

【題解】此事載於《左傳》文公十八年（西元前六〇九年）。大意是說：在齊懿公爲公子時，與大夫邴歜的父親爭奪田地，沒有得勝，等到卽位以後，就把邴歜父親的屍體挖出來將腳砍去，還讓邴歜爲他駕車。大夫閻職的妻容貌美好，懿公把她納諸宮中，奪爲己有，又使閻職爲驂乘。這年五月，懿公在申池游玩，邴歜、閻職二人剛好在池中洗澡，於是就合謀乘機殺了懿公，將其屍體棄置在竹林中。二人回去直到在宗廟祭祀了祖先，設置好酒杯，才從容不迫地離去。

呂氏據此，對懿公作一通盤的檢討：由於一己的慹然無情，而認爲天下人皆如是，終以此見弒。在其未弒君竊國以前，爲達到目的，不惜驟施於國，及其被殺，竟無一人執戈以赴其急，於此，就更可看出小惠的不足仗恃了。

事有出於常情之外者，非人之所不能及，則必不能及人者也。肘腋怨讎，腹心讎敵，曠懷大度，高出於常情之外，夫豈常人所及哉？智不踰於常人，而欲爲非常人之事，則必愚者也，闇者也，發褚以示盜者也，決隄以俟溺者也，跣足於雄虺之榛，而裸身於餓虎之蹊者也。至於姦雄凶猾之人，每持寧我負人，無人負我之語，睚眦之怨必剗株拔根無噍類乃止。彼豈不知含洪光大為盛德事哉？蓋思其上者慨然以為不可學，至其下者囅然以為不足學也！

齊懿公奪閻職之妻，刖邴歜之父，而復親近二人者，與之狎昵，卒屠其軀。意者懿公豈不分菽麥者耶？則戕君竊國❸，機略初不在人後，乃於人情易見之利害，舛錯如此，世未有知其說者。抑不知懿公之事，他人視之若不近人情，而懿公實未嘗不用其情也。彼懿公身為公族而弒其君，於其父子親族之間亦已薄矣。至於宗族殘忍鷙暴，慹然無情，推己之情而謂人皆然，此其所以日親歜職，而不料其果於復讎也！人怪懿公之不近人情，而不知懿公之禍，正坐以己之情而度人之情也！請以太子劭之事實之。劭與弟濬俱謀逆，潘妃者，濬之母而劭之所欲殺也，劭將殺其母而親其子，疑若非人之情，抑不知劭濬之情同於悖逆❹。元嘉❺之變，潘妃既戮，而濬之附劭有加於前，兇梟弟獍❻，何其異軀而同情也！商人之待歜職，正如劭之待濬，自謂人皆如己，不復置疑，此吾所以推懿公之禍，正在於用情也！

吾攷傳之所載，二子既戕懿公，舍爵而行，略無所憚，而又竊有所感焉。當懿公謀逆之時，貸粟之際，曲澤私德，僞聲虛譽，營丘之民奔走而歌舞之，故能以支代宗而竊其國。居位未幾，以凶虐而殺其身，向日之受其姑息者，竟無一人仗戈以赴其急，推刃之人，緩步出郊，略無所憚。至於是然後知區區之小惠果不足恃也！齊懿公罪惡貫盈，本無足責，吾特表而出之，以爲好行小惠者之戒。

【註　釋】❶邴歜閻職　均齊大夫。《史記·齊太公世家》作丙戎、庸職。❷齊懿公　桓公子，名商人。桓公多內寵，如夫人者六人，密姬生懿公商人。見《史記·齊太公世家》。❸戕君竊國　指懿公。事見卷二十二〈齊公子商人驟施於國〉。❹劭與弟濬俱謀逆六句　劭爲南朝宋文帝義隆長子，於元嘉五年立爲皇太子。濬爲文帝次子，於元嘉十二年封爲始興王。潘妃，即潘淑妃，生始興王濬，元皇后性妬，以淑妃有寵於上，恚恨而殂，淑妃專總內政，由是太子劭深惡淑妃及濬。濬懼爲將來之禍，乃曲意事劭，劭更與之善。後聽女巫嚴道育言，二人共謀造反，劭弒文帝及潘淑妃，即位後，劭召濬，以潘妃爲亂兵所害相告。濬以「此是下情，由來所願」見答，劭以濬爲侍中。不久二人均被殺。見《資治通鑑·宋紀九·文帝元嘉二十九、三十年》。❺元嘉　南朝宋文帝年號，在位三十年（西元四二四—四五三年）。❻兄梟弟獍　兄指劭，弟指濬。梟爲食母的惡鳥，獍爲食父的惡獸。梟獍，比喻不孝或惡狠忘恩的人。

【語　譯】行事有的出於常情以外，若不是一般人所不能及，那麼這個人的作爲，一定趕不上一般人。如對於關係最爲密切之間的恩怨，信任有加之間的仇恨，仍能以曠達的胸懷，宏大的度量，不計一切的與之相處，超過、高出一般常情以外，這種作爲那裏是平常人所能趕得上的呢？如果智慧不能踰越平常人，竟想做非常人的事情，那麼這一定是個愚笨的人，闇昧不明的人，打開褚囊來告示盜賊的人，決開隄防來等待淹死的人，再不然就是赤著腳行走在充滿毒蛇的榛莽中，或是不穿衣服而置身於餓虎出沒之路的人。至於那些玩弄權術、恃手欺世、凶暴狡猾的人，每每執持著寧願我辜負別人，也不使別人辜負我的話，即使是對於舉目相忤的小怨隙，也一定要把對方斬草除根地消滅殆盡才停止。難道說他就不知道內含光采、以寬大的胸襟包容別人，爲美盛的道德之事嗎？實由於他總是想在上位的人，沒有什麼可學，至於位居其下的人，又笑他們不值得去學所致啊！

齊懿公霸佔了閻職的妻子，砍去了邴歜父親的腳，而又親近這兩個人，和他們廝混在一塊，終遭殺身之禍。一般人以爲難道懿公是豆麥（親仇）不分的人嗎？那麼當初他殺君竊國，機智謀略並不在人後，竟在一般人情容易看見的利害上，是如此的乖謬錯誤，這是由於世人不知就裏的關係。也就是不能知道懿公的行事，在旁人看來，像是不近人情，然而懿公實在不曾不用其心情。因爲懿公他身爲公族竟然殺了國君，這在父子親族之間來說，已够刻薄的了。至於對那些宗族們的殘忍凶暴，也同樣的毫不動情，於是他就由一己的心情推想，而認爲一般人都是這樣，這就是他爲什麼一天一天地親近歜、職而沒有料到他們果眞會復仇啊！一般人都責怪懿公的不近人情，卻不知懿公的災禍，正是因爲以自己的心情去揣度別人的心情所致啊！現在就請容我用南朝劉宋太子劭的事情來予以證實。劭與弟濬同時陰謀造反，而潘淑妃是濬的生母，卻是太子劭要殺的人，太子劭將要殺潘妃反而親近她親生的兒子，這當然有人會懷疑不是人的常情，卻不知劭、濬的共同心情是背叛造反。元嘉的政變，潘妃既已被殺，可是濬的附順劭卻勝過以前，兄弟二人，一個是梟，一個是獍，爲甚麼會不同的人而心情竟然相同呢！商人的對待歜、職，正像劭的對待濬，自認爲每個人都和一己相同，不再有任何懷疑，這就是我用來推求懿公的災禍，正在於所用的心情所致啊！

我稽考《左傳》的記載，對歜、職二人既然殺害了懿公，又在廟中告奠以後，才從容地離開，似乎無所畏懼這件事，而又私自有所感悟。當懿公陰謀叛逆的時候，私產用盡向公家貸粟濟貧的當兒，布施一己曲私的恩德，一時虛僞的聲譽四起，全國都（營丘）的人民，互相奔走歌頌他的善舉，所以才能以庶支代正宗而竊奪了國家。只可惜在位沒有多久，因凶殘暴虐而爲人所殺，可是先前那些受了他的寬容偏愛的人，竟然沒有一個拿著武器來趕赴他的急難的，而反使殺害他的人，從容不迫地步出郊野，似乎一點畏懼都沒有。事情發展到此，然後才能悟知區區的小恩惠，實在不足以憑恃啊！齊懿公的罪惡，已經到了無以復加的地步，本不値得責斥，我特別要把他發表出來，就是爲了要告戒那些好行小恩惠的人！

【研　析】齊懿公商人，弑君自立，不但不知安撫臣下，反而驕縱凶虐，刖人父之足，奪人之妻，此仇此恨，如說不報，「則必不能及人」。商人不解此理，反以一己的情懷度人，仍與邴歜、閻職親近，終被所殺，這能說不是咎由自取，惹火燒身嗎？《大學》說：「言悖而出者，亦悖而入；貨悖而入者，亦悖而出。」實爲不易之理。

文分三段，作者首先指出智不踰常人，而不可爲非常人之事，借以引出懿公的所作所爲，乃不智之舉。其次則言懿公的被弑，乃由於用己出於常情之外的情來衡度所有的人，以示其被殺，乃爲必然。最後，則進一步說明施行小惠的不可恃，適足以暴露其姦惡的行爲。

本文當與〈齊公子商人驟施於國〉合看，方可窺齊懿公心術行爲的全貌。作者於此文，僅就商人的

「用情」不尋常，不為世人所察，又恐自己的見解不為世人接納，特舉出南朝劉宋文帝太子劭之事，來作為實證。此事於史實言之，眞可說是無獨有偶了。其次，作者對商人的惡貫滿盈，有意避而不言，僅說其被弒時「竟無一人仗戈以赴其急」，來印證「好行小惠」的不足恃，以顯示偽君子、假善人的眞面孔，用意不為不深。

襄仲❶殺惡及視❷及叔仲惠伯❸立宣公❹ 文公十八年

【題解】此事載於《左傳》文公十八年（西元前六〇九年）。大意是說：魯文公有二妃，長妃齊女，為哀姜，生子惡及視，次妃敬嬴，生宣公（據《史記》載名倭）。敬嬴很得寵愛，私下與襄仲勾結，宣公年長，敬嬴就把他託付給襄仲。襄仲想立宣公，而叔仲不同意。這時襄仲向齊侯請示，表明要立宣公，因齊侯新立，想親近魯國，於是就答應了。冬十月，襄仲殺了惡及視，立宣公為魯君。《春秋》記載說：「子卒」，這是為了隱諱事實的眞象。

襄仲詐用君命（指惡）召惠伯（即叔仲），其家臣公冉務人阻止說：「去一定會死。」叔仲說：「為君命而死是可以的。」公冉務人說：「若為君命，是可以死；不是君命，何以要聽從？」叔仲不聽勸阻，毅然而往。果不出其家臣所料，一到，就被襄仲殺害，埋在馬糞中。公冉務人護送著叔仲的妻兒，逃到蔡國，不久就又建立了叔仲氏。再說夫人哀姜，因兩個兒子（惡及視）被殺，只好回到娘家齊國而不再回來。臨走時，哭著經過集市，說：「天啊！襄仲無道，竟然殺了嫡子而立庶子。」全市的人聽了以後，也跟著哭泣，所以魯人就稱她為哀姜。

呂氏據此，固斥襄仲之非，而尤痛叔仲之死。謂其捐身隕命，甘與草木同朽，為君子所深惜。並以「君子惡徒善」作結，此不惟點出叔仲赴死之本，同時也彰明了「一死報君王」之非，佐國者，宜何如其勉！

天下之亂，無形者不可討，無志者不果討，無助者不能討，合是三無，亂之所以成也。匿機閉鍵，覆阱韜戈，城府高深，不見纖隙，是謂無形。視國傳舍，視君弈棋，小寇不訶，大寇不禦，是謂無志。胆壯形羸，志強勢弱，孑然孤立，莫救危亡，是謂無助。發於彼者有形，立於我者有志，資於外者有助，亦何姦之不消，何難之不平哉？宜消而長，宜平而傾，此君子之所以深嗟而屢歎也！

叔仲惠伯之禍，吾嘗三復其事而悲之。惠伯受遺輔政，履危疑之朝，固當蚤警暮戒，大布耳目，剪荊棘於萌芽之始，殪虎兕於蠕動之初，雖深譎沈隱之謀，猶必鉤考而披抉之，況襄仲親以殺嫡立庶之計顯語惠伯？不訊而承，不索而獲，是天發其姦，賜惠伯以討亂之機也。惠伯撫機不發，見亂之形，恬不為備。意者惠伯沈浮婾阿，無徇國之志歟？惡視之難，殺身就義，凜然不負其意，謂惠伯無徇國之志者，誣也。有徇國之志，而見逆國之形，是宜忠憤俱發，百舍一赴，如注坡馬，如縱壑魚，如解縚鷹，靡容晷刻之緩。顧乃束手待斃，噤無所爲。殆惠伯困於無助，畏襄仲之多助而不敢發也！

襄仲所恃爲助者，獨齊耳，出姜實齊女，而子惡齊之自出也，齊所以不顧其親而從其請者，特以襄仲專政，欲以親魯耳。惠伯若亟遣使於齊，援姻戚之義，明利害之數，以感動齊侯，則齊未必不翻然改計。蓋棄至親之甥，而即甚疏之人，齊必不爲也；捨已立之君，而待將篡之賊，齊又不爲也；墮救患之名，而取黨姦之謗，齊又不爲也。惠伯倘如前所陳，以曉齊侯，則齊知子惡有惠伯爲之內主，又知襄仲不能專魯之權，則安肯捨此而助彼乎？襄仲既失齊助，則塊然几上肉耳。僑如倚晉傾魯，氣蓋一國，晉人朝悔，而僑如夕走❺。惠伯誠能厚結齊懽，以孤襄仲之援，吾見臨淄之旛未反，而東門之室已虛矣。釋此不爲，乃殞身命，甘與草木同腐，此君子所以深爲惠伯惜也。嗚呼！襄仲泄謀於人，在法當敗；公室連姻於齊，在法當親。惠伯可討不討，而使襄仲轉敗爲成；可附不附，而使齊侯變親爲怨，雖有區區之心，何救龜玉之毀乎❻？是以君子惡徒善！

【註釋】❶襄仲　字仲名遂，春秋魯莊公子，襄爲其諡。其後子孫以諡爲氏。仲居東門，亦稱東門氏。事僖公、文公爲卿。文公卒，仲殺太子惡及其母弟視而立庶子俀，是爲宣公。❷惡及視　文公長妃齊女哀姜生。惡爲兄，視爲弟。見《史記．魯周公世家》。❸叔仲惠伯　名彭生，魯大夫叔牙之孫。❹

宣公　名倭，文公子，次妃敬嬴所生。見《史記・魯周公世家》。❺僑如倚晉傾魯四句　僑如，即魯卿叔孫宣伯，莊叔子。事見《左傳》成公十六年。大意是說：魯成公和晉侯、齊侯、衛侯、宋國華元、邾人在沙隨集會，商討攻打鄭國的事情。這時僑如派人告訴晉卿郤犨說：「魯侯在壞隤地方等候晉、楚戰爭的勝負。」這無異說魯君坐觀其成。當時郤犨統領著新軍，主持東方諸侯招待接洽的事務，他一方面在僑如那裏取走了財貨，同時又在晉君面前毀謗魯君，所以晉侯不和成公見面。僑如一看有機可乘，於是又派人告訴郤犨說：「魯國有季文子和孟獻子，就好比晉有欒武子和范文子，如果能把他二人殺了，魯國就不會三心二意，其他小國也會跟著服從晉國。希望你能逮住季文子，我把孟獻子弄死，然後魯國就會死心塌地的服順晉國，否則季文子一回來，一定會背叛。」於是晉人在苕丘逮住季文子。成公回到鄆地等待，派子叔聲伯向晉國交涉放回季文子。郤犨對聲伯說：「如果你去掉孟獻子，而留下季文子，我就把魯國的政權交給你，對待你比對待公室還親。」聲伯回答說：「僑如的事情（私通成公母穆姜，欲除掉季文子、孟獻子），你一定聽到了，如果將此二人去掉，就等於丟棄魯國和懲罰寡君，這樣魯國必定會滅亡，魯國靠近晉國的仇國齊、楚，所以也一定會成為晉國的仇敵，到那時就無法補救了。」郤犨又用封邑來引誘聲伯，聲伯始終不為所動，並且義正辭嚴的請求放回季文子。這時范文子、欒武子也以季文子的忠誠，聲伯的無私以及僑如的奸邪相告，終於允與魯國媾和，放回了季文子。冬十月，放逐了僑如。❻龜玉之毀　指國運乖舛或國家衰敗。龜、玉，皆大寶，古時並為國家重器。語《論語・季氏》：「虎兕出於柙，龜玉毀於櫝中，是誰之過與？」疏：「龜玉皆大寶，故設匱以藏之。」

【語　譯】天下的叛亂，在沒有現形以前，不可以討伐；沒有意志作為的人，不敢討伐；在沒有奧援的情況下，不能討伐，總合以上的三種沒有，就是叛亂所以形成的原因了。隱藏機密，封閉門鍵，覆蓋陷阱，深儲戈矛，高深城府，看不出半點破綻纖隙，這就叫做無形。平時只是巡視一下國家供來往行人休息住宿的地方，再不然就是陪侍國君下棋，對於小的敵人，不敢訶責，對於大的敵軍，又不能防禦，這就叫做無志。膽量大形體瘦弱，意志強力量不足，孤立無援，不能救助危亡，這就叫做無助。戰亂在對方發生已經顯現形跡，在我這方面具有堅定的意志平亂，向外求援又可得到大力的幫助，在這種情況下，還會有什麼奸惡不能消滅，什麼危難不能平息呢？應該消滅的反而得以茁壯，應該平定的反而爲其傾覆，這就是君子所以屢次深加嗟歎的了！

至於叔仲惠伯所遭遇的災禍，我曾再三的爲此事感到難過。當時惠伯既然接受遺命輔佐國政，處在危疑四起的朝廷之中，本來就應當時刻警戒，多布置耳目，暗設眼線，在荊棘剛萌芽的時候，就把它剪除，在虎兕剛要行動的時候，就把牠殺死，如能這樣做，即使是深沉詭譎隱密的陰謀，也一定可以探詢考查得一清二楚而將它披露出來，更何況襄仲親自把殺嫡立庶的計畫，很明顯的告訴了惠伯？這種不需要審問就已承認，不需索求就可獲得的事情，明明是上天揭發其奸計，賜給惠伯以討伐叛亂的大好機會。而惠伯卻只是按住扳機而不發動，眼看著叛亂的形成，卻相安無事地不作戒備。一般人以爲惠伯的隨著時勢上下、沒有主見、游移不決的作爲，不就是不能爲國殉難的表現嗎？可是當惡、視二人遇難之際，他能毫不遲疑地爲正義而死，表現出不幸負遺命的無畏意志，如要說惠伯沒有爲國而死的志節，那是冤枉的。既有爲國而死的志節，而見到叛國禍亂的形成，就應該忠勇、義憤同時發作，就是路途再遠，也要迫不及待地趕去，就像縱馬斜坡，飛馳而下；就像剛放出淵壑中的魚，疾游而去；也像剛被解開繩索的老鷹，一飛沖天，這是不容許有片刻時間遲緩的。可是惠伯竟然毫無辦法坐待滅亡，只是閉口不語，一點作爲也沒有。這恐怕是惠伯以無助爲困難，而又畏懼襄仲的援助多而才不敢發動的吧！

說穿啦，襄仲所仗恃的援助，也只不過齊國罷了，可是「出姜」實爲齊國的女兒，而子惡乃齊姜所生，齊國所以不顧其親情，而順從了襄仲的請求，只是因爲襄仲當時專政，欲借此機會親近魯國罷了。這時惠伯若能當機立斷趕快派遣使臣出使齊國，用親戚的大義請求救援，並說明實際利害的關係，來感動齊君，如此一來，齊侯不一定不會馬上改變計畫。因爲捨棄至親的外甥，而親近疏遠的人，齊侯一定不會去做；捨棄已立的國君，來等待將要篡位的國賊，齊侯也不會去做；毀棄救助患難的聲名，而採取奸黨毀謗的言論，齊侯也不會去做。惠伯假如能以前述的情節，來曉諭齊侯，那麼齊侯知道子惡有惠伯在朝內爲他主謀，又知道襄仲不能獨掌魯國的政權，怎能願意捨棄至親的外甥，而去援助甚爲疏遠的人呢？襄仲既然失去了齊君的援助，那也就形同几案上的一塊肉，只有任人宰割了。像那魯卿僑如，當時想依靠晉國的幫助，來傾覆魯國，氣勢蓋過一國，那知晉人一旦悔悟，而僑如馬上也就被放逐了。惠伯誠能深厚的交結齊國的歡心，來孤立襄仲的援助，那就將可看到出使齊的使臣尙未回來，而東門氏襄仲的家室已經變成廢墟了。捨此不去做，竟然犧牲生命，甘願與草木一樣的腐朽，這是君子爲惠伯所深感痛惜的。唉！襄仲將陰謀奸計透露出來，在法理上說應當失敗；魯國的公室，與齊國聯姻有通婚之好，在法理上說應當親近。惠伯在當時可以討伐，而不討伐，竟使襄仲轉變失敗而爲成功；可以依附而不依附，竟使齊侯轉變姻親而爲仇怨，在這種情況之下，雖然具有救亡圖存的心願，又如何能挽回危亡的大局呢？因此君子厭惡徒然具有善心的人！

【研析】 惠伯既有徇國之志，當無畏於危難之心。既無畏於危難之心，而竟目睹「亂之形」而不能及時消弭，眼看著太子惡及其同母弟視被殺，而無法援救，結果自己亦以身徇，這正是君子所爲深惜的。本文主旨，似不在此，而以惠伯的不能及時厚結齊歡，來孤立襄仲的奧援爲著眼。這也就是爲什麼太史公譽管仲「善因禍而爲福，轉敗而爲功」的可貴了。

就內容說，文分三段，作者首先說明禍亂的成與敗，皆有其因。如宜消而長，宜平而傾，這就難免君子深嗟而屢歎了。其次則悲惠伯的疏於防範，徒見「亂之形」，而竟束手無策，終因於無助而不敢發。最後指出襄仲之助在齊，而惠伯以至親的優勢，反不能厚結齊歡，以孤襄仲之援，徒具區區之心，難救國運之毀。

就行文說，作者仍用事理的常態爲引言，借以引發叔仲惠伯所以賈禍之因。一則言其「履危疑之朝」，未能朝警夕戒，「大布耳目，剪荆棘於萌芽之始，殪虎兕於蠕動之初」。再則言其發現襄仲「殺嫡立庶之計」，是亂之形已著，而猶「撫機不發，恬不爲備」，坐以待斃。三則言其不能及時運用公室聯姻的優勢，一如子叔聲伯的說郤犨，使齊君幡然而悟，挽回劣敗之勢，使襄仲如几上肉。雖不言惠伯處事不够明快果決，而此意卻自然顯現於字裏行間，於此益可見作者水乳交融之筆，不惟精煉，而幾於出神入化的境地。

季文子❶出莒僕❷ 文公十八年

【題解】此事載於《左傳》文公十八年（西元前六〇九年）。大意是說：莒紀公先生了太子僕，後來又生了季佗，由於喜愛季佗，因而廢了太子僕，且在國中的作爲，多不合禮法。太子僕乘國人怨望之際，竟把紀公殺了，並携帶著寶玉奔魯，獻給宣公。宣公命令給他城邑，並且說：「一定要給。」可是魯卿季文子卻教司寇把他逐出國境，並說：「一定要徹底執行。」宣公追問原因。季文子使大史克回答說：「先大夫臧文仲教行父（卽季文子）事奉國君的禮則，行父一直奉行不悖，不敢有所違失，並且認爲：『見有禮於其君的人，就事奉他，有如孝子的奉養父母；見無禮於其君的人，就誅伐他，有如鷹鸇的追逐鳥雀。』先君周公制訂的禮儀說：『用禮則來觀察人的品德，品德是用來辦理事務的，根據所辦事務的結果，再來評量其功勞的大小，並據以受邑受田，以食於人民。』又作〈誓命〉說：『毀棄禮則就是賊，得賊的財物而隱匿其人叫做藏，竊人財賄就是盜，盜取寶器就是姦，以掩藏賊人爲名，以姦人所盜的大器爲利，這就是大凶惡，是常刑無法赦免的，在九刑中，一定有適當的處分。』行父仔細的觀審莒僕，其行爲沒有一樣是合於禮則的。大家都知道，孝敬、忠信是吉德，盜賊、藏姦是凶德。說到莒僕，假如以孝敬爲禮則，卻殺了他的君父；如以忠信爲禮則，卻盜竊了國家的寶器。這個人，本身就是盜賊，這些器物，則是姦人所偷來的器物，如果我們保護這個人，並且利用他所偷來的器物，那就是匿賊藏物的窩主。如果以此教訓人民，那麼人民將會被迷亂而無所取法。像這種行爲不是吉善，而全爲凶德，因此要把他逐出國境。」

呂氏據此，一則說明季氏的竊權，實由季文子開始的原因。再則就史實摘發史克以麗辭誆脅宣公的用心，徒見其謬妄不情的作爲，使人可以越發窺察季文子居心的不軌。

魯道衰而權移於季氏，議者徒見其專權之禍，而不見其竊權之由。吾讀《左氏》書，至季文子出莒僕之事，然後知季氏竊權之始蓋在此也。權，君之所司也，堂陛甚高，扃鐍甚嚴，操柄甚尊，豈人臣能一旦徒手而奪其權哉！必有隙焉，然後能乘之；必有名焉，然後能假之；必有術焉，然後能攘之。吾於莒僕之事，未嘗不三歎文子之險且譎也！宣公❸篡立，大臣未附，國人未信，其權未有所屬，此千載一時之大隙也，以季文子之富強，投其隙而攫取其權，誰曰不克？然取之太迫，則君不安於上，民不厭於下，雖刼而留之，其權終有時而還。故因莒僕之事，借其名，闞其術，嘿收一國之權於掌中，而人不悟，深矣哉！文子之謀也！

莒僕弒君竊邑，宣公不惟納之，而又欲封之，是固羣臣之所當爭也，文子託去惡之名，改君命而使司寇斥僕於境外，以嘗試宣公意，以謂君苟怒我耶，則吾固可自附於忠憤愛君之徒，君苟聽我耶，則魯之大柄自是歸我矣。退不失譽，進不失權，君有從違，我無增損，其自為計乃如此！

自古之盜權者，皆覬成而惡敗，蓋成則受大福，敗則蹈大禍，未有如文子之計，不幸不成，猶不失蹇諤之稱者，其為計可謂高出古人之右矣。既而宣公果惑於史克❹之對，終莫能詰，一時上下皆為所眩，君嘉其直，人誦其忠，而不知國柄已移於冥冥之中。更千百載，觀者猶以斥莒僕為文子之美，莫有辨其為竊權之始者。吁！死諸葛可以走生仲達❺，死姚崇可以算生張說❻，孰謂既死之文子餘欺遺譎，尚能欺千百載之後乎！至其後世子孫，取卞❼、城費❽、舞佾❾、設撥❿之類，狼縱之跡，若泥中之鬬獸，蓋得文子之麤者也！

吾詳攷史克之對，歷數莒僕之罪，言雖指僕而意譏宣公，宣公負篡弒之惡，實魯之僕耳，聞克之言，其顙能無泚乎？克內則陰中宣公之隱以脅之，外則盛稱文子之功以詆之，一脅一詆，捭闔箝制，眞季氏徒也！然克之辭浮麗夸靡，學者或咀其華而忘其實，吾請摘其妄以示之：克首稱先大夫臧文仲教行父事君之禮，行父奉以周旋，罔敢失墜，見無禮於其君者，誅之如鷹鸇之逐鳥雀也。嗚呼！行父尚記文仲之教乎？前日襄仲之難，嗣主受弒，無禮於君，孰大於是？行父乃恬若不見者，文仲之教何在也？不鷹鸇於襄仲，而鷹鸇於莒僕，可憐哉！克之謬妄不情。若此類甚衆，姑發其一以告學者，使無惑焉。

【註釋】❶季文子　魯卿季孫行父，季友之孫。❷莒僕　即莒紀公太子僕。莒為國名，今山東莒縣治。周時為莒國，子爵，出自少昊之後，武王封茲輿期於莒。❸宣公　即魯宣公。名倭，文公子，依襄仲而立為魯君。❹史克　即魯大史克的簡稱。《國語．魯語上》作里革，韋注：「里革，魯太史克也。」❺死諸葛可以走生仲達　意謂死的諸葛亮，嚇跑了活的司馬懿。先是諸葛亮與司馬懿對壘渭南，相守百餘日，亮數挑戰，懿皆不出。後亮死於軍中，長史楊儀整軍而出，百姓奔告司馬懿，懿追之。姜維令儀反旗鳴鼓，若將向懿進攻，懿領軍後退，於是楊儀結陣而去，入谷然後發喪。百姓為此而流行一句諺語說：「死諸葛走生仲達。」懿聽到以後說：「吾能料生，不能料死故也。」見《三國志・蜀書・諸葛亮傳》及注引《漢晉春秋》語。❻死姚崇可以算生張說　姚崇將死，告戒其子說：「病如果無法挽救，就把我平生所喜好的玩物，贈送給張丞相，他得到之後，當爲我寫神道碑。」後來張說果然接受其子的獻禮，爲姚崇撰寫碑文，不久卽發覺上當，於是說：「死姚崇尚能以計中生張說。」❼取卞　卞，魯邑，在今山東省泗水東，洙水北岸。取卞，爲季武子乘襄公如楚未歸之際，取之以自益。見《左傳》襄公十九年及《國語・魯語下》。❽城費　費，本魯邑，自僖公（七年）賜季友之後，卽爲季氏私邑。城費，卽築費城。故城在今山東省費縣西北。見《左傳》襄公七年。❾舞佾　指八佾舞。謂魯卿季氏僭用禮樂的不合理。見《論語・八佾》。❿設撥　卽於靈車上設紼。此處謂越禮的行爲。《禮記・檀弓下》：「孺子䵒之喪，哀公欲設撥，……有若曰：『其可也，君之三臣猶設之。』顏柳曰：『天子龍輴而椁幬，……三臣者（按：謂仲孫、叔孫、季孫）廢輴而設撥，竊禮之不中者也。』」

【語譯】魯國的政道衰微，大權移轉在季氏手中，議論的人，只看到獨攬大權的禍害，而並沒有看到季氏竊取權柄的根由。我閱讀《左氏傳》，到季文子逐出莒太子僕這件事，然後才知道季氏竊取大權的開始，其實就在這個時候。一國的大權，是由國君所執掌的，國君所處的殿堂是那麼高，看守的又是那麼嚴，操持著權柄，又是那麼尊貴，這那裏是人臣能夠忽然間空手而奪取的呢！一定是先有了間隙，然後才有可乘之機，一定是先有了正當的名稱，然後才能有所假借，一定是先有了正當的方法，然後才有機會攘奪。我對於莒太子僕這件事，不曾不一而再、再而三的慨嘆季文子的陰險而且詭譎啊！

當時魯宣公依襄仲篡位而立爲國君，一般大臣，尚未依附，全國的人民，尚未信服，國君的大權，尚未有所歸屬，這眞是千載難逢的大好時機，以季文子的富強，掌握這個機會，來奪取政權，誰說不能？然而如搶奪的太迫切，那麼國君就不能安於上位，人民也會不滿於下，雖然勉強地刼掠過來而能保有，可是這種政權，最後仍然有時要還給國君。所以他才就莒太子僕這件事，假借其名分，暗中小心地運用其方術，在不聲不響的情況下，就把一國的大權收在手掌中，而一般人並沒有發覺，季文子的謀略，是多麼地深不可測呢！

莒太子僕弒國君竊城邑，魯宣公不僅接納他，而且又想分封土地給他，這本來就是羣臣所應爭議的，文子假託去惡的美名，更改君命而使司寇把莒僕趕出國境以外，來試探宣公的心意，以為國君假如怨怒於我，那麼我固可以順理成章地依附在忠心義憤愛君的這一邊，國君假如聽從了我的做法，那麼魯國的大權也就自然地歸屬我了。他的這種做法，退一步說，不會失去美譽，進一步說，也不會失去大權，儘管國君有所順從不順從，我卻並沒有任何影響，他為自已所作的打算，竟是如此的周延！

自古以來竊取權柄的人，無不希望成功而厭惡失敗，實由於成功就可享受大的福祉，而失敗了就要身受大的災禍，但從來也沒有像文子的打算，不幸不能成功，仍然不會失去正直的稱譽，他所作的打算，可說高出古人以上了。後來宣公果然被太史克的對答所迷惑，終不能有所盤詰責問，一時上下的君臣，無不被他所迷亂，國君嘉許他正直，一般人稱誦他忠盡，反而不知道國家的命運大權，已在神不知、鬼不覺的當兒轉移到他的手中。經過千百年以後，讀《左傳》的人，仍以為斥逐莒太子僕是文子所做的一件美事，沒有人辨識出這件事是文子竊取大權之始的。噫！死諸葛亮可以使司馬懿退兵，死姚崇可以算出張說為他寫神道碑，誰敢保證說，已死的文子，所遺留下來的欺詐詭譎，尙能欺騙千百年以後的人呢！至於他的後世子孫，竊取卞邑，私築費城，僭用八佾舞，在靈車上設紼等越禮的行為，那種狼藉縱橫的痕迹，就像野獸在泥地上爭鬪的情形，大概只得到文子計謀的一點皮毛吧！

我仔細地考察太史克的對答，一一地指數莒太子僕的罪過，在言論上雖然指的是太子僕，而意義上實在是譏誚魯宣公，宣公身負纂弒的罪惡，實際上就是魯國太子僕，當他聽到太史克所回答的話時，他的額頭上能不出汗嗎？史克在心理上暗中宣公的隱私來脅迫他，在表面上就大加稱讚文子的功勞來欺騙他，一方面脅迫，一方面欺騙，一鬆一緊，開合箝制並用，眞不愧爲季氏的門徒啊！然而史克的言辭浮泛華美、誇大鋪張，學者們有的只是品味他的華麗言辭，而卻忽略了他的實際內容，我現在就摘出他的妄言來告示大家：史克稱述先大夫臧文仲教誨季孫行父事君的禮法，行父奉持著來應對君臣之間，不敢有所失誤，如看見對待國君無禮的人，對他的誅罰，就像鷹鸇的追逐鳥雀一樣的無情。唉！行父還記得文仲的教誨嗎？不久前襄仲導演的那次禍難，嗣位的國君被殺，這對國君的無禮來說，有什麼樣的行爲能比這更大？行父竟然安閒地好像沒有看見，試問臧文仲的教誨到那裏去了呢？不無情地斥逐襄仲，反而無情地斥逐莒太子僕，可悲啊！太史克竟是如此的巧詐荒誕不合情理！像這類的事非常多，姑且舉發其中的一件，來告示學者們，使大家不再有所迷惑。

【研　析】誠乃天道，可大可久；不誠無物，終必敗露。本文作者就季文子使太史克逐莒太子僕一事，三嘆致意，其旨在表明季文子的陰險譎詐，示後人輔國行事，當以誠悃爲務，摒除行權弄術。

全文可分五段，作者首先指出魯國季氏的專權，所以從季文子開始的原因。這是呂氏的一大發現，啟我後人良多。其次則言季文子投隙奪權手法的高妙，爲前人所不及。第三段申述季文子一石兩鳥之計，成則大福，退不失譽，其設算之周，鮮有其比。第四段揭文子的奸滑，雖能欺人於一時，終不能欺人於千載之後。最後言世人爲史克的華辭所惑，少有知其妄者，故揭發其詐脅，使世人不再爲其所惑。

就行文說，作者關頭即點出季氏，使與文題的季文子相應，這是呂氏在博議中很少使用的寫作方式。接著則以季文子的奪權爲中心，建立三個綱領——乘隙、假名、攘術，作爲論述的依據，然後逐一加以鋪陳，詳爲推闡，於此最可顯現季文子的巧用心機。他不動聲色，不露形跡，在神不知鬼不覺的情況下，就已允然大權在握了。誠如作者在文中所說：「一時上下，皆爲其所眩，君嘉其直，人誦其忠，而不知國命移於冥冥之中，更千百載，觀者猶以斥莒僕爲文子之美，莫有辨其爲竊權之始者。」猶有進者，作者於文中，更就史克「浮麗夸靡」之辭，舉史實以摘其妄，並謂其爲「眞季氏徒也」，這種斬釘截鐵的論斷，固爲呂氏的一得，然無史實的支持，又能邀得何人的首肯？

宋公①殺母弟須及昭公②子 文公十八年　武氏之族以曹師伐宋 宣公三年

【題解】此事分別載於《左傳》文公十八、宣公三年（西元前六〇九、六〇六年），大意是說：宋國武氏的族人導引昭公子準備事奉司城須作亂反叛。十二月，宋公殺了同母弟須及昭公子，使戴、莊、桓三族的人在司馬子伯的客館攻打武氏，遂將武、穆氏的族人，逐出國境，使公孫師爲司城。公子朝死，使樂呂爲司寇，借以安定國內的人民。武、穆氏的族人不甘願被逐，於是就會同曹國的軍隊攻打宋國。秋，宋國的軍隊包圍了曹國，來報復武氏的叛亂。

呂氏據此，以宋公母弟須及昭公子作亂，禍延三年而後定，借以推昭公的所以被弒，固因其無道，然如能及時悔悟，未始不可挽回頹勢，走向「通治之路」。寓有深惜之意。

身後之愛憎，可以驗身前之臧否。聞其名而共慕之，見其嗣而共恤之，是人也，必有遺愛在民者也；聞其名而共詆之，見其嗣而共疾之，是人也，必有遺釁在人者也。故是非善惡之辨，必至於子孫而後定。以朱之淫而賓於虞❸，以盈之材而亡於晉❹，非尙論其先，果何以致之哉？

宋昭公之無道也，不能其大夫至於君祖母，衆叛親離而殞其身者也。人亡而虐不亡，骨朽而惡不朽，其平日之所踐歷，猶將剷其迹而去之，況所謂子孫者，豈有措足之地乎？然武氏道昭公子而爲亂，雖不克成，然餘殃流毒，更三四年而後息，使宋人果憾昭公，則眇然弱息，焉能搖民心，傾國勢，震盪譟動一至於此！殆未有知其說者也。生而向，死而背者，世固嘗有是矣，曷嘗聞生則厭之，死則懷之者乎？彼昭公果何以得此於民哉？君天也，民之於君，固有不可解於心者。昭公雖無道，然嘗託在君位矣，君民之間，蓋自有不膠漆而固者，前日之怨，豈民之本心哉？物有以迫之。鈇焉鉞焉則怨，桁焉楷焉則怨，畋焉游焉則怨，臺焉囿焉則怨。至於身沒之後，鈇鉞弊，桁楷朽，畋游弛，臺囿荒，前日之怨，窅然空然，墮於渺茫，漫不見蹤跡。冰泮則水生，塵盡則鑑澈，怨去則思來。斯民始怵惻悽慘，追惟疇昔君臣之義，見其遺嗣，惻怛興憐，故姦宄乘之，猶足疑誤羣聽。此眞民之本心也！

惜乎怨在身前，思在身後，昭公親當今日之怨，而不及待他日之思，此其所以履危亡而莫救歟？當昭公將弒之際，徬徨四顧，無非讎敵，途窮勢極，自赴坑阱，抑不知民心本未嘗忘昭公，特奪於殘虐而不暇思耳！使昭公奮發悔悟，改前之爲，則民將移其身後之思於身前，向之鴟鴞，皆鸞鳳也；向之堇葛，皆參朮也；向之碪質，皆几席也；向之讎敵，皆姻婭也。遷善之門，飜手可闢，適治之路，舉足可登，乃延頸待斃，自謂無策，愚矣哉！

【註釋】❶宋公　即宋文公，成公子，昭公庶弟，名鮑。須，爲其母弟。見《左傳》文公十六年。❷昭公　宋成公少子，名杵臼，即位後無道，國人不附，襄公夫人王姬乘其出獵之際，派衛伯攻而殺之。見《左傳》文公十六年及《史記．宋微子世家》。❸以朱之淫而賓於虞　朱，謂堯子丹朱。虞指虞舜。意謂以堯子丹朱的淫亂，而舜仍以爲助祭的上賓。見《尚書．皐陶謨》。❹以盈之材而亡於晉　盈，謂欒盈，即晉卿欒懷子。晉下軍將欒黶子，欒書之孫。欒書雖有弒厲公之罪，然卻厚愛於民，民感其德，又立悼公，有功於晉。時晉平公欲逐欒盈黨羽，以靖晉國，可是欒盈無罪，其先又有功於晉室，只有將欒盈逐出晉國，於是欒盈奔楚。此時平公所以不殺欒盈，乃受其先的餘蔭所致。後欒盈潛入晉國作亂，晉人盡滅其族黨。見《國語．晉語八》。

【語譯】對人死後的愛戴或憎恨，可以驗證他生前的善惡。聽到他的名字，而共同仰慕，看見他的後代，而共同關懷，這一個人，一定有仁愛之心遺留在民間；聽到他的名字，就共同來詆毀，看見他的後代，就共同來疾恨，這一個人，一定有仇恨之事遺留在人世。所以對一個人的是非善惡的辨別，一定要到子孫後世，才能够鑑定。以堯子丹朱的淫亂，而爲虞舜的上賓，以欒盈的才能，其族被殺，他卻被遣而逃往楚國，若不是往上追論其先祖的功德，如何能獲致這樣的厚遇呢？宋昭公的荒淫無道，不善待他的大夫及君祖母（襄公夫人，王姬），致使眾叛親離，因之也葬送了自己的生命。可是人是死了，而他的暴虐行爲，卻沒有隨著死亡，尸骨是腐朽了，而他的罪惡，卻沒有跟著腐朽，對他平日的所作所爲，凡是留有痕迹的，尚且要將全部予以削除，更何況是所謂的子孫們，那裏還有其置足的地方呢？然而武氏引導昭公子作亂，雖沒有成功，可是遺留下來的災殃和毒害，經歷了三四年以後才平息，假使宋人果眞痛恨昭公，那麼一個幼弱的小孩子，又如何能動搖民心，使國勢傾頹，震盪諠鬧，竟然到達這種地步！大概沒有知道其中的道理的。當國君在位的時候，大家都傾向於他，死了以後，就背叛他，世間本來就有這樣的事例，何曾聽說當他在世的時候厭恨他，死了以後就懷念他的事情呢？那個宋昭公又是如何在民間得到這種懸念的呢？因爲國君，就是人民心中的上天，人民對於國君，在心中本來就有無法解釋的情結。宋昭公雖然荒淫無道，然而卻曾在君位爲人民所寄託，君民之間，實有不需要黏著而就能固結的力量，從前的怨恨，那裏是人民的本心呢？全是由於事物的所迫。如果用鈇鉞無緣無故的來刑戮人民，那就會怨恨；或動不動就以刑具加在人民的身上，那也會怨恨；再不然，就是國君只顧畋獵游蕩、不理政事，人民就會怨恨；或是只貪圖亭臺園囿間的享樂而不管人民的生活，當然也會怨恨。至於死亡以後，鈇鉞銹壞了，桁榴腐朽了，畋游廢弛了，臺囿也荒蕪了，以前的怨恨，一切都喪失了它的本意而空無所有，並陷於幽遠恍惚、廣大而看不見蹤影的狀態。我們都知道，冰溶化了，就生出水來，灰塵清除了，鏡子就會澄明，怨恨消除了，思念就會心生。所以人民在一開始，就深感驚恐悲痛，追思從前君臣之間的大義，看到他的後嗣，就不自覺的由悲痛而產生了憐憫的心情，所以那些奸惡的小人，就趁著人民的這種心理，興風作浪，仍然能够疑誤眾人的視聽，道理就在這裏。這才是人民眞正的本心啊！

最令人惋惜的是，怨恨在他生前就已產生，而思念卻在死後才萌動，昭公所親自遭逢的，只是當日的怨恨，而來不及等待日後的思念，這不就是他所以面臨危亡而沒有人救援的原因嗎？當昭公將要被殺的時候，猶豫徘徊，四處張望，無不是仇敵，當窮途末路，情勢已急迫到極點，而面臨死亡的時候，卻沒有想到人民的心中，本來就不曾忘懷昭公，只不過一時被他的殘酷暴虐所侵奪，而沒有時間思念罷了！假使昭公能奮發覺悟，痛改以前的作爲，那麼人民將會轉移對他死後的思念到生前來，只是一轉念間，先前的鴟鴞，皆成爲鸞鳳；先前的堇草葛藤，皆成爲人參白朮；先前的慘酷刑具，皆成爲憑依坐臥的几席，先前的仇敵，皆成姻親。遷善改過的大門，只要一翻轉手就可以開闢，善政平坦的大道，只要一擡腳就可以登臨，捨棄這些不做，只是伸長脖子等著被殺，自以爲毫無辦法，眞是愚昧得可以了！

【研析】善人之善的人，世間多有；而從惡人的行事中，推尋其善的人，並不多見。宋昭公無道，國人不附，並無遺愛於民，然其子孫的作亂，「餘殃流毒更三四年而後息」，此亂竟「能搖民心，傾國勢」，乃至「震盪讙動」於一時，其聲勢之大，可推而知。作者有感於此，特撰本文以發其慨，借明其所獨見。

全文約可分爲三段，作者首先提出「遺愛」、「遺釁」作爲辨別善惡的依據；並謂人的善惡，往往要至其子孫，方能定論。其次析言昭公的爲惡，雖使其子孫幾無「措足之地」，然其「眇然弱息」的爲亂，何以能更歷三四年而後息之由。最後則深惜昭公的被殺，固然由於「怨在身前」，但如能及時「奮發悔悟」，痛改前愆，未始不可「化仇敵為姻婭」！

就行文說，重心幾全部落在第二段。作者首先以宋昭公的無道，「眾叛親離」，「人亡而虐不亡，骨朽而惡不朽」，說明其為惡之大，人民痛恨之深。然而曾幾何時，其子孫作亂，竟能搖民心，動國本，並且延宕三四年之久，這顯然得到了人民的支持，其原因究竟何在？作者認為「未有知其說者」，故以「君天也，民之於君，固有不可解於心者，雖昭公無道，然嘗託在君位矣，君民之間，蓋自有不膠漆而固者，前日之怨，豈民之本心哉」為解，以發其隱。所以一旦「前日之怨，窅然空然，墮於渺茫，漫不見蹤迹」之日，亦為「塵盡則鑑徹，怨去則思來」之時，人民對其後嗣的「惻怛興憐」，這才是人民的本心。

呂氏生於君主專政的宋代，以「君天也，民之於君，固有不可解於心者」為說，似未可厚非，然以孟子君臣相對待的言論來衡量，呂氏未為有得。

卷二十四

晉不競於楚 宣公元年

【題解】此事載於《左傳》宣公元年（西元前六〇八年）。大意是說：當宋國人殺死其君昭公的時候，晉國的中軍將荀林父（卽中行桓子，一稱荀伯）便率領著諸侯的軍隊伐宋。結果宋國與晉媾和，條件是宋文公要到晉國接受盟約。又在扈地會合諸侯，將爲魯國攻打齊國。晉國在這兩次會盟中，都取得了財貨。鄭穆公有見於此，於是說：「晉國是不值得親近的國家。」所以就在楚國接受盟約。呂氏據此，探尋荀林父的貪財取賄，歸惡於君，其心可誅，其行可恥，以左氏之明，尚無一言相責，特揭其謀，以告世人。

下流固惡之所歸也。舉夏之惡皆歸桀，舉商之惡皆歸紂；雖有龍逢❶、比干❷之徒，特一簣而障橫流，終莫能遏其歸也！君子不幸而立暴君之朝，蹙頞疾首，坐視其君爲惡之所歸而不能遏，則有之矣，怙亂肆行，推惡於君，忍以其君爲歸惡之地者，是誠何心哉！

晉靈公❸之不君，固衆惡之所歸也，侈以敗國，貪以失鄰，皆靈公之實惡，而非所謂歸惡也。吾獨怪荀林父❹當時號賢大夫，伐宋之役，亦取賂而還，浸失鄭之助，而成楚之強。意者迫於靈公之暴，而不得騁耶？則林父是役，秉鉞專征，本非有所牽制也，固宜指弒君之罪，以明大義於天下，顧乃怵於小利，遷延退卻，林父非不自愛重者，胡爲而甘受貪惏之名也哉？其心必謂靈公之貪侈聞於天下，吾雖受賂而還，諸侯必以罪靈公而不罪我，幸有靈公以爲歸惡之地，固可借靈公自解，以逃巽懦苟得之責。此其所以取賂而無所憚也。不然，則林父前嘗事襄公❺矣，何爲而不取賂耶？後嘗事成公❻矣，何爲而不取賂耶？不前不後，而獨取賂於靈公之朝者，蓋襄成之失德，不聞於諸侯，於是時受賂，則惡名必歸於己；至於靈公，則素負貪侈之名，宜林父得以嫁其惡也。左氏載晉失諸侯，不競於楚之由，亦不過歸罪靈公之侈，初無一言罪其臣，果不出林父之所料，則林父之爲謀亦密矣！

嗚呼！莊蹻❼爲盜於楚，而楚之盜皆託之莊蹻，莊蹻宜得此名者也；己實爲盜，而歸莊蹻以盜名者，是亦一莊蹻也。靈公爲惡於晉，而晉之惡皆託之靈公，靈公宜得此名者也；己實爲惡，而歸靈公以惡名者，是亦一靈公也。況林父被服名教，習知君臣之義，而忍爲此，其惡殆甚於靈公矣。

鼯鼷昏出，鴟鴞夜號，乘闇妄動，物多有之，吾不意林父亦為此態也。或曰：「君淫亦淫，君奢亦奢，古之人固有自毀而分謗者，安知林父之不為此耶？」曰：謗，可止而不可分，分謗所以增謗也。君有失，猶望臣正之，君有過，猶望臣規之，苟同君之惡，自謂分謗，上下相濟，混然一體，則復何望焉!?一君之侈縱，民且告病，諸臣又為侈縱以附益之，民何以堪乎？是其於謗不能分之使薄，適以增之使多也！一炬之火，炎岡燎原，鬱攸蓬勃，或者乃分為數炬，欲以殺火之勢，有是理乎？故曰：分謗者，所以增謗也！

【註 釋】❶龍逄　即關龍逄。夏朝賢臣。桀作酒池糟丘，為長夜飲，龍逄以人君當行禮義、愛民節財為諫，並立朝不去，桀因囚拘之。見劉向《新序·卷七》。❷比干　殷紂的叔父。與箕子、微子，稱殷之三仁。見《史記·殷本紀》。❸晉靈公　襄公子，名夷皋，幼年即位。及壯，奢侈，厚斂以彫牆。從臺上彈人，觀其避丸以取樂，殺宰夫，刺趙盾，多為不君之行。見《史記·晉世家》。❹荀林父　即中行桓子。晉中軍將，以將中行，其後遂為中行氏。❺襄公　即晉襄公，文公子，名歡，在位七年。❻成公　即晉成公，文公少子，襄公弟，名黑臀，在位七年。曾伐秦、敗楚、救鄭、討陳，頗有父風。見《史記·晉世家》。❼莊蹻　楚莊王弟，曾為盜，威王時為楚將。見《史記·西南夷傳·索隱》。

【語 譯】行為卑陋，作惡逞暴的人，本來就是邪惡罪過的歸往之地。將所有夏代的罪惡，都歸併在桀的身上，將所有商代的罪惡，都歸併在紂的身上；在這種情況下，就是有忠臣賢相如關龍逄、比干之類的人來輔佐，也只不過像一筐土來阻止大水一樣，終不能遏止罪惡的歸往啊！有道的君子，不幸而居處在暴君的朝中，皺著眉頭、痛心疾首地在一旁眼看著他的國君，爲邪惡的歸往之地而不能遏止，這樣的例子，雖然已經有了，可是那些作亂橫行，毫無顧忌將罪惡推給國君，忍心把他的國君當作歸惡之地的人，究竟又是何所居心呢！

晉靈公的不守君道，固爲各種罪惡的歸往之地，因奢侈敗壞了國家，因貪財失去了鄭國，這都是靈公實在的罪過，並不是所說的無故將惡歸併在他身上。我特別感到奇怪的是荀林父在當時號稱爲賢大夫，在征伐宋國的戰役中，也竟然收取了財貨回來，以致失去鄭國的幫助，而成就了楚國的強盛。是不是有人認爲這是由於被靈公的暴虐所迫，而不能施展其作爲呢？可是林父在這一役中，是掌握征伐大權的人，本不應有什麼牽制，固當直指宋人弒君的罪過，來明示大義於天下，可是他卻被小利所打動，拖延了撤退的時間，然而林父又不是不自愛自重的人，爲什麼甘願接受貪婪的罪名呢？在他的心中一定以爲靈公的貪財奢侈，聞名於天下，我雖然接受了財貨回來，可是諸侯一定把罪歸給靈公，而不歸罪於我，幸好有靈公來作爲歸惡的場所，大可借著靈公自我解脫，來逃避柔弱膽怯苟得的指責。這就是他爲什麼敢收取財貨而無所畏懼的原因了。如果不是這樣，那麼林父以前也曾事奉過襄公，爲何不敢收取財貨呢？後來又曾事奉成公，又爲何不敢收取財貨呢？既不在前，又不在後，而獨敢收取財貨在事奉靈公的時候，實以襄公、成公的有失君德，不爲諸侯所聞知，在這時收受財貨，罪惡的聲名一定歸於己身；至於靈公，就向來負有貪財奢華的惡名，當然林父能夠把罪惡轉移在他身上了。左氏記載晉君失去諸侯，是無法與楚國競爭的理由，也不過歸罪於靈公的奢侈，起初並沒有一個字怪罪他的大臣，果然不出林父的所料，那麼荀林父的所爲計謀，總可算是相當周密了！

唉！從前莊蹻在楚國爲盜，而楚國的盜竊事件，全部都推託給莊蹻，莊蹻當然應該得到這種名稱；可是自己實爲盜賊，而把盜名歸給莊蹻的人，這個人也就是另一個莊蹻了。靈公作惡於晉國，而晉國的惡名，全部推託給靈公，靈公當然也應該得此惡名；可是自己實爲作惡的人，反而將惡名歸給靈公，這個人也就是另一個靈公了。何況荀林父蒙受正名定分的禮教，深知君臣的大義，而竟然忍心做出這種事來，他的罪惡，恐怕又甚於靈公了。

像鼲鼷這種鼠類，在夜間出來活動，鴟鴞這種惡鳥，在昏夜號叫，專門趁著隱暗，不爲人所察覺而率意行動的作爲，這樣的事，固然很多，我卻沒有意料到林父也能做出這樣的事來。有人說：「國君淫佚，也跟著淫佚，國君奢侈，也跟著奢侈，在古代早已就有自毀而分擔對國君誹謗的人，又那裏知道林父的行爲不是爲此呢？」我卻認爲：謗，可以阻止而不可分擔，因爲分謗就是增加誹謗。國君有了缺失，尚且希望臣下匡正，國君有了罪過，尚且希望臣下規勸，如果附和國君的罪惡，自認爲是分擔毀謗，上下互相幫助，互通聲氣，渾然結爲一體，那麼這個國家還有什麼希望呢!?僅一國君的奢侈放縱，人民尚呼叫痛苦，而眾多的大臣也跟著奢侈放縱，來附加在一起，人民如何能忍受得了呢？這就是臣下對於毀謗不能分擔使它減輕，適足以增加使它更多的原因啊！僅一隻火把的火，就可使山崗原野燃燒，而且升騰的火氣會一直興旺起來，這時有人竟想分成很多火炬，借以壓低火的氣勢，天下有這種道理嗎？所以說：分擔毀謗，就是增加毀謗啊！

【研　析】世俗對人行事的論斷，多以存心爲先。如心存良善，卽使偶有過失，亦可原諒，如心存險詐，卽使行跡不敗露，也當小心提防。更何況存心爲惡的人，往往待機而動，以期將其所爲，嫁禍於人，或歸惡於君，事後仍能保持其原有的清譽，而不爲人所察覺。於此，就不能不佩服其手段的高明，用心的巧妙了。本文作者，特就左氏所載，揭發荀林父的用心，使老於此道的人，知所警惕，幡然悔改。

文分四段，作者首先指出火勢所趨，固非一二人所能止，然心存「推惡於君」，亦絕非人臣所當爲。其次則言荀林父所以貪財取賄之由，其用心之深，爲謀之密，非一般人所能窺。第三段析言荀林父既爲晉之賢大夫，不僅「被服名教」，又「習知君臣之義」，而竟然忍心出此下策，其惡又甚於靈公。最後，則言荀林父實爲一「乘闇妄動」之輩，並斥一般人所謂其爲君分謗之非。

就行文說，其重點全放在荀林父的貪婪歸惡於君上，並反覆的辨析說明，首先確定靈公的不君，「侈以敗國，貪以失鄰」，皆其不君之實。可是荀林父，則爲當時號稱的賢大夫，豈可因君之惡而加深其惡？更何況林父既有「秉鉞專征」的大權，很可以助君爲善，以贖其前愆，然而他不僅不如此做，反而「乘闇妄動」，雖受賂而罪不加身，在這裏，也就可以看出林父用謀之深了。其次則以林父前事襄公，後事成公而不敢取賂的原因，借以證明其前文所言林父之行的不可移。就事衡理，誠可謂爲獨具隻眼之見。至於在最後一段強調謗可止而不可分之言，尤具意味。所見既眞，故能發其微而揭其私，使姦猾的人不得有所藉口。

鄭人獲狂狡❶

宣公二年

【題　解】此事載於《左傳》宣公二年（西元前六〇七年）。大意是說：這年的春天，鄭公子歸生，接受了楚國的命令去攻伐宋國，相戰於大棘（今河南省睢縣南），宋軍大敗，鄭國囚禁了宋右師華元。宋大夫狂狡迎戰鄭人，那個鄭人卻逃進井中，狂狡竟然將戟柄放入井中把那個人拉出來，不料鄭人出井後，反而俘虜了狂狡。當時的君子就此事評論說：「行為失禮，又違背軍令，被俘虜那是應該的。因為兵戎的事情（戰爭），在於表明果毅的精神，唯有將這種精神存念於心，以行動來表現，才叫做禮。殺了敵人，才算是果敢，達到果敢，才算是剛毅，如反過來說，那就要被殺戮了。」

呂氏據此所載，以為狂狡的所以被俘虜，是受了宋襄公「不重傷、不擒二毛」之說的誤導。並以此為基點，將範圍擴大，進而闡發邪說異端一定要芟夷的道理。

君子之與邪說辨也，不得已也。矞宇嵬瑣❷，一世皆傾，辨之則吾道存，不辨則吾道喪，此其勢不得不與之辨也！世皆知其非而吾猶辨焉，是得已而不已也，然天下之患，每自不辨始。一粟在地，有時而生，一說在世，有時而行，彼其說雖淺謬狂僻，夫人皆知其非，然要有是說存於世，今日棄之，安知他日無取之者乎？今日鄙之，安知他日無慕之者乎？君子徒見始之人不彼信也，遂不復置之齒頰間。抑不知是說在世，自根而芽，自芽而葉，浸長浸興，日以滋大，百年之外，數傳之餘，終必誤人而後止。吾是以知邪說果不可使有也！

宋襄公❸持不重傷、不擒二毛之說以敗於泓❹，舉國皆咎之，其說不足以移人可知矣。襄糧坐甲，固敵是求，非我殺彼，則彼殺我，當是之時，反欲縱敵以為仁，其迂暗至此，尚足與之辨乎？況國人皆知咎公，必無肯蹈其覆轍者，是襄公之說，適以自誤而不足以誤人，固君子之所不必辨也。三四世❺之後，乃有狂狡者，生長於宋，聞襄公之風而悅之，大棘之役，與鄭人戰，不忍鄭人之入於井，倒戟而出之，反爲鄭人所獲，祖襄公之餘論，自取俘虜。然則襄公之說，近不能移當時之國人，遠乃能誤後世之狂狡。是知邪說不足以惑當時者，未必不能惑後世，君子之與邪說辨，其可以當時之從違爲斷乎？

凡天地之間，有是物必有嗜之者，有是說必有從之者，動人之物不必眞，動人之說不必異。昌歜❻、羊棗❼，品凡味劣，更千百年，未嘗得俎豆於柤梨橘柚之間，忽有嗜之者，至終身不能忘。異端邪說之在天下，固有鄙陋乖誤，不足以欺愚眩衆者，然安知世無偏好獨嚮，若狂狡之於宋襄乎？吾是以益知異端邪說果不可存於世也。

自道術既裂，異端邪說起如蝟毛，所聞者可得而攻，所不聞者烏乎而攻之？所見者可得而攻，所不見者烏乎而攻之？今欲禽獮草薙，使無一說之存於世，難矣哉！曰：是不難，其本在正人心而已。孟軻氏出與諸子辨，獨犄舉楊、墨❽一二家以例其餘，同時如列禦寇❾、莊周❿者，未嘗問也；同時如申不害⓫、商鞅⓬者，未嘗問也；同時如鄒衍⓭、公孫龍⓮者，未嘗問也。孟氏豈縱敵爲吾道累哉？蓋人心一正，則詖淫邪遁之辭，殲蕩無遺，固不待歷詆而徧攻之也！一日既升，羣陰皆伏，一雨既浹，羣物皆濡，牖牖而燭之，畦畦而溉之，則天之爲天也蓋勞。

【註釋】❶狂狡　宋大夫。❷矞宇嵬瑣　語出《荀子・非十二子》。矞宇，譎詭、詭詐。嵬瑣，陰險狡詐。❸宋襄公　名茲父，桓公子，在位十四年。「不重傷，不禽二毛」之說，見《左傳》僖公二十二年。❹泓　水名。在今河南省柘城縣北。❺三四世　自宋襄公有「不重傷，不禽二毛」之說，歷成公、昭公、文公，已四世。❻昌歜　中藥名，卽白菖。形似菖蒲，根肥白。味甘無毒，主治風濕，去蟲，斷蚤虱。據說周文王嗜昌歜。❼羊棗　棗的一種。一名梗棗。形狀小如羊矢，初生時色黃，熟則黑。俗稱牛嬭柹、羊矢棗。據說曾晳嗜羊棗。❽楊墨　楊，謂楊朱。戰國衛人，字子居，又稱楊子、陽生。後於墨翟，前於孟軻。其學說主爲我、重生、貴己、不拔一毛以利天下。墨，謂墨翟。魯人，戰國初年思想家。主張以天下交相利來達到兼愛的目標，他要爲政者崇儉、節葬，要人不信命運，努力刻苦，卻以天的意志，作爲他思想體系的本源。❾列禦寇　卽列子，名禦寇，春秋時代的道家學者。其年代已不可考，隱居於鄭國，主張貴虛。❿莊周　戰國宋蒙縣人。曾爲漆園吏，一生隱居田園，不慕名利。他的思想是以無用爲用，以逍遙爲樂，齊生死是非，而保養生命之眞。繼老子之後，爲道家重要人物。⓫申不害　戰國鄭人。爲法家重術派的代表。本學黃老，主刑名之學，與韓非並稱申韓。曾爲韓昭侯相十五年，內修政教，外應諸侯，使國治而兵強。⓬商鞅　戰國衛人。姓公孫名鞅，因封於商，故稱商鞅，也稱商君。好刑名法術之學，相秦十九年，助秦孝公變法，提出「治世不一道，便國不法古」的主張，廢井田，開阡陌，獎勵耕戰，使秦國富強。⓭鄒衍　戰國時齊國臨淄人。《史記》作騶衍。爲陰陽家的先驅。倡五德終始說，以為宇宙、社會、人生無不受到金、木、水、火、土五種物質循環變化的支配，對秦、漢的政治、社會、科學的發展，影響很大。⑭公孫龍　戰國趙人，字子秉，與荀子、鄒衍同時。他的主要學說，在論述名實關係，拿事物做比喻，如白馬非馬即是有名的論題。著有《公孫龍子》一書，列入名家類。

【語譯】有道的君子，所以要辨別邪說，是出於不得不如此。如那些詭譎、陰險、狡詐的言論，舉世皆為之傾倒，如能及時予以辨別，指明其為邪說，那麼我們所宗仰的天理正道，才可以存在於世間，如不予以指明辨別，天理正道就將要喪亡，這就是不得不與之辨別的情勢啊！世人都知道邪說不對，我們仍然予以辨別，這是可以不辨的辨別，然而天下的憂患，往往從不辨別開始。如一粒粟落在地上，說不定會萌芽生長。一種言論、說法存在世間，也說不定會有人去實行，那種言論雖然淺陋、荒謬、狂妄、怪僻，只要是人，都知道它不對，可是只要有這種說法存在於世間，今日雖被捨棄，又怎能知道以後無人援取它來應用呢？今日雖被鄙視，又怎能知道以後無人親慕而熱中呢？有道的君子只看到在剛開始的時候，世人都不相信它，於是就不再予以辨別，不多作說明。卻不知這種說法如存在於世間，由生根而萌芽，由發芽而長出枝葉，漸漸地生長茂盛，一天天的壯大，百年以後，經過幾世的流傳，最後一直要到有人吃虧上當才會停止。因此，我才知道，邪說果然不可讓它存在世間啊！

宋襄公執持對已受傷的人不可再加傷害，不擒獲生有白髮的老年人的說法，因此在泓地戰敗，全國上下，都為此而責備他，這種說法不能轉移人的觀念，由此就可以知道了。攜帶著口糧，時刻備戰，本來就是為了找尋敵人，不是我殺敵人，就是敵人殺我，當這個時候，反而想放縱敵人來表示仁慈，其迂腐暗昧到這種地步，還值得與之一辨嗎？況且國人都知道歸咎於宋襄公，那就一定沒有人願意重蹈這種覆轍，這已明示襄公的說法，只能自誤而不足以害人，本來就是君子所不必予以辨別指明的。那知過了三四代以後，竟有狂狡這個人，生長在宋國，聽到了襄公的這種作風反而喜歡它，在大棘戰役中，與鄭人交兵，不忍心鄭人的陷入井中溺死，於是就倒過戟來把他救出，那知反被鄭人所擒獲，承襲襄公的說法，自己所得到的，是被敵人俘虜。這樣說來，襄公的說法就近講，不能轉移當時的國人，就遠說，竟能延誤後代的狂狡。由此可知，邪說不能够迷惑當時的，不見得就一定不能迷惑後世，君子的與邪說爭論辨別，怎麼可以當時的順從違背爲決斷呢？

大凡在天地間，有這種事物，就一定有喜好的人，有這種說法，就一定有順從的人，感動人的事物，不一定是眞的，感動人的說法，也不一定奇異。像昌歜、羊棗二物，品質平凡，味道低劣，經過了千百年，不曾有機會摻雜在柤梨橘柚的中間當祭品，那知後來忽然間有喜好它的人，甚至終生都不能忘懷。異端邪說的存在於世間，當然有鄙陋庸俗、乖張謬誤，不能够欺騙、愚弄、眩惑眾人的，然而又怎能知道世間沒有偏好獨自嚮慕，像狂狡的對於宋襄公那樣的人呢？我因此更加知道異端邪說確實不可存留於世間。

自從聖王的道術分裂以後，異端邪說的紛起，就像蝟毛一樣的豎立雜亂，所能聽到的，當然可以辨別指正，而對於那些所不能聽到的，又如何能加以攻伐指正？所能看見的，當然可以辨別指正，對於那些所不能看見的，又怎樣能予以攻伐指正？而今要想像割除野草、捕殺禽獸一樣，全部予以消滅，不使任何邪說存留世間，那就難嘍！我倒認爲這件事並不難，他的根本關鍵全在端正人心罷了。當孟軻氏挺身而出與諸子辨論的時候，只不過粗略地舉出楊朱、墨翟一二家來作其餘各家的例子，同時代的像列禦寇（列子）、莊周（莊子），不曾聞問；同時代的如申不害、商鞅，不曾聞問；同時代的如鄒衍、公孫龍，不會聞問。孟氏難道是故意放縱敵人來拖垮儒家的道統學說嗎？實在說來，只要人心一端正，那麼偏頗、淫蕩、邪僻、逃避的言辭，就自會消滅的蕩然無存，本來就不需等待徧歷詆攻然後才能盡除的啊！光明的太陽既然昇起，所有的陰暗就全部隱伏不見，周浹的時雨既然降落，所有的生物就全部得到滋潤，假如一個窗戶一個窗戶的去照明，一畦田一畦田的去灌溉，那麼上天的爲上天，實在也够辛勞的了。

【研析】戰爭所追求的目標，就是勝利。像宋襄公的爲楚國所敗，大夫狂狡的爲鄭人所獲，都可說是咎由自取，罪有應得，乃至數千年後，仍然爲世人所笑。本文作者，有鑑於此，不以「當時之從違爲斷」，而以「未必不能惑後世」爲憂，特發而明之，以警世人之不察者，用心至爲良善。

就內容說，文分四段，作者首先指出，對於邪說應去之務盡，不可因人盡知其淺妄，而置之不理，致使其寖興，以誤後世。其次則言狂狡的所以被俘虜，乃由於聞宋襄公之風使然。並以此證實當時君子認爲不必辨的「迂暗」之說，未必不能惑後世。第三段說明凡存於世間的事物或學說，必有「嗜之者或從之者」，是以異端邪說不可使存於世。最後，則言芟夷異端邪說根本之道在正人心，人心得正，則詖淫邪遁之辭自可消滅。

就行文說，全文結構謹嚴，循一理而直下，故能給人以井然有序的明顯感覺。因其主旨在辨明宋大夫狂狡被獲的愚昧，乃由「聞襄公之風而悅之」使然，是以在行文的一開始，卽點明君子辨邪說的不得已，就是已盡爲世人所知、淺而易見的荒謬言論，爲不使其滋生遺誤後世，亦不可使有。隨卽就以「宋襄公持不重傷、不擒二毛之說以敗於泓」的事實，來證明其言的確然有據，而得到了理論與事實的圓滿配合。這是寫作論說文所不可忽略而應該特別強調的。文章發展到這裏，一方面辨明了「舉國皆咎」宋襄公的非是，另一方面又說明了「襄糧坐甲，固敵是求，非我殺彼，則彼殺我」的戰爭本質。而狂狡竟「不忍鄭人之入於井，倒戈而出之，反為鄭人所獲」。推究其所以如此的原因，無疑的乃為宋襄公之說所移。前提既定，則可推知世間凡有一種學說，就一定會有從其說的人，故結論是：異端邪說不可存於世。然世間的邪說何其多，何得一一攻之使破？其根本之圖，在正人心。人心一正，那麼邪說詖淫之辭，也就自可殲蕩無遺了。

讀此文，不僅可看出作者領悟力之強，而尤具啟發作用。

鄭伐宋囚華元❶ 宣公二年

【題　解】此事載於《左傳》宣公二年（西元前六〇七年）。大意是說：這年的春天，鄭公子歸生，接受了楚國的命令出兵伐宋，宋右師華元、司寇樂呂領兵抵禦。將要迎戰的時候，華元殺羊犒勞士卒，他的御車羊斟不在內，到作戰時，羊斟說：「前天的殺羊分饗士卒，你作主，今日的御車打仗，我作主。」遂驅車進入鄭國的軍中，所以打了敗仗。結果華元被囚，樂呂戰死，損失了戰車四百六十輛，士卒被俘二百五十人，戰死一百人。因此當時的君子評論說：「羊斟不像個人，由於一己的私恨，使國家戰敗，使人民受害，所應受的刑罰，還有什麼能比這更重呢？所謂『人沒有了良心』（《詩・小雅・角弓》），不就是說的羊斟這種人嗎？殘害人民，稱快自己。」

呂氏據此，就華元的戰敗被囚，在其為人行事上，作一深入的探討。一則先從人情所同然之理，說明華元絕非刻薄寡恩之人，同時也指出了其所以遇禍之因，乃由於不知人所致。雖以親厚君子之心待羊斟，而御者反以疏薄小人之意為報，不惟有負於華元，亦且有負於國家。

天下之情，固有厚之而薄，薄之而厚者，不可不察也。子弟與鄉人皆在席，觴酒豆肉，必先鄉人而後子弟，豈人情固厚於疏而薄於親乎？蓋疏則相責，故不可不與，親則相恕，故可以不與。其待鄉人，物至而情不至，所謂厚之而薄者也；其待子弟，物不至而情至，所謂薄之而厚者也。凡人情相與，至於無間，則用之不懌，置之不慍，予之不辭，奪之不怨，曠然相期於形骸之外，夫豈以薄物細故而遽爲向背哉？

華元殺羊食士，而其御羊斟❷不與，人皆以爲待羊斟之薄，吾獨以爲待羊斟之厚焉。元之意豈不以斟爲吾御幾年矣，左執鞭，右奉轡，旦則偕出，暮則偕入，險阻寒暑，升降驟馳，無不與吾俱，相悉已深，相信已熟，今日饗士，吾肘腋同體之人豈計一杯羹以爲輕重？姑及疏者遠者可也，羊雖不及，然親厚之意，固已踰百牢而豐五鼎矣！斟不知享其意。而徒欲享其食，忿戾勃興，驅車趨敵，投華元於死地，覆喪師徒而不顧。元待之以君子之心，斟報之以小人之行，非特負元，乃負國也！

議者或謂元御下寡恩，以起羊斟之怒。吾觀元之爲人，樂易慈祥之氣溫然可挹，其免於囚虜而歸，再與斟遇，猶慰解勉勞，若恐傷其意者，下至隸役之嘲誚，亦逡巡退避而不校，則元豈寡恩者哉！元尚能恕斟於既爲變之後，乃不能撫斟於未交兵之前，無是理也。

此吾所以論元之待斟，蓋厚而非薄也！

然元亦不能無罪焉，日與斟周旋，不知其肺腑，猶以君子待之，一罪也；簞食豆羹見於色之人，乃與共載，託於死生，二罪也；情意未孚而遽忘彼我，以示無間，三罪也。明不足以燭姦，誠不足以動物，何適而不逢禍哉！惜乎華元有君子之資，而未嘗學也！

【註　釋】❶華元　宋右師，六卿之一。華督曾孫，華孫御事子。❷羊斟　又名叔牂，華元御者。

【語　譯】就人與人的情誼說，有的本已深厚，而在表面上待之反薄，雖在表面上對待薄，而實在的情誼卻非常深厚，這是不可以不明察的。例如子弟與鄉人同席宴飲，在酒菜肉餚方面，一定是先鄉人而後子弟，這那裏能說是人情對於疏遠的深厚，而對於子弟淡薄呢？就實際情形說，由於疏遠常相苛責，所以不可以不厚與，自己的子弟，由於親近常相寬恕，所以可以不厚與。對待鄉人，在物質上招待備至，而情誼卻不深厚，這就是所說的表面上深厚而其實情是淡薄的；對待子弟，物質上雖薄，而恩情卻非常深厚，這就是所說的表面上淡薄而其實情是深厚的。就人的情誼交往來說，如能到達毫無隔閡的地步，即使被重用，並不會感到愉快，不被任用，也不會感到難過，在物質上有所贈與不加辭謝，有所不與，也不會怨恨，以曠達的心情，相期許於彼此精神、思念的冥合上，那能因為物質上的微薄細故，而忽然間改變一己的傾向和違背呢？

華元殺羊犒勞士卒，他的車夫羊斟沒有得犒賞，一般人都認為對待羊斟太刻薄，我獨以為這正是厚待羊斟。華元的意思難道不是以為羊斟為我御車已經好幾年了，左手拿著鞭，右手攬著轡，早上則一同外出，晚上則一同回來，不管路途的危險阻塞，氣候的冷暖，上坡下坡，行車快慢，不曾不和我在一塊，彼此相知已深，相信已很了解，今日犒勞士卒，我親近形同一體的人，那會計較一杯羹的有無，來作為輕重的衡量？姑且犒賞疏遠的人吧，羊斟雖然沒有犒賞，然而彼此親近的心意，本已超過百牢而比五鼎的賞賜還要豐盛呢！羊斟不知道享受華元對他深厚的情意，而只是想享受美食，忿怒乖戾之氣，勃然興作，驅策著戰車，奔向敵陣，將華元投放在死亡的境地，置傾覆喪亡軍隊徒眾而不顧。華元以君子之心對待他，羊斟卻以小人的行為來報答華元，這種行為不但辜負了華元，同時也辜負了國家啊！

議論的人或者以為華元對待屬下刻薄，所以才激起羊斟的忿怒。據我的觀察，以為華元在做人方面，和樂平易慈祥的氣度，溫厚的甚至可以用手掬挹，當他從鄭國被放回來的時候，與羊斟相遇，仍然安慰他，勉勵他，為他解嘲，惟恐傷害到他，就是對於屬下隸役的嘲笑責讓，也很快地廻避而不計較，那麼華元豈是刻薄少恩的人哪！華元尚且能寬恕羊斟在既已變故以後，竟然不能撫慰羊斟在未交戰以前，絕對不可能有這種道理的。這就是我為什麼說華元對待羊斟，實已深厚而不刻薄的原因啊！

然而華元也不能說無罪，每天都和羊斟生活在一起，同出同入，竟不知他的為人、心意，仍然把他當作君子來對待，這是第一個罪過；對於飲食細故一有不如意，就表現在臉上的人，竟然和他共乘一兵車，把生死託付給他，這是第二個過失；既然是在情意上未能相信不疑，而遽然忘記彼我，以示毫無距離、隔閡，這是第三個過失。聰明不能夠燭照奸邪，誠信不能夠感動屬下，何往而能不遭逢災禍呢！華元有君子的資賦，而卻不會好好地學習，眞是可惜啊！

【研析】世人行事，往往有因小失大或變生肘腋的情勢。因小失大，多由於貪求近利、眼光短淺；變生肘腋，則在於不明就裏，不能知人。這就是社會上為什麼有的人看來聰明能幹，而終於難逃敗亡的癥結所在了。本文作者就其所見，將華元的戰敗被囚，作一深入的探討，找出其所以失敗的原因，借以明示後人行事處世之道。

文分四段，作者首先就親疏之實，說明待人接物之禮，以及厚而實薄、薄而實厚的常情。其次說明華元殺羊食士所以不與羊斟，乃以親厚、君子之心相待，而羊斟竟以疏薄、小人之意爲報，非惟負元，亦且負國。第三段則以華元的行事爲人，證明其絕非刻薄寡恩之輩。最後指出華元所以遇禍，乃由於明不足以燭奸，誠不足以動物所致。

就行文說，先從人情禮儀入手，人皆知其爲常情，而厚薄之分，豈能以一杯羹之有無，據以言輕重？呂氏就常人之心，衡華元之意，所言切情切理，於此益可反映羊斟不僅器量淺，而尤其無識見，充分表現了御者的本色。可是華元卻日與之相處，竟不及此，致使變生肘腋，豈止千慮之一失而可已？然華元亦非「御下寡恩」之人。作者於此，特就《左傳》所載，指出華元的爲人，不惟「樂易慈祥」，而且「犯而不校」，來作爲其立論的依據，所見自是眞切。至其所指華元「亦不能無罪」之言，衡諸情理，亦甚得當，字裏行間，均可顯示作者推衍事理的周延。全文以情理始，以情理終的結構安排，正可看出其行文的綿密。

晉趙盾❶侵鄭 宣公二年　楚滅若敖氏❷宣公四年

【題解】此事載於《左傳》宣公二年（西元前六〇七年）。大意是說：這年的春天，秦國出兵攻打晉國，是爲了報復晉軍進攻崇地的那次戰役（見元年經、傳），於是包圍焦地。夏，晉卿趙盾出兵援救焦地，乘便從陰地會合諸侯的軍隊攻打鄭國，以報復大棘那次戰役（在此年春）。

楚國司馬鬬椒出兵救鄭，並且說：「要想得到諸侯的擁護，就不能厭惡艱困。」於是就駐紮在鄭國，等待晉軍。趙盾說：「他那個宗族，在楚國爭強好勝，大概就要快消滅了，現在我就姑且讓他再增加一些疾病吧。」於是就自行退去。

至魯宣公四年（西元前六〇五年），由於鬬椒的爭強戾狠，不僅殺了令尹鬬般，同時也殺了工正蔿賈，而自爲令尹。尚不以此爲滿足，而竟欲弒楚莊王以自代，結果不僅身遭慘死，而若敖氏的全族，亦被誅滅。

呂氏據此，以發其慨。一則就鬬椒的恃強驕縱，不知處順以觀逆，而終致身死族滅，爲後世所笑立論，同時也爲世人指出一條行事的鐵則，那就是：「物以順至者，必以逆觀。」

物以順至者，必以逆觀，天下之禍不生於逆，而生於順。劍楯戈戟，未必能敗敵，而金繒玉帛，每足以滅人之國；霜雪霾霧，未必能生疾，而聲色畋游，每足以殞人之軀。久矣夫！順之生禍也。物方順吾意，而吾又以順觀之，則見其吉而不見其凶，溺心縱慾，蓋有陷於死亡而不悟者矣。至於拔足紛華，寓目昭曠，彼以順至，我以逆觀，停筋於大嚼之時，覆觴於劇飲之際，惟天下之至明者能之。

鬬椒❸汰侈於楚，帥兵救鄭，晉趙盾乃退師示怯，以順適其意，而益其疾。椒也遂謂趙盾眞畏己者，憑恃其強，肆爲悖逆，親集矢於其君之車，以覆其宗❹。盾投之以順，而椒不觀之以逆，殆非盾之能誤椒，蓋椒之不能察盾也！然盾之爲謀，於難察之中，猶有可察者焉。豪奴悍婢，嚚頑狠戾，閨室之人皆畏避之，出而詈市人，則必奮臂與之鬭。蓋其威行於家，而不行於市，此殆易曉也。椒之跋扈，楚人素畏之爾，一出楚境，與敵國遇，則相視猶道路之人，何爲遽下之哉？趙盾卷旆改轅，未戰而卻，逡巡若有所懼者，此理之不當然也，理不當然而然，其必有所以然矣。椒於此，曷不深致其觀乎？謂晉封略不如楚則否，謂晉謀臣不如楚則否，謂晉甲兵不如楚則否，反覆推考，莫知其端，是殆養我而納之於禍也。牛羊犬豕醉於豢養，身日腯而死日近，椒趾方顱圓靈而爲人，乃坐受仇敵之豢養，侈增貫盈，自赴刀刃，亦愚矣。向使椒獨肆其侈，不遇趙盾以養其惡，豈遽至於此極乎？

曰：意在於善，凡所遇者，皆養吾善之物也；意在於惡，凡所遇者，皆養吾惡之物也，豈必遇趙盾之設謀，然後能養其惡哉？一雨露也，一寒暑也，梧檟得之以養其柯條，荊棘得之以養其芒刺，造物者曷嘗有心厚梧檟之材，而稔荊棘之毒歟？咸其自養，而未有養之者也！椒苟意於善，盾雖示弱而養其惡，未必不逆觀其詐，悚然儆懼，而啟改過之門矣。盾本將以養其惡，椒反資以養其善，殆惟恐遇盾之不蚤也！

【註　釋】❶趙盾　晉卿趙宣子，趙衰之子。❷若敖氏　若敖，春秋楚君熊霄之後裔，羋姓，名熊儀，子孫爲若敖氏。常執楚政。鬬椒卽若敖之後。❸鬬椒　楚令尹。字子越，亦作越椒，又字伯棼、伯賁，司馬子良子，令尹子文侄。❹親集矢於其君之車二句　意謂楚莊王和若敖氏在皋滸作戰，子越椒用箭射楚王，因用力過猛，箭飛過轅，穿越鼓架，射在銅鉦上。接著又射一箭，飛過車轅，透過車蓋。士兵害怕，因此開始退卻。於是莊王派人在軍中到處吶喊說：「我們的先君文王攻克息國，得到三枝利箭，子越椒偷了兩枝，現已用完了。」接著擊鼓進兵，而消滅了若敖氏。見《左傳》宣公四年。

【語　譯】世間的事物，凡是順著心意而來的，一定要以不順的心情去觀察，天下的禍患，往往不生於不順意，而是發生在順意的時候。利劍、盾牌、戈和戟，不一定能擊敗敵人，而金玉繒帛，卻往往能用以消滅別人的國家；冰雪、寒霜、陰霾、霧氣，不一定能使人生病，而歌聲、美色、畋獵、游樂，卻往往足以殞滅人的身軀。這種情實，由來已經很久了！說到順意的發生禍端，當事物正順我意，而我又以順隨的心意來觀察，那麼所看見的只是吉利而沒有凶惡，以致陷溺心志，放縱情慾，所以也就有直到沉陷於死亡而不能覺悟的情事發生了。至於能張大眼睛，看得明確，從紛華的泥沼中，拔足而出，彼以順意而至，我以逆意來觀察，能在大嚼美味的時候，停下筷子，能在興致正濃的時候，停止飲酒，這種斷然的舉止，只有天下最明察的人才能做到。

楚國的鬬椒驕奢不馴，率兵救援鄭國，晉趙盾於是乘機退兵以表示怯懦，來順適鬬椒的心意，借以增加他的驕奢。可是鬬椒卻以爲趙盾是眞的畏懼自己的兵強勢眾，所以也就憑仗著自己的勢強，毫無顧忌的做出許多背逆的事來，親自以利箭連向其國君的坐車發射，因而不僅身亡，連其宗族也全被消滅了。趙盾用順意來投合他，而鬬椒卻不用逆意來觀察，這不是趙盾能誤害鬬椒，其實是鬬椒不能觀察出趙盾的用心啊！然而趙盾的計謀，在難於觀察的當中，仍有可以看出其破綻的地方。如強橫兇悍的奴婢，奸詐頑固又狠毒暴戾，全家室（大夫之家）的人，都畏懼而躲避他，可是假如他走出家門而罵市人的話，那麼市人就一定會舉起拳頭和他爭鬭。其實他的威勢蠻橫只能在家中橫行，而不能橫行於街市，這是很容易明白的事情。鬭椒的傲慢強橫，楚人一向畏懼他，當他率兵走出國境，和敵國的軍隊相遇，那麼彼此之間就如同陌路不相干的人，爲什麼對方遽然表現出卑下不敵的樣子呢？趙盾捲旗改道，未經交戰卽行退去，而退避的表現，就好像有所畏懼似的，這就道理說，是不應當如此的，就道理說，不應當如此而如此，那其中就一定有所以如此的原因了。鬭椒在這方面，爲什麼不深加觀察而推究其原因呢？如認爲晉的封疆不如楚，那不是的，以爲晉的謀臣不如楚，也不對，說是晉的甲兵不如楚，更不是，反覆推尋思考，都不能找出其端倪，這種行爲，大概就是想培養我的驕橫而納入於災禍中了。牛羊犬豕等家畜，沉迷於人的豢養中，身體一天天的肥大，而死期也就一天天的接近，鬭椒腳方頭圓，爲萬物之靈的人類，竟然坐享仇敵的豢養，來加速一己的惡貫滿盈，不知不覺地走上死路，也眞够愚笨的了。先前假使鬭椒獨自肆橫其奢侈，沒有趙盾來培養他的罪惡，那能遽然到達這種地步呢？

我卻以爲：意念在於善，所有的遭遇，都是培養我善行的事物；意念在於惡，所有的遭遇，都是培養我惡行的事物，那裏一定要遇到趙盾的巧設計謀，然後才能培養其惡行呢？同樣的雨露，同樣寒暑，高大的梧檟得到它的滋養，可以茁壯樹幹和枝條，而叢生的荆棘得到它的滋潤，卻適足以培養其芒刺，天地造物，何曾有心偏厚梧檟的大材，而卻常常想著荆棘的毒刺呢？萬物皆自我長養，而沒有依人之意而長養的啊！鬭椒誠有意向善，趙盾就是表示軟弱來培養他的惡端，卻不一定不反觀其欺詐，以恐懼戒備的心情，而大開改過之門了。趙盾的本意，是用以養其惡的，鬭椒反而借來養其善，在這種情況之下，可能惟恐遇到趙盾的不夠早吧！

【研　析】《易經》乾卦上九文言說：「亢之為言也，知進而不知退，知存而不知亡，知得而不知喪……知進退存亡而不失其正者，其唯聖人乎！」楚若敖氏之子越椒，即一不知進退存亡之人，所以晉卿趙盾，故縱其志以加速其亡。本文作者有感於此，特就此事，一發其慨。

就內容說，文分三段，作者首先指出人的所以溺心縱欲，以至於死亡而不悟的原因，多由順意而生，惟至明的人，始能居安思危，明察順逆。其次則言趙盾侵鄭故意示弱，以縱鬬椒的驕侈，使之自取滅亡。最後則言善惡之意，全在一己的體察、領悟，如能以他人的奸惡，培養一己的良善，又何奸惡之有？

全文以事物的順至當以逆觀為主旨，借以點出鬬椒的恃強橫肆，終於難免敗亡的命運為依歸，進而以意善、意惡為變化的關鍵。假如鬬椒不以順至為當然，而以逆理觀之，探討順至的情節、時機和原因，必可發現趙盾的用心而作悚然的儆懼，進而以啟其改過之門。果如是，趙盾不僅不足以養其惡，反而足資以養其善，順至逆觀的時義，豈不大哉！

就行文說，執一理貫然而下，層次至為分明。就一事反覆釐析，深刻而有餘韻。不僅有交融之美，亦且有啟發之效。我們讀其文而思其義，能一無所感嗎？

晉靈公[1]不君

宣公二年

【題　解】此事載於《左傳》宣公二年（西元前六〇七年）。大意是說：晉靈公無道，徵收重稅來彩畫牆壁，從高臺上用彈丸打人而觀看他們躲避的形狀以取樂。廚師煮熊掌沒有爛竟殺了他，放在畚箕中，讓婦人用頭頂著走過朝庭。適巧被趙盾、士會看見屍體的手，問明原因，而深感擔心。二人準備進諫，士會說：「如果您勸諫不聽，就無人可以繼續了，最好我先去，不聽，您再去勸說。」靈公一看到士會便說：「我已經知道錯了，我會改的。」士會知道靈公話不由衷，於是叩頭回答說：「人，誰能不犯錯？犯錯能及時改正，那就沒有比這再好的事了。《詩》說：『人多有始無終。』（〈大雅・蕩〉）如果是這樣，那麼能夠改過的人就很少了。我君能有決心改過，那眞是國家的福祉啊！又說：『天子有了過失，惟有仲山甫能予以匡救。』（〈大雅・烝民〉）我君如能彌補過錯，那麼我晉國就可以保持富強了。」

晉靈公只是口頭上說改過，但並沒有改。趙宣子接著不斷地進諫，靈公非常厭惡，於是就派勇士鉏麑去殺害他。鉏麑一大早就去了，這時趙盾的臥室已經打開，並且穿戴整齊，準備上朝。因時間還早，就坐著假睡。鉏麑看到這種情形，退出來很感慨說：「時時不忘記恭敬，眞是人民的鎮主，殺害人民的鎮主，就是不忠，放棄國君的命令，那是不信，不忠、不信，如果有了其中之一，還不如死去好呢！」於是就撞槐樹而死。

呂氏據此，一方面指斥靈公的非君，同時也將矛頭指向趙盾，責其所見晚，不能通情於君，不能持恭敬之心立朝，故遭君惡，以至於嗾獒噬之於前，伏甲擊之於後，勇士刺之於黎明之際，言下有咎由自取之意。

天下之亂，常基於微而成於著，知微者謂之君子，知著者謂之眾人。黍離之嘆❷，雖興臺牧圉共悲之，至若見銅駝荊棘❸於全盛之時，則非知幾者莫能也。

晉靈公暴戾凶虐，觴趙盾而伏甲攻焉❹，人莫不以為駭。君臣非敵國也，殿陛非戰場也，長戈大戟不用之於邊陲，而用之於宴席，弁冕毀裂，俎豆搶攘，是非可駭之尤者乎？抑不知靈公素與諍臣為敵，彼其殿陛之間，化為戰場亦已久矣，特其迹未著，人不能深察耳。靈公失政之初，固已外其臣而讎敵遇之，竊取用兵之謀，而為拒諫之計。隨會❺將入諫，屢進而屢不視，是制之以靜者也，深溝高壘以待敵者也，其在兵法名曰形。隨會將進說，迎為悔過以塞其口，是示之以弱者也，甘言卑辭以誘敵者也，其在兵法名曰聲。形之而不能禦，聲之而不能動，兵法既窮，則直搏戰而已。此趙盾繼諫於隨會之後，所以幽有鉏麑❻之賊，明有嗾獒之舉也。心攻不下，始以力攻，心戰不勝，始以力戰，人見其既動干戈，方矍然駭懼。自識者觀之，則靈公肺肝之內，念念舉兵，樽俎之上，日日流血，方臣主相際，都俞吁咈之時，固已使之寒心矣。盾也不知其君以讎敵遇己，尚譊譊進說不止，迄至伏甲之變，何其見之晚也？

為盾謀者將奈何？曰：二國相怨，一使可和，二壘相持，一騎可解，豈有讎敵尚可通，而君臣終不可通者乎？情暌則君門萬里，情通則萬里君門，其相去一間耳。君臣固有復通之理，彼靈公之無道，殆未易以常法論，詎可責盾以必通哉？是又不然，靈公與盾本君臣，特以疑阻而視之若讎敵耳。若鉏麑與盾風馬牛不相及❼，操刃而來，是乃眞讎敵也，其入門伺隙之際，豈復有善意哉？一見其盛服假寐，形神俱肅，戢毒斂忿，寧斃其軀而不敢損盾之毫芒，誠敬之動人也如是。讎敵之眞者猶可孚格，況素號君臣，暫爲讎敵者乎？使盾保養此敬，立朝之際常如將朝之時，未必靈公之意不回也！平旦之氣，眞粹清明，如水未波，如空未雲，如玉未雕，如琴未鼓。當盾盛服將朝之頃，此時此境，前追唐虞於既往，後借洙泗於方來，豈復春秋爭奪之世哉？惜其出與物接，機械橫生，上不能救主失，下不能免惡名，視平旦眞粹清明之地，駟奔電逝而不可還矣。雖然春敷秋槁者，衆木之性也，旦存晝亡者，衆人之氣也，喬松巨柏，貫四時而柯葉不改，其視春秋何有？氣之得其養者，昏晨晡昳，混混同流，亦安得旦晝之辨哉？故出乎木之類者，無春秋，出乎人之類者，無旦晝。

【註釋】❶晉靈公　名夷皋，襄公子，在位十四年，爲趙穿所弒。❷黍離之歎　感傷亡國，觸景生情而發出的慨歎。黍離，《詩經·王風》篇名，《詩序》謂西周亡後，周大夫過故宗廟宮室，盡爲禾黍，彷徨不忍去，乃作此詩。後借爲感慨亡國觸景生情之詞。❸銅駝荊棘　謂有先識遠見的人，可以預知天下的治亂。《晉書・索靖傳》：「靖有先識遠量，知天下將亂，指洛陽宮門銅駝歎曰：『會見汝在荆棘中耳！』」銅駝，銅鑄的駱駝。❹觴趙盾而伏甲攻焉　此謂晉靈公請趙盾喝酒，事先埋伏下甲士，準備攻擊殺死趙盾。見《左傳》宣公二年。❺隨會　晉卿士會。成伯子，食邑於隨、范，諡武子，故又稱士季、隨季、隨武子、范武子。❻鉏麑　晉力士。見《左傳》宣公二年。❼風馬牛不相及　謂彼此不相干，毫無關係。語見《左傳》僖公四年。

【語譯】天下的戰亂爭端，常始於隱微而成於顯著，能察知隱微的稱為君子，直到顯著時才能知道的是眾人。感慨亡國觸景生情的歎息，就是賤為輿臺、放牧養馬的人，也會為此共同感到悲傷，至於像在全盛之時，看見宮門旁銅鑄的駱駝，就可預知將置其於荆棘中的情景，那就非預知先幾的人不能了。

晉靈公暴虐凶狠，請趙盾喝酒，事先埋伏下甲士攻殺他，知道的人沒有不感到驚駭。君臣並不是仇敵之國，堂殿陛階也不是戰場，長戈大戟，不用於平定邊疆的戰亂，而卻用在宴席的中間，一時弁冕被毀，禮器紛亂橫陳，這種情狀，豈不是最可令人驚駭的嗎？卻不知靈公向來就和忠諫的大臣為敵，他那堂殿階陛之間，成為戰場也已很久了，只不過其迹象不顯著，一般人未能深入觀察罷了。靈公在一開始政令混亂的時候，就已經把大臣當作外人而以仇敵相對待了，私自採取用兵的謀略，來作為拒絕進諫的計策。如隨會將要入諫，屢次前進而故作看不見，這是以靜制動的做法，就好像挖深護城河，高築城牆來等待敵人一樣，這在兵法上叫做「形」。隨會將要諫說，他卻用悔過來迎對以堵塞隨會的嘴，使他開不了口，這是表示軟弱的做法，就像用甘美的話，卑下的言辭來引誘敵人一樣，這在兵法上叫做「聲」。用形勢不能抵禦，用柔聲不能抵禦，兵法既已窮盡，那就只有搏戰一途了。這就是趙盾在隨會以後繼續進諫，所以在暗中有鉏麑的賊害，在明處有嗾使獒犬舉措的原因了。用心機攻不能下，就開始用力攻，用心理戰不能取勝，就開始用力戰，一般人看見他既然大動干戈，所以才感到驚惶恐懼。可是若從有遠見深識人的立場來看，則在靈公肺腑的深處，時刻不忘舉兵的念頭，所以在宴飲的樽俎之上，才有日日流血的事件發生，當大臣君主相會，彼此意見相背，而發出感歎聲時，就足够使大臣寒心了。趙盾卻不能察知其君把自己當作仇敵來對待，仍在那裏爭辯不休，進說不止，終於招致伏甲襲擊的變故，爲什麼他所能看到的，竟是這樣晚呢？

若要替趙盾作打算又將如何呢？我認爲：兩個國家相互怨恨，一介使臣卽可和好，兩軍對壘相持不下，單騎臨陣，卽可解除危局，那有仇敵尙可溝通和好，而君臣終不可和好溝通的呢？心情意念相隔違，那麼君門卽遙不可及，如果心情意念相通，那麼就無處不是君門，而彼此間的距離，也只不過是一點空隙罷了。君臣之間，本來就有相互溝通的道理，靈公的無道，實不能用常法來論斷，怎可責備趙盾一定可以和他溝通呢？這又不然，靈公與趙盾，本爲君臣，只不過靈公以懷疑、阻撓的心情來看待他才像仇敵罷了。像鉏麑與趙盾本無任何瓜葛，操持利刄而來，這可算是眞正的仇敵了，當他進入門內窺伺間隙的時候，那還會有善意呢？一看見趙盾穿戴整齊閉目養神，表現出莊嚴肅穆的神態，馬上收起害人的心，消除了忿怒之情，寧願自己去死而不敢損傷趙盾的毛髮，忠誠敬謹的感動人竟然如此。眞正的仇敵，尙可被誠信感動，況且一向爲君臣，只是暫時爲仇敵呢？假使趙盾能够保持涵養這種誠敬的心情，在朝中常像將要上朝的那種情景，不見得靈公的心意就不能回轉啊！在夜間所生的清靜精神，眞實純粹，清澈光明，如無波的清水，如無雲的碧空，如未彫琢的美玉，如未彈奏的琴弦。當趙盾穿戴整齊，將要上朝的那一刹那，這種時際，這種心境，可以上追已往的唐堯、虞舜，可以後爲孔子的借鑑，那裏還是春秋爭奪不安的時代呢？可惜的是當他走出家門，與人事接觸的時候，橫生巧詐，對上不能匡救君主的缺失，對下不能免除一己的惡名，回頭看一看在夜中所產生的那種眞粹清明的境地，就像駟馬的奔馳，電光的消逝，而不可再回來了。雖然春天敷榮、秋天枯槁，是一般花木的本性，平旦存在晝間亡失，是一般人的心氣，高大的松柏，一年四季枝葉都不改變，它們根本就無視於春秋的有無。眞粹清明之氣，果得其養，無論是早晨黃昏，午前午後，都會毫無分別的一脈同流，又何能有平旦白晝的分別呢？所以超出一般花木之類的松柏，就不分春秋，超出常人之類的人，就無平旦，白晝的不同。

【研析】《論語．公冶長篇》孔子評論齊國的大夫晏嬰說：「晏平仲善與人交，久而敬之。」意思是說：晏平仲善於和別人交朋友，相交愈久，愈尊敬別人。交友之道尙且如此，更何況是君臣之間呢？君君臣臣，這是上下應守的分際。晉靈公的不君，趙盾的屢諫，其間有令人費解者，呂氏據《左傳》所載，針對此事，表示了一己的見解。

就內容說，文分三段，作者首先以慣常的手法，扼要的說明「見微知幾，非君子莫能」之理。接著則言趙盾面對暴戾之君，而竟不知其用心，這當然也就難免「遭伏甲之擊、嗾獒之噬、鉏麑之刺」了。最後指出趙盾當持「平旦清明之氣」，以誠敬之心，通情於君，則一切睽隔之事，自可冰消。

就行文說，在第一段的引言中，就已經暗示趙盾並非明智的君子。這當然是伏筆。所以緊接著就直指靈公的暴戾不君，用種種不法的手段暗算趙盾。而趙盾竟不能明察，這在文氣上說，正是第一段的延申，也可以說與第一段暗合。而作者指斥趙盾「何其見之晚也」，更點明了文氣的一貫。往下，則更進一步的指出趙盾立朝不能恭敬，爲造成君臣「情睽」的主要原因。由「情睽」而生惡，更由「惡」而蒙殺機，急轉直下之言，而趙盾也就難逃伏甲之擊了。我們推想，趙盾所以會有如此的際遇，固然是由於不能以「貞粹清明平旦之氣」立朝，以誠敬之心對君，可是其在當時的位高權重，而靈公的幼年即位（見《史記‧晉世家》），仰賴趙盾的大力支持，也不無關係。恃功而驕，幾乎無代無有，在這種情況下，每於進諫之時，出口對答言辭之間，難免不有傷害靈公尊嚴的地方。作者一味以恭敬相責，理有固然，其所以會有不恭敬的原因何在？是否也應作進一步的探討？

晉趙穿①弒靈公 宣公二年 許悼公飲太子止藥卒 昭公十九年

【題解】 此事載於《左傳》宣公二年（西元前六〇七年）。大意是說：晉靈公請趙盾飲酒，事先埋伏了甲士打算擊殺趙盾。不料卻被趙盾的車右提彌明發覺了，很快的登上殿堂說：「臣下陪侍國君飲酒，超過三杯就不合禮儀了。」說完就扶著趙盾走下殿來。晉靈公急得只好嗾使惡犬撲噬趙盾。而提彌明卻上前殺了牠。趙盾說：「捨棄人利用犬，雖然凶猛，又有何用？」於是一邊搏鬥，一邊退了出來。就在這年的九月乙丑，趙穿（盾堂弟）在桃園（園名）攻殺了晉靈公。趙盾沒有走出國境而回來重登卿位。於是太史記載此事說：「趙盾弒其君」，並在朝廷上出示給人看。趙盾說：「這是不對的。」太史回答說：「你是正卿，逃亡沒有超越國境，回來又不討伐叛賊，不是你弒君又是誰呢？」趙盾說：「唉！詩說：『由於多所懷戀，才給自己帶來憂傷。』這恐怕就是對我而說的吧！」孔子說：「董狐，是古代的好史官，據法記載，毫不隱瞞。趙宣子，是古代的好大夫，為書法而蒙受了弒君的惡名。可惜啊！如果超越國境，就可以免除弒君的惡名了。」

另外，在《左傳》昭公十九年（西元前五二〇年），也有一段記載，大意是說：這年的夏天，許悼公患瘧疾，在五月戊辰這天，因喝了太子止所進的藥就死了。太子逃奔到晉國。於是史官記載說：「弒其君。」君子說：「盡心力事奉國君，不進藥物是可以的。」

呂氏據此，疾言左氏所載孔子之言爲僞託，並認爲弒靈公的眞正凶手是趙盾而非趙穿。同時也附帶說明許悼公之死爲太子止所殺，亦非「爲法受惡」。最後則指出董狐書法的含義，借明「惜也！越竟乃免」之言，絕非孔子所說。

手有高下，故委輕重於權，目有憎愛，故委妍媸於鏡。心有偏黨，故委是非於聖人。天下之所以歸誠委己，惟聖人之聽，何也？至公而可以裁天下之不公也，至平而可以揆天下之不平也，至正而可以服天下之不正也。中天下而立，並受萬世是非之訟，天高海澄，眾理自見。不爲顏閔❷而損毫髮之過，不爲跖蹻而增錙銖❸之惡，苟持衡不定，軒輕靡常，則何以爲萬世公議之主哉？

左氏載趙盾之弒君，託爲仲尼之言曰：「爲法受惡。」吾竊意非仲尼之言也。盾果有惡，豈容其辭，盾果無惡，豈容其受？操賞罰之柄者，但當核其有無耳，豈論辭受之地哉？今言爲法受惡，是盾本無弒君之惡，作史者爲法而強加之，盾亦爲法而勉受之耳。寧有聖人肯許秉筆者輒加之以惡乎？聖人果許秉筆者加人以惡，則萬世是非之衡，至是而撓矣。法爲罪設者也，無疾則無方，無罪則無法，若謂盾非弒君，特爲法而受惡，則罪與法豈兩物耶？自斯言既出，而趙盾之事，始為後世所疑矣。

盾之弒君，本無可疑，靈公之殞，雖假手於趙穿，然桃園之難，不作於盾未出奔之前，而作於盾方出奔之後，盾身朝出，穿變夕興，盾若不奔，穿亦不弒，是弒君之由，實起於盾，穿特為盾役耳。使穿專弒君之謀，則事捷之後，當席其威而竊國，靈何有於一亡大夫，復推之秉大柄乎？則穿之弒為盾，而不為己明矣！盾聞君弒而亟反，不惟不能討穿，又遣迎新君以固其寵，是德其為己用而陰報之也！卒為將犯陣，及其成功，必曰將破敵，而不曰卒破敵；奴為主推刃，及其論罪，必曰主殺人，而不曰奴殺人。穿既為盾弒君，盾雖欲辭弒君之名得乎？既不可辭，何名為受？董狐❹書之，仲尼因之，皆以正法而治盾之實惡，不聞有所謂為法受惡者也！

後世誤信左氏，遂以為眞仲尼之言，迺謂聖人之筆，固有名誅而實貸，文抑而意揚者。沿及許世子止❺之事，亦意以其非親弒，附之於為法受惡之義。抑不知殺人之情，有謀有故，有戲有誤，謂之殺則同也。殺人之具，有刃有梃，有酖有藥，謂之殺亦同也。世有誤以藥殺人者，等之於戕刼屠剝輩，刑辟輕重固有間矣，然不謂之殺人則不可。許止誤進藥，不幸而殺其君，雖視商臣❻、蔡般❼之惡，相去不啻千萬，至於弒君之名，安得而不與之同乎？書其弒君，蓋法所當然，亦非所謂為法受惡也！

左氏託為仲尼之言，誤後世如此。抑其間又有甚紕漏者，益知其非聖人之語焉。董狐責盾之兩言，深中其肝膈之隱，所謂亡不出竟者，蓋責其遷延宿留，潛有所待，以為與謀之證耳，曷嘗謂在竟內則有罪，在竟外則無罪乎？左氏不達狐之意，復託仲尼之言曰：「惜也！越竟乃免。」審如是，則後有姦臣賊子如盾者，逆謀既定，從近關出，候於竟外，聞事克而徐歸，遂可脫弒逆之名矣。是為姦臣賊子畫逃罪之策也，夫豈聖人語耶？

【註釋】❶趙穿　晉卿趙盾的堂弟，共孟之子，即趙武子，弒靈公。❷顏閔　即顏淵、閔子騫。孔子弟子，在孔門屬德行科。見《論語‧先進》。❸跖蹻　即盜跖和莊蹻。皆古大盜名。見《鹽鐵論‧世務》。❹董狐　晉史官，姓姒。見《左傳》宣公二年。❺許世子止　即許悼公買之太子，名止。故下文僅稱許止。見《左傳》昭公十九年。❻商臣　楚穆王名，成王子，弒父自立，在位十二年。見《左傳》僖公三十二年及文公元年。❼蔡般　即蔡靈侯，名般，景侯子、弒父自立，在位十二年，為楚所殺，遂滅蔡，以公子棄疾為蔡公。見《左傳》昭公十一年。

【語譯】用手衡物不準確，所以就把輕重交給磅稱去決斷，以眼觀物有憎愛，所以就將美醜交給明鏡去顯現，人心衡情度理有偏黨，所以就把是非交由聖人來評論。天下所有的人，都願將一己的言論行為，誠心誠意地委託給聖人，並完全聽從聖人的評斷，是什麼道理呢？因為至極的公正，可以裁量天下的不公正，至極的公平，可以揆度所有的不公平，至極的中正，可以服順天下的不中正。以大公中正為準則，而屹立於天下，並受理萬世是非的爭訟，這就如同天高自然日出，海澄自然水清，而眾理也就自然展現在人們的眼前。不替顏淵、閔子騫減損毫髮的過失，也不替盜跖和莊蹻增加錙銖的罪惡，假使衡量沒有定則，是非沒有常法，那麼又如何能為萬代公議的宗主呢？

左氏記載趙盾的弒君，假託孔子的話說：「為法受惡。」我私下以為這不是孔子的話。趙盾果真有罪，那能容許他推辭？趙盾果真無罪，那能容許他接受？操持賞罰大權的人，最要緊的就是要審核他是否有罪，那有議論辭受的餘地呢？現在說因為書法而遭受罪名，這分明是說趙盾本無弒君的罪名，作史的人，為了書法而勉強給他加上去的，趙盾也為了書法而勉強接受這個罪名罷了。那有聖人願意容許持筆作史的人妄自加人以罪名呢？如果聖人容許持筆寫史的人隨意給人增加罪名，那麼萬世是非的衡量平斷，到此也就歪曲而不能公正了。要知道，法是為犯罪的人而設，沒有病就不需要處藥方，如無人犯罪，就不需要法律，如果說趙盾不是弒君，只不過是因為書法才遭受到罪名的，那麼罪和法豈不是成了無關的兩種事物了嗎？自從這種話說出來以後，而趙盾的事情，也就開始為後世所懷疑了。

趙盾的弒君，本來就沒有可懷疑的，靈公的死，雖然是借趙穿的手從事實際的行動，可是桃園的發難，不起於趙盾未出奔以前，而發生在趙盾剛出奔以後，趙盾早上出奔，趙穿的叛亂晚上興作，趙盾若不出奔，趙穿也就不弒君，這分明弒君的原由，實在是起於趙盾，趙穿只是替趙盾行役罷了。假使趙穿專擅弒君的謀略，那麼事情成功以後，就當憑藉著其威勢竊取國家的大權，為什麼又推舉一個逃亡的大夫來執掌國家的政令呢？那麼趙穿的弒君，實際上就是趙盾的指使，不是自己的意願就非常明顯了！趙盾聽說國君被殺而火速的回來，不僅不能討伐趙穿，卻又派遣他迎接新君，來堅定他被寵信的心情，這種做法，就是感謝他爲自己所用的恩德，而暗中回報的手段啊！士卒替大將衝鋒陷陣，等到成功了，一定說是大將破敵，而不說是士卒破敵；奴僕替主人揮刀殺人，等到論罪的時候，一定說是主人殺人，而不說是奴僕殺人。趙穿既然替趙盾殺君，趙盾就是想辭弒君的罪名可以嗎？既然不能辭掉罪名，爲什麼說是遭受？董狐記載，孔子因以爲說，都是用公正的法則來治趙盾的實際罪過，倒沒有聽說有所謂爲了書法而遭受罪名的呢！

後人誤信左氏的說法，於是以爲眞正是孔子的話，竟認爲聖人的筆法，本有在表面上誅罰而實際上就是寬貸，在文字上貶抑而本意是在稱揚。一直沿襲到許世子止進藥毒殺其君這件事，也認爲並非親自弒君，仍把他附加在爲書法受弒君之名的大義上。卻不知殺人的實情，有奸謀，有事故，有戲弄，有誤會，而稱爲殺則相同。殺人的工具，有刀，有棍，有酒，有藥，而稱爲殺也是相同的。世人有誤會用藥殺人的人，看作和戕殺、刼殺、屠殺、剝殺相等，刑罪的輕重本有不同，然而不稱爲殺人那是不可以的。許止誤進藥，不幸而殺了他的國君，雖然和商臣、蔡般的弒君相比，差別之大不啻千里，至於弒君的罪名，怎能不和他兩個相同呢？記載他弒君，就書法來說是當然的，並不是所謂的爲書法而受弒君的罪名啊！

左氏假託是孔子的話，迷誤後人竟是這樣。不過這中間尙有更甚的錯誤漏洞，從中更可進一步的知道不是聖人的語言。董狐責備趙盾的兩句話，深切地說中了他內心的隱密，所謂逃亡沒有走出國境，其實是責斥他故意拖延停留，暗中有所等待，來作爲相與謀畫弒君的證據，那裏是說在國境以內就有罪，在國境以外就沒有罪呢？左氏不了解董狐的意旨，又假託孔子的話說：「可惜啊！超越國境，就可避免弒君的罪名了。」確實如此的話，那麼後世有奸臣賊子像趙盾這樣的人，叛逆的計謀既然擬定，從附近的關口逃出，在國境外等候，事情成功以後再慢慢地回來，這樣就可以脫掉弒君叛逆的罪名了。這分明是在爲奸臣賊子設計逃避罪名的策略，這那裏是聖人說的話呢？

【研析】良史秉筆，察微見隱，故能傳其眞；聖人至公，度情衡理，故能得其正。後人讀其言往往不能揄揚其義，誦載籍而不審是否合於情理，致使良史之筆，暗而常晦，僞託之言，反信以爲眞，這大概就是呂氏所以不能已於言的原因吧！

本文就內容說，約可分爲五段，作者首先指出公平至正，不私不黨，方可以爲萬世公議之主。其次則駁斥《左傳》所載孔子爲趙盾脫罪「爲法受惡」之言，絕非孔子所說。第三段乃辨析晉靈公爲趙盾所殺的理由，事顯理明，可以破除後人「爲法受惡」的迷惑。第四段則附及許太子止雖由進藥而誤致其君死亡，然依法仍爲弒君，亦非「爲法受惡」。最後責左氏不惟不達董狐之意，且可由董氏之筆，明顯的看出孔子「爲法受惡，惜也，越竟乃免」之言，爲左氏所僞託。

就行文說，一開始，即以至公、至平、至正爲發端，這已暗示左氏的所載有值得爭論的地方了。接著，即針對著文題，展開一層一層的辨駁，我們認爲以辨靈公爲趙盾所弒之言最爲精彩，而以闡董狐之筆義，最爲深刻。解「惜也，越竟乃免」仲尼之言爲僞託，最爲有見地。讀《左傳》，人皆知趙穿弒君，很少人認爲是出之於趙盾，經過作者的詳切分析，您是否也覺得理有固然呢？再來就是對董狐責備趙盾的兩句話，有與眾不同的體認。作者以爲：「所謂亡不出竟者，蓋責其遷延宿留，潛有所待，以爲與謀之證耳，曷常謂在竟內則有罪，在竟外則無罪乎？」這又是何其眞切之言！至於爲孔子辨誣的話，更是一語點醒夢中人，使您直覺的會說，聖人那能這樣講呢？

全文以「趙盾弒其君」，「許世子止弒其君」，「亡不越竟，反不討賊」以及「爲法受惡，惜也，越竟乃免」爲重點，作深入淺出的辨析闡發，就事衡情，舉譬明理，有大快人心之筆，有令人首肯之言，更有出人意表的明澈之見，於此，正可看出作者具有不世出的寫作才華。

晉成公❶為公族❷ 宣公二年

【題解】 此事載於《左傳》宣公二年（西元前六〇七年）。大意是說：起初，當驪姬製造禍亂時（見《左傳》莊公二十八年及僖公四年），與晉獻公在神前盟誓：今後不再收容羣公子。從這時起，晉國就不再設置公族官職。直到成公卽位，才把這種官職授予卿的嫡子並且給他們田地，讓他們擔任公族。又把其他的官職授予卿的庶子，讓他們擔任餘子、公行。晉國從此以後，就又有公族、餘子、公行這三種官位了。

後來趙盾請求讓趙括擔任公族，並說：「他是君姬氏的愛子，如無君姬氏，那麼臣下就是狄人了。」成公答應了他的請求。這年的冬天，趙盾出長旄車之族，使趙括統領他的舊族爲公族大夫。呂氏據此，一方面深許成公的恢復公族制度，同時也痛責文公因急於功利，而竟忘卻了一己切身之痛的流浪生涯，毫無所悟的仍然依循「驪姬之約」，使「宗族離析」而不知憐恤。

興於治而廢於亂，法之良者也；興於亂而廢於治，法之弊者也。帝辛❸以暴侈毒天下，炮烙剞劓之刑，鉅橋❹鹿臺❺之賦，叢然並起。武王❻既事牧野❼，首反商政，還成湯❽、太甲❾、武丁❿之彝典於一日間，向者淫虐之法，悉芟悉鋤，本拔源塞，曷嘗深毒遺害以誘後之人哉？至於成康⑪之世，雖欲除弊，固已無弊之可除矣。後世有弊之可除，必前世除弊之未盡，其美在後，其責在前。吾見惠帝⑫除挾書之律，然後知高帝⑬之緩於儒術也；吾見文帝⑭除誹謗之令，然後知高帝之緩於忠言也。高帝伐秦，雖日不暇給，他事縱未能盡革，至於儒術之廢，忠言之壅，寧忍坐視沒身而不問乎？幸而惠文刊除其弊，使亦如高帝之不問，則終四百年之業，名漢而實秦矣。後世因惠文之得，而知高帝之失，吾亦因晉成之舉，而知文公⑮之闕焉。

晉自驪姬⑯之難，詛無畜羣公子，晉於是乎無公族，至成公踐阼而始復之。由成公上距驪姬之世，所歷者幾君矣，先文公而作者，如惠如懷⑰，蓋不足責也，後文公而繼者，如襄如靈⑱亦不足責也，獨文公名列五霸，號稱明君，身受春秋賢者之責，乃循驪姬之約，宗族離析，曾不知恤，豈可舍此而他責乎？況驪姬之難，文公嘗親被之矣，其所以顛頓奔走，適狄適衛，適齊適曹，適鄭適楚，齒髮老於道路者，正坐驪姬之詛也！幸而反國正位，盍懲創是禍，轉思公子公姓，散在邊裔，多歷歲時，豈無駭懼危慄，如吾之斬祛⑲者乎？豈無空乏餓憊，如吾之乞食⑳者乎？豈無慢侮陵辱，如吾之觀浴㉑者乎？以吾身前日之困悴，度他人今日之艱勤，是宜亟發號令，鳩集撫摩，以盡惇敘之義。顧乃急於功利，不暇更革，時異事改，雖其諸子，如欒在陳，雍在秦㉒，俱未免流離之患，再三傳之後，始克正之，吾是以為文公恨也！

天下之弊法，固有經千百年而不能廢者矣，衞鞅㉓之阡陌也，漢武之鹽鐵㉔也，張滂之稅茗㉕也，劉守光之沮兵㉖也，是雖知其弊，然或掣其前，或牽其後，未易以朝夕去。至若公族之制，復何所齟齬哉？令出堂陛，而法成有司矣。文公之猶豫不變，果何意也？善為文公辭者，吾將問之。

【註釋】❶成公　晉文公少子，襄公弟，名黑臀，在位七年。見《史記·晉世家》。❷公族　有廣狹二義。凡公室同姓子弟，均稱公族，此指廣義。如魯文公七年傳：「公族，公室之枝葉也。」即指羣公子而言，亦即公族。公族大夫，亦省稱公族，此以公族為官名，即狹義之公族。如魯宣公二年傳：「自是晉無公族」，即謂晉自此以後無公族大夫之官。❸帝辛　即殷紂。帝乙少子，殷末帝，暴虐無道，天下謂之紂。❹鉅橋　古府倉名。在今河北省曲周縣東北。見《史記·殷本紀》。❺鹿臺　殷紂聚集財物的府庫。別稱南單之臺。故址在今河南省淇縣境。見《史記·殷本紀》。❻武王　即周武王。名發，文王子，滅殷而有天下。❼牧野　古地名。在今河南省淇縣南。周武王伐紂於此。❽成湯　又稱商湯，姓子名履，商代開國君主，在位三十年。見《史記·殷本紀》。❾太甲　商王。成湯孫。即位後縱欲無度，不理國政，被伊尹放逐於桐，三年後，悔過反善，迎歸，授以政權。見《史記·殷本紀》。❿武丁　殷王名。即高宗。為盤庚弟小乙之子。用傅說為相，勤修政事，國勢漸趨強盛。在位五十九年，殷得以復興。⑪成康　卽周成王、康王。成王名誦，武王子。康王名釗，成王子。因二王在位時，天下太平，刑措不用，故後世以成康比喻盛世。見《史記・周本紀》。⑫惠帝　卽漢惠帝，名盈，高祖子，在位七年。⑬高帝　卽漢高祖劉邦。字季，沛豐邑人。爲漢開國君主，在位十二年崩。見《史記・高祖紀》。⑭文帝　卽漢文帝。漢高祖之子，名恆。仁慈恭儉，以德化民，主張清淨無爲，與民休息，天下大治，在位二十三年。⑮文公　卽晉文公。名重耳，獻公子，在位九年，稱霸諸侯。⑯驪姬　晉獻公妾，驪戎女，生奚齊。後驪姬嬖倖，欲立其子，譖殺太子申生，離間諸公子，使居邊鄙之地，以便達其立奚齊爲太子的心願。見《左傳》莊公二十八年及僖公四年。⑰如惠如懷　惠，卽晉惠公，名夷吾，獻公子，爲戎女小戎子所生，在位十四年。懷，卽晉懷公，名圉，惠公子。在位不及半年卽爲文公（重耳）所取代。見《左傳》僖公二十三、二十四年及《史記・晉世家》。⑱如襄如靈　襄，卽晉襄公。文公子，名歡，在位七年。靈，卽晉靈公，襄公子，名夷皋，在位十四年。⑲斬袪　謂斬下公子重耳的袖口。時重耳在蒲城，獻公派寺人披伐蒲，重耳踰牆而走，衣袖尚留牆上，被披斬下。遂出奔翟。見《左傳》僖公五年。⑳乞食　謂晉公子重耳流亡時，經過衛國，衛文公不加禮遇。自五鹿出而東行，向鄉下人乞討食物。見《左傳》僖公二十三年。五鹿，衛地，在今河南省濮陽縣南。㉑觀浴　謂重耳流亡時，行至曹國，曹共公聽説他的肋骨併連在一起，想一窺其裸體，乘他洗澡時，在簾子外面觀看。見《左傳》僖公二十三年。㉒如樂在陳雍在秦　樂、雍均爲文公子、襄公弟。樂母爲辰嬴，隱居在陳國。雍母爲杜祁，仕於秦，爲亞卿。見《左傳》文公六年。㉓衛鞅　戰國衛人，姓公孫名鞅，因封於商，也稱商鞅、商君。相秦孝公，主張「治世不一道，便國不法古」，廢井田，開阡陌，獎勵耕戰，使秦國富強。㉔漢武之鹽鐵　謂漢武帝時徵收鹽鐵之稅。見《漢書・食貨志上》。㉕張滂之稅茗　唐德宗貞元八年，諸道鹽鐵使張滂，奏議徵收茶稅，十稅其一。見《新唐書·食貨志四》。㉖劉守光之沮兵　劉守光，五代後梁深州樂壽（今河北省獻縣）人，仁恭子。乾化（後梁朱溫年號）初，自稱大燕皇帝，以其庸愚驕縱，兵敗被殺。見《新五代史·雜傳二十七》。

【語譯】就常理說，作於治世而廢於亂世，這是好的法律；如作於亂世而廢於治世的話，這就是壞的法律了。殷紂以暴虐放縱來毒害天下的人民，所以炮烙、剖心、刳骨的酷刑，大搜錢糧儲於鉅橋、鹿臺的重賦，也就繁雜地同時施行。武王既然完成大事於牧野，首先回返商代的仁政，在一日之間，就恢復了成湯、太甲、武丁的常法，將先前那些淫亂暴虐的法令，即行全部剷除，拔根堵源，何曾將這種消除深毒遺害的責任推諉給後人呢？至於成、康時代，天下太平，就是想除弊政，也沒有弊政可除了。後代有弊政可除，一定是前代去除弊政不盡所致，如果美政在後世，而弊政的責任即在前代。我看到漢惠帝解除挾書的律令，然後就知道高帝的疏緩於儒家的學術；我看了漢文帝廢除誹謗的律令，然後就知道高帝疏忽了忠言的上達。當高帝討伐秦國的時候，雖然情勢緊急而時日不給，其他的弊端縱然不能全部革除，至於儒家學術的廢弛，忠言的壅塞不能上達，怎可忍心漠視不管直到老死而不聞問呢？幸好惠、文二帝刊除了這種弊端，假使也像高帝的不加聞問，那麼整個漢代四百年的基業，在表面上雖爲漢代，而其實也就是秦朝政治的延伸了。後代因見惠、文二帝刊改廢除的美政，方知高帝的失誤，我也因了晉成公的舉措，而知道文公的缺失所在。

晉國自從驪姬所發生的那次災難，就立下誓約不再蓄養羣公子，晉國自這時起就沒有公族了，直到成公卽位，始恢復這種制度。從成公上距驪姬的世代，所經歷的已有好幾位國君了，先文公而爲晉君的，像惠公、懷公，實不足以責斥，在文公以後而爲晉君的，像襄公、靈公，也不足以責斥，僅有文公雄才大略，名列五霸，號稱為賢明的國君，身負春秋賢君的責任，竟然因襲驪姬時代的誓約，宗族離散，曾不知救恤，怎可捨此而他求呢？況且驪姬所造成的災難，文公曾親自蒙受過，他所以顛沛困頓、逃亡、奔走，往狄、往衛、往齊、往曹、往鄭、往楚，由於不停地奔波，而年老於道路的原因，正是受了驪姬誓約的牽累啊！幸好後來得以回國就正君位，何不以此災禍為警惕，反轉過來思念公子公姓散居在遙遠的邊疆，經過那麼多年，難道不驚駭畏懼戰慄，就像自我的被斬去衣袖一樣的危險嗎？難道就沒有貧窮、飢餓、疲憊，像我當時乞食的情形嗎？難道就沒有遭受侮慢陵辱，像我的被人觀浴的嗎？以我自身先前所遭遇的困窮憂傷，來揣度他人今日的艱難勤勞，就當儘快地發號司令，將他們聚集在一起，好好地予以撫慰安置，以盡公族敦厚的情義。沒想到即位以後，竟急於功利，沒有多餘的時間更張改革，等到時移事變，就是他自己的諸子，像公子樂寄居陳國，公子雍寄居秦國，都沒有能夠免除流離的憂患，要再傳三世以後，始得以改正，我因此為文公感到遺憾啊！

天下的壞法，本來就有經過千百年而竟然不能廢除的，如衛鞅的開阡陌，漢武帝的鹽鐵稅，張滂的征茶捐，劉守光的庸愚驕縱，兵敗被殺，這些前例，雖然知道其弊病，可是有的被掣肘於前，有的被牽連於後，不容易馬上予以革除。至於像公族的制度，又有什麼抵觸不合的呢？只要國君一發布命令，而主管官吏馬上就可制成法律了。文公的遲疑不變更，究竟是什麼意思呢？善於為文公說話的人，我將要向他們請問。

【研析】在宗法時代，公室子弟，應該得到妥善的照顧，享有應得的地位，似乎是不容置疑的。這就好比一個大家族，家族中的長輩或宗長，有義務和責任照顧、關懷其子弟的道理是一樣的。晉文公重耳，是當時的霸主，為一代賢君，而且親歷流亡、遭遇不禮、艱困之痛，返國即位後，按理應該重置公族大夫，妥善地照顧羣公子，以盡惇敍之義，然而他卻急於功利，竟將此事忽略了。直到成公才恢復公族大夫之制。呂氏有見於此，特爲文一抒所懷。

就全文內容說，約可分爲三段，作者首先引喻說明良法興於治世，弊法起於亂代，由治世廢前代未廢之律，或修前代未修之法，而前代之弊，卽無所遁形。其次則深責晉文公重耳，不能及身恢復公族之制，予以「鳩集撫摩，以盡惇敍之義」，一任羣公子飽嘗流離艱困無依之苦。最後則說明弊法固有難以一時廢棄者，而公族之制，僅需「令出堂陛」，卽可「法成有司」，以文公之賢，何以不行？

就行文說，作者本「責備賢者」之義，以晉文公未能及身恢復公族大夫之制爲憾，而仍使羣公子散居四方，「如欒在陳雍在秦」，未免有失仁慈之嫌，這是主旨所在。爲了證明這種見解的正確，所以作者用「晉成公爲公族」爲題，以與第一段「後世有弊之可除，必前世除弊之未盡，……吾見惠帝除挾書之律，然後知高帝之緩於儒術也；吾見文帝除誹謗之令，然後知高帝之緩於忠言也」相應，而文公之失，也就自然顯露了。然後再以「驪姬之難，詛無蓄羣公子，晉於是乎無公族」數語，說明晉國公族大夫之制的何以會廢棄，進而更由於成公的力圖恢復，而益使文公難辭其失職之責。這在行文上說，有步步逼緊之勢。除此之外，作者在文中引喻之言，更能增加文章的深度，同時也可看出呂氏讀書之博，記憶之強，體驗之切，故能運用自如，無傷於穿鑿。

楚子❶問鼎❷ 宣公三年

【題解】此事載於《左傳》宣公三年（西元前六〇六年）。大意是說：楚子（莊王）攻打陸渾之戎，因此抵達雒水，在周王境內陳兵示威。周定王派大夫王孫滿慰勞楚子，楚子問九鼎的大小、輕重。王孫滿回答說：「鼎的大小、輕重，在於君王之德，而不在鼎的本身。從前當夏代有德的時候，圖畫遠方的各種物象，使九州的長官貢賦赤金（銅），鑄造九鼎，並把各種物象鑄在上面，鼎上面各種物象都具備，這樣可使人民知道什麼是神，什麼是姦。所以人民進入川澤、山林，就不會遇到不利於己的東西。像螭魅魍魎這些鬼怪，就不會遇上。因此能使上下協和，來承受上天的保祐。由於夏桀的昏暴，故鼎遷到商朝，前後經過六百年。因商紂暴虐，鼎又遷到周朝。君德如果是美善光明，鼎雖小也是重的，如其奸邪昏亂，鼎雖大也是輕的。上天賜福給有明德的人，一定有他不可改變的標準，成王將九鼎固定在郟鄏（周王城），占卜的結果，可傳世三十代，享國七百年，這是上天的命令，周王之德雖然衰退，天命並未改變，鼎的輕重，是不可以詢問的。」

呂氏據此，以為王孫滿「引天援神」，使楚子「卷甲韜戈，逡巡自卻」此誠「眾人之所喜」，然亦為「識者所憂」，而影響所及，使周之君臣，惟知逞口舌之辯，而不知務實，上下相怠而不知非，國以此滅而不知由。王孫滿退敵之功，實不足以贖怠周之罪。

一夫而抗強敵，一言而排大難，此眾人之所喜，而識者之所憂也。楚為封豕長蛇❸，薦食上國，陳師鞠旅，觀兵周郊，問九鼎之輕重，其勢岌岌，若岱華嵩丘將覆而未壓。王孫滿❹獨善為說辭，引天援神，折其狂僭，使楚人卷甲韜戈，逡巡自卻，文昭武穆❺，鐘簴不移，瀍水❻雒都❼，城闕無改，其再造周室之功，實在社稷。是固眾人之所同喜也，夫何憂？憂之云者，非憂其一時之功也，喜在今日而憂在他日也！天下之禍不可狃，而幸不可恃。問鼎，大變也，國幾亡而祀幾絕，王孫滿持辯口以禦之，所以楚子退聽者，亦幸焉耳，周人遂以為強楚之凶燄如是，尚畏吾之文告，而不敢前，異時復有跳梁畿甸者，正煩一辯士足矣。是狃寇難為常，而眞以三寸舌為可恃也！

由東遷以來，周之君臣，上恬下嬉，奄奄略無立志，身不見驪彘之釁❽，口不誦板蕩之詩❾，玩於宴安，浸以媮惰，君子猶意倘遇禍變，庶幾儆懼改前之為。今三代所傳之大寶鎮器，蠻夷跛扈，乃敢睥睨蕩搖，欲以腥羶汙漫之，侈然有改玉改步❿之意，禍變孰大於此！使王公卿士怵惕祇畏，懷覆亡之虞，則后稷⓫、公劉⓬之業猶有望也。適王孫滿之說偶行，其君臣相與高枕，遂謂吾舌尚存，寇至何畏？狃其禍而恃其幸，開之者非滿歟？自是之後，相襲成俗，問其治國，則先文華而後德政；問其禦寇，則先辯說而後甲兵；問其撫邦，則先酬對而後信義。內觀其實，日薄日蹷，外觀其辭，日新日巧，典冊絢麗，尚如在成、康之間，形勢陵遲，固已若夏、商之季矣。

下逮戰國吞噬之際，猶用滿之餘策，虛張九九八十一萬之數⓭以謠齊，左欺右紿，自矜得計。一旦秦兵東出，辯不能屈，說不能下，緩頰長喙，噤無所施，稽首歸罪，甘為俘虜，始知浮語虛辭，果有時而不可恃也。晚矣哉！人有疾病者，偶得刀匕之劑而獲瘳，乃憑藉餘劑，酣縱跌蕩，以自投死地，是瘉之於先，所以殺之於後也！故吾嘗謂王孫滿卻楚之功，不足償其怠周之罪。

【註　釋】❶楚子　指楚莊王。名旅，穆王子，成王孫，在位二十三年。旅，穀梁作呂，《史記·楚世家》作侶。❷鼎　指九鼎。為古代象徵國家政權傳國之寶。《史記·武帝紀》：「禹收九牧之金，鑄九鼎，象九州。」相傳成湯遷九鼎於商邑，周武王遷之於雒邑。周顯王四十二年（西元前三二七年）宋大丘社亡，九鼎沒於泗水彭城下。❸封豕長蛇　大豬與長蛇。喻貪暴的元凶首惡。見《左傳》定公四年。❹王孫滿　周大夫。《英賢傳》：「周共王生圉，圉曾孫滿。」❺文昭武穆　指周代宗廟。文為文王，武指武王。昭穆為宗廟中輩分排列的次序，以始祖居中，二、四、六世位於始祖之左，稱昭；三、五、七世位於始祖之右，稱穆。❻瀍水　水名。源出今河南省孟津縣西北邙山任家嶺，東流入洛水，於鞏縣注入黃河。❼雒都　即雒邑。西周成王時周公所營建的東都。戰國時改名雒陽，因在雒水之北得名。今作洛陽。❽驪彘之釁　驪，山名，在今陝西臨潼縣東南。周時犬戎之亂，幽王被殺於驪山下。彘，春秋晉邑，在今山東霍縣東北。周厲王暴虐無道，百姓背叛，厲王出奔彘，後死於彘。見《史記·周本紀》。❾板蕩之詩　《詩經·大雅》二篇名。板，〈詩序〉：「凡伯刺厲王也。」今或以為：假戒同僚而歸諫於王之詩。蕩，〈詩序〉：「召穆公傷周室大壞也，厲王無道，天下蕩蕩，無綱紀文章，故作是詩也。」今或以為：託言文王而引殷商之覆亡，以警當世之詩。❿改玉改步　比喻視不同情況而改變作法。本作改步改玉。見《左傳》定公五年。⓫后稷　周始祖。為堯農師，封於邰，號后稷。子孫世襲其官，十五傳至周武王遂有天下。⑫公劉 周始祖后稷曾孫。夏代時后稷子不窋被除掉農官職務，逃往戎狄，傳至公劉，又遷往邠地，特別勤於農業，周室始興盛起來。⑬九九八十一萬之數 此言輓引九鼎之人數。輓引一鼎需九萬人，九鼎需八十一萬人。爲周人顏率對齊王語。見《戰國策．卷一．秦興師臨周而求九鼎》。

【語譯】一個人能抵抗強敵，一句話能排除大的災難，這是眾人所欣喜，而具有遠識的人所憂慮的。楚本爲貪暴凶猛的國家，一再呑食上國，陳列師旅，誓約告戒，在周王的郊外，檢閱軍隊，以兵威示人，詢問九鼎的輕重大小，這種情勢的危急，就像泰、華、嵩諸大山的將要傾覆，只是尚未壓到地面。大夫王孫滿獨善於言辭辯說，援引天神，摧折其狂妄僭越，使楚人收捲甲兵，套起戈矛，自行退卻，而周代的宗廟昭穆次序，鐘鼓的設備，得以不變遷，瀍水附近的雒都城闕建築，得以安然無恙，他重新建造周室的功勞，實在可稱得上是一位關係國家安危的大臣。這本是眾人所當欣喜的，有什麼可憂慮的？所謂憂，這並非憂慮他一時的功勞，指的是喜在今日而憂慮在他日啊！對天下的禍患來說，不可習以爲常，而幸運也不可仗恃。問鼎的輕重，是一個大變局，國家將要滅亡，祭祀將要斷絕，王孫滿以巧辯的口才來作抵禦的武器，所以楚王能退卻聽從，也只能說是幸運罷了，周王君臣遂以爲強楚的凶猛氣燄如此，尚且畏懼我們的文辭告戒，而不敢進前窺伺，以後再有叛亂王畿甸郊的，只要煩勞一位辯士就足夠了。這種想法，就是習慣於寇難爲平常，而眞正以口舌爲可仗恃啊！

自從周平王東遷以來，周的君王大臣，在上位的安於現實，在下位的只知玩樂嬉遊，所表現的既無生氣，當然也就談不上立志有所作爲，既沒有經歷過災難與戰亂，又不誦習板蕩的詩篇，貪玩於安逸，漸流於苟且怠惰，雖然如此，君子仍以爲倘若遭遇災禍變亂，即可由警懼戒備一改先前的作爲。而今由三代所傳下來的大寶鎮器——九鼎，蠻夷傲慢強横，竟敢窺視蕩搖，要以腥膻的手來沾污它，大有一改夷夏情勢的意圖，禍亂的變革，還有什麼大於此的呢！假使朝中的王公卿士們能怵然惕厲敬畏，懷著國家將要滅亡的憂慮，那麼恢復后稷、公劉的基業，仍然是有希望的。適有王孫滿的說法徧行於朝中，君臣上下，不再有所憂慮，遂以爲只要我們的舌頭還在，就是敵寇到來，也沒有什麼可畏懼的。習於面臨禍亂，而憑恃著幸運，始開這種風氣的不就是王孫滿嗎？從此以後，互相沿襲成了習俗，若問及如何治理國家，則主張先文飾華美然後再施行德政；若問及禦寇的方法，則主張先用辯說而後用甲兵；問及如何安撫邦國諸侯，則主張先行酬酢應對，而後再講信義。就內在的實際情形來看，一天天的偸薄頹廢，就對外的言辭來看，一天天的新奇巧妙，文獻典册的絢爛華美，尙能像在成、康時代，而天下整個形勢的衰微混亂，則早已像夏、商的末世了。

直到戰國相互吞噬的時候，仍然應用王孫滿的遺策，虛張九九八十一萬人的聲勢之數來譎詐齊國，欺左騙右，自誇以爲得計。一旦秦兵出關而東，辯論不能使之屈服，巧說不能使之後退，和顏悅色，巧辭辯說，皆噤閉無所施用，只有叩頭自我歸罪，甘願作爲俘虜，這時才知道浮泛的言語，空虛的辯辭，果眞有時是不可仗恃的。太晚嘍！有人患了疾病，偶然得到刀匕的翦除而獲得痊癒，於是就憑藉著有治療的藥劑，酣醉縱慾、放蕩不羈，以自置於死地，這等於先將他的病治好，然後再把他殺掉啊！所以我卻認爲王孫滿使楚兵退卻的功勞，並不能補償他使周朝怠惰的罪過。

【研　析】自周平王東遷，大權卽逐漸旁落，而西周的盛況，不復再見。名爲周天子，而對當時諸侯來說，早已失去統轄約束的力量，只好一任其互相攻伐，進而威脅周室，而問九鼎的輕重大小了。本文作者，針對王孫滿以口舌退敵一事，作了深入淺出的探討，不惟認爲其退敵之功不足以償怠周臣之罪，而影響所及，反爲「浮語虛辭」的流行，譎詐功飾的漫延。國事的日非，自在意料之中。

就全文布局結構說，約可分爲三段，作者首先以凌厲的筆觸，點出抗強敵、保社稷，而以三寸舌爲可恃之意。接著則言東周君臣，本已「上恬下嬉，奄奄略無立志」，自王孫滿以口舌退敵後，一時君臣相與高枕，以爲吾舌尙存，敵不足畏。最後列舉史事，說明王孫滿退敵之功，實不足以贖其怠周之罪。

就行文說，作者以王孫滿爲中心，就其前後大勢及影響，作了通盤的檢討與說明，充分地表現了一己的見解與觀感。我們則認爲：王孫滿能臨危受命，從容不迫地退頑敵、保社稷，譽之爲功在國家，實不爲過。如以此論其「卻楚之功，不足以償其怠周之罪」，則未必然。王孫滿僅爲周室一大夫，所能任者幾何？他能不辱使命，使周之「城闕無改」，還不應該大書特書？然而國勢的衰頹，君臣的不振，才是導致諸侯放肆的主因。無如周天子及其冢宰大臣，竟不知以此爲警惕，及時奮發圖強，扭轉頹勢，一味地殘喘苟活，在此情況下，卽使王孫滿再有作爲，亦不能挽周室的衰敗啊！尤有進者，此次楚子的陳兵周境，示威問鼎，其用心可知，而周室之危亦可知，幸有一機智之王孫滿，於言談之間，使楚子「卷甲韜戈，逡巡自卻」，如無王孫滿的卻敵，就是周室君臣的想自怠，又如何可得！

卷二十五

鄭公子宋[2]公子歸生[2]弒靈公[3] 宣公四年 鄭討幽公之亂 宣公十年

【題解】 此事載於《左傳》宣公四年（西元前六〇五年）。大意是說：楚人獻給鄭靈公一隻大甲魚。公子宋（卽子公）和子家（卽公子歸生）在將要進見的時候，公子宋的食指忽然搖動起來，於是讓子家看，並說：「過去發生這種情況，一定會吃到美味的東西。」等到進去以後，廚師正準備將甲魚切開，二人不覺相視而笑。靈公問他們爲何而笑？子家就把進見前食指動的事情告訴了鄭靈公。等把甲魚賜給大夫吃的時候，也將公子宋召了來，但就是不給他吃。公子宋很生氣，隨卽將手指蘸在鼎中，嘗了嘗味道才走出去。靈公勃然大怒，竟欲將公子宋殺掉。這時公子宋反與子家謀畫先下手。子家說：「牲口老了，要殺牠，尚且還有顧慮，何況是國君呢？」不料公子宋卻反過來誣陷子家。子家害怕，只好順從公子宋的意思去做。在這年的夏天，殺了鄭靈公。《春秋》記載說：「鄭公子歸生弒其君夷。」魯宣公十年，鄭國的子家死了，鄭國人爲討伐他殺害幽公（卽靈公）的那次動亂，剖開了子家的棺材，同時也趕走了他的族人，並且改葬幽公，將他的謚號改爲「靈」。

呂氏據此，就公子宋、公子歸生以及鄭靈公三人的修養立論，說明三人中如有一人能「善養其心，情性素治」，則惡念之來，必有所止，絕不致以亂易亂，同蹈於不測的大禍。

養生之與養心，其同術而異效乎？一息之差，一啜之誤，是其爲病朝作而夕瘳者也。養生者兢兢而畏之者，非畏是病也，畏其相之者也。寒止於寒，夫何足畏？然自是而相之，安知其不爲瘵爲痞爲厥爲躃乎？熱止於熱，夫何足畏？然自是而相之，安知其不爲躁爲渴爲疽爲瘍乎？當其相之，雖名醫不能前料其所往，養生者其敢不謹其始哉？養心亦猶是也，喜怒哀樂稍失其正，以邪傳邪，轉而相之，合散起伏，出沒低昂，千態萬狀，莫知所終，善養心者所以戒儆恐懼，閑邪存誠，不敢毫釐失正，畏此故也！

鄭公子宋見宰夫解黿，以指動之驗，顧公子歸生而笑，是特相與爲戲耳，戲止於戲，不過抵朝儀不肅之罰，其爲愆也微矣。然是心一失其正，轉而相之，因公子宋之戲而召靈公之戲，獨不與食，以謬其指動之占，宋乃勃然慍怒，染指於鼎，嘗之而出，此其心之一變也。是心又轉而相之，因公子宋之怒而召靈公之怒，忿其傲很，將以爲大戮，宋乃恐懼，與公子歸生謀行弒逆，爲歸生所拒，此其心之再變也。是心又轉而相之，因公子歸生之拒而生公子宋之謀，反譖歸生於靈公以脅之，歸生果墮其計，懼禍之及，卒相與共弒靈公，此其心之三變也。

宋與歸生始相與戲，豈自意其禍之至此極哉？一笑之失，誰能免此，蓋公卿輿隸人人犯之，而官府家庭日日有是也，寧知是心三變之後，竟陷大逆乎？吾不特為往者懼，切為來者懼也！雖然水流於下而止於高，火傳於燥而止於溼，宋也、歸生也、靈公也，三人之中，苟有一人者善養其心，情性素治，則向來惡念，必有所止而不能之矣。宋與歸生之竊笑，靈公苟知君臣不可相與為謔，則其禍必止；靈公之不與宋食，宋苟知區區口腹不足累吾心，則其禍亦止；宋之染指，靈公苟稱罪薄譴，不至欲殺之，則其禍亦止；宋之謀弒，歸生苟義形於色，亟正其辭，則其禍亦止。不幸三人者，情性俱不治，以亂遇亂，互相激發，斯其所以同蹈於大禍也，夫豈專一人之尤耶？

【註釋】❶公子宋　字子公，鄭卿。❷公子歸生　字子家，鄭卿。❸靈公　鄭靈公，名夷，穆公子，在位一年，為公子歸生所弒，諡曰幽，後改諡靈。

【語譯】保養身體和涵養心性，其方法相同其效果是否有差異呢？一次呼息的不同，一次飲食的不正常，這種病早上發作，晚上也就好了。注重養生的人，小心而畏懼的，並不怕這種病，是畏懼其相關的併發症狀。寒冷止於寒冷，這有什麼值得害怕的？然而從寒冷而推求其相關的病症，怎知其不是肺癆病？不是脾臟腫大症？不是手足僵冷可使人暈倒症？不是腹中積聚成塊的病？發熱止於發熱，這有什麼好怕？然而從發熱而推求其相關的病症，怎知其不是躁狂症？不是消渴病？不是惡瘡？不是將要潰爛？當其推想相關病症的時候，就是名醫也不能預料其所發展的方向，而注重養生的人，那敢在一開始的時候不小心謹愼呢？涵養心性也是這樣，喜、怒、哀、樂，只要稍微失去正常，以邪傳邪，輾轉而引發相互間的關連，那種聚合、離散、興起、隱伏，有時出現，有時沈沒，忽低忽高，千態萬變，不知何所終止，善於涵養心性的人，所以戒愼恐懼，防止邪惡、存養誠信，不敢有毫釐的失誤正道，就是畏懼這種變化的緣故啊！

鄭公子宋看到厨師分切甲魚，以手指跳動的證驗，回過頭來對著公子歸生笑了笑，這只不過是相互戲弄罷了，戲弄止於戲弄，最多也不過抵當在朝儀中不肅敬的處罰，所構成的罪過，非常輕微。然而這種心態一失去正道，輾轉而相互推求，就公子宋的戲弄而招來靈公的戲謔，獨不給他一人甲魚吃，來使他指動的預兆不靈驗，公子宋竟勃然大怒，探指於鼎中，品嘗以後再出去，這是他心態的第一次變化。這種心態又輾轉相互推求，因公子宋的慍怒而招來靈公的忿怒，恨其傲慢無禮，將要把他殺掉，公子宋這才恐懼，於是和公子歸生謀畫弒君，被歸生所拒絕，這是其心態的第二次變化。這種心態又輾轉推求，因公子歸生的拒絕而又生出公子宋的計謀，反而在靈公面前說歸生的壞話來要脅他，歸生果然墜入他的詭計，害怕災禍的上身，終於和公子宋共同殺了靈公，這是他心態的第三次變化。

公子宋和公子歸生在開始的時候，只是互相戲弄，那裏料到竟招惹來這樣大的災禍呢？一次戲笑的失正，誰都不能免，其實上自公卿，下至輿隸，每個人都犯過，而官府、家庭中，每天也都有這種過失，那裏知道這種心態經過三次變化以後，竟然陷入大逆不道的境地呢？我不止是爲以往的事端恐懼，更確切地爲將來恐懼啊！雖然水往低的地方流而止於高處，火往乾燥的地方燒而止於濕的處所，可是如就公子宋、公子歸生、鄭靈公三人之中來說，假如有一人善於涵養他的心性，情性向來修治陶養的很好，那麼向來的惡念，一定有所停止而也就不能產生了。公子宋和公子歸生的暗中嬉笑，鄭靈公假如知道君臣之間不可相與嘲笑，那麼這種災禍一定不會發生；靈公的不給公子宋甲魚吃，公子宋假如知道這區區不值一提的口腹之養不足以連累我的心性，那麼這種災禍也不可能發生；公子宋的探指鼎中，靈公假如僅聲稱其罪而薄予譴責，不到欲殺的境地，那麼這種災禍也會停止；公子宋的謀弒靈公，公子歸生誠能以義氣表現在臉上，用最嚴厲的言辭來糾正他，那麼這種災禍也不可能發生。不幸的是這三個人當中，在心性情操上都沒有涵養，用禍亂來交換禍亂，互相激盪萌發，這就是他們三人所以同時陷入大禍的原因了，這那能專說是某一個人的罪過呢？

【研析】存養有得，必可明察是非，言不妄發。明察是非，必能有所輕重，不為戲言所惑。言不妄發，必能謹慎將事，不為橫禍所困，以此治家，必可家道中興，以此處人，必可友情日厚，以此治國，必可君臣和睦，國強民安。反之，則家必衰，友必薄，國必亡，而事態的不可聞問，也就可以預測了。呂氏本此一念，就《左傳》所載，以發其蘊，旨在借古事，喻當世，就禍亂，指迷津，庶免蹈覆轍，罹不測，以招人己之憾。

文分三段，作者首先以養生、養心的不易，雖「一息之差，一啜之誤」，均有致病之可能，一念之邪，亦有「莫知所終」之患，故不可不慎為引言，緊接著則言由公子宋的食指大動，以至與公子歸生相互為謀弒靈公，在心態上三變的經過，暗示事端之萌，往往由小而大，因微而顯，由戲謔之言，而一發不可收拾，此皆由於心智不明所致，不可不明辨詳察。最後則指出靈公、公子宋、公子歸生三人，皆不善於養心，致使其惡念難於終止，結果演至「以亂易亂，互相激發」，而同蹈大禍。

《詩經·鄭風·將仲子序》說：「小不忍以致大亂焉。」是言深具意蘊，耐人尋味。就左氏所載此事說，本為相戲之言，而竟演成弒君之禍，誠為始料所不及。而人情心態之變，往往有不可想像者，而善於養生、養心者，豈可捨靜以就躁，捐正以從邪？心態固有可變，情性亦難免不有所移，然能養之治之，使不離於靜、正，雖戲謔當前，奸邪充斥，焉能動我心，移我念？養心之時義，豈不大哉！

楚箴尹克黃❶不棄君命

宣公四年

【題解】此事載於《左傳》宣公四年（西元前六〇五年）。大意是說：當初，若敖娶妻於䢵國，生了鬬伯比。若敖死後，伯比就跟著母親長養在䢵國，和䢵子的女兒私通，生了子文。䢵夫人派人把子文丢棄到雲夢澤中，老虎不但不吃他，反而餧他奶。䢵子畋獵，看到這情景，因害怕而回來。䢵夫人遂將女兒私生子的事情告訴了䢵子，䢵子反派人把子文抱回來收養他。因楚人把乳叫穀，把虎叫於菟，所以就給子文取名爲鬬穀於菟。䢵子終於將其女嫁給伯比爲妻。這個鬬穀於菟，就是爲天下所共知的令尹子文。

子文的孫子箴尹克黃出使齊國，回國途中，剛到宋國就聽到楚國發生叛亂的消息。跟隨他的人說：「不可以回去了。」箴尹說：「捨棄國君的命令，誰還會接受我呢？國君，是臣子的上天，上天是可以逃避的嗎？」於是回國復命，而自動的到司法官那裏請求拘禁。楚王想到子文治理楚國的功勞，說：「子文要是沒有了後代，用什麼來勸人爲善？」所以就讓克黃恢復箴尹的官職，並改名叫「生」。

呂氏祖謙據此記載，一則表彰箴尹克黃視生死如一的高潔之行，同時痛切指斥主張「謀利計功」者之見爲非是，以其「鼠肝蛙腹」量人的心態，實大悖人情，應予徹底的揚棄。

正其義而不謀其利，明其道而不計其功❷，此吾儒之本指也。自謀利計功之說行，雖古人之事，峻厲卓絕，表表然出於常情俗慮之外者，莫不以是心量之，其為害豈淺鮮哉？

楚之滅若敖氏❸也，箴尹克黃實其族裔，適出使於齊，幸而漏網，是宜委質諸侯，以逃其死，策無先於此者矣。伍員❹在外，聞伍奢❺之囚，奔吳而免；李廣利❻在外，聞李氏之獄，降胡而生，與箴尹之事正相類也，箴尹獨以君命為重，明知死地而直赴之，非審於義命，一視死生者，豈遽能辨此乎？謀利計功者猶曰：死地乃生地也，若敖既滅，歸則死而逃則生，人之所共知也，犯死以復君命，君必以為輕其死而重吾命，殆將赦之以勸事君者，是陽以死結君，而陰取生之利也，吾固知死地之為生地也！

嗚呼！是說也，乃謀利計功者之心也，人如箴尹，尚可以汝之鼠肝蛙腹❼斟量之乎？箴尹之言曰：「棄君之命，獨誰受之？君，天也，天可逃乎？」由其言以觀其心，明粹端直，固可對越在天❽而無愧，使有一毫覬幸之心間之，則心聲所發，必有不可揜者矣。箴尹知有君而不知有己，知就義而不知就生，雖不免於司敗❾之戮，必以死得其所為幸，固瞑目而無憾也，豈預期楚子之宥哉！死與不死，在箴尹本無加損，向若借箴尹一身之死，以塞萬世謀利計功者之口，身雖沒而道則彰矣。今適會楚子之寬宥，箴尹之心有如白水

❿，固不待辨，彼紛紛謀利計功之徒，以己度箴尹者，殆深可憐也！吾又嘗深求其故矣，楚子之宥箴尹也，非嘉其復命也，蓋思子文⑪之治楚也，憫子文之無後也！箴尹非子文之後耶，雖復命猶將殺之，箴尹果子文之後耶，雖在國猶將生之，是箴尹之死生，繫於爲子文後與不爲子文後，初不繫於復命與不復命也。然則箴尹之歸死，豈求生之計耶？吾故發之，以折謀利計功者之說。

【註釋】❶箴尹克黃　箴尹，楚官名，職諫諍。克黃，子揚（鬬般）子，子文孫，時官箴尹之職。❷正其義而不謀其利二句　漢董仲舒語。見《漢書．董仲舒傳》。❸楚之滅若敖氏　楚莊王九年，令尹子越椒作亂，爲莊王所敗，滅其族若敖氏。見《左傳》宣公四年。❹伍員　字子胥，春秋楚人。父奢、兄尚爲楚平王所殺，子胥奔吳，佐吳王闔廬伐楚，替父兄報仇。見《史記．伍子胥傳》。❺伍奢　楚大夫，伍舉子，子胥父，爲太子建太傅，爲平王所殺。見《史記．伍子胥傳》。❻李廣利　西漢中山人。漢武帝李夫人兄。征和三年，將七萬騎擊匈奴，兵敗投降，爲單于所殺。見《漢書．李廣利傳》❼鼠肝蛙腹　比喻度量狹小。❽對越在天　謂箴尹克黃的居心，光明磊落，可以上配昊天。語出《詩．周頌．清廟》。❾司敗　楚主司法之官。❿有如白水　謂心地純潔，一無雜念。⑪子文　即楚令尹鬬穀於菟。字子文，若敖孫，箴尹克黃祖父。見《左傳》莊公三十年、僖公五年、二十年，宣公四年。

【語譯】做應該做的事情，但求合於正義，而不考慮其是否有利可圖，立論但求能明揚天道眞理，而不計較其是否有功可建。行所當行，爲所當爲，心胸坦蕩，大公無私，無視於功利，這就是我儒家本來的宗旨。自從行事爲謀求利益、計較功績的說法流行以來，就是古人的行事，縱然高峻嚴正得無與倫比，很明顯地超出常情世俗思慮之外的，也沒有不用這種心態來衡量的，這種爲害的深遠，那能說是很小呢？

當楚國盡滅若敖氏的時候，箴尹克黃其實就是若敖氏的同族後裔，剛好出使於齊國，幸運地沒有被殺害，在這種情況下，應該逃往他國避免被殺，論計策，沒有比這樣做再重要的了。如伍員在外聽說其父奢的被囚禁，逃奔吳國而免禍；李廣利在外聽說家族下獄卽投降匈奴而得生，就和箴尹的事情非常相似，可是箴尹獨以君命在身爲重，明明知道回到楚國就會被殺而卻義無反顧地直赴楚國，若非深明於正義君命，視生死如一的話，那能遽然作如此的辨別呢？那些謀利計功的人，仍以爲死地就是生地（置之死地而後生），若敖氏已被消滅，回國就會被殺，逃到外國就可得生，這是大家所共知的事，甘願冒犯死亡的危險，以回復君命，國君一定以爲輕視自己的死亡而重視我的命令，因此將要赦免他來勸勉事君的人，這種做法，是以死結識國君，而暗中取得活命的利益，我們本來就知道置之死地而後生的道理啊！

唉！這種說法，僅爲謀利計功人的心意，如有人像箴尹那樣的作爲，尙可用你們的狹小度量來斟酌權衡嗎？箴尹的話是這樣說的：「拋棄國君的命令，還有誰願意接受他？君，有如上天，誰可逃到天外呢？」從他所說的該來觀察他的心情，光明、純粹、端正、剛直，本來就可以上配昊天而毫無愧色，假使有一絲一毫非分僥倖的心夾在其中的話，那麼所發出的心聲，就一定會有不可遮掩的了。箴尹只知道有國君，而不知道有自己，只知道赴義，而不知道逃生，雖不免遭到司法官的刑戮，那也一定是以死得其所爲幸運，本當閉目而死了無遺憾，那敢預期楚王的寬赦呢！死和不死，在箴尹來說，本來就沒有什麼益損，先前若能借著箴尹一人的死亡，來堵塞萬世謀利計功的嘴，雖然身死，而天道公理就可得到彰的徒輩，以一己小人之心來揣度箴尹君子之腹的想法，眞是可悲啊！今適巧遇到楚王的寬赦，箴尹的心地有如白水樣的純潔，本不須辨別，可是那些眾多謀利計功的徒輩，以一己小人之心來揣度箴尹君子之腹的想法，眞是可悲啊！

我又曾更進一步的探求其緣故，楚王的寬赦箴尹，並非嘉許他的復命，其實是思念令尹子文治理楚國的功勞，悲憫子文的沒有後代啊！箴尹若非子文的後代呢，就是復命仍將要殺他，箴尹果眞是子文的後代呢，就是在國內仍將不殺他，這樣說來，箴尹的死活，其關鍵全繫於是否爲子文的後代上，起初並不繫於復命與不復命上面。這樣看來，那麼箴尹的回國就死，那裏是求生存的計謀呢？所以我要闡發其理，來破除謀利計功人的說法。

【研　析】《論語・子罕》說：「子絕四：毋意、毋必、毋固、毋我。」這說明孔子的爲學、處事，乃至守道與待人，均能適中合度，一無弊端。我們後人，雖不能盡達此境，亦應全力以赴，使不因「我」的視、聽、言、動，而帶給社會不良的影響與傷害。而尤其對於「置生死於度外」又具有高潔之行、表裏如一的正人君子，絕不可悉以「謀利計功」的心態去衡量。

呂氏讀《左傳》至宣公四年，有見箴尹克黃表裏如一的高行，被執「謀利計功之說者」所扭曲，特發所感，申明所見，爲箴尹克黃辨。

文分四段，作者首先指出世人率以「謀利計功」之心衡人量物的非是。其次則言箴尹克黃「審於義命，一視生死」之行，反爲「謀利計功者」所扭曲。第三段則言箴尹之心，「明粹端直，可對越在天而無愧」，使「謀利計功者，鼠肝蛙腹」之心，自然顯現。最後則作進一步的深求，以明箴尹的所以得免於難，乃以其爲令尹子文之後，與歸而求生無涉，以塞「謀利計功者」之口。

在行文立意上，作者給人最深刻的感受，就是層次分明，觀察入微。一方面批判「謀利計功者」的偏頗言論，同時更就箴尹之言，作一誠中形外的剖析，合情順理之見，自能邀得讀者的首肯。最後，則以克黃的被殺不被殺，一繫之於其祖子文治楚之功，完全撇開了箴尹的個人安危，這實在不能不讓「謀利計功之說者」大感意外而無言以對。本文最大的成就在此，而有餘味可玩亦在此。

赤狄伐❶晉圍懷❷ 宣公六年 晉敗赤狄滅潞❸ 宣公十五年

【題解】此事載於《左傳》宣公六年（西元前六〇三年）。大意是說：赤狄攻打晉國，包圍了晉國的懷（今河南省武陟縣西南）及邢丘（今河南省溫縣東）兩地。這時晉侯（成公）打算出兵討伐赤狄，中行桓子（卽荀林父）建議說：「先讓他殘害其人民，直到惡貫滿盈的地步，就可以很容易的將他滅掉了。」

直到魯宣公十五年（西元前五九四年），赤狄潞子嬰兒的夫人（晉景公姊）被其相酆舒所殺，又傷了潞子的眼睛，晉侯（晉景公）才打定主意討伐他。諸大夫都認爲不可以，因酆舒具有三種勝人的才藝，不如等到無俊才的人相潞子時再討伐。獨大夫伯宗（晉大夫孫伯糾子）主張一定要討伐。因爲狄有五罪，俊才雖多，是無補於事的，若恃其俊才，不以盛德治國，這反而更會增加其罪過。若現在不予討伐，而繼酆舒爲政的人，或能敬奉其德義，又能祭祀鬼神，強固其國家的命運，那時就不可以討伐了。現在不討有罪，等待以後再說，要是以後酆舒之後有理，再想討伐，就恐怕不可以了。說到一個人如果恃才傲物，就是自取敗亡，商紂就是由此而被滅亡的。……晉侯聽從了伯宗的建議，於是就在六月十八日這天，晉中軍將荀林父在曲梁（今山西省潞城縣）打敗赤狄，滅了潞國。酆舒逃往衛國，衛人把他送到晉國，終爲晉所殺。

呂氏據此，以「君子成人之美，不成人之惡」的觀點，斥責荀林父、伯宗二人的所行所為，事雖是而其心則非。於為人處世言，有失厚道。

世未有事非而心是者。譬共兜④者必非信，朋跖蹻⑤者必非廉，入許史⑥者必非正，屠袁劉⑦者必非忠。見其事則其心固可不問而知也。

事非心是，理所無有。天下亦有事是而心非者乎？曰有。赤狄伐晉圍懷之際，勢方強也，晉侯⑧欲犯其強，荀林父⑨欲待其衰，林父之策是也。赤狄酆舒⑩殺伯姬⑪之際，惡已暴也，晉大夫欲縱其暴，伯宗⑫欲討其罪，伯宗之策是也。人觀其前，莫不非晉侯而是荀林父，人觀其後，莫不非晉大夫而是伯宗。孰知二子策雖是而心則非乎？圍懷之役，林父堅忍以待其衰，非怠也，非怯也，是固理之正也。避邠卜岐⑬，雖聖賢亦有所屈信。林父何愧焉？事雖無愧，至於所以設謀者則曰：使疾其民，以盈其貫，將可殪也。嗚呼！是誠何心哉？酆舒之事，伯宗奮厲欲討其罪，非狂也，非輕也，是亦理之正也。征葛俘臄⑭，雖聖賢亦有所誅伐。伯宗何愧焉？事雖無愧，至於所以設謀者則曰：後之人或者將敬奉德義，以事神人，而申固其命，若之何待之？嗚呼！是誠何心哉？聞君子成人之美矣，未聞成人之惡也；聞君子懼人之亂矣，未聞懼人之治也。今林父則養人之惡，惟恐其不盈，伯宗則幸人之亂，惟恐其或改，處心積慮，可謂忍矣。此吾所謂事是而心非者也！論者安可信其事而略其心哉？

人苟心不在於善，凡所遇之事曲固曲也，直亦曲也；邪固邪也，正亦邪也。董仲舒⓯公孫弘⓰同事武帝⓱矣，仲舒治《春秋》，弘亦治《春秋》⓲，世皆內仲舒而外弘何耶？劉向⓳、谷永⓴同事成帝㉑矣，劉向奏諫疏，谷永亦奏諫疏，世皆右向而左永何耶？弘之《春秋》，人之所以羞道之者，心累其書也；永之諫疏，人之所以喜攻之者，心累其言也。井辱秣陵㉒，泉貪交廣㉓，果誰爲之累者？井耶？泉耶？人耶？

【註釋】❶赤狄　春秋時我國北方的少數民族，因穿紅衣而得名。居住在今山西省長治縣北、黎城縣西，與晉人雜居。當時如潞氏、甲氏、留吁、鐸辰等部落，均爲赤狄，其名始見於《春秋》魯宣公三年。❷懷　地名。在今河南省武陟縣西南。❸潞　春秋國名。爲赤狄的一支。故址在今山西省潞城縣東北。魯宣公十五年爲晉國所併。❹共兜　即共工與驩兜，帝堯二臣名。與三苗、鯀合稱爲四凶。見《尚書．堯典》。❺跖蹻　即盜跖和莊蹻。皆古大盜名。❻許史　即許伯與史高。漢宣帝時外戚。許，宣帝許皇后家；史，宣帝母家，皆貴顯。見《漢書．蓋寬饒傳注》。❼袁劉　有二說：一爲南朝宋、齊間劉延熙與袁標，一爲袁粲與劉彥第。此兩袁劉，皆忠於宋而被害於齊。見清趙翼《陔餘叢考》卷三十九。❽晉侯　即成公，名黑臀，襄公弟，在位七年。❾荀林父　即中行桓子，時爲晉中軍將。後爲中行氏。❿酆舒　時爲潞子相。有三俊才，殺潞子夫人，傷潞子目。跋扈不馴，任意自爲。⓫伯姬　晉景公姊，路子嬰兒夫人。⑫伯宗 晉大夫孫伯糾之子。景公時爲大夫。⑬避邠卜岐 此謂周太王古公亶父爲避獯鬻的擾亂，自邠（本作豳）遷往岐山之事。邠，古國名，周先祖公劉所建，在今陝西省栒邑縣西。岐，卽岐山，在今陝西省西南部岐山縣東北。周古公亶父自邠遷此建邑。見《史記・周本紀》、《孟子・梁惠王下》。⑭征葛俘𦢊 此謂商湯以仁義之師征伐無道之君。葛，古國名，故城在今河南省寧陵縣北。見《孟子・滕文公下》。𦢊，亦作朡，古國名。卽三𦢊。見《書・典寶序》。⑮董仲舒 西漢河北廣川人。少治《春秋公羊傳》。景帝時爲博士，下帷講讀，三年不窺園。武帝時，應詔對策，任江都相。後因言災異下獄幾死，被赦後，專心著述，推尊儒術，抑黜百家，遂開以後二千多年以儒學爲正統的局面。著有《春秋繁露》等書。見《史記・儒林傳》。⑯公孫弘 漢菑川薛人。字季。年四十始學《春秋》。武帝初年爲博士，後爲丞相，封爲平津侯。弘待客寬厚，自奉節儉，武帝非常尊敬他。見《史記・公孫弘傳》。⑰武帝 卽漢武帝。景帝子，名徹。承文、景之業，在位期間，開疆拓土，尊儒術，倡仁義，黜百家，建太學，置五經博士，文事大興。見《漢書・武帝紀》。⑱春秋 書名。此指孔子因魯史而刪定成經書的《春秋》。以編年體記魯隱公元年到魯哀公十四年，共十二公，二百四十二年間，以魯爲中心的各國史事。敍事簡要精粹，寓一字之褒貶，爲我國最早的編年史書。⑲劉向 西漢學術家。原名更生，字子政，沛（今江蘇省沛縣）人。漢高祖弟楚元王劉交的四代孫。長於經學、目錄學及文學，精研《穀梁春秋》。曾任諫議大夫，對漢代圖書的校讎及整理，貢獻極大。今有《新序》、《說苑》、《列女傳》及《洪範五行傳》等著作傳世。⑳谷永 西漢長安人。字子雲。建始初，對賢良策，舉上第。精通《京氏易》，善言災異。官至大司農。見《漢書・谷永傳》。㉑成帝 卽漢成帝。元帝長子，名驁。在位期間，外戚專政，劉向上封事極諫，帝不能用。立趙飛燕爲皇后，在位二十六年暴崩。見《漢書・成帝紀》。㉒井辱秣陵 卽秣陵辱井的倒句。秣陵，古地名，相當於今南京市。辱井，俗稱臙脂井。隋開皇時韓擒虎伐陳，破建康，陳後主與張、孔二妃藏於景陽殿井中，爲隋軍搜出。後人因稱此井爲辱井，於井口石欄刻上「辱井在斯，可不戒哉」八字。見《演繁錄・辱井》。㉓泉貪交廣 爲交廣貪泉的倒句。交廣，漢置交州，領有今廣東、廣西及安南地。此交廣，應指今廣州市及附近地帶。貪泉，水名。在今廣東省南海縣境。又名石門水、投香浦。又，今湖南省郴縣境亦有水名貪泉。相傳凡飲貪泉水者，其心貪得無饜。

【語譯】世間沒有事情做的不對而心中反以爲是的人。稱許共工、驩兜的人，一定不是眞心話；與盜跖、莊蹻作朋友的人，行爲一定不方正；能够爲許伯、史高接納的人，一定不正直；殺害劉延熙、袁標的人，也一定不忠。看見這個人的行事，那麼他的用心也就可以不問而知了。

事情做的不對，而心中反以爲是，絕無此理。可是話又要說回來，天下是否也有事情做的對而心中反以爲非的呢？答案是肯定的。如赤狄攻打晉國包圍懷地的當兒，兵勢正在強盛的時候，晉侯竟想觸犯強敵，出兵迎戰，而荀林父卻想等到赤狄兵勢衰弱以後再說，林父的策略是對的。後來赤狄酆舒殺伯姬的時候，罪惡已經暴露了，晉國的大夫想縱容他的殘暴，而伯宗卻想討伐他的罪惡，伯宗的策略是對的。一般人就前一件事看，沒有不認爲晉侯錯而荀林父對，如就後一件事看，沒有不認爲晉大夫錯而伯宗對。又有誰知道林父、伯宗策略雖對而用心卻不對呢？當赤狄包圍懷地的時候，林父以堅忍的心來等待他們衰弱，這不是怠忽，也不是膽怯，本來就應該這樣做。像周太王古公亶父爲避獯鬻的擾亂，自邠遷往岐山，就是迫於情勢，所以雖是聖賢，也是要有所屈伸的。這樣看來，林父有什麼值得慚愧的呢？事情雖然無可慚愧之處，至於所設定的謀略則說：使他繼續殘害人民，直到惡貫滿盈，就可以將他滅亡了。唉！這是什麼居心呢？對於酆舒的行事，伯宗奮發磨礪要討伐他的罪惡，這不是狂妄，也不是輕敵，同樣也是合於正理的。像商湯的征伐葛、膠，就是聖人也不免有所征伐的。這樣說來，伯宗有什麼可慚愧的呢？事情雖無可愧，至於所設定的謀略則說：假如繼酆舒爲政的人，或能敬奉其德義，又能祭祀鬼神，強固其國家的命運，那就不可討伐了，爲什麼要等待呢？唉！這是什麼居心呢？只聽說君子成人之美，沒有聽說成人之惡的；只聽說君子畏懼他國人的侵擾作亂，沒有聽說畏懼他國人的太平安定。而今林父竟然培養人的罪惡，惟恐不能罪大惡極，而伯宗則慶幸人的作亂侵擾，惟恐其改弦更張，在心中長久的計畫着，可說是夠殘忍的了。這就是我所說的事是而心非的道理啦！評論的人，怎麼可以只信其事而忽略其用心呢？

假如一個人的用心不在於善，對於所遇到的事情，不直固然認爲是不直，就是直的也認爲不直；不正固然認爲是不正，就是正的也認爲不正。如漢代的董仲舒、公孫弘同事武帝，仲舒研讀《春秋》，弘也研讀《春秋》，可是世人都採納仲舒的見解而不用弘的說法是爲什麼？再如劉向、谷永同事成帝，劉向上奏諫疏，谷永也上奏諫疏，可是世人爲什麼都尊重劉向而不尊重谷永呢？公孫弘的研治《春秋》，世人所以羞於道說的原因，以心爲書所累，不能闡其義理；谷永的諫疏，世人所以喜好批評的原因，以心爲言所累，不能暢所欲言。像秣陵的辱井，交廣的貪泉，它們的所以得名，到底是誰連累的？是井的本身？泉的本身？還是人呢？

【研析】「是非之心，人皆有之」。人如能本此以爲，其所行事，當可獲得世人的共是。無如時勢不同，立場各別，角度亦異，是以所見所思，就難免互有出入了。呂氏本君子之心，來觀察荀林父、伯宗二人的作爲，所言有是有非，固不可執一偏而痛指其所見爲非是。

文分三段，作者首先指出世間無事非而心以爲是的人。並舉史實作爲立論的依據。其次則說明荀林父、伯宗二人之策爲是，而其用心則非。最後，由用心的不同，而於事理的觀點，亦隨之而異。於此亦可見，心的作用實在太大了。

就行文說，作者以「聞君子成人之美，未聞成人之惡，聞君子懼人之亂，未聞懼人之治」爲立論的依據，準此闡發，強調居心於善的重要。所以他毫不諱言的指出荀林父、伯宗二人之策，於事爲是，於心爲非。這種觀點，如指處世交友說則是，如以之治國，審其情勢，那就未必爲是了。因治國以富國強種爲目的，一如戰爭之求勝爲惟一手段同。如宋襄公與楚人泓水之戰（《左傳》僖公二十二年），就事理言則是，於戰爭言則非。可是話又要說回來，呂氏之文，直指人心之言，具有深義，世人當深察冥思，求其所以如此立言之意。人與人相處，應不失其赤子之心，這是我們讀此文應有的體認。

鄭公子曼滿❶欲為卿　宣公六年

【題　解】此事載於《左傳》宣公六年（西元前六〇三年）。大意是說：鄭國的公子曼滿對王子伯廖提過很想當卿這件事。伯廖告訴別人說：「沒有好的德行表現，而只想貪圖卿位，這會應在《周易》豐䷶卦變爲離䷝卦的卦象上，不過三年，就一定會滅亡。」只隔一年，鄭人就把他殺了。

呂氏據此，進一步的來闡發大《易》之理，並指出王子伯廖的話，未能將《易》義全部表達出來，所以作者在此，就借着《易》理的闡發，勉人明德見性，就自可免於「內闇外求，外求內虛」的弊病了。

內闇則外求，外求則內虛。是理也，樂內之君子不言而喻，慕外之士所當深省而力戒也。

在《易》豐之離曰：豐其屋，蔀其家，闚其戶，闃其無人，三歲不覿，凶❷。萬物皆備於我，則吾室中之藏豈不夥哉？今歉然以其家為不足而屋是豐，捨內而求外，殆有蔀之者矣。使其家不為物所蔀，反視內觀，洞徹明白，必不卑吾道德之尊，而外求爵位之尊也，必不貧吾禮樂之富，而外求貨賄之富也，必不薄吾仁義之味，而外求膏粱之味也。其所以皇皇求外之豐，憂秩不高，憂權不專，憂勢不隆，憂祿不厚者，特以其內闇耳！

內闇日深，外求日急。激水升陵，其淵必涸，傾資結客，其褚必單。吾耳吾目，吾股吾肱，吾心思吾神氣，盡用於外，以求其所大欲，則其內安得不虛乎？將見如腹之枵，如壁之立，如磬之垂，枵然而空無所有矣。此所以闚其戶，闃其無人，至於三歲之久猶無所覿也！亦嘗聞夫子之繫乎，曰：「豐其屋，天際翔也，闚其戶，闃其無人，自藏也。」❸外求之徒，所以求非所求，望非所望，其心浮游猖狂，至欲翔於天際者，無他焉，昏蒙蔀塞，不見其胸中之天而已矣！有能發其蔀而還其胸中之天，回翔上下，四顧無極，安肯近捨吾天，而思遠翔於天際乎？「闚其戶，闃其無人」，而釋之以自藏者，此微言也！

人之胸中，何所不有？大與天地並，明與日月俱，峻與山嶽齊，深與江海埒。顧乃閟之而一無所覿，向來之蘊蓄運用，皆安所往？是豈他人之所能掩藏乎？馳騖浮競，以汩其眞，己有之而己蔽之，自藏而非有藏之者也。《易》之戒，夫子之繫，反覆切至，得非深憫慕外之士，將拔之於聲利之途歟？

嗚呼！室雖蔀，未嘗隳也，人雖無，未嘗亡也，士也，苟斂豐屋之心，反其明於內，則徹其蔀而見前日之室矣，闚其戶而見前日之人矣。內闇除則外求息，外求息則內虛實，是特一反掌間耳！惜乎士終鮮能自避此爻之凶，如鄭公子曼滿欲爲卿者，蓋項背相望也。王子伯廖❹舉此爻以摘其失，似中其病，然玩其辭意，不過取「三歲不覿」之語，以爲曼滿將死之證，殆未盡其義，故吾本大易之指，附著於末。

【註釋】❶公子曼滿　鄭大夫，姬姓。❷在易豐之離曰七句　此謂《周易》豐卦的第六爻，由陰爻變爲陽爻而成爲離卦。豐其屋以下，爲豐卦上六爻辭，意思是說：其屋豐大完美，可是其家卻遮蔽着一層陰雲，窺看他的門戶，則寂靜沒有一人，一直到三年之久，都看不到，這是凶的。言外之意則爲無德而豐大其屋，不會超過三年，就一定要滅亡。❸亦嘗聞夫子之繫乎七句　夫子，謂孔子。「豐其屋，天際翔也」以下，爲上六爻辭象傳。意思是說：豐其屋，是得意非凡，就好比翱翔於天際一樣，闚其戶、闃其無人，是說自己掩藏起來不敢見人。漢儒多解爲自殘。❹王子伯廖　鄭大夫，姬姓。

【語　譯】 一個人內心闇昧，不明自己的所有已經很多，就勢必貪求於外，貪求於外，就勢必要耗費自己的精力而感到空虛。這種道理，對樂於內省修德的君子來說，是不言可喻的，而那些貪慕外求的人，是應該深切的反省而力求規戒的。

在《周易》豐卦變爲離卦的上六爻辭說：其屋豐大美好，可是其家卻被陰雲所遮蔽，窺看他的家門，則寂靜沒有一人，一直經過三年的時間，都沒看到，這是凶的。世間的一切事物，無不具備在我心中，那麼我室中的所藏，難道還不够多嗎？而今仍然感到家中的所藏爲不足，只知豐大其屋，不顧內部的所藏，而一味的外求，這樣恐怕就會被陰雲遮蔽了。假使其家不被外物蒙蔽，而能反觀家中的一切，清徹明白，就一定不會卑屈自己道德的尊嚴，而向外求取高貴的爵位，一定不會以自己已有的豐富禮樂爲貧，而向外求取財貨的富有，一定不會以自己的仁義之味爲薄，而向外求取膏粱的原味。他所以匆忙的求取外表的豐美，憂慮官位不高，權柄不專，聲勢不大，俸祿不厚的原因，這只是由於他的內心闇昧啊！

內心的闇昧，一天天的加深，向外索求，也就會一天天的急切。將水排激到山上，深淵一定會乾涸，將所有的資財，都用在結交客朋上，他所穿的綿衣，就一定單薄。一個人的耳、目、股、肱、心思、神氣，全用在外面，來索求他的大欲，那麼他的內心，如何能够不空虛呢？這就將會見到他像肚腹樣的空枵，像牆壁樣的直立，像石磬樣的下垂着，空空的一無所有了。這就是爲什麼窺看他的家門，則寂靜沒有一人，直到經過三年長久的時間，仍然一無所見的原因啊！我也曾聽聞過孔子此爻的象辭傳說：「豐其屋，是得意非凡，就好比翱翔於天際一樣，闚其戶，闃其無人，是說自己掩藏起來不敢見人。」一意向外索求的人，所以求非所求，望非所望，他的心任意遨遊，狂妄放肆，隨意橫行，甚至於想着翱翔於天際的原因，沒有別的，全由於一時昏迷不清，被物欲所遮蔽，看不到胸中的天理所致啊！有人能撥去其遮蔽的陰雲，回復其胸中的天理，然後再翱翔上下，舉目四處眺望，無邊無際，在這種時候，如何願意捨棄近在胸中的天理，而還想去翱翔天際呢？「闚其戶，闃其無人」，把它解釋爲「自藏」的原因，這是「微言」（寓有精義的言論）啊！

在人的心胸中，有什麼不具備？往大處說，可與天地相比，就光明說，則與日月相同，高可與山嶽齊，深可與江海等。放眼望去，竟然寂靜的而一無所見，向來的蘊藏、儲蓄、運用，都到那裏去了？這那裏是他人所能掩藏的呢？全是由於追逐競爭浮名高位失去了他的本眞，自己所具有的道德、天理，反而爲自己的大欲所遮蔽，結果成爲自我掩藏（浮名、高位）而並非有所藏（道德、天理）的人。大易的告戒，孔子的繫象，反覆至切，能說不是深切悲憫喜歡向外索求的人，讓他們拔除對於聲利追逐的欲念嗎？

唉！居室雖被陰雲遮蔽，但不曾頹壞，人雖不見，但不曾死亡，慕外之士，若能及時收斂豐屋的心，使光明重返於胸中，那麼馬上就可以撤除其陰雲，而重新見到過去的居屋，窺看他的家門，而見到過去的人了。能去除內心的闇昧，那麼向外求永的欲念就會息滅，外求的心息滅，而空虛的內心馬上就會充實，這只不過是一反掌之間的事啊！可惜的是士人始終少有能自動避開此爻之凶的，像鄭公子曼滿想當卿的人，實在多的不得了。王子伯廖舉出這一爻來指斥他的缺失，似能切中其病，然而仔細揣度伯廖的辭意，不過是取「三歲不覿」這句話，來作爲曼滿將死的證明，並沒有將易義全部發揮出來，所以我才本着大易的指歸，附着在文後。

【研　析】晉范甯〈穀梁傳序〉說：「左氏豔而富，其失也巫。」凡讀過《左傳》的人，都承認這批評是對的。然自孔子作十翼以闡易理，而《易經》就由純占卜之書而轉爲天道人生密切配合富有哲理的書。本文作者，生於南宋理學昌明的時代，讀《左氏》至此，自會感到王子伯廖引用豐卦上六爻辭之言，取意過窄，故又據孔子象傳之意，予以闡發，使世人知所修德以達理，明心以見性，盡除闇昧之障，屏絕物欲之念，以恢復靈明光輝的本眞心性。

文分五段，作者首先指出內闇外求、外求內虛之故，世人宜深省而力戒。其次則就豐卦上六爻辭之義，說明內闇外求之非。第三段承二段之意，進一步分析外求則內虛的原因。第四段則言慕外之士，所宜深切反省而努力戒止對物欲追求的理念。最後借言王子伯廖引用豐卦上六爻辭之義未盡特予發而明之，以顯示作本文的用意。

就行文說，本文一開始卽首先爲全篇開列綱領，明顯的指出內闇外求、外求內虛以及慕外之士的所宜戒三個步驟。然後卽循序申述，使文章越發顯得層次分明，意義也一步深似一步，而跌宕回旋之氣，使人頓生山鳴谷應之感。文中最值得稱道的，就是對易理「微言」的闡發。就「自藏」之文，而引發出「非有藏」之義，這可說是作者感通之言。所謂「自藏」，有人釋爲「自殘」，也有人釋爲「自己躲藏，不敢見人」。其實這兩種解釋，所表達的意義，並無不同。試想一個爲物欲所蒙、惟知外求、不見其所藏的人，其所作所爲，自然難免不違反道義，多行違反道義的事，那還能不遭「必自斃」的厄運？這不是自殘又是什麼？再者，多行不義的人，自然也就會躲藏起來而不敢見人了。至於「非有藏」的意思，乃是說非有道德之藏。如心中藏有高貴的道德修養，那還會慕於外求嗎？所以作者在最後，希望世人，能「拔除聲利」之欲，撤除遮蔽在心中的陰霾，而「重見前日之人」。

鄭伯❶敗楚

宣公九年　楚子❷伐鄭宣公十一年　楚盟辰陵❸鄭徼事晉宣公十一年　楚圍鄭楚敗晉於邲晉侯復荀林父宣公十二年　赤狄伐晉晉殺先縠宣公十三年　晉示鄭以整宣公十四年　晉賞荀林父士伯宣公十五年

【題解】春秋時代，晉、楚為大國，而鄭為小國，又居晉、楚之間，親晉則楚伐，從楚則晉侵，為求生存，往往兩國均需應付，因此也常挑起晉、楚的戰爭，所以晉、楚、鄭三國的事故，也就顯得特別多。本文題所涵蓋的範圍，從《左傳》宣公九年（西元前六〇〇年），至宣公十五年（西元前五九四年）。所記載的事情，大要說來，是這樣的：先是晉郤缺救鄭，鄭伯在柳棼（鄭地。在今河南省襄城縣東。）打敗了楚國。國人都非常高興。獨公子去疾（鄭子良）很憂慮的說：「這是國家的災禍，我們隨時都有被滅亡的可能。」宣公十一年，楚子伐鄭，公子去疾說：「晉、楚兩國不務德而以武力相爭，那我們只有順從先打進來的人了。晉、楚兩國都不講信用，我們又那能有信用呢？」於是就順從了楚國，並與楚國在辰陵（陳地。在今河南省淮陽縣西南。）簽了盟約，然後又要求事奉晉國。宣公十二年的春天，楚子包圍了鄭國，鄭人為求和占卜，不吉利。如果在太廟號哭和出車於街巷呢？吉利。於城中的人在太廟號哭，守城的將士，在城上號哭。楚子見狀，心生憐憫，下令退兵。不料鄭人反而大事修築城牆，這時楚人又進軍包圍，經過三個月的時間，才被攻破。楚軍從皇門（鄭城門名）進入，到達大路上。這時鄭君袒衣露胸，牽著羊迎接楚王，說了一些卑下願受任何處分的話。楚王被他的誠卑所感動，退兵三十里，並允許給鄭國媾和。

這年的夏天，晉國出兵救援鄭國。由荀林父率領中軍，先縠爲輔佐；士會率領上軍，郤克爲輔佐；趙朔率領下軍，欒書爲輔佐。趙括、趙嬰齊擔任中軍大夫，鞏朔、趙穿擔任上軍大夫，荀首、趙同擔任下軍大夫。韓厥擔任司馬。當大軍開到黃河岸邊的時候，就聽說鄭、楚已經媾和了。荀林父想要回師，士會也贊成，唯先縠不同意，並帶領著中軍副帥所屬的軍隊渡過黃河。

荀首認爲這一部分軍隊太危險了，並說了一大堆危險的理由，於是韓厥對荀林父說：「先縠率領一部分軍隊如果失陷了，你將難免大罪。您做最高統帥，軍隊不聽命令，這是誰的罪過？失去屬國，丟掉軍隊，這種罪過太重了，不如乾脆進軍，如有過錯，由六人分擔，不是好一點嗎？」於是軍隊全部渡過了黃河。

這時楚國的軍隊，駐紮在郔地（今河南省鄭縣北），由沈尹率領中軍，子重率領左軍，子反率領右軍，預計在黃河飲馬以後就回國。聽到晉軍已渡過黃河，楚王想馬上回去，寵臣伍參卻想打仗，令尹孫叔敖不想打，並回車向南，倒轉旗幟。這時伍參一看情勢不對，馬上向楚王分析了晉國參政的人，都是新手，不能行使命令，這一次作戰，晉軍一定敗北。楚王聽了之後，馬上命令尹將戰車向北，駐紮在管地（今河南省鄭縣）等候。而晉軍則駐在敖、鄗二山之間（二山俱在今河南省滎陽縣北）。由於雙方的部下不守紀律，以單車互向對方挑戰，再加上先縠的跋扈，毫不設防，以及其將領的不合作，結果晉軍大敗，渡河而歸。當楚軍駐紮在邲地的時候，晉國剩餘的士兵，已經潰不成軍了。

荀林父歸晉以後，自知罪大，向晉侯請死，由於士貞子的勸諫，他才得以恢復原來的官位。宣公十三年的秋天，赤狄攻打晉國，軍隊進入清地，這是先縠把他們召來的。所以在這年冬天，晉國人追究邲地失敗與清地戰役的責任，歸罪於先穀而殺了他，而且將他的族人也全都殺了。君子評論這件事說：「刑戮的到來，是由於自取。」就是對著先穀說的吧！

宣公十四年夏，晉侯攻打鄭國，這是為了在邲地那次戰役鄭人幫助楚國的緣故。並且通告諸侯，結果只是校閱軍隊之後，也就回去了。所以這樣做的原因，目的在使鄭國看到晉國有嚴整的部隊，而心存畏懼，自動的謀劃歸順晉國。這主意是中行桓子出的。

宣公十五年，晉侯賞賜桓子作奴隸的狄人千家。同時也把瓜衍縣（今山西省孝儀縣北的瓜城）賞給了士伯（郤士子貞。見十二年傳），然後說：「我所以能得到狄國的土地，都是你的功勞，假如不是您，我就要喪失伯氏（荀林父）了。」

以上如許所載，呂氏以為皆一言可決，不足深論。惟獨孫叔敖的行事，雜於「重編沓簡之間」，不為所知，特發而明之，以表其對士民的體恤之貞，對君王忠悃之意，堪為萬世做臣子的人所效法。

片言而判者，議之易決者也。晉、楚爭鄭，載於史者詳矣，是非曲直皆片言而可定也。柳棼⑥之勝鄭，激楚也。穎北⑦之逐晉，侵鄭也。辰陵之盟鄭，負晉也。子良⑧之言，前智而後愚也。圍鄭之役，討其罪也。哭陴之謠，紓其死也。皇門⑨之退，哀其窮也。楚、鄭之事，小詐而大其也。先穀愎也，中行⑩弱也，會⑪知彼也，首⑫知己也，厥⑬分惡也，書⑭察姦也，原屏黨⑮，而錡旃賊⑯也。先濟之鼓，志不定也。舟中之指，軍無律也。敖前之覆⑰，備有先也。築軍汰而作宮⑱，遜也。荀⑲之宥，德掩眚也。彘⑳之滅，過作非也。蒐之整，弱示強也。曲梁[21]補過，而瓜衍[22]導言也。凡晉、楚、鄭三國之故，無慮數十條，皆可判於一言之下。是固稚壯之所厭聞，師生之所飫講，曾何足深論乎？吾請掇前人之未發者論之。

晉、楚之相遇也，孫叔敖[23]不欲戰，而伍參[24]欲戰。楚子違叔敖而聽伍參，卒有邲之勝。論者必將咎孫叔敖之無謀矣，抑不知叔敖令尹也，伍參嬖人也，三軍之進退，國政之大綱繫焉。今不出於令尹，而出於嬖人，雖幸一時之勝，而一國之大綱自是而亂矣。以一勝而亂一國之綱，是以鴻毛易泰山，以敝屣易天下，豈不甚可惜哉？使叔敖之謀果非，伍參之謀果是，猶不可長，況叔敖之謀未必不是乎？晉、楚不務德而力爭，收師而退。免斯民暴骨之患，所全者多矣。纍俘振凱，震威聲而示得意，庸人之所誇，而慮遠者之所憂也！叔敖之謀，其可厚非哉？

吾嘗深繹叔敖之心，見其炯然之誠，貫日月，洞金石，而後世莫或知焉！叔敖主退者也，伍參主戰者也，楚子既黜叔敖之謀矣，不忠者居叔敖之地，必幸師之敗以實吾謀。至於衆人亦將拱手熟視，置軍旅之事而不問也。及楚子之逐趙旃，叔敖亟畫先入奪軍之策，車馳卒奔，以乘晉師，惴惴然惟恐楚之不勝，反若主戰之尤者，獨何歟？蓋當是時，叔敖之忠誠奮發，惟知有吾君而已，己之勝與負，不暇恤也，參之中與否，不暇恤也，勝負中否，皆不入於胸中，獨吾君之是徇。嗚呼！此眞事君者也！此萬世爲臣之大法也！吾惜其叢立錯列於重編沓簡之間，世不復異目視之，故出之以與學者共。

【註釋】❶鄭伯　即鄭襄公，名堅，靈公弟，在位十八年。❷楚子　即楚莊王，名旅，穆王子，成王孫，在位二十三年。❸辰陵　陳地。在今河南省淮陽縣西。❹邲　鄭地。在今河南省滎陽縣東北。❺先縠　先軫孫，又稱原縠。因食采於彘，又稱彘子。❻柳棼　鄭地。在今河南省襄城縣東。❼潁北　潁水源出河南省登封縣西境潁谷，東南流，經禹縣、臨潁、西華而南與沙河合而東流。此潁北，當在禹縣北。❽子良　即公子去疾。穆公庶子。❾皇門　鄭城門名。❿中行　即中行桓子荀林父。因將中軍，故以中行稱，謚桓子。故又稱中行桓子⓫會　即士會。晉正卿，以封於隨及范，故又稱隨季或范武子，爲士蔿之孫。又稱士季。⓬首　即荀首。晉中軍佐知莊子，又稱知季，荀林父之弟，其後爲知氏。⓭厥　即韓厥，又稱韓獻子。晉卿，韓萬玄孫，子輿之子，韓簡孫。⓮書　即欒書。晉中軍將欒武子，欒盾之子。⓯原屏黨　原，即趙同，趙盾異母弟原同。屏，即趙括，晉新中軍佐屏括，趙盾異母弟。謂二人爲同黨、同類。⓰錡旃賊　錡，即魏錡，晉大夫，又稱廚武子，亦稱呂錡，魏犨之孫。旃，即趙旃，晉新軍將，趙穿之子。魏錡求爲公族大夫，趙旃求爲卿，均未如願，於邲之戰，二人不聽號令，致遭戰敗之辱。⓱敖前之覆　謂在敖山前設下伏兵。敖山，在今河南省滎陽縣北。覆，謂設伏兵、埋伏之意。⓲築軍汰而作宮　軍，此處指武軍而言。兩軍作戰，將敗方戰死士兵的尸體收集起來而予以埋葬封土，謂之武軍。汰，除去、沖洗，此處有不採納之意。宮，此處指廟宇、祖廟，意謂楚王不採納築武軍的建議而於河邊建祖廟。⑲荀 謂荀林父。見注⑩。⑳彘 謂先穀。見⑤。㉑曲梁 古地名。在今山西省潞城縣西。㉒瓜衍 古地名。在今山西省孝義縣北。卽今之瓜城。㉓孫叔敖 楚令尹蔿敖。施教導民，吏無姦邪，盜賊不起。㉔伍參 楚大夫。時楚王甚嬖愛之。故傳文稱之以「嬖人」。

【語　譯】用一句話就可以評定是非曲直，這是容易議決的事情。像那晉、楚互相爭取鄭國，載在史册中的，已經很詳細了，是非曲直，都可以用一句語來斷定。如鄭伯在柳棼打敗楚國，這分明是在激怒楚國。晉士會救鄭，在潁北追逐楚軍，其實是侵略鄭國。在辰陵接受楚國的盟約，這是鄭國背叛晉國。公子去疾（子良）在魯宣公九年所說的話很聰明，而在十一年的言論，卻非常愚笨。楚國包圍鄭國，這是聲討鄭國敗楚又求事晉的罪過。鄭伯用使國人及守城的士兵皆痛哭的手段，這是爲了解除所面臨的死亡。楚子從皇門撤退，這是哀憐鄭國已經到了窮途末路的困境。由此看來，楚、鄭兩國的事情，小地方雖不免弄玩些手段，而就大處說，還是能共存的。再者，如先穀的行爲，則剛愎自用。中行桓子，未免軟弱。士會深知敵方，荀首了解自己。韓厥能爲主帥分擔罪過，欒書能洞察鄭皇戌的姦言。原、屏二人因索求不得而同黨，錡、旃二人因不聽號令而使晉軍遭慘敗。桓子所以擊鼓賞先過河的人，是由於意志的不確定。爭船過河而被斬斷的手指所以可用手掬，是由於軍隊的沒有紀律。在敖山前設下埋伏，這是事先的準備。楚王不聽築武軍的建議而作先祖廟，這是由於他具有謙遜之德。荀林父戰敗所以能被寬有恢復原職，這是由於他的功德遮掩了罪過。彘子（先穀）的所以被殺滅族，這是由於他的作爲太過而罪有應得。晉國的檢閱車馬，隊伍整齊，軍紀嚴明，這是對弱國顯示自己的強盛壯大。荀林父大敗赤狄於曲梁，這可以彌補以前邲役戰敗的罪過，而以瓜衍縣賞士伯（士貞子）是由於他的導言而獲狄土又使荀林父免除殺戮。所有晉、楚、鄭三國發生的事故，儘管有數十條之多，但無不可以用一句話判定其是非。這本來就是青少年所厭聽，師生之間所常講的，又那裏有值得深論的呢？我現在僅採取前人沒有說過的，來加以討論。

當晉、楚兩國的軍隊相遭遇的時候，令尹孫叔敖本來不想作戰，而嬖臣伍參卻想打仗。結果楚子拒絕了叔敖而竟然聽從伍參的主張，終於得到在邲地戰爭的勝利。就這件事說，一般評論的人一定是歸咎孫叔敖的無謀，卻不知叔敖是楚國的令尹，伍參只不過是楚子的愛臣，三軍的進退、國政的大綱，全繫在他的身上。而今軍令不出於令尹，而出於寵臣，雖然幸運的得到一時的勝利，然而一國的大綱從此也就攪亂了。以一時的勝利而攪亂一國的行政大綱，這是用鴻毛來交換泰山，用破鞋來交換天下，難道不是非常可惜嗎？假使叔敖的謀略果眞不對，伍參的謀略又果眞正確，尙且不可鼓勵，更何況叔敖的謀略未必對呢？晉、楚不知從事修德而肆力於戰爭，能夠及時收兵而退，免除人民暴骨荒野的災禍，因此而能保全性命的那就多了。牽著俘虜，奏著凱歌，使聲威震動四方而以此表示得意，這會爲庸俗的人所誇耀，而遠慮的人卻以此爲憂啊！如能往這方面看，叔敖的主張，又那裏可以厚非呢？

我曾經深思過叔敖的用心，發現他那光明磊落的忠誠，可以貫穿日月，打通金石，而後世卻沒有人知道！叔敖是主張退兵的，伍參是主張戰爭的，楚子既然不採用叔敖的主張，若是一位不忠的人，居在叔敖的地位，一定會欣幸軍隊打敗仗，來證實自己的謀略是對的。即使不如此，也會像一般人一樣，以安閑的態度來看成敗，把軍旅的事情放置在一旁而不加聞問。那知等到楚子追逐趙旃的時候，叔敖卻馬上策畫先進攻奪取晉軍的策略，戰車與步卒同時並進，以憑陵掩殺晉軍，提心弔膽惟恐楚軍不能打勝仗，反而像主戰最力的人，這是爲什麼？實在說來，當這個時候，叔敖的忠誠奮發，僅知有國君罷了，至於自己的勝敗，沒有時間去顧及，伍參的主張是否適中，沒有時間去顧及，勝負是否有把握，這些全不能進入他的胸中，惟獨一心一意的爲國君去徇節。唉！這才是眞正事奉國君的人啊！這才是萬世爲臣的大法大則啊！我爲他的行事叢雜交錯在厚重的簡册之中而惋惜，世人不再以不同的眼光來看他，所以特別把他提出來，以與學者們共同來探討。

【研　析】隱惡揚善，爲做人的基本修養，是其是而非其非，爲學者應有的作爲。人云亦云，道聽途說，爲庸俗的常態，於平凡中見眞理，而發人之所未發，爲學者可貴的創見。呂氏讀《左傳》，即每能如此。

文分三段，作者首先指出，晉、楚、鄭三國所發生的事端雖多，然皆可一言而定其是非。其次則以義正辭嚴之筆，駁斥庸人是伍參而咎孫叔敖的非是。最後則針對孫叔敖以忠誠事君難得的行爲，作深入發人猛醒的說明，意誠文煉，頗能邀得讀者的共鳴。

就行文說，作者固能見人之所不見，發人之所未發，使孫叔敖的忠誠，重現於世，以爲萬世事君的大法。於此，呂氏確有所見，所言亦能切理中肯，就人性說，孫叔敖的舉措，實在難能可貴，值得後人效法，這是作者獨到之處。無如於行文之初，以一己所見，濃縮左氏文句，湊合排比，似有炫博揚己之嫌，短短一段之中，明引暗申，固能顯示其才華，然就文理的通暢來說，似又未得列爲上乘。呂氏所以如此構思安排，或許有他的用意，以爲有關他的一言之評，《左傳》既有明載，讀者自可參閱，不必再加辭費。儘管如此，然而初讀此文的人，仍難有一明確的了解，更不要說有關其事的來龍去脈了，所以不免有陷入五里霧中的感覺，這就有失爲文達意的作用了。

晉會狄❶於攢函❷

宣公十一年

【題解】此事載於《左傳》宣公十一年（西元前五九八年）。大意是說：晉國的上軍將郤成子（郤缺）打算給各部族的狄人謀求和好，這時狄人的各部族，正在憎恨赤狄對他們所施行的奴役行爲，於是就順從了晉國。到了這年的秋天，相會於攢函（在今河南省修武縣西北），由於這次相會，證明了狄人各部族的順服。

在這次攢函之行以前，各位大夫，都主張召集狄人前來晉國。郤成子卻予以勸阻說：「我聽說，如果沒有德行，那就只有勤勞一途，如不勤勞，又如何能要求別人？能勤勞，才能繼之以成功，還是到攢函去會見狄人吧！《詩》說：『文王就是一位很能勤勞的人。』文王尚且勤勞，何況沒有德行的人呢？」呂氏據此，與史籍相印證，以爲動亂之起，多由於有責治理人民的人，不知安撫之道，一旦稍爲承平，而又攫取無饜，以致引起外域戎狄的侵擾，可說是咎由自取。以此爲鑑，就自然成章的凸顯了郤成子的作爲，不僅有先見之明，而且「獨知馭眾狄之道」，實屬難得，特表而出之，以爲治國、治事人的參考。

已服之民，不可過求，已馴之虜，不可過責。流亡之未集也，姦宄之未殄也，搶攘之未定也，爲人上者，懍懍乎憂民之未服，手朽索而足淵冰，撫之摩之，顧之復之，游之泳之，如護元氣，如保赤子，惟恐有一髮之傷。

至於寓內③清晏，怨誹息而謳歌升，爲人上者，遂謂民既服矣，何令不從？何索不獲？既攫其雛，又覆其巢，既捋其葉，又斧其幹。民始不勝其求，焦然思亂，殆求之之過也！匈奴之禍，何莫由斯？平城之弩④，甘泉之烽⑤，嫚書之侮⑥，尺牘之倨⑦，猖狂陵縱，驅引弓之民，南面與漢天子爭爲長雄。當是時，雖欲左右當戶⑧之羣，解辮束衽，猶或難之，況欲屈單于之膝哉？逮至渭橋受謁⑨之後，虜勢折矣。元、成、哀、平⑩接於新莽，主昏臣庸，徒恃虜之已馴而責之無已，阻其朝焉，丐其壤焉，制其條焉，奪其璽焉，虜不堪其責，背叛侵掠，故態復作。是非虜之不馴，殆中國虐之而不容其馴也！

先王之待戎虜，急其悍而緩其馴。故戎虜之困，必託命中國，以求息肩之地，豈若後世爲哉？悍則奉之，馴則責之，是長欲其悍，而不欲其馴也！凡人之情，寧爲人所奉乎？寧爲人所責乎？戎虜雖愚，其亦知所擇矣。利害相形，彼安得不以稱兵窺塞爲大利，奉琛入貢爲不祥哉？

晉郤成子⑪之論，其有見於此矣。衆狄附晉之始，諸大夫侈然驕溢，譁一動之勞，乃欲坐而召狄。嗚呼！諸大夫忘衆狄未附之時乎！冒鋒鏑，蒙甲冑，面夷身創者，未嘗絕也。其未附則不敢避攻戰之苦，其既附則遽欲憚行役之勤，何其志之易變耶？郤成子獨知馭衆狄之道，不可恃其馴而煩其責，遂以能勤有繼之說，曉譬諸大夫，次於攢函以會衆狄，屈己而不勞彼，終得衆狄之懽心。

向若從諸大夫之議，則衆狄必謂：「吾赴晉屬耳⑫，一之日⑬已召我於會，庸詎知二之日三之日不召我而征役之乎？庸詎知四之日五之日不召我而翦剝之乎？」釁端亂兆，未必不基於此時也。或曰：「戎狄之性，陵之則懾，柔之則驕。」諸大夫之召狄，其或出於此歟？曰：「陵之則懾，柔之則驕，固狄之性也。」晉國欲坐召之乎哉？！

【註釋】❶狄　指白狄。當時赤狄潞氏最強，晉所會之狄為白狄。見《顧棟高大事表・三十九》。❷攢函　狄地。在今河南省修武縣西北。❸寓內　本謂宇宙之內，此指全國。寓，籀文宇。❹平城之弩　此謂漢高帝將兵擊匈奴冒頓，被困平城之事。當時冒頓縱精兵三十餘萬騎，圍高帝於白登，七日，漢兵中外不得相救餉。高帝乃使使厚遺閼氏，始得脫。平城，在今山西省大同縣東。白登，山名，在大同縣東。見《漢書・匈奴傳》。❺甘泉之烽　漢文帝後六年，匈奴軍臣單于立歲餘，大入上郡、雲中各三萬騎，所殺略甚眾。漢亦緣邊堅守以備胡，胡騎入代，句注邊，烽火通於甘泉、長安。甘泉，即今陝西省甘泉縣。代、句注，即今山西省代縣句注山。見《漢書・匈奴傳》。❻嫚書之侮　漢孝惠、高后時，冒頓漸驕，乃為書使使遺高后，信內充滿侮慢之辭。嫚，通慢。見《漢書・匈奴傳》。❼尺牘之

倨　此謂匈奴單于遺漢書，牘長一尺二寸，印封亦比漢所用廣，言辭倨傲。當時漢遺匈奴單于書，牘長一尺（史記作一尺一寸）。見《漢書·匈奴傳》。以上❹至❼，均言當時匈奴勢強，倨傲不馴。❽左右當戶　匈奴官名。見《史記·匈奴傳》及《漢書·宣帝紀》。❾渭橋受謁　漢宣帝甘露二年，匈奴呼韓邪單于朝漢天子於甘泉宮，上登渭橋，咸稱萬歲。單于就邸，留月餘，遣歸國。見《漢書·匈奴傳下》。❿元成哀平　謂西漢元帝、成帝、哀帝、平帝。⓫郤成子　即郤缺。晉上軍將。郤芮之子，又稱冀缺。⓬屬耳　有二解：其一爲竊聽，二爲注意傾聽。此取其二。⓭一之日　此援用《詩·豳風·七月》句法。本謂夏曆十一月，周正月。此處有附晉之後，第一個月之意。以下二之日，三之日同。

【語譯】 對已經服從的人民，不可要求太過，對已經馴服的強盜，不可過於責備。當逃亡流落在外的人尚未安撫，爲非作歹、犯法作亂的人尚未盡除，國家動蕩不安、局勢紊亂尚未平定的時候，在上位的人，就會戒愼恐懼地憂慮著人民尚未順從，這時就如同手握著腐朽的繩索，隨時都有斷絕的可能，又如同足臨深淵，隨時都有滅頂的危險，所以就想盡辦法來安撫他，不停的照顧他，使他們悠游自得，就像保護元氣，也像保護嬰兒，惟恐有一根毛髮的損傷。

等到國內清平安樂，怨尤誹謗息止，而歌功頌德之聲四方響起的時候，在上位的人，遂以爲人民既服順了，叫他們做什麼不可以？向他們索取什麼不能得到？在這種心情之下，既然攫取了他們的所有財產，又翻覆他們的室家，既然用手抓取了樹葉，又要用斧砍伐樹幹。到這時，人民才發覺實在無法負擔沒有止境的索求，在焦急緊迫的情況下，想著去作亂，這全是由於索求太過所造成的結果啊！像那漢代匈奴的外患，其始末原委，何嘗不是如此？起初，由平城的被圍困，到甘泉烽火的示警，以及冒頓對高后的侮慢，遺書所用簡牘過長的倨傲，可說猖狂陵辱放肆到極點，又驅使著他們的武裝部隊，向南大舉進攻，與漢天子互爭雄長。當這個時候，就是想讓他的官員左右當戶們，解辮束衽，歸順漢朝，尙且難能做到，更何況想讓單于屈膝降服呢？到漢宣帝時，匈奴呼韓邪單于在甘泉宮渭橋謁見漢天子以後，敵人的氣勢才被摧折。從元帝、成帝、哀帝、平帝，直到新莽，君臣昏庸無能，認爲胡虜既已馴服，向他們的索求也就沒有停止的時候，既阻止他們的朝拜，又索求他們的土地，爲他制訂種種應遵守的條款，更進一步奪取他們的印璽，他們不能忍受這種苛求，只好背離反叛，侵擾擄掠，又恢復了過去的那種作爲。這並不是他們的不馴服，是由於中國的虐待不容許他們馴服啊！

先代聖王的對待夷狄，急於制止他們的侵掠而緩於他們的馴服。所以夷狄有了困難，一定以中國爲託命之所，以求暫時安息的地方，那裏像後代的作爲呢？兇悍侵掠，就奉承他們，馴順服從，就向他們無止境的索求，這分明是要他們長期的兇悍侵掠，而不想他們馴順服從啊！就所有人的心情說，是寧願被人奉承呢？還是寧願被人索取？夷狄雖然愚笨，他們也是知道選擇的。在利害兩相比較之下，他們如何能不以舉兵窺伺邊塞爲大利，而以奉獻寶物入貢爲不祥呢？

由晉上軍將郤成子的言論，可知他是看到了這一點。當眾白狄歸附晉國之初，很多大夫流露著自大驕傲的神態，忌諱行動的勞苦，竟欲安坐在晉國而召狄來會。唉！這些大夫們，大概忘記了眾狄人沒有歸附時的情景吧！冒著鋒利的箭鏃，穿著甲冑，面對著夷狄而身受創傷的人，不曾沒有。當他們未歸附時，連攻戰的勞苦都不敢逃避，現在已經歸順，竟忽然畏懼行役的勤勞，爲什麼他們的心志這樣容易轉變呢？郤成子獨知統馭眾狄人的方法，不可認爲他們已經馴順，就加多對他們的索求，於是就以惟有能勤勞才能繼續保有的說法，明白的告訴諸大夫，而行次於攢函以會見眾狄，委屈自己而不勞動對方，終於得到了狄人的歡心。

假如先前順從諸大夫的建議，那麼眾狄人一定會說：「我們剛歸附晉國，就聽說在第一個月要召我們會面，那裏知道在第二個月、第三個月不會召我們征伐戰役呢？又那裏知道在第四個月、第五個月不會召我們而予以滅絕呢？」戰亂爭端的徵兆，不一定不開始於這個時候。有人又說：「狄人的本性，欺陵他就懾服，懷柔他就驕傲。」很多大夫主張召狄到晉國來，難道不是出於這種見解嗎？假如說：「欺陵他就懾服，懷柔他就驕傲，這本來就是狄人的本性。」這樣說，晉國是想坐著召眾狄前來會面了?!

【研　析】孔子說：「遠人不服，則修文德以來之，既來之，則安之。」（《論語．季氏》）孟子也說：「勞之，來之，匡之，直之，輔之，翼之，使自得之。」（《孟子．滕文公上》）這是我聖人治理人民、馴服遠方的一貫主張。必如此，才能使遠方的人中心悅而誠服。這就是王道。作者口誦心惟，深有所感，故以爲郤成子之言，不僅適切當行，同時也深合於王道精神，是以特予表揚，借以喚醒一般士大夫們，去除那種不切實際、妄自尊大的心理。

文分兩大段。第一大段總敍治理人民所應有的修爲與所抱持的態度。又可分爲三小段：

1. 是說在上位的人，處亂世，安撫人民的用心。
2. 處治世，由於攫取無饜，以致引起人民的思亂，而匈奴的禍患，即由此而起。
3. 言先王與後世治理夷狄，由於所持態度不同，故其結果亦異。

第二大段，總敍郤成子與諸大夫們對待夷狄之見，也可分爲兩小段：

1. 極力稱許郤成子所言正確，所見眞切，稱情衡勢，獨知馭眾狄之道。
2. 以反詰語氣，說明聽從諸大夫之言眾狄人即難馴服，且將永無寧日之理。

就行文說，在第一大段中，以常理點出事理的必然性，隨後即以活生生的實例，予以證明，使情理交融。而走筆之際的用典，更可見作者的博約之功。第二大段，爲重點所在，就著左氏的記載，直指「諸大夫侈然驕溢，諱一動之勞，乃欲坐而召狄」，然後再以「冒鋒鏑，蒙甲冑，面夷身創」之痛，兩相比較，其得失就不言可喻了。接著言及郤成子「獨知馭眾狄之道，不可恃其馴而煩其責，遂以能勤有繼之說，曉譬諸大夫，終得眾狄之懽心」作結，不僅筆力健，而理尤必然。其尤爲可稱者，即以「坐召」的小事，致引狄人的疑心，而釁端之兆，「未必不基於此時」之言，眞可謂爲一針見血，甚具寓義。

我們感到美中不足的地方，就是第一大段太長，雖有導引之功，但畢竟難免喧賓奪主之嫌。

楚子[1]從申叔時[2]諫復封陳　宣公十一年

【題解】此事載於《左傳》宣公十一年（西元前五九八年）。大意是說：這年的冬天，楚莊王爲夏徵舒殺陳靈公作亂的緣故，出兵伐陳。並告訴陳國的人民說：「不要驚怕，我們是專來討伐夏徵舒的。」於是進入陳國，殺了夏徵舒，是在陳國的栗門將他車裂的。這時陳侯（靈公太子午，陳成公）已逃到晉國。

楚大夫申叔時奉使於齊，回來後，向楚王復命卽行離去。楚王派人責讓他說：「夏徵舒胡作非爲，殺了他的國君，我率領著屬國的諸侯前往討伐而殺了他，諸侯、縣大夫都向我慶賀，只有你不爲我慶賀，這是什麼原因？」申叔時回答說：「現在還可以辯說嗎？」王說：「當然可以！」於是回答說：「夏徵舒弒其君，他的罪過非常大，出兵討伐把他殺了，這是您君王的義擧，不過也有人這樣說：『牽著牛從人家的田中經過，田主人在一氣之下，就搶奪了他的牛。牽牛爲取捷徑經過人家田地的人，固然不對，可是因此竟然搶奪了人家的牛，這懲罰未免太重了吧！』諸侯們跟隨伐陳，說是討伐有罪的人。而今將陳國改為楚國的一縣，這是貪求其財，因討伐而命召諸侯，竟以貪財歸結，恐怕不可以吧！」楚王說：「你的話太好啦！可是先前並沒有誰向我如此進說啊！現在把縣歸還給陳國，可以嗎？」申叔時馬上回答說：「當然可以囉！我們這些淺見的人以為，這樣做，就好比在人家的懷中取物而又還給他是一樣的。」楚莊王於是就恢復了陳國，僅在陳國每鄉俘一人，使居楚地，取名夏州，來紀念這次的武功。

呂氏據此，深許申叔時的老成持重，洞悉諫君之道，以一己的言行，造成時勢，使國君由生疑而遽問，然後再以從容的態度，平靜的心情，述說事理的所宜，使國君欣然接受，幡然悔改，恢復了陳國的舊觀，實在是一位事君謀國不可多得的賢士。

凡言必有端。發端自我，則我輕而彼重，發端自彼，則我重而彼輕。臣之事君則無彼我之間，亦非屑屑校輕重之地也。然自古善諫其君者，未嘗肯自發其端，必回翔容與，待其君之先發，始徐起而收之，是豈若戰國策士捭闔之為哉？蓋發之自我而不自君，則言者瀆，聽者慢，吾懼其諫之無力也。俯首而告人者，百拒而一從，仰首而答人者，百從而一拒，說豈有二哉？勢隨地而改，心隨聽而移也！是故君子將進諫於君，必自其發言之端始。

楚子之縣陳也，申叔時既知其非，曷為入見而不亟諫哉？入見亟諫，是叔時自發其端而求楚子之聽也。以卑而求尊之聽，其聽其否，皆付於不可知之中，疇能自必乎？於是不言縣陳之得計，亦不言縣陳之失圖，入見不賀，以生楚子之疑，以致楚子之詰，推問端而使楚子自發之。楚子果懷不能已，遽詢不賀之由。

嗚呼！楚子之口一啟，而操縱予奪之柄已入叔時之掌握矣。乃從容進「蹊田奪牛」之喻，立談之間，主意開悟，而復陳之封。用力省而成功速者無他焉，蓋楚子渴聞叔時之言，而非叔時企望楚子之聽也！向使入見之初，即進此喻，則楚子之聽豈如是之捷哉？同是喻也，進之於楚子未問之前則如土芥，進之於楚子既問之後則如鼎鐘，毫釐之差，用捨判焉。吾是以知善進言者又不若善知時者也！

抑又有大者焉，楚子悔悟，將反陳之地，又問於叔時，使他人承此問，必躍然慶，欣然賀，螽躍鰲抃❸，不知措身之所矣。叔時之處此，何其甚暇而有餘也！曰：「可哉！吾儕小人，所謂取諸其懷，而與之也。」改如是之過，成如是之善，曾無一毫贊譽之辭，質略簡易，如家人父子相與語米鹽瑣事者，則叔時方寸之地，豈譾譾者所能窺哉！大憂不慄，大喜不搖，閎量遠度，雖委之六尺之孤❹，投之百里之命❺，殆未足為增損也！後世之士，豈無愛君憂國之志哉！所養不堅，為事所動，其志先昏，其神先沮，倉皇喘汗，顛倒弁冕，奔走而告諸君，氣竭語盡，而其君纔以嘻笑遇之，幸而君意稍回，則不勝其喜，墮玉失舄，君之言方一，而獎之者已百，君之言方十，而獎之者已千。淺中狹量，驟諫倏喜，非特其心易滿，適所以驕其君而使之易滿也！噫！安得如申叔時者，與之論事君哉！

【註　釋】❶楚子　即楚莊王，名旅，穆王子，成王孫，在位二十三年。❷申叔時　楚申縣大夫，羋姓。❸螽躍鰲抃　形容高興欣喜，手舞足蹈的樣子。螽，即螽斯，動物名，似蝗蟲，善躍，棲息在樹林草叢間。鰲，鼇俗字，海中大鼈，一說為大龜。鼇抃，即歡欣鼓舞。❹六尺之孤　指父王已死的年幼國君。見《論語．泰伯》。❺百里之命　指古代諸侯國，地方百里，而總攝其政事。見《論語．泰伯》。

【語　譯】當交談說話的時候，一定有人先開頭。從我先開始，那麼我的話就不如彼方來得重要。如果從彼方開始，那就我的話比對方重要了。可是如就臣子事君來說，不僅沒有彼此輕重的分別，同時也不是瑣屑煩細計較輕重的地方。然而自古以來，善於進諫其君的人，卻不曾願意自己先開始說話。一定用回旋徐緩的方式，等待國君先發問，才徐徐地就著國君的所問，而予以歸納回答，這那裏像戰國時代的謀士縱橫分合的情景呢？實在說，從我發端而不從君，那麼進諫的人有冒犯不敬的感覺，而聽的人卻漫不經心。這樣的進諫，恐怕不會有什麼效果的。低著頭進諫的人，往往會遭到一百次拒絕而僅有一次順從，可是擡頭回答國君疑問的言論，往往是一百次都順從，而僅有一次被拒絕。就所進諫的內容說，那裏有什麼不同呢？只不過是情勢隨著環境而改變，心情隨著聽的人而轉移啊！因此，當君子將向國君進諫的時候，一定是從其發言的開端論起。

當楚莊王將陳國改設爲楚國一縣的時候，申叔時既然知道不對，爲什麼不在見楚王的時候極力的勸說呢？在入見楚王時就極力勸說，這是申叔時自發其端，而楚王只是在王位聽臣子的上奏。以臣下而求君上聽其進諫，那麼國君是聽從還是不聽從，都在不可預知之中，誰能有一定的把握呢？於是他既不說將陳國改設爲楚國的一縣爲得計，也不提改陳國爲楚縣爲失圖，進入朝中面見楚王，不向楚王道賀，使楚王產生疑心，促使楚王發問，然後再推其問端，而使楚王自己說出原因。這時楚王果然心中按捺不住，急遽的詢問不向他慶賀的理由。

噢！楚王發問的嘴一啟開，而操縱予奪的權柄，就已轉入申叔時的掌握中了。於是他就從容不迫的進說「蹊田奪牛」（參題解）這件事來作爲比喻，在極短暫的時間內，君上的心意就能開通領悟，而恢復了陳國的封地。用力省而成功快的原因，沒有別的，實在是楚王渴望知道申叔時的諫言，而不是叔時企盼楚王聽他的勸說啊！先前假使在入見的時候，就進說這個比喻，那麼楚王的聽從又怎會這樣快呢？同樣的一個比喻，在楚王沒有發問以前進說，就像塵土草芥一樣不被重視，在楚王既問以後進說，就像鐘鼎一樣的貴重，毫釐的差別，採用和捨棄竟然如此的分明確定。因此我才知道善於進言的人，又不如善於掌握時機的人啊！

不過，如進一步說，尙有比這更重要呢，當楚王悔悟以後，將要歸還陳國的土地時，就這件事情又向叔時請問，假如換成別人承受此問，一定是雀躍不已，非常高興的向國君慶賀，那種欣喜若狂、手舞足蹈、得意忘形的樣子，就眞的不知道將自身放置在什麼地方了。可是叔時處理此事，是多麼地悠閒而從容啊！只是回答說：「當然可以囉！我們這些淺見的人以爲這樣做，好比在人家的懷取物而又還給他是一樣的。」楚王悔改了這樣大的過失，成就了這樣大的善事，不曾說一句讚美稱譽的話，質樸簡略平易，就像家人父子之間互相商討米鹽的瑣事一樣，由此看來，那麼叔時心中的內涵，又那裏是淺薄的人所能窺知的呢！遇大憂患不恐懼，逢大欣喜不忘形，度量寬宏，識見遠大，就是將輔佐幼君的重任付託給他，將國家的政事讓他來總理，在表情態度上，也沒有辦法使他有所增減啊！

後代的知識分子，那裏沒有愛君憂國的心志呢！只是涵養不夠堅定，被世事所動搖，他的神志先行昏亂沮喪，慌裏慌張，氣喘汗流，甚至倒戴著帽子，迫不及待的向國君稟告，直到氣力枯竭，言語說盡，而國君看他可憐，纔不過用嘻笑的態度對待他，幸好國君的心意稍有回轉，他就喜出望外，高興的甚至掉落了佩玉，走脫了鞋子，國君才說一句話，他就誇獎了百句，國君如說十句話，他就會誇獎千句。心淺量狹，突然進諫，忽然心喜，不僅在心中容易感到滿足，同時也適足以使國君驕傲，進而使他容易自滿啊！噫！什麼地方才能得見像申叔時這樣的人，和他在一起討論事君呢！

【研析】「時，然後言」，不僅「人不厭其言」，而且尚能收到所言的效果。當人處事不盡理想，而需要改革又不知如何改革的時候，你如能提供中肯可行的建言，主其事的人，當然樂意接受。當一位國君，本想幫助另一個國家平亂，不惜召諸侯，大動干戈，大加聲討，申張正義，結果反而滅人國，佔為己有，招致貪富之嫌，又不知何從的時候，如能有大臣及時進諫，說明何去何從的當然之理，國君一定會欣然採納。本文作者，卽以此為中心，觸類引發，循理說事，不僅烘托出申叔時的舉止言動均可取法，同時也以此戒當時以及後世之士，事君謀國要能寬宏其胸，遠大其識，堅定其志，能如是，而其動止云為，方可不為世事所搖。

文分五段，作者透過左氏義蘊，首先指出諫君之道，一定要從其發端開始。其次則言申叔時深明進諫之理，所以自齊回國復命之時，不向楚王慶賀滅陳設縣之功，而使楚王生疑，再乘機以諫。第三段說明要想收到諫言的效果，當以知時知勢爲先。第四段則言申叔時器量大，修養深，已造「不以物喜，不以己悲」的境地。最後一段則以申叔時方後世愛君憂國之士，益顯其見淺量狹，實在不足以事君謀國。

就行文說，全篇不惟結構謹嚴，而段落中義理的表現也相當分明，其層層逼進之筆，非常緊湊。無如在說理方面，我們認爲卻有商榷的地方。

如第一段從「凡言必有端。發端自我，則我輕而彼重，」到「以待君之先發」。三覆斯言，就理言理，往往並不完全如是。只要有理，不管私人的爭論，抑或大臣對國君的諫言，絕不可能先行發言的人一概爲輕。再者國君如有愚行，或危及國家及人民的作爲，爲大臣的人也可以坐視，必待國君的先開其口，而使進諫的人得以掌握其把柄嗎？先開頭、後發端，固有其時，善於進諫的人，也往往製造時機，或以譬喻誘使國君先開其口，使其頓悟而幡然改圖，然而時有緩急，事有先後，而適時、適地、適情、適理，才是最重要的考慮因素。願以此與讀者商。

楚子❶伐蕭❷ 宣公十二年

【題解】 此事載於《左傳》宣公十二年（西元前五九七年）。大義是說：這年的冬天，楚莊王攻打蕭國，宋大夫華椒率領著蔡人救援，蕭人因此得以囚禁楚大夫熊相宜僚及公子丙。楚王對蕭人說：「你們不要殺他二人，我退兵就是了。」蕭人卻把他二人殺了。楚王非常生氣，於是隨即包圍了蕭國。蕭國潰敗。

楚申縣尹巫臣對楚王說：「軍中的士兵們，大多很冷。」楚王隨即巡視三軍，撫摩並慰勉他們。這樣一來，三軍的戰士們，都感到有如披上絲綿樣的溫暖，立即進軍，逼近蕭城。

蕭大夫還無社告訴司馬卯把申叔展呼叫出來（二人皆楚大夫）。叔展馬上用暗語問還無社說：「你有麥麴嗎？」回答說：「沒有。」又問：「你有山鞠窮嗎？」答說：「沒有。」（此二語暗示還無社逃往泥中或低下處避難）又問：「如果你得了風濕病怎麼辦？」還無社這才領悟對方的語意，馬上回答說：「要注意看，遇到枯井，就要拯救我。」叔展說：「你在枯井上置一經形草繩，有人在井上哭，就是我。」次日，蕭國潰散，申叔看了看枯井，就在有草經的那口井上號哭，把還無社救了出來。

呂氏據此，以為楚王的所以勝，在其能及時安撫慰勉三軍，鼓舞士氣，雖然衣不足以禦寒，猶能奮勇向前，一舉而擊潰蕭城。而蕭人的所以敗，則在其未戰而人心已頹，縱有高城深池可守，亦不過僅能延一日之潰，終於大局無補，作者有見於此，特表而出之，以為後世攻防者鑑。

以物為惠，惠之麤；以城為守，守之下。楚師之圍蕭也，衣雖寒而三軍之士不寒。蕭人之受圍也，城未破而還無社❸之心先破。蓋以卒伍之賤，而得勞拊於其君，固已不啻重繭純綿之溫，至於士心內離，則雖雉堞天立，百倍於蕭之城，亦將隨之而潰矣。惠豈在物，而守豈在城耶？

世儒習聞此說也，遂以謂善言煖於布帛。物皆可廢；人心險於金湯，城皆可隳。審如是，則武王❹大巡六師，慰藉獎勉，政煩〈泰〉、〈牧〉二誓❺矣，而爵之五❻，土之三

⑦，財之散，粟之發⑧，胡為汲汲繼之？彼周家積德累功，夫豈不得人心者？而《詩·雅》所載「城東方⑨、朔方⑩」之類果何謂也？大抵惠有名有實，不可偏勝。守有本有末，不可獨遺。名實相資，然後其惠孚，本末並用，然後其守固。楚王之勞拊，不待有實而人佩其惠者，以其方在塗耳。使其居國，左府右庫，坐視師人之寒，扃鐍而不肯發，徒欲以空言悅之，堂堂三軍，豈可如嬰兒孺子紿之乎？蕭人既失心，苟又無數仞之城，則楚師一呼，魚潰鳥散，所以猶及明日而陷，寬一夕之期者，城之功也！向使眾心成城，與版築之城互相表裏，雖強如楚，豈能遽搖之哉！

物固不可恃也，輔以誠意，則聖人之惠也。城固不可恃也，輔以人和，則聖人之守也。君子之論止於中而已矣。以誠為輕物為重者，固不足責，若曰我專任誠而廢物，亦非中也。以人為輕城為重者，固不足責，若曰我專任人而廢城，亦非中也。君子之論，止於中而已矣。

唐德宗⑪之狩奉天⑫，嘗遣人諜賊，寒而請袴⑬，求而不能得，憫默而遣之，士竟為之用，蓋哀其窮而感其誠，領憫默之意，固踰於五袴之賜矣。是人雖未有得袴之實，而深體德宗有無袴之實也。世謂德宗以名使人，吾獨謂德宗以實使人也！方德宗雄據都邑之時，犒軍少糲，遽致涇原之變⑭，食糲尚耳，況無袴乎？當其豐，則有食猶足以生亂，當其窮，則無袴猶足以使人。信矣！人之不可欺也。奉天之難，雖渾瑊⑮、韓游瓌⑯不二心之臣盡死以扞社稷，當梯衝並進，君臣相泣之際，非前築奉天之城，則忠臣義士亦何所致力耶！吾又知得本果不可忘末也！世儒之論，可盡信哉！昔孔門之論兵食⑰，必曰不得已而去，未嘗得已而欲去之也。其亦異於世儒之論矣。

【註釋】①楚子　見前篇①。②蕭　春秋宋附庸邑。即今江蘇省蕭縣。③還無社　蕭大夫。④武王　謂周武王。文王子，名發，西周王朝的建立者。⑤泰牧二誓　《尚書》二篇名，即〈泰誓〉、〈牧誓〉。⑥爵之五　謂列官爵爲公、侯、伯、子、男五個等級。見《尚書．武成》。⑦土之三　謂分封土地爲三等。即公、侯百里，伯七十里，子男五十里。見《尚書．武成》。⑧財之散粟之發　謂周武王克殷後的政治措施。散鹿臺之財，發鉅橋之粟。見《尚書．武成》。⑨城東方　乃「城彼東方」的省略。語出《詩．大雅．烝民》，謂周宣王命令仲山甫築城於齊。因齊在東方，所以言此。⑩朔方　乃「城彼朔方」的省略。語出《詩．小雅．出車》，謂周宣王命大將南仲征伐玁狁，於北方築城戍邊之事。⑪唐德宗　代宗子，名适。繼位後，政治清明，號爲賢主。因性好自任，多方猜忌，由於重用奸相盧杞，致引起朱泚叛亂，此後，藩鎮日強，政惟姑息。在位二十六年崩逝。⑫奉天　地名，唐置縣，唐德宗曾避難於此。即今陝西省乾縣治。⑬寒而請袴　唐德宗逃難奉天時，爲窺探賊兵虛實，「嘗遣健步（今俗稱飛毛腿）出城覘賊，其人懇以苦寒爲辭，跪奏乞一襦袴。上爲之尋求不獲，竟憫默而遣之。」見《資治通鑑·唐紀四十五·德宗建中四年》。⓮涇原之變　唐德宗建中四年，「涇原節度使姚令言，將兵五千至京師。軍士冒雨，寒甚，多攜子弟而來，冀得厚賜遺其家，既至，一無所賜。」雖「詔京兆尹王翃犒師，惟糲食菜餤，眾怒，蹴而覆之。」遂反。見《資治通鑑·唐紀四十四·德宗建中四年》。⓯渾瑊　本名日進，善騎射，後從李光弼定河北，又從郭子儀復兩京，敗安慶緒，數破吐蕃，累遷單于大都護。德宗幸奉天，授都虞侯，京畿渭北節度使。朱泚兵迫城，瑊力戰退賊，泚平，封咸寧郡王，卒諡忠武。見《新唐書·渾瑊傳》。⓰韓游瓌　唐靈武人。始為郭子儀將，從破安祿山，累進邠寧節度使留後，德宗狩奉天，以兵赴難，與朱泚賊兵作殊死戰。泚平，論功與渾瑊等皆第一。卒諡襄。見《新唐書·韓游瓌傳》⓱孔門之論兵食　子貢問政。子曰：「足食，足兵，民信之矣。」子貢曰：「必不得已而去，於斯三者何先？」曰：「去兵。」子貢曰：「必不得已而去，於斯二者何先？」曰：「去食。」見《論語·顏淵》。

【語　譯】僅以財物作為賞賜，這是最粗俗的行為；惟恃高城深池以為防守，這是最下策的做法。當楚國的軍隊包圍蕭城的時候，士兵的衣服雖然單薄，可是三軍的士氣卻非常旺盛。當蕭人被圍困的時候，城尚未被攻破，可是大夫還無社的心卻早已被攻破。以地位低微的士卒，僅得到國君的撫摩慰勉，心中就已感到不下於純綿衣的溫暖，至於士卒的心志已經渙散，就是城牆高的像天，超過蕭城一百倍，也將要隨著軍心的離散而潰敗。由此看來，獎賞那裏僅在財物，而防守又那裏惟在高城深池呢？

世間一般讀書人，以這種說法習以為常，遂認為和善安慰的言辭比布帛還要溫暖，物質上的獎勵可以全部廢棄；人心的險要比金城湯池還要堅固，有形的城牆也可以全部毀壞。確實如此的話，那麼周武王的大巡六軍，慰問獎勉，在〈泰誓〉、〈牧誓〉中，已經做的很多了，可是為什麼又在滅紂之後，緊接著汲汲於爵分五等，士分三級，散財發粟給人民呢？想那周家文王、武王所積累功德的深厚，難道還不能深得人心？可是《詩經》中〈大、小雅〉所載「城彼東方，城彼朔方」一類的舉措，到底又是爲什麼？大概說來，在獎勵方面，有名譽上的獎勵，有物質上的獎勵，不可以使一方勝過另一方。而防守也有人心堅定之本，和高城深池之末，也不可以放棄那一方面而不顧。精神上的安慰與物質上的賞賜相互資助，然後才能得獎勵的實際效果，有了人心的堅定不移，和高城深池的屏障，然後才能防守有如金湯的堅固。楚王的慰問撫摩，不需物質上的獎賞而士兵們能感戴他的恩惠，那是因爲當時尚在行軍路途中。假使是在國內，面對著府庫中的豐富儲藏，而竟然坐視兵士們的受凍，也不願意打開倉庫發放寒衣，只是想著用空話討得兵士的歡心，而軍容壯大的三軍，難道說也可以像嬰兒小孩子那樣容易欺騙嗎？蕭人既然失去了戰鬪的意志，假如這時又沒有數仞高的城牆爲屏障，那麼只要楚國的軍隊高聲一呼喊，蕭人就會像魚、鳥樣的向四處潰散，所以還能等到第二日而淪陷，遲緩一夜的時間，這是城牆的功勞啊！設使先前蕭人能够上下一心，堅定不移，與所築的城池互相依存，就是有如強楚的攻城，那裏是在短時間內所能搖撼的呢！

物質本來就不可仗恃，如果能以誠意相輔，那就合於聖人的賞賜了。城池本來不可仗恃，如果能以人和相輔，那也就是聖人所主張的防守了。君子議論事理，所講求的不過是止於適中罷了。以誠意爲輕，以物質爲重的見解，本來就不值得指責，如果說我只講求誠意而廢棄物質，這不是適中的做法。以人和爲輕，以城池爲重的觀點，本來就不值得斥責，如果說我只講求人和而廢棄城池，也不是適中的作爲。所以說，君子的議論所講求的，只不過是止於適中罷了。

當唐德宗因朱泚反叛逃往奉天的時候，曾經派人窺探賊兵的虛實以及布陣的情形，因衣寒而向德宗請求賜給襦袴，德宗一時無法使乞求的人得到，只好在憐憫默不作聲的心情下，派他出使，而被派遣的人竟然能爲德宗所用，這實在是悲痛當時的環境困窮而又爲他的誠心所感動，領悟到憐憫默不作聲的深意，這種彼此的體諒，本來就早已超過五件襦袴的賜予了。這個人雖然沒有得到賜襦袴的實惠，而卻能深切地體會到德宗當時無襦袴的實情。這件事，世人認爲德宗是以聲名使人，我獨以爲德宗是以實情使人啊！當德宗以盛世的君主居住在長安的時候，犒勞軍隊的米糧稍微粗糙一些，就馬上引起涇原的變故，吃粗米尚且如此，更何況是沒有襦袴禦寒呢？當他豐盛的時候，就是有飯吃還要發生叛亂，當他困窮的時候，就是沒有襦袴禦寒仍然能夠使人，人的不可以被欺騙，一點也不假啊！當德宗被賊兵圍困在奉天的時候，雖有渾瑊、韓游瓌忠心不二的大臣盡死力來扞衛國家，然當賊兵的雲梯划行衝擊並進，君臣相互哭泣的時候，如非先前修築的奉天城牆作爲屏障，那麼忠臣義士們又如何能盡死力呢！於此我又知道得到人和之本，也不可忘記作爲屏障之末啊！世間俗儒的議論，那裏可以盡信呢！從前孔門的議論兵食，一定是不得已才取消兵或食，卻不曾在得已的情況下取消的。這和世儒的議論也就有所不同了。

【研　析】精神與物質，究竟孰重？雖言人人殊，難作定論，可是如能予以適時、適地、適情並以誠心的靈活運用，其效果則可發揮得淋漓盡致，超出人的意表。如執一偏之見，過重精神或物質，而又不能出之以誠，那就難免顧此失彼，終將歸於敗亡了。本文作者有感於《左氏傳》文，委婉地表現了一己的見解。

文分四段，作者首先指出惠不在物，守不在城之見。其次則接著以賞賜要名實相資而方能惠乎，防守要本末並用，然後方能守固之理，來駁斥世儒所言之非。第三段言君子論事理止於適中。既不偏於物質的獎賞，也不偏於精神的鼓勵。最後則以實情感人則人爲之使，本末兼顧方可有所濟作結，實爲全篇之要。

就行文說，作者以第一段爲虛筆，借以論世儒的所見實有所偏，隨卽就史實，以周武王的舉措，來凸顯精神方面的安慰鼓勵，與物質方面的獎賞分封爲同樣重要。雖然如此，作者卻能更進一步的表現了於情不得已的情況下，僅以精神方面的慰藉，同樣可以發揮物質方面的效果，但必出之以誠。反之，雖有高城深池之險，而人心渙散，亦不足以固守。

第三段最能顯示作者的論點。以「中」爲的當之見，可說是千古不磨的至理。我們看，世間的事事物物，那一件不是在「中」的情況下，而得以永存的？最後以唐德宗的所以敗，所以興，反映人和固爲其本，而物之爲末亦不可偏廢，史實、事例俱在，難道還不足以發人深省嗎？

公孫歸父❶言魯樂 宣公十四年

【題　解】此事載於《左傳》宣公十四年（西元前五九五年）。大意是說：這年冬天，魯卿公孫歸父在穀地（穀，齊地。今山東省東阿縣舊治東阿鎭。）會見齊侯（頃公），順便拜見晏桓子（晏嬰父）和他談到在魯的情形，非常高興。桓子告訴高宣子（高固）說：「子家（歸父字）將來恐怕要逃亡吧！因爲他懷戀魯國的寵信，懷戀一定貪婪，貪婪一定計算別人，計算別人，別人也就會計算他，全國中的人都在計算他，如何能不逃亡？」

呂氏據此，一則補述晏桓子未盡之言，以爲公孫歸父所說在魯之樂，絕不是鍾儀、莊舃的琴南音而歌越聲，爲人至情至性的發抒。另一方面則說人人皆有至樂之地，由於所追求的目標不一，因而賢聖鄙陋，也就自然壁壘分明了。

舊國舊都，望之悵然，遲遲其行者，亦聖人去父母國之道也❷。土思者，聖愚之所共，公孫歸父懷於魯，曷以獨為晏氏❸之所譏？曰：去國而懷者，情之正也，儀之琴居北而音南❹，舄之吟身楚而聲越❺。是固情之不可解，而仁人君子之所許也！因去國之悲，然後懷在國之樂，曷有居其國而知其樂者乎？獸在阱則思壙，當其走壙，未嘗知壙之樂也。鳥在籠則思林，當其棲林，未嘗知林之樂也。歸父方居魯，而喋喋以魯樂告人，自非不安其常而嗜其利，何自而知其樂哉？岱之山❻，洙之水❼，五父之衢❽，大庭之庫❾，城闕井邑，物產土俗，弧而育焉，髫而嬉焉，弁而游焉❿，固非驟見而忽聞，胡為而誇語於人哉？日飯稻粱，未嘗以告人，一得熊蹯牛心之饌，則譽其珍；歲衣布帛，未嘗以告人，一得霧縠文錦之服，則譽其美。吾是以知歸父之譽魯樂，必棄常而嗜利也。棄常嗜利，乾沒⓫不已，雖非晏氏，固可指期而俟其亡矣。至樂之地，人皆有之，惟不能有其樂，而樂移於物，故馳騖而忘反。權寵之樂，勃如也；詞華之樂，驕如也；聲色之樂，昏如也；畋遊之樂，蕩如也。是皆陋人之所樂，君子之所哀。哀之者，豈預憂其禍之至哉？鴟鴉嗜鼠，蝍蛆甘帶⓬，何等臭腐，而忻慕耽惑，以身償而不悔。此固達者之所甚憐也！

歸父譽魯樂之時，固已可悲，奚必悲其將亡哉！吾嘗聞孔、顏之樂矣，蓋樂其樂而未嘗倚於一物也！請問孔子之樂？曰：飯疏食，飲水，曲肱而枕之，樂亦在其中矣⑬。請問顏子之樂？曰：一簞食，一瓢飲，在陋巷，人不堪其憂，回也不改其樂⑭。然則飯也、飲也、曲肱也，非孔子之樂也，特樂在其中而已。簞也、瓢也、陋巷也，非顏子之樂也，特不改其樂而已。即六物而求孔顏之樂，邈不可得。意者孔顏之樂果窅然而無物耶？彼所謂「樂在其中」者，在之一辭，必有所居也，彼所謂「不改其樂」者，其之一辭，必有所指也。「居」何所居？「指」何所指？吾黨盍共繹之！

【註　釋】❶公孫歸父　字子家，魯卿，莊公孫，東門襄仲子。❷遲遲其行，……去父母國之道　《孟子．萬章下》：「孔子去魯，曰：『遲遲吾行也！』去父母國之道也。」意謂：當孔子要離開魯國時，他說：「我要慢慢地走啊！」這是因爲離開祖國的緣故。❸晏氏　即晏桓子。名弱，齊大夫，晏嬰父。❹儀之琴居北而音南　儀，即楚鄖公鍾儀，爲鄭所囚，獻於晉，晉將其囚於軍府。魯成公九年，晉侯觀于軍府，見鍾儀，與之琴，操南音。范文子說：「楚囚，君子也。樂操土風，不忘舊也。」❺舄之吟身楚而聲越　舄，即越人莊舄。仕於楚，雖享富貴，仍思故國，在病中思「越」而吟越聲。見《史記．張儀傳、陳軫傳》。❻岱之山　即岱山，五嶽之一。泰山的別稱。❼洙之水　即洙水，源出今山東省新泰縣東北，西流至泰安縣東南折而西南流，至泗水縣北合於泗水。❽五父之衢　即五父衢。地名，在今山東省曲阜縣東南五里。見《春秋左傳注》襄公十一年。❾大庭之庫　即大庭氏之庫。大庭氏，古國名，在魯城內，魯於其處作庫，高顯，可登以四望。魯城，在今山東省曲阜縣治東，即曲阜故城。見《左傳》昭公十八年：「梓愼登大庭氏之庫以望之」下杜注。❿弧而育焉三句　弧，此處謂懸弧，指男子的生日。髫，喻幼年。弁，謂帽子，喻成年。三句意謂：出生在魯，遊戲在魯，成人之後，生活在魯。⓫乾沒　吞沒他人財物。也作僥倖得利解。⓬蝍蛆甘帶　蝍蛆，謂蜈蚣。帶，謂小蛇。此謂蜈蚣愛食蛇腦。語見《莊子・齊物論》。⓭飯疏食四句　語出《論語・述而》。謂孔子安貧樂道的志趣。⓮一簞食五句　語出《論語・雍也》。謂孔子稱許顏回能安貧樂道。

【語　譯】將要離開自己的國家，望著故有的都城鄉邑，難免會產生悵然失意的心情，而行走的腳步，慢慢地前進，好像有所等待，這也是聖人離去祖國所採行的方法。思念鄉土之情，是聖人愚人所共有的，然而公孫歸父的懷念魯國，爲什麼獨被晏桓子所譏誚？噢！是這樣的：離開故國而生懷念之心，這是人情的正常現象，像那楚囚鍾儀，雖然遠居北方的晉國，可是當鼓琴時，仍然彈奏南音。越人莊舄仕楚，雖然已經貴顯，可是當他生病時，依舊發出越聲。這本來就是人情意念所不可消除，而爲仁人君子所稱許的啊！因離開祖國所產生的悲痛，然後才懷念居在國內的樂趣，那這和居在國內就能知道樂趣有什麼關係呢？當獸類被困在陷阱中時，就會思念空曠的原野，可是當牠奔走在曠野的時候，卻不曾知道曠野的樂趣。當鳥被關在籠中時，就會思念茂密的樹林，可是當其棲息在茂密的樹林時，也不曾能知道廣大樹林的樂趣。當公孫歸父正住在魯國時，喋喋不休地以居魯之樂告人的當兒，自然不是不安其常職而嗜欲私利，又何從而能知道其中的樂趣呢？像泰山，洙水，五父衢，大庭之庫，城樓鄉村，物產風俗，這些不是他出生之地，就是遊戲的場所，或生活的領域，本來就不是乍見而忽然聽到的，爲什麼要向人誇說這些呢？每天吃稻粱，不曾告訴別人，可是一旦得到熊掌牛心的美味，就會大加稱其珍貴；終年穿著布衣，不曾告訴別人，一旦得到縠錦華麗的衣服，就會不自覺的稱譽其美。因此，我知道公孫歸父的稱譽居魯的安樂，那一定是捨棄了常職而貪嗜私利。棄常嗜利，吞沒他人的財物，就是晏桓子不說，我們也是可以指出他逃亡的日期的。

至樂的境地，人人都具有，只是不能享有這種樂趣，而反將這種樂趣轉移到物質上，所以才一味地追逐物質上的享受而不知回頭。像那爲權勢所寵信的樂趣，可以改變人的臉色；華麗言詞讚美的樂趣，可使人得意忘形；淫靡的音樂和美色的樂趣，可使人昏然如醉如癡；打獵遨遊的樂趣，可以蕩人心扉。這些，都是淺薄鄙陋的人所樂爲，而仁人君子所悲哀的。悲哀的原因，那裏只是預憂其災禍的到來呢？像那貓頭鷹和烏鴉愛吃死老鼠，蜈蚣愛吃蛇腦，那些東西是何等的臭腐，可是牠們卻欣喜愛吃到迷惑的地步，甚至因此喪命身死也不後悔。這本來就是明達的人所非常憐憫的啊！當公孫歸父稱許在魯得其所樂的時候，就已經很可悲了，又何必悲憫他的將要逃亡呢!?我曾聽聞過孔子、顏回的樂趣，實在說來，他二位是樂其所自樂，而絕不曾依靠過任何物質啊！請問孔子的樂趣在那裏？噢！孔子就是吃的是粗飯，喝的是白開水，睡覺時彎著手臂當枕頭，快樂也會在這當中。請問顏子的樂趣又在那裏？噢！顏子那怕是用圓竹器吃飯、用瓢喝水，住在房屋矮小、破舊的巷子裏，要是換了別人，一定忍受不了這種憂苦，可是顏回卻不改變他平日自有的樂趣。然則粗飯、白水、枕手臂，並非孔子樂意如此，只不過他能在這樣的生活中自得其樂罷了。再如簞食、瓢飲、居陋巷，也不是顏子樂意如此，只是他能在這樣憂苦的環境中，能不改變其樂罷了。就以上所說六物來尋求孔子、顏子的樂趣，那是邈遠而不可得的。有探尋孔、顏之樂的人，總懷疑孔、顏之樂是眞的那樣深邃而無需依靠物質嗎？孔子所謂的「樂在其中」

者，「在」這個字，一定是意旨的關鍵，所謂顏子的「不改其樂」者，「其」這個字，也一定是有所指的，應在這兩個字上下功夫。「居」究竟是何所居？「指」又是何所指？我們大家何妨來共同的想一想！

【研析】享受樂趣，有精神上的自得之樂與物質上一時滿足之樂的不同。追求精神上的愉快，不僅可以成己，而且可以成物（人）。影響所及，人羣、社會，乃至國家、世界，無不可和平相處，體恤相生，宗教家、慈善家以及我國的儒家，其主張都是如此。常此以往，在不知不覺中，也就提昇了人的生命價值，充實了人的生命意義。如追求物質上的享樂，在心理行為上，那就不僅要謀取物質方面的滿足，而且更要進一步的計算於人了。權勢，何人不慕？富貴，何人不欲？聲色，何人不思？遊樂畋獵，何人不貪不求？此人情之常本不當厚非，無如物欲無底，求之不得，則奸詐謀奪，也就無所不用其極了。一旦人欲橫流，道德淪喪，那又將是一個什麼情景？本文作者有感於此，於是就著晏桓子的話更深一層的推論公孫歸父的逃亡為必然。接著，則以孔子、顏子之樂來勗勉世人，其匡俗救世之心，於此可見。

就內容說，全文可分兩大截，作者首先指出公孫歸父的懷魯，所以為晏桓子譏諷之由，並進而說明其「棄常嗜利」為逃亡之因。其次則言至樂之地，人人都有，端看如何以為。如以物質的享樂為追求目標，則不免於「陋人」之譏，如以道德仁義自期而陶養，則可達於孔子、顏子至樂之境。

就行文說，在前半截中，先就人情之常的各種表現，如去國懷鄉之情，在籠思林之樂，引發共識，然後再調轉其語意，以稀有物的譬其珍美以合左氏所載晏桓子之意，更進而指出「雖非晏氏，固可指期而俟其亡矣」的必然。其推斷之筆，不僅有力，而且說理也非常明快。在第二截中，先以至樂之地人人皆具之言，暗示人各有其所好，於其所好之中，而「陋人」與聖賢，也就畫然分境了。文章至此，急轉直下，而歸結於「在」、「其」二字之中，並願就「在」之所居，「其」之所指，與「吾黨共繹」。這種結尾方式，極具啟發作用。我們則認爲：處貧賤而樂貧賤，處富貴則樂富貴，不貪意外之財，不作非分之想，安於一己的物質環境，而使精神、心靈之樂昇華於物質之外，以道德仁義自期自養，此孔子、顏子之所樂歟？亦其「在」之所居，「其」之所指歟？